D1752810

Oliver Everling (Hrsg.)

Rating – Chance für den Mittelstand nach Basel II

Oliver Everling (Hrsg.)

Rating – Chance für den Mittelstand nach Basel II

Konzepte zur Bonitätsbeurteilung,
Schlüssel zur Finanzierung

GABLER

Die Deutsche Bibliothek – CIP-Einheitsaufnahme
Ein Titeldatensatz für diese Publikation ist bei
Der Deutschen Bibliothek erhältlich

1. Auflage Dezember 2001

Alle Rechte vorbehalten
© Betriebswirtschaftlicher Verlag Dr. Th. Gabler GmbH, Wiesbaden 2001

Lektorat: Guido Notthoff

Der Gabler Verlag ist ein Unternehmen der Fachverlagsgruppe BertelsmannSpringer.
www.gabler.de

Das Werk einschließlich aller seiner Teile ist urheberrechtlich geschützt. Jede Verwertung außerhalb der engen Grenzen des Urheberrechtsgesetzes ist ohne Zustimmung des Verlags unzulässig und strafbar. Das gilt insbesondere für Vervielfältigungen, Übersetzungen, Mikroverfilmungen und die Einspeicherung und Verarbeitung in elektronischen Systemen.

Die Wiedergabe von Gebrauchsnamen, Handelsnamen, Warenbezeichnungen usw. in diesem Werk berechtigt auch ohne besondere Kennzeichnung nicht zu der Annahme, dass solche Namen im Sinne der Warenzeichen- und Markenschutz-Gesetzgebung als frei zu betrachten wären und daher von jedermann benutzt werden dürften.

Umschlaggestaltung: Nina Faber de.sign, Wiesbaden
Druck und buchbinderische Verarbeitung: Wilhelm & Adam, Heusenstamm
Gedruckt auf säurefreiem und chlorfrei gebleichtem Papier
Printed in Germany

ISBN 3-409-11812-8

Vorwort

Noch in den achtziger Jahren galten Ratings im deutschsprachigen Raum als eine Besonderheit der US-amerikanischen Kapitalmärkte. Dabei waren schon damals Ratings und Ratingagenturen in mindestens 50 Ländern auch außerhalb der USA verbreitet. Zunächst schien es, als seien Unterschiede in den Finanzsystemen dafür verantwortlich, dass sich Ratings in Deutschland nicht verbreiteten: Universalbankensystem hier, Trennbankensystem dort. Zu groß waren die Gegensätze. Auf der einen Seite des Atlantiks war praktisch jedes am Kapitalmarkt präsente Unternehmen bereits mit Ratings ausgestattet, auf der anderen Seite beschränkte sich der Kreis geratener Unternehmen auf solche, die sich der internationalen Finanzmärkte bedienten.

Selbst für diesen Kreis war die Relevanz von Ratings in Frage zu stellen. Welcher Nutzen sollte damit verbunden sein, wenn sich weltweit bekannte „erste" Adressen einer Klassifizierung unterzogen? So war doch die Bonität solcher Unternehmen in Finanzkreisen hinlänglich bekannt! Gerade der Siemens-Konzern aber war es, der als erste Adresse aus der Industrie in Deutschland sich dem Rating einer unabhängigen Agentur unterzog.

Längst hat sich „Rating" zur unverzichtbaren Visitenkarte an den internationalen Finanzmärkten entwickelt. Diejenigen, die über jeden Bonitätszweifel erhaben galten, erkannten, dass Rating ein entscheidendes, zusätzliches Element der Vertrauensbildung zu Geldgebern darstellt. Für Geschäftspartner rund um den Globus ist das Rating das wesentliche Signal für die Beurteilung der Bestandskraft eines Unternehmens.

Inzwischen haben sich auch in Mitteleuropa namhafte Großkonzerne Ratings erteilen lassen. Wenn schon für erstklassige Adressen Ratings unverzichtbar erscheinen, so gilt dies umso mehr für solche Unternehmen, die mangels Größe oder Börsennotierung weniger im Blickfeld von Presse und Finanzanalysten stehen und daher nicht laufend hinsichtlich ihrer Zukunftsfähigkeit eingeschätzt werden. Gerade bei kleinen und mittleren Unternehmen versagt oft die so genannte „name recognition", der Bekanntheitsgrad des „guten Namens" als Garantie für offene Türen bei Financiers und Geschäftspartnern rund um den Globus.

Leider ist der „gute Name" eines Unternehmens längst kein verlässlicher Indikator seiner Solvenz mehr. Einstige Erfolgsunternehmen geraten in Schwierigkeiten, Prestigeadressen verlieren ihre Kunden oder ehemaligen Staatsbetrieben wird die politische Unterstützung versagt, die über finanzielle Engpässe hinwegzuhelfen vermochte. Wenn auch nur geringste Zweifel an der Zahlungsfähigkeit bestehen, lohnt ein Rating, um die Frage nach der Bonität nicht bloß mit „gut" oder „schlecht", sondern differenzierter zu beantworten.

Sicherlich fällt es leichter, sich einem Rating zu unterziehen, wenn eine „gute" Note zu erwarten ist. Den besten Unternehmen erlauben Ratings, niedrigste Finanzierungskosten durchzusetzen und größten Kapitalbedarf zu decken. Mit einem guten Rating verbindet sich hohes Ansehen über den Kreis von Investoren und Kreditgebern hinaus auch bei Kunden, Lieferanten, sonstigen Geschäftspartnern und in der Öffentlichkeit.

Von existenzieller Bedeutung sind Ratings am anderen Ende der Skala für Unternehmen, deren Zahlungsfähigkeit nicht gesichert erscheint. Hier können kleinere Verschlechterungen der Vermögens-, Finanz- und Ertragslage bereits das Ende bedeuten. Gläubiger befassen sich daher besonders kritisch mit den Bonitätssignalen, die sie über den Schuldner erhalten. Leider steht diesen aber oft kein ausreichendes Instrumentarium zur Verfügung, um sich ein zutreffendes Bild von der finanziellen Entwicklung des Unternehmens zu machen. Dementsprechend falsch können bruchstückhaft erhaltene Informationen über das Unternehmen interpretiert werden und zu ökonomisch letztlich nicht sinnvollen Entscheidungen führen.

Mangelnde Transparenz des Unternehmens und fehlendes Verständnis der Gläubiger wurde bereits zahlreichen Betrieben zum Verhängnis. Ein „Rating" findet auch dann statt, wenn es nicht so genannt wird: Jede Einschätzung der Zukunftsaussichten, die über eine bloße Schwarz-Weiß-Betrachtung hinausgeht, trägt einen Kerngedanken des Ratings in sich. Beim Rating geht es darum, feiner abzustufen und die Grautöne zu erkennen.

Das Klassifizieren in Form eines Ratings tritt dank der neuen Informations- und Kommunikationstechnologien einen Siegeszug in allen Wirtschaftsbereichen an. Das Internet zeigt, wie rasch sich der Ratinggedanke verbreitet: Wer nach dem Stichwort „Rating" sucht, wird auf Millionen von Internetseiten fündig. Die meisten Ratingformen beziehen jedoch nicht auf Unternehmen, sondern auf Produkte, Hotels, Websites usw. Rating wird dem Bedürfnis gerecht, eine Fülle von Informationen und komplexe Beurteilungen auf ein leicht verständliches Symbol zu reduzieren.

In diesem Buch stehen Ratings im Vordergrund, die bei Investitions- und Finanzierungsfragen für Ordnung sorgen. Ein Rating ist „lediglich" eine durch Symbole ordinaler Skalen ausgedrückte Meinung. Von einem Rating spricht man in der Regel nur dann, wenn das Urteil von einer auf Bonitätsanalysen und Kreditwürdigkeitsuntersuchungen spezialisierten Institution ausgesprochen wird. Diese kann eine unabhängige Agentur, eine Bank oder eine Kreditversicherung sein. Das Rating bringt die Meinung über die wirtschaftliche Fähigkeit, rechtliche Bindung und Willigkeit eines Unternehmens zum Ausdruck, seinen zwingend fälligen Zahlungsverpflichtungen stets vollständig und rechtzeitig nachzukommen.

Die Betrachtungen konzentrieren sich auf Unternehmen, die üblicherweise dem „Mittelstand" zugerechnet werden. Allein darüber, was unter einem mittelständischen Unternehmen zu verstehen ist, gibt es eine umfangreiche Literatur. Die Abgrenzungsprobleme werden in einigen Beiträgen aufgeworfen. In den meisten Fällen entziehen sich diese Unternehmen heute noch der Emissionsfähigkeit am Kapitalmarkt. Ratings, wie sie von Ratingagenturen für einzelne Emissionen von Industrieobligationen, Commercial Paper oder Corporate Bonds erteilt werden, stehen somit nicht im Fokus dieses Buches. Dementsprechend finden sich hier auch keine Beiträge von Ratingagenturen, die ganz überwiegend nur für kapitalmarktfähige Adressen tätig sind und im deutschen Mittelstand bisher kaum Erfahrungen sammelten. Dazu sei auf das im gleichen Verlag erschienene „Handbuch Rating" verwiesen.

Während sich in den meisten anderen Industrienationen über Jahrzehnte hinweg eine Ratingkultur entwickelte, sind in Deutschland Ratingagenturen für den Mittelstand erst seit 1999 aktiv geworden. Als 1998 das erste, auf die Erschließung des Nutzens von Ratings gerichtete Beratungsunternehmen in Deutschland gegründet wurde, gab es noch keine der auf den deutschen Mittelstand ausgerichteten Ratingagenturen. Inzwischen können rund ein Dutzend Agenturen und Ansätze gezählt werden.

Der wichtigste Impuls für das rasch gewachsene Interesse am Mittelstandsrating ist zweifellos die Neue Basler Eigenkapitalvereinbarung des Basler Ausschusses für Bankenaufsicht. Wenn Ratings unabhängiger Agenturen wie auch bankinterne Ratings zum Anknüpfungspunkt der Eigenmittelunterlegung im Kreditgeschäft der Banken gemacht werden, kommt ihnen über die bloße Entscheidungsunterstützung hinaus in jeder Kreditbeziehung elementare Bedeutung zu. Rating wird dann zum Dreh- und Angelpunkt jeder Bankverbindung, zumal ohnehin schon die Konditionengestaltung, die Limitsetzung und Sicherheitenbestellung an das Rating gekoppelt werden.

Zwar wurden in Banken schon früher intern Ratings erteilt (wenn auch oft nur für einen Teil ihrer Kunden), jedoch waren diese den beurteilten Unternehmern meist nicht bewusst oder bekannt. Wenn aber der Gesetzgeber konkrete Konsequenzen für die Kreditchancen eines Unternehmens an das durch das Rating erteilte „Versetzungszeugnis" knüpft, bleibt es keine interne Angelegenheit der Bank mehr, sondern muss offen mit dem Firmenkunden erörtert werden.

Da im so genannten „Standardansatz" die Ratings externer Bonitätsbeurteilungsinstitutionen eine Rolle spielen sollen, werden im Kundengespräch der Bank auch die Klassifizierungen unabhängiger Agenturen selbst dann zu erörtern sein, wenn die Bank nicht gemäß Standardansatz verfährt, sondern ihr eigenes Rating zugrunde legen will. Der Kenntnis der Vorgehensweisen anerkannter Agenturen wie auch alternativer Ratingansätze wird somit nicht nur für die betroffenen Unternehmen, sondern auch für die Banken einiges Gewicht zukommen.

Der Ratingmarkt ist im deutschsprachigen Raum im Begriff der Entstehung. Die Neue Basler Eigenkapitalvereinbarung hat dazu wesentlichen Anschub gegeben. Die Frage, welche Ratingagenturen anerkannt werden können, wird sich erst noch entscheiden. Vor diesen Hintergrund und wegen der Dynamik, die der Bereich des Ratings aufweist, wurde bei der Auswahl der Autoren und Ratingagenturen großzügig verfahren. Die in diesem Buch wiedergegebenen Auffassungen sollen keineswegs „herrschende Meinung" reflektieren, sondern Ansporn zur kritischen Auseinandersetzung mit dem Thema liefern.

So werden neben erprobten Konzepten auch neue Ideen und Modelle präsentiert, deren Bewährung noch aussteht. Was dem einen exotisch erscheint, ist dem anderen vielleicht bereits alltägliche Selbstverständlichkeit. Die Wirtschaftsgeschichte ist voll von Beispielen für Umwälzungen, die von „Außenseitern" ausgelöst wurden. Oft wurden seltsam klingende Ideen schon bald zum „Mainstream". So mögen manche in diesem Buch vorgestellte Konzeptionen, Modelle und Systeme im Rating neu und wenig erprobt erscheinen. Sie sind jedoch durchaus in der Lage, definierte Zielsetzungen zu erreichen.

Das vorliegende Buch setzt zwar nicht unbedingt Vorwissen zum Rating voraus, wohl aber die kritische Urteilsfähigkeit des Lesers. Es ist eher geeignet, die Bandbreite der bisher entwickelten Ansätze und Anwendungen zu erfassen, als eine Meinung des Herausgebers zu erahnen. Es ist ein Faktum, dass unterschiedliche Anbieter am Markt sind. Mit ihren Einflussnahmen muss sich auseinandersetzen, wer ein umfassendes Verständnis des Ratingmarktes entwickeln will.

Das Buch wendet sich an alle, die aktuell oder potenziell mit Ratings befasst sind. Das sind viele: Unternehmer, Analysten, Banker, Versicherer, Berater oder Anwälte, die sich für den betriebswirtschaftlichen Hintergrund des Ratings interessieren. Rating betrifft Unternehmen aus allen Branchen. Den Hochschulen mag das Buch als praxisbezogene Einführung und wertvolle Materialsammlung dienen. Es ist ein Beitrag zur Diskussion und zur Ausbildung, darüber hinaus eine Ermunterung zu weiterer Lektüre.

Frankfurt am Main, im Herbst 2001   Dr. Oliver Everling

EuroRatings: Mit einer objektiven Bonitätsanalyse sehen Sie schärfer.

www.golinharris.de

Mehr Transparenz bei mittelständischen Unternehmen bringt allen Marktteilnehmern Vorteile: Investoren bei der Portfolio-Steuerung, dem Mittelständler durch eine Verbreiterung seiner Kapitalbasis. Als unabhängiger Branchenspezialist erstellt EuroRatings objektive Bonitäts-Analysen. Fordern Sie unsere Broschüre an:
Telefon: 0 69 / 9 72 60 - 0 · Telefax: 0 69 / 9 72 60 - 111 · www.euroratings.com

Europäische Ratingagentur für den Mittelstand

EURORATINGS
AKTIENGESELLSCHAFT

Inhaltsverzeichnis

Vorwort V

Autorenverzeichnis XXIX

Teil 1
Bedeutung des Mittelstandsratings

Förderung der Kapitalversorgung im Mittelstand durch Rating
Michael Speicher

1. Einführung	3
2. Trends und Entwicklungen an den Finanzmärkten und die Folgen für den Mittelstand	4
3. Das Rating – eine neue Dienstleistung für den Mittelstand	7
4. Optionen für den Einsatz von Ratings	9
5. Rating – die Arbeitsweise der Agenturen	10
6. Der Ablauf des Ratings – der Ratingprozess	13
7. Ratingskala: Differenzierte Einstufungen	14
8. Rating und Kapitalmarkt	15
9. Fazit und Ausblick	17

Informationsstand und erwartete Auswirkungen von Basel II im Mittelstand
Andrea Heyken

1. Einführung	19
2. Informationsstand und Informationsquellen	20
2.1 Informationsstand	20
2.2 Informationsquellen	21
3. Bankgespräche	21
4. Erwartete Auswirkungen von Basel II	22
4.1 Auswirkungen auf die Kreditvergabepolitik und -modalitäten	23
4.2 Chancen und Risiken	23
5. Ratingeinstufung	24
5.1 Kriterien für die Ratingeinstufung	24
5.2 Bewertung der Kriterien	25
5.3 Unternehmensbenotung	26

6. Externes Rating	27
7. Fazit	28

Zukunftsperspektiven des Ratingmarktes
Hans-Georg Sultze

1. Ausgangssituation und Ausblick	29
2. Wirrwarr am Ratingmarkt	31
3. Zukunftsentwicklung: Die Ratingkultur	35
4. Das Beispiel der RS Rating Services AG	37

Ratingverständnis im deutschen Mittelstand und Entwicklungspotenzial des deutschen Ratingmarktes
Simone Gromer

1. Einleitung	43
2. Ergebnisse der empirischen Untersuchung	44
2.1 Unternehmensbefragung	44
2.1.1 Vorgehensweise und Auswahl der Teilnehmer	44
2.1.2 Ergebnisse der Umfrage	45
2.2 Expertenbefragung	51
2.3 Bewertung und mögliche Szenarien der künftigen Entwicklung	54
2.3.1 Zusammenfassung der Umfrageergebnisse	54
2.3.2 Szenarien der künftigen Entwicklung	55
2.3.2.1 Ausgangssituation	55
2.3.2.2 Szenario „Start up"	56
2.3.2.3 Szenario „Business As Usual"	57

Teil 2
Nutzenaspekte des Ratings kleinerer und mittlerer Unternehmen

Rolle von Ratings in der Firmenkundenbeziehung von Kreditgenossenschaften
Matthias Stuhlinger

1. Einleitung	63
2. BVR I Rating	64
2.1 Zielsetzung	64
2.2 Beschreibung	65
2.3 Kritische Würdigung	67
3. BVR II Rating	68
3.1 Rating im Umfeld von VR-Control	68

    3.2   Rating als Voraussetzung für die Adressrisikosteuerung 68
    3.3   Ausreichende Kundensegmentierung 70
    3.4   Bau des BVR II Rating für den Mittelstand 71
    3.5   Qualitätssicherung 74
    3.6   Auswirkungen von Rating auf Kundenbeziehungen 75
          3.6.1   Kreditkonditionen 75
          3.6.2   Chance durch Transparenz 76
4. Zusammenfassung 77

Bedeutung des Ratings in internationalen Geschäften
Aoshi Chen

1. Chancen des internationalen Geschäftes für die Unternehmen 79
2. Neue Dimensionen – Unternehmen im internationalen Geschäft 82
    2.1   Stabilität der Politik einer Gesellschaft 82
    2.2   Kulturunterschiede 82
    2.3   Entwicklungsstand der Wirtschaftsordnung 83
3. Internationale Zusammenarbeit – ein einfaches Modell 85
4. Matrix von Kulturunterschieden und Entwicklungsstand der Wirtschaftsordnung auf dem Zielmarkt 85
5. Rating als Entscheidungsinstrument im internationalen Geschäft 87
6. Nutzung des Ratingservices in internationalen Geschäften 88
    6.1   Sovereign Credit Rating 88
    6.2   Corporate Credit Rating 89
    6.3   Rating – eine Brücke für Unternehmen in internationalen Finanzmärkten . 90
7. Beschränkung des Ratingservices in internationalen Geschäften 91
8. Auswertung der nachhaltigen internationalen Leistungsfähigkeit des Unternehmens 92
    8.1   Fokus 92
    8.2   Skala 93
    8.3   Kriterien 93
          8.3.1   Vier Analyseaspekte 93
          8.3.2   Vier Informationslevels 94
    8.4   Prozess 95
    8.5   Monitoring 96
9. Zusammenfassung und Ausblick 96

Rating als Visitenkarte am Finanzmarkt der Zukunft
Peter Fischer, Malte Mengers

1. Einleitung 99
2. Begriffliche Abgrenzung 100
    2.1   Rating 100

	2.2 Finanzmarkt	101
3.	Aktuelle Entwicklungen der Märkte	101
	3.1 Die Ratinglandschaft im Umbruch	101
	3.1.1 Basel II	101
	3.1.2 Externe Ratings	103
	3.1.3 Interne Ratings	104
	3.1.4 Chancen und Risiken für den Mittelstand	104
	3.2 Dynamik des Finanzmarktes	106
4.	Die zukünftige Ratingpflicht gibt starke Impulse für die Finanzmärkte	108
	4.1 bfinance – der Finanzmarkt für Unternehmen im Internet	108
	4.2 Die Relevanz des Ratings für den Geschäftsprozess eines modernen Finanzmarktplatzes	109
5.	Zusammenfassung	113

Teil 3
Funktionen des Mittelstandsrating

Kreditwürdigkeitsprüfung durch Rating
Inge Pawlik

1.	Einleitung	119
	1.1 Wozu brauchen Banken interne Ratings?	119
	1.2 Definition von Kreditwürdigkeit	119
	1.3 Definition von Rating	120
2.	Bankinterne Ratingverfahren	120
	2.1 Ziele	120
	2.2 Kriterien	121
	2.3 Bewertung der Kriterien	123
3.	Maßnahmen zur Bonitätsverbesserung	123
	3.1 Informationspolitik	123
	3.2 Transparenz	124
4.	Von der Bonitätsanalyse durch Rating zur Kreditentscheidung	125
5.	Ausblick	125

Rating als Element der Bankrisikosteuerung
Stefan Kirmße

	Einleitung: Die marktliche Situation im Firmenkundengeschäft – Ausgangspunkt einer Neuausrichtung der Kreditrisikosteuerung	127
1.	Bestandteile einer Kreditrisikosteuerung	128
2.	Entwicklung und Struktur eines Ratingsystems	132
3.	Einsatzmöglichkeiten der Ratinginformationen in der Banksteuerung	138

Gestaltungsalternativen der Unternehmensfinanzierung durch Rating
Ingo Natusch

1. Einleitung 143
2. Finanzmarktentwicklungen 144
3. Kreditversorgung des Mittelstands 145
   3.1 Neue Eigenkapitalvorschriften des Baseler Ausschusses für Bankenaufsicht 145
   3.2 Umbruch in der Kreditvergabepraxis 146
4. Mögliche Finanzierungsstrategien mittelständischer Unternehmen 147
   4.1 Höhere Transparenz 147
   4.2 Höhere Flexibilität bei der Wahl der Finanzierungsinstrumente 148
       4.2.1 Kapitalmarktprodukte 148
           4.2.1.1 Corporate Bonds 148
           4.2.1.2 Asset Backed Securities 150
       4.2.2 Private-Equity-Finanzierungen 151
       4.2.3 Risikoadäquat bepreiste Kredite 153
   4.3 Exkurs: Assetklasse „Deutscher Mittelstandskredit" 154
5. Fazit und Ausblick 156

Rating zur Steuerung von Kundenbeziehungen
Christoph Tigges

1. Einleitung 159
2. Strategisches Risk Management: Festlegung der Risikopolitik 160
3. Ziele des Kredit Risk Management 161
   3.1 Ziele der Kreditüberwachung 161
   3.2 Ziele des Kredit-Ratingsystems 162
4. Grundsätze 163
   4.1 Klassifizierung/Rating von Unternehmen 163
   4.2 Delegation der Entscheidungen 164
   4.3 Systemunterstützung und individuelle Bonitätsprüfung ... 164
5. Risiko-Entscheidungsgebäude 164
6. Kreditmanagement-Prozess 166
   6.1 Prozess der Bonitätsprüfung 166
   6.2 Informationen zur Bonitätsbeurteilung 168
   6.3 Bewertung der Informationen 168
7. Frühwarnindikatoren 169
8. Risk Controlling im Rahmen des Kredit Risk Managements 171
9. Globale Aspekte 172
10. Zusammenfassung 173

Was können Mittelständler von einem Rating erwarten?
Dieter R. Kirchmair

1. Ausgangsbasis 175
2. Bank of International Settlement 175
3. Rating – für wen? 176
4. Was können mittelständische Unternehmen erwarten? 177
5. Externes und/oder internes Rating? 177
6. Definition Mittelstand 178
7. Rating-Know-how im Unternehmen 178
8. Ratingprozess 179
9. Ratinginhalte 179
10. Erwartungen 180
    10.1 Fachkundiges Urteil 180
    10.2 Nachweis der Zukunftsfähigkeit 181
    10.3 Zuverlässiges Steuerungsinstrument 181
    10.4 Optimierung der Kommunikation im Unternehmen 181
    10.5 Imagegewinn 182
    10.6 Motivationsförderung im Unternehmen 182
    10.7 Eintrittskarte für den Kapitalmarkt 182
    10.8 Förderung der Geschäftsbeziehungen 183
            10.8.1 Kundenbeziehungen   183
            10.8.2 Lieferantenbeziehungen   183
            10.8.3 Beziehungen zu Dienstleistern und anderen   183
    10.9 Unterstützung bei Akquisition von leitenden Mitarbeitern ... 184
    10.10 Rating als Regulativ für die Konditionsgestaltung 184
    10.11 Unabhängigkeit von Kapitalinvestoren 185
    10.12 Kooperation mit externen Beratungsgesellschaften 185
    10.13 Neues, offeneres und kreatives Verhältnis zu den Banken 185
    10.14 Ratingagentur oder auch Bank als Partner für die Zukunftsfähigkeit ... 186

Teil 4
Adressaten des Mittelstandsratings

Rating aus der Aktionärsperspektive
Volker G. Heinke

1. Einführung 189
2. Optionscharakter von Aktien und Krediten 190
3. Rating, Ratingänderungen und Aktionärsvermögen 192
    3.1 Zielkonflikt zwischen Kreditgebern und Aktionären 192
    3.2 Einflussfaktor Unternehmensvermögen 193

3.3 Einflussfaktor Cash Flow-Volatilität 194
3.4 Einflussfaktoren Kreditkonditionen und Verschuldungsgrad 196
3.5 Zusammenfassender Überblick 197
4. Empirischer Zusammenhang zwischen Ratings und dem Aktionärsvermögen . 199
5. Schlussbetrachtung und Ausblick 202

Rating aus Sicht des geschäftsführenden Gesellschafters
Kurt Peter

1. Einleitung 205
2. Vorgeschichte 205
3. Vorarbeiten 208
4. Ziele 209
5. Ratingprozess 211
6. Ergebnis und die Folgen 212

Bedeutung des Credit Ratings im Fondsmanagement
Felix Fischer, Holger Mertens

1. Einführung 215
2. Ratingklassen-Vereinbarung 215
   2.1 Ratingagentur 216
   2.2 Default Rates 216
   2.3 Recovery Rate 218
   2.4 Default Losses 219
3. Ratingklassenallokation 220
4. Branchenallokation 221
5. Einzeltitelselektion 223
   5.1 Finanzscore 223
   5.2 Qualitativer Score 226
   5.3 Relative Value 227
6. Portfoliomanagement 228

Teil 5
Konzeptionen von Ratingsystemen

Kreditrisikomessung durch interne Credit-Ratingverfahren
Stefan Blochwitz, Judith Eigermann

1. Ziele von Credit Ratings und Anforderungen an interne Verfahren 231
   1.1 Kreditrisiko 231
   1.2 Konzepte für Ratingverfahren 232
   1.3 Anforderungen an interne Ratingverfahren 233

2. Kreditvergabe als mehrstufiger Prozess 235
3. Datenbasis und Systematisierung bonitätsrelevanter Daten 237
4. Quantitative Verfahren zur Bonitätsprüfung 239
5. Festlegung von Risikoklassen und Überwachung des gesamten Systems
   5.1 Festlegung von Risikoklassen 241
   5.2 Überwachung des internen Ratingverfahrens 242

Konzeption des CRESTA-SCORES
Hans-Ulrich Templin

1. Einleitung 249
2. Zielsetzung und Vorgehensweise der empirischen Untersuchung 251
3. Entwicklung des CRESTA-SCORE-Ansatzes 254
   3.1 Regelbasierter Teilansatz 254
   3.2 Hermeneutischer Teilansatz 256
   3.3 Ratingskala 257
   3.4 Rating und Rendite 258
4. Zusammenfassung 259

HERMES-Rating für den Mittelstand
Ralf Garrn

1. Ein erfolgreiches Unternehmen ist gut – noch besser ist allerdings ein ausgezeichnetes Unternehmen 263
   1.1 Ratings bewerten die Bonität von Unternehmen 263
   1.2 Ein gutes Rating ist ein starker Wettbewerbsvorteil 264
   1.3 Dem Mittelstand fällt es immer schwerer, Kredite zu erhalten 265
   1.4 Neue Auflagen lassen die Zinsen steigen 265
   1.5 Geprüfte Bonität zahlt sich bei Lieferanten aus 266
   1.6 Gute Argumente bei der Personalsuche 268
   1.7 Rating ist nicht gleich Rating 269
   1.8 Je besser der Ruf des Prüfers, desto größer der Wert eines Ratings . . . 269
   1.9 Rating ist auch aktive Risikovorsorge im Sinne des KonTraG 270
2. Rating im Interesse des Unternehmens 271
   2.1 Am Anfang steht die Information 271
   2.2 Genaue Recherchen vor Ort sind die beste Basis 271
   2.3 Über den Einsatz des Ratings entscheidet allein das Management . . . 272
3. Faktoren für den Unternehmenserfolg 272
   3.1 Je sicherer die Branche, desto besser kann das Rating werden 273
   3.2 Zahlen, Fakten, Menschen und Visionen: die Kriterien der Analyse . . . 273
4. Erste Schritte zum erfolgreichen Rating 274
   4.1 Vorab benötigte Informationen 275
   4.2 Wählen Sie feste Ansprechpartner aus 276

Konzeption des Creditreform Ratings
Andreas Huber, Jost Frickhöfer

1. Einführung 277
2. Das mittelstandsorientierte Creditreform Rating 278
   2.1 Vorgehensweise 279
   2.2 Einfließende Informationsbestandteile 281
       2.2.1 Jahresabschlussanalyse 281
       2.2.2 Analyse des wirtschaftlichen Umfeldes 283
       2.2.3 Analyse der qualitativen Unternehmensfaktoren 285
   2.3 Dauer und Gültigkeit eines Creditreform Ratings 286
3. Grundsätze und Ziele einer mittelständischen Ratingagentur 287

Kriterienstruktur des MWI-Ratings
Bernd Lindemann, Kai Fischer

1. MWI-Ratingkonzept im Überblick 289
   1.1 Bewertungsfelder Management, Wirtschaftlichkeit und Innovation 289
   1.2 Einbindung des MWI-Ratings in den Investor Relations-Spiegel 291
   1.3 Transparenz-Aspekt des MWI-Ratings 292
   1.4 Unternehmensgruppen für das MWI-Rating 292
2. Kriterienstruktur, Güteklassen und Ratingprädikate sowie Organisationshilfen zur Ratingdurchführung 293
   2.1 Ebenen der Kriterienstruktur 293
   2.2 Güteklassen und Ratingprädikate 294
   2.3 Organisationshilfen zur Ratingdurchführung 295
3. Kriterienstruktur der Management-, Wirtschaftlichkeits- und Innovationsbewertung 296
   3.1 Kriterienstruktur der Managementtransparenz im Überblick 296
   3.2 Kriterienstruktur der Wirtschaftlichkeitstransparenz im Überblick 298
   3.3 Kriterienstruktur der Innovationstransparenz im Überblick 299

Ganzheitlich-Dynamisches Unternehmens-Rating
Günter H. Darazs

1. Einführung 307
2. Situation 308
   2.1 Definition und Zielsetzung eines Ratingsystems 308
   2.2 Veränderungsdruck auf die KMU's 310
   2.3 Neue Herausforderungen an ein Ratingsystem 312
3. Was soll sein? 313
   3.1 Die Problemstellung eines Ratings 313
   3.2 Die klassische Lösung: Eine Jahresabschlussanalyse 314
   3.3 Warum ist Rating mehr als eine Jahresabschlussanalyse? .. 315

4. Das Ganzheitlich-Dynamische Unternehmens-Rating (GDUR)® 317
   4.1 Basis des Ganzheitlich-Dynamischen Unternehmens-Ratingkonzeptes . . 317
   4.2 Ratingkriterien 321

Teil 6
Modelle des Ratings

Rating mit qualitativen und quantitativen Kriterien
Günther Stur 327

Quantitatives Credit-Rating mit qualitativen Merkmalen
Judith Eigermann

1. Einleitung und Problemstellung 343
2. Ein wichtiges qualitatives Merkmal – Bilanzierungsverhalten 344
   2.1 Was sind qualitative Merkmale? 344
   2.2 Das Bilanzierungsverhalten als notwendige Ergänzung zur quantitativ
      dominierten Kreditwürdigkeitsprüfung 346
   2.3 Qualitatives Bilanzierungsverhalten – Grundlagen 347
   2.4 Qualitatives Bilanzierungsverhalten – Erfassung 348
3. Einbeziehung qualitativer Merkmale in quantitative Ratingverfahren 351
   3.1 Was ist ein quantitatives Ratingverfahren? 351
   3.2 Qualitative Merkmale in der Diskriminanzanalyse 352
   3.3 Qualitative Merkmale in der logistischen Regression 355
   3.4 Qualitative Merkmale in einem Neuronalen Netz 356
   3.5 Qualitative Merkmale in einem Fuzzy-System 358
4. Zusammenfassung 360

Mittelstandsrating mit Hilfe neuronaler Netzwerke
Karsten Füser

Neuer Basler Eigenkapital-Akkord 363
Auswirkungen des alten/neuen Basler Akkords auf die Banken 364
Position des Mittelstandes 365
Sicht der Banken 367
Neuronale Netze und alternative Ansätze zum Rating – ein Vergleich 369
Neuronale Netze als Werkzeuge zum Mittelstandsrating – Beispiel 376
Zusammenfassung/Fazit 381

Modellierung von Expertensystemen zum Rating
Bernulf Bruckner

1. Einführung 387
2. Expertensysteme 389
   2.1 Allgemeines und Definitorisches 389
   2.2 Komponenten eines Expertensystems 391
3. Expertensysteme als Ratinginstrumente 392
   3.1 Anforderungen an ein ratingtaugliches Expertensystem 393
   3.2 Modellierung eines ratingtauglichen Expertensystems 394
4. Zusammenfassung und Ausblick 397

Teil 7
Ablauf unterschiedlicher Ratingverfahren

Unternehmensrating bei der börsennotierten Gesellschaft
Michael R. Probst

1. Einleitung 403
2. Unternehmen fit für die Börse machen 404
3. Ablauf des Ratingprozesses 406
   3.1 Ziel des URA-Ratings: ganzheitliche Betrachtung des Unternehmens . . . 406
   3.2 Qualitätsmerkmale des Ratingprozesses 406
4. Entscheidung für eine der neuen deutschen Ratingagenturen 407
5. Vom Auftrag bis zum Ratingbericht 408
   5.1 Neben der Papierlage zählt der Eindruck vor Ort 408
   5.2 Struktur der Befragung 409
   5.3 Die Rolle des Advisors 411
6. Fazit 412

@rating – mit Sicherheit mehr vom B2B
Karlheinz Bernhard/Norbert Langenbach/Thierry Nock/Axel Föllinger

1. Das Konzept 415
   1.1 Ausgangssituation 415
   1.2 Die @rating-Lösung 417
2. @rating Produkte 419
   2.1 @rating Quality Label 420
   2.2 @rating Service – professionelles Kundenmanagement 421
   2.3 @rating Protection 422
3. Kriterien für die Beurteilung von Unternehmen 425
   3.1 Diskriminanzanalyse 426

3.2 Internes Frühwarnsystem 427
3.3 Selbstauskunft – Fragebogen und sonstige Informationen 429

Teil 8
Kriterien der Beurteilung

Kriterien des FERI Branchenratings
Eberhard Weiß

1. Einleitung 433
   1.1 Zielsetzung des Branchenratings 433
   1.2 Anwendung des Branchenratings 434
2. Konzeption des Branchenratings 435
   2.1 Indikatoren zur Bonität 435
   2.2 Empirische Branchenanalyse 436
   2.3 Verdichtung der Ergebnisse 437
3. Datenbasis der Branchenanalyse 437
   3.1 Datenumfang 437
   3.2 Datenquellen 438
4. Prognoseerstellung 438
   4.1 Simulationsmodelle 438
   4.2 Branchenprognose Deutschland 440
5. Kalkulation des Ratings 442
   5.1 Auswahl der Kriterien 442
   5.2 Berechnungsverfahren 443
   5.3 Zusatzbewertungen 445
6. Aktuelle Auswertungen 446
   6.1 Verteilung 446
   6.2 Ausfallwahrscheinlichkeiten 446
7. Darstellung der Ergebnisse 447
   7.1 Branchendossier 447
   7.2 Branchenvergleich 448
8. Zusammenfassung 448

Maßstäbe für das Rating von mittelständischen High-Tech Unternehmen
Andreas Ost

1. Ausblick 451
2. High-Tech-Branche – Wer ist das? 452
3. Volkswirtschaftliche Aspekte des High-Tech-Feldes 453
4. High-Tech im Wettbewerb 454
5. Warum eigentlich ein Rating? 455

6. Kriterien, die ein Rating beeinflussen 457
    6.1 Qualitative Faktoren 458
        6.1.1 Produktionsfaktor Wissen – *Forschung und Entwicklung* 459
        6.1.2 Die Mitarbeiter – *essenzielles Asset von Technologieunternehmen* . 459
    6.2 Quantitative Faktoren 461
        6.2.1 Kapital – Rückgrat des Mittelstandes 461
        6.2.2 Beteiligungsgesellschaften, Business Angels und Corporate Venturing 463
        6.2.3 Öffentliche Fördermaßnahmen 464

Bestandssicherung durch Suche nach Spitzentechnologien
Georg H. von Braunschweig, Hermann Hildenbrand

1. Einleitung und Begriffsbestimmung 467
2. Unternehmenserfolg und Bestandssicherung 468
    2.1 Veränderungen des Marktes 468
    2.2 Spitzentechnologien für Innovationen 468
        2.2.1 Unterscheidung vom Wettbewerb 469
        2.2.2 Höhere Rendite 469
        2.2.3 Beurteilung der Bonität 469
    2.3 Unternehmensstrategie 470
        2.3.1 Unternehmenskultur 470
        2.3.2 Kundenorientierung 471
3. Kriterien zur Beurteilung der Bestandssicherung 471
    3.1 Stand der angewandten Technologie und Organisation 471
    3.2 Umsatzanteile mit neuen Produkten 472
    3.3 Forschung und Entwicklung (FuE) 472
    3.4 Kooperationen mit anderen Unternehmen 473
4. Aktivierung des Innovationspotenzials 474
    4.1 Innerbetriebliche Ideenfindung 474
        4.1.1 Förderung der Fachkräfte 474
        4.1.2 Motivation der Mitarbeiter 475
    4.2 Analyse der eigenen Erzeugnisse 475
5. Suche nach Spitzentechnologie 476
    5.1 Eigene Forschung und Entwicklung 476
    5.2 Outsourcing von Forschungs- und Entwicklungsarbeiten 477
        5.2.1 Betriebsinterne Voraussetzungen 477
        5.2.2 Suche nach Kooperationspartnern 479
6. Übertragung von Spitztechnologien auf Unternehmen 580
    6.1 Auswahl des geeigneten Partners 480
        6.1.1 Fachliche Auswahl 480
        6.1.2 Persönliche Auswahl 481
        6.1.3 Grundlagen der Entscheidung 481

      6.1.4 Entscheidung 481
  6.2 Vereinbarung über einen Technologietransfer 482
7. Erfolgskontrolle und kontinuierliche Innovationen 485
  7.1 Erfolgskontrolle 485
  7.2 Fortsetzung der Innovationstätigkeit 486
  7.3 Berücksichtigung der Ergebnisse in Planung und Bilanz 486

Teil 9
Rolle des Rating Advisors

Bedeutung des Rating Advisors für mittelständische Unternehmen
Wolfgang Meyer-Parpart

1. Grundlegende Anmerkungen 489
  1.1 Ratings und mittelständische Unternehmen 490
      1.1.1 Ratingdefinition 490
      1.1.2 Mittelständische Charakteristika als Risikofaktoren 491
      1.1.3 Kriterien für die Ratingfähigkeit von mittelständischen
           Unternehmen 493
  1.2 Verbindung von Rating Advisory und Ratingagenturen 494
      1.2.1 Rechtliche Grundlagen 495
      1.2.2 Rating Advisory als Teil der Unternehmensberatung 496
      1.2.3 Unabhängigkeit und Qualität der Dienstleister 497
2. Rating Advisory und Investmentbanken 498
3. Spezielle Aufgabenstellungen des Rating Advisors 499
  3.1 Beratungsaktivitäten vor der Entscheidung des Unternehmens
     für ein Rating 500
      3.1.1 Festlegung des primären Ratingzwecks 500
           3.1.1.1 Rating als Entscheidungshilfe für das Management 501
           3.1.1.2 Rating zur Unterstützung der Kapitalmarktfähigkeit 502
      3.1.2 Auswahl einer oder mehrerer Ratingagenturen 503
      3.1.3 Ernennung eines Ratingkoordinators 505
      3.1.4 Indikation einer Ratingbandbreite 507
  3.2 Vorbereitungsphase für das Ratingverfahren 507
      3.2.1 Erstellung einer Ratingdokumentation 507
      3.2.2 Vorbereitung der Präsentation des Unternehmens für das
           Ratinggespräch 509
  3.3 Begleitung des Unternehmens nach Erhalt des ersten Ratings 511
      3.3.1 Analyse und Auswertung des ersten Ratings als Basis für
           erforderliche Unternehmensberatung 511
      3.3.2 Empfehlungen für oder gegen die Veröffentlichung eines Ratings . 512

    3.3.3 Ratings als wesentlicher Bestandteil der Finanzkommunikation
           (Investor Relations) 513
4. Ausblick 516

Ratingberatung mittelständischer Unternehmen
Manfred Schwärzer

1. Das neue Jahrtausend beginnt turbulent 519
2. Was sind die Hintergründe? 520
3. Was ist aus Sicht des mittelständischen Unternehmens zu tun und wobei
   kann ihm geholfen werden? 523
    3.1 Einstellung zum gesamten Problem 523
    3.2 Nutzung aller mit dem Rating verbundenen Chancen 523
    3.3 Gründliche und proaktive Vorbereitung 525
    3.4 Prerating oder „der Trockenkurs" 526
    3.5 Optimierte Entscheidung ob, von wem und wann geratet werden soll . . . 527
    3.6 Begleitung durch einen kompetenten Rating Advisor 527
4. Fazit 528

Vorbereitung von Familienunternehmen auf ihr Rating
Karl-Heinz Kramer

1. Familienunternehmen sind etwas Besonderes 530
    1.1 Begriff 530
    1.2 Stärken von Familienunternehmen 530
    1.3 Zur Finanzierung 531
2. Besondere Risikofaktoren – Familienunternehmen aus Sicht der
   Ratingagentur 531
    2.1 Unternehmensgröße und geringer Diversifizierungsgrad 532
    2.2 Fehlende Transparenz 532
    2.3 Eingeschränkte finanzielle Flexibilität 533
    2.4 Personenabhängigkeit 534
    2.5 Ungeklärte Unternehmensnachfolge 535
    2.6 Streitigkeiten innerhalb der Familie bzw. im Gesellschafterkreis 535
3. Die Integrierte Eigner-Strategie 536
    3.1 Unternehmensstrategie 538
    3.2 Persönliche Strategie 538
    3.3 Vermögensstrategie 538
    3.4 Familienstrategie 539
    3.5 Zusammenfassung 539
4. Was können Familienunternehmen zur Vorbereitung auf das Rating tun? 540
    4.1 Intensive Beschäftigung mit dem Ratingprozess 540
    4.2 Überprüfung der Erwartungshaltung 541

4.3 Lernen, mit Transparenz umzugehen	541
4.4 Öffnung des Familienunternehmens für neue Ideen und Kapital	542
4.5 Frühzeitige und umfassende Nachfolgeregelung	543
4.6 Anpassung der Führungsstruktur und Corporate Governance	544
4.7 Rating Advisory	545
5. Fazit	546

Ratingperspektiven für kleine und mittlere Unternehmen in der Schweiz
Paul Stämpfli

Die Banken und der Mittelstand	550
Blick auf die Schweizer Ratingszene	552
Die (nicht-bilanzierten) Immateriellen im Vormarsch	554
Die Kommunikation als Werttreiber	556
Mehrwert für den Schweizer Mittelstand durch Unternehmensratings	556
Ratingablauf bei einer schweizerischen Großbank	559
Entwicklung des Schweizer Marktes für unabhängige Ratings	560
Würdigung von Ratings und Ratingagenturen nach Schweizer Recht	564
Ausbildung	566
Zusammenfassung	566

Zusammenarbeit der Ratingagentur mit dem Advisor
André Röhm

1. Einleitung	569
2. Notwendigkeit des Advisory bei mittelständischen Unternehmen	570
2.1 Unterstützung bei der Entscheidungsfindung des Managements	570
2.2 Wirtschaftliche Durchführung des Ratings	571
2.3 Verbesserung des Aussagegehalts des Ratingergebnisses	572
2.4 Untersützung nach Abschluss des Ratings	572
3. Abgrenzung des Advisory von der Analystentätigkeit	573
3.1 Tätigkeitsbild des Advisors in Abgrenzung zum Analysten	573
3.2 Bindung an Berufsgrundsätze	574
4. Zusammenarbeit des Advisors mit der Ratingagentur	575
4.1 Vertragsbeziehung des Advisors	575
4.2 Zusammenarbeit vor Aufnahme des Ratings	576
4.3 Vor und während der Ersterhebung und ersten Risikoanalyse	577
4.4 Während der Analystentätigkeit	578
4.5 Bei Festsetzung des Ratingergebnisses	578
4.6 Post-Rating und Monitoring	579
5. Schlussbemerkung	579

Integration von Risikomanagement und Rating in der Praxis
Hardy Oepping

1. Zielsetzungen im Risikomanagement und Rating 583
   1.1 Risikomanagement 583
   1.2 Unternehmensrating 585
   1.3 Synopsis 586
2. Risikoidentifikation 587
   2.1 Risikomanagement 587
   2.2 Unternehmensrating 588
   2.3 Synopsis 589
3. Risikobewertung 590
   3.1 Risikomanagement 590
   3.2 Unternehmensrating 591
   3.3 Synopsis 591
4. Risikoaggregation 593
   4.1 Risikomanagement 593
   4.2 Unternehmensrating 594
   4.3 Synopsis 595
5. Risikobewältigung 597
   5.1 Risikomanagement 597
   5.2 Unternehmensrating 597
   5.3 Synopsis 598
6. Risikoüberwachung 600
   6.1 Risikomanagement 600
   6.2 Unternehmensrating 601
   6.3 Synopsis 602
7. Zusammenfassung und Ausblick 603

Rating Advisory in der Integrierten Corporate Finance Bank
Jochen Fischer, Frank Henes, Hilko Holzkämper

1. Einleitung 605
2. Aktuelle Trends an den Kredit- und Kapitalmärkten 606
   2.1 Die Beschlüsse von Basel II 606
   2.2 Konsolidierung am Bankenmarkt 606
   2.3 Trend zur Kapitalmarktfinanzierung 608
3. Das Konzept der Integrierten Corporate Finance Bank 609
4. Ratingverfahren und Beurteilungsfaktoren 611
   4.1 Rating – Bonitätsbeurteilung durch einen unabhängigen Dritten . . . 612
   4.2 Der Ratingprozess 613
   4.3 Die Beurteilungskriterien 614
5. Rating Advisory als Kernelement der Integrierten Corporate Finance Bank . . 615

    5.1   Nutzen von Rating Advisory aus Sicht des Unternehmens 615
    5.2   Aufgaben und Vorgehensweise des Rating Advisors 616
6. Schlussbetrachtung 619

Teil 10
Standards im Ratingwesen

Das Unternehmensfeld und der Faktor Mensch
Ulrich Hirsch 623

Grundsätze des Unternehmensratings
Dieter Pape

1. Rating für den Mittelstand – der neue Ansatz 637
    1.1   Wirtschaftliches Umfeld 637
    1.2   Kapitalversorgung 637
    1.3   Entwicklung mittelständischer Unternehmen 638
    1.4   Rating als Stabilisierungsfaktor 638
2. Ratingqualität – die Basis 639
3. Förderung der Qualität des Ratings durch den Rating Cert e.V. 640
    3.1   Historie 640
    3.2   Zweck des Vereins 642
    3.3   Stellungnahme des Rating Cert e.V. an die BIZ 642
4. Rating – Definition und Image 644
    4.1   Definition des Ratings 644
    4.2   Image des Ratings 646
5. Grundsätze des Unternehmensratings 647
    5.1   Berufsständische Standards 647
    5.2   Die Grundsätze des Unternehmensratings 648
    5.3   DVFA Ratingstandards 655
Ausblick 656

Qualitätssicherung im Ratingwesen
Christoph R. Kley

1. Einleitung – Durch Standards die Qualität von Ratings sichern 659
2. Strategien zur Qualitätssicherung von Ratings 661
3. Qualitätssicherung durch den Rating Cert e.V. und seine Grundsätze 665
    3.1   Der Rating Cert 665
    3.2   Ratinggrundsätze des Rating Cert 665
4. Vorstellung und Kommentierung der Ratinggrundsätze des Rating Cert e.V. . . . 667

4.1	Spannungsfelder bei der Konzeption von Regelwerken	667
4.2	Zu den allgemeinen Pflichten der Ratingagentur	668
4.3	Erhebungsgrundsätze	673
4.4	Beurteilungsgrundsätze	675
4.5	Allgemeine Pflichten des Analysten	676

Analystenausbildung für das Mittelstandsrating
Walburga Sarcher

1. Die Idee ... 681
2. Grundvoraussetzung für eine Qualifizierung zum Rating-Analysten: finanzpolitischer Hintergrund ... 682
   - 2.1 Kreditvergabe durch die Banken ... 682
   - 2.2 Andere Formen der Refinanzierung ... 682
   - 2.3 Situation der Banken ... 683
   - 2.4 Folgen für die Ratinglandschaft ... 683
3. Kooperationspartner aus der Praxis und wissenschaftlicher Hintergrund ... 684
4. Die „Rating-Analystin"/der „Rating-Analyst" ... 685
   - 4.1 Die Kompetenzen eines Rating-Analysten ... 685
   - 4.2 Die Berufsfelder des Rating-Analysten ... 686
5. Das Augsburger Qualifizierungskonzept ... 687
   - 5.1 Grundsatzfragen zur Entwicklung eines Konzeptes ... 687
   - 5.2 Analyseraster ... 687
   - 5.3 Fragenraster: Der Schlüssel zu den Teilbereichen ... 688
   - 5.4 Charakteristika der Qualifizierung ... 688
   - 5.5 Ziele ... 688
   - 5.6 Inhalte ... 688
   - 5.7 Zertifikatsprüfung ... 690
   - 5.8 Voraussetzungen zur Qualifizierung ... 680
6. Ein exklusiver Verein: Rating-Analysten der Universität Augsburg ... 691
7. Interesse? ... 692

Stichwortverzeichnis ... 693

Autorenverzeichnis

Karlheinz Bernhard	Direktor, Leiter Kreditbereich, bei der Allgemeine Kreditversicherung AG, Mainz
Dr. Stefan Blochwitz	Mitarbeiter im Bereich Unternehmensrating in der Hauptabteilung Kredit, Devisen, Finanzmärkte im Direktorium der Deutschen Bundesbank, Frankfurt am Main
Dr. Ing. Georg von Braunschweig	Partner der Von Braunschweig & Partner Consultants in Technology Transfer, Genf/Köln
Dr. Bernulf Bruckner	Stellvertretender Vorstand am Institut für Kreditwirtschaft der Wirtschaftsuniversität Wien
Aoshi Chen	Geschäftsführer der SynFront Consulting GmbH, Frankfurt am Main
Günter H. Darazs	Vorstand der GDUR, Mittelstands-Rating AG, Frankfurt am Main
Dr. Judith Eigermann	Bundesbankoberrätin im Bereich Unternehmensrating in der Hauptabteilung Kredit, Devisen, Finanzmärkte im Direktorium der Deutschen Bundesbank, Frankfurt am Main
Dr. Felix Fischer	bis Juni 2001: Credit Analyst bei der DEKA Investment Management, Frankfurt am Main; seit Juli 2001: Credit Analyst bei der HypoVereinsbank AG, München
Dr. Jochen Fischer	Geschäftsführer der HVB Rating Advisory GmbH, München
Kai Fischer	Wissenschaftlicher Mitarbeiter in der Forschungsgruppe „Investor Relations und Rating für KMU" an der Technischen Universität Ilmenau
Dr. Peter Fischer	Chefredakteur bei der bfinance.de GmbH, München
Axel Föllinger	Assistent im Projektteam @rating der Allgemeine Kreditversicherung AG, Mainz
Jost Frickhöfer	Projektleiter im Bereich der Risikoanalyse und des Portfoliomanagements zur Entwicklung von Kreditrisiko- und Ratingsystemen innerhalb der Creditreform Rating AG, Neuss

Dr. Karsten Füser	Partner bei der Ernst & Young Deutsche Allgemeine Treuhand AG Wirtschaftsprüfungsgesellschaft, Stuttgart
Ralf Garrn	Geschäftsführer der HERMES Rating GmbH, Hamburg
Simone Gromer	Leiterin IWK interne Ablauforganisation/Controlling am IWK Institut für Wirtschaftsanalyse und Kommunikation Dr. Helmut Becker, München
Dr. Volker G. Heinke	Projektleiter für den Aufbau des Asset-Liability-Managements bei der Westfälischen Provinzial Versicherung, Münster
Dr. Frank Henes	Vorsitzender des Verwaltungsrates der HVB Rating Advisory GmbH, München
Andrea Heyken	Firmenkundenkoordinatorin Mittelstand bei der DZ BANK AG Deutsche Zentral-Genossenschaftsbank AG, Frankfurt am Main
Dr. Ing. Hermann Hildenbrand	Partner der Von Braunschweig & Partner Consultants in Technology Transfer, Genf/Köln
Dr. Ulrich Hirsch	Ulrich Hirsch & Partner Unternehmensberatung, Bonn
Dr. Hilko Holzkämper	Geschäftsführer der HVB Rating Advisory GmbH, München
Andreas Huber	Projektleiter für die Entwicklung von Ratingsystemen sowie Ratinganalyst bei der Creditreform Rating AG, Neuss
Dieter R. Kirchmair	Mentor der DGM, Deutsche Gesellschaft für Mittelstandsberatung, Augsburg
Dr. Stefan Kirmße	Geschäftsführender Partner der zeb/rolfes.schierenbeck.associates, Münster
Christoph R. Kley	Projektleiter für ein Beratungsprojekt und wissenschaftlicher Mitarbeiter am Institut ACA an der Universität St. Gallen
Dr. Karl-Heinz Kramer	INTES Beratung für Familienunternehmen GmbH, Bonn-Bad Godesberg
Norbert Langenbach	Direktor, Leiter internationaler Bereich, bei der Allgemeine Kreditversicherung AG, Mainz

Dr. oec. habil. Bernd Lindemann	Leiter der Forschungsgruppe „Investor Relations und Rating für KMU" an der Technischen Universität Ilmenau
Malte Mengers	Wissenschaftlicher Mitarbeiter an der ebs EUROPEAN BUSINESS SCHOOL, Oestrich-Winkel
Holger Mertens	Fondsmanager für Corporate Bonds bei der DEKA Investment Management, Frankfurt am Main
Wolfgang Meyer-Parpart	Geschäftsführer der WMP Consulting, Rating Advisory & Investment Beratung, 61137 Schöneck
Dr. Ingo Natusch	Projektleiter bei der IKB Beteiligungsgesellschaft mbH, Düsseldorf
Thierry Nock	Projektmanager @rating bei der Allgemeine Kreditversicherung AG, Mainz
Dr. Hardy Oepping	Geschäftsführer der ProRisk GmbH, Horstmar
Andreas Ost	Analyst für den Technologie-Sektor bei der Euro-Ratings AG, Frankfurt am Main
Dieter Pape	Wirtschaftsprüfer und Steuerberater, Seniorpartner der Pape & Partner Wirtschaftsprüfungsgesellschaft, Steuerberatungsgesellschaft, München und Traunstein; Aufsichtsratsvorsitzender der URA UNTERNEHMENS RATINGAGENTUR AG, München
Inge Pawlik	Direktorin im Zentralen Stab Kredit der Commerzbank AG, Frankfurt am Main
Kurt Peter	Gesellschafter und Geschäftsführer der Pumpenfabrik Wangen GmbH, Wangen
Michael R. Probst	Sprecher des Vorstands der URA UNTERNEHMENS RATINGAGENTUR, Wiesbaden
André Röhm	Wirtschaftsprüfer und Steuerberater, Seniorpartner der Pape & Partner Wirtschaftsprüfungsgesellschaft, Steuerberatungsgesellschaft, München und Traunstein
Dr. Walburga Sarcher	Programmleiterin im Zentrum für Weiterbildung und Wissenstransfer der Universität Augsburg
Manfred Schwärzer	Mitglied der Geschäftsleitung der DGM Deutsche Gesellschaft für Mittelstandsberatung mbH, München
Michael Speicher	Hessisches Ministerium für Wirtschaft, Verkehr und Landesentwicklung, Wiesbaden

Paul Stämpfli	Inhaber der Stämpfli Beratung für strategisches Managment, Horgen/Schweiz
Matthias Stuhlinger	Prüfungsdienst Banken, Referat Grundsatzfragen (Rating, Adressenrisikosteuerung) beim Württembergischen Genossenschaftsverband Raiffeisen/Schulze-Delitzsch e. V., Stuttgart
Günther Stur	Sprecher des Vorstands der EuroRatings AG, Frankfurt am Main
Hans-Georg Sultze	Mitglied des Vorstands der RS Rating Services AG, München; Mitglied im Mittelstandsausschuss der Vereinigung der Bayerischen Wirtschaft e.V. (vbw), München
Dr. Hans-Ulrich Templin	Geschäftsführer der Helaba Northern Trust GmbH und Prokurist, CEFA, im Bereich Fondsmanagement Corporate Bonds bei der Helaba Invest Kapitalanlagegesellschaft, Frankfurt am Main
Christoph Tigges	Leiter Credit Risk Management der IBM Deutschland Kreditbank GmbH, Stuttgart
Dr. Eberhard Weiß	Leiter Industry Research bei der FERI AG, Bad Homburg

Teil 1
Bedeutung des Mittelstandsratings

Förderung der Kapitalversorgung im Mittelstand durch Rating

Michael Speicher

1. Einführung

Kleinere und mittlere Unternehmen haben in der Regel Wettbewerbsnachteile gegenüber Großunternehmen, die sich heute weltweit an nationalen und internationalen Finanzmärkten finanzieren und dabei zum Beispiel die an den einzelnen Märkten vorhandenen Zinsunterschiede bei der Kapitalaufnahme und der Kapitalanlage zu ihren Gunsten nutzen können.

Befragungen von mittelständischen Unternehmen zur Finanzierung haben ergeben, dass sie ihre Finanzierungsmöglichkeiten nicht selten als limitiert ansehen und ein Teil gern auf Finanzierungsalternativen zurückgreifen würde, wenn sie denn zur Verfügung stünden.

Wie ein Blick auf die entstandenen Börsensegmente für mittelständische Unternehmen und das stark gestiegene Beteiligungsvolumen der inzwischen rund 170 am deutschen Markt tätigen Beteiligungsgesellschaften zeigt, hat sich bei der Beteiligungsfinanzierung in den letzten Jahren das Angebot für kleinere und mittlere Unternehmen spürbar erweitert und vergrößert.

Die Investoren entdecken zunehmend den Mittelstand als attraktive Zielgruppe. Unterdessen beginnen sich die Bedingungen für die klassische Kreditfinanzierung, die für die Finanzierung des Mittelstandes von großer Bedeutung ist, deutlich zu verändern. Zudem erwarten die Kapitalgeber von mittelständischen Unternehmen mehr Transparenz und die Bereitschaft, sich stärker für neue Finanzierungsinstrumente zu öffnen.

Mittelständische Unternehmen können dabei von dem Rating profitieren, einer Dienstleistung, die zwar bislang für viele Unternehmen in Deutschland noch Neuland ist, die sich jedoch an den Finanzmärkten bereits als Gütesiegel für Bonität und Solvenz etabliert hat.

Ausgehend von Trends an den Finanzmärkten und den sich daraus ergebenden Folgen für die Finanzierung versucht dieser Beitrag den Mittelstand mit dem Rating bekannt und vertraut zu machen, so dass er es wirkungsvoll bei der Verbesserung, Stärkung und Erweiterung der Finanzierungsbasis einsetzen und bei der Optimierung der Finanzierungskosten nutzen kann.

2. Trends und Entwicklungen an den Finanzmärkten und die Folgen für den Mittelstand

Die Kreditwirtschaft und die Finanzmärkte befinden sich in einem tiefgreifenden Umwandlungsprozess, der natürlich auch Auswirkungen für den Mittelstand hat.

Unter dem Motto „Die klassische Universalbank ist tot – es lebe die fokussierte Bank" sind die Geschäftsbanken, aber auch die Sparkassen und Genossenschaftsbanken dabei, ihre bisherige Geschäftspolitik kritisch zu überdenken und sich am Markt neu auszurichten, neue Vertriebskanäle zu implementieren, sich stärker als bisher auf bestimmte Produkt- und Kundengruppen zu konzentrieren und neue Geschäftsfelder zu erschließen.

Auf dem Prüfstand stehen auch die Geschäftsbeziehungen mit dem Mittelstand und insbesondere das Kreditgeschäft mit kleineren und mittleren Unternehmen, das für viele Kreditinstitute in seiner jetzigen Form zu wenig oder überhaupt nicht rentabel ist. Aus diesem Grunde haben Teile der Kreditwirtschaft begonnen, das Firmenkreditgeschäft herunterzufahren. Mittelständische Unternehmen, aber auch Wirtschaftsverbände wie beispielsweise der Deutsche Industrie- und Handelstag (DIHT) und der Verband Deutscher Maschinenbauer (VDMA) stellen bereits einen Engpass bei der Versorgung von kleinen und mittleren Unternehmen mit Bankkrediten fest und erwarten steigende Preise im Kreditgeschäft.

Ohnehin sehen die geplanten Eigenkapitalvereinbarungen für Banken (Baseler Akkord) vor, dass die Banken und Sparkassen im Kreditgeschäft stärker nach der jeweiligen Bonität des Kreditnehmers differenzieren und entsprechende Risikoklassen bilden müssen. Zudem muss die Bank je nach Bonität des Kreditnehmers den Kredit mit wenig oder mehr Eigenkapital unterlegen. Die Höhe des vorzuhaltenden Eigenkapitals hängt somit direkt von der Bonität des Kreditnehmers ab. Dies wird zu einer deutlich größeren Bandbreite bei den Kreditpreisen führen. Profitieren werden hiervon Unternehmen mit sehr guter Bonität. Unternehmen mit unterdurchschnittlicher Bonität müssen sich hingegen auf höhere Kreditpreise einstellen. Risikoadjustierte Preise werden bald die Regel im Kreditgeschäft sein.

Bei der Kreditvergabe wird die Bonität des Kreditnehmers eine noch größere Rolle spielen als bisher. Die Bonitätsprüfung dürfte deutlich umfangreicher werden. Nach Inkrafttreten des Baseler Akkords wird die Bankenaufsicht neben den Risikosystemen auch die Verfahren zur Prüfung der Bonität auf ihre Qualität hin überprüfen. Im Vorgriff darauf ist die Kreditwirtschaft dabei, die Verfahren zur Prüfung der Bonität, die Risikoüberwachung, die Risikosteuerung und das gesamte Risikomanagement zu verbessern und weiter zu entwickeln. Parallel zu Basel II geht der Trend ohnehin im Kreditgeschäft hin zu risikoadjustierten Preisen, was unter anderem zu einer stärkeren Selektion bei der Kreditvergabe, einer größeren Spreizung der Kreditpreise und zu höheren Preisen für Unternehmen mit untersdurchschnittlicher Bonität führen wird.

Das in der Diskussion um den Baseler Akkord und die Mittelstandsfinanzierung häufiger benutzte Argument, die interne Bonitätsprüfung der Banken mache das externe Rating der

Agenturen überflüssig, ist nicht stichhaltig, weil es sich bei der Bonitätsprüfung und dem Rating um zwei sehr verschiedene Produkte mit ganz unterschiedlicher Zielsetzung handelt. Die Bonitätsprüfung kann somit das Rating nicht ersetzen. So sieht denn auch die überarbeitete Fassung (Stand September 2001) des Baseler Akkords vor, dass Bonitätsprüfung und Rating gleichwertig und gleichberechtigt sind. Die Finanzbeziehungen werden zunehmend transparenter. Die Chancen, neues Kapital und bessere Konditionen zu bekommen, steigen mit der Fähigkeit, den Kapitalgebern die Entwicklung, Vorhaben und Zukunftsperspektiven des Unternehmens transparent, nachvollziehbar und schlüssig präsentieren zu können. Unternehmen, die geratet sind, haben zudem den Vorzug, dass sie den Wert und die Qualität ihres Unternehmens durch das Rating und damit die Expertise von unabhängigen Experten nachweisen und untermauern können.

Unverkennbar ist zudem, dass sich die Gewichte bei der Unternehmensfinanzierung auch hinsichtlich des Kapitalgeberkreises verschieben: Der Anteil der Bankfinanzierung wird zugunsten der Finanzierung über andere Kapitalgeber und den Kapitalmarkt weiter abnehmen.

Jenseits der klassischen Bankfinanzierung sind in den letzten Jahren neue Finanzierungsoptionen für mittelständische Unternehmen entstanden. Durch die Schaffung des „Neuen Marktes", an dem Ende 2000 338 Unternehmen mit einer Marktkapitalisierung von 120 Mrd. € gelistet wurden, ist ein funktionsfähiger Markt für die Eigenkapitalfinanzierung und ein Exit-Kanal für Venture Capital geschaffen worden. Auf nationaler Ebene sind die Mittelstandsmärkte der Regionalbörsen hinzugekommen, auf dem internationalen Parkett der Nouveau Marché in Paris, der Alternativ-Investment-Market in London und die paneuropäische Mittelstandsbörse Easdaq, die in Brüssel angesiedelt ist.

Der Bund und seine Förderbanken, die Deutsche Ausgleichsbank und die Kreditanstalt für Wiederaufbau, haben spezielle Förderprogramme zur Finanzierung von neuen Verfahren und Technologien aufgelegt – das stark erweiterte Angebot stößt auf rege Nachfrage. Auch die Bundesländer stellen dem Mittelstand verstärkt Kapital zur Verfügung – über die neu aufgelegten sogenannten Technologiefonds und die Beteiligungsgesellschaften.

Mittelständische Unternehmen können darüber hinaus bei der Finanzierung auf das stark wachsende private Beteiligungskapital (Private Equity) zurückgreifen. Die Gründungswelle in der Private-Equity-Branche hat die Mitgliederzahl des Bundesverbandes Deutscher Kapitalbeteiligungsgesellschaften (BVK) von 63 im Jahr 1990 auf rund 170 Ende des vergangenen Jahres steigen lassen. Das verfügbare Kapital (Fondsvolumen) der im BVK zusammengeschlossenen Beteiligungsgesellschaften erhöhte sich insgesamt von Ende 1996 bis Ende 1999 von 9,4 Mrd. DM auf 25 Mrd. DM.

Hinzugekommen sind neue Investorengruppen wie Venture-Capital-Töchter von Industriekonzernen, etablierte angelsächsische Anbieter, Investmentbanken und Unternehmensberater. Der Anteil von Banken und Versicherungen an dem Finanzvolumen geht zurück. Im Jahr 1997 kamen von dieser Investorengruppe knapp 70 Prozent der neuen Mittel für Private-Equity-Investitionen, doch im vergangenen Jahr sank der Anteil auf unter 40 Pro-

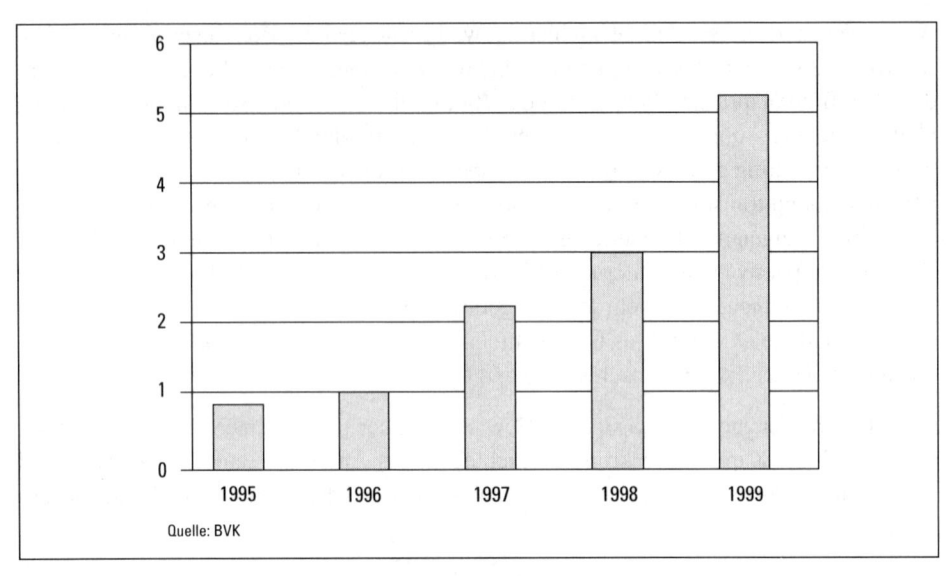

Abbildung 1: Bruttoinvestitionen im Private-Equity-Bereich (BVK-Mitglieder) in Mrd. DM

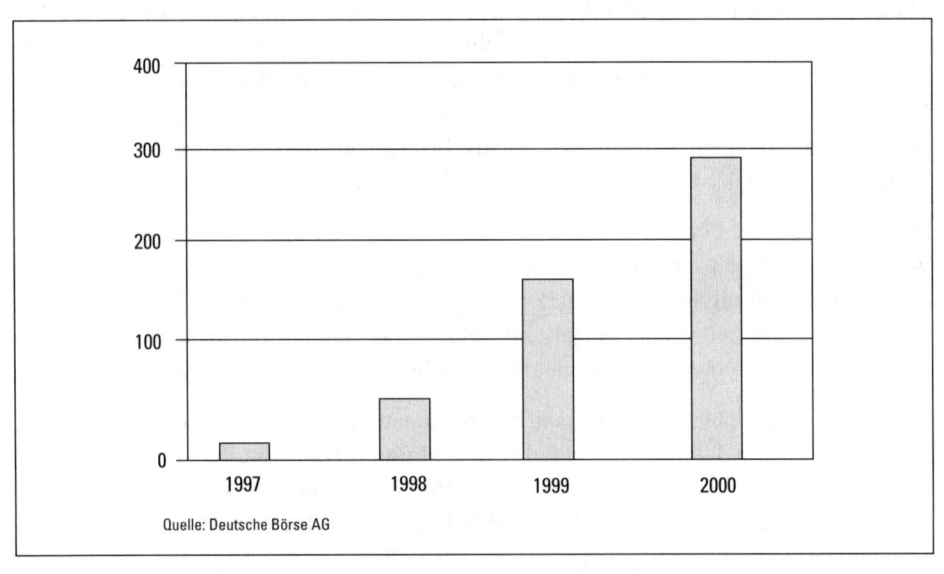

*Abbildung 2: Zahl der am Neuen Markt gelisteten Unternehmen
(Start des neuen Börsensegments am 10. März 1997)*

zent. In der gleichen Zeit verdoppelte sich hingegen der Anteil der Pensionskassen auf 25 Prozent. Darin drückt sich vor allem der stark zunehmende Kapitalstrom aus dem Ausland für den Mittelstand aus.

3. Das Rating – eine neue Dienstleistung für den Mittelstand

Die oben dargelegten Trends und Entwicklungen an den Finanzmärkten zeigen, dass sich die Marktbedingungen für die Unternehmensfinanzierung grundlegend verändern. Von dieser Entwicklung ist vor allem der Mittelstand betroffen, der sich bislang zum überwiegenden Teil über Bankkredite finanziert. Für die Finanzierung des Mittelstandes entstehen dadurch neue Risiken, aber auch neue Chancen. Zu den Risiken gehören insbesondere die stärkere Auslese im Kreditgeschäft, die von Marktbeobachtern prognostizierte Kreditverknappung und die zu erwartenden steigenden Kreditpreise. Zu den Chancen zählen das stark erweiterte Angebot an Finanzmitteln für den Mittelstand jenseits der traditionellen Kreditfinanzierung, insbesondere bei der Beteiligungsfinanzierung, und die neueren Finanzierungsinstrumente zur Aufnahme von Fremdkapitel wie zum Beispiel High-Yield-Bonds und strukturierte Finanzierungen wie Asset-Backed-Securities (ABS), die sukzessive zumindest für große mittelständische Unternehmen zur Verfügung stehen werden.

Ein gutes Instrument, um sich rechtzeitig auf die veränderten Rahmenbedingungen bei der Unternehmensfinanzierung einzustellen, ist das Rating, das bislang für weite Teile des Mittelstandes eine neue Dienstleistung ist. Das Rating ist jedoch ein modernes und an den Finanzmärkten etabliertes Produkt zur Beurteilung der Bonität, das bei Verhandlungen mit Banken über Kreditlinien und Konditionen ebenso eingesetzt werden kann wie bei der Erschließung neuer Finanzierungsquellen, der Optimierung der Finanzierungskosten, beim Börsengang und bei der Inanspruchnahme des Kapitalmarktes.

Kurz gesagt gibt das Rating die Wahrscheinlichkeit an, mit der ein Unternehmen in der Zukunft seine finanziellen Verpflichtungen gegenüber den Gläubigern fristgerecht und vollständig (Tilgung und Zins) erfüllen kann. Von dieser Dienstleistung konnten bislang in Deutschland nur Großunternehmen profitieren. Nachdem es in der Zwischenzeit jedoch Ratingagenturen gibt, die sich auf den Mittelstand fokussiert haben, steht dieses Angebot jetzt auch mittelständischen Unternehmen zur Verfügung.

Unabhängig von den Veränderungen in den Finanzbeziehungen und an den Finanzmärkten wird der Bedarf an Ratings auch deshalb zunehmen, weil die neuen Medien, insbesondere das Internet und das daraus hervorgegangene E-Commerce, dazu führen, dass die Geschäfte wesentlich globaler und gleichzeitig anonymer werden. Geschäfte können heute rund um den Globus mit einigen Mausklicks erledigt werden, ohne dass die Geschäftspartner genau wissen, mit wem sie es eigentlich zu tun haben. Ein Rating-Ergebnis wird da zu einer Art Prädikat, einem kaufmännischen Qualitätssiegel für ein Unternehmen, das die Geschäftsaufnahme und den globalen Handel erleichtert. Das Rating reduziert die Anonymität und sorgt für mehr Sicherheit zwischen den Partnern.

Zudem gewinnt das Rating an Bedeutung, weil in der Praxis die Risiken, die das einzelne Unternehmen beinhaltet, stärker ins Blickfeld des Managements geraten. So verlangt etwa

Rating ist

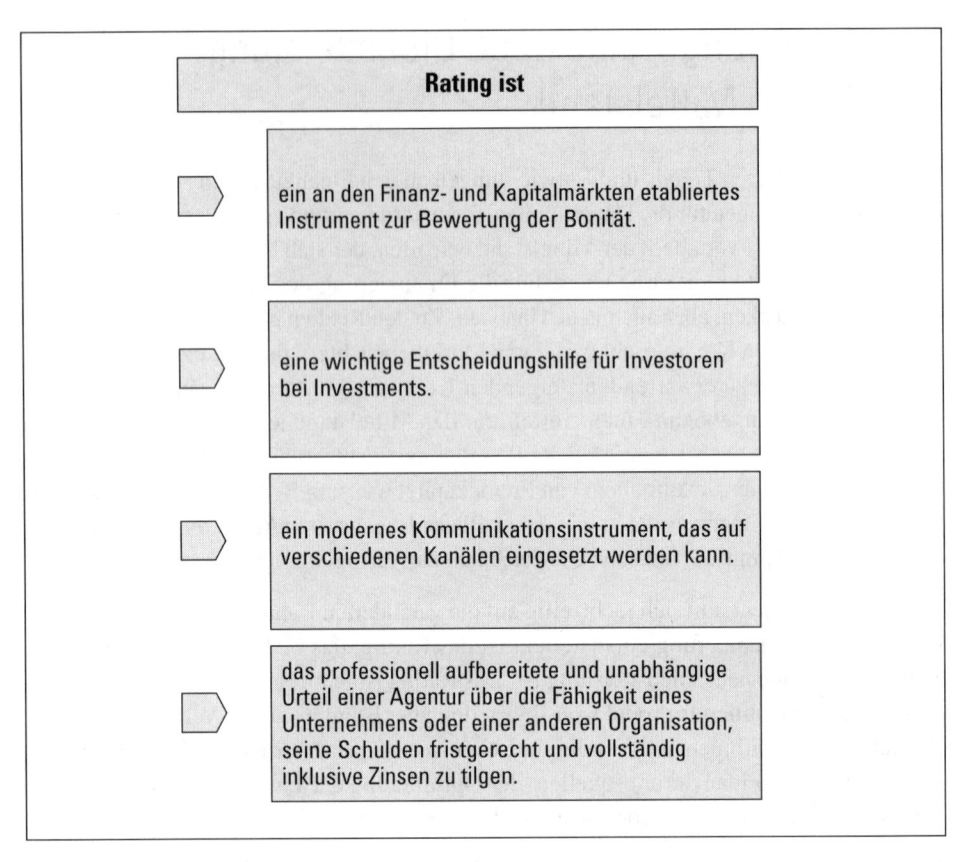

- ein an den Finanz- und Kapitalmärkten etabliertes Instrument zur Bewertung der Bonität.
- eine wichtige Entscheidungshilfe für Investoren bei Investments.
- ein modernes Kommunikationsinstrument, das auf verschiedenen Kanälen eingesetzt werden kann.
- das professionell aufbereitete und unabhängige Urteil einer Agentur über die Fähigkeit eines Unternehmens oder einer anderen Organisation, seine Schulden fristgerecht und vollständig inklusive Zinsen zu tilgen.

Abbildung 3: Wesen des Rating

das Gesetz zur Kontrolle und Transparenz (KonTraG) von börsennotierten Unternehmen, dass sie sich speziell mit den Unternehmensrisiken beschäftigen, sie quantifizieren und Vorsorge für ein effektives Risikomanagement treffen müssen, was von den Wirtschaftsprüfern im Rahmen des Jahresabschlusses zu überprüfen ist. Es ist nur eine Frage der Zeit, bis diese Bestimmungen auch für mittelständische Unternehmen gelten werden. Ganz abgesehen davon liegt es im eigenen Interesse jedes Unternehmens, seine speziellen Risiken zu kennen und sie managen zu können. Durch das Rating und den Ratingprozess wird nicht zuletzt der Fokus auf die Unternehmensrisiken gelegt, seien sie nun ökonomischer, rechtlicher, technischer oder ökologischer Natur.

Volkswirtschaftlich gesehen wird durch das Rating die Kapital- und die Risikoallokation verbessert und die Transparenz und Vergleichbarkeit auf dem Finanzmarkt erhöht. Außerdem wird in Zeiten zunehmender Kapitalmarktorientierung und Transparenz sowie rationaler Fundierung der Finanzbeziehungen das Rating immer wichtiger für eine ausreichende Versorgung der Unternehmen mit Finanzmitteln. Schließlich erhalten Investoren mit dem Rating eine gute Grundlage für Entscheidungen über Investments.

4. Optionen für den Einsatz von Ratings

Durch das Rating erfährt das Management, wie das Unternehmen von unabhängigen Experten, die sich auf die Bewertung von unternehmerischen Chancen und Risiken spezialisiert haben, beurteilt wird, wie es sich am Markt aufgestellt hat, wo es im Vergleich zu den Mitbewerbern steht, über welche Stärken und Schwächen es verfügt und nicht zuletzt in welchen Bereichen Handlungsbedarf für eine Verbesserung der Unternehmensstrukturen und des Potenzials bestehen.

Das Rating kann so einen wichtigen Beitrag zur Standortbestimmung des Unternehmens leisten und als Anlass und Basis dafür dienen, einen Prozess zur Stärkung der Wettbewerbsfähigkeit des Unternehmens einzuleiten. Ein schlechtes Rating kann auch als Chance und Ausgangspunkt genutzt werden, um zu versuchen, wichtige Schwachstellen zu beheben, um so das Unternehmen leistungsfähiger und krisenresistenter zu machen und gleichzeitig die Voraussetzung für ein besseres Rating zu schaffen, das dann vorteilhaft für das Unternehmen eingesetzt werden kann. Das Rating kann schließlich dem Management eine gute Grundlage für strategische Entscheidungen bieten.

Extern kann das Rating als Kommunikationsinstrument eingesetzt werden bei der Gewinnung von neuen Mitarbeitern ebenso wie bei der Kommunikation mit Eigentümern, dem Aufsichtsrat oder Beirat, den Aktionären, Investoren und dem Kapitalmarkt. Ein gutes Rating unterstreicht den Wert, die Solvenz und die Zukunftsfähigkeit des Unternehmens. Es stärkt nicht nur das Vertrauen der Investoren in das Unternehmen, sondern wird darüber hinaus am Kapitalmarkt als Bonitätsgrundlage akzeptiert und anerkannt. Das Rating kann eingesetzt werden zum Beispiel bei Verhandlungen mit der Hausbank über Konditionen, Kredite und Sicherheiten, aber auch, wenn neue Finanzierungsquellen erschlossen werden sollen wie etwa bei der Gewinnung von neuen Eigentümern im Rahmen eines Verkaufs des Unternehmens oder im Rahmen der Nachfolgeregelung, die in den nächsten Jahren bei einer großen Zahl von Mittelständlern ansteht. Nützlich kann das Rating zudem sein, wenn es um Kooperationen, Fusionen oder Joint Ventures mit anderen Unternehmen geht. Für Unternehmen, die den Börsengang planen oder Fremdkapital über den Kapitalmarkt in Anspruch nehmen wollen, ist das Rating eine wichtige Voraussetzung, um genügend Investoren zu finden und entsprechend günstige Konditionen bei der Kapitalaufnahme zu erzielen. Schließlich kann ein gutes Rating gegenüber den Lieferanten die Solvenz und Zahlungssicherheit belegen und den Kunden gegenüber die Stabilität und die Leistungsfähigkeit des Unternehmens unterstreichen.

Eine Befragung von mittelständischen Unternehmen durch das Münchener Institut für Wirtschaftsanalyse und Kommunikation (IWK) zum Thema „Rating" ergab, dass sich 70 Prozent der Unternehmen von einem Rating eine Erleichterung und Verbilligung der Kapitalbeschaffung in Form von günstigeren Finanzierungskonditionen und breiteren Kreditlinien versprechen. 60 Prozent sehen in dem Rating die Chance, Kapitalgeber außerhalb der Kreditwirtschaft zu gewinnen und rechnen darüber hinaus mit einer Erleichterung der

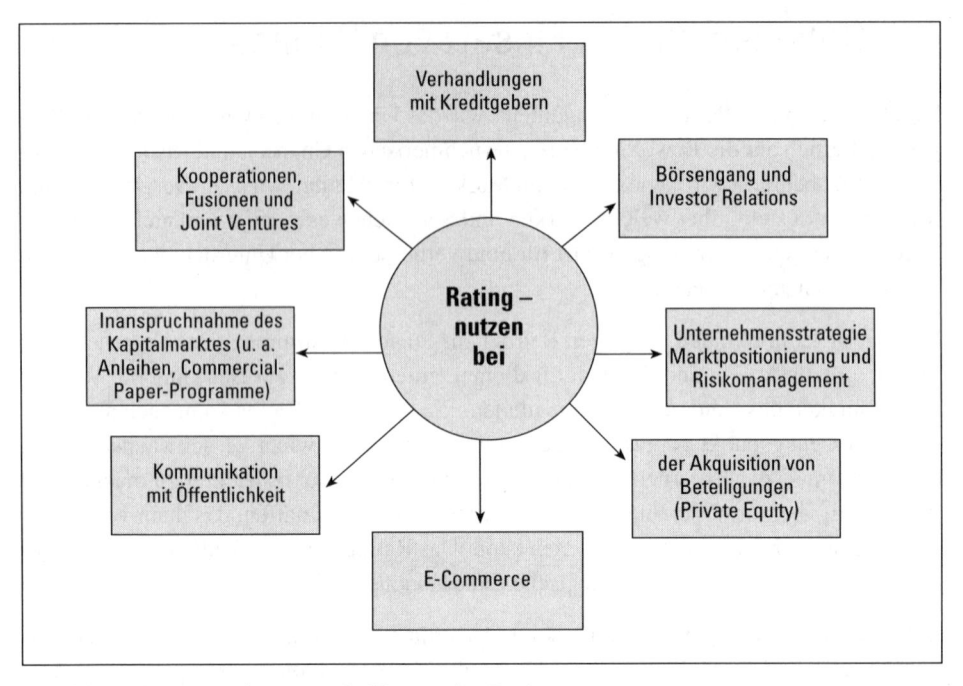

Abbildung 4: Verwendungsmöglichkeiten des Ratings

Diagramm "Rating – nutzen bei":
- Verhandlungen mit Kreditgebern
- Börsengang und Investor Relations
- Unternehmensstrategie, Marktpositionierung und Risikomanagement
- der Akquisition von Beteiligungen (Private Equity)
- E-Commerce
- Kommunikation mit Öffentlichkeit
- Inanspruchnahme des Kapitalmarktes (u. a. Anleihen, Commercial-Paper-Programme)
- Kooperationen, Fusionen und Joint Ventures

internationalen Geschäftsbeziehungen durch die internationale Transparenz und Akzeptanz des Ratings. Knapp 40 Prozent wollen die in einem Ratingverfahren durchgeführte Unternehmensanalyse für interne Zwecke nutzen, insbesondere bei der Unternehmensstrategie, Marktpositionierung und dem Risikomanagement.

5. Rating – die Arbeitsweise der Agenturen

Anders als die Banken, die die Bonitätsprüfung durchführen, und Unternehmensberatungsgesellschaften, die sich, je nach Auftrag, auch mit Fragen der Unternehmensbewertung beschäftigen, haben sich die Ratingagenturen auf die Analyse und Bewertung von Unternehmen spezialisiert. Im Unterschied zu den Banken und Unternehmensberatungsgesellschaften betreiben die Agenturen ausschließlich das Ratinggeschäft.

Die Reputation und der wirtschaftliche Erfolg einer Agentur hängen nicht zuletzt von der Trefferquote ihrer Ratings ab. Da die meisten Ratings (nach Absprache mit den Unternehmen) veröffentlicht werden, herrscht am Markt Transparenz darüber, welche Agentur welches Unternehmen mit welchem Ergebnis geratet hat. Insbesondere die Investoren, die sich bei ihren Investments auf das Rating stützen, kontrollieren sozusagen die Ergebnisse des Ratingmarktes. Außerdem veröffentlichen Ratingagenturen, die schon länger am

Markt tätig sind, in einer ex-post-Analyse ihre Ratings und stellen ihnen die tatsächlich eingetretenen Zahlungsverzögerungen bei den gerateten Unternehmen gegenüber. Zumindest im nachhinein ist genau feststellbar, in welchen Fällen die einzelnen Agenturen richtig oder falsch lagen und wie das Verhältnis der beiden Größen zueinander ist. Vor diesem Hintergrund ist es evident, dass die einzelne Agentur ein großes Eigeninteresse an tragfähigen und richtigen Ratings haben muss, wenn sie sich langfristig am Markt behaupten will. Diese Transparenz und Kontrolle ist so weder bei der Bonitätsprüfung der Banken noch bei der Arbeit der Unternehmensberatungsgesellschaften der Fall.

Die erteilten Ratings werden von den Agenturen regelmäßig überprüft und aktualisiert. Zudem können Ereignisse, die gravierende positive oder negative Folgen für das geratete Unternehmen haben, kurzfristig zu einer Herauf- oder Herabsetzung des Ratings führen. So führte in der jüngeren Vergangenheit die Versteigerung der UMTS-Lizenzen dazu, dass einige Telekommunikationsunternehmen herabgestuft wurden. Der Hintergrund: Um die UMTS-Lizenzen zu finanzieren, müssen die Unternehmen in erheblichem Umfang Fremdmittel aufnehmen, was unter anderem zu einer deutlichen Steigerung der jährlichen Zinszahlungen führt. Und: Die Unternehmen müssen darüber hinaus noch erheblich in die Kommunikationsinfrastruktur investieren und können mit den Lizenzen erst in einigen Jahren Geld verdienen. Dadurch verschiebt sich der Return on Investment erheblich.

Die Unternehmensanalyse der Agenturen umfasst eine Vielzahl von quantitativen und qualitativen Faktoren, die je nach Branche und Größe des Unternehmens variieren. Die Bewertung eines Automobilherstellers mit globalen Ambitionen erfordert andere Parameter und Eigenschaften als ein junges Unternehmen aus der New Economy oder ein mittelständisches Handelsunternehmen, das in seiner Region gut positioniert ist. Aus diesem Grunde verfügen Ratingagenturen in der Regel über Analysten, die über spezielle Branchen- und Marktexpertise verfügen.

Zu den quantitativen Faktoren gehören Kennzahlen, die sich aus dem Jahresabschluss berechnen lassen, wie Erfolgskennzahlen (unter anderem Investitionsquote), Produktivitätskennzahlen (unter anderem Umsatzbeitrag je Kunde), Kapitalkennzahlen (unter anderem Vermögensumschlagshäufigkeit) oder Liquiditätskennzahlen (unter anderem Cash Flow).

Natürlich werden volkswirtschaftliche Größen in die Analyse mit einbezogen, so zum Beispiel der Sättigungsgrad von Märkten und die konjunkturellen Verläufe und Produktzyklen, wenn es darum geht, zu prüfen, welcher Umsatzanteil sich mit welchen Produkten generieren lässt und welche Marktposition sich daraus für das Unternehmen kurz-, mittel- und langfristig mit hoher Wahrscheinlichkeit ergeben wird.

Zu den qualitativen Faktoren zählen insbesondere die Qualität des Managements und der unternehmerischen Funktionen, wie beispielsweise die Qualität des Controllings, Marketings, Vertriebs, Einkaufs und der Organisationsstrukturen, aber auch wie das Unternehmen am Markt aufgestellt ist, wie ausgeprägt die Kunden- und Mitarbeiterbindung ist und ob das Unternehmen über genügend Entwicklungsressourcen verfügt. Außerdem wird sich die Agentur dafür interessieren, ob die Risiken, die sich durch die Geschäftstätigkeit ergeben, mit in das unternehmerische Kalkül einbezogen werden und ausreichend Vorsorge für das Eintreten der Risiken betrieben worden ist bzw. wird.

Abbildung 5 zeigt die wesentlichen Unterschiede, die zwischen der Bonitätsprüfung und dem Rating bestehen.

Vergleich zwischen der Bonitätsprüfung der Banken und dem Rating der Ratingagenturen anhand ausgewählter Merkmale

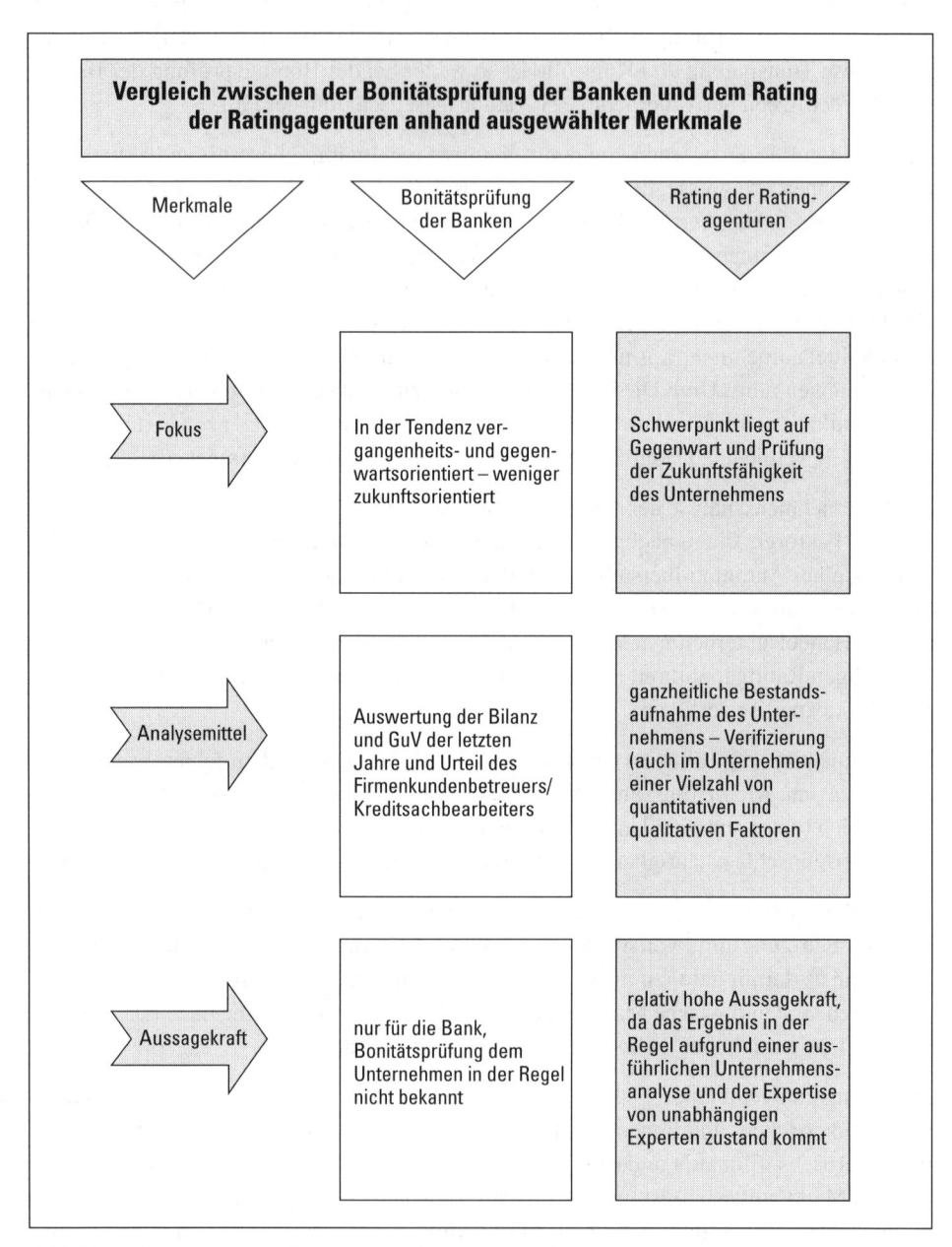

Merkmale	Bonitätsprüfung der Banken	Rating der Ratingagenturen
Fokus	In der Tendenz vergangenheits- und gegenwartsorientiert – weniger zukunftsorientiert	Schwerpunkt liegt auf Gegenwart und Prüfung der Zukunftsfähigkeit des Unternehmens
Analysemittel	Auswertung der Bilanz und GuV der letzten Jahre und Urteil des Firmenkundenbetreuers/ Kreditsachbearbeiters	ganzheitliche Bestandsaufnahme des Unternehmens – Verifizierung (auch im Unternehmen) einer Vielzahl von quantitativen und qualitativen Faktoren
Aussagekraft	nur für die Bank, Bonitätsprüfung dem Unternehmen in der Regel nicht bekannt	relativ hohe Aussagekraft, da das Ergebnis in der Regel aufgrund einer ausführlichen Unternehmensanalyse und der Expertise von unabhängigen Experten zustand kommt

Abbildung 5: Bonitätsprüfung der Bank vs. Rating der Ratingagentur

6. Der Ablauf des Ratings – der Ratingprozess

Grundlage für das Rating ist der Vertrag, der zwischen dem Unternehmen und der Ratingagentur geschlossen wird. Das Unternehmen wird ausführlich darüber informiert, wie der Ratingprozess im Einzelnen ablaufen wird. In einem zweiten Schritt werden dann von der Agentur die Informationen festgelegt, die sie von dem Unternehmen benötigt, um es raten zu können. Die Daten und Informationen die das Unternehmen der Agentur zur Verfügung stellt, werden von der Agentur absolut vertraulich behandelt. Zur Vorbereitung des Ratings stellt die Agentur ihrerseits alle relevanten Daten, Fakten und Informationen zusammen, die für die Analyse des betreffenden Unternehmens notwendig sind, wie etwa Markt-, Branchen- und volkswirtschaftliche Daten sowie die Kennzahlen der Unternehmensgruppe, mit der das zu ratende Unternehmen verglichen wird.

In einem Gespräch mit Analysten der Agentur präsentiert danach das Management vor allem die Entwicklung, Vorhaben und Perspektiven des Unternehmens und erläutert die Unternehmensstrategie sowie die aktuelle und geplante Positionierung des Unternehmens in den nächsten Jahren. Neben der Präsentation des Unternehmens und der Klärung offener Fragen dient das Treffen der Urteilsbildung der Agentur über das Unternehmen. Abgerundet wird dieser Teil in der Regel durch eine Werksbesichtigung, weitere Gespräche mit Unternehmensvertretern oder auch durch eine Produktdemonstration.

Daran schließt sich eine ausführliche und detaillierte Unternehmensanalyse durch die Agentur an, einschließlich der Verwendung von modernen statistischen Verfahren und der Bereinigung steuerlicher und handelsrechtlicher Verzerrungen.

Die Ratingempfehlung des Analystenteams wird in der Agentur in einem eigens dafür eingerichteten Ausschuss (Komitee) intensiv auf ihre Stichhaltigkeit, Tragfähigkeit, innere Konsistenz und auf eventuell enthaltene Schwachstellen überprüft. Hält sie der kritischen Diskussion der Mitglieder des Ausschusses stand, so wird die Ratingeinstufung dem Unternehmen mitgeteilt. Einige Ratingagenturen tun dies meist in einer ausführlichen Abschlusspräsentation. Bei Annahme desratings kann das Unternehmen entscheiden, ob das Rating veröffentlicht werden soll oder nicht. Legt das Unternehmen Widerspruch gegen das Rating ein, so wird es dies mit stichhaltigen Gründen und neuen Informationen belegen. Die Agentur wird die neuen Informationen und Argumente im Hinblick auf die getroffene Ratingentscheidung prüfen und ihr Ergebnis dem Unternehmen mitteilen.

Damit ein Rating wirkungsvoll vom Unternehmen eingesetzt werden kann, muss es zeitnah erstellt worden sein. In der Regel wird es deshalb jährlich überprüft und bei Anlässen und Ereignissen, die besonders positive oder negative Folgen für das Unternehmen haben, aktualisiert, was zu Herauf- und Herabsetzungen des Ratings für das einzelne Unternehmen führen kann.

7. Ratingskala: Differenzierte Einstufungen

Die von den einzelnen Ratingagenturen verwendeten Ratingeinstufungen und Ratingklassen sind, von kleinen Unterschieden abgesehen, praktisch gleich. Sie haben sich in der Vergangenheit bewährt und sind heute Standard an den Kapitalmärkten. Die Bedeutung des Ratings resultiert nicht zuletzt daher, dass es ein anerkanntes Instrument zur Messung der Bonität ist und das Ergebnis des Ratings, die Einstufung (auch Ratingnote genannt), national und international kommuniziert werden kann. Wie die Erfahrung gezeigt hat, gibt die jeweilige Ratingeinstufung relativ genau Auskunft über die zu erwartende Zahlungsfähigkeit des Unternehmens in der Zukunft, ohne interne Details preiszugeben. Geratet werden nicht nur Länder und Unternehmen, sondern zum Beispiel auch Anleihen, die am Kapitalmarkt platziert werden.

Die Bonität ist

Investment Grade

ausgezeichnet	sehr gut	gut
AAA AA +	AA AA − A + A	A − BBB + BBB BBB −

Speculative Grade (High Yield)

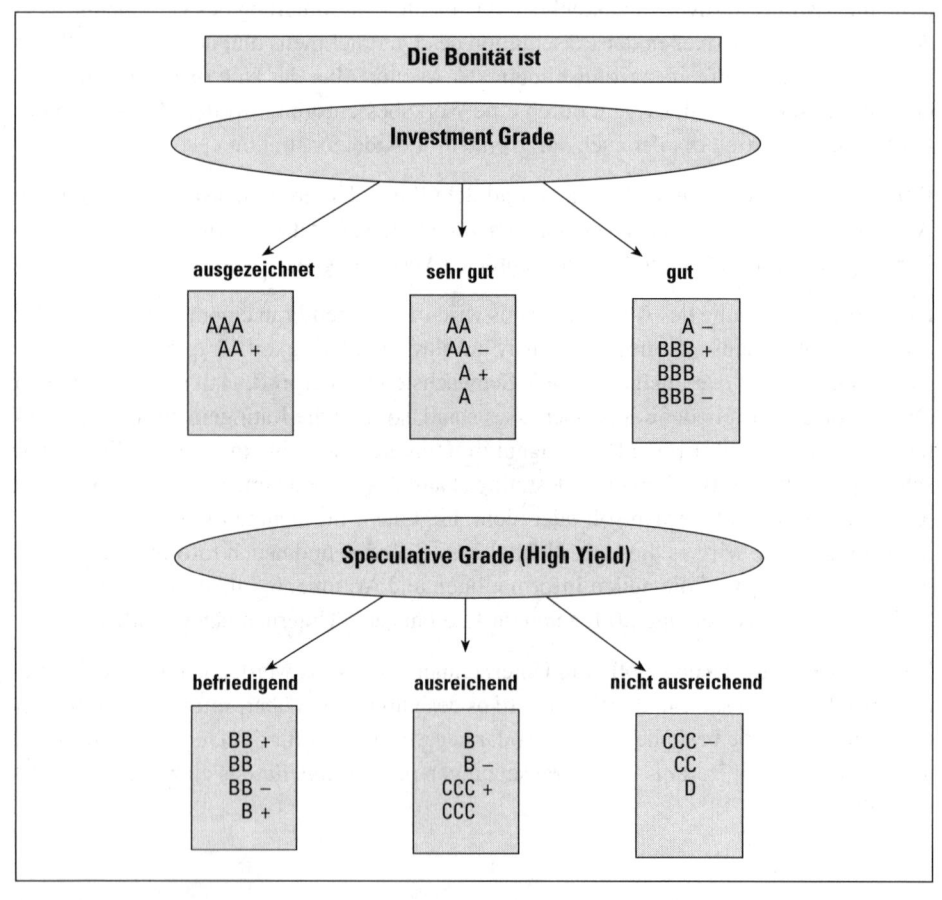

befriedigend	ausreichend	nicht ausreichend
BB + BB BB − B +	B B − CCC + CCC	CCC − CC D

Abbildung 6: Ratingskala

Die Ratingskala reicht von AAA für Organisationen und Schuldtitel mit ausgezeichneter Bonität bis zu D für Unternehmen, die insolvent sind. Zwischen diesen beiden Eckpunkten gibt es 20 verschiedene Einstufungsoptionen, die eine differenzierte Einstufung des jeweiligen Unternehmens ermöglichen. Dabei folgt die Notation einem bestimmten Schema AAA über AA, BBB, BB bis C, wobei innerhalb der Rating-Klasse die Modifikatoren +/- hinzukommen. AAA bedeutet beste Qualität, geringste Ausfallwahrscheinlichkeit, AA hohe Qualität, A angemessene Deckung von Zins und Tilgung, viele gute Investmentattribute, aber auch Elemente, die sich bei einer Veränderung des wirtschaftlichen Umfeldes negativ auswirken können. Ein mit A eingestuftes Unternehmen ist im Vergleich zu Unternehmen in den höheren Kategorien empfindlicher gegenüber Verschlechterungen der wirtschaftlichen Rahmenbedingungen. Dennoch ist seine Fähigkeit zur Erfüllung der Zahlungsverpflichtungen stark.

Grundsätzlich lässt sich die Ratingskala in zwei Kategorien aufteilen: In Investment Grade und in Speculative Grade. Unter Investment Grade fallen alle Unternehmen, die mit AAA bis BBB geratet sind. Im Vergleich dazu sind Unternehmen die mit BB bis C geratet sind, mit deutlich mehr Risiken behaftet (Speculative Grade).

Solche Unternehmen haben zwar durchaus Gläubigerschutzmaßnahmen getroffen und verfügen über eine gewisse finanzwirtschaftliche Leistungskraft, diese können sich jedoch im Falle von Verschlechterungen der Umweltbedingungen des gerateten Unternehmens als unzureichend erweisen.

8. Rating und Kapitalmarkt

Für Unternehmen, die den Gang an die Börse planen, kann es durchaus lohnenswert sein, sich vorher mit der Ratingthematik zu beschäftigen und sich raten zu lassen. Zum einen erfährt das Unternehmen, wie es am Kapitalmarkt, auch im Vergleich zu den Mitbewerbern, eingeschätzt wird und wo eventuell noch Handlungsbedarf bei der Positionierung des Unternehmens besteht. Zum anderen kann ein gutes Rating dazu dienen, die Investoren auf das Unternehmen, das beim Going Public mit anderen Unternehmen um das Kapital der Anleger konkurriert, aufmerksam zu machen und einen entsprechenden Ausgabepreis für die Aktien zu erzielen.

Für Unternehmen, die Fremdkapital am Kapitalmarkt aufnehmen wollen, wie etwa durch die Platzierung einer Anleihe, ist das Rating ohnehin eine Grundvoraussetzung. Denn die Investoren wollen vor dem Kauf wissen, mit welchem Risikograd ein Engagement in diese Anleihe behaftet ist oder – anders gewendet – wie wahrscheinlich es ist, dass sie ihr investiertes Kapital fristgerecht und vollständig zurückbezahlt bekommen und die mit der Anleihe verknüpften regelmäßigen Zinszahlungen erhalten.

Wenn sich auch Ratingagenturen irren können, so zeigt die Erfahrung jedoch, dass das Ausfallrisiko je nach Ratingeinstufung deutlich variiert: von sehr groß und groß über mittel und unterdurchschnittlich bis praktisch gleich null bei einer Bundesanleihe, die mit AAA geratet wurde.

Bei der Kapitalmarktfinanzierung besteht ein enger Zusammenhang zwischen dem jeweiligen Ratingergebnis und der Höhe der Finanzierungskosten. Anleihen, die mit einem guten Rating versehen sind, können mit einem niedrigeren Zinssatz ausgestattet sein als Anleihen mit einem durchschnittlichen Rating und diese wiederum können niedriger verzinst werden als Anleihen mit einem unterdurchschnittlichen Rating. Denn aus der Sicht des Investors gilt: Je besser das Rating, desto geringer ist das Ausfallrisiko, um so geringer muss die Risikoprämie sein, die der Emittent neben der marktüblichen Verzinsung den Investoren zusätzlich bieten muss. Und umgekehrt: Je schlechter das Rating, desto höher muss die Risikoprämie sein, um so höher sind die Finanzierungskosten für das Unternehmen.

Die Beziehung zwischen Ratingeinstufung und Höhe der Finanzierungskosten gilt nicht nur für Anleihen, die emittiert werden, sondern auch für die Anleihen, die bereits am Sekundärmarkt gehandelt werden. Wird beispielsweise das Rating für ein Unternehmen, das eine Anleihe platziert hat, herabgestuft, so führt dies dazu, dass der Kurs dieser Anleihe sinkt und die Risikoprämie und die Rendite steigt. Dabei gilt: Der Renditeaufschlag einer risikobehafteten Anleihe nimmt mit schlechterer Ratingeinstufung gegenüber einer Anleihe mit einem sehr geringen Risiko progressiv zu.

Das Verhältnis zwischen der jeweiligen Bonität des Kapitalnehmers einerseits und der entsprechend dem Kapitalgeber zu zahlende Risikoaufschlag (Spread) andererseits gelten natürlich mehr oder weniger für den gesamten Finanzierungsbereich. Wegen der Transparenz am Kapitalmarkt und der zur Verfügung stehenden Daten lässt sich diese Beziehung jedoch in diesem Finanzierungssegment am besten quantifizieren und verifizieren.

Insbesondere die hochverzinslichen Unternehmensanleihen, die als High-Yield-Bonds bezeichnet und in die Ratingkategorie „Speculative Grade" fallen, haben sich in den letzten Jahren stürmisch entwickelt. Marktbeobachter erwarten, dass der europäische Markt bis zum Jahr 2004 mit einer jährlichen Rate von 20 Prozent wachsen wird und ein Gesamtvolumen von 100 Mrd. € erreichen kann. Für das Wachstum sprechen verschiedene Gründe. Unternehmen suchen verstärkt nach alternativen Finanzierungsinstrumenten. Im Shareholder-Value-Zeitalter spielt die Unternehmensfinanzierung über den Kapitalmarkt eine immer wichtigere Rolle. Für Banken bedeutet das Emissionsgeschäft von höher verzinslichen Unternehmensanleihen eine zunehmend attraktiver werdende Alternative zur Kreditgewährung an Unternehmen, insbesondere unter dem Blickwinkel Risiko und Rendite. Und schließlich suchen institutionelle Investoren High-Yield-Bonds zur Risikodiversifikation und Renditesteigerung ihrer Portfolios.

Das US-High-Yield-Segment repräsentiert gegenwärtig ein Marktvolumen von über 500 Mrd. US-Dollar und übersteigt das der europäischen High-Yield-Anleihen um mehr als das Zehnfache. In den USA haben sich auch viele traditionell eher defensive Investoren, wie Versicherungen und Pensionskassen, diesem Marktsegment zugewandt. Auch in

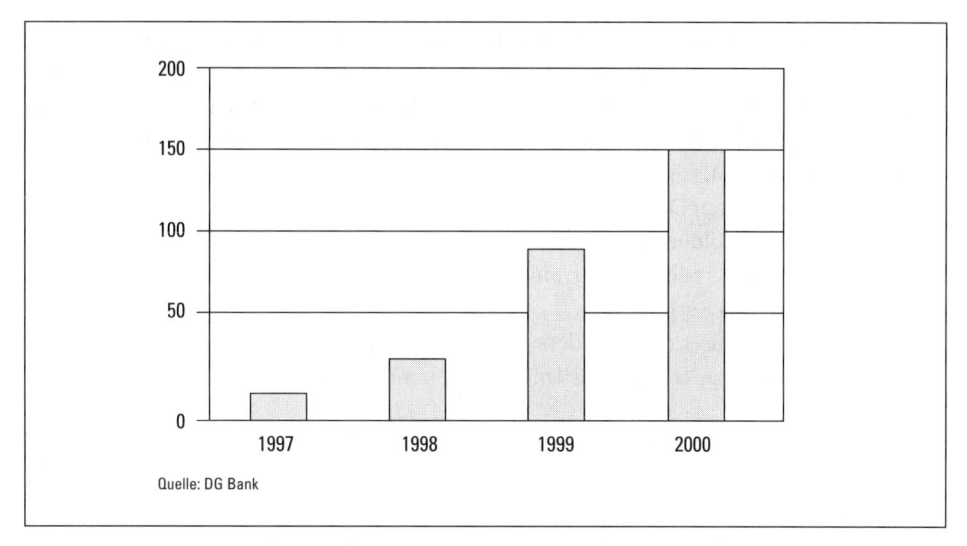

Abbildung 7: Emissionsvolumen von Unternehmensanleihen in Euroland in Mrd. €

Deutschland und Europa werden diese Anleihen für Investoren und Unternehmen immer salonfähiger, was diesem Marktsegment einen zusätzlichen Schub geben sollte. Ohnehin hat das Emissionsvolumen von Unternehmensanleihen im Euroland stark zugenommen. Es stieg von 18 Mrd. € Ende 1997 auf schätzungsweise 150 Mrd. € im Jahr 2000 an.

Vieles spricht dafür, dass Banken, insbesondere Investmentbanken, mittel- und langfristig Anleihen für große mittelständische Unternehmen auflegen werden. Aber auch andere Formen der Kapitalmarktfinanzierung wie etwa Asset Backed Securities (ABS) haben sich in den letzten Jahren auf dem alten Kontinent gut entwickelt und verfügen über erhebliches Wachstumspotenzial. So rechnen Kapitalmarktexperten damit, dass diese Finanzierungsform in den nächsten Jahren mit einer Jahresrate von 25 Prozent wachsen wird. Ende 2000 stieg der Umsatz am ABS-Markt in Europa auf schätzungsweise 90 Mrd. €.

Insgesamt gesehen wird der Kapitalmarkt für die Unternehmensfinanzierung immer wichtiger. Die Unternehmen können sich dadurch nicht nur günstig finanzieren und unabhängiger von Bankkrediten werden, sondern sie erschließen sich über den Kapitalmarkt neue Investorengruppen, die nicht den gleichen Restriktionen unterliegen wie Banken und daher auch andere Risikopositionen eingehen können.

9. Fazit und Ausblick

Bei der Unternehmensfinanzierung zeichnen sich folgende Paradigmenwechsel ab:

- Die klassische deutsche Universalbank, die allen Kundengruppen die gesamte Palette von Bankdienstleistungen offeriert, gehört endgültig der Vergangenheit an.

- Die Unternehmen werden es in der Zukunft verstärkt mit Banken zu tun haben, die sich mehr auf bestimmte Dienstleistungen für ausgewählte Zielgruppen spezialisiert haben.
- Das klassische Kreditgeschäft ist zwar kein Auslaufmodell, insbesondere kleinere und mittlere Unternehmen müssen jedoch mit einer wesentlich stärkeren Selektion im Kreditgeschäft rechnen.
- Analog der stärkeren Differenzierung im Kreditgeschäft nach der Bonität des Kreditnehmers und der Bildung entsprechender Bonitätsklassen und dem Trend, risikoadjustierte Preise im Kreditgeschäft einzuführen, wird sich bei den Kreditpreisen die Bandbreite spürbar vergrößern.
- Kredite werden teurer insbesondere für Unternehmen mit durchschnittlicher und unterdurchschnittlicher Bonität, für Unternehmen mit sehr guter Bonität könnten sie billiger werden.
- Langfristig dürften die Banken ohnehin weniger als Kapitalgeber, sondern vielmehr als Vermittler und Berater zwischen den Anbietern von und Nachfragern nach Kapital fungieren.
- Außerhalb der traditionellen Kreditwirtschaft bilden sich zunehmend Investorengruppen heraus, die mittelständischen Unternehmen verstärkt und direkt Finanzmittel zur Verfügung stellen, wie zum Beispiel Private Equity Fonds, aber auch vermögende private Investoren (Business Angels).
- Langfristig wird bei der Unternehmensfinanzierung der Anteil der Bankfinanzierung zu Gunsten der Finanzierung über den Kapitalmarkt und anderer Investorengruppen abnehmen.
- Ähnlich wie sich in den letzten Jahren spezielle Eigenkapitalmärkte (zum Beispiel Neuer Markt) für mittelständische Unternehmen entwickelt haben, werden sukzessive in den nächsten Jahren Kapitalmarktprodukte für diese Unternehmensgruppe zur Aufnahme von Fremdkapital zur Verfügung stehen, wie etwa High-Yield-Bonds und strukturierte Finanzierungen, wie Asset Backed Securities.
- Der Bewertung und Quantifizierung des Risikos und des Chance-/Risiko-Verhältnisses des einzelnen Investments kommt dabei eine stark wachsende Bedeutung zu.

Das Rating ist ein gutes Instrument, um sich auf die abzeichnenden Veränderungen an den Finanzmärkten einzustellen und davon zu profitieren. Die mittelständischen Unternehmen, die diese Trends frühzeitig antizipieren, in ihr unternehmerisches Kalkül einbeziehen und bereit sind, sich zu öffnen und die (potenziellen) Investoren und die Öffentlichkeit transparent, nachvollziehbar und kontinuierlich über die Entwicklung, Vorhaben und Perspektiven ihres Unternehmens zu informieren, werden dadurch Wettbewerbsvorteile erzielen – sie werden zu den Gewinnern des Wandels in der Unternehmensfinanzierung zählen.

Informationsstand und erwartete Auswirkungen von Basel II im Mittelstand

Andrea Heyken

1. Einführung

Das Thema Rating betrifft unmittelbar und per Gesetz nicht nur die Kreditinstitute, sondern in seinen Auswirkungen auch die mittelständischen Unternehmen. Die neuen Eigenkapitalanforderungen des Ausschusses für Bankenaufsicht der Kreditwirtschaft (Basel II) werden in Zukunft entscheidend die Kreditvergabepolitik und -modalitäten der Banken gegenüber den mittelständischen Unternehmen mitbestimmen. Das Baseler Konzept sieht vor, die Unterlegung von Krediten durch Eigenkapital der Banken – bisher mit einigen Abweichungen pauschal 8 Prozent des Kreditbetrages –, ab 2005 an die individuelle Bonität des Kreditnehmers zu knüpfen. Auf diese Weise wird eine Staffelung der Konditionen entstehen, die sich nach der Risiko- bzw. Bonitätseinstufung des jeweiligen Kunden richtet. Für den Mittelstand und die Banken ist außerdem entscheidend, dass auf Intervention der deutschen Kreditwirtschaft als Bonitätsmaßstab nicht nur das Rating einer externen Agentur benutzt werden darf, sondern auch bankinterne Ratings zur Bewertung von Kreditrisiken zur Anwendung kommen können.

Die Banken beschäftigen sich mit dem Rating und dessen Umsetzung bereits seit Jahren. Wie aber sieht es in den mittelständischen Unternehmen aus? Besitzen sie Informationen über die Baseler Konzepte? Sind sie sich der Bedeutung und den Auswirkungen von Basel II bewußt? Sehen sie im Rating eher Chancen oder Risiken? Diese und weitere Fragen wurden in der Mittestandsumfrage Frühjahr 2001 der DG BANK Deutsche Genossenschaftsbank AG, Frankfurt am Main[1], aufgegriffen.

Die DG BANK führt die Mittelstandsumfrage bereits seit 1995 bundesweit durch. Jeweils im Frühjahr und im Herbst werden rund 2 400 Inhaber, Geschäftsführer oder leitende Angestellte telefonisch befragt. Im Rahmen der Untersuchung fallen unter den Begriff „Mittelstand" Unternehmen mit einem Jahresumsatz von mindestens 1 Mio. DM und bis zu 250 Mio. DM. Es findet eine Quotierung der Stichprobe nach folgenden Branchen statt: Chemie/Kunststoffindustrie, Metall/Stahl/Kfz/Maschinenbauindustrie, Elektronik/Eisen-, Blech-, Metallwarenindustrie, Ernährung/Tabakindustrie, Handel, Dienstleistungen, Baugewerbe, Agrarwirtschaft.

---
1 Nach dem Zusammenschluss mit der GZ-Bank, Frankfurt am Main/Stuttgart, firmiert die DG BANK AG seit Mitte September 2001 unter dem Namen DZ BANK AG Deutsche Zentral-Genossenschaftsbank AG, Frankfurt am Main.

Die Studie gliedert sich in zwei Schwerpunktbereiche: Erstens den Konjunkturteil, der standardisiert die wichtigsten konjunkturellen Eckdaten untersucht und die Entwicklung der mittelständischen Wirtschaft in Zeitreihen belegt. Und zweitens den Sonderteil: Der Sonderteil der Studie befasst sich mit wechselnden Schwerpunktthemen, die nach Aktualität für den Mittelstand ausgewählt werden.

Rating ist nicht nur ein aktuelles, sondern auch sehr komplexes Thema. Dementsprechend hoch waren die Anforderungen an die Entwicklung eines Fragebogens. Zum Zeitpunkt der Befragung musste davon ausgegangen werden, dass sich nur wenige der Befragten musste bereits detailliert über das Thema informiert waren. Der Fragebogen war aus diesem Grund so konzipiert, dass Grundkenntnisse während des Interviews aufgebaut wurden. Bei der Interpretation der Ergebnisse sollte dies berücksichtigt werden.

2. Informationsstand und Informationsquellen

Für die mittelständischen Unternehmen ist es wichtig, sich so früh wie möglich mit den Anforderungen von Basel II bzw. dem Ratingverfahren auseinanderzusetzen. Denn nur, wenn sie die dem Rating zugrunde liegenden Kriterien kennen, können sie Maßnahmen für eine Verbesserung von Schwachpunkten entwickeln und damit ihre Ratingeinstufung positiv beeinflussen. Eine zentrale Fragestellung war daher, wie viele der mittelständischen Unternehmen die Thematik bisher wahrgenommen haben und wie detailliert sie darüber informiert sind?

2.1 Informationsstand

Die Ergebnisse bestätigen die Vermutung, dass in diesem Bereich noch ein hoher Informationsbedarf besteht. Denn: Jedes zweite mittelständische Unternehmen ist vor dem Interview weder auf den Begriff Rating noch auf Basel II aufmerksam geworden. 22 Prozent der Befragten gaben an, dass sie den Begriff bisher lediglich gehört oder gelesen haben. Rund jedes fünfte Unternehmen ist in groben Zügen informiert, kennt jedoch noch keine Details. Weit weniger – nämlich nur 8 Prozent – haben sich bereits mit Einzelheiten des Ratings auseinander gesetzt. Zusammengefaßt ergibt sich daraus: Rund ein Viertel der befragten Mittelständler war bis zum Frühjahr 2001 zumindest in groben Zügen über das Rating oder Basel II informiert. Die überwiegende Mehrheit – rund 72 Prozent – zeigt bisher kein Interesse bzw. sieht noch keine Notwendigkeit, tiefer in die Thematik einzusteigen. Vor dem Hintergrund des langen Zeithorizonts, bis Basel II in Kraft tritt, und der noch nicht konkretisierten Rahmenbedingungen ist dieses Ergebnis zwar nicht ungewöhnlich. Es zeigt aber deutlich, dass noch sehr viel Aufklärungsarbeit geleistet werden muss. Selbst der Zeitpunkt des Inkrafttretens von Basel II ist lediglich einem Drittel der Befragten bekannt.

Auffällig ist der unterschiedliche Informationsstand, der sich aus der Differenzierung der Ergebnisse nach Umsatzgrößenklassen ergibt. Hier zeigt sich, dass der Informationsstand der Unternehmen wesentlich von deren Größe bzw. Umsatzstärke abhängt. In der Umsatzgrößenklasse 100 bis 250 Mio. DM Jahresumsatz zum Beispiel ist der Begriff Rating 70 Prozent der Befragten bekannt, immerhin 39 Prozent haben sich mindestens in groben Zügen mit dem Thema beschäftigt. In der Umsatzgrößenklasse bis 10 Mio. DM kennen dagegen nur 36 Prozent den Begriff, lediglich 19 Prozent haben sich mit den Grundzügen des Ratings befasst. Dass größere Unternehmen eher über das Rating informiert sind, könnte auf finanzpolitische Gründe zurückzuführen sein. In der Regel fragen die umsatzstarken Unternehmen häufiger komplexere Formen der Kapitalmarktfinanzierung nach, die oftmals ein Rating voraussetzen, als kleinere mittelständische Betriebe.

2.2 Informationsquellen

Medien und Banken sind derzeit für die mittelständischen Unternehmen die wichtigsten Multiplikatoren für das Thema Rating und Basel II. 61 Prozent der Befragten haben in den letzten Monaten Informationen zum Rating aus der Presse und den Medien erhalten, jedes zweite Unternehmen von einem Kreditinstitut. Eine eher untergeordnete Rolle als Informationsquelle spielen Verbände, Steuerberater und IHKen.

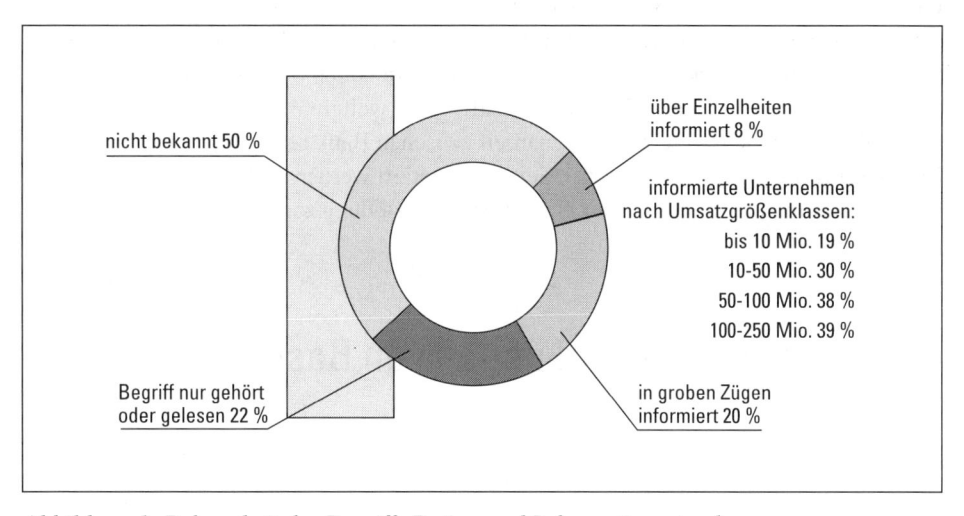

Abbildung 1: Bekanntheit des Begriffs Rating und Informationsstand

3. Bankgespräche

Neben dem mutmaßlich fehlenden Zeitdruck und der Komplexität des Themas besitzt auch die bisherige Zusammenarbeit zwischen Bank und Kunde einen deutlichen Einfluss auf die Einstellung zum Rating. Für das Vertrauensverhältnis zwischen Bank und Kunde spielt der ständige Dialog eine wichtige Rolle. Etwa 62 Prozent der befragten mittelständischen Unternehmen führen aus diesem Grund mit ihrer Bank regelmäßig Gespräche zur Bonitätslage. In rund einem Drittel dieser Unternehmen finden vierteljährliche Gespräche statt, ein weiteres Drittel führt Halbjahresgespräche, der Rest trifft sich zumindest zu Jahresgesprächen mit der Bank. Besonders die größeren, umsatzstarken Beriebe pflegen einen regelmäßigen Kontakt.

Die heute üblichen Bonitätsbeurteilungen bestehen in der Regel aus der Analyse und Bewertung des Jahresabschlusses sowie der Einschätzung des Branchenumfelds und der Stellung des Unternehmens im Markt. Beinahe 70 Prozent der Befragten, die regelmäßige Bankgespräche führen, erhalten dadurch wichtige Ansatzpunkte für die Verbesserung einzelner Teilbereiche des Unternehmens. Nur knapp ein Drittel sieht in den Gesprächen eher ein notwendiges Übel. Der Baseler Akkord kann also darauf hinwirken, eine überwiegend vertrauensvolle Kunde-Bank-Beziehung zu festigen. Voraussetzung hierfür ist allerdings, dass die Kreditinstitute die internen Ratingverfahren sowie das Ergebnis für den Kunden auch zukünftig transparent und einsichtig darlegen.

In vielen Kreditinstituten existiert bereits ein internes Ratingsystem, nach dem die Bonität der Unternehmen eingestuft wird. Aufgrund der Anforderungen von Basel II werden diese Systeme zur Zeit überarbeitet. Rund 37 Prozent der Befragten kennen das aktuelle von ihrer Bank ermittelte Bonitätsrating. Dieser Anteil ist relativ gering und vermutlich darauf zurückzuführen, dass in den derzeit stattfindenden Bankgesprächen selten Details der Ratingeinschätzung diskutiert werden. In den Fällen, in denen die Einstufung bekannt ist, sind 60 Prozent mit dieser voll und ganz zufrieden, weitere 33 Prozent zumindest teilweise. Eine vertrauensvolle Zusammenarbeit zwischen Bank und Kund führt demnach zu Bonitätseinstufungen, die von beiden Seiten akzeptiert werden und – aufgrund dieser positiven Erfahrungen – auch zu einer eher offenen Einstellung zum Thema Rating.

4. Erwartete Auswirkungen von Basel II

In der Presse und den Medien wird zur Zeit häufig über mögliche Auswirkungen von Basell II diskutiert. Es werden Szenarien aufgestellt, die von einer generellen Verteuerung der Kredite über Benachteiligungen einzelner Branchen bis hin zu keiner Veränderung reichen. Die Kreditwirtschaft geht davon aus, dass sich in Folge von Basel II die Kreditvergabe nicht pauschal verschlechtern wird, sondern es zu einer stärker risikoorientierten Spreizung der Konditionen kommt. Doch wie sehen es die Mittelständler selbst? Rechnen sie eher mit einer allgemeinen Verschlechterung der Konditionen oder erwarten sie keine wesentlichen Veränderungen?

4.1 Auswirkungen auf die Kreditvergabepolitik und -modalitäten

63 Prozent der in groben Zügen über das Rating informierten Unternehmen erwarten, dass das Kreditvergabeverfahren in Zukunft wesentlich aufwändiger und langwieriger wird, wobei sie gleichzeitig aber auch eine höhere Objektivität voraussagen.

Die informierten Unternehmen sind hinsichtlich der zukünftigen Gestaltung der Kreditkonditionen deutlich pessimistischer: Jeder zweite Betrieb geht eher von einer allgemeinen Verteuerung der Kredite für den Mittelstand aus. Die Befragten dagegen, die sich noch nicht mit dem Thema beschäftigt haben und sozusagen „aus dem Bauch heraus" entscheiden, sind positiver eingestellt. Hier erwarten nur 39 Prozent mit dem Inkrafttreten von Basel II steigende Kreditzinsen, ebenfalls 39 Prozent sagen keine Veränderung voraus, immerhin 10 Prozent rechnen mit günstigeren Konditionen.

4.2 Chancen und Risiken

Der Informationsgrad beeinflusst also deutlich die Einstellung zur zukünftigen Konditionsgestaltung bei der Kreditvergabe. Wie die weiteren Ergebnisse zeigen, sind jedoch gerade die über die Thematik informierten Unternehmen hinsichtlich der Chancen und Risiken des Ratings – bezogen auf das eigene Unternehmen – deutlich positiver eingestellt als die Befragten ohne Hintergrundinformationen. Nur rund jeder fünfte dieser Betriebe bewertet das Rating „eher als ein Risiko", weil zu viele unternehmensinterne Fakten offen gelegt werden müssen. Die überwiegende Mehrheit, nämlich 72 Prozent der Betriebe, die über Einzelheiten des Ratings informiert sind, erwarten für ihre Unternehmen Chancen.

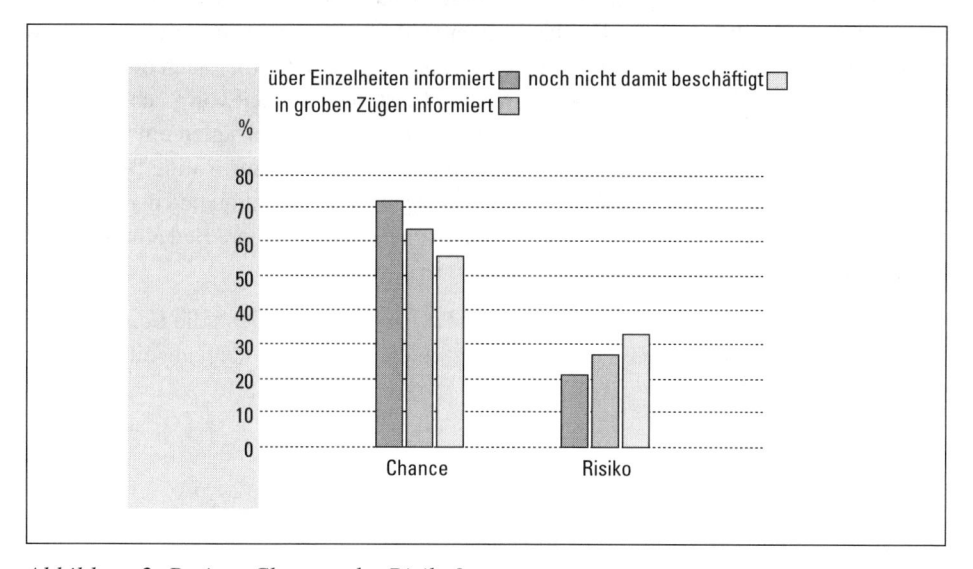

Abbildung 2: Rating: Chance oder Risiko?

In Unternehmen, die sich bisher lediglich in groben Zügen mit dem Thema beschäftigt haben, sinkt der Anteil positiver Erwartungen bereits auf 64 Prozent, in Unternehmen ohne Hintergrundinformation auf 55 Prozent.

Insgesamt – so lässt sich feststellen – stehen die umsatzstarken und gut informierten Mittelständler dem Rating positiv gegenüber. Je weniger Informationen über das Rating vorhanden sind, desto skeptischer wird der Baseler Beschluss betrachtet.

5. Ratingeinstufung

Die Übereinstimmung hinsichtlich der Bonitätseinstufung zwischen Bank und Kunde ist, wie die Ergebnisse der Studie zeigen, groß. Ein wichtiges Ziel sollte es daher sein, diesen Konsens auch in Zukunft unter der Prämisse neu gestalteter Ratingverfahren zu erreichen. Dies ist nur möglich mit einem hohen Maß an Transparenz und Kriterien, die nicht nur aus Sicht der Aufsichtsbehörde eine Relevanz besitzen, sondern auch für die mittelständischen Unternehmen eine umfassende Bewertung ergeben.

5.1 Kriterien für die Ratingeinstufung

Zur Bewertung der Kreditwürdigkeit eines Unternehmens sind neben betriebswirtschaftlichen Kennzahlen wie zum Beispiel der Ertragslage oder Liquidität noch weitere Faktoren wichtig. Aus Sicht der Befragten soll für eine sachgerechte und faire Bewertung in erster Linie die Wettbewerbsfähigkeit, die Managementqualifikation sowie die Entwicklung und Umsetzung von Unternehmensstrategien berücksichtigt werden. Aber auch die Umsatzentwicklung, die Kapazitätsauslastung sowie die Leistungsfähigkeit von Rechnungswesen und Controlling sind Faktoren, die nach der Meinung der Befragten eine wichtige Rolle spielen sollten. Unternehmen, die sich bereits mit dem Thema Rating beschäftigt haben, messen der Wettbewerbsfähigkeit, der Managementqualifikation und der Entwicklung und Umsetzung von Unternehmensstrategien eine deutlich höhere Bedeutung bei als Betriebe, denen der Begriff Rating nicht bekannt ist.

Dieses Ergebnis kommt den Zielsetzungen des Ratings entgegen, denn die Berücksichtigung der sogenannten weichen Faktoren besitzt in diesem Zusammenhang einen hohen Stellenwert.

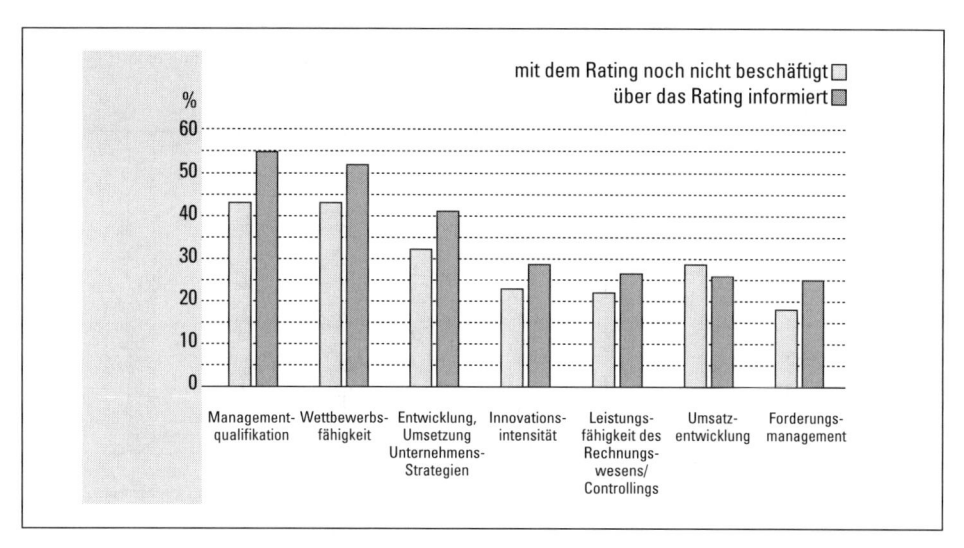

Abbildung 3: Kriterien, die aus Sicht der Befragten beim Rating eine sehr wichtige Rolle spielen sollten

5.2 Bewertung der Kriterien

In einem weiteren Schritt wurden die Befragten gebeten, die für eine Ratingeinstufung relevanten Kriterien zu bewerten. Die Qualität dieser Faktoren, bezogen auf das eigene Unternehmen, konnte in einer Spannbreite von „sehr gut" bis „mangelhaft" benotet werden.

Die Mittelständler sehen ihre Stärken vor allem in der Wettbewerbsfähigkeit, der Leistungsfähigkeit des Rechnungswesens, bei der Auslastung ihrer Kapazitäten sowie der Managementqualifikation. Verbesserungsbedarf besteht insbesondere hinsichtlich der Innovationsintensität sowie der Entwicklung und Umsetzung von Unternehmensstrategien.

Neben diesen Faktoren setzt eine positive Bonitätsbewertung eines Unternehmens auch das Vorhandensein notwendiger Unternehmensstrukturen sowie deren zielgerichtete Prozessreife voraus. Insbesondere im Vertrieb und in der Produktion müsste – nach Angabe der Befragten – in vielen Unternehmen die Effizienz gesteigert werden, und zwar sowohl durch einen Personalanstieg (Vertrieb 35 Prozent, Produktion 40 Prozent) als auch durch eine höhere Qualifikation der Mitarbeiter (Vertrieb 35 Prozent, Produktion 44 Prozent). Das Rechnungswesen und Controlling der meisten Unternehmen ist dagegen ausreichend mit Mitarbeitern versorgt, nur jeder zehnte Betrieb müsste die Mitarbeiterzahl steigern. Eine bessere Qualifikation der Mitarbeiter in diesen Bereichen wünscht sich rund jedes fünfte Unternehmen. Aufgrund der vorhandenen Strukturen sind drei Viertel der Betriebe, die mit dem Thema Rating zumindest in groben Zügen vertraut sind, der Meinung, dass die zur Bonitätseinstufung notwendigen Daten und Fakten zur Verfügung gestellt werden können.

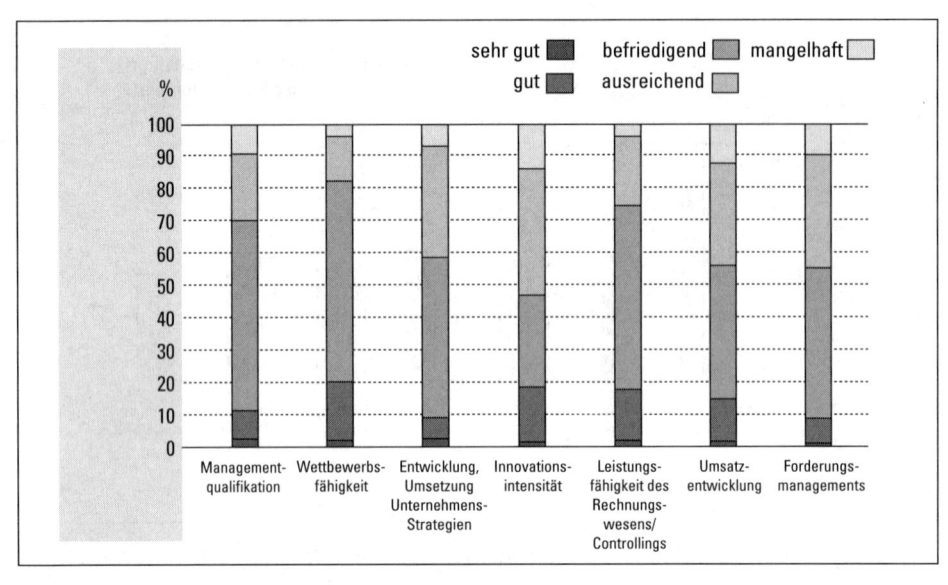

Abbildung 4: Selbsteinschätzung der Unternehmen

5.3 Unternehmensbenotung

Im Rahmen der Mittelstandsumfrage wurde auch ermittelt, wie die Mittelständler ihr Unternehmen selbst einstufen. Welches Rating unter Berücksichtigung aller betriebswirtschaftlichen Faktoren sowie des Unternehmensumfelds als angemessen empfunden wird. Bei einer möglichen Benotung von sehr gut (Note 1) bis zu mangelhaft (Note 5) ergibt sich für den Durchschnitt aller befragten mittelständischen Unternehmen eine Note von 2,4

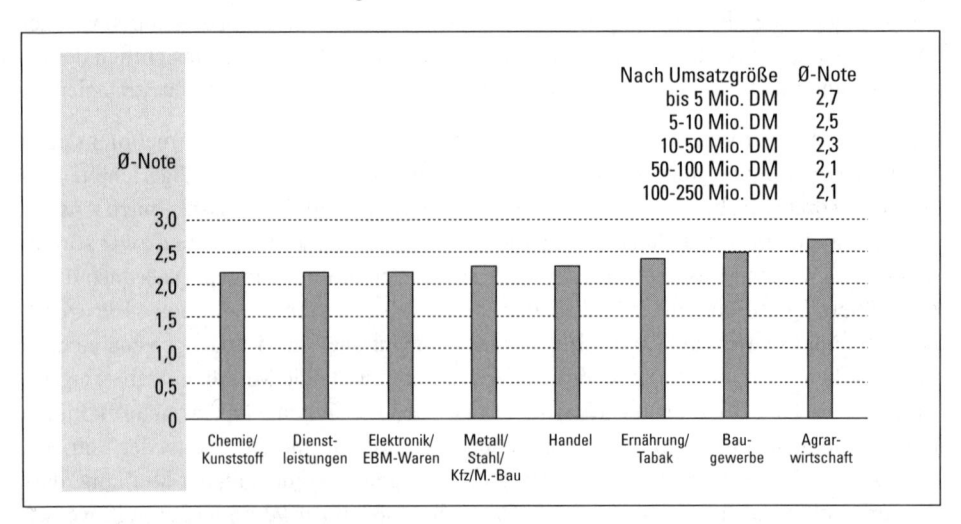

Nach Umsatzgröße	Ø-Note
bis 5 Mio. DM	2,7
5-10 Mio. DM	2,5
10-50 Mio. DM	2,3
50-100 Mio. DM	2,1
100-250 Mio. DM	2,1

Abbildung 5: Unternehmensbenotung durch die Befragten im Durchschnitt

(West 2,3, Ost 2,4). Diese Note differiert je nach Branche zwischen 2,2 in den Bereichen Chemie/Kunststoff, Dienstleistung und Elektronik/EBM-Waren bis hin zur Note 2,7 in der Agrarwirtschaft. Unterschiede ergeben sich auch in der Bewertung, wenn diese nach der Umsatzgröße des Unternehmens aufgeschlüsselt wird. Kleinere Unternehmen stufen sich schlechter ein als die umsatzstarken Betriebe. Ein Vergleich dieser Bewertung mit den Ergebnissen des Konjunkturteils der vorliegenden Mittelstandsumfrage zeigt, dass die Note sehr eng an die Bewertung der aktuellen Geschäftslage angelehnt ist.

6. Externes Rating

Schon heute hat jedes Unternehmen die Möglichkeit, sich durch eine kommerzielle Ratingagentur bewerten zu lassen, allerdings entstehen hierfür erhebliche Kosten. Bisher scheint das kommerzielle Rating kein Thema für die Mittelständler zu sein. Knapp 60 Prozent sehen hierfür keine Notwendigkeit, weitere 27 Prozent haben sich über diese Möglichkeit noch keine Gedanken gemacht. Die Notwendigkeit, ein externes Rating einzuholen, erhöht sich ebenfalls nicht in den umsatzstarken Unternehmen, die sich bereits tiefer mit dem Rating befasst haben. Auch in dieser Gruppe sehen mehr als 60 Prozent hierfür bisher keinen Anlass.

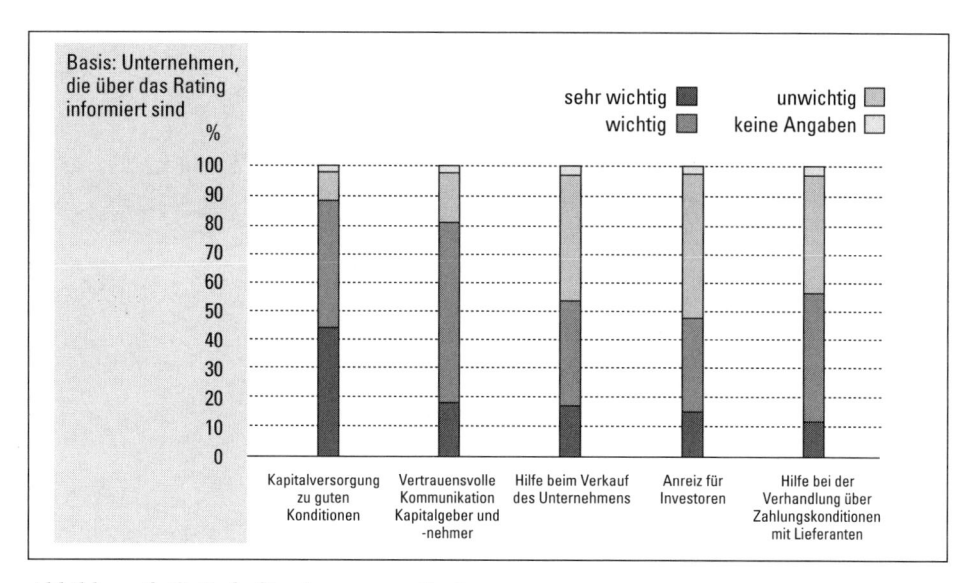

Abbildung 6: Gründe für ein externes Rating

Falls jedoch in Zukunft ein externes Rating in Betracht gezogen wird, dann im wesentlichen, um eine Kapitalversorgung zu guten Konditionen zu sichern oder um eine vertrauensvolle Kommunikation zwischen Kapitalgeber und -nehmer zu schaffen. Die Nutzung dieses Instruments zur Kundenbindung oder zur Öffentlichkeitsarbeit spielt dagegen eine eher untergeordnete Rolle.

7. Fazit

Insgesamt stehen die Mittelständler dem Rating positiv gegenüber. Insbesondere die großen oder gut informierten Unternehmen sehen das Rating eher als Chance. Der weitere Informationsbedarf ist hoch. 64 Prozent der Unternehmen, denen das Thema Rating bisher lediglich in groben Zügen bekannt ist, wünschen sich mehr Informationen. Auch in den Betrieben, die sich bereits über Einzelheiten informiert haben, besteht zu 61 Prozent weiterer Informationsbedarf. Die Mehrheit der Unternehmen erwartet neben Basisinformationen zum Rating eine direkte Ansprache ihrer Bank. Wichtig ist, den mittelständischen Unternehmen das Ratingverfahren transparent darzulegen.

Oft wird der Begriff Rating mit Großkonzernen in Verbindung gebracht, darum sollte in speziell auf den Mittelstand abgestimmten Veröffentlichungen und Veranstaltungen die Bedeutung des Ratings und seine Auswirkungen vermittelt werden.

Zukunftsperspektiven des Ratingmarktes

Hans-Georg Sultze

1. Ausgangssituation und Ausblick

Rating für den Mittelstand wird in den nächsten fünf bis zehn Jahren alle Lebensbereiche durchdringen und unsere Welt verändern. Die Finanzierungs-Landschaft wird in einigen Jahren nicht wiederzuerkennen sein.

Diese Entwicklung betrifft vor allem den Mittelstand, welcher für die deutsche Wirtschaft eine zentrale Bedeutung hat. 99,6 Prozent der deutschen Unternehmen sind kleinere und mittlere Unternehmen. 53 Prozent der Bruttowertschöpfung aller Unternehmen werden von diesen erwirtschaftet. 80 Prozent der Ausbildungsplätze werden vom Mittelstand zur Verfügung gestellt. 70 Prozent aller Arbeitnehmer werden vom Mittelstand beschäftigt.[1]

Traditionell haben deutsche mittelständische Unternehmen enge Beziehungen zu zwei bis drei Hausbanken. Diese Beziehungen zeichnen sich durch eine langjährige Zusammenarbeit aus, die durch gegenseitiges Vertrauen und informelle Kontakte geprägt sind. Die Banken sind meist die ortsansässigen Sparkassen und Genossenschaftsbanken. Die Zukunft des deutschen Mittelstandes wird jedoch eine andere sein. Denn durch den Baseler Akkord, der sich aus den Zentralbanken und der Bankenaufsicht der G10-Länder zusammensetzt und verbindliche Grundsätze zur Bankenreglung erarbeitet, ändert sich die europäische Kreditlandschaft grundlegend. Basel II hat eine neue Zukunft geschaffen. Der I. Basler Akkord wurde 1988 definiert und 1996 international einheitlich durchgesetzt. Er sieht einen Mindest-Solvabilitätskoeffizienten (Risikokapitalrücklage der Bank) von 8 Prozent vor. Die Risikogewichtung für Bankgeschäfte mit Adressausfallrisiko werden dabei unter Berücksichtigung von Sicherheiten getroffen. Rating wird damit zum zentralen Instrument bei der Bestimmung der Kreditkonditionen für Unternehmen. Diese Neuregelung wird die deutsche Wirtschaft radikal verändern.

Basel II, das voraussichtlich 2005 als nationales Recht in Kraft tritt, sieht eine veränderte Struktur der Risikogewichte für Forderungen vor. Diese Risikogewichte, die sich voraussichtlich zwischen 50 Prozent und 150 Prozent der alten Quote bewegen, ermessen sich anhand von Ratings. Somit kommt es zu einer erhöhten Risikosensitivität durch Differenzierung. Das Ziel dieser Reglung ist eine gerechtere Risikogewichtung für Kredite. Profitieren sollen davon Banken, Unternehmen und somit die gesamte Volkswirtschaft.

---

1 Vgl. Arthur Andersen (2000).

Die variable Risikokapitaleinlage, die Basel II vorsieht, hat weit reichende Konsequenzen für Kreditnehmer. Es entsteht eine steigende, sowohl zeitliche aber auch von Bank zu Bank unterschiedliche, Variabilität der Kreditkonditionen. Dies hat eine erhöhte Verhandlungsmöglichkeit zur Folge. Durch das Rating und neue Formen des Risikomanagement kommt es zu einer erhöhten Transparenz der Konditionsgestaltung. Diese Entwicklung wird sich in einem langwierigen Prozess vollziehen, in dem es viele Hindernisse zu überwinden gilt.

Mittelständische Unternehmen werden sich neuen Herausforderungen stellen müssen. Ein Wirtschaften „hinter verschlossenen Türen" wird kaum noch möglich sein. Rating wird zu einem gängigen Instrument werden, das den Weg zum Kapital schafft, intelligente Transparenz erzeugt und das Risikomanagement der Unternehmen verbessert. Eine europäische Ratingkultur wird entstehen und mit ihr viele neue Dienstleistungen.

Doch die deutsche Wirtschaft weist im europäischen Vergleich markante Eigenheiten auf. Sie ist weitgehend von Kleinen und Mittelständischen Unternehmen (KMU) geprägt. Diese KMU sind meist familiengeführte Unternehmen, die 10 bis 2 000 Mitarbeiter beschäftigen, zwischen 1 Millionen bis 500 Millionen DM Jahresumsatz erwirtschaften, eng mit ihrer Region verbunden sind und eine spezifische Unternehmenstradition und Unternehmenskultur besitzen.

Die Finanzierungssituation für den deutschen Mittelstand ist derzeit schwierig. Deutlich vernehmbar ist die Klage vieler Unternehmen über eine abnehmende Bereitschaft der Banken zur Kreditvergabe und über eine Verschlechterung der Kundenbetreuung. Daher finanziert sich der Mittelstand zu einem nicht unerheblichen Teil selbst, zum Beispiel durch Einbehaltung der Gewinne oder durch Finanzierung aus Abschreibungsgegenwerten und Rückstellungen. Diese Formen der Finanzierung bieten jedoch nicht genügend Potenzial. Die Alternative dazu ist vorerst noch die klassische Finanzierung durch Bankkredite.

Die Bereitschaft der Banken zur Kreditvergabe und Kundenbetreuung nimmt jedoch tendenziell ab. Die Gründe für eine veränderte geschäftspolitische Ausrichtung von Banken

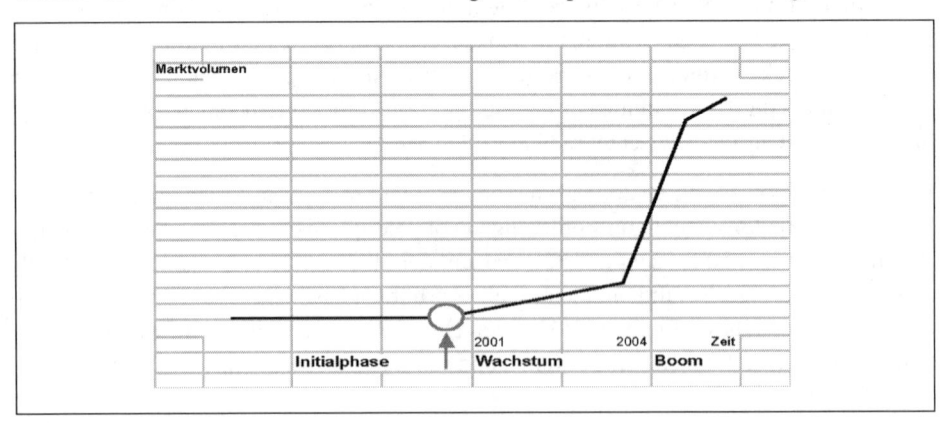

Abbildung 1: Phasen der Ratingmarktentwicklung

gegenüber dem Mittelstand sind vielfältig. Der Shareholder Value erhöht den Rentabilitätsdruck, geringere Marktanteile verhindern Economies of Scale, mangelnde Standardisierung von Produkten und Prozessen mindern das Vertrauen der Banken, und bankenaufsichtsrechtliche Auflagen sowie hohe Standardrisikokosten und unerwartete Verluste machen den Mittelstand zu einem vermeintlich unattraktiven Kunden. Kosten und Risiken stehen in keinem günstigen Verhältnis zum Gewinn.

Am geringsten ist die Bereitschaft der Banken zur Kreditvergabe ausgeprägt, wenn Unternehmen eine schlechte Gewinnentwicklung, einen hohen Fremdkapitalanteil und einen Jahresumsatz unter 5 Millionen DM aufweisen. Dies zeigt, dass auch und gerade das Rating von kleinen Unternehmen, die unter Umständen sehr hohe Erfolgspotenziale aufweisen, dringend erforderlich ist. Damit ist eine Kapitalisierungs-Öffnung nach unten gefragt, an der alle Beteiligten mitzuwirken aufgerufen sind: Banken, Investoren, Auftraggeber, Ratingagenturen und nicht zuletzt die betroffenen Unternehmen selbst.

In den Verhandlungen um das Papier des Baseler Akkords wurde schnell die Sonderrolle der deutschen Wirtschaft deutlich. Deutsche mittelständische Unternehmen sind nicht in der Lage, die zum Teil hohen Kosten, welche die großen Agenturen für ein Rating erheben, aufzubringen. Daher wurde die Möglichkeit eines internen Ratings entworfen. Das heißt, Banken, die Kredite vergeben, werden selbst die Bonität des Kreditnehmers prüfen und einstufen. Dies soll die Kreditfinanzierung der deutschen Wirtschaft sichern.

Parallel dazu entstanden deutsche Ratingagenturen, die sich in ihren Analyseverfahren auf die speziellen Strukturen des deutschen Mittelstandes spezialisierten. Sie möchten durch passende Bewertungsverfahren und eine für den Mittelstand angemessene Preispolitik die Vorteile des externes Ratings erschließen.

Zusammenfassend lässt sich feststellen, dass Kreditkonditionen in Zukunft massiv vom Risiko und Erfolgsprofil des Unternehmens abhängig gemacht werden. Dieses Profil wird durch ein Rating ermittelt. Das Thema Rating wird in den nächsten zehn Jahren Zukunft nicht mehr nur Großkonzerne, sondern etwa drei Millionen Unternehmen allein in der Bundesrepublik betreffen. Ratings werden unverzichtbare Zukunftsinformationen liefern. Diese werden der Weltwirtschaft – und hier insbesondere den kleinen und mittelständischen Unternehmen – völlig neue Entwicklungsimpulse und -chancen eröffnen. Es wird sich in Zukunft die folgende Formel herausbilden: Rating = Transparenz = Kapital.

2. Wirrwarr am Ratingmarkt

„Stimmen die Worte und Begriffe nicht, so ist die Sprache konfus. Darum muss der Edle die Begriffe und Namen korrekt benutzen und auch richtig danach handeln können. Er geht mit seinen Worten niemals leichtfertig um."

Philosoph, bestimmend für die Gesellschafts- und Sozialordnung Chinas.   *Konfuzius (551-479 v. Chr.)*

Wenn man sich die Frage nach den Zukunftsperspektiven des Ratingmarktes stellt, wird man nicht umhinkommen, sich zunächst damit zu beschäftigen, was wer warum unter Rating versteht und anbietet. Dies wird in Zukunft nur noch bedingt mit dem Ratingbegriff der letzten einhundert Jahre zu tun haben. Dieser lautete:

„Ratings sind Meinungen über die künftige Fähigkeit und rechtliche Verpflichtung eines Emittenten, Zahlungen von Zins und Tilgung einer von ihm begebenen Schuldverschreibung termingerecht und vollständig zu erfüllen."[2]

Die über einhundert Jahre alten, klassischen und ehrwürdigen Credit-Ratings waren nur die Ouvertüre für eine völlig neue Ratingkultur. Jede Bank nennt heute ihre interne Bonitätsprüfung „Rating". Es werden Ratings aller Art folgen. Die neuen Mittelstandsratingagenturen haben es vorgemacht:

Das Ratingspektrum wird sich sukzessive top-down auf ausgewählte Zielgruppen erweitern. Die Gründe für die zukünftige Ausweitung von Ratings sind folgende:

1. Rating ist ein rechtlich nicht schützbarer Begriff, das heißt jeder kann Dienstleistungen jeglicher Art und Qualität als „Rating" bezeichnen, das heißt jedermann kann behaupten er mache „Ratings". Es ist bereits zu einer Inflationierung des Ratingbegriffes gekommen. So wie es eine Definition von Moody's[3] gibt, herrscht am Ratingmarkt eine Vielzahl von Begriffen, Definitionen, Ansichten und Vorgehensweisen bezüglich des Begriffes Rating, weder gibt es eine Definitionshoheit, noch ein Staatsrating im Sinne einer hoheitlichen Vorgabe, wie ein Rating „lege artis" durchzuführen sei. Ob und was sich hierbei durch Basel II ändert, wird sich erweisen. Das in Basel II vorgesehene Akreditierungsverfahren wird die inflationäre Verwendung des Rating-Begriffes, zumindest außerhalb des Bankenbereiches, nicht verhindern. Auch die Bank for International Settlements in Basel kann sich den Rating-Begriff nicht schützen lassen.

2. Neben dem altbewährten, externen Konzernrating der etablierten Player von Moody's, S&P und Fitch sowie dem traditionellen internen Rating der Banken haben sich innerhalb von nur zwei Jahren neue Mittelstandsratingagenturen etabliert, wie etwa Euro-Ratings AG, RS Rating Services AG oder U.R.A. Unternehmens Ratingagentur AG. Weitere Initiativen, wie Hermes, Creditreform oder GDUR sind diesen Pionieren gefolgt. Dies ist erst der Anfang der zukünftigen Entwicklung.

3. Zukünftig wird es „Ratings" für Unternehmen, Personen, Produkte, Dienstleistungen aller Art geben, teilweise werden sie bereits heute schon angeboten. Das heißt konkret: Fondsrating, Immobilienrating, Personalrating, Supplierrating, Internetrating, Webrating, Analystenrating, Reiserating, Anlagerating, Technologierating, Productrating, Softwarerating, Branchenrating, Ökorating, Regionenrating – der Phantasie sind keinerlei Grenzen gesetzt. Ratings werden vornehmlich nach der Interessenlage von Informations-Nachfragern entstehen: Das sind bereits heute Banken und Investoren,

---
2 Berblinger (1996), S. 31.
3 Berblinger (1996), S. 31.

zukünftig werden Auftraggeberkonzerne (Supplierrating), Leasinggesellschaften, Versicherer, Internet-Marktplatz-Betreiber und weitere hinzukommen. Wichtig wird es sein, die Interessen und Informationsbedürfnisse der einzelnen Nachfrager schnell, gezielt und umfassend erfüllen zu können. Hierfür ist ein vielfältiges und diversifiziertes Angebotssegment unerlässlich und zukunftsträchtig.

4. Dadurch ist der Ratingbegriff in einem sehr schnellen Wandel begriffen. Der künftige Nutzen von Ratings wird jedoch immer darin liegen, dass sie stimmige, trennscharfe, valide, zukunftsgerichtete Transparenz schaffen.

Wichtigste Frage muss daher sein, was derjenige, der von Rating spricht, hierunter versteht. Die Bedeutung des Ratings bei Basel II oder einzelnen Banken wird eine andere sein, als die einer Agentur, die etwa technische Produkte überprüft und dies Rating nennt. Interne und externe Ratings haben häufig verschiedene Ansatzpunkte und Funktionen. Wichtigstes Kontrollorgan für den Erfolg von Ratings ist dabei allein der Markt, der solche Ratings abnimmt oder einfordert. Dabei können, durch einfachen Zeitablauf, Ratings ex post auf ihre Qualität überprüft werden, das heißt:

Oberstes Kontrollorgan für Ratings ist der Markt, er wird entscheiden, welche Ratinganbieter Zukunft haben und welche nicht.

Desk-Research	Ja	Nein
Analysten vor Ort	Ja	Nein
Branchenerfahrung der Analysten	Ja	Nein
Computergestützte Verfahren	Ja	Nein
Internetfähigkeit	Ja	Nein
Gewichtung quantitativer Faktoren	Hoch	Niedrig
Gewichtung qualitativer Faktoren	Hoch	Niedrig
Cash-Flow-Analyse	Ja	Nein
Rating als Kommunikationsinstrument verwendbar	Ja	Nein
Gewichtung branchenspezifisch	Ja	Nein
Rating umfassend	Ja	Nein
Möglichkeit der Veröffentlichung	Ja	Nein
Verwendung international gebräuchlicher Ratingskala	Ja	Nein
Investoren/Nutzer-Akzeptanz und/oder Interesse am Rating	Ja	Nein
Kapitalmarktfähigkeit des Ratings	Ja	Nein
Prinzip der Freiwilligkeit	Ja	Nein
Mittelstandsausrichtung	Ja	Nein

Abbildung 2: Gesichtspunkte zum Bewerten einer Ratingagentur

Ausgehend von der obligatorischen Dreiecksbeziehung aus Ratingagenturen, Auftraggebern und Nutzern von Ratings stellt sich somit die Frage nach der zukünftigen Transparenz des jeweilige Ratingangebots.

Anbieter werden ihre Dienstleistungen, Vorgehensweisen und Aussagen genau bezeichnen müssen, das heißt welcher Art das von ihnen angebotene Rating ist (zum Beispiel Credit-Rating, Unternehmensrating, Supplierrating etc.).

Auftraggeber (zum Beispiel mittelständische Unternehmen) werden ihr Augenmerk darauf richten, welche Verfahren die einzelnen Agenturen anbieten und exemplarisch folgende Aspekte prüfen.

Die Nutzer des Ratings werden sich oben genannte Fragen ebenso zu stellen haben.

Erreicht wird so, einzelne Ratingangebote und ihre Aussagekraft grundlegend miteinander vergleichen zu können, ein Zustand der heute, zumindest für Außenstehende, kaum besteht. So muss und wird der heute bestehende Wirrwarr um Ratingbegriffe, -kosten und -methoden durch eine Gegenüberstellung der verschiedenen Ansätze in Zukunft aufgelöst werden und Transparenz auch bezüglich der Ratingangebote herrschen.

Weiter stellt sich die Frage nach dem heutigen Stand des Unterschiedes zwischen internen und externen Ratings. Da es in Deutschland geschätzt über 2 000 verschiedene interne Ratingverfahren geben soll und jedes Institut Einzelfaktoren individuell verschieden handhabt, gelten die in der folgenden Übersicht genannten Kriterien nicht für alle Kreditinstitute, so dass die folgende Übersicht nur Tendenzen und grobe Anhaltspunkte vermitteln soll und Schätzungen enthält; auch ist zu bedenken, dass die internen Ratingverfahren beständig weiterentwickelt werden, so dass sich alle aufgeführten Kriterien beständig wandeln können und werden:

Internes Rating	Externes Rating
wird von Bank durchgeführt	wird von unabhängiger, externer Ratingagentur durchgeführt
in der Regel durch Firmenkundenbetreuer	branchenerfahrene Analysten
für Kunden relativ intransparente Verfahren und Ergebnisse	Prinzip der Offenheit gegenüber Kunden
hat das Ziel einer reinen Bonitätsprüfung	ist umfangreiche Einstufung von Erfolgs- und Risikofaktoren
Desk-Research, Kontoführung, persönlicher Kontakt als obligatorische Erkenntnis-Methoden	Desk-Research, obligatorische Vor-Ort-Analyse ggf. softwaregestützt
wird in einem bankeigenen Code ausgedrückt	wird in einem international anerkanntem Code ausgedrückt
Ergebnis dient allein internem Gebrauch der Bank	Ergebnis wird dem Kunden in einem detailliertem Bericht präsentiert und bietet vielfältigen Nutzen

ist nicht übertragbar, wird nicht veröffentlicht	ist übertragbar, wird auf Wunsch veröffentlicht
Informationsmedium für Bank (und ggf. Kunden)	Kommunikationswerkzeug für (inter-)nationale Informations-, Banken und Kapitalmärkte
Kosten liegen, je nach Institut, Kredithöhe und Aufwand bei 500 bis 15 000 DM (Schätzung)	Kosten zwischen 10 000 und 100 000 DM
Kosten werden Gesamtheit der Kunden indirekt berechnet	Kosten werden dem Kunden direkt berechnet
Schwerpunkt auf quantitativen Faktoren	legt den Schwerpunkt auf qualitative Faktoren und berücksichtigt damit die spezielle Wirtschaftsstruktur mittelständischer Unternehmen

Abbildung 3: Gegenüberstellung Internes/Externes Rating

3. Zukunftsentwicklung: Die Ratingkultur

Rating wird in der Lage sein, in allen Lebensbereichen transparente, objektivierte, umfassende und zukunftsgerichtete Informationen sehr schnell national und international zur Verfügung zu stellen.

Entscheidungsprozesse, die sich im heutigen Wirtschaftsleben aus verschiedensten Gründen tendenziell immer mehr verlangsamen, werden somit extrem beschleunigt. Dies bringt erhebliche Vorteile für alle am Wirtschaftsleben Beteiligte und ist volkswirtschaftlich wertvoll: Entscheider können durch Rating künftig Geschäfte aller Art durch sachkundige Informationen untermauern und die Entscheidung so auf eine breitere Basis stützen.

Relevante Informationen aller Art können gehandelt werden, etwa über Zukunftsfähigkeit, Ausfallwahrscheinlichkeiten, Bonität, Liquidität, Qualität, Nachhaltigkeit und Bestandskraft. Selbstverständlich ist diese Aufzählung nicht abschließend.

Dies bedeutet für die Nutzer von Ratings, etwa Banken, Konzernen als Auftraggeber von mittelständischen Zulieferern, Investoren, dass sie durch diese neuen, zusätzlichen Informationsdienstleistungen in Zukunft besser einschätzen können, ob ihre Kunden oder Zulieferer in zwei oder drei Jahren noch existieren werden und welche Chancen und Risiken im Zuge der Globalisierung bei diesem konkreten Kunde oder Zulieferer zu erwarten sind. Die Nutzer des Ratings werden, anders als heute, auch die Möglichkeit haben, die verschiedenen Ratings und Informationsdienstleistungen beliebig miteinander zu kombinieren und ergänzend zu den eigenen Erhebungs- und Bewertungsmethoden, gleichsam bausteinartig, einzusetzen. So werden Kreditentscheidungen, Auftragsvergabeentscheidungen, Investitionsentscheidungen, Zulassungsentscheidungen (etwa über die Teilnahme auf einer elektronischen Handelsplattform) zukünftig extrem stark von Ratings abhängen und Geschäfte aller Art schnell ermöglichen. Ratings werden somit das immer schneller werdende Informations-, Globalisierungs- und Kommunikationszeitalter auf komfortable Weise beschleunigen und somit für Geschäfte sorgen, die ohne Rating unter Umständen nie stattgefunden hätten.

Aber nicht nur der Nutzer des Ratings, auch die Unternehmer selbst werden Ratings für ihre Zwecke schätzen lernen. Nichts ist so unangenehm wie Kritik, aber jeder benötigt sie – zumal sie beim Rating streng vertraulich unter vier Augen mitgeteilt wird. Dafür erhält das Unternehmen aber auch positives Feedback. Nicht nur die Risiken, vor allem auch die Chancen und Erfolgspotenziale werden bewertet. Hierdurch werden Unternehmen in die Lage versetzt, kontinuierliche Verbesserungsmaßnahmen zu implementieren um ihr Ratingergebnis permanent zu verbessern.

Weitere Gewinner der entstehenden Ratingkultur werden die Banken sein. Durch externe Ratingangebote erhalten sie die Gelegenheit sich additiv auf einem externen Informationsmarkt versorgen zu können, wodurch sie ihre eigenen, internen Analysen und Ratings optimal ergänzen. Diese „second and third opinions" verpflichten die Banken zu nichts, dies wird sich durch Basel II möglicherweise ändern, eröffnet aber auch hier die große Chance durch den Rückgriff auf externe Quellen zu sachgerechten Ergebnissen, insbesondere Kreditentscheidungen, zu gelangen. Klar wird dies, wenn man sich eine Faustregel vergegenwärtigt, die besagt, dass etwa die Gewichtung von quantitativen zu qualitativen Faktoren bei internen Ratings oft zu ⅔ nach sogenannten harten Faktoren ausgerichtet ist, während es bei den externen Ratings oft genau umgekehrt ist, nämlich das Verhältnis ⅔ zugunsten von weichen, qualitativen Faktoren besteht.

Interne und externe Ratings haben somit ihre Berechtigung und es wird beide immer geben; was sich verändern wird, ist die Praxis der Verwendung: In Zukunft wird jedes professionelle Potfoliomanagement einer Bank völlig selbstverständlich sowohl auf die eigenen, internen Quellen und Ratings, wie auch auf externe Ratings und Erhebungen, welche zudem beliebig kombinierbar sein werden, zurückgreifen, und hierbei eine sachgerechte Informationsversorgung erreichen. Hierdurch werden Kreditrisiken noch besser einschätzbar. Dies erlaubt sowohl die Vergabe weiterer Kredite, etwa an den Mittelstand, wie auch deren Ablehnung in einem möglichst transparenten Verfahren, welches den Beteiligten, also Banken und deren Kunden (Unternehmen), die Chance eröffnet, Alternativen zu diesem Institut, aber auch zum klassischen Kredit allgemein zu eruieren.

Damit ist eine weitere Zukunftsentwicklung angesprochen. Die neue Rating-Kultur wird sich vor allem auch durch alternative Finanzierungsformen, insbesondere für kleine und mittelständische Unternehmen (KMU) auszeichnen. Echte Alternativen zur Kreditfinanzierung sind nicht nur für mittelständische sondern auch für kleine Unternehmen nötig um deren gewaltiges Wachstumspotenzial zu realisieren. Doch Finanzierungsinstrumente, die erst ab einem Emissionsvolumen von 100 bis 500 Millionen DM beginnen, sind hierfür nur ungenügend geeignet.

Sie zeigen eine gewaltige instrumentale Finanzierungslücke auf. Diese Lücke, gerade nach unten hin, mit neuen Alternativen zu schließen, sind alle am Kapitalmarkt Tätigen aufgerufen. Die reine Kreditfinanzierung in ihrer jetzigen Form muss überdacht und sinnvoll ergänzt werden, Unternehmer benötigen Auswahlmöglichkeiten statt Abhängigkeiten. In Zukunft werden diejenigen Player die besten Marktpositionen erreichen, die nicht nur kurzfristig nach ihrem Aufwand und ihren Margen schielen, sondern die mittel- und langfristig den KMU für deren Marktbedürfnisse passende Finanzierungslösungen, durchaus auch jenseits des Krediters, zur Verfügung stellen können.

Prinzipiell geht es bei dieser Frage um die Grundherausforderung:

1. Risiken nach Art, Höhe und Realisierungs-(Ausfall-)Wahrscheinlichkeit definieren.
2. Diesen Risiken eine körperliche Form geben (etwa verbriefen, im Zeitalter des Internet sind hier ebenfalls Alternativen möglich).
3. Risiken handeln.

Schon allein deshalb wird es in Zukunft beim Thema Alternative Unternehmensfinanzierung keine Traditionen, Tabus, Langsam- und Unbeweglichkeiten oder gar Bedenkenträgerei geben. Kreativität, Offenheit und Methodik werden sinnvolle Finanzierungsinstrumentarien hervorbringen, welche – erstmalig in der Geschichte – gewissermaßen eine Kapitalpipeline zu den KMU legt und hierdurch für das Aufstehen eines schlafenden Riesen, des Mittelstandes, sorgt. Die extrem positiven Folgen einer solchen Entwicklung von KMU als „Herz der Wirtschaft" bedürfen wohl kaum einer näheren Erläuterung, selbst ein zweites deutsches Wirtschaftswunder wäre realisierbar, praktisch alle volkswirtschaftlichen Probleme, wie Arbeitslosigkeit, hohe (Spitzen-)Steuersätze, Stagnation, wären beherrschbar oder würden verschwinden.

4. Das Beispiel der RS Rating Services AG

Die RS Rating Services AG wurde 1999 aus einer Initiative des Bildungswerkes der Bayerischen Wirtschaft e.V. gegründet. Ihr Ziel ist die Schaffung einer deutschen Ratingkultur. Dazu baut die RS Rating Services AG ein umfassendes mittelstandorientiertes Netzwerk auf, um für den Mittelstand die Vorteile des Ratings zu erschließen. Sie versteht sich als Anbieter „von der Wirtschaft für die Wirtschaft".

Mit dem Rating der RS Rating Services ist es möglich, nachvollziehbare Aussagen über die Zukunftsfähigkeit von Unternehmen zu erhalten. Unabhängig und neutral, umfassend und objektiviert. Das Ergebnis wird in einem international bekannten und anerkannten Buchstabencode, der Ratingskala, präsentiert: von AAA, außergewöhnliche Zukunftsfähigkeit mit größtem Erfolgspotenzial bis D (default = Ausfall), nicht mehr kreditwürdig.

Das RS-Rating beschäftigt sich über die oben genannte klassische Kapitalmarktdefinition hinaus also mit der Zukunftsfähigkeit mittelständischer Unternehmen und äußert hierüber eine Meinung. Der Grund dafür liegt darin, dass bei der RS Rating Services AG die Frage der Mittelstandsbonität und der Ausfallwahrscheinlichkeit von Schuldverschreibungen als eine, wenn auch extrem wichtige, Untermenge des Oberbegriffes „Zukunftsfähigkeit" angesehen wird. Über die reine Kapitalmarktfunktion erfüllt das RS-Rating damit auch Informationsbedürfnisse anderer Nachfrager, etwa von Konzernen, die zukunftsgerichtete Meinungen über ihre mittelständischen Zulieferer benötigen.

Um im globalen Wettbewerb zu bestehen, benötigt der deutsche Mittelstand mehr denn je einen verlässlichen Bewertungsmaßstab für seine Zukunftsfähigkeit. Durch Rating, also die standardisierte und objektive Bewertung sämtlicher, relevanter Unternehmensfaktoren, wird eine aussagefähige Zukunftsprognose für Unternehmen möglich. Denn durch die Bereitstellung notwendiger Informationen für Investoren über die Potenziale ihres Unternehmen, ebnet das Rating von RS Rating Services den Zugang zu den Kapitalmärkten, Geschäftspartnern, Auftraggebern, Banken, bankenunabhängigen Anbietern (Internet) und zwar bundesweit, europaweit, weltweit. Rating ist dabei das Werkzeug, bedienen muss es das Unternehmen selbst. Aber: Dieses Werkzeug erleichtert das Erreichen der unternehmensspezifischen Ziele, spart enorm viel Zeit (und damit Geld) und macht Geschäfte aller Art möglich. Ein gutes RS-Rating kann die Kapitalversorgung sichern, zu günstigeren Konditionen verhelfen, einen erfolgreichen Börsengang vorbereiten, eine Anleihenbegebung ermöglichen oder die Verhandlungen mit der Bank erleichtern. Auch dient ein Rating der Mitarbeiterbindung und -gewinnung. Ebenso können sich Kunden ein Bild von der Leistungsfähigkeit des Unternehmens machen. Als Zulieferer bietet das Rating die Basis zur Verhandlung besserer Lieferkonditionen sowie dem Auftraggeber ein größeres Maß an Sicherheit.

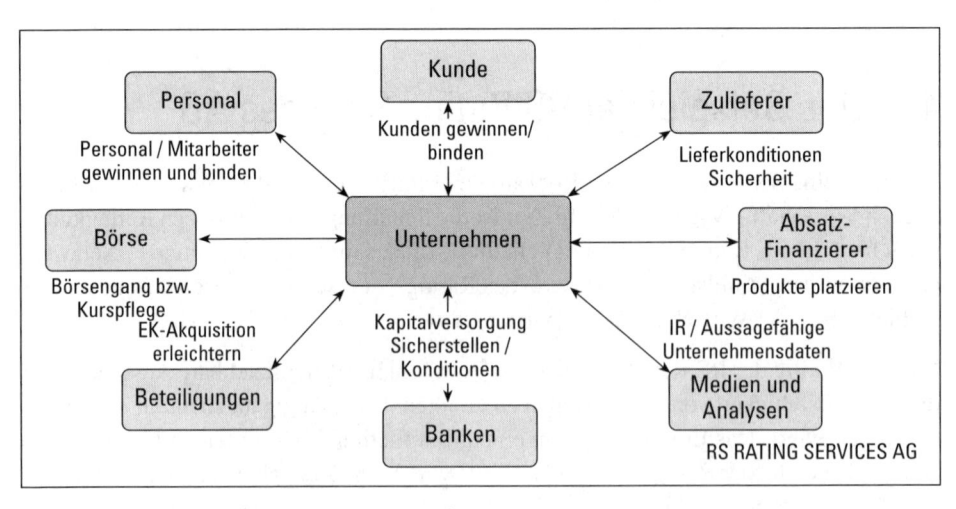

Abbildung 4: Verwendung der Ratingergebnisse

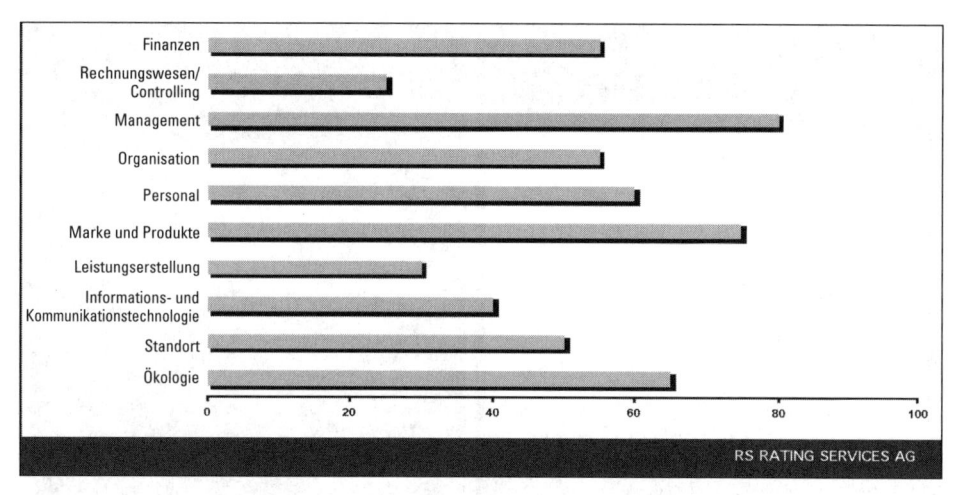

Abbildung 5: Beispiel für ein Ratingprofil

Und nicht zu vergessen: Das Rating von RS Rating Services liefert intern ein detailliertes Bild über die Stärken und Schwächen des Unternehmen. Und damit die Möglichkeit zur Optimierung.

Anhand der durch das RS-Rating erhaltenen Informationen können Unternehmer ihrer Kernkompetenz nachkommen, nämlich das Geschäft zu führen. Das heißt konkret: Abstellen von Schwächen und Risiken; Ausbau von Erfolgs- und Stärkenpotenzialen. Rating ist dabei ein permanenter Prozess, der jedem Unternehmer die Chance gibt, sich beständig und nachhaltig über Jahre zu verbessern. Rating bringt eine Eigendynamik in das Unternehmen und kann als Steuerungsinstrument verwendet werden. Der interne Effekt eines Ratings zeigt exemplarisch, dass auch kein Unternehmer Angst vor einem externen Rating zu haben braucht. Es gibt keine „schlechten" Ratings. Jedes Rating, so es denn trennscharf, valide und stimmig ist, gibt dem Unternehmer selbst wertvollste Informationen über das Wichtigste was er besitzt: Seine unternehmerische Zukunft. So gesehen fällt die Gebühr für ein Rating im Vergleich zu dem, was das Unternehmen erhält, kaum ins Gewicht.

Denn jedes Unternehmen hat eine Leistungskurve, gleichgültig, ob sich diese in einem Börsenkurs abbildet oder nicht. Eine Idealkurve würde über den Zeitraum von fünf Jahren, wie in Abbildung 6 gezeigt, aussehen.

Was mit Rating erreicht werden soll, ist die prozesshafte, dynamische, nachhaltige Verbesserung des Einzelunternehmens.

Seinen vollen Nutzen entfaltet Rating aber erst bei einer entsprechenden Kommunikation. Dies muss nicht zwangsläufig die Veröffentlichung sein. Viele Unternehmen benutzen das Rating in ausgewählten, wichtigen Verhandlungen oder möchten sich vor einer Veröffentlichung noch weiter verbessern. Es gibt vielfältige Möglichkeiten, das Rating zu nutzen und diese sind, wie übrigens auch die Motive ein Rating durchzuführen, von Unterneh-

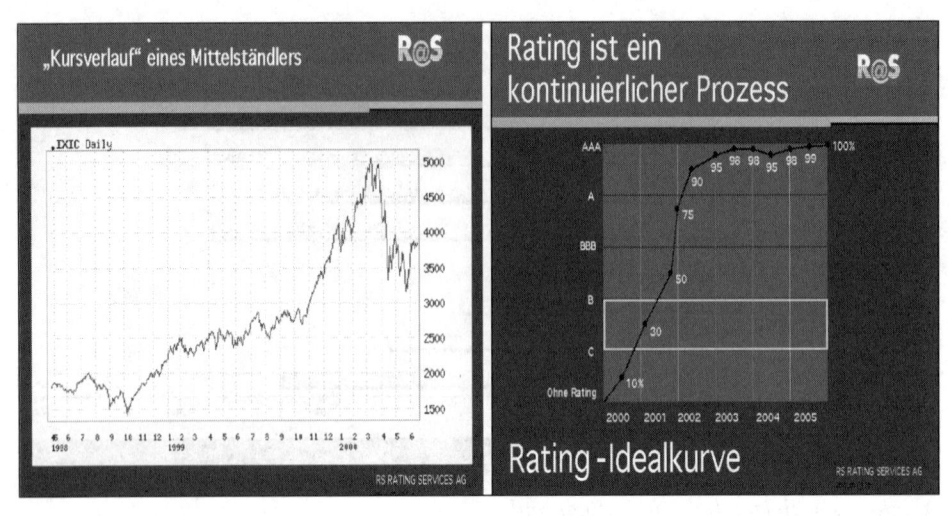

Abbildung 6: Ratingkurve

men zu Unternehmen verschieden und wandeln sich auch entsprechend. Jedenfalls wird es Unternehmen im Laufe der Jahre immer leichter fallen, durch ein beständig besseres Rating für sie vorteilhafte Bedingungen und Abschlüsse zu schaffen. Marktteilnehmer, die sich dieser Entwicklung verschließen oder zu lange abwarten, werden Wettbewerbsnachteile in Kauf nehmen müssen, deren Kosten, die einer Rating-Gebühr um ein Vielfaches übersteigen kann.

Die RS Rating Services AG ist unabhängig und transparent, denn sie legt dem Kunden alle wesentlichen Rating-Bereiche offen. Ebenso entwickelt RS die Rating-Tools ständig weiter, verfügt über hochqualifiziertes Personal und schafft damit die nötige Vertrauenswürdigkeit.

Die Angebotspalette ist strikt an den Anforderungen des Mittelstandes ausgerichtet. Sie beinhaltet im Einzelnen:

- Unternehmensrating (**u-rating**), welches das vollständige und umfassende Rating eines Unternehmens beinhaltet;
- Internet (Electronic)-Rating (**e-rating**), welches Vor-Ort-Erhebung mit den Möglichkeiten des Internet zu einem sehr attraktiven Preis miteinander kombiniert; dieses tool ist seit Anfang des Jahres 2001 im Internet unter www.rating-services.de abrufbar;
- **rating-analyser,** welche individuell nach den Anforderungen verschiedener Auftraggeber konfektioniert werden;
- supplier-rating (**s-rating**), welches spezielle Bewertungsverfahren für mittelständische Zulieferer beinhaltet;
- **Risk-Management,** welches es Unternehmen ermöglicht, über das Rating hinaus permanente Risikoanalysen zu betreiben;

- **rating-database,** eine anonymisierte Datenbasis, aktuell, branchenspezifisch und belastbar, ausschließlich für KMU;
- **Rating-Analyst,** ein Postgraduierten-Studiengang in Zusammenarbeit mit der Universität Augsburg zur Ausbildung von Ratingexperten;
- **Services,** welche es ermöglichen, das Rating möglichst effektiv nutzen zu können.

Diese Angebotspalette, die permanent weiterentwickelt wird, erlaubt es der RS Rating Services AG, den Markt für Mittelstandsinformationen optimal zu bedienen. Potenzielle Informationsnachfrager haben so die Möglichkeit alle relevanten Informationen über RS erhalten, kombinieren und mit den eigenen Bewertungsverfahren ergänzen zu können.

Insgesamt wird Rating dem Mittelstand in Zukunft neue Chancen eröffnen und nachhaltige Verbesserungen bewirken.

Literaturhinweise

ARTHUR ANDERSEN (2000): Umbruch in der Kreditkultur, Frankfurt am Main 2000.
BERBLINGER, J. (1996): Marktakzeptanz des Rating durch Qualität, in: Büschgen, H. E./Everling, O. (Hrsg.): Handbuch Rating, Wiesbaden 1996, S. 21 – 110.

Ratingverständnis im deutschen Mittelstand und Entwicklungspotenzial des deutschen Ratingmarktes

Simone Gromer

1. Einleitung

Rating – vor zwei Jahren noch ein Thema, von dem im deutschen Mittelstand kaum Notiz genommen wurde. Die bis dato in der deutschen Wirtschaft verbreitete Meinung über Rating kann im Grunde in einem Satz zusammengefasst werden: Rating ist eine Erfindung des amerikanischen Kapitalmarktes und in Deutschland allenfalls für anleihenfinanzierte Großunternehmen von Relevanz. Dies hat sich geändert: Vor dem Hintergrund fortschreitender Internationalisierung des Kapitalmarktes und zunehmender Disintermediation und Securitization und nicht zuletzt initiiert durch die geplante Neuregelung der Baseler Eigenkapitalübereinkunft erlangt das Thema Rating auch im deutschen Mittelstand zunehmende Aufmerksamkeit und Bedeutung.

Eine solche Entwicklung ist mehr als zu begrüßen. Denn gerade bei mittelständischen Unternehmen bestünde im Grunde ein hoher Bedarf an objektiven, international vergleichbaren und anerkannten Unternehmensbeurteilungen, um potenzielle Investoren über die Kreditwürdigkeit und Leistungsfähigkeit des jeweiligen Unternehmens zu informieren. Den überwiegend über Bankkredite finanzierten deutschen Mittelständlern können sich durch die Werbewirkung eines guten Ratings zusätzliche Kapitalquellen eröffnen. Eine solche ratinginduzierte Erweiterung des Kapitalangebots kann wiederum zu einer Verbesserung der Kreditkonditionen bei der Hausbank führen.

Von einem Ratingmarkt für den Mittelstand kann allerdings – trotz zunehmendem Bekanntheitsgrad von Rating und steigendem Interesse der deutschen Mittelständler am Thema Rating – derzeit noch nicht die Rede sein. Wenngleich die Angebotsseite eines Ratingmarktes für den Mittelstand in Deutschland mittlerweile vorhanden ist. Mit Blick auf das zu erwartende Bedarfspotenzial wurden seit Mitte 1998 bis heute fünf deutsche Ratingagenturen ins Leben gerufen, die allesamt auf das Rating von mittelständischen Unternehmen spezialisiert sind. Die entscheidende Frage ist, ob dieses potenzielle Angebot in Zukunft auf hinreichend Nachfrage stoßen wird. Während sowohl Aspekte aus der finanzwirtschaftlichen Theorie wie auch die praktischen Kenntnisse über den amerikanischen Ratingmarkt für eine positive Entwicklung des Ratingmarktes in Deutschland sprechen, sind es vor allem die dem deutschen Mittelstand nachgesagten Besonderheiten wie etwa „Herr im Haus"-Denken oder Publizitätsscheu, die, auch wenn sie nicht gerade das Gegenteil erwarten lassen, so aber doch auf eine eher zögerliche Entwicklung der Nachfrage nach Rating hinweisen. Rating ist in Deutschland (noch) kein Selbstläufer.

Um diesen Sachverhalt kritisch zu hinterfragen, hat das IWK (*Institut für Wirtschaftsanalyse und Kommunikation*) im März 2000 eine empirische Marktuntersuchung durchgeführt.

Das IWK hat es sich dabei zum Ziel gesetzt, das Entwicklungs- und Nachfragepotenzial am deutschen Ratingmarkt zu untersuchen. Der Gang der Untersuchung gliederte sich dabei in zwei Schritte:

Im ersten Schritt erfolgte durch die Auswertung von Fachliteratur und statistischem Datenmaterial eine kritische Bestandsaufnahme der Einflussfaktoren für die Entwicklung eines Ratingmarktes in Deutschland. Hierzu gehörten die gegenwärtigen Finanzierungsgewohnheiten der deutschen Unternehmen, die Rahmenbedingungen und Trends am deutschen Finanzmarkt sowie die geplanten Änderungen der internationalen bankaufsichtlichen Richtlinien.

Im zweiten Schritt wurde die empirische Analyse durchgeführt. Hierzu wurden insgesamt 80 mittelständische Unternehmen und 12 Experten aus der Finanz- und Bankenbranche zum Thema Rating befragt. Der vorliegende Beitrag stellt die Ergebnisse dieser Umfrage vor und gibt auf deren Basis einen Ausblick auf die künftige Entwicklung des Ratingmarktes in Deutschland.[1]

Um die Veränderungen bzw. Fortschritte im deutschen Mittelstand in Bezug auf Ratingverständnis und -interesse zu ermitteln, wurde die Umfrage dieses Jahr wieder durchgeführt. Die Ergebnisse werden im September 2001 vorliegen.

2. Ergebnisse der empirischen Untersuchung

2.1 Unternehmensbefragung

2.1.1 Vorgehensweise und Auswahl der Teilnehmer

Zielgruppe der Untersuchung war der deutsche Mittelstand. Nach der gängigen Abgrenzung (ab 250 000 DM Jahresumsatz und weniger als 500 Beschäftigte) umfasst der Mittelstand in Deutschland rund 1,1 Mio. Unternehmen. Mit Blick auf die potenzielle Zielgruppe von Ratingagenturen, zu der die große Anzahl der überwiegend kleinen Einzelunternehmen eindeutig nicht gehört, wurde für die IWK-Untersuchung eine Untergrenze von 10 Mio. DM

---

1 Die folgenden Ausführungen erfolgen in enger Anlehnung an die IWK-Studie „Rating in Deutschland – Eine empirische Marktuntersuchung" (2000), Kapitel 4.

Jahresumsatz festgelegt. Weiteres Auswahlkriterium war die Rechtsform der Unternehmen: Es wurden ausschließlich Kapitalgesellschaften berücksichtigt.

Insgesamt wurden 812 Unternehmen befragt: 387 GmbHs und 425 AGs. Die Kontaktaufnahme mit den Unternehmen erfolgte überwiegend elektronisch. Die Unternehmen wurden per E-Mail gebeten, den Fragebogen auf der Homepage des IWK (www.iwk-muenchen.de) auszufüllen und abzuschicken. Von insgesamt 184 Rückantworten waren letztendlich 80 Fragebögen auswertbar.[2] Die effektive Rücklaufquote betrug also knapp 10 Prozent, wobei offensichtlich weniger die Unternehmensgröße als die Börsennotierung die Bereitschaft zur Teilnahme begünstigte. Mit 27 Beteiligungen der insgesamt 387 angeschriebenen GmbHs weist diese Unternehmensgruppe eine unterdurchschnittliche Rücklaufquote von 7 Prozent auf. Bei den AGs betrug die Rücklaufquote 12,5 Prozent, wobei nur fünf dieser 53 Teilnehmer nicht börsennotierte AGs waren.

2.1.2 Ergebnisse der Umfrage

Von den 80 Unternehmen haben sich bereits 18 (23 Prozent) mit dem Thema Rating auseinander gesetzt, 59 (74 Prozent) noch nicht. Ein Unternehmen, die JUMPtec Industrielle Computertechnik AG aus Deggendorf besitzt bereits ein Rating von der RS Rating Services AG. Für ca. drei Viertel der Teilnehmer ist Rating also noch ein nicht bekanntes Feld in der unternehmerischen Entscheidungspolitik.

Frage 1: Haben Sie sich bereits mit dem Thema Rating auseinander gesetzt?

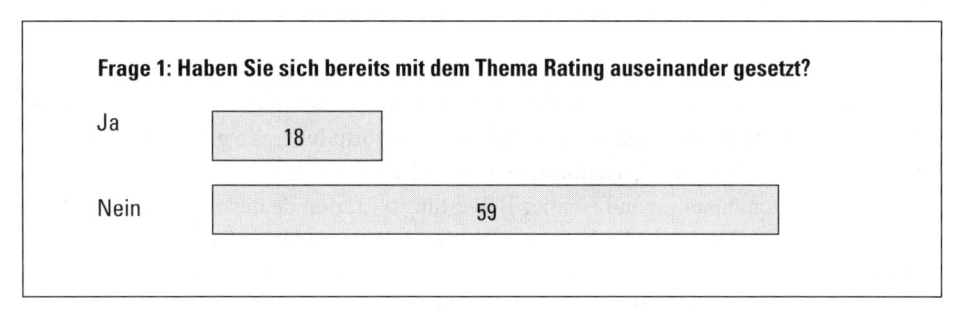

Ja: 18
Nein: 59

Abbildung 1: „Frage 1"

Bei Frage 2 ist bemerkenswert, dass nur die „Fremdkapitalbeschaffung" von fast zwei Drittel der Teilnehmer (64,4 Prozent) als Unternehmensaktivität angesehen wird, für die ein Rating als sinnvoll erachtet wird. Auf dem zweiten und dritten Platz rangieren der Bereich der „Kunden- und Lieferbeziehungen". Hierbei versprechen sich immerhin 46,6 Prozent und 43,8 Prozent Vorteile von einem Rating. „Mitarbeitermotivation" und „Nachfolgeregelung" wurden erwartungsgemäß am unteren Ende am seltensten genannt.

---

2 Die häufigsten Begründungen der 104 eingegangenen Absagen waren: kein Interesse an Teilnahme, keine Zeit, kein Interesse am Thema Rating sowie mangelndes Wissen über Rating.

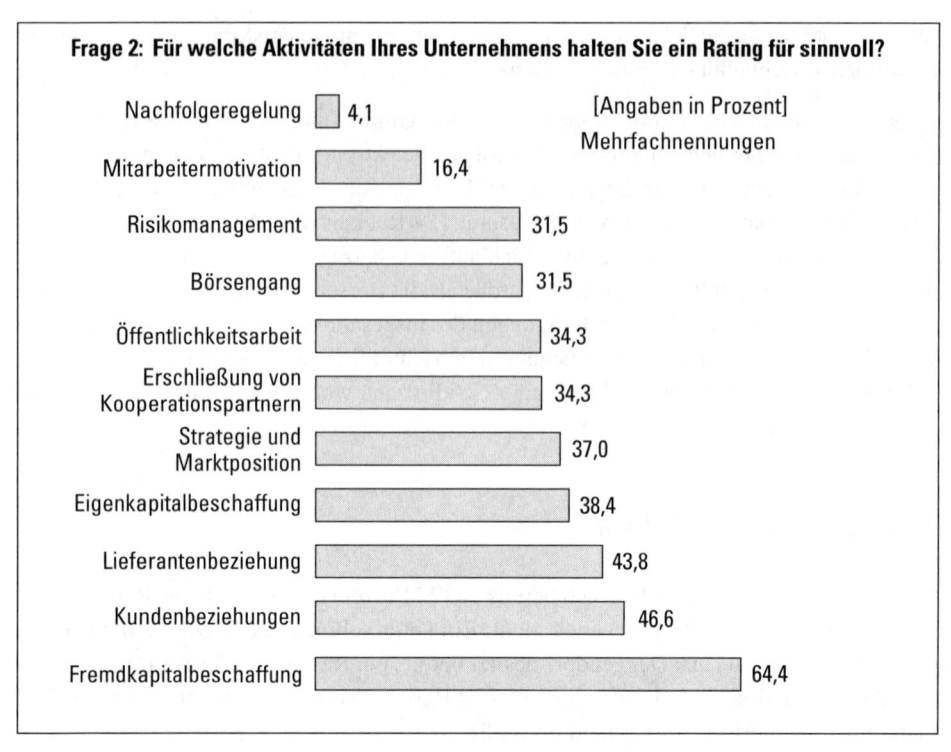

Frage 2: Für welche Aktivitäten Ihres Unternehmens halten Sie ein Rating für sinnvoll?

[Angaben in Prozent]
Mehrfachnennungen

Aktivität	Prozent
Nachfolgeregelung	4,1
Mitarbeitermotivation	16,4
Risikomanagement	31,5
Börsengang	31,5
Öffentlichkeitsarbeit	34,3
Erschließung von Kooperationspartnern	34,3
Strategie und Marktposition	37,0
Eigenkapitalbeschaffung	38,4
Lieferantenbeziehung	43,8
Kundenbeziehungen	46,6
Fremdkapitalbeschaffung	64,4

Abbildung 2: „Frage 2"

Mit Frage 3 sollte das vorhandene Ratingverständnis der Unternehmen abgefragt werden. Letztlich lassen die Ratingagenturen in ihre Gesamtbeurteilung alle genannten Bestandteile einfließen, wobei die Gewichtung je nach individueller Unternehmenssituation erfolgt. Die häufigen Nennungen fast aller Bewertungskriterien deuten auf ein relativ breit angelegtes Ratingverständnis der befragten Unternehmen hin. Der scharfen Wettbewerbssituation, denen sich die Unternehmen ausgesetzt sehen, entspricht die überwiegende Nennung der „Analyse des Marktes und der Marktposition" (94,5 Prozent). Dabei werden „quantitative Analysen" offensichtlich bevorzugt (82,2 Prozent). Dass die „Analyse des Länderrisikos" als weniger wichtig erachtet wird, kann auf die mittelständische Struktur der Unternehmen zurückgeführt werden. Bei geringer Auslandsorientierung der Unternehmen stellt das Länderrisiko in der Regel tatsächlich ein weniger stark gewichtetes Beurteilungskriterium dar.

Die Unternehmen sollten dann den bereits in Frage 2 abgefragten Nutzen, den sie sich von einem Rating erwarten, konkretisieren. 68 Prozent der Unternehmen versprechen sich von einem Rating eine Erleichterung und Verbilligung der Kapitalbeschaffung in Form von günstigeren Finanzierungskonditionen und breiteren Kreditlinien. Knapp 60 Prozent sehen in einem Rating die Chance, auch andere Kapitalgeber außerhalb der Ban-

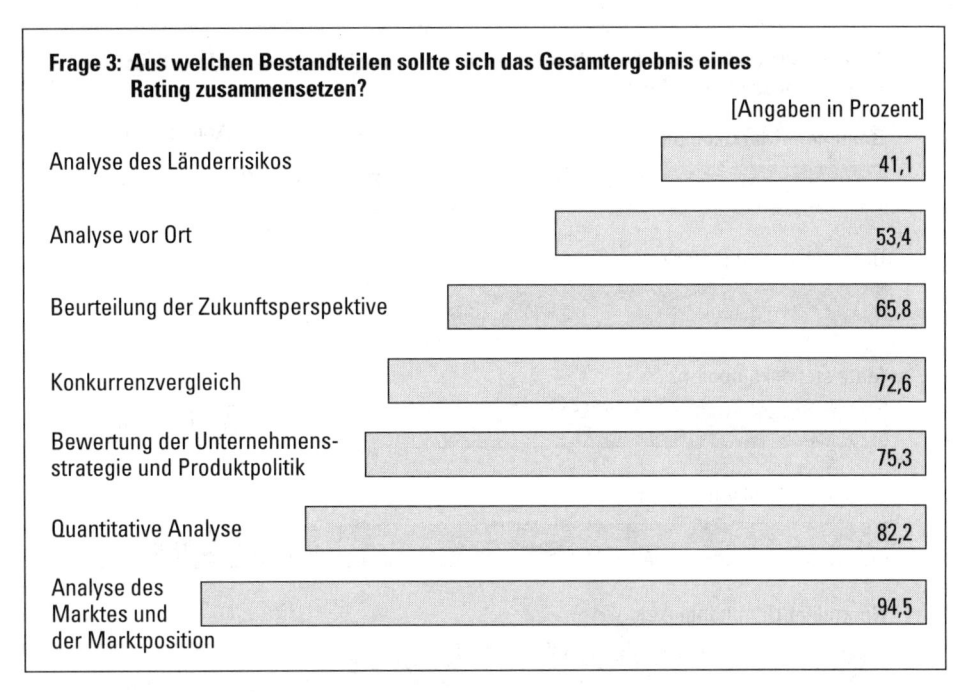

Frage 3: Aus welchen Bestandteilen sollte sich das Gesamtergebnis eines Rating zusammensetzen?	[Angaben in Prozent]
Analyse des Länderrisikos	41,1
Analyse vor Ort	53,4
Beurteilung der Zukunftsperspektive	65,8
Konkurrenzvergleich	72,6
Bewertung der Unternehmensstrategie und Produktpolitik	75,3
Quantitative Analyse	82,2
Analyse des Marktes und der Marktposition	94,5

Abbildung 3: „Frage 3"

ken zu gewinnen. 57 Prozent der Unternehmen rechnen darüber hinaus mit einer Erleichterung der internationalen Geschäftsbeziehung durch die internationale Transparenz des Ratings. Nur noch 43 Prozent verstehen Rating als praktizierte Öffentlichkeitsarbeit und nur knapp 39 Prozent schreiben der in einem Ratingverfahren durchgeführten Unternehmensanalyse den zusätzlichen Nutzen einer Verwendung für interne Zwecke zu. Überraschend ist, dass trotz der in Frage 2 häufig genannten Erwartung einer positiven Wirkung des Ratings auf die Kunden- und Lieferbeziehungen nur knapp 30 Prozent davon ausgehen, dass sich durch ein Rating bessere Konditionen auf Absatz- und Beschaffungsmärkten ergeben.

Von den Leistungsmerkmalen, die eine Ratingagentur aus Sicht der Unternehmen erfüllen muss, wurde der „Seriosität/Glaubwürdigkeit" die größte Bedeutung beigemessen, gefolgt von der „Branchen-/Marktkompetenz", der „Unternehmerkompetenz" so wie auch der „Neutralität/Unabhängigkeit". Dies ist letztlich nicht überraschend, da es sich hierbei um elementare Voraussetzungen für die Durchführung eines Ratings und vor allem für den Nutzen des Kunden handelt.

Überraschend ist dagegen, dass die „Mittelstandskompetenz" nur von 41 Prozent der befragten Unternehmen, die schließlich alle dem Mittelstand zuzuordnen sind, als sehr wichtig erachtet wird. Weitere 46,6 Prozent beurteilen die „Mittelstandskompetenz" als wichtig, die restlichen 12,4 Prozent gar als weniger wichtig.

Frage 4: Welche Ansprüche stellen Sie an eine Ratingagentur bzw. welche Kriterien muss sie erfüllen?

[Angaben in %]

Kriterium	sehr wichtig	wichtig	weniger wichtig
Branchen-/Marktkompetenz	74	22	4
Unternehmerkompetenz	56,2	42,4	1,4
Mittelstandskompetenz	41	46,6	12,4
Seriosität/Glaubwürdigkeit	78	16,5	5,5
Neutralität/Unabhängigkeit	69,4	23,6	7
Bekanntheitsgrad/Größe/Image	27,4	41,1	31,5
Günstiges Preis-Leistungsverhältnis	45,2	41,1	13,7
Wahl der Veröffentlichung des Ratingergebnisses	31,4	40	28,6

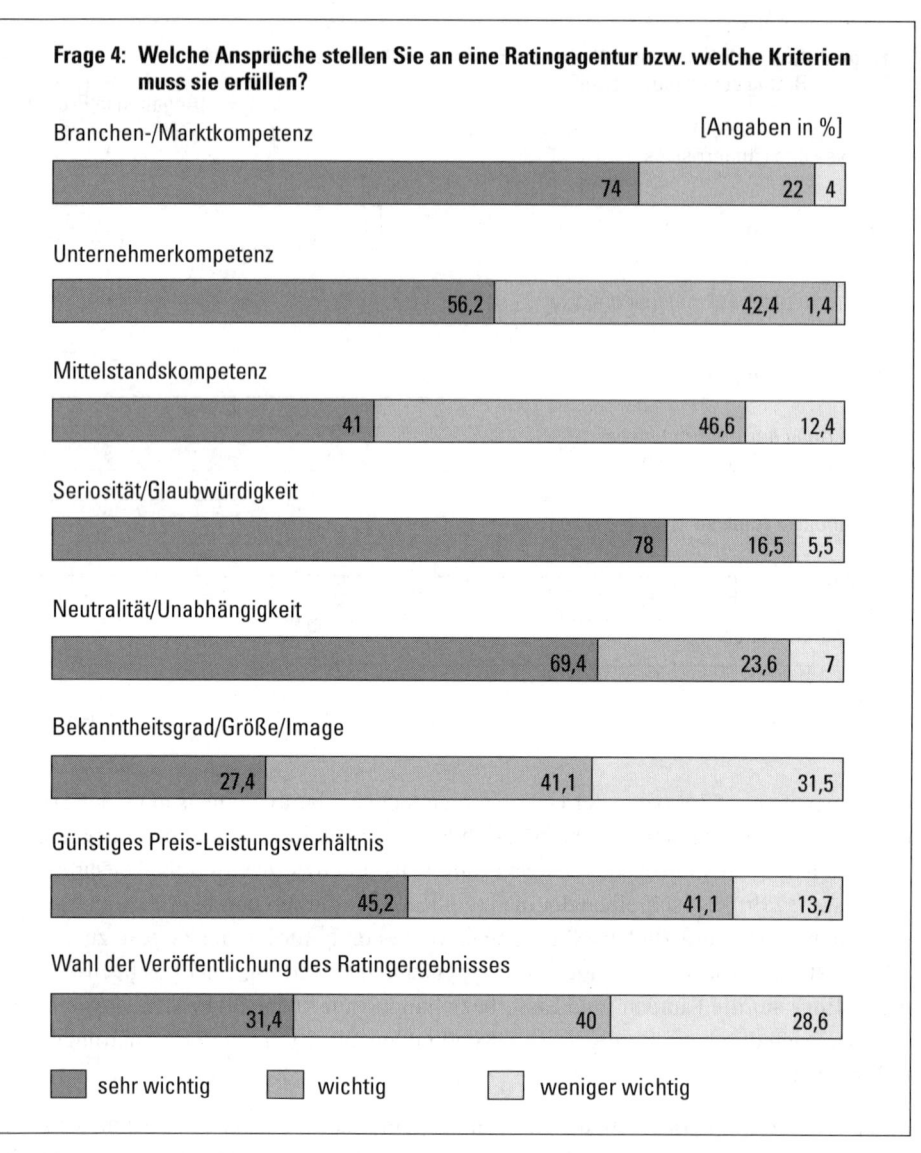

Abbildung 4: „Frage 4"

Bemerkenswert ist ferner, dass das Kriterium „Bekanntheitsgrad/Größe/Image" von über 30 Prozent der Teilnehmer als weniger wichtig bezeichnet wird. Dieses Ergebnis ist vor allem im Hinblick auf die Entwicklungschancen und potenzielle Akzeptanz der deutschen Ratingagenturen im deutschen Mittelstand von Bedeutung. Schließlich stellt dieses Kriterium einen zentralen Wettbewerbsvorteil der großen, international anerkannten Ratingagenturen gegenüber den neu gegründeten Agenturen in Deutschland dar.

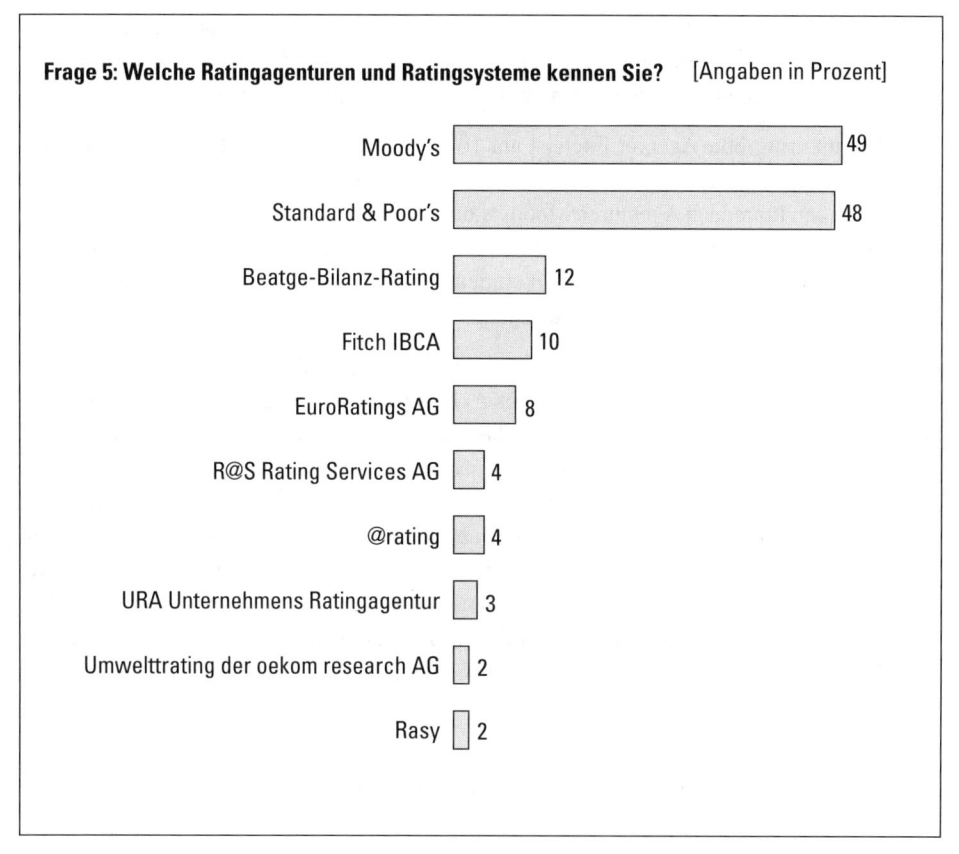

Frage 5: Welche Ratingagenturen und Ratingsysteme kennen Sie? [Angaben in Prozent]

Ratingagentur	Prozent
Moody's	49
Standard & Poor's	48
Beatge-Bilanz-Rating	12
Fitch IBCA	10
EuroRatings AG	8
R@S Rating Services AG	4
@rating	4
URA Unternehmens Ratingagentur	3
Umwelttrating der oekom research AG	2
Rasy	2

Abbildung 5: „Frage 5"

Ein „günstiges Preis-Leistungsverhältnis" bezeichnen nur 45,2 Prozent der Teilnehmer als sehr wichtig. Von 13,7 Prozent wird dies sogar als weniger wichtig erachtet, und ein Unternehmen hält dies für gar nicht wichtig (keine Nennung). Offensichtlich spielen die Kosten des Rating nicht die entscheidende Rolle, wenn Seriosität, Glaubwürdigkeit sowie Markt- und Unternehmerkompetenz überzeugen.

Mit Frage 5 sollte der Bekanntheitsgrad der drei großen internationalen Agenturen Moody's, Standard & Poor's und Fitch im Vergleich zu den deutschen Ratingagenturen und -systemen ermittelt werden bzw. welche Ratingagenturen im deutschen Mittelstand überhaupt bekannt sind. 20 Unternehmen machten hierzu gar keine Angaben. Dies ist wenig überraschend, wenn man berücksichtigt, dass sich bislang erst 18 Unternehmen überhaupt mit dem Thema Rating auseinander gesetzt haben (Frage 1).

Bei den restlichen 60 Teilnehmern weisen erwartungsgemäß Moody's und Standard & Poor's mit jeweils 49 und 48 die häufigsten Nennungen auf. Auf Grund deren jahrzehntelangen Markttätigkeit und vor allem auch wegen der regelmäßigen Präsenz in Wirtschafts-

und Finanzpresse sind diese Agenturen den meisten befragten Unternehmen ein Begriff. Beigefügte Kommentare weisen allerdings darauf hin, dass das Wissen über die zwei Agenturen bei einigen Unternehmen nicht über die namentliche Kenntnis hinausgeht.

Die weltweit drittgrößte Agentur Fitch ist nur 10 Teilnehmern ein Begriff. Trotz deren Übernahme der Duff & Phelps Credit Rating C. (DCR), mit der sie bezüglich Größe und Umsatz deutlich zu den führenden Agenturen Moody's und Standard & Poor's aufgeschlossen hat, ist die geringe Bekanntheit bei den befragten Unternehmen aus dem Mittelstand keine Überraschung. Der Schwerpunkt von Fitch liegt eindeutig auf der Bonitätsbewertung von Banken; Industrieadressen wurden hier zu Lande bislang kaum „geratet".

In Relation zu den 10 Nennungen von Fitch können die jeweils 12 und 8 Nennungen des Baetge-Bilanz-Rating und der EuroRatings AG als positives Feed-back gewertet werden. Der im Vergleich zu den restlichen deutschen Ratingsystemen höhere Bekanntheitsgrad des Baetge-Bilanz-Rating erklärt sich aus dessen längerem Bestehen. Im Gegensatz hierzu sind sowohl die Agenturen wie auch die anderen am deutschen Markt vertretenen Ratingsysteme noch sehr jung. Es verwundert daher auch nicht, dass die deutschen Ratingagenturen und -projekte mit jeweils vier Nennungen für die RS Rating Services AG und @rating, drei für die URA Unternehmens Ratingagentur, und jeweils zwei für das Umweltrating der oekom research AG und RASY einen deutlichen Aufholbedarf bezüglich Markt- und Medienpräsenz aufweisen. Die ebenfalls junge EuroRatings AG ist davon nicht ausgenommen.

Frage 6: Tragen Sie sich mit dem Gedanken, ein Rating durchführen zu lassen?

[Angaben in %]

| Ja 12 | Vielleicht 33,3 | Nein 54,7 |

Wann würden Sie ein Rating durchführen?

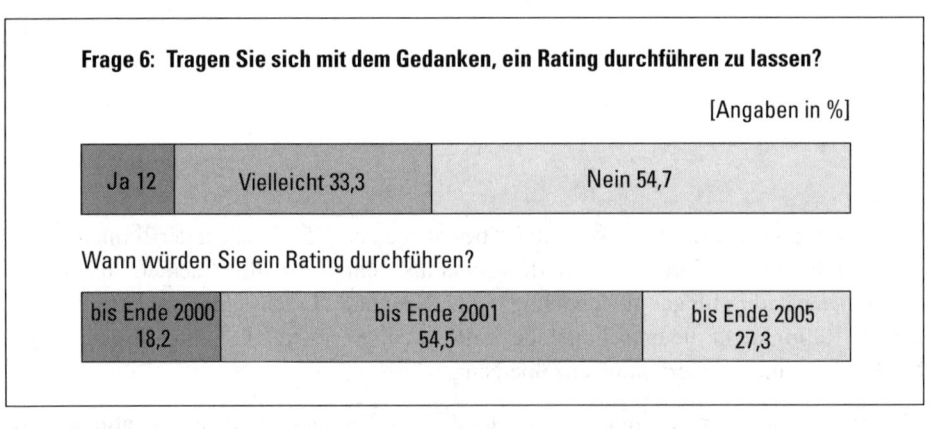

| bis Ende 2000 | bis Ende 2001 | bis Ende 2005 |
| 18,2 | 54,5 | 27,3 |

Abbildung 6: „Frage 6"

Fünf der befragten Unternehmen haben Frage 6 nicht beantwortet. Von den restlichen 75 Teilnehmern trägt sich mehr als die Hälfte (54,7 Prozent) nicht mit dem Gedanken, in naher Zukunft ein Rating durchführen zu lassen. Ein Drittel (33,3 Prozent) bekundete eine wahrscheinliche Teilnahme, während 12 Prozent sich wohl ernsthaft mit dem Gedanken tragen. Von diesen Unternehmen und weiteren acht aus der „vielleicht"-Gruppe würden 18,2 Prozent ein Rating bis Ende 2000, 54,5 Prozent bis Ende 2001 und 27,3 Prozent bis Ende 2005 durchführen lassen.

2.2 Expertenbefragung

Zusätzlich zur Unternehmensumfrage wurden zwölf Experten aus dem Bankensektor und aus den Finanzmedien befragt. Fünf davon stammen aus dem Bankengeschäft, die restlichen sieben haben ihren Tätigkeitsschwerpunkt im Umfeld der Unternehmens- und Ratingberatung sowie in der für Rating relevanten Finanzpresse.

Zur Einordnung und zum Vergleich der von den Unternehmen gegebenen Antworten beinhaltet der Experten-Fragebogen teilweise die gleichen Fragen wie die an die Unternehmen gerichtete Umfrage. Die wichtigsten Aussagen und Ergebnisse der Expertenbefragung werden im Folgenden zusammengefasst wiedergegeben.

Frage: Welchen Nutzen hat ein Rating für ein mittelständisches Unternehmen?

Im Gegensatz zu den befragten Unternehmen, die sich von einem Rating vor allem eine Erleichterung und Verbilligung der Kapitalbeschaffung erwarten, hält die Mehrzahl der Experten dies für weniger wahrscheinlich. Auffällig ist, dass diese Meinung vor allem von den Vertretern des Bankensektors geäußert wurde. Begründet wurde diese Ansicht zum einen mit der heute noch geringen Verbreitung und Öffentlichwirksamkeit von Ratings in Europa. Gleichzeitig wurde aber eingeräumt, dass Ratings zukünftig auch in Europa ein höheres Gewicht erlangen werden. Zum anderen wurde darauf hingewiesen, dass sich die Kapitalbeschaffung der Unternehmen nur erleichtert und verbilligt, wenn das Rating von einer der international anerkannten Agenturen stammt. Die größere Chance, durch das Rating auch alternative Kapitalgeber zur Bank zu gewinnen, wurde allerdings in der Mehrheit bejaht.

Interessant waren außerdem die Antworten bezüglich der Fragestellung, ob die Ergebnisse der ganzheitlichen Unternehmensbewertung durch die Agenturen auch für unternehmensinterne Zwecke verwendet werden können. Nur vier Personen aus dem Expertenkreis schreiben dem Rating diesen Nutzen zu. Begründet wurde dies im Wesentlichen damit, dass die Arbeitsweise bzw. die Ergebnisse, die die Ratingagenturen erarbeiten, hierfür nicht geeignet seien. Im Gegensatz dazu wurde auf der Seite der vier Nennungen der Vorteil der unternehmensinternen Verwendung eines Ratings besonders für mittelständische Unternehmen betont. Zitat: „Ein Rating kann für mittelständische Unternehmen Anlass zur Effizienzsteigerung sein. Die Wirkung der Vorbereitung auf das Rating kann der einer Unternehmensberatung entsprechen."

Frage: Welche Ansprüche stellen Sie an eine Ratingagentur bzw. welche Kriterien muss sie erfüllen?

Wie von den Unternehmen werden auch von den Experten die Kriterien „Branchen-/ Marktkompetenz", „Seriosität/ Glaubwürdigkeit" und „Neutralität/Unabhängigkeit" als sehr wichtig erachtet. Allerdings wurde betont, dass die beiden letzteren Kriterien selbstverständliche Mindestanforderungen sind und somit für die einzelne Agentur keine Faktoren darstellen, die sie von der Konkurrenz abheben könnten. Wettbewerbsvorteile werden vielmehr über die Branchen-/Markt- und Unternehmerkompetenz der Analysten erzielt. Der Mittelstandskompetenz wird – im Hinblick auf die große Anzahl der Mittelstandsunternehmen in Deutschland ein wenig überraschend – weniger Bedeutung zugemessen. Nachfragen haben die Erklärung geliefert, dass bei ausgezeichneter Branchen-/Markt- und Unternehmerkompetenz mehr oder weniger auch von der Fähigkeit ausgegangen werden kann, mittelständische Unternehmen zu bewerten. Im umgekehrten Fall gelte dieser Zusammenhang jedoch nicht.

Frage: Welche Ratingagenturen und Ratingsysteme kennen Sie?

Dem gesamten Expertenkreis natürlich bekannt sind die beiden großen Agenturen Moody's und Standard & Poor's (jeweils zwölf Nennungen). Etwas überraschend war jedoch, dass Fitch nur von acht und die deutschen Agenturen sogar von weniger als der Hälfte (jeweils fünf Nennungen für RS Rating Services, EuroRatings sowie für Baetge-Bilanz-Rating und 4 Nennungen für die URA Unternehmens-Ratingagentur) genannt wurden. Die Ratingsysteme RASY und @rating erhielten jeweils nur eine Nennung, das Umweltrating der oekom research AG zwei Nennungen.

Nachfragen haben ergeben, dass den meisten Experten die deutschen Agenturen und Systeme namentlich zwar bekannt sind, weitergehendes Wissen zum Beispiel über Aufbau, Tätigkeits- und Branchenschwerpunkte aber nicht vorhanden ist. Die Bezeichnung „Kennen" wurde in diesen Fällen als übertrieben erachtet. Entsprechend wurden in der Regel nur die Agenturen und Systeme genannt, über die die Befragten mehr als nur um deren bloße Existenz wissen. Als Ergebnis lässt sich daher festhalten, dass die deutschen Ratingagenturen und Systeme auch im „klassischen" Ratingumfeld, das heißt im Bankensektor, in den Finanzmedien sowie im Research- und Beratungssektor, bislang nur einen geringen Bekanntheitsgrad aufweisen.

Frage: Wie schätzen Sie das Interesse an Rating und die Bereitschaft, an einem solchen teilzunehmen, im deutschen Mittelstand ein?

Die Auswertung der hierauf erhaltenen Antworten ergab ein relativ heterogenes Bild. Die Antworten reichten von „grundsätzlich groß" über „mittelmäßig" bis zu „eher gering". Die Extreme „sehr groß" und „sehr gering" wurden nicht genannt.

Im Folgenden werden Auszüge aus den beigefügten Begründungen für die jeweilige Einschätzung gegeben.

„grundsätzlich groß" (vier Nennungen):

- „Da sich die Banken tendenziell weiter aus der Rolle des Kreditgebers zurückziehen werden, wird Rating zunehmend notwendig, um sich alternative Finanzierungsquellen zu eröffnen."
- „Es ist von einem deutlich wachsenden Interesse des Mittelstands für Rating auszugehen. Einschränkungen bzw. Wachstumsbremsen bestehen derzeit allerdings noch in den zum Teil noch unzulänglichen Vorgehensweisen der jungen Ratingagenturen in

Deutschland, in den hohen Ratinggebühren sowie in der Nichtbeachtung von Ratings in breiten Kreisen."

- „Mittelständische Unternehmen setzen sich zunehmend mit dem Thema Rating auseinander, das Interesse an einer tatsächlichen Teilnahme ist allerdings wesentlich geringer."

„mittelmäßig" (zwei Nennungen):

- „Rating erfordert hohe Transparenz. Neben Stärken werden auch Schwächen publiziert. Die mit einem Rating verbundene Offenlegung schreckt nach wie vor viele Unternehmen ab."

„zurückhaltend" bis „relativ gering" (sechs Nennungen):

- „Die Bereitschaft sich Dritten gegenüber zu offenbaren, ist noch gering, vor allem im Hinblick darauf, dass eigene Schwächen mit anderen diskutiert werden sollen."
- „Die Unternehmen haben kein Zutrauen in die Kenntnis der Ratinganalysten über die spezifische Unternehmenssituation."
- „Die Höhe der (regelmäßig anfallenden) Kosten schreckt ab."
- „Unternehmen guter Bonität haben auf Grund der derzeit noch problemlosen Kreditversorgung im Hinblick auf die „Extra-Kosten" eines externen Ratings keinen Anreiz, ein solches durchführen zu lassen."
- „Bei kleineren, nicht exportorientierten Unternehmen ist ein sehr geringes Interesse zu erwarten. Allerdings wird Rating für Unternehmen mit mehr als 250 Mio. DM Umsatz in zunehmendem Maße eine Notwendigkeit darstellen."

Frage: Wie beurteilen Sie die Entwicklungs- und Marktchancen der deutschen Agenturen (national, europaweit und international)?

Die Mehrheit der Experten (insgesamt acht) bezeichnen die internationalen Entwicklungs- und Marktchancen der deutschen Ratingagenturen als gleich Null. Für den europäischen Markt ist die Einschätzung grundsätzlich positiver, aber auch hier werden eher mäßige Entwicklungspotenziale gesehen. Begründet wird dies im Wesentlichen mit der starken internationalen Marktdominanz der beiden Agenturen Moody's und Standard & Poor's. Dabei wird auch darauf hingewiesen, dass die Tendenz im Ratingmarkt seit Jahrzehnten in der Konzentration bzw. im Aufkauf kleiner, nationaler Agenturen durch die drei großen Agenturen liegt.

Die nationalen Entwicklungs- und Marktchancen werden von vier Personen per Saldo positiv eingeschätzt. Bei Verbesserung geg. Schwachstellen sagen sie den deutschen Ratingagenturen auf Grund des steigenden Bedarfs an Informationsqualität im Finanzmarkt und der zunehmenden Ratinganfragen aus dem Mittelstand eine gute Marktperspektive voraus. Einmal wird diese Aussage jedoch dadurch eingeschränkt, dass realistische Chancen nur dann bestehen, wenn auch von Seiten der Verbände und Organisationen ein Grundinteresse des deutschen Mittelstands (zum Beispiel über verbesserte Einkaufskonditionen) an einem Firmenrating geweckt werden kann.

Die restlichen fünf Befragten, die den deutschen Ratingagenturen auch national nur unterdurchschnittliche Entwicklungschancen zusprechen, begründen ihre Zweifel überwiegend mit der fehlenden Akzeptanz der Ratings deutscher Agenturen bei (internationalen) Investoren und Banken. Erwähnenswert ist noch der einmalige Hinweis darauf, dass nur ein Nischenanbieter für den deutschen Mittelstand ein Auskommen finden könnte und das aber auch nur, wenn die Banken dessen Rating genauso schätzen wie ein Rating von Moody's oder Standard & Poor's.

2.3 Bewertung und mögliche Szenarien der künftigen Entwicklung

2.3.1 Zusammenfassung der Umfrageergebnisse

Obwohl Rating in der ökonomischen Diskussion einen immer breiteren Raum einnimmt, ist Rating als unternehmenspolitisches Instrument beim deutschen Mittelstand überwiegend noch kein brennendes Thema. Es gibt zwar einige „isles of awareness", doch sind diese überwiegend auf Unternehmen konzentriert, die sich durch den Börsengang am Neuen Markt nicht nur bereits mit neueren Formen der Unternehmensfinanzierung und der Schaffung von Anlegerinteressen beschäftigt haben, sondern diese bereits nutzen.

Rating wird in erster Linie als Instrument der besseren und kostengünstigeren Fremdkapitalbeschaffung und Gewinnung von externen, objektiven Informationen über die eigene Marktposition gesehen. Darüber hinaus erwarten sich die Unternehmen bei einem international transparenten Rating auch eine Erleichterung der internationalen Geschäftsbeziehungen.

Die Wahl der geeigneten Ratingagentur scheint aus Sicht der mittelständischen Wirtschaft weniger eine Frage der Kosten und der Größe oder des Images der Agentur, denn deren Seriosität und Glaubwürdigkeit. Eine hohe Marktkompetenz wird vorausgesetzt, eine spezielle Mittelstandskomponente wird nicht erwartet.

Die Einstellung des Mittelstands zum Rating ist gegenwärtig eher als „abwartend" zu charakterisieren. Die Unternehmen wären zwar an den Ratingergebnissen interessiert, warten aber eher auf die Aktionen und Reaktionen des Wettbewerbsumfeldes. Die Tatsache, dass 60 Prozent der Unternehmen Interesse an den Ergebnissen der IWK-Untersuchung bekundeten – deutlich mehr also, als sich mit dem Gedanken tragen, ein Rating durchführen zu lassen – spricht dafür, dass das Thema Rating in den Unternehmen diskutiert wird. Zu vermuten ist, dass – sobald Marktpräsenz und -akzeptanz von Ratings im deutschen Mittelstand eine gewisse kritische Schwelle überschritten haben – Rating zum Selbstläufer auch im Mittelstand werden kann.

Der niedrige Bekanntheitsgrad der deutschen Ratingagenturen unter den befragten Unternehmen verdeutlicht, dass es kein leichtes Unterfangen sein wird, diese Schwelle sehr schnell zu erreichen. Problematisch ist in diesem Zusammenhang das klassische Dilemma, dem jede neu gegründete Ratingagentur ausgesetzt ist: Eine hohe Marktakzeptanz kann im Grunde nur durch die Durchführung einer Vielzahl von Ratings erreicht werden. Viele Ratinganfragen sind wiederum nur zu erwarten, wenn die Agentur bereits eine gewisse Marktakzeptanz und Reputation bezüglich der Qualität ihrer Ratings aufweisen kann, so dass der Kunde auch von einer entsprechenden Werbewirkung seines Ratings ausgehen kann. Die Qualität eines Ratings definiert sich wiederum erst aus dem Ex-post-Vergleich: Ist die durch das Rating ausgedrückte Meinung der Agentur über Bonität und Leistungsfähigkeit eines Unternehmens auch tatsächlich so eingetreten? Kurz: Bis das Rating einer Agentur als sachgerechter und verlässlicher Indikator für Bonität und Leistungsfähigkeit eines Unternehmens akzeptiert wird, ist eine mehrjährige Aufbauphase zu veranschlagen. Eine Gewinn bringende Vergütungspolitik wird rasch kaum realisierbar sein.

Dieser Sachverhalt spiegelt sich auch in den Aussagen der befragten Experten wider. Zwar sehen diese auf Grund ihrer besseren Kenntnisse der strategischen Veränderungen in der Geschäftspolitik des Bankensektors die Zukunft von Rating generell positiver als die betroffenen Unternehmen selbst. Im Vergleich zu den etablierten internationalen Agenturen werden allerdings die Zukunftschancen nationaler Ratingagenturen eher bescheiden beurteilt. Aus eigener Kraft und ohne Unterstützung von außen dürfte es ihnen nur sehr schwer gelingen, das erforderliche Ratingvolumen an sich zu ziehen, um die notwendige Glaubwürdigkeit und Reputation zu erwerben.

2.3.2 Szenarien der künftigen Entwicklung

2.3.2.1 Ausgangssituation

Rating ist von seinen Ursprüngen her das Ergebnis einer für die Öffentlichkeit transparent gemachten Prüfung der Kreditwürdigkeit, Bonität und Zukunftsfähigkeit von Unternehmen. Die bisherige Entwicklung des Ratingmarktes in den Vereinigten Staaten, vor allem aber auch in Deutschland hat eines sehr deutlich gemacht: Rating ist im Wirtschaftsleben kein Instrument, das die Unternehmen von sich aus gefordert hätten. Selbst in den USA war es bislang kein wirtschaftlicher Selbstläufer, sondern rechtlich an die Kapitalmarktaktivitäten der Unternehmen gekoppelt.

So liegen der wesentlich größeren Bedeutung von Ratings in den USA vor allem auch aufsichtsrechtliche und sonstige Vorschriften zu Grunde, die auf Ratings bei Wertpapieremissionen rekurrieren. Bislang haben sich rund 8 000 US-amerikanische Unternehmen dem Ratingprozess unterzogen, um Zugang zum Bondmarkt zu erlangen. In Deutschland haben dies bisher 30 Unternehmen sozusagen auf freiwilliger Basis auf sich genommen, die allerdings alle auf Grund ihrer globalen Ausrichtung große Engagements auf den internationalen Kapitalmärkten aufweisen. Das „Standing" als internationaler Kapitalmarktteilnehmer war offensichtlich für die Entscheidung, ein Rating von einer der international anerkannten Agenturen durchführen zu lassen, ein ausschlaggebender Faktor.

Vor diesem Hintergrund hängt die Frage nach der künftigen Entwicklung des Ratingmarktes in Deutschland maßgeblich von drei Fragen ab:

1. Wird zur Bemessung der Eigenkapitalunterlegung bei Krediten ein Rating durch unabhängige externe Agenturen ausschließlich oder alternierend zur bisherigen bankinternen Bonitätsbeurteilung gesetzlich vorgeschrieben oder zugelassen?

2. Wie entwickelt sich das künftige Finanzierungsverhalten der mittelständischen Wirtschaft? Konkret: In welchem Umfang tritt in Deutschland im Bereich der überwiegend mittelständischen Wirtschaft – 95 Prozent aller Unternehmen sind mittelständische Betriebe, die für rund 80 Prozent aller Beschäftigten stehen – neben die traditionelle Kreditfinanzierung durch die Hausbank eine zunehmende Finanzierung der Unternehmen über die Bondmärkte?

3. Kann Rating allmählich in die Rolle eines „Qualitätssiegels" für Unternehmen in ihrer Gesamtheit – nicht nur als Schuldner – hineinwachsen, das heißt gewinnt es den Charakter eines „Award in Excellence"?

Eine Beantwortung dieser Fragen lässt sich in zwei unterschiedlichen Szenarien abhandeln: Szenario „Start up" und Szenario „Business as Usual"

2.3.2.2 Szenario „Start up"

Eckpunkte dieses Szenarios sind folgende Annahmen:

- Zur Bestimmung der Eigenkapitalunterlegung bei Banken wird ein formalisiertes Rating gesetzlich vorgeschrieben. Zu diesem Rating sind neben bankinternen Ratings aufsichtlich geprüfte und zugelassene externe Ratingagenturen befähigt.

- Infolge der fortschreitenden Konzentration im Bankensektor wird die Fremdkapitalfinanzierung für mittlere Unternehmen zunehmend erschwert und verteuert. Gleichzeitig verschärft sich der globale Wettbewerb, dem sich auch kleine und mittlere Unternehmen nicht mehr entziehen können. Das „Inselleben" auf regional begrenzten Märkten wird es nur noch in Ausnahmefällen geben. Als Folge bilden sich zwangsweise auch im deutschen Mittelstand neue Formen der Unternehmensfinanzierung heraus, sei es der häufigere Gang zur Börse oder die Inanspruchnahme von Venture Capital zur Beschaffung von externem Eigenkapital oder die Begebung von Industrieanleihen bzw. amtlich handelbaren Schuldverschreibungen zur Beschaffung von (günstigerem) Fremdkapital.

Unter obigen Annahmen wird in diesem Szenario die Herausbildung eines Marktes für Industrieanleihen, zunächst im Allgemeinen, dann auch für mittelständische Unternehmen erwartet. Da ein solcher Markt bis heute überhaupt nicht existiert, wird dafür ein mittelfristiger Zeitrahmen von zehn bis 15 Jahren angenommen. Mit Blick auf die Entwicklung in den USA, wo beispielsweise der Markt für Asset Backed Securities seit Jahren überdurchschnittliche Wachstumsraten aufweist und ein entsprechend steigender Ratingbedarf verzeichnet wird, wird auch in Europa und Deutschland der Drang der mittelständischen Unternehmen nach einem Rating zunächst langsam, dann aber exponenziell zunehmen.

Die Herausbildung eines Anleihenmarktes auch für mittelständische Industrieadressen und die damit einhergehende Zurückdrängung der Banken aus der Kreditbeziehung zwischen Fremdkapitalnehmer und -geber (Disintermediation) verlagert die Bonitätsprüfung auf die private Investorenebene. Die begrenzte Beurteilungskapazität des einzelnen Investors verlangt nach kompetenten und zuverlässigen Institutionen, die die Aufgabe der Bonitätsbewertung übernehmen – den Ratingagenturen. Deren Urteil als ausgewiesene Experten kann dann sehr leicht zu einem gesamthaften Qualitätssiegel für das „geratete" Unternehmen werden – mit entsprechender Außenwirkung für den Markt und die Öffentlichkeit.

Die unmittelbare Relevanz von Ratings im Rahmen der Kapitaladäquanzvorschriften für Banken und die Notwendigkeit für mittelständische Unternehmen, auf alternative Finanzierungsformen zum Bankkredit auszuweichen, schafft einen Ratingbedarf in einem Kundensegment, das bislang nicht Zielgruppe der etablierten Ratingagenturen war. Unter der Annahme, dass sich die international führenden Ratingagenturen zwar in Zukunft verstärkt auch um das Mittelstandssegment bemühen werden, dennoch aber – zumindest nicht aus eigenen Kräften, sondern nur durch Akquisition lokaler Ratingagenturen – ihre marktbeherrschende Stellung im Bereich des Kreditratings für Großunternehmen nicht auf dieses Segment ausweiten können, ergibt sich aus den beschriebenen Entwicklungen ein großes Marktpotenzial für mittelstandsorientierte Ratingagenturen in Deutschland.

2.3.2.3 Szenario „Business As Usual"

Eckpunkte dieses Szenarios sind folgende Annahmen:

- Die Verwendung bankinterner Ratings zur Festlegung der Eigenkapitalunterlegung von Bankkrediten werden durch die Baseler Beschlüsse begünstigt. Externe Ratings werden zwar ebenfalls zugelassen, bleiben aber im europäischen Banken- und Wirtschaftsleben ein Fremdkörper.

- Das traditionelle Hausbanksystem bleibt trotz verschärftem Wettbewerbsdruck die dominante Finanzierungsform der mittelständischen Wirtschaft. Es kommt zwar zu einem Herausbilden eines Bondmarktes ähnlich wie in den USA, dieser wird jedoch überwiegend von der Groß-Industrie genutzt.

Unter diesen Voraussetzungen nimmt Rating als Instrument zur Erleichterung der Eigen- und Fremdkapitalbeschaffung zwar zu, allerdings in wesentlich bescheidenerem Umfang und weitgehend auf große Unternehmen beschränkt. Mittelständische Unternehmen greifen nur insofern stärker als bisher auf externes Rating zurück, als sie mit wachsender

Größe global tätig sind und Rating auch als internationales Gütesiegel gebrauchen können. Dazu dürften dann aber wohl in erster Linie renommierte, international bekannte Ratingagenturen eingesetzt werden. Die Entwicklungskurve des Marktvolumens am deutschen Ratingmarkt würde daher einen leicht steigenden, linearen Verlauf annehmen. Von einem massiven Entwicklungsschub ist in diesem Szenario nicht auszugehen.

Ansatzpunkte für Wachstumschancen der deutschen Ratingagenturen gäbe es allerdings im Hinblick auf die hohen Anforderungen, die an bankinterne Ratingsysteme im Rahmen der neuen Kapitaladäquanzvorschriften gestellt würden und die immensen Implementationskosten solcher Modelle, mit denen kleinere Kreditinstitute überfordert wären. Für die Banken, deren Firmenkundensegment überwiegend aus mittelständischen Unternehmen besteht, könnten die Ratings der mittelstandsorientierten deutschen Agenturen eine hilfreiche und entlastende Ergänzung und einen teilweisen Ersatz eigener aufwändiger Bonitätsprüfungen darstellen. Voraussetzung ist natürlich, dass die Ratingverfahren der deutschen Agenturen die Mindestanforderungen der nationalen Aufsichtsbehörden erfüllen und zur Bonitätsprüfung bankaufsichtlich zugelassen würden. Voraussetzung ist darüber hinaus eine Bereitschaft zur Kooperation.

Fasst man zusammen, so haben in beiden Szenarien nationale Ratingagenturen Marktchancen, wenn auch aus unterschiedlichen Gründen und in unterschiedlichem Ausmaß. In Anbetracht des grundsätzlich vorhandenen Bedarfspotenzials im Bereich der mittelständischen Unternehmen wäre es im Interesse der gesamten deutschen Wirtschaft, faire Wettbewerbsbedingungen und verbesserte Markteintrittsmöglichkeiten für kleinere Agenturen zu schaffen. Es wäre daher auch Sache des Gesetzgebers, lokal und in Marktnischen tätigen Agenturen die Chance einzuräumen, sich zu etablieren – vergleichbar dem Aufbau der europäischen Airbus-Industrie gegenüber der überragenden amerikanischen Dominanz in der Weltluftfahrtindustrie in den 80er Jahren.

Die gesamtwirtschaftlichen Vorteile von Ratings würden solche Gesetzesinitiativen ordnungspolitisch durchaus zulassen. Bankinterne, vor allem aber externe Ratings tragen erheblich zur gesamtwirtschaftlichen Effizienzverbesserung bei, da sie durch Risikoidentifikation und -differenzierung eine risikoadäquatere, das heißt bessere Kapitalallokation zur Folge haben. Da schon der Ratingprozess durch eine externe Agentur als solcher über hohe Effekte bei der betrieblichen Lernkurve zur betriebsinternen Effizienzsteigerung beiträgt, was letztlich wiederum die einzel- und volkswirtschaftliche Faktorallokation optimiert, kann dem externen Rating insgesamt ein höherer Nutzen für die Gesamtwirtschaft zugesprochen werden als dem bankinternen Rating. Dies gilt darüber hinaus auch auf Grund der Informationstransparenz des externen Ratings: Die Wettbewerbspeitsche höherer Information der Öffentlichkeit kommt voll zum Tragen.

Um die Potenziale der gesamtwirtschaftlichen Effizienzsteigerung von Ratings tatsächlich ausschöpfen zu können, gilt es in Deutschland eine bessere Akzeptanz von Ratings zu schaffen. Vor diesem Hintergrund sollten von der Wirtschaftspolitik Regelungen auf den Weg gebracht werden, die dem Rating nicht nur als Instrument zur Risikoabsicherung von privatwirtschaftlichen Anlageentscheidungen, sondern auch als Instrument der gesamtwirtschaftlichen Allokations- und Wettbewerbsverbesserung grundsätzlich eine weitere Verbreitung sichern. Aus Gründen einer Verbesserung der Wettbewerbssituation wäre es überdies angebracht, kleineren Agenturen verbesserte Markteintrittschancen zu eröffnen.

Teil 2
Nutzenaspekte des Ratings kleinerer und mittlerer Unternehmen

Rolle von Ratings in der Firmenkundenbeziehung von Kreditgenossenschaften

Matthias Stuhlinger

1. Einleitung

Ein wesentlicher Geschäftszweck von Kreditinstituten ist das Management von Risiken. Risiko sei dabei die auf einem unzureichenden Informationsstand basierende Gefahr einer Fehlentscheidung, mit der Folge einer negativen Abweichung des tatsächlichen Wertes vom erwarteten Wert eines Ereignisses. Somit wird Risiko letztlich im Sinne von Verlustgefahren verstanden. Die nähere Betrachtung einer Kreditvergabe verdeutlicht diesen Sachverhalt. Während der Unternehmer bei der Bank eine Finanzierung einkauft, übernimmt die Bank im Gegenzug Unternehmensrisiko. Mit diesem versucht sie in der Folgezeit Profite zu erwirtschaften, so dass erfolgreiche Kreditprozesse an der Qualität der Risikoeinschätzung bzw. an der Vermeidung von Kreditausfällen gemessen werden können.

Banktypische Risiken lassen sich ganz grob in Erfolgs- und Liquiditätsrisiken einteilen. Unter Erfolgsrisiken fallen die Marktpreisrisiken mit dem Zinsänderungsrisiko, dem Währungsrisiko und den sonstigen Preisrisiken sowie die Ausfallrisiken mit dem Adressenausfallrisiko, dem Länderrisiko und dem Sachwertausfallrisiko. Liquiditätsrisiken beziehen sich zumeist auf Fristigkeitsrisiken.

Um diese Risiken im Sinne des Gläubigerschutzes zu überwachen und zu begrenzen, hat der Gesetzgeber zahlreiche Vorschriften erlassen. Zwei der wichtigsten Regelungen sind dabei der zum 1. Januar 1998 in Kraft getretene § 25a KWG und der Grundsatz I, wobei der Grundsatz I Risiken quantitativ begrenzt. Auf ihn geht der Abschnitt 3.6.1 „Kreditkonditionen" kurz ein. § 25a KWG bringt hingegen eine qualitative Sichtweise der Risiken zum Ausdruck, indem er sagt, dass ein Kreditinstitut über geeignete Regelungen zur Steuerung, Überwachung und Kontrolle der Risiken verfügen muss[1]. In genossenschaftlichen Kreditinstituten bildet aufgrund der Bilanzstrukturen und bisherigen Beobachtungen sicherlich das Adressenausfallrisiko bzw. das Forderungsausfallrisiko die bedeutendste Risikoform. Diese wird über interne Ratingsysteme gemessen, deren Bedeutung in der Firmenkundenbeziehung von Genossenschaftsbanken Inhalt dieses Artikels ist.

Dazu stellt der erste Abschnitt das im Jahr 1994 eingeführte BVR I Rating vor und unterzieht es anschließend einer kritischen Würdigung. Dieweil der Bankensektor analog ande-

---
1 Vgl. § 25a Abs. 1 Nr. 1 KWG (= Kreditwesengesetz).

rer Wirtschaftszweige in den letzten Jahren von einem rasanten Wandel betroffen ist, mussten auch hier, um sich den geänderten Anforderungen zu stellen, neue verfeinerte Unternehmenssteuerungs- und Risikomesssysteme gefunden werden. Diesbezüglich hat der genossenschaftliche Sektor ein umfangreiches Projekt unter der Bezeichnung „VR-Control" aufgesetzt, unter anderem mit der Zielsetzung der Entwicklung neuer Ratingsysteme. Diese sind Gegenstand des zweiten Teils der Ausführungen.

Zukünftige Entwicklungen in der Bankaufsicht, insbesondere die neuen Basler Reformvorschläge, sind nicht Hauptinhalt dieses Artikels. Auf sie wird nur an den Stellen eingegangen, an denen direkte Auswirkungen auf Kundenbeziehungen resultieren. Vielmehr soll die betriebswirtschaftliche Notwendigkeit von Rating im Blickpunkt stehen. Im Übrigen wird vorausgesetzt, dass die betriebswirtschaftlich notwendigen Systeme zur Messung von Kreditrisiken, die aufsichtsrechtlich geforderten Standards erfüllen.

2. BVR I Rating

2.1 Zielsetzung

„Der Strukturwandel in der Wirtschaft hat sich in den letzten Jahren zweifellos verstärkt. Veränderte Rahmenbedingungen, aber auch das Verhalten von Mitbewerbern, führen dazu, dass Kreditentscheidungen im Firmenkundengeschäft heutzutage nach anderen Maßstäben behandelt und entschieden werden müssen als bislang. Kreditentscheidungen, die allein auf eine vergangenheitsorientierte Betrachtung – Jahresabschlussanalysen und Sicherbeurteilung – abstellen, reichen nicht mehr aus."

Mit diesen einleitenden Worten zur geschäftspolitischen Bedeutung beginnt die aktuelle Musterarbeitsanweisung zum Kreditrating im Firmenkundengeschäft der württembergischen Volks- und Raiffeisenbanken[2]. Das vom Bundesverband der deutschen Volks- und Raiffeisenbanken e. V. (BVR) entwickelte und in Württemberg flächendeckend eingeführte Kreditrating berücksichtigt daher auch Einflussgrößen wie Management, Markt- und Branchenentwicklungen aus dem Bewusstsein heraus, dass diese weitgehend den Erfolg oder Misserfolg von mittelständischen Unternehmen in der Zukunft bestimmen.

Durch die Implementierung des Kreditratings wurden 1994 sowohl Verbesserungen bei der Einzelgeschäftssteuerung als auch bei der Gesamtbanksteuerung angestrebt.

Als Instrument der Einzelgeschäftssteuerung beurteilt das Rating unter einer ganzheitlichen Sichtweise zahlreiche Kriterien des Kreditnehmers und verdichtet sie zu einer Bonitätskennzahl. Diese, kombiniert mit der Sicherheitenklasse, führen zur Gesamteinschätzung des Kreditengagements und so zur Risikoeinstufung. Unter dem Aspekt der Einzelgeschäftssteuerung lassen sich danach aus der Risikoeinstufung vor allem Konsequenzen für die Konditionengestaltung, der Beurteilung des Deckungsbeitrages sowie Ansatzmöglichkeiten bei der Kompetenzvergabe und der Kreditkundenbetreuung ableiten.

---

2   Herausgegeben von der geno consult München-Stuttgart GmbH

Über die Gesamtsumme der Einzelkreditratings können auf der Gesamtbanksteuerungsebene Art und Struktur des Firmenkreditgeschäfts und die Entwicklung des Gesamtrisikos dargestellt werden. Damit bildet das Kreditrating die Grundlage für die Steuerung des Firmenkundengeschäfts hinsichtlich ausgewogener Kreditstruktur, qualitativem Wachstum und Verbesserung der Marktbearbeitung und somit zur Umsetzung der Geschäftspolitik des jeweiligen Kreditinstitutes.

Das Kreditrating sichert durch eine einheitliche, strukturierte Vorgehensweise auch eine qualitativ objektive Kreditentscheidung der verschiedenen Kreditberater. Dies ermöglicht gleichzeitig eine griffige Kreditkontrolle und eine rasche Nachvollziehbarkeit der Kreditentscheidung durch Dritte.

2.2 Beschreibung

Die Bonitätseinstufung des BVR I Rating basiert auf fünf Bonitätsklassen mit insgesamt 17 Bonitätsbeurteilungskriterien.

Quantitative Kriterien	
1. Wirtschaftliche Verhältnisse	Jahresabschluss[3] Gesamte Vermögensverhältnisse
2. Kundenbeziehung	Kontoführung Kundentransparenz/Informationsverhalten
Qualitative Kriterien	
3. Management	Qualität der Geschäftsführung und des Managements Qualität des Rechnungswesens und Controllings
4. Markt/Branche	Markt- und Branchenentwicklung Konjunkturabhängigkeit Abnehmer- und Lieferantenstruktur Export- und Importrisiken Konkurrenzintensität Produkt und Sortiment Leistungsstandard
5. Weitere Unternehmensentwicklung	Entwicklung seit dem letzten Jahresabschluss Unternehmensplanung Ertragsplanung und künftige Kapitaldienstfähigkeit Besondere Unternehmensrisiken

Abbildung 1: Struktur des BVR I Rating

---

3   Die Jahresabschlussanalyse wird über GENO-FBS (genossenschaftliches Finanzberatungssystem) durchgeführt, das neben Bilanzauswertungen im Sinne der traditionellen Bilanzanalyse (Bilanzdarstellung mit Abso-

Die 17 Bonitätsbeurteilungskriterien werden im BVR I Rating entsprechend dem Schulnotensystems in einer sechs Stufen umfassenden Werteskala bewertet, wobei sich die Einstufungen nachvollziehbar aus den vorliegenden Unterlagen der Kreditakte ergeben müssen. Positionen, die für das zu analysierende Unternehmen nicht zutreffen, brauchen nicht bearbeitet werden. Der Durchschnittswert pro Bonitätsklasse berechnet sich aus der Division der Summe der gewerteten Bonitätskriterien mit deren Anzahl. Die Gesamtbonitätsnote wird analog aus den gewichteten Bonitätsklassen errechnet und kaufmännisch auf eine glatte Note gerundet. Trotz dieses quantitativen Ansatzes ist es selbstverständlich, dass das Rating lediglich eine Entscheidungshilfe und nicht die Entscheidung selbst darstellt. So ist in Ausnahmefällen eine Veränderung der rechnerisch ermittelten Note mit einer ausführlichen, nachvollziehbaren Begründung möglich.

Bonitätsstufe	verbale Kurzbeschreibung
1	Bonität erstklassig, gute bis sehr gute Adresse (soweit kein Klassendurchschnitt schlechter als 3,0 ausfällt).
2	Bonität gut, Unternehmen mit geordneten Verhältnissen.
3	Bonität befriedigend, jedoch mit Schwächen, ein Unternehmen, das in einigen Bereichen Schwächen zeigt, jedoch insgesamt noch akzeptabel ist.
4	Bonität ausreichend, Unternehmen mit Schwächen, die beobachtet werden müssen.
5	Bonität mangelhaft, Unternehmen mit erheblichen Schwächen und absehbaren existenziellen Problemen.
6	Bonität ungenügend, Unternehmen ist akut gefährdet und in seiner Existenz bedroht.

Abbildung 2: Bonitätseinstufungen im BVR I Rating

Da in die Risikoeinschätzung von Kreditengagements beim BVR I Rating ein zusätzlicher Faktor über die Stellung von Sicherheiten einfließt, erfolgt die endgültige Risikoeinstufung über eine Verknüpfung der Bonität und der Sicherheitenklasse. Letztere umfasst ebenfalls sechs Stufen[4], so dass sich für die Risikoeinstufung eine Matrix von 36 Kombinationen ergibt, die sich je nach Zielsetzung der Auswertung in verschiedene Segmente zusammenfassen lässt.

---

lut- und Prozentwerten, Erfolgsspaltung, Branchenvergleich, Entwicklungszahlen, Bilanzkennzahlen sowie Bewegungsbilanz) auch Bilanzauswertungen im Rahmen von Scoring-Funktionen, Planungsrechnungen, die Bildung von Gruppenbilanzen und die Berücksichtigung des Privatbereichs zulässt.

4 Von der vollen Besicherung bis zur Blankokreditgewährung werden die entsprechend der im genossenschaftlichen Verbund vorgegebenen Bewertungsrichtlinien bewerteten Sicherheiten in Intervalle von je 25 Prozent eingeteilt.

So schreibt die für die Abschlussprüfer von Kreditinstituten verbindliche Prüfungsberichtsverordnung[5] eine Zuordnung der geprüften Kredite in die Risikogruppen „Kredite ohne erkennbares Risiko", „Kredite mit erhöhten latenten Risiken" und „wertberichtigte Kredite" vor. Der BVR selbst bildet aus den 36 möglichen Kombinationen sechs Risikoeinstufungen, die maßgeblich von der Bonitätseinstufung abhängen und auf Grund der vorhandenen Sicherheitenstellung auf- oder abgewertet werden. Verbal ausgedrückt ergeben sich für die sechs Risikoeinstufungen folgende Übersetzungen:

1 = Das Gesamtrisiko des Kreditengagements ist als sehr gering anzusehen.
2 = Das Gesamtrisiko ist als gering anzusehen.
3 = Das Gesamtrisiko ist als überschaubar anzusehen.
4 = Das Gesamtrisiko ist als noch vertretbar anzusehen. Eine genauere Beobachtung ist angebracht.
5 = Das Gesamtrisiko ist hoch. Es sollten das Kreditengagement zurückgeführt oder die Sicherheiten aufgestockt werden. Neue Kredite bzw. Kreditprolongationen sollten nur gegen volle Besicherung herausgegeben werden.
6 = Das Gesamtrisiko ist nicht mehr zu vertreten. Das Kreditengagement sollte zurückgeführt werden. Neue Kredite sind nicht mehr zu gewähren.

Für die Überleitung der 36 Alternativen auf die drei bzw. sechs Risikoklassen bestehen jeweils vordefinierte Regelungen.

2.3 Kritische Würdigung

Das BVR I Rating zeichnet sich insbesondere durch seinen prägnanten Aufbau und den Verzicht auf eine Fülle von Einzelindikatoren aus[6]. Dadurch und durch seine einfache Handhabbarkeit hat es einer Vielzahl von Kreditgenossenschaften den Einstieg in das interne Kreditrating ermöglicht. Jedoch hat sich im Verlauf der letzten Jahre herausgestellt, dass die einzelnen Kriterien keine gezielte Gewichtung im Hinblick auf eine definierte Trennschärfe[7] aufwiesen und dass subjektive Einzelbeurteilungen das Rating dominierten. Dies führte zu einer überproportionalen Häufung der Risiken im mittleren Bereich der Ratingskala. Einen ersten Schritt zur Verbesserung des BVR I Ratings hat der Württembergische Genossenschaftsverband 1999 in Zusammenarbeit mit der geno consult München-Stuttgart vorgenommen. Den Volks- und Raiffeisenbanken in Württemberg konnte ein modifizierter Ratingbogen mit differenzierten Gewichtungsfaktoren und K.o.-Kriterien im Bereich der

---

5 Verordnung über die Prüfung der Jahresabschlüsse und Zwischenabschlüsse der Kreditinstitute und Finanzdienstleistungsinstitute und die darüber zu erstellenden Berichte vom 17. Dezember 1998.
6 Vgl. Dicken (1999), S. 115.
7 Das heißt, der Anteil der durch das Ratingsystem vermiedenen Ausfälle durch Kreditablehnung in Abhängigkeit des Prozentanteils der insgesamt abgelehnten Kreditnehmer. In einer aktuellen Untersuchung des BVR und der zeb/rolfes.schierenbeck.associates hat sich gezeigt, dass die harten Klassifizierungsfaktoren mit bis zu 61,5 Prozent die höchsten Klassifikationsgüte aufweisen und dass die weichen Faktoren durch ihre eher geringere Objektivität bei der Erhebung zu einer geringeren Trennschärfe neigten.

Jahresabschlussanalyse und der zukünftigen Kapitaldienstfähigkeit angeboten werden. Neben dieser punktuellen Verbesserung des BVR I Rating wurden regional in 2 000 spezielle Ratingverfahren für Bauträgerkredite, Freiberufler, Kleingewerbetreibende oder Landwirte entwickelt und so der Einstieg in differenziertere Bonitätsbeurteilungssysteme begonnen.

3. BVR II Rating

3.1 Rating im Umfeld von VR-Control

Die sich in den letzten Jahren entwickelten Trends am Markt haben für alle Bankengruppen einen gegenüber dem erstmaligen Einsatz interner Ratingsysteme weiterführenden Handlungszwang begründet. So bestehen – um nur einige dieser Trends zu nennen – im klassischen Bankgeschäft deutliche Sättigungserscheinungen, Marktanteile zwischen den Bankensektoren verschieben sich, neue Konkurrenten tauchen auf, Schwerpunkte in der Produktnachfrage verlagern sich und Kundenzufriedenheit sowie Kundenloyalität sinken. Außerdem machen wachsende Kreditrisiken und die durch den Rückgang der Zinsspanne verursachte verschlechterte Ertragslage einen Wechsel von einer primär wachstumsorientierten Geschäftspolitik hin zu einer unter Ertrags-/Risikogesichtspunkten optimalen Strategie erforderlich.

Um diesen Trends zu begegnen, wurde im Genossenschaftssektor neben der profitablen Ausschöpfung des Marktpotenzials auch eine nachhaltige Verbesserung von Effizienz und Profitabilität gefordert. Dazu entwickelte der BVR von 1999 bis 2001 unter Einbeziehung von Primär- und Zentralbanken, Genossenschaftsverbänden und Rechenzentralen sowie mit wissenschaftlicher Begleitung externer Beratungsgesellschaften[8] unter dem Namen VR-Control ein betriebswirtschaftliches Gesamtbanksteuerungs- und Management-Informationssystem zum Risikocontrolling, das im Vergleich zu heutigen Standards verbesserte, frühzeitigere und genauere Informationen über Höhe und Ausmaß von Marktpreis- und Adressausfallrisiken in Kreditgenossenschaften liefert.

3.2 Rating als Voraussetzung für die Adressrisikosteuerung

Das Management von Adressausfallrisiken vollzieht sich nach VR-Control auf verschiedenen Ebenen:

---

[8] Neben dem schon erwähnten zeb sind die ifb GmbH, Köln und die Oliver Wyman & Company in das Projekt mit einbezogen.

	Bereiche des Kreditrisikomanagements
Verbundeinheitliche Ratingsysteme	Auf der Einzelgeschäftsebene finden über die verbundeinheitlichen Ratingsysteme Bonitätsbeurteilungen und Kreditnehmerklassifikationen statt. Die aus den Bonitätsbeurteilungen ermittelten Ausfallraten gehen mit dem Volumen der Kredite und deren Rückzahlungsquoten nach Sicherheitenarten in die Risikoprämienkalkulation ein.
Risikoprämienkalkulation	In der Risikoprämienkalkulation wird die risikoindividuelle Bepreisung des erwarteten Verlustes auf Kreditnehmerebene und die Vorsteuerung von Adressausfallrisiken vorgenommen. Gleichzeitig bildet sie die Schnittstelle zur Deckungsbeitragsrechnung, das heißt zur internen Kostenrechnung der Genossenschaftsbanken.
Portfoliosteuerung	Die einzelnen Kredite werden unter Beachtung von Korrelationen und Klumpenrisiken im bankindividuellen Portfolio zusammenfasst. Auf dieser Ebene lassen sich ■ Erträge und Risiken auf (Teil-)Portfolioebene steuern, ■ der Value at Risk, das heißt die unerwarteten Verluste zur Identifikation von Adressrisiken quantifizieren, ■ die Einhaltung von Limiten für das allokierte ökonomische und regulatorische Eigenkapital überwachen und ■ die risikogerechten Ergebnisansprüche des Kreditinstituts ermitteln und erwirtschaften.

Abbildung 3: Bereiche des Kreditrisikomanagements

Abbildung 3 macht die Bedeutung des Kreditratings für die Adressrisikosteuerung des Kreditinstitutes deutlich. Eine Preisfindung für Kredite ohne Kreditrating ist ebenso wenig möglich wie eine effiziente Steuerung des Kreditportfolios, so dass sich feststellen lässt, dass Rating die Grundlage der Adressrisikosteuerung einer modernen Kreditgenossenschaft bildet.

Aus diesen Überlegungen heraus sind aus betriebwirtschaftlichen Gesichtspunkten vier Forderungen an Kreditratingsysteme zu stellen:

1. Die zu entwickelnden Bonitätsbeurteilungssysteme müssen den unterschiedlichen geschäftlichen und aufsichtsrechtlichen Anforderungen der verschiedenen Kundensegmente möglichst weitgehend gerecht werden. Dies gilt sowohl für die Komplexität der

jeweils eingesetzten Methodik als auch des ihr zu Grunde liegenden Aufwands bei der Erhebung und Beurteilung der Bonitätsfaktoren im Rahmen des Ratingprozesses. Um dies sicher zu stellen, muss das Ratingsystem sämtliche quantitative und qualitative Faktoren einbeziehen, die für die Beurteilung der zukünftigen Kapitaldienstfähigkeit des Kreditnehmers relevant sind. Die so ermittelten Bonitäten sind dann auf einer ausreichend differenzierten Ratingskala zu erfassen, die auch ein breites Spektrum der Einstufung ermöglicht[9]

2. Die künftigen Ratingsysteme müssen auf empirisch-statistisch verifizierten Beurteilungskriterien und Kriteriengewichtungen aufsetzen, die eine signifikante Trennfähigkeit von „guten" und „schlechten" Kreditnehmern aufweisen und damit eine eindeutige und nachvollziehbare Kreditentscheidung unterstützen. Bereits im Vorfeld der Kreditvergabe erlaubt dies eine systematische Vorsteuerung von Ausfallrisiken. Eine hohe Trennfähigkeit ist dabei insbesondere für die nicht-handelbaren Kreditportfolios im Bereich der mittelständischen Firmenkunden von wesentlicher Bedeutung.

3. An die zukünftigen Systeme ist die Forderung zu stellen, dass eine Zusammenführung der differenzierten Bonitätseinstufungen der Kreditnehmer nach ihren jeweiligen Ausfallwahrscheinlichkeiten auf einer einheitlichen Ratingskala möglich ist. Ein trennscharfes und zeitlich aktuelles Rating ist dabei Voraussetzung sowohl der engagementbezogenen Quantifizierung erwarteter Verluste in den Risikoprämien als auch der gesamtbezogenen Steuerung von Kreditrisiken auf Portfolioebene, den unerwarteten Verlusten im Value at Risk.

4. Da der Hauptanteil der einzelnen Volks- und Raiffeisenbanken Kreditportfolien besitzt, mit denen die Herleitung statistischer Aussagen auf Grund der geringen Anzahl nicht möglich ist, muss ein zukünftiges Bonitätsbeurteilungssystem zum Aufbau einer verbundweiten Ratingdatenbank mit historischen Ausfallraten nach Kundensegmenten, Ratingklassen, Branchen etc. geeignet sein (die Beachtung datenschutzrechtlicher Bestimmungen ist hierbei selbstverständlich). Die auf der Basis der so gestalteten Ratingverfahren abgeleiteten erwarteten und unerwarteten Verluste lassen sich dann einem systematischen und regelmäßigen Backtesting unterziehen und sind gleichzeitig Vorraussetzung für die aufsichtsrechtliche Anerkennung. Außerdem kann auf dieser Grundlage ein verbundweiter Handel mit Krediten, eine Intensivierung des Metakreditgeschäfts oder ein Risikotransfer über Kreditderivate auf einer einheitlichen Rating- und Pricingsystematik erfolgen.

3.3 Ausreichende Kundensegmentierung

Ein Ratingsystem muss in der Lage sein, sämtliche gegenwärtigen und zukünftigen Kreditnehmer eines Kreditinstituts zu raten. Dabei sind die je Kundensegment verfügbaren qualitativen und quantitativen Informationen Determinanten der Informations- und Aus-

---

[9] Im Gegensatz zu den sechs Bonitätsklassen im BVR I Rating wird es zukünftig bis zu 25 verschiedene Ratingklassen geben.

wertungsbasis. Gerade hier ergeben sich erhebliche Unterschiede zwischen den jeweiligen Segmenten. Während für mittelständische Kunden regelmäßig handelsrechtliche Jahresabschlüsse oder Steuerbilanzen vorliegen, ist dies für andere Kundensegmente wie kleinere Gewerbekunden, Freiberufler oder Privatkunden oft nicht der Fall. Ferner steigt für die Bonitätsbeurteilung des Gesamtengagements bei abnehmender Betriebsgröße die Bedeutung der Person bzw. der wirtschaftlichen Situation der haftenden Gesellschafter. Die Informationsasymmetrien innerhalb der jeweiligen Kundensegmente bedingt die Notwendigkeit, unterschiedliche Ratingsysteme zu entwickeln. Als Nebenbedingung darf die Anzahl der Ratingsegmente jedoch nicht zu groß werden, um eine geordnete Zuordnung bzw. Bearbeitung zu gewährleisten.

Daher ergeben sich im genossenschaftlichen Bereich derzeit folgende Kunden- bzw. Ratingsegemente[10]:

- institutionelle Kunden,
- börsennotierte Aktiengesellschaften,
- Projektfinanzierungen/Existenzgründer/Immobilienfinanzierungen,
- oberer Mittelstand,
- Mittelstand,
- nichtbilanzierende Kreditnehmer,
- qualifiziertes Privatkundengeschäft/Baufinanzierungen,
- Mengengeschäft/Konsumentenkredite.

3.4 Bau des BVR II Rating für den Mittelstand

Beispielhaft für das Rating eines Segmentes wird im Folgenden das Bonitätsbeurteilungssystem für den Mittelstand vorgestellt. Das so genannte BVR II Rating ist künftig für die Mehrzahl der Firmenkunden von Volks- und Raiffeisenbanken maßgebend. Es nimmt ausgehend von einer Analyse der aktuellen wirtschaftlichen Verhältnisse eine systematische Abschätzung der zukünftigen Kapitaldienstfähigkeit und Substanz des Unternehmens vor. Dabei wirken qualitative Kriterien unterstützend auf die quantitative Einschätzung.

Die durch das BVR II Rating ermittelten Ratingergebnisse lassen sich auf einer Ratingskala mit insgesamt 25 Bonitätsklassen einstufen, die mit klar festgelegten Ausfallwahrscheinlichkeiten verbunden sind. Das DV-gesteuerte System unterstützt somit eine eindeutige und nachvollziehbare Kreditentscheidung und erfüllt gleichzeitig die Forderung nach einer hohen Trennschärfe mit differenzierten Möglichkeiten zur Risikoeinteilung und Risikobepreisung.

---

10 Ohne Banken und Staaten.

	BVR II Rating	
aktuelle Vermögens-, Finanz- und Ertragslage	1. Jahresabschluss	Kernrating
	2. Private Vermögensverhältnisse	
zukünftige Unternehmensentwicklung	3. Kontoführung	positive bzw. negative Modifikatoren
	4. Betriebswirtschaftliche Auswertung (BWA)	
	5. Markt/Branche	
	6. Unternehmen/Management	
	7. Unternehmensplanung	

Abbildung 4: Vorgesehene Struktur des BVR II Rating

Das BVR II Rating gliedert sich in insgesamt sieben Teilbereiche auf, von denen die ersten vier die aktuelle Vermögens-, Finanz- und Ertragslage beurteilen und die Elemente fünf bis sieben die zukünftige Unternehmensentwicklung in die Bonitätsanalyse integrieren. Die im Rahmen einer umfangreichen wissenschaftlichen Analyse entstandene Struktur enthält ferner in der Beurteilung der wirtschaftlichen Verhältnisse ein Kernrating, das anschließend durch die anderen Teilbereiche positiv oder negativ modifiziert wird.

Die Beurteilung der wirtschaftlichen Verhältnisse erfolgt über die Analyse der Kapitaldienstfähigkeit als Ertrags- und Finanzkraftindikator des Unternehmens bzw. über die Untersuchung der Kapitalstruktur als Maß für die Substanzentwicklung in der jüngeren Vergangenheit und in der Gegenwart. Dafür steht zukünftig ein mathematisch-statistisches Verfahren zur Verfügung. Die dort verwendete Scoring-Funktion[11] ist trennscharf sowohl für Personen- als auch für Kapitalgesellschaften sowie statistisch unabhängig von der Branche des Kreditnehmers. Sie bildet als quantitatives Kriterium die Basis des Ratingurteils. Da es sich bei Firmenkunden im genossenschaftlichen Bereich hauptsächlich um Personengesellschaften oder Kapitalgesellschaften mit starken finanziellen Verflechtungen mit dem Privatvermögen der Gesellschafter handelt, ist es notwendig, auch diese persönlichen finanziellen Verhältnisse in die Bewertung mit einzubeziehen. So werden Informationen der vergangenheitsorientierten Jahresabschlussanalyse um gegenwartsorientierte aktuelle Daten ergänzt.

Zur Erfassung der qualitativen Informationen sind in allen sieben Teilbereichen Scorecards oder strukturierte Fragebögen vorhanden. In ihnen werden im Vergleich zum BVR I Rating offene Frageformen für Kreditsachbearbeiter wie zum Beispiel „Wie beurteilen Sie die Qualität des Rechnungswesens?" vermieden. Vielmehr wird eine Beeinflussung der

---

11 Ermittelt über eine logistische Regression.

Beurteilung einzelner Kriterien zum Erzielen einer bestimmten Ratingnote nahezu ausgeschlossen, da die Art der Fragestellung den Analysten durch die Erfassung führt.[12] Für die Objektivität des Ratingergebnisses hat diese Vorgehensweise den Vorteil, dass eine vom Kreditsachbearbeiter unabhängige Beurteilung gewährleistet ist. Aus „weichen" Faktoren entstehen somit „harte" Faktoren mit einer besseren Klassifikationsfähigkeit. Als Beispiel für die neue Form mit der Notwendigkeit zur eindeutigen Beantwortung soll folgende Fragestellung dienen: „Ist die Unternehmensleitung in der Lage, auch unterjährig die wirtschaftliche Entwicklung zutreffend darzustellen?"

Für die Unternehmensentwicklung müssen vom Bonitätsbeurteilungssystem über das Verfahren der Scorecards zum Beispiel Antworten auf folgende Fragen der zukünftigen Unternehmens-Story gefunden werden:

- Ist im Unternehmen ein formaler, jährlicher Planungsprozess etabliert?
- Erfüllt das Management bzw. das Unternehmen die Voraussetzungen, die in der Planung dargestellten Zahlen zu erfüllen?
- Welche Entwicklung bezüglich zukünftiger Kapitaldienstfähigkeit und zukünftiger Substanz des Unternehmens lässt die Planung unter Berücksichtigung der Markt- und Branchenentwicklung erwarten?

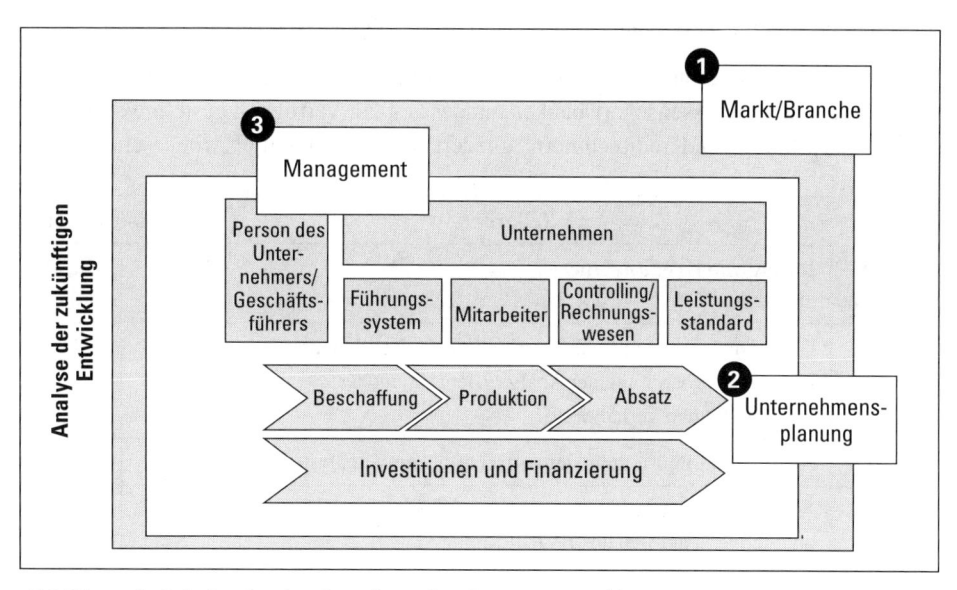

Abbildung 5: Inhalte der Analyse der zukünftigen Entwicklung

---

12 Ein System, das in dieser Art auch von neueren deutschen Ratingagenturen angewendet wird.

3.5 Qualitätssicherung

Für eine ordnungsmäßige Adressrisikosteuerung sind nicht nur die Entwicklung und Einsatz der quantitativen Methoden wichtig, sondern auch die Regelung der zu Grunde liegenden organisatorischen Prozesse. Um dieses Ziel adäquat zu erreichen, hat der Genossenschaftssektor parallel zur Entwicklung der Ratingsysteme im Rahmen von VR-Control die so genannten „Verbundeinheitlichen Grundsätze für das Kreditgeschäft"[13] definiert. Ziel dieser verbundeinheitlichen Grundsätze ist es, die im Kreditgeschäft bedeutenden qualitativen Aspekte aufzuzeigen und als Vorgaben im Sinne von Mindeststandards zu fungieren. Zugleich sollen sie zur verbundweiten Qualitätssicherung im Kreditgeschäft beitragen, um damit die operationalen Risiken aus dem Kreditgeschäft zu reduzieren.

Ein wesentlicher Bestandteil der verbundeinheitlichen Grundsätze ist die Organisation des Kreditgeschäfts und hier speziell die Funktionstrennung. So wird für das Kreditgeschäft eine klare funktionale Trennung zwischen Kundenbetreuung und Kreditsachbearbeitung gefordert, die für Geschäfte, die eine Gemeinschaftskompetenz erfordern, bis einschließlich der Ebene der Geschäftsleitung zu gewährleisten ist. Von der Kreditsachbearbeitung ausgelagerte Tätigkeiten wie die Erstellung von Bilanzanalysen oder die Bewertung von Sicherheiten sollen dabei organisatorisch dem Marktfolgebereich zugeordnet sein.

Die Umsetzung der verbundeinheitlichen Grundsätze erfolgt über vordefinierte Musterprozesse, die den Genossenschaftsbanken bundesweit zur Verfügung gestellt werden. Der Teilprozess „Rating von Kreditnehmern" gliedert sich danach in fünf Arbeitsschritte.

	Teilprozess	Funktionsträger	
Arbeitsschritt	Rating von Kreditnehmern	Markt	Marktfolge
1	Erfassung bzw. technische Verarbeitung der Kundenunterlagen zur Vorbereitung der Analyse/Beurteilung der wirtschaftlichen Verhältnisse		D
2	Analyse und Beurteilung der wirtschaftlichen Verhältnisse	D	D
3	Analyse und Beurteilung der weiteren quantitativen bzw. qualitativen Faktoren des BVR II Rating	D	D
4	Festsetzung Ratingergebnis	D/E	D/E
5	Dokumentation der Ratingergebnisse und der Einzelfaktoren	D	D

Abbildung 6: Teilprozesse beim Rating, D: Durchführung/Ausführung, E: Entscheidung

---

[13] Die Grundsätze dienen u.a. dem Bundesaufsichtsamt für das Kreditwesen als Vorlage für die Erarbeitung der „Mindestanforderungen für das Betreiben von Kreditgeschäften".

Es ist offensichtlich, dass auch im Ratingprozess eine klare Funktionstrennung existiert. Die Bonitätseinstufung und mithin die qualitätssichernden Maßnahmen erfolgen in der parallelen Durchführung und Festsetzung des Ratings im Rahmen des Vier-Augen-Prinzips. Eine davon abweichende Handhabung kann nur in Ausnahmefällen bei kleineren Engagements erfolgen. Um die Neutralität der Mitarbeiter in der Marktfolge zu sichern, sind nach den verbundeinheitlichen Grundsätzen Kundenkontakte auszuschließen. Die Beweislast bei Zweifelsfragen liegt ähnlich wie im Ratingkomitee externer Agenturen beim Analysten, das heißt beim Mitarbeiter des Marktes.

3.6 Auswirkungen von Rating auf Kundenbeziehungen

3.6.1 Kreditkonditionen

Kreditkonditionen spreizen sich in Zukunft mehr als bislang. Kunden mit guter Bonität können mit günstigeren Kreditkonditionen rechnen, während Kunden mit schlechter Bonität einen Risikozuschlag hinnehmen müssen. Der Grund hierfür liegt sowohl im erwarteten Verlust, abgedeckt durch die im Kreditzins enthaltene Risikoprämie[14], als auch im unerwarteten Verlust[15]. Dieser ist ebenfalls im Kreditzins durch eine aufsichtsrechtlich vorgeschriebene Eigenkapitalunterlegung für Kreditrisiken enthalten. Beide Verlustarten sind zwar schon heute in der Kreditkondition verrechnet, können und müssen jedoch zukünftig genauer berechnet werden.

Die neuen Basler Eigenkapitalvorschriften schreiben Kreditinstituten ab 2005 eine genauere Messung ihrer Kreditrisiken über interne Ratingsysteme vor. Hintergrund ist der bei der Bankaufsicht vorhandene Gläubigerschutzgedanke sowie die Beseitigung von Fehlallokationen von regulatorischem Eigenkapital. Der Gläubigerschutzgedanke äußert sich hierbei in der Vorschrift für mögliche Verluste aus dem Kreditgeschäft einen bestimmten Prozentsatz Haftungsmasse, errechnet im regulatorischen Eigenkapital, vorzuhalten. Dieser Prozentsatz beträgt seit 1993 mit wenigen Ausnahmen acht Prozent pro vergebene Geldeinheit Kredit.[16] Hierin liegt denn auch der ökonomische Grund für Kreditinstitute, regulatorisches Eigenkapital nicht gleichmäßig auf Kreditnehmer mit guter und schlechter Bonität zu allokieren, wie es im Durchschnittsansatz des Eigenkapitalakkords von 1988 vorgesehen war. Für Kreditinstitute ist mit dem aktuellen Ansatz der Anreiz geschaffen, einerseits verstärkt Kredite an Schuldner mit höherem Risiko zu vergeben, weil solche höhere Zinsen zahlen müssen, mithin die Zinsmarge größer ist und andererseits auf Geschäftstypen auszuweichen, die nicht mit Eigenkapital zu unterlegen

---

14 Der erwartete Verlust entspricht der erwarteten durchschnittlichen Schadensquote. Langfristig sollen die eingenommen Risikoprämien den Abschreibungen aus Bonitätsrisiken entsprechen.
15 Der unerwartete Verlust gibt die mögliche Schwankungen um das erwartete Risikoergebnis an und muss über ein angemessenes Risikopuffer in Form von ökonomischem bzw. regulatorischem Eigenkapital abgesichert sein.
16 Resultierend aus der Umsetzung des Basler Akkords von 1988.

sind. Beides läuft aber darauf hinaus, dass die Risiken des Kreditinstituts bei gleicher Eigenkapitalunterlegung zunehmen. Eine differenzierte Berücksichtigung der über Ratingsysteme zu messenden Risiken ist deshalb auch im regulatorischem Eigenkapital notwendig. Dies hat jetzt in den neuen Basler Eigenkapitalvorschriften Einfluss gefunden, so dass Kreditinstitute aufsichtsrechtlich für gute Kreditnehmer in Zukunft weniger und für schlechte Kreditnehmer mehr Eigenkapital unterlegen müssen. Der unterschiedlich hohe Unterlegungsgrad fließt in die Bemessung der Kreditkonditionen ein und führt so zu einer aufsichtsrechtlich verursachten Spreizung der Zinsen.

Die durch das sich verändernde aufsichtsrechtliche Umfeld beschleunigte Entwicklung besserer und trennschärferer Ratingsysteme führt auch in der Bemessung der erwarteten Verluste zu einem Wandel. Bislang konnten Risikoprämien nur relativ pauschal einzelnen Risikokategorien zugerechnet werden, so dass in der Risikoprämienbemessung vielfach eine Mischkalkulation zu finden war und dadurch quasi eine Subvention bonitätsmäßig guter an schlechte Kunden. In Zukunft lässt sich auch der erwartete Verlust aus dem Kreditgeschäft genauer und exakter bestimmen und somit Kunden risikogerechter zuweisen. Hieraus resultiert auch betriebswirtschaftlich bedingt eine Spreizung der Kreditkonditionen – ein Vorgang, der in der Versicherungsbranche schon seit langem üblich ist. Als Beispiel seien Lebensversicherungen genannt, deren Beiträge sich nach bestimmten Risikofaktoren ausrichten.

Eine Negierung dieser Marktentwicklung durch einzelne Kreditinstitute oder Kreditinstitutsgruppen hätte ein Phänomen zur Folge, das sich in der betriebswirtschaftlichen Theorie adverse Selektion nennt. Falls ein Kreditinstitut bei der Mischkalkulation bliebe, wäre es für bonitätsmäßig gute Kunden gegenüber Wettbewerbern zu teuer und für bonitätsmäßig schlechte Kunden zu günstig. Gute Kunden würden abwandern, schlechte Kunden würden dagegen angezogen werden. Eine Verschlechterung der eigenen Risiko- und Vermögensposition wäre die logische Konsequenz für das Kreditinstitut.

3.6.2 Chance durch Transparenz

Kreditrating nur in Verbindung mit sich ändernden Kreditzinsen in Verbindung zu bringen, wäre jedoch zu kurz gegriffen. Vielmehr sollten Kreditnehmer die Chance erkennen, die in einer regelmäßig durchgeführten, unabhängigen und kommunizierten Bewertung ihres Unternehmens liegt. Durch die konsequente Einbeziehung sämtlicher Bewertungsparameter spiegeln sich positive und negative Veränderungen in Bonitätseinstufungen wider. Auf der Basis dieser Informationen können frühzeitig Fehlentwicklungen erkannt, Handlungsmöglichkeiten bewertet und Gegensteuerungsmaßnahmen ergriffen werden. Somit fördert Rating auch die Früherkennung von Investitionen in uneffiziente Ressourcen und dient letztendlich der Risikoprophylaxe.

Rating ist dabei kein Vorgang, der unabhängig vom Kreditnehmer erfolgt. Das Ergebnis hängt in hohem Maß von den seitens der Kunden zur Verfügung gestellten Informationen ab. Informationsdefizite fließen negativ in das Ratingsystem ein, so dass eine exakte Messung nicht gewährleistet ist. Deshalb sollte für den Kunden das oberste Gebot gegenüber seiner Bank Transparenz sein. Dazu ist es notwendig, dass sich der Kreditnehmer mit den wirtschaftlichen und organisatorischen Verhältnissen in seinem Unternehmen sowie der weiteren Unternehmensplanung selbstkritisch auseinandersetzt und sich auf Ratinggespräche mit seinem Kreditinstitut umfassend vorbereitet. Der Ratingprozess erfüllt dadurch auch eine Informationsfunktion für das Unternehmen selbst, indem er Probleme jedweder Art im Vorfeld zu identifizieren hilft.

Aber auch die Bank muss ihr Transparenzverhalten ändern. Rating soll und darf in Zukunft keine Geheimwissenschaft bleiben, sondern muss selbstverständlicher Bestandteil von Kreditgesprächen sein. In einer offenen Kommunikation können mit Kreditnehmern einzelne Beurteilungskriterien erörtert sowie Stärken und Schwächen des Unternehmens gemeinsam herausgearbeitet werden. Der Mittelstand erwartet heute zu Recht eine aktive Begleitung der Banken in Fragen der Unternehmensentwicklung und bei der Ausarbeitung innovativer Finanzierungskonzepte.

4. Zusammenfassung

Über die zukünftigen Ratingsysteme aller Institutsgruppen lässt sich die Bonität der Kreditnehmer im Vergleich zu heutigen Systemen exakter bestimmen. Die Notwendigkeit zur Weiterentwicklung der Bonitätsbeurteilungssysteme ergaben sich dabei gleichermaßen aus betriebswirtschaftlichen wie aufsichtsrechtlichen Gründen. Betriebswirtschaftlich waren neben einer soliden Grundlage für die Adressrisikosteuerung vor allem eine risikoadäquate Bepreisung und die Anpassung der internen Ratingsysteme an ein sich änderndes Marktumfeld ausschlaggebend. Aufsichtsrechtlich ist vorgesehen, dass sich die Eigenkapitalkosten eines Kreditinstituts an der Bonität der Kreditnehmer orientieren. Somit muss man zukünftig von einer Spreizung der Kreditkonditionen ausgehen. Bonitätsmäßig gute Kunden können mit einer Reduzierung der Zinsen rechnen. Kunden mit schlechter Bonität stehen dagegen vor einer Erhöhung ihrer Finanzierungskosten. Gleichzeitig wird es zu einer zunehmenden Transparenz hinsichtlich der wirtschaftlichen Verhältnisse zwischen Bank und Kunde kommen. Durch die anspruchsvolleren und trennschärferen Ratingsysteme steigen die Anforderungen an die einzureichenden Unterlagen. Diese Notwendigkeit ist sowohl für die Kreditinstitute als auch für ihre Kreditnehmer und Kunden vom Vorteil. Da jedes eingesetzte Bonitätsmessverfahren bei gleichzeitiger Anwendung für betriebswirtschaftliche und eigenkapitalvermindernde Zwecke nach den Vorschlägen des Basler Ausschusses eine aufsichtsrechtliche Genehmigung benötigt, muss es das bestehende Risiko möglichst genau abbilden und setzt daher ganzheitliche Informationen über das zu bewertende Unternehmen voraus. Nur so ist sichergestellt, dass Kredite auch in Zukunft ohne das Vorhandensein eines teuren externen Rating gewährt werden können.

Ein Wandel löst oft Sorgen und Ängste aus, da bekannte Strukturen aufgelöst werden. Der Wandel birgt aber auch Chancen zu Verbesserungen. So erhalten Kreditnehmer durch die verbesserten internen Ratingsysteme zukünftig regelmäßig eine externe Einschätzung ihres Unternehmens. Gemeinsam lassen sich die offen kommunizierten Ergebnisse zum Vorteil beider Seiten diskutieren und führen damit zu einer Stärkung der Vertrauensbasis zwischen Genossenschaftsbanken und ihren Kunden.

Literaturhinweis

DICKEN, A. J. (1999): Kreditwürdigkeitsprüfung, Berlin 1999.

Bedeutung des Ratings in internationalen Geschäften

Aoshi Chen

1. Chancen des internationalen Geschäftes für die Unternehmen

In den letzten zehn Jahren hat die wirtschaftliche Globalisierung stetig an Bedeutung gewonnen. Die auffällige Entwicklung der Emerging Markets in Asien, Südamerika und Osteuropa hat die Aufmerksamkeit der westlichen Unternehmen auf sich gelenkt. Viele Unternehmen der westlichen Industrieländer haben ihre Geschäfte in diesen Ländern erweitert. Nach einer Statistik der Deutschen Auslandshandelskammer ist die Zahl der in China registrierten deutschen Niederlassungen und Repräsentanzen in der Zeit von 1996 bis 2000 um 98,8 Prozent gestiegen.

Jahr	1996	1998	2000
Zahl	762	1131	1515

Quelle: Deutsche Außenhandelskammer (1996), Deutsche Außenhandelskammer (1998)

Abbildung 1: In China registrierte deutsche Unternehmen

Im Jahr 1999 hat die DG Bank eine umfangreiche Befragung bei mehr als 500 kleinen und mittelständischen Unternehmen, die in China investiert haben, durchgeführt. Im Folgenden sind die Befragungsergebnisse in Bezug auf das Investitionsmotiv, den Zielerreichungsgrad und die künftigen Pläne genannt.

Aufgrund dieser Daten kann man feststellen, dass sich die Direktinvestitionen der deutschen Unternehmen in China im Laufe der Zeit offensichtlich ständig vermehrt haben. Das Resultat der Investitionen erfüllt die Erwartungen. Die deutschen Unternehmen interessieren sich offenbar für andere Märkte, auch wenn diese von Charakterzügen geprägt sind, die von den eigenen teilweise erheblich abweichen. Viele westeuropäische Unternehmen zum Beispiel haben die arbeitsintensive Produktion nach Osteuropa verlagert. Anfang der neunziger Jahre sind viele deutsche Eliten im Bereich der Biowissenschaft in die USA gegangen, um dort ihre Forschungen zu betreiben.

Wie wichtig waren die folgenden Gründe für Mittelstandsunternehmen, in China eine Niederlassung zueröffnen?

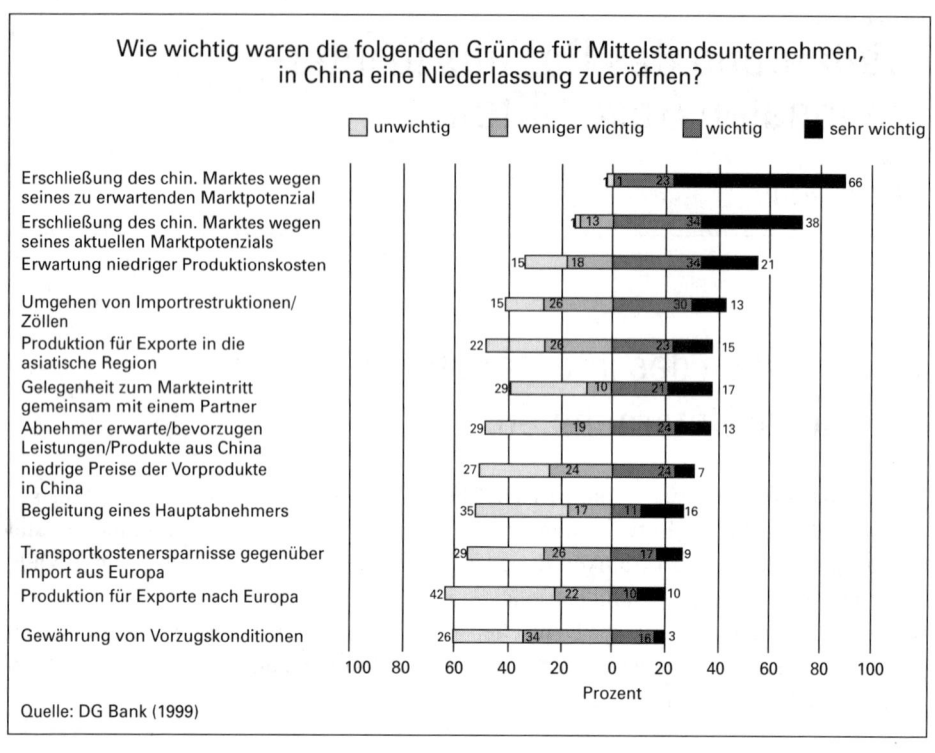

☐ unwichtig ☐ weniger wichtig ▨ wichtig ■ sehr wichtig

Grund	unwichtig	weniger wichtig	wichtig	sehr wichtig
Erschließung des chin. Marktes wegen seines zu erwartenden Marktpotenzial	1	23		66
Erschließung des chin. Marktes wegen seines aktuellen Marktpotenzials	1	13	34	38
Erwartung niedriger Produktionskosten	15	18	34	21
Umgehen von Importrestruktionen/Zöllen	15	26	30	13
Produktion für Exporte in die asiatische Region	22	26	23	15
Gelegenheit zum Markteintritt gemeinsam mit einem Partner	29	10	21	17
Abnehmer erwarte/bevorzugen Leistungen/Produkte aus China	29	19	24	13
niedrige Preise der Vorprodukte in China	27	24	24	7
Begleitung eines Hauptabnehmers	35	17	11	16
Transportkostenersparnisse gegenüber Import aus Europa	29	26	17	9
Produktion für Exporte nach Europa	42	22	10	10
Gewährung von Vorzugskonditionen	26	34	16	3

Quelle: DG Bank (1999)

Abbildung 2: Investitionsmotive

Aus Sicht der Wertschöpfungskette eines Unternehmens bietet das internationale Business vielfältige Chancen. Unabhängig davon, ob ein Unternehmen am internationalen Geschäft teilnimmt oder nicht, muss es seine Wertschöpfung in einer vollständigen Kette, nämlich vom Erkennen der Kundenbedürfnisse bis zur Lieferung des Produktes oder Services, realisieren. Wenn sich ein Unternehmen dabei nicht nur auf das Inland beschränkt, sondern Teile dieses Prozesses in die internationale Umwelt verlagert, kann es in jedem Kettenglied neue Chancen entdecken.

Aus Sicht der Marktnachfrage weisen die Emerging Markets enorme Entwicklungspotenziale auf, die auf die enormen Bevölkerungszahlen und ein schnelles Wachstum bzw. die Erhöhung des Lebensstandards der Bevölkerung zurück zu führen sind.

Wenn man den Aspekt des Rohmaterials und der Arbeitskosten betrachtet, kann man feststellen, dass die Preise dieser Produktionsfaktoren in den meisten Entwicklungsländern bedeutend niedriger sind als in den hoch entwickelten Ländern.

Wird Forschung und Entwicklung bzw. Technologie betrachtet, so haben Unternehmen aus Japan, oder Korea ihre Forschungszentren in Europa errichtet, wo High Tech und hoch qualifiziertes Personal zusammentreffen. Was die Finanzierung eines Unternehmens betrifft, ist der hoch entwickelte amerikanische Finanzmarkt von großer Bedeutung, an dem Unternehmen aus aller Welt ihre Aktien und Anleihen emittieren.

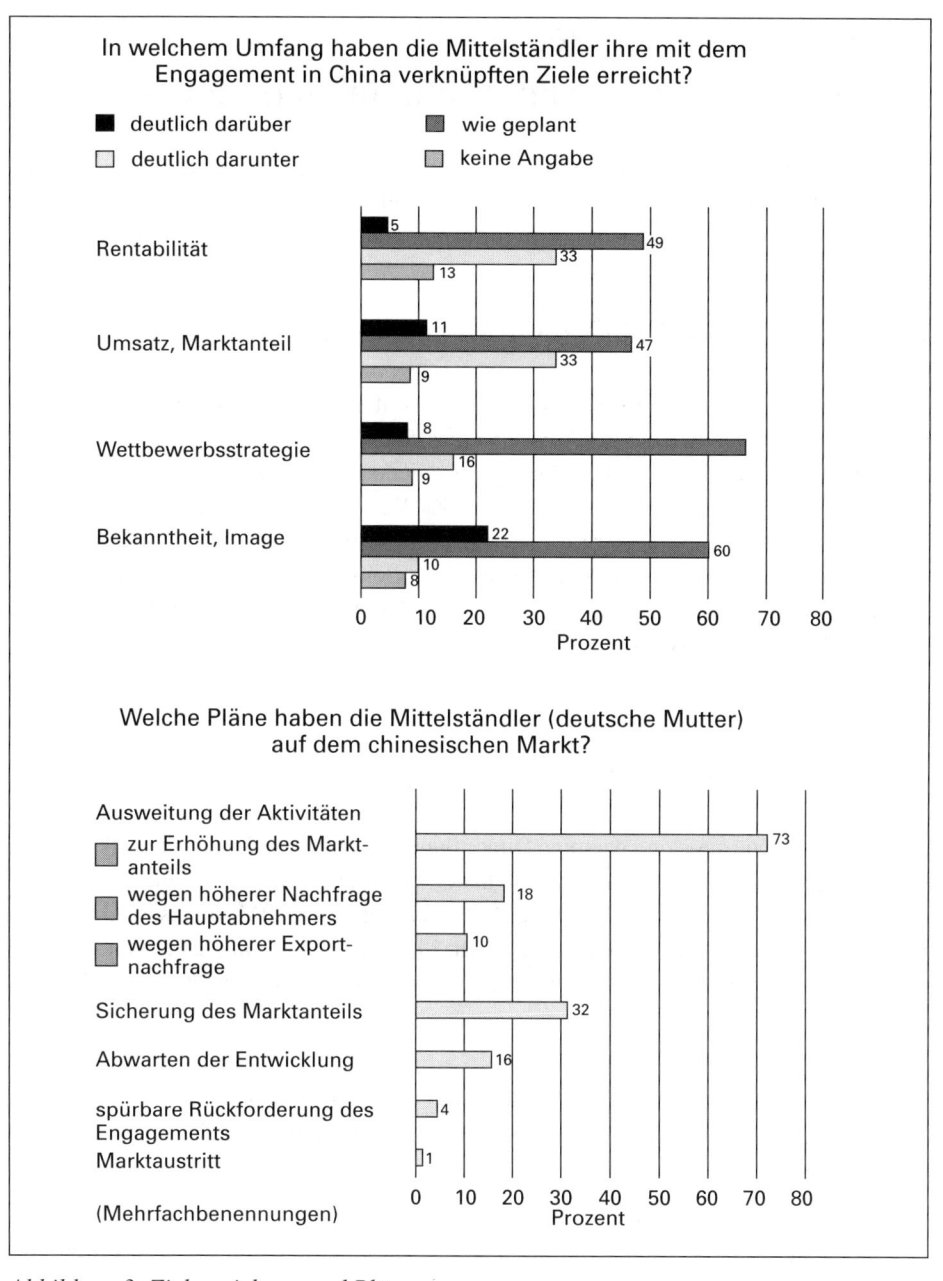

In welchem Umfang haben die Mittelständler ihre mit dem Engagement in China verknüpften Ziele erreicht?

- ■ deutlich darüber
- □ deutlich darunter
- ▨ wie geplant
- ▨ keine Angabe

Rentabilität: 5 / 49 / 33 / 13
Umsatz, Marktanteil: 11 / 47 / 33 / 9
Wettbewerbsstrategie: 8 / 66 / 16 / 9
Bekanntheit, Image: 22 / 60 / 10 / 8

Prozent (0–80)

Welche Pläne haben die Mittelständler (deutsche Mutter) auf dem chinesischen Markt?

Ausweitung der Aktivitäten
- zur Erhöhung des Marktanteils: 73
- wegen höherer Nachfrage des Hauptabnehmers: 18
- wegen höherer Exportnachfrage: 10

Sicherung des Marktanteils: 32
Abwarten der Entwicklung: 16
spürbare Rückforderung des Engagements: 4
Marktaustritt: 1

(Mehrfachbenennungen)

Prozent (0–80)

Abbildung 3: Zielerreichung und Pläne

Heutzutage, bei Verstärkung der Tendenz zu steter wirtschaftlicher Globalisierung, sollte ein Unternehmen somit in einem erweiterten internationalen Umfeld seine Chancen entdecken und nutzen.

2. Neue Dimensionen – Unternehmen im internationalen Geschäft

Internationale Businessaktivitäten bringen einem Unternehmen nicht nur mehr Auswahl und Chancen, sondern auch gewissen Kompliziertheiten und Risikofaktoren. Bei solchen Engagements wird ein Unternehmen oft mit völlig neuen Dimensionen konfrontiert.

2.1 Stabilität der Politik einer Gesellschaft

Die Stabilität der politischen Verhältnisse einer Gesellschaft ist der erste notwendige Faktor, den ein Unternehmen bei der Auswahl eines Zielmarktes zu berücksichtigen hat. Instabilität der Politik ist ein großes Hindernis für den Eintritt in den Markt und erschwert ebenso den Austritt. Unsicherheit führt auch zu Währungsabwertungen bzw. Inflation. Solche Risiken gefährden die Ertragslage eines Unternehmens. Eine Enteignung der Unternehmen durch den Staat untergräbt jeden Investitionsplan. Ausländerfeindlichkeit und gesellschaftliche Unruhen stören den alltäglichen Betrieb eines Unternehmens, gefährden die Sicherheit der ins Ausland versetzten Mitarbeiter und führen schließlich zur Auflösung eines Unternehmens.

2.2 Kulturunterschiede

Kulturunterschiede sind eine wichtige Dimension bei internationalen Businessaktivitäten. Es gibt äußerst verschiedene Kulturkreise in der Welt und ein jeder hat seine eigene Sprachen und Sitten. Geert Hofstede hat die Niederlassungen von IBM in verschiedenen Gebieten der Welt lange Zeit hindurch untersucht.[1] In seiner Forschung hat er vier Faktoren zusammengefasst, die für die Abgrenzung und den Vergleich der verschiedenen Weltkulturen wichtig sind:

- **Machtdistanz**
  „Machtdistanz spiegelt das Spektrum der möglichen Antworten wider, die in den verschiedenen Ländern auf die grundsätzliche Frage, wie man mit die Tatsache umgehen soll, dass die Menschen ungleich sind, gegeben wurden."

- **Individualismus vs. Kollektivismus**
  „Individualismus beschreibt Gesellschaften, in denen die Bindungen zwischen den Individuen locker sind. Man erwartet von jedem, dass er für sich selbst und seine unmittelbare Familie sorgt. Kollektivismus beschreibt Gesellschaften, in denen der Mensch von Geburt an in stark geschlossene Wir-Gruppen integriert ist, die ihn ein Leben lang schützen und dafür bedingungslose Loyalität verlangen."

---

[1] Vgl. Hofstede (1993).

- **Maskulinität vs. Femininität**
„Maskulinität kennzeichnet eine Gesellschaft, in der die Rollen der Gesellschafter klar gegeneinander abgrenzt sind: Männer haben bestimmt, hart und materiell orientiert zu sein, Frauen müssen bescheidener, sensibler sein und Wert auf Lebensqualität legen. Femininität kennzeichnet eine Gesellschaft, in der sich die Rollen der Gesellschafter überschneiden: sowohl Frauen als auch Männer sollten bescheiden und feinfühlig sein und Wert auf Lebensqualität legen."
- **Vermeidung von Unsicherheit**
„Unsicherheitsvermeidung lässt sich daher definieren als der Grad, in dem die Mitglieder einer Kultur sich durch ungewisse oder unbekannte Situationen bedroht fühlen."

In Abbildung 4 sind einige interessante Ergebnisse der Forschung Geert Hofstedes in Bezug auf Deutschland, Frankreich und USA aufgeführt.

	Deutschland	Frankreich	USA	höchster Wert	niedrigster Wert
Machtdistanzindex	35	68	40	104	11
Individualismus-Index	67	71	91	91	11
Maskulinitätsindex	66	43	62	95	5
Unsicherheitsvermeidungsgrad	65	86	46	112	8

Abbildung 4: Kulturindex von Deutschland, Frankreich und USA[2]

Der Einfluss der Kulturunterschiede auf das internationale Business ist dadurch gekennzeichnet, dass die Informationen, die man in einer fremden Kultur erhält, oft einer anderen Interpretation bedürfen als in der eigenen. Ohne Kenntnisse des Kulturhintergrundes ist es nicht leicht, Informationen zu sammeln und richtig zu verstehen. Selbst wenn man die fremde Kultur sehr genau kennen würde, könnte man den Konflikt nicht ganz verhindern, der durch unterschiedliche Denkweisen und Gewohnheiten verursacht wird. Im internationalen Business brauchen die Parteien mit großen kulturellen Unterschieden bedeutend mehr Zeit, um sich einander anzunähern und zu tolerieren.

2.3 Entwicklungsstand der Wirtschaftsordnung

In den hoch entwickelten Marktwirtschaften der westlichen Welt herrscht im Allgemeinen eine stabile und konsolidierte Wirtschaftsordnung. Viele Emerging Markets befinden sich jedoch in einer Übergangsphase von der alten zur neuen Wirtschaftsordnung. Im internationalen Business, selbst wenn keine großen Kulturunterschiede zum Zielmarkt bestehen,

---
2 Vgl. Hofstede (1993).

beeinflusst der Entwicklungsstand der Wirtschaftsordnung die Vertraulichkeit, die Aktualität und Allgemeingültigkeit der Informationen. Das Berücksichtigen des aktuellen Entwicklungsstandes ist daher für die Identifizierung der Probleme im internationalen Geschäft von großer Bedeutung.

In einer Gesellschaft im Wandel, in der die alte Wirtschaftsordnung noch dominiert, ist es sehr schwierig, geeignete Wirtschaftspartner mit nachhaltiger Leistungsfähigkeit zu finden. Die meisten Unternehmen, die in der alten Ordnung stark sind, werden ihre Macht in der späteren Entwicklungsphase verlieren. Es gibt nur wenige Wirtschaftsteilnehmer, die von der bisherigen Ordnung abweichen. Da sie für die ganze Gesellschaft keine repräsentative Bedeutung besitzen, ist es deshalb schwer, Informationen über diese Gruppe zu beschaffen. Die Kenntnisse über einen einzelnen neuen Wirtschaftsteilnehmer kann man deshalb nicht verallgemeinern. Seit Anfang der achtziger Jahre hat China Wirtschaftsreformen eingeführt. Nur weniger als 30 Prozent der damaligen Hauptwirtschaftsobjekte, nämlich staatliche Unternehmen, konnten im Jahr 2000 noch Gewinn erzielen. Schon in der Anfangsphase der Reformen gab es uneinheitliche Formen von Privatwirtschaft. Aber damals besaß die private Wirtschaft in China noch keine deutliche Wirtschaftsform, und die Regierung verfügte über keine verlässlichen statistischen Daten der privaten Wirtschaft.

Die veränderten Emerging Markets zeigen ihre Attraktivität am meisten, wenn die Kräfte der neuen Wirtschaftsteilnehmer ständig steigen und dynamische Entwicklung unterstellen. Mit der steigenden Anzahl der neuen Wirtschaftsteilnehmer hat man eine Auswahl- und Vergleichsbasis. Unter dem Einfluss des Wettbewerbsmechanismus hat sich das wettbewerbsfähige Muster schnell verbreitet und wurde akzeptiert. Die wettbewerbsfähigen Wirtschaftsteilnehmer bleiben weiterhin auf dem Markt, dagegen sind die schwächeren weitgehend verdrängt. In dieser Auswahl- und Probephase der Individuen ist die Situation sehr dynamisch und es gibt normalerweise keine allgemeine Regelung. Die Informationen verlieren schnell ihre Gültigkeit, beispielsweise haben die Wirtschaftsreformen in China der privaten Wirtschaft viel Spielraum gebracht. In den neunziger Jahren hat sie sich rapide entwickelt und besaß einen bedeutenden Anteil an der gesamten Wirtschaft. Der Staat hat versucht, die privaten Betriebe durch Vorschriften und Regeln zu normieren. Da diese Vorgaben den Interessen der Unternehmen nicht entsprachen, wurden sie nicht effektiv eingehalten. Die vom Staat angeforderten Daten der einzelnen Unternehmen wichen häufig von der Realität ab. Aus diesem Grund ist die Informationsbeschaffung und -interpretation in dieser Entwicklungsphase nicht einfach.

Wenn die Situation stabil geworden und die Normalisierung der Vorschriften und Regeln vorhanden ist, reduziert sich die Distanz zwischen Realität und Regelung. Ein Unternehmen verhält sich nun gesetzeskonform. In dieser Phase besitzen die Informationen über das Unternehmen Zuverlässigkeit und längere Gültigkeit. Die an europäischen oder amerikanischen Börsen notierten Unternehmen verfügen über ein standardisiertes Rechnungssystem und hohe Transparenz. Dies führt zur Erhöhung der Handelseffizienz zwischen dem Unternehmen und seinem Umfeld (zum Beispiel Lieferanten, Regierungsbehörden, Kunden, Investoren) sowie zur Senkung der Transaktionskosten.

3. Internationale Zusammenarbeit – ein einfaches Modell

A und B stehen für zwei zusammenarbeitende Parteien. Der Abstand zwischen ihnen symbolisiert den Harmonisierungsgrad ihrer Kooperation. V bezeichnet den Grad des gegenseitigen Verständnisses (linkes Schema). Mit der Erhöhung des Grades für gegenseitiges Verständnis zwischen A und B steigt der Harmonisierungsgrad beider Parteien (mittleres Schema). Im rechten Schema wird gezeigt, dass beide Parteien zwar über Kooperationswillen verfügen, aber wenig gegenseitiges Verständnis besitzen. Wenn ein Dritter (C) beide Parteien sehr gut kennt, an der Zusammenarbeit zwischen A und B teilnimmt und beiden Seiten seine Hilfe anbietet, führt dies zur Beschleunigung des Prozesses zur gegenseitigen Verständigung und schnellen Erhöhung des Harmonisierungsgrades in der Zusammenarbeit zwischen A und B. Hier spielt C die Rolle eines Katalysators.

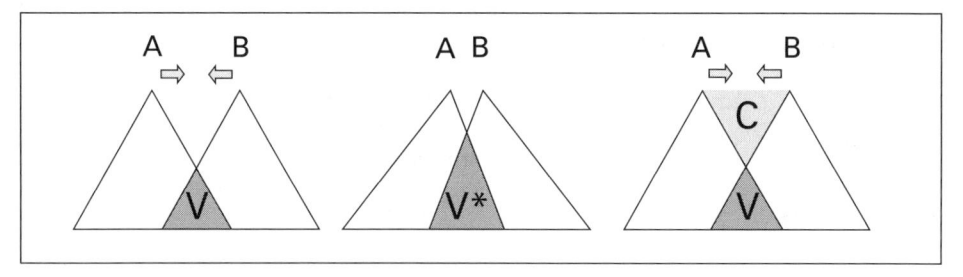

Abbildung 5: Erklärungsmodell

4. Matrix von Kulturunterschieden und Entwicklungsstand der Wirtschaftsordnung auf dem Zielmarkt

Nun betrachten wir den Zielmarkt des Unternehmens im internationalen Geschäft mit zusammen zwei Dimensionen: Kulturunterschiede und Entwicklungsphase der Wirtschaftsordnung.

Wenn sich die Zielmärkte im Bereich A befinden, gibt es wenige Kulturunterschiede und einen hohen Entwicklungsstand der Wirtschaftsordnung. Hier kann man Informationen, die zudem lange gültig sind, ohne Schwierigkeiten beschaffen. Die direkte Zusammenarbeit zwischen Unternehmen findet leichter statt und die Mitwirkung eines Dritten ist nicht unbedingt nötig.

Wenn die Zielmärkte sich im Bereich C befinden, herrschen große Kulturunterschiede und der Entwicklungsstand der Wirtschaftsordnung ist niedrig. Informationen verlieren hier

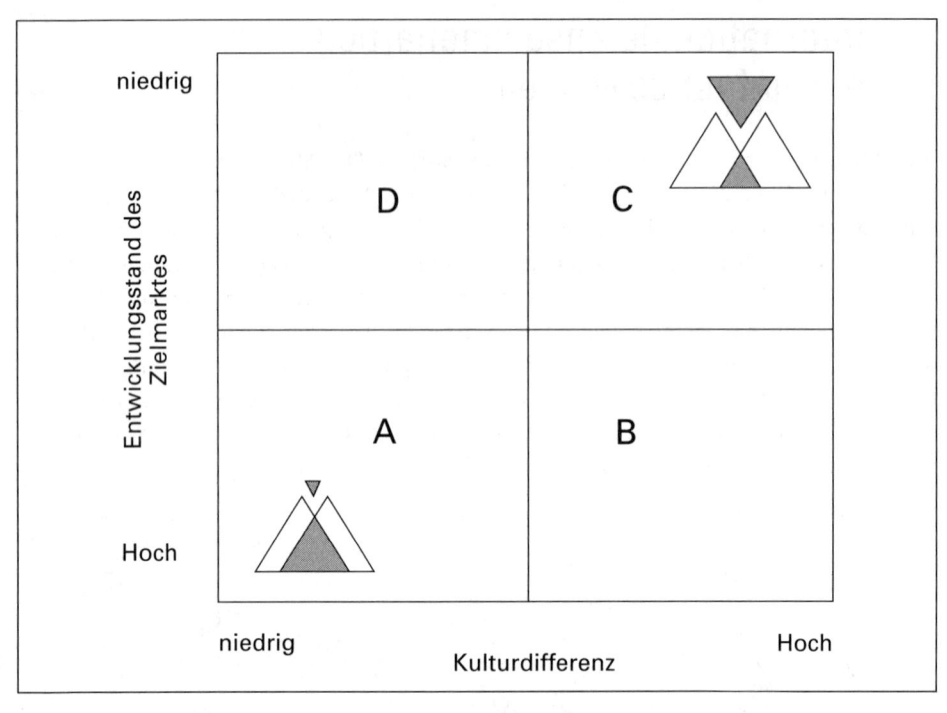

Abbildung 6: Matrix des Zielmarktes

schnell ihre Gültigkeit. Es ist für Unternehmen nicht leicht zu kooperieren. In diesem Fall brauchen die zusammenarbeitenden Parteien oft viel Zeit, bis sie später harmonisch zusammenarbeiten können. Die Hilfe Dritter ist nicht nur vorteilhaft, sondern vielmehr erforderlich.

Die Situationen in den Bereichen B und D sind zwischen A und C anzusiedeln. Wenn sich ein Zielmarkt im Bereich B befindet, sollte man großen Wert auf das Verständnis der fremden Kultur legen. Es bietet sich an, für Zielmärkte im Bereich D die Entwicklung des Partnerunternehmens und des gesamten Marktes genau zu verfolgen.

Wenn sich der Zielmarkt eines Unternehmens im Bereich C befindet, sollte dieses Unternehmen bei der Auswahl des Geschäftspartners noch mehr Faktoren berücksichtigen, als wenn sich der Zielmarkt im Bereich A befindet. Die Leistungsfähigkeit des Dritten sollte ebenfalls überprüft werden.

5. Rating als Entscheidungsinstrument im internationalen Geschäft

Informationen, die bei Unternehmensentscheidungen relevant sind, sollten möglichst vollständig und gültig sein. Auf dieser Basis sollen die Informationen richtig interpretiert werden. Im internationalen Geschäft haben Unternehmen noch mehr Schwierigkeiten bei Informationsbeschaffung und -interpretation sowie bei der Analyse der Richtigkeit und Gültigkeit der Daten als im Inlandsgeschäft. Je größer die Kulturunterschiede und je niedriger der Entwicklungsstand der Wirtschaftsordnung ist, desto mehr Probleme haben die Unternehmen.

Bei der Analyse der Informationen mit dem Ziel der Risikovermeidung für Investoren ist Rating ein geeignetes Instrument sowohl aus der Sicht der Methodologie als auch aus der Sicht der Wirkung. Der größte Vorteil eines Ratings als Entscheidungsinstrument eines Unternehmens ist, mit einem systematisierten und standardisierten Prozess, der Spezialwissen von Experten beinhaltet, ein einfaches und übersichtliches Bewertungsergebnis zu erhalten. Es ist für die Unternehmen hilfreich, Informationen aus fremdem Umfeld zu erarbeiten.

In der Praxis gibt es unterschiedliche Arten von Ratings, etwa Kredit-Ratings, Öko-Ratings und Performance-Ratings. Es ist nicht schwer, das Ratingkonzept zu verstehen. Normalerweise umfasst ein Ratingsystem folgende fünf Basisfaktoren:

a) **Fokus des Ratings**: Hier geht es um den jeweiligen Anwendungsbereich. So ist zum Beispiel die Überprüfung der Bonität Fokus des Credit Ratings. Fokus des Öko-Ratings ist die Verantwortlichkeit des Unternehmens für Umwelt und Gesellschaft.

b) **Skala des Ratings:** Sie wird durch spezielle Kennzeichen definiert, die unterschiedliche Bedeutungen besitzen. Standard & Poor's Skala für langfristige Schuldverschreibungen ist AAA, AA, A, BBB, BB, B, CCC, CC, C, D. Die Bedeutung der Skalen ändert sich von sehr gut bis sehr schlecht. AAA kennzeichnet zum Beispiel eine außergewöhnlich große Fähigkeit zur Zinszahlung und Kapitalrückzahlung. D steht dafür, dass Schuldtitelemissionen im Zahlungsverzug sind, oder der Schuldner ein Insolvenzverfahren angemeldet hat.

c) **Kriterienkategorie des Ratings**: Sie stellen die Rahmenbedingungen für die nach den Gesichtspunkten relevanten verschiedenen Aspekte dar. Das Intrinsic Rating für Kapitalmanagementgesellschaften von Fitch & IBCA besitzt zum Beispiel vier Auswertungsebenen mit 69 Kriterien und 180 Faktoren. Mit Hilfe der Bewertungskriterien wird die Vollständigkeit der Auswertungsaspekte gewährleistet.[3] Zugleich kann man die negative Wirkung, die durch Vorurteile der Bewertungsexperten verursacht wird, effektiv vermindern.

---

3 Vgl. Fitch & IBCA (2001).

d) **Prozess des Ratings:** Der Ratingprozess ist ein Bearbeitungsvorgang zwischen der Ratingagentur und dem zu bewertenden Unternehmen. Ein standardisierter und vollständiger Bewertungsprozess erleichtert die Verständigung beider Seiten und vermindert weitgehend den negativen Einfluss der Vorurteile der einzelnen Bewertungspersonen auf die Bewertungsergebnisse. Die Transparenz der Bewertungskriterien und des Bewertungsprozesses erhöht die Glaubwürdigkeit der Ergebnisse.

e) **Monitoring des bewerteten Unternehmens**: Die Ratingagentur sollte im Laufe der Zeit aufgrund der Veränderungen des Marktes und des bewerteten Unternehmens die Bewertungsergebnisse überprüfen und falls angebracht entsprechend ändern. Diese Aktivität garantiert die Aktualität des Ratingergebnisses.

6. Nutzung des Ratingservices in internationalen Geschäften

Der vorhandene Ratingservice, zum Beispiel Sovereign Credit Rating, Country Rating, Branchenrating, Corperate Credit Rating, deckt schon viele relevante Bereiche in Bezug auf internationale Geschäfte ab. Sovereign Credit Rating und Corperate Credit Rating werden hier kurz erklärt.

6.1 Sovereign Credit Rating

Wenn ein Unternehmen am internationalen Geschäft teilnimmt, sollte es nach Möglichkeit vermeiden, sich in einem politisch instabilen Land zu entwickeln. Die von vielen Ratingunternehmen angebotenen Sovereign Credit Ratings und Country Ratings bieten wertvolle Informationen in diesen Bereichen an.

Die Betrachtungsaspekte der Sovereign Credit Rating von Standard & Poor's sind

- a) politische Risiken
- b) Einkommen und wirtschaftliche Struktur
- c) wirtschaftliches Wachstumspotenzial
- d) finanzielle Flexibilität
- e) Volumen der öffentliche Anleihen
- f) Preisniveaustabilität
- g) Bilanz der Auszahlungsflexibilität
- h) externe Anleihen und Liquidität

Sovereign Credit Rating	Inflationsrate(%)
B	50-200
BB	25-100
BBB	10-50
A	7-25
AA	4-15
AAA	0-10

Abbildung 7: Beziehung zwischen „Sovereign Credit Rating" und Inflation[4]

6.2 Corporate Credit Rating

Besteht ein hohes Kreditrisiko bei einem internationalen Geschäftspartner, bekommt das Unternehmen häufig große Probleme. Der Ratingfokus von Corporate Credit Rating ist die Bonität eines Unternehmens. Diese ist von dessen Ertragslage abhängig, die wieder in enger Beziehung zur Geschäftsleistungsfähigkeit dieses Unternehmens steht. Moody's richtet sein Corporate Credit Rating an den nachstehend genannten Prüfungsgebieten aus.[5]

Finanzwirtschaftliche Risiken

a) die Cash-Flow-Kraft und Liquiditätsreserven
b) die Verfügbarkeit alternativer Liquiditätsquellen
c) die Struktur der Verbindlichkeiten
d) das Eigenkapital und die Reserven
e) wettbewerbliche und betriebliche Risiken
f) relativer Marktanteil und internationale Wettbewerbsstellung
g) Grad der Diversifizierung
h) Umsatz, Kosten- und Ergebnissituation
i) Absatz- und Beschaffungssituation des Unternehmens

Unternehmensstruktur und rechtliche Risiken

a) Unterstützungsvereinbarungen
b) Relative Bedeutung eines Gruppenunternehmens
c) Sicherungs- und sonstige Vereinbarung

Managementqualität

a) strategische und operative Planung
b) Erfahrungen des Managements bei der Bewältigung von Problemsituationen

---

4 Vgl. Standard & Poor's (1998).
5 Vgl. Büschgen/Everling (1996), S. 66.

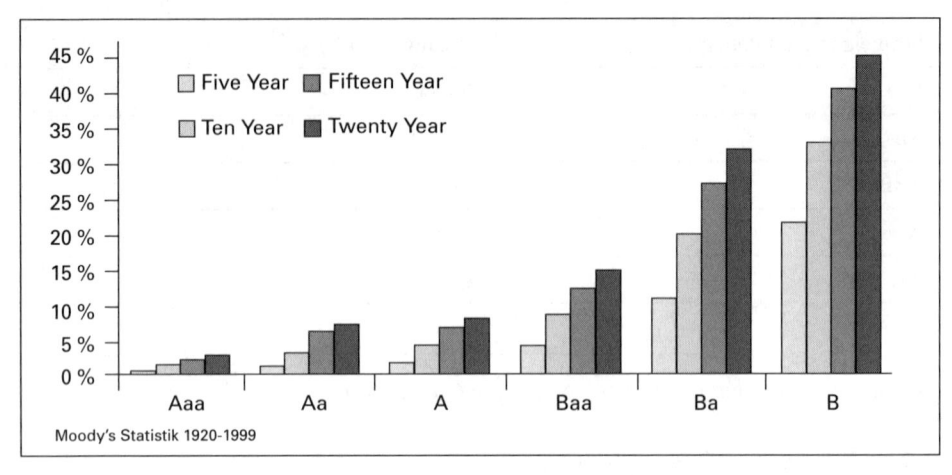

Abbildung 8: Kumulative Insolvenzraten in Abhängigkeit vom Ratingergebnis

c) Abstimmung der Organisationsstruktur auf die Unternehmensstrategie
d) Nachfolgeregelungen
e) Kontrollmechanismus

6.3 Rating – eine Brücke für Unternehmen in internationalen Finanzmärkten

Mit den existierenden Ratingservices kann ein Unternehmen seinen Zielmarkt und potenzielle Geschäftspartner in bestimmtem Maße überprüfen. Umgekehrt kann ein Unternehmen als Ratingobjekt leichter von internationalen Finanzinstituten und Investoren akzeptiert werden. Die Finanzierungsauswahl ist größer und die Finanzierungskosten sinken. Früher gab es lediglich große Agenturen, die große Unternehmen bewerteten. Heutzutage bieten neue Ratingagenturen wie zum Beispiel Eurorating oder R@S Rating Services auch mittelständischen oder kleinen Unternehmen den Ratingservice an. Der Basel New Capital Accord verlangt, dass Banken bei Kreditvergaben aufgrund externer oder interner Auswertung über Unternehmen, die Kredite aufnehmen möchten, eine angemessene Eigenkapitalausstattung bilden müssen. Diese Vorschrift impliziert, dass Rating ein notwendiges Kettenglied bei Geschäften zwischen Banken und Unternehmen darstellt.

7. Beschränkung des Ratingservices in internationalen Geschäften

Das Rating entstammt dem Finanzmarkt. Es führt an den hoch entwickelten Finanzmärkten in den USA und den europäischen Ländern zu noch größerer Transparenz hinsichtlich der Informationen über die dort involvierten Unternehmen. Der traditionelle Fokus des Ratings ist die Bonität der zu bewertenden Unternehmen und deren angebotene Finanzprodukte. Der existierende Ratingservice beinhaltet qualitative Analyse mit unterschiedlichem Maße, die Bilanzanalyse spielt immer noch eine sehr wichtige Rolle.

Selbst in europäischen und amerikanischen Ländern hat das traditionelle Rating Probleme mit der Auswertung insbesondere der in der High-Tech-Branche neu gegründeten Unternehmen, weil diese über keine kontinuierlichen und historischen Bilanzdaten verfügen. Die Wirtschaftsordnungen in den meisten Emerging Markets ist noch nicht reif. Hier gibt es häufig kein vollkommenes und einheitliches System zur Rechnungslegung, das von allen Unternehmen akzeptiert wird. Die Glaubwürdigkeit der Bilanzberichte der einzelnen Unternehmen ist deshalb gering. Es ist schon schwierig, verschiedene Rechnungslegungssysteme zu transformieren und die damit verbundenen Bilanzdaten zu analysieren. Die Ergebnisse, die man mit Hilfe der wenig glaubhaften Daten durch Bilanzanalysen herausgefunden hat, verlieren deswegen ihren Sinn.

Die Bonitätsprüfung, die von den meisten Ratingagenturen verwendet wird, führt zur direkten Beschränkung der Anwendbarkeit des Ratings in internationalen Geschäften. Bei ihren internationalen Geschäften beschränken sich die Unternehmen nicht nur auf reine Finanztransaktionen, sondern legen größeren Wert auf die Ausgestaltung der Wertschöpfungskette. Unter Berücksichtigung der positiven Faktoren aus der internationalen Umwelt versuchen die Unternehmen die Struktur und Verteilung dieser Wertschöpfungskette effektiv zu gestalten, um so höhere Werte zu schaffen. Die Anforderungen an die Geschäftspartner richten sich vor allem an ihre Kooperationsfähigkeit. Schlechte Bonität bedeutet oft fehlende und instabile Leistungsfähigkeit. Gute Bonität garantiert nicht unbedingt hohe Leistungsfähigkeit im internationalen Umfeld. Ein anderes Argument ist, dass die meisten Dienstleistungsunternehmen, die den Unternehmen bei der Erschließung des internationalen Marktes ihre Leistungen anbieten, keine große Kapitalinvestition benötigen. Die Bonitätsprüfung ist bei der Auswertung solcher Dienstleistungsunternehmen nicht von großer Bedeutung. Eine wichtige Voraussetzung für sie ist, dass sie die unterschiedlichen Kulturen sowie den Zielmarkt genau kennen.

8. Auswertung der nachhaltigen internationalen Leistungsfähigkeit des Unternehmens

Rating ist ein gutes System für Analysetechnik. Aufgrund der Probleme, mit denen ein Unternehmen in internationalen Geschäften konfrontiert wird, kann man einen passenden Fokus wählen und die entsprechenden Kriterien fixieren. All dies unterstützt die Aktivitäten eines Unternehmens auf dem internationalen Markt.

Im Folgenden wird das von SynFront Consulting GmbH intern benutzte NILOS Scoring-System (NILOS: = an **n**achhaltiger **i**nternationaler **L**eistungsfähigkeit **o**rientiertes **S**coring) in fünf Aspekten, nämlich Fokus, Skala, Kriterien, Prozess und Monitoring vorgestellt.

Der Sitz von SynFront Consulting GmbH ist Frankfurt am Main. Das Unternehmen bietet sowohl chinesischen als auch deutschen Unternehmen Beratung in Bezug auf die Erschließung der bilateralen Märkte an. Sein Ziel ist es, seinen Kunden dabei zu helfen, auf den Zielmärkten noch zuverlässiger und effektiver Erfolg zu erringen.

Das Scoring-System NILOS ist ein für die an chinesisch-deutschen Kooperationsprojekten teilnehmenden potenziellen Unternehmen geeignetes Auswertungsinstrument. Um die Qualität eines Projekts zu garantieren, muss das Unternehmen, welches mit der Unterstützung von SynFront an den chinesisch-deutschen Kooperationsprojekten teilnehmen möchte, zuvor mit NILOS ausgewertet werden.

8.1 Fokus

Aus Sicht der Wertschöpfungskette eines Unternehmens betrachtet die SynFront Consulting GmbH die internationalen Geschäfte eines Unternehmens. Der Erfolg eines Unternehmens bei internationalen Geschäften ist stark von der guten Zusammenarbeit mit seinen internationalen Geschäftspartnern abhängig. Die nachhaltige internationale Leistungsfähigkeit des Geschäftspartners ist ein Schlüsselfaktor für die Gewährleistung der guten Zusammenarbeit. Im NILOS System ist Fokus die nachhaltige Leistungsfähigkeit des bewerteten Unternehmens im internationalen Umfeld. Durch NILOS werden nachstehende vier Fragen beantwortet:

a) Besitzt das bewertete Unternehmen internationale Leistungsfähigkeit in den Zielbereichen?
b) Wie sieht der Reifegrad der internationalen Leistungsfähigkeit des betrachteten Unternehmens aus?
c) Können die unternehmensinternen Mechanismen die Nachhaltigkeit der internationalen Leistungsfähigkeit dieses Unternehmens garantieren?
d) Welchen Einfluss hat die Veränderung des Marktes auf die unternehmerische Leistungsfähigkeit?

8.2 Skala

LS – 1

Unternehmen besitzen hervorragende nachhaltige internationale Leistungsfähigkeit und können ihre Geschäftsprozesse stetig optimieren. Sie können sich den Änderungen der Marktsituation rechtzeitig anpassen und ihre Geschäfte entsprechend regulieren. Die Qualität der Leistungen ist gesichert.

LS – 2

Unternehmen besitzen gute nachhaltige internationale Leistungsfähigkeit und können unter der Voraussetzung der Garantie der guten Leistungsqualität ihre Geschäfte erweitern. Eine Änderung der Marktsituation hat wenig negativen Einfluss auf die Unternehmen.

LS – 3

Unternehmen besitzen momentan befriedigende internationale Leistungsfähigkeit. Eine überproportionale Erweiterung des Geschäftes führt zur Verschlechterung der Leistungsqualität. Eine Änderung der Marktsituation beeinflusst die Unternehmen nachteilig.

LS – 4

Unternehmen besitzen internationale Leistungsbasis. Eine Änderung der Marktsituation hat großen negativen Einfluss auf die Unternehmen.

LS – 5

Die Geschäftsentwicklung der Unternehmen befindet sich noch in der instabilen Probephase. Es gibt keine Qualitätsgarantie. Eine Änderung der Marktsituationen bringt die Unternehmen in eine schwierige Lage.

8.3 Kriterien

Laut NILOS gibt es vier Aspekte und vier Level Annährungen zur Analyse der Leistungsfähigkeit.

8.3.1 Vier Analyseaspekte

1) Informationsvollständigkeit

   Es ist wichtig, dass die von den Unternehmen abgegebenen Informationen vollständig sind, um überhaupt mit der Analyse beginnen zu können.

2) Leistungsfähigkeitsgrad

Der Leistungsfähigkeitsgrad wird in fünf Klassen definiert: Probe, Wiederholung, definierte Phase, quantitative Kontrolle und nachhaltige Optimierung. Die Unternehmen, die sich in der Probephase befinden, haben zwar schon internationale Geschäfte, besitzen aber keine stabile Leistungsfähigkeit. Sie kennen und beherrschen den gesamt Geschäftsprozess noch nicht. In der Phase der Wiederholung sind die Operationsgruppen mit dem ganzen Geschäftsprozess vertraut. Unter den Voraussetzungen der Beibehaltung des Personals und des Arbeitsvolumens sind die Leistungen stabil. In der definierten Phase hat das Unternehmen den wiederverwendeten Geschäftsprozess dokumentiert. Unter diesem Umstand hat das Unternehmen die Fähigkeit, neue Mitarbeiter auszubilden. In der Phase der quantitativen Kontrolle können die Unternehmen ihre internationalen Geschäfte quantitativ kontrollieren. Die statistischen Daten aus jedem Kettenglied des Geschäftsprozesses sind die Basis für Unternehmen, ihre Ressourcen rational zu verteilen. Die in der nachhaltigen Optimierungsphase befindlichen Unternehmen können aufgrund der Änderung der Situation die Stärken und Schwächen des Geschäftsprozesses analysieren und diesen dabei optimieren.

3) Unternehmensinterne Mechanismen für nachhaltige Entwicklung

Es ist zu untersuchen, ob die unternehmensinternen Arbeitsverhältnisse und Unterstützungsmechanismen der nachhaltigen Entwicklung des Geschäftes behilflich sind.

4) Marktsensibilität

Es ist wichtig herauszufinden, ob Unternehmen die Marktsituation und die Tendenz der Marktentwicklung genau kennen, und ob sie der Marktänderung folgen. Dabei wird der Einfluss der Marktänderung auf die Unternehmen ebenfalls untersucht.

8.3.2 Vier Informationslevels

Vier Informationslevels in Bezug auf Informationssammlung beinhalten Folgendes:

1) Operationslevel
   a) Abgrenzung des Kundenbedürfnisses
   b) spezifische Eigenschaften der Produkte und des Services
   c) notwendige externe Ressourcen für das Geschäft
   d) Normen und Zertifikate einer Branche
   e) Technologie bei der Einführung des Geschäftes
   f) notwendige Anlagen des Geschäftes
   g) Qualifikation des Personals
   h) Operationsteam
   i) Forschung & Entwicklung
   j) Marketing & Vertrieb

k) Prozessmanagement
   l) Ausbildung
   m) Sprachkenntnisse und der Harmonisierungsgrad mit den Kunden
2) Business Portfolio Level
   a) Umsatzanteil und Entwicklungstendenz des einzelnen Geschäftes
   b) Risikoprofile des einzelnen Geschäftes
   c) Synergieeffekt zwischen verschiedenen Geschäftsbereichen
3) Unternehmenslevel
   a) Unternehmenspolitik
   b) Unternehmensführung
   c) Personalmanagement
   d) Qualitätskontrolle
   e) Anwendung von IT-Technologie
   f) Ausbildungssystem
   g) Sozial- und Umweltverantwortung
   h) Marktmonitoring
   i) Außenwirtschaftsaktivität
   j) Unternehmenskultur
4) Finanzkraft Level
   a) die Cash-Flow-Kraft und Liquiditätsreserven
   b) die Verfügbarkeit alternativer Liquiditätsquellen
   c) die Struktur der Verbindlichkeiten
   d) das Eigenkapital und die Reserven

Die oben genannten Faktoren beinhalten weiterhin die relevanten Subfaktoren in Bezug auf die nachhaltige internationale Leistungsfähigkeit eines Unternehmens. In NILOS werden die Elemente, die von Kultur und Sprache stark beeinflusst werden können, besonders beachtet.

8.4 Prozess

Die zu bewertenden Unternehmen bekommen von SynFront Consulting GmbH Fragebögen. Unter Anleitung der für das Rating zuständigen Person füllen die entsprechenden Unternehmensbereiche die Bögen unter Beifügung der relevanten Materialien aus. Um die Wahrheit und Vollständigkeit der Antworten sicher zu stellen, muss die Befragung zum Schluss von der Unternehmensführung bestätigt und unterschrieben werden. Die Analysten von SynFront Consulting GmbH werten die Befragung sowie die beigefügten Unternehmensmaterialien aus. Die Echtheit der Materialien wird durch Telefonbefragung und persönlichen Besuch der Unternehmen überprüft. Manche spezifischen Fragen werden vertieft erarbeitet. Danach bekommen die Analysten die Ergebnisse und Analyseberichte. Die Ergebnisse der Bewertungsanalyse werden beiden Projektpartnern angeboten. Das zu bewertende Unternehmen kann gegen Zahlung eines Entgelts den Analysebericht erhalten.

8.5 Monitoring

Während der Zusammenarbeit wird die Projektdurchführung von SynFront Consulting GmbH verfolgt. Die Reflexion der anderen Projektteilnehmer wird ebenfalls erforscht. Die Ratingergebnisse werden entsprechend korrigiert. Nach dem Abschluss des Projektes setzt sich SynFront Consulting GmbH mindestens einmal pro Jahr mit dem bewerteten Unternehmen in Verbindung, um sich über die aktuelle Geschäftslage zu erkundigen.

9. Zusammenfassung und Ausblick

Mit der Tendenz der wirtschaftlichen Globalisierung können die Unternehmen, die in internationale Markt eingetreten sind, neue Chancen in jedem Glied der Wertschöpfungskette entdecken. Zugleich sind die Unternehmen in internationalen Geschäften mit mehr potenziellen Risiken und noch komplizierteren Faktoren konfrontiert als in nationalen Marktoperationen.

Politische Stabilität, Kulturunterschiede und Wirtschaftsordnung des Zielmarktes sind drei wichtige Dimensionen. Unterschiede innerhalb dieser drei Dimensionen zwischen dem Zielmarkt und dem nationalen Markt führen zu Schwierigkeiten bei der Gewinnung, Interpretation und Nutzung von Informationen. Wenn die Unternehmen diese Probleme nicht effektiv beseitigen können, wird die Qualität der Unternehmensentscheidungen stark negativ beeinflusst. Im schlimmsten Falle ist ein Misserfolg der Unternehmen in internationalen Geschäften zu erwarten.

Rating findet die breiteste Anwendung auf dem hoch entwickelten amerikanischen Finanzmarkt. In Europa wird es im Laufe der Zeit eine immer größere Rolle beim Auftritt von Unternehmen auf dem Kapitalmarkt spielen. Rating als eine wichtige Brücke verbindet die High-Tech-Unternehmen, in denen Technologieexperten in Verbindung mit normalen Investoren stehen, die sich nicht unbedingt mit modernster Technologie auskennen. Mit den Kenntnissen sowie Erfahrungen von Experten bietet ein Rating eine systematisierte und standardisierte Methode, um die zu bewertenden Unternehmen zu analysieren und dabei ein kurzes und bündiges Ergebnis zu bekommen. All dies hilft den Unternehmen bei der Verarbeitung von Informationen aus einem fremden Gebiet. Ähnlich arbeitet Rating im internationalen Geschäft, in dem Experten eingesetzt sind, die sich im Zielmarkt auskennen.

Der auf dem heutigen Finanzmarkt häufig verwendete Ratingservice ist den Unternehmen bei der Auswahl des Zielmarktes und des potenziellen Kooperationspartners sehr behilflich. Bei der Lösung der Probleme, mit denen die Unternehmen in internationalen Geschäften direkt konfrontiert sind, hat das heutige Rating seine Beschränkung.

Mit einem Rating, das seinen Schwerpunkt in der nachhaltigen Leistungsfähigkeit setzt, kann man ein Bewertungssystem einführen, das den Unternehmen speziell bei der Beseitigung der Schwierigkeiten und dem Eintritt ins internationale Geschäft helfen kann. Mit Hilfe der Experten, die lokale Situationen gut kennen, kann ein solches Bewertungssystem eine große Menge Informationen, die dennoch in Fremdsprache und unter dem Aspekt verschiedener Wirtschaftsordnungen unterschiedlich zu interpretieren sind, in kurzer Zeit verdichten. Dies hilft den Unternehmen, in einen Zielmarkt mit großem Kulturunterschied und niedrigem Entwicklungsstand der Wirtschaftsordnung einzutreten.

Das neue Baseler Abkommen fördert die Entwicklung und den Reifegrad des Ratings im Finanzbereich. Um die Übereinstimmung des externen Bewertungsergebnisses mit dem internen Ergebnis der Banken zu realisieren, werden im Bereich des Credit Rating neue Kriterien zur Überprüfung des Ratings entstehen. Die Zusammensetzung der Ratingmethodologie wird weiter verbessert. Die Entwicklung des Ratings im Finanzbereich wird die Entwicklung der Auswertungstechnik in den anderen Nicht-Finanzbereichen ebenfalls vorantreiben.

Literaturhinweise

BÜSCHGEN, H. E./EVERLING, O. (HRSG.) (1996): Handbuch Rating, Wiesbaden 1996.
DEUTSCHE AUßENHANDELSKAMMER (1996): Asien/Pazifik Kontakter, 3. Aufl., 1996.
DEUTSCHE AUßENHANDELSKAMMER (1998): Asien/Pazifik Kontakter, 4. Aufl., 1998.
DG BANK (1999): Studien China: Marktchance für den Deutschen Mittelstand, Frankfurt am Main 1999.
FITCH & IBCA (2001): Asset Management Intrinsic Rating Methodology, 2001.
HOFSTEDE, G. (1993): Interkulturelle Zusammenarbeit, Maastricht 1993.
STANDARD & POOR'S (1998): Sovereign Credit Rating: A Primar, 1998.

Rating als Visitenkarte am Finanzmarkt der Zukunft

Peter Fischer, Malte Mengers

1. Einleitung

In der jüngsten Vergangenheit haben sich in der internationalen Bankenlandschaft Veränderungen angekündigt, die auch Deutschland betreffen werden. Der Basler Ausschuss für Bankenaufsicht hat ein Konsultationspapier verabschiedet (Basel II), das für Banken in Zukunft eine stärkere Differenzierung der Kosten für Fremdkapital vorsieht. Für den Mittelstand ergeben sich hierdurch nicht unerhebliche Folgen. Um die Kosten für ausgeliehenes Kapital bestimmen zu können, sieht der Gesetzgeber in Zukunft eine allgemeine Ratingpflicht für Unternehmen vor. Mittelständische Unternehmen waren hiervon bislang nicht berührt, da diese keinen Grund für ein Rating sahen. In naher Zukunft – ab 2005 – werden aber auch Mittelständler ohne ein Rating nur noch unter beträchtlichen Schwierigkeiten Kapital aufnehmen können. Ein internes oder externes Rating wird somit zum Dreh- und Angelpunkt günstiger Finanzierungsmöglichkeiten.

Für den Mittelstand ergeben sich hierdurch verschiedene Handlungsalternativen: eine von diesen wäre, sich raten zu lassen und somit nicht von der herkömmlichen Kreditaufnahme ausgeschlossen zu werden. Eine andere wäre, auf alternative Finanzierungsinstrumente, wie zum Beispiel Factoring, zurückzugreifen.

Durch die Entwicklung neuer Finanzmarktmodelle hat sich noch eine weitere Alternative ergeben. Sie schließt die bald in Kraft tretende Ratingpflicht nicht aus, bringt den potenziellen Kunden aber einige erhebliche Erleichterungen. Gemeint sind Märkte, die sich aufgrund technologischen Fortschritts und innovativer Geschäftsmodelle im Internet entwickelt haben. Sie bieten ihren Kunden schon jetzt erhebliche Vorteile durch Zeitersparnis und Reduzierung von Such- und Transaktionskosten. Sie können in Verbindung mit einem Rating noch signifikantere Vorteile für alle drei Parteien – die Unternehmen, die Banken und den Finanzmarktplatz selbst – bieten.

Dieser Beitrag wird sich damit auseinandersetzen, wie sich die allgemeine Ratingpflicht im Einzelnen auf die Kreditlandschaft auswirken wird und welche Chancen und Risiken diese für den Mittelstand bergen wird. Nach einer kurzen begrifflichen Erläuterung, werden aktuelle Entwicklungen, die den Ratingmarkt und die Dynamik der Finanzmärkte umfassen werden, dargestellt. Im weiteren Verlauf wird ein neues Finanzmarktmodell vorgestellt, wobei es sich um ein Praxisbeispiel handelt, anhand dessen sich die Chancen und Alternativen aus der Verbindung von Rating und dem Finanzmarkt der Zukunft am besten veranschaulichen lassen.

2. Begriffliche Abgrenzung

2.1 Rating

Bislang bezog sich Rating auf die Beurteilung und Einstufung der Bonität eines internationalen Schuldners. Hierbei kann es sich um Länder oder Unternehmen handeln. Dargestellt wird ein Rating durch die auf internationalen Finanzmärkten üblichen standardisierten Kennziffern (*s. Abbildung 1*). Solch ein Zeugnis der Bonität ist ein wichtiges Instrument, um den Preis von Fremdkapital, den der Kreditnehmer zu zahlen hat, festlegen zu können. Ist die Bonität ausgezeichnet bis gut (AAA bis BBB), so ist die Wahrscheinlichkeit relativ gering, dass es bei der Tilgung der Verbindlichkeit zu Verzögerungen oder Ausfällen kommen kann. Die Erstellung des Ratings erfolgt durch spezialisierte private Unternehmungen, basierend auf wirtschaftlichen Analysen und Kennzahlen.

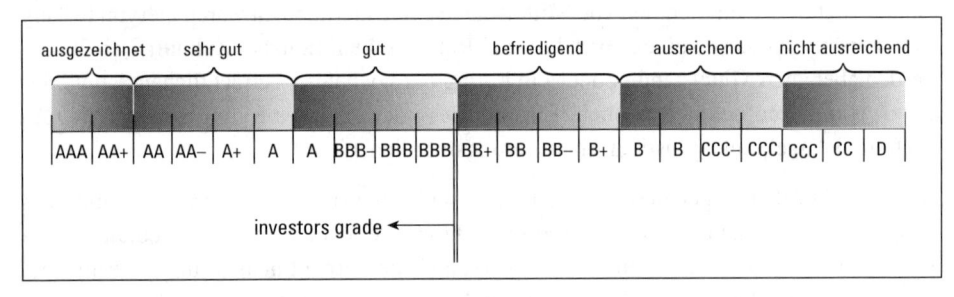

Quelle: http://www.ura.de/unternehmensrating.html, (15.04.2001)
Abbildung 1: Benotung im Rating

Moody's, Standard & Poor's und Fitch Ratings sind die bislang bekanntesten und renommiertesten Unternehmen, die im Rating international tätig sind. Diese Unternehmen operieren ebenfalls im deutschen Wirtschaftraum. Hierbei muss erwähnt werden, dass die deutsche Ratinglandschaft bei weitem nicht so ausgeprägt ist wie zum Beispiel die der Vereinigten Staaten. Rating war bis vor Kurzem nur für Großunternehmen von Bedeutung, die auf dieses Bonitätszeugnis angewiesen waren, um sich Zugang zu den Kapitalmärkten zu verschaffen. Dies jedoch muss und wird sich bald ändern, da zum einen der Bedarf an zuverlässigen Informationen durch die wachsenden Zahlen mittelständischer Kapitalnehmer und der kaum überschaubaren Vielfalt von Finanzierungsinstrumenten stetig steigt und zum anderen durch die zukünftige Änderung der Eigenkapitalvereinbarungen für Banken.

Für die Entwicklung eines Finanzmarktes und die Erschließung neuer Finanzmittel für mittelständische Unternehmen in Deutschland ist der Aufbau eines Ratingmarktes unerlässlich. Daher sind in den letzten Jahren einige Ratingagenturen gegründet worden, die gerade diese Entwicklung vorantreiben wollen. Zu diesen Neugründungen gehören unter anderem die seit 1999 existierende EuroRatings AG, die 1998 gegründete URA Unternehmens Ratingagentur AG und die 1999 gegründete RS Rating Services AG.

2.2 Finanzmarkt

Als Finanzmärkte sind im weiteren Sinne der Kapital- und der Geldmarkt gemeint. Am Kapitalmarkt werden langfristige Fremdmittel und Beteiligungskapital vermittelt. Über ihn fließt den privaten Unternehmen und den öffentlichen Haushalten ein bedeutender Teil an Kapital zur Finanzierung ihrer Investitionen und sonstigen Ausgaben zu. Diese Kapitalnachfrager beschaffen sich langfristiges Geld über die Aufnahme von langfristigen Krediten und Schuldscheindarlehen bei den Banken sowie durch die Emissionen von Anleihen, Aktien, Obligationen, Wandel- und Optionsanleihen. Gespeist wird der Kapitalmarkt im Wesentlichen aus Spargeldern der privaten Haushalte bei den Kreditinstituten, aber auch aus Mitteln der Versicherungsunternehmen, die ihre Gelder längerfristig zinsgünstig ausleihen können, sowie von ausländischen Anlegern. Man unterscheidet den organisierten Kapitalmarkt der Banken und Börsen, an denen Aktien und festverzinsliche Wertpapiere gehandelt werden, sowie den nichtorganisierten, „grauen" Kapitalmarkt. Hier werden Kapitaltransaktionen ohne Mitwirkung von Kreditinstituten und Börsen abgewickelt.

Der Geldmarkt hingegen umfasst die kurzfristige Geldanlage und -aufnahme. Er lässt sich in einen Banken- und Unternehmensgeldmarkt unterscheiden. Der Bankengeldmarkt wiederum wird in einen Markt für Geldmarktpapiere, auf dem Wertpapiere öffentlicher Schuldner (zum Beispiel Schatzwechsel) und Wertpapiere privater Schuldner (zum Beispiel Wechsel) gehandelt werden, unterteilt. Der Markt für Zentralbankguthaben zählt ebenso hinzu. Auf diesem Markt handeln Banken untereinander mit Tagesgeld (24 Stunden Fristigkeit), täglichem Geld und Termingeld (1-12 Monate Fristigkeit).[1]

3. Aktuelle Entwicklungen der Märkte

3.1 Die Ratinglandschaft im Umbruch

3.1.1 Basel II

Der Basler Ausschuss für Bankenaufsicht hat den Entwurf eines Konsultationspapiers (Basel II) verabschiedet, das für Banken in Zukunft eine Eigenkapitalunterlegung vorsieht, die sich an der Bonität bzw. dem Rating des Schuldnerunternehmens orientiert. Die

---
[1] Vgl. Thommen/Achleitner (1999), S. 408

Finanzinstitute sehen sich daher in Zukunft gezwungen, nur noch Kredite an Unternehmen zu vergeben, die über eine Bonitätsprüfung, ein Rating, verfügen. Hierdurch entsteht eine besondere Brisanz für mittelständische Unternehmen, da sie hierdurch genötigt werden, sich raten zu lassen oder aber alternative Finanzierungsformen wahrzunehmen.

Der Basler Ausschuss für Bankenaufsicht ist ein Ausschuss der Zentralbanken und Bankenaufsichtsinstanzen der wichtigsten Industrieländer, der alle drei Monate bei der Bank für internationalen Zahlungsausgleich (BIZ) in Basel zusammentritt. Das Konsultationspapier, das im Januar 2001 formuliert wurde, stützt sich auf die Eigenkapitalvereinbarung von 1988 (Basel I) und stellt eine Weiterentwicklung dieses ersten Papiers dar. Ursprung der ersten Verordnung war die Besorgnis der Zentralbankpräsidenten der G10-Länder zur Tatsache, dass das Eigenkapital der wichtigsten Banken weltweit aufgrund des anhaltenden Konkurrenzkampfes auf einen gefährlichen Tiefstand abgesunken war. Inhalt dieser Verordnung war im Einzelnen, dass Kreditinstitute für Kredite, die sie an ihre Kunden vergaben, Eigenkapital in Höhe von acht Prozent der Forderungen hinterlegen mussten. So sollten eventuelle Ausfälle abgesichert werden. Dabei war es bei der Höhe der Kapitalunterlegung jedoch unbedeutend, für wen diese Kredite bereitgestellt wurden bzw. welcher Bonität die Kunden entsprachen. Ebenfalls gab es eine Reihe von Anforderungen für außerbilanzielle Engagements mittels Terminforderungen, Garantien, Zusagen etc. Auf diese Einzelheiten soll in diesem Zusammenhang jedoch nicht weiter eingegangen werden.

Die beiden Hauptziele, die Sicherung einer angemessenen Eigenkapitalausstattung im internationalen Bankwesen und die Schaffung einheitlicher Wettbewerbsbedingungen, die ein Ausbauen der Geschäftstätigkeit ohne ausreichende Eigenkapitalunterlegung nicht erlaubten, wurden nach Einschätzung des Basler Ausschusses erreicht.

Das Konsultationspapier von 1988 hat sich in den neunziger Jahren stark bewährt und ist auf breiten Zuspruch gestoßen, wodurch es sich zum international anerkannten Standard entwickelte. Doch kam mit der Zeit verstärkt Kritik auf, da der Ansatz einer risikogerechten Betrachtung von Kreditrisiken nicht gerecht wurde. So beschloss der Basler Ausschuss für Bankenaufsicht 1999 die Arbeit an einer risikogerechteren Regelung auf sich zu nehmen. Bereits im Januar 2001 wurde ein erster Entwurf vorgestellt, zu dem die Banken, Verbände und Agenturen noch bis Ende Mai 2001 Änderungsvorschläge abgeben konnten. Im September des selben Jahres soll Basel II dann schließlich verabschiedet werden und Anfang 2005 in Kraft treten.

Der grundlegende Unterschied zwischen Basel I und Basel II besteht darin, dass Banken für die Eigenkapitalhinterlegung bei der Kreditvergabe eine starke Differenzierung nach der Bonität der Schuldner vornehmen müssen. Nach der alten Regelung gab es keinen Unterschied, ob ein Millionenkredit an einen mittellosen Immobilienspekulanten oder an ein solides mittelständisches Unternehmen mit guter Bonität vergeben wurde. Die Bonität der Schuldner soll daher anhand eines Ratings, das sowohl große als auch mittelständische und kleine Unternehmen betreffen wird, bestimmt werden. Die Fremdkapitalkosten können bei Unternehmen mit schlechter Bonität somit erheblich steigen (*s. Abbildung 2*). Erstellt werden kann dieses Rating sowohl intern, das heißt von den kreditgebenden Instituten selbst, als auch von privaten Agenturen. Dies bedeutet, dass Rating nun auch in Deutschland verstärkt Einzug halten wird und die Kreditvergabe vor allem im Mittelstand revolutionieren wird.

Neue Eigenkapitalunterlegungsquoten der Banken	
Ratingeinstufungen „International"	Eigenkapitalunterlegungsquote (bis einheitlich (8 %)
AAA bis AA–/AA bis AA–/A+ bis A–	1,6 %
BBB+ bis BBB–/BB+ bis B–	8 %
CCC+ bis D	12 %

Quelle: DG Bank

Abbildung 2: Eigenkapitalunterlegung der Banken nach Basel II

3.1.2 Externe Ratings

Wie bereits angesprochen, sind Ratingagenturen in Deutschland noch vergleichsweise wenig verbreitet. Die meisten wurden erst in den letzten Jahren gegründet. Eine der wichtigsten Aufgaben aller Institute ist es daher, Vertrauen in der Wirtschaft aufzubauen und durch erfolgreiche Ratings eine Reputation im Markt zu erreichen. Dies ist allerdings ein schwieriger Prozess, der sehr zeitaufwändig und störungsanfällig ist. Vertrauen und Reputation sind aber die Voraussetzung dafür, dass gerade die mit Informationsverbreitung zurückhaltenden mittelständischen deutschen Unternehmen sich dem Ratinggedanken öffnen.

Um einen Mindeststandard in der Akkreditierung von Ratingagenturen in Deutschland und Europa herzustellen, hat sich eine Institution etabliert, die sich Rating Cert e.V. nennt. Der Verein hat sich zum Ziel gesetzt, allgemeingültige Qualitätsstandards für die Durchführung von Unternehmens-Ratings für den Mittelstand zu entwickeln und in Europa bekannt zu machen. Der wirtschaftsfördernde, gemeinnützige Verein sieht seine Aufgabe in der Sicherung der Mindesterfordernisse, ohne die unternehmerische Konkurrenz der einzelnen Ratingagenturen einzuschränken. So soll die Entwicklung der Ratingkultur unter Vorgabe festgelegter Kriterien, die eine Ratingagentur erfüllen muss, gefördert werden, um die Güte der Agenturen und das Vertrauen in sie zu stärken. Nicht nur die ungenügende Reputation der Ratingagenturen ist ein Grund, der viele Unternehmen abschreckt sich raten zu lassen, sondern auch die Kosten, die ein Rating mit sich bringt. So kostet ein Rating bei einem der renommierten amerikanischen Unternehmen nicht unter 40.000 bis 60.000 US$.[2] Ein deutsches mittelständisches Unternehmen muss für ein Rating zwischen 5 000 € und 40 000 € einkalkulieren.

---
2 Vgl. Kley/Everling (2001a), S. 172.

3.1.3 Interne Ratings

Wurde das interne Rating bislang nur von Großbanken angeboten, so sollen nach dem neuen Konsultationspapier nun wesentlich mehr Banken von internen Ratingsystemen Gebrauch machen. Die Banken besitzen sogar großes Interesse daran, die Etablierung von Rating voranzutreiben und selbst in das Ratinggeschäft einzusteigen. Schließlich sind sie es, zu deren Vorteil es ist, das Kreditausfallrisiko zu minimieren. Nach dem gegenwärtigen Diskussionsstand ist anzunehmen, dass sich die für ein internes oder externes Rating erforderlichen Informationen weitestgehend entsprechen werden. Um die verschiedenen Ratings international vergleichbar zu machen, sieht Basel II vor, dass die internen Ratings den zuvor festgelegten Mindestanforderungen genügen müssen, die durch die nationalen Aufsichtsbehörden überwacht werden.

3.1.4 Chancen und Risiken für den Mittelstand

Der wohl größte Risikofaktor für die Unternehmen ist momentan, dass nur wenige Unternehmer über Rating Bescheid wissen und daher nur schwer abschätzen können, was ab dem Jahr 2005 auf sie zukommt. Eine Erhebung von McKinsey kommt zum Ergebnis, dass noch nicht einmal jeder siebte Mittelständler sich mit dem Thema Rating zur Unternehmensfinanzierung auseinandergesetzt hat.[3] Unterstützt werden diese Ergebnisse durch eine vor kurzem veröffentlichte Studie von PricewaterhouseCoopers (PwC). So glauben nur 37 Prozent der befragten Unternehmen, gut oder sehr gut auf die anstehenden Veränderungen vorbereitet zu sein. Über 50 Prozent gaben an, nur mittelmäßig bis unzureichend auf die bevorstehenden Veränderungen vorbereitet zu sein, während 8 Prozent der Befragten äußerten, dass bei ihnen eine Vorbereitung gänzlich fehlen würde. Dennoch plant nur rund ein Drittel der befragten Geschäftsführer in den nächsten zwölf Monaten Maßnahmen zu ergreifen. Dieser Trend war übrigens über alle Branchen hinweg festzustellen. Die Veränderungen, die auf die Unternehmen zukommen, bedürfen einer sorgfältigen Vorbereitung. So werden Banken in naher Zukunft, das heißt schon vor 2004, unternehmensinterne Finanzdaten einer tieferen Analyse unterziehen, um einen genauen Überblick über das Kreditausfallrisiko zu erhalten. Dies stellt gerade für viele kleinere Unternehmen ein Problem dar, da diese ihre Finanzdaten meist ungern offen legen. Laut Informationen eines der großen deutschen Finanzinstitute werden Geschäftskunden ohne Vorlage eines Ratings nur einen Kredit erhalten, sofern dieser unter 200 000 € liegt.[4] Unternehmen, die den neuen Transparenzanforderungen nicht genügen, werden mit erheblich höheren Kapitalkosten rechnen oder etwa alternative Finanzierungsformen in Betracht ziehen müssen.

Eine Studie der Mind Finance, die durch die Dresdner Bank und das Unternehmermagazin Impulse mit Unterstützung des Instituts für Mittelstandsforschung Bonn durchgeführt

---
3   Vgl. O.V. (2001).
4   Vgl. Hoffmann/Mortsiefer (2001), S. 1.

wurde, hat gezeigt, dass die Skepsis des Mittelstandes gegenüber Rating noch überwiegt. Die Ergebnisse dieser Studie sind in Abbildung 3 dargestellt.

Die Herausforderung der nächsten Monate wird es daher sein, den Mittelstand mit Informationen über Rating zu versorgen und die Chancen zu vermitteln, die mit dem gesamten

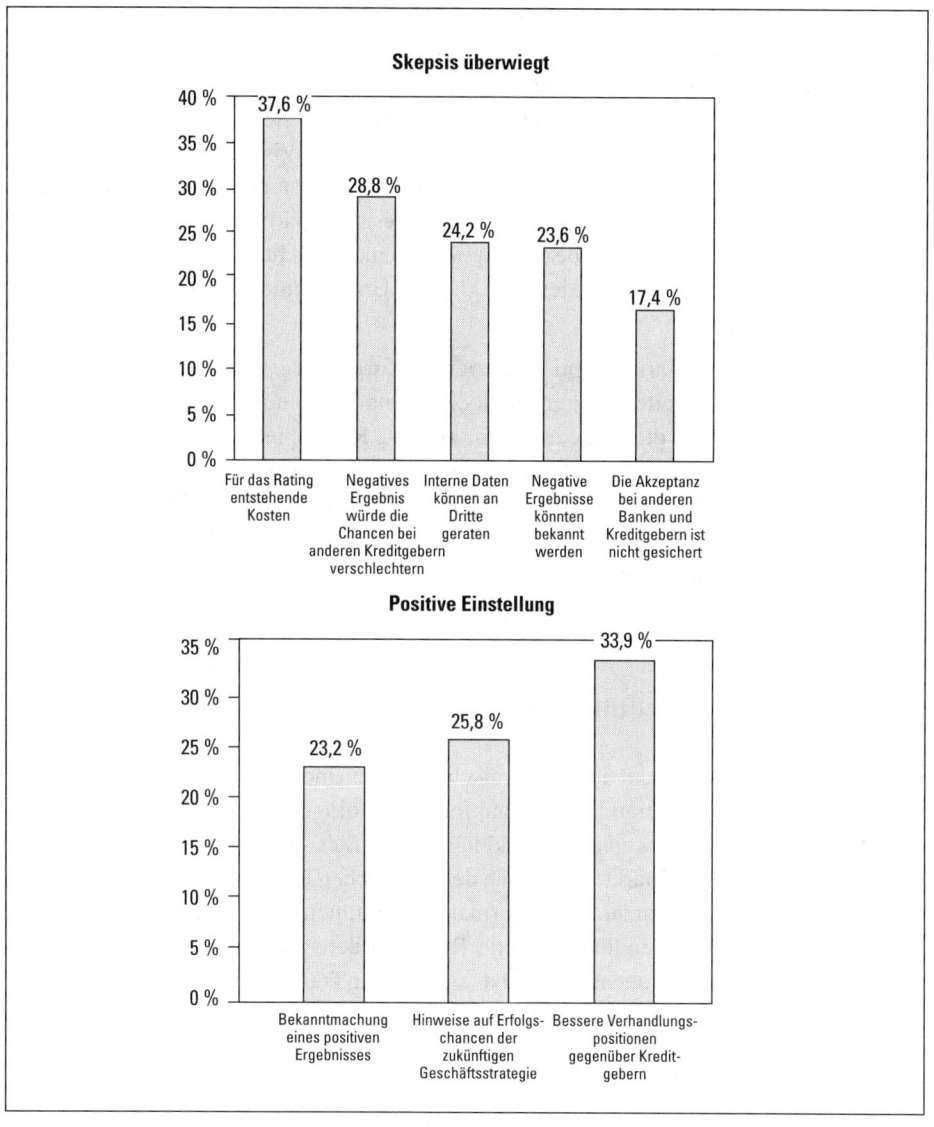

Quelle: mind finance 2000

Abbildung 3: Die Meinung der Mittelständler gegenüber Rating (Mehrfachnennungen waren hierbei möglich)

Ratingprozess verbunden sind. Eine aktuelle Mittelstandsstudie der DG Bank bestätigt eindeutig, dass je mehr Informationen bei Unternehmen über das Rating vorhanden sind, desto häufiger wird es als Chance wahrgenommen.

Außerdem muss sich das Unternehmen bei der Vorbereitung selbstkritische Fragen stellen, die als Anlass zur Verbesserung der Unternehmensführung gesehen werden können. Aber nicht nur die Unternehmensführung kann profitieren. Als geratetes Unternehmen – vorausgesetzt das Rating ist gut – eröffnen sich ganz neue Möglichkeiten. Die Fremdfinanzierungskosten können drastisch gesenkt und neue Fremdfinanzierungsquellen erschlossen werden. Durch eine Bescheinigung der eigenen Bonität wird es leichter sein, den Wechsel zu einer anderen Bank zu vollziehen. Ein Rating stellt vor allem ein qualitatives Aushängeschild dar, das mit dem guten Namen auf einer Visitenkarte verglichen werden kann und bei der Aufnahme neuer Geschäftsbeziehungen nützlich ist. Man kann es somit als Qualitätssiegel nutzen. Der potenzielle Geschäftspartner weiß sofort, mit wem er im Begriff ist, eine Geschäftsbeziehung aufzubauen. Nicht zuletzt erschließen sich durch Rating zunehmend auch mittlere und kleinere Unternehmen den Zugang zu den Aktien- und Anleihemärkten.

Der Zugang zu neuen Märkten und Finanzierungsformen, der durch ein Rating erst ermöglicht wird und in weiteren Segmenten einen entscheidenden Vorteil bringen kann, wird im weiteren Verlauf dieses Beitrags eine zentrale Rolle spielen. In den folgenden Abschnitten wird zunächst die Entstehung alternativer Marktformen und vor allem die Entstehung neuartiger Finanzmärkte dargelegt. In Kapitel 4 wird anhand eines Beispiels auf die positiven Impulse eingegangen, von denen die sogenannten Finanzmärkte der Zukunft und ihre Nutzer profitieren können.

3.2 Dynamik des Finanzmarktes

Die Entwicklung von Märkten ist dynamisch. Ständig finden Veränderungen statt. Der Markt passt sich Umfeldveränderungen an, folgt technologischen Trends und nähert sich – hauptsächlich durch die rasante Entwicklung des Internet – immer mehr den Charakteristika des vollkommenen Marktes im Sinne der klassischen Preistheorie. Hiermit sind unter anderem das Verschwinden von Informationsasymmetrien, das heißt vollkommene Markttransparenz, die unendlich schnelle Reaktion der Anbieter und Nachfrager auf Preisänderungen und die zunehmende Reduzierung der Transaktionskosten gemeint. Zunehmend etablieren sich Internet-Marktplätze, im vergangenen Jahr sprach man sogar von einem „Gründerboom 2000". Besonderes Potenzial haben die so genannten Business-to-Business-Marktplätze (B2B-Marktplätze), welche sich konzeptionell gezielt von klassischen E-Commerce-Seiten einzelner Unternehmen abgrenzen, da sie mehrere Anbieter und auch mehrere Nachfrager versammeln. Marktplätze haben zum Ziel, den Geschäftsprozess zu beschleunigen, dem Markt komplett neue Produkte zu liefern und die Reaktionszeit gegenüber Kundenanfragen stark zu reduzieren.

Seit der Entstehung der ersten Marktplätze 1995 ist ihre Anzahl in Deutschland zunächst stark angestiegen. Nach einer Studie von Berlecon Research hat sie sich von 1999 bis 2000 sogar mehr als verdoppelt. Waren es 1999 noch 51 Marktplätze, so sind es 2000 bereits 116 gewesen, von denen 20 noch nicht aktiv waren. Das Transaktionsvolumen in Deutschland wird für 2004 auf zwischen 58,67 Mrd. € und 117,86 Mrd. € prognostiziert. Doch sind auch schon viele Marktplätze bereits zum Ende 2000 und Anfang 2001 wieder offline gegangen. Gründe hierfür sind, dass ihnen unter anderem reale Geschäftstransaktionen als Schlüssel zum Erfolg gefehlt haben. Nach Berlecon Research werden am Ende wohl zwischen 361 und 571 Marktplätze kostendeckend operieren können. Im Finanzbereich haben sich ebenfalls Marktplätze herausgebildet. Momentan nehmen diese zwar nur drei Prozent des Gesamtvolumens ein, doch nach einer aktuellen FORIT-Studie wird dieser Anteil gegenüber individuellen Lösungen auf bis zu 53 Prozent ansteigen. Über die genaue Anzahl von Marktplätzen im Finanzdienstleistungssektor gibt es keine einheitliche Aussage. So geht Berlecon Research in seiner Studie von 40 Marktplätzen aus, während Deloitte Research für August 2000 bereits eine Zahl von 62 Unternehmen dieser Art angibt. International gesehen, besonders im Vergleich zu den USA, kann man feststellen, dass sowohl die gehandelten Volumina als auch die Anzahl der Marktplätze stark unterrepräsentiert sind. Auch dies deutet darauf hin, welche Dynamik sich in Deutschland und Europa bei Marktplätzen im Finanzbereich in der nahen Zukunft entfalten wird.

Das Jahr 2000 kann in Deutschland als ein Startpunkt der Entwicklung angesehen werden. So gingen die Deutsche Bank und die Dresdner Bank im zweiten Halbjahr 2000 mit ihren eigenen Finanzportalen online. Auch bfinance – ein Finanzmarkt für Unternehmen im Internet – startete im Juli 2000 und unterscheidet sich von den proprietären B2B-Plattformen der Großbanken durch seine Unabhängigkeit. Ein weiterer entscheidender Unterschied ist, dass bfinance als offener Marktplatz auftritt und durch die hohe Anzahl der beteiligten Finanzinstitute eine sehr breite Palette an Finanzprodukten anbietet. Dadurch nimmt bfinance in Deutschland eine einzigartige Rolle ein. Ein unabhängiger Vergleich der Plattformen kommt zum Ergebnis, dass das Angebot von bfinance „den Anforderungen an ein modernes Finanzportal in Deutschland am nächsten"[5] kommt. Beispiele für weitere Marktplätze in verschiedenen Finanzmarktsegmenten wären etwa Oinke oder Companyfinance.com für kleinere Unternehmen in den USA, MuniAuction für US-Kommunalanleihen, CFOweb für Derivative und Währungsgeschäfte. Diese Plattformen nehmen vor allem die Rolle von Vermittlern ein, die den Markt transparenter machen sollen und eine bessere Ressourcenallokation erlauben. So ist es nach einer jüngst veröffentlichten Studie von Accenture für diese Art von Finanzportalen lebenswichtig, die teilnehmenden Banken mit genug Geschäft zu versorgen und so viele Banken wie möglich auf ihrer Plattform zu vereinen, um die größtmögliche Auswahl an Produkten zu gewährleisten.

---

[5] Trabert/Goetz (2001), S. 128.

4. Die zukünftige Ratingpflicht gibt starke Impulse für die Finanzmärkte

Wie bereits im vorhergehenden Kapitel dargestellt, ist bfinance der einzige Finanzmarkt im Internet, der eine komplette Produktpalette anbietet und sich nicht nur auf einzelne Produkte spezialisiert hat. Aus diesem Grund wird dieser Marktplatz in diesem Kapitel im Mittelpunkt der Betrachtung stehen, um anhand der detaillierten Darstellung des Ausschreibungsprozesses auf die Schnittstellen zum Rating und seinen Vorzügen für alle drei Seiten – die Unternehmen, die Banken und dem Finanzmarktbetreiber selber – hinzudeuten.

4.1 bfinance – der Finanzmarkt für Unternehmen im Internet

bfinance.com wurde Mitte 1999 von einem internationalen Team aus Finanzspezialisten, Journalisten und Managern gegründet. Neben Deutschland gibt es bereits bfinance-Portale in Frankreich und Großbritannien. Als erste Seite wurde Frankreich im März 2000 online geschaltet. Deutschland und Großbritannien folgten im Juli 2000. bfinance ist mit einem Kapital von über 40 Mio. € durch unabhängige Investoren, unter anderem Carlyle Internet Partners Europe, NetPartners, Accenture (vormals Andersen Consulting) und SEAT Pagine Gialle, finanziert.

Anfang 2001 beschäftigte das Unternehmen bereits über 60 Mitarbeiter und bietet den bislang über 1.100 registrierten Unternehmen Zugang zu den Finanzprodukten von derzeit über 240 europäischen Banken und spezialisierten Finanzinstituten. Die Teilnahme einer so großen Anzahl von Finanzinstituten ermöglicht es bfinance, auf eine außerordentlich breite Produktpalette zurückgreifen zu können, von der Kreditfinanzierung, der Ausrüstungsfinanzierung und Leasing, Factoring und Forfaitierung, der Exportfinanzierung, bis hin zu Cash Management, Spezialfonds und maßgeschneiderten Produkten. Bislang wurden über bfinance Transaktionen mit einem Gesamtvolumen von über 1,8 Mrd. € ausgeschrieben.

bfinance bietet beiden Marktseiten, den Banken und Finanzinstituten sowie den Unternehmen zahlreiche Vorteile. Finanzinstitute gewinnen einen zusätzlichen Vertriebskanal, der zu einer Verringerung der Marketing- und Vertriebsaufwendungen führt, einen qualifizierten Dealflow (ihnen werden nur diejenigen Transaktionen zugeführt, die genau ihrem Zielportfolio entsprechen), den Zugang zum Internetvertrieb, einschließlich der damit verbundenen Lerneffekte ohne weitere Investitionen und ohne Kosten und eine bessere Transparenz des Marktes und direktes Feedback über die Wettbewerbsposition. Als Vorteile für die Unternehmen ist der Zugang zu der großen Anzahl von teilnehmenden Finanzinstituten zu nennen. Daneben ist für sie die Reduzierung des administrativen Aufwands und die deutliche Zeiteinsparung bei der Kontaktaufnahme mit Banken zu nennen. Durch die gesteigerte Transparenz im Bietungsverfahren können sie die besten Konditionen am Markt erhalten.

Als weiteres Service-Angebot bietet bfinance seinen Kunden zielgruppenspezifische Informationsinhalte wie Expertenartikel, Tagesnachrichten, die wichtigsten Indizes, eine Agenda mit einer Termin- und Veranstaltungsübersicht, nützliche Tools und Links.

4.2 Die Relevanz des Ratings für den Geschäftsprozess eines modernen Finanzmarktplatzes

Rating kann für die Geschäftsprozesse eines modernen Finanzmarktplatzes einen erheblichen Nutzen bringen und eine große Effizienzsteigerung bedeuten. Dies soll am Beispiel des Ausschreibungsprozesses bei bfinance veranschaulicht werden.

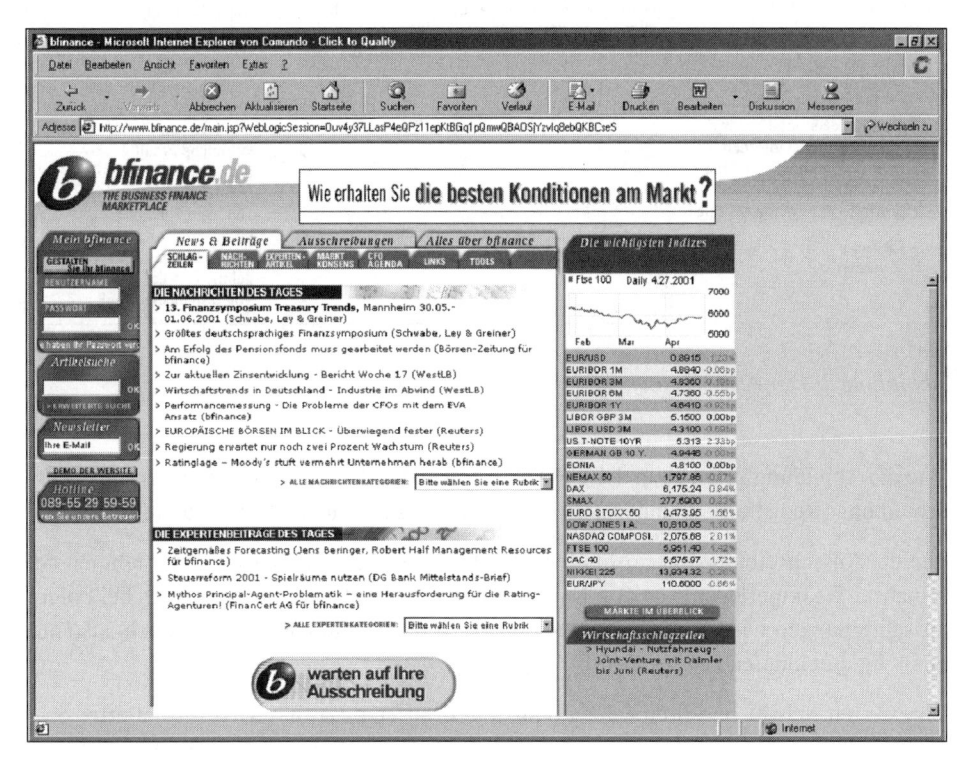

Abbildung 4: Die bfinance-Web Seite.

Die Hauptschritte des Ausschreibungsprozesses sind in Abbildung 5 dargestellt. Der CFO bzw. Finanzleiter eines Unternehmens beginnt den Ausschreibungsprozess mit der Registrierung und Dateneingabe. Bei bfinance findet eine Validierung der Ausschreibung statt. Nach der Angebotserstellung der Finanzinstitute wählt der CFO schließlich das für ihn beste Angebot aus.

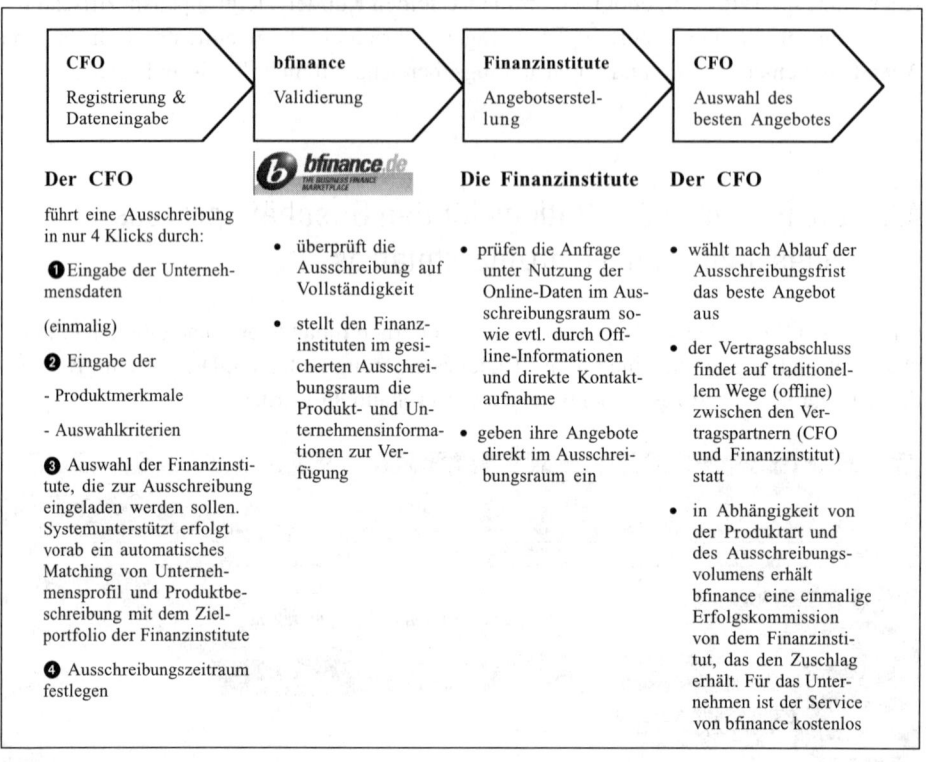

CFO Registrierung & Dateneingabe	bfinance Validierung	Finanzinstitute Angebotserstellung	CFO Auswahl des besten Angebotes
Der CFO führt eine Ausschreibung in nur 4 Klicks durch: ❶ Eingabe der Unternehmensdaten (einmalig) ❷ Eingabe der - Produktmerkmale - Auswahlkriterien ❸ Auswahl der Finanzinstitute, die zur Ausschreibung eingeladen werden sollen. Systemunterstützt erfolgt vorab ein automatisches Matching von Unternehmensprofil und Produktbeschreibung mit dem Zielportfolio der Finanzinstitute ❹ Ausschreibungszeitraum festlegen	*bfinance.de* • überprüft die Ausschreibung auf Vollständigkeit • stellt den Finanzinstituten im gesicherten Ausschreibungsraum die Produkt- und Unternehmensinformationen zur Verfügung	**Die Finanzinstitute** • prüfen die Anfrage unter Nutzung der Online-Daten im Ausschreibungsraum sowie evtl. durch Offline-Informationen und direkte Kontaktaufnahme • geben ihre Angebote direkt im Ausschreibungsraum ein	**Der CFO** • wählt nach Ablauf der Ausschreibungsfrist das beste Angebot aus • der Vertragsabschluss findet auf traditionellem Wege (offline) zwischen den Vertragspartnern (CFO und Finanzinstitut) statt • in Abhängigkeit von der Produktart und des Ausschreibungsvolumens erhält bfinance eine einmalige Erfolgskommission von dem Finanzinstitut, das den Zuschlag erhält. Für das Unternehmen ist der Service von bfinance kostenlos

Quelle: Eigene Darstellung
Abbildung 5: Der Ausschreibungsprozess bei bfinance

Wie die Abbildung zeigt, kann der CFO bzw. Finanzleiter eines Unternehmens seine Ausschreibung (Registrierung und Dateneingabe) in lediglich vier Schritten durchführen.

Um die Ausschreibungsplattform nutzen zu können, registrieren sich Unternehmen bei bfinance. Sie hinterlegen einmalig Daten über ihr Unternehmen, die dann auch bei Folgeausschreibungen wieder verwendet werden können. Dieser erste Schritt braucht also nur einmalig durchlaufen zu werden (vgl. Abbildung 6).

Im zweiten Schritt beschreibt der Finanzleiter, unterstützt durch vorformatierte, produktspezifische Menüseiten, seinen Finanzbedarf. Quantifizierbare Bewertungskriterien ermöglichen es, die eingehenden Angebote leichter vergleichbar zu machen. Je nach Produkttyp sind bereits typische Bewertungskriterien vorgegeben. Darüber hinaus sind Bewertungskriterien auch frei definierbar (vgl. Abbildung 7).

Mit Hilfe der Datenbank wird nun die Anfrage des Unternehmens mit den Registrierungsdaten der Finanzinstitute 'gematcht'. Dabei werden Filterkriterien wie angefragtes Finanzprodukt, Volumen und spezifische Kundendaten, wie Branche, Umsatz etc. herangezogen. Der CFO kann nun im dritten Schritt aus der Liste diejenigen Institute auswählen, an welche die Ausschreibung weitergegeben werden soll (vgl. Abbildung 8).

Der Finanzleiter legt im vierten Schritt schließlich noch fest, in welchem Zeitraum die Angebote eingehen sollen (vgl. Abbildung 9).

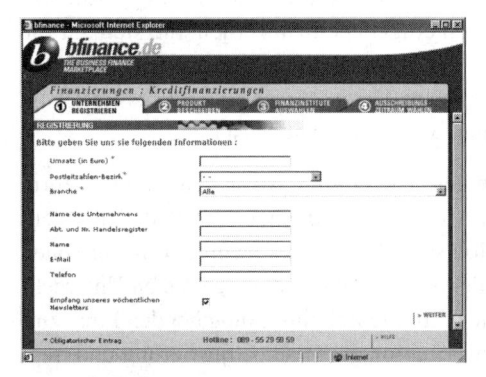

Abbildung 6: Schritt: Eingabe der Unternehmensdaten

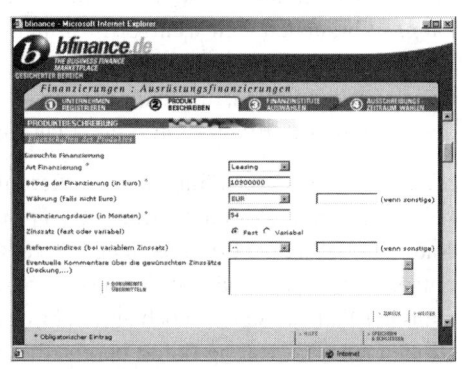

Abbildung 7: Schritt: Eingabe der Produktmerkmale

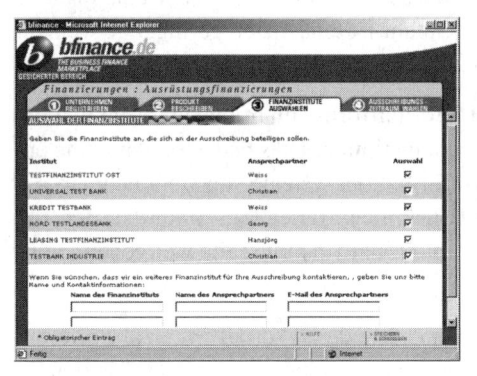

Abbildung 8: Schritt : Auswahl der Finanzinstitute

Abbildung: 9: Schritt : Festlegung des Ausschreibungszeitraums

Anschließend überprüft bfinance die Ausschreibung auf Vollständigkeit und validiert sie. Die Finanzinstitute erfahren per E-Mail, dass sie zu einer Ausschreibung eingeladen wurden. Sie betreten dann den internet-gestützten, gesicherten Ausschreibungsraum mit ihrer ID, Passwort und Transaktionscode. Dort prüfen sie die Anfrage unter Nutzung der Online-Daten sowie evtl. durch direkte Kontaktaufnahme und geben ihr Angebot im Ausschreibungsraum ein.

Schließlich wählt der Finanzleiter nach Ablauf der Ausschreibungsfrist im Ausschreibungsraum das für ihn beste Angebot aus. Der Vertragsabschluss findet dann auf traditionellem Wege zwischen den Vertragspartnern (Finanzleiter und Finanzinstitut) statt.

An mehreren Stellen im Prozess kann durch das Rating von Unternehmen eine drastische Verfahrensbeschleunigung und -verbesserung realisiert werden.

Die Verfahrensbeschleunigung ist über alle Prozessschritte und für alle Prozessbeteiligten hinweg festzustellen. Dies beginnt bereits mit der Eingabe der relevanten Unternehmens- und Ausschreibungsdaten. Wenn ein Unternehmen ein anerkanntes Rating mitliefern kann, so brauchen weit weniger Informationen eingegeben zu werden, die sich auf die Kreditwürdigkeit des Unternehmens beziehen. Da ein Rating bereits die gegenwärtige und auch, soweit möglich, die zukünftige Position eines Unternehmens berücksichtigt, kann der Detailgrad an Bilanz-, GuV- und Planzahlen weitaus geringer ausfallen.

bfinance führt wie erwähnt eine Validierung der Daten durch. Auch wenn die Plattform keine inhaltliche Prüfung vornimmt, so prüft sie die Daten dennoch auf Vollständigkeit. Naturgemäß ist eine Prüfung einer Transaktion schneller, bei der weniger Informationen mitgeliefert werden müssen, so wie dies bei der Ausschreibung eines gerateten Unternehmens der Fall ist. Stärker noch als bei bfinance fällt die Zeiteinsparung bei den Finanzinstituten aus. Das Rating liefert bereits die Information zur Risikoadjustierung und trägt damit zu einem wichtigen Element der Preisfindung der Finanzierungen bei. Bei einem nicht gerateten Unternehmen fehlt diese Information und erfordert daher einen umfangreichen Prüfungsprozess. Besonders zeitraubend ist es in der Praxis, wenn einzelne Institute noch weitere Informationen benötigen. Diese Gefahr ist tendenziell geringer, je weniger Informationen zur Beurteilung eines Vorganges notwendig sind.

Ein nächster geplanter Entwicklungsschritt der Plattform von bfinance ist die weitere Systemintegration mit Unternehmen und Finanzinstituten. Dies bedeutet, dass eine engere Verbindung der bisher noch getrennten Informationssysteme von Unternehmen, Finanzinstituten und bfinance erfolgen wird. Damit entfallen die Schnittstellen der manuellen Dateneingabe auf Unternehmens- und Finanzinstitutsseite weitgehend vollständig.

Auf Seiten der Finanzinstitute führt dies zu einem besonderen Vorteil: Wenn alle relevanten Produkt- und Kundeninformationen vorliegen, kann zumindest bei standardisierten Finanzprodukten eine weitgehend automatisierte Angebotserstellung erfolgen. Dies führt im Idealfall zu einem so genannten 'Immediate Response System'. Der Engpass solcher Systeme lag bisher darin, dass meist Informationen zum Unternehmen selbst nicht vorlagen und Angebote nur vorbehaltlich einer Risikoprüfung gemacht werden konnten. Wenn ein Unternehmen nun sein standardisiertes Rating mitliefern kann, so ist zumindest innerhalb bestimmter Betragsgrenzen und bei bestimmten standardisierten Geschäften eine verbindliche Antwort in kürzester Zeit möglich. Die Vorteile – Arbeitseinsparung und Beschleunigung – liegen auf der Hand.

Im Bereich Verfahrensverbesserung ist ein besonderer Vorteil gerade für die Unternehmen gegeben: Für sie wird es möglich, auch anonym die Ausschreibungsplattform zu nutzen. Häufig ziehen es Unternehmen vor, ihren Fremdkapitalbedarf nicht publik werden zu lassen. Hierfür kann es mehrere Gründe geben. Unternehmen wollen Investitionspläne nicht bekannt werden lassen oder sie erachten es einfach als unangenehm, als Fremdkapitalnachfrager aufzutreten. Teilweise soll auch die eigene Hausbank nicht oder noch nicht Informationen über entsprechende Finanzierungspläne bekommen. Das Rating und ergänzend einige weitere Informationen, wie etwa Branche und Umsatz, können in diesem Fall den Finanzinstituten genügen, verbindliche Konditionen zu nennen, ohne die Identität des Unternehmens in dieser Phase zu kennen.

Nicht zuletzt ist noch der Vorteil für Unternehmen zu nennen, dass sie, ein gutes Rating vorausgesetzt, weitaus bessere Konditionen aushandeln können als ohne Rating.

5. Zusammenfassung

Wie die Untersuchungen gezeigt haben, wird auf mittelständische Unternehmen eine Zeit voller Veränderungen zukommen. Die Analyse der Auswirkungen, die Basel II haben wird, hat deutlich gemacht, dass es in Zukunft ohne Rating sehr schwierig sein wird, Fremdmittel aufzunehmen. Gerade vor diesem Hintergrund sollten vor allem mittelständische Unternehmen für alternative Finanzierungen zum klassischen Kredit aufgeschlossen sein. Die Unternehmen sollten sich frühzeitig auf die bevorstehenden Änderungen einstellen, da nur so die Wahrscheinlichkeit steigen wird, dass sich Risiken in Chancen wandeln. Diese Chancen werden von der erhöhten Transparenz bei der Preisbildung von Fremdkapital über die Verstärkung der Verhandlungspositionen der einzelnen Unternehmen bis hin zu dem Zugang zu neuen Finanzierungsquellen reichen. Diese alternativen Finanzierungsquellen wurden ebenfalls erläutert. Gemeint sind hiermit nicht nur Instrumente wie Factoring oder Leasing oder der Zugang zum Kapitalmarkt, sondern auch die umfassende Nutzung neuartiger Finanzmarktplätze wie bfinance.

Anhand des Ausschreibungsprozesses von bfinance wurde verdeutlicht, dass Rating auch hier eine Erleichterung bedeuten kann. Durch das Rating wird der Geschäftsprozess von bfinance und der Banken beschleunigt, was sich als Resultat in einer schnelleren Angebotsabgabe niederschlagen kann und damit den Nutzen für den Kunden erhöht. Ebenfalls wird es möglich werden, eine Plattform wie bfinance anonym zu nutzen, da das Rating für eine risikoadjustierte Angebotsabgabe ausreichend ist. Die bei bfinance geplante Einführung des „Immediate Response Systems" wird es schließlich den Unternehmen erlauben, qualifizierte Angebote in kürzester Zeit zu erhalten und dabei gleichzeitig die Finanzinstitute von lästigen Routinearbeiten befreien.

All diese Verbesserungen und Chancen, die mit einem flächendeckenden Rating verbunden sind, zeichnen nur eine annähernde Prognose dessen, was sich über einen modernen

Finanzmarkt wie bfinance realisieren lässt. Auch wird die Überzeugung an Verbreitung gewinnen, dass ein externes Rating in Zukunft als eine Art Visitenkarte fungieren wird, mit der eine Vielzahl von Zielgruppen erreicht werden können.

Literaturhinweise

COUNSELL, A. (2001): B2B-Marktplätze: Vorsicht Rutschgefahr, in: connectis, o. J., Heft 11/2001, S. 22 – 24.

DG Bank Deutsche Genossenschaftsbank AG (2001): Mittelstand im Mittelpunkt, Frühjahr/Sommer 2001, Sonderthema: Rating mittelständischer Unternehmen, Frankfurt am Main 2001.

EVERLING, O, (2001): Vom bankinternen zum externen Rating, in: bfinance Online, 23.3.2001, http://www.ura.de/presse296.html.

FISCHER, P. (2001A): bfinance: der erste Finanzmarkt für Unternehmen im Internet, in: TreasuryLog, 10. Jg., Heft 1/2001, S. 16 – 18.

FISCHER, P. (2001B): Elektronische Marktplätze im Finanzbereich: Chance und Herausforderung für Leasing-, Factoring- und Finanzinstitute, in: FLF Finanzierung Leasing Factoring, 48. Jg., Heft 3/2001, S. 120 – 122.

HOFFMANN, C./MORTSIEFER, H. (2001): Basel-II-Regelung: Interview mit J. von Harbou: „Unternehmen wollen die Zahlen nicht auf den Tisch legen", in: Tagesspiegel Online, 27.3.2001, http://www.ura.de/presse300.html.

KLEY, CH. R./EVERLING, O. (2001A): Allgemeine Ratingpflichten von Agenturen (I), in: Finanzbetrieb, o. Jg., Heft 3/2001, S. 172 – 176.

KLEY, CH. R./EVERLING, O. (2001): Allgemeine Ratingpflichten von Agenturen (II), in: Finanzbetrieb, o. Jg., Heft 4/2001, S. 247 – 253.

O.V. (2000A): Das Internet eröffnet Großbanken unerwartete Chancen im Rahmen der europäischen Konsolidierung, eine Studie von Accenture und bfinance, 2000.

O.V. (2000B): Internet-Finanzdienstleistungen für Firmenkunden: Marktdaten, Kundenbedürfnisse, Wachstumsprognosen, FORIT Internet Business Research 2000.

O.V. (2000C): The Future of B2B: A new Genesis, Deloitte Research, o. O. 2000.

O.V. (2001): McKinsey rät dem Mittelstand zum Rating, nach einer Stellungnahme von Dr. Jürgen Kluge, in: Everling Internet Newsletter, 27.3.2001, http://www.ura.de/presse303.html.

SEKRETARIAT DES BASLER AUSSCHUSSES FÜR BANKENAUFSICHT (2001): Erläuternde Angaben zur neuen Basler Eigenkapitalvereinbarung, 2001.

Spiller, D./Wichmann, T. (2000): B2B-Marktplätze in Deutschland: Status Quo, Chancen, Herausforderungen, Berlecon Research, Berlin 2000.

STUR, G. (2000): http://www.euroratings.com.

TRABERT, H./ GOETZ, F. (2001): Die Bankfiliale im Betrieb, in: Impulse, o. Jg., Heft 1/2001, S. 126 – 129.

THOMMEN, J.-P./ACHLEITNER, A.-K. (1999): Allgemeine Betriebswirtschaftslehre: Umfassende Einführung aus managementorientierter Sicht, 2., vollständig überarbeitete und erweiterte Aufl., Wiesbaden 1999.

WINKELJOHANN, N./KÜTTER, G./BREBECK, F. (2001): Fit für Rating?: Wie gut ist der deutsche Mittelstand auf die neuen Anforderungen der Banken vorbereitet?, PWC Deutsche Revision Industriestudie, 4/2001.

WITTE, M. (2001): Kommet und lasset Euch schätzen, in: DG Bank Mittelstands-Brief, 1/2001, S. 2 – 5.

WÖHE, G. (1996): Einführung in die allgemeine Betriebswirtschaftslehre, 19., überarbeitete und erweiterte Aufl., München 1996.

WWW.BFINANCE.DE 2001.

www.covisint.com 2001.

WWW.RATINGCERT.DE 2001.

Teil 3
Funktionen des Mittelstandsrating

Kreditwürdigkeitsprüfung durch Rating

Inge Pawlik

1. Einleitung

1.1 Wozu brauchen Banken interne Ratings?

In den neunziger Jahren haben die großen deutschen Banken begonnen, interne Ratingverfahren für die Bonitätseinstufung ihrer Firmenkunden zu entwickeln und einzusetzen.

Diese Weiterentwicklung bankinterner Kredit-Risiko-Managementsysteme blieb der breiten Öffentlichkeit weitgehend verborgen, da – wie der Begriff interne Ratingverfahren schon sagt – die Ratings nur für bankinterne Zwecke erstellt und die Ratingergebnisse nicht veröffentlicht werden.

Erst durch das so genannte Erste Konsultationspapier zur Veränderung der derzeit geltenden Eigenkapitalvorschriften für Banken (Erster Basler Akkord von 1988), das der Baseler Ausschuss für Bankenaufsicht bei der Bank für Internationalen Zahlungsausgleich im Juni 1999 veröffentlichte, rückten bankinterne Ratings in den Blickpunkt der Öffentlichkeit.

Nun werden sich viele Marktteilnehmer weiterhin fragen: Wozu brauchen Banken interne Ratings? Schließlich ist das Kreditgeschäft eines der orginären Geschäfte von Banken, also nichts Neues, sondern ein Geschäft, in dem die Banken seit Jahrzehnten fundierte Erfahrung haben.

Welchen Zweck haben nun interne Ratingverfahren? Sie sollen helfen, Bonitäten von Kreditnehmern differenziert zu erfassen, zu messen und vergleichbar zu machen.

1.2 Definition von Kreditwürdigkeit

Eine Bank, die von ihrem Kunden eine Kreditanfrage erhält, muss vor Zusage des Kredites prüfen, ob das Unternehmen aufgrund seiner Ertragslage in der Lage sein wird, die Verpflichtungen (insbesondere Zins- und Tilgungszahlungen) aus dem Kreditvertrag während der Laufzeit des Krediates zu erfüllen (= Prüfung der Kreditwürdigkeit).

Auf die entsprechenden Vorschriften des Kreditwesengesetzes soll an dieser Stelle nicht näher eingegangen werden.

Da die Kreditentscheidung heute auf die Ertragskraft des Unternehmens von morgen abstellt, ist eine Analyse der Unternehmenspotenziale, der Marktstellung und der Ertragsaussichten unverzichtbarer Bestandteil einer Kreditentscheidung.

1.3 Definition von Rating

Das Rating ist das Ergebnis eines Verfahrens (= Ratingverfahren), in dem die Bonität eines Unternehmens durch die Bewertung qualitativer und quantitativer Kriterien ermittelt wird.

Das Rating wird in verschiedene Kategorien eingeteilt (= verschiedene Ratingklassen), ausgedrückt durch Zahlen oder Buchstaben oder eine Kombination von beidem. Jeder Ratingklasse wird auf Basis der Ausfallraten der Vergangenheit eine Ausfallwahrscheinlichkeit (so genannter „erwarteter Verlust") zugeordnet.

Durch das Ratingergebnis kann die Bonität eines Unternehmens differenziert erfasst werden und können Bonitäten verschiedener Unternehmen insbesondere in derselben (Primär-) Branche und Umsatzgrößenklasse miteinander verglichen werden.

2. Bankinterne Ratingverfahren

2.1 Ziele

Die Bonitätsanalyse von Kreditnehmern wird durch den Einsatz von Ratingverfahren qualitativ verbessert, da alle am Kreditprozess Beteiligten dieselben Kriterien lückenlos in die Bonitätsbeurteilung einbeziehen (in der Gesamtbank). Ratingverfahren als standardisierte Verfahren zur Bonitätsermittlung führen zu einer Objektivierung in der Kreditrisikoeinschätzung und zu einer Straffung der Kreditprozesse (das heißt Effizienzsteigerung).

Ratings

- schaffen eine zahlenmäßige Vergleichbarkeit von Bonitätsaussagen,
- bilden eine wesentliche Grundlage für die Kreditentscheidung,
- sind wichtiger Faktor bei der Festlegung der Zinsmarge (Stichwort: Risk-Adjusted Pricing),
- sind relevant bei der bankinternen Vergabe von Kreditkompetenzen (tendenziell niedrigere Kreditkompetenzen in den schlechteren Ratingklassen),
- sind unverzichtbar für das Portfolio-Management:
    - Abbilden der Struktur des Portfolios anhand von Ratings,
    - Steuerung des Kreditgeschäfts durch gezielten Aufbau von Neugeschäft bzw. Maßnahmen zur Risikoreduzierung.

Die Ratingverfahren wurden von den Banken zur Verbesserung des Kreditrisikomanagements entwickelt und in den Kreditprozess integriert. Dies geschah bei den großen Banken lange bevor im Juni 1999 die Diskussion darüber begann, die Eigenkapitalunterlegung von Krediten (= regulatorisches Eigenkapital gemäß Grundsatz-I-Regelung) differenziert in Abhängigkeit von der Bonität eines Kreditnehmers zu regeln (Stichwort: „Basel II").

Die Bonität der Kreditnehmer soll durch externe Ratings von Ratingagenturen und durch bankinterne Ratings gemessen werden. Damit erhalten bankinterne Ratings eine zusätzliche Bedeutung gerade im deutschen Mittelstand, für den externe Ratings bisher einerseits kaum verfügbar sind (Ratingagenturen für den Mittelstand sind noch im Aufbau, es besteht noch kein ausreichender „Track Record") und andererseits auch kaum erforderlich erscheinen, zumal nicht jeder Mittelständler ein externes Rating für internationale Kapitalmarkttransaktionen benötigt.

Die Eigenkapitalunterlegung von Krediten an die Bonität des Kreditnehmers zu knüpfen, bedeutet, dass zukünftig auch der Teil der Zinsmarge, der der Eigenkapitalunterlegung dient (Stichwort: Eigenkapitalkosten), risikoadäquat festgelegt wird.

2.2 Kriterien

Ein Ratingverfahren, das „State of the Art" ist, umfasst die Bewertung quantitativer und qualitativer Kriterien zur Bonitätsbeurteilung.

Herzstück der **quantitativen Kriterien** bleibt die Analyse von Bilanz, Gewinn- und Verlustrechnung, Bilanz- und GuV-Kennzahlen, Anhanganalyse sowie der Bilanzpolitik (möglichst für die letzten drei Jahre). Die Betrachtung im Zeitablauf, das heißt der Vergleich zu den Vorjahren (so genannte „dynamische Analyse"), ist hierbei wichtig. Da der Stichtag des letzten Jahresabschlusses in den meisten Fällen nicht zeitnah zur Kreditentscheidung ist, sind vorläufige Jahresabschlusszahlen bzw. unterjährige Zahlen zusätzlich beizuziehen.

Unter den **qualitativen Kriterien** werden die sogenannten Potenzialfaktoren (= „Soft Facts") abgeklopft, die für das erfolgreiche Operieren eines Unternehmens am Markt ausschlaggebend sind.

Hierbei ist es evident, dass die relevanten Kriterien zu differenzieren sind nach (Primär-)Branche, Umsatzgrößenklasse und Art der Geschäftstätigkeit (zum Beispiel Produktions- oder Handelsunternehmen) und die Intensität der Analyse in Abhängigkeit von dem Einzelengagement festzulegen ist.

Grundsätzlich ist die **Bewertung des Managements** eine zentrale Frage, insbesondere im Hinblick auf das gerade im deutschen Mittelstand so wichtige Relationship Banking, in dem das Vertrauensverhältnis zwischen Kunde und Bank von zentraler Bedeutung ist.

Kriterien zur Beurteilung des Managements:
- überzeugende Zukunftsstrategie,
- strategische Planung inklusive Investitionsplanung und Cash-Flow-Projektionsrechnung,
- termingerechte Vorlage von Jahresabschluss, vorläufigen und unterjährigen Zahlen,
- Liquiditätsplan,
- betriebliches Rechnungswesen,
- Organisation: klare Zuständigkeiten und Strukturen.

Die persönliche Seriosität und Integrität von Mitgliedern der Geschäftsführung bzw. des Vorstands ist unbedingt zu beurteilen, da Kreditausfälle bei den Banken auch durch Betrug entstehen.

Weitere wichtige Bereiche im Rahmen der Potenzialanalyse sind
- die **Position des Unternehmens auf den Beschaffungs- und Absatzmärkten;**
  hier stellen sich etwa folgende Fragen:
    - Abhängigkeit von einzelnen Lieferanten?
    - Konkurrenzsituation auf den Absatzmärkten.
        - hochwertige und zukunftsfähige Produkte?
        - auskömmliche Absatzpreise?
        - Lebenszyklus der Produkte mit den höchsten Umsatzanteilen bzw. Deckungsbeiträgen?

- **Standort und Technologie**
    - Ist Expansion der Fertigungskapazitäten notwendig und am Standort möglich?
    - Ist die Fertigungstechnik „State of the Art"?
    - Sind Patente reif für die Produktion?
    - Existieren Umweltprobleme am Standort?

- **Kapitalbasis:** für Expansion, Investitionen in Forschung und Entwicklung bzw. Fertigungskapazitäten ausreichend?

- **Marktverhältnisse**
    - Wie verhalten sich die Konkurrenten am Markt?
    - Wie sind die zukunftsfähigen Vertriebswege?

- **Brancheneinschätzung**
  Auf Basis der bankinternen Einschätzung über die volkswirtschaftliche Entwicklung sowie die Zukunftsaussichten einzelner Branchen (zum Beispiel auch durch externe Anbieter wie FERI-Brancheninformationen) werden Branchenratings ermittelt, die in die Bonitätsbeurteilung des einzelnen Unternehmens einfließen.

- **Länderrisiko**
  Sofern ein Länderrisiko durch den Sitz bzw. die Tätigkeit des Unternehmens einschlägig ist, muss dieses bei der Bonitätsbeurteilung berücksichtigt werden (Transferrisiko).

2.3 Bewertung der Kriterien

Bei der Bewertung der Kriterien sind folgende Fragestellungen zu berücksichtigen:

- Sind die Informationen ausreichend und aktuell, so dass die Bank die Bonität des Kreditnehmers zuverlässig einschätzen kann? Die Beantwortung dieser Frage ist erforderlich für die Kreditrisikoeinschätzung und die Erfüllung der gesetzlichen Bestimmungen.
  - Implausibilitäten der Informationen
  - nicht ausreichende bzw. nicht aktuelle Informationen
  - deutlich schlechtere Informationspolitik gegenüber vergleichbaren Unternehmen gleicher Branche und Umsatzgrößenklasse führen zu einer schwachen Bewertung

- Die Bewertung der Kennzahlen ist durch einen Vergleich der Kennzahlenwerte des zu untersuchenden Unternehmens mit den durchschnittlichen Kennzahlenwerten einer Gruppe von Referenzunternehmen, das heißt Unternehmen derselben (Primär-) Branche, Rechtsform und Umsatzgrößenklasse[1] vorzunehmen. Eine isolierte Betrachtung bzw. ein Vergleich von Unternehmen aus Handels- bzw. Produktionsbereich kann nicht zu aussagefähigen Ergebnissen führen.

- Das Gewicht der einzelnen Kriterien auf das Bonitätsrating insgesamt ist im Rahmen der Validierung des Ratingverfahrens zu bestätigen.

3. Maßnahmen zur Bonitätsverbesserung

Im Rahmen der allgemeinen Diskussion über die neuen Eigenkapitalvorschriften für Banken („Basel II") wird in den Medien immer wieder die Frage aufgeworfen, was ein Mittelständler tun kann, um sein Rating zu verbessern. Da ein Rating (= Ratingergebnis) nichts anderes ist als eine in Zahlen oder Buchstaben zusammengefasste Bonitätsbeurteilung, sollte die Frage besser lauten: Was kann ein Unternehmen tun, um seine Bonität zu verbessern?

3.1 Informationspolitik

Die Basis für eine gute Bonitätsbeurteilung ist immer wieder eine gute Informationspolitik. Es nutzt einer Bank nichts, wenn ihr Kunde die ausgefeiltesten Planungsunterlagen in seinem Schatzkästlein hat, sich gegenüber seiner Bank aber auf ein Minimum an Informationen beschränkt. „Keine Informationen" über wichtige Zukunftsfragen werden im Ratingprozess negativ bewertet.

---

1 Vgl. Kögel (1999), S. 25.

Zwar sind die Veröffentlichungspflichten mittelständischer Unternehmen in den letzten Jahren zum Beispiel durch das KontraG und die Konsolidierungsvorschriften, die künftig auch für GmbH & Co. KGs relevant sind, ständig gewachsen, aber im Vergleich zu börsennotierten Unternehmen klafft hier eine deutliche Lücke in der Verfügbarkeit aktueller und detaillierter Informationen.

Dabei sollte es im vertraulichen Gespräch zwischen der Geschäftsführung bzw. Vorstand eines Unternehmens und dem Ansprechpartner bei seiner Hausbank doch ein leichtes sein, auch vertrauliche Planungsunterlagen zu besprechen. Das Vertrauensverhältnis zwischen Unternehmens- und Bankmitarbeiter ist gerade im deutschen Mittelstand das Fundament einer guten und erfolgreichen Zusammenarbeit für beide Seiten, und dies gerade oder erst recht in auch einmal schwierigeren Phasen.

Es sollte angenehmer und leichter sein, sich dem Bank-Ansprechpartner gegenüber zu öffnen, zu dem ein über Jahre gewachsenes Vertrauensverhältnis besteht, als gegenüber einem Analysten einer Ratingagentur.

3.2 Transparenz

Da A und O einer guten Informationspolitik ist Transparenz, das heißt eine laufende aktuelle Information über Geschäftsstrategie und Geschäftsverlauf; keine unübersichtliche Verschachtelung diverser Geschäftsaktivitäten über Tochter- und Beteiligungsgesellschaften ohne Konsolidierung, so dass finanzielle Verflechtungen und die finanzielle Stärke eines Unternehmens klar werden.

Die Geschäftsstrategie insbesondere hinsichtlich Diversifizierung, Expansion der Fertigungskapazitäten, Erwerb von Beteiligungsunternehmen, Vermarktungsaussichten neuer Produkte inklusive Vorlaufkosten und Investitionen in Forschung und Entwicklung sollte transparent werden. Feasibility Studies, (Markt-)Gutachten, Due-Diligence-Ergebnisse, Investitionsplan, Liquiditätsplan etc. sollten diskutiert werden.

Ein Unternehmen, das über eine gute Bonität verfügt, sollte dies durch eine transparente Informationspolitik auch deutlich machen. Eine Bank, die als Partner die Entwicklung eines Unternehmens langfristig begleitet und zum Beispiel langfristige Investitionsfinanzierungen herauslegt, hat selbstverständlich ein hohes Informationsbedürfnis, um das Risiko, das sie eingeht, einschätzen und quantifizieren zu können. Nur so können Kreditentscheidungen verantwortungsvoll getroffen werden.

Die Verlässlichkeit spielt in der Kundenverbindung eine große Rolle: Eine termingerechte Vorlage von Jahresabschluss, vorläufigen und unterjährigen Zahlen sollte selbstverständlich sein. Durch den laufenden Informationsaustausch zwischen Kunde und Bank sollte es bei der Vorlage der Zahlen gegenüber mündlichen Vorabangaben keine „bösen Überraschungen" geben.

Nachfolgeregelung im Management (sofern relevant) sowie Struktur der Gesamtfinanzierung, das heißt Kreditlinien mit Laufzeiten und ggf. Sicherheiten bei anderen Banken, sind ebenfalls wichtige Informationen.

4. Von der Bonitätsanalyse durch Rating zur Kreditentscheidung

Das Raten eines Kunden (= Einschätzung der Bonität) ist fester Bestandteil des Kreditprozesses und erster Schritt im Rahmen der Kreditentscheidung.

Aufbauend auf der Bonitätsanalyse wird in einem zweiten Schritt die Struktur des gewünschten Kredites analysiert: Laufzeit, Sicherheiten, ggf. Mitverpflichtete aus dem Kredit, Cash-Flow-Projektionsrechnungen. Wie sieht die Gesamtkapitalbasis aus? Passen die Gesamtkreditlinien zur Umsatzgröße und zur Ertragskraft? Erscheint das Kreditrisiko vertretbar?

Die Zinsmarge für einen bestimmten Kredit muss dem Rating des Kreditnehmers und der Struktur des Kredites entsprechen. Das heißt, für das Risiko muss eine adäquate Prämie gezahlt werden. Alle diese Parameter werden bei der Kreditentscheidung berücksichtigt.

5. Ausblick

Durch die neuen Eigenkapitalvorschriften für Banken (Basel II) werden sich die Kreditbeziehungen zwischen Banken und Unternehmen in hohem Maße ändern[2]. Aber diese Veränderungen können im Rahmen der traditionellen vertrauensvollen Hausbankverbindung auch als gemeinsame Chance genutzt werden, zum Beispiel indem das Rating zu einer Schwachstellenanalyse und zur Erarbeitung von Optimierungsvorschlägen genutzt wird.

Die Besprechung des Ratings zwischen Bank und Kunde wird künftig zu einem zentralen Thema, begleitet von einem umfassenderen und intensiveren Meinungsaustausch[3].

Die bonitätsabhängige Eigenkapitalunterlegung von Krediten führt in die Richtung, die die großen Banken auf Basis ihrer internen Ratings für die interne Kalkulation ihrer Zinsmarge schon eingeschlagen haben: Ein bestimmtes Risiko muss mit einer adäquaten Zinsmarge bezahlt werden. Ab 2005 wird der Teil der Zinsmarge, der zur Abdeckung der Kosten für die Eigenkapitalunterlegung dient, auch ratingabhängig gestaltet.

---

2 Vgl. Schmitt (2001).
3 Vgl. Ströer (2001), S. 5

Auf den internationalen Märkten werden Veränderungen der Bonität eines Kreditnehmers während der Laufzeit eines Krediters durch die Vereinbarung von so genannten „Financial Covenants"[4] gemessen. In Abhängigkeit von der Verbesserung bzw. Verschlechterung von Kapitaldeckungs- oder Ertragskennziffern wird die Zinsmarge während der Kreditlaufzeit reduziert oder erhöht. Es ist davon auszugehen, dass die Vereinbarung von Financial Covenants auch in Deutschland zunehmen wird: ein Schritt in die richtige Richtung.

Die Diskussion über Ratings, Bonität, aktuelle Information und Feed Back über das Ratingresultat wird Kunden und Banken nutzen und voranbringen. Die Marktteilnehmer werden sich insgesamt zunehmend risikosensitiver verhalten, und damit werden Risiken auch adäquat honoriert.

Literaturhinweise

HARTMANN-WENDELS, TH./PFINGSTEN, A./WEBER, M. (2000): Bankbetriebslehre, 2. Aufl., Berlin, Heidelberg, New York 2000.

KÖGEL, K. (1999): Ratingssysteme im Firmengeschäft – nur zur Abwehr von Risiken bei der Kreditvergabe? in: Zeitschrift für das Kreditwesen, Heft 21/1999.

SCHMITT, TH.: Der „Baseler Akkord" darf nicht zu einer „Baseler Diktatur" werden, in: Handelsblatt vom 18.04.2001.

STRÖER, C. (2001): Internes Rating – Basel II stellt Weichen, in: Kreditpraxis, Heft 2/2001, S. 4 -11.

---

4 Vgl. Hartmann-Wendels/Pfingsten/Weber (2000), S. 201.

Rating als Element der Bankrisikosteuerung

Stefan Kirmße

Einleitung: Die marktliche Situation im Firmenkundengeschäft – Ausgangspunkt einer Neuausrichtung der Kreditrisikosteuerung

Das Firmenkreditgeschäft der Kreditinstitute ist aktuell durch verschiedene marktliche Entwicklungen in seiner Ergebnisqualität beeinträchtigt. Zum einen ist durch eine hohe Innenfinanzierungsquote bei Unternehmen guter Bonität, die Zunahme eigenständiger Aktivitäten der Unternehmen an den Kapitalmärkten (Securitization) sowie die wachsende Bedeutung von Eigenkapitalfinanzierungen (Equitization) tendenziell eine Beschränkung des Geschäftspotenzials im Kreditgeschäft zu verzeichnen. Diese Effekte verringern neben weiteren die Möglichkeiten zur Erzielung von Erträgen aus dem zinstragenden Geschäft, die auch nur in Teilen von zusätzlichen Potenzialen bei den Provisionserträgen kompensiert werden. Zum anderen schlägt sich die marktlich feststellbare Entkopplung von Insolvenzquote und Konjunkturverlauf als Reflex struktureller Faktoren (wie beispielsweise der Entwicklung von einer Industrie- zu einer Dienstleistungs- und Informationsgesellschaft) in kontinuierlich steigenden Insolvenzzahlen nieder und führt zu erheblichen Belastungen des ordentlichen Geschäftes durch schlagend werdende Kreditrisiken.

Der letztgenannte Aspekt kann auf Basis einer jahresabschlussorientierten Betrachtung anhand der Bewertungsergebnisse der Kreditinstitute verdeutlicht werden. So betrug das Bewertungsergebnis in Prozent des Geschäftsvolumens in den Jahren zwischen 1995 und 1998 bei den Kreditgenossenschaften zwischen 0,35 und 0,41 Prozent, bei den Sparkassen zwischen 0,34 und 0,52 Prozent und bei den Großbanken zwischen 0,15 und 0,25 Prozent.[1] Die so genannte Verzehrquote des Betriebsergebnisses vor Bewertung durch die Bewertungsergebnisse beträgt in einigen Bereichen, wie den Kreditgenossenschaften, über 40 Prozent.

---

[1] Vgl. Deutsche Bundesbank (Monatsberichte). Die ermittelten Größen ergeben sich aus der GuV-Position „Abschreibungen und Wertberichtigungen auf Forderungen und bestimmte Wertpapiere sowie Zuführungen zu Rückstellungen im Kreditgeschäft". Leistungen der jeweiligen Sicherungseinrichtungen fließen nicht mit ein.

Zum anderen verdeutlichen auch interne Informationen bezüglich der Allokation des Risikokapitals die Bedeutung der Kreditrisikosteuerung. Entsprechend den Angaben im Geschäftsbericht verteilte sich die Gesamtrisikoposition der Deutschen Bank von 24.240 Mio. DM auf 72,6 Prozent Kreditrisiko, 22,4 Prozent operationelles Risiko und nur 5,0 Prozent Marktpreisrisiko im Jahr 1998 und zu 74,5 Prozent auf das Kreditrisiko im Jahr 1999.[2]

Aus der Knappheit des den Banken für die Übernahme von Risiken und damit die Erzielung von Erträgen zur Verfügung stehenden Kapitals ergibt sich die Notwendigkeit der Implementierung eines effizienten Steuerungssystems. Das Ziel eines derartigen Systems besteht in der Regel darin, die Attraktivität von Geschäftsfeldern und einzelnen Aktivitäten auf Basis von Ertrags-/Risikorelationen und damit letztlich im Hinblick auf ihren Beitrag zum Unternehmenswert (Shareholder-Value) messbar zu machen. Ein wesentlicher Bestandteil eines derartigen Systems stellt eine Kreditrisikosteuerung dar.

Eine besondere Aktualität hat die Fragestellung der Kreditrisikosteuerung – unabhängig von internen Steuerungserfordernissen – durch die derzeit in der Diskussion befindlichen bankaufsichtlichen Fragestellungen bekommen. Insbesondere das Mitte 1999 vom Baseler Ausschuss für Bankenaufsicht vorgelegte und im Januar 2001 nochmals modifizierte Konsultationspapier zur Veränderung der Eigenkapitalübereinkunft aus dem Jahre 1988 hat die Aktualität dieses Themas verdeutlicht.[3]

Zusammenfassend kann somit konstatiert werden, dass die Entwicklung und Anwendung geeigneter Modelle zur Messung und Steuerung des Kreditrisikos für das eigene Haus an Bedeutung gewinnen wird, da sowohl durch marktliche als auch durch bankaufsichtliche Faktoren das Überleben und der Erfolg von Kreditinstituten hierdurch entscheidend mitbestimmt wird.

Vor diesem Hintergrund wird mit dem Rating ein bedeutender Bestandteil eines solchen Systems der Kreditrisikosteuerung betrachtet. Zu diesem Zweck soll im ersten Teil zunächst auf die wesentlichen Bestandteile eines Systems der Kreditrisikosteuerung und die Stellung des Ratings in diesem System eingegangen werden. Im zweiten Teil werden der Aufbau von Ratingsystemen sowie methodische Ansätze zur Entwicklung derselben dargestellt. Abschließend wird im dritten Teil verdeutlicht, wie Kreditinstitute die Ratinginformationen im Rahmen eines Systems der Kreditrisikosteuerung einsetzen.

1. Bestandteile einer Kreditrisikosteuerung

Zur konkreten Beurteilung des Firmenkreditgeschäftes im Rahmen eines Systems der Ertrags-/Risikosteuerung sind zwei grundlegende Fragen zu beantworten:

---

[2] Vgl. Deutsche Bank AG (1999), S. 121; Deutsche Bank AG (2000), S. 131, S. 138.
[3] Vgl. Baseler Ausschuss für Bankenaufsicht (1999b), Baseler Ausschuss für Bankenaufsicht (2001).

1. Inwieweit werden Investitionen in die Bereitstellung einer qualifizierten Beratungsleistung (und Transformationsleistung), die Verfügbarkeit eines regionalen, nationalen oder internationalen Netzes an Filialen und Stützpunkten und die Übernahme von Produktionsleistungen von den Kunden adäquat honoriert? In die Begriffe der Ergebnisrechnung überführt stellt sich somit die Frage, ob die nach Abzug von Risiko- und Stückkosten verbleibenden Deckungsbeiträge ausreichen, einen vorab definierten Mindest-Ergebnisanspruch zu erzielen.[4]

2. Gelingt es, durch die Übernahme von Kreditrisiken ein angemessenes risikoadjustiertes Ergebnis zu erzielen? Oder: Rechtfertigt der durch die Übernahme von Kreditrisiken erzielte RORAC die weitere Bereitstellung von Risikokapital im Vergleich zu alternativen Verwendungsrichtungen?

Wenn die zweite Frage negativ beantwortet wird, stellt sich zunächst die Frage nach Verbesserungsmöglichkeiten der bisherigen Steuerung von Kreditrisiken. Sind hier die Verbesserungspotenziale bereits ausgeschöpft, besteht die letztendliche Konsequenz in einem Verzicht auf die Risikoübernahme und einer Fokussierung auf die Akquisitionsleistung. Dieses ist nur dann praktisch umsetzbar, wenn über bestimmte Instrumentarien die Trennung von Kreditvergabe und Risikoübernahme möglich ist.[5] Wird durch die Bereitstellung von Beratungsleistungen ebenfalls kein befriedigendes Ergebnis erzielt, stellen die konsequente Überprüfung von Prozessabläufen und deren Verbesserung sowie die Erarbeitung und Umsetzung kundengruppenspezifischer Vertriebskonzepte probate Maßnahmen dar. Erst wenn auch hier nach Ausschöpfung sämtlicher Potenziale kein ausreichendes Ergebnis erzielt wird, ist das Geschäftsfeld insgesamt in Frage zu stellen.

Die Antworten auf obige Fragen muss ein System der Kreditrisikosteuerung zu liefern im Stande sein. Die gesamtbankbezogene Kreditrisikosteuerung vollzieht sich vor diesem Hintergrund in vier Schritten (Abbildung 1).[6]

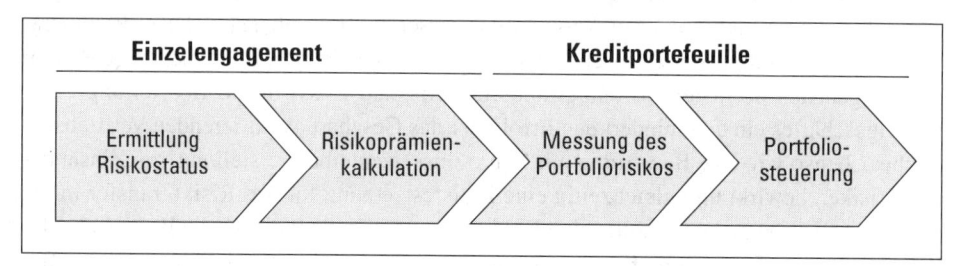

Einzelengagement		Kreditportefeuille	
Ermittlung Risikostatus	Risikoprämienkalkulation	Messung des Portfoliorisikos	Portfoliosteuerung

Abbildung 1: Elemente einer gesamtbankorientierten Steuerung von Kreditrisiken

---

[4] Auf die Frage nach einer geeigneten Methodik zur Ableitung von Mindestgewinnen wird hier nicht weiter eingegangen.
[5] Derzeit liegen diese Instrumente nur für eine sehr beschränkte Anzahl risikobehafteter Positionen vor. Für eine ausführliche Betrachtung dieser Instrumente vgl. Kirmße (2001b).
[6] Vgl. Rolfes (1999), S. 331.

Vor der Kreditvergabeentscheidung ist in einem ersten Schritt engagementspezifisch der Risikostatus zu bestimmen. Es ist zu prüfen, ob der Kreditnehmer willens und fähig ist, die übernommenen Rückzahlungsverpflichtungen zu erfüllen. Die gewonnenen Erkenntnisse werden in der Regel dahingehend verdichtet, dass der Kreditkunde mit dem entsprechenden Engagement einer Ratingklasse zugeordnet wird.[7] Letztendlich besteht die Zielsetzung darin, aufbauend auf der Zuordnung zu einer Ratingklasse eine kundenspezifische Ausfallwahrscheinlichkeit abzuleiten. Dieser erste Schritt ist Gegenstand der weiteren Betrachtungen in den beiden folgenden Abschnitten und wird daher hier nicht weiter ausgeführt.

Im zweiten Schritt erfolgt auf der Grundlage des ermittelten Risikostatus die Bepreisung des mit dem Einzelengagement verbundenen Kreditrisikos (Berechnung des Expected Loss). Bei der Risikoprämie handelt es sich um den in Euro ausgedrückten erwarteten Verlust im Kundenkreditgeschäft, welcher durch die Möglichkeit des Ausfalls eines Kreditnehmers bedingt ist. Die Risikoprämie ist eine kreditindividuelle Größe und wird von einer Reihe von Einflussfaktoren determiniert. Sie reflektiert:

- die Bonität (und damit Ausfallwahrscheinlichkeit) des Kreditnehmers,
- die Laufzeit (und damit Länge der Kapitalbindung, das heißt den Zeitraum, während dessen der Kreditnehmer ausfallen kann),
- das Kreditvolumen (und damit den maximal möglichen Verlust bei Ausfall des Kreditnehmers),
- die Besicherung (und damit den Anteil des Kreditvolumens, der auch im Falle der Rückzahlungsunfähigkeit des Kreditnehmers abgedeckt ist).

Die Eingangsgrößen bei der Berechnung der Risikoprämie respektive des erwarteten Verlustes sind das im Ausfallzeitpunkt noch offene Kreditvolumen (Kreditäquivalent/Loan Equivalent Exposure/Credit Exposure), die Ausfallwahrscheinlichkeit (Expected Default Rate/Frequency) sowie die Verlustquote des Kreditengagements im Insolvenzfall (Loss Given Default = 1 – Besicherungsquote oder = 1 – Recovery Rate). Die Risikoprämie ergibt sich dabei aus der multiplikativen Verknüpfung dieser drei Komponenten. Diese Risikoprämien stellen die Schnittstelle zwischen den oben genannten Fragen 1 und 2 dar. Die Risikoprämie geht als normaler Kostenbestandteil (Expected Loss) in die Beurteilung eines Einzelgeschäftes ein und mindert den Erfolg der das Geschäft akquirierenden Vertriebsbereiche. Ebenso wie eine Bewertung mit Marktzinssätzen eine Freistellung von Zinsänderungsrisiken bewirkt und gleichzeitig eine Preisfestsetzung für den Risikotransfer in die Zentraldisposition bedeutet, sollte eine Kreditrisikoprämie als Preis für die Weitergabe des Kreditrisikos in eine zentrale Kreditrisikosteuerung geeignet sein und die dezentralen Bereiche vom Kreditrisiko freistellen.

Durch die Aggregation der Einzelengagementsbetrachtungen zum Portefeuillerisiko erfolgt im dritten Schritt der Übergang zur Gesamtbanksicht. Dieses Risiko ergibt sich aus der Möglichkeit, dass das über die Risikoprämie vereinnahmte Entgelt für den erwarteten

---

[7] Ausnahmen stellen die Verfahren dar, bei denen aus der Einschätzung von Cash Flow nebst Volatilität des Kreditnehmers direkte Informationen über die Risikoprämie und nachfolgend das Portfoliorisiko abgeleitet werden. Vgl. dazu Kirmße (1996), S. 76-235; KMV Corporation (1998), Rolfes (1999), S. 351-360.

Verlust nicht ausreicht, um die tatsächlichen Verluste auszugleichen. Diese über den erwarteten Verlust bzw. den Risikoprämienbestand hinausgehenden Kreditverluste werden als unerwartete Verluste bezeichnet. Die Höhe dieses Risikos ist von den folgenden Portfolioparametern abhängig:

- Bonitätsstruktur,
- Größen- bzw. Volumensstruktur,
- Blankoanteils- und Sicherheitenstruktur,
- Laufzeitenstruktur und
- Branchenstruktur.

Zur Abschätzung unerwarteter Verluste werden so genannte Kreditportfoliomodelle eingesetzt. Die Zielsetzung von Kreditportfoliomodellen liegt in der Ermittlung der Wahrscheinlichkeitsverteilung potenzieller Kredit- oder Wertverluste von Kreditportfolios. Eine solche Wahrscheinlichkeitsverteilung ordnet jedem denkbaren Kreditportfolioverlust (bzw. Marktwert eines Kreditportfolios) die Wahrscheinlichkeit seines Auftretens zu. Verbundbeziehungen bzw. Korrelationen zwischen Kreditnehmern und die hieraus resultierenden Risiken werden dabei modellimmanent berücksichtigt.

Die Verteilungsfunktion macht eine Aussage darüber, wie gut ein Portfolio diversifiziert ist. Aus ihr lassen sich neben den Größen erwarteter Verlust und Standardabweichung der Portfolioverluste insbesondere Risikoquantile im Sinne des Value-at-Risk-Konzeptes ableiten. Der Value-at-Risk des Kreditportfolios ergibt sich dabei als Differenz zwischen Quantils- und Erwartungswert der Verteilung (= Summe der erwarteten Verluste aller Kreditnehmer des Portfolios). Im bankinternen Risikomanagement lassen sich die Ergebnisse der Kreditportfoliomodelle direkt zur Bestimmung der ökonomischen Risikokapitalanforderungen für Adressausfallrisiken verwenden.

Die im vierten Schritt genannte aktive Risikosteuerung, welche auf der Quantifizierung des Gesamtrisikos – des unerwarteten Verlustes als Maßgröße des Value-at-Risk im Kreditgeschäft – aufbaut, setzt die Disponierbarkeit von Kreditrisiken voraus. Die Zielsetzung der Steuerung besteht im Sinne der zweiten Frage darin, in Bezug auf das übernommene Risiko und das für diese Übernahme bereitzuhaltende Kapital eine möglichst gute Rendite zu erzielen.

Neben diesen quantitativ ausgerichteten Elementen der Kreditrisikosteuerung ist als gleichwertig zu betrachtender zweiter Steuerungsbereich die qualitativ ausgerichtete Kreditrisikosteuerung zu erwähnen. Im Sinne einer qualitativen Steuerung ist darauf zu achten, dass einzuhaltende prozessuale Qualitätskriterien an den Kreditvergabeprozess definiert werden. Diese Definition nebst der sich anschließenden Kontrolle soll im Wege einer Standardisierung und Präzisierung von Prozesselementen unter Qualitäts- und Sicherheitsaspekten dazu beitragen, dass operationelle Risiken nicht schlagend werden. In Bezug auf das Rating geht es dabei um die Sicherstellung einer adäquaten Verdichtung einer Vielzahl von Informationen zu einem Rating sowie um die Sicherstellung einer angemessenen Berücksichtigung des Ratings im Rahmen der Kreditvergabeentscheidung.

2. Entwicklung und Struktur eines Ratingsystems

Zum Zeitpunkt der Kreditentscheidung ist die zukünftige Bonitätsentwicklung des Kreditnehmers, das heißt seine Fähigkeit (und Bereitschaft) zur Erbringung der zukünftigen Zins- und Tilgungszahlungen, grundsätzlich mit Unsicherheiten behaftet. Zur Reduktion dieser Unsicherheiten wird eine Bank daher versuchen, sich im Rahmen der Kreditwürdigkeitsprüfung bzw. Bonitätsanalyse ein Bild über die potenzielle Leistungsfähigkeit und Leistungsbereitschaft des Schuldners zu verschaffen. Die Analyse der Situation des Kreditnehmers erfolgt beispielsweise auf Basis der wirtschaftlichen Verhältnisse, der Brancheneinschätzung, der Wettbewerbssituation, der Managementqualitäten, den bisherigen Erfahrungen im Rahmen der Kundenbeziehung und der prognostizierten Unternehmensentwicklung. Mittels eines Ratingsystems werden die im Rahmen der Kreditwürdigkeitsprüfung gewonnenen Informationen zu einem Wert verdichtet. Die einzelnen Stufen der Ratingskala sollen die Ausfallwahrscheinlichkeit der einzelnen, einer Stufe zugeordneten Kreditengagements und damit den Risikograd zum Ausdruck bringen. Eine Ratingskala erweist sich vor diesem Hintergrund somit immer dann als besonders geeignet, wenn die innerhalb einer Stufe eingeordneten Kredite eine möglichst homogene Ausfallwahrscheinlichkeit aufweisen und sich deutlich hinsichtlich ihres Risikogehaltes von den Krediten anderer Stufen unterscheiden. Grundsätzlich können im Hinblick auf die Herkunft des Ratings ein externes und ein internes Rating unterschieden werden. Ein externes Rating stammt beispielsweise von einer Ratinggesellschaft, ein internes von den kreditvergebenden Instituten selbst. Bei der Konzeption des Ratings können, unabhängig von der Herkunft, verschiedene Verfahren unterschieden werden. Zum Zweck der Identifikation der relevanten Parameter des Ratings und der anschließenden Verdichtung zu einer Skala werden logisch-deduktive Verfahren oder empirisch-induktive Verfahren eingesetzt.[8]

Bei den logisch-deduktiven Verfahren wird versucht, kausale Zusammenhänge zu erkennen, daraus die relevanten Parameter zu identifizieren und im Rahmen eines eher heuristisch zu nennenden Ansatzes über Parametergewichte zu einem Ratingwert zu kommen. Bei den empirisch-induktiven Verfahren wird streng genommen auf die Ableitung eines Ursache-Wirkungs-Zusammenhangs verzichtet, und es wird allein mittels des Einsatzes statistischer Verfahren versucht, aus Beobachtungen der Vergangenheit die relevanten Parameter zu extrahieren.[9] Neuere Verfahrensentwicklungen basieren in der Regel auf einem empirisch-induktivem Vorgehen.[10]

---

8 Vgl. Brakensiek (1991), S. 40; Schierenbeck (1999), S. 253.
9 Vgl. Schierenbeck (1999), S. 253.
10 Bei einem anderen kausal-analytischen Ansatz wird die Ausfallwahrscheinlichkeit – aufbauend auf dem Grundgedanken, dass ein Unternehmen dann insolvent wird, wenn der Marktwert der Aktiva den Marktwert der Passiva unterschreitet – unter Berücksichtigung des ökonomischen Verschuldungsgrades sowie der Volatilität des Marktwertes der Aktiva ermittelt. Dieser Ansatz entspricht der Ableitung von „Expected Default Frequencies" aus dem Optionspreisansatz, über den auch direkt eine Ermittlung des erwarteten Verlustes möglich ist. Dieses Verfahren wird hier nicht weiter betrachtet. Vgl. dazu Kirmße (1996), S. 76-80; Kirmße (2001b) sowie die dort angegebene Literatur.

Beispieluntersuchung deutscher Banken für das Firmenkundengeschäft (1999)					
	quantitative Kriterien	qualitative Kriterien			
		Markt/Branche	Unternehmenssituation	Management, Planung und Kontrolle, Beziehung zur Bank	
Bank A (9 Kriterien)	• Ertragslage (21,5 %) • Finanzlage (30,8 %)	• Brancheneinschätzung (4,4 %) • Wettbewerb (15,1 %)	• Rechtsform (6,7 %) • Prognosen (9,4 %)	• Management (1,2 %) • Kontoführung (8,9 %) • Kundenbeziehung (2,1 %)	
Bank B (2 Kriterien)	• Wirtschaftliche Verhältnisse (50 %)		• Unternehmenssituation (50 %)		
Bank C (3 Kriterien)	• Finanzielle Verhältnisse (36 %)	• Marktstellung/wirtschaftliches Umfeld (36 %)		• Managementqualität (28 %)	
Bank D (5 Kriterien)	• Wirtschaftliche Verhältnisse (20 %)	• Markt/Branche (20 %)	• Weitere Unternehmensentwicklung (20 %)	• Management (20 %) • Kundenbeziehung (20 %)	
Bank E (2 Kriterien)	• Vergangenheitsorientierte Beurteilung anhand von Jahresabschlussdaten (40 %)		• Zukunftsorientierte Beurteilung (60 %)		

Abbildung 2: Ratingkriterien deutscher Banken für das Firmenkundengeschäft[11]

---
11 Vgl. Weber/Krahnen/Voßmann (1999).

Bei den logisch-deduktiven Verfahren sind zunächst die Ansätze der internationalen Ratingagenturen wie Moody's, Standard & Poor's oder Fitch IBCA zu nennen. Diese leiten auf der Basis einer Einschätzung übergeordneter Risiken wie beispielsweise dem Länder- sowie dem Branchenrisiko und einer Beurteilung des unternehmensspezifischen Risikos, das wiederum in Form des Geschäftsrisikos und des finanziellen Risikos unter Heranziehung von verschiedenen Kriterien bewertet wird, ein Gesamturteil ab, das in eine Ratingnote verdichtet wird.[12] Dieses Ratingurteil soll die Wahrscheinlichkeit von Zahlungsstörungen zum Ausdruck bringen und damit die Ableitung der gesuchten Ausfallwahrscheinlichkeit ermöglichen.[13]

Ähnlich der Vorgehensweise der Ratinggesellschaften haben auch Kreditinstitute interne Ratingmodelle entwickelt und setzen diese zur Abschätzung der Ausfallwahrscheinlichkeit einzelner Kreditnehmer ein.[14] Die internen Ratingansätze basieren, wie bereits er-

	Beispieluntersuchung Deutscher Banken (1999)				zum Vergleich
	Bank A	Bank B	Bank C	Bank D	Moody's
Anzahl der Ratingklassen	8	5	10	6	19
Änderungshäufigkeit der Ratingeinstufungen innerhalb eines Jahres	35,4 %	49,9 %	48,5 %	15,5 %	15,4 % – 7 %
Änderungshäufigkeit gewichtet mit der Schrittweite der Rating-Veränderung („Rating Activity")	45,8 %	60,7 %	75,3 %	16,3 %	12,4 %

Abbildung 3: Ratingklassen deutscher Banken für das Firmenkundengeschäft[15]

---

12 Vgl. Steiner (1992), S. 511-513. Für eine Darstellung von Ratingprozess, Ratingskalen und Ratingkriterien vgl. Berblinger (1996), Meyer-Parpart (1996), Monroe-Davis (1996), Standard & Poor's (1997), S. 1 f.
13 Vgl. Berblinger (1996), S. 31.
14 Für die Ergebnisse der von mit der Bankenaufsicht befassten Organisationen durchgeführten Erhebungen vgl. Basel Committee on Banking Supervision (2000); Baseler Ausschuss für Bankenaufsicht (1999a), S. 41-45; Federal Reserve System Task Force on Internal Credit Risk Models (1998), S. 15-18; Treacy/Carey (1998). Daneben liefert die Studie von Weber/Krahnen/Voßmann (1999) Ergebnisse für Deutschland.
15 Vgl. Weber/Krahnen/Voßmann (1999).

wählt, entweder auf einem logisch-deduktiven Ansatz[16] oder nutzen weitere Instrumente im Rahmen einer empirisch-induktiven Vorgehensweise.[17]

Einen ersten Überblick über die Art und Gewichte von Ratingkriterien für das Firmenkundengeschäft deutscher Banken liefern die Abbildungen 2 und 3, bevor auf die unterschiedlichen methodischen Ansätze einer empirisch-induktiven Vorgehensweise eingegangen wird.

Im Rahmen einer empirisch-induktiven Vorgehensweise werden verschiedene statistische Verfahren eingesetzt:[18]

- das Logit-Modell,
- das Probit-Modell,
- die Diskriminanzanalyse,
- das Künstliche Neuronale Netz.

Die Zielsetzung sämtlicher genannter Verfahren besteht darin, die Parameter/Variablen zu ermitteln, die für eine Unterscheidung von „guten" und „schlechten" Kreditnehmern besonders geeignet sind. Für diese identifizierten unabhängigen Variablen findet daneben eine Schätzung der Gewichtungsfaktoren derart statt, dass eine möglichst gute Trennfähigkeit des Ratingsystems erreicht wird. Die Ergebnisse werden über eine Scoring-Funktion verdichtet. Der Unterschied zwischen den statistischen Ansätzen besteht in der Art der Parameteridentifikation sowie der Verdichtung der Einzelparameter zu einem Gesamtwert für das Rating. Die Ausfallwahrscheinlichkeit selbst ist ähnlich wie bei den externen Ratinggesellschaften zu ermitteln.

Die Konfiguration eines Ratingsystems gemäß dieser Methoden erfordert zunächst den Aufbau einer umfangreichen Datenbasis (Kreditnehmer-Datenbank), unter deren Nutzung dann mittels unterschiedlicher Verfahren die relevanten Beurteilungskriterien nebst deren Gewichten zur Unterscheidung der betrachteten Unternehmen identifiziert werden. Es kann sich dabei zum einen um rein quantitative Kriterien (wirtschaftliche Verhältnisse) und zum anderen um qualitative Kriterien (Brancheneinschätzung, Einschätzung des Managements etc.) handeln. Die Erfahrung zeigt, dass die Bedeutung der quantitativen Kriterien mit zunehmender Unternehmensgröße steigt. Der auf Basis dieser Kriterien ermittelte Ratingwert hat einen Rückschluss auf die Höhe der Ausfallwahrscheinlichkeit zu erlauben. Nur wenn diese Bedingung erfüllt ist, liegt ein geeignetes Ratingverfahren vor.

---

16 Vgl. umfassend dazu Jährig/Schuck (1989), S. 335-517.
17 Die Tendenz zu letzterer Vorgehensweise scheint (insbesondere auch international) deutlich erkennbar. Vgl. Altman/Saunders (1998), S. 1722. Allerdings ist zu konstatieren, dass aktuell in Deutschland überwiegend noch die traditionellen Scoring-Verfahren zum Einsatz kommen. Vgl. Elsas/Ewert/Krahnen/Rudolph/Weber (1999), S. 196 f.
18 Vgl. Altman/Saunders (1998), S. 1723, sowie die dort zu den einzelnen Ansätzen jeweils genannte Literatur. Eine einführende Darstellung findet sich bei Saunders (1997), S. 194-198. Das Künstliche Neuronale Netz wird von Altman/Saunders nicht genannt. Es wurde vom Verfasser hinzugefügt.

Die Qualität eines Verfahrens wird an der Klassifikationsgüte gemessen. Diese bringt zum Ausdruck, wie gut eine Ex-ante-Trennung später solventer respektive insolventer Schuldner gelingt. Konkret wird dieses anhand von zwei unterschiedlichen Beurteilungsgrößen abgeleitet. Zum einen werden der sogenannten Alpha- und Beta-Fehler gemessen. Der Alpha-Fehler zeigt auf, wie viel Prozent der eigentlich insolventen Kreditnehmer als solvent klassifiziert werden, während der Beta-Fehler den Anteil der solventen Unternehmen, die als insolvent klassifiziert werden, quantifiziert.[19] Zum anderen kann mit dem PowerStat-Wert ein zweites Kriterium zur Beurteilung der Trennfähigkeitsgüte eines Ratingsystems herangezogen werden.[20] Dieser Wert wird aus der Trennfähigkeitskurve (Power-Kurve) des Ratingsystems abgeleitet (vgl. Abbildung 4). Dabei wird der Anteil der vom Ratingsystem richtig erkannten späteren Krisenunternehmen (Ordinate des Koordinatensystems) in Abhängigkeit des Prozentanteils der insgesamt bei alternativen Trennwerten als „schlecht" identifizierten Engagements abgetragen (Abszisse des Koordinatensystems).

Bei einer zufälligen Auswahl von 50 Prozent der Engagements eines Portfolios würde die Wahrscheinlichkeit dafür, „schlechte" Unternehmen auszuschließen ebenfalls bei 50 Prozent liegen. Dieser Fall wird durch die Hauptdiagonale der Power-Kurve beschrieben. Die PowerStat einer Zufallsauswahl beträgt 0 Prozent. Ein ideales Ratingsystem wäre theoretisch hingegen in der Lage, die Kreditnehmer so eindeutig zu klassifizieren, dass bei Ausschluss der Engagements mit den schlechtesten Ratingeinstufungen nahezu alle später tatsächlich insolventen Kreditnehmer erkannt werden würden. Die Power-Kurve würde in

$$\text{PowerStat} = \frac{\text{Fläche „A"}}{\text{Fläche „A" + Fläche „B"}}$$

$$\text{PowerStat}_{\text{Zufallsauswahl}} = 0\,\%$$

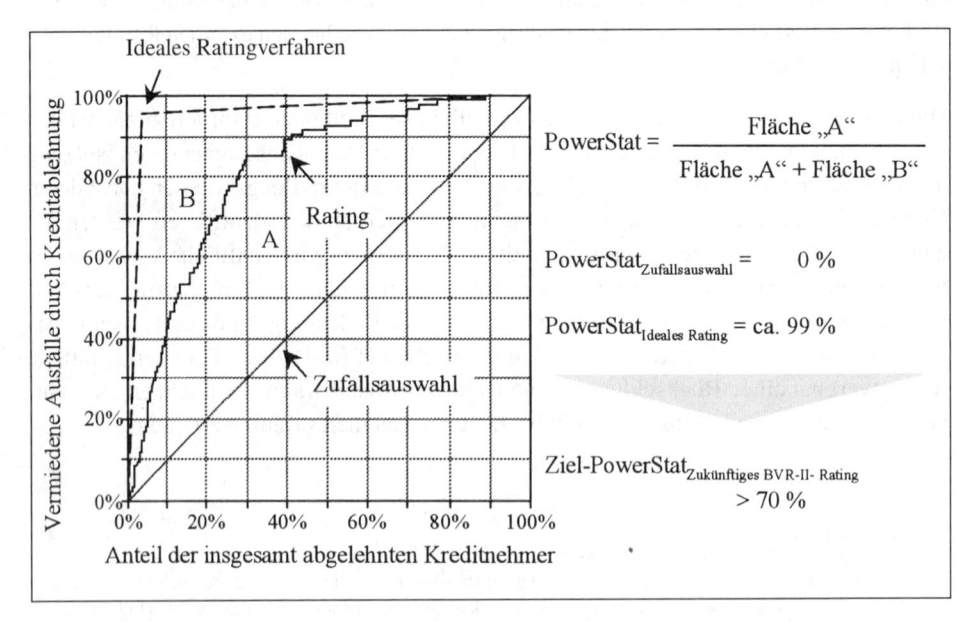

$$\text{PowerStat}_{\text{Ideales Rating}} = \text{ca. } 99\,\%$$

$$\text{Ziel-PowerStat}_{\text{Zukünftiges BVR-II- Rating}} > 70\,\%$$

Abbildung 4: Power-Kurve zur Beurteilung der Trennfähigkeit eines Ratingsystems

---

19 Vgl. Rolfes (1999), S. 346.
20 Vgl. Kirmße/Jansen (2001), S. 69 f.

diesem Fall beinahe vollständig durch die linke obere Ecke des Koordinatensystems verlaufen; die PowerStat beträgt dann annähernd 100 Prozent. Die Power-Kurve eines realen Ratingsystems verläuft in der Regel zwischen diesen beiden Extrembereichen. Abbildung 4 zeigt die Power-Kurve eines Ratingsystems, welches eine Trennfähigkeit von circa 70 Prozent aufweist. Ein derartiger Wert wird international als erforderliches Mindestmaß für ein trennfähiges bankinternes Ratingsystem angesehen.

Eine Analyse der Klassifikationsgüte eines Ratingsystems ist nicht nur im Hinblick auf interne Aspekte der Risikosteuerung erforderlich, sondern auch deshalb von besonderer Bedeutung, weil eine statistisch fundierte und dokumentierte Trennfähigkeit voraussichtlich ein nicht unerhebliches Kriterium für ein perspektivisch auch von der Bankenaufsicht anerkanntes Ratingsystem sein wird. Aus den Vorschlägen des Baseler Ausschusses für Bankenaufsicht zur Überarbeitung des Eigenkapitalakkords und der daraus erwachsenen Diskussion um die Anerkennung bankinterner Ratings für die Ermittlung der erforderlichen Eigenkapitalunterlegung resultieren klare Anforderungen hinsichtlich der zu erfüllenden Kriterien an ein bankinternes Ratingsystem. Dieses sind insbesondere:[21]

- Vollständigkeit, Transparenz, hinreichende Klarheit sowie Nachvollziehbarkeit der bei der kreditnehmerindividuellen Bonitätsbeurteilung berücksichtigten Faktoren (quantitative und qualitative Kriterien).
- Ausreichende Differenzierung des Ratingsystems (der Ratingskala) für eine sinnvolle Risikobeurteilung.
- Methodische Verknüpfung der Bonitätsbeurteilung bzw. des Ratingsystems mit einem Konzept zur Messung erwarteter Verluste.
- Aufbau einer adäquaten Datenbasis zur Ableitung kreditnehmerbezogener Ausfallwahrscheinlichkeiten, Bonitätswanderungs- bzw. Ratingmigrationsdaten sowie empirischer Rückzahlungsquoten.
- (Statistischer) Nachweis der Eignung der bankinternen Kreditwürdigkeitsprüfung zur genauen und konsistenten Bonitätsbeurteilung und risikoorientierten Kreditnehmerklassifikation.
- Schaffung von Möglichkeiten zum Backtesting erwarteter Verluste mit realisierten Verlusten.
- Sicherstellung organisatorischer Maßnahmen zur unabhängigen Kontrolle der Bonitätsurteile durch erfahrene Mitarbeiter, die nicht in die Kreditvergabeentscheidung und die Konditionengestaltung involviert sind.

---

21 Vgl. Baseler Ausschuss für Bankenaufsicht (2001), S. 35-39.

3. Einsatzmöglichkeiten der Ratinginformationen in der Banksteuerung

Aus der Darstellung der verschiedenen Elemente einer Kreditrisikosteuerung wurde deutlich, dass die Analyse des Bonitätsstatus den Ausgangspunkt und auch die Basis für die weiteren Elemente darstellt. Ein fundiertes System der individuellen Einschätzung des Risikostatus eines potenziellen Kreditnehmers – wie auch immer dieses im Einzelfall ausgestaltet ist – ist damit eine Grundvoraussetzung für eine sinnvolle Implementierung weiterer Steuerungsschritte. Die aus einem Ratingsystem abgeleiteten Informationen über die Höhe der Ausfallwahrscheinlichkeit bilden, wie im ersten Abschnitt bereits dargestellt, die Basis für die Kreditentscheidung, die Ableitung von Risikoprämien sowie die Quantifizierung des Portfoliorisikos. Im Folgenden wird dargestellt, wie diese Informationen in der Praxis des Kreditgeschäftes genutzt werden. Es wird nicht darauf eingegangen, mittels welcher Verfahren und Ansätze im Detail Risikoprämien oder das Portfoliorisiko ermittelt werden.[22]

Das ermittelte Rating wird zunächst im Rahmen des Prozesses der Kreditentscheidung eingesetzt, um zum einen zu entscheiden, ob ein Kreditgeschäft überhaupt abgeschlossen wird und zum anderen, wenn ja, zu welchem Preis der Kredit vergeben wird. Es wird Kredite geben, die allein aufgrund des schlechten Ratings nicht vergeben werden bzw. Kredite, bei denen das schlechte Rating und die damit verbundene Ausfallwahrscheinlichkeit eine solch hohe Risikoprämie erfordern würden, dass eine Kreditkondition nicht durchsetzbar wäre. Das Rating selbst trägt zu einer Objektivierung der Kreditvergabeentscheidung bei und kann, sofern eine Offenlegung gegenüber dem Kunden erfolgt,[23] einen Ansatz zur Kundenberatung darstellen. Dabei wird es darauf ankommen, dem Kunden weniger eine Hilfestellung dahingehend zu bieten, wie man eine rein optische Verbesserung des Ratingurteils erreicht, sondern darauf zu achten, dass substanzielle Verbesserungen in der Realität erreicht werden, die sich dann in einem verbesserten Ratingurteil niederschlagen.

Im Rahmen der Ermittlung des Ratingurteils wird es nachhaltig darauf ankommen, dass die Bonitätsanalyse in einer Bank in einer unabhängigen Stelle verankert wird, die nicht gleichzeitig die Vertriebsverantwortung hat. In einem derartigen Fall bestünde die Gefahr der mangelnden Objektivität des Urteils.

Über die auf Ausfallwahrscheinlichkeiten basierenden Bepreisungsmechanismen wird ein sehr enger Zusammenhang zwischen Bonität respektive Rating und Kreditkondition hergestellt. Je besser (schlechter) das Rating, umso niedriger (höher) kann (muss) ceteris paribus die Kreditkondition sein. Es herrscht diesbezüglich kein linearer, sondern ein exponentieller Zusammenhang, das heißt, je schlechter das Rating, umso stärker wächst die zu vereinnahmende Risikoprämie.

---

22 Vgl. dazu Kirmße (1996); Kirmße (2001a); Kirmße (2001b).
23 Nach Kenntnis des Verfassers wird die Frage der Offenlegung des Ratingurteils aktuell sehr intensiv diskutiert, ohne dass hier bislang schon endgültige Entscheidungen kommuniziert worden sind.

Ein risikoadjustiertes einzelgeschäftsbezogenes Pricing wird ausgehend von einem an der durchschnittlichen Bonität ausgerichteten Pricing-Ansatz in der Tendenz dazu führen, dass die guten Bonitäten entlastet und die schlechten Bonitäten belastet werden. Dieses kann zu nachhaltigen Veränderungen in der Konditionierung gegenüber dem derzeitigen Status führen. Eine pauschale Berücksichtigung von Risikoprämien führt in aller Regel zu fehlerhaften Steuerimpulsen, da Kunden besserer Bonität übermäßig mit Risikoprämien belastet werden, während Kunden schlechterer Bonität über die Durchschnittsbildung subventioniert werden. Dieses kann zu einer adversen Selektion führen. Kunden guter Bonität wechseln zu den Kreditinstituten, die an die Kreditnehmerbonität gekoppelte Zinssätze anbieten; Kunden schlechterer Bonität gehen zu den Kreditinstituten, die weiterhin eine nicht-risikoadäquate Preiskalkulation durchführen. Eine stärkere Spreizung von Konditionen ist damit in der Zukunft zu erwarten. Dieses lässt sich auch anhand der Konditionen auf den Anleihemärkten verdeutlichen, wo bereits heute starke bonitätsabhängige Unterschiede festzustellen sind.

Die große Bedeutung des Ratings im Kreditvergabeprozess sowie in der Festlegung der Kreditkondition kann auch dazu führen, dass sich in der Beziehung zwischen Kreditkunde und Bank eine größere Offenheit und Informationsbereitschaft auf Seiten des Kunden ergibt, da nur bei Offenlegung von Ergebnissen und einem detaillierteren Einblick in die Unternehmenssituation ein gutes Rating erreichbar sein wird.

Die Risikoprämie oder der erwartete Verlust stellt – wie bereits ausgeführt – kein Risiko sondern einen Kostenfaktor im Kreditgeschäft dar, der neben den Stückkosten zumindest über die Bruttomarge zu verdienen ist, um einen positiven Beitrag zu einem Renditeanspruch leisten zu können. Daher schlägt sich die Risikoprämie im Rahmen der Ergebnisabbildung in der Deckungsbeitragsrechnung der kundenbetreuenden Bereiche nieder. Die Marktbereiche werden daher darauf achten, dass die kalkulierten Risikoprämien am Markt durchgesetzt werden, da die von ihnen erwirtschafteten und ausgewiesenen Ergebnisse ansonsten negativ ausfallen würden.

Neben dem Einsatz in der Neugeschäftskalkulation kann das Rating respektive die Risikoprämie bei der Gestaltung eines Kompetenzsystems genutzt werden. Die Kompetenzen werden dabei risikoorientiert ausgestaltet oder an die Durchsetzung von Risikoprämien geknüpft.

Auf der Ebene des gesamten Kreditportefeuilles können unter Nutzung des Ratings verschiedene Informationen bereitgestellt werden. Zum einen ist es möglich, eine erste strukturelle Auswertung des Portefeuilles nach Ratingklassen und weiteren Kriterien wie Branche oder Größenklassen vorzunehmen. Diese strukturelle Analyse des Kreditportefeuilles liefert allerdings keine betriebswirtschaftlich fundierten Informationen über den Risikostatus. Dieser kann nur über Kreditportfoliomodelle gewonnen werden.

Im Einzelnen können über den Einsatz von Portfoliomodellen verschiedene Aspekte erreicht werden.[24] Kreditportfoliomodelle zielen methodisch auf den betriebswirtschaftli-

---

24 Vgl. Kirmße/Schweizer (2001), S. 20 f.

chen, zukunftsorientierten Risikostatus einer Bank. Sie erlauben ein frühzeitiges Erkennen existenzgefährdender Entwicklungen und unterstützen damit ein rechtzeitiges Einleiten von Gegensteuerungsmaßnahmen.[25] Sie helfen bei der Identifikation von Klumpenrisiken (Branchen, Größenklassen) und erlauben den Kreditinstituten, Kreditrisiken zu limitieren. Aufbauend auf den aus Portfoliomodellen stammenden Erkenntnissen können Kreditinstitute ihre Kreditpolitik im Hinblick auf Branchen, Bonitätsstufen oder Größenklassen steuern. Dieses wird dazu führen, dass sich die Neugeschäftspolitik sehr strikt an der Risikotragfähigkeit des einzelnen Instituts sowie den Ertrag-/Risiko-Betrachtungen orientieren wird. Bestimmte Engagements werden gerade bei kleineren Instituten unabhängig von der Bonität des Kreditnehmers allein aufgrund ihres Volumens nicht mehr respektive nicht mehr allein durchgeführt. Kreditportfoliomodelle unterstützen in diesem Sinne den zielgerichteten Einsatz aktiver Steuerungsmaßnahmen zur systematischen Reduktion unverhältnismäßig hoher Kreditrisikopositionen. Sie bilden die Basis für Überlegungen im Konsortialkreditgeschäft oder im Hinblick auf den Einsatz von Steuerungsinstrumenten wie Kreditderivate oder Asset-backed-Transaktionen.[26]

Wie bereits angedeutet, wird die Ratinginformation nicht nur im Rahmen einer betriebswirtschaftlichen Steuerung eines Institutes von Bedeutung sein, sondern auch eine bedeutende Rolle bei der Quantifizierung der bankaufsichtlichen Eigenkapitalunterlegung des Kreditgeschäftes spielen.[27] Die aktuellen Konzepte des Baseler Ausschusses für Bankenaufsicht sehen vor, dass die Eigenkapitalunterlegung nicht mehr pauschal mit acht Prozent des Kreditäquivalenzbetrages ermittelt wird, sondern sich aus dem Risiko eines einzelnen Engagements respektive des gesamten Portefeuilles ableitet.[28] Je größer das Risiko, umso höher soll die Kapitalunterlegung sein. Dieses Risiko eines einzelnen Engagements soll aus dem Rating abgeleitet werden, wobei sowohl externe als auch interne Ratings vorgesehen sind. Sofern kein Rating vorliegt, wird eine pauschale Anrechnung mit 100 Prozent vorgenommen. Unabhängig von allen vorstehend geschilderten betriebswirtschaftlichen Überlegungen wird dieser Sachverhalt dazu führen, dass das Rating im Bereich der Unternehmenskunden breiten Einzug erhalten wird. Perspektivisch wird die Rückzahlungsfähigkeit und -willigkeit aller Unternehmenskunden mit einem Rating bewertet werden. Für den deutschen Markt ist aufgrund der bestehenden „Ratinglücke" sowie der großen Bedeutung der Kreditfinanzierung im Rahmen der gesamten Unternehmensfinanzierung zu erwarten, dass es sich dabei um interne Ratings handeln wird.

---

25 Der Einsatz von Kreditportfoliomodellen wird natürlich nicht den Eintritt von Kreditausfällen verhindern können.
26 Vgl. dazu Kirmße (2001b).
27 Vgl. Baseler Ausschuss für Bankenaufsicht (1999b); Baseler Ausschuss für Bankenaufsicht (2001).
28 Letzteres ist erst als Weiterentwicklungsschritt genannt worden.

Literaturhinweise

ALTMAN, E. I./SAUNDERS, A. (1998): Credit risk measurement: Developments over the last 20 years, in: Journal of Banking & Finance, Vol. 21, 1998, S. 1721-1742.

BASELER AUSSCHUSS FÜR BANKENAUFSICHT (1999A): Credit Risk Modelling: Current Practices and Applications, Basel April 1999 (Deutsche Übersetzung: Entwicklung von Modellen zum Kreditrisiko: aktuelle Verfahren und Verwendung).

BASELER AUSSCHUSS FÜR BANKENAUFSICHT (1999B): A New Capital Adequacy Framework, Basel Juni 1999 (Deutsche Übersetzung: Konsultationspapier zur Neuregelung der angemessenen Eigenkapitalausstattung).

BASELER AUSSCHUSS FÜR BANKENAUFSICHT (2001): A New Capital Adequacy Framework, Basel Januar 2001 (Deutsche Übersetzung: Konsultationspapier zur Neuregelung der angemessenen Eigenkapitalausstattung).

BASEL COMMITTEE ON BANKING SUPERVISION (2000): Range of Practice in Banks' Internal Ratings Systems, Discussion Paper, Basel, Januar 2000.

BERBLINGER, J. (1996): Marktakzeptanz des Rating durch Qualität, in: Büschgen, H. E./Everling, O. (Hrsg.), Handbuch Rating, Wiesbaden 1996, S. 21-110.

BRAKENSIEK, T. (1991): Die Kalkulation und Steuerung von Ausfallrisiken im Kreditgeschäft der Banken, Frankfurt am Main 1991.

DEUTSCHE BANK AG (1999): Geschäftsbericht 1998, Frankfurt am Main 1999.

DEUTSCHE BANK AG: (2000): Geschäftsbericht 1999, Frankfurt am Main 2000.

DEUTSCHE BUNDESBANK (HRSG.): (Monatsberichte) Monatsberichte diverser Jahrgänge, Frankfurt am Main.

ELSAS, R./EWERT, R./KRAHNEN, J. P./RUDOLPH, B./WEBER, M. (1999): RISIKOORIENTIERTES KREDITMANAGEMENT DEUTSCHER BANKEN, IN: Die Bank, o. Jg., 1999, S. 190-199.

FEDERAL RESERVE SYSTEM TASK FORCE ON INTERNAL CREDIT RISK MODELS (1998): Credit Risk Models at Major U.S. Banking Institutions: Current State of the Art and Implications for Assessments of Capital Adequacy, Mai 1998.

JÄHRIG, A./SCHUCK, H. (1989): Handbuch des Kreditgeschäfts, neu bearbeitet von Rösler, P./Woite, M., 5. Aufl., Wiesbaden 1989.

KIRMßE, S.: (1996): Die Bepreisung und Steuerung von Ausfallrisiken im Firmenkundengeschäft der Kreditinstitute, Frankfurt am Main 1996.

KIRMße, S. (2001a): Die Anwendung des optionspreistheoretischen Ansatzes zur Bepreisung von Ausfallrisiken – Grundüberlegungen, in: Rolfes, B./Schierenbeck, H. (Hrsg.): Ausfallrisiken – Quantifizierung, Bepreisung und Steuerung, Frankfurt am Main 2001, S. 149-172.

KIRMßE, S.: (2001b) Die Mobilisierung von Bankgeschäften als Instrument bankpolitischer Entscheidungen, in Vorbereitung.

KIRMßE, S./JANSEN, S. (2001): BVR-II-Rating: Das verbundeinheitliche Ratingsystem für das mittelständische Firmenkundengeschäft, in: Bankinformation, o. Jg., Heft 2, 2001, S. 67-71.

KIRMßE, S./SCHWEIZER, S. (2001): VR-CreditPortfolioManager – Portfolioorientierte Kreditrisikosteuerung für den genossenschaftlichen Verbund, in: Bankinformation, o. Jg., Heft 3, 2001, S. 20-26.

KMV CORPORATION (HRSG.) (1998): Credit Monitor II, San Francisco 1998.

MEYER-PARPART, W. (1996): Ratingkriterien für Unternehmen, in: Büschgen, H. E./Everling, O. (Hrsg.): Handbuch Rating, Wiesbaden 1996, S. 111-174.

MONROE-DAVIS, R. (1996): Die Bonitätsbewertung von Banken, in: Büschgen, H. E./Everling, O. (Hrsg.): Handbuch Rating, Wiesbaden 1996, S. 175-220.

ROLFES, B. (1999): Gesamtbanksteuerung, Stuttgart 1999.

SAUNDERS, A. (1997): Financial Institutions Management, A Modern Perspective, 2. Aufl., Chicago u. a. 1997.

SCHIERENBECK, H. (1999): Ertragsorientiertes Bankmanagement, Band 2, 6. Auflage, Wiesbaden 1999.

STANDARD & POOR'S RATINGS SERVICES (HRSG.) (1997): RATINGSDEFINITIONEN, STANDARD & POOR'S PUBLIKATION, NEW YORK 1997.

Steiner, M. (1992): Rating, in: WiSt, o. Jg., 1992, S. 509-515.

TREACY, W. F./CAREY, M. S. (1998): Credit Risk Rating at Large U.S. Banks, in: Federal Reserve Board (Hrsg.): Federal Reserve Bulletin, New York, November 1998.

WEBER, M./KRAHNEN, J. P./VOßMANN, F. (1999): Risikomessung im Kreditgeschäft: eine empirische Analyse bankinterner Ratingverfahren, in: zfbf, Sonderheft 41, 51. Jg., 1999, S. 117-142.

Gestaltungsalternativen der Unternehmensfinanzierung durch Rating

Ingo Natusch

1. Einleitung

Bis vor kurzem schien es, als ob die Diskussion um Mittelstandsrating[1] und die damit verbundenen Auswirkungen auf die Unternehmensfinanzierung ausschließlich innerhalb der Bankenszene geführt wird. Dies hat sich nunmehr völlig gewandelt. Mittlerweile wird eine lebhafte öffentliche Diskussion geführt. Auslöser hierfür sind (scheinbar) die neuen Eigenkapitalvorschriften des Baseler Ausschusses für Bankenaufsicht (Basel II). Diese geplante Neufassung der internationalen Richtlinie zur Eigenkapitalunterlegung bei Krediten enthält unter anderem eine nach Bonitäten abgestufte Eigenkapitalunterlegung und stellt somit eine klare Abkehr von der bisherigen, relativ pauschalen Regelung dar. Grundlage für die Risikogewichtung bei Basel II ist ein Rating. Hierbei kann es sich um ein Rating einer Ratingagentur (externes Rating) oder um ein Rating einer Bank (internes Rating) handeln. Aufgrund dieser Ratings und der damit einhergehenden differenzierten Eigenkapitalunterlegung wird von den Marktteilnehmern zukünftig eine stärkere Margenspreizung bei Krediten an mittelständische Unternehmen erwartet. Darüber hinaus werden auch Befürchtungen geäußert, dass diese Neuregelung zu einer Kreditverknappung für den Mittelstand führen wird. Dies ist jedoch eine etwas einseitige Sicht der Dinge. Basel II und Ratings für den Mittelstand müssen im Hinblick auf die aktuellen Finanzmarktentwicklungen betrachtet werden. Schließlich resultieren hieraus auch eine Reihe von Gestaltungsalternativen, die früher dem (industriellen) Mittelstand nicht zur Verfügung standen bzw. deren Nutzung bisher nicht üblich war. Im Folgenden werden daher einleitend die wichtigsten Finanzmarktentwicklungen dargestellt, bevor die Grundzüge von Basel II und die Auswirkungen auf mittelständische Unternehmen analysiert werden. Daran anschließend werden mögliche Finanzierungsstrategien für mittelständische Unternehmen vorgestellt. Abschließend werden die Ergebnisse zusammengefasst und ein Ausblick gegeben.

---

1 Zum Aufbau einer Ratingkultur für den Mittelstand vgl. ausführlich Natusch (1999), S. 409 ff.

2. Finanzmarktentwicklungen

Bei den aktuellen Finanzmarktentwicklungen sind hinsichtlich Mittelstandsrating und Unternehmensfinanzierung insbesondere drei Bereiche von Interesse: Die wichtigsten Trends am Kapitalmarkt, die Entwicklung des industriellen Mittelstands sowie die erheblich gestiegene Wettbewerbsintensität im Bankensektor.

Zu den wichtigsten Kapitalmarktentwicklungen zählen die Dominanz des Bonitätsrisikos, sinkende Markteintrittsbarrieren bei Kapitalmarktfinanzierungen, ein zunehmender Trend zur Verbriefung von Forderungen sowie die stark wachsende Bedeutung privater Altersvorsorge mit entsprechendem Anlagebedarf.

Bei der Entwicklung des industriellen Mittelstands sind die folgenden Aspekte relevant. In den kommenden zehn Jahren wird die Generation der Firmengründer aus der Phase des deutschen Wirtschaftswunders aus den Unternehmen ausscheiden. Das Institut für Mittelstandsforschung (IfM) schätzt die Anzahl der betroffenen Unternehmen auf circa 380 000. Eine erhebliche niedrigere Anzahl dürfte dem industriellen Mittelstand zuzuordnen zu sein. Allerdings darf auch hier die Notwendigkeit einer Nachfolgeregelung nicht unterschätzt werden. Zudem verfügen viele mittelständische Unternehmen über eine zu niedrige Eigenkapitalquote. Im Durchschnitt beträgt die Eigenkapitalquote deutscher Mittelständler 15 bis 25 Prozent; in den USA oder in Großbritannien liegt sie demgegenüber bei 40 bis 50 Prozent. Dies lässt deutsche Mittelständler für Konjunkturschwankungen anfälliger werden und erschwert zudem die sich auch im Mittelstand deutlich abzeichnende Internationalisierung erheblich. Für eine gewisse Erleichterung sorgt jedoch die Unternehmenssteuerreform, die mit reduzierten Steuersätzen den Gesellschaften die Chance gibt, ihre Rücklagen zu stärken. Des Weiteren werden M&A-Aktivitäten und Rechtsformwechsel (in der Regel in eine Kapitalgesellschaft) begünstigt.

Parallel zur Entwicklung des deutschen Mittelstands begann ein massiver Strukturwandel innerhalb der deutschen Bankenlandschaft, der noch nicht abgeschlossen ist. Im internationalen Vergleich weisen deutsche Kreditinstitute zur Zeit eine relativ schlechte Ertragssituation auf. Dies ist im wesentlichen darauf zurückzuführen, dass Deutschland im weltweiten Vergleich über eines der dichtesten Filialnetze verfügt. Zudem sind seit Jahren die Margen im Kreditgeschäft rückläufig, da seit Mitte der achtziger Jahre ein starker Wettbewerb unter den Kreditinstituten herrscht und sich die Refinanzierung aufgrund des veränderten Verhaltens der Privatanleger infolge des größeren Renditebewusstseins verändert hat. Dies alles hat zu einem starken Konzentrationsprozess im Bankenbereich geführt, der gegenwärtig noch anhält (zum Beispiel bei der Etablierung von Allfinanzkonzernen). Daneben findet zur Zeit eine Überarbeitung von Basel I statt, die weitreichende Konsequenzen insbesondere für mittelständische Unternehmen haben wird.

3. Kreditversorgung des Mittelstands

3.1 Neue Eigenkapitalvorschriften des Baseler Ausschusses für Bankenaufsicht

Im Januar 2001 wurde das zweite Konsultationspapier von Basel II vorgelegt. Sein Inkrafttreten ist ab dem 1. Januar 2005 geplant. Im Folgenden werden nur die wichtigsten Elemente kurz vorgestellt:

- Das Messverfahren für das Marktrisiko und die Definition des regulatorischen Kapitals bleiben erhalten.
- Neu sind die Messverfahren für das Kreditrisiko und das operationale Risiko.
- Das Kreditrisiko kann über einen Standardansatz auf der Grundlage externer Ratings oder über einen Ansatz auf der Basis interner Ratings (Internal Rating Based Approach) ermittelt werden.

Der Standardansatz basiert im Wesentlichen auf Basel I. Die Höhe der Risikogewichte hängt dabei von den Ratings externer Ratingagenturen ab (vgl. hierzu Tabelle 1).

Risikounterlegung bei Krediten an Unternehmen				
Ratingkategorie	AAA bis AA–	A+ bis A–	BBB+ bis B–	B– bis C
Risikogewichtung	20 %	50 %	100 %	150 %

Tabelle 1: Risikogewichtung beim Standardansatz

Im Gegensatz dazu ergibt sich beim Internal Rating Based Approach (IRB-Ansatz) die Unterlegungsvorschrift für jede Risikoklasse aus verschiedenen Risikokomponenten, einer *stetigen Risikogewichtungsfunktion* und den daraus resultierenden Risikokomponenten. Zur Anwendung des IRB-Ansatzes benötigt jede Bank eine aufsichtsrechtliche Zulassung. Zwei Ansätze, der Basisansatz (Foundation Approach) und der Fortgeschrittene Ansatz (Advanced Approach) sind zulässig. Beim Basisansatz schätzt das Kreditinstitut die Ausfallwahrscheinlichkeit und greift bei den übrigen Komponenten auf standardisierte Vorgaben der Aufsicht zurück; die Restlaufzeit der Kredite geht (zur Zeit) nicht explizit ein. Im Gegensatz dazu ist beim fortgeschrittenen Ansatz der Verlust bei Ausfall (Loss Given Default) die zentrale Größe. Des Weiteren wird die Restlaufzeit explizit geschätzt.

Ob und gegebenenfalls inwieweit diese neuen Vorschriften zu höheren Eigenkapitalkosten der Kreditinstitute führen werden, ist noch nicht abschließend geklärt, da die Proberechnungen noch nicht abgeschlossen sind.

3.2 Umbruch in der Kreditvergabepraxis

Die oben beschriebenen Entwicklungen führen bei den Kreditinstituten zu einer Abkehr vom reinen Volumendenken hin zu einer stärkeren Shareholder-Value-Orientierung. Im Zuge dessen haben sich einige Kreditinstitute bereits aus dem Firmenkundenkreditgeschäft zurückgezogen oder sehen das Kreditgeschäft nur noch im Zusammenhang mit anderen (ertragsstärkeren) Produkten. Des Weiteren wurden in vielen Kreditinstituten Maßnahmen zur Verbesserung der Kostenstruktur getroffen. Hierzu zählen zum Beispiel die Verlagerung von Abwicklungs- und Verwaltungsfunktionen, die Straffung des Filialnetzes sowie – auch vor dem Hintergrund von Basel II – die Etablierung bzw. der Ausbau komplexer Kreditrisikomodelle. Darüber hinaus haben einige Banken eine Reihe geschäftspolitischer Entscheidungen getroffen. Hierzu zählen zum Beispiel die stärkere Verbindung von Commercial Banking und Investment Banking, der Ausbau der Private-Equity-Einheiten, die Etablierung von Rating-Advisory-Teams, die stärkere Nutzung des Internets zur Vermarktung von Finanzierungsprodukten sowie der Restrukturierung der Bankbilanzen durch die Etablierung der Assetklasse „Deutscher Mittelstandskredit".

All dies wird zu einer Reihe von Konsequenzen für die kreditbeantragenden Unternehmen führen. Zukünftig werden sie alle (qualitätsgeprüfte) bankinterne Ratings erhalten und diese Prüfungen in der Regel genauer als bisher verfolgen. Somit wird ein intensiverer Dialog zwischen Unternehmer und Bankmitarbeiter bezüglich der Bonitätseinstufung des Unternehmens stattfinden. Aus Banksicht steigen die Sicherheits- und Informationsbedürfnisse, da nur so ein risikoadäquater Preis für den Kredit ermittelt werden kann. Schließlich ist in jüngerer Zeit ein deutlicher Trend zu einer stärkeren Orientierung der Kreditmargen am Kapitalmarkt (und damit ein Abgehen von einer „Einheitsmarge") zu beobachten. Kreditnehmer mit unterdurchschnittlicher Bonität werden daher mit höheren Finanzierungskosten rechnen müssen; Kreditnehmer mit überdurchschnittlicher Bonität werden in den Genuss niedrigerer Finanzierungskosten kommen. Dieser Zusammenhang wird sehr treffend in dem folgenden Spruch zusammengefasst: „Es gibt keine schlechten Risiken, es gibt nur schlechte Preise".

In der aktuellen Diskussion werden Befürchtungen geäußert, dass dies zu einem Kreditengpass für den deutschen Mittelstand führen könnte. In diesem Zusammenhang werden häufig die Studie Kreditmanagement/Finanzierung und Bankenrating des Europäischen Instituts für ganzheitliche Mittelstandsberatung (EuWiM) und der sogenannte Cruickshank-Report und zitiert.

Die EuWiM-Studie Kreditmanagement/Finanzierung und Bankenrating wurde im Oktober 1999 veröffentlicht. Untersuchungsgegenstand ist die (laut EuWiM) zunehmende Diskrepanz zwischen der Kreditwirtschaft und den mittelständischen Kreditnehmern. Den Kreditinstituten wird unter anderem sinkende Innovations- und Risikobereitschaft, zu starke Vergangenheitsorientierung und mangelnde Information und Unterstützung bei der Erschließung öffentlicher Fördermittel vorgeworfen. Jedoch wird auch Kritik gegenüber den mittelständischen Unternehmen geäußert, da diese sich in der Mehrheit nicht marktgerecht präsentieren. Ferner wird die Auffassung vertreten, „dass das Rating als TÜV der Kreditwürdigkeit nicht geeignet ist und nicht das ausschließliche Mittel zur Kreditbeurteilung sein kann".[2] Insgesamt betrachtet wird mit einer nachlassenden Bedeutung (und Verfügbarkeit) von Krediten für KMUs gerechnet.

Im März 2000 wurde der sog. Cruickshank-Report[3] des britischen Finanzministeriums zur Wettbewerbssituation des nationalen Kreditgewerbes veröffentlicht. Er zeichnet ein kritisches Bild der Marktstruktur, da die vier Großbanken im Bereich der Finanzdienstleistungen für kleine und mittelgroße Unternehmen (KMU) ein komplexes, den Wettbewerb behinderndes und verzerrendes Monopol bilden. Schließlich werden fast 90 Prozent des aus etwa 5.000 Unternehmen bestehenden KMU-Marktes von den vier größten Banken – Royal Bank of Scotland, einschließlich Westminster (26 Prozent), Barclays (21 Prozent), Lloyds TSB (20 Prozent) und HSBC (16 Prozent) – abgedeckt. Laut Bericht funktioniere daher der Preiswettbewerb im KMU-Markt unvollständig, die Gebühren für Dienstleistungen seien sehr hoch und die Zinsen für Guthaben zu niedrig.

Aufgrund des in der Vergangenheit vermehrt geäußerten Vorwurfs hinsichtlich eines Rückzugs der Banken aus dem Kreditgeschäft mit KMUs wurde vom Bundesverband deutscher Banken die Studie „Private Banken – Partner des Mittelstands" erstellt und im Mai 2000 veröffentlicht.[4] Diese Studie belegt, dass die Kreditvolumina an KMUs – trotz steigender Risiken – in den vergangenen Jahren eindeutig gestiegen sind. Insofern kann eine Kreditverknappung für KMUs nicht objektiv nachgewiesen werden. Darüber hinaus gilt Deutschland zur Zeit als overbanked. Die monopolartige Situation in Großbritannien kann daher mit der Situation in Deutschland keinesfalls verglichen werden. Dennoch müssen sich die mittelständischen Unternehmen auf die veränderte Situation einstellen und adäquate Finanzierungsstrategien entwickeln.

4. Mögliche Finanzierungsstrategien mittelständischer Unternehmen

4.1 Höhere Transparenz

Viele mittelständische Unternehmen verfügen zum Teil über sehr intransparente Gesellschaftsstrukturen. Der Grund hierfür ist primär steuerrechtlicher Natur, da bei inhabergeführten Unternehmen häufig die jeweilige Gesellschaftsstruktur zur Optimierung der

---

2   EuWiM (1999), S. 68.
3   Vgl. Cruickshank (2000); Namensgeber und Autor dieses Berichts war der als Vorsitzender der zwischenzeitlich gescheiterten britisch-deutschen Börse vorgesehene Don Cruickshank.
4   Vgl. Bundesverband deutscher Banken (2000).

persönlichen steuerlichen Last gewählt wurde, nicht jedoch im Hinblick auf den Kapitalmarkt, der klare und transparente Strukturen bevorzugt. Zudem befriedigen viele mittelständische Unternehmen ihren Finanzbedarf vor allem über Bankkredite, so dass die Unternehmen bisher keine Investor-Relations-Überlegungen erwogen haben. Im Hinblick auf die oben dargestellten Entwicklungen ist jedoch ein Umdenken erforderlich. Mittelständische Unternehmen sollten daher zukünftig offener mit Informationen zum Unternehmen, zu den Produkten, zu den Wettbewerbern und ihrer Strategie umgehen. Dies dürfte insbesondere den jüngeren Managern, die im Rahmen der Unternehmernachfolge die Unternehmensleitung übernehmen, leichter fallen, da ihnen das Kapitalmarktkonzept vertrauter ist und sie vor allem das Gebot der Offenlegung kennen.

Der Nutzen einer offenen Informationspolitik besteht unter anderem darin, dass sich die Aussichten auf ein gutes Rating und damit einhergehende bessere Konditionen verbessern. Zudem steigert ein gutes Rating den Bekanntheitsgrad und kann zum Beispiel auch gegenüber Lieferanten und Kunden als Gütesiegel eingesetzt werden. Der Ratingprozess im Rahmen des internen und/oder externen Ratings zeigt zudem dem Management seine jeweiligen Stärken und Schwächen auf. Die Erkenntnisse aus einem Ratingprozess können also gewinnbringend für das Unternehmen verwendet werden.

4.2 Höhere Flexibilität bei der Wahl der Finanzierungsinstrumente

Der zweite Aspekt zukünftiger Finanzierungsstrategien betrifft die Wahl der Finanzierungsinstrumente. Auch hier sollten mittelständische Unternehmen zukünftig mehr Offenheit zeigen, als dies in der Vergangenheit der Fall war. Dies bedeutet keine völlige Abkehr vom bisherigen Finanzierungsverhalten, sondern vielmehr die Bereitschaft bisher im Mittelstand nicht so stark verbreitete Finanzierungsformen zu nutzen. Hierzu zählen insbesondere kapitalmarktbezogene Produkte (wie zum Beispiel Börsengang, Corporate Bonds, Asset Backed Securities) und Private-Equity-Finanzierungen (zum Beispiel Direktbeteiligungen und Mezzanine-Finanzierungen), die – vom Börsengang abgesehen[5] – im Folgenden in ihren Grundzügen dargestellt werden.

4.2.1 Kapitalmarktprodukte

4.2.1.1 Corporate Bonds

Der deutsche Markt für Corporate Bonds war bisher stark von Bankemissionen geprägt. Der Anteil deutscher Unternehmensanleihen betrug lediglich circa 3 Prozent des Brutto-

---

[5] Aufgrund der Entwicklung der deutschen Aktienkultur in den vergangenen Jahren wird von einer Darstellung des Börsengangs abgesehen. Zur Börseneinführung mittelständischer Unternehmen vgl. ausführlich Zacharias (2000).

sozialprodukts; in den USA liegt er demgegenüber bei circa 34 Prozent. Begründet ist dies in der (bisherigen) preislichen Überlegenheit des Bankkredits,[6] den Informationsasymmetrien, dem in Kontinentaleuropa stärker als in den USA ausgeprägten Hausbankprinzip sowie der Dominanz des öffentlich-rechtlichen und des genossenschaftlichen Sektors, der seine primäre Aufgabe in der Förderung eines bestimmten Kundenkreises sieht und daher das Rentabilitätsziel untergeordnet hat. Seit einiger Zeit ist jedoch ein enormes Wachstum bei Corporate Bonds zu beobachten.

Corporate Bonds stellen ein etabliertes Instrument zur Fremdkapitalaufnahme an den (internationalen) Kapitalmärkten dar. Insofern handelt es sich hierbei nicht um ein neues Finanzierungsinstrument. Allerdings ist seit einiger Zeit ein deutliches Absinken der Mindestvolumina am Kapitalmarkt zu beobachten. Früher galt die Daumenregel, dass das Mindestvolumen einer Anleihe circa 500 Mio. € betragen musste. Mittlerweile liegt das Mindestvolumen einer Anleihe deutlich niedriger. Einige wenige mittelständische Unternehmen haben (meistens im Zusammenhang mit Akquisitionen) die Möglichkeit der Kapitalaufnahme über Corporate Bonds bereits genutzt (vgl. Tabelle 2).

Die in der Tabelle aufgeführten Corporate Bonds sind – abgesehen von Dyckerhoff (Lone Star) – nicht geratet und werden nicht auf breiter Basis gehandelt. In der Regel werden sie von deutschen Banken aufgrund des Bekanntheitsgrades ihres Namens gehalten. Allgemein wird angenommen, dass diese Corporate Bonds nach Bonitätsgesichtspunkten im Durchschnitt gerade noch Investment-Grade-Charakter haben. Für die Anleger waren die Unternehmen bisher nahezu „unsichtbar", da die Produkte dieser Unternehmen oft im Fertigungsprozess verbraucht oder unter das Endprodukt subsumiert wurden (zum Beispiel Autoschiebedächer, Etikettiermaschinen für Getränke, Buchbindungstextilien usw.) oder die mittelständischen Unternehmen aus Wettbewerbsgründen bisher eine gewisse Zurück-

Unternehmen	Volumen	Laufzeit	Kupon	Rating
Claas KGaA	100 Mio. €	7 Jahre (2006)	4,500 %	nicht geratet
Deutsche Nickel AG	120 Mio. €	7 Jahre (2006)	7,125 %	nicht geratet
Dyckerhoff (Lone Star)	300 Mio. €	5 Jahre (2004)	5,875 %	BBB (Lone Star)
FAG Kugelfischer	150 Mio. €	5 Jahre (2004)	6,125 %	nicht geratet
Grammer AG	60 Mio. €	7 Jahre (2006)	6,250 %	nicht geratet
Leoni AG	75 Mio. €	7 Jahre (2006)	6,125 %	nicht geratet
Muehl AG	60 Mio. €	10 Jahre (2009)	7,250 %	nicht geratet
Rinol AG	66 Mio. €	5 Jahre (2003)	5,500 %	nicht geratet

Tabelle 2: Corporate Bonds mittelständischer Unternehmen

---

6 Zur Beziehung zwischen Bankkrediten und Unternehmensanleihen vgl. ausführlich Deutsche Bundesbank (2000), S. 33 ff.

haltung gepflegt haben. Dies wird sich jedoch mit einer steigenden Inanspruchnahme des Bondmarkts ändern. Einen wesentlichen Beitrag zur Entfaltung des Bondmarkts werden auch die Ratingagenturen leisten. Schließlich ist ein Rating mittlerweile nahezu unabdingbar, wenn es darum geht, auf dem Kapitalmarkt international Interesse zu wecken. Dem Investor wird dadurch eine Beurteilung eines ihm unbekannten Unternehmens ermöglicht.

Aus der Sicht des emittierenden Unternehmens stellen Corporate Bonds ein effizientes Instrument bei der erstmaligen Inanspruchnahme des Kapitalmarkts dar, zumal die Emission in der Regel zu einer Verbreiterung der Investorenbasis führt. Des Weiteren sind die Anleihebedingungen häufig relativ flexibel gestaltbar, was ebenfalls für dieses Finanzierungsinstrument spricht. Nachteilig sind jedoch die hohen Emissionskosten, die (aus Anlegersicht) häufig geringe Liquidität und die Notwendigkeit eines externen Ratings, das von einer renommierten Ratingagentur erstellt wird. Die Kosten eines Erstratings betragen bei den renommierten Ratingagenturen (Standard & Poors, Moody's und Fitch) circa 50 000 €. Insgesamt betrachtet ist zur Zeit eine Finanzierung über Corporate Bonds häufig teurer als ein Bankkredit. Allerdings stellt die Emission eines Corporate Bonds die „Eintrittskarte" in den Kapitalmarkt dar, so dass dieser Nachteil von einigen Emittenten des industriellen Mittelstands bewusst in Kauf genommen wurde. Schließlich geht es darum, den eigenen Firmennamen am Kapitalmarkt (Name Recognition) bekannt zu machen.

4.2.1.2 Asset Backed Securities

Die Finanzierung über Asset Backed Securities (ABS) stellt eine Verbriefung von Forderungen dar, welche anschließend an der Börse platziert werden. Eine ABS-Konstruktion läuft (vereinfacht ausdrückt) in den folgenden Schritten ab. Im ersten Schritt überträgt ein Unternehmen (Originator) einen Teil seiner weniger liquiden Forderungen (mit dem Ziel der Bilanzverkürzung) auf eine nicht zu seinem bilanziellen Konsolidierungskreis gehörende Einzweckgesellschaft (Special Purpose Vehicle). Die Einzweckgesellschaft finanziert sich im zweiten Schritt durch Kreditaufnahme oder durch die Einschaltung einer weiteren Einzweckgesellschaft (Conduit), welche dann durch die Ausgabe von Wertpapieren am Geld- oder Kapitalmarkt die Refinanzierung übernimmt. Im dritten Schritt fließt der vereinbarte, diskontierte Kaufpreis für die Forderungen aus dem Erlös der Wertpapieremission wieder an den Originator zurück. Die Einlösung der Wertpapiere bei Endfälligkeit erfolgt dann im vierten Schritt aus dem Cash Flow der eingezogenen Forderungen. Verkäufer dieser wenig liquiden Vermögensgegenstände sind Unternehmen, die über ein hochvolumiges, gut diversifiziertes Portfolio verbriefungsfähiger Aktiva verfügen. ABS-Finanzierungen gehören inzwischen zum festen Bestandteil des Produktspektrums am Kapitalmarkt, wobei Deutschland zur Zeit die höchsten Wachstumsraten und die größten Volumina verbriefter Vermögenswerte in Europa aufweist.

Der Vorteil für das veräußernde Unternehmen besteht also in einer Ausgliederung nicht betriebsnotweniger Aktiva und deren Finanzierung. Dadurch verbessern sich einige Unternehmenskennzahlen (wie zum Beispiel der Verschuldungsgrad), was sich auch vorteilhaft auf andere Bereiche (zum Beispiel Kreditkonditionen) auswirken kann. Die Nutzung eines ABS-Programms ist grundsätzlich immer dann sinnvoll, wenn das Rating der Einzweckgesellschaft besser ist als das Rating des Unternehmens, das die weniger liquiden Vermögensgegenstände veräußert. Nachteilig aus der Sicht mittelständischer Unternehmen wirken die relativ hohen Mindestvolumina, die derzeit bei circa 100 bis 150 Mio. € liegen. Des Weiteren ist ein Rating der Einzweckgesellschaft erforderlich, das kosten- und zeitaufwendig ist. Zudem ist hierbei zu beachten, dass nur relativ wenig mittelständische Unternehmen über ein gut diversifiziertes Portfolio verbriefungsfähiger Forderungen verfügen, da sich die Umsätze häufig auf wenige Kunden konzentrieren.

Kapitalmarktprodukte sind daher zum gegenwärtigen Zeitpunkt „nur" für eine bestimmte Gruppe des industriellen Mittelstands relevant, wobei jedoch die Tendenz steigend ist.

4.2.2 Private-Equity-Finanzierungen

Für die Unternehmen, die (noch) nicht kapitalmarktfähig sind, bieten sich in bestimmten Phasen Private-Equity-Finanzierungen[7] an (siehe Abbildung 1). Zwar ist bei diesen Finanzierungen im Gegensatz zu den oben genanten Kapitalmarktprodukten kein externes Rating erforderlich, jedoch beinhaltet ein Private-Equity-Investment aus der Sicht der Kapitalbeteiligungsgesellschaft eine Beteiligung an einer strategischen Entscheidung, die eine eingehende Analyse des Beteiligungsnehmers erfordert, das heißt ein „Rating" des Geschäftsmodells, der Technologie[8] usw.

In Abhängigkeit vom Reifegrad des jeweiligen Unternehmens bieten sich verschiedene Private-Equity-Typen an.[9] Für die Gründungsphase (Phase 1) wird in der Regel Venture Capital in Form von Direktbeteiligungen benötigt, da die Unternehmen in dieser Phase häufig noch nicht in der Lage sind, ihren Kapitalbedarf durch zinstragende Mittel abzudecken. Venture Capital wird von Kapitalbeteiligungsgesellschaften und von sogenannten Business Angels[10] zur Verfügung gestellt. Bei Business Angels handelt es sich um vermögende Privatpersonen, die aus ihrem privatem Vermögen risikotragendes Kapital direkt als offene oder stille (Minderheits-)Beteiligung oder auch als langfristiges nachrangiges Darlehen zur Verfügung stellen, ohne Kapitalbeteiligungsgesellschaften oder Finanzintermediäre einzuschalten. In einer Studie des Fraunhofer Instituts für Systemtechnik und Innovationsforschung (FhG-ISI) und des Zentrums für europäische Wirtschaftsforschung (ZEW) wird davon ausgegangen, dass zur Zeit etwa 220 000 potenzielle Business Angels existieren, von denen allerdings nur etwas mehr als 10 Prozent aktiv tätig sind. Oftmals sind Business Angels ehemalige Manager von Unternehmen, die selbst mit Venture Capi-

---

7 Zum Finanzierungsdesign bei Private-Equity-Finanzierungen siehe Weimerskirch (2000).
8 Zum Technologierating vgl. Everling/Riedel/Weimerskirch (2000).
9 Eine repräsentative Auswahl konkreter Möglichkeiten der Beteiligungsfinanzierung bei Unternehmensgründung und -wachstum findet sich bei Engelmann/Juncker/Natusch/Tebroke (2000).
10 Vgl. hierzu ausführlich Brettel/Jaugey/Rost (2000).

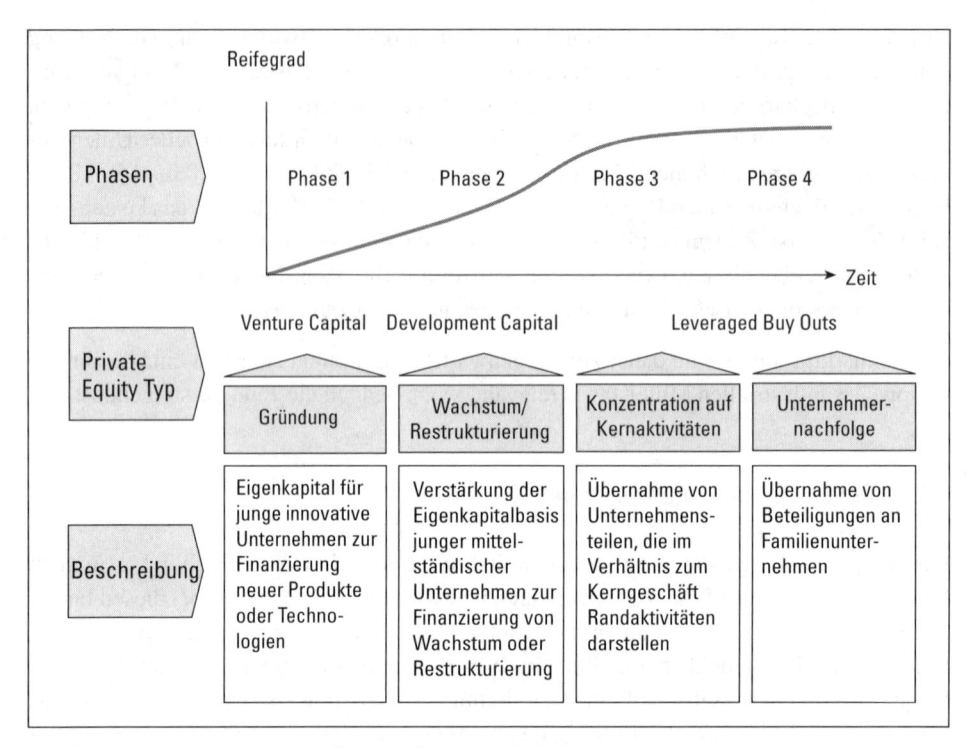

Phasen	Phase 1	Phase 2	Phase 3	Phase 4
Private Equity Typ	Venture Capital	Development Capital	Leveraged Buy Outs	
	Gründung	Wachstum/ Restrukturierung	Konzentration auf Kernaktivitäten	Unternehmer-nachfolge
Beschreibung	Eigenkapital für junge innovative Unternehmen zur Finanzierung neuer Produkte oder Technologien	Verstärkung der Eigenkapitalbasis junger mittelständischer Unternehmen zur Finanzierung von Wachstum oder Restrukturierung	Übernahme von Unternehmensteilen, die im Verhältnis zum Kerngeschäft Randaktivitäten darstellen	Übernahme von Beteiligungen an Familienunternehmen

Abbildung 1: Funktionen von Private Equity

tal finanziert wurden. Folglich gehen Business Angels vergleichsweise risikoreiche Beteiligungen ein und bieten Managementunterstützung. Nachteilig wirkt jedoch, dass der Markt für diese Form des (informellen) Beteiligungskapitals in Deutschland noch vergleichsweise unterentwickelt ist, Business Angels in der Regel einen starken regionalen und/oder branchenbezogenen Fokus haben und die Höhe des Beteiligungskapitals schnell an Grenzen stößt.

In der Wachstums- und Reifephase (Phasen 2 bis 4) wird Beteiligungskapital in der Form von Direktbeteiligungen oder Mezzanine-Kapital von Finanzinvestoren und/oder strategischen Investoren zur Verfügung gestellt.[11] Bei Direktbeteiligungen bevorzugen Investoren in der Regel die Mehrheit des Kapitals, jedoch sind auch Minderheitsbeteiligungen möglich. Der Fokus liegt dabei nicht auf der Erzielung laufender Erträge, sondern auf einem erhöhten Eigenkapitalwert beim Exit. Insofern ist eine klare Perspektive für den möglichen Exit, der typischerweise nach circa drei bis fünf Jahren erfolgt, bereits beim Eingehen des Investments erforderlich. Die Vorteile für den Beteiligungsnehmer liegen in der Verbesserung der Finanzierungsstruktur, der Unterstützung bei der strategischen Positionierung und der Zuführung von spezialisiertem Know-how. Nachteilig aus der Sicht des Beteiligungs-

---

[11] Zur Praxis der Expansionsfinanzierung vgl. stellvertretend für viele Elkemann-Reusch/Zickenrott (2000), S. 107 ff. mit weiteren Nennungen.

kapital suchenden Unternehmens sind die zeitlich begrenzte Partnerschaft, die – in der Praxis üblichen – Mindestanlagevolumina sowie die Fokussierungen auf bestimmte Branchen bzw. Finanzierungsanlässe (zum Beispiel Turn Around, Konsolidierung etc.)

Bei Mezzanine-Kapital handelt es sich um nachrangige, unbesicherte Finanzmittel mit einer risikobedingt höheren Verzinsung (häufig auch mit Equity Kickern als Vergütungskomponente). Zu Mezzanine-Kapital gehören unter anderem stille Beteiligungen, Genussscheine sowie Wandel- und Optionsanleihen. Dabei erfolgt keine Verwässerung der Anteilseignerstruktur, was seitens der Unternehmer häufig bevorzugt wird. „Nachteilig" ist, dass Mezzanine-Kapital das Vorhandensein stabiler Cash Flows erfordert.

Das Volumen an Private-Equity-Finanzierungen ist in den letzten Jahren enorm angestiegen. Im Jahr 2000 wurden im Neugeschäft allein von den Mitgliedern des Bundesverbandes Deutscher Kapitalbeteiligungsgesellschaften (BVK) 3,8 Mrd. € investiert (Vorjahresvolumen 2,8 Mrd. €). Hierzu hat auch die Entwicklung am Neuen Markt wesentlich beigetragen. Trotz der Bewertungskorrekturen, die in jüngster Zeit stattgefunden haben, ist der deutsche Private-Equity-Markt im Vergleich zu den Märkten in Großbritannien und den USA noch vergleichsweise unterentwickelt, so dass allgemein auch zukünftig von einem starken Wachstum ausgegangen wird.

4.2.3 Risikoadäquat bepreiste Kredite

Trotz wachsender Bedeutung von Kapitalmarktprodukten und Private-Equity-Finanzierungen für mittelständische Unternehmen darf die fundamentale Bedeutung der Kreditfinanzierung für den Mittelstand nicht übersehen werden. Schließlich gibt es eine große Anzahl mittelständischer Unternehmen, die (noch) nicht kapitalmarktreif sind bzw. für die Private-Equity-Finanzierungen keine adäquate Lösung darstellen. Für diese Unternehmensgruppe werden Kredite auch zukünftig ihren hohen Stellenwert behalten. Allerdings werden die Banken bei der Kreditfinanzierung die Konditionen verstärkt von den jeweiligen Kreditrisiken abhängig machen. Die heute teilweise übliche „Einheitsmarge" wird also einer risikoorientierten Margengestaltung weichen. Dies dürfte sogar für die Sparkassen und Landesbanken gelten, vor allem wenn die EU ihre Stellung als Quasi-Staatsunternehmen erfolgreich anficht. Unternehmensseitig bedingt dies – wie oben dargestellt – eine offene Informationspolitik; von Seiten der Banken setzt dies Transparenz und Qualität der Risikobeurteilung voraus.

Die risikoadäquate Bepreisung eines Kredites bedingt ein gut ausgebautes internes Rating durch die kreditgewährende Bank. Interne Ratings sind aus der Sicht des kreditnehmenden Unternehmens durchaus von Vorteil. Schließlich handelt es sich hierbei um eine der Kernkompetenzen der Banken. Darüber hinaus stellt ein internes Rating die Voraussetzung für den indirekten Zugang zum Kapitalmarkt via Collateralized Loan Obligations (CLO) dar, die im Folgenden unter dem Begriff Assetklasse „Deutscher Mittelstandskredit" vorgestellt werden.

4.3 Exkurs: Assetklasse „Deutscher Mittelstandskredit"

Mit der Abkehr vom reinen Volumendenken hin zu einer stärkeren Shareholder-Value-Orientierung versuchen europäische Banken seit einiger Zeit die Effizienz ihrer Bilanzen zu verbessern. Ein direkter Verkauf der Aktiva (bzw. eines Kreditportfolios) kommt allerdings in der Regel nicht in Betracht. Zum einen ist es schwierig, Kaufinteressenten für umfangreiche Kreditportfolios zu finden, zum anderen würde die verkaufende Bank bei einer solchen Transaktion ihre Kundenbeziehung gefährden. Eine Verbriefung analog dem US-amerikanischen Markt unterblieb jedoch zunächst aufgrund der fehlenden Unterstützung der deutschen Aufsichtsbehörden. Erst 1997 schaffte das Bundesaufsichtsamt für das Kreditwesen die aufsichtrechtliche Basis für die Verbriefung von Forderungen auf dem Bankensektor.[12] Seitdem haben viele Banken bilanzunwirksame kreditunterlegte Obligationen oder CLOs (Collateralized Loan Obligations) zur Entlastung ihrer Eigenkapitalbasis eingesetzt.[13] Durch die Verbriefung erhalten die Banken ihre Kundenbeziehungen aufrecht und können durch eine Verbreiterung und Vertiefung der Dienstleistungen die langfristigen Gewinnausweise verbessern.

Eine innovative Form der Ausplatzierung von Mittelstandskredit-*Risiken* – nicht der Kreditforderungen selbst – wurde im November 2000 gemeinsam von der IKB Deutsche Industriebank (IKB) und der Kreditanstalt für Wiederaufbau (KfW) mit Merrill Lynch als Arranger im Markt platziert (siehe Abbildung 2).[14]

Das Besondere dieser Transaktion besteht darin, dass erstmals zusammen mit der KfW das von ihr entwickelte Rahmenprogramm „PROMISE" genutzt wurde, um die Kreditrisiken aus öffentlichen Förderkrediten auf Portfoliobasis auszuplatzieren. Hierzu wurde in einem ersten Schritt ein Portfolio aus Kredit-*Risiken* im Volumen von 2,5 Mrd. €, die aus der Vergabe von rund 2.500 Förderkrediten durch die IKB Deutsche Industriebank beruhen, gebildet. In einem zweiten Schritt wurde das Portfolio von drei internationalen Ratingagenturen (Standard & Poor's, Moody's und Fitch) unabhängig voneinander bewertet und in Bonitätsklassen (Senior-Tranche/erstklassige Bonität, Mezzanine-Tranchen/Ratings AA bis BB und First Loss Tranche) eingeteilt. Im dritten Schritt übernahm die KfW für dieses Portfolio via Credit Default Swap[15] das Ausfallrisiko gegenüber der IKB. Im vierten Schritt ließ sich die KfW die übernommenen Risiken am Kapitalmarkt rückgarantieren. Das Risiko aus der Senior Tranche und der Junior Tranche wurde mittels Credit Default Swap in den Markt weitergegeben. Für die Mezzanine-Tranchen wurden Credit Linked Notes über eine Spezialgesellschaft (Special Purpose Vehicle) am Kapitalmarkt platziert, die an das Ausfallrisiko gebunden sind.

---

12 Vgl. Deutsche Bundesbank (1997), S. 57 ff.
13 Zu den Grundstrukturen einer solchen Verbriefung siehe ausführlich Kaiser/Heilenkötter/Herrmann/Krämer (1999), S. 149 ff.
14 Vgl. hierzu ausführlich das Information Memorandum PROMISE-I 2000-1 von Merrill Lynch.
15 Bei einem Credit Default Swap handelt es sich um ein neuartiges, standardisiertes Instrument, das wie eine Ausfallgarantie wirkt.

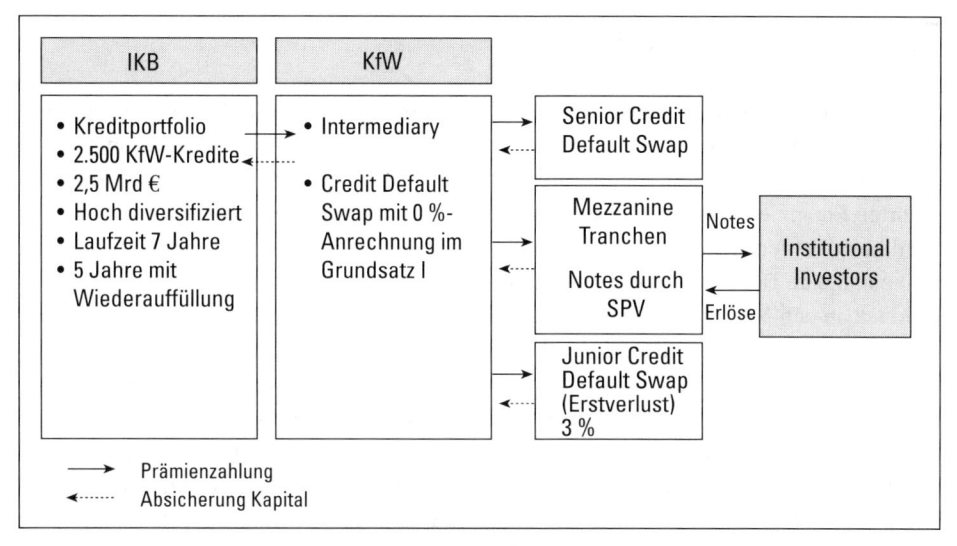

```
┌─────────────────────┬──────────────────┬─────────────────────┐
│ IKB                 │ KfW              │  Senior Credit      │
│                     │                  │  Default Swap       │
│ • Kreditportfolio   │ • Intermediary   │                     │
│ • 2.500 KfW-Kredite │                  │  Mezzanine          │ Notes    Institutional
│ • 2,5 Mrd €         │ • Credit Default │  Tranchen           │─────────▶  Investors
│ • Hoch diversifiziert│  Swap mit 0 %-  │                     │
│ • Laufzeit 7 Jahre  │   Anrechnung im  │  Notes durch SPV    │ Erlöse
│ • 5 Jahre mit       │   Grundsatz I    │                     │
│   Wiederauffüllung  │                  │  Junior Credit      │
│                     │                  │  Default Swap       │
│                     │                  │  (Erstverlust) 3 %  │
└─────────────────────┴──────────────────┴─────────────────────┘
```

──▶ Prämienzahlung
◀┄┄ Absicherung Kapital

Abbildung 2: CLO-Transaktion der IKB Deutsche Industriebank AG (vereinfachte Darstellung)

Im Verlustfall übernimmt im Fall der PROMISE-Transaktion der KfW die First Loss Tranche das Risiko durch Anrechnung auf den Nominalbetrag. Diese Tranche beträgt drei Prozent des Kreditportfolios. Bei größeren Verlusten wird die nächste Tranche in Anspruch genommen. Sollte dies nicht ausreichen müssen die nächsthöheren Tranchen einspringen. Die Laufzeit der Transaktion beträgt sieben Jahre; in dieser Periode können Kapitaltilgungen fortlaufend durch neue Kredite ersetzt werden. Durch diese CLO-Transaktion wurde der Grundsatz I entlastet und gleichzeitig die Kernkapitalquote um circa 0,5 Prozent erhöht. Für die mittelständischen Kunden bedeutet dies, dass die IKB zusätzliches Potenzial für die Vergabe von (Förder-)Krediten an mittelständische Unternehmen hat.

Diese Verbriefungstechnik hat sich äußerst erfolgreich erwiesen, wie die (Folge-)Transaktionen von der HypoVereinsbank und der Dresdner Bank klar belegen. Schließlich bieten sie sowohl für die Kreditinstitute als auch für die kreditnehmenden mittelständischen Unternehmen eine Reihe von Vorteilen. Die Kreditinstitute schonen bzw. entlasten damit ihr knappes Eigenkapital und schaffen dadurch Potenzial für die Vergabe weiterer Kredite an mittelständische Unternehmen. Um diese Verbriefungstechnik nutzen zu können, muss das Kreditinstitut eine Reihe von Voraussetzungen erfüllen. Hierzu zählen insbesondere ein hoch diversifiziertes Portfolio, ein gut ausgebautes internes Ratingsystem und eine aussagekräftige Datenreihe mit historischen Ausfallraten. Auch aus der Sicht der Kreditnehmer ergeben sich einige Vorteile, da nicht in bestehende Kreditverhältnisse eingegriffen wird und die Kreditforderungen in der Bilanz der Durchleitungsbank bleiben. Ebenso werden keine vertraulichen Daten des Kreditnehmers an Dritte (auch nicht an Ratingagenturen) weitergegeben. Durch die neue Verbriefungstechnik erhalten somit auch mittelständische Unternehmen, die selbst nicht emissionsfähig sind, indirekten Zugang zum Kapitalmarkt.

5. Fazit und Ausblick

Zusammenfassend betrachtet ist davon auszugehen, dass sich die Ratingkultur (insbesondere für mittelständische Unternehmen) in Deutschland dynamisch entwickeln wird. Die breite Anwendung bankinterner Ratings, die mit einer Intensivierung der bewährten Finanzierungsbeziehungen zwischen Kreditinstituten und Kunden einhergeht, wird hierzu einen wesentlichen Beitrag leisten. Schließlich stellt sie die Basis für eine risikoadäquate Bepreisung von Krediten und damit eine weitere Annäherung der Konditionen an den Kredit- und Kapitalmärkten dar. Mittelständische Unternehmen sollten daher frühzeitig Investor-Relations-Strategien entwickeln und sich darüber hinaus flexibel bei der Wahl der Finanzierungsinstrumente zeigen, um so zu einem optimalen Finanzierungsmix zu gelangen. Dieses höhere Maß an Flexibilität betrifft insbesondere Kapitalmarktprodukte (zum Beispiel Corporate Bonds und Asset Backed Securities) und Private-Equity-Finanzierungen (wie zum Beispiel Direktbeteiligungen und/oder Mezzanine-Finanzierungen). Bei der Finanzierung über den Kapitalmarkt sind jedoch zwei Aspekte zu beachten. Erstens sind trotz sinkender Markteintrittsbarrieren Mindestvolumina erforderlich, die nur von einem Teil des industriellen Mittelstands erfüllt werden. Zweitens ist bei diversen Kapitalmarktprodukten (wie zum Beispiel Corporate Bonds) ein externes Rating einer renommierten Ratingagentur nahezu unerlässlich. Hilfestellung im Vorfeld liefern die Banken über speziell hierfür etablierte Rating Advisory-Teams. Die stärkere Kapitalmarktfinanzierung des deutschen Mittelstands wird sich daher eher evolutionär als revolutionär entwickeln. Für die Unternehmen, die (noch) nicht kapitalmarktfähig sind, bieten Private-Equity-Finanzierungen erhebliches Potenzial zur Finanzierung von Wachstum, Restrukturierung, Konzentration auf Kernaktivitäten sowie die immer drängender werdende Frage der Unternehmernachfolge bei Unternehmen der „Gründerzeit". Insofern ist eine stärkere Inanspruchnahme speziell auf den Mittelstand ausgerichteter Private-Equity-Einheiten zu erwarten.

Bei all dem darf nicht übersehen werden, dass Kredite auch zukünftig einen wesentlichen Finanzierungsbaustein mittelständischer Unternehmen darstellen werden. Zudem ermöglicht eine Verbriefung von Krediten mittels CLOs den mittelständischen Unternehmen zumindest indirekt den Zugang zum Kapitalmarkt.

Erfolgreiche Partnerschaft – mit der IKB Beteiligungsgesellschaft.

Sichern Sie Ihr stärkstes Kapital: Unabhängigkeit.

Der unternehmerische Kapitalpartner

Vor dem Hintergrund der sich wandelnden Finanzmärkte und Basel II benötigen Unternehmen mit hohen Zielen ein klares Eigenkapitalkonzept. Ob es sich dabei um eine Wachstumsfinanzierung handelt oder um eine Management-Buy-Out-/Management-Buy-In Lösung, ob Sie einen Gesellschafterwechsel vorbereiten oder einen Börsengang planen: Wir entwickeln gemeinsam mit Ihnen ein individuelles Beteiligungskonzept, mit dem Sie Ihre Handlungsspielräume erweitern und Ihre unternehmerische Eigenständigkeit sichern.

Sprechen Sie mit uns oder besuchen Sie unsere Webseite: www.ikb-Beteiligungsgesellschaft.de
IKB Beteiligungsgesellschaft mbH, Düsseldorf, Dr. Ingo Natusch, Tel.: 0 211/82 21-48 27, Fax: 0 211/82 21-28 27, e-mail: Ingo.Natusch@ikb.de

IKB Beteiligungsgesellschaft

Literaturhinweise

BRETTEL, M./JAUGEY, C./ROST, C. (2000): Business Angels – Der informelle Beteiligungskapitalmarkt in Deutschland, Wiesbaden 2000.

BUNDESVERBAND DEUTSCHER BANKEN (2000): Private Banken – Partner des Mittelstands, Berlin 2000.

CRUICKSHANK, D. (2000): Competition in UK Banking – A Report to the Chancellor of the Exchequer, March 2000.

DEUTSCHE BUNDESBANK (1997): Asset Backed Securities in Deutschland: Die Veräußerung und Verbriefung von Kreditforderungen durch deutsche Kreditinstitute, Monatsbericht Juli, Franfurt am Main 1997, S. 57 – 67.

DEUTSCHE BUNDESBANK (2000): Die Beziehung zwischen Bankkrediten und Anleihemarkt, Monatsbericht Januar, Frankfurt am Main 2000, S. 33 – 48.

ELKEMANN-REUSCH, M./ZICKENROTT, W. (2000): Die Praxis der Expansionsfinanzierung des Mittelstands – Direktbeteiligung und Mezzanine-Kapital, in: Stadler, W. (Hrsg.): Venture Capital und Private Equity, Köln 2000, S. 107 – 116.

ENGELMANN, A./JUNCKER, K./NATUSCH, I./TEBROKE, H.-J. (2000): Moderne Unternehmensfinanzierung – Risikokapital für Unternehmensgründung und -wachstum, Frankfurt am Main 2000.

EuWiM (2000): Kreditmanagement/Finanzierung und Banken-Rating, Steinbach 1999.

EVERLING, O./RIEDEL, S.-M./WEIMERSKIRCH, P. (HRSG.) (2000): Technology-Rating – Neue Entscheidungshilfen für Hightech-Investoren, Wiesbaden 2000.

KAISER, H./HEILENKÖTTER, A./HERRMANN, M./KRÄMER, W. (1999): Der Eurokapitalmarkt, Wiesbaden 1999.

MERRILL LYNCH (2000), Information Memorandum PROMISE-I 2000-1, 2000.

NATUSCH, I. (1999): Ratingkultur für den Mittelstand im Aufbau, in: FINANZ BETRIEB, 1. Jg., 1999, S. 409 – 412.

WEIMERSKIRCH, P. (2000): Finanzierungsdesign bei Venture-Capital-Verträgen, 2. Aufl., Wiesbaden 2000.

ZACHARIAS, E. (2000): Börseneinführung mittelständischer Unternehmen, Berlin 2000.

Rating zur Steuerung von Kundenbeziehungen

Christoph Tigges

1. Einleitung

Der Anstieg der Unternehmensinsolvenzen in Deutschland lenkt die Aufmerksamkeit des Unternehmens verstärkt auf die Analyse von Kreditrisiken, da eine Insolvenz für den Gläubiger implizit hohe Forderungsverluste bedeuten kann. Auch kann eine Insolvenz dazu führen, dass das eigene Unternehmensergebnis nachhaltig negativ beeinflusst wird, im schlimmsten Fall die eigene Insolvenz bedeutet.

In Folge der ‚Corporate Governance' Diskussion legte der deutsche Gesetzgeber das Gesetz zur Kontrolle und Transparenz im Unternehmensbereich (KonTraG) vor. Das Gesetz trat zum 1. Mai 1998 in Kraft und spiegelt sich in Änderungen im Aktiengesetz und GmbH Gesetz wider. § 91 Abs.2 AktG sieht vor, dass der 'Vorstand geeignete Maßnahmen zu treffen, insbesondere ein Überwachungssystem einzurichten hat, damit den Fortbestand der Gesellschaft gefährdende Entwicklungen früh erkannt werden'. Ferner ist gemäß § 289 Abs. 1 HGB im Lagebericht auf Risiken der künftigen Entwicklung einzugehen.

Auch die unter dem Begriff 'Baseler Akkord' geführte Diskussion, die die Banken zu einer risikoadäquaten Eigenkapitalunterlegung von Kreditgeschäften verpflichtet, führt zu einem Wandel von Bonitätsprüfungen und forciert die Entwicklungen zumindest zu internen Ratings des eigenen Kundenportfolios, wenn nicht sogar zu allgemein verfügbaren Ratings über externe Agenturen.

Dies führt zu einer Intensivierung der Bonitätsprüfung, der Einstufung des Kunden innerhalb des eigenen Kundenportfolios um somit die generelle Abschätzung und Beurteilung von Risiken effizienter zu gestalten. Der Kunde muss damit rechnen, dass bei einem Finanzierungsangebot bei entsprechender Bonität das Risiko einkalkuliert wird.

Für die IBM stellen die oben aufgeführten Aspekte vom Grundsatz her keine Neuerungen dar, da schon bisher zur Vermeidung von Bonitätsrisiken vor Einbuchung des Auftrages und unabhängig von der Art des Geschäftes (Kauf oder Finanzierung) die Bonität des Endkunden geprüft und eine entsprechende Einstufung bzw. Klassifizierung vorgenommen wurde.

Ausgehend vom Risk Management des Unternehmens beschreiben die folgenden Kapitel die Grundsätze, den Prozess und die Vorgehensweise des Kredit Risk Management zur Beurteilung und Steuerung von Kundenbeziehungen und der Vermeidung von Risiken in Form von Forderungsverlusten.

2. Strategisches Risk Management: Festlegung der Risikopolitik

Das Kredit Risk Management als Bestandteil des Risk Management dient der Existenzsicherung des Unternehmens und der Sicherung des künftigen Erfolgs. Die Zielsetzungen des Kredit Risk Management sind unmittelbar mit den Unternehmenszielen verbunden. Von der Perspektive des Forderungsausfallrisikos ist damit eine prozessuale Betrachtung vom Zeitpunkt der Auftragseinbuchung mit der dazugehörigen Bonitätsprüfung über ein effizientes Debitorenmanagement bis hin zu einer effektiven Insolvenzbearbeitung verbunden. Daraus ergeben sich folgende Fragen:

a) zentrale und dezentrale Verantwortung von Kompetenzen

Es bedarf hierbei der Regelung, ob das Risk Management zentral oder dezentral der Verantwortung operativer Unternehmenseinheiten obliegt. Die komplexe Gesamtaufgabe des Kredit Risk Management obliegt innerhalb der IBM Deutschland GmbH in der Kompetenz der IBM Kreditbank GmbH. Damit ist gewährleistet, dass die Bonitätsprüfungen nach einheitlichen Regeln erfolgt.

b) Delegation von Befugnissen und Entscheidungen

Es muss eine Bestimmung des Entscheidungsrahmens und der Kompetenzen, die einer operativen Einheit auf Grund der Delegation zugewiesen worden ist, stattfinden.

c) Eigenrisiko versus Risikotransfer

Um möglichst umfassend den Markt mit Informations- und Kommunikationstechnologien bedienen zu können, erfolgt die Lieferantenbeziehung einerseits indirekt über die Geschäftspartner oder Distributoren der IBM, die wiederum die Endkunden bedienen. Andererseits werden die Kunden direkt beliefert. Sowohl für die Geschäftspartner als auch für die Endkunden bietet die IBM diverse Finanzierungsangebote, wobei die Finanzierungsangebote für die Geschäftspartner eher kurzfristig gestaltet, die der Endkunden eher langfristig orientiert sind. Das klassische Finanzierungsinstrument für die Endkunden ist hier die Leasingfinanzierung. Alle Finanzierungsinstrumente bergen letztendlich Risiken, da der Zeitraum zwischen Lieferung und Leistung und dem Geldeingang nicht kongruent sind. In allen Fällen können durch Zahlungsunfähigkeit oder Insolvenz Forderungsverluste entstehen.

Während die Forderungsrisiken im Endkundengeschäft eigenverantwortlich getragen und nicht auf eine Versicherung abgewälzt werden, so sind die Forderungsausfälle der Geschäftspartner durch die Dienstleistung in Form einer Kreditversicherung zu einem Teil abgesichert. Das bedeutet, dass im Falle eines Ausfallschadens die Versicherung für die Verluste einsteht. Die IBM beteiligt sich mit einem bestimmten Prozentsatz am Schaden (Entschädigungsvorrisiko sowie Selbstbehalt). Der Versicherte zahlt für diese ‚Absicherung' eine Prämie, die abhängig vom Schadensverlauf ist. Auch hier prüft die Versicherung den zu versichernden Kundenstamm und analysiert die Schadenswahrscheinlichkeit der jeweiligen Branche. Mit diesen Informationen wird das für den Kunden bestimmte versicherte Kreditlimit bestimmt, bis zu dessen Höhe die Versicherung bereit ist, einen Versicherungsschutz zu gewährleisten. In den letzten Jahren bietet der Versicherungsmarkt verstärkt Konzepte des ‚Alternative Risk Transfer (ART)' an. Der Vorteil eines ART Konzeptes liegt erstens vor allem in einer höheren Effizienz des Risikotransfers. Zweitens können die Grenzen der Versicherbarkeit erweitert werden und drittens der Versicherungsnehmer einen Anreiz zur Schadenprävention. Derartige Konzepte orientieren sich stark an einem Bilanzschutzgedanken, da Kundenausfälle nicht in voller Höhe sichtbar werden. Auch verfügen Versicherungsunternehmen über vielfältigere Kontakte mit Informationsquellen zur Beurteilung der Bonität. Es besteht Regelungsbedarf im Falle des Übersteigens des Auftragsvolumens über das von der Versicherung gewährte Versicherungslimit. Ohne Absprache mit dem Versicherer sind diese Volumen nicht versichert. Ein solches Konzept schließt jedoch nicht die eigene Verantwortung einer sorgfältigen Bonitätsprüfung aus, um die Prämienzahlungen an den Versicherer so gering wie möglich zu halten.

3. Ziele des Kredit Risk Management

3.1 Ziele der Kreditüberwachung

Im Rahmen des Kreditmanagements wird versucht, den Risiken, die sich aus der Gewährung von Lieferantenkrediten ergeben, zu begegnen. Es besteht eine Korrelation zwischen hohem Forderungsbestand aus Lieferung und Leistung und dem Kreditrisiko: Hohe Ausbuchungsverluste korrelieren mit einem hohen Forderungsbestand. Eine optimierte Bonitätsprüfung vor Kreditvergabe als auch ein effizientes Debitorenmanagement haben dafür Sorge zu tragen, die Vermögenswerte der Unternehmung zu sichern, damit die Liquidität erhalten bleibt. Ferner hat das Kreditmanagement die Aufgabe, dass Risikobewusstsein im Unternehmen aufzuzeigen, um auch den unternehmerischen Prozess auf den Aspekt des Risikos zu lenken. Ein noch so gesteigerter Absatz verbessert die Unternehmenssituation nicht, wenn die Zahlungseingänge auf sich warten lassen.

Die Kreditüberwachung hat die Aufgabe der Sicherstellung der Werthaltigkeit des Forderungsbestandes insbesondere im Hinblick auf die Erhaltung der Kreditwürdigkeit und Finanzierbarkeit des Unternehmens. Dies impliziert die Erzielung einer angemessenen Vermögensrendite und der Erhöhung der Kapitalproduktivität, die wiederum einen positiven Beitrag zum Shareholder Value leistet.

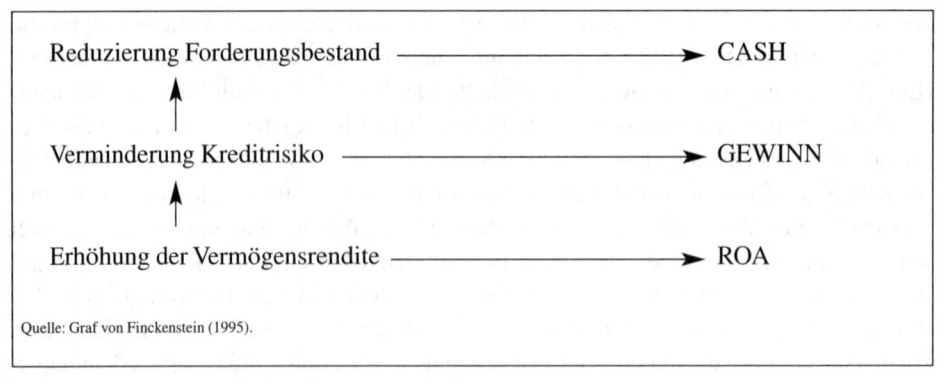

```
    Reduzierung Forderungsbestand  ─────────▶  CASH
                 ▲
                 │
    Verminderung Kreditrisiko      ─────────▶  GEWINN
                 ▲
                 │
    Erhöhung der Vermögensrendite  ─────────▶  ROA

Quelle: Graf von Finckenstein (1995).
```

Abbildung 1: Zusammenhang zwischen Forderungsbestand, Kreditrisiko und Vermögensrendite

3.2 Ziele des Kredit-Ratingsystems

Um bei einem umfangreichen Kundenstamm eine strukturierte und effektive Vorgehensweise der Bonitätsprüfung zu gewährleisten, wird eine systemtechnische Unterstützung zur Klassifizierung und Entscheidungsfindung eingesetzt. Unter Zuhilfenahme des hausinternen Systems 'Credit Expert (Credex)' werden folgende Ziele verfolgt:

- Qualitative Bewertung des Kreditrisikos des eingestuften Kunden im Verhältnis zum Gesamtengagement,
- Schaffung einer systematischen und objektiveren Risikoklassifizierung von Lieferantenkrediten,
- Optimierung der Kreditentscheidung,
- Verbesserung der Kreditüberwachung durch Aufzeigen von Gesamt- und Einzelrisiken,
- Aufdeckung von Risiken um rechtzeitig Gegenmaßnahmen ergreifen zu können,
- Minimierung von Risikoausfallkosten,
- Auswertung des Portfolios nach den Kriterien wie beispielsweise Branche, Umsatz oder Forderungsstruktur,
- EDV gestützte und zeitnahe Bearbeitung von Lieferantenkrediten.

> ☞ Klassifizierung von Unternehmen
> ☞ Delegation der Entscheidung
> ☞ Systemunterstützung
> ☞ manuelle Bonitätsprüfung

Abbildung 2: Kredit Risk Management Grundsätze

4. Grundsätze

Um den obigen Zielen gerecht zu werden, untergliedert sich der Kredit Risk Management Prozess wie in Abbildung 2 dargestellt.

4.1 Klassifizierung/Rating von Unternehmen

Alle Bestands- und Neukunden werden in Abhängigkeit der Bonität innerhalb des ‚Global Risk Management Group (GRMG)' 1 bis 7 klassifiziert. Kunden, die der Klasse 1 zugeordnet sind, besitzen eine entsprechend vorteilhaftere Finanzkraft im Verhältnis zu den in der Klasse 7 eingestuften Kunden. Diese Vorgehensweise der Zuordnung von Kunden in eine der ‚GRMG Group' gilt nicht nur national sondern ist globaler Bestandteil innerhalb der IBM Organisation.

Um weltweit eine einheitlichere und objektivere Beurteilungs- und Datenbasis zu erhalten, richtet sich die Einstufung nach den externen und internen Kenntnissen. Ist ein Kunde beispielsweise von der Agentur Moody oder Standard & Poor's beurteilt und mit einem Rating versehen, so erfolgt eine Zuordnung des Kunden in das 'GRMG' auf Basis dieses Ratings. Die Zuordnung der anderen Kunden wird unter Zuhilfenahme folgender Informationsquellen vorgenommen:

- anderer Agenturen wie Creditreform, Dun & Bradstreet oder Bürgel,
- auf Basis der eigenen Bilanzanalyse,
- sonstige interne Informationen.

Die Vorteile dieser Vorgehensweise:

1. Eine bessere Ableitung von Wahrscheinlichkeiten über den möglichen Eintritt von Zahlungsunfähigkeit des Einzelrisikos ist möglich.
2. Sie liefert eine strukturierte Übersicht über das Kundenportfolio und seine Gesamtrisiken.

3. Es handelt sich um eine globale Portfolioanalyse.
4. Es findet eine effektivere Risikosteuerung durch Konzentration auf Risikogruppen statt.

Ein weiterer zu beachtender Aspekt ist, dass nicht nur Konzerne, sondern mehr und mehr mittelständische Unternehmen global agieren. Ein im Inland befindliches Mutterunternehmen mit einer Tochtergesellschaft im Ausland muss einem ausländischen Kreditsachbearbeiter nicht bekannt sein. Sofern er nun einen Finanzierungsantrag für das ihm unbekannte Tochterunternehmen zu bearbeiten hat, so hilft ihm die Information des für das Mutterunternehmen zuständigen Kreditsachbearbeiters über das ‚GRMG Rating' bei der Entscheidungsfindung weiter.

4.2 Delegation der Entscheidungen

In Korrelation zur Bonitätseinstufung werden Limite an die Auftragsbearbeitung delegiert, bis zu deren Höhe ein Auftrag nicht einer vollständigen Bonitätsanalyse unterzogen werden muss. Den Markterfordernissen einer zeitnahen Bearbeitung von Kundenaufträgen wird Rechnung getragen. Gleichzeitig wird der administrative Prozess vereinfacht, ohne jedoch die Risiken außer Acht zu lassen.

4.3 Systemunterstützung und individuelle Bonitätsprüfung

Zur Unterstützung des Kredit Risk Teams wird das Expertensystem ‚Credit Expert' eingesetzt, basierend auf der Applikation Lotus Domino/Notes und dem AS400 Server. Das System besteht aus den drei Elementen:

- Bonitätsanfragesystem,
- Kreditprüfungssystem und Scoring Modell,
- Risk Data Warehouse.

5. Risiko-Entscheidungsgebäude

Das Risiko-Entscheidungsgebäude besteht aus vier Säulen, wie Abbildung 3 verdeutlicht.

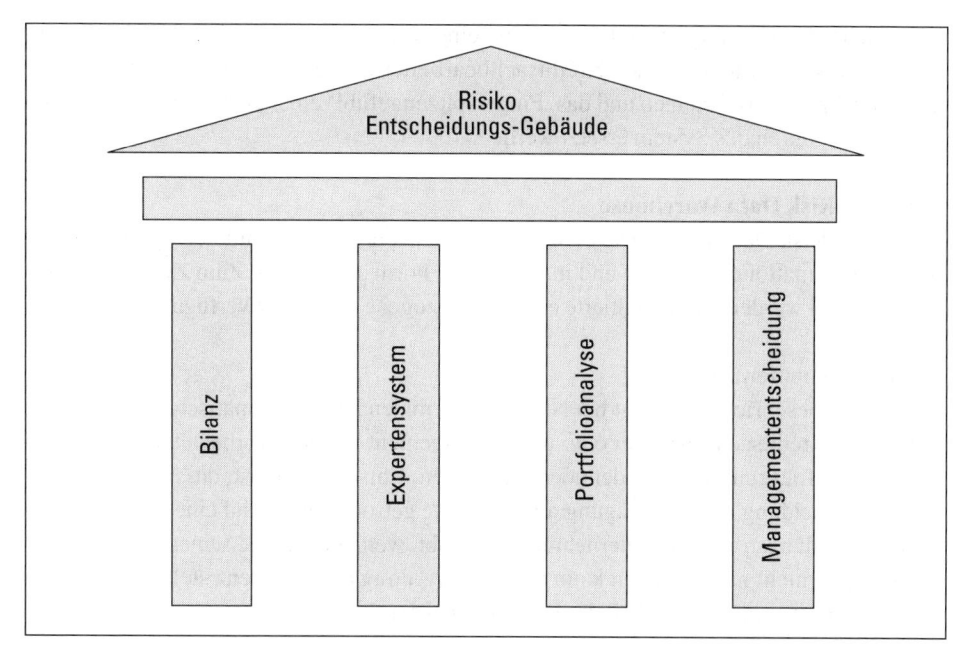

Abbildung 3: Risiko-Entscheidungsgebäude

A) Bilanz

Ein probates Mittel für die Bonitätsprüfung ist die Bilanzanalyse. Die hier sichtbaren Jahresabschlussdaten werden zweckgerichtet aufbereitet, ausgewertet, und für die Klassifikation in das ‚GRMG' genutzt. Folgende Kennzahlen seien beispielsweise genannt:

I. Vermögen: Anlagenintensität, Kapitalumschlag
II. Kapital: Eigenkapitalquote, Verschuldungsgrad
III. Finanzkraft: Cash Flow
IV. Rentabilität: Eigen-/Gesamtkapitalrentabilität

B) Experten-/Scoringsystem

Wie bereits erwähnt, wird zur Unterstützung bei der Entscheidung eines Lieferantenkredits das hauseigene System 'Credit Expert' verwendet, das alle verfügbaren internen und externen Daten der unterschiedlichen Systeme sammelt und für die Kreditentscheidungsfindung verarbeitet. Neben einer vollautomatischen Bonitätsprüfung und Entscheidungsfindung dient dieses Expertensystem der Unterstützung des Kreditprüfers bei der Analyse des Kreditrisikos und der Bonitätseinstufung des Kunden in eine der sieben ‚GRMG Group'. Sofern die Systemüberprüfung Negativmerkmale wie zum Beispiel Höhe der Forderungen ermittelt, erfolgt automatisch ein entsprechender Hinweis zur weiteren manuellen Prüfung des Auftrags durch den Bonitätsprüfer.

Das Scoring-System mit seiner Scorecard ist ein Bestandteil des Systems und berücksichtigt externe wie auch interne Informationen. Nach fest definierten Kriterien mit unterschiedlicher Gewichtung schlägt das System eine Klassifizierung in eine ‚GRMG Group' vor. Das System unterstützt den Kreditsachbearbeiter bei seiner Entscheidungsfindung. Die langjährigen Erfahrungen und das ‚Fingerspitzengefühl' eines Bonitätsprüfers können jedoch nicht durch das System ersetzt werden.

C) Credit Risk Data Warehouse
Das Credit Risk Data Warehouse dient als Sammelstelle, das aus anderen operativen Systemen Informationen sammelt und in geeigneter Form aufbereitet. Zum Zwecke der Bonitätsprüfung werden hier detaillierte einzelfallbezogene Daten zur Verfügung gestellt.

D) Managemententscheidung
Wie bereits beschrieben, erfolgt bei Negativmerkmalen keine automatische Bonitätsfreigabe. Dem Kreditsachbearbeiter oder dem Management bleibt es vorbehalten, die Freigabe für einen Lieferantenkredit dennoch zu erteilen. Entscheidend ist, dass eine bewusste Risikoentscheidung unter Abwägung aller Aspekte getroffen wird und eine Überraschung der Entscheidungsträger im Unternehmen ausbleibt, wenn der Kunde seinen Zahlungsverpflichtungen nicht nachkommen kann oder einen Antrag auf Insolvenz stellt. Das Risikobewusstsein ist somit Bestandteil der Unternehmenspolitik.

6. Kreditmanagement-Prozess

Der Kreditmanagement-Prozess beginnt bei der IBM Deutschland GmbH mit der Auftragsannahme durch den Vertrieb und der Auftragseinbuchung durch die Auftragsverwaltung. Bei der Eingabe der Kundendaten in das Auftragssystem ist die Auslieferung der Ware zunächst gesperrt. Bei der Auftragseinbuchung wird unterschieden in:

- Neu- oder Bestandskunde,
- Eintritt in bestehende Verträge;
- Umfirmierung.

6.1 Prozess der Bonitätsprüfung

Sofern es sich bei einem Auftrag um einen Neukunden handelt, ist eine Vollprüfung notwendig. Die Vollprüfung wird auch bei ‚Umfirmierung' oder ‚Eintritt in bestehende Verträge' vorgenommen. Der Prozessablauf ist dabei wie folgt:

Über das System ‚Credit Expert' hat die Auftragsverwaltung eine Bonitätsanfrage zu stellen. Die Bonitätsprüfung eines Neukunden kann sich hierbei nur auf externe Informationen beziehen, da intern noch keine Kundendaten verfügbar sind. Folgende Daten sind einzugeben:

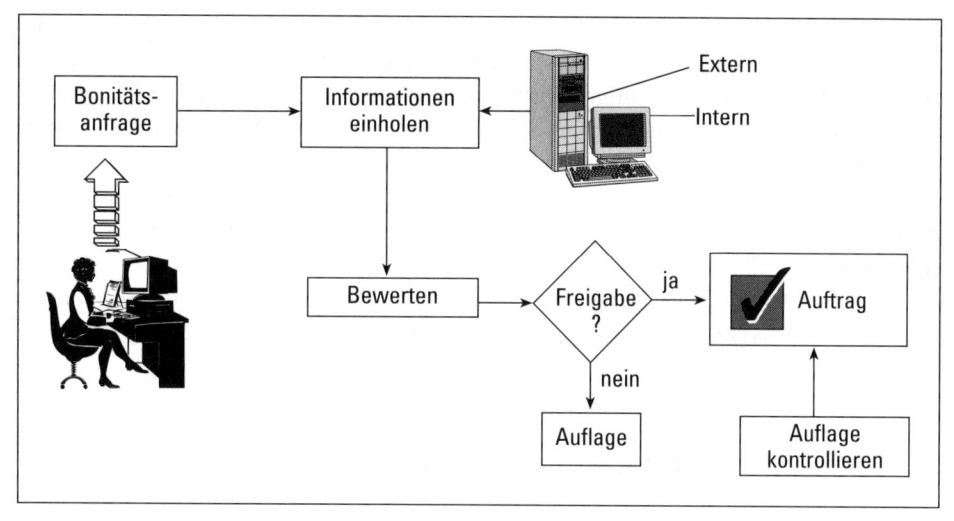

Abbildung 4: Ablauf der Bonitätsprüfung

- die exakte Firmierung des Vertragspartners,
- die Kundennummer,
- Angabe des Geschäfts (Kauf oder Leasingfinanzierung),
- Bestandteile des Vertrages wie Hardware, Software, Service,
- Volumen und sofern Finanzierung, Laufzeit des Vertrages.

Diese Informationen werden über das System an das Kredit Risk Management Team weitergeleitet, wobei das System per Interface automatisch eine Anfrage an die externe Wirtschaftsauskunftei stellt. Im Rahmen der Prüfung werden Informationen über den Kunden hinsichtlich der Kreditwürdigkeit gesammelt.

Nach vollzogener Bonitätsprüfung wird anhand der verfügbaren Informationen eine Einstufung zum Zwecke der fortlaufenden Kreditüberwachung in die ‚GRMG Group' vorgenommen. Die Bonitätsprüfung ist ein fortlaufender Prozess, wobei je nach Informationslage eine Reklassifizierung vorzunehmen ist. Mit der Einstufung sind auch bestimmte Limits verbunden, die je nach Geschäft gestaffelt sind. So ist für das Geschäft Kauf ein höheres Limit vorgesehen als für Leasingverträge. Bewegen sich Aufträge innerhalb dieser Bandbreite, so ist seitens der Auftragsbearbeitung nur eine Sichtprüfung ausreichend. Wird das Limit überschritten, so ist eine vollständige Bonitätsprüfung erforderlich und ein entsprechender Antrag ist über das System zu stellen. Im Gegensatz zu einem Neukunden bedarf es hier nur der Eingabe der Bestandskundennummer. Automatisch wird für die Auftragsbearbeitung die Vertragsadresse im Bildschirm sichtbar. Es bedarf nur noch der Eingabe der Vertragsdaten. Wird der Auftrag des Bestandskunden per System an die Bonitätsprüfung weitergeleitet, prüft das System vorab das Alter der zuletzt bei der Wirtschaftsauskunft angefragten Kundeninformation. Ist dieser fest definierte Zeitkorridor überschritten, so wird eine erneute Anfrage direkt an die Wirtschaftsauskunftei gestellt. Bei Abruf der Bonitätsanfrage durch den Kreditsachbearbeiter werden umgehend die im Risk Data Warehouse verfügbaren Informationen angezeigt, ebenfalls die derzeit gültige Einstufung des Kunden. Mit der Prüfung eines jeden Auftrags wird gleichzeitig durch das im System verankerte Scoring-Modell eine Neubeurteilung des Kunden vorgenommen. In Abhängigkeit vom Ergebnis kann der Kreditentscheider eine Reklassifizierung des Kunden vornehmen. Eine Überprüfung der Bonität wird jedoch nicht nur bei erneuter Auftragsvorlage vorgenommen. Eine Vorlage von Indikatoren wie verschlechtertes Zahlungsverhalten, das Einleiten eines gerichtlichen Mahnverfahrens oder ein außergerichtlicher Vergleich bewirkt eine Veränderung der Bonitätseinstufung, die die Warenauslieferung verhindert. Erst eine erneute Bonitätsprüfung kann zu einer Auftragsfreigabe führen.

6.2 Informationen zur Bonitätsbeurteilung

Die Informationssammlung dient der Beurteilung des Kunden hinsichtlich der Risikobeurteilung und Risikobewertung. Mit Hilfe der gewonnenen Informationen wird die Kreditwürdigkeit des Kunden betrachtet.

6.3 Bewertung der Informationen

Unter Gesamtwürdigung aller verfügbaren Informationen erfolgt die Bonitätseinstufung bzw. Bewertung des Auftrages. Ergänzend dazu wird die Art des Geschäftes betrachtet, da die Leasingfinanzierung im Gegensatz zum Kaufgeschäft durch die sofortige Bereitstellung der Leistung einerseits und die erst am Ende der Finanzierungsperiode erzielte Amortisaton andererseits ein langfristigeres Risiko beinhaltet und mit in die Beurteilung einfließt.

Ergeben sich keine Bedenken hinsichtlich der Kreditwürdigkeit des Kunden, so wird der Auftrag freigegeben. Als Resultat der Prüfung können aber die Bedenken für eine uneingeschränkte Auftragsfreigabe überwiegen. Instrumente zur Risikoabsicherung sind in Form verschiedener Auflagen möglich, etwa:

- Kontoausgleich,
- selbstschuldnerische Ausfallbürgschaft (Muttergesellschaft, Kreditinstitut),
- Kaution,
- erhöhte Anfangsrate bei Leasingfinanzierung,
- Vorkasse,
- Bankbürgschaft.

7. Frühwarnindikatoren

Zur Vermeidung von Bonitätsrisiken und möglichen Forderungsverlusten empfiehlt sich das Aufspüren von Frühwarnindikatoren. Der strategische Handlungsrahmen für die vorbeugende und rechtzeitige Entscheidungsfindung zur Vermeidung von operativen Risiken wird damit erweitert. Im Rahmen des Kredit Risk Management werden die Frühwarnindikatoren in vier Bereiche untergliedert:

I. Kennzahlen aus dem eigenen Rechnungswesen

Ein effektiver Kreditmanagement-Prozess ist Voraussetzung für eine effiziente Risikobewältigung. Dies setzt auch eine leistungsfähige Forderungssteuerung voraus. Die hier gewonnenen Informationen sind Bestandteil und Basis für die Bonitätsprüfung.

Die Forderungssteuerung inklusive Zahlungen, Mahnungen und Berichten wird bei der IBM Deutschland GmbH über das System ‚Common Accounts Receivable (CARS)' durchgeführt. Über diese Kundennebenbuchhaltung werden sämtliche Prozesse gesteuert, die im Zusammenhang mit dem Forderungseinzug stehen. Für jeden Auftrag werden Rechnungen mit Fälligkeitsdatum erstellt. Alle Kundendaten und Kontenbewegungen werden in CARS verwaltet. Das System ist in der Lage, alle Zahlungseingänge den entsprechenden Rechnungen zuzuordnen. Bei nicht zurechenbaren Zahlungseingänge ist eine manuelle Zuordnung des Debitorensachbearbeiters durchzuführen. Ferner sind eingehende Kundenreklamationen als ‚Dispute' mit Begründung in ‚CARS' zu kennzeichnen. Zusammen mit dem verantwortlichen Kundenbetreuer wird eine Lösung des Problems erarbeitet, um die ausstehenden Zahlungen zügig zu realisieren.

Mit Hilfe des monatlichen Berichtswesen wird der gesamte Forderungsbestand ermittelt und ein Plan/Ist Vergleich angestellt. Einerseits werden die Berichte als Maßstab für die Effizienz der Forderungssteuerung genutzt, andererseits lassen die Detailanalysen Rückschlüsse auf die Zahlungsbereitschaft und -fähigkeit des Kunden zu. Die hier gewonnenen Daten werden für die Bonitätsprüfung genutzt.

A) Gesamtforderungen nach Alter

Die Effizienz des Forderungseinzugs kann anhand der Altersstruktur der Forderungen gemessen werden. Andererseits weist sie die generelle Zahlungsbereitschaft und -fähigkeit der Kunden auf. Eine Maßgröße zur Steuerung des Forderungseinzugs ist das 'Day Sales Outstanding (DSO)' Der 'DSO' wird in Tagen angegeben und zeigt auf Basis einer Stichtagsbetrachtung, die Realisierung der Forderungen an. Der DSO wird wie folgt ermittelt:

$$\frac{\text{Forderungen zum Zeitpunkt m}}{\text{letzten drei Monatsumsätze}} + 90 = DSO$$

Auch diese Maßgröße findet Verwendung im Rahmen der Portfolioanalyse.

B) Zahlungsverhalten des Kunden
Eine weitere Maßgröße wird durch das 'Paid Days Delay' ausgedrückt. Mit dieser Kennzahl wird die Zeitspanne zwischen der Rechnungsstellung bis zum Zahlungseingang betrachtet.

C) Bankrückläufer/Nichtzahlung trotz Mahnungen.
Weist das Konto keine ausreichende Deckung auf und kommt es zu einem Bankrückläufer, so werden diese Daten ebenfalls verarbeitet und geeignete Maßnahmen ergriffen. Dasselbe gilt auch im Falle erfolgloser Mahnungen, die zum Einleiten des ‚Gerichtlichen Mahnverfahrens' führen. Die so gewonnenen Kenntnisse werden umgehend im Risk Data Warehouse gespeichert und zum Zwecke der Bonitätsprüfung verwendet.

II. Bilanzrisiko
Auch aus der Bilanz mit dem Anhang- und Lagebericht lassen sich wertvolle Hinweise in Form der bereits in Kapitel 5 beispielhaft genannten Kennziffern ermitteln und ermöglichen Rückschlüsse auf die Vermögens- und Liquiditätslage des Kunden.

III. Netzwerkinformationen
Ein weiterer Aspekt zur Minimierung des Kreditrisikos ist die Einbindung anderer Funktionen und externer Datenquellen in die Verantwortung des Kreditmanagements. Hierzu gehört der Vertrieb, der möglicherweise bereits bei der Geschäftsanbahnung finanzielle Risiken im Geschäft mit dem Kunden erkennen kann. Darüber hinaus ist er im laufenden Kundenkontakt und während der laufenden Geschäftsbeziehung in der Lage, frühzeitig Zahlungsschwierigkeiten feststellen zu können. Mögliche weitere Informationsquellen lassen sich durch externe Agenturen, Zeitungen oder sonstige Marktinformationen erschließen.

IV. Analyse der Insolvenzen
Zur Gewinnung eines eigenen Risikoprofils ist die eigene Analyse der Insolvenzen erforderlich. Die hier gewonnenen eigenen Kenntnisse können mit denen des Marktes überprüft und abgeglichen werden. Aus diesem Grund analysieren die Insolvenzsachbearbeiter die spezifische Kundeninsolvenz. Die so erhaltenen Informationen werden statistisch aufbereitet und fließen als Ergebnis in die Scorecard, die für die Einstufung des Kunden Verwendung findet, mit ein.

```
11  schleppende Zahlungen                      31  Zahlungsvereinbarung
12  Umstellung auf Scheck-Wechselzahlung       32  GMV
13  Wechsel der Bankverbindung                 33  Vollstreckungsmaßnahmen
14  Zahlung nur kleinerer Rechnungen
15  Zahlung ausschließl. TLA                   41  Einlageerhöhung
                                               42  Änderung dd. Rechtsform
21  Wechselprotest                             43  Firmenverlegung
22  Scheckreturen                              44  Umstrukturierungsmaßnahmen als Begründung
23  Bankrücklastschriften
                                               51  Mängelrügen
                                               52  Nichtigkeitsreklamationen
```

Abbildung 5: Mögliche Frühwarnindikatoren, die im Rahmen der Insolvenzanalyse im Einzelfall untersucht werden

8. Risk Controling im Rahmen des Kredit Risk Managements

Zielsetzung des Risk Controlling ist ein umfangreiches und aussagekräftiges Informationssystem zur Vermeidung von Risiken und zur Entwicklung von Gegenmaßnahmen zur Verfügung zu stellen. Die zu erstellenden Berichte sollen dem Management die aktuelle Geschäftsentwicklung und mögliche operative Risiken im Rahmen des Kredit Risk Managements aufzeigen. Diese Berichte sind integraler Bestandteil des im Unternehmen implementierten Berichtswesen. Die Berichte bauen auf einer systematischen Erfassung und Bewertung von Informationen auf.

Im Rahmen des Kredit Risk Management lassen sich die Berichte in zwei Rubriken untergliedern.

Das monatliche Berichtswesen ist standardisiert und statistisch aufbereitet und enthält alle für das Management wesentlichen Informationen. Die in diesem Zusammenhang regelmäßig zu erstellenden Einzelberichte beschreiben Kundensituationen, die auf Grund der Frühwarnerkennung als kritisch einzustufen sind.

Kunden.-Nr.	Kunden-Einstufung	Parameter A	Parameter B	Parameter C	Parameter D	Parameter E	Parameter F	Frühwarn-indikator
123456	5	xx	xx	xx	xx	xx	xx	41
654321	3	yy	yy	yy	yy	yy	yy	11
147258	6	zz	zz	zz	zz	zz	zz	52

Abbildung 6: Insolvenzanalyse

Im Rahmen des ‚Self Audit Customer Account (SACA)' werden speziell die internen Prozesse und Einhaltung von internen Regeln geprüft. Die Prüfungen werden in methodisch systematischer Form aufbereitet und die Untersuchungsergebnisse dem Management vorgelegt. Bei festgestellten Abweichungen zu den internen Unternehmensregeln oder bei festgestellten Prozessschwächen ist die operative Einheit für die Behebung der Mängel zuständig.

9. Globale Aspekte

Die zunehmende globale Regionalisierung führt zu einer immer engeren Verzahnung ehemals getrennter nationaler Volkswirtschaften. Nicht mehr allein die sogenannten ‚Global Player' sind international mit ihrem Unternehmen präsent, sondern auch mehr und mehr mittelständische Unternehmen sind durch ihre Tochtergesellschaften länderübergreifend aktiv, um neue Marktpotentiale zu erschließen. Dies führt dazu, dass Bonitätsprüfungen im Inland für ausländische Tochterunternehmen durchzuführen sind, deren Stammsitz jedoch im Ausland ist. Häufig sind die Kenntnisse über diese Unternehmen für eine Beurteilung nicht ausreichend. Vor allem dann, wenn die Tochtergesellschaften nicht mit ausreichend finanziellen Mittel ausgestattet sind. Liegt ein solcher Fall zur Beurteilung vor, so wird der internationale Kontakt innerhalb des Unternehmens intensiv gepflegt. Da die Länder das ‚GRMG Konzept' umgesetzt haben, vereinfacht es die Kommunikation, wenn der Kreditentscheider die Mitteilung vom ausländischen Kreditanalysten erhält, in welche ‚GRMG Group' der Kunde in dem betreffenden Land eingestuft worden ist. Durch die Länderpräsenz der Bonitätsprüfer können so spezifische Kenntnisse in Erfahrung vermittelt werden, die ansonsten nur schwerlich zu erhalten sind.

Ein intensiver internationaler Kontakt der Kredit Risk Manager fördert ein länderübergreifendes Denken und ermöglicht durch gegenseitige Unterstützung zu einer optimaleren Lösung der Kundensituation beizutragen.

Dennoch steigen die Anforderungen und Bedürfnisse an ein Internationales Rating welches sowohl quantitative Kriterien wie Kennzahlen als auch qualitative Aspekte wie Geschäftsentwicklung, Management und Produkte abdeckt. Durch das unterschiedliche Gesellschaftsrecht sind Grenzen der Risikoabsicherung gegeben. Ein einheitliches europäisches Gesellschaftsrecht zur Schaffung einer einheitlichen Rechtsbasis wäre wünschenswert.

10. Zusammenfassung

Zur Bestimmung des internen Ratings und zur Durchführung von Kreditentscheidungen bedarf es vielfältiger Informationen, die zu berücksichtigen sind. Die mit Hilfe des Systems ‚Credit Expert' erfolgte Einstufung eines Kunden in eine der ‚GRMG Group' ermöglicht ein adäquates Einkalkulieren von latenten Risiken. Trotz des systemtechnischen Verfahrens und methodisch-/statistischer Aufbereitung der Daten zur Ermittlung eines ‚Ratings' bleibt der subjektive Charakter einer individuellen Einschätzung erhalten. Die Erfahrung und das ‚Fingerspitzengefühl' des Kreditentscheiders sind weiterhin notwendig. Das System dient der Unterstützung zur Entscheidungsfindung. Die Vorteile eines internen Ratings liegen in der Darstellung latenter Risiken gegenüber dem Management. Richtig verstanden und genutzt, erlaubt es, die Risiken aktiv zu managen und somit die möglichen Verluste durch Forderungsausfälle oder Ausbuchungen zu minimieren. Dabei ist ‚Rating' nicht als separater Prozess zu verankern, sondern wie beschrieben, integraler Bestandteil des Kredit Risk Management Prozesses.

Die derzeit verfügbaren externen Ratings sind überwiegend kurzfristig orientiert. Bei einem Finanzierungsgeschäft, was bei Leasing gegeben ist, sind jedoch in der Gegenwart langfristige Entscheidungen zu treffen, wobei die langfristige Unternehmensentwicklung in einem dynamischen Wettbewerb immer diffiziler zu beantworten ist. Bei einem Finanzierungsvertrag über beispielsweise vier Jahre mag die Kreditwürdigkeit des Unternehmens heute noch zufriedenstellend sein. Nach zwei Jahren kann sich bereits ein ganz anderes Bild ergeben.

Im Verhältnis zur Gesamtzahl der Unternehmen gibt es kaum langfristige Ratings von Unternehmen, die für die eigene Kreditentscheidung genutzt werden können. Diese Situation stellt wie bereits dargestellt, die Bonitätsprüfung vor besondere Herausforderungen. In diesem Zusammenhang dürfte die aktuelle Diskussion um das Thema Rating und die Gründung neuer Ratingagenturen interessante Perspektiven mit sich bringen.

Literaturhinweise

DEUTSCHER INDUSTRIE- UND HANDELSTAG (2001): Rating, März 2001
DÖRNER, D./MENOLD, D./PFITZER, N. (HRSG) (1999): Reform des Aktienrechts, der Rechnungslegung und Prüfung, Stuttgart 1999.
GRAF VON FINCKENSTEIN, J. (1995): Reduzierung des Kreditrisikos – Methoden und Beispiele, Vortrag anlässlich einer Konferenz der Creditreform am 5.12.1995 in Hamburg.
GÜNTHER, TH. (1997): Unternehmenswertorientiertes Controlling, München 1997.

Was können Mittelständler von einem Rating erwarten?

Dieter R. Kirchmair

1. Ausgangsbasis

Eine global agierende Wirtschaft stellt grundlegend andere Anforderungen an die Eigen- und Fremdkapitalversorgung. Dies betrifft die Kapitalmärkte und somit auch die Banken. Sie erfährt sich dabei in einem weitgehend liberalisierten Wettbewerb in vernetzten Märkten um das Wirtschaftsgut ‚Kapital', in dem als dominierende Arrangeure noch immer die breit ausgeformten international und zunehmend global agierenden Geldinstitute fungieren, die allerdings auch ihrerseits in den letzten Jahren eine sich beschleunigende Wandlung und Neuorientierung ihrer Aktivitäten zu bewältigen haben.

Wesentliche Faktoren des Geschehen in den Kapitalmärken sind:

- die Kapitalrendite,
- die Qualität des Risikos,
- die Laufzeit der jeweiligen Engagement.

Die Leistungsfähigkeit der weltweiten Kapitalmärkte setzt zwingend gleiche Wettbewerbschancen, das heißt einheitliche und allgemein verbindliche Spielregeln voraus. Hier greifen die Marktteilnehmer und die Notenbanken nunmehr auf das bewährte anglo-amerikanische Vorbild des Ratingverfahrens zurück.

2. Bank of International Settlement

Als Drehscheibe für diese verbindlichen Spielregeln wurde die in Basel domizilierende Bank of International Settlement (Bank für internationalen Zahlungsausgleich, BIZ) gewählt. Im Rahmen des sogenannten Basler Akkords I wurden bereits vor Jahren (1984) linear wirkende Regeln für die Steuerung von Kreditrisiken festgelegt, wonach jede Ausleihung von Banken mit 8 Prozent Eigenkapital unterlegt sein muss. Inzwischen entspricht diese lineare Bindung nicht mehr den ausgeprägt risiko-orientierten Märkten.

Im sogenannten Basel II Papier wird vorgesehen, dass ab 1. Januar 2004 auf eine risikoabhängige Kapitalbindung übergegangen wird, das heißt (noch in der Diskussion)

bei ersten Adressen (Rating AAA bis AA–)	20 % des Kredits =	1,6 %
bei guten Adressen (Rating A bis BBB+)	50 % des Kredits =	4,0 %
bei befriedigenden Adressen (Rating BB bis B)	100 % des Kredits =	8,0 %
bei allen anderen	150 % des Kredits =	12,0 %

Den Abstimmungsprozess für Basel II zwischen den nationalen Notenbanken und den Regierungen, den Kreditinstituten und anderen Marktbeteiligten bis zur Verabschiedung einer verbindlichen Richtlinie steuert und koordiniert die BIZ.

3. Rating – für wen?

Mit dieser Festlegung erlangt das Unternehmensrating auch bei der Fremdmittelversorgung mittelständischer Betriebe eine grundlegend neue Bedeutung. Die Kreditinstitute werden künftig weltweit ihre Ausleihungen unter Beachtung dieser Kriterien bewerten und damit auch eine standardisierte und doch auch fundierte Aussage über die Qualität ihres Kreditportfolios treffen, die nicht nur die Aufsichtsorgane, sondern sicher auch die Kapitalmärkte beschäftigen werden.

Darüber hinaus öffnet das Rating den Unternehmen den direkten Zugang zu den Kapitalmärkten, wobei davon ausgegangen werden kann, dass insbesondere für den Mittelstand hierfür ab 2005 neue innovative Instrumente geschaffen werden.

Das Rating stellt ein Bonitätsurteil – oder noch konkreter – eine Aussage über die künftige Zahlungsfähigkeit bzw. die Zukunftsfähigkeit des entsprechenden Unternehmens dar.

Hinter dieser Aussage aber wird die volle Breite des Ratings auch für mittelständische Häuser deutlich. Nicht nur die Kapitalaufnahme wird dadurch gesteuert, auch Lieferantenbeziehungen, die Kundenbindung (unter anderem bei langlebigen Wirtschaftsgütern, Zulieferern für die Automobilindustrie, die Luft- und Raumfahrt, den Maschinenbau etc.) bis hin zum Wettbewerb um qualifizierte Führungskräfte werden davon künftig unmittelbar betroffen. Die unsere Wirtschaft inzwischen wesentlich tangierenden Kreditversicherungserfordernisse, die Notwendigkeiten Vertragserfüllungs- und auch Gewährleistungsavale zu stellen, zum Beispiel in den der Bauwirtschaft zuzuordnenden Sparten, werden sich daran orientieren und wohl dann grundlegend verändern.

4. Was können mittelständische Unternehmen erwarten?

Zunächst sei jedem Unternehmer zugestanden, dass uns auch diese Neuausrichtung ein entsprechendes Umdenken, ein angemessenes Maß an Flexibilität und eine gewisse Begeisterung für globale Abläufe und sich daraus abzuleitende Chancen abverlangt. Die Headlines in den Medien der letzten Monate lassen einige Konsequenzen des Ratings bereits erahnen:

- Rating – Ein Gütesiegel für den Mittelstand
- Rating – Auch für den Mittelstand die Eintrittskarte für den Kapitalmarkt
- Rating – *D a s* Kreditwürdigkeitszertifikat
- Rating – Künftig die Voraussetzung für die finanzielle Unabhängigkeit
- Rating – Instrument der Unternehmenssteuerung

5. Externes und / oder internes Rating?

Bevor wir jedoch in die Details des Nutzens eines Ratings für mittelständische Unternehmen hineinleuchten, noch kurz die Erklärung der Begriffe „externes Rating" bzw. „internes Rating".

Die Banken haben ihre Kreditwürdigkeitsprüfung in den letzten gut zehn Jahren systematisiert und zumindest teilweise auch standardisiert – Entwicklung von sogenannten Kreditrastern –, das zunehmende Erfordernis einer umfassenden Steuerung des Kreditportfolios war dafür unter anderem die Triebfeder. Im Rahmen dieser ständig verfeinerten Praxis haben die Institute unterschiedlich ausgeprägte, jedoch überwiegend sehr tragfähige Erfahrungen gewonnen. In aller Regel wurde dieses „Kredit-Rating" allerdings nicht mit dem Unternehmen erörtert, sondern diente ausschließlich dem jeweiligen Bankhaus als Entscheidungs- und Steuerungsgröße, daher die Bezeichnung „internes Rating".

Seit vielen Jahrzehnten erstellen dagegen die international aktiven Ratingagenturen, wie zum Beispiel Standard & Poor's, Moody's, Unternehmensratings meist für Kapitalgesellschaften und für die Kapitalmärkte. Auch sie verfügen mit derzeit über 8 000 gerateten Gesellschaften über eine reiche Erfahrung und vor allem auch über stabile wie auch nachweislich aussagefähige Daten über die Zukunftsfähigkeit von Branchen und Unternehmen. Das Rating dieser Agenturen wird als „externes Rating" definiert.

Im Zuge von Basel II entwickeln sich nunmehr auch in Europa Ratingagenturen, die im Wesentlichen die Zielgruppe Mittelstand im Visier haben. Auch bei uns in Deutschland stehen bereits einige dieser Firmen im aktiven Geschäft.

6. Definition Mittelstand

Die Antworten auf die Frage nach Kriterien für den Begriff Mittelstand fallen so variantenreich aus, wie der Mittelstand selbst gegliedert und strukturiert ist. Natürlich gibt es Definitionen zum Beispiel seitens der öffentlichen Hände, jedoch unterscheiden sich bereits Bund und die einzelnen Länder, wie auch innerhalb der einzelnen Institutionen bzw. deren Wirtschaftsförderprogramme verschiedene Ausprägungen existieren.

Auch die Banken und Bankengruppen definieren Mittelstand nicht einheitlich. Die Bezeichnung „Eigentümer geführte Unternehmen" wird häufig als Richtgröße genannt, wie gleichermaßen die Kennziffern „Geschäftsvolumen" oder „Mitarbeiter" oder auch regional begrenzte Aktivitäten angeführt werden. Dabei wird zu Recht auf Unterschiede zwischen produzierenden Unternehmen, Groß- und Einzelhandel oder auch dem breit gefächerten Kreis der Dienstleistungsunternehmen verwiesen.

Im Zusammenhang mit dem Rating können wir wohl damit leben, dass Richtgrößen angeboten werden und es ansonsten den Firmen selbst überlassen bleibt, sich einzuordnen.

Zum Zeitpunkt des Inkrafttretens von Basel II werden wir in Europa einheitlich in € -Größen operieren. Mittelständische Unternehmen mit einem Geschäftsvolumen von 10 Mio. € bis 500 Mio. € werden sich dann wohl bevorzugt dem Rating unterziehen. Gesellschaften, die darüber liegen, werden voraussichtlich bereits im Ratingprozess stehen, während Firmen mit einem Umsatz von unter 10 Mio. € wohl ein standardisiertes Verfahren angeboten bekommen.

7. Rating-Know-how im Unternehmen

Das Ratingverfahren erfordert nicht nur Unternehmer und Manager mit einem überzeugten Verständnis für die globalen Zusammenhänge und Chancen unserer Wirtschaft, sondern auch entsprechend fachkundige und weitsichtige Mitarbeiter im mittleren Management und insbesondere im Controlling. Dies legt allerdings nicht nur Basel II nahe, auch das KonTraG und das KapCoRiLiG lassen dies für die Betriebe geraten sein.

Es ist ein beachtenswerter Schritt in die richtige Richtung, dass die Universität Augsburg seit dem Sommersemester 2000 eine Weiterbildung für Betriebswirte etc. zum „Unternehmens-Ratinganalysten" anbietet. Der Kurs findet berufsbegleitend statt, führt durch hochkarätige Dozenten aus Wissenschaft und Praxis durch das Ratingumfeld, das Ratingverfahren und die gesamten Inhalte des Ratings, um dann mit einem Zertifikat der Universität Augsburg zum Ratinganalysten abgeschossen zu werden. Interessant ist dieses Weiterbildungsangebot sicherlich auch für Mitarbeiter der Unternehmen, die sich in den nächsten Jahren auf ein regelmäßiges Ratingverfahren vorbereiten.

Wenn es zutrifft, dass das Rating in Zukunft ein besonders wichtiges und effizientes Finanzierungsinstrument gerade auch für mittelständische Unternehmen sein wird, dann wird zu beachten sein, dass Kapital mehr denn je nur auf berechenbaren Pfaden, das heißt nur in transparente Unternehmen fließen wird. Die Mehrzahl dieser Betriebe ist bisher allerdings darauf nicht ausreichend vorbereitet, kann daher legitime Informationsbedürfnisse von Kreditinstituten, Investoren und anderen Partnern nur unzureichend bedienen.

Durch das Rating wird sich dies grundlegend verändern. Die Unternehmen werden ratinggemäße Daten erstellen und deren Pflege sachkundigen Mitarbeitern anvertrauen. So können auf überzeugende und nachprüfbare Weise die wirtschaftlichen Verhältnisse eines Unternehmens sowie dessen Zukunftsfähigkeit transparenter und vor allem auch kommunizierbarer werden. Es versteht sich fast von selbst, dass damit auch neue und schlagkräftige, weil stets auch aktuelle Führungsinstrumente entstehen.

8. Ratingprozess

Auf den Ratingprozess sei an dieser Stelle nur stichwortartig eingegangen, da in anderen Abschnitten ausführlich dazu referiert wird. Dem Prozess sollte ein sorgfältiges und fachkundig begleitetes Rating Advisory-Verfahren vorangehen. Jedes Unternehmen ist gut beraten, wenn es sich gerade hierfür ausreichend Zeit lässt.

Am Ende eines solchen Advisory-Verfahrens und damit am Anfang des eigentlichen Ratingprozesses steht dann

- die Wahl der Ratingagentur
- das Grundsatzgespräch mit der Agentur
- die Mandatierung und Übergabe der Unterlagen
- die Interviews im Unternehmen
- der Ratingprozess in der Agentur
- die Information der Geschäftsführung über das vorläufige Rating
- die abschließende Festlegung des Ratings durch die Agentur
- die Präsentation im Unternehmen
- die Entscheidung über die Veröffentlichung des Ratings

9. Ratinginhalte

Auch dieses Thema sei der Vollständigkeit halber nur erwähnt, ohne die einzelnen Felder näher auszuführen, da dies an anderer Stelle erfolgt. Der Inhalt des Ratings bezieht sich grundsätzlich auf alle Bereiche des Unternehmens, die seine Zukunftsfähigkeit direkt oder auch nur im weitesten Sinne beeinflussen, dies sind insbesondere

- die wirtschaftlichen Rahmenbedingungen sowohl quantitativ als auch qualitativ
- die unternehmensspezifischen Kriterien, zum Beispiel Struktur, Geschäftsfelder, Spezifika wie Patente etc.
- die gesamte Finanzbasis, WP-Berichte, Planung, Controlling, Risiken, Haftungskriterien etc.
- Gesellschafterverhältnisse, Management, Führungsinstrumente

Die Gliederung dieser Felder fällt von Agentur zu Agentur, oder auch Geldinstitut zu Geldinstitut möglicherweise unterschiedlich aus. Die Inhalte sind dagegen durch den Bezug auf die Zukunftsfähigkeit festgelegt.

10. Erwartungen

Lassen Sie uns davon ausgehen, Sie haben für Ihr Unternehmen das erste Rating vorliegen. Sie können damit zufrieden sein, das heißt, Sie empfinden die Bewertung angemessen und Sie fühlen sich herausgefordert und in der Lage das Ergebnis (in der Regel) im nächsten Jahr zu verbessern. Was erwarten Sie dann von diesem Rating?

10.1 Fachkundiges Urteil

Die Ratingagentur konnten Sie als ein unabhängiges und kompetent urteilendes Unternehmen kennen lernen, das Ihnen sehr umfangreiche Unterlagen über Ihr Haus abverlangt hat. Nach einer systematischen Aufarbeitung aller dieser Darstellungen und Nachweise und nach einer Analyse auf der Basis der agentureigenen Daten auch über die Branche wurde in sehr tiefgreifenden Interviews mit Ihnen und Ihren leitenden Mitarbeitern, verteilt über zwei bis drei Tage, bis in die verborgensten Winkel Ihres Unternehmens hineingeleuchtet.

Das Rating stellt somit ein fundiertes und aussagekräftiges Urteil über die Stärken und Schwächen Ihres Betriebes dar. Beides gilt es nun zu nutzen. Die Stärken auszubauen ist für Ihre Mitarbeiter, motiviert durch das Rating eine Selbstverständlichkeit. An den Schwächen konsequent zu arbeiten, empfindet Ihr Mittelmanagement gemeinsam mit Ihnen als eine herausfordernde Aufgabe.

Dank der Neutralität der Agentur verfügen sie über eine ebenso sachkundige wie uneingeschränkt kreative Ausarbeitung, aus der in der Regel nach einem Jahr das nächste Rating entwickelt werden wird.

10.2 Nachweis der Zukunftsfähigkeit

Der ureigenste Zweck und das erklärte Ziel eines Ratings besteht darin, anhand einer umfassenden Analyse aller, die Entwicklung eines Unternehmens direkt oder indirekt beeinflussenden Faktoren festzustellen, wie hoch das Risiko des Fortbestands der Zahlungsfähigkeit über einen längerfristigen Zeitraum einzuschätzen ist. Das bedeutet anders ausgedrückt, das Rating stellt eine fundierte und basierend auf der Solidität und Seriosität der Agentur bzw. des Bankhauses vertrauenswürdige Aussage über die Zukunftsfähigkeit des Unternehmens dar.

Sie können also gerade auch als Mittelstandsunternehmen von einem Rating eine klare und profunde Aussage über die Zahlungsfähigkeit und damit auch Zukunftsfähigkeit erwarten.

10.3 Zuverlässiges Steuerungsinstrument

Die knappe, nichts desto weniger aber eindeutige Analyse der Zukunftsfähigkeit ist sicher kein Freifahrtschein. Sie gründet aber auf einer umfassenden Untersuchung der Stärken und Schwächen des Betriebes, seines Branchenumfeldes sowie aller anderen die Entwicklung kurz- und mittelfristig beeinflussenden Faktoren. Diese im Unternehmen selbst grundgelegten Daten und Ausarbeitungen, vor allem auch deren laufende Pflege sowie die im Jahresabstand immer wieder neu durch die Agentur zu überprüfende Entwicklung bieten zuverlässige Grundlagen gerade auch für eine längerfristig ausgelegte und strategisch justierte Steuerung. Die ratingrelevanten Daten zeigen dabei ihre Vorteile auch im Bereich der Frühindikatoren und als Feinsteuerungsmechanismen.

10.4. Optimierung der Kommunikation im Unternehmen

Mit steter Regelmäßigkeit versuchen gerade auch mittelständische Häuser die Schwachstelle „Kommunikation" anzugehen. In Workshops zwischen Einkauf und Fertigung, zwischen Konstruktion und Service usw. sollen die Mitarbeiter zu besserer Kommunikation geführt werden. Oft auch werden besondere Programme ausgelobt, um über eine Betonung der Gesamtverantwortung das kommunikative Miteinander zu fördern.

Dem Rating kommt nun sicher keine Wunderkraft zu. Vielmehr führt das ihm zugrunde liegende System schon beginnend beim Rating Advisory zu einer datengestützten und gesteuerten Institution. Ein zutreffendes Rating setzt nämlich einen konstruktiven Austausch zwischen den einzelnen Bereichen ihres Hauses voraus. Einmal systemkonform eingeführt, entwickelt es dementsprechend auch eine erfreuliche Eigendynamik.

10.5 Imagegewinn

Die Kapitalmärkte und auch die Wirtschaftspresse verfolgen und gewichten bei den derzeit rund 8.000 weltweit gerateten Gesellschaften jede Bewertung mit großer Aufmerksamkeit. Bereits heute gilt es als zweifelsfrei, dass Unternehmen mit einem Rating einen deutlichen Imagegewinn verzeichnen können.

Alle Kapitalmarktbeteiligten, also die Investoren, die Banken wie auch die Wirtschaftsverbände, die Industrie- und Handelskammern und die öffentlichen Hände gehen definitiv davon aus, dass das Rating ein Unternehmen besonders prägt und auszeichnet, was in aller Regel zu einem Imagegewinn führen wird. Dazu trägt natürlich auch seine Bereitschaft zu verstärkter Transparenz und Offenheit gegenüber der Öffentlichkeit bei.

10.6 Motivationsförderung im Unternehmen

Das Rating wird auch als Qualitäts-Siegel in einer von der Informations- und Kommunikationsgesellschaft geprägten Weltwirtschaft bezeichnet. Wenn dieses Urteil als so allgemein verbindlich akzeptiert wird, dann werden die vielfältigen Möglichkeiten und Chancen, ein gutes Rating zu stabilisieren oder ein befriedigendes zu optimieren in einer Art sportlicher Ehrgeiz stets genutzt werden können. Die Stärken zu stärken und die Schwächen zu minimieren wird im Jahrestakt zu kontinuierlichen Veränderungs-/Verbesserungsprozessen führen. Jede Verbesserung schon eines Teilratings (Rating für einen bestimmten Unternehmenssektor als Teil des Gesamtergebnisses) wird im Rahmen der Kommunikation im Betrieb zu weiteren Motivationsschüben Anlass geben.

10.7 Eintrittskarte für den Kapitalmarkt

In den USA beobachten wir seit langem, dass im Durchschnitt rund 30 Prozent der Bilanzvolumina bankenfinanziert sind, während wir in Deutschland bei rund 60 Prozent liegen. Der Einwurf, dass dies mit einer nur teilweise vergleichbaren Bilanzierungspraxis zusammenhängt, trifft nur zum Teil. Richtig ist nämlich auch, dass die Unternehmen dort wesentlich intensiver auf die Kapitalmärkte zugreifen können, so dass der Anteil direkt aufgenommener Kapitalmarktmittel im Vergleich zu Europa ansprechend höher ausfällt.

Basel II wird auch in Europa die Finanzierungsstrukturen in den Unternehmensbilanzen Schritt für Schritt verändern. Die Banken sehen im Gegensatz zu früher das Kreditgeschäft bereits jetzt nicht mehr als das Basismedium für die Entwicklung der übrigen breitgefächerten Geschäftsfelder. Die Kapitalmärkte in Europa werden in den nächsten Jahren kräftig wachsen, dazu wird auch der Umbau der Altersvorsorge beitragen. Dort werden dann noch in stärkerem Maße als bisher unterschiedlich risikosensible Mittel zur

Anlage drängen. Dies führt, angespornt von innovativer Kreativität, sicher zur Entwicklung neuer Anlageformen und -instrumente. Das Rating wird die Basis für die Nutzung dieser auch für die mittelständische Wirtschaft interessanten Mittelgenerierung direkt über die Kapitalmärkte sein, das heißt das Rating wird zur Eintrittskarte für den Kapitalmarkt.

10.8 Förderung der Geschäftsbeziehungen

10.8.1 Kundenbeziehungen

Für ihren Kunden sind Fragen nach der Qualität ihrer Produkte, der Zukunftsfähigkeit ihres Unternehmens, der längerfristigen Zuverlässigkeit ihrer Servicezusagen u.ä. von mehr oder weniger großer Bedeutung. Bisher kam dies oft im Verlangen nach Vertragserfüllungs- und auch Gewährleistungsbürgschaften zum Ausdruck. Die Zulieferer für langlebige Wirtschaftsgüter zum Beispiel für die Luft- und Raumfahrttechnik, die Automobilindustrie, den Maschinenbau und andere werden daher die ersten sein, die von ihren Abnehmern nach einem Zertifikat über ihre Zukunftsfähigkeit, also nach einem Rating gefragt werden.

Ganz generell kann festgestellt werden, Sie können von einem Rating erwarten, dass es grundsätzlich Ihre Kundenbeziehungen stabilisiert und bei offensivem Einsatz sie sogar dauerhaft festigen und fördern wird.

10.8.2 Lieferantenbeziehungen

Ähnliches gilt auch für ihre Lieferantenbeziehungen. Natürlich gilt der Lieferantenkredit nach wie vor als besonders preiswert, andererseits ist leider auch richtig, dass die Ausfallquote immer wieder Anlass ist, diese Risiken aufmerksam zu managen und möglichst einzugrenzen, wofür sich das Rating und seine grundsätzliche Aussage über die Zahlungsfähigkeit des Geschäftspartners bestens eignet. Ganz abgesehen auch davon, dass Lieferanten mit zum Beispiel hohen Werkzeugaufwendungen für eine Serienfertigung auf die Langfristigkeit der Geschäftsbeziehungen besonderen Wert legen. Auch dafür leistet das Rating gute Dienste.

10.8.3 Beziehungen zu Dienstleistern und anderen

In allen Fällen einer Geschäftsbeziehung, auch bei Dienstleistern und anderen Partnern, besteht immer die Verantwortung in der Abwägung von Chancen und Risiken. Das Rating wird hier in Bälde als unverzichtbarer und auch aktueller Indikator fungieren können.

10.9 Unterstützung bei Akquisition von leitenden Mitarbeitern

Diese Funktion kann leicht verständlich gemacht werden. Sie suchen einen neuen Konstruktionsleiter und einen Vertriebschef. Der Markt präsentiert sich in diesen Positionen wie üblich wenig ergiebig. Dennoch kristallisieren sich aus den Bewerbungen zwei Möglichkeiten heraus. Die persönlichen Themen mit dem in Aussicht genommenen Konstruktionsleiter sind fast geklärt. Im letzten Gespräch dann eröffnet er Ihnen, dass ihm noch ein weiteres Angebot vorliegt. Als besonderen Beweis der Attraktivität und Sicherheit des neuen Aufgabengebietes hat der Wettbewerber ein gerade drei Monate altes Rating (BBB+) angeführt. Wie würden Sie argumentieren, um den für Sie interessanten Bewerber für sich zu gewinnen?

Der ausgewählte Vertriebsleiter berichtet auch über weitere Offerten. Eine der Firmen findet er ansprechend, weil diese sich in einem Rating Advisory-Verfahren befindet und ihn noch vor dem Ratingprozess, der in etwa einem Jahr stattfinden soll, gut einbinden will.

Rating als Instrument im Wettbewerb um qualifizierte Mitarbeiter und Manager, das wird in den nächsten Jahren zunehmende Realität werden.

10.10 Rating als Regulativ für die Konditionsgestaltung

Dies findet bereits seit Jahren statt. Die internen Ratings der Banken bilden eine der Grundlagen für die Preiskalkulation. Das freie Spiel der Marktkräfte wird dadurch nicht ausgehebelt, wohl aber werden die Spielräume für die Konditionsgestaltung sichtbar, in denen sich unter Beachtung der Kreditrisiken der Wettbewerb um das gewünschte Fremdkapital abspielen kann.

Auch die Kapitalmärkte weisen zum Beispiel für Anleihen eine sogenannte Primerate für AAA-geratete Gesellschaften aus. Damit regeln sich quasi automatisch die Konditionen für die Kapitalwünsche von Unternehmen mit darunter liegenden Ratingfaktoren.

Die künftige Konditionsgestaltung für Kredite wird sich unter Berücksichtigung von Laufzeiten und Risikoqualität also dem Rating entsprechend übersichtlich und damit auch nachvollziehbar regulieren. Die Kapitalaufnahme an den Kapitalmärkten verfährt nach ähnlichen Gesichtspunkten. Auch dort werden die Emittenten insbesondere von mittelständischen Anleihewünschen sich mit gemischten Fonds oder auch anders gestalteten Instrumenten an die Kapitalmärkten wenden.

In jedem Falle wird das Rating zu einer transparenteren und damit auch nachvollziehbaren Konditionsgestaltung führen.

10.11 Unabhängigkeit von Kapitalinvestoren

Mit einem Rating eröffnet sich das Unternehmen den Zugang zu unterschiedlichen Kapitalinvestoren, seitens der Banken oder auch zum Beispiel makelnder Gesellschaften, die den direkten Bezug zum Kapitalmarkt vermitteln. Die Wettbewerbsfähigkeit und Vielfalt nimmt also grundsätzlich eher zu, wenngleich einzuschränken ist, dass ein Rating in den unteren Skalenbereichen heute wie in Zukunft die Möglichkeit, Investoren oder auch Banken zu finden, nicht erleichtert.

10.12 Kooperation mit externen Beratungsgesellschaften

Generelle Voraussetzungen für das Rating bilden die Bereitschaft zur Transparenz und auch das Interesse eine optimale, pflegeleichte Datenbasis zu schaffen. Um Letzteres zu bewerkstelligen, kann nur auch an dieser Stelle zur Kooperation mit einer Gesellschaft geraten werden, die aus langjähriger Erfahrung eine unternehmens- und mitarbeitergerechte Vorbereitung auf ein Ratingverfahren begleitet. Im Rahmen dieses Miteinanders werden der Umgang vor allem mit den Stärken und Schwächen, den Chancen und Risiken des Unternehmens zu einer völlig neuen und bisher kaum erfahrenen Zusammenarbeit mit der Beratungsgesellschaft führen, die sich immer wieder aus der Sachlage heraus anbietet. Die unterschiedlichen Kompetenzen im Betrieb und im Beratungsunternehmen, die vor allem im Advisory-Prozess zu Tage treten werden, sind dafür die Grundlage.

10.13 Neues, offeneres und kreatives Verhältnis zu den Banken

Die Bezeichnung „neue Unabhängigkeit" würde diese Erwartung deutlich zu eng beschreiben. Die Tatsache, dass durch die Globalisierung der Kapitalflüsse die Banken den Einsatz ihrer eigenen Mittel ertrags- und damit risikoorientiert ihren diversen Geschäftsfeldern zuordnen, setzt auch bei den Unternehmen, ihren Kunden, neue Maßstäbe. Die Kreditinstitute werden ein wichtiger Partner gerade auch des Mittelstandes bleiben. Ihre bisher oft zu einseitig ausgeprägte Aufgabe als Kreditgeber erfährt allerdings eine für die Unternehmen und ihre Entfaltung bedeutsame und auch notwendige Diversifizierung. Die Bank als Partner im Risikomanagement oder als Mittler auf dem Weg zum Kapitalmarkt wird die klassischen Funktionen, die weiter wichtige Komponenten darstellen, flankieren. Auch die Rolle der Geldinstitute bei einem künftig denkbaren offensiven Einsatz ihrer heute noch internen Ratings wird zu beachten sein.

Zu den Bankhäusern, insbesondere zu der/den bisherigen Hausbanken wird sich das Verhältnis in den nächsten Jahren neu gestalten, es wird deutlich offener und kreativer werden, gerade bei Letzteren wird der Wettbewerb besondere Maßstäbe setzen.

10.14 Ratingagentur oder auch Bank als Partner für die Zukunftsfähigkeit

Was dürfen Sie von der Ratingagentur oder auch ihrer Hausbank als künftigem Geschäftspartner erwarten? Bereits heute gilt für die über 8 000 gerateten Gesellschaften, dass die Risikoqualität einer Geschäftsverbindung und damit die Zahlungs- und Zukunftsfähigkeit die wichtigste Aussage über das Unternehmen darstellt. Wenn dies aber in der Wirtschaft weltweit so empfunden wird, dann zählen Ratingagentur und Hausbank künftig zu den wichtigsten Partnern der Betriebe.

Schlussbemerkungen

Das Rating bewertet die Zahlungs-/Zukunftsfähigkeit. Das in der Regel jährlich wiederkehrende Verfahren geht dabei weit über die damit entstehenden Aufwendungen hinaus. Rating fungiert vielmehr als Seismograf für Frühindikatoren, sowohl was struktur- und konjunkturbezogene als auch was unternehmensspezifische Veränderungen betrifft. Dieser Seismograf gibt gerade auch dem mittelständischen Unternehmer wertvolle Signale an die Hand, die ihn in die Lage versetzen, die für die Zukunft seines Betriebes entscheidenden Eckwerte immer wieder rechtzeitig neu zu justieren.

Mit einem inzwischen sprichwörtlichen Zitat will dieser Beitrag auch diejenigen für das Rating gewinnen, die der erforderlichen Transparenz in einer global orientierten Wirtschaft noch zurückhaltend gegenüber stehen:

Rating sagt viel,
aber es verrät nichts!

Teil 4
Adressaten des Mittelstandsratings

Rating aus der Aktionärsperspektive

Volker G. Heinke

1. Einführung

Mit dem Ablauf der zweiten Konsultationsfrist für die Reformvorschläge des Baseler Ausschusses für Bankenaufsicht („Basel II") ist die Bedeutung von Credit Ratings in den Mittelpunkt des Interesses insbesondere von mittelständischen Unternehmen gerückt. Durch die geplante Bindung der bei Banken zur Kreditgewährung erforderlichen Eigenkapitalunterlegung an das Bonitätsrisiko eines Kredites, welches durch Credit Ratings gemessen werden soll, wird der Bedarf an solchen Bonitätsaussagen für die Breite der Unternehmenslandschaft steigen. Dementsprechend haben sich zusätzlich zu den bereits am Markt etablierten US-amerikanischen Agenturen, wie Standard & Poor's, Moody's oder Fitch zahlreiche deutsche Agenturen gegründet, die sich vornehmlich auf die Bonitätsbeurteilung des Mittelstands fokussieren. Hierzu gehören zum Beispiel die Euroratings, die URA Unternehmens-Ratingagentur und die R@S Rating Services. Der neue Baseler Akkord, der ab 2005 gültig sein soll, sieht jedoch neben der Verwendung externer Ratings auch die Verwendung bankinterner Ratings vor, die eine Bonitätseinschätzung des mittelständischen Kreditnehmers mit internen Analyseverfahren vornehmen. Für den Kreditnehmer bedeutet dies in Zukunft, dass die Kreditkosten unmittelbar von der wahrgenommenen Bonität durch ein externes bzw. internes Rating abhängen wird, da die Kreditinstitute den jeweiligen Kredit entsprechend der erforderlichen Eigenmittelunterlegung bepreisen werden. Die Bonität eines Kreditnehmers wird in Zukunft zum zentralen Diskussionsobjekt in Kreditverhandlungen, weshalb es für jedes mittelständische Unternehmen sinnvoll sein kann, dem bankinternen Rating auch ein extern beantragtes Rating als Gegengewicht gegenüberzustellen. Eine entscheidende Erweiterung des Anwendungsbereichs von Ratings besteht nach Basel II also darin, dass diese nun über den Bereich kapitalmarktgehandelter Anleihen hinaus auch auf den Bereich nicht gehandelter Kredite übertragen wird.

Das Aussageziel von Credit Ratings ist die Beurteilung der Risikoposition des Gläubigers. Ratings messen die Wahrscheinlichkeit, dass der Emittent seine Zins- und Tilgungszahlungen nicht rechtzeitig und/oder nicht vollständig leistet. Häufig wird aber behauptet, dass Kreditratings in gleicher Weise auch für den Eigenkapitalgeber einer Personengesellschaft oder den Aktionär einer mittelständischen AG eines gerateten Unternehmens brauchbare Risikoinformationen darstellen. Da sich Kreditratings aber auf eine Gläubigerposition beziehen, ist zu untersuchen, welchen Nutzen der Aktionär aus einem solchen Rating ziehen kann. Er muss sich mit der Frage auseinandersetzen, wie die aktuelle Höhe des Rating zu werten ist, welche Konsequenzen mögliche Ratingänderungen für seine Rendite-Risiko-Position mitbringen, und wie er darauf zu reagieren hat. Diesen Fragestellungen widmet sich der vorliegende Beitrag.

Hierzu wird zunächst dargelegt, worin sich die Rendite-Risiko-Positionen von Aktionären und Gläubigern unterscheiden und dieser Sachverhalt anhand des Optionscharakters der Positionen beschrieben. Auf dieser Grundlage wird beleuchtet, wie ein Aktionär unterschiedliche Niveaus im Rating sowie Ratingänderungen zu interpretieren hat.[1] Anschließend wird ein detaillierter Überblick zu den wichtigsten Studien des US-Marktes gegeben, die die Relevanz von Ratings für den Aktionär untersuchen. Abschließend werden die wichtigsten Konsequenzen für die Bedeutung des Rating aus der Aktionärsperspektive zusammengefasst.

2. Optionscharakter von Aktien und Krediten

Die Anwendung der Theorie zur präferenzfreien Optionsbewertung auf die Analyse von Finanzierungstiteln wurde erstmals von Black und Scholes vorgeschlagen.[2] Black/Scholes interpretieren die Eigenkapitalposition als europäische Kaufoption auf das Unternehmensvermögen, wobei der Basispreis dem Rückzahlungsbetrag (Nominalwert) des dem Unternehmen zur Verfügung stehenden Kredites entspricht. Es wird unterstellt, dass die Aktionäre das Unternehmen bei der Kreditaufnahme zum Nominalwert an die Gläubiger verkaufen, aber das Nutzungsrecht mit der Option auf Rückkauf zum vereinbarten Basispreis FK_N bei Fälligkeit behalten. Die Gläubiger hingegen kaufen das Unternehmen bei der Kreditvergabe zum Basispreis und sind Stillhalter einer Kaufoption auf das Unternehmen.[3] Die Aktionäre werden ihr Optionsrecht nur dann ausüben, wenn der Gesamtwert des Unternehmens (V) am Rückzahlungstag der Anleihe über dem Ausübungspreis „Kredittilgung zum Nominalwert" (FK_N) liegt.[4]

Analytisch ergibt sich der Marktwert des Kredits (FK_M) aus der Differenz zwischen dem Marktwert des Unternehmensvermögens (V) und dem Marktwert der Aktie (EK_M).[5]

(1) $V = EK_M + FK_M$
(2) $ = EK_M + (FK_N (1+R_f)^{-T} - P)$

---

1 Vgl. Heinke (2000).
2 Vgl. Black/Scholes (1973), S. 649 ff.
3 Alternativ lässt sich die Gläubigerposition auch als Stillhalterposition in einer Verkaufsoption zuzüglich einer risikolosen Kapitalanlage interpretieren. Ein Überblick über die möglichen Darstellungsweisen der Positionen von Eigen- und Fremdkapitalgebern findet sich bei Rudolph (1995) und Kirmße (1996), S. 80 ff.
4 Hierbei liegt die Annahme zugrunde, dass lediglich Zerobonds emittiert werden, so dass keine zwischenzeitlichen Zahlungen vor Fälligkeit geleistet werden müssen. Dann kann man die Tilgung als einzigen Basispreis auffassen, zu dem die Aktionäre am Verfalltag auf das gesamte Unternehmensvermögen optieren. Vgl. Copeland/Weston (1988), S. 464.
5 Vgl. Copeland/Weston (1988), S. 465.

Die Vermögensposition der Aktionäre am Rückzahlungstag des Kredits wird sein:

(3) $EK_M = \text{Max}\ [\ 0, V - FK_N]$.

Wenn der Wert des Unternehmensvermögens am Fälligkeitstag des Kredits unter den Rückzahlungsbetrag sinkt, (V < FK_N), geht das Unternehmen in Konkurs und die Kaufoption der Aktionäre verfällt.[6] Dann haben die Aktionäre ihren Einsatz verloren, auch die Bondholder erhalten nicht ihren Nominalwert zurück, sondern müssen sich nun aus dem verbleibenden Unternehmensvermögen bedienen. Liegt der Unternehmenswert am Tilgungstag über dem Rückzahlungsbetrag (V > FK_N), werden die Aktionäre ihre Kaufoption ausüben, und das gesamte Unternehmensvermögen gegen Rückzahlung des Kredits von den Gläubigern zurückkaufen. Damit mehren die Aktionäre ihre Vermögensposition und die Gläubiger erhalten ihren versprochenen Tilgungsbetrag.

Der Optionscharakter von Aktien wird insbesondere bei den Unternehmen des Neuen Marktes (zum Beispiel Gigabell, Teamwork) deutlich. Hier reichten oft ein ordnungsgemäßer Unternehmensstart und ein überzeugendes Konzept aus, um an der Börse Aktienkapital zu erhalten. Doch nur wenn dieses Unternehmenskonzept aufgeht, die Planzahlen eingehalten oder übertroffen werden, steigen die Aktien und die Option liegt im Geld. Gelingt aber eine erfolgreiche Umsetzung der Unternehmensstrategie nicht, ist die eingeworbene Liquidität schnell aufgezehrt und das Unternehmen geht in Konkurs; die Kaufoption verfällt dann wertlos. Während die bisherigen Ausführungen lediglich eine Bewertung von Aktionärs- und Gläubigerposition am Rückzahlungstag betreffen, erlaubt die Anwendung des Optionspreismodells von Black/Scholes eine Bewertung der Positionen schon vor diesem Zeitpunkt:[7]

(4) $EK_M = V \cdot N(d_1) - FK_N \cdot e^{-R_r \cdot T} \cdot N(d_2)$

(5) $d_1 = \dfrac{\ln\left(\dfrac{V}{FK_n}\right) + (R_f + 0,5 \cdot \sigma^{2)} \cdot T}{\sigma \cdot \sqrt{T}}$

(6) $d_2 = d_1 - \sigma \cdot \sqrt{T}$

mit:
- EK_M : Marktwert des Aktionärsvermögens in t=0
- FK_N : Nominalwert (Rückzahlungsbetrag) des Kredits
-       : Volatilität der Rendite des Unternehmensvermögens,
- T : Restlaufzeit des Kredits
- R_f : Zinssatz für risikolose Anlagen
- N(.) : Verteilungsfunktion der Standardnormalverteilung.
- V : Marktwert des Unternehmensvermögens in t=0,

---

[6] Neuere Bewertungsansätze ermöglichen auch eine Modellierung des Unternehmenskonkurses durch die Vorgabe eines kritischen Unternehmenswertes, der nicht unterschritten werden darf. Vgl. Longstaff/Schwartz (1995), S. 790.

[7] Vgl. Black/Scholes (1973), S. 637 ff.

und damit für den Marktwert des ausfallrisikobedrohten Kredits

(7) $FK_M = V - V\,N(d_1) - FK_N \cdot e^{-r_B \cdot T} \cdot N(d_2)$.

Aus den Gleichungen (4) und (7) ist erkennbar, dass die Vermögenspositionen von Aktionären und Gläubigern von verschiedenen zentralen Einflussfaktoren bestimmt sind, von denen folgende Größen betrachtet werden sollen:

a) Unternehmensvermögen V
   Das Unternehmensvermögen ist der Wert aller Assets im Unternehmensbereich und verteilt sich auf die beiden Parten von Aktionären und Gläubigern.

b) Volatilität der Cash Flows
   Der Wert des Unternehmens wird bestimmt durch die aus dem Geschäftsbetrieb resultierenden, zukünftigen Cash Flows. Je stabiler diese Cash Flows sind, umso sicherer ist die Erwerbsgrundlage des Unternehmens. Stark volatile Cash Flows bedeuten ein größeres Risiko für den Unternehmenswert.

c) Kreditlaufzeit T

d) Verschuldungsgrad
   Aus der Relation von Fremd- und Eigenkapital lässt sich eine Maßgröße für den Umfang der Verschuldung des Unternehmens ableiten.

In Zusammenhang mit diesen Einflussfaktoren ist im folgenden zu untersuchen, wie sich die Höhe eines Kreditratings oder die Veränderung eines Kreditratings auf die Aktionärsposition auswirkt.

3. Rating, Ratingänderungen und Aktionärsvermögen

3.1 Zielkonflikt zwischen Kreditgebern und Aktionären

Die marktführenden Ratingagenturen Moody's und Standard & Poor's definieren relativ scharf, dass es sich bei einem Credit Rating um eine speziell auf den Kreditgeber bzw. Anleiheninvestor zugeschnittene Risikogröße handelt, die die Wahrscheinlichkeit eines Ausfalls oder einer Störung von Zins- und Tilgungszahlungen umschreibt. Damit ist klargestellt, dass ausschließlich das Risikopotenzial aus Sicht eines Kreditgebers bzw. Anleiheninvestors beurteilt wird, nicht aber auf jenes des Aktionärs.

Bestimmte Unternehmenscharakteristika und -entwicklungen können aus Sicht des Aktionärs positiv, aber aus Sicht des Anleihebesitzers negativ beurteilt werden. Der Grund für den Interessenkonflikt zwischen Shareholdern und Bondholdern liegt in dem ungleich verteilten Chancen- und Risikopotenzial beider Gruppen. Aktionäre stehen einerseits dem

Insolvenzrisiko und damit dem Totalverlust ihres Kapitals gegenüber, andererseits steht ihnen aber auch die Chance zur Vervielfachung ihres Kapitaleinsatzes zu, falls die Unternehmensstrategie aufgeht. Demgegenüber hat der Bondholder nur ein auf den Zinsanspruch fixiertes Zahlungsversprechen, während seine Risikoposition der des Aktionärs im Extrem eines Totalausfalls gleicht. Da sich nun Ratings ausschließlich auf die Risikoposition des Bondholders beziehen, ist fraglich, inwieweit aus Sicht des Aktionärs ein niedriges oder ein hohes Rating vorzuziehen wäre, und ob Ratingänderungen aus Aktionärssicht positiv oder negativ zu beurteilen sind.

3.2 Einflussfaktor Unternehmensvermögen

Durch die Betrachtung von Ratingniveau und Ratingänderungen unter dem Aspekt der Bewertung mit Hilfe der Optionspreistheorie lässt sich zeigen, dass niedrige Ratings und Herabstufungen im Credit Rating keine schlechten Nachrichten für Aktionäre bedeuten müssen, wenn diese niedrigen Ratings bzw. die Herabstufung zum Beispiel auf eine hohe Volatilität der Cash Flows des Unternehmens bzw. auf eine Steigerung dieser Volatilität zurückgeht. Der ökonomische Grund für niedriges Rating bzw. ein Downgrading ist entscheidend für die Beurteilung der Wertkonsequenzen für Aktionär und Gläubiger. Durch Bildung der partiellen Ableitungen der Gleichungen (4) und (7) werden die sich ceteris paribus bei Änderungen bestimmter Einflussgrößen ergebenden Zusammenhänge erkennbar.[8]

Eine Verringerung des gesamten Unternehmensvermögens wirkt sich nach

(8) $\quad \dfrac{\partial EK_M}{\partial V_t} > 0 \quad \text{und} \quad \dfrac{\partial FK_M}{\partial V_t} > 0$

gleichermaßen negativ auf die Vermögensposition des Aktionärs und des Gläubigers aus. Gründet sich ein niedriges Rating also in erster Linie auf einer schwachen Werthaltigkeit der Assets, ist dies sowohl aus Sicht der Gläubiger wie aus Sicht der Aktionäre gleichermaßen nachteilig. Hier liegt der klassische Fall der Interessenharmonie vor. Je niedriger das Unternehmensvermögen, umso schneller kann es zu einer Insolvenz kommen. Grundsätzlich haftet zwar das Eigenkapital vorrangig, doch auch der Kreditgeber läuft Gefahr, nicht in vollem Umfang befriedigt zu werden. Umgekehrt profitieren sowohl Aktionär wie Gläubiger von einem hohen Unternehmensvermögen, welches auf eine hohe Bestandsfestigkeit hindeutet, die durch ein hohes Rating dokumentiert würde.

Ebenso führen schwere Betriebsunfälle oder plötzliche technische Innovationen des Wettbewerbs, die den Wert der Unternehmensassets sinken lassen, oder ein gravierender Imageverlust, der sich negativ auf den immateriellen Firmenwert (Goodwill) auswirkt, sowohl zu einer Verringerung der Aktionärs- als auch der Gläubigervermögen. Aufgrund der gesunkenen Ertragskraft des Unternehmens sind die Risiken für Aktionäre und Gläubiger gleicher-

---

8   Vgl. zu den mathematischen Ableitungen Merton (1974), S. 449 ff.; Galai/Masulis (1976), S. 56 f.

maßen gestiegen. Falls also eine Ratingagentur ein Downgrading mit der Begründung ankündigt, dass sich bestimmte Umfeldbedingungen negativ auf die zukünftigen Ertragsperspektiven und damit auf das gesamte Unternehmensvermögen niederschlagen, ist zu erwarten, dass sowohl Aktionäre wie auch Anleihenbesitzer mit Verkäufen reagieren werden und somit sinkende Kurse bei Aktien und Anleihen zu beobachten sein müssten. Mit diesem Erklärungsansatz lassen sich die häufig gleichgerichteten empirischen Kursreaktionen bei Aktien und Anleihen erklären.

Beispiel

Ein Beispiel stellt die Diskussion um die hohen Kosten der UMTS-Lizenzen bei den Telekommunikationsunternehmen dar. Hier haben die Ratingagenturen ebenfalls Downgradings vorgenommen, die Kurse der ausstehenden Anleihen haben Abschläge erfahren. Ebenso haben auch die Aktionäre im Verlauf der UTMS-Auktion und danach starke Einbußen ihres Vermögenswertes hinnehmen müssen.

3.3 Einflussfaktor Cash Flow-Volatilität

Anders verhält es sich hingegen nach

(9) $\quad \dfrac{\partial EK_M}{\partial \sigma} > 0 \quad$ und $\quad \dfrac{\partial FK_M}{\partial \sigma} < 0,$

wenn sich das Risiko in Form der Volatilität der Wachstumsrate des Unternehmensvermögens ändert. Eine hohe Volatiliät der Cash Flows bedeutet für den Aktionär zwar ein höheres Insolvenzrisiko, gleichzeitig aber auch höhere Gewinnchancen. Der Gläubiger hingegen erfährt lediglich ein hohes Kreditausfallrisiko, aber ohne entsprechende Kreditklauseln erhält er keine höheren Zinszahlungen, falls die Unternehmensentwicklung sogar besser als erwartet verläuft. Daher würde eine hohe Cash Flow-Volatilität eines Unternehmens mit einem niedrigen Credit Rating belegt.

Eine Erhöhung dieser Cash Flow-Volatilität nach Kreditvergabe beispielsweise durch riskantere Investments oder eine Fusion würde einer Vermögensumverteilung vom Anleihenbesitzer zum Aktionär gleichkommen. Dies ergibt sich daraus, dass aus einer höheren Schwankung der Cash Flows eine höhere Schwankung des Marktwertes des Unternehmensvermögens resultiert,[9] und damit ein größeres σ in Gleichung (8). Durch die Erhöhung der Standardabweichung steigt der Wert der „Kaufoption" der Aktionäre, d. h. ihr Vermögenswert nimmt zu. Bei unverändertem Unternehmensvermögen muss aber die Erhöhung des Aktionärsvermögens zu Lasten des Kreditmarktwertes gehen. Aktienvermögenswert und Gläubigervermögenswert ändern sich also hier auch in entgegengesetzter Richtung. Vordergründig könnte argumentiert werden, dass der Aktionärswert sinken

---

9 Der Marktwert des Unternehmens ergibt sich als Barwert aller zukünftigen Cash Flows.

müsse, falls das Unternehmen durch eine höhere Schwankungsbreite der Cash Flows riskanter würde. Dies geschieht jedoch nicht, da sich für den Aktionär zwar das Risikopotenzial erhöht, dieses aber auch hier gleichzeitig durch ein erhöhtes Chancenpotenzial kompensiert wird. Der Aktionär profitiert von positiven Abweichungen der Cash Flows von ihrem Erwartungswert, während dem Gläubiger keine zusätzlichen Chancen zukommen, sondern nur ein erhöhtes Ausfallrisiko. In diesem Fall würden die Ratingagenturen oder das bankinterne Ratingsystem ein Downgrading der Kredite erwägen. Für die Aktionäre würde ein so motiviertes Downgrading aber keinesfalls eine negative, sondern eine positive Nachricht darstellen. Wenn Ratingänderungen eindeutig auf Veränderungen der Volatilität der zukünftigen Cash Flows zurückgeführt werden könnten, so wäre diese Hypothese empirisch überprüfbar.[10]

Beispiel

Am Kapitalmarkt sollte eine mit einer gestiegenen Cash Flow-Volatilität begründete Herabstufung des Anleihenrating also zu einer positiven Aktienkursreaktion führen, während die Kurse der betroffenen Anleihen sinken sollten. In der Praxis konnte dies beispielsweise beobachtet werden, als die Mannesmann AG den britischen Mobilfunkanbieter Orange übernahm. Aufgrund der hohen Kosten der Fusion stieg die Verschuldung von Mannesmann um fast 20 Mrd. DM zuzüglich der Verbindlichkeiten von Orange in Höhe von knapp 6 Mrd. DM stark an. Aufgrund der geschwächten Finanzlage und dem damit gestiegenen Ausfallrisiko der Bondholder verkündete Standard & Poor's am 24.11.1999 ein Downgrading der Mannesmann-Anleihen von A auf BBB+. Die Anleihen der Mannesmann verloren am Ankündigungstag deutlich. Abbildung 1 zeigt die Entwicklung der kumulierten Über-

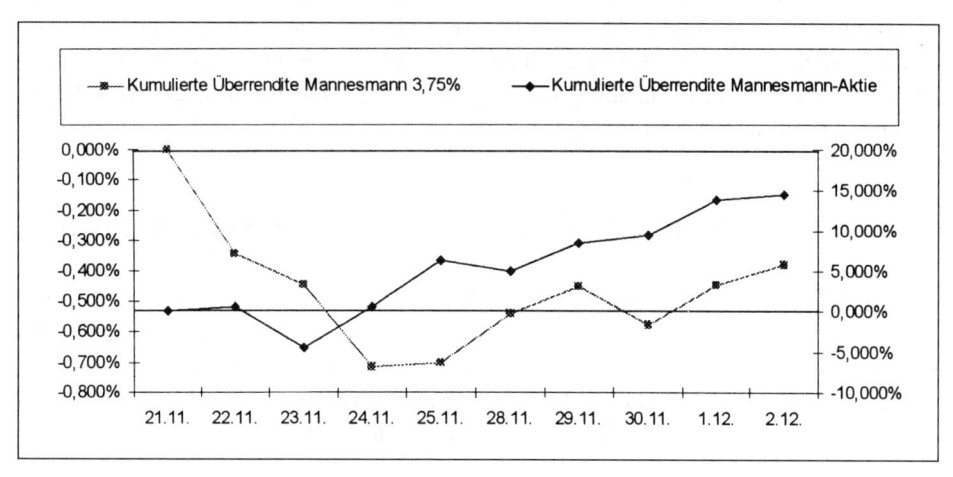

(Quelle: Bloomberg)

Abbildung 1: Kumulierte Überrenditen von Mannesmann-Anleihe und -Aktie

---

10 Vgl. Holthausen/Leftwich (1986), S. 66.

rendite der am 27.5.2009 fälligen Mannesmann-Anleihe (Kupon 3,75 %) bereinigt um allgemeine Zinsbewegungen (linke Skala).

Als Benchmarkanleihe zur Elimination allgemeiner Marktzinsschwankungen, die nicht auf die Ratingänderungen zurückgeführt werden können, wird die ebenfalls 9-jährige 3,75 %-Bundesanleihe herangezogen. Es wird deutlich, dass die Mannesmann-Anleihe am Ankündigungstag (24.11.1999) gegenüber dem Wochenanfang (21.11.1999) zinsbereinigt insgesamt 71,4 Basispunkte verloren hat. Dabei wurde von der Tagesrendite der betrachteten Anleihe die Tagesrendite der restlaufzeit- und kuponäquivalenten Bundesanleihe abgezogen, um die ausschließlich auf die Ratingänderung zurückführbaren Kurseffekte zu isolieren. Die nach dem 24.11.1999 leicht steigenden Anleihenkurse könnten damit erklärt werden, dass Standard & Poor's das Downgrading gleichzeitig mit einem „positive Outlook" versehen hat, womit bereits die am 13.4.2000 schließlich auch erfolgte Heraufstufung auf A- angedeutet wird. Gleichwohl verbleibt auch mehr als eine Woche nach dem Downgrading noch ein kumulierter Verlust von knapp 40 Basispunkten bestehen.

Gegenüber der Anleihe reagierte die Mannesmann-Aktie mit einem deutlichen Kursanstieg (rechte Skala). Die Aktie performte am Ankündigungstag und am Folgetag um mehr als 5 % stärker als der Deutsche Aktienindex (DAX), der hier als Benchmark zur Bereinigung allgemeiner Aktienmarktbewegungen herangezogen wurde. Unbereinigt lag die Aktienrendite von Mannesmann am Folgetag sogar bei 8,31 %. Durch zusätzliche positive Überrenditen der Folgewoche liegt die Performance der Aktie für den Gesamtzeitraum zwischen dem 21. November und dem 2. Dezember um knapp 15 % über der des DAX. Die belastete Finanzlage erhöht natürlich auch die Risikoposition der Aktionäre, jedoch steigt ebenso das Chancenpotenzial einer zukünftig verbesserten Wettbewerbsstärke im Telekommunikationsmarkt und höheren Unternehmensgewinnen, die dann ausschließlich den Aktionären, nicht aber den Anleihenbesitzern zukommen. Die Aktionäre bewerteten dementsprechend das Downgrading nicht negativ, da die dahinterstehende Ursache für ihre Vermögensposition positiv zu deuten ist.

3.4 Einflussfaktoren Kreditkonditionen und Verschuldungsgrad

Auch die Konditionen der aufgenommenen Kredite beeinflussen nach dem Optionsmodell die Wertpositionen von Aktionären und Gläubigern. Analytisch lässt sich aus den Gleichungen (4) und (7) analog zeigen, dass das Aktionärsvermögen durch Verlängerung der Kreditlaufzeit steigt, während das Gläubigervermögen sinkt.[11] Aus Sicht der Aktionäre ist es damit umso vorteilhafter, je später die Kredite zurückgezahlt werden.[12]

---

11 Vgl. Galai/Masulis (1976), S. 57.
12 Vgl. Copeland/Weston (1988), S. 468.

Für den Kreditgeber ist dagegen eine längere Restlaufzeit des Kredits vermögensmindernd, da das hingegebene Kapital somit für einen längeren Zeit vom Ausfallrisiko bedroht ist als bei kürzeren Ausleihungen. Das Rating müsste somit c. p. für längere Kredite niedriger ausfallen. Ebenso führt ein Downgrading, welches auf eine verstärkte Kreditaufnahme erfolgt, zu einem umso stärker sinkenden Gläubigervermögen und einem umso stärker steigenden Aktionärsvermögen, je höher die Laufzeit der Kredite ist.

Schließlich ist die Wirkung eines veränderten Verschuldungsgrades zu beachten. Eine Erhöhung des Verschuldungsgrades bewirkt ebenfalls eine Vermögensumverteilung von Gläubigern zu Aktionären, da Letztere durch den Leverage-Effekt zusätzliche Gewinnchancen erhalten, während Erstere keine zusätzlichen oder höheren Zahlungsansprüche bekommen.[13] Gegen diese Vermögensumverteilung sind die Gläubier nur geschützt, falls ihre Kreditverträge mit Schutzklauseln (Covenants) ausgestattet sind. Diese Klauseln können beinhalten, dass bestimmte Verschuldungsrelationen einzuhalten sind, oder dass bei Durchführung von und Verhalten bei Übernahmen bestimmte Regeln zu beachten sind. Des Weiteren beinhalten die Schutzklauseln, dass bei einer Verletzung dieser Bestimmungen der Kreditzins um eine festgelegte Marge angehoben würde. Im Anleihenbereich sind diese Finanzinnovationen unter den Covenants als sog. Step-up- (Stepdown) Anleihen bekannt, bei denen ein Downgrading (Upgrading) im Rating zu einer höheren (niedrigeren) Nominalzinszahlung führt, wodurch das Ratingrisiko für den Investor eliminiert wird.

Beispiel

Beispielsweise beinhaltet die im Juni 2000 begebene fünfjährige Anleihe der Deutschen Telekom AG einen Step-up-Covenant. Falls das Rating einer der beiden Agenturen Moody's oder Standard & Poor's von aktuell AA- in den Bereich von BBB herabgestuft wird, steigt der auszuschüttende Nominalzins von 6,125 % auf 6,625 %. Sollte sich das Rating wieder verbessern, wird der Kupon wieder um einen halben Prozentpunkt reduziert.

3.5 Zusammenfassender Überblick

Die vorgenannten Ausführungen haben wichtige Implikationen für den Aktionär, der die Informationen der Ratingagenturen für eigene Anlageentscheidungsn nutzen will.

---

[13] Vgl. Masulis (1980), S. 143. Vgl. zur Untersuchung des Vermögensumverteilungseffektes nach Kapitalerhöhungen Padberg (1995), S. 88 ff.

Einfluss-faktor	Rating-niveau	Auswirkung auf Vermögensposition von		Rating-Änderung	Auswirkung auf Vermögensposition von	
		Gläubiger	Aktionär		Gläubiger	Aktionär
V	hohes Rating wegen hohem Unternehmens-vermögen	+	+	Downgrade aufgrund sinkendem Untern.verm.	–	–
CF-Vola	hohes Rating wegen geringer CF-Volatilität	+	–	Downgrade aufgrund steigender CF-Volatilität	–	+
Kreditlaufzeit	hohes Rating wegen kurzlaufender Kredite	+	–	Downgrade aufgrund verlängerter Kreditlaufzeit	–	+
Verschul-dungsgrad	hohes Rating wegen niedriger Verschuldung	+	–	Downgrade aufgrund steigender Verschuldung	–	+

Abbildung 2: Zusammenhänge zwischen Rating, Ratingänderungen, Gläubiger- und Aktionärsvermögen bei Variation unterschiedlicher Einflussfaktoren

Einerseits muss er immer berücksichtigen, dass ein Credit Rating ein Risikomaß darstellt, das ausschließlich auf Kreditgeber bzw. Anleihenbesitzer zugeschnitten ist. Der Aktionär kann zunächst die absolute Höhe des Rating als Informationskriterium heranziehen. Ein hohes Rating im Investment Grade-Bereich (zum Beispiel AAA) bedeutet für ihn zwar, dass das Unternehmen eine hohe Bestandsfestigkeit (starke Substanz) aufweist, dafür aber möglicherweise eine nur schwache Ertragsdynamik aufgrund einer übervorsichtigen Finanzierungspolitik des Managements. Demgegenüber kann ein Unternehmen mit einem Credit Rating aus dem Speculative Grade-Bereich (zum Beispiel BB-) zwar ein größeres Bestandsrisiko, dafür aber auch eine höhere Ertrags- und Wachstumsdynamik aufgrund einer aggressiveren und chancenorientierten Unternehmensstrategie aufweisen. Entscheidend ist, dass der Aktionär bei Betrachtung der Risikogröße Rating die Chancenkomponente mit ins Kalkül einbezieht, die im Gegensatz zu den üblichen Kaufempfehlungen von Banken und Finanzanalysten nicht in der Ratingaussage enthalten sind.

Bei der Nutzung der Informationen aus Ratingänderungen im aktiven Portfoliomanagement muss der Aktienportfoliomanager im Gegensatz zum Bondportfoliomanager weitergehende Analysen anstellen. Letzterer kann die Ratinginformationen direkt als Risikomaß übernehmen und Downgradings (bzw. Upgradings) als negative (bzw. positive) Informationen werten. Der Aktionär muss hingegen genau analysieren, auf welche Ursachen die Ratingänderungen zurückzuführen sind. Hierzu sind häufig die üblichen Presse- oder Tickermitteilungen nicht ausreichend, oft müssen tiefergehende Anfragen an die Agenturen durchgeführt werden, oder die entsprechenden Analysen direkt vorliegen. Je nach Maßgabe der Ursache, die einer bestimmten Ratingänderung geführt hat, muss der Aktionär entscheiden, ob es sich dabei um eine positive, negative oder gar eine irrelevante Nachricht für den Shareholder Value handelt. Dies dürfte eine im Einzelfall nicht immer leichte Aufgabe sein, da die Ratingagenturen aufgrund ihrer Verschwiegenheitspflicht bislang nicht-öffentliche Informationen nur verklausuliert in ihr Ratingurteil einfließen lassen.

Aus praktischer Sicht kommt erschwerend hinzu, dass sich zentrale optionstheoretische Einflussfaktoren, wie Unternehmensvermögen oder zukünftige Cash Flow-Volatilität nicht direkt messen lassen. Diese Größen müssen über die traditionellen Kennzahlen- und Ratingsystem auf der Basis quantitativer und qualitativer Daten des Rechnungswesens und der Unternehmensanalyse gewonnen werden. Insbesondere in mittelständischen Unternehmen ist aber die Verfügbarkeit umfassender Informationen für ein Rating nur selten gegeben.

4 Empirischer Zusammenhang zwischen Ratings und dem Aktionärsvermögen

Sofern die vom Optionsmodell postulierten und in Abbildung 2 dargestellten Zusammenhänge zutreffen, sollten diese auch tatsächlich am Kapitalmarkt beobachtbar sein. Beispielsweise sollte die Ankündigung eines Downgrade aufgrund einer von der Ratingagentur gesehenen Erhöhung der Cash Flow-Volatilität zu einer negativen Kursreaktion der Anleihen und zu einer positiven Kursreaktion der Aktien führen. Der Aussagegehalt von Credit Ratings und deren Relevanz für die Bewertung von Anleihen am Kapitalmarkt ist in zahlreichen Studien für den US-Markt belegt worden. Mittlerweile liegen auch Studien zum Einfluss von Ratings am europäischen Kapitalmarkt vor.[14] Die Frage nach der Relevanz von Ratings wird dabei regelmäßig mit der sog. Event-Study-Methode beantwortet. Hier wird analysiert, ob die von Ratingänderungen betroffenen Finanztitel am Ankündigungstag mit entsprechenden Kursausschlägen reagieren.[15] Für den Markt internationaler DM-Anleihen wurde ermittelt, dass bei Downgrades starke Kursverluste am Ankündigungstag zu beobachten sind, während bei Upgrades keinerlei signifikante Kursveränderungen auftreten.

Die für den Aktienmarkt durchgeführten Untersuchungen beschränken sich weitgehend auf den US-Markt.[16] Während die Studien von Pinches/Singleton (1978) und Langefeld

---

14 Vgl. zum Beispiel Heinke (1998) und Steiner/Heinke (2000), S. 541 ff.
15 Ältere Untersuchungen greifen lediglich monatliche oder wöchentliche Daten zurück und können daher den börsentäglich genauen Ankündigungseffekt nicht identifizieren.
16 Vgl. für eine ausführliche Dokumentation verschiedener Studien Heinke (1998), S. 287 ff.

(1978) zu der Schlussfolgerung gelangen, dass sich Ratingänderungen in keiner Weise auf Aktienkurse auswirken, kommen Griffin/Sanvincente (1982), Holthausen/Leftwich (1986) und Hand/Holthausen/Leftwich (1992) zu dem Schluss, dass von Downgrades im Gegensatz zu Upgrades ein signifikanter Kurseffekt ausgeht.[17] Letztere legen damit die Vermutung nahe, dass Aktionäre auf Ratingänderungen generell ebenso reagieren, wie Anleiheinvestoren. Im Gegensatz zu diesen Studien ermitteln Wansley/Clauretie (1985) auch für Upgrades signifikante Kursreaktionen von +0,845 %. In der Untersuchung von Hsueh/Liu (1992) treten sowohl bei Downgrades wie auch bei Upgrades signifikante Kursbewegungen von -1,17 % bzw. 0,68 %. Beschränken diese ihre Stichprobe auf Ratingänderungen kleinen Umfangs (1 Notch), reduziert sich der Kursabschlag nach Downgrades auf -0,73 %, während bei Upgrades dann keine signifikante Kursreaktion mehr zu beobachten war.

Die einzigen Aktienereignisstudien außerhalb des US-Raumes legen Matolcsy/Lianto (1995) für den australischen und Barron/Clare/Thomas (1997) für den britischen Aktienmarkt durch. Es scheint sich auch für den britischen Aktienmarkt die Erkenntnis durchzusetzen, dass nur Herabstufungen einen für Aktionäre bedeutsamen Informationswert besitzen.

Die Ergebnisse der empirischen Untersuchungen zeigen kein einheitliches Bild. Zwar führt die größte Zahl der Studien zu dem Schluss, dass Aktionäre auf Downgrades mit Verkäufen, auf Upgrades hingegen gar nicht reagieren. Gleichwohl werden auch Untersuchungen vorgelegt, die entweder keinerlei Kursreaktionen bei Ratingänderungen ermitteln, oder aber sogar Kurssteigerungen bei Downgrades und Kursverluste bei Upgrades. Dies legt bereits die Vermutung nahe, dass eine Ratingänderung mehrdeutige Effekte auf die Aktienkurse des betroffenen Unternehmens haben kann.[18]

Die oben dargelegten optionstheoretischen Zusammenhänge belegen, dass ein Hauptgrund für die widersprüchlichen Ergebnisse empirischer Untersuchungen der ratinginduzierten Aktienkursreaktionen darin zu sehen ist, dass die jeweiligen Ratingänderungen nicht nach ihrer Ursache differenziert wurden. Downgradings mit negativen Implikationen für die Aktionäre wurden vermischt mit Downgradings mit positiven Implikationen für den Shareholder Value, wodurch sich beide Effekte aufheben und dann keine oder nur schwache Kurseffekte beobachtet werden.

Basierend auf diesen Überlegungen spalten Goh/Ederington in ihrer Untersuchung erstmalig die beobachtbaren Ratingänderungen danach auf, ob von ihnen eine verbesserte oder verschlechterte Position der Aktionäre zu erwarten ist. Dabei wurde die jeweilige Ursache der Ratingänderung berücksichtigt. Dies ist deswegen möglich, da zum Beispiel Moody's zusätzliche Erklärungen zur Begründung von Ratingänderungen angibt. Wird ein Downgrading damit begründet, dass die Agentur eine Verschlechterung der zukünfti-

---

17 Vgl. Pinches/Singleton (1978), S. 29; Griffin/Sanvincente (1982), S. 103; Holthausen/Leftwich (1986), S. 66 und Hand/Holthausen/Leftwich (1992), S. 749.
18 Vgl. Holthausen/Leftwich (1986), S. 66.

gen Ertragsaussichten des Unternehmens erwartet, so bedeutet dies auch für Aktionäre eine negative Nachricht, woraufhin negative Kursreaktionen zu beobachten sein sollten. Dagegen wird keine negative Kursreaktion erwartet, wenn die Herabstufung darauf beruht, dass die Ratingagentur eine Erhöhung des Verschuldungsgrades antizipiert.[19] Die verwendete Stichprobe enthielt keine Ratingänderungen, die aufgrund einer veränderten Volatilität der Cash Flows begründet wurden. Die empirischen Ergebnisse stützen die Hypothese, dass einerseits Downgrades mit der Ursache negativer Ertragsperspektiven auch signifikant negative Aktienkursreaktionen hervorrufen, dass aber andererseits Downgrades aufgrund höherer Verschuldung keine Aktienkursverluste auslösen. Die Kurse der von Goh/Ederington untersuchten Aktien fielen durchschnittlich um 1,18% am Ankündigungstag eines Downgrading, welches aufgrund verschlechterter Ertragsaussichten vorgenommen wurde. Nicht bestätigt wird jedoch die Erwartung einer signifikant positiven Reaktion auf Downgradings aufgrund eines erhöhten Leverage. Die Autoren erklären die Beobachtung damit, dass diese Downgrades ihrerseits aufgrund von Informationen vorgenommen wurden, die den Aktionären bereits bekannt waren und ein Downgrade daher schon erwartet wurde. Ihre Hypothese wird aber insofern bestätigt, als zumindest auch keine signifikant negative Aktienkursreaktion zu beobachten war. Sie konnten damit zeigen, dass es bei Untersuchungen der Aktienkursreaktion auf Ratingänderungen ganz wesentlich darauf ankommt, diese nicht homogen zu behandeln, sondern sie genau nach ihrem Änderungsgrund zu differenzieren.

Für den deutschen Markt liegen bislang keine Untersuchungen von Aktienkursreaktionen auf Ratingänderungen vor. Es existiert lediglich eine Studie der DG Bank von 300 in Europa notierten Aktiengesellschaften, die sich einerseits mit dem Zusammenhang zwischen verschiedenen Maßgrößen des Aktienrisikos (Volatilität, Betafaktor) und dem Rating sowie mit dem Zusammenhang zwischen Jahresaktienrendite und dem Rating andererseits befasst.[20] Es zeigt sich, dass Unternehmen mit höheren Ratings im Durchschnitt auch eine höhere Aktienperformance zeigten als Unternehmen mit niedrigeren Ratings. Dies mag zunächst erstaunlich erscheinen, war doch das vermeintlich konservativere Unternehmen auch aus Aktionärssicht vorteilhafter als vermeintlich chancenorientierte Untenrehmen mit niedrigeren Ratings. Vor dem optionstheoretischen Hintergrund ist es hingegen plausibel: offensichtlich haben hier insbesondere jene Einflussfaktoren zu einem hohen Rating geführt (zum Beispiel hohes Unternehmensvermögen), die auch aus der Aktionärsperspektive positiv beurteilt werden. Die verwendete Stichprobe weist aber nur wenige Gesellschaften aus dem Non-Investment Grade-Bereich (BB und darunter) auf, weshalb die Studie nicht darüber aufklären kann, ob die Aktionäre dieser Unternehmen mit deutlich höheren Renditen für das übernommene Unternehmensrisiko entlohnt werden.

---

19 Vgl. Goh/Ederington (1993), S. 2002.
20 Vgl. Templin (2000), S. 27.

5. Schlussbetrachtung und Ausblick

Der vorliegende Beitrag beschäftigt sich mit der Untersuchung des Informationswertes von Credit Ratings und Ratingänderungen aus Sicht des Aktionärs. Gegenstand der Ausführungen ist die Frage, wie Aktionäre das Informationsinstrument Credit Rating zu werten haben und wie sie die Ankündigung von Ratingänderungen für eigene Anlageentscheidungen verwenden können.

Da das Informationsinstrument des Credit Rating ausschließlich auf die Risikoposition des Gläubigers zugeschnitten ist, wurde zunächst anhand der Optionstheorie erläutert, worin sich die Rendite-Risiko-Positionen von Gläubigern und Aktionären unterscheiden. Auf dieser theoretischen Basis lässt sich zeigen, dass bestimmte Unternehmenscharakteristika und -entwicklungen (zum Beispiel hohe Volatilität der Cash Flows) für das Rating und damit auch für Anleihenbesitzer negativ, für Aktionäre aber positiv sein können. Ebenso ist es möglich, dass hohe Ratings aufgrund eines hohen Unternehmensvermögens sowohl für Gläubiger wie für Aktionäre positiv zu werten sind.

Die Ergebnisse der reflektierten empirischen Studien des US-Marktes sowie des australischen und britischen Aktienmarktes sind teilweise widersprüchlich. Meist werden bei Downgrades signifikante Aktienkursverluste berichtet. Gleichwohl belegen zahlreiche Studien, dass sich sowohl Downgrades wie auch Upgrades gelegentlich überhaupt nicht oder sogar in entgegengesetze Richtung auf Aktienkurse auswirken. Der Grund für diese vermeintlichen Widersprüche ist im wesentlichen darin zu suchen, dass in den Studien nicht nach den Ursachen recherchiert wurde, auf die die Ratingänderungen zurückzuführen sind. Bei Ratingänderungen, die sich beispielsweise auf Veränderungen der Volatilität der Cash Flows auswirken, ergeben sich für den Aktionär genau entgegengesetzte Konsequenzen im Vergleich zu den Anleihenbesitzern.

Der Aktionär muss bei der Verwendung von Ratings und ihrer Änderungen mithin stets beachten, welche Gründe die Agenturen für eine Einstufung angeben und wodurch ein entsprechendes Up- oder Downgrading erklärt wird. Dies gilt umso mehr für den Bereich mittelständischer Unternehmen, deren Finanzierungstitel nicht an der Börse gehandelt werden.

Literaturhinweise

BLACK, F./SCHOLES, M. (1973): The Pricing of Options and Corporate Liabilities, in: Journal of Political Economics, Vol. 81, 1973.

COPELAND, TH. E./WESTON J. F. (1988): Financial Theory and Corporate Policy, 1988.

GALAI, D./MASULIS, R. W. (1976): The Option Pricing Model and the Risk Factor of Stock, in: Journal of Financial Economics, Vol. 3, 1976.

GOH/EDERINGTON (1993): Is a Bond Rating Downgrade Bad News, Good News, or No News for Stockholders?, in: Journal of Finance, Vol. 48, 1993.

GRIFFIN/SANVINCENTE (1982): Common Stock Returns and Rating Changes: A Methodological Comparison, in: Journal of Finance, Vol. 37, 1982.

HAND/HOLTHAUSEN/LEFTWICH (1992): The Effect of Bond Rating Agency Announcements on Bond and Stock Pricing, in: Journal of Finance, Vol. 47, 1992.

HEINKE, V. G. (1998): Bonitätsrisiko und Credit Rating, 1998

HEINKE, V. G. (2000): Credit Ratings und Shareholder Value am Aktienmarkt, in: Finanz Betrieb, 2. Jg., 12/2000, S. 741-748.

HOLTHAUSEN/LEFTWICH (1986): The Effect of Bond Rating Changes on Common Stock Prices, in: Journal of Financial Economics, Vol. 17, 1986.

KIRMßE, S. (1996): Die Bepreisung und Steuerung von Ausfallrisiken im Firmenkundengeschäft der Kreditinstitute, 1996.

LANGEFELD, P. A. (1978): An Investigation of Changes in Corporate Bond Ratings: Prediction and Investor Relation, Cornell University 1978.

Longstaff, F. A./Schwartz, E. S. (1995): A Simple Approach to Valuing Risky Fixed and Floating Rate Debt, in: Journal of Finance, Vol. 50, Nr. 3, July 1995.

MASULIS, R. W. (1980): The Effects of Capital Structure Change on Security Prices, in: Journal of Financial Economics, 1980.

MERTON, R. (1974): On the Pricing of Corporate Debt: The Risk Structure of Interest Rates, in: Journal of Finance, Vol. 29, 1974.

PADBERG, M. (1995): Einfluss von Kapitalerhöhungen auf den Unternehmenswert, 1995.

PINCHES/SINGLETON (1978): The Adjustment of Stock Prices to Bond Rating Changes, in: Journal of Finance, Vol. 33, 1978.

RUDOLPH, B. (1995): Ansätze zur Kalkulation von Risikokosten für Kreditgeschäfte, in: Schierenbeck, H./Moser, H. (Hrsg.): Handbuch Bankcontrolling, Wiesbaden 1995.

STEINER, M./HEINKE, V. G. (2000): Der Informationswert von Ratings, in: Zeitschrift für Betriebswirtschaft, 70. Jg., 2000.

TEMPLIN, H.-U. (2000): Einige Gemeinsamkeiten für Aktionäre und Bondbesitzer, in: Börsenzeitung Nr. 221 vom 15.11.2000.

Rating aus Sicht des geschäftsführenden Gesellschafters

Kurt Peter

1. Einleitung

Wer heute in mittelständischen Unternehmen tätig ist, mag mittlerweile kaum noch den Wirtschaftsteil der Zeitungen lesen. Fast durchgängig wird darauf verwiesen, dass mit dem Baseler Accord dem Mittelstand die Finanzierungsgrundlage entzogen wird. Außerdem wollten ohnehin viele Großbanken den angeblich verlustträchtigen Bereich Firmenkundengeschäft abstoßen oder zurückfahren. Allheilmittel soll das Rating sein, intern oder extern, das heißt durch die Banken selbst oder von externen Ratingagenturen.

Was ist dran an diesen Berichten? Wie kritisch ist die Finanzierungslage beim Mittelstand wirklich? Braucht es Rating? Brauchen es nur die großen, oder sind die kleinen Unternehmen genauso betroffen? Sind das nur neue Kosten, die auf die mittelständischen Unternehmen zukommen? Oder kann man von einem Rating auch anderweitig profitieren? Diesen und anderen Fragen soll in knapper Form nachgespürt werden – jedoch nicht in theoretischer Gestalt einer wissenschaftlichen Abhandlung, sondern in Form eines Erfahrungsberichts.

Die Pumpenfabrik Wangen GmbH hat sich einem externen Rating durch eine der neuen Agenturen unterzogen. Anhand dieses Praxisbeispiels sollen die hier angerissenen Fragen beantwortet werden.

2. Vorgeschichte

Bis vor kurzem war das Wort Old Economy noch ein Schimpfwort. Hier wurde alles subsumiert, was jahrzehntelang als Aushängeschild für die Republik gegolten hatte, unter anderem der deutsche Maschinenbau. Die vermeintlich dunklen Seiten dieses Wirtschaftszweiges lassen sich folgendermaßen zusammenfassen: Keine Aktienoptionen für den Pförtner, die diesen in sechs Monaten zum Millionär machen, Wachstumsraten von unter zehn Prozent pro Jahr (die Lupe für die Bilanzanalyse wurde gleich mitgeliefert), kein Bedarf an Green-Card-Experten, statt einer Cash-Burn-Rate eine Cash-Flow- und Ertragsanalyse usw. Auf der anderen Seite war in der New Economy alles, was seit ewigen Zeiten als unseriös und hochriskant galt, plötzlich eine Generaltugend. Die steigenden Aktienkurse, aufgeheizt durch einen relativ engen Markt und eine übergroße Euphorie, ließen praktisch keinen Raum für abweichende Meinungen.

Das Bild hat sich gründlich gewandelt. Die vielen bunten Seifenblasen am Neuen Markt zerplatzen und selbst sogenannte seriöse Unternehmen sorgen für Turbulenzen. Große Aufregung und Enttäuschung machen sich breit. Das ist verwunderlich, sind doch die Erfahrungen mit bunten Seifenblasen allen Beteiligten seit Kindertagen bekannt.

Die neue Marktsituation ist der Grund, warum sich ein kleiner deutscher Maschinenbauer (Umsatz im Jahr 2000: 7,5 Mio. €, 55 Mitarbeiter), der sogenannte Exzenterschneckenpumpen baut, das sind Pumpen für Schlämme, Pasten und Suspensionen, wieder aus den angeblich dunklen und verrauchten Werkshallen der Old Economy an das Licht der Öffentlichkeit traut, um über seine Erfahrungen mit dem Unternehmensrating zu berichten, denn Rating geht alle an, gleich welcher Wirtschaftskategorie ein Unternehmen mittels modischer oder altmodischer Terminologie zugeordnet wird. Der vermeintliche Widerspruch zwischen Rating und Old Economy, der durchaus nicht ganz zufällig unterstellt wird, soll hierbei aus einer bestimmten Sichtweise aufgelöst werden.

Zum genaueren Verständnis des Hintergrunds soll daher zuerst einmal die Firmengeschichte etwas beleuchtet werden. Das Unternehmen wurde 1969 aus einer Konkursmasse gekauft und neu aufgebaut. Damals wurden in kleinem Umfang sogenannte Exzenterschneckenpumpen gebaut, die zur Ausbringung von Gülle auf die Felder benötigt wurden. Das landwirtschaftliche Umfeld des Allgäus war der Ursprungsmarkt für diese Unternehmung. Da der Anwendungszweig Landtechnik jedoch keine rasche Expansionsmöglichkeit versprach, wurde bereits 1971 mit der Produktion von Exzenterschneckenpumpen für industrielle Anwendungen begonnen. Der Markteinstieg war nicht leicht, da es dort bereits weitere Anbieter gab, aber er gelang. Der Umsatz konnte über die Jahre mehr oder weniger konstant gesteigert werden, bis er 1991 bei etwa 6 Mio. € lag. Mehrere Werkserweiterungen und die Gründung eines Zweigwerkes in Hagen/Westfalen waren die Folge. Im Zuge der weltweiten Rezession, die ihren Tiefpunkt 1993/1994 erreichte, stagnierte der Umsatz. Die drastisch gefallenen Preise machten eine tiefgreifende Umstrukturierung des gesamten Unternehmens fällig, denn seine inneren Strukturen hatten nicht mit der Umsatzentwicklung Schritt gehalten.

Aus diesem Grund wurden im Sommer 1994 zwei neue Geschäftsführer eingestellt, die in relativ kurzer Zeit den radikalen Umbau in ein kleines, schlagkräftiges industriell agierendes Unternehmen vornahmen. Bereits 1995 wurde zur Vereinfachung das Zweigwerk in Hagen/Westfalen, das ein bestimmtes Kunststoffteil, den Stator, herstellt, abgetrennt und verselbstständigt. Der bisherige Betriebsleiter wurde Geschäftsführer und suchte sich eigene Kapitalgeber. Das ehemalige Zweigwerk wurde so selbstständiger Lieferant für die Wangener. Gleichzeitig erhielt das neue Unternehmen das Recht, solche Teile auch für Pumpen anderer Fabrikate herzustellen und zu vertreiben. Eine echte Erfolgsstory: Binnen fünf Jahren konnte dieses neue Unternehmen seinen Umsatz verdreifachen, ohne dass der Umsatz mit dem Stammwerk erhöht worden wäre. Zwei Drittel des Umsatzes wurden also auf dem freien Markt für Ersatzteile erzielt. Ein schlagkräftiger Zulieferer für die Wangener und zugleich ein ernst zu nehmender Ersatzteilpirat für den freien Ersatzteilmarkt der Mitbewerber waren gegründet.

1996 wurde in Wangen bereits die Rentabilitätsschwelle wieder überschritten. 1997 erhielten die bisherigen Gesellschafter von den beiden Geschäftsführern das Angebot zu einem Management Buy Out (MBO), das Unternehmen also zu übernehmen. Die Gesellschafter willigten ein, und die beiden Geschäftsführer und noch ein dritter privater Investor kauften das Unternehmen. 1998 erfolgte der nächste Schritt: Die Geschäftsführer installierten ein System der Mitarbeiterbeteiligung an Kapital und Erfolg in Form von stimmrechtslosen Genussrechten. Die Verzinsung der Anteile erfolgt anhand des Betriebsergebnisses. Die Nachfrage war enorm: Binnen zwei Jahren wurden über 150 000 € gezeichnet, die Beteiligungsquote liegt bei über 90 Prozent. 1999 erfolgte dann der erste Unternehmenskauf in der Geschichte des Unternehmens: Ein Ersatzteilpirat, der seit 1959 auf dem Markt war und ihn mit preiswerten, kopierten Ersatzteilen (überwiegend Rotoren) versorgte, wurde übernommen. Damit betrat die Pumpenfabrik Wangen GmbH selbst die Piratenbühne und verschaffte sich auf diese Weise Zugang zu einer großen Zahl von Kunden, die mit Pumpen der Mitbewerber arbeiteten.

Parallel dazu war der niedrige Kapitalzins dieses Zeitraumes genutzt worden, um circa 2 Mio. € in neueste CNC-Maschinen zu investieren. Das Resultat: europaweit die kürzesten Lieferzeiten und Produkte auf höchstem Qualitätsniveau. Die 1994 eingeführte modulare Plattformstrategie erlaubt Varianten tausender verschiedener Pumpen und zudem beliebige kundenspezifische Sonderlösungen, ohne dass die Komplexitätskosten explodieren. Die Bemühungen im Bereich Produktion resultierten darin, dass nach fünf Jahren Umstrukturierung das Unternehmen doppelt so viele Pumpen baut wie vor Beginn der Sanierung und dafür nur noch halb so viel Personal benötigt. Das ergibt eine Produktivitätssteigerung von 400 Prozent! Gleichzeitig konnte seit 1998 der Umsatz wieder jährliche Zuwachsraten vorweisen, so dass er im Jahre 2000 bereits bei 7,5 Mio. € lag.

Im gleichen Jahr fiel die Entscheidung, einen weiteren Kapitalgeber aufzunehmen, um die Kapitalbasis weiter zu stärken und für schlechte Zeiten noch besser gerüstet zu sein. Das Stammkapital wurde so auf 300 000 € erhöht. Außerdem wurde in diesem Jahr dem Unternehmen das Qualitätszertifikat nach DIN EN ISO 9001 erteilt. Anfang 2001 erfolgte die Markteinführung einer neuen High-Tech-Baureihe für höchste hygienische und sterile Anforderungen.

Bis dahin ein kurzer Blick in die doch recht ereignisreiche Unternehmensgeschichte, so weit sie auch relevant für das Rating war.

3. Vorarbeiten

Die Darstellung der Vorgeschichte zeigt, dass das Unternehmen vor allem in den letzten Jahren eine geradezu stürmische Entwicklung durchlaufen hat, wie man sie wahrscheinlich einem Unternehmen der Old Economy gar nicht zutraut. Parallel einher verlief ein weiterer Prozess, der auf den ersten Blick gar nicht so offenkundig war: die Herstellung der vollen betriebswirtschaftlichen Transparenz. Nach den Anfangserfahrungen der neuen Gesellschafter, die kaum verlässliche aktuelle Zahlen über das Geschehen im Unternehmen vorfanden, wurde ein neues EDV-System mit einem einfachen, aber sehr effizienten Reporting installiert, das in Tages-, Wochen-, Monats-, Quartals- und Jahresberichten mündete. Auf diese Weise kann die Geschäftsleitung permanent das Unternehmen auf optimalem Kurs steuern. Auch die Kommunikation in Richtung Öffentlichkeit ist jederzeit in einer angemessenen und informativen Weise möglich. Als Resultat dieser Bemühungen ist das Unternehmen jeden Tag um 9 Uhr voll transparent per 17 Uhr des Vortages. Die monatliche betriebswirtschaftliche Auswertung (BWA) ist weitgehend bilanzkonform geschlüsselt, so dass auch unterjährig eine aussagekräftige Ertragskontrolle durchgeführt werden kann.

Parallel dazu wurde 1998 eine renommierte, weltweit operierende Wirtschaftprüfungskanzlei engagiert. Mit dieser Entscheidung sollte der Wille der Geschäftsleitung dokumentiert werden, sich eventuell sogar unangenehmen Fragen von außen zu stellen, die bei Gefälligkeitsgutachten unter langjährig bekannten Geschäftspartnern sicher nicht auf den Tisch kommen.

1999 begann dann eine Zusammenarbeit mit der Hochschule St. Gallen im Rahmen einer längeren Seminarreihe. Dabei wurden die verschiedensten Fragen aufgeworfen aus den Bereichen Personalcontrolling, Finanzcontrolling, Strategieüberlegungen, Innovationsmanagement etc. Dabei wurde klar, dass die Sanierung eines Unternehmens bestenfalls die halbe Miete auf dem Weg in eine sichere Zukunft ist. Die nächste Frage, die sich nach einer erfolgreichen Sanierung stellt, ist die nach einer abgesicherten Zukunftsfähigkeit. In der Finanzterminologie ausgedrückt stellt sich die Frage nach Umsatz- und Wertsteigerung des Unternehmens.

Daher wurde von der Geschäftsleitung begonnen, die während der Seminarreihe aufgeworfenen Fragen Stück für Stück zu beantworten. So wurde eine umfassende Marktstudie selbst (!) erstellt, ein Unternehmensleitbild entworfen und eine sauber definierte Strategie für die nächsten fünf bis zehn Jahre überlegt und niedergeschrieben. Es stellte sich heraus, dass es unbedingt notwendig und hilfreich ist, die Dinge konkret nieder zu schreiben, um echte Klarheit über die notwendigen Informationen und die daraus abzuleitenden Schritte zu erhalten. Dabei ist weniger die Menge des produzierten Papiers als der konkrete Inhalt gefragt. Parallel zu dieser Tätigkeit ergab sich ein Kontakt zu einer der neu auf dem Markt befindlichen Ratingagenturen für Mittelstandsrating und es reifte der Entschluss, das so erstellte und dokumentierte Unternehmenskonzept zusammen mit der neueren Unternehmensentwicklung auf den Prüfstand eines kritischen Investorenblickpunkts zu stellen.

4. Ziele

Es ist noch gar nicht so lange her, da wurde das Privatkundengeschäft bei den Banken als unbeliebtes Peanutsgeschäft dargestellt. Die neuen und alten Reichen sollten hofiert werden, um dem Margendruck im Massengeschäft auszuweichen. Die Grenzen wurden verschieden gesetzt, der Trend aber war eindeutig. Dann entdeckten die Banken den nicht unerheblichen Wertberichtigungsbedarf bei ihren Geschäftskunden und begannen das große Wehklagen über das unprofitable Firmenkundengeschäft, das dringend reduziert werden solle. Da kam der sogenannte Baseler Accord gerade recht, der den Banken für erhöhte Kreditrisiken eine erhöhte Eigenkapitalunterlegung abverlangt und sie so zu einer Risikoabschätzung bei ihren Kreditengagements zwingt. Man rieb sich die Augen. Hörte man nicht schon immer von den Banken Worte wie Risk Management oder Bonitätsprüfung?

Nimmt man all diese Klagen ernst, muss man sich fragen, mit wem die Banken in Zukunft eigentlich noch Geschäfte machen wollen. Um die doch begrenzte Anzahl der Besserverdienenden Reichen dürfte ein harter Wettbewerb einsetzen, der wahrscheinlich ohnehin schon tobte. Das wird auch in diesem Geschäftsbereich auf die Margen drücken. Was bleibt dann noch an Geschäftsfeldern übrig? Sollen alle Banken nur noch Investment Banking betreiben? Oder braucht man bald keine Banken mehr?

Alles dürfte nicht so heiß gegessen werden, wie es gekocht wird. Die Industrie wird auch weiterhin mit den klassischen Finanzierungen bei ihrer Hausbank landen. Wenn eine Werkzeugmaschine, eine Fertigungsstraße oder eine Gewerbeimmobilie zu finanzieren ist, wird eine simple Kreditfinanzierung mit Sicherungsübereignung die Regel sein. Vielleicht sinkt die Beleihungsgrenze, vielleicht werden ein paar mehr Fragen zu beantworten sein, aber summa summarum dürfte sich hier nicht viel ändern. Und dazu braucht es auch kein Rating.

Anders wird es künftig sicher aussehen, wenn von der Bank große Blankoanteile in unternehmerische Abenteuer gesteckt werden sollen. Dazu zählen zum Beispiel Unternehmenskäufe, neue Niederlassungen im Ausland oder die Erschließung eines neuen Geschäftsfeldes. Hier wird sich ein Rating künftig sicher nicht vermeiden lassen, was andererseits auch nicht unvernünftig ist. Schließlich muss die Bank oder der Investor abschätzen können, welches Risiko er eingeht. Das gilt eigentlich selbstverständlich auch für den Unternehmer. Das ist aber nicht Thema dieses Erfahrungsberichts.

Ein ganz anderer Aspekt, der die Pumpenfabrik Wangen GmbH zu einem Rating gebracht hat, war die Frage: Wer kritisiert eigentlich die Geschäftsleitung?

Im heutigen Mittelstand, wie immer man ihn auch definieren mag, zeigt sich heute grob gezeichnet folgendes Bild: Es gibt viele Unternehmen, die sich mit einem oder mehreren hervorragenden Produkten in einer Nische platziert haben. Nicht wenige dieser erfolgreichen Unternehmen operieren weltweit, einige sogar als (Welt-)Marktführer. Die Unternehmensstruktur und die Professionalität der Unternehmensleitung gehen jedoch längst nicht mehr konform mit dem Wachstum, der Größe und der geografischen Expansion des Unternehmens. Das zeigt sich zum Beispiel in der fast völligen Absorption der Geschäftsleitung durch operative Tätigkeiten. Fragen nach Marktanteils- oder Wertsteigerungsstrategien werden als Zeitverschwendung abgetan.

Profunde Marktkenner sehen hier ein Hauptproblem des deutschen Mittelstands während der nächsten fünf bis zehn Jahre. Die mangelnde Professionalität der Geschäftsleitung wird zu einem gewaltigen Shake-out in dieser Unternehmenskategorie führen, die sich global einheitlichen Transparenz- und Bewertungsschemata stellen werden muss. Nur wer diese Anforderungen erkennt und sich ihnen stellt, wird seine Überlebenschancen deutlich erhöhen.

Und genau hier war der Ansatzpunkt der Geschäftsleitung der Pumpenfabrik Wangen GmbH beim Thema Rating. Nachdem die Frage „Wo steht die Pumpenfabrik Wangen GmbH in fünf Jahren eigentlich?" mit einer umfassenden Strategieanalyse schriftlich beantwortet war, entschied die Geschäftsleitung, sich mit diesem Geschäftsmodell dem harten und objektiven Urteil von potenziellen Analysten zu stellen – quasi als Korrektiv.

Diese Möglichkeit wird zu erschwinglichen Kosten erst seit kurzem für den Mittelstand durch die neuen Ratingagenturen angeboten. Sie stufen jedes beliebige Unternehmen nach dem international anerkannten Raster von AAA bis D ein, wie es ein internationaler Investor auch machen würde, wenn er entscheiden muss, ob er sein Geld in Coca-Cola oder die Pumpenfabrik Wangen GmbH stecken solle. Durch das außerordentlich intensive Abklopfen des gesamten Geschäftskonzepts, der getroffenen Maßnahmen etc., die weit über all das hinausgehen, was heute Banken oder Wirtschaftsprüfer abfragen, erhält die Geschäftsleitung ein hervorragendes Feedback über die Zukunftsfähigkeit ihres Unternehmens und ihres Geschäftsmodells.

Hierin liegt der eigentliche Clou eines Ratings, gleich ob Old oder New Economy, gleich ob großes oder kleines Unternehmen. Die Erfahrung der Pumpenfabrik Wangen GmbH mit einem bestimmten Ratingunternehmen haben gezeigt, dass die durch das Rating erzwungene Beschäftigung mit strategischen Fragen für kleine und mittelgroße Unternehmen fast wichtiger ist, als die Frage, wie künftige Finanzierungen zu platzieren sind. Ein gesundes Unternehmen hat mit den gängigen Investitionen auch keine Finanzierungsprobleme.

Aber warum sollte ein heute gesundes Unternehmen in fünf Jahren noch existieren? Diese Frage wird im deutschen Mittelstand sicher noch viel zu selten gestellt und noch seltener beantwortet.

5. Ratingprozess

Der erste Schritt bestand darin, Informationen einzuholen. Wer führt ein Rating durch? Wer tut dies auch für kleine Unternehmen? Wie läuft der Ratingprozess genau ab? Was kostet ein Rating? Die Antworten auf diese Fragen, die letzte ausgenommen, kann man heute im Internet finden, da alle Ratingagenturen dort mit einer ausführlichen Homepage vertreten sind. Die Wahl fiel dann auf die RS Rating Services – nicht zuletzt aufgrund einer Empfehlung durch ein Unternehmen, das sich dort bereits einem Rating unterzogen hatte.

Nachdem die Preisverhandlungen abgeschlossen waren, verlangte die Ratingagentur umfangreiche Informationen zu den verschiedensten Themen, damit sich die Analysten intensiv auf das Unternehmen und sein Marktumfeld vorbereiten konnten. Dabei kam der Pumpenfabrik Wangen GmbH die Vorarbeit, die in Zusammenarbeit mit der Hochschule St. Gallen erfolgt war, sehr zugute. Nach der Einsendung der gewünschten Unterlagen wurden zwei Termine vereinbart, zu denen die Ratingagentur das Unternehmen besuchte. Zu diesen Terminen erschienen dann jeweils zwei Analysten.

- Jahresabschlüsse der letzten drei Jahr bzw. unterjährige Zahlen; Geschäftsberichte
- Planzahlen, Unternehmenspläne
- Berichte über Unternehmensbewertungen Dritter (Due Diligence, Berichte von Auskunfteien, Bonitätsanalyse der Banken, Analyse von Beratern)
- Gesellschaftsstruktur, Handelsregisterauszug, Organigramme
- Satzung, Leitsätze, Grundsätze, Unternehmensziele, Zielvereinbarungen
- Firmen- und Produktpräsentationen (Broschüre, Firmenprospekte, Messepräsentationen etc.)
- Lage der Standorte bzw. Produktionsstätten
- Qualitätshandbücher (ggf. Auszüge)
- Auszeichnungen, Preise
- Pressespiegel der letzten drei Jahre

Abbildung 1: Pflichtdokumente, die mindestens zwei Wochen vor Erhebung der Rating Services AG vorliegen müssen (soweit vorhanden)

Sie nahmen eine umfassende Betriebsbesichtigung vor und hinterfragten alles, was das Unternehmen und seine Zukunft nur irgendwie betreffen kann. Dabei zeigte sich, dass die Analystenteams außerordentlich qualifiziert und tiefschürfend nachfragen – bis hin zu den erstaunlich profunden Branchenkenntnissen, die sie mitbrachten. Hier zeigte sich eine Wechselwirkung: Durch die sorgfältig erstellten Unterlagen – auch über den Markt – waren die Analysten sicher leichter in der Lage, sich vorab ein Bild über die Lage des Unternehmens und dessen Markt zu erstellen, als wenn sie sich erst vor Ort vortasten müssten. Somit dienen gut und vollständig vorbereitete Unterlagen auch der Steigerung der Effizienz und Qualität eines Ratings.

Nach diesen beiden Tagen begann die Auswertephase bei der Ratingagentur, der innerhalb von drei bis vier Wochen in einen Vorabbericht mündete. Da er noch sehr allgemein gehalten war, wurde er von uns nur auf Vollständigkeit geprüft. Nach weiteren drei Wochen wurde ein Termin für den Abschlussbericht vereinbart. Unter der Berücksichtigung des von der Geschäftsleitung ausgegebenen Mottos: „Wer kritisiert eigentlich die Geschäftsleitung?" wurden die Analysten aufgefordert, ihren Bericht zu präsentieren, ohne dass er von der Geschäftsleitung kommentiert wurde. Die außenstehende Meinung sollte möglichst nicht manipuliert werden, um die Zielabsicht der Geschäftsleitung nicht zu kompromittieren.

6. Ergebnis und die Folgen

Das Ratingergebnis lag bei BB- und wurde dann von den Analysten in einer Abschlusssitzung vorgestellt und detailliert begründet. Es ist im Rahmen dessen, was ein kleines mittelständisches Unternehmen, das sich auf einem schmalen Marktsegment des deutschen Maschinenbaus bewegt, ein sehr gutes Ergebnis. Denn unter der groben Überlegung, dass AAA überwiegend für Banken mit Staatsgarantien, AA für große, weltweit operierende Unternehmen und Banken mit großer geografischer Streuung ihres Absatzrisikos, A für solche, die vielleicht gerade nicht hochgradig profitabel sind (die Deutsche Telekom AG kam nach ihrem UMTS-Auktions-Deal nur noch auf BBB), dann kommt für ein kleines mittelständisches Unternehmen aufgrund der spezifischen, immanenten Beschränkungen und Risiken ohnehin nur der B-Bereich in Frage.

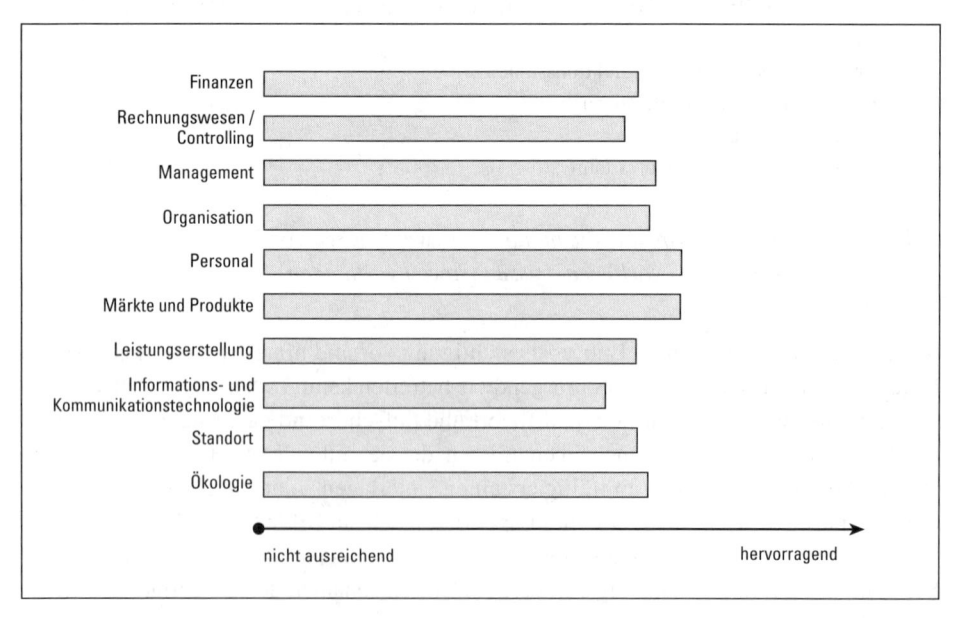

Abbildung 2: Ratingprofil

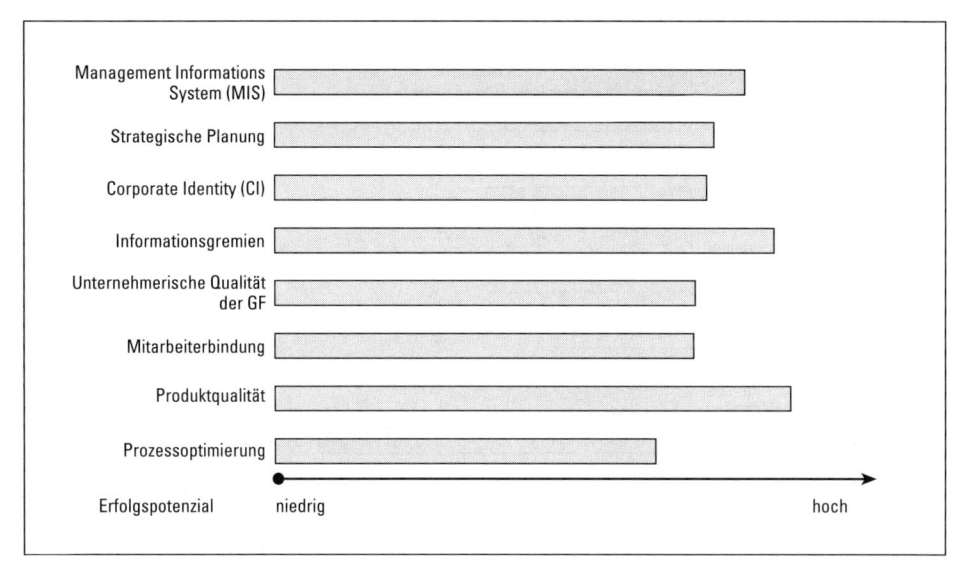

Management Informations System (MIS)	▯▯▯▯▯▯▯▯▯▯▯▯▯
Strategische Planung	▯▯▯▯▯▯▯▯▯▯
Corporate Identity (CI)	▯▯▯▯▯▯▯▯▯▯
Informationsgremien	▯▯▯▯▯▯▯▯▯▯▯▯▯▯▯
Unternehmerische Qualität der GF	▯▯▯▯▯▯▯▯▯▯▯▯▯▯
Mitarbeiterbindung	▯▯▯▯▯▯▯▯▯▯▯▯
Produktqualität	▯▯▯▯▯▯▯▯▯▯▯▯▯▯▯▯
Prozessoptimierung	▯▯▯▯▯▯▯▯▯
Erfolgspotenzial	niedrig → hoch

Abbildung 3: Erfolgsprofil

Was fängt man nun mit einem solchen Rating an? Anfangs bestand die Absicht, dass lediglich die beiden Geschäftsführer je ein Exemplar des Ratingberichts erhalten, quasi als Notizbuch für allfällige Hausaufgaben. Bald reifte jedoch die Entscheidung, auch den nicht im Unternehmen tätigen Gesellschaftern jeweils ein Exemplar zukommen zu lassen, quasi als umfassenden Rechenschaftsbericht und Leistungsnachweis der Geschäftsleitung. Die Erfahrung zeigt nämlich, dass sich gut informierte Mitgesellschafter wesentlich leichter mit einem entsprechenden Vertrauensvorschuss für die Geschäftsführer tun als solche, die sich chronisch unterversorgt fühlen in puncto wesentlicher Geschäftsvorfälle.

Deshalb bereitete es der Geschäftsleitung auch keine Probleme, dem latent vorhandenen Wunsch der Ratingagenturen nach einer Veröffentlichung des Ergebnisses nachzukommen. Wie sagte einmal ein Zuhörer: „Schließlich sind Sie mit diesem Ergebnis zur Zeit das Familienunternehmen mit dem besten Rating in ganz Deutschland!" Warum sollte man diese Botschaft nicht auch in der Öffentlichkeit kommunizieren?

Lediglich die Hausbanken wurden bisher auf Abstand gehalten, da auch in der Vergangenheit kein größeres Informationsbedürfnis geäußert wurde als das, was die Banken intern unter dem Titel Bonitätsprüfung laufen lassen und heute – im Trend der Zeit – gern als Rating verkaufen.

Um diesen Prozess der Entwicklung und Zukunftssicherung des Unternehmens weiter voranzutreiben, hat die Geschäftsleitung beschlossen, sich regelmäßig, das heißt alle 12 bis 18 Monate, erneut einem Rating zu unterziehen. Dieser Zeitraum erscheint ausreichend, da die Innovations- und Marktzyklen im deutschen Maschinenbau nicht so flüchtig sind wie in anderen High-Tech-Branchen.

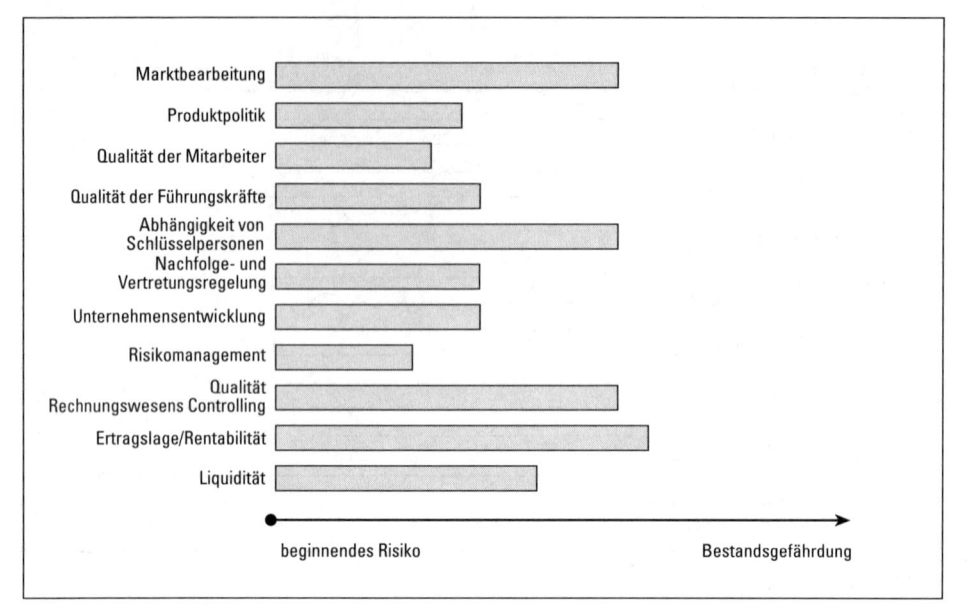

Abbildung 4: Risikoprofil

Der detaillierte Bericht erlaubt der Geschäftsleitung, sich bestimmte Hausaufgaben herauszupicken und offensiv anzugehen, so dass sich begründete Hoffnungen ergeben, beim nächsten Rating eine insgesamt bessere Bewertung zu erhalten. Dabei steht natürlich nicht primär das Erreichen einer besseren Schulnote im Vordergrund sondern die Erkenntnis, dass durch die Abarbeitung der Hausaufgaben und der eventuell daraus resultierenden besseren Note das Unternehmen auch seine Zukunftschancen verbessert.

Nur wenn man Rating auch in diesem Sinne begreift, ist das dafür ausgegebene Geld nicht als Kosten, sondern als Investition buchbar.

Bedeutung des Credit Ratings im Fondsmanagement

Felix Fischer, Holger Mertens

1. Einführung

Vor der Einführung des Euros konzentrierte sich das Rentenfondsmanagement häufig auf das Ausnutzen von Zins- und Währungsdifferenzen zwischen den einzelnen europäischen Staaten. Nach Fixierung der Währungen im Jahre 1999 war dieser Managementansatz hinfällig und man suchte nach neuen Ertragskomponenten. Als eine wesentliche neue Komponente bildete sich schnell das Segment der Unternehmensanleihen heraus. Keine andere Vermögensklasse profitierte so stark von der Einführung des Euros wie die Unternehmensanleihen. Seit Anfang 1999 ist dieses Segment um fast 200 Milliarden Euro gewachsen. Die Treiber dieses Wachstums waren der Wunsch europäischer und amerikanischer Unternehmen nach Diversifikation ihrer Finanzierungsquellen, die starken M&A Aktivitäten der vergangenen zwei Jahre und die Anleiheemissionen der Telekomunternehmen zur Finanzierung der UMTS-Lizenzen.

Mit zunehmender Bedeutung der Unternehmensanleihen hat auch das Credit Rating an Interesse gewonnen. Die meisten Fondsmanager und Credit Analysten vertrauen zusätzlich zu ihren eigenen Analysen auf die Bewertung namhafter Ratingagenturen. Zu letzteren gehören Moody's, Standard and Poor's und neuerdings auch Fitch. Im Rahmen dieser Ausführungen wird im Folgenden ein Managementansatz für Unternehmensanleihen und die Bedeutung des Credit Rating vorgestellt.

Der Ansatz basiert auf vier Stufen:

- der Ratingklassen-Vereinbarung,
- der Ratingallokation
- der Branchen-Allokation und
- der Titel-Selektion.

2. Ratingklassen-Vereinbarung

Die erste Stufe zur Steuerung von Unternehmensanleihen-Portfolios ist die Ratingklassen-Vereinbarung. Es gilt das Anlageuniversum sowie Minimal- und Maximalgrenzen für einzelne Ratingklassen zu bestimmen.

Ein Beispiel für die Ratingklassen-Vereinbarung könnte wie folgt aussehen: Ein Portfolio-Manager wird beauftragt, ein Portfolio zu konstruieren, dass nur in Werte investieren darf, die mindestens ein Rating von BBB- haben. Des weiteren darf er in A Anleihen maximal 40 Prozent und in BBB Anleihen maximal 30 Prozent des Portfolio-Vermögens investieren. Für AAA und AA Anleihen gelten keine Beschränkungen.

Die Ratingklassen-Vereinbarung stellt einen wichtigen Punkt der Portfolio Konstruktion dar. Durch sie wird die Risikostruktur entscheidend bestimmt.

Es stellt sich die Frage, auf Basis welcher Faktoren die Ratingklassen-Vereinbarung zu treffen ist. Zu den vier wichtigsten gehören:

- Ratingagentur
- Default Rates
- Recovery Rates
- Default Losses

2.1 Ratingagentur

Zunächst wird festgelegt, von welcher Ratingagentur das Datenmaterial herausgezogen werden soll. Hierbei sollten drei Punkte beachtet werden.

a) Da die Portfolios oftmals weltweit investieren, sollte eine Ratingagentur gewählt werden, die global Unternehmen bewertet. Dieses hat den Vorteil, dass man für ein Portfolio weitgehend nur mit einer einzigen Ratingagentur zusammenarbeiten muss.
b) Des weiteren sollte der Ratingprozess transparent sein. Es muss erkennbar werden, wie die Ratingagentur zu ihrer Bewertungsentscheidung kommt.
c) Daten über die Ausfälle in den einzelnen Ratinkategorien – die sogenannten Default Rates – müssen dem Fondsmanager zugänglich sein.

Die eingangs erwähnten drei großen Ratingagenturen erfüllen im Wesentlichen die genannten Kriterien. Im beschriebenen Ansatz werden aufgrund der vorteilhaften Konstruktion der Default Rates die Daten von Moody's verwand. Hierauf wird im Weiteren noch ausführlicher eingegangen.

2.2 Default Rates

Die Default Rate oder Ausfallrate beschreibt, bei wieviel Anleihen prozentual im Berichtszeitraum eine Zahlungsstörung vorlag. Eine Zahlungsstörung tritt dann ein, wenn zum Beispiel gegen ein Unternehmen ein Konkursverfahren eingeleitet wurde oder eine Zinszahlung zum vereinbarten Termin ausblieb. Ein „Default" bedeutet somit nicht automatisch, dass das Geld „weg ist". Die Recovery Rates oder Rückgewinnungsraten werden im nächsten Punkt zeigen, dass je nach Seniorität der Anleihe ein Teil des Geldes zurückfließen kann.

Bei der Berechnung der Default Rates unterscheidet man zwei Verfahren:
- „Value-Weighted Rate-Verfahren"
- „Unweighted Rate-Verfahren"

Beim ersten Verfahren wird das Volumen der ausgefallenen Anleihen durch das Volumen des gesamten Anleihemarktes dividiert:

$$\text{Default Rate} = \frac{\text{Volumen der ausgefallenen Anleihen}}{\text{Volumen des gesamten Anleihemarktes (Marktportfolio)}}$$

Im Gegensatz dazu steht das zweite Verfahren. Hier wird lediglich die Anzahl der ausgefallenen Anleihen durch die Gesamtanzahl der begebenen Anleihen dividiert:

$$\text{Default Rate} = \frac{\text{Anzahl der ausgefallenen Anleihen}}{\text{Gesamtzahl der ausstehenden Anleihen}}$$

Ersteres erscheint als das sinnvollere Verfahren, da es absolute Volumina berücksichtigt und das tatsächliche Verlustniveau am Markt widerspiegelt. Da nur Moody's „Value Weighted Rates" berechnet, finden ihre Analyseergebnisse im weiteren Verwendung.

Abbildungen 1 und 2 zeigen, wie viele der begebenen Anleihen im ersten bzw. fünften Jahr nach der Emission ausgefallen sind.

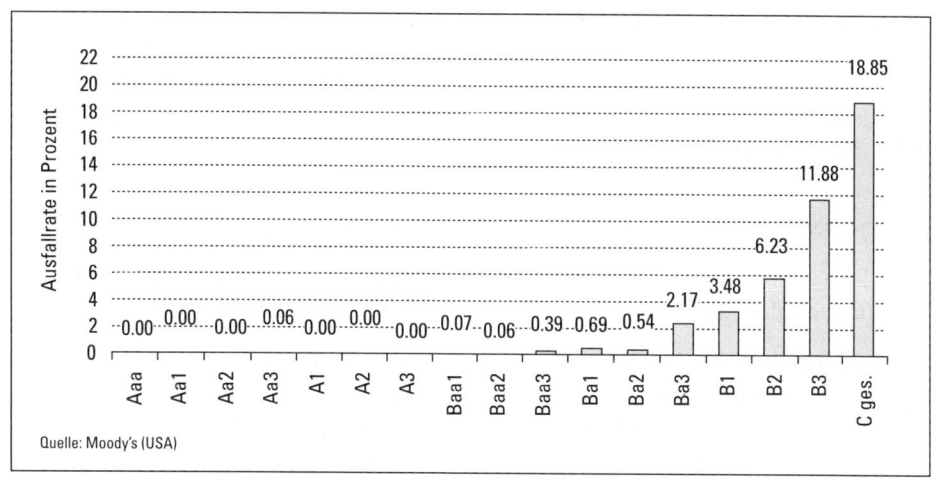

Abbildung 1: Ein-Jahresschnitt der kumulierten Rate der Zahlungsausfälle nach Ratingklassen (1983-2000)

Die Analysen, welche über einen Zeitraum von 16 Jahren erfolgten, zeigen deutlich, dass es im Ein-Jahres-Zeitraum im Investment-Grade-Bereich kaum zu Ausfällen kam. Der Speculative-Grade-Bereich hingegen musste bereits in dieser kurzen Betrachtungsperiode hohe Verluste hinnehmen (Anmerkung: Anleihen im Investment-Grade-Bereich haben ein

Mindestrating von Baa 3 (Moody's/BBB (S&P's). Anleihen im Speculative-Grade-Bereich haben ein Maximalrating von Ba1 (Moody's)/BB+ (S&P's). Deutlicher wurden die Risikounterschiede zwischen Investment-Grade und Speculative-Grade im Fünf-Jahres-Zeitraum. Während die Ausfälle im Investment-Grade-Bereich weitgehend unter 1 Prozent blieben (Ausnahme: BBB Anleihen), kann es im spekulativen Bereich zu deutlich höheren Werten.

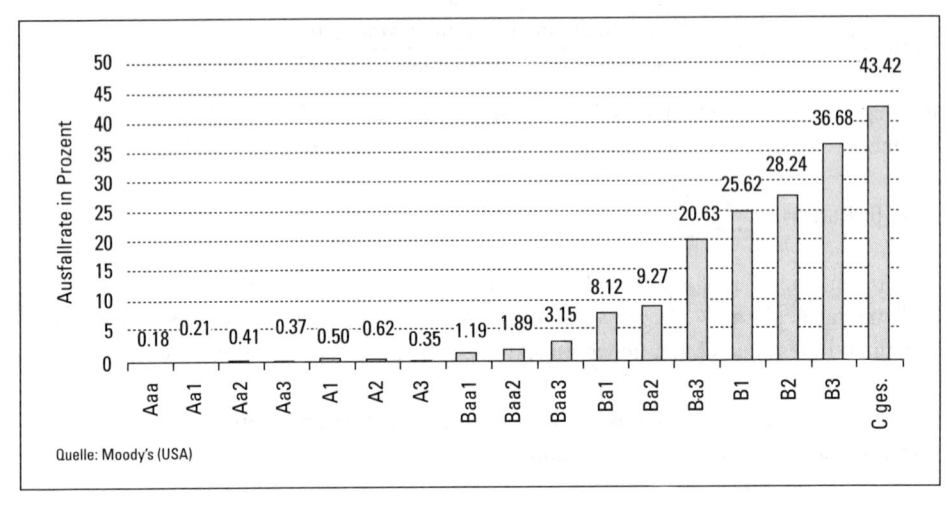

Abbildung 2: Fünf-Jahresschnitt der kumulierten Rate der Zahlungsausfälle nach Ratingklassen (1983-2000)

2.3 Recovery Rate

Die Recovery Rate ergibt sich wie folgt:

„[The] prices at which the bonds trade shortly after default, expressed in cents on the dollar, represents the fraction of par that the creditor recovers".[1]

Bei der Recovery Rate sind im Gegensatz zur Default Rate demnach keine umfangreichen Berechnungen erforderlich. Man geht davon aus, dass der erste Kurs, der sich nach Ausfall bildet, eine gute Indikation dafür ist, welchen Betrag man nach Abschluss des Konkursverfahrens wiedererlangt. Sollte kein Preis nach dem Ausfall zu ermitteln sein, wird der des Monatsultimos gewählt. Natürlich kann die Recovery Rate (wie Abbildung 3 zeigt) je nach Besicherung des Papiers bei vorrangigen Anleihen höher und bei nachrangigen niedriger liegen. Im Durchschnitt geht man jedoch von ca. 40 Prozent des eingesetzten Kapitals aus.

---

1 Standard & Poor's (1999), S. 49.

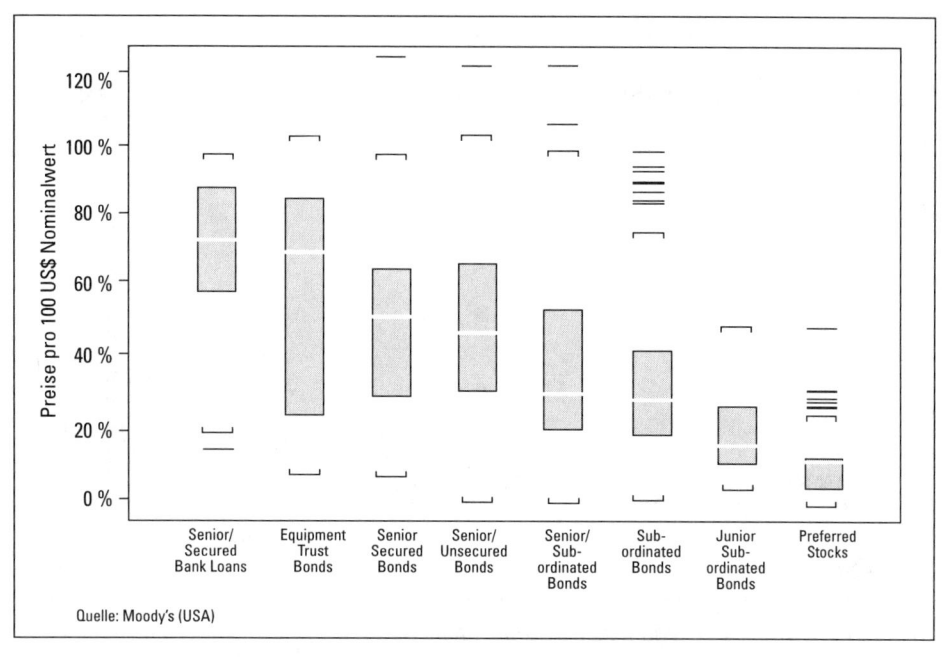

Abbildung 3: Rückgewinnungsrate nach Seriosität

2.4 Default Losses

Wie bereits erwähnt, sollten Default Rates immer im Zusammenhang mit den Recovery Rates betrachtet werden.

Durch die Subtraktion der Recovery Rates von den Default Rates erhält man den tatsächlichen monetären Verlust, den ein Investor erleidet. Man spricht von den sogenannten Default Losses. Abbildung 4 zeigt das Ergebnis einer solchen Verknüpfung, welche von Moody's für zwei verschiedene Zeiträume durchgeführt wurde.

Es bestätigt sich, dass die Ratingklassen BBB bis B mit höheren Risiken behaftet waren als die Ratingklassen AAA bis A. Es wird auch deutlich, dass die tatsächlichen Verluste geringer waren als die Default Rates vermuten ließen.

Auf Basis der Information der Default Rates, Recovery Rates und den Default Losses sollte ein Anleger die Portfoliostruktur ermitteln können, die seiner Risikobereitschaft entspricht.

Im weiteren wird beschrieben, wie der Portfolio Manager auf der Grundlage des vereinbarten Universums eine Ratingklassenallokation festlegt.

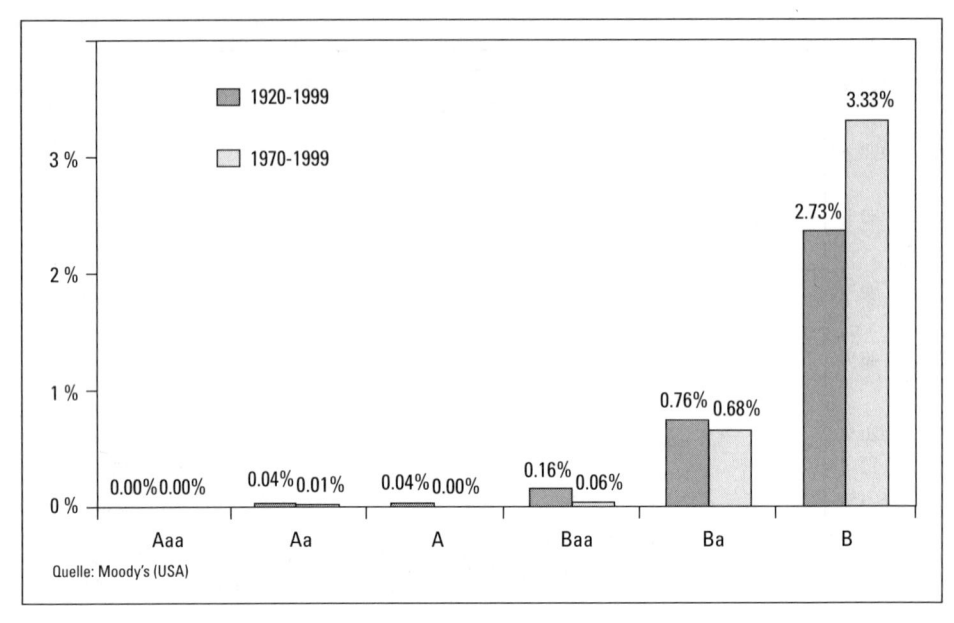

Abbildung 4: Tatsächliche jährliche Ausfallraten

3. Ratingklassenallokation

In der zweiten Stufe der Portfoliosteuerung geht es darum, eine Ratingklasse über- bzw. unterzugewichten. Entscheidend ist also nicht die absolute, sondern die relative Positionierung gegenüber einer Benchmark. Dieses setzt voraus, dass letztere zwischen Portfolio Manager und Anleger vereinbart wurde.

Um zu Über- bzw. Untergewichtungen zu kommen, ist es in erster Linie entscheidend, dass für jede Ratingklasse des Universums eine „Spread-Einschätzung" vorliegt.. Der Portfolio Manager muss sich also darüber eine Meinung bilden, wie sich der „Spread" bzw. die Differenz zwischen den Renditen von Unternehmens- und Staatsanleihen bzw. von Unternehmensanleihen und „Swapsätzen" über einen bestimmten Zeitraum entwickelt. Aufgrund dieser Einschätzung kann er zu einer Aussage kommen, wie sich die „Spreads" in dem zu analysierenden Zeitraum entwickeln werden.

Es könnte zum Beispiel die Bewertung für das Segment der A-Anleihen zum Ergebnis kommen, dass das „Spreadniveau" in einem Monat bei 100 BSP (Basispunkte) über den Staatsanleihen liegt. Werden am Markt zum gegenwärtigen Zeitpunkt nur 70 BSP an „Spread" gezahlt, ist davon auszugehen, dass sich innerhalb eines Monats die A-Anleihen zu einem Niveau von 100 BSP entwickeln werden. Dieses bedeutet für den Portfolio Manager, dass A-Anleihen im nächsten Monat eine Performance erzielen werden, die unter der von Staatsanleihen liegt. Entsprechend wird er diese Ratingklasse untergewichten.

Wie kommt man aber zu einer Einschätzung der „Spreads"?

Neben volkswirtschaftlichen Faktoren, wie Konjunktureinschätzung und Geldpolitik fließen Kapitalmarktfaktoren, wie die Aktien- und Rentenmarktentwicklung sowie Angebots- und Nachfragesituation am Markt für Unternehmensanleihen in die Beurteilung mit ein.

Nachfolgend wird ein Modell vorgestellt bei dem durch ein Scoring von Branchen und Einzeltiteln ein aktives Management der einzelnen Wertpapiere eines Unternehmensanleihenportfolios betrieben werden kann.

4. Branchenallokation

Nachdem die Gewichtung der Ratingklassen relativ zur Benchmark festgelegt wurde, wird im nächsten Schritt bestimmt, welche Branchen relativ zur Benchmark über- bzw. untergewichtet werden sollten. Hierzu muss eingeschätzt werden, wie sich die Kreditqualität einer Branche entwickeln wird. Dies geschieht, indem man sie miteinander vergleicht und hinsichtlich ihrer relativen Attraktivität in Abhängigkeit von dem durchschnittlichen Ertrag beurteilt. Eine Branche mit hoher Kreditqualität kann unattraktiver als eine mit geringerer Kreditqualität sein, wenn diese einen überproportionalen Mehrertrag generiert. Ein Scoring-Modell zur Branchenattraktivität sollte folgende drei Faktoren berücksichtigen:

Zyklik: Branchen, die zyklischen Schwankungen unterliegen, sind anfälliger für eine konjunkturelle Abkühlung. Je höher die zyklische Abhängigkeit, desto mehr Gewicht sollte dieser Faktor einnehmen. Bei einer erwarteten Veränderung der konjunkturellen Situation ist ein entsprechender Score festzulegen. Die Bauindustrie beispielsweise ist eine Branche, die stärker als andere von konjunkturellen Schwankungen betroffen ist. Dementsprechend ist das Gewicht des Faktors Zyklik höher als bei weniger zyklischen Branchen, wie zum Beispiel Pharma oder Tabak anzusetzen. Bei einem erwarteten Aufschwung erhält der Faktor Zyklik dementsprechend einen guten Wert, der sich bei den zyklischen Branchen stärker auswirkt als bei den weniger zyklischen.

Event Risk: Unter Event Risk werden derzeit nicht genau abschätzbare Chancen und Risiken einer Branche zusammengefasst. Wichtiger Bestandteil sind M&A-Aktivitäten, die in einer Branche stattfinden. Kommt es zum Beispiel zu einer Konsolidierungswelle, beeinflusst dies die Kreditqualität einer Branche, da sich bei Konsolidierungsprozessen die entsprechenden Bilanzrelationen der konsolidierenden Unternehmen verändern. Sind fremdfinanzierte Übernahmen die Regel, verschlechtern sich in der Regel die Bilanzrelationen der betroffenen Unternehmen. Deshalb erhält die jeweilige Branche einen entsprechend schlechten Score. Ein anderer Faktor sind nicht absehbare Investitionserfordernisse, wie zum Beispiel die Anfang 2000 schwer abschätzbaren Kosten der UMTS-Lizenzen der Telekommunikationsbranche. Aber auch rechtliche Risiken, wie zum Beispiel Schadensersatzforderungen gegen die Tabakindustrie fließen in den Faktor Event Risk mit ein.

Marktrisiko: Das Marktrisiko ist das eigentliche operative Geschäftsrisiko, dem eine Branche unterliegt. Je höher die Wettbewerbsintensität desto höher das Marktrisiko. Zur Beurteilung des Marktrisikos sollten insbesondere die folgenden Faktoren herangezogen werden:

- Homogenität der Produkte: Unter Homogenität der Produkte wird die Ähnlichkeit, die die angebotenen Produkte untereinander besitzen, verstanden. Je homogener die Produkte sind, desto wichtiger wird der Einsatz des Wettbewerbsparameters „Preis". Dies führt häufig zu einem Kampf der bis zum Ausscheiden einzelner Anbieter führen kann. Ein Beispiel für ein sehr homogenes Produkt sind Telekommunikationsdienstleistungen. Insbesondere im Festnetz hat die Homogenität des Produkts Festnetzgespräch zu einem rapiden Preis- und Margenverfall geführt.

- Marktmacht der Zulieferer: Die Marktmacht der Zulieferer wird durch die Stellung, in der sich die Zulieferindustrie gegenüber der jeweiligen Branche befindet, determiniert. Bei nur wenigen Zulieferern mit nicht substituierbaren Vorprodukten ist die Marktmacht hoch. Dies ist entsprechend negativ für die zu beurteilende Branche. Sind umgekehrt viele Zulieferer mit tendenziell ähnlichen Vorprodukten vorhanden, ist dies vorteilhaft für die Branche. Ein Beispiel für eine relativ geringe Marktmacht der Zulieferer ist die Automobilindustrie.

- Marktmacht der Nachfrager: Die Marktmacht der Nachfrager zeigt sich durch die Verhandlungsposition, in der sich die Nachfrager gegenüber den Anbietern befinden. Haben die Nachfrager eine nur geringe Marktmacht, so ist die Branche resistenter gegen nachfrageinduzierten Margenverfall oder zusätzliche Anforderungen seitens der Nachfrager. Ein Beispiel für eine starke Stellung der Anbieter gegenüber den Nachfragern ist die Ölindustrie.

- Bedrohung durch Substitute: Hier stellt sich die Frage ob neue Produkte oder Technologien die Nachfrage gefährden können.

- Markteintrittsbarrieren: Hohe Markteintrittsbarrieren schützen eine Branche vor neuen Konkurrenten. Sie können aufgrund hoher Kapitalerfordernisse, staatlicher Reglementierung, natürlicher Monopole oder hoher Markentreue der Konsumenten bestehen. Ein Beispiel für eine Branche mit hohen Markteintrittsbarrieren ist die Öl- und Gasindustrie.

- Staatliche Reglementierungen: Viele Industrien unterliegen strengen staatlichen Bestimmungen. Dies kann sich positiv oder negativ auf die Branche auswirken. Für die europäische Zuckerindustrie sind die protektionistischen Maßnahmen der EU zweifellos positiv, da sie hierdurch vor billigerer ausländischer Konkurrenz geschützt werden. Die Liberalisierung des europäischen Strommarktes hingegen hat für die Versorger eine Verschlechterung der Kreditqualität zur Folge gehabt.

Nachdem die unterschiedlichen Branchenscores ermittelt und mit dem durchschnittlichen Ertrag der jeweiligen Branche verglichen wurden, kann der Portfoliomanager die relativen

Über- oder Untergewichtungen vornehmen. Die Branche mit dem besten Ertrags-/ Risikoprofil sollte entsprechend über-, die mit dem unattraktivsten Ertrags-/Risikoprofil entsprechend untergewichtet werden. Die Grade der Über-/Untergewichtungen sind abhängig von den Vorgaben des Kapitalgebers. Soll eine benchmarknahe Strategie verfolgt werden, kann eine relativ unattraktive Branche mit einem hohen Indexgewicht eine höhere Gewichtung als eine relativ attraktive Branche mit einem entsprechend geringeren Benchmarkgewicht haben. Eine mögliche Vorgabe könnte zum Beispiel lauten eine absolut maximal 10-prozentige Über- oder Untergewichtung einer bestimmten Branche vorzunehmen. Neben der Gewichtung der einzelnen Branchen muss der Portfoliomanager darauf achten, in welche Kreditqualitäten und Laufzeiten er die Branchengewichtung aufbaut. Je größer die Abweichung der durchschnittlichen Kreditqualität der Branche innerhalb des Portfolios von der Struktur der Einzelbranche des Benchmark, desto größer ist das Abweichungsrisiko. Dasselbe gilt für die durchschnittliche Duration. Hat zum Beispiel die Versorgerbranche innerhalb des Index eine Gewichtung von 10 Prozent, eine durchschnittliche Kreditqualität von AA- und eine durchschnittliche Duration von 4,5 Jahren, das Portfolio hingegen ebenfalls eine 10-prozentige Versorgergewichtung, eine durchschnittliche Kreditqualität von A- und eine durchschnittliche Duration von 6,1 Jahren, so ist trotz der neutralen quantitativen Gewichtung ein erhebliches Abweichungsrisiko zur Benchmark gegeben. Denn eine Veränderung der Spreads wirkt sich besonders bei den unteren Kreditqualitäten und bei Wertpapieren mit einer höheren Duration wesentlich stärker aus als bei Anleihen höherer Kreditqualität und kürzerer Duration aus. Nach der Gewichtung der einzelnen Branchen müssen nun die entsprechenden Titel für das Portfolio ausgewählt werden.

5. Einzeltitelselektion

Bei der Einzeltitelselektion sollte ebenfalls ein Scoring-Modell zur Beurteilung der einzelnen Emittenten und Anleihen herangezogen werden. Neben der Ermittlung eines Finanzscores sind qualitativer Unternehmensscore und eine Bewertung struktureller Charakteristika von Emittent und Emission in die Analyse mit einzubeziehen.

5.1 Finanzscore

Beim Finanzscore werden bestimmte Bilanzkennzahlen mit einer sogenannten Peer Group verglichen. Peer Group bildet der Median aus gleich gerateten Unternehmen aus demselben Sektor. Im Gegensatz zur Aktienanalyse, bei der der Schwerpunkt auf den Ertragskennzahlen liegt, liegt bei der Creditanalyse ein höheres Gewicht auf Kennzahlen zur Zins- und Schuldendeckung gelegt. Die wichtigsten Einzelpositionen sind:[2]

---

2 Vgl. Standard & Poor's (2000), S. 53-58.

- EBITDA (Earnings before interest, taxes, depriciation, and armortisation): Ergebnis vor Zinsen, Steuern und Abschreibung auf materielle und immaterielle Wirtschaftsgüter. Der EBIDTA stellt weitgehend die Bruttogröße dar, die dem Unternehmen vor Steuern zur Bedienung von Zins- und Schulden zur Verfügung steht. Durch die Nichtberücksichtigung von Abschreibungen sind Investitionen zur Kapitalerhaltung nicht mit eingeschlossen.
- EBIT (Earnings before interest and taxes): Ergebnis vor Steuern und Zinsen. Der EBIT gleicht dem Ergebnis aus der eigentlichen Geschäftstätigkeit. Durch die Berücksichtigung von Abschreibung misst der EBIT tendenziell den Betrag vor Steuern, der dem Unternehmen bei Kapitalerhaltung jährlich zufließt.
- Funds from operations: Brutto-Cash-Flow, das bedeutet Nettoertrag plus Abschreibungen, Veränderungen langfristiger Rückstellungen und sonstige Posten.
- Freier Operativer Cash Flow: Funds from operations abzüglich Investitionen und Erhöhung (zuzüglich Verringerung) des Working Capital. Der Freie Operative Cash Flow ist die Restgröße, die dem Unternehmen aus der Geschäftstätigkeit als Finanzmittel zufließt. Nimmt ein Unternehmen hohe Investitionen vor, ist er in der Regel negativ.
- Operatives Ergebnis: Umsatz abzüglich der Produktions- und Entwicklungskosten sowie der administrativen Ausgaben.

Aus den Einzelpositionen werden von den Ratingagenturen insbesondere folgende Kennzahlen abgeleitet:

- EBIT-Zinsdeckung: Die EBIT-Zinsdeckung gibt an, das Wievielfache an Bruttozinsaufwendungen der EBIT beträgt.
- EBITDA-Zinsdeckung: Die EBITDA-Zinsdeckung gibt an, das Wievielfache an Bruttozinsaufwendungen der EBITDA beträgt.
- Funds from operations/Verschuldung: Diese Kennzahl gibt an, welche Prozentzahl der Verschuldung (kurz- und langfristige Verbindlichkeiten) jährlich durch Funds from operations erzielt wird.
- Freier operativer Cash Flow/ Verschuldung: Diese Kennzahl gibt an, welche Prozentzahl der Verschuldung (kurz- und langfristige Verbindlichkeiten) pro Geschäftsjahr durch den freien operativen Cash Flow erwirtschaftet wird.
- Return on Capital: Der Return on Capital gibt die EBIT-Marge auf das eingesetzte Kapital an. Er wird errechnet, indem der EBIT durch das durchschnittlich eingesetzte Eigen- und Fremdkapial geteilt wird. Die Kennzahl gibt an, wie profitabel das bilanzierte Kapital eingesetzt wird. Problematisch ist, dass Firmen, die ältere Anlagen besitzen, einen Großteil der Anlagen schon abgeschrieben haben. Hierdurch verringert sich das eingesetzte Kapital, und es wird eine hohe Marge erzielt. Ein Unternehmen mit neuen Anlagen hingegen hat ein tendenziell höheres eingesetztes Kapital, da die Anlagen mit

höheren Buchwerten bilanziert werden, was dann tendenziell zu niedrigen Margen führt.

- Operative Marge: Die Operative Marge ist eine Kennzahl für die Profitabilität des Unternehmens. Sie wird errechnet, indem das operative Ergebnis durch die Umsätze geteilt wird.

- Langfristige Verschuldungsquote: Diese Quote wird ermittelt, indem die langfristigen Schulden durch Eigenkapital zuzüglich langfristiger Schulden dividiert werden. Außerbilanzielle Verbindlichkeiten aus operativen Leasingverträgen werden zu den Schulden hinzugerechnet. Diese Kennzahl gibt Aufschluss darüber, ob dem aufgenommenen langfristigen Fremdkapital eine entsprechende – nachrangige – Eigenkapitalbasis gegenüber steht. Allerdings muss berücksichtigt werden, dass das bilanzierte Eigenkapital aufgrund stiller Reserven oder Lasten ganz erheblich von dem tatsächlichen Wert der bilanzierten Posten abweichen kann. Die langfristige Verschuldungsquote sagt nichts über die kurzfristige Liquiditätssituation des Unternehmens aus. Deshalb sollte ergänzend überprüft werden, inwieweit kurzfristigen Verbindlichkeiten kurzfristige Forderungen gegenüberstehen.

- Verschuldungsquote: Hier werden die gesamten – also auch die kurzfristigen – Schulden durch das Gesamkapital dividiert.

Der Finanzscore wird ermittelt, indem die Kennzahlen des untersuchten Unternehmens mit den Kennzahlen gleich gerateter Unternehmen aus demselben Sektor verglichen werden.

Ratingklasse	AAA	AA	A	BBB	BB	B
EBIT-Zinsdeckung (x)	17,8	10,8	6,8	3,9	2,3	1,0
EBITDA-Zinsdeckung (x)	21,8	14,6	9,6	6,1	3,8	2,0
Funds from operations/Verschuldung (%)	105,8	55,8	46,1	30,5	19,2	9,4
Freier operativer Cash Flow/Verschuldung (%)	55,4	24,6	15,6	6,6	1,9	-4,5
Return on Capital (%)	28,2	22,9	19,9	14,0	11,7	7,2
Operative Marge (%)	29,2	21,3	18,3	15,3	15,4	11,2
Langfristige Verschuldungsquote (%)	15,2	26,4	32,5	41,0	55,8	70,7
Verschuldungsquote (%)	26,9	35,6	40,1	47,4	61,3	74,6

Quelle: Standard & Poor's (2000), S. 54

Abbildung 5: Mediane des dreijährigen Schnitts von US-amerikanischen Industrieunternehmen zwischen 1997-1999

5.2 Qualitativer Score

Beim qualitativen Score gehen die weichen Fakten in die Ermittlungen ein. Außerdem werden die Besonderheiten der einzelnen Anleihe bewertet. Die wichtigsten Faktoren sind:

- Stellung des Unternehmens in der Branche: Hier wird bewertet, wie das Unternehmen im Vergleich zu den Konkurrenten positioniert ist. Wichtige Kenngrößen sind Marktanteil im Vergleich zu den größten Wettbewerbern, Fokussierung auf Kosten- oder Qualitätsführerschaft sowie Nischenstrategie.

- Diversifizierung: Im Gegensatz zur Aktienanalyse, in der die Fokussierung auf Kernbereiche im Vordergrund steht, ist bei der Kreditanalyse grundsätzlich eine weite Diversifizierung des Einkommensstroms positiv zu beurteilen. Dies gilt besonders, wenn die verschiedenen Bereiche sich unterschiedlich in wechselnden Konjunkturphasen verhalten. Die Kunden des Unternehmens sollten ebenfalls eine möglichst breite Streuung aus verschiedenen Abnehmerkreisen vorweisen.

- Produktportfolio: Ein breites Portfolio mit einer ausgewogenen Mischung aus verschieden Produkten führt zu einem besseren Score. Wichtig ist auch, in welchen Lebensphasen sich die einzelnen Produkte befinden. Eine ausgewogene Mischung ist positiv zu beurteilen.

- M&A-Aktivitäten: M&A-Aktivitäten und deren Finanzierung haben einen großen Einfluss auf das Rating des Unternehmens. Eine fremdfinanzierte Übernahme führt in der Regel zu einer Verschlechterung der Bilanzkennzahlen und nicht selten zu eine Abstufung der Firma durch die Ratingagenturen. Eine durch Eigenkapital finanzierte Übernahme hingegen kann je nach Bilanz der übernommenen Gesellschaft auch zu einer Verbesserung der Kreditqualität führen. Weitere Risiken einer Übernahme sind hohe Integrationskosten, nicht absehbare Restrukturierungsaufwendungen und kulturelle Differenzen. Für die Kreditqualität positiv ist ein höherer Marktanteil, mögliche Synergien und ggf. Abnahme der Konkurrenz innerhalb einer Branche. Um zu beurteilen, welche Chancen und Risiken bestehen, bilden das bisherige M&A-Verhalten der Firma, potenzielle Übernahmekandidaten und mögliche finanzielle Belastung durch die Zukäufe wichtige Anhaltspunkte. Potenzielle schwächere Übernahmekandidaten hingegen können sich durch eine Übernahme um mehrere Ratingstufen verbessern.

- Management: Anhaltspunkte um die Qualität des Managements abschätzen zu können sind Branchenerfahrung, bisherige Erfolge und Zielerreichung und persönliche Glaubhaftigkeit. Um die Qualität des Managements beurteilen zu können, sollten regelmäßige Treffen mit dem Management des Unternehmens stattfinden. Wichtiger Anhaltspunkte für die Beurteilung, ob Bondholder Value generiert wird, sind Anreize (zum Beispiel Bonuszahlungen) für das Management, die neben der Schaffung von Shareholder Value auch Bondholder berücksichtigen (zum Beispiel Bonus für einen maximalen Verschuldungsgrad oder ein Mindestrating).

- Strukturelle Besonderheiten: Häufig werden Unternehmensanleihen nicht von einer operativen Einheit, sondern von einer Holdinggesellschaft begeben, deren einziger Vermögenswert die Beteiligung an der Tochter ist. Die Gläubiger der Holdinggesellschaft haben oftmals keinen direkten Zugriff auf die Cash Flows der Töchter. Bei der Zahlungsunfähigkeit der operativen Einheit sind sie deshalb den Gläubigern der Tochtergesellschaft nachgeordnet. Die strukturelle Nachrangigkeit ist der Hauptgrund, weshalb die Kreditqualität von Holdinggesellschaften niedriger eingestuft wird als die von Tochtergesellschaften. Die strukturelle Nachrangigkeit kann abgemildert werden durch Garantien der Töchter oder direkte Verschuldung der Tochter bei der Holding. Von den Ratingagenturen werden Schulden, die auf der Holdingebene begeben werden, in der Regel ein Notch schlechter bewertet als Schulden der operativen Einheit.

- Covenants:[3] Covenants sind Anleihebedingungen, zu deren Einhaltung sich der Emittent verpflichtet. Sie sollen helfen, die Zahlungsfähigkeit des Emittenten zu unterstützen. Typische Covenants sind Beschränkungen für die Neuverschuldung, Beschränkungen hinsichtlich der Bestellung von Sicherheiten, die Einhaltung bestimmter bilanzieller Zielgrößen[4] oder Beschränkungen hinsichtlich der Ausschüttungen an die Aktionäre. Außerdem gibt es Bestimmungen, die dem Anleihengläubiger beim Eintritt festgelegter Ereignisse bestimmte Rechte bzw. Verbesserung der Anleihebedingungen einräumen. Typisch hierfür sind die sogenannten Step-ups, die bei der Abstufung des Ratings durch die Ratingagenturen eine Erhöhung des Kupons vorsehen[5] oder ein Put-Recht des Investors zu einem festgelegten Kurs – häufig 101 Prozent – einräumen, wenn ein Beherrschungswechsel oder eine festgelegte Veränderung der Konzernstruktur des Emittenten stattfindet.

Der qualitative Score wird ermittelt, indem die einzelnen Faktoren gewichtet und zusammengezählt werden. Das Gewicht der einzelnen Faktoren ist nicht einheitlich festgelegt.

5.3 Relative Value

Nachdem Finanzscore und qualitativer Score ermittelt und zu einem Gesamtscore zusammengefasst wurden, kann der relative Wert der einzelnen Unternehmensanleihen eingeschätzt werden.

---

3 Vgl. Wittig (1996), S. 1381, Kusserow/Dittrich (2000), S. 749 ff.
4 Zum Beispiel eine EBIT-Zinsdeckung in bestimmter Höhe.
5 Gerade bei Anleihen von Telekommunikationsunternehmen sind die Zins-Step-ups mittlerweile üblich geworden. Vgl. Irving (2001), S. 31.

6. Portfoliomanagement

Nachdem die Strategie festgelegt wurde, wird diese in den Portfolien entsprechend umgesetzt. Hierzu werden die entsprechenden Anleihen unter Beachtung der gesetzlichen und vom Anleger vorgegebenen Rahmenbedingungen ge- und verkauft. Da die Märkte für Unternehmensanleihen noch keine so große Transparenz und Liquidität wie Staatsanleihenmärkte besitzen, muss bei Kauf- und Verkaufsentscheidungen die Geld- Brief-Spanne berücksichtigt werden. Da die SWAP-Spreads in verschiedenen Währungen häufig voneinander abweichen, kann es sinnvoll sein, die relativ billigsten Anleihen zu erwerben und falls kein Währungsrisiko eingegangen werden soll, ein entsprechendes Währungs-Hedginggeschäft durchzuführen. Neben dem reinen Creditmanagement muss der Portfoliomanager ein Laufzeitenentscheidung treffen. Am kostengünstigsten können Laufzeitenentscheidungen durch den Einsatz von Derivaten umgesetzt werden, wobei das Instrument mit der höchsten Korrelation zu Unternehmensanleihen verwendet werden sollte. Die Portfolien müssen fortlaufend überwacht und angepasst werden.

Literaturhinweise

IRVING, R. (2001): UK: Bondholders unleash a quiet revolution in the boardroom, in: Times vom 4.5.2001.
KUSSEROW, B./DITTRICH, K. (2000): WM 2000.
STANDARD & POOR'S (1998): Ratings Performance 1998.
Standard & Poor's (2000): Corporate Ratings Criteria, 2000.
WITTIG (1996): WM 1996, S. 1381.

Teil 5
Konzeptionen von Ratingsystemen

Kreditrisikomessung durch interne Credit-Ratingverfahren

Stefan Blochwitz, Judith Eigermann

1. Ziele von Credit Ratings und Anforderungen an interne Verfahren

1.1 Kreditrisiko

Grundsätzlich bezeichnet das Kreditrisiko die Gefahr, dass ein Schuldner seinen vereinbarten Zahlungsverpflichtungen nicht nachkommt. Diese Eigenschaft kann jedoch ex ante nicht unmittelbar beobachtet werden. Um sie in Zahlen abzubilden und damit zu messen, muss sie zunächst auf bestimmte, beobachtbare Sachverhalte übertragen werden. Für diese Übertragung ist ein als *internes Ratingverfahren* bezeichnetes Modell notwendig, das Aussagen darüber enthält, welche Merkmale von Unternehmen und deren Umwelt auf welche Weise mit der Zahlungsfähigkeit dieser Unternehmen in Beziehung stehen. *Intern* bedeutet, dass das Ratingurteil instituts- bzw. bankinternen Zwecken dient.

Allgemein wird als Risiko die Wahrscheinlichkeit einer Abweichung zwischen einem tatsächlich realisierten Wert und einem vorgegebenen Zielwert angesehen.[1] Um eine Aussage über das Risiko treffen zu können, müssen Informationen über die Größenordnung und die Wahrscheinlichkeit der zu erwartenden Veränderungen der Einflussgrößen während eines bestimmten Zeitraums vorliegen. Ziel der Risikomessung ist es, Risiken in Form einer Zahl abzubilden. Zunächst ist es jedoch wichtig, das zu messende Risiko genau zu definieren.

Das Kreditrisiko kann auf zwei Ebenen gemessen werden, nämlich auf der einzelgeschäftsbezogenen Ebene und auf der Gesamtbankebene, bei der das Kreditrisiko auf Basis einer portfolioorientierten Betrachtung ermittelt wird. Für die Bestimmung des *Gesamtbankrisikos* ist die Kenntnis des mit einem internen Ratingverfahren gemessenen einzelnen Kundenkreditrisikos unabdingbare Voraussetzung. Vom einzelnen Kundenkreditrisiko zum Gesamtkreditrisiko einer Bank gelangt man nicht durch einfache Addition aller Einzelkreditrisiken, da diese Vorgehensweise Abhängigkeiten im Gesamtkreditbestand unberücksichtigt lässt. Um von der Einzelgeschäftsbetrachtung zu einer Betrachtung auf Gesamtbankebene zu gelangen, müssen Abhängigkeiten, die angeben, wie hoch der Risikozusammenhang zwi-

---

[1] Vgl. Hölscher (1987), S. 10; Perridon/Steiner (1997), S. 98.

schen Schuldnern ist, explizit berücksichtigt werden. Die Einbeziehung von Korrelationen ist damit der entscheidende Schritt, um von den Bonitätsrisikomodellen zu den auf das Gesamtkreditrisiko ausgerichteten Kreditrisikomodellen zu kommen.

1.2 Konzepte für Ratingverfahren

Da ein internes Ratingverfahren der Klassifizierung von Krediten oder Kreditnehmern hinsichtlich ihres Risikogehaltes dienen soll, ist es bedeutsam, mit welchem Konzept dieses unterlegt wird. Grundsätzlich bieten sich dazu zwei Konzepte an: Ein anzahlbezogenes und ein volumenbezogenes Ausfallkonzept.

Beim anzahlbezogenen Ausfallkonzept bestimmt sich der Risikogehalt aus der Einzelausfallwahrscheinlichkeit des Kunden oder Engagements, das heißt es wird festgestellt, wie viele dieser Kunden oder Engagements *innerhalb* einer bestimmten Ratingklasse in einer bestimmten Zeiteinheit – üblicherweise ein Jahr – ausfallen. Hier ist die Ausfalldefinition entscheidend; diese kann von Zahlungsverzug über Einzelwertberichtigungsbedarf bis hin zur Insolvenz des Kunden reichen und so die relevanten Ereignisse erfassen. Beim volumenbezogenen Ausfallkonzept wird der Risikogehalt durch das ausgefallene Kreditvolumen bestimmt, das heißt es wird festgestellt, welches Kreditvolumen *innerhalb* einer bestimmten Ratingklasse in einer bestimmten Zeiteinheit – wiederum üblicherweise ein Jahr – verloren geht. Das interne Ratingsystem muss nun sicherstellen, dass die entsprechend ausgewählte Größe einen bestimmten, vorgegebenen Wert nicht überschreitet. Dazu ist es erforderlich, die erst ex post bestimmbaren Größen zu prognostizieren. Bei Ausfallwahrscheinlichkeiten bieten sich dafür – unter der Voraussetzung, dass das Ratingsystem im Zeitablauf stabil ist – historische Ausfallraten in den einzelnen Ratingklassen an; volumenbezogene Größen können beispielsweise der erwartete oder der unerwartete Verlust sein.

Das volumenbezogene Ausfallkonzept erweitert das anzahlbezogene, wie man leicht zeigen kann. Betrachtet man beispielsweise den erwarteten Verlust für einen Kreditnehmer, so gilt: $EL = E(p_{Ausfall} \cdot LGD)$ mit EL als dem erwarteten Verlust, E dem Erwartungswertoperator, $p_{Ausfall}$ als der Ausfallwahrscheinlichkeit des Kreditnehmers und *LGD* als *Loss Given Default*, dem Verlust bei eingetretenem Ausfall. Das heißt, dass ein volumenbezogenes Ausfallkonzept das anzahlbezogene voraussetzt.

Ein anzahlbezogenes Ausfallkonzept ist leichter zu implementieren, wird aber dem abzubildenden Sachverhalt nicht hinreichend gerecht, weil bei ihm die Schwere der möglichen Ausfallfolgen unberücksichtigt bleibt. Deshalb ist, obwohl es aufwendiger zu realisieren ist, weil es mehr – und schwieriger zu beschaffende – Informationen benötigt, für den Einsatz zur Gesamtbanksteuerung das volumenbezogene Konzept angemessener. In Abbildung 1 sind beispielhaft die Unterschiede zwischen beiden Risikokonzepten dargestellt.

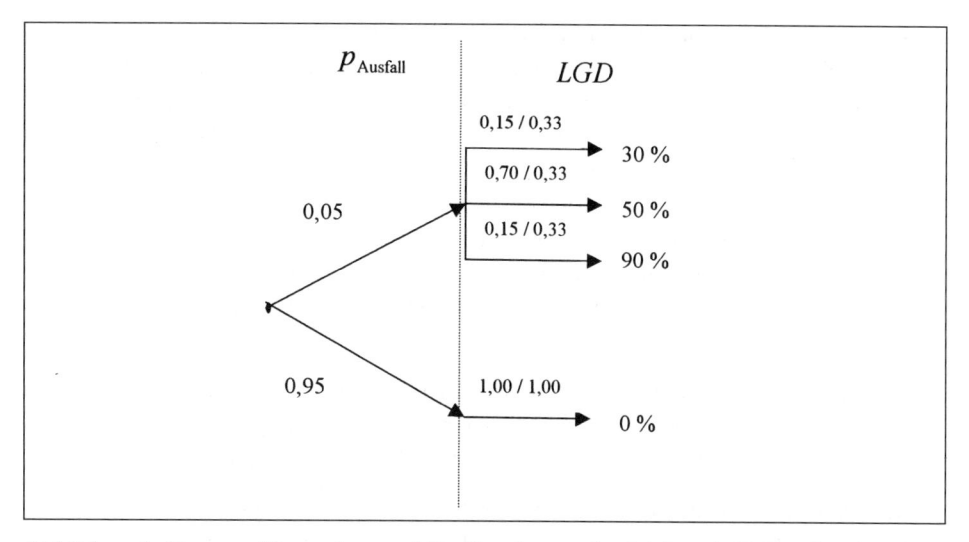

```
        p_Ausfall           LGD
                    0,15 / 0,33
                                  → 30 %
                    0,70 / 0,33
          0,05                    → 50 %
                    0,15 / 0,33
                                  → 90 %

          0,95      1,00 / 1,00
                                  → 0 %
```

Abbildung 1: Dargestellt werden zwei Kreditnehmer mit gleicher Ausfallwahrscheinlichkeit (jeweils 5 Prozent) und verschiedenen Ausfallszenarien (Verlust von 30 Prozent, 50 Prozent oder 90 Prozent des Engagements). Für die Kreditnehmer hat jedes Szenario eine andere Eintrittswahrscheinlichkeit: Für den ersten sollen die beiden extremen Szenarien mit jeweils 15 Prozent und das verbleibende mit 70 Prozent eintreten; für den zweiten soll jedes Szenario mit der gleichen Wahrscheinlichkeit von 33⅓ Prozent eintreten. Dann lässt sich für den ersten Kreditnehmer ein erwarteter Verlust von 2,65 Prozent und für den zweiten von 2,83 Prozent des Engagements errechnen.

1.3 Anforderungen an interne Ratingverfahren

Nachdem nun klar ist, welches Ziel mit internen Ratingverfahren erreicht werden soll, bleibt noch, den Weg zu diesem Ziel zu bestimmen, mit anderen Worten: Welche Anforderungen muss ein internes Ratingverfahren – neben der korrekten Umsetzung eines Verlustkonzeptes – erfüllen? Diese Anforderungen haben, wie wir weiter unten zeigen werden, Auswirkungen auf Entwurf und Implementierung eines internen Ratingsystems.

Letztlich werden die Mindestanforderungen an interne Ratingsysteme mit der anstehenden Revision der Eigenkapitalanforderungen im Rahmen der Neufassung des Basler Akkords bestimmt werden. Dennoch wird natürlich schon jetzt diskutiert, welche Anforderungen an interne Ratingsysteme sinnvoll sind.[2] Unserer Meinung[3] nach sind es, unter besonderer Berücksichtigung bankinterner Abläufe, vor allem fünf Mindestanforderungen, die ein ordnungsgemäßes Ratingverfahren erfüllen muss:

---
2 Vgl. dazu Krahnen (1999).
3 Die in diesem Beitrag wiedergegebenen Einschätzungen sind die persönlichen Meinungen der Autoren.

1. **Prognosekraft, Stabilität und Trennschärfe** bedeutet, dass das Ratingsystem jedem Unternehmen ein zutreffendes Risikomaß (im Allgemeinen wird dieses Risikomaß die Ausfallwahrscheinlichkeit oder ein äquivalentes Maß dafür sein) zuordnet, diese Zuordnungen im Zeitablauf stabil sind, das heißt die historisch beobachteten Ausfallraten mit den prognostizierten übereinstimmen und ausreichend zwischen den Risiken differenziert.[4] Diese Anforderungen sind elementar, aber nicht trivial, denn eine statistische Analyse der von den de facto den Standard für externe Ratings setzenden beiden großen Ratingagenturen Standard & Poor's und Moody's veröffentlichten Ausfallraten zeigt, dass die Trennschärfe zwischen den Ratingklassen im Investmentgradebereich mindestens fragwürdig ist.[5]

2. **Objektivität** ist sichergestellt, wenn mögliche freie Parameter[6] des Ratingmodells nicht durch subjektive Meinungen – etwa durch Expertenbefragung – sondern objektiver, beispielsweise durch mathematisch-statistische Prozeduren, bestimmt werden.

3. **Transparenz** bedeutet, dass auch Außenstehenden, die das System nicht entwickelt haben, klargemacht werden kann, welche Informationen wie und in welchem sachlichen Zusammenhang im Ratingverfahren verarbeitet werden.

4. **Nachvollziehbarkeit** ist gewährleistet, wenn angegeben werden kann, welche Auswirkungen eine bestimmte Information auf das Ratingergebnis hat. Dieses Kriterium muss besonders für das im nächsten Abschnitt beschriebene zweistufige Ratingverfahren eingehalten werden, denn die Interaktion von maschineller Komponente (Computer) und (menschlichem) Kreditanalysten ist nur möglich, wenn der Kreditanalyst versteht, welchen quantitativen Einfluss bestimmte Faktoren haben. Erst damit wird es dem Kreditanalysten möglich, die Entscheidung des Ratingsystems mitzutragen oder gegebenenfalls in Ausnahmefällen dagegen zu argumentieren.

5. **Einheitlichkeit** soll sicherstellen, dass gleiche Informationen auch immer zu einem gleichen Ratingurteil führen. Dieses Kriterium ist besonders dann bedeutsam, wenn mehrere Stellen ein Ratingsystem betreiben, wie es beispielsweise in überregional operierenden Banken der Fall ist, weil damit garantiert ist, dass gleiche Risiken gleich beurteilt werden. Einheitlichkeit erfordert eine möglichst weitgehende Standardisierung des Ratingprozesses.

---

4 Es ist wichtig, zwischen Prognosekraft, Stabilität und Trennschärfe zu unterscheiden, Die Bedeutung dieser Anforderung soll mit einem extremen Beispiel illustriert werden: Ein Ratingsystem mit nur einer Klasse, in der jedem zu ratendem Objekt die a-priori-Ausfallwahrscheinlichkeit zuordnet wird, hat sicher eine gute Prognosekraft, weil die erwartete Ausfallrate mit der tatsächlichen übereinstimmt, es ist stabil, wenn man unterstellt, dass diese a-priori-Wahrscheinlichkeiten im Zeitablauf nur gering variieren, aber die Trennschärfe des Systems ist Null, weil keine Differenzierung der Risiken stattfindet.
5 Vgl. Blochwitz/Hohl (2001).
6 Solche freien Parameter bestimmen beispielsweise, wie bestimmte Teilinformationen aggregiert werden, oder mit welchem Gewicht bestimmte Informationen zum Ratingurteil verdichtet werden.

Die ersten vier Kriterien sind besonders für die Entwicklung des internen Ratingverfahrens bedeutsam, das letzte betrifft vor allem seine Implementierung und Einbettung in die Gesamtbankprozesse.

2. Kreditvergabe als mehrstufiger Prozess

Die Kreditvergabe im Firmenkundengeschäft ist ein mehrstufiger Prozess. In diesem werden zunächst Informationen gesammelt und diese zu einem Bonitätsurteil über das Unternehmen verdichtet. Institutsinterne Verfahren zur Kreditvergabe sind oft eine Mischung aus quantitativen und qualitativen Ratingverfahren. Charakteristisch für qualitative Ratingverfahren ist, dass die Verknüpfung der als relevant erachteten Bonitäts- oder Ratingkriterien auf dem individuellen Urteil des Kreditexperten basiert. Beim quantitativen Rating hängt die Verknüpfung und Bewertung der als relevant erachteten Beurteilungskriterien nicht von der Intuition des Kreditexperten ab, sondern vollzieht sich objektiviert auf der Basis mathematisch-statistischer Modelle. Interne Ratingverfahren gehen üblicherweise in folgenden Schritten vor:

1. Sammlung von Daten, die für die Kreditprüfung als relevant angesehen werden
2. Informationsbewertung und -verdichtung durch quantitatives Ratingverfahren
3. Festlegung des endgültigen Ratingurteils, das auf dem Ratingvorschlag als Ergebnis der Stufe 2 basiert.

Zu 1: Sammlung von Daten, die für die Kreditprüfung als relevant angesehen werden

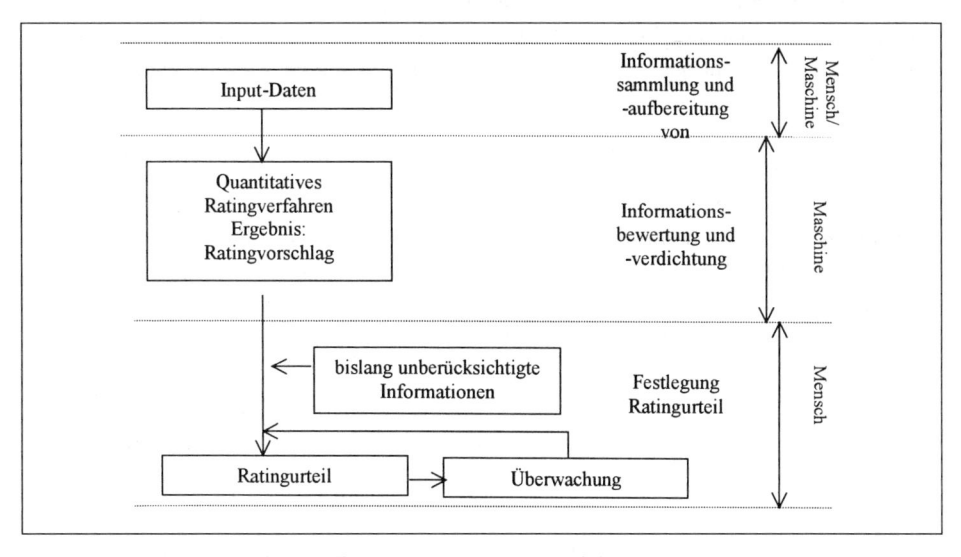

Abbildung 2 : Prinzipieller Aufbau interner Ratingverfahren

In einer ersten Stufe müssen die Input-Daten, auf deren Grundlage die Bonitätsbeurteilung erfolgen soll, gesammelt und entscheidungsorientiert aufbereitet werden. Dieser Prozess ist ein Zusammenspiel von Mensch und Maschine. Zur Vereinheitlichung müssen die Daten zunächst von den eingereichten Unterlagen in bankinterne Formblätter übertragen werden. Diese Übertragung, bei der die Daten unter kreditgeschäftlichen Gesichtspunkten neu gegliedert werden, geschieht durch den Kreditexperten. Die weitere Datenaufbereitung erfolgt dann computergestützt.

Der Kreditgeber muss die künftige Bonität eines Unternehmens im Zustand unvollkommener Informationen beurteilen. Die Unvollkommenheit des Informationsstandes ergibt sich im Wesentlichen aus folgenden drei Komponenten unzureichenden Wissens, nämlich

- der Unvollständigkeit (Fehlen wichtiger Teilinformationen),
- der Unbestimmtheit (unpräzise Informationen mit geringem Informationsgehalt) und
- der Unsicherheit (Gefahr, dass sich eine Information als falsch erweist[7]).

Trotz der Fülle potenziell wichtiger Informationen stellt sich in der Praxis oftmals heraus, dass zu wenig aussagekräftige Informationen vorhanden sind. Es gilt daher, aus den vielen Informationen möglichst schnell die für die Bonitätsprüfung des betreffenden Unternehmens relevanten zu erkennen. Relevant ist eine Information dann, wenn sich durch ihre Einbeziehung in den Kreditvergabeprozess das Krediturteil verbessert. Gerade im Hinblick auf die geschilderte Unvollkommenheit des Informationsstandes ist es entscheidend, solche Informationen zu beschaffen, die ein möglichst abgerundetes und fundiertes Bild von der aktuellen Situation des Kreditnehmers vermitteln.

Neben der Relevanz müssen bei der Informationssammlung auch Kostengesichtspunkte berücksichtigt werden. Theoretisch lohnt sich die Informationsbeschaffung, solange der durch die Information erlangte Grenznutzen größer ist als die aufzuwendenden Grenzkosten für deren Beschaffung. Wirtschaftlichkeitsüberlegungen können also dazu führen, an sich relevante Informationen nicht zu sammeln, schlichtweg weil ihre Erhebung zu teuer ist.

Zu 2: Informationsbewertung und -verdichtung durch quantitatives Ratingverfahren

Quantitative Ratingverfahren gehen über die computergestützte Erfassung und Aufbereitung von Daten hinaus, denn sie führen zusätzlich eine auf Algorithmen[8] basierte, mathematisch-statistische Informationsbewertung durch. Beim quantitativen Rating erfolgt die Bonitätseinstufung anhand eines errechneten Punktwertes Z (auch *Score* genannt). Er bildet den maschinell ermittelten Ratingvorschlag und dient dem Kreditexperten als Entscheidungsunterstützung. Der maschinell ermittelte Ratingvorschlag kann mit einem oder mehreren quantitativen Verfahren generiert werden. Im Rahmen des quantitativen Blocks bietet sich, wie in Abschnitt 4 noch detaillierter dargelegt wird, der kombinierte Einsatz

---

7   Vgl. Denk (1979), S. 15.
8   Unter einem Algorithmus versteht man eine systematische Verarbeitungsvorschrift aus endlich vielen Schritten, die angibt, wie eine bestimmte Aufgabe zu lösen ist.

mehrerer Verfahren an. Dabei handelt es sich zum Beispiel um ein Verfahren für eine (gröbere) Vorsortierung und ein differenzierter arbeitendes Verfahren zur Nachbearbeitung.[9]

Zu 3: Festlegung des endgültigen Ratingurteils durch den Kreditexperten

Die letzte Stufe des von uns in Abschnitt 2 skizzierten mehrstufigen Ratingprozesses ist die Festlegung des Ratingurteils auf der Basis des Ratingvorschlages – als „Nachbearbeitung" des Ratingvorschlages beschreibbar – durch den Kreditsachbearbeiter. Ist das quantitative Verfahren des vorangegangenen Schrittes *transparent und nachvollziehbar*, dann ist diese Nachbearbeitung grundsätzlich möglich. Darüber hinaus kann sie, was für interne Zwecke auch sehr wichtig ist, dokumentiert werden, weil der Kreditsachbearbeiter die durch ihn vorgenommene Modifikation des Ratingvorschlages begründen kann.

In das abschließende Ratingurteil fließen noch Informationen ein, die im bisherigen Auswertungsverfahren überhaupt nicht oder unzutreffend berücksichtigt wurden. Unberücksichtigte Informationen sind solche, die erst gar nicht für eine standardisierte Beurteilung zur Verfügung stehen. Unzutreffend berücksichtigte Informationen sind solche, die zwar für den „typischen" Kreditnehmer eine bonitätsadäquate Aussage liefern, die aber bei von Sondereinflüssen gekennzeichneten „untypischen" Fällen zu falschen Schlussfolgerungen führen. Dann sollte der Kreditexperte korrigierend eingreifen. Es reicht jedoch nicht aus, Kreditrisiken nur einmalig bei der Kreditvergabe zu beurteilen, vielmehr müssen diese während der gesamten Kreditlaufzeit beobachtet werden. Im Rahmen der Kreditüberwachung wird geprüft, ob die bei der erstmaligen Kreditprüfung analysierten Rahmenbedingungen weiterhin bestehen und erstellte Prognosen und wirtschaftliche Erwartungen auch tatsächlich eingetreten sind. Die aus der Kreditüberwachung gewonnenen Erkenntnisse dienen der Aktualisierung und – wenn nötig – auch der Modifizierung des Ratingurteils.

3. Datenbasis und Systematisierung bonitätsrelevanter Daten

Nachdem zuvor der grundsätzliche Aufbau eines internen Ratingverfahrens als Zusammenspiel zwischen Mensch und Maschine näher dargestellt wurde, soll nun die Datenbasis erläutert werden, auf deren Grundlage das Rating vollzogen wird. Zunächst kann diese systematisiert werden in quantitative und qualitative Informationen. Quantitative Informationen sind solche, die Objekteigenschaften nach ihrer Größe unterscheiden. Die Merkmalsausprägung quantitativer Informationen ist numerisch, sie wird in Form einer Zahl ausgedrückt. Qualitative Merkmale sind hingegen solche, bei denen die Merkmalsausprägungen verbal formuliert sind. Merkmalsausprägungen qualitativer Merkmale beschreiben die Art oder Eigenschaft eines Objektes.

---

9 Vgl. Blochwitz/Eigermann (2000a), S. 240-267.

Quantitative und qualitative Informationen können ihrerseits wiederum danach unterteilt werden, ob sie für jedes Unternehmen verfügbar und aussagekräftig sind oder nicht. Vor diesem Hintergrund lässt sich folgende Datenmatrix aufstellen.

Quantitative Informationen	*Qualitative Informationen*
■ für jedes Unternehmen verfügbar und aussagekräftig (zum Beispiel Jahresabschlusskennzahlen)	■ nach Aufbereitung für jedes Unternehmen verfügbar und aussagekräftig (zum Beispiel Bilanzierungsverhalten)
■ nicht für jedes Unternehmen verfügbar oder aussagekräftig (zum Beispiel Marktdaten, Aktienkurse)	■ nicht für jedes Unternehmen verfügbar oder aussagekräftig (zum Beispiel Alter)

Abbildung 3: Systematisierung der in einem Ratingprozess verarbeitbaren Informationen

Für jedes Unternehmen verfügbare und aussagekräftige quantitative Informationen sind zentrale betriebswirtschaftliche Daten, über die wirtschaftlich aktive Unternehmen notwendigerweise verfügen müssen. Solche numerischen Eckdaten sind beispielsweise Angaben zur Kapitalbasis oder Erfolgsgrößen wie Umsatz bzw. Jahresüberschuss. Aus diesen Informationen werden aussagefähige Kennzahlen ermittelt. In Tabelle 1 sind wichtige Jahresabschlusskennzahlen aufgelistet. Um einen möglichst umfassenden Einblick in die wirtschaftliche Lage des Unternehmens vermitteln zu können, sollten die Kennzahlen die drei gesetzlich vorgegebenen Informationsbereiche des Jahresabschlusses, das heißt die Vermögens-, Finanz- und Ertragslage[10] abbilden.

Nicht für jedes Unternehmen verfügbare Kennzahlen sind naturgemäß solche, die unternehmerische Besonderheiten widerspiegeln. Für die Bonitätsbeurteilung bedeutsame, nicht für alle Unternehmen vorhandene Bilanzpositionen sind zum Beispiel Marktdaten wie etwa Aktienkurse, aber auch Forderungen, Ausleihungen und Darlehen an Gesellschafter.

Zu den qualitativen Merkmalen, das heißt solchen mit verbal formulierten Merkmalsausprägungen, gehört beispielsweise das Bilanzierungsverhalten, da aus der Entscheidung für bestimmte Gestaltungsmöglichkeiten in der Rechnungslegung Rückschlüsse auf die wirtschaftliche Situation abgeleitet werden können. Wie die Praxis zeigt, neigen bestandsfeste Unternehmen dazu, sich durch „konservative" Bilanzierungspolitik „ärmer" zu rechnen als sie tatsächlich sind, hingegen tendieren bestandsgefährdete Unternehmen dazu, sich durch „progressive" Bilanzierungspolitik „reicher" zu rechnen Das Bilanzierungsverhalten ermittelt sich aus den Rechnungslegungsunterlagen eines Unternehmens.[11]

---

10 Siehe § 264 Abs. 2 HGB. Danach hat der Jahresabschluss ein den tatsächlichen Verhältnissen entsprechendes Bild der Vermögens-, Finanz- und Ertragslage eines Unternehmens zu vermitteln.

11 Aus diesen kann es jedoch nicht direkt entnommen werden, sondern zunächst müssen für seine aussagefähige Ermittlung geeignete Rechnungslegungsinformationen zweckmäßig aufbereitet werden. Für nähere Ausführungen zu seiner Ermittlung und Verarbeitung siehe Eigermann (2001), S. 263-327, Eigermann (2001a) und Blochwitz/Eigermann (2000), S. 326-333.

Bereiche	Kennzahlen
Vermögenslage	Eigenkapitalquote Eigenkapital-/Pensionsrückstellungsquote Fremdkapitalquote Kapitalbindung
Finanzlage	Kapitalrückflussquote Nettozinsquote Anlagendeckung
Ertragslage	Gesamtkapitalrendite Eigenkapitalrendite Umsatzrendite Betriebsrendite

Tabelle 1: Jahresabschlusskennzahlen, gegliedert nach Informationsbereichen

Ein Beispiel für das vierte Feld der Matrix, also von Angaben, die nicht für jedes Unternehmen verfügbar oder aussagekräftig (in Bezug auf das Bonitätsurteil) sind, ist das Alter des Unternehmens. Das Alter *kann* ein qualitatives Merkmal sein, weil es sich unter Kreditgesichtspunkten anbietet, dieses Merkmal nicht als harte Zahl, sondern in verbaler Form zu verarbeiten. Wird das Merkmal verbal verarbeitet, so sind fließende Übergänge bei den Merkmalsausprägungen möglich, das Merkmal kann damit differenzierter verarbeitet werden. Unter Bonitätsgesichtspunkten zeigt sich beim Merkmal Alter, dass junge Unternehmen (bis circa sieben Jahre) grundsätzlich insolvenzanfälliger sind. Hat ein Unternehmen diese kritische Schwelle erst einmal überschritten, bringt nach unserer Erfahrung das Alter keinen besonderen Erkenntniswert mehr für die Bestandsfestigkeit des Unternehmens.

Neben den aufgeführten qualitativen Merkmalen gibt es noch eine Vielzahl weiterer aussagekräftiger qualitativer Merkmale, etwa die Managementqualität, die entsprechend verarbeitet werden können. Während quantitative Merkmale vergleichsweise einfach ermittelt und direkt in ein mathematisch-statistisches Verfahren einbezogen werden können, müssen qualitative Merkmale zunächst entsprechend aufbereitet und dann in Zahlen „übersetzt" werden. Im Vergleich zu den quantitativen Angaben ist die Verwendung qualitativer Informationen insgesamt aufwendiger. Dies ist ein Grund, weshalb qualitative Merkmale bislang kaum in quantitativen Ratingverfahren verarbeitet werden.

4. Quantitative Verfahren zur Bonitätsprüfung

Da in der Regel das interne Ratingsystem um so erfolgreicher sein wird, je mehr Aspekte des zu bewertenden Objektes in ihm berücksichtigt werden – je mehr relevante Daten also verarbeitet werden – sollte von vornherein keine der vier in Abschnitt 3.1 aufgeführten Datentypen ausgeschlossen werden. Aus der Systematisierung der Daten ergeben sich also noch folgende Anforderungen für die maschinelle Komponente des Ratingprozesses:

- Es müssen quantitative und qualitative Daten verarbeitet werden können und
- es muss auch dann ein Ratingurteil erzeugt werden können, wenn Teildaten fehlen.

Ein Vergleich der geläufigsten quantitativen Verfahren[12] zum internen Rating zeigt, dass keines dieser Verfahren für sich allein genommen alle Anforderungen erfüllt, die an ein umfassendes Ratingverfahren gestellt werden. Die logische Konsequenz ist daher, dass für ein umfassendes internes Ratingmodell mindestens zwei der hier vorgestellten Verfahren kombiniert werden sollten.

Solche kombinierten Verfahren können grundsätzlich zwei verschiedene Grundstrukturen, die in Abbildung 4 dargestellt sind, aufweisen und als horizontal oder vertikal kombinierte Systeme angelegt sein. Beiden Kombinationsmöglichkeiten ist gemeinsam, dass verschie-

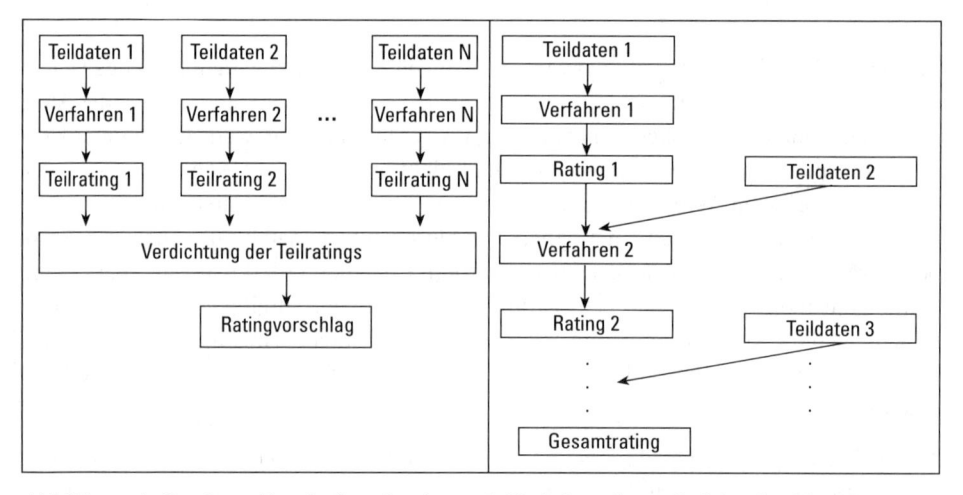

Abbildung 4: Struktureller Aufbau horizontal (links) und vertikal (rechts) kombinierter Systeme. Die Teilratings in den einzelnen Verfahren werden durch verschiedene, den zu verarbeitenden Daten am besten angemessene traditionelle, mathematisch-statistische Verfahren oder Verfahren der künstlichen Intelligenz erzeugt.

---

12 Verfahren, die eine praktische Bedeutung erlangt haben, sind diskriminanzanalytische Verfahren, Regressionsverfahren, CART-Verfahren, neuronale Netze und Expertensysteme. Zu diesen einzelnen Verfahren vgl. zu den diskriminanzanalytischen Verfahren zum Beispiel Baetge et al. (1992), Fahrmeir et al. (1994), Fahrmeir et al. (1996), Kühnenberger et al. (1996), Blochwitz/Eigermann (1999), Blochwitz/Eigermann (2000); zu Regressionsverfahren zum Beispiel Anders/Szczesny (1998), Fahrmeir et al. (1996a), Fahrmeir et al. (1996b), Krafft (1997); zu den CART-Verfahren zum Beispiel Frydman et al. (1985), Fahrmeir et al. (1996) und Hofmann (1990); zu neuronalen Netzen zum Beispiel Rehkugler/Zimmermann (1994), Brause (1995), Ripley (1996), Rehkugler (1996), Anders/Szczesny (1998) und Baetge et al. (2000); zu Expertensystemen zum Beispiel Hauschildt (1990) und Blochwitz/Eigermann (2000a). Verschiedene dieser Verfahren sind u. a. in Anders/Szczesny (1998), Erxleben et al. (1992) und Burger (1994) gegenübergestellt.

dene Teildaten mit verschiedenen, für die Verarbeitung dieser Teildaten am besten geeigneten Ratingverfahren zu einem Teilrating aggregiert werden, und diese Teilratings dann zu einem Gesamtrating verknüpft werden. Das erlaubt einen optimalen Einsatz der vorgestellten Verfahren in einem Gesamtsystem, in dem die Stärken der einzelnen Verfahren am besten zur Geltung kommen.

Horizontal kombinierte Systeme verarbeiten die Teildaten auf einer gleichen Stufe, das heißt das Gesamtrating entsteht dann aus der Verdichtung aller Teilratings. Solche Systeme können mit einer Expertenrunde verglichen werden, in der verschiedene Experten, die jeweils sehr gut auf die Beurteilung eines Teilbereiches spezialisiert sind, zu einem gemeinsamen Urteil kommen. Dagegen sind vertikal kombinierte Systeme hierarchisch konstruiert, das heißt jedes Teilrating baut auf dem Teilrating der vorherigen Stufe auf. Solche Systeme verbessern sukzessive die Ratingvorschläge und können insofern am ehesten mit einer Folge von immer feineren Sieben verglichen werden.[13]

Selbstverständlich lassen sich auch horizontal und vertikal kombinierte Systeme wieder miteinander kombinieren und so zu einem komplex kombinierten System zusammenfassen.

5. Festlegung von Risikoklassen und Überwachung des gesamten Systems

5.1 Festlegung von Risikoklassen

Um in einem konkreten Fall einen Klassifikationsvorschlag präsentieren zu können, muss das quantitative Ratingverfahren den entsprechenden Kreditnehmer in die zugehörige Ratingklasse „einsortieren". Die Ratingklasse ist dadurch gekennzeichnet, dass alle ihre Elemente den gleichen Risikocharakter aufweisen, das heißt die Ausfallwahrscheinlichkeit oder der erwartete Verlust aller Kreditnehmer in dieser Ratingklasse liegt in einem vorgegebenen Intervall. Bei quantitativen Verfahren, beispielsweise diskriminanzanalytischen Verfahren im Zwei-Klassen-Fall, Regressionsverfahren oder neuronalen Netzen mit einem Output-Neuron, die einen kontinuierlichen Risikowert Z liefern, müssen Intervalle von Z so festgelegt werden, dass diese Bereiche der entsprechenden Ratingklasse zugeordnet werden können.

Die Festlegung entsprechender Ratingklassen ist nun ein wesentliches Problem beim Design quantitativer Ratingverfahren. In der Regel bestehen konkrete Vorstellungen über die

---

13 Die Deutsche Bundesbank arbeitet mit einem vertikal aufgebauten Ratingverfahren, vgl. Deutsche Bundesbank (1999). Ein horizontal aufgebautes Ratingverfahren wird beispielsweise von der Dresdner Bank, der Commerzbank und der HypoVereinsbank genutzt, vgl. Zugenbühler (2000), Commerzbank (2000), HypoVereinsbank (2000).

Granularität des internen Ratingverfahrens, das heißt zwischen wie vielen Ratingklassen differenziert werden soll und dem Risikogehalt jeder Ratingklasse.

Glücklicherweise lässt sich für sehr viele dieser quantitativen Verfahren zeigen[14], dass zwischen Z und dem Risiko ein monotoner Zusammenhang besteht, das heißt je größer Z ist, um so kleiner ist das Risiko und umgekehrt. Damit lässt sich folgende Aufgabenstellung für die Bildung von Y Ratingklassen formulieren:

Die Y Risikoklassen 1, 2, ...,Y werden so aus Y-1 Scorewerten $Z_1, Z_2, ..., Z_{Y-1}$ bestimmt, dass Elemente mit einem Scorewert größer als Z_1 der Risikoklasse 1, Elemente mit einem Scorewert zwischen Z_1 (einschließlich) und Z_2 (ausschließlich) der Risikoklasse 2 usw. und schließlich Elemente mit einem Scorewert kleiner oder gleich Z_{Y-1} der Risikoklasse Y zugeordnet werden.

Die Scorewerte $Z_1, Z_2, ..., Z_{Y-1}$ können nun sukzessive bei Z_1 beginnend aus historischen Daten bestimmt werden. Dazu legt man zuerst Z_1 so fest, dass das Risiko in Ratingklasse 1 so wie vorgegeben ist, dann bestimmt man Z_2 usw.. Im Ergebnis erhält man dann ein System, das die gewünschten Vorgaben erfüllt.

5.2 Überwachung des internen Ratingverfahrens

Ein ganz wesentlicher Aspekt beim Einsatz interner Ratingverfahren ist ihre Überwachung. Diese Überwachung ist notwendig, um zu erkennen, ob

- das interne Ratingverfahren wie gewünscht operiert,
- eventuell Fehlentwicklungen des Systems auftreten oder ob möglicherweise Fehler beim Design begangen wurden, gegen die rechtzeitig gegengesteuert werden muss und
- eine Neukalibrierung des Systems erforderlich wird.

Besonders dieser letzte Punkt ist sehr wichtig, da interne Ratingverfahren zu einem großen Teil auf empirisch beobachteten Zusammenhängen, beispielsweise zwischen den betriebswirtschaftlichen Kennzahlen, basieren. Diese Zusammenhänge ändern sich selbstverständlich im Zeitablauf, beispielsweise, weil

- auch die Bilanzierung – und damit die aus dem Bilanzmaterial abgeleiteten Kennzahlen – gewissen, sich ändernden Verhaltensmustern unterworfen sind und
- wichtige Kennzahlen durch andere äussere Faktoren, beispielsweise den Konjunkturzyklus oder Änderungen in den Rechnungslegungsvorschriften, beeinflusst werden.

Die Überwachung eines internen Ratingverfahrens muss die folgenden vier Aspekte berücksichtigen:

---

14 Für die Zwei-Klassen-Diskriminanzanalyse vgl. dazu Blochwitz/Eigermann (1999) und Albrecht et al (1999), für Regressionsverfahren Fahrmeir et al (1996b).

- Wird das Ziel des Systems erreicht, das heißt ist das Risiko in den verschiedenen Ratingklassen so wie vorgegeben?
- Funktioniert das Zusammenspiel zwischen (maschinellem) quantitativen Ratingverfahren und (menschlichem) Kreditexperten, das heißt ist das Ratingverfahren im praktischen Einsatz akzeptiert?
- Wie ist die Stabilität des Systems?
- Operiert das System so, wie es vom Entwurf her erwartet werden kann?

Voraussetzung für die Überwachung ist, dass die zeitliche Entwicklung von Ratingvorschlag und -urteil für jeden Kreditnehmer und eventuelle Ausfälle von Kreditnehmern archiviert werden.

Backtesting mittels historischer Ausfallraten liefert die Möglichkeit, festzustellen, wie das angestrebte Ziel des Systems erreicht wird. Dazu wird für die verschiedenen Risikoklassen der Ratingvorschläge und -urteile ermittelt, wieviele Unternehmen in dieser Ratingklasse in einem bestimmten Zeitraum ausgefallen sind oder, wenn ein volumenbezogenes Verlustkonzept gewählt wurde, welches Kreditvolumen in dieser Ratingklasse innerhalb eines bestimmten Zeitraumes ausgefallen ist. Unterstellt man, dass das interne Ratingverfahren eine Granularität von Y Klassen hat und seien F_i^V und F_i^U der Anteil der im Zeitraum T in der Risikoklasse i (i = 1, 2, , Y) ausgefallenen Unternehmen an allen Unternehmen dieser Klasse (oder der Anteil des ausgefallenen Kreditvolumens am gesamten Volumen dieser Klasse) für die Ratingvorschläge bzw. Ratingurteile, dann sollte ein funktionierendes internes Ratingverfahren folgende Kriterien erfüllen:

- $F_i^V(T)$ und $F_i^U(T)$ erfüllen die Risikovorgaben, das heißt für jede Ratingklasse i gilt, dass das Risiko in dieser Klasse genauso groß ist, wie es bei der Entwicklung vorgegeben wurde.
- Wenn die Nachbearbeitung der Ratingvorschläge durch den Kreditexperten erfolgreich ist, dann muss für die besseren Ratingklassen gelten, dass $F_i^V(T) > F_i^U(T)$ ist, die menschliche Komponente ein rein maschinelles System verbessert, weil es das Risiko in den besseren Ratingklassen vermindert. Analog muss dann für die schlechteren Ratingklassen $F_i^V \leq F_i^U(T)$ gelten.

Die Akzeptanz des Systems bei den Kreditexperten lässt sich daran ablesen, wie oft Ratingvorschläge (maschinelle Komponente) durch Ratingurteile (menschliche Komponente) modifiziert werden. Grundlage für die Bestimmung ist Tabelle 2, in der dargestellt ist, wie sich die Risikoklassen des Ratingvorschlages auf die Risikoklassen des Ratingurteils verteilen.

		Risikoklasse des Rating-Urteils				
		1	2	...	Y	Gesamt
Risikoklasse des Rating-Vorschlages	1	$\dfrac{N_{11}}{N_1}$	$\dfrac{N_{12}}{N_1}$	...	$\dfrac{N_{1Y}}{N_1}$	1,0
	2	$\dfrac{N_{21}}{N_2}$	$\dfrac{N_{22}}{N_2}$	...	$\dfrac{N_{2Y}}{N_2}$	1,0
	...	...	...	...	...	...
	Y	$\dfrac{N_{Y1}}{N_Y}$	$\dfrac{N_{Y2}}{N_Y}$	...	$\dfrac{N_{YY}}{N_Y}$	1,0

Tabelle 2: Modifikation des Ratingvorschlages durch das Ratingurteil. Unterstellt wird wiederum, dass das interne Ratingverfahren eine Granularität von Y Klassen hat. Es ist N_{ij} die Zahl der Unternehmen, deren Ratingvorschlag die Klasse i und deren Ratingurteil die Klasse j (i, j = 1,2,..., Y) ist und N_j die Zahl aller Unternehmen, deren Ratingvorschlag auf die Klasse i lautet.

Das interne Ratingverfahren kann dann als akzeptiert angesehen werden, wenn Ratingurteil und -vorschlag möglichst oft übereinstimmen, das heißt die Felder der Tabellen-Hauptdiagonale[15] stehen. sollten möglichst mit Zahlen nahe 1 besetzt sein. Alle anderen Felder der gleiche Zeile sollen mit um so kleineren Zahlen besetzt sein, je weiter sie von der Tabellen-Hauptdiagonale entfernt sind. Die Daten von Tabelle 2 können fortlaufend ermittelt werden, deshalb lässt sich auch die Akzeptanz des internen Ratingverfahrens fortlaufend ermitteln.

Aus Tabelle 2 lässt sich überdies noch ein simpler Test ableiten, ob das System so wie erwartet operiert: Da – wenn die Entwicklung des Systems korrekt erfolgt ist – die Ergebnisse des Ratingverfahrens wie in der Stichprobe, die zu seiner Entwicklung benutzt wurde, verhalten müssen, kann die Verteilung der Ratingvorschläge auf die einzelnen Ratingklassen – das ist $\dfrac{N_i}{N_1 + N_2 + \cdots + N_y}$ für i =1, 2,... , Y – dazu herangezogen werden, um zu beurteilen, ob die Voraussetzungen, die beim Design galten, immer noch erfüllt sind. Ist die Verteilung der Ratingvorschläge nämlich signifikant anders als beim Design des Ratingverfahrens, dann sind die Voraussetzungen, die bei der Entwicklung galten, mit Sicherheit nicht mehr erfüllt. Auch dieses Kriterium lässt sich fortlaufend überwachen und bietet deshalb die Möglichkeit, bereits frühzeitig festzustellen, ob etwa das interne Ratingverfahren aus dem Ruder läuft.

---

15 Das sind die Tabellenfelder, in denen die Werte $\dfrac{N_{ii}}{N_i}$

Die Stabilität des Ratingverfahrens ist aus sogenannten Übergangsmatrizen ablesbar. Diese Matrizen geben an, wie sich ein Ratingvorschlag (oder -Urteil) in zwei aufeinander folgenden Jahren entwickelt und haben die in Tabelle 3 gezeigte Gestalt.

		Risikoklasse von Rating-Vorschlag oder –urteil im Jahr X + 1				
		1	2	...	Y	Gesamt
Risikoklasse von Rating-Vorschlag oder –urteil im Jahr X	1	$\dfrac{N_{11}}{N_1}$	$\dfrac{N_{12}}{N_1}$	...	$\dfrac{N_{1Y}}{N_1}$	1,0
	2	$\dfrac{N_{21}}{N_2}$	$\dfrac{N_{22}}{N_2}$	...	$\dfrac{N_{2Y}}{N_2}$	1,0
	...	...	...	...	...	...
	Y	$\dfrac{N_{Y1}}{N_Y}$	$\dfrac{N_{Y2}}{N_Y}$	...	$\dfrac{N_{YY}}{N_Y}$	1,0

Tabelle 3: Ein-Jahres-Übergangsmatrizen für Ratingvorschläge und urteile. Unterstellt wird wiederum, dass das interne Ratingverfahren eine Granularität von Y Klassen hat. Es ist N_{ij} die Zahl der Unternehmen, deren Ratingvorschlag (oder -Urteil) im Jahr X die Klasse i und deren Ratingvorschlag (oder -urteil) im Folgejahr die Klasse j (i, j = 1,2,..., Y) ist und N_i die Zahl aller Unternehmen, die deren Ratingvorschlag (oder -urteil) im Jahr X auf die Klasse i lautet.

Das System gilt als stabil, wenn wieder in der Hauptdiagonale Zahlen, die nahe bei eins sind, stehen. Es ist aber eine offene Frage, ob große Stabilität eine erwünschte Eigenschaft von internen Ratingverfahren ist. Für hohe Stabilität kann einerseits argumentiert werden, dass das System offensichtlich in der Lage ist, recht gut in die Zukunft zu „sehen", andererseits kann man dieses Verhalten aber auch als eine Art Ignoranz des Systems ansehen. Für eine hohe Volatilität der Ratings lässt sich anführen, dass das System offensichtlich in der Lage ist, sehr schnell neue Informationen zu verarbeiten.

Sicher ist nur, dass Stabilität im Zusammenhang mit der gesamten Performance gesehen werden muss und somit nur ein Kriterium ist, dass zur Beurteilung des internen Ratingverfahrens herangezogen werden soll. Wahrscheinlich ist es vernünftig, zu fordern, dass die Übergangsmatrizen stabil sind. Diese Eigenschaft ist besonders im Hinblick auf Kreditrisikomodelle, in die ja u.a. auch Bonitätsveränderungen eingehen, wichtig.

Literaturhinweise

ALBRECHT, J./BAETGE, J./JERSCHENSKY, A./ROEDER, K.-H. (1999): Risikomanagement auf der Basis von Insolvenzwahrscheinlichkeiten, in: *Die Bank, 1999*, S. 494-499.

ANDERS, U./SZCZESNY, A. (1998): Prognose von Insolvenzwahrscheinlichkeiten mit Hilfe logistische neuronaler Netzwerke, in: *Zeitschrift für betriebswirtschaftliche Forschung*, 50. Jg., Heft 10/1999, S. 892-915.

BAETGE, J./DOSSMAN, C./KRUSE, A. (2000): Krisendiagnose mit Künstlichen Neuronalen Netzen, in: Hauschildt, J./Leker, J. (Hrsg.), *Krisendiagnose durch Bilanzanalyse*, Köln 2000, S. 240-267.

BAETGE, J./BEUTER, H. B./FEIDECKER, M. (1992): KREDITWÜRDIGKEITSPRÜFUNG MIT DISKRIMINANZANALYSE, IN: *Die Wirtschaftsprüfung*, 45. Jg., 1992, S. 749-761.

BRAUSE, R. (1995): Neuronale Netze. Eine Einführung in die Neuroinformatik, Stuttgart 1995.

BLOCHWITZ, S./EIGERMANN, J. (1999): Effiziente Kreditrisikobeurteilung durch Diskriminanzanalyse mit qualitativen Merkmalen, in: Eller, R./Gruber, W./Reif, M. (Hrsg.), *Kreditrisikomodelle und -derivate*, Stuttgart 1999, S. 3-22

BLOCHWITZ, S./EIGERMANN, J. (2000): Unternehmensbeurteilung durch Diskriminanzanalyse mit qualitativen Merkmalen, in: *Zeitschrift für betriebswirtschaftliche Forschung*, 52. Jg., Heft 2/2000, S. 58-73.

BLOCHWITZ, S./EIGERMANN, J. (2000A): Krisendiagnose durch quantitatives Credit-Rating mit Fuzzy-Regeln, in: Hauschildt, J./Leker, J.(Hrsg.), *Krisendiagnose durch Bilanzanalyse*, Köln 2000, S. 240-267.

BLOCHWITZ, S./HOHL, S. (2001): Reconciling, Ratings in *Risk*, Juni 2001.

BURGER, A. (1994): Zur Klassifikation von Unternehmen mit neuronalen Netzen und Diskriminanzanalysen, in: *Zeitschrift für Betriebswirtschaft*, 64. Jg., Heft 9/1994, S. 1165-1179.

COMMERZBANK (2000): Unternehmensanalyse mit CODEX, Tagungsdokumentation zum Bundesbanksymposium „Neuere Verfahren zur kreditgeschäftlichen Bonitätsbeurteilung von Nichtbanken", Frankfurt am Main 2000.

DEUTSCHE BUNDESBANK (1999): Zur Bonitätsbeurteilung von Wirtschaftsunternehmen durch die Deutsche Bundesbank, *Monatsbericht Januar 1999*, Frankfurt am Main 1999, S. 34-36.

DENK, R. (1979): Diagnosemethoden und Entscheidungshilfen in der Bonitätsprüfung, Wien 1979.

EIGERMANN, J. (2001): Quantitatives Credit-Rating unter Einbeziehung qualitativer Merkmale, Diss., Sternenfels 2001.

EIGERMANN, J. (2001A): Quantitatives Credit-Rating mit qualitativen Merkmalen, in: Everling, O. (Hrsg.), Rating für den Mittelstand, Wiesbaden 2001, S. 325-343.

ERXLEBEN, K./BAETGE, J./FEIDICKER, M./KOCH, H./KRAUSE, C./MERTENS, P. (1992): Klassifikation von Unternehmen. Ein Vergleich von Neuronalen Netzen und Diskriminanzanalyse, in: *Zeitschrift für Betriebswirtschaft*, 62. Jg. Heft 11/1992, 1237-1262.

FAHRMEIR, L./FRANK, M./HORNSTEINER, U. (1994): Bonitätsanalyse mit alternativen Methoden der Diskriminanzanalyse, in: *Die Bank*, 1994, S. 368-373.

FAHRMEIR, L./HÄUßLER, W./TUTZ, G. (1996): Diskriminanzanalyse, in: Fahrmeir, L./Hamerle, A./Tutz , G. (Hrsg.), *Multivariate statistische Verfahren*, Berlin 1996, S. 357-436.

FAHRMEIR, L./KAUFMANN, H./KREDLER, C. (1996A): REGRESSIONSANALYSE, IN: Fahrmeir, L./Hamerle, A./Tutz , G. (Hrsg.), *Multivariate statistische Verfahren*, Berlin 1996, S. 93-168.

FAHRMEIR, L./HAMERLE, A./TUTZ, G. (1996B): Kategoriale und generalisierte lineare Regression, in: Fahrmeir, L./Hamerle, A./Tutz , G. (Hrsg.), *Multivariate statistische Verfahren*, Berlin 1996, S. 239-300.

FRYDMAN, H./ALTMAN, E. I./KAO, D. (1985): Introducing Recursive Partitioning for Financial Classification: The Case of Financial Distress, in: *Journal of Finance,* 40. Jg. Heft 1/1985, S. 269-290.

HAUSCHILDT, J. (1990): Methodische Anforderungen an die Ermittlung der Wissensbasis von Expertensystemen, in: *Die Betriebswirtschaft,* 50. Jg., Heft 4/1990, S. 525-537.

HÖLSCHER, R. (1987): Risikokosten-Management in Kreditinstituten. Ein integratives Modell zur Messung und ertragsorientierten Steuerung der bankbetrieblichen Erfolgsrisiken, Frankfurt am Main 1987.

HOFMANN, H.-J. (1990): Die Anwendung des CART-Verfahrens zur statistischen Bonitätsanalyse von Konsumentenkrediten, in: *Zeitschrift für Betriebswirtschaft,* 60. Jg., Heft 9/1990, S. 941-962.

HYPOVEREINSBANK (2000): Bonitätsbeurteilungsverfahren im Firmenkundengeschäft der HypoVereinsbank, Tagungsdokumentation zum Bundesbanksymposium „Neuere Verfahren zur kreditgeschäftlichen Bonitätsbeurteilung von Nichtbanken", München 2000.

KRAFFT, M. (1997): Der Ansatz der logistischen Regression und seine Interpretation, in: *Zeitschrift für Betriebswirtschaft,* 67. Jg., 1997, S. 625-641.

KÜHNENBERGER, M./ECKSTEIN. P./WOITHE, M. (1996): Die Diskriminanzanalyse als ein Instrument zur Früherkennung negativer Unternehmensentwicklungen, in: *Zeitschrift für Betriebswirtschaft* , 66. Jg., 1996, S. 1449-1464.

KRAHNEN, J. P./WEBER, M. (1999): Generally Accepted Rating Principles: A Primer. Version v. 10. Dezember, verfügbar unter http://www.ifk-cfs.de/pages/veroef/cfswor/pdf/00_02.pdf.

PERRIDON, L./ STEINER, M. (1997): Finanzwirtschaft der Unternehmung, München 1997.

RIPLEY, B. D. (1996): Pattern Recognition and Neural Networks, Cambridge 1996.

REHKUGLER, H./ZIMMERMANN, H. G. (1994): Neuronale Netze in der Ökonomie, München 1994.

REHKUGLER, H. (1996): Neuronale Netze in der Ökonomie. Verführung zum theorielosen Data mining oder leistungsfähiges Forschungsinstrument? in: *Wirtschaftswissenschaftliches Studium, 25. Jg. Heft 11/*1996, S. 572-576.

ZUGENBÜHLER, B. (2000): Bonitätsbeurteilungsverfahren in der Dresdner Bank, Tagungsdokumentation zum Bundesbanksymposium „Neuere Verfahren zur kreditgeschäftlichen Bonitätsbeurteilung von Nichtbanken", Frankfurt am Main 2000.

Konzeption des CRESTA-SCORES

Hans-Ulrich Templin

1. Einleitung

Die Beschaffung von Fremdkapital durch Anleihenemission am Kapitalmarkt spielt eine immer größere Rolle für deutsche Unternehmen. Ein wesentlicher Grund ist ein durch stärkere Shareholder-Value-Orientierung entstandener höherer Margendruck für die Banken, so dass sich die Konditionen im Kreditgeschäft verschlechtern. Die Vorschläge der Bank für Internationalen Zahlungsausgleich zur stärkeren Berücksichtigung der Schuldnerbonität bei der Eigenkapitalunterlegung der Banken dürften diesen Druck weiter erhöhen, da für Schuldner geringerer Bonität eine höhere Eigenkapitalunterlegung zu erfolgen hat.[1] Die Vorteile der Finanzierung über Anleihen liegen für die Emittenten neben möglicherweise günstigeren Konditionen in der Erweiterung ihrer Kapitalgeberbasis und in einem gewissen Werbeeffekt.[2]

Das seitens der Unternehmen und Banken entstehende zusätzliche Angebot trifft bei den Investoren auf eine ebenfalls steigende Nachfrage. Der Grund dafür sind die mit der Euroeinführung reduzierten Diversifikationsmöglichkeiten und ein durch das niedrige Zinsniveau steigender Renditedruck für institutionelle Anleger wie Versicherungen.

Emittenten am europäischen Kapitalmarkt beauftragen zunehmend Ratingagenturen, ein Urteil über die Kreditqualität in Form eines Ratings abzugeben. Ein Rating fasst in knapper aussagefähiger Symbolik die Bonitätseinschätzung zusammen, also die Meinung bezüglich der Fähigkeit und rechtlichen Bindung eines Emittenten, die mit einem bestimmten Schuldtitel verbundenen Zins- und Tilgungsverpflichtungen vollständig und rechtzeitig zu erfüllen.[3] Der Markt wird weitgehend von den Agenturen Moody's Investor Service und Standard & Poor's bestimmt. Eine internationale Platzierung ist derzeit ohne ein Rating einer Agentur kaum möglich.[4] Die Beurteilung eines Schuldners wirkt sich direkt auf seine Finanzierungskosten aus, mit sinkender Bonität steigt die Verzinsung signifikant.[5] In der Literatur wird mit den Ratings aus Sicht der Anleihegläubiger überwiegend ein positiver Informationswert verbunden.[6] Steiner/Heinke weisen für internationale DM-

---

1 Vgl. Bank für Internationalen Zahlungsausgleich, 2001.
2 Vgl. Schnabel (1996), S. 305-325.
3 Vgl. Everling (1991), S. 29.
4 Vgl. Betsch/Groh/Lohmann (2000), S. 273.
5 Vgl. Heinke (1998), S. 261ff. und S. 310ff.
6 Vgl. Steiner/Heinke (2000), S. 546.

Anleihen signifikante Kursreaktionen nach der Ankündigung von Downgrades und negativen Watchlistings nach. Allerdings wurde für Anleihen festgestellt, dass ein großer Teil bonitätsbedingter Kursänderungen zum Ankündigungszeitpunkt der Ratingänderung bereits abgeschlossen ist.[7]

Banken können trotz der Dominanz der Ratingagenturen den Teilnehmern am Kapitalmarkt für Kreditprodukte wesentliche Informationen liefern. Ein möglicher Ansatz ist die Analyse der Ratingprozesse der Agenturen selbst. Da sich gezeigt hat, dass ein Großteil der Kursänderungen den Ratingänderungen zeitlich vorangeht, können Investoren frühzeitige Indikationen über Ratingänderungen gegeben werden. Außerdem können Bankanalysten von den Agenturen nicht geratete Unternehmen beurteilen. Weiterhin kann für einen potenziellen Emittenten eine Analyse durchgeführt und damit eine der wesentlichen Komponenten der Preisfindung einer Emission geliefert werden. Die Ratingagenturen beschränken sich schließlich auf die Einschätzung der Bonität von Emittenten oder Anleihen. Damit steht die Beurteilung der Attraktivität einzelner Anleihen ebenfalls noch aus.

Die langjährigen Erfahrungen der Agenturen und statistischen Untersuchungen basieren im wesentlichen auf den Ergebnissen für amerikanische Unternehmen, wo die Fremdkapitalbeschaffung über den Kapitalmarkt schon länger eine größere Rolle spielt. Es stellt sich jedoch die Frage, ob die Erkenntnisse ohne weiteres auf den europäischen Markt übertragen werden können. Standard & Poor's hat eine erste Statistik vorgelegt, in der Ausfallraten von europäischen Unternehmen gesondert im Vergleich zur weltweiten Betrachtung dargestellt werden. Dabei haben sich für Unternehmen einzelner Ratingklassen deutlich unterschiedliche Anteile ausgefallener Unternehmen gezeigt. Beispielsweise ist in Europa, zusammengefasst über die ersten fünf Jahre nach Vergabe eines Ratings, noch kein Unternehmen insolvent geworden, das mit einem Rating von AAA bis BB beurteilt wurde. Weltweit liegt der Anteil allein für das BB-Segment dagegen bei 8,82 Prozent. Dabei ist sicherlich die in Europa noch recht geringe Stichprobe ein möglicher Erklärungsgrund. Andererseits wird mit Interesse zu beobachten sein, wie sich die Ausfallraten langfristig in unterschiedlichen Regionen entwickeln werden. Dabei sei auch die Frage erlaubt, ob die amerikanischen Ratingagenturen ebenso gut oder sogar besser in der Lage sind, zum Beispiel den deutschen Mittelstand zu beurteilen als eine Bank, die seit Jahren mit gerade diesen Unternehmen arbeitet und deshalb über besondere Erfahrungen und vor allem auch statistisches Material verfügt.

Zur Bonitätsbewertung von Anleiheemittenten sowie zur Preisbewertung von Bonds wurde in der DG BANK der Ansatz CRESTA-SCORE entwickelt. Die Vorgehensweise bei der Entwicklung sowie die wesentlichen Komponenten für den Bereich der Industrieunternehmen werden nachfolgend dargestellt.

---

7 Vgl. Steiner/Heinke (2000), S. 551 ff, Weinstein (1977), S. 118-127.

2. Zielsetzung und Vorgehensweise der empirischen Untersuchung

Die Einschätzung der Bonität eines Schuldners spielt bei der Gewährung von Fremdkapital eine entscheidende Rolle. Am Kapitalmarkt tragen Ratingagenturen wesentlich zu diesem Urteil bei; die vergebenen Ratings sind wesentliche Determinanten für die Preisbildung am Kapitalmarkt für Fremdkapital. Im klassischen Kreditgeschäft werden interne Ratingverfahren angewendet. Dabei verfolgen sowohl internes als auch externes Rating im Grundsatz identische Fragestellungen.[8] In der Bankpraxis wird von externen Ratings jedoch bisher nur ein geringer Beitrag zur Kreditwürdigkeitsprüfung für möglich gehalten.[9] Das liegt auch daran, dass ein Mitarbeiter für das übernommene Kreditrisiko verantwortlich ist und sich ein Bild der relevanten Risiken machen muss.

Auf jeden Fall werden interne und externe Ratingverfahren nur mit geringen Ausnahmen für unterschiedliche Stichproben angewendet, denn im Vergleich zur Menge der Kreditnehmer der Banken ist die Zahl der Bondemittenten in Europa bisher noch gering. Inwieweit ein entwickeltes Verfahren auf andere Stichproben übertragen werden kann, ist nicht eindeutig. Beispielsweise zeigt ein Vergleich der Entwicklung externer Ratings und interner Ratings große Unterschiede. Die Ratingagenturen veröffentlichen Migrationswahrscheinlichkeiten, die die Übergangswahrscheinlichkeit von einer Ratingklasse in eine andere angeben.[10] Im Investmentgradebereich liegen die Wahrscheinlichkeiten, dass ein Unternehmen auch im Folgejahr derselben Ratingklasse angehört, bei 87 bis 92 Prozent. Dagegen haben sich bei der Analyse von vier internen Ratingsystemen von Banken deutlich geringe Verbleibenshäufigkeiten gezeigt, teilweise wurde jährlich mehr als die Hälfte der Ratings verändert.[11] Dabei werden auch die unterschiedlichen Stichproben als möglicher Grund angeführt. Das erklärt zum Teil die Diskussion separater Ansätze für deutsche[12] oder mittelständische Unternehmen.[13] Ein weiterer Aspekt liegt in der Signalwirkung der veröffentlichten Ratings und der daraus resultierenden Verantwortung und angestrebten Stabilität der Agenturen.

Die Ratingprozesse der Agenturen umfassen qualitative und quantitative Analysen, außerdem eine Beurteilung der Marktposition, Wettbewerbstrends, Branchenanalysen und eine Analyse des Herkunftslandes.[14] Letztlich ist das Zustandekommen der Urteile für den Adressaten nur wenig transparent. „Dem externen Betrachter fehlt in der Regel jede Transparenz des Ratingurteils, und es wird für ihn unmöglich, die Relation der verwendeten

---

8 Vgl. Schmidt (1997), S. 140.
9 Vgl. Krag/Schmelz/Seekamp (1998), S. 5.
10 Vgl. Moody's Investor Service, Historical Default Rates of Corporate Bonds Issuers, 1920-1999, S. 25; Standard & Poor's (2000).
11 Vgl. Weber/Krahnen/Vossmann (1998), S. 15 ff.
12 Vgl. Kniese (1996).
13 Vgl. Wagner (1991).
14 Vgl. Berblinger (1996), Meyer-Parpart (1996).

Kriterien sowie deren Vollständigkeit und Nachvollziehbarkeit zu überprüfen."[15] Trotz dieser Kritik bilden bei der hier beschriebenen Entwicklung des Ansatzes CRESTA-SCORE die Ansätze der Ratingagenturen aufgrund ihrer Dominanz am Kapitalmarkt den Ausgangspunkt der Überlegungen.

Ein Ratingansatz kann als hermeneutischer, regelbasierter oder als Kombination von beiden Ansätzen entwickelt werden.[16] In einem hermeneutischen Ansatz verdichten Experten eine Fülle von Einzelinformationen zu einem Rating, ohne dass explizit eine Entscheidungslogik existiert, nach der das Urteil reproduziert werden kann. In regelbasierten Ansätzen wird das Urteil aufgrund eines explizit definierten Regelsystems abgeleitet, das durch mathematisch-statistische Verfahren oder durch Befragung von Experten entstehen kann. Bei dem CRESTA-SCORE-Ansatz handelt es sich um einen kombinierten Ansatz. Bei der Entwicklung sollte dem regelbasierten Anteil ein möglichst hohes Gewicht zukommen, um den Adressaten eine möglichst weitgehende Transparenz und Replizierbarkeit zu bieten.

In zahlreichen empirischen Untersuchungen wurde überprüft, wie gut Kreditausfälle bzw. Insolvenzen von Unternehmen vorhergesagt werden können, wobei in der Regel den Jahresabschlüssen eine besondere Bedeutung zukommt.[17] Auch in dieser Untersuchung bilden Jahresabschlussdaten den Input der Berechnungen. Die Eignung der Daten ist klassischerweise Kritik ausgesetzt, insbesondere hinsichtlich möglicher Verzerrungen durch Maßnahmen der Bilanzpolitik[18] sowie der Tatsache, dass nicht alle Krisenursachen in der Bilanz abgebildet sind.[19] Allerdings dient der Jahresabschluss dazu, einen Einblick in die Vermögens-, Finanz- und Ertragslage zu ermöglichen und ist damit die zunächst beste verfügbare Quelle.

Die Bonitätsanalyse ist im Grundsatz eine zukunftsgerichtete Analyse, denn es wird die Fragestellung verfolgt, inwiefern ein Unternehmen seinen zukünftigen Verpflichtungen nachkommen kann. Naturgemäß liegen jedoch hauptsächlich Vergangenheitsdaten vor, die den Ausgangspunkt der Analyse darstellen. Anders als in der Aktien- oder Unternehmensbewertung, bei der mit den Cash Flows zukünftige absolute Größen prognostiziert und anschließend abgezinst werden, spielen bei der Bonitätsbewertung eher Relationen von Abschlussgrößen in Form von Kennzahlen eine Rolle. Es ist davon auszugehen, dass diese Relationen eher auf die Zukunft übertragen werden können, da nicht unbedingt explizite Annahmen über die Höhe von Wachstumsraten notwendig sind.

Zusätzlich ist zu entscheiden, wieviele Jahresabschlüsse der Vergangenheit bei der Analyse herangezogen werden sollen. Dabei besteht generell der Konflikt zwischen der zeitlichen Nähe zum Beurteilungszeitpunkt und einer möglichst langen Historie, um die Datenbasis zu erweitern und die Stabilität der Geschäftsentwicklung zu beurteilen. Aus

---

15 Jahn (1995), S. 510-513.
16 Vgl. Schmidt (1997), S. 149 f.
17 Vgl. Altman/Saunders (1998), Baetge/Sieringhaus (1996), Hauschildt/Leker (2000).
18 Vgl. Fisher/McGowan (1983), S. 66-80.
19 Vgl. Salomo/Kögel (2000).

diesem Grund wurden die Kennzahlen als Mittelwerte über unterschiedlich lange Zeiträume vor dem zu erklärenden Rating berechnet, um die jeweilige Aussagekraft zu überprüfen.

Zielsetzung der empirischen Untersuchung ist es, durch Anwendung der multiplen Regressionsanalyse auf Basis von Bilanzkennzahlen die Ratings der Agenturen möglichst gut zu erklären, um Ansatzpunkte für die Ableitung eines eigenen Ratingansatzes zu erhalten. Dabei bilden die Ratings der Agenturen, umgewandelt in eine numerische Skala, die zu erklärenden Variablen. Methodisch ist dieser Ansatz eine Anlehnung an Untersuchungen zur Erklärungskraft von Bilanzkennzahlen für am Kapitalmarkt verwendete Aktienrisikogrößen.[20] Sofern die Agenturen unterschiedliche Urteile vergeben haben, wurde der Mittelwert der Ratings gebildet. Die Kennzahlen wurden als Mittelwerte der Zeiträume von ein bis fünf Jahren vor dem zum Erklärungszeitpunkt bestehenden Rating berechnet.

Einer Vielzahl von Kennzahlen wird in der Bonitätsanalyse eine Aussagekraft beigemessen. Bei der Untersuchung war jedoch zu berücksichtigen, dass viele Kennzahlen inhaltlich in einem Zusammenhang stehen und somit bei gleichzeitiger Berücksichtigung verbundener Kennzahlen eine implizite Erhöhung der Gewichtung des Analysefeldes erfolgt, das mit der Berechnung abgedeckt wird.[21] Ein Verfahren, das die Auswahl nur der Variablen ermöglicht, die die abhängige Größe signifikant erklären, ist die schrittweise Regression. Bei diesem Verfahren wird zunächst die Variable mit dem höchsten Erklärungsgehalt für die abhängige Variable in die Regressionsgleichung aufgenommen. Anschließend erfolgt die schrittweise Aufnahme der Variablen mit dem jeweils nächsthöheren Wert. Nach jedem Berechnungsschritt wird jedoch überprüft, ob noch alle Variablen signifikant zur Gesamterklärung beitragen. Variablen, für die das nicht der Fall ist, werden aus der Regressionsfunktion eliminiert. Das Ergebnis der schrittweisen Regression ist eine Regressionsfunktion, die als unabhängige Variable nur Größen enthält, die signifikant zur Erklärung der abhängigen Variablen beitragen.[22]

Als Ergebnis der empirischen Untersuchung hat sich gezeigt, dass auf Basis von drei Kennzahlen mehr als 70 Prozent (gemessen auf Basis des Bestimmtheitsmaßes der Regression) der Ratings signifikant erklärt werden können. Im Mittel verfehlt die Prognose der Ratings auf Basis der Regressionsfunktion nur um ein „notch". Bei diesen Kennzahlen handelt es sich jeweils um eine Kennzahl zur Ertragskraft sowie zur Finanzkraft und außerdem um die Unternehmensgröße (gemessen auf Basis der logarithmierten Umsatzerlöse). Die höchste Aussagekraft hat sich bei der Verwendung von Kennzahlenmittelwerte über zwei Jahre ergeben.

Ein Verfahren, das zur Überprüfung der Stabilität einer Lösung in Bezug auf die Stichprobenzusammensetzung geeignet ist, ist das sogenannte Hold-out-Verfahren. Dabei wird

---

20 Vgl. Templin (1998).
21 Vgl. Schmidt (1980), S. 547.
22 Vgl. Backhaus et al. (1990), S. 23 f.

mehrmals nach dem Zufallsprinzip jeweils ein bestimmter Anteil der Unternehmen der Stichprobe gelöscht, und die Analysen werden auf der Basis der verbleibenden Unternehmen durchgeführt. Bei Anwendung dieses Verfahrens und Ausschluss von jeweils 10 Prozent der Unternehmen hat sich eine hohe Stabilität gezeigt, es wurden jeweils die identischen Kennzahlkombinationen ausgewählt, die ähnlich hohe Erklärungsbeiträge leisten.

Im weiteren Abschnitt der Untersuchung wurden die Abweichungen einer auf Basis der Regressionsfunktion geschätzten und der tatsächlichen Ratings im Einzelfall analysiert. Dabei zeigte sich, dass in der Regel entweder wesentliche qualitative Faktoren zu einer Anpassung des Ratings geführt haben oder dass sich seit dem letzten Abschluss so wesentliche Änderungen ergeben haben, dass dieser dem aktuellen Rating nicht mehr gerecht wird. Die Umsetzung dieser Ergebnisse im CRESTA-SCORE-Ansatz wird später dargestellt.

3. Entwicklung des CRESTA-SCORE-Ansatzes

3.1 Regelbasierter Teilansatz

Auf Basis der Ergebnisse der Regressionsanalysen wurde der regelbasierte Teilansatz des CRESTA-SCORE entwickelt. Die in der Regression aussagekräftigsten Kennzahlen bilden das Gerüst des Ansatzes, wodurch mit den drei Kennzahlen repräsentative Indikatoren für die Erfolgslage, Finanzlage und die Wettbewerbsposition (Marktrisiko) berücksichtigt sind. Zusätzlich wurden weitere Kennzahlen in den Bewertungsansatz aufgenommen. Insgesamt sind drei Kennzahlen zur Ertragslage, vier Kennzahlen zur Finanzlage sowie die Unternehmensgröße im letztlich entwickelten Ansatz enthalten. Tests haben gezeigt, dass die Ergebnisse dann eine höhere Stabilität aufweisen. Als Erfolgskennzahlen sind die Umsatzrendite, die Betriebsrendite (EBIT/Umsatz) sowie die Eigenkapitalrendite einbezogen. Die Betriebsrendite ist als Erfolgsmaß des Kerngeschäftes weitestgehend zukunftsbezogen, da keine außerordentlichen Komponenten in die Berechnung eingehen. Die Umsatzrendite zeigt den letztlich im Unternehmen erwirtschafteten Überschuss. Die Eigenkapitalrendite ist aufgrund der steigenden Shareholder-Value-Orientierung besonders dann von Bedeutung, wenn sie so niedrig ausfällt, dass durch die Aktionäre ein erhöhter Druck auf die Unternehmensleitung ausgeübt wird.

Die Finanzkennzahlen sind das Verhältnis von Cash Flow zu Finanzschulden, die Relation von EBIT zu Bruttozinsaufwand, die Eigenkapitalquote sowie der Deckungsgrad II. Der Cash Flow wird als Größe nach Veränderung des Working Capital berechnet. Damit ist ein schlechtes Management in Form von zu hohem Aufbau von Forderungen und Vorräten implizit einbezogen. Der Deckungsgrad II wird als Verhältnis von langfristigem Kapital zu langfristig gebundenem Vermögen berechnet. Ein branchengemäß nur niedriges gebundenes Vermögen und damit geringere Eigenkapitalanforderungen werden auf diese Weise abgebildet.

Schließlich geht die Unternehmensgröße als Faktor in den Bewertungsansatz ein. Die reine Unternehmensgröße bietet, isoliert betrachtet, keinen direkten kausalen Zusammenhang zur Bonität eines Unternehmens. Es hat sich jedoch gezeigt, dass die Anzahl der Konkurse mit steigender Unternehmensgröße abnimmt.[23] Ben-Zion und Shalit begründen dieses damit, dass Konkurse vor allem in den ersten Jahren einer Geschäftstätigkeit auftreten, große Unternehmen aber eine längere Zeit gebraucht haben, um diese Größe zu erreichen.[24] Als weitere Gründe für einen inversen Zusammenhang werden die Möglichkeiten effizienterer Diversifikation genannt. Schließlich wird großen Unternehmen die Möglichkeit der Realisierung von Economies of Scale unterstellt, die zu Kostenvorteilen und daraus resultierenden Überrenditen führen.[25] Dhingra führt als Argumente außerdem das Ausnutzen der Marktmacht sowie eine häufigere Führung großer Unternehmen durch ein angestelltes Management als durch Eigentümer an.[26]

Es ist jedoch zu bedenken, dass die Unternehmensgröße zwar diverse positive Bonitätsimplikationen hat, dass Größe an sich jedoch ohne ein entsprechendes Management, das die Potenziale auch nutzen kann, nicht zu den beschriebenen positiven Effekten führt. Davon abgesehen, ergeben sich gerade für kleinere Unternehmen auch einige Vorteile gegenüber großen Wettbewerbern. So sind kleine Unternehmen oft flexibler in der Reaktion auf Umfeldveränderungen und müssen nicht langwierige Entscheidungsprozesse durchlaufen. Große Unternehmen können überorganisiert und -bürokratisiert sein und bieten damit viele Reibungsverluste. Auch wenn tendenziell die Größe ein besser ausgebautes Controlling und Risikomanagement erwarten lässt, so haben doch Beispiele gezeigt, dass die Größe allein keinen ausreichenden Schutz vor Betrug und überhöhten Risiken bietet.

Für jede Kennzahlausprägung wird im CRESTA-SCORE-Ansatz auf Basis eines vordefinierten Schemas eine Teilnote auf einer Skala von eins bis zehn vergeben. Dabei steht der Wert zehn für eine im Sinne des Beurteilungsziels sehr gute Kennzahlausprägung. Die Festlegung der Skalengrenzen erfolgte auf Basis der Kennzahlverteilung innerhalb der Untersuchungsstichprobe, der durch Sensitivitätsanalysen überprüften Anfälligkeit der Gesamtergebnisse auf Notenveränderungen sowie unter Berücksichtigung der von den Ratingagenturen veröffentlichen Kennzahlmittelwerte einzelner Ratingklassen.

Mit dieser Transformation wird das Problem von Ausreißerwerten abgefangen. Außerdem erfolgt dadurch eine Umwandlung der Kennzahlausprägungen in eine für alle Kennzahlen einheitliche Dimension, die im nächsten Schritt unter Berücksichtigung einzelner Gewichte zu einem Gesamtwert verdichtet werden. Dieser regelbasierte Teilansatz wurde

---

[23] Vgl. Beaver/Kettler/Scholes (1970), S. 662.
[24] Vgl. Ben-Zion/Shalit (1975), S. 1018.
[25] Vgl. Ben-Zion/Shalit (1975), S. 1018.
[26] Vgl. Dhingra (1981), S. 26. In empirischen Untersuchungen hat sich ein im Vergleich zu eigentümergeführten Unternehmen geringeres Risiko in Unternehmen gezeigt, die durch ein angestelltes Management geleitet werden, vgl. Monson/Downs (1965), S. 221-236, Bühner (1984), S. 812-824.

Dateninput		Kennzahlberechnung		Noten	
Langfr. gebundenes Vermögen	4 652	Betriebsrendite	4,6 %	5	
Bilanzsumme	7 615	Eigenkapitalrendite	10,0 %	9	
Eigenkapital	1 990	Umsatzrendite	2,0 %	5	
Finanzschulden	2 235				**Gewichtete Gesamtnote**
Langfristige Verbindlichkeiten	3 083	Eigenkapitalquote	26,1 %	6	
Umsatzerlöse	10 115	Deckungsgrad II	1,1	7	6,13
Cash-Flow	702	EBIT–Zinsen	1,8	4	
EBIT	470	Cash Flow zu Finanzschulden	31,4 %	6	
Bruttozinsaufwand	257				
Jahresergebnis	200	Größe	12,47	8	

Abbildung 1: Grundaufbau der regelbasierten Analyse

durch Gegenrechnung auf Basis der DG BANK Datenbank überprüft. Dabei wurden, obwohl auf Basis von Anleiheemittenten und damit eher Großunternehmen entwickelt, Ausfallwahrscheinlichkeiten ermittelt, die ähnliche Verteilungen zu den Werten der Ratingagenturen aufwiesen. Die Vorgehensweise ist noch einmal in folgender Grafik verdeutlicht.

3.2 Hermeneutischer Teilansatz

Die Detailanalyse der Ergebnisse der Regressionsanalyse hatte deutlich gemacht, dass auf Basis der Jahresabschlusskennzahlen bereits ein Großteil der Ratings erklärt werden kann, dass die Grenzen jedoch im Einzelfall bei qualitativen Bonitätsfaktoren sowie bei Strukturbrüchen durch Fusionen oder Großakquisitionen liegen. Daher umfasst der CRESTA-SCORE-Ansatz eine weitere, hermeneutische Teilkomponente.

Eine Liste möglicher qualitativer Faktoren der Bonitätsanalyse ist lang, die einzelnen Aspekte stehen ebenso für die Faktoren der Grenzen der kennzahlbasierten Bilanzanalyse. Dabei stehen Fragen der Existenz außerbilanzieller Risiken wie Prozessrisiken, spezieller Geschäftsrisiken (Öltransporte) und Übernahmerisiken oder die Erfolgsaussichten einer neuen Unternehmensstrategie im Vordergrund. In der Regel wirken diese sogenannten weichen Faktoren eher negativ bis neutral auf das Gesamtergebnis. Eine gute Bonität sollte sich dauerhaft auch in den Fundamentaldaten widerspiegeln. Die Individualanalyse im Rahmen des CRESTA-SCORE-Ansatzes umfasst jedoch auch eine individuelle Überprüfung des quantitativen Teilurteils. Die Frage, inwiefern die auf Basis der Vergangenheitsabschlüsse berechneten Kennzahlen auf die Zukunft übertragen werden können, ist eine der wesentlichen Fragestellungen, die innerhalb dieses Analyseschrittes zu beantworten ist. Die Tests haben gezeigt, dass die Relationen für den Großteil der Unternehmen im Zeitablauf relativ konstant sind. Das erhöht die Aussagekraft einer jahresabschlussbasierten Analyse. Dennoch ist in der Analyse zu berücksichtigen, dass sich die Situation und Struktur eines Unternehmens in Zukunft substanziell verändern kann. In dem Fall sind Annahmen über die Entwicklung der Kennzahlausprägungen zu treffen. Es ist zu untersuchen, ob sich ein beobachteter Trend möglicherweise in der Zukunft fortsetzt oder ob eher anzunehmen ist, dass eine Trendumkehr erfolgt. Dieses kann der Fall sein, wenn bereits geeignete Maßnahmen zur Umkehr eines negativen Trends ergriffen wurden. In diesem Zusammenhang kommt auch den Zwischenberichten eine große Bedeutung zu, auf deren Basis die Beurteilung zeitnah aktualisiert werden kann.

Es ist außerdem zu überprüfen, ob beispielsweise der Größenscore als Indikator der Wettbewerbsposition ein dem zu beurteilenden Unternehmen angemessenes Urteil ergibt. Ebenso geht das Branchenrating des Branchenzentrums der DG BANK mit besonderer Expertise bei durch den deutschen Mittelstand geprägten Branchen in die Beurteilung ein. Gleichzeitig stellt sich beispielsweise die Frage nach der Werthaltigkeit von ausgewiesenen Firmenwerten oder der Existenz impliziter oder expliziter Garantien von Anteilseignern.

Insgesamt bildet das regelbasierte Urteil den Ausgangspunkt der Analyse, dem auch das größte Gewicht beigemessen wird. Kommt ein Analyst innerhalb der Detailanalyse zu Erkenntnissen, die eine Anpassung dieses Urteils erforderlich machen, wird diese in den Publikationen explizit genannt, was ebenfalls zu einer Steigerung der Transparenz beiträgt. Auf jeden Fall bildet das Länderrating, das mit einem separat entwickelten Sovereign-CRESTA-SCORE-Ansatz[27] beurteilt wird, die Obergrenze der Einstufung. Insgesamt betrachtet basiert ein wesentlicher Teil der Einschätzung auf der individuellen Einschätzung der Analysten. Ebenso wie bei den Ratingagenturen gilt es hier, bei verschiedenen Analysten für eine konsistente Vorgehensweise zu sorgen.

3.3 Ratingskala

Die in den vorangehenden Abschnitten aufgezeigte Analyse führt letztlich zu einem Gesamtergebnis der Bonitätseinschätzung in Form eines Gesamtscores. Dieser wird in eine Bonitätsnote in Anlehnung an die Notenskalen der Ratingagenturen transformiert, um eine Vergleichbarkeit der Ergebnisse zu gewährleisten.

---

27 Vgl. Hübner/Kuhn (2000).

3.4 Rating und Rendite

Ein Rating spiegelt die Bonität und die Fähigkeit eines Schuldners wider, den Verpflichtungen dauerhaft und fristgerecht nachzukommen, und bildet damit eine wichtige Grundlage für die Ermittlung des Fair Value eines Corporate Bond.

Für eine Anlageempfehlung ist die relative Bewertung einer Anleihe im Verhältnis zu Vergleichsanleihen von Bedeutung. Aus den für die jeweiligen Ratingklassen gültigen Spot-Rates können entsprechende Zero-Kurven ermittelt und zur Bewertung neuer Anleihen herangezogen werden. Ebenfalls können am Sekundärmarkt zirkulierende Anleihen relativ zur entsprechenden Kurve bewertet werden, um aktuell billige oder teuere Anleihen zu identifizieren.

In Euroland ist der Markt für Corporate Bonds zum jetzigen Zeitpunkt noch nicht ausreichend entwickelt, um entsprechende Benchmark-Kurven für jede Ratingklasse abzuleiten. Insbesondere das Segment der hochverzinslichen Anleihen aus dem spekulativen Bereich ist hier noch weitgehend unterentwickelt.

Eine Zinsstrukturkurve repräsentiert den Zusammenhang zwischen der Restlaufzeit und dem Renditeniveau von Anleihen einer Bonitätsklasse. Dabei sind möglichst marktgängige, liquide Bonds auszuwählen, die den Anlagehorizont adäquat abbilden. Allerdings ist die Beziehung zwischen Restlaufzeit und Rendite nicht als starr anzusehen, denn die Renditen der Anleihen, die bei der Kurvenschätzung einbezogen werden, schwanken in gewissem Ausmaß um die Kurve. Daher wird bei der Bestimmung des fairen Spreads eine Streuung um die Kurve in Höhe der durchschnittlichen Abweichung der Einzelrenditen

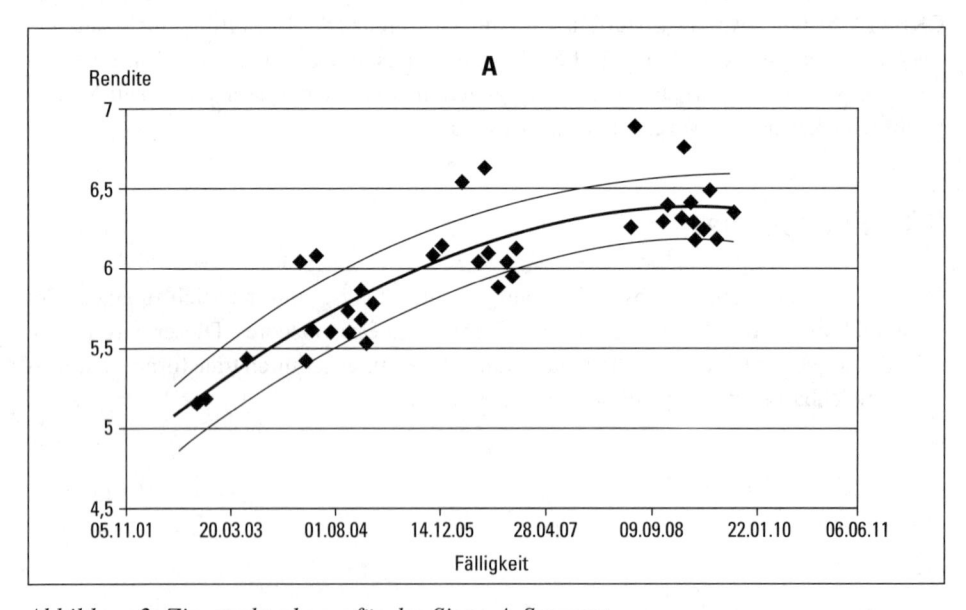

Abbildung 2: Zinsstrukturkurve für das Singe-A-Segment

um die Kurve unterstellt. Somit ergibt sich für jede Kurve eine gewisse Bandbreite um das mittlere Renditeniveau. Das wird in der folgenden Abbildung für das Single-A-Segment verdeutlicht, in der die Datenpunkte die in die Kurvenschätzungen eingegangenen Wertpapiere darstellen.

Im Grundsatz kann eine Anleihe, deren Rendite/Restlaufzeit-Kombination oberhalb der mittleren „fairen" Zinsstrukturkurve liegt, als günstig beurteilt werden. Dagegen repräsentieren Punkte unterhalb der Kurve teure Anleihen. Das gilt vor allem dann, wenn die Punkte außerhalb des Streuungsbandes um die Zinskurve liegen.

Zusätzlich sind weitere Ausstattungsmerkmale wie das Emissionsvolumen, die Besicherung und sonstige Klauseln sowie der Bekanntheitsgrad des Emittenten in Form von Auf- oder Abschlägen zu berücksichtigen, um eine faire Bewertung einer Anleihe zu bestimmen.[28] Ein geringes Volumen führt in der Regel zu einer geringeren Liquidität im Sekundärhandel und damit zu einem Spread-Aufschlag. Dagegen führt ein bekannter Name dazu, dass sich der Emittent im Vergleich zu anderen Unternehmen günstiger refinanzieren kann. Ein Abgleich eines auf diese Weise ermittelten Spreads mit dem tatsächlich gehandelten Wert führt schließlich zum Anlageurteil.

4. Zusammenfassung

Mit dem CRESTA-SCORE-Ansatz wurde ein neuer Bewertungsansatz für Corporate Bonds entwickelt, der Investoren durch Beurteilung nicht gerateter Emittenten und Indikationen über Ratingänderungen der Agenturen zusätzliche Informationen bereitstellt. Für einen potenziellen Emittenten liefert diese Analyse eine der wesentlichen Komponenten der Preisfindung einer Emission. Der Ansatz ist zu einem großen Anteil regelbasiert, was zu einer relativ großen Transparenz des Ansatzes führt. Bei Emittenten, die nach Vorstellung des Ansatzes erstmalig ein Rating einer Agentur erhalten haben, zeigen sich sehr gute Ergebnisse. Außerdem hat eine Analyse der Resultate im Zeitablauf oft frühzeitig deutliche Anspannungen des Finanzprofils aufgezeigt, wodurch sich der Ansatz als guter Indikator für Aktionen der Ratingagenturen erwiesen hat.

Literaturhinweise

ALTMAN, E./SAUNDERS, A. (1997): Credit risk measurement: Developments over the last 20 years, Journal of Banking & Finance, 1997, S. 1721-1742.
BACKHAUS, K. ET AL. (1990): Multivariate Analysemethoden, Berlin, 1990.

---

[28] Vgl. Behrenwaldt (1996), S. 298.

BAETGE, J./SIERINGHAUS, I.(1996): Bilanzbonitäts-Rating von Unternehmen, in: Büschgen, H. E./Everling, O. (Hrsg.): Handbuch Rating, Wiesbaden 1996, S. 221-248.

BANK FÜR INTERNATIONALEN ZAHLUNGSAUSGLEICH (2001): Erläuternde Angaben zur Neuen Basler Eigenkapitalvereinbarung, Basel 2001.

BEAVER, W. H./KETTLER, P./SCHOLES, M. (1970): The Association Between Market Determined and Accounting Determined Risk Measures, in: The Accounting Review, 1970, S. 654-682.

BEHRENWALDT, U. (1996): Funktionen des Rating für Anleger, in: Büschgen, H. E./Everling, O. (Hrsg.): Handbuch Rating, Wiesbaden 1996, S. 291-302.

BEN-ZION, U./SHALIT, S. S. (1975): Size, Leverage, and Dividend Record as Determinants of Systematic Risk, in: The Journal of Finance, 1975, S. 1015-1026.

BERBLINGER, J. (1996): Marktakzeptanz des Rating durch Qualität, in: Büschgen, H. E./Everling, O. (Hrsg.): Handbuch Rating, Wiesbaden 1996, S. 21 – 110.

BETSCH, O./GROH, A./LOHMANN, L. (2000): Corporate Finance, München, 2000.

BÜHNER, W. (1984): Rendite-Risiko-Effekte der Trennung von Eigentum und Leitung im diversifizierten Großunternehmen, in: Zeitschrift für betriebswirtschaftliche Forschung, 1984, S. 812-824.

DHINGRA, H. L. (1981): Market Structure and Risk-Return Relationships: The Canadian Evidence, in: Akron Business and Economic Review, 1981, S. 25-30.

EVERLING, O. (1991): Credit Rating durch internationale Agenturen: Eine Untersuchung zu den Komponenten und instrumentalen Funktionen des Rating, Wiesbaden 1991.

FISHER, F. M./MCGOWAN, J. J. (1983): On the Misuses of Accounting Rates of Return to Infer Monopoly Profits, in: American Economic Review, 1983, S. 66-80.

HAUSCHILDT, J./LEKER, J. (2000): Krisendiagnose durch Bilanzanalyse, Köln 2000.

HEINKE, V. (1998): Bonitätsrisiko und Credit Rating festverzinslicher Wertpapiere, 1998.

HÜBNER, J./KUHN, W. (2000): CRESTA-SCORE Sovereign Eurobonds, 2000.

JAHN, E. (1995): Ratings als Bonitätsindikator – eine Analyse, in: Kreditwesen, 1995, S. 510-513.

KNIESE, W. (1996): Die Bedeutung der Rating-Analyse für deutsche Unternehmen, Wiesbaden 1996.

KRAG, J./SCHMELZ, M./SEEKAMP, V. (1998): Bonitätsanalyse mit Hilfe von Rating-Agenturen, Marburg 1998.

MEYER-PARPART, W. (1996): Ratingkriterien für Unternehmen, in: Büschgen, H. E./Everling, O. (Hrsg.): Handbuch Rating, Wiesbaden 1996, S. 111-174.

MONSON, R. J./DOWNS, A. (1965): A Theory of Large Managerial Firms, in: The Journal of Political Economy, 1965, S. 221-236.

MOODY'S INVESTOR SERVICE: Historical Default Rates of Corporate Bonds Issuers, 1920-1999.

SALOMO, S./KÖGEL, K. (2000): Krisendiagnose mit wissensbasierten Systemen, in: Krisendiagnose durch Bilanzanalyse, 2000, S. 221-239.

SCHMIDT, R. (1997): Alternative Ansätze zur Erteilung von Ratings, in: Vorzeitige Beendigung von Finanzierungen. Rating von Unternehmen. Bankrechtstag 1996, Schriftenreihe der Bankrechtlichen Vereinigung, Berlin und New York 1997, S. 137-161.

SCHMIDT, R. (1980): Quantitative Ansätze zur Beurteilung der wirtschaftlichen Lage von Unternehmen, in: Betriebswirtschaftliche Forschung und Praxis,1980, S. 544-555.

SCHNABEL, H. (1996): Die Funktion des Rating für deutsche Industrieunternehmen als Emittenten, in: Büschgen, H. E./Everling, O. (Hrsg.): Handbuch Rating, Wiesbaden 1996, S. 305-325.

STANDARD & POOR'S (2000): CreditWeek, January 2000.

STEINER, M./HEINKE, V. (2000): Der Informationswert von Ratings – Eine empirische Analyse am Markt für internationale DM-Anleihen, in: Zeitschrift für Betriebswirtschaft, 2000, S. 541-565.

TEMPLIN, H.-U. (1998): Unternehmensrisiko und Bilanzkennzahlen, Wiesbaden 1998.

WAGNER, W. C. (1991): Rating mittelständischer Unternehmen, Frankfurt am Main 1991.

WEBER M./KRAHNEN, J. P./VOSSMANN, F. (1998): Risikomessung im Kreditgeschäft: Eine empirische Analyse bankinterner Rating-Verfahren, 1998.

WEINSTEIN, M. (1977): The Effect of a Rating Change Announcement on Bond Price, in: Journal of Financial Economics, 1977, S. 118-127.

HERMES-Rating für den Mittelstand

Ralf Garrn

1. Ein erfolgreiches Unternehmen ist gut – noch besser ist allerdings ein ausgezeichnetes Unternehmen

Wer für die schönsten Tage des Jahres ein Luxus-Hotel sucht, der braucht nur den Empfehlungen unabhängiger Tester zu folgen: Je mehr Sterne die erfahrenen Prüfer für ein Hotel vergeben, desto besser sind Ausstattung, Freizeitangebot und Service des Hauses. Die Spitzenwertung „Fünf Sterne" ist längst zum geflügelten Wort geworden – ein Zeichen dafür, dass die Kategorien der Hotel-Klassifikation allgemein be- und anerkannt sind.

Ein solches sogenanntes Rating hat für alle Beteiligten ganz offensichtliche Vorteile: Es gibt zum einen durch seine einfache Symbolik und Struktur – ähnlich wie Schulnoten – dem Kunden bzw. Geschäftspartner ein klar verständliches und fundiertes Qualitätsurteil an die Hand und schafft so Vertrauen. Zum anderen stärkt es bei guter Bewertung die Position eines Unternehmens am Markt, erhöht seine Wettbewerbschancen und ist ein überzeugendes Verhandlungsargument.

1.1 Ratings bewerten die Bonität von Unternehmen

Den Wunsch nach verlässlichen Qualitätsurteilen in Form von Klassifizierungen gibt es nicht nur in der Hotelbranche. Überall in der Wirtschafts- und Finanzwelt sind klar verständliche und vergleichbare Bonitätsauskünfte gefordert: Investoren wollen eine Aktiengesellschaft, Banken ihre Kreditnehmer und Lieferanten ihre Geschäftspartner einschätzen können. Im Kern geht es dabei aber immer um dieselbe Frage: Wie groß ist das Verlustrisiko bei einem Geschäft bzw. einer Geldanlage?

Die Antwort darauf geben die Experten einer Ratingagentur: Sie analysieren ein Unternehmen auf dessen Wunsch in einem längeren Prozess anhand einer Vielzahl betriebs- und volkswirtschaftlicher Kriterien. Dann erstellen sie eine Prognose über seine zukünftige Zahlungsfähigkeit und vergeben für diese Bonität standardisierte Kurzbewertungen: So ist zum Beispiel das Rating „AAA" vergleichbar mit den fünf Sternen für ein Luxus-Hotel, während die denkbar schlechteste Benotung „D" anzeigt, dass für das geprüfte Unternehmen bereits ein Insolvenzverfahren läuft.

In den USA, dem Mutterland des Ratings, gibt es praktisch kaum mehr veröffentlichungspflichtige Unternehmen ohne eine derartige Bewertung. Und auch für die internationalen Finanzmärkte spielen Ratings eine zentrale Rolle: Fachleute schätzen, dass über 80 Prozent der gesamten Weltkapitalströme durch sie beeinflusst sind. Zwar ist Rating derzeit in Deutschland noch nicht so weit verbreitet. Aber schon jetzt ist klar, dass auch bei uns ein Unternehmen ohne eine solche Zertifizierung in Zukunft einen schweren Stand haben wird.

1.2 Ein gutes Rating ist ein starker Wettbewerbsvorteil

Immer mehr wird eine positive Bonitätsbewertung zur unverzichtbaren Grundlage für attraktive Zinskonditionen bei Banken, längere Zahlungsziele bei Lieferanten und bessere Chancen bei Investoren. Insbesondere mittelständische Unternehmen, über die potenziellen Kapitalgebern und Geschäftspartnern in der Regel weniger Informationen zur Verfügung stehen als über Großunternehmen, werden in Zukunft das Gütesiegel eines erfolgreichen Ratings dringend benötigen.

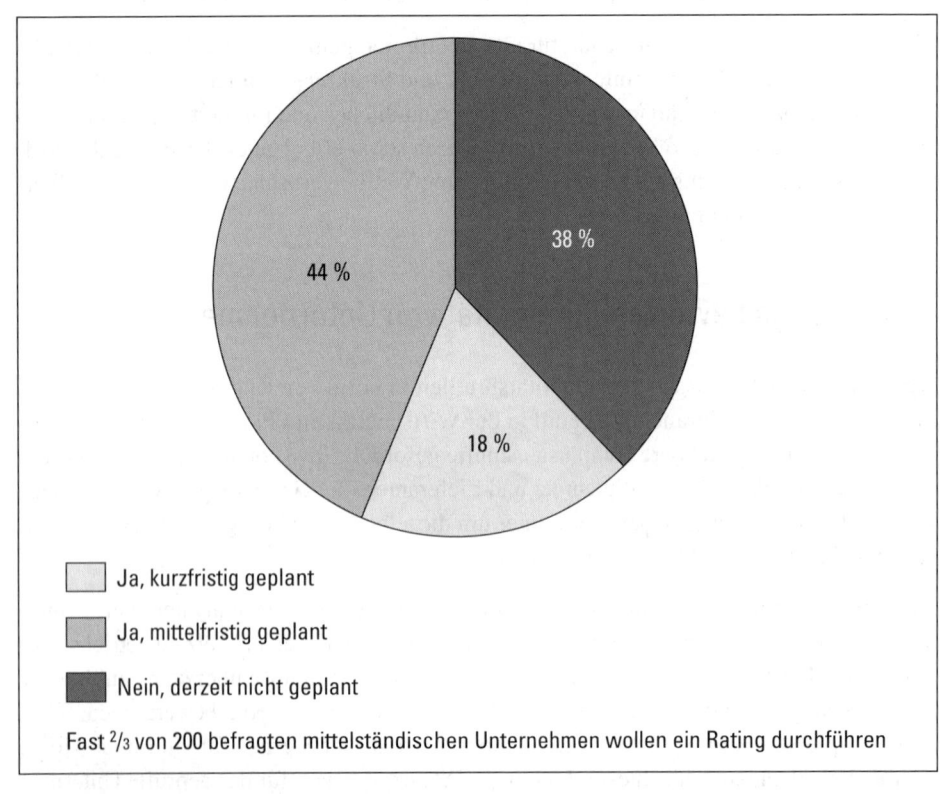

Abbildung 1: Ratingabsichten von Unternehmen

Der Mittelstand ist das Rückgrat unserer Volkswirtschaft, die 3,3 Millionen mittelständischen Betriebe in Deutschland, 99,3 Prozent der Firmen des Landes werden ihnen zugerechnet, beschäftigen 70 Prozent der sozialversicherungspflichtigen Erwerbstätigen, bilden 80 Prozent aller Lehrlinge aus und erwirtschaften fast 60 Prozent der Bruttowertschöpfung aller Unternehmen. Aber diese gesamtwirtschaftliche Bedeutung des Mittelstandes hilft den einzelnen Unternehmen wenig, wenn sie die nötigen finanziellen Mittel für wichtige Investitionen beschaffen wollen: Denn deutsche Banken konzentrieren sich zunehmend auf die gewinnträchtige Kreditvergabe an Großunternehmen und lukrative Investmentgeschäfte. Aus dem „Kleingeschäft" mit dem Mittelstand ziehen sie sich dagegen mehr und mehr zurück.

1.3 Dem Mittelstand fällt es immer schwerer, Kredite zu erhalten

Einer umfangreichen Studie des Arbeitgeberverbandes aus dem Jahr 2001 zufolge beklagt sich fast jeder zweite der befragten mittelständischen Betriebe über seine Bank. Bemängelt werden neben der sich verschlechternden Betreuung insbesondere die wachsenden Schwierigkeiten, Geld zu leihen – für den meist eher liquiditätsschwachen Mittelstand eine bedrohliche Entwicklung! Die Geldinstitute begründen ihre ablehnende Haltung mit dem höheren Kreditausfallrisiko bei mittelständischen Unternehmen. Darüber hinaus stelle die Bonitätsprüfung, zu der die Banken gesetzlich verpflichtet sind, bei kleineren Firmen wegen der geringeren Kreditsummen in der Regel einen unverhältnismäßig hohen Aufwand dar.

1.4 Neue Auflagen lassen die Zinsen steigen

Noch größer wird die Kreditproblematik des Mittelstandes durch die Auflagen der Bank für Internationalen Zahlungsausgleich (BIZ): In Zukunft müssen Geldinstitute in aller Welt nämlich für unsichere Kredite, die sie vergeben, deutlich mehr Eigenkapital hinterlegen als für sichere Geschäfte – bisher waren es, unabhängig von der Bonität des Schuldners, immer 8 Prozent der Darlehenssumme. Die Folge: Kredite an „gute" Unternehmen bergen nicht nur ein geringeres Verlustrisiko, sie verschaffen einer Bank jetzt auch größere Liquidität und damit mehr Profit. Dagegen werden Kredite an Mittelständler, deren Arbeits- und Wirtschaftssituation meist nicht so transparent ist wie zum Beispiel bei börsennotierten Großunternehmen, noch unbeliebter. Finanzexperten prophezeien deshalb kleineren und mittleren Firmen weiter steigende Kreditkosten und noch größere Probleme bei der Geldbeschaffung.

Allerdings können sie die neue Eigenkapitalregelung auch zu ihrem Vorteil nutzen – durch ein positives Rating. Denn mit einem guten Prüfungsergebnis bescheinigen die Agenturen den Unternehmen eine hohe Bonität, und das macht sie nachweislich zu einem attraktiven Kunden für jede Bank. Mit einem gute Rating verfügen Mittelständler bei Kreditanträgen über eine starke Verhandlungsposition, die ihnen günstige Zinsen bringen kann.

Neuregelung der Eigenkapitalleistung nach Basel II	
Ratingergebnis des kreditnehmenden Unternehmens	Rücklage, die von der Bank nach Basel II gefordert wird (Beispiel: Kredit über 1 Mio. Euro)
Sehr gut	16.000 EUR (1,6 % der Kreditsumme)
Gut	40.000 EUR (4 % der Kreditsumme)
Durchschnittlich	80.000 EUR (8 % der Kreditsumme)
Schlecht	120.000 EUR (12 % der Kreditsumme)

Abbildung 2: Neuregelung der Eigenkapitalleistung nach Basel II

Aber selbstverständlich sind Liquidität und ein gutes Renommee bei Banken nur eine von vielen Voraussetzung für wirtschaftlichen Erfolg. Mindestens ebenso entscheidend ist ein gutes Ansehen bei Lieferanten, Kooperationspartnern und vor allem bei Ihren Kunden. Und auch dabei wird ein positives Rating überaus nützlich sein.

Durch eine gute Bewertung kann ein Unternehmer überzeugend belegen, dass er seine Rechnungen zuverlässig begleicht, solide Führungsarbeit leistet, erfolgreich arbeitet und ein Geschäft mit ihm darum in jeder Hinsicht eine sichere Sache ist. Einen solchen Kunden möchte jeder Zulieferer oder Dienstleistungsanbieter an sich binden. Daher wird es sich für jeden Unternehmer auszahlen, wenn er diese Qualitätsmerkmale durch ein entsprechendes Rating nachweisen kann.

1.5 Geprüfte Bonität zahlt sich bei Lieferanten aus

Im Zuge von Globalisierung und E-Business erweisen sich langwierige Prüfungen für die Wirtschaft meist als sehr hinderlich – schnelle Entscheidungen sind gefragt, schließlich ist Zeit Geld. Darum kann einem Unternehmen, bei dem potenzielle Gläubiger erst aufwendig Informationen aus dritter Hand einholen und Bilanzen analysieren müssen, schnell ein attraktives Geschäft entgehen – wenn nämlich ein Wettbewerber sofort, zum Beispiel durch ein Rating, alle Zweifel an seiner Bonität beseitigt. Aber durch ein positives Rating gewinnen Unternehmen mehr als nur das Vertrauen ihrer Geschäftspartner: Sie besitzen damit auch ein starkes Argument, wenn es um bessere Konditionen, längere Zahlungsziele, Skonti oder Anzahlungen geht. So kann ein Rating – ähnlich wie im Falle der Zinsvorteile – maßgeblich dazu beitragen, Kosten zu minimieren und die Liquidität der Unternehmens spürbar zu stärken.

Praktisch unverzichtbar ist ein Rating, wenn ein Unternehmen an der Börse Erfolg haben möchte. Viele institutionelle Investoren wie Fondsmanager oder Spezialisten von Banken engagieren sich zum Beispiel grundsätzlich nur, wenn eine entsprechend standardisierte Bonitätsbewertung vorliegt. Was uns in Deutschland erwartet, zeigt – wie so oft – ein

AAA	AAA bewertete Unternehmen wird die höchste Qualität hinsichtlich der Zukunftssicherheit beigemessen und diese können als „erstklassig" bezeichnet werden. Obwohl sich die verschiedenen Sicherungselemente durchaus verändern können, wird dies – sofern abschätzbar – aller Wahrscheinlichkeit nach die fundamental starke Stellung solcher Unternehmen nicht beeinträchtigen.
AA	AA bewerteten Unternehmen wird eine sehr hohe Qualität hinsichtlich der Zukunftssicherheit beigemessen. Zusammen mit AAA gerateten Unternehmen bildet diese ruppe die sog. „Güteklasse". Sie sind jedoch unterhalb der bestbewerteten Unternehmen anzusiedeln, da Sicherheitsmargen vergleichsweise geringer sein können und die Ausprägung der Sicherungselemente stärker schwanken. Des weiteren können einzelne Bewertungskomponente auf ein langfristig größeres Risiko hinweisen, als dies bei AAA gerateten Unternehmen der Fall ist.
A	A bewertete Unternehmen weisen viele günstige zukunftssichernde Eigenschaften auf und gelten als Unternehmen der oberen Mittelklasse, Kriterien, die Zins- und Kapitalrückzahlung sichern sollen, werden als angemessen betrachtet. Gleichwohl können einzelne Faktoren vorliegen, die eine Anfälligkeit für Verschlechterungen in der Zukunft erkennen lassen.
BBB	BBB bewerteten Unternehmen wird eine mittlere Qualität hinsichtlich der Zukunftssicherheit beigemessen. Die Sicherung von Zins- und Kapitalrückzahlungen erscheint gegenwärtig angemessen. Gleichwohl können bestimmte Gütekriterien fehlen oder sich längerfristig als nicht verlässlich herausstellen. Entsprechende Unternehmen verfügen über eine durchschnittliche Zukunftsfähigkeit und können als zuverlässiger Geschäftspartner betrachtet werden.
BB	BB bewertete Unternehmen besitzen gerade noch ausreichende zukunftssichernde Strukturen. Der Spielraum für Kapitaldienst fällt jedoch häufig moderat aus und ist für die Zukunft auch unter guten Bedingungen nicht eindeutig gewährleistet. Entsprechende Unternehmen sind duch die Ungewissheit der gegenwärtigen und zukünftigen Verhältnisse charakterisiert.
B	B bewerteten Unternehmen fehlen üblicherweise zukunftssichere Strukturen. Die Zuverlässigkeit des Kapitaldienstes ist gefährdet bzw. kann über einen längeren Zeitraum gering sein. Entsprechende Unternehmen verfügen über eine geringe Zukunftssicherheit und stellen ein erhöhtes Risiko in der Geschäftsbeziehung dar.
CCC	CCC bewerteten Unternehmen haben Strukturen, welche die Zukunftssicherheit stark gefährden. Diese Unternehmen können sich bereits in Zahlungsabzug befinden, oder aber der Kapitaldienst ist akut gefährdet. Als solider Geschäftspartner können diese Unternehmen nicht mehr betrachtet werden.
CC	CC bewertete Unternehmen sind akut gefährdet und die Zukunftssicherheit des Unternehmen ist sehr gering. Entsprechende Unternehmen befinden sich oftmals schon in Zahlungsverzug oder werden durch andere Vertragsverletzungen schwer belastet.
C	C bewertete Unternehmen haben die geringste Zukunftssicherheit von allen. Entsprechende Unternehmen haben extrem schlechte Voraussetzungen, um sich am Markt behaupten zu können. Ein Vergleich wurde bereits beantragt, Zins- und Tilgungszahlungen können gegenwärtig jedoch noch erfolgen.
D	D bewertete Unternehmen sind insolvent. Das D-Rating ist nicht zukunftsgerichtet, sondern dokumentiert nur die Zahlungsunfähigkeit des Unternehmens.
*	Damit ist die Fähigkeit des Unternehmens gemeint, seinen finanziellen Verpflichtungen termingerecht nachzukommen.

Abbildung 3: Bewertungskategorien beim HERMES-Rating

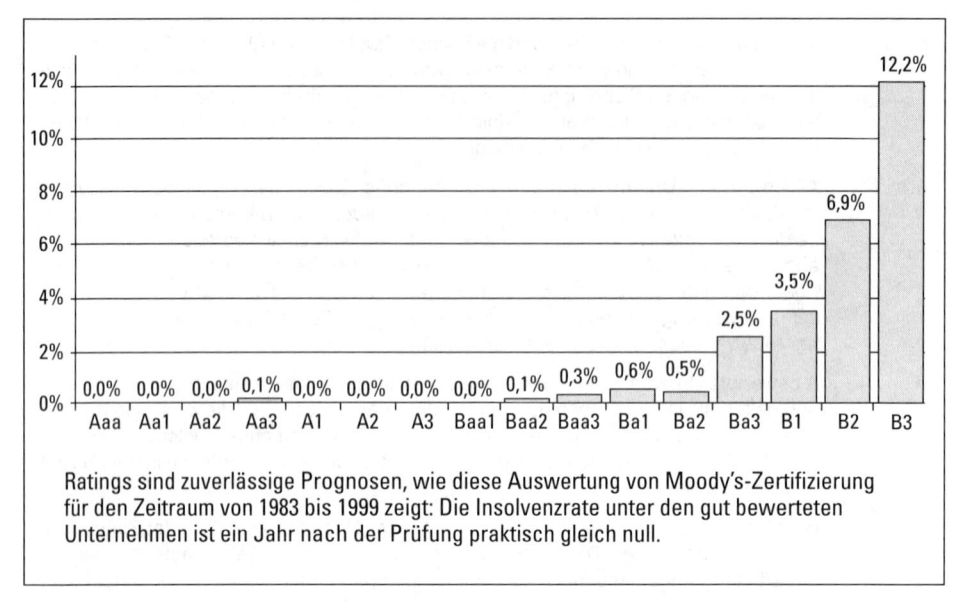

Ratings sind zuverlässige Prognosen, wie diese Auswertung von Moody's-Zertifizierung für den Zeitraum von 1983 bis 1999 zeigt: Die Insolvenzrate unter den gut bewerteten Unternehmen ist ein Jahr nach der Prüfung praktisch gleich null.

Abbildung 4: Rating und Insolvenzraten

Blick in die USA. Dort ist ein Unternehmen ohne Rating am Kapitalmarkt, speziell an der Börse, praktisch chancenlos.

Insbesondere ein Unternehmen, das auch auf internationalem Parkett erfolgreich sein will, muss sich bewerten lassen – schließlich benötigen ausländische Anleger schnell eine verlässliche Einschätzung auf einem Markt, den sie womöglich nicht genau kennen. Aber auch zahlreiche Kleinanleger, die nicht über das nötige Know-how verfügen, um selbst detaillierte Analysen vorzunehmen, vertrauen ganz auf die Urteile der Ratingexperten.

1.6 Gute Argumente bei der Personalsuche

Ein weiterer Gewinn, den ein Rating mit sich bringt, liegt in seinen nicht zu vernachlässigenden Marketingeffekten. Durch eine gute Zertifizierung können Unternehmen sich – wie ein Fünf-Sterne-Hotel von einer einfache Gaststätte – deutlich von Konkurrenten ohne vergleichbare Bewertung abheben. Und das nicht nur mit Blick auf Kunden und Geschäftspartner: Bei der Personalsuche wird durch ein gutes Rating demonstriert, dass das Unternehmen besonders attraktive und sichere Arbeitsplätze für qualifizierte Mitarbeiter bietet.

Zinsvorteile, Liquiditätsgewinne, Marketingeffekte, attraktive Konditionen bei Lieferanten und gute Chancen bei Investoren – ein Rating kann Unternehmen also erhebliche Vorteile bringen. Bleibt nur noch die Frage: Welche ist für eine spezielle Bonitäts-Zertifizierung jeweils die beste Adresse? Es gibt auf diesem Dienstleistungssektor eine Vielzahl von Anbietern. Neben den großen amerikanischen Häusern wie Standard & Poor's, Moody's und Fitch wächst die Zahl kleinerer Ratingagenturen stetig an. Darüber hinaus drängen Firmen auf den wachsenden Markt, die Ratings via Internet ermitteln. Und schließlich kategorisieren auch Banken ihre Kunden zunehmend nach einem festgelegten Ratingsystem.

1.7 Rating ist nicht gleich Rating

Eine genauere Prüfung zeigt allerdings schnell, dass die meisten dieser Ratings nicht geeignet sind, um einem mittelständischen Unternehmen den zuvor beschriebenen Nutzen zu bringen:

- Bankinterne Ratingsysteme legen den Schwerpunkt auf die Analyse quantitativer Fakten. Qualitative Maßstäbe wie zum Beispiel Fähigkeiten und Ziele der Unternehmensleitung, die Güte des Kundenmanagements oder die Stabilität des Vertriebsnetzes, die gerade bei Firmen kleinerer und mittlerer Größe oft einen positiven Ausschlag geben, spielen eine eher untergeordnete Rolle. Zudem legen viele Banken ihre Bonitätsklassifizierungen und die Einstufung dem Kunden gegenüber nicht offen. Dieser kann also aus solchen Ratings keinerlei Lehren ziehen, zum Beispiel sein Unternehmen nicht durch den Abbau erkannter Schwächen verbessern.

- Bei Ratingdiensten, die via Internet agieren, mangelt es oft an einer gründlichen Verifizierung der einfließenden Daten. Außerdem zählen auch hier vor allem Zahlen, während qualitative Faktoren und Zukunftsperspektiven kaum berücksichtigt werden.

- Die bekannten amerikanischen Ratingagenturen betreuen in der Regel Großkunden. Viele sind mit den Besonderheiten des Mittelstandes nur wenig vertraut.

1.8 Je besser der Ruf des Prüfers, desto größer der Wert eines Ratings

Wichtig für den Nutzwert eines Ratings ist die Reputation, welche der zertifizierende Anbieter bei Banken und Wirtschaftsunternehmen genießt. Denn die Wirkung eines Ratings gleicht der Überzeugungskraft eines Hochschulabschlusses: Ein potenzieller Arbeitgeber interessiert sich nicht nur für die Note des Bewerbers, sondern auch für die Universität, auf der sie erreicht wurde – diese bürgt schließlich für die Qualität von Prüfung und Zeugnis. Ebenso ist es in Wirtschaftskreisen von Interesse, aus welchem Hause das Rating eines Geschäftspartners stammt.

Exzellente Unternehmensanalysen sind die Basis für das Hauptgeschäft des HERMES – und genau das ist auch der Kern beim Rating: Die Bewertung eines Unternehmens soll so präzise wie möglich dessen zukünftiges Insolvenzrisiko widerspiegeln.

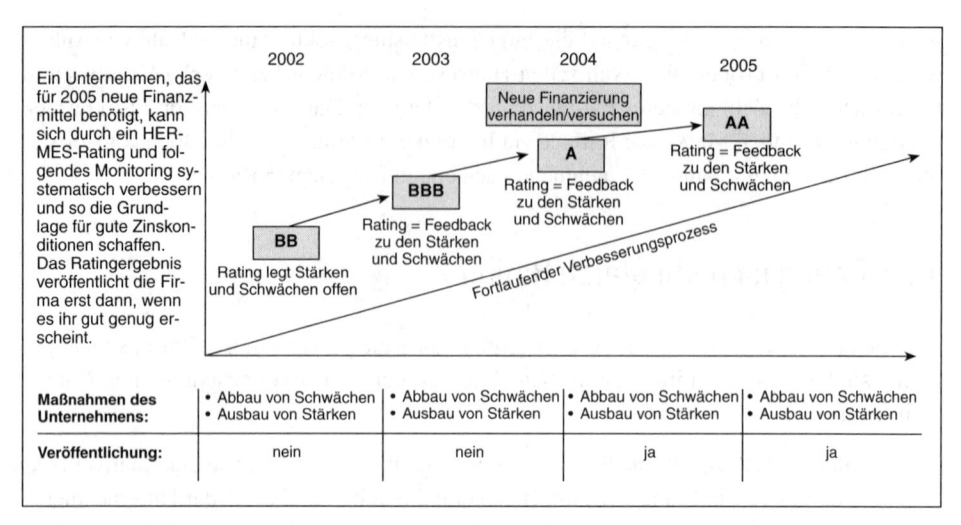

Abbildung 5: Ständiger Verbesserungsprozess durch Rating

Ein weiterer Vorteil eines HERMES-Ratings: Es ist ganz auf die Belange des Mittelstandes zugeschnitten. Durch die jahrelange intensive Betreuung vieler mittelständischer Kunden kennt HERMES die Stärken, Eigenarten, das wirtschaftliche Umfeld und die Probleme solcher Unternehmen sehr genau und ist daher in der Lage, diese beim Rating nach Kriterien zu bewerten, die ihren Besonderheiten bestmöglich gerecht werden.

Mit detaillierten Ratingbericht wird ein Höchstmaß an Transparenz erzielt. Indem die Klassifizierungskriterien und der konkrete Analyseprozess dargelegt werden, ist eine ideale Grundlage geschaffen, um die erkannten Stärken auszubauen und Schwächen zu beseitigen. Das gilt insbesondere dann, wenn das Rating im Rahmen eines sogenannten Monitorings über einen längeren Zeitraum jährlich wiederholt wird.

1.9 Rating ist auch aktive Risikovorsorge im Sinne des KonTraG

Seit 1998 sind Vorstände und Aufsichtsräte von Aktiengesellschaften durch das Gesetz zur Kontrolle und Transparenz im Unternehmensbereich (KonTraG) verpflichtet, Unternehmensrisiken durch vorbeugende Maßnahmen zu begrenzen. Diese Aktivitäten werden in die Berichte der Wirtschaftsprüfer einbezogen.

Auch aus dieser Sicht ist ein Rating sinnvoll, da es der frühzeitigen Aufdeckung von unternehmerischen Risiken und Fehlentwicklungen dient und so rechtzeitige Gegenmaßnahmen möglich macht.

2. Rating im Interesse des Unternehmens

Manchen Unternehmer überkommt möglicherweise bei dem Gedanken, seinen Betrieb für eine Unternehmensanalyse zu öffnen und den Prüfern dabei auch Einblick in sensible Interna zu geben, ein ungutes Gefühl. Zentrales Ziel der Agenturen ist es jedoch, dem jeweiligen Unternehmen stets partnerschaftlich zur Seite zu stehen. Alle Schritte des Ratings erfolgen in enger Abstimmung, und die vertrauliche Behandlung aller Daten und Erkenntnisse wird vertraglich garantiert.

2.1 Am Anfang steht die Information

Fragen lassen sich am besten im Dialog klären. Darum kommen Experten der Agentur, sozusagen als Entscheidungshelfer, normalerweise zu einer Informationsveranstaltung ins Unternehmen. Sie erörtern dort vor dem Management – auf Wunsch auch gegenüber dem Betriebsrat und der Mitarbeiterschaft – ausführlich Nutzen und Ablauf des Ratings. Sind alle Zweifel beseitigt und die Entscheidungsträger vom Sinn der Zertifizierung überzeugt, kann die Unternehmensanalyse beginnen.

Der erste Schritt dazu ist die Bildung eines Teams von Analysten, die mit den Besonderheiten der jeweiligen Branche vertraut sind. Diese Spezialisten widmen sich zunächst anhand von Jahresabschlüssen, Geschäftsberichten und anderen verfügbaren Zahlenwerken den Finanzeckdaten des Unternehmens. Zugleich analysieren sie ausführlich das geschäftliche Umfeld sowie die aktuelle Marktsituation innerhalb des betreffenden Wirtschaftszweiges.

2.2 Genaue Recherchen vor Ort sind die beste Basis

Ein sorgfältiger Unternehmens-Check lässt sich jedoch nicht per Ferndiagnose auf Grundlage von Bilanzen und theoretischem Wissen erledigen. Darum spielt beim HERMES-Rating die sogenannte „interne Analyse" eine entscheidende Rolle: Während eines Unternehmensbesuchs, der je nach Betriebsgröße ein oder mehrere Tage dauert, kann das Team wertvolle Erkenntnisse über die Stärken und Besonderheiten des Ratingkandidaten gewinnen.

Zur Vorbereitung auf diesen Besuch erhält das Management zunächst einen maßgeschneiderten Fragenkatalog, der auf Basis der zuvor untersuchten Firmendaten erarbeitet wurde. Seine Auswertung ermöglicht eine optimale Planung der internen Analyse. Das Analystenteam kann so am besten gemeinsam mit dem Management einen genauen Ablaufplan erstellen, was die Effektivität der Recherchen vor Ort deutlich erhöht.

2.3 Über den Einsatz des Ratings entscheidet allein das Management

Ist die Prüfung abgeschlossen, erarbeitet das Analystenteam seinen Wertungsvorschlag und unterbreitet ihn dem Ratingkomitee. Dieses Gremium setzt sich aus erfahrenen Analysten zusammen, unter ihnen auch ein weiterer, bis dahin nicht mit dem Rating befasster Spezialist für die spezielle Branche. Akzeptiert das Komitee den Vorschlag, präsentieren und erläutert HERMES dem Unternehmen umgehend das Ergebnis. Andernfalls wird die Untersuchung noch einmal aufgenommen, bis Analystenteam und Ratingkomitee zu einer gemeinsamen Einschätzung gelangt sind.

Ein wichtiges Merkmal des HERMES-Ratings ist die absolute Unabhängigkeit des Ratingurteils von Meinungen der Unternehmensleitung. Zwar gibt das zu prüfende Unternehmen die Analyse selbst in Auftrag und zahlt dafür – auf die Bewertung hat das jedoch keinerlei Einfluss. Es ist darum nicht auszuschließen, dass ein Kandidat schlechter bewertet wird, als es sich das Management erhofft hat. In einem solchen Fall können sich die Verantwortlichen selbstverständlich gegen eine Veröffentlichung des Ratings aussprechen. Denn die ermittelten Daten und Analysen sind Eigentum des Unternehmens, das allein über die Verwendung der Expertise entscheidet. Dementsprechend verpflichtet sich die HERMES Rating GmbH auch vertraglich, keine im Verlauf des Ratings erworbenen Informationen gegen den Willen des Auftraggebers an Dritte – zum Beispiel an Banken oder Auskunfteien – weiterzugeben. Der Schutz sensibler Daten und Informationen ist ein genereller Vorzug des Ratings, den nur eine Ratingagentur bietet. Da die Bewertung des Unternehmens über die zuvor dargestellte Ratingskala erfolgt, werden durch seine Veröffentlichung keinerlei inhaltliche Informationen nach außen gegeben. Das Unternehmen kann somit seinen Erfolg zweifelsfrei belegen, ohne dass sich etwa Geschäftspartner oder gar Mitbewerber ein Bild von internen Betriebsabläufen, Managementstrukturen oder Finanzierungskonzepten machen können.

3. Faktoren für den Unternehmenserfolg

Die geniale Idee, die einen bis dahin erfolglosen Unternehmer über Nacht reich und berühmt macht, ist die Ausnahme. Ebenso selten wird ein florierender Betrieb plötzlich durch einen einzigen Schicksalsschlag in die Pleite gerissen. Meist sind Erfolg wie Misserfolg vielmehr das Ergebnis zahlreicher kleinerer Faktoren, die zusammenwirken.

Aus diesem Grund nimmt die Agentur alle Faktoren genau unter die Lupe, die das analysierte Unternehmen und seine Zukunftsfähigkeit beeinflussen können. Dazu gehören äußere Aspekte wie Branche, Kunden, Kreditgeber oder Lieferanten ebenso wie interne Gegebenheiten der Firma, zum Beispiel Management, Controlling, Unternehmensleitlinien, Mitarbeiter, Arbeitsprozesse, Rechnungswesen, Finanzen, Produkte, Forschung und Entwicklung, Produktion, Vertrieb, Logistik oder Marketing.

3.1 Je sicherer die Branche, desto besser kann das Rating werden

Bei jedem HERMES-Rating wird zunächst der Wirtschaftszweig genau untersucht, in dem das zu analysierende Unternehmen aktiv ist. Es entsteht das sogenannte Branchenrating. Denn die speziellen Märkte, Gewinnspannen, Konkurrenzsituationen, Rohstoffpreise und Zielgruppen geben einen entscheidenden Rahmen für Erfolgsaussichten und Insolvenzrisiken vor, den das Unternehmen selbst praktisch nicht beeinflussen kann. Infolgedessen erlangen in einer risikoreichen Branche in der Regel selbst die besten Firmen nicht die höchstmögliche Ratingwertung.

Ein gutes Branchenrating reicht allein für das Erzielen einer Bestnote jedoch längst nicht aus. So steht auch beim HERMES-Rating selbstverständlich das individuelle Finanz- und Geschäftsrisiko des jeweiligen Unternehmens im Mittelpunkt der Prüfung. Diese ganzheitliche Untersuchung unterteilt sich in zwei Bereiche: in eine quantitative und eine qualitative Analyse.

3.2 Zahlen, Fakten, Menschen und Visionen: die Kriterien der Analyse

Bei der quantitativen Analyse werten die Spezialisten in erster Linie die Kennzahlen des Unternehmens aus: Liquidität, Eigenkapital, Umsatz, Gewinn, Cash Flow werden dabei ebenso untersucht wie Planzahlen- Kosten- und Anlagepolitik.

Im Gegensatz dazu beschäftigt sich die qualitative Analyse mit individuellen Stärken und Schwächen des Kandidaten, die sich nicht in Zahlen ausdrücken lassen. Dazu gehören zum Beispiel die Firmenziele, Erfahrung und Hintergrund des Managements, die Bedeutung von Großkunden, die Leistungsstärke des Controllings oder die Diversifikation der Produktpalette.

Hat das Analystenteam alle Informationen gesammelt, wird schließlich die Gesamtwertung erstellt. Dazu gibt es keine allgemeingültige Formel. Vielmehr werden die ermittelten Werte und Ergebnisse entsprechend der Besonderheiten des untersuchten Unternehmens gewichtet. So kann dessen Individualität von den Experten maßgeblich berücksichtigt werden, so dass ein fundiertes, alle Einzelheiten berücksichtigendes Urteil entsteht.

Schlüsselkriterien
Industrieunternehmen
- Branchenumfeld, Konjunktur und Ausblick
- Wettbewerbslage der Unternehmung und wettbewerbsspezifische Stärken und Schwächen
- Fähigkeiten und Ziele des Managements
- Buchführungsqualität
- Vergangene und erwartete Finanzerfolge
- Ertragslage und Ertragskrafterhaltung
- Cash Flows und finanzielle Flexibilität
- Betriebseffizienz
- Andere relevante Punkte, wie Eigentumsverhältnisse, nationale Bedeutung etc.

Branchenrisiko
- Bedeutung der Branche für die Wirtschaft des Landes
- Beschäftigungseffekt
- Legale Rahmenbedingungen
- Reife des Wirtschaftszweiges
- Internationale Wettbewerbslage
- Zugangsbeschränkungen
- Wettbewerbsposition im Inland: Monopol, Oligopol, Fragmentierung
- Beschaffenheit der Branche: Kapitalintensität, Produktlebensdauer, Vermarktung
- Konjunkturelle Faktoren: Angebot und Nachfrage
- Preissetzungsmechanismen
- Kosten- und Ertragsstruktur der Branche: Abhängigkeit von Energiekosten, Zinsniveau und Regierungspolitik

Wettbewerbslage
- Position innerhalb der Branche: Größe, Marktanteil, Preissetzungsfähigkeit
- Position des bedeutendsten Produkts
- Produktzyklus und Wettbewerb
- Bedeutung von Forschung und Entwicklung sowie neuer Produktentwicklungen
- Diversifizierungsgrad der Produktpalette
- Geographische Verteilung von Verkauf und Produktion
- Bedeutung von Großkunden
- Vermarktungsaufwand
- Vertriebsnetz: Kontrolle und Anfälligkeit gegenüber externen Faktoren

Eigentumsverhältnisse
- Eigentümer
- Beziehung zwischen Eigentümern und Management: Selbstständigkeit, Kontrolle
- Größe und Status der Eigentümer
- Möglichkeit für weitere Unterstützung
- Gefahr des Kapitalentzugs
- Struktur der Eigentumsverhältnisse
- Andere Vorteile: Zugang zu neuen Technologien, Produkten
- Zugang zu Kapitalmärkten

Management
- Finanzielle Entwicklung bis zur Gegenwart
- Unternehmensziele
- Erfahrung, Hintergrund, Glaubwürdigkeit

Buchführungsgrundsätze
- Gesetzliche Bestimmungen
- Wirtschaftsprüfer und deren Meinung
- Konsolidierungsgrundsätze und Konsolidierungskreis
- Berücksichtigung erfolgswirksamer Ereignisse
- Bewertungsgrundsätze des Anlage- und Umlaufvermögens
- Berücksichtigung von Goodwill und immateriellen Anlagevermögen
- Bewertung von Vermögensgegenständen unter Marktwert, z.B. Immobilien
- Abschreibungspolitik: Satz und Lebensdauer
- Fremdwährungsumrechnung
- Steuerrückstellungspolitik
- Pensionsrückstellungspolitik
- Berücksichtigung der Finanzierungskosten

Erträge
- Qualität und Entwicklung des Gewinns aus ordentlicher Geschäftstätigkeit
- Geographische und sektorale Verteilung des Betriebserfolgs
- Nicht ordentliche und außerordentliche Ergebnisse
- Finanzwirksamer Ertrag
- Rentabilität
- Gewinnspannen
- Zinsdeckungsverhältnis
- Dividendendeckung
- Steuerliche Situation

Cash flow
- Angemessenheit des Cash flow zur Aufrechterhaltung der Geschäftskapazität
- Cash flow, der für Expansion zur Verfügung steht
- Einzelne Ausgabeposten im Cash flow einschließlich Werbung, Forschung und Entwicklung
- Schwankung des Cash flow
- Beschränkung des Cash flow: Kapitalausfuhrbeschränkungen, mögliche Steuerwirkungen, Zugang zu den Dividenden der Tochterunternehmen
- Liquidität: Höhe und Schwankungen

Kapital- und Schuldenstruktur
- Verschuldungsgrad: historisch und geplant
- Sensitivitätsanalyse
- Saisonale Schwankungen der Kennzahlen
- Deckungsverhältnisse für Zinsen und Leasingkosten
- Bereinigung von Off-balance sheet-Größen: geleaste Gebäude und Anlagen, nichtkonsolidierte Töchter, garantierte assoziierte Unternehmen oder Joint ventures
- Angemessenheit der Kapitalstruktur zur Branche und dem betreffenden Land: übertriebene Abhängigkeit von kurzfristiger Finanzierung
- Art der zugrunde liegenden Vermögensgegenstände
- Schuldenstruktur: Art, Fristigkeit, Währung, Tilgungsplan, Sicherheiten, Ausfallklauseln, Hedging

Kapitalbeschaffung und finanzielle Flexibilität
- Flexibilität des geplanten Finanzbedarfs
- Zusätzliche Finanzierungsmöglichkeiten
- Bach-up und Standby-Bankkreditlinien
- Kapitalbeschaffungsmöglichkeiten: Aktionärskreis, Markt
- Sicherung von Krediten
- Sicherheitsspielraum gegenwärtiger und zukünftiger Verschuldungsgrade
- Struktur der Vermögensgegenstände
- Off-balance sheet-Positionen

Abbildung 6: Ratingkriterien

4. Erste Schritte zum erfolgreichen Rating

Grundsätzlich gilt: Je besser und umfangreicher die Materialien sind, die das Management den Experten im Vorfeld zur Verfügung stellt, desto schneller und effizienter kann auch die Analyse realisiert werden.

4.1 Vorab benötigte Informationen

Es ist vor allem hilfreich, wenn möglichst viele Informationen bereits in einer professionell aufbereiteten Form vorliegen. So haben die Spezialisten der Agentur die wichtigsten Zahlen und Fakten sofort übersichtlich zur Hand. Anhand des folgenden Fragenkatalogs können Sie schnell überprüfen, welche Unterlagen Sie schon jetzt zusammenstellen können:

1. Liegt eine professionelle Unternehmenspräsentation vor?
2. Wenn ja, sind darin die folgenden Kategorien enthalten?

- Darstellung Ihres Unternehmens mit seinen derzeitigen Strukturen
- Eine Aufbereitung der IST-Zahlen der letzten drei Jahre
- Aufführung der qualitativen Faktoren des Unternehmens
- Erläuterung der Unternehmensstrategie

3. Beurteilen Sie die Bereiche Controlling und Rechnungswesen anhand der folgenden Aspekte:

- Aktualität und Organisation des Controllings
- Qualität der Kosten- und Leistungsrechnung
- Qualität des Berichtswesens, zum Beispiel Bilanzierung

4. Existiert in Ihrem Unternehmen ein detaillierter Cash-Flow-Plan für die nächsten zwei Jahre?
5. Gibt es ein geschlossenes Marketing- bzw. Vertriebskonzept für die kommenden zwei Jahre?
6. Wurde ein Finanz- und Liquiditätsplan aufgestellt?
7. Besteht ein Konzept für zukünftige Investitionen?
8. Verfügt das Management über entsprechende Statistiken zu folgenden Punkten?

- Marketing
- Materialwirtschaft
- Produktion
- Personal
- Finanzwirtschaft

4.2 Wählen Sie feste Ansprechpartner aus.

Selbstverständlich lässt sich auf Basis von schriftlichen Unterlagen nur eine erste Einschätzung gewinnen – einen Großteil der benötigten Informationen können die Ratingexperten nur im Gespräch erfahren. Daher ist es sinnvoll, schon frühzeitig einen Mitarbeiter zu bestimmen, der mit Ihrem Unternehmen möglichst umfassend vertraut ist und der das gesamte Projekt „Rating" auf Unternehmensseite betreut. Darüber hinaus sollten auch für die einzelnen Abteilungen konkrete Ansprechpartner benannt werden. Auf diese Weise können von Anfang an alle Fragen schnell und erfolgreich geklärt werden.

Alle Vorteile auf einen Blick

Ein gutes Rating
- garantiert Ihnen eine 100-prozentig vertrauliche Behandlung aller Unternehmensdaten und -informationen.
- macht weltweit einen erstklassigen Eindruck, da der Name HERMES für Kompetenz und Erfahrung in Sachen Unternehmensanalyse steht.
- wird von erfahrenen Analysten-Teams mit Branchen-Know-how erstellt.
- ist nachvollziehbar durch die Offenlegung aller Kriterien und Teilergebnisse.
- berücksichtigt neben quantitativen Faktoren auch qualitative Faktoren.
- ist speziell auf die Belange des Mittelstandes ausgerichtet.
- bietet durch Monitoring eine ideale Basis, um Unternehmensstärken langfristig auszubauen und Schwächen zu beseitigen.

Ein gutes Rating ist eine hervorragende Basis für
- bessere Zinskonditionen bei Banken.
- erweiterte Finanzierungsmöglichkeiten.
- gute Konditionen bei Lieferanten.
- größere Chancen bei Investoren.
- einen positiven Marketingeffekt.
- gute Argumente bei der Personalsuche.

Konzeption des Creditreform Ratings

Andreas Huber, Jost Frickhöfer

1. Einführung

Die Unternehmensgruppe Creditreform ist der weltweit größte Anbieter von Informationen über deutsche Unternehmen insbesondere über mittelständische Unternehmen. Die Dienstleistungen von Creditreform erstrecken sich über die Bereiche Wirtschaftsinformationen, Marketingservice und Risikomanagement bis hin zum Forderungsmanagement.

Die Zahl der Unternehmensinsolvenzen in Deutschland stabilisiert sich in den letzten Jahren auf hohem Niveau. Hierbei ist der Anteil der Unternehmenszusammenbrüche in den Rechtsformklassen der GmbH und Einzelunternehmen, die einen Jahresumsatz von 3 bis 10 Mio. DM erwirtschaften, besonders hoch. Vor diesem Hintergrund wird es für kleine und mittelständische Unternehmen zunehmend wichtiger, Geschäftspartner, Lieferanten, Banken etc. über die eigene Bonität bzw. wirtschaftliche Leistungsfähigkeit umfangreich und zuverlässig zu unterrichten. Insbesondere im Nicht-Banken-Sektor, hierzu zählen zum Beispiel Lieferanten, steigen die Ansprüche an eine Bonitätsprüfung stetig. Zukünftig ist demnach die Kommunikation der eigenen wirtschaftlichen Situation Dritten gegenüber in noch stärkerem Maße als bisher erforderlich. Darüber hinaus wächst in Folge zunehmender Kapitalmarktorientierung deutscher Unternehmen der Informationsbedarf potentieller Investoren.

Zur Anpassung an die beschriebenen Erfordernisse, haben sich in letzter Zeit unabhängige Ratingagenturen am Markt etabliert, um das vorhandene Informationsdefizit insbesondere bei mittelständischen Unternehmen zu lösen. Ein Rating trifft eine Aussage über die Bonität bzw. wirtschaftliche Stabilität des analysierten Unternehmens. Aus dem Ratingurteil lässt sich ableiten, inwieweit das untersuchte Unternehmen in der Lage ist, seinen derzeitigen und zukünftigen finanziellen Verpflichtungen in Form von Zins und Tilgung vollständig und fristgerecht nachzukommen. Um den Grad dieser Leistungsfähigkeit einschätzen zu können, kategorisieren Ratingagenturen Unternehmen in unterschiedliche Ratingklassen. Diese dienen somit zur Ableitung und Einschätzung des unternehmerischen Bestandsrisikos.

Unter Berücksichtigung der besonderen Vielfalt von Bonitätsrisiken im mittelständischen Unternehmenssegment hat Creditreform die Notwendigkeit gesehen, eine Ratingagentur zu gründen, die es den mittelständischen Unternehmen ermöglicht, ihre aktuelle wirtschaftliche Lage Dritten gegenüber einfach und prägnant darzustellen. Die folgenden Ausführungen dienen dazu, das Konzept und die Vorgehensweise zur Erstellung eines mittelstandsorientierten Creditreform Ratings in den einzelnen Prozessschritten zu beschreiben und die wesentlichen Informationsbestandteile im Einzelnen vorzustellen.

2. Das mittelstandsorientierte Creditreform Rating

Das Creditreform Rating setzt seinen Fokus nicht ausschließlich darauf, inwieweit das Unternehmen in der Lage ist, seinen finanziellen Verpflichtungen fristgerecht und vollständig nachzukommen, sondern trifft mit einem ganzheitlichen Analyseansatz eine Aussage über die wirtschaftliche Stabilität des Unternehmens. Hierzu sollen folgende umfassende Einsatzmöglichkeiten eines Creditreform Rating aufgelistet werden.

Für den Auftraggeber:

(a) Erleichterte Finanzkommunikation durch erweiterte Gestaltungsspielräume
(b) Verbesserte Kreditbeziehungen
(c) Flexible Beeinflussung der Kapitalkonditionen
(d) Gezielte Information von Kunden und Lieferanten
(e) Effizienter Einsatz der Publizitätswirkungen
(f) Dokumentation identifizierter Schwachstellen
(g) Einsatz als aktives Hilfsmittel für das eigene Controlling

Für die Investoren:

(a) Stärkung des Vertrauens in das Unternehmen
(b) Bereitstellung zusätzlicher Bewertungsgrundlagen
(c) Verfügbarkeit einfacher und präziser Bonitätsurteile zur Planungssicherheit
(d) Ergänzung der eigenen Kreditprüfungssysteme
(e) Ausbau des Kunden- und Lieferantensegmentes zur Stabilisierung vorhandener Geschäftsbeziehungen
(f) Einschätzung des finanziellen Risikos hinsichtlich der wirtschaftlichen Leistungsfähigkeit und der unternehmerischen Perspektiven (Dieser Aspekt ist besonders bedeutsam bei Unternehmen, die langfristige Investitionsgüter produzieren. Sie bestätigen damit zum einen ihre Leistungsfähigkeit zum anderen signalisieren sie, anstehende Aufträge sowie Service-, Kulanz- und Garantieleistungen langfristig erfüllen zu können.)

Im weiteren Verlauf wird das Zustandekommen eines Creditreform Rating anhand der einzelnen Verfahrensschritte beschrieben:

2.1 Vorgehensweise

Das Creditreform Rating besteht aus zwei separaten Dokumenten. Das erste Dokument ist das so geannten „Ratingzertifikat". Dieses Ratingzertifikat bringt zum einen die wesentlichen Informationen über das geratete Unternehmen zum Ausdruck und zum anderen enthält es das Ratingergebnis in Form einer Buchstabenkombination.

Das Ratingzertifikat konzentriert die Ergebnisse der Jahresabschlussanalyse, der eingeflossenen Branchcninformationen und der Wirtschaftsdatenbank von Creditreform, sowie die Ergebnisse der Analystengespräche mit dem Management. Es dient somit dem Unternehmen, Dritten gegenüber die eigene Bonität zu verdeutlichen. Zudem besitzt es den Vorteil, dass das ermittelte Ergebnis jedem Interessenten zugänglich gemacht werden kann ohne weitere interne Informationen preiszugeben.

Der zweite Bestandteil eines Creditreform Ratings ist der so genannte „Ratingbericht". Er enthält alle wesentlichen Informationen über das Zustandekommen des Creditreform Ratings und beschreibt in den einzelnen Abschnitten, wie die Analysten der Creditreform Rating AG zu ihrem Urteil gelangt sind. In ausführlicher und transparenter Form werden aufgedeckte wirtschaftliche Stärken und Schwächen des Unternehmens dokumentiert. Der Ratingbericht dient somit zur Rechtfertigung der Beurteilung. Insbesondere die ausführliche Beschreibung der qualitativen Unternehmensfaktoren, die Risikoeinschätzung des entsprechenden Unternehmensumfeldes und die differenzierte Analyse des Managementgesprächs vor Ort lassen den Adressaten erkennen, wie sich das Urteil im einzelnen zusammensetzt.

Ratingklasse	Rating	Beurteilung
AAA	AAA	Beste Bonität, geringstes Insolvenzrisiko
AA	AA+	Sehr gute Bonität, sehr geringes Insolvenzrisiko
	AA	
	AA–	
A	A+	Gute Bonität, geringes Insolvenzrisiko
	A	
	A–	
BBB	BBB+	Stark befriedigende Bonität, mittleres Insolvenzrisiko
	BBB	
	BBB–	
BB	BB+	Befriedigende Bonität, höheres Insolvenzrisiko
	BB	
	BB–	
B	B+	Ausreichende Bonität, hohes Insolvenzrisiko
	B	
	B–	
C	CCC	Kaum ausreichende Bonität, sehr hohes Insolvenzrisiko
	CC	
	C	
D	D	Ungenügende Bonität (Insolvenz, Negativmerkmale)

Abbildung 1: Ratingskala im internationalen Vergleich

Der Ablauf eines Creditreform Ratings ist streng standardisiert. Insofern besteht für das Unternehmen die Möglichkeit, genau nachzuvollziehen, in welchem Prozessschritt sich das Ratingverfahren befindet. Die Prozessschritte werden im Folgenden beschrieben:

(a) Die Vorprüfungen dienen zur Feststellung, ob das Unternehmen von der Creditreform Rating AG grundsätzlich geratet werden kann, das heißt, ob auf Grundlage der strukturellen Eigenschaften des Unternehmens überhaupt die Möglichkeit besteht, eine Aussage über die wirtschaftliche Leistungsfähigkeit des Unternehmens zu treffen. Hierzu hat Creditreform Kriterien definiert, die zu einem Ausschluss eines Ratings führen können. Die Creditreform Rating AG ratet keine öffentlich-rechtlichen Anstalten, Versicherungen, Banken und Bauträger. Des weiteren sollte das zu ratende Unternehmen mindestens fünf Jahre alt sein. Zudem gilt als zwingende Voraussetzung die Verfügbarkeit von mindestens drei, besser fünf aufeinanderfolgender aktueller Jahresabschlüsse. Werden diese Vorgaben von dem Unternehmen erfüllt, steht einem Creditreform Rating formal nichts im Wege.

(b) Nach Abschluss der Vorprüfungen ist zur eigentlichen Unternehmensanalyse die Bereitstellung der Original-Jahresabschlüsse für die Creditreform Rating AG unabdingbare Voraussetzung. Diese Jahresabschlüsse bilden die Prüfungsgrundlage, zur Erstellung eines Urteil über die Vermögens-, Finanz- und Ertragslage des entsprechenden Unternehmens. Anhand eines mathematisch-statistischen Verfahren plausibilisiert zudem ein sog. Expertensystem den ersten Eindruck der Analysten.

(c) Parallel zur Analyse der Jahresabschlüsse nutzt die Creditreform Rating AG externe Informationsquellen, wie beispielsweise die Creditreform Wirtschaftsauskünfte. Es wird angestrebt, sämtliche zur Verfügung stehende externe Informationen über das Unternehmen in die Analyse einzubinden.

(d) Ein weiterer wesentlicher Aspekt im Rahmen der Erstellung eines Creditreform Ratings ist die Analyse des Branchenrisikos. Auch hier verwendet die Creditreform Rating AG umfangreiches externes Informationsmaterial von der Creditreform Wirtschaftsdatenbank. Das Branchenrisiko wird anhand der offiziellen, vom statistischen Bundesamt herausgegeben, Klassifikation der Wirtschaftszweige bewertet. Auf Grundlage der vorliegenden Historie über einen Zeitraum von fünf Jahren, erhält der Analyst wichtige Informationen über die wirtschaftliche Entwicklung einzelner Tätigkeitsbereiche. Insbesondere das Insolvenzverhalten von Branchen lässt vorhandene Risikopotenziale eindeutig erkennen.

(e) Auf Grundlage dieser Informationsdichte erfolgt im nächsten Schritt die qualitative Unternehmensanalyse mit Hilfe einer checklistengestützten Befragung vor Ort. Mindestens zwei Analysten besuchen das Unternehmen und lassen sich innerhalb eines Managementgesprächs ausgewählte Fragen über die „weichen Faktoren" des Unternehmens von leitenden Mitarbeitern beantworten.

(f) Im Anschluss haben die zuständigen Analysten die Pflicht, die gewonnenen Erkenntnisse über die Informationsbereiche, Jahresabschlussanalyse, Analyse des wirtschaftlichen Umfeldes und der Analyse der qualitativen Unternehmensfaktoren, in dem Ratingbericht zu dokumentieren.

(g) Die drei einzelnen Teilratings fließen nicht gemäß eines vorgegebenen Gewichtungsstandards in das abschließende Ratingurteil ein, sondern die Analysten sprechen mit der Anfertigung des Ratingberichtes zunächst eine Beurteilungsempfehlung aus. Diese Empfehlung und der Ratingbericht dienen dazu, innerhalb des Ratingkomitees die ausgesprochene Einschätzung zu rechtfertigen und anhand von Fakten zu belegen. Das Ratingkomitee verabschiedet letzten Endes das Urteil einstimmig. Es kann zu einer Bestätigung, Herauf- oder Herabsetzung der vorläufigen Ratingempfehlung kommen.

(h) Sollte eine Anpassung erforderlich sein, wird der Ratingbericht überarbeitet und anschließend dem Unternehmen zur kritischen Begutachtung zur Verfügung gestellt. Dieses hat dann die Gelegenheit, Unstimmigkeiten zu erläutern oder aktuelle Informationen, die bisher im Ratingurteil noch keine Berücksichtigung fanden, vorzulegen. Nimmt das Unternehmen sein Appellationsrecht bezüglich des Ratings wahr, ist es möglich, dass das Rating im Ratingkomitee neu verabschiedet wird. Das abschließende Ratingurteil kann indes zu Gunsten oder zu Ungunsten des Unternehmens ausfallen. Zuletzt wird der Ratingbericht fertiggestellt und dem Unternehmen mit dem Ratingzertifikat zugesandt.

2.2 Einfließende Informationsbestandteile

2.2.1 Jahresabschlussanalyse

Creditreform hat bei der Entwicklung des Creditreform Ratings besonderen Wert auf eine transparente, nachvollziehbare und plausible Beschreibung des Ratingurteils gelegt. Insbesondere die Beschreibung und Darstellung der aktuellen wirtschaftlichen Situation eines Unternehmens auf Grundlage der Jahresabschlüsse wird erschwert durch die Einbeziehung einer Vielzahl betriebswirtschaftlicher Kennzahlen. Aus diesem Grund hat Creditreform ein System entwickelt, das durch eine grafische Veranschaulichung die Möglichkeit bietet, sich einfach, schnell und nachvollziehbar einen Überblick über die wirtschaftlichen Gegebenheiten des analysierten Unternehmens zu verschaffen. Hierzu wurde der klassischen HGB-Auffassung von der Darstellung der Vermögens-, Finanz- und Ertragslage Rechnung getragen. Abbildung 2 zeigt auf der Ordinate einerseits die „Vermögensstruktur" andererseits die „Finanzkraft" und auf der Abszisse „Erfolg und Rendite" sowie die „Kapitalstruktur".

In diesen vier Dimensionen wird umfassend und verständlich die Situation des Unternehmens veranschaulicht. Im Zentrum der vier Analysebereiche signalisiert die rote Raute für

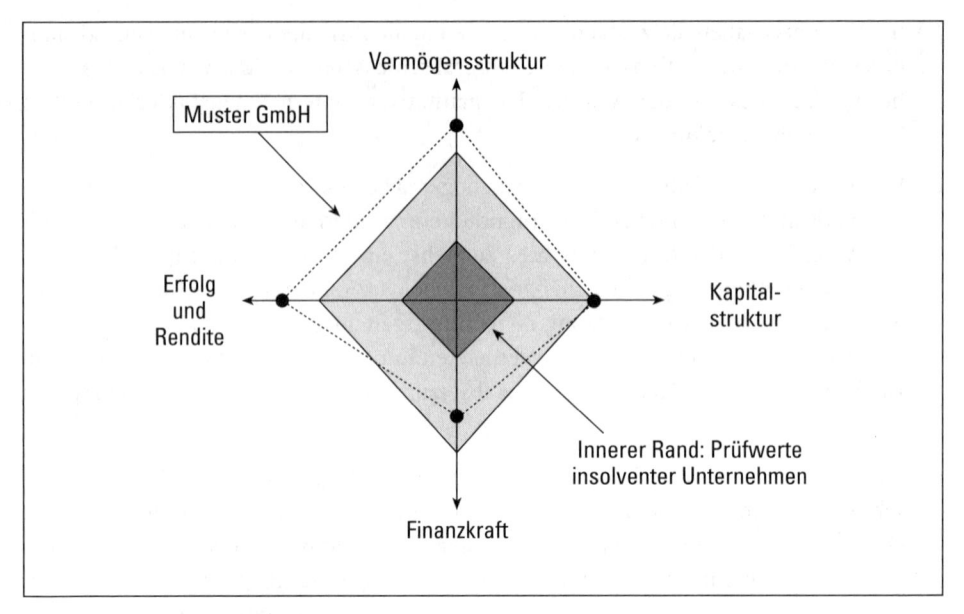

Abbildung 2: Parameter der Jahresabschlussanalyse

die jeweiligen Analysebereiche eine hohe Insolvenzgefährdung. Je weiter sich ein Unternehmen von diesem Zentrum entfernt positionieren kann, desto wirtschaftlich stabiler ist es auf Grundlage der aktuellen Jahresabschlussanalyse einzustufen. Die einzelnen Analysebereiche beschreiben dabei ein Stärken-/Schwächenprofil. Diese Darstellung ist vor allem dann von großem Wert, wenn ein Unternehmen in einem besonders insolvenzgefährdeten Wirtschaftszweig tätig ist und versucht, sich auf Grundlage einer fundierten Jahresabschlussanalyse von einer pauschalen Risikostatistik abzugrenzen. Denn Creditreform ergänzt diese grafische Darstellung mit branchenspezifischen durchschnittlichen Kennzahlen, die einen direkten Vergleich (Benchmark) zur Branche ermöglichen. Das Unternehmen hat demnach die Möglichkeit, sich spezifisch über die Ursachen der gegenwärtigen wirtschaftlichen Situation zu informieren. Der Ratingbericht enthält einen umfangreichen Kennzahlenkatalog, der nach vier Analysebereichen gegliedert ist. Durch die Ergänzung durchschnittlicher Branchenkennzahlen werden die für das zu ratende Unternehmen ermittelten Kennzahlen durch die zugrundegelegten Vergleichsgrößen relativiert und die Argumentation Dritten gegenüber wird erheblich vereinfacht.

Wie sich die einzelnen Kennzahlen zusammensetzen wird in dem Anhang des Ratingberichtes erläutert, da dort die jeweiligen Definitionen und Berechnungsgrundlagen einzusehen sind.

Position	Kennzahlenanalyse			Branchen-Benchmark
	1997	1998	1999	
Analysenbereich:	**Vermögensstruktur**			
Anlageintensität (%)	23,94%	24,44%	22,81%	42,29%
Arbeitsintensität (%)	76,06%	75,56%	77,19%	57,71%
Vermögensumschlag	7,60	8,52	9,76	1,77
Umschlagsdauer Vorräte (Tage)	27,42	24,93	42,94	26,12
Analysebereich:	**Kapitalstruktur**			
Eigenkapitalquote (%)	1,47%	16,68%	28,74%	24,07%
Verschuldungsgrad	67,10	4,99	2,48	3,15%
Kurzfristige Fremdkapitalquote (%)	59,04%	50,51%	46,23%	50,27%
Langfristige Fremdkapitalquote (%)	6,06%	6,53%	8,37%	25,66%
Deckungsgrad B	31,46%	95,00%	162,66%	117,47%
Analysebereich:	**Cash Flow**			
Cash Flow (TDM)	1.816,9	3.115,8	3.694,6	31,50
Cash Flow zur Betriebsleistung	6,71%	8,52%	7,82%	8,79%
Cash Flow zur Bilanzsumme	12,44%	18,19%	17,72%	15,62%
Dynam. Entschuldungsdauer (Jahre)	7	4	3	2,80
Analysebereich:	**Erfolg und Rendite**			
Eigenkapitalrentabilität (%)	192,65%	69,09%	39,47%	8,66%
Gesamtkapitalrentabilität (%)	8,14%	15,86%	14,43%	3,13%
Umsatzrentabilität (%)	1,91%	5,89%	8,74%	1,87%

Abbildung 3: Auszug aus einem Kennzahlenkatalog

2.2.2 Analyse des wirtschaftlichen Umfeldes

Die Branchenrisikoeinschätzung besitzt für das Creditreform Rating im Rahmen der Unternehmensanalyse einen hohen Stellenwert. Der verantwortliche Creditreform Ratinganalyst verfügt über ausgeprägte Kenntnisse hinsichtlich Entwicklungen und Strukturen innerhalb einzelner Branchen sowie weitreichende Informationen über die bundesdeutsche branchenspezifische Insolvenzstatistik.

Die offizielle Berichterstattung über die Insolvenzentwicklung in Deutschland wird mit einer nicht unerheblichen zeitlichen Verzögerung durchgeführt. Der Informationsgehalt dieser Berichte wird insbesondere bei Berücksichtigung des mittelständigen Unternehmenssegmentes zudem dadurch eingeschränkt, dass die Insolvenzauswertungen nicht exakt differenziert nach einzelnen Wirtschaftsbereichen und Strukturmerkmalen vorliegen. Aus diesem Grunde sind sie nur begrenzt für die Ableitung branchenspezifischer Insolvenzergebnisse verwendbar.

Creditreform ermittelt als Anbieter von Wirtschaftsinformationen auf der Basis des eigenen Firmendatenbestandes, der im Jahre 2000 rund 4,2 Mio. Firmendatensätze umfasst, sowohl für die Gesamtwirtschaft der Bundesrepublik Deutschland als auch für spezifische Unternehmensstrukturmerkmale Insolvenzkennzahlen. Hierbei wird das Merkmal „Insolvenz" mit einer Strukturanalyse verknüpft und auf das zu ratende Unternehmen ausgerichtet. Somit überführt der Branchenanalyst die unternehmensspezifischen Merkmale wie Wirtschaftszweig, Alter, Rechtsform, Größe und regionale Ausrichtung einer gezielten Insolvenzanalyse. Diese Kombinationen ermöglichen eine fokussierte Einschätzung der Strukturrisiken auf einzel- und gesamtwirtschaftlicher Ebene. Dabei wird die Insolvenzentwicklung der letzten fünf Jahre einbezogen, die jeweils auf Jahresbasis in die Gesamtanalyse eingeht. Unter strukturellen Gesichtspunkten errechnet die Ratingagentur den sog. Risikoindikator, der über die Gefährdungspotenziale von Unternehmen aus dem wirtschaftlichen Kontext heraus informiert. Durch den Vergleich dieser Risikokennzahlen werden spezifische Risikobereiche identifiziert und somit für die Insolvenzanalyse nutzbar gemacht. Unter Berücksichtigung der eigentlichen Insolvenzentwicklung werden Risikotendenzen frühzeitig sichtbar und ermöglichen eine schnelle angemessene Risikobeurteilung des wirtschaftlichen Umfeldes. Der Creditreform Risikoindikator (CRI) berechnet sich wie folgt:

$$CRI = \frac{\text{Zahl der Insolvenzen eines Strukturmerkmals}}{\text{Gesamtzahl der Unternehmen eines entsprechenden Strukturmerkmals} \cdot 100}$$

Die CRI-Berechnung erfolgt immer zum Ende eines Jahres und die entsprechende Insolvenzrate wird jeweils auf Jahresbasis in die Analyse eingebunden. Das Eintreten einer Insolvenz wird durch das Vorliegen sogenannter Negativmerkmale definiert. Sie wird als solche festgestellt, wenn zu einem bestimmten Stichtag vor Inkrafttreten der Insolvenzordnung (bis zum 31.12.1998) mindestens eines der folgenden Merkmale nachgewiesen wurde:

- Haftanordnung zur Abgabe sowie Abgabe der eidesstattlichen Versicherung,
- Antrag auf Eröffnung bzw. Eröffnung des Vergleichsverfahrens,
- Antrag auf Eröffnung bzw. Eröffnung des Konkursverfahrens,
- Konkursablehnung mangels Masse,
- Anschlusskonkurs, Zwangsversteigerung, Nachlasskonkurs und Zwangsvergleich.

Entsprechend des neuen Insolvenzrechts konzentriert sich ab 01.01.1999 der Merkmalskatalog auf folgenden Insolvenzausprägungen:

- Haftanordnung zur Abgabe sowie Abgabe der eidesstattlichen Versicherung
- Antrag auf Eröffnung bzw. Eröffnung des Verbraucherinsolvenzverfahrens
- Antrag auf Eröffnung bzw. Eröffnung des unternehmerischen Insolvenzverfahrens
- Antrag auf Eröffnung bzw. Eröffnung des Insolvenzverfahrens über den Nachlass

Umfangreiche Analysen haben ergeben, dass sich durch die vorliegende Historie und der Einbindung der entsprechenden Negativmerkmale keine statistischen Lücken in der Insolvenzfortschreibung ergeben haben.

Die Durchführung der Analyse des wirtschaftlichen Umfeldes des zu ratenden Unternehmens bedeutet nicht nur, zur Abschätzung von Marktanteilen den konkreten wirtschaftlichen Tätigkeitsbereich hinsichtlich Struktur, Größe und Leistungsfähigkeit zu untersuchen. Zur genauen Erfassung der Position des Unternehmens im Vergleich zu seinen Mitbewerbern in der Branche ist eine weitreichende Risikoanalyse erforderlich. Diese zielt neben der Berücksichtigung konjunktureller Faktoren und technologischer Entwicklungen auch darauf ab, die Bonität wichtiger Kunden und Lieferanten zu überprüfen.

2.2.3 Analyse der qualitativen Unternehmensfaktoren

Auf der dritten Urteilsebene werden die qualitativen, zukunftsgerichteten, sogenannten „weichen", Unternehmensfaktoren bewertet. Dazu führen zwei Analysten der Creditreform Rating AG checklistengestützte Interviews mit leitenden Angestellten des Unternehmens. Die Checklisten sind so aufgebaut, dass unterschiedliche Analysebereiche untersucht werden sollen. Hierzu zählen Management, Führungsstruktur und Personal, Controlling (operatives und strategisches), Produktion und Technologie, Stellung am Markt und Konkurrenz, Unternehmenskonzepte und Strategien, Forschung und Entwicklung, Kunden und Lieferanten sowie individuelle Besonderheiten des Unternehmens.

Die Analyse der qualitativen Unternehmensfaktoren wird durchgeführt, um die unterschiedlichen Zukunftsperspektiven/Chancen sowie Risikofaktoren des Unternehmens aufzuzeigen. Die Frage der Nachfolgeregelung im Unternehmen spielt in diesem Zusammenhang zum Beispiel eine wesentliche Rolle. Um die Zukunftschancen auch möglichst realitätsnah einschätzen zu können, sollte das Unternehmen in der Lage sein, seine langfristigen Visionen und strategische Ausrichtung anhand von schlüssigen Unternehmenskonzepten darzulegen und anhand von Planungszahlen möglichst genau zu erläutern. Je plausibler und aussagekräftiger die Präsentation abläuft, desto höher ist auch die Qualität des Managements, der Managementstruktur und das unternehmerische Chancenpotenzial für die Analysten einzuschätzen. Auch ein leistungsfähiges Berichtswesen sowie eine aussagekräftige Kostenrechnung unterstreichen Kompetenz auf Führungsebene. Der technische Zustand der Anlage sowie das technische Know-how werden in die Analyse vor Ort genauso eingebunden, wie vorhandene Forschungsentwicklungsabteilungen. Die Qualifikation der Mitarbeiter und die Ausrichtung der Personalentwicklung unterstreichen die Geschäftsführungskompetenz zusätzlich. In diesem Zusammenhang gilt es für die Analysten ebenfalls herauszufinden, inwieweit wichtige Kunden- und Lieferantensegmente transparent im Controlling eingebunden sind. Abhängigkeiten zu einzelnen Kundensegmenten werden genauso negativ beurteilt wie einseitige Abhängigkeiten zu Lieferanten. Eine umfassende Risikodiversifikation kann dazu führen, dass auch bei durchschnittlicher Managementqualität das Chancenpotenzial des Unternehmens überwiegt und somit positiv in die Gesamtanalyse einfließt. Auch in diesem Zusammenhang sollte in Erfahrung gebracht werden, inwieweit ein zusammenhängendes Risiko- und Forderungsmanagementsystem im Unternehmen implementiert ist.

Auf Grundlage der drei beschriebenen Informationsbereiche gewichten die Analysten individuell und sprechen ihre Ratingempfehlung aus. Nachvollziehbarkeit und Transparenz sind dadurch gewährleistet, das innerhalb des Ratingberichtes die Informationsbestandteile ein eigenes Teilrating erhalten.

Der Ratingbericht enthält keinerlei Handlungsempfehlungen, die eine Verbesserung der derzeitigen Situation des Unternehmens mit sich bringen würden. Solche Beratungsleistungen sollen und dürfen Ratingagenturen nicht anbieten, da diese nicht in ihren Aufgabenbereich fallen. Zielführende Handlungsempfehlungen würden eine objektivierte Risikoeinschätzung untergraben und das Ratingurteil insgesamt in Frage stellen.

2.3 Dauer und Gültigkeit eines Creditreform Ratings

Von dem Zeitpunkt der Auftragserteilung bis zur endgültigen Fertigstellung des Ratings werden circa vier bis sechs Wochen benötigt. Im wesentlichen hängt der zeitliche Aufwand davon ab, inwieweit zuständige Personen des zu analysierenden Unternehmen verfügbar sind und in welcher Form notwendige Informationen bzw. Unterlagen im Vorfeld bereitgestellt werden.

Wie bereits oben ausgeführt, stellt das Ratingzertifikat der Creditreform Rating AG den Nachweis Dritten gegenüber dar. Es führt neben den allgemeinen Angaben des Unternehmens hinaus auch das Datum des Analysezeitpunktes auf. In der Regel gilt die Aussage des Ratings ein Jahr. Mit der Festlegung des Ratings durch das Ratingkomitee und die ggf. Veröffentlichung schließt die Creditreform Rating AG ihre Arbeit nicht ab. Es besteht zwischen dem analysierten Unternehmen und der Ratingagentur ein permanenter Informationsaustausch. Der verantwortliche Analyst kontaktiert das Unternehmen in regelmäßigen Abständen und informiert sich über Änderungen in der Unternehmensstruktur. Er fordert beispielsweise Quartalsberichte an oder plausibilisiert externe Informationen, die er über das Informationsnetz der Unternehmensgruppe Creditreform bezieht. Sollte sich aus aktuellen Informationen der Verdacht erhärten, dass eine Anpassung des Ratingurteils notwendig ist, wird das Ratingkomitee über eine vertiefte Ratinganalyse entscheiden und das entsprechende Unternehmen hiervon in Kenntnis setzen. Ob das Unternehmen anschließend auf die „Beobachtungsliste" gesetzt wird, hängt im Wesentlichen von der Veröffentlichung des Ratings ab. Diese beschriebene Situation kann dazu führen, dass ein unterjähriges Analystengespräch vor Ort beim Unternehmen stattfindet.

3. Grundsätze und Ziele einer mittelständischen Ratingagentur

Aufgrund der besonderen Herausforderungen, die ein Rating für den unternehmerischen Mittelstand mit sich bringt, zeigen sich die Auftraggeber anspruchsvoll. Diesen Anforderungen trägt das Konzept der Creditreform Rating AG Rechnung. Zum einen definiert es spezifische Merkmale und zum anderen leitet es Grundsätze zur Erstellung mittelstandsgerechter Ratings ab.

Der Anspruch der Creditreform Rating AG besteht darin, dass das ermittelte Rating eine objektive und verlässliche Bonitätsaussage über das Unternehmen beinhaltet und die Adressaten mit Hilfe eines aussagekräftigen Ratingberichts in die Lage versetzt werden, den Ratingerstellungsprozess im einzelnen nachzuvollziehen. Dieser Anforderung wird eine Ratingagentur dann gerecht, wenn ein detailliertes Stärken-/ Schwächenprofil den Ratingbericht abrundet.

Eine der entscheidenden Fragen vor Durchführung eines Ratings ist die nach den Kosten. Für ein kleines mittelständisches Unternehmen erscheint eine zu detaillierte Unternehmensanalyse unzweckmäßig, da sie kaum finanzierbar ist. Aus diesem Grund sollte bei der standardisierten Erstellung eines Ratings sowohl hinsichtlich Umfang als auch preislicher Gestaltung eine mittelstandgerechte Kosten-/Nutzenrelation beachtet werden.

Die wesentlichen Grundsätze, nach denen die Ratingagenturen ihre Ratings erstellen sollten, lassen sich nach verschiedenen Punkten strukturieren:

(a) Unabhängigkeit; eine Ratingagentur sollte seine Ratingurteile unabhängig, das heißt ohne Einflussnahme Dritter, bilden können. Insofern ist von der Ratingagentur sicherzustellen, dass der Beurteilungsprozess keinerlei Restriktionen unterliegt. Die Creditreform Rating AG ist frei von Interessengruppen, da als einziger Gesellschafter der Verband der Vereine Creditreform e.V. die Rechte eines Aktionärs wahrnimmt.

(b) Objektivität; ein möglichst standardisierter Ratingprozess, der auf Bonitätserfahrungen mittelständischer Unternehmen beruht, ist in der Lage, einen hohen Grad an Objektivität umzusetzen. Hierzu besteht des weiteren die Pflicht, die ausgesprochenen Bonitätsaussagen permanent zu überwachen, um rechtzeitig bei sich ändernden Rahmenbedingungen risikoadäquat reagieren zu können.

(c) Tranzparenz; der Ratingprozess sowie die Urteilsbildung ist klar und unmissverständlich zu dokumentieren. Darüber hinaus besteht die Pflicht, das Ratingurteil mit Hilfe von Track Records national sowie international vergleichen zu können. Nur so kann gewährleistet werden, dass Risikoeinschätzungen von Ratinagenturen konsistent sind. Zudem sind zugrundliegende Verfahren und Methoden so weit offen zu legen, dass für einen Dritten eine Nachvollziehbarkeit des Urteils gegeben ist. Dies wird bei der Creditreform Rating AG mit Hilfe verschiedener quantitativer Methoden auf einer breiten Informationsgrundlage garantiert.

(d) Vertraulichkeit und Glaubwürdigkeit; Sämtliche Informationen von Unternehmen, die eine Ratingagentur erhält und verarbeitet, sind absolut vertraulich zu behandeln. Eine Weitergabe ohne Zustimmung des zu analysierenden Unternehmens ist unter allen Umständen auszuschließen. Die Glaubwürdigkeit erlangt die Ratingagentur über die veröffentlichten Bonitätsaussagen. Denn eine möglichst realitätsnahe und zutreffende Beurteilung des Unternehmens erhöht zum einen die Qualität der Aussage und zum anderen die Akzeptanz im Markt.

Kriterienstruktur des MWI-Ratings

Bernd Lindemann, Kai Fischer

1. MWI-Ratingkonzept im Überblick

1.1 Bewertungsfelder Management, Wirtschaftlichkeit und Innovation

Wenn man den Versuch unternimmt, die wesentlichen Bedingungen des Ratings für KMU im Gegensatz zum Rating für börsennotierte Aktiengesellschaften zu skizzieren, dann zeichnet sich auf der Kapitalnehmer-Seite ab: Die Unternehmen sind durchschnittlich jünger; sie sind kleiner in Umsatzhöhe, Beschäftigung und Bilanzsumme; sie sind oft technologieorientiert bzw. anderweitig von innovativen Prozessen und Produkten bestimmt; und schließlich sind Selbstständigkeit, Unabhängigkeit sowie vielfältige Beziehungen zwischen Unternehmensgründern und Arbeitnehmern spezifisch ausgeprägt.

Die Kapitalgeberseite ist differenzierter am Geschäft der Kapitalbeschaffung und Finanzierung der KMU beteiligt: Bei Start- und Wachstumsfinanzierungen sind einerseits engere Begrenzungen des zeitlichen Arrangements und hohe Renditeziele anzutreffen (zum Beispiel bei Kapitalbeteiligungsgesellschaften). Andererseits gibt es Kapitalgeber mit einem umfassenden Korb von Allfinanzprodukten für die Unternehmen (zum Beispiel Großbanken und zunehmend auch Sparkassen). Schließlich haben auch die Finanzierungshilfen der staatlichen Wirtschaftsförderung und Mitarbeiterbeteiligungen spezifische Ratingkonsequenzen.

Als logische Schlussfolgerung ergibt sich daraus die Notwendigkeit einer veränderten Ausgestaltung des Ratings für KMU. Das grundsätzliche Anliegen einer Bonitätsprüfung mit dem Rating muss um eine Chancenbewertung bezüglich des Unternehmensfortbestandes und des Unternehmenswachstums mit einer Betonung unternehmerischer Innovationen erweitert werden.

Die drei Buchstaben des Ratingprädikats der Ilmenauer Forschungsgruppe beziehen sich auf Bewertungen von Management, Wirtschaftlichkeit und Innovation von kleinen und mittleren Unternehmen.

Für den *ersten Ratingbuchstaben* steht der mit dem *Management* des Unternehmens verbundene Einfluss auf die Bonität. Dabei werden die herkömmlichen Hauptkriterien Geschäftsführung/Personal und Jahresabschluss erweitert um die Geschäftsplanung und Marktorientierung beurteilt.

Der *zweite Ratingbuchstabe* steht für die *Wirtschaftlichkeitsbewertung* des Unternehmens mit engen Bezügen zur klassischen Einschätzung der Ertrags-, Vermögens- und Finanzlage, erweitert um Bewertungen zur leistungswirtschaftlichen Situation des Unternehmens, zur Qualität der Planungsrechnungen und zur Kostenpolitik.

Die Einbeziehung der „*unternehmerischen Innovationen*" mit den Beurteilungsfeldern Innovationsfähigkeit, Innovationsmanagement, Innovationswirkungen sowie Markt- und Wettbewerbsorientierung als *dritter Buchstabe* des Ratingtriples ist die konsequenteste Antwort unseres Ratingkonzeptes, die Zukunftspotenziale der Unternehmen angemessen zu berücksichtigen. Dieses Ratingmerkmal bietet am ehesten die Chance, die Informationsasymmetrien zwischen Kapitalgebern und Kapitalnehmern zu verringern.

Die drei Bewertungsfelder sind aus den begründeten Erfolgsfaktoren für kleine und mittlere Unternehmen abgeleitet[1]. Die herkömmlichen Ratingstrukturen beziehen sich stärker und oft nur einseitig auf Ertrags-, Wirtschaftlichkeits-, Rentabilitäts- sowie ähnliche Kennzahlen und auf Besicherungsfaktoren für die Kapitalgeber. Mit dem Ratingmerkmal Wirtschaftlichkeitstransparenz wird die Bedeutung dieser klassischen Sachverhalte angemessen berücksichtigt. Doch gleichfalls geht vom Management – mit dem Kernziel, die Zusammenführung der Produktionsfaktoren umfassend zu organisieren – ein wesentlicher Einfluss auf den Unternehmenserfolg aus. Dieser Einfluss erfordert ein selbstständiges Bewertungsfeld beim Rating von KMU. Und schließlich erfordern die ständigen Bemühungen der unternehmerischen Innovationstätigkeit der KMU sowie die Zukunftsorientierung insbesondere der jungen und technologieorientierten Unternehmen eine eigenständige, unmittelbare Berücksichtigung als Ratingmerkmal. Damit hat das Triple-Prädikat des Ratings für KMU eine sachlogische Begründung.

Managementtransparenz	Wirtschaftlichkeitstransparenz	Innovationstransparenz
• Geschäftsführung und Personal	• Ertrags-, Vermögens- und Finanzlage	• Innovationsfähigkeit
• Geschäftsplanung	• Planungsrechnungen	• Innovationsmanagement
• Marktorientierung	• Kostenpolitik	• Innovationswirkungen
• Jahresabschluss	• leistungswirtschaftliche Situation	• Markt- und Wettbewerbsorientierung

Abbildung 1: Hauptkriterien des MWI-Ratings

---

1   Siehe zum Beispiel Kulicke u. a. (1993), Pichler/Pleitner/Schmidt (1996) und Pfohl (Hrsg.) (1990).

1.2 Einbindung des MWI-Ratings in den Investor Relations-Spiegel[2]

Die Verbindung des Ratings mit dem Investor Relations-Spiegel (IR-Spiegel) betont ein notwendiges Eigeninteresse der sich über Investor Relations präsentierenden Unternehmen. Damit wird in den Unternehmen das Verständnis gestärkt, dass Ratings zwar von Dritten durchgeführt und erstellt werden, die Basis für das Rating die Unternehmen aber selbst schaffen, indem sie eine transparente Informationspolitik über ihre Geschäftstätigkeit betreiben. In den vier Informationskomplexen des Investor Relations-Spiegels (siehe Abbildung 2) dominieren die quantitativen Aussagen.

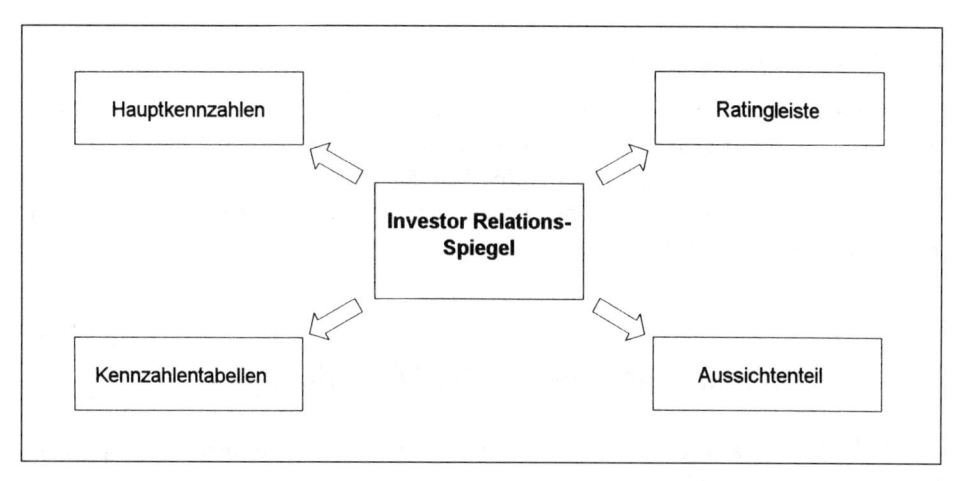

Abbildung 2: Informationskomplexe des Investor Relations-Spiegels

So erfolgen quantitative Darstellungen in den Kennzahlentabellen zur Ertrags-, Vermögens- und Finanzlage, in den Tabellen über Umsätze und Innovationen sowie in der Erfolgsrechung und der Bilanz. Auch im Aussichtenteil des IR-Spiegels sind quantitative Aussagen, zum Beispiel zur Umsatz-, Gewinn- und Renditeentwicklung sowie zu den Investitionen ausgewiesen.

Im Rating überwiegen die qualitativen Kriterien. Das ergibt sich zwangsläufig bei Bewertungen des Managements und der Innovationstätigkeit eines Unternehmens. Doch auch bei der Bewertung der Wirtschaftlichkeitssituation des Unternehmens wird auf qualitative Kriterien und Erscheinungen zurückgegriffen, die die wertmäßigen Angaben des IR-Spiegels erläutern, Zusammenhänge aufdecken und auf zukünftige Entwicklungen aufmerksam machen.

---

2 Vgl. Lindemann/Schmidt/Sturm (1998).

1.3 Transparenz-Aspekt des MWI-Ratings

Die im Unternehmen vorliegenden Informationen und der Wissensfundus beeinflussen den Unternehmenserfolg unmittelbar und mittelbar über die Potenzial- und Repetierfaktoren sowie die menschliche Arbeit. Deshalb hat die Informations- und Wissensbasis des Unternehmens einen wichtigen Platz im Ratingkonzept. Das Rating ist eher ein qualitatives Rating bzw. ein Rating der „weichen Faktoren" des Unternehmenserfolges. Der Zusammenhang zu den „harten Fakten" geht nicht verloren, weil das Rating in den Investor Relations-Spiegel eingebettet ist. Das MWI-Rating wird entscheidend vom Vorhandensein und der Qualität von Informationen bestimmt. Deshalb wurde den inhaltlichen Bewertungsfeldern Management, Wirtschaftlichkeit und Innovation auf der Merkmals-Ebene der Begriff „*Transparenz*" beigefügt. Transparenz stellt bestimmte Anforderungen an die Güte der Informationsversorgung.

Unter Transparenz wird dabei eine sachlich richtige, vollständige und rechtzeitige Informationspolitik verstanden. Weitere Attribute, die die Eigenschaft der Transparenz unterstützen, sind Erfassbarkeit und Nachprüfbarkeit der quantitativen Bewertungskriterien sowie Nachvollziehbarkeit der Ausprägungen, Eingruppierungen, Zuordnungen usw. für Kriterien bei qualitativen Bewertungen.

1.4 Unternehmensgruppen für das MWI-Rating

Das MWI-Rating wird insbesondere in den folgenden drei Unternehmensgruppen als zweckmäßig angesehen:

- junge Unternehmen,
- technologieorientierte Unternehmen[3] und
- Neuproduktunternehmen[4].

Für die Zuordnung zu jungen Unternehmen wird dabei ein Unternehmensalter zwischen zwei und zehn Jahren angenommen. Die Einbeziehung der technologieorientierten Unternehmen ergibt sich aus der Ansiedlung der Untersuchungen zu Investor Relations und Rating im Umfeld einer Technischen Universität mit ihren Ausgliederungen und Neugründungen in Technologiezentren. Mit den Neuproduktunternehmen sind die übrigen Unternehmen einbezogen, die schon länger auf dem Markt agieren, einen starken Technologie- und Produktwechsel von Jahr zu Jahr vornehmen und bisher gesicherte Marktanteile sowie gute Chancen für eine Erhöhung des Marktvolumens haben. Die zuletzt genannte Unternehmensgruppe verweist auf das breite Anwendungsfeld des MWI-Ratingansatzes.

---

3   Vgl. Kulicke u. a. (1993), S. 3.
4   Vgl. Lindemann (1995), S. 1.

Schließlich gibt es eine einschränkende Bedingung für die Anwendung dieses Ratingansatzes: Die Durchführung des MWI-Ratings ist kaum möglich, wenn nicht mindestens zwei Jahresabschlüsse aus den zu bewertenden Unternehmen vorliegen. Für Existenzgründer ist deshalb ein modifiziertes MWI-Rating mit einer erweiterten Kriterienstruktur erforderlich.

2. Kriterienstruktur, Güteklassen und Ratingprädikate sowie Organisationshilfen zur Ratingdurchführung

2.1 Ebenen der Kriterienstruktur

Jedes Ratingmerkmal – die Management-, Wirtschaftlichkeits- und die Innovations-Transparenz – ist durch vier Ebenen untersetzt. Dabei werden zur abgestuften Kennzeichnung der Ebenen die folgenden Begriffe benutzt:

- 1. Ebene: Hauptkriterien
- 2. Ebene: Kriterien
- 3. Ebene: Unterkriterien
- 4. Ebene: Erscheinungen.

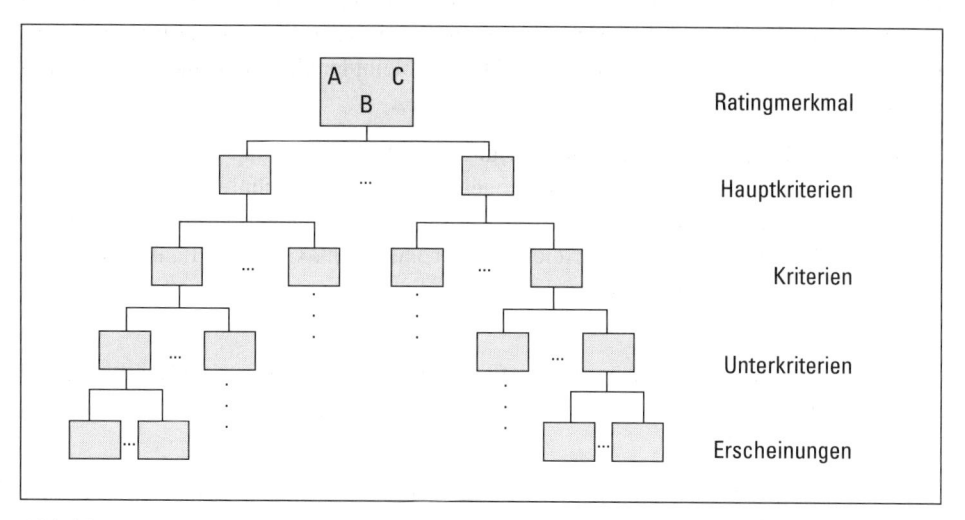

Abbildung 3: Ratingstruktur des MWI-Ratings

2.2 Güteklassen und Ratingprädikate[5]

Das Rating nach dem MWI-Konzept mündet für die Ratingmerkmale nicht in ein „eindimensionales" Ratingprädikat, sondern in drei „formal" voneinander unabhängige Bewertungen der Management-, Wirtschaftlichkeits- und Innovationstransparenz. Das Bewertungskonzept ist damit ein „3-dimensionales Rating". Für die drei Ratingmerkmale werden Güteklassen in den Abstufungen A (höchste Bewertung), A–, B+, B, B–, C+, C, C– (niedrigste Bewertung für ein noch empfohlenes Investment) und ohne (Buchstaben)-Güteklasse vergeben.

Jedes Ratingmerkmal wird durch vier Hauptkriterien untergliedert. Die gleiche Anzahl an Hauptkriterien je Ratingmerkmal will auf eine grundsätzliche Gleichwertigkeit der Beurteilungsfelder Management, Wirtschaftlichkeit und Innovation im MWI- Ratingansatz hinweisen. Das betrifft aber nur die Ratingmerkmale Management, Wirtschaftlichkeit und Innovation insgesamt. Anschließend – beginnend mit der Gewichtung der einzelnen Hauptkriterien – ist die Kriterienstruktur in Anzahl und Gewichtung der Kriterien differenziert ausgestaltet.

Die Gewichtungen drücken den unterschiedlichen Einfluss der Hauptkriterien, Kriterien, Unterkriterien und Erscheinungen auf das Zielkriterium des Ratings aus. Dabei gilt *die Risikoeinschätzung für den Fortbestand des Unternehmens* als spezifischer Zweck des MWI-Ratings für KMU. In diesem Sinne will das MWI-Rating eine Vertrauensbasis bei Kapitalgebern schaffen. Kapitalgeber können aus einem guten Ratingprädikat eine definierte, vertretbare Risikosituation für ein Kapitalbeschaffungs- bzw. Finanzierungsgeschäft ableiten. Inwieweit das erteilte Ratingprädikat aber den Rendite- und Risikoanforderungen der jeweiligen Kapitalgeber (Geschäftsbanken, Sparkassen, Kapitalbeteiligungsgesellschaften, Fördergesellschaften usw.) gerecht wird, bleibt letztlich im Ermessen der Kapitalgeberseite.

Die einzelnen Ebenen (Hauptkriterien, Kriterien, Unterkriterien und Erscheinungen) des MWI-Ratingsystems sind durch Gewichtungen miteinander verknüpft. Der Buchstabe der Güteklasse wird in der Ratingleiste des Investor Relations-Spiegels ausgewiesen. Hinter einer Güteklasse steht jeweils die erreichte Punktzahl von maximal 100 Punkten (vgl. zur Güteklassenzuordnung Abbildung 4).

Werden 71 Punkte nicht erreicht, dann erfolgt keine Einordnung in eine Güteklasse des Ratings. In diesem Fall kann die Informationspolitik des Unternehmens *nicht als transparent* bezeichnet werden.

Das MWI-Rating umfasst ohne Berücksichtigung der zusätzlichen Differenzierungen Plus (+) und Minus (–) insgesamt 27 Ratingprädikate zwischen AAA und CCC. Soweit im Ra-

---

5 Soweit Güte-Einstufungen für einzelne Ratingmerkmale erfolgen, wird der Begriff „Güteklasse" benutzt. Wird das Bewertungstriple des MWI-Ratings insgesamt ausgewiesen, dann sprechen wir vom „Ratingprädikat".

Erreichte Punktzahl	Güteklasse	Bedeutung
93 ... 100	A	gut
91 ... 92	A⁻	
89 ... 90	B⁺	ausreichend
83 ... 88	B	
81 ... 82	B⁻	
79 ... 80	C⁺	bedingt ausreichend
73 ... 78	C	
71 ... 72	C⁻	

Abbildung 4: Güteklassenzuordnung beim MWI-Rating

tingprädikat nur die Güteklassen A und B Eingang finden, ist die Einstufung mit den bekannten Investmentgraden des klassischen Ratings vergleichbar. Bei zwei Bewertungen von Ratingmerkmalen mit der Güteklasse C (insbesondere, wenn davon u.a. die Wirtschaftlichkeits-Transparenz betroffen ist), sind aus unseren bisherigen Erfahrungen Abstriche in der Bestandssicherheit der gerateten Unternehmen zu machen.

Die hohe Sensibilität des MWI-Ratingprädikats bleibt in jedem Fall eine Stärke dieses Ratingansatzes, zumal ein praktisches Rating mit den Zusätzen Plus (+) und Minus (-) theoretisch eines von 512 möglichen Ratingprädikaten wäre.

2.3 Organisationshilfen zur Ratingdurchführung

Auf der Ebene der Erscheinungen – der untersten Ebene – erfolgt die eigentliche Bewertung. Erscheinungen sind Einzelinformationen qualitativer oder quantitativer Art. Produkte und Innovationsmaßnahmen werden zum Beispiel hauptsächlich qualitativ beschrieben. Dagegen stellt beispielsweise der Ausweis der Höhe des F&E-Aufwandes je Geschäftsfeld im Geschäftsplan, aufgeschlüsselt nach Jahren, eine Information quantitativer Art dar. Die Informationen werden zuerst dahingehend überprüft, ob sie in Unternehmensunterlagen „vorhanden" sind bzw. im Unternehmen erfragt werden können. Daran schließt sich „eine umfassende Bewertung der Qualität der Informationen" an. Ziel ist es, dabei immer, aus Informationen Gütenormen für Prozessabläufe und Erfolgsfaktoren unternehmerischen Handels abzuleiten und danach – über viele Zwischenschritte – ein Ratingprädikat zu ermitteln und auszuweisen.

Die Ratingdurchführung erfolgt rechnergestützt mit einem Access-Datenbanksystem. In Anlage 1 ist beispielhaft ein Datenerfassungsblatt für eine Bewertung der Wirtschaftlichkeitstransparenz ausgewiesen. Es handelt sich im Beispiel um die Bewertung der *Erscheinung Beschreibung der Situation des Unternehmens*, die als eine von drei Erscheinungen für das **Unterkriterium** *Einteilung des Unternehmens in strategische Geschäftsfelder und Produktgruppen* zu beurteilen ist. Soweit im Unternehmen grundlegende Informationen zu den Unternehmenszielen, den Märkten sowie die Wettbewerbsvorteile und Wettbewerbsnachteile ausgewiesen werden, kann eine Bewertung von bis zu 0,4 Punkten erfolgen (Standardfrage). Branchen- und Zusatzfragen können zur Beurteilung ergänzend herangezogen werden. Zur Bewertung des Unterkriteriums *Einteilung des Unternehmens in strategische Geschäftsfelder und Produktgruppen* müssen noch zwei weitere Erscheinungen beurteilt werden. Es sind die Erscheinungen

- Ableitung der strategischen Geschäftsfelder mit maximal 0,3 Punkten und
- Ableitung der Produktgruppen mit maximal 0,3 Punkten.

Das ergibt für das Unterkriterium insgesamt eine Punktzahl von 1.

Zur Bewertung der nächsthöheren Ratingebene – des Kriteriums – werden nunmehr die weiteren Unterkriterien analog beurteilt. Für das **Kriterium** *Kostenstrategie* sind es die Unterkriterien

- Produkt-Markt-Strategie mit maximal 1,0 Punkten und
- Kostenplanung mit maximal 2,0 Punkten.

Damit kann ein Unternehmen für dieses Kriterium Kostenstrategie maximal 4 Punkte in der Bewertung erhalten. Zusammen mit den übrigen Kriterien

- Kostenerfassung und Kostennachweis mit 5 Punkten,
- Kosten als Entscheidungsgröße mit 5 Punkten
- Kostensenkung und Organisation der Kostenkontrolle mit 6 Punkten

ergeben sich für das **Hauptkriterium** *Kostenpolitik* 20 Punkte.

Die 20 Punkte bestimmen gleichzeitig das Gewicht der Kostenpolitik bei Einschätzung der Wirtschaftlichkeitsbewertung des gerateten Unternehmens. Analog erfolgt die gesamte Bewertung nach dem MWI-Ratingansatz.

3. Kriterienstruktur der Management-, Wirtschaftlichkeits- und Innovationsbewertung

3.1 Kriterienstruktur der Managementtransparenz im Überblick

Die sogenannten „weichen" (qualitativen) Faktoren wie Unternehmerpersönlichkeit, Motivation von Mitarbeitern, Kooperationserfahrungen usw. haben einen großen Einfluss auf den Unternehmenserfolg. Auch ein übersichtlich strukturierter Unternehmensaufbau und die klare Festlegung von Verantwortlichkeiten sowie ihre konsequente Wahrnehmung und Kontrolle sind für die Managementbewertung wichtig. Diese Aufzählung lässt sich beliebig fortführen. Von Bedeutung ist, dass beim Rating die wesentlichen Erfolgsfaktoren im Vergleich zu den weniger wichtigen Einflüssen übersichtlich strukturiert Beachtung finden.

Deshalb werden für das Merkmal Managementtransparenz die folgenden vier Hauptkriterien als wesentlich angesehen:

- Geschäftsführung und Personal
- Geschäftsplanung
- Marktorientierung
- Jahresabschluss

Häufig ist der Unternehmer in mittelständischen Unternehmen zugleich Eigentümer oder Teileigentümer. Dadurch hat er weit höhere Einflussmöglichkeiten auf die Unternehmensentwicklung als beispielsweise der Vorstand großer Aktiengesellschaften. Der fachlichen und persönlichen Qualifikation und Kompetenz des Unternehmers in KMU muss ein hohes Gewicht bei der Bewertung eingeräumt werden. Auch spielen die Managementfähigkeiten zur Führung und Motivation von Mitarbeitern eine große Rolle. All diese Gesichtspunkte müssen daher im Hauptkriterium *Geschäftsführung und Personal* entsprechend Berücksichtigung finden.

Die Planung stellt das zentrale Subsystem des Führungssystems jedes Unternehmens dar. Die *Geschäftsplanung* als Mittel der Zukunftsgestaltung ist für die Erhaltung des Unternehmens ein unentbehrliches Instrument, das aktiv durch das Management gestaltet werden muss. Die Geschäftsplanung umfasst die Grundfunktionen:[6]

- Erfolgssicherung/Effizienzsteigerung
- Risikoerkenntnis und -reduzierung
- Flexibilitätserhöhung
- Komplexitätsreduktion

Die Geschäftsplanung stellt somit ein wichtiges Koordinierungsinstrument zur Steuerung und Lenkung der Unternehmensprozesse dar.

Weiterhin von großem Einfluss auf die Managementbewertung sind die Fähigkeiten der Unternehmensführung sich mit der zukünftigen Unternehmensentwicklung auseinander zu setzen und klare Strategiekonzepte zu entwickeln und umzusetzen. Solche Erscheinungen werden im Hauptkriterium *Marktorientierung* zusammengefasst und abgefragt.

Im Hauptkriterium *Jahresabschluss* erfolgt zunächst die Überprüfung, ob die Mindestanforderungen der Publizitätspflicht erfüllt sind. Zusätzlich wird vor allem auf die Untersetzung der Bilanz sowie der Gewinn- und Verlustrechnung und auf darüber hinausgehende

---

6   Vgl. Horvath (1996), S. 159.

Informationen wie zum Beispiel außergewöhnliche Geschäftsvorfälle und stille Reserven Wert gelegt. Dazu ist es notwendig, dass vom Unternehmen ein ausführlicher Lagebericht, ein detaillierter Anhang und ein umfassender Anlagespiegel vorgelegt werden kann. Für junge Unternehmen (jünger zwei Jahre) und kleine Unternehmen (mit etwa 15 bis 20 Beschäftigten) innerhalb der Gruppe der KMU sind gewisse Abstriche bezüglich des Anforderungskatalogs für das Hauptkriterium Jahresabschluss begründet zulässig.

Zusammenfassend erfolgen bei der Managementbewertung Einschätzungen, inwieweit das Unternehmen ein den Anforderungen an innovative mittelständische Unternehmen genügendes Management besitzt, inwieweit es bereit ist, seine Managementprozesse und -strukturen offen zu legen und inwieweit die transparente unternehmerische Informationspolitik zum einen als ständige Aufgabe sowie zum anderen als ständig zu qualifizierende Aufgabe verstanden wird.

Die Hauptkriterien, Kriterien und Unterkriterien des Ratingmerkmals Management-Transparenz sind in einer Übersicht in Anlage 2 dargestellt.

3.2 Kriterienstruktur der Wirtschaftlichkeitstransparenz im Überblick

Die Wirtschaftlichkeit steht im weitesten Sinne für das Verhältnis zwischen dem unternehmerischen Geschäftsergebnis und dem dafür erforderlichen Mitteleinsatz. Für die Bewertung der Wirtschaftlichkeitstransparenz werden folgende Hauptkriterien als wesentlich angesehen:

- Ertrags-, Vermögens- und Finanzlage
- Leistungswirtschaftliche Situation
- Planungsrechnungen
- Kostenpolitik

Die Gesamtsituation eines Unternehmens lässt sich besonders transparent über Kennzahlen und Kennzahlensysteme abbilden. Dabei wird auf die Kennzahlen der Bilanz- und Bonitätsanalyse zurückgegriffen. Die beim Rating zu benutzenden Kennzahlen werden zuerst innerhalb des Hauptkriteriums Ertrags-, Vermögens- und Finanzlage beschrieben. Wichtig ist, dass Unternehmen alle Primärdaten für die Kennzahlen bereitstellen können. Bei der Bewertung erfolgt somit für dieses Hauptkriterium zuerst die Überprüfung auf Vollständigkeit der benötigten Daten. Richtig benutzt dienen Kennzahlen als Entscheidungsgrundlage bei der Planung, als Vorgabewerte bei der Steuerung und als Vergleichswerte bei der Kontrolle. Sie ermöglichen nicht nur den Einblick in die gegenwärtige Situation, sondern auch einen Überblick über die Entwicklung des Unternehmens. Sie können weiterhin für Vergleiche mit dem Branchendurchschnitt oder starken Konkurrenten verwendet werden.

Die Leistungswirtschaftliche Situation spiegelt die gegenwärtige und zukünftige Lage des Unternehmens hinsichtlich Auftragslage, Kunden- und Lieferantenstruktur und Kapazitätsauslastung wider. Das Leistungssystem muss von der Unternehmensleitung kontinuierlich geplant und gesteuert werden. Dafür sind umfassende Informationen erforderlich. Wichtige Beurteilungsfelder sind die strategische Situation, die Prozesssituation, die Ressourcensituation und die Planung und Steuerung des Leistungssystems.

Neben der Vergangenheitsanalyse mittels Kennzahlen, aus der sich die Chancen und Risiken für die Zukunft ableiten lassen, interessieren sich die Kapitalgeber vor allem für zukunftsbezogene Daten wie Planbilanzen und Planerfolgsrechnungen. Diese Aussagen kann das Unternehmen jedoch erst treffen, wenn sich das Management mit Geschäftsplanungen auseinandergesetzt hat. Die geringe Unterstützung der Unternehmer in KMU durch qualifizierte Stabsmitarbeiter (die so genannte „zweite Reihe") führt dazu, dass in mittelständischen Unternehmen die Planung oft vernachlässigt wird. So ist zum Beispiel häufig festzustellen, dass die Finanzplanung nur lückenhaft durchgeführt wird, mit der Folge, dass Liquiditätsengpässe zu spät erkannt werden oder Einzahlungsüberschüsse nicht rentabel genug angelegt werden. Daher werden dem Unternehmen unter dem Hauptkriterium Planungsrechnungen Nachweise für alle wichtigen Planungsrechnungen abverlangt.

Genauso wichtig ist aber auch die Kontrolle und Verbesserung der Wirtschaftlichkeit eines Unternehmens. Das Erkennen und die Umsetzung von Kostensenkungspotenzialen trägt zur grundsätzlichen Sicherung der Wettbewerbsfähigkeit bei. Um wertvernichtende Faktoren aufspüren zu können, ist es von größter Bedeutung, dass im Unternehmen eine funktionsgerechte und funktionierende Kosten- und Leistungsrechnung etabliert ist. Dabei ist das Hauptaugenmerk auf die Art und Weise der Erfassung, Verteilung und Zurechnung der Kosten der betrieblichen Leistungserstellung und -verwertung zu richten. Im Hauptkriterium Kostenpolitik wird deshalb bewertet, inwieweit eine klare Kostentransparenz im Unternehmen vorliegt. Nur so kann gewährleistet werden, dass frühzeitig Kostenpotenziale erkannt bzw. Gegensteuermaßnahmen bei negativen Einflüssen ergriffen werden können.

Die Hauptkriterien, Kriterien und Unterkriterien des Ratingmerkmals Wirtschaftlichkeitstransparenz sind in einer Übersicht in der Anlage 3 dargestellt

3.3 Kriterienstruktur der Innovationstransparenz im Überblick

Mit der Bewertung der Innovationstransparenz wird das Ratingkonzept für mittelständische Unternehmen vervollständigt. Eine Bewertung der unternehmerischen Innovationstätigkeit ist insbesondere für technologieorientierte Unternehmen wichtig. Darüber hinaus ist die Innovationsbewertung für alle Unternehmen zur Einschätzung der Zukunfts- und Wettbewerbschancen von grundsätzlicher Bedeutung.

Hauptgegenstand der Innovationsbewertung sind dabei nicht die „technischen" Merkmale der Innovationen. Vielmehr sind es Kriterien, die einen Zugang zur Einschätzung des Innovationserfolges von Unternehmen ermöglichen. Das ist mit den folgenden Kriterien gegeben:[7]

- Neuigkeit,
- Vorteilhaftigkeit,
- Komplexität,
- Kompatibilität,
- Nutzungsmöglichkeit
- Erkennbarkeit

Beim Innovationsrating geht es hauptsächlich darum, eine Bewertung des Vorhandenseins von Innovationen und eine Einschätzung der Qualität der Innovationen vorzunehmen. Diese Informationen müssen von der Unternehmerseite an die Kapitalgeber-Seite „übermittelt" werden. Ein Kapitalgeber wird nur dann in ein innovatives Produkt investieren, wenn es ihm transparent dargestellt wird. Eine gute und sehr gute Ratingbewertung bezieht sich damit mehr auf die Innovationstransparenz des Unternehmens insgesamt und weniger auf die Güte von einzelnen Produkten.

Innovationsbewertung im Sinne der Investor Relations-Arbeit bedeutet somit zuerst die Gewinnung und Darstellung von Informationen über die Ausprägungen der Erfolgskriterien von Innovationen bis hin zur Vermarktung des Produktes.

Daher werden die folgenden vier Hauptkriterien für die Bewertung von Innovationen als zweckmäßig angesehen:

- Innovationsfähigkeit
- Innovationsmanagement
- Innovationswirkungen
- Markt- und Wettbewerbsorientierung

Als erster Schritt muss eine angemessene Transparenz hinsichtlich der Innovationstätigkeit des Unternehmens und der zu erwartenden Wirtschaftlichkeit von Innovationen geschaffen werden.

Im Hauptkriterium *Innovationsfähigkeit* werden grundlegende Informationen zu den Innovationsfeldern abverlangt, beispielsweise Ziele und Beschreibungen von innovativen Produkten. Auch sind die gegenwärtige und zukünftige Schutzrechtssituation sowie bestehende Forschungskooperationen und die Fördermittelsituation für potenzielle Investoren von großer Bedeutung. Hierzu müssen im Unternehmen klare Aussagen schriftlich fixiert sein. Die Kapitalgeber können anhand dieser Informationen die Bedeutung des Innovationsprojektes hinsichtlich der zukünftigen Erfolgssicherung des Unternehmens besser abschätzen.

---

7   Vgl. Greiling (1998), S. 25.

Innovationsmanagement ist etwas grundsätzlich anderes als das Management von sich immer wiederholenden Planungs-, Leitungs- und Kontrollprozessen. Das Innovationsmanagement muss sich auf das in ständiger Bewegung befindliche Unternehmensumfeld immer wieder neu einstellen und regelnd und steuernd eingreifen. Die Rahmenbedingungen von Innovationen sind durch eine sehr hohe Komplexität gekennzeichnet. Das Innovationsmanagement als Institution muss die damit verbundenen Durchsetzungsprobleme lösen.

Weiterhin spielen die Auswirkungen des Innovationsprozesses auf das Unternehmen selbst sowie auf seine Umwelt eine entscheidende Rolle. Innovationen müssen nachweisbar im unternehmerischen Sinne „erfolgreich" sein. Diesbezügliche Informationen werden deshalb innerhalb des Hauptkriteriums *Innovationswirkungen* näher betrachtet.

Der Kapitalgeber benötigt zur Einschätzung der Erfolgsfähigkeit der Innovationen nicht nur Informationen über die Nachhaltigkeit der Organisation des Innovationsprozesses. Vielmehr sind für ihn die Markt- und Wettbewerbsaspekte von besonderer Bedeutung. Hierunter fällt der Nachweis von speziellen *Markt- und Wettbewerbskenntnissen* des Unternehmens gerade im Zusammenhang mit der unternehmerischen Innovationsfähigkeit.

Die Hauptkriterien, Kriterien und Unterkriterien des Ratingmerkmals Innovationstransparenz sind in einer Übersicht in Anlage 4 dargestellt.

Literaturhinweise

GREILING, M. (1998): Das Innovationssystem – Eine Analyse zur Innovationsfähigkeit von Unternehmen, Frankfurt am Main 1998.
HORVATH, P. (1996): Controlling, 6. Aufl., München, 1996.
KULICKE, M. U. A. (1993): Chancen und Risiken junger Technologieunternehmen, Heidelberg 1993.
LINDEMANN, B. (1995): Zum Begriff Neuprodukt-Unternehmen, in: Neuprodukt-Unternehmen, Wirtschaftsförderung und Bankenunterstützung, Ilmenau 1995.
LINDEMANN, B./SCHMIDT, A./STURM, U. (1998): Investor Relations in KMU, Aachen 1998.
PFOHL, H.-C. (HRSG.) (1990): Betriebswirtschaftslehre der Mittel- und Kleinbetriebe, Berlin 1990.
PICHLER, H./PLEITNER, H.-J./ SCHMIDT, K.-H. (HRSG.) (1996): Management in KMU, Bern 1996.

Anlage 1: Beispiel eines Datenerfassungsblattes des MWI-Ratings

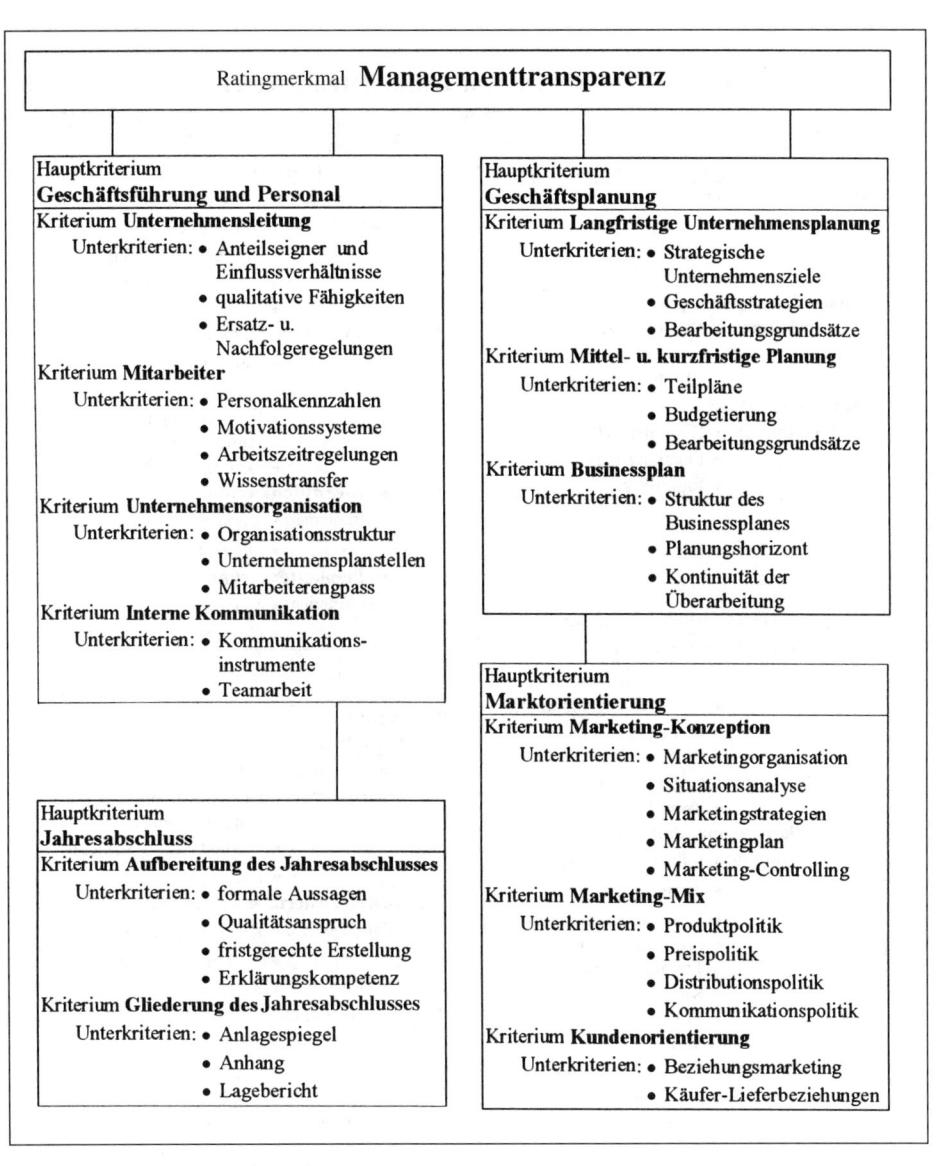

Ratingmerkmal Managementtransparenz

Hauptkriterium Geschäftsführung und Personal
Kriterium **Unternehmensleitung**
  Unterkriterien:
  - Anteilseigner und Einflussverhältnisse
  - qualitative Fähigkeiten
  - Ersatz- u. Nachfolgeregelungen

Kriterium **Mitarbeiter**
  Unterkriterien:
  - Personalkennzahlen
  - Motivationssysteme
  - Arbeitszeitregelungen
  - Wissenstransfer

Kriterium **Unternehmensorganisation**
  Unterkriterien:
  - Organisationsstruktur
  - Unternehmensplanstellen
  - Mitarbeiterengpass

Kriterium **Interne Kommunikation**
  Unterkriterien:
  - Kommunikationsinstrumente
  - Teamarbeit

Hauptkriterium Jahresabschluss
Kriterium **Aufbereitung des Jahresabschlusses**
  Unterkriterien:
  - formale Aussagen
  - Qualitätsanspruch
  - fristgerechte Erstellung
  - Erklärungskompetenz

Kriterium **Gliederung des Jahresabschlusses**
  Unterkriterien:
  - Anlagespiegel
  - Anhang
  - Lagebericht

Hauptkriterium Geschäftsplanung
Kriterium **Langfristige Unternehmensplanung**
  Unterkriterien:
  - Strategische Unternehmensziele
  - Geschäftsstrategien
  - Bearbeitungsgrundsätze

Kriterium **Mittel- u. kurzfristige Planung**
  Unterkriterien:
  - Teilpläne
  - Budgetierung
  - Bearbeitungsgrundsätze

Kriterium **Businessplan**
  Unterkriterien:
  - Struktur des Businessplanes
  - Planungshorizont
  - Kontinuität der Überarbeitung

Hauptkriterium Marktorientierung
Kriterium **Marketing-Konzeption**
  Unterkriterien:
  - Marketingorganisation
  - Situationsanalyse
  - Marketingstrategien
  - Marketingplan
  - Marketing-Controlling

Kriterium **Marketing-Mix**
  Unterkriterien:
  - Produktpolitik
  - Preispolitik
  - Distributionspolitik
  - Kommunikationspolitik

Kriterium **Kundenorientierung**
  Unterkriterien:
  - Beziehungsmarketing
  - Käufer-Lieferbeziehungen

Anlage 2: Kriterienstruktur der Managementtransparenz

Ratingmerkmal	**Wirtschaftlichkeitstransparenz**
Hauptkriterium **Ertrags-, Vermögens- und Finanzlage** Kriterium **Ertragslage** Unterkriterien: • Ertrag • Aufwand • Rentabilität Kriterium **Vermögenslage** Unterkriterien: • Vermögensstruktur • Investitions- und Abschreibungstätigkeit Kriterium **Finanzlage** Unterkriterien: • Kapitalstruktur • Finanzierungsregeln • Liquidität	**Hauptkriterium** **Planungsrechnungen** Kriterium **langfristige Finanzplanung** Unterkriterien: • Zeiträume • Prognoseverfahren • Aufbau und Detailliertheit • Qualität der Planung Kriterium **Liquiditätsplanung** Unterkriterien: • Zeiträume • Aufbau und Detailliertheit • Überprüfung und Anpassung • Qualität der Planung Kriterium **Investitionsrechnung** Unterkriterien: • Verfahren • Qualität Kriterium **Plankostenrechnung** Unterkriterien: • Verfahren • Qualität
Hauptkriterium **Leistungswirtschaftliche Situation** Kriterium **Strategische Situation** Unterkriterien: • Leistungsprogramm • Produktionsprogramm • Stärken/Schwächen, Chancen/Risiken • Organisation • Komplexitätsmanagement Kriterium **Planung und Steuerung** Unterkriterien: • Informationsmanagement • Programmplanung • Mengenplanung • Kapazitäts- und Terminplanung • Kontrolle • Koordination Kriterium **Prozesssituation** Unterkriterien: • Nutzungsintensität • Produktivität • Wirtschaftlichkeit • Rentabilität • Kostenverursachung • spezifische Kennzahlen Kriterium **Ressourcensituation** Unterkriterien: • Anlagevermögen • Umlaufvermögen • Personaleinsatz	**Hauptkriterium** **Kostenpolitik** Kriterium **Kostenstrategie** Unterkriterien: • Untergliederung des Unternehmens • Produkt-Markt-Strategie • Kostenplanung Kriterium **Kostenerfassung und -nachweis** Unterkriterien: • Kostenartenrechnung • Kostenstellenrechnung • Kostenträgerrechnung Kriterium **Kosten als Entscheidungsgröße** Unterkriterien: • Deckungsbeitragsrechnung • Gemeinkostenzurechnung Kriterium **Kostensenkung und Organisation der Kostenkontrolle** Unterkriterien: • Identifikation der Kostentreiber • Überprüfung der Geschäftssegmentierung • Fokussierung der Kostensenkung • Organisation der Kostenkontrolle

Anlage 3 : Kriterienstruktur der Wirtschaftlichkeitstransparenz

Ratingmerkmal **Innovationstransparenz**

Hauptkriterium **Innovationsfähigkeit**

Kriterium **Produktanalyse**
  Unterkriterien:
  - Produktlebenszyklus
  - Simulation/Tests
  - Lasten- / Pflichtenheft
  - Prototyp

Kriterium **Innovationsbereitschaft**
  Unterkriterien:
  - F&E-Abteilung
  - individuelle Anreize
  - Ideengenerierung

Kriterium **Innovationsschutz**
  Unterkriterien:
  - Patentrecherchen
  - Patentsituation
  - Verwertung

Kriterium **Forschungskooperationen**
  Unterkriterien:
  - Forschungszusammenarbeit
  - Dauer
  - Zielsystem
  - Vertrag

Kriterium **Fördermittelsituation**
  Unterkriterien:
  - Fördermöglichkeiten
  - Nutzen/Aufwand-Prüfung
  - Förderung

Hauptkriterium **Innovationswirkungen**

Kriterium **Produktentstehung**
  Unterkriterien:
  - Standards und Normen
  - Entwicklungszeit
  - Produktakzeptanz
  - Arbeitskräftepotenzial

Kriterium **Produktwirtschaftlichkeit**
  Unterkriterien:
  - Kosten-Leistungs-Relation
  - Prognoseverfahren
  - Wirtschaftlichkeitsbetrachtung

Kriterium **Produktvermarktung**
  Unterkriterien:
  - Fertigungsaspekte
  - Markteinführung
  - Vertriebsauswirkungen
  - Absatzvorstellungen

Hauptkriterium **Innovationsmanagement**

Kriterium **Unternehmensstrategie**
  Unterkriterien:
  - Innovationsorientierung
  - Innovationsbewusstsein
  - Zielfixierung

Kriterium **Innovationscontrolling**
  Unterkriterien:
  - Projektmanagement
  - Projektbewertung
  - Budgetierung
  - Berichtswesen

Kriterium **Technologieaspekte**
  Unterkriterien:
  - Kreativitätstechniken
  - Produktdokumentation
  - Fertigungsvorbereitung

Hauptkriterium **Markt- und Wettbewerbsorientierung**

Kriterium **Marktanalyse**
  Unterkriterien:
  - Informationsbeschaffung / Informationsaufbereitung
  - Marktteilnehmer
  - Marktdiffusion

Kriterium **Wettbewerbsaspekte**
  Unterkriterien:
  - Wettbewerbsintensität
  - wettbewerbsstrategisches Potenzial
  - Branchenreife

Kriterium **Zielgruppenidentifikation**
  Unterkriterien:
  - Kundenbedürfnisse
  - Marktgröße und Wachstum

Anlage 4 : Kriterienstruktur der Innovationstransparenz

Ganzheitlich – Dynamisches – Unternehmens-Rating

Günter H. Darazs

1. Einführung

Kleine und mittlere Unternehmen (KMU) müssen sich auf eine schwierig werdende Zukunft einstellen, die nicht nur eine Veränderung der Markt-, der Wettbewerbs- und der Kapitalmarktsituation in Form von höheren Kapitalkosten mit sich bringt, sondern auch ein anderes Denken und Handeln und eine andere Unternehmensdynamik notwendig macht.

Erfolgreiche Unternehmensführung besteht heute mehr und mehr im Management von Veränderungsprozessen. Es gilt neue Werte zu schaffen.

Heutzutage konkurrieren Unternehmen in zunehmend komplexerem Umfeld, so dass ein genaues Verständnis der Ist-Situation dringend notwendig ist, im Einzelnen

- des Umfelds,
- des Marktes,
- der Attraktivität bei den relevanten Interessengruppen,
- der vorhandenen Potenziale sowie
- der Unternehmensfitness.

Gerade Chefs von kleinen und mittleren Unternehmen, die nicht über Stabsabteilungen wie Großunternehmen verfügen, brauchen ein neues Instrumentarium, das die unterschiedlichsten Aspekte der Umgebung und der Umgebungsleistung anzeigt, um eine Navigation in Richtung nachhaltigen Unternehmenserfolg zu ermöglichen.

Außerdem wird die Entwicklung auf dem Finanzsektor, insbesondere die neuen Regelungen der Bonitätsbeurteilung der Kreditnehmer durch die Banken in Bezug auf die neuen Eigenkapitalrichtlinien gravierende Auswirkungen auf die Bonitätseinstufung der mittelständischen Wirtschaft haben.

Turbulente Zeiten erfordern klare aussagekräftige Maßstäbe

Die Antworten auf folgende Fragen bestimmen zunehmend über den Erfolg der Unternehmensführung von Klein- und Mittelbetrieben:

- Was ist ein gutes Geschäft?
- Wann ist ein Unternehmen gesund?

- Woran können Erfolg und Misserfolg zuverlässig abgelesen werden?
- Welchen Gewinn benötigen wir, um auch morgen noch im Geschäft zu sein?
- Welche Potenziale haben wir, kennen wir diese Potenziale?

Auf diese Fragen muss ein Rating (der Ratingbericht) Antworten geben können.

2. Situation

2.1 Definition und Zielsetzung eines Ratingsystems

Ein Rating ist ein differenziert erhobenes, standardisiertes Werturteil über die Fähigkeit eines Geldschuldners (Kreditnehmer, Emittent), seinen vertraglichen Zins- und Tigungsverpflichtungen vollständig und rechtzeitig nachzukommen.

Zielsetzung eines Ratingsystems ist es, anhand von Ratingklassen möglichst trennscharf zwischen guten und schlechten Kreditnehmern/Emittenten zu trennen. Dabei soll vermieden werden, dass schlechte Kreditnehmer/Emittenten in eine gute Ratingklasse und gute Kreditnehmer/Emittenten in eine schlechte Ratingklasse eingeordnet werden.

Zielsetzung eines Ratingsystems ist es nicht, Ausfälle von Kreditnehmern oder Emittenten zu vermeiden. Auch ein gutes Ratingsystem kann Ausfälle nicht mit Sicherheit vorhersagen. In der Praxis gibt es unterschiedliche Ausgestaltungsfaktoren des Ratings, die hier exemplarisch dargestellt werden:

Debt-Rating/Equity-Rating

Während **Debt-Ratings** auf die **Fremdkapitalinstrumente** ausgerichtet sind, zielen **Equity-Ratings** auf die Bewertung von **Eigenkapitaltiteln**. Das **Debt-Rating** konzentriert sich auf die Beurteilung der **Bonität** eines Unternehmens im Sinne einer Kreditvergabe und hat deshalb ein anderes Ziel als das **Equity-Rating**. Während beim **Equity-Rating** für den **Investor** die **Chancen** im Vordergrund stehen – welche Auswirkung hat die Information/das Rating auf den Aktienkurs, muss das Rating für den Gläubiger Aussagen über drohende Ausfallrisiken enthalten.

Emissionsrating/Emittentenrating

Für die Unterscheidung von Ratingarten ist ebenfalls die Abgrenzung des Ratings von **Emissionen** (Finanztiteln) und der von Emittenten wichtig. Die auf internationalen Kapitalmärkten häufig kommunizierten (Emissions-)Ratings stellen Einschätzungen der **Qualität einzelner Finanztitel** wie zum Beispiel Anleiheemissionen dar. Die Bonität des Emittenten spielt hierbei zwangsläufig auch eine große Rolle. Allerdings können einzelne Anleihen desselben Unternehmens/Emittenten unterschiedliche Ratings erhalten. **Emittentenratings** beziehen sich dagegen nicht explizit auf einzelne Finanzierungen, sondern auf die **generelle Fähigkeit** eines Unternehmens, **Zahlungsverpflichtungen** nachzukommen.

Bilanzrating/Kreditrating

Eine weitere gängige Unterscheidung der Ratingarten ist die Unterscheidung in Bilanzrating und Kreditrating.

Handelt es sich um ein **Bilanzrating**, wird das Unternehmen anhand gewichteter Bilanzkennzahlen beurteilt. Meist werden zwischen **10 und 20 Bilanzkennzahlen** herangezogen. Diese Art von Rating reicht jedoch zur Beurteilung der Zukunftsfähigkeit bzw. zukünftigen Kapitaldienstfähigkeit eines Unternehmens nicht aus, da sich die Bewertung lediglich auf vergangenheitsbezogene Bilanzzahlen stützen kann und somit keine Aussage über die Zukunftsfähigkeit des Unternehmens möglich ist. Ein **Kreditrating** geht über ein Bilanzrating hinaus und wird im Regelfall von Banken, aber auch von einigen Agenturen erstellt. Der Schwerpunkt eines Kreditratings besteht darin, festzustellen, ob das Unternehmen voraussichtlich in der Lage sein wird, den **Kapitaldienst** für seine Kredite zu leisten. Die Frage nach den zukünftigen Entwicklungsmöglichkeiten bleibt in der Regel unbeantwortet.

Unternehmensrating

Das Unternehmensrating ist die umfassendste Art des Ratings und beinhaltet im engeren Sinne auch das Emittentenrating, da es die Zukunftsfähigkeit des Unternehmens beurteilt. Unternehmensrating ist weit mehr als eine einfache Bonitätsbeurteilung, sie beurteilt die Zukunftsfähigkeit, die Dynamik sowie die Kapitaldienstfähigkeit eines Unternehmens – ganzheitlich und dynamisch – und kann zudem als Führungs- und Steuerungsinstrument genutzt werden. Gerade dieser Mehrfachnutzen machen Unternehmensratings für mittelständische Unternehmen (KMU) interessant. Die Bedürfnisse der relevanten Interessengruppen nach Verlässlichkeit und Integrität von Informationen werden wesentlich an Bedeutung und Gewicht gewinnen. Deshalb wird Unternehmensrating zunehmend wichtiger für die wirksame Unternehmensaufsicht und -führung bei KMU, wie auch als wirkungsstarkes Werkzeug im Rahmen des Finanzmarketings (Stichwort: Kapitalbeschaffung).

Ratingarten und Ihre Bedeutung

Debt-Rating

Das **Debt-Rating** konzentriert sich auf die Beurteilung der **Bonität** eines Unternehmens im Sinne einer Kreditvergabe.

Equity-Rating

Während beim **Equity-Rating** für den **Investor** die **Chancen** im Vordergrund stehen – welche Auswirkung hat die Information/das Rating auf den Aktienkurs.

Emissionsrating

Die auf internationalen Kapitalmärkten häufig kommunizierten Ratings stellen Einschätzungen der **Qualität einzelner Finanztitel** wie zum Beispiel Anleiheemissionen dar.

Emittentenrating
Emittentenratings beziehen sich dagegen nicht explizit auf einzelne Finanzierungen, sondern auf die **generelle Fähigkeit** eines Unternehmens, **Zahlungsverpflichtungen** nachzukommen

Bilanzrating
Ist eine vergangenheitsbezogene Beurteilung anhand von gewichteten Bilanzkennzahlen.

Kreditrating
Bewertet die Fähigkeit des Unternehmens, den Kapitaldienst zu leisten.

Unternehmensrating
Ist die umfassendste Art von Rating und beurteilt die Zukunftsfähigkeit, und somit auch die Dynamik und die Kapitaldienstfähigkeit eines Unternehmens.

2.2 Veränderungsdruck auf die KMU's

Die kleinen und mittleren Unternehmen (KMU) haben es heute mit dem Phänomen „New Economy" zu tun, das offensichtlich nicht nur eine Modeerscheinung darstellt. Im Gegenteil, die New Economy ist das Umfeld, dem sich heute **jedes Unternehmen** ausgesetzt sehen muss. Bezeichnend für die New Economy sind neben dem im Allgemeinen gesehenen Thema E-Business – und Informationsmöglichkeiten – auch Themen wie Branchenkonsolidierung, Globalisierung, Outsourcing, Bildung von Allianzen, Kampf um die besten Mitarbeiter auf regionaler und globaler Ebene sowie die besondere Bedeutung des immateriellen Vermögens. In diesem Umfeld entstehen praktisch über Nacht neue Geschäftsmodelle, um sich auch langfristig auf den globalen Märkten behaupten zu können.

Realitäten, die ein Ratingsystem einbeziehen muss.

■ **Neue Geschäftsmodelle sind im Entstehen**

Rating beurteilt die Zukunftsfähigkeit und daraus abgeleitet die Kapitaldienstfähigkeit. Diese wiederum ist letztlich abhängig davon, welches Geschäftsmodell von dem gerateten Unternehmen praktiziert wird und welche Vermögenswerte im Unternehmen vorhanden sind.

Insofern ist das Unternehmen die Summe seiner Vermögenswerte, und zwar aller seiner Vermögenswerte – der materiellen ebenso wie der immateriellen wie Wissen, Beziehungen, Menschen, Marken und Systeme, die im Mittelpunkt stehen.

Erfolgreiche Unternehmen werden Vermögenswerte der „Old Economy" mit jenen der New Economy kombinieren. Tatsächlich ist es die Kombination und die Wechselwirkung zwischen verschiedenen Vermögenswerten, die den wirtschaftlichen Erfolg eines Unternehmens – mehr als jeder andere Faktor – bestimmen wird.

Fazit: Das Rating hat somit diese Veränderungen zu akzeptieren bzw. zu adaptieren und die materiellen sowie immateriellen Vermögenswerte in das Ratingverfahren als Ratingkriterien mit einzubeziehen.

▪ Neue Geschäftsmodelle schaffen neue Risiken

Rating hilft den Standort zu bestimmen und leistet somit einen wichtigen Beitrag zur Unternehmensstabilität.

Diese Aussage ist dann richtig, wenn das **Rating** auch die neuen Risiken erkennt, die entweder durch das Festhalten an heutigen (herkömmlichen) Geschäftsmodellen oder durch neue Geschäftsmodelle entstehen! Tatsache ist, dass viele Unternehmen mit einzigartigen Geschäftsmodellen arbeiten, welche die Grenzen traditioneller Kontrollen (und somit traditioneller Ratingsysteme zum Beispiel Bonitätsbeurteilung(-Rating)) verschieben.

Führende mittelständische Unternehmen gelangen zu der Erkenntnis, dass ihre Management- und Messsysteme nicht mehr mit den Vermögenswerten in Einklang stehen, die sie zur Wertschöpfung einsetzen. Darüber hinaus schaffen die neuen Geschäftsmodelle bzw. deren Praktiken neue Risiken – von neuen Transaktionen und neuen Märkten bis hin zu neuen Technologien, neuen Konkurrenten und neuen Beziehungen. Doch Risiken bringen sowohl Vorteile aus auch Nachteile mit sich. Deshalb müssen die Unternehmen Risiken eingehen (und managen), um erfolgreich zu sein.

Fazit: Das Ratingsystem muss diese Risiken und Chancen erkennen und in die Betrachtung mit einbeziehen. Damit diese hohen Anforderungen erfüllt werden können, ist ein umfassendes Unternehmensrating erforderlich, das zudem die Dynamik (Zeit, Veränderungen) miteinbezieht. Der notwendige Blick aufs Ganze ist dann gewährleistet. Risiken können so wesentlich gemindert werden. Chancen werden frühzeitig erkannt und damit für das Unternehmen vollumfänglich nutzbar.

▪ Neue Prozesse und Werkzeuge werden zukünftig eingesetzt, um erfolgreich zu sein.

Das eingesetzte Geschäftsmodell entscheidet zukünftig über den Erfolg eines Unternehmens, das heißt, wie ein Unternehmen sein Portfolio von Vermögenswerten aufbaut und verwaltet, entscheidet letztlich über seinen Erfolg.

Unternehmen werden neue Prozesse einsetzen, um Strategien festzulegen, Geschäfte zu tätigen und Informationen für die Entscheidungsfindung zu verwenden. Doch trotz der zunehmenden Bedeutung immaterieller Vermögenswerte verfügen die meisten Unternehmen über wenig (keine) formalen Prozesse und Systeme, um diese Vermögenswerte und die Risiken, die sie schaffen, zu managen. Und während einige Konzepte/Prozesse veralten, gewinnen neue Konzepte an Bedeutung. Dieser Veränderungsprozess ist in vollem Gange.

Fazit: Das Ratingsystem mit seinen Ratingkriterien darf kein statischer Vorgang sein, sondern muss sich diesen permanenten Veränderungen (Dynamik) anpassen.

2.3 Neue Herausforderungen an ein Ratingsystem

Die Zielsetzung jedes Unternehmens ist (muss es sein), dass es die bestmögliche Wertschöpfung generiert. Dies bedeutet ein unternehmensspezifisches also individuelles Geschäftsmodell.

Denn erst die geeignete Kombination von materiellen und immateriellen Vermögenswerten in Abhängigkeit von externen Faktoren wie Geschäftspartner, technischer Fortschritt, Mitarbeiter, Marktveränderungen und Mitbewerber etc. generiert bestmögliche Wertschöpfung.

Wie bereits dargestellt, geht es zukünftig neben den klassischen, materiellen Werten um immaterielle Werte wie Wissen, Führung, geistige Ideen, Kultur, Marken, Beziehungen, die in den Aktivposten eines Unternehmens – die man in der klassischen Rechnungslegung berücksichtigt – nicht auftauchen bzw. nach den herkömmlichen Messmethoden für den Unternehmenserfolg, sei es die klassische Bilanzanalyse oder Bonitäts-/Kreditrating, derzeit auch nicht auftauchen dürfen. Die klassische Bilanz, die die Aufgabe hat, die Vermögenswerte von Unternehmen, aus denen diese zukünftige Erträge realisieren wollen, nach vorgegebenen Normen zu bemessen, bietet ein nicht vollständiges Bild der Werttreiber zukünftiger Geschäfte.

Die üblichen Bilanzierungsregeln entsprechen nur unzulänglich den Spielregeln, denen die Unternehmen bereits heute – aber spätestens in den nächsten Jahren – unterliegen, in der zum Beispiel die selbst geschaffenen immateriellen Vermögenswerte als Quellen zukünftiger Wertschöpfung eine zentrale Stellung einnehmen.

Hier sind neue Ideen hinsichtlich des Ratings eines Unternehmens gefragt.

Es ist schwierig – möglicherweise nicht möglich – die derzeit praktizierte klassische und sicherlich verdienstvolle Bilanzierungspraxis zu verändern, deshalb muss es Aufgabe eines Ratingsystems sein, diesen dynamischen Prozess des Unternehmens in seiner Gesamtheit zu erfassen, zu interpretieren und zu bewerten.

Fazit: Die Aufgabe eines Ratingsystems ist es, die Vermögenswerte eines Unternehmens, die zur Wertschöpfung eines Unternehmens beitragen – und zwar materielle und immaterielle – in ihrem Prozess also dynamisch und über das gesamte Unternehmen, ganzheitlich, zu erfassen, zu interpretieren und zu bewerten.

3. Was soll sein?

3.1 Die Problemstellung eines Ratings

Die grundsätzliche Frage, die ein Rating mit einem Symbol beantwortet, ist: Kann das Unternehmen seinen finanziellen Verpflichtungen aus Finanzmitteln morgen noch pünktlich und in voller Höhe nachkommen? Oder kurz: Wie ist es um die Bonität des Schuldners bestellt?

Dies bedeutet für ein Ratingsystem, dass es die neuen Geschäftspraktiken bzw. neuen Geschäftsmodelle nicht ignorieren darf, sondern als eine neue Realität akzeptieren muss.

Warum? Weil die heutige Wirtschaft – die auf neuen Technologien, der Globalisierung, neuen Konzepten und der gestiegenen Bedeutung immaterieller Vermögenswerte aufgebaut ist – sich vor allem unterscheidet, was wir in der Vergangenheit gelernt haben.

Neue Geschäftsregeln und ein neuer Unternehmenstyp werden den Status quo der Geschäftswelt in Frage stellen. Die Struktur des Unternehmens verändert sich; die Beziehungen zwischen den Unternehmen verändern sich. Organisationen beschreiten völlig neue Wege der Wertschöpfung. Sie setzen Vermögenswerte und Kombinationen von Vermögenswerten ein, die von traditionellen Buchführungssystem nicht erfasst und schon gar nicht gemessen werden.

In einem solchen Umfeld sind alte Messungsmethoden – und natürlich Managementmethoden – nicht mehr angemessen. Das Ausmaß der Veränderungen – sei es als Bank bei einem bankinternen Rating oder als Ratingagentur mittels externen Rating – zu ignorieren, die derzeit in der Unternehmenswelt von Bedeutung sind, heißt, die Realität bei der Beurteilung der Zukunftsfähigkeit des Unternehmens zu ignorieren. Das Ergebnis ist eine falsche Einschätzung.

Das bedeutet für ein Ratingsystem: Die zur Beurteilung notwendigen Ratingkriterien, müssen folgende, über die Bonitätsanalyse hinausgehende, Themenbereiche / Fragestellungen einbeziehen:

Ist die Zukunftsfähigkeit des Unternehmens sichergestellt? Oder anders gefragt: Wodurch wird die Zukunftsfähigkeit des Unternehmens sichergestellt?

also:

- Liegt eine Kernstrategie (Business Mission, Markt-/Produktumfang, Differenzierungsbasis) vor und welchen Beitrag liefert sie zukünftig?
- Welche strategischen Ressourcen (Kernkompetenzen) wurden genutzt und welchen Wertbeitrag liefern sie in den nächsten drei bis fünf Jahren?
- Welches sind die wichtigsten Vermögenswerte – sowohl materiell als auch immateriell? Haben sich diese Vermögenswerte in den letzten Jahren verändert? Wenn ja, wie? Welche Vermögenswerte werden in Zukunft einen Beitrag zur Wertschöpfung leisten müssen? Wie ausgeprägt sind diese bereits heute?

- Welche Risiken bestehen bezüglich Unternehmensgrenzen, umfeldbedingten-, Prozessrisiken und Informationsrisiken? Werden diese Risiken beherrscht?
- Was sind die wichtigsten Wertschöpfungspotenziale? Wieviel Gewinn wird heute generiert und wieviel in den nächsten drei bis fünf Jahren?

3.2 Die klassische Lösung: Eine Jahresabschlussanalyse

Diese obigen Fragen wirken auf den ersten Blick vielleicht simpel, doch ihre Beantwortung kann sich als überraschend schwierig erweisen. Das liegt daran, dass sie durchweg Vermögenswerte betreffen, die derzeit in Jahresabschlüssen nicht berücksichtigt werden.

Ebenso schwierig ist es herauszufinden, wie sich Investitionen in eine bestimmte Gruppe von Vermögenswerten – anstatt in eine andere – auf ein Unternehmen als Ganzes auswirken.

Obwohl ausgeklügelte Informationssysteme entwickelt wurden, mit deren Hilfe Unternehmen große Mengen von Leistungsdaten sammeln und verwalten können, haben alle Messungen nach wie vor einen gemeinsamen Ursprung: **das System der doppelten Buchführung.** Die Ermittlung/Darstellung erfolgt somit anhand eines traditionellen Systems des Finanzwesens.

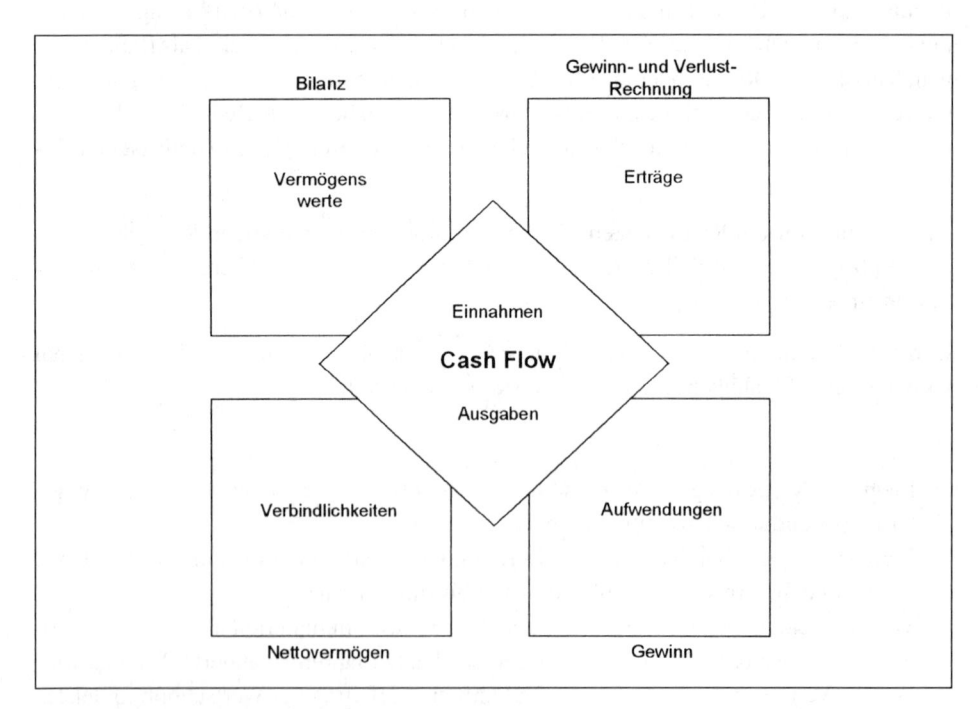

Abbildung 1: Traditionelles System des Finanzwesens

Es besteht aus der Bilanz (um Aktiva und Passiva zu erkennen), einer Gewinn- und Verlustrechnung (um Einnahmen, Aufwendungen, Gewinne, Verluste und Nettogewinn festzuhalten) und dem Cash-Flow-Bericht (um die Quellen und die Verwendung von Cashflows zu dokumentieren). In obiger Abbildung ist der traditionelle Aufbau von Abschlüssen dargestellt, mit der Bilanz auf der linken Seite, der GuV auf der rechten Seite und dem Cash-Flow-Bericht in der Mitte.

Was wird daraus abgeleitet?

Die Wahrscheinlichkeit einer Zahlungsstörung und der daraus resultierenden Vermögensschäden wird nach wie vor anhand von Bilanz, GuV und Kapitalflussrechnung (Cash-Flow-Statement) abgeschätzt – kurz: es wird eine **"Jahresabschlussanalyse"** vorgenommen.

Bilanz	G & V	Cash-Flow Statement	→	Bilanz	GuV	Cash-Flow Statement
"heute"				"morgen"		
Analysiere die finanzwirtschaftliche Situation „heute"			→	Dann kann die finanzwirtschaftliche Situation für „morgen" daraus abgeleitet werden		

Abbildung 2: Ziel der Jahresabschlussanalyse

3.3 Warum ist Rating mehr als eine Jahresabschlussanalyse?

Was bei der traditionellen Jahresabschlussanalyse und der daraus abgeleiteten Bonitätseinstufung natürlich fehlt, ist ein Großteil des Wertes, der durch immaterielle Vermögenswerte wie Innovation, Wissen, Führung, Strategie, Beziehungen, Marken u.v.a. geschaffen wird. Dieser Mangel beeinträchtigt den Fluss von Informationen, die die Bank (für ihr internes Rating) und die Ratingagenturen für ihr externes Rating als Entscheidungsfindung brauchen.

Selbst bei oberflächlicher Betrachtung stellen Sie fest, dass die Bilanz und GuV wirtschaftliche Werte menschlichen Werten gegenüberstellt. Die GuV-Rechnung kategorisiert viele der wichtigsten Wertquellen – zum Beispiel Menschen – also „Aufwendungen" und übersieht den Großteil des Wertes, der aus den Beziehungen zu den Kunden und aus Informationen entsteht.

Wichtig sind dabei die Faktoren, die hinter den Finanzdaten stehen.

Die Vielzahl der interagierenden Prozesse und Funktionen, die hinter den Finanzdaten stehen, zu erkennen, zu analysieren und in ihrer Wirkung auf die künftige Ertragskraft beurteilen zu können, muss in einem Ratingsystem sichergestellt sein.

Die Vielfalt der möglichen Zusammenhänge kann dabei nicht von einem starren Scoring-Modell erfasst werden.

Die Innovationen, die individuelle Strategie des Managements, die Produkte, Dienstleistungen und deren Neuentwicklungen, die Produktivität der Belegschaft und ihre Schwierigkeit bei Innovation und Lernen, die Marktstellung und Kundenbeziehungen, die Charakteristika von Absatz- und Beschaffungsmärkten, die Anlagenausstattung und die Unterstützung durch moderne Soft- und Hardware – all dies sind Faktoren, die integraler Bestandteil eines ganzheitlich dynamischen Ratingsystems sein müssen.

Die finanzwirtschaftliche Situation heute und morgen ist

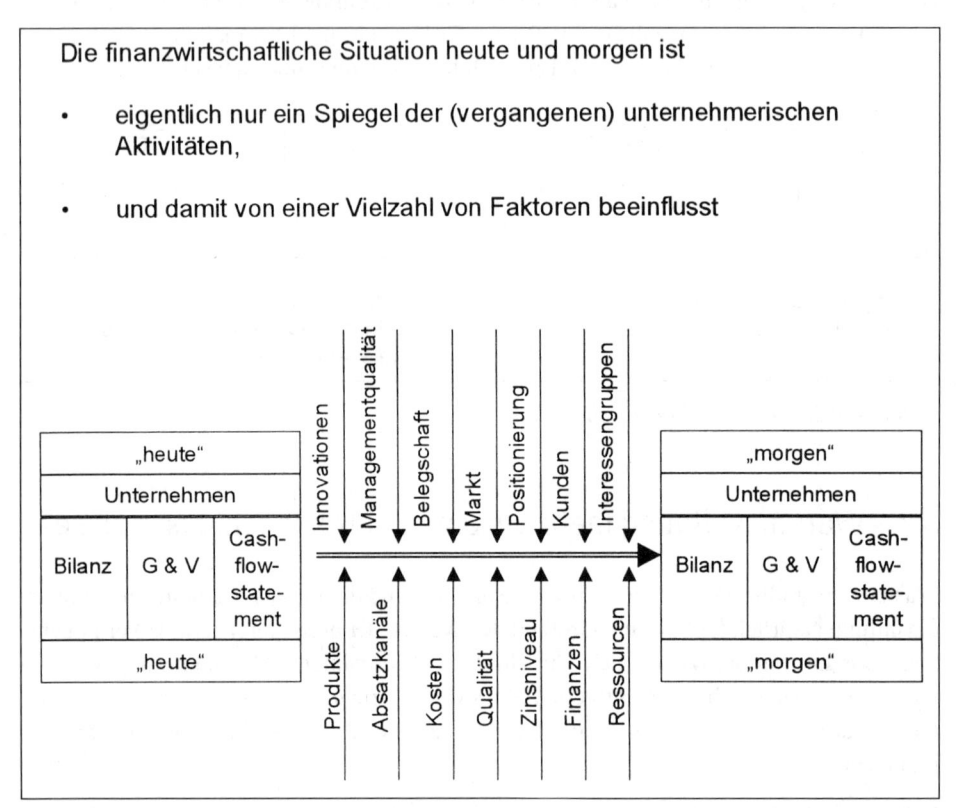

- eigentlich nur ein Spiegel der (vergangenen) unternehmerischen Aktivitäten,
- und damit von einer Vielzahl von Faktoren beeinflusst

Abbildung 3: Einflussfaktoren auf die finanzwirtschaftliche Situation

Nur wenn diese Faktoren systematisch identifiziert, analysiert, interpretiert und bewertet werden, gelangt man zu einer begründeten Prognose über die „morgige" finanzielle Situation sprich Zukunftssicherheit des Unternehmens und damit über sein Rating.

4. Das Ganzheitlich – Dynamische – Unternehmens-Rating (GDUR)®

4.1 Basis des Ganzheitlich Dynamischen Unternehmens Ratingkonzeptes

Das ganzheitlich dynamische Unternehmens Ratingkonzept analysiert, interpretiert und bewertet einerseits traditionelle Kategorien von physischen (zum Beispiel Gebäude, Bestände, Kundenbestände) und finanziellen (Forderungen, Cash, Eigenkapital, Fremdkapital...) Vermögenswerten – **sogenannte Bilanzwerte** (Steuerungsebene 1) sowie „**betriebswirtschaftliche Erfolgswerte**" wie Ertrag, Aufwand, Leistung und Qualität und sogenannte GuV-Werte (Steuerungsebene 2). Darüber hinaus wird das Konzept um zwei weitere Kategorien (Steuerungsebenen): Steuerungsebene 3 **"Evolution"** für die immateriellen Vermögenswerte Beziehungen, Mitarbeiter, Kunden Marktanteil, Marktauftritt und die Steuerungsebene 4 **"Innovation"** mit den Vermögenswerten Wissen, Führung, Strategie, geistiges Eigentum erweitert.

Die vier Steuerungsebenen / Wachstumspotenziale	
Steuerungsebenen/ Wachstumspotentiale	Basis unternehmerischen Handelns
INNOVATION Überlegenheit	**GEIST** Innovation/Kreativität
EVOLUTION Erfolg im Markt	**ENERGIE/ SEELE** Mitarbeiter/ Beziehungen
PROFIT „Ertrag"	**BEWEGUNG** Leistung/ Kosten
LIQUIDITÄT Einnahmen > Ausgaben	**MATERIE** Gebäude/ Ressourcen u.s.w.

Abbildung 4: Vier Steuerungsebenen des GDUR®-Konzeptes

Wie Sie ersehen können, umfassen die **zwei neuen Steuerungsebenen** – die Steuerungsebene 3 und die Steuerungsebene 4 – hauptsächlich **immaterielle Vermögenswerte**, die bisher in den Abschlüssen vor allem als Aufwendungen oder Einnahmequellen verbucht wurden.

Das GDUR® Ratingsystem (Vier-Ebenen-Konzept) umfasst das gesamte Spektrum der Vermögenswerte eines Unternehmens und stellt damit einen großen Schritt auf dem Weg zur Entschlüsselung der Erfolgsfaktoren und zu einer ganzheitlich dynamischen Sicht der Organisation mit dem Blickwinkel Zukunftsfähigkeit sprich Kapitaldienstfähigkeit dar. Es bietet einen Kontext, aus dem ersichtlich wird, wie Organisationen Wert schaffen oder vernichten, indem sie die vier Steuerungsebenen/Vermögenswerte, materielle ebenso wie immaterielle, kombinieren.

Dem Ganzheitlich Dynamischen Unternehmens Rating liegt folgendes Konzept zugrunde:

Ebene 1: Finanzen/Vermögen = „Liquidität"

Die Liquidität gilt als überlebensrelevante Steuerungsgröße, denn Unternehmen gehen nicht unter, weil sie keinen Gewinn machen, sondern weil sie illiquide sind. Die dazugehörigen Orientierungsgrößen sind: Einnahmen und Ausgaben sowie die direkt damit zusammenhängenden Bilanzgrößen (finanzielle- und physische Vermögenswerte) einschließlich der Kreditlimiten.

> ⇒ **Mit Liquidität kann nur ein sehr kurzfristiger Zeithorizont überblickt werden.**

Ebene 2: Profit/Leistung = „Betriebswirtschaftlicher Erfolg"

Um den Steuerungshorizont in die Zukunft zu erweitern, muss eine gänzlich andere Steuerungsebene erschlossen werden. Die dazugehörigen Orientierungsgrößen sind: Erträge und Aufwände repräsentiert durch die erbrachte Leistung, Qualität und den Profit. Liquidität und Erfolg sind gegenläufige Beziehungen

> ⇒ **Die Liquidität kann positiv sein, obwohl Verluste gemacht werden,**
> ⇒ **andererseits Gewinn und trotzdem angespannte Liquidität.**

Genau deshalb benötigt man eine wiederum höhere Steuerungsebene, die in den gesamten Systemen zusammen integriert sein muss.

Ebene 3: Markt/Beziehungen = „Evolution"

Die heute und jetzt bestehenden Erfolgspotentiale zwischen der Steuerungsgröße „betriebswirtschaftlicher Erfolg" (Steuerungsebene 2) und der Steuerungsgröße „bestehende Erfolgspotentiale" (Steuerungsebene 3) besteht wiederum exakt dieselbe logische Beziehung wie zwischen „Liquidität"(Steuerungsebene 1) und „betriebswirtschaftlicher Erfolg" (Steuerungsebene 2).

⇒ Gewinne ausgezeichnet -> obwohl Potenziale irreversibel in Erosion,
⇒ Verlust bei ausgezeichneten Erfolgspotenzialen.

Von untergeordneten Steuerungsgrößen kann man so gut wie nichts über ihre Verursachung bzw. die Steuerungsgrößen höherer Ordnung aussagen. Umgekehrt können aber sehr zuverlässige Ableitungen gewissermaßen von oben nach unten gemacht werden:

⇒ Je besser die Erfolgspotentiale sind, um so leichter wird es fallen, auch
⇒ tatsächlich Gewinne zu erzielen,
⇒ wo keine Erfolgspotentiale sind, lässt sich auch bei noch so gutem Management kein Erfolg mehr erwirtschaften.

Die Orientierungsgrundlagen für die bestehenden Erfolgspotenziale sind:

- Erfahrungskurve, die als langfristig günstigenfalls erreichbare Kostenuntergrenze verstanden werden muss (Erfahrungs- oder Boston-Effekt),
- weitere Größen:
die Attraktivität des Unternehmens am Markt,
die relativen Marktanteile,
das Kundenprofil,
die relative Marktleistungsqualität,
die vertikale Integration,
die Wachstumsrate des Marktes.

Das Unternehmen löst in dieser Ebene die bekannten Probleme mit bekannten Ansätzen und die bekannten Probleme mit neuen Ansätzen.

Die Fragen, die gestellt werden müssen, sind diese: **„Wie dauerhaft sind die heutigen Erfolgspotenziale?" „Ist das Unternehmen auf die Zukunft vorbereitet?"**

Die Antwort lautet eindeutig: Die heutigen Erfolgspotenziale sichern die Zukunft des Unternehmens nicht ab, es müssen einerseits für alle Aktionsfelder neue Problemlösungen angeboten werden und andererseits müssen neue Geschäftsfelder definiert werden, die (weit) über die heutigen hinausgehen. Deshalb müssen die Steuerungssysteme um eine weitere Ebene ergänzt werden.

Ebene 4: Innovation/Wissen = „Zukünftige Erfolgspotenziale"

Mit dieser obersten Steuerungsgröße kann der weitest mögliche, zeitliche Horizont überblickt werden, und dies ohne jegliche Hochrechnung oder Extrapolation.

Es sind die Orientierungsgrößen:

1. Lösungsvariante formulierte Anwenderprobleme (entdeckt neue Probleme und löst sie);
2. technologische Substitution.

Diese Ebene führt unmittelbar zu einer vom heutigen Produktangebot vollkommen unabhängigen Definition des Geschäftes. **Erstens** es werden also **neue Geschäftsfelder** bearbeitet/definiert, die über das heutige Produktangebot hinausgehen, also zum Beispiel neue Felder, die die Bedürfnisse der Kunden ganzheitlich befriedigen und somit mittelfristig das Kerngeschäft ablösen. Es werden aber auch Ideen generiert, die das Folgegeschäft langfristig absichern, sodass das Unternehmen gleichzeitig drei Horizonte also Lebenskurven managt (managen muss). **Die zweite** Grundlage der zukünftigen Erfolgspotenziale ist die technologische Substitution; also die Verdrängung bisheriger durch neue Problemlösungen mit neuen Technologien.

Fazit: Bis zur Steuerungsebene 3 „Evolution" fungiert das Unternehmen in der Position des Wettbewerbers. Diese Denkweise genügt nicht mehr, es ist vielmehr notwendig, dass das Unternehmen nicht nur als Wettbewerber sondern auch als Innovator (Steuerungsebene 4) fungiert.

Das Ratingsystem muss demnach darauf abzielen, die Handhabung der Erfolgspotenziale der Steuerungsebenen 1, 2 und 3 sowie der Zukunftspotenziale der Steuerungsebene 4 zu analysieren, zu interpretieren und zu bewerten. Wichtig ist dabei, vor allem zu erkennen, dass der Prozess der Unternehmensführung und -steuerung als integrativer und interdependenter – sich gegenseitig befruchtender – Prozess aufgefasst werden muss. Dieser Prozess kann am besten mit den Funktionen der **Vorsteuerung** und **Randbedingungen** erklärt werden.

Einerseits findet eine **Vorsteuerung** statt: Die bestmögliche Sicherung der laufenden Liquidität (Steuerungsebene 1) erfolgt durch Sicherung des laufenden Erfolgs (Steuerungsebene 2). Dieser wiederum lässt sich am besten durch Erfolgspotenziale der Steuerungsebene 3 erreichen. Die Vorsteuerung von Erfolgspotenzialen erfolgt wiederum über Zukunftspotenziale (Steuerungsebene 4).

Das heißt: **1.** *„Neue Erfolgspotenziale = Zukunftspotenziale steuern bestehende Erfolgspotenziale vor".* Bestmögliche Sicherung der laufenden Erfolgspotenziale durch Sicherung zukünftiger Erfolgspotenziale (Zukunftspotenziale). **2.** *"Bestehende Erfolgspotenziale steuern den Erfolg vor".* Bestmögliche Sicherung des laufenden Erfolgs durch Sicherung bestehender/laufender Erfolgspotenziale. **3.** „Erfolg steuert Liquidität vor". Bestmögliche Sicherung der laufenden Liquidität durch Sicherung des laufenden Erfolgs.

Andererseits bestehen **Randbedingungen** für die Vorsteuerung. So ist Erfolg nur möglich, wenn kurzfristig die Liquidität gesichert ist. Auch bestehende Erfolgspotenziale können nur gesichert werden, wenn mittelfristig Erfolg erzielt wird. Und genau so ist es mit den Zukunftspotenzialen, die sich nur erschließen lassen, wenn gegenwärtig bereits Erfolgspotenziale bestehen.

Das heißt: **1.***"Erfolg setzt Liquidität voraus."* Erfolg ist nur möglich, wenn die Liquidität **kurzfristig** gesichert ist. **2.** *"Erfolgspotenziale setzen Erfolg voraus."* Erfolgspotenziale können nur aktiviert werden, wenn **mittelfristig** Erfolg erzielt wird. **3.** *" Neue Erfolgspotenziale/Zukunftspotenziale setzen bestehende Erfolgspotenziale voraus."* Zukunftspotenziale können nur erschlossen werden, wenn **langfristig** Erfolgspotenziale vorliegen.

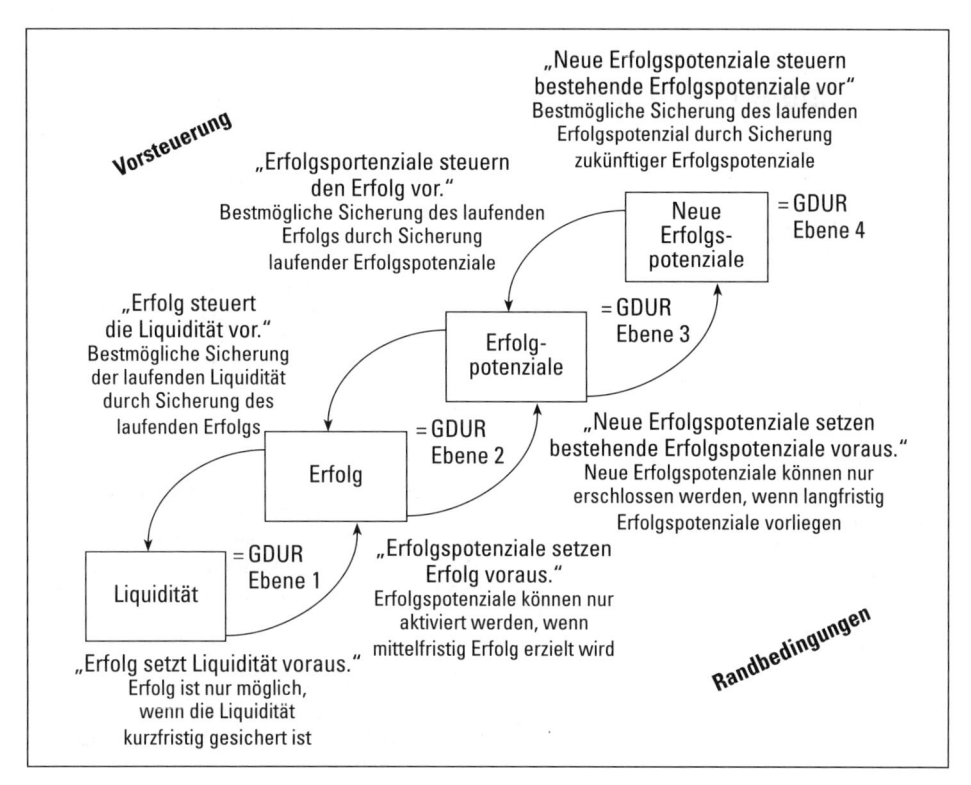

Abbildung 5: Interdependenzen zwischen Erfolg und Randsbedingungen

Zur langfristigen Sicherung des Erfolgs eines Unternehmens müssen daher bestehende und vor allem zukünftige Erfolgspotenziale (Zukunftspotenziale) berücksichtigt werden. Häufig mangelt es den Unternehmen aber schon an der Bereitschaft, die nicht monetär meßbaren Erfolgspotenziale als Führungsgrößen anzuerkennen. Dies ist ein großer Fehler, denn ohne Zukunftspotenziale wird die Wettbewerbsfähigkeit der Unternehmen langfristig nicht zu sichern sein.

4.2 Ratingkriterien

Das Ganzheitlich-Dynamische-Unternehmens-Rating (GDUR®) führt somit zu einer neuen Vorgehensweise beim Unternehmensrating.

Es ist **ganzheitlich**, weil es die unterschiedlichen Kategorien von Vermögenswerten, die in den Unternehmen Wert schaffen analysiert, interpretiert und bewertet. Es nimmt die Herausforderung an, ein Unternehmen nicht nur nach den alten traditionellen Vermögenswerten zu raten, sondern nach Vermögenswerten, die (auch) zukünftig für den Erfolg eines

**Neues System:
GDUR® Ganzheitlich Dynamisches Unternehmens Rating**

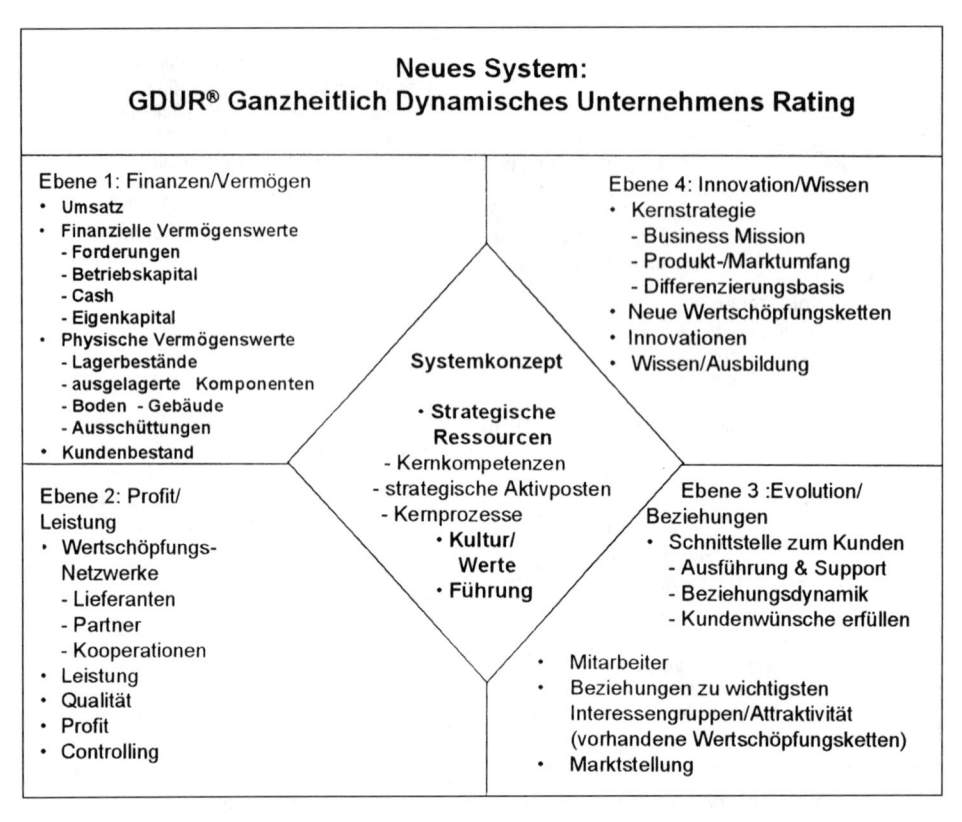

Ebene 1: Finanzen/Vermögen
- Umsatz
- Finanzielle Vermögenswerte
  - Forderungen
  - Betriebskapital
  - Cash
  - Eigenkapital
- Physische Vermögenswerte
  - Lagerbestände
  - ausgelagerte Komponenten
  - Boden - Gebäude
  - Ausschüttungen
- Kundenbestand

Ebene 2: Profit/Leistung
- Wertschöpfungs-Netzwerke
  - Lieferanten
  - Partner
  - Kooperationen
- Leistung
- Qualität
- Profit
- Controlling

Systemkonzept
- Strategische Ressourcen
  - Kernkompetenzen
  - strategische Aktivposten
  - Kernprozesse
- Kultur/Werte
- Führung

Ebene 4: Innovation/Wissen
- Kernstrategie
  - Business Mission
  - Produkt-/Marktumfang
  - Differenzierungsbasis
- Neue Wertschöpfungsketten
- Innovationen
- Wissen/Ausbildung

Ebene 3: Evolution/Beziehungen
- Schnittstelle zum Kunden
  - Ausführung & Support
  - Beziehungsdynamik
  - Kundenwünsche erfüllen
- Mitarbeiter
- Beziehungen zu wichtigsten Interessengruppen/Attraktivität (vorhandene Wertschöpfungsketten)
- Marktstellung

Abbildung 6: Kriterien beim

Unternehmens zuständig sind und vor allem die Zukunftsfähigkeit und somit die Kapitaldienstfähigkeit wesentlich beeinflussen.

Das GDUR® ist **dynamisch**, weil es die einzelnen Steuerungsebenen bzw. deren unterschiedlichen Einflüsse auf den Unternehmenserfolg miteinander verknüpft sowie die Veränderungsprozesse und die Dynamik des Marktes, des Unternehmens, seiner Produkte und seiner Struktur – beispielsweise durch die Ermittlung der Lebenszykluskurven – mit einbezieht.

Zusammenfassung: Das Ganzheitlich-Dynamische-Unternehmens-Rating hat das Ziel, die Zukunftsfähigkeit, die Dynamik und somit letztendlich wie jedes andere Rating auch, zuverlässig und statistisch valide Ausfallwahrscheinlichkeiten zu begründen.

Das Ganzheitlich-Dynamische-Unternehmens-Rating ist ein mittelstandsadäquates Rating, da es das Unternehmen sachgerecht, ganzheitlich und dynamisch analysiert, interpretiert und bewertet; es berücksichtigt somit die Besonderheiten des Mittelstandes, zum Beispiel die Integration von Management und Gesellschafterstruktur, die gegebene, häufig starke Einbindung in die bestehende Wertschöpfungsketten sowie die Veränderungsprozesse im Unternehmen und am Markt.

Das Ganzheitlich-Dynamische-Unternehmens-Rating bezieht sowohl die materiellen als auch die immateriellen Vermögenswerte in die Unternehmensanalyse mit ein, zeigt die Chancen und Risiken des derzeit praktizierten Geschäftsmodells auf, hilft den Standort des Unternehmens zu bestimmen und leistet somit einen wichtigen Beitrag zur Unternehmensstabilität.

Das Ganzheitlich-Dynamische-Unternehmens-Rating bietet daher dem Unternehmen vielfältige interne Nutzen zum Beispiel zur internen Chancen- und Risikoidentifikation, zur Reduzierung der Finanzierungskosten, als Signalling von Kreditwürdigkeit, als Informationsinstrument für das Management und Mitarbeiter und nicht zuletzt als Kommunikationsinstrument mit den unterschiedlichsten Interessengruppen des Unternehmens: Kunden, Mitarbeiter, Kreditinstitute, Gesellschafter, Lieferanten, neue Geschäftspartner (Kooperationen), Versicherungen, Börse, Leasing-Unternehmen, Öffentlichkeit, Staat und Gemeinde .

Das Ganzheitlich-Dynamische-Unternehmens-Rating liefert darüber hinaus mit der Veröffentlichung des Ratingergebnisses, Entscheidungshilfen für externe Partner des Unternehmens im Spannungsfeld der Kredit- und Geschäftsbeziehungen; zum Beispiel für folgende Aspekte mit hohem Stellenwert: Konditionen und Finanzmittel, Lieferbereitschaft und Konditionen, Akquisition und Bindung von Geschäftspartnern, Abschluss und Realisation von Verträgen sowie Emission und Kurspflege.

Das Ganzheitlich-Dynamische-Unternehmens-Rating ist bezogen auf den Ratingprozess schlank und daher kostengünstig, weil es sich auf standardisierte Bewertungsansätze und -systeme stützt und die Ergebnisse durch eine stringente, konzentrierte Unternehmensanalyse der Gegebenheiten vor Ort ergänzt.

Teil 6
Modelle des Ratings

Rating mit qualitativen und quantitativen Kriterien

Günther Stur

EuroRatings AG, die Ratingagentur für den europäischen Mittelstand, hat sich auf die Bonitätsbeurteilung mittelständischer Unternehmen spezialisiert. Im Folgenden wird die Vorgehensweise von EuroRatings bei der Unternehmensanalyse erläutert, wobei der Einsatz von qualitativen und quantitativen Ratingkriterien besonders hervorgehoben wird.

Eine der wichtigsten Problemstellungen, die ein externes Rating mit sich bringt, ist die Auswahl und Anwendung von geeigneten Ratingkriterien. Diese Kriterien stellen die Ausgangsbasis – ja sogar das Herzstück – jedes Ratingprozesses dar. Auf diese Fragestellung werden wir im Folgenden näher eingehen.

Bevor wir jedoch tiefer auf die Problemstellung der Kriterienauswahl eingehen, ist zunächst einmal zu klären, wie die EuroRatings AG den Begriff „Rating" eigentlich definiert:

„Ein Fremdkapitalrating ist die Meinung der Ratingagentur über die Wahrscheinlichkeit der zeitgerechten und vollständigen Bezahlung von Zins- und Tilgungsverpflichtungen eines Schuldners."

Das heißt, die derzeitige und zukünftige finanzielle Kraft eines Unternehmens wird in allen Einzelheiten untersucht. Die Fragestellung lautet folglich: Welche Faktoren sind ge-

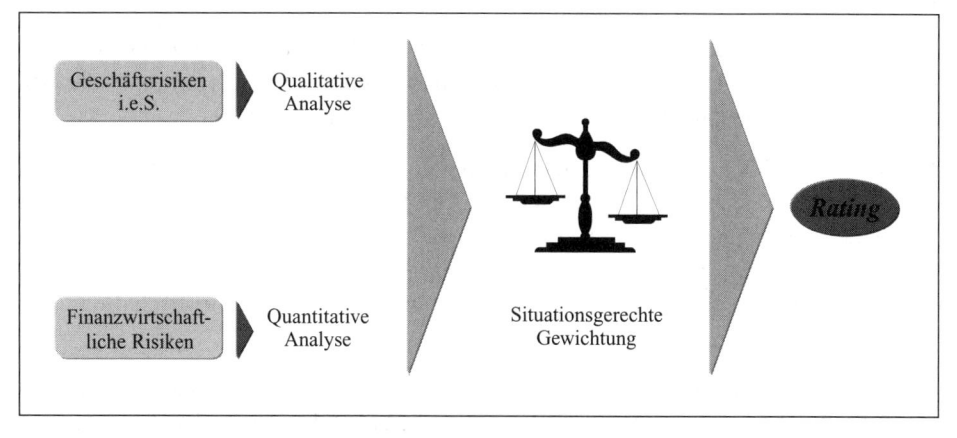

Abbildung 1: Quantitative und qualitative Kriterien bestimmen das Rating

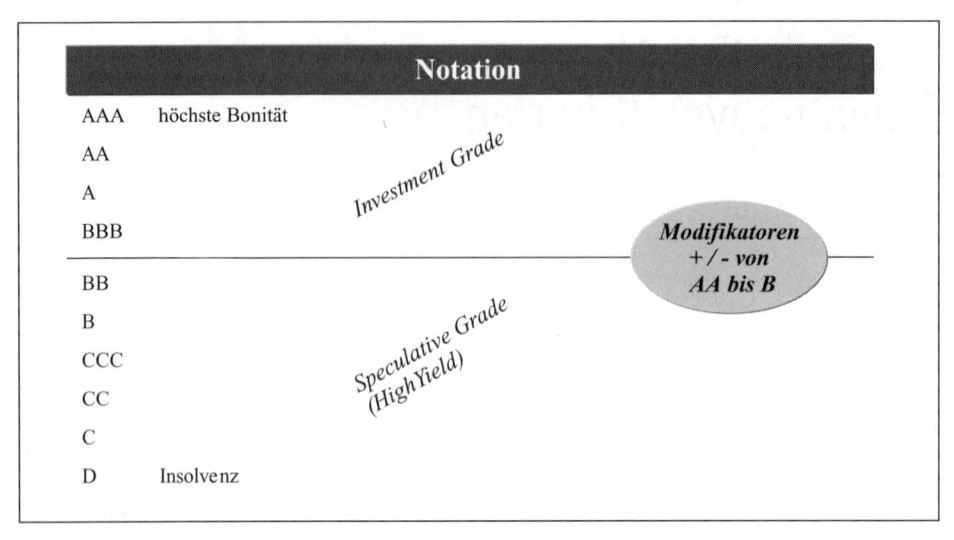

Notation	
AAA	höchste Bonität
AA	
A	*Investment Grade*
BBB	
BB	
B	
CCC	*Speculative Grade (High Yield)*
CC	
C	
D	Insolvenz

Modifikatoren +/- von AA bis B

Abbildung 2: EuroRatings spricht die international etablierte Ratingsprache

eignet, den finanziellen Spielraum des zu beurteilenden Unternehmens objektiv darzustellen? Hierbei steht der Ratinganalyst vor der Herausforderung, mit Hilfe von

1. **vergangenheitsbezogenen** Bilanzdaten und
2. einer **gegenwartsbezogenen** Status-quo-Bestandsaufnahme des Unternehmens Rückschlüsse auf die
3. **zukünftige** finanzielle Situation eines Unternehmens zu ziehen.

Nach unserer Auffassung sind besonders externe Ratings hervorragend geeignet, diese drei zeitlichen Ebenen miteinander zu verbinden. Dies bedeutet nichts anderes, als unternehmensbezogene Daten aus der Vergangenheit und Gegenwart zu einer Prognose für die Zukunft zu verdichten.

EuroRatings verwendet die international gebräuchliche Notation AAA bis D, um ihre „Urteile" auszudrücken. Die unmittelbare Vergleichbarkeit unserer Ratings mit denen der großen, etablierten Agenturen ist dabei unsere erklärte Geschäftspolitik.

Vor allem der Blick in die Zukunft stellt bekanntermaßen die größte Schwierigkeit im Ratingprozess dar. Denn wer kann schon die Zukunft mit all ihren Unwägbarkeiten exakt vorhersagen? Hierzu ist anzumerken, dass die Ratingurteile aller bekannten Ratingagenturen nichts anderes sind als Einschätzungen bezüglich der Zukunft der jeweiligen Emittenten – ganz gleich ob es sich bei ihnen um öffentliche Körperschaften oder Unternehmen handelt.

Genau aus diesem Grund veröffentlichen die großen internationalen Agenturen auch regelmäßig die Historie ihrer Ratingurteile. Hierbei werden die Urteile der Vergangenheit jeweils in Bezug zum tatsächlichen Eintritt der vorausgesagten Zahlungsstörungen ge-

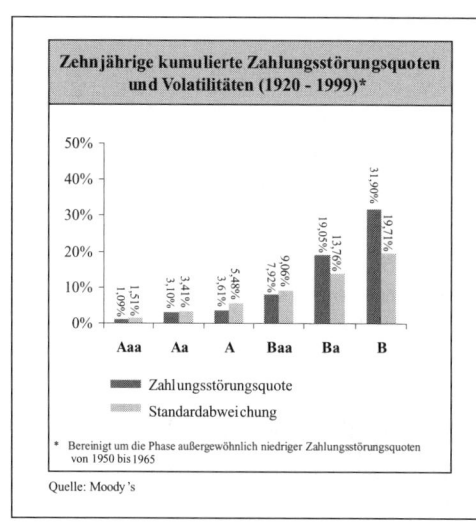

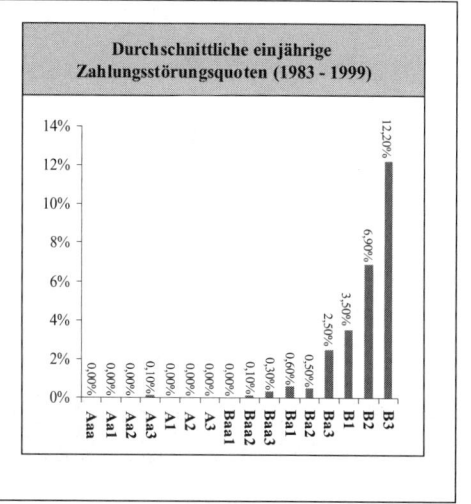

Abbildung 3: Ratings besitzen eine hohe Aussagekraft

setzt. Diese Studien beweisen, dass sich die Richtigkeit von Ratingurteilen ausschließlich und immer nur in einer ex-post-Betrachtung überprüfen lässt. Solche ex-post-Studien setzen selbstverständlich voraus, dass die jeweiligen Ratingagenturen bereits seit längerer Zeit existieren und eine entsprechende Ratinghistorie (Track Record) vorweisen können. Dies dürfte gegenwärtig nur den angelsächsischen Agenturen möglich sein, da vor allem die USA bereits eine sehr lange Ratingtradition besitzen.

Bei der Betrachtung der historischen Ratings fällt auf, dass die Trefferquote der Agenturen in Bezug auf ihre Urteile recht hoch ist. Dies ist nach unserer Ansicht das beste Indiz für die Leistungsfähigkeit externer Ratings. Denn gerade die Prognosequalität, die ein externes Rating liefern kann – und muss, ist das beste Argument für den Einsatz externer Ratings – sei es als Ergänzung oder als teilweiser Ersatz eines (bank)internen Ratings.

In der aktuellen Diskussion um den Nutzen von externen Ratings wird oft der angeblich bestehende Konflikt zwischen internen und externen Ratings hervorgehoben. So wird von einigen Kritikern die Frage gestellt, ob in Deutschland nicht das Konzept des internen Ratings ausreichend wäre, da die Banken ihre internen Ratings sowieso flächendeckend anböten. Dies würde externe Analysen obsolet machen.

Nach Auffassung von EuroRatings stellen jedoch externe und interne Ratings keinen Gegensatz dar, sondern ergänzen einander. Dies verdeutlicht die folgende Tabelle, die die wichtigsten Unterschiede zwischen beiden Ratingmethoden gegenüberstellt.

Wir möchten nun erläutern, worin die wichtigsten Unterschiede zwischen beiden Verfahren liegen:

Extern	**Intern**
• „Through the Cycle" • Erst ab Mindestgröße sinnvoll • Objektiv, wenn Agentur unabhängig • Tiefgehende Fundamentalanalyse • Übergewichtung qualitativer Faktoren • Branchenfokus /-erfahrung • Internationale Vergleichbarkeit • Völlige Transparenz • Laufende externe Beobachtung	• „Point in Time" • Für alle Kreditnehmer • Mitunter Interessenkonflikten unterworfen • Hohe Stückzahlen • Oft sehr stark quantitativ determiniert • Oft branchenunspezifisch • Vergleichbarkeit selten gegeben • Keine Transparenz • Beobachtung durch Kontoführung

Fazit: Externe und interne Ratings sind kein Gegensatz, sondern ergänzen einander

Abbildung 4: Externe vs. interne Ratings?

„Through the Cycle" vs. „Point in Time"

Externe Ratings gehen vorausschauend auf den spezifischen konjunkturellen (Branchen-) Zyklus eines Unternehmens ein. Denn genau wie die volkswirtschaftliche Konjunktur sind auch die meisten Unternehmen zyklischen Schwankungen ihres Geschäftsverlaufs unterworfen – zwischen beidem besteht ja oft, wenn auch nicht zwingend – eine starke Korrelation.

Das heißt, dass bei einem externen Rating nicht nur die gegenwärtige Geschäftslage einer Firma analysiert wird, sondern auch ihre mittelfristigen Perspektiven der kommenden fünf bis zehn Jahre. Ein Ratingurteil von EuroRatings behält folglich in guten wie in schlechten Zeiten seine Gültigkeit. Im Gegensatz hierzu sind die meisten internen Ratings – wie ja auch im Baseler Konsultationspapier moniert wird – auf den Zeitpunkt der Analyse (Point in Time) beschränkt; sie beziehen sich sogar eher auf die Daten der in letzter Zeit verfügbaren Geschäftsberichte.

Die Durchführung einer tiefgehenden Fundamentalanalyse, bei der sich die externen Ratinganalysten Zeit nehmen, das Unternehmen kennen zu lernen und zu verstehen, ist ein weiteres wichtiges Unterscheidungsmerkmal zwischen der internen und der externen Lösung.

Zudem spielt die Einbeziehung qualitativer Größen, die sich erst mittelfristig in den Geschäftszahlen ausdrücken, eine extrem wichtige Rolle. Beispiele hierfür sind die Qualität des Managements, des Controllings oder der Produktpipeline. Diese Faktoren sind zwar zahlenmäßig nur schwer zu erfassen, aber dennoch ausschlaggebend für die Fähigkeit eines Unternehmens, auch in Zukunft ausreichende Erträge zu erwirtschaften. Zudem werden solche qualitativen Ratingkriterien nur durch einen Unternehmensbesuch vor Ort

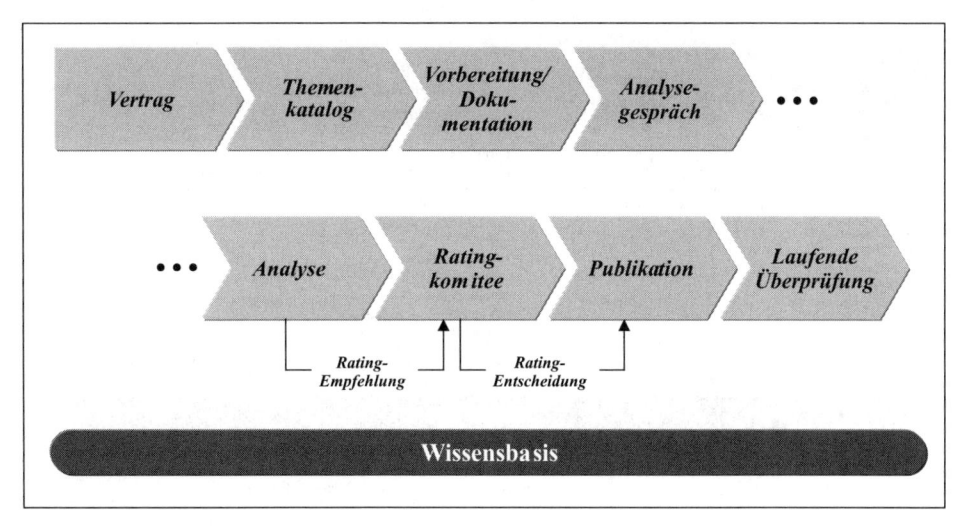

Abbildung 5: Acht Prozessschritte

überhaupt begreifbar. Hiermit verbunden sind in jedem Fall auch ausführliche Gespräche der Ratinganalysten mit dem Management. Als Ausgangspunkt für diese Analysegespräche dient wiederum der qualitative und quantitative Kriterienkatalog. Er fungiert als systematischer Leitfaden für die Meetings, damit sämtliche wichtige Problemstellungen in den Ratingprozess miteinbezogen werden können.

All dies kann ein internes Rating aufgrund der großen Zahl der zu ratenden Unternehmen in den seltensten Fällen leisten. Es bleibt in der Regel weniger Zeit für Unternehmensbesuche und Analysegespräche. Folglich wird hier meist der Schwerpunkt auf die quantitativen und vergangenheitsbezogenen Informationen aus dem Jahresabschluss gelegt. Dies greift in den meisten Fällen leider zu kurz, um auch die mittel- und langfristigere Zukunft einer Firma einschätzen zu können.

Nachdem wir kurz das Selbstverständnis der EuroRatings AG vorgestellt haben, kommen wir nun auf den Ratingprozess zu sprechen. Der Ratingprozess von EuroRatings wird in Abbildung 5 schematisch dargestellt.

Wenn ein Unternehmen die Entscheidung getroffen hat, sich von EuroRatings analysieren zu lassen, wird zunächst ein für beide Seiten verbindlicher Vertrag abgeschlossen. Sobald dies geschehen ist, stellen die zuständigen Ratinganalysten den sogenannten Themenkatalog auf. In diesen Katalog fließen sämtliche nach unserer Ansicht relevanten Ratingkriterien ein; er wird bereits eng an die Eigenheiten der Branche, ja selbst des Unternehmens angepasst, quasi „maßgeschneidert". Das heißt, dass die qualitativen und quantitativen Kriterien bereits im zweiten Schritt des Ratingprozesses festgelegt werden. So dient der Themenkatalog bei jedem der sechs folgenden Schritte als unverzichtbarer Leitfaden für den Ratingprozess. Zudem ist er die Basis für das Analysegespräch.

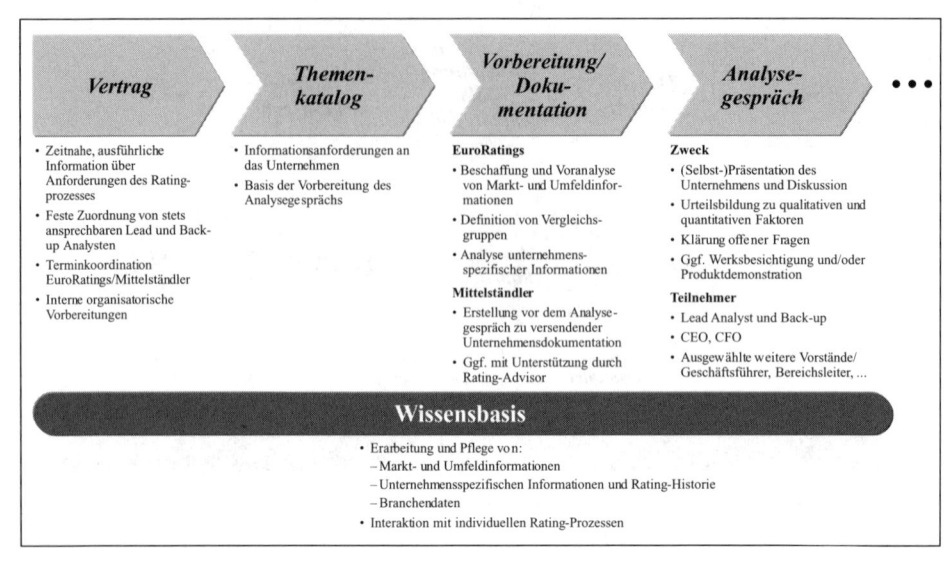

Vertrag	Themen-katalog	Vorbereitung/Dokumentation	Analyse-gespräch	...
• Zeitnahe, ausführliche Information über Anforderungen des Ratingprozesses • Feste Zuordnung von stets ansprechbaren Lead und Back-up Analysten • Terminkoordination EuroRatings/Mittelständler • Interne organisatorische Vorbereitungen	• Informationsanforderungen an das Unternehmen • Basis der Vorbereitung des Analysegesprächs	**EuroRatings** • Beschaffung und Voranalyse von Markt- und Umfeldinformationen • Definition von Vergleichsgruppen • Analyse unternehmensspezifischer Informationen **Mittelständler** • Erstellung vor dem Analysegespräch zu versendender Unternehmensdokumentation • Ggf. mit Unterstützung durch Rating-Advisor	**Zweck** • (Selbst-)Präsentation des Unternehmens und Diskussion • Urteilsbildung zu qualitativen und quantitativen Faktoren • Klärung offener Fragen • Ggf. Werksbesichtigung und/oder Produktdemonstration **Teilnehmer** • Lead Analyst und Back-up • CEO, CFO • Ausgewählte weitere Vorstände/ Geschäftsführer, Bereichsleiter, ...	

Wissensbasis
- Erarbeitung und Pflege von:
  - Markt- und Umfeldinformationen
  - Unternehmensspezifischen Informationen und Rating-Historie
  - Branchendaten
- Interaktion mit individuellen Rating-Prozessen

Abbildung 6: Die Grundlagen der Urteilsbildung legen

Hierzu ist anzumerken, dass die erste Fassung des Kriterienkatalogs nicht als rigider Leitfaden angesehen werden darf, an den sich sowohl die Analysten als auch das zu ratende Unternehmen durchgehend halten müssen. Es handelt sich eher um ein lebendiges Dokument, dessen Inhalte sich im Laufe der Zeit noch ändern können. Das heißt, der Ratingprozess stellt für beide Seiten einen Entwicklungs-, ja sogar Lernprozess dar. Dies hängt damit zusammen, dass die Ratinganalysten als externe Branchenexperten zunächst einmal von ihrem Know-how ausgehen. Dieses fließt in die erste Fassung des Themenkatalogs ein.

...	Analyse, Bewertung	Rating-Komitee	Publikation	Laufende Überprüfung
	• Identifikation der Bonitätsdeterminanten • Quantitative und qualitative Peer Group-Analysen • Vergleich mit mittelstandsadaptierten Industry Floors/Ceilings • Bereinigung steuer- und handelsrechtlicher Verzerrungen • Unterstützender Einsatz qualitativer und statistischer Verfahren	• Präsentation durch Lead Analyst • Ausführliche Diskussion • Sicherstellung der Homogenität der Ratingarchitektur • Abstimmung (Vetorecht des Vorstands) • Information des Mittelständlers und Widerspruchsmöglichkeit	• Pressemitteilung innerhalb von 24 Stunden • Report innerhalb eines Monats	• Kontinuierliche Markt- und Branchenbeobachtung • Kontinuierliche Betreuung des Unternehmens • Unterjährige Erhebung kritischer Faktoren • Anzeige wesentlicher Veränderungen durch das Unternehmen • Bei Vorliegen ratingrelevanter Veränderungen Aufnahme in Watchlist bzw. Anpassung des Ratings

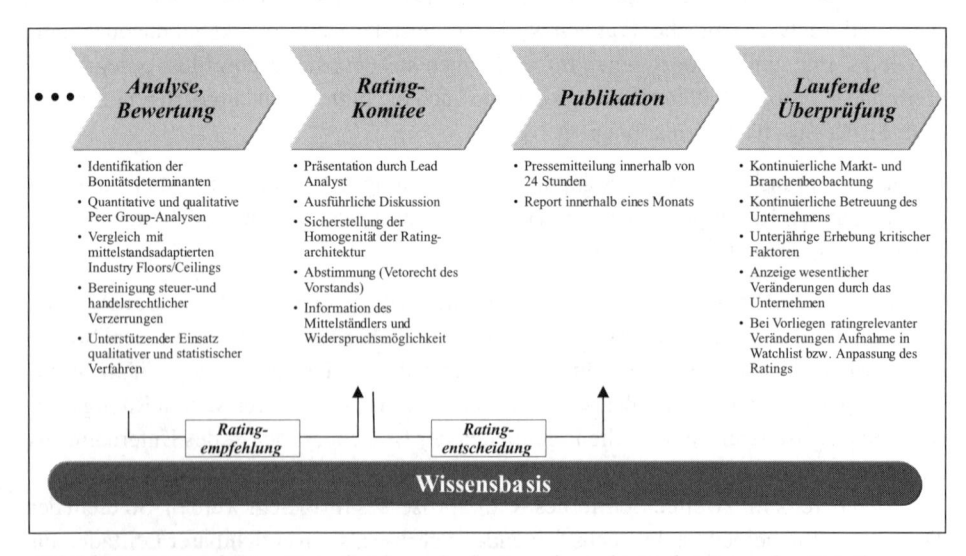

Ratingempfehlung → Ratingentscheidung

Wissensbasis

Abbildung 7: Sorgfältige Entscheidungsfindung und rasche Verbreitung des Urteils

Doch erst mit dem Analysegespräch, das in der Regel mit mehreren Vertretern aus dem Unternehmen stattfindet, können die Analysten tiefgreifender auf die spezifische Problemstellung ihres Klienten eingehen. Gerade in diesem Prozessschritt erfährt der Kriterienkatalog noch einige Änderungen und Erweiterungen. Hierdurch entwickelt er sich immer mehr zu einem voll auf das Unternehmen angepassten Katalog. Besonders zu betonen ist hierbei, dass sich die Analysten um die größtmögliche Vollständigkeit des Kataloges bemühen. Sämtliche Fragen und Informationen, die für die Erteilung eines Ratingurteils nötig sind, müssen in diesem Katalog berücksichtigt werden. Nur so kann dieser als Basis für den folgenden Schritt, die Analyse und Bewertung genutzt werden.

Der fünfte Schritt des Ratingprozesses ist die Analyse der Informationen, die sich aus der oben beschriebenen Datenerhebung ergeben haben. Auch hier gelten die Ratingkriterien als wichtiges Hilfsinstrument: Erst in diesem Schritt werden aus den vielen verschiedenen Kriterien diejenigen ausgesucht, die als wichtigste Einflussfaktoren auf die Bonität des betreffenden Unternehmens gelten. Dadurch reduzieren die Analysten die eventuell unübersichtliche Vielzahl an Informationen auf die wirklich relevanten Einflussgrößen. Welche Kriterien schließlich ausgewählt werden, hängt in den meisten Fällen von der Branche ab, in der eine Firma tätig ist.

Die Bewertung eines Unternehmens kann nie isoliert betrachtet werden, sondern muss immer relativ im Kontext zu vergleichbaren Firmen gesehen werden. Erst durch die Erstellung einer Rangfolge aus mehreren Unternehmen kann der Analyst erkennen, wie finanzstark die zu ratende Firma wirklich ist.

Deshalb ist es besonders wichtig für die Analyse und Bewertung, dass eine Peer Group von vergleichbaren Unternehmen zu Hilfe genommen wird. Das zu ratende Unternehmen kann nämlich am besten bewertet werden, indem man es mit einer Gruppe von Unternehmen vergleicht, die in derselben Branche tätig sind. Ideal ist zudem, wenn die Firmen aus der Peer Group vergleichbare Produkte in der selben Region anbieten. In den meisten Fäl-

Analyserichtlinien

- Bereinigung steuer- und handelsrechtlicher Verzerrungen
- Unterstützender Einsatz quantitativer und statistischer Verfahren
- Kriterien an Branchenbesonderheiten angepaßt und ergänzt
- Peer Group- und Benchmark-Analysen
- Hauptaugenmerk auf Zukunftsentwicklung anstelle von Vergangenheitsdaten

Abbildung 8: Detailanpassungen erhöhen die Genauigkeit

len werden die Aktivitäten der betrachteten Firmen nicht voll deckungsgleich, aber zumindest vergleichbar sein.

Auch bei der Analyse der Peer Group werden die gleichen qualitativen und quantitativen Ratingfaktoren angewandt, die man bereits bei der Betrachtung des Einzelunternehmens im Fragenkatalog aufgestellt hat. Dadurch, dass die Peer Group in der gleichen Branche tätig ist, gelten für die in ihr enthaltenen Unternehmen selbstverständlich die gleichen Gesetzmäßigkeiten wie für das zu ratende Unternehmen. Durch das systematische Abarbeiten der einzelnen relevanten Ratingfaktoren können die Analysten Schritt für Schritt bei jedem einzelnen Ratingkriterium feststellen, wie gut oder schlecht das zu ratende Unternehmen im Vergleich zu seinen Wettbewerbern ist. Dies gilt sowohl für qualitative Kriterien als auch für quantitative Bilanzkennzahlen.

Auch beim letzten Schritt des Ratingprozesses, dem Ratingkomitee, orientieren sich die Analysten an den Ergebnissen, die die Abarbeitung des Kriterienkatalogs geliefert hat.

Das Ratingkomitee ist bei EuroRatings eine rein interne Institution. Das Komitee wird ausschließlich aus den Analysten und dem Vorstand von EuroRatings gebildet. Die gesamte Analyse des Lead-Analysten wird genauestens durchleuchtet, hinterfragt und diskutiert. Das Komitee überprüft, ob die richtigen Kriterien angewendet wurden, die Vergleiche schlüssig sind und das vorgeschlagene Rating stimmig in die interne, aber auch externe „Ratingarchitektur" passt.

Wenden wir uns nun den Ratingkriterien konkret zu:

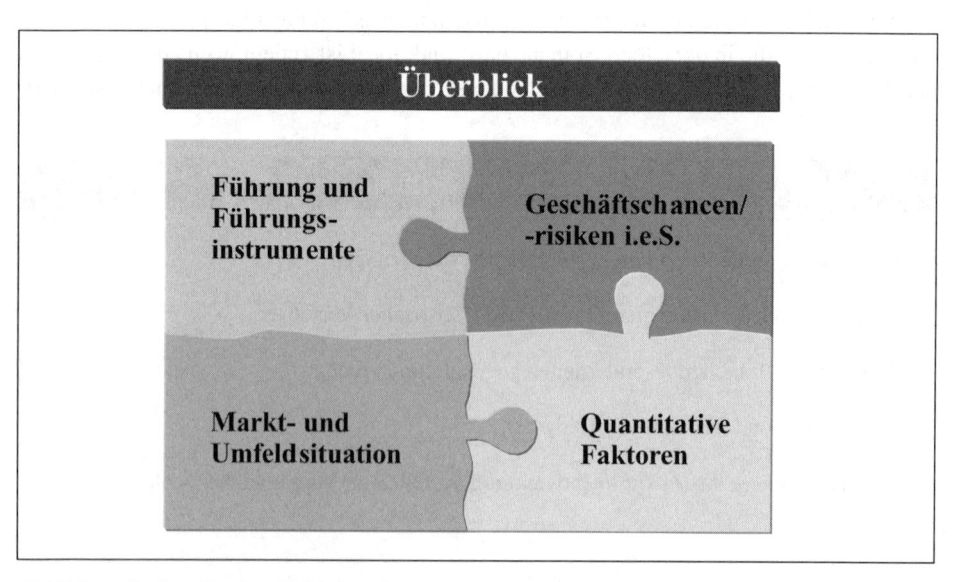

Abbildung 9: Qualitative Faktoren dominieren

Qualitative Ratingkriterien

... sind Kriterien, die sich in der Regel nicht in Zahlen ausdrücken lassen, sondern hauptsächlich verbal ausgedrückt werden. Die Ausprägung solch eines Kriteriums lässt sich jedoch in eine ordinale Rangfolge bringen.

EuroRatings hat für die qualitativen Faktoren drei Untergruppen gebildet. Dies sind:
- die Markt- und Umfeldsituation
- die Geschäftschancen und -risiken im engeren Sinne
- die Führung und Führungsinstrumente

Führung und Führungsinstrumente (1)

Eigentümer	Management	Strategie
• Struktur	• Struktur	• Existenz
• Stabilität	• Kompetenz	• Ziele
• Rekapitalisierungs- / Einschußkraft	• Erfahrung	• Realitätsnähe von Zielen und Annahmen
• Schnittstelle Eigentümer / Management inkl. Unternehmensverfassung	• Effizienz	• Geschäftsfeldstrategie (neue Produkte, neue Märkte)
• Nachfolgeregelung	• Managementstil, -philosophie	• Wachstumspfad (organisch vs. M&A)
	• Altersstruktur und Nachfolgeregelung	• Investitionspläne

Abbildung 10: Managementqualität einschätzen

Führung und Führungsinstrumente (2)

Controlling	Mitarbeiter	IT
• Effizienz und Effektivität	• Personalqualität	• Qualität und Angemessenheit
• Durchdringung und Detaillierungsgrad	• Personal-Verfügbarkeit	• Stabilität, Sicherheit, Disaster Recovery
• Instrumente	• Fluktuation	• Aktualität von Soft- und Hardware
• Bewertungsgrundsätze und Bewertungspraxis	• Ausbildung intern / extern	• Grad der Unterstützung wesentlicher Leistungsprozesse
• Qualität und Umfang des Berichtswesens	• Förderung des (Management-) Nachwuchses	
• Zuverlässigkeit der Planung	• Verhältnis zu Gewerkschaften und Betriebsrat	
• Kostenkontrolle	• Lohn- und Gehaltsstrukturen und deren Dynamik	
• Aktiv / Passiv-Steuerung		

Abbildung 11: Steuerungsinstrumente und Implementierungsressourcen beurteilen

Ein Beispiel für letztere Kategorie ist zum Beispiel die Qualität des Managements eines Unternehmens. Bei der Untersuchung dieser Frage kann man das zu ratende Unternehmen sowie seine Wettbewerber vergleichen: Welche Firma hat nach Ansicht der Analysten das beste Management bzw. wie verhält sich die Qualität des betreffenden Managements im Verhältnis zum (wünschenswerten) Optimum, auch wenn kein einziges der beobachteten Unternehmen dieses Optimum erreicht?

Die folgenden Abbildungen verdeutlichen beispielhaft, welche weiteren qualitativen Kriterien in Frage kommen können.

Markt- und Umfeldsituation

- Produktmärkte und geographische Märkte
- Konkurrenz unter bestehenden Marktteilnehmern
- Bedrohung durch neue Wettbewerber und Technologien; Markteintrittsbarrieren
- Marktmacht der Anbieter
- Regulatorisches Umfeld und industriepolitischer Rahmen

Abbildung 12: Die wirtschaftlichen Rahmenbedingungen in die Urteilsbildung einbeziehen

Produkte	Produktion
• Produktarten und Produkttypen • Produktqualität und Markenposition • Produktportfolio und Diversifikationseffekte • Konjunktursensitivität und Abhängigkeit von sonstigen ökonomischen Faktoren • Spezial- vs. Massenprodukte • Position im Produktlebenszyklus • Patentrechtliche Absicherung • Margenstruktur und -dynamik • Innovation / F&E-Pipeline • Ggf. Bewertung von Großprojekten	• Produktionskosten • Effizienz des Produktionsprozesses • Kapazitätsauslastung und Produktivität • Materialbeschaffung und Lagermanagement • Qualität und Zukunftssicherheit der Anlagen • Standorte

Abbildung 13: Produkte und Produktion evaluieren

Geschäftschancen / -risiken i.e.S. (2)

Kunden	Beschaffung	Haftungsrisiken
• Kundenstruktur • Kundenbindung • Nachfragemacht • Angebotsmacht • Preissensitivität • Bonität • Geographische Verteilung	• Lieferantenstruktur • Beschaffungsmacht • Abhängigkeit von Lieferanten und Beschaffungsalternativen • Preisstabilität • Beschaffungssicherheit • Gestaltung und Management der Lieferantenbeziehung • Bonität	• Anhängige und potenzielle Gerichtsverfahren • Umweltaltlasten • Emissionsgefahren • Produkthaftpflichtrisiken • Präventionsmaßnahmen • Versicherungstechnische Abdeckung

Abbildung 14: Außenbeziehungen auf ihre Bonitätsrelevanz prüfen

Für den Analysten stellt sich die Frage, wie er nun die zahlreichen qualitativen Ratingfaktoren in ein Ratingurteil einfließen lassen kann. Hierzu lässt sich feststellen, dass sich die qualitativen Faktoren, obwohl sie sich auf den ersten Blick nicht quantifizieren lassen, sehr wohl auf die künftigen Umsatz- und Ertragszahlen auswirken. Dabei spielen sie meist sogar eine weit größere Rolle als die rein vergangenheitsbezogenen Jahresabschlusszahlen.

Analytische Kriterien

Qualitativ	Quantitativ
• Eigentumsverhältnisse • Management • Strategie • Controlling • Märkte • Produkte • Kunden • Produktion • Lieferanten • Risiken • …	• Ertragskraft • Kapitalisierung • Liquidität, Aktiv/Passiv-Steuerung • Größe • Andere Gläubigerschutzmaßnahmen • …

Abbildung 15: Qualitative Faktoren bestimmen quantitative Zukunft

Ein Beispiel: Der Analyst als Branchenspezialist schätzt anhand der Qualität und Attraktivität der Produkte, ob das Unternehmen in den folgenden zwei bis drei Jahren seinen Umsatz steigern kann oder ob dieser eher sinkt, weil die Produkte weniger konkurrenzfähig sind. Genau um diese Perspektiven beurteilen zu können, ist es so wichtig, auch die Wettbewerber zu beobachten. Auf der Aufwandseite muss andererseits die künftige Kostenentwicklung antizipiert werden.

Diese Methodik kann man nun auf sämtliche relevanten qualitativen Ratingkriterien anwenden, so dass man letztendlich ein rundes Bild über die strategischen Geschäftsaussichten des Ratingkandidaten erhält. Für diese Aufgabe werden selbstverständlich Branchenspezialisten benötigt. Folglich werden bei EuroRatings ausschließlich Analysten beschäftigt, die jeweils langjährige Erfahrung in der Analyse einzelner Branchen besitzen.

Die folgende Abbildung zeigt einen exemplarischen Ratingkatalog für die Papier- und Zellstoffindustrie.

Rating-Faktoren für die Papier- und Zellstoffindustrie

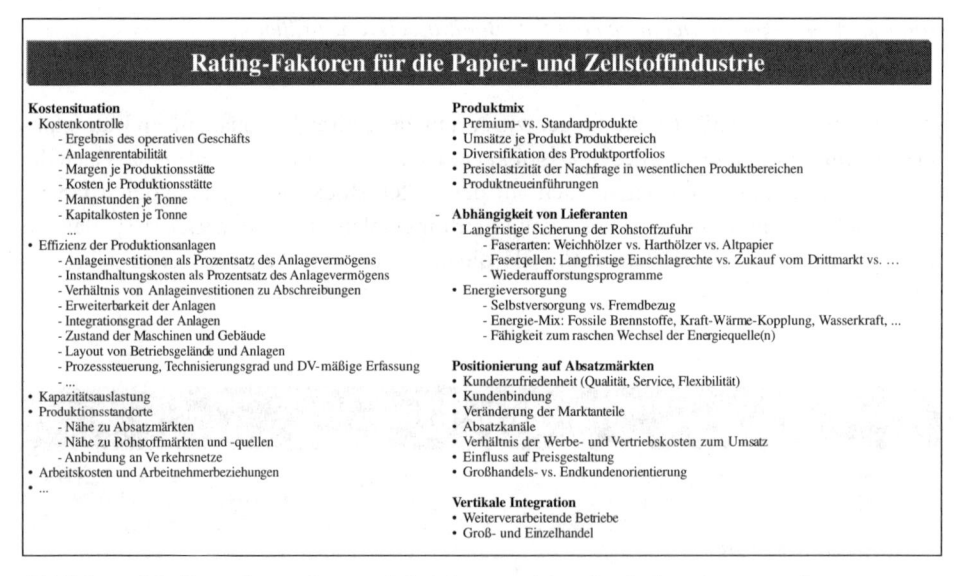

Kostensituation
- Kostenkontrolle
  - Ergebnis des operativen Geschäfts
  - Anlagenrentabilität
  - Margen je Produktionsstätte
  - Kosten je Produktionsstätte
  - Mannstunden je Tonne
  - Kapitalkosten je Tonne
  - ...
- Effizienz der Produktionsanlagen
  - Anlageinvestitionen als Prozentsatz des Anlagevermögens
  - Instandhaltungskosten als Prozentsatz des Anlagevermögens
  - Verhältnis von Anlageinvestitionen zu Abschreibungen
  - Erweiterbarkeit der Anlagen
  - Integrationsgrad der Anlagen
  - Zustand der Maschinen und Gebäude
  - Layout von Betriebsgelände und Anlagen
  - Prozesssteuerung, Technisierungsgrad und DV-mäßige Erfassung
  - ...
- Kapazitätsauslastung
- Produktionsstandorte
  - Nähe zu Absatzmärkten
  - Nähe zu Rohstoffmärkten und -quellen
  - Anbindung an Verkehrsnetze
- Arbeitskosten und Arbeitnehmerbeziehungen
- ...

Produktmix
- Premium- vs. Standardprodukte
- Umsätze je Produkt Produktbereich
- Diversifikation des Produktportfolios
- Preiselastizität der Nachfrage in wesentlichen Produktbereichen
- Produktneueinführungen

Abhängigkeit von Lieferanten
- Langfristige Sicherung der Rohstoffzufuhr
  - Faserarten: Weichhölzer vs. Harthölzer vs. Altpapier
  - Faserqellen: Langfristige Einschlagrechte vs. Zukauf vom Drittmarkt vs. ...
  - Wiederaufforstungsprogramme
- Energieversorgung
  - Selbstversorgung vs. Fremdbezug
  - Energie-Mix: Fossile Brennstoffe, Kraft-Wärme-Kopplung, Wasserkraft, ...
  - Fähigkeit zum raschen Wechsel der Energiequelle(n)

Positionierung auf Absatzmärkten
- Kundenzufriedenheit (Qualität, Service, Flexibilität)
- Kundenbindung
- Veränderung der Marktanteile
- Absatzkanäle
- Verhältnis der Werbe- und Vertriebskosten zum Umsatz
- Einfluss auf Preisgestaltung
- Großhandels- vs. Endkundenorientierung

Vertikale Integration
- Weiterverarbeitende Betriebe
- Groß- und Einzelhandel

Abbildung 16: Kostenkontrolle dominiert in stagnierenden Industrien

Quantitative Ratingkriterien...

... sind in erster Regel Zahlen aus den Jahresabschlüssen der Vorjahre, die in der Regel anhand von Kennzahlen aufbereitet werden. Diese Zahlen sind eine Abbildung der geschäftlichen Tätigkeit eines Unternehmens in der Vergangenheit. Hier schließt sich der Kreis: die qualitativen Kriterien der Vergangenheit haben sich im Jahresabschluss wiederum zu quantitativen Zahlen verdichtet. Das heißt nichts anderes, als dass der Umsatz des Vorjahres v.a. das Resultat der Fähigkeiten des Managements sind, eine ausreichende Menge von

Produkten zu einem angemessenen Preis an die richtige Zielgruppe zu verkaufen. In den Jahresüberschuss wiederum fließen sämtliche Aufwandsgrößen ein, die i.w.S. das Ergebnis eines effektiven Controllings sind.

Besonders wichtig für die Tätigkeit der Ratinganalysten ist die Darstellung der Finanzierung eines Unternehmens durch seine Cash-Flow-Rechnung, da hier die tatsächliche Veränderung des Finanzmittelbestands zum Jahresende gezeigt wird. Dabei ist besonders die Innenfinanzierungskraft der Firma hervorzuheben. Dies ist die Fähigkeit, durch die operative Geschäftstätigkeit im Kerngeschäft Zahlungsmittelüberschüsse zu erzielen. Im Gegensatz hierzu kann sich ein Unternehmen natürlich auch Geld beschaffen, indem es zum Beispiel Vermögensgegenstände verkauft, die nichts mit seinem eigentlichen Geschäft zu tun haben, oder über Banken oder den Kapitalmarkt Mittel aufnimmt. Ein Blick in die Bilanz zeigt auf, ob das Verhältnis aus Eigen- und Fremdkapital sowie die Liquidität ausreichen und in einem angemessenen Verhältnis zueinander stehen.

Um die Daten, die sich aus dem Jahresabschluss des zu ratenden Unternehmens ergeben, auch richtig interpretieren zu können, werden diese anhand von Kennzahlen zueinander in Beziehung gesetzt. Hierbei werden die Kennzahlen des betreffenden Unternehmens selbstverständlich auch mit der Peer Group verglichen. Gerade der Vergleich mit den Wettbewerbern gibt Aufschluss über die finanzielle Lage des Ratingkandidaten. Der Analyst kann somit erkennen, wie gut oder schlecht das zu ratende Unternehmen in Bezug auf jede einzelne Kennzahl dasteht.

Obwohl es eine Vielzahl von Finanzkennzahlen gibt, können diese in verschiedene Gruppen eingeteilt werden. Da Kennzahlen in der Regel aus einem mathematischen Bruch bestehen, wird sehr oft eine „Ergebniszahl" im Zähler einer „Ursachenzahl" im Nenner zugeordnet. Das heißt nichts anderes, als dass eine Kennzahl nur Sinn macht, wenn beide Zahlen im Bruch miteinander in Beziehung stehen.

Kennzahlen werden aus den Zahlen der Gewinn- und Verlustrechnung, der Cash-Flow-Berechnung und der Bilanz gebildet. Hierbei können nun Daten innerhalb dieser drei Komponenten des Jahresabschlusses zueinander in Relation gesetzt werden (zum Beispiel besteht die Nettoumsatzrendite aus zwei Zahlen, die beide aus der GuV stammen: Jahresüberschuss/Umsatzerlöse, wobei sozusagen der Jahresüberschuss als „Ergebniszahl" ein Resultat aus der Erzielung des Umsatzes ist). Aber auch zwischen GuV, Cash Flow und Bilanz können Zahlen zueinander in Beziehung gesetzt werden (ein Beispiel hierfür ist die Vermögensumschlagshäufigkeit, bei der der Umsatz aus der GuV der Bilanzsumme aus der Bilanz gegenübergestellt werden).

Die Kennzahlen können je nach ihrer Aussage in verschiedene Kategorien aufgeteilt werden:

1. Erfolgs-/Profitabilitätskennzahlen (Bezug auf Gewinn- und Verlustrechnung)
2. Produktivitätskennzahlen (Bezug auf Ergebnis zu Kapitaleinsatz)
3. Liquiditätskennzahlen (Cash-Flow-Bezug)

Definition:

Produktumsatz / Gesamtumsatz * 100
Gewinn vor Zinsen, Steuern und Abschreibungen (EBITDA) / Umsatz * 100
Gewinn vor Zinsen und Steuern (EBIT)/ Umsatz * 100
Jahresüberschuss / Umsatz * 100
Umsatz / eingesetztes Kapital
Umsatz / Vorräte
Umsatz / Bilanzsumme

Erfolgs-/Profitabilitätskennzahlen

Umsatzanteile je Produktlinie
operative Umsatzrendite vor Abschreibungen
operative Umsatzrendite
Nettoumsatzrendite
Umschlagshäufigkeit des betrieblich eingesetzten Kapitals
Lagerumschlagshäufigkeit
Vermögensumschlagshäufigkeit

Definition:

Umsatz / durchschnittl. Mitarbeiterzahl
Personalaufwand / durchschnittl. Mitarbeiterzahl
Umsatz / Kunde

Produktivitätskennzahlen

Umsatzbeitrag je Mitarbeiter
Personalkosten je Mitarbeiter
Umsatzbeitrag je Kunde

Definition:

Ergebnis nach Steuern (vor Anteilen Dritter)+Abschreibungen+Veränd. Langfristiger Rückstellungen+EE-Steuern
Operativer Cash-Flow / Fremdkapital
Kurzfristiges Umlaufvermögen / kurzfristige Verbindlichkeiten
Umsatz / durchschnittl. Forderungen aus Lieferungen und Leistungen

Liquiditäts-Kennzahlen:

operativer Cash-Flow
operativer Schuldendeckungsgrad
Deckungsgrad Umlaufvermögen durch Fremdkapital, 3.Grad
Forderungsumschlagshäufigkeit

Definition:

Vorräte+Forderungen aus Lieferungen und Leistungen
Sachanlagevermögen / Bilanzsumme
EBIT / eingesetztes Kapital * 100
Eigenkapital / Bilanzsumme * 100
Fremdkapital / Bilanzsumme * 100

Kapitalkennzahlen:

Working Capital
Anlageintensität
Rendite auf das betriebsnotwendige Kapital
Eigenkapitalquote
Fremdkapitalquote

Definition:

Operativer Cash-Flow / Bruttoinvestitionen
Nettoinvestitionen / Abschreibungen des Zeitraums
Akkumulierte Abschreibungen / Anschaffungskosten der Sachanlagen * 100

Investitions/Finanzierungskennzahlen:

Innenfinanzierungskraft
Substanzerhaltungsgrad
Anlagenabnutzungsgrad

Definition:

Nettoverschuldung / operativer Cashflow
(Ergebnis vor Steuern+Zinsaufwand) / Zinsaufwand
(Ergebnis nach Steuern+Zinsaufwand) / Zinsaufwand
(EBITDA+Finanzergebnis) / kurzfristige Verbindlichkeiten
Gesamte Verbindlichkeiten / EBITDA

Bonitäts-/Risikokennzahlen

dynamischer/periodischer Verschuldungsfaktor
Zinsdeckungsfaktor (brutto)
Zinsdeckungsfaktor (netto)
Schuldendienstdeckungsfaktor (brutto)
dynamischer/periodischer Bruttoverschuldungsfaktor

Abbildung 17: Beispiele für quantitative Ratingkriterien

4. Kapitalkennzahlen (Bilanzbezug)
5. Investitions-/Finanzierungskennzahlen (Bezug auf das eingesetzte Kapital)
6. Bonitäts-/Risikokennzahlen (Deckung von Verbindlichkeiten)

Wie wir bereits erläutert haben, sind Kennzahlen sehr hilfreich bei der Analyse der kurz- und mittelfristigen Vergangenheit von Unternehmen. Diese kann man sowohl für den Vergleich zwischen den Unternehmen als auch für die Entwicklung eines einzigen Unternehmens im Zeitablauf nutzen. Denn der Analyst schaut sich nicht nur den jüngsten Geschäftsbericht an, sondern die Berichte der vergangenen Jahre. Er kann durch die Einbeziehung dieser Daten schließlich eine firmenspezifische Historie ableiten. So können Verbesserungen oder Verschlechterungen von Kennzahlen im Zeitablauf beobachtet werden. Die Historie solcher Kennzahlen gibt mitunter wertvolle Hinweise auch auf die Geschäftsentwicklung der näheren Zukunft.

Um noch einmal abschließend die Wechselbeziehungen zwischen den quantitativen und qualitativen Ratingkriterien darzustellen: Beide Arten kann man nicht voneinander trennen. Die quantitativen Ratingkriterien -bzw. -kennzahlen aus der Analyse der Geschäftsberichte der Vergangenheit sind die Basis für die Kriterien qualitativer Art, die wiederum in die Schätzungen über die künftige Entwicklung der Gewinn-, Finanz- und Cashsituation einer Firma einfließen und schließlich zu einem Ratingurteil zusammengefasst werden.

Quantitatives Credit-Rating mit qualitativen Merkmalen

Judith Eigermann

1. Einleitung und Problemstellung

Der Baseler Ausschuss für Bankenaufsicht hat mit seinen im Juni 1999 und Januar 2001 veröffentlichten Konsultationspapieren „A New Capital Adequacy Framework" und „The New Basel Capital Accord" (Baseler Ausschuss für Bankenaufsicht 1999, 2001) eine heftige Diskussion über die bankaufsichtliche Anerkennung von Ratings ausgelöst. Denn dort ist dargelegt, dass zukünftig ein Rating für die Festsetzung des bankaufsichtsrechtlichen Eigenkapitalbedarfs genutzt werden soll. Wird im bisher gültigen Baseler Akkord von 1988 für alle Unternehmen ein einheitliches Bonitätsgewicht von 100 % angewendet, sollen zukünftig unter der Bezeichnung von Basel II individuelle Bonitätsgewichte zur Anrechnung kommen.[1]

Neben dieser aktuellen von der Bankenaufsicht hervorgerufenen Erörterung ist die Analyse von Ratingverfahren ein „Dauerbrenner", was sicherlich nicht zuletzt daran liegt, dass die Beurteilung des Kreditrisikos die zentrale Aufgabe der Kreditwirtschaft darstellt.

Das standardisierte Firmenkundengeschäft der Banken ist geprägt durch kleine und mittlere Unternehmen. Grundsätzlich erfolgt die Bonitätsbeurteilung für diese Unternehmen in einem stark formalisierten Prozess, oft unter partieller Verwendung mathematisch-statistischer Analyseverfahren.[2] Dieses mathematisch-statistische, quantitative Credit-Rating stützt sich vor allem auf Jahresabschlusskennzahlen. In einer auf Zahlen der Bilanz und Gewinn- und Verlustrechnung basierenden Kreditwürdigkeitsprüfung kann jedoch nur ein Teil der zur Verfügung stehenden Informationen ausgewertet werden. Vielfältige Wahlrechte schränken die Aussagefähigkeit der Jahresabschlusskennzahlen zudem ein.

Zusätzliche, über die Kennzahlen hinausgehende aussagefähige Merkmale sollten daher bei der standardisierten Kreditwürdigkeitsprüfung mitberücksichtigt werden. In vielen Fällen sind es gerade diese qualitativen Faktoren, die als Frühindikatoren kritische Entwicklungen oder Gefährdungsquellen bei Kreditengagements signalisieren. Wenn überhaupt, werden sie gegenwärtig nach Kriterien berücksichtigt, die oft uneinheitlich, subjektiv und undurchsichtig sind. Um eine möglichst hohe Objektivität sicherzustellen,

---
1 Vgl. Baseler Ausschuss für Bankenaufsicht (2001), S. 10.
2 Zu den einzelnen Stufen der Kreditvergabe vgl. Eigermann (2001), S. 79-83.

sollten diese qualitativen Merkmale soweit wie möglich in ein standardisiertes Verfahren einbezogen werden. Zahlreiche Großbanken arbeiten an dieser Fragestellung, qualitative Faktoren anhand objektivierter Verfahren in die computergestützte Bonitätsbeurteilung zu integrieren.[3] Durch die Debatte um die bankaufsichtsrechtliche Anerkennung bankinterner Ratingverfahren erlangt dieses Bestreben zusätzliche Bedeutung. Dass dennoch das Schwergewicht der Forschung und der praktischen Kreditwürdigkeitsprüfung auf die quantitative Jahresabschlussanalyse gelegt wird, ist auf Schwierigkeiten der Erfassung und Verwertung qualitativer Bonitätsmerkmale zurückzuführen. Denn die für ein quantitatives Rating üblicherweise herangezogenen Jahresabschlusskennzahlen lassen sich vergleichsweise schnell ermitteln und unmittelbar dv-gestützt verarbeiten. Qualitative Merkmale sind hingegen aufwendiger zu bestimmen. Insgesamt fehlt es an gesicherten Beurteilungsverfahren, die quantitative und qualitative Faktoren systematisch erfassen, einheitlich bewerten und zu einem praktikablen und objektiven Ratingurteil verdichten. Theorie und Praxis stehen bei der Beantwortung dieser Fragen noch in der Anfangsphase.[4]

Im folgenden soll untersucht werden, wie qualitative Merkmale standardisiert nutzbar und durch ein quantitatives Ratingverfahren verarbeitet werden können. Hierzu werden zunächst qualitative Merkmale charakterisiert. Am Beispiel des qualitativen Merkmals Bilanzierungsverhalten wird dann gezeigt, wie qualitative Merkmale systematisch erfaßt und objektiv bestimmt werden können. Schließlich werden für die Bonitätsanalyse gebräuchliche quantitative Ratingverfahren auf ihre Eignung untersucht, qualitative Merkmale zu verarbeiten.

2. Ein wichtiges qualitatives Merkmal – Bilanzierungsverhalten

2.1 Was sind qualitative Merkmale?

Zahlreiche Veröffentlichungen zur Kreditwürdigkeitsprüfung weisen darauf hin, dass es notwendig ist, qualitative Aspekte in Verfahren zur Bestimmung der Bonität eines Unternehmens stärker einzubeziehen.[5] Unter qualitativen Merkmale werden dabei solche betriebswirtschaftlichen Elemente verstanden, die nicht ohne weiteres aus der Bilanz ersichtlich sind und damit eher das Umfeld einer Unternehmung beschreiben. Nach dieser Abgrenzung sind Merkmale, die sich auf einen zunächst nicht quantifizierbaren Sachverhalt beziehen, als qualitative Merkmale zu bezeichnen. In der Betriebswirtschaft werden

---

[3] Vgl. Dinkelmann (1995), S. 56.
[4] Dies zeigt auch eine in Deutschland bei 106 Kreditinstituten durchgeführte Befragung, Betsch u. a. (1997), S. 150-155.
[5] Vgl. zum Beispiel Betsch u. a. (1997), S. 155.

Informationen über die Umwelt, die Marktstellung eines Unternehmens oder die Qualität des Managements oft als qualitative Merkmale bezeichnet.[6] Jedoch handelt es sich hierbei zunächst nur um eine Aufzählung, es ist keine Definition, die das Charakteristische qualitativer Merkmale herausarbeitet. Wie sich aber bereits erkennen lässt, soll mit dem Begriff *qualitativ* offensichtlich zum Ausdruck gebracht werden, dass diese Informationen im Vergleich zu quantitativen Merkmalen schwerer zu fassen sind. Da ein Blick auf die betriebswirtschaftlichen Merkmale, die unter dem Oberbegriff qualitativ subsumiert werden, nur wenige Anhaltspunkte für eine grundsätzliche Definition liefern, sollen im folgenden aufschlussreiche Definitionshinweise für qualitative Merkmale gesucht werden.

In der Statistik werden als qualitative Merkmale diskrete Merkmale mit nur wenigen möglichen Ausprägungen bezeichnet.[7] Die wenigen möglichen Ausprägungen ergeben sich aus dem Sachverhalt, dass Merkmale mit qualitativen Merkmalsausprägungen (kurz qualitative Merkmale genannt) Ausprägungsklassen beschreiben. Bei qualitativen Merkmalen unterscheiden sich die zugehörigen Merkmalsausprägungen *nach der Art* oder *Eigenschaft*, bei quantitativen Merkmalen treffen die zugehörigen Merkmalsausprägungen eine Unterscheidung *nach der Größe*. Gemeinsames Zeichen qualitativer Merkmale ist demnach, dass sie *verbal* ausgedrückt werden. In Analogie bezeichnet Bühler qualitative Merkmale als „nicht-numerische, verbal formulierte Informationen, die subjektiv bewertet werden müssen, da sie sich einer formalisierten Datenerfassung versperren"[8].

Eine Charakterisierung qualitativer Merkmale erhält man auch, wenn man die zugrundeliegenden Skalentypen betrachtet. Qualitative Merkmale können nominal oder ordinal skaliert sein.[9] Die für qualitative Merkmale kennzeichnenden verbalen Merkmalsausprägungen definieren bestimmte Klassen/Kategorien, so dass qualitative Merkmale auch als kategorielle Merkmale bezeichnet werden können. Qualitative, das heißt verbale Merkmale besitzen zwar immer diskrete, das heißt eine begrenzte Anzahl von Ausprägungen, jedoch können quantitative Merkmale sowohl diskret als auch stetig sein, mit anderen Worten unendlich viele Ausprägungen besitzen. Stetig ist zum Beispiel das quantitative Merkmal „Länge eines Bleistiftes", diskret das quantitative Merkmal: „Anzahl der Schüler".

Die folgende Abbildung gibt einen zusammenfassenden Überblick über die herausgearbeiteten Charakteristika qualitativer und quantitativer Merkmale.[10]

Durch Senkung des Skalenniveaus können quantitative Merkmale in qualitative Merkmale überführt werden. Dann steht nicht mehr die genaue Größe (zum Beispiel 10 GE), sondern die spezielle Eigenschaft (zum Beispiel groß, mittel, klein) im Vordergrund.[11]

---

6 So zum Beispiel Bühler (1982), S. 81.
7 Vgl. Hartung/Epelt (1995), S. 5.
8 Bühler (1992), S. 83.
9 In der praktischen Anwendung hat die Unterscheidung zwischen Nominal- und Ordinalskala jedoch vielfach eher akademische Bedeutung. Denn für das Erreichen eines bestimmten Ziels können Merkmale – auch wenn sie keine natürliche Reihenfolge aufweisen – wichtiger oder unwichtiger sein. Es lässt sich mit anderen Worten eine „aufgabenspezifische" Rangordnung feststellen.
10 Vgl. Eigermann (2001), S. 67.
11 Vgl. Eigermann (2001), S. 67.

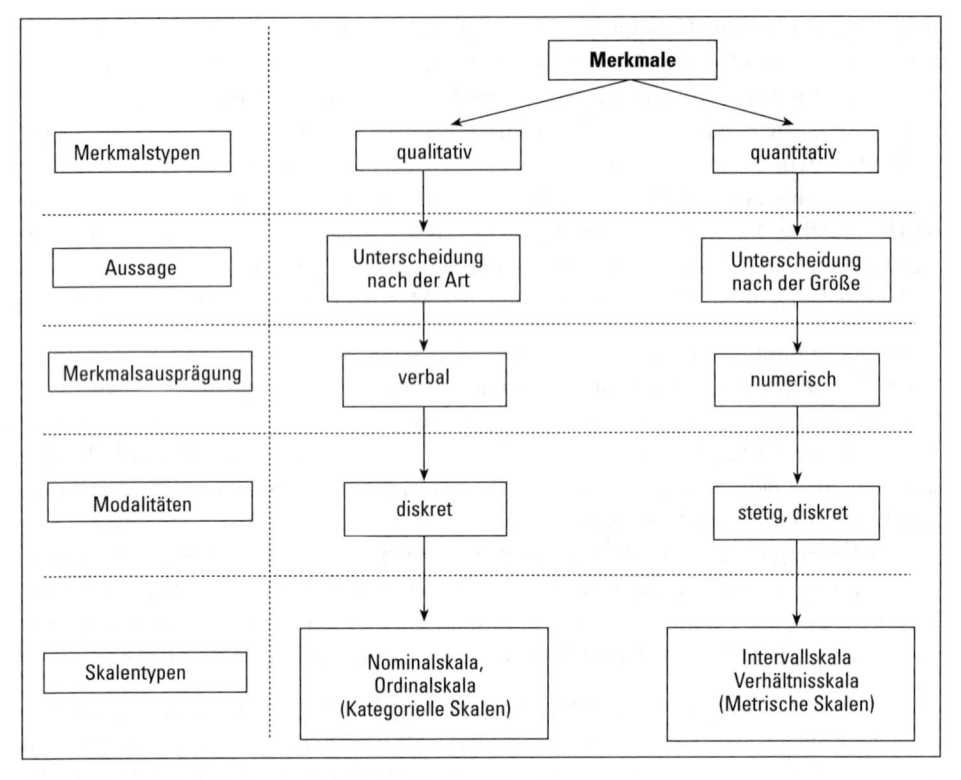

Abbildung 1: Qualitative und quantitative Merkmale

2.2 Das Bilanzierungsverhalten als notwendige Ergänzung zur quantitativ dominierten Kreditwürdigkeitsprüfung

Ein häufig geäußerter Kritikpunkt an der traditionellen Kreditwürdigkeitsprüfung bezieht sich auf ihr dünnes Datenfundament, da standardisiert nur Jahresabschlusszahlen ausgewertet werden.[12] Ein Verbesserungsansatz stellt ihre Ergänzung um so genannte qualitative Merkmale dar, zu denen das Bilanzierungsverhalten gehört. Ein Grund für die einseitige Ausrichtung der Kreditwürdigkeitsprüfung auf Jahresabschlusszahlen liegt darin, dass diese aus den zur Verfügung stehenden Unterlagen vergleichsweise schnell ermittelt und unmittelbar computergestützt verarbeitet werden können. Das Merkmal Bilanzierungsverhalten muss zuvor noch entsprechend aufbereitet werden. Bisherige Praxis ist es daher, das Bilanzierungsverhalten eines Unternehmens nicht direkt in ein standardisiertes Bonitätsbeurteilungsverfahren einzubeziehen, sondern es im Anschluss mehr oder weniger intuitiv im Krediturteil zu berücksichtigen.

---

12 Vgl. Küting/Weber (1999), S. 382-385 und Schierenbeck/Hölscher (1998), S. 441 f.

Für die standardisierte Einbeziehung des Bilanzierungsverhaltens in die quantitative Unternehmensbeurteilung sprechen folgende Gesichtspunkte: Im Zuge des Europäischen Bilanzrechts erhöhten sich die bilanzpolitischen Gestaltungsmöglichkeiten in der deutschen Rechnungsordnung. Gleichzeitig wurde eine verschärfte Informationspflicht eingeführt, indem Anhang und Lagebericht und damit die verbalen Berichtspflichten eine wesentliche Aufwertung erfahren haben. Nicht zuletzt deshalb enthält der Jahresabschluss für Kapitalgesellschaften seit 1987 zwingend die zusätzlichen Bestandteile Anhang und Lagebericht (§ 264 Abs. 1 HGB). Es liegt also nahe, dieses Informationspotenzial für die standardisierte Kreditwürdigkeitsprüfung zu nutzen, was im Folgenden näher dargelegt werden soll.

Auch die jüngsten Entwicklungen in der deutschen Rechnungslegung führen zu einer Aufwertung von Anhang und Lagebericht. Denn seit der Umsetzung des KonTraG[13] müssen sämtliche Kapitalgesellschaften, die einen Lagebericht aufstellen, diesen um einen Risikobericht[14] erweitern. In diesem Risikobericht ist auf die „Risiken der künftigen Entwicklung" ausdrücklich einzugehen (vgl. § 289 Abs. 1 HGB). Der Lagebericht hat damit insgesamt eine Aufwertung erfahren. Durch das Kapitalgesellschaften-und-Co-Richtlinie-Gesetz (KapCoRiLiG), das am 9.3.2000 in Kraft getreten ist[15], werden Kapitalgesellschaften & Co. nun auch den strengen Rechnungslegungspflichten der Kapitalgesellschaften unterworfen mit der Folge, dass diese Unternehmen einen Anhang und mittelgroße und große Kapitalgesellschaften & Co. zusätzlich noch einen Lagebericht anzufertigen haben. Man schätzt die Zahl der betroffenen Kapitalgesellschaft & Co., die darauf hin Anhang und Lagebericht erstellen müssen, auf rund 100.000.[16] Auch wenn gleichzeitig die Größenklassen des HGB angehoben wurden, so wird sich durch das KapCoRiLiG die Informationsbasis für die qualitative Bilanzanalyse zukünftig deutlich vergrößern.

2.3 Qualitatives Bilanzierungsverhalten – Grundlagen

Der Jahresabschluss bildet in der Regel die Hauptinformationsquelle für die externe Kreditbeurteilung. Die dort enthaltenen Zahlen unterliegen in einem nicht unerheblichen Maße bilanzpolitischen Zielen, da die deutsche Rechnungslegung zahlreiche Bilanzierungswahlrechte kennt. Nutzt ein Unternehmen die materiellen Handlungsspielräume zielgerichtet aus, spiegelt der Jahresabschluss nicht mehr die tatsächliche wirtschaftliche Situation wider. So erlauben es die gesetzlichen Gestaltungsmöglichkeiten beispielsweise, dass zwei Unternehmen mit gleicher wirtschaftlicher Ausgangslage entsprechend den je-

---

13 Das Gesetz zur Kontrolle und Transparenz im Unternehmensbereich (KonTraG) ist am 1. Mai 1998 in Kraft getreten. Seine Vorschriften sind anzuwenden auf Geschäftsjahre, die nach dem 31.12.1998 beginnen (vgl. Gesetz zur Kontrolle und Transparenz im Unternehmensbereich (KonTraG) vom 27.04.1998, in: BGBl. I, S. 786). Vgl. Selch (2000), S. 367.
14 Vgl. Küting/Hütten (1997), S. 250-256.
15 Vgl. KAPCoRiLiG vom 24.2.2000, in: BGBL. I 2000, S. 154-163.
16 Vgl. Strobel (1999), S. 33.

weiligen (verschiedenen) Unternehmenszielen Jahresabschlüsse aufstellen, deren Zahlen ein unterschiedliches Unternehmensbild vermitteln, oder dass zwei Unternehmen mit unterschiedlichen Ausgangslagen einen mehr oder weniger identischen Jahresabschluss aufstellen können. Dieser Selbstdarstellung ist der externe Bilanzanalyst bei reiner Analyse der Jahresabschlusszahlen in der Regel hilflos ausgeliefert, da er die Auswirkungen der gesetzlich eingeräumten Gestaltungsmöglichkeiten auf die Bilanzzahlen nicht in einem hinreichenden Maße erkennen kann (die Bezeichnung Bilanzzahlen wird hier gemäß dem allgemeinen Sprachgebrauch synonym für Jahresabschlusszahlen verwendet).

Die als Kompensation zu den erweiterten bilanzpolitischen Gestaltungsmöglichkeiten gleichzeitig verschärfte Informationspflicht kann nun für die standardisierte Auswertung genutzt werden, um das Bilanzierungsverhalten eines Unternehmens zu bestimmen.

Konkret wird mit dem Bilanzierungsverhalten erfasst, wie ein Unternehmen das ihm gemäß dem deutschen Bilanzrecht zur Verfügung stehende bilanzpolitische Instrumentarium ausnutzt, mit dem Ziel die unternehmensspezifische Ausrichtung der Bilanzpolitik in drei Ausprägungen (konservativ, neutral, progressiv) zu bestimmen. Bedeutsam für die Bonitätsanalyse ist dabei die empirisch bestätigte Regel, dass sich gute Unternehmen durch konservative Bilanzpolitik tendenziell „ärmer" und schlechte Unternehmen durch progressive Bilanzpolitik tendenziell „reicher" rechnen. Demzufolge spricht konservatives Bilanzierungsverhalten tendenziell für einen gewinnmindernden Einsatz der zur Verfügung stehenden Instrumente, progressives Bilanzierungsverhalten für tendenziell gewinnsteigernde Instrumenteausnutzung, neutrales Bilanzierungsverhalten hat keinen besonderen Effekt auf die Ergebnislage. Ziel der Auswertung ist es nun festzustellen, ob das Bilanzierungsverhalten des zu analysierenden Unternehmens von dem der meisten Unternehmen, mit anderen Worten von neutralem Bilanzierungsverhalten abweicht und falls ja, die Richtung der Abweichung (konservativ oder progressiv) zu bestimmen.[17]

2.4 Qualitatives Bilanzierungsverhalten – Erfassung

Für die systematische Bestimmung des Bilanzierungsverhaltens kann der nachfolgend näher erläuterte Erhebungsbogen dienen.[18] Gemäß dem zuvor dargelegten Ziel, die Ausrichtung der Bilanzpolitik zu bestimmen, weist er für das qualitative Bilanzierungsverhalten drei Spalten (konservativ, neutral, progressiv) auf. Aus der vorgenommenen Einteilung des bilanzpolitischen Instrumentariums in Wahlrechte, Ermessensspielräume und bilanzverändernde Sachverhaltsgestaltung ergibt sich die vertikale Gliederung des Erhebungsbogens.[19]

---

17 Das hier skizzierte Vorgehen zur Ermittlung des Bilanzierungsverhaltens erfolgt in Anlehnung an den qualitativen Teil des von Küting entwickelten Saarbrücker Modells, siehe Küting/Weber (1997), S. 405-410. Die Autorin hat die für Konzerne geschilderte Vorgehensweise verfeinert und auf Einzelabschlüsse übertragen.
18 Vgl. auch Eigermann (2001), S. 266-267.
19 Vgl. Eigermann (2001), S. 267.

Bilanzpolitisches Instrumentarium	**konserativ** Tendenz Verringerung des Jahreserfolges	**neutral** Tendenz keine besondere Auswirkung auf den Jahreserfolg	**progressiv** Tendenz: Erhöhung des Jahreserfolgs
Ansatzwahlrechte			
Bewertungswahlrechte			
Ermessensspielräume			
Bilanzverändernde Sachverhaltsgestaltung			
	Summe	Summe	Summe

Abbildung 2: Entwurf eines Erhebungsbogens zur systematischen Erfassung

Ein Wahlrecht besteht immer dann, wenn an einen gegebenen Tatbestand mindestens zwei sich gegenseitig ausschließende Rechtsfolgen anknüpfen, bei denen der zur Rechnungslegung Verpflichtete entscheiden kann, welche von ihnen eintritt.[20] Üblicherweise unterscheidet man Ansatz- und Bewertungswahlrechte, wobei Ansatzwahlrechte die Entscheidung ermöglichen, ob ein Wirtschaftsgut in die Bilanz aufgenommen werden soll, Bewertungswahlrechte bieten dann den Spielraum, in welcher Höhe der Wertansatz vorgenommen werden soll. Wichtige Ansatzwahlrechte sind beispielsweise

- der derivative Firmenwert nach § 255 Abs. 4 HGB (erworbener Markenname),
- Aufwendungen für die Ingangsetzung und Erweiterung des Geschäftsbetriebs nach §§ 269, 282 HGB (zum Beispiel Kosten für Aufbau Vertriebsorganisation),
- Ansatzwahlrecht bei bestimmten Aufwandsrückstellungen nach § 249 Abs. 1 und 2 HGB.

Für die Bilanzanalyse bedeutsame Bewertungswahlrechte ergeben sich

- bei der Festlegung, welche Bestandteile in die Herstellungskosten einfließen sollen (§ 255 Abs. 2 und 3 HGB),
- bei dem für die Barwertbildung von Pensionsrückstellungen gewählten Rechnungszinsfuß (handelsrechtlich 3 bis 6 Prozent zulässig, steuerlich nur 6 Prozent nach § 6a EStG),

---
20 Vgl. Küting/Weber (1999), S. 199.

- bei der Einzel-, Fest-, Gruppenbewertung und bei Wahl der Verbrauchsfolgeverfahren (zum Beispiel Durchschnittsmethode, Lifo-, Fifo-, Hifoverfahren) nach § 256 HGB i.V.m. § 240 Abs. 3 und 4 HGB.

Ermessensspielräume entstehen immer dort, wo der Gesetzgeber einen Sachverhalt nicht abschließend geregelt hat, da die vollständige Normierung ökonomischer Tatbestände praktisch unmöglich ist.[21] Beispiele für Ermessensspielräume sind:

- Bewertung der Nutzungsdauer von Anlagegütern nach § 253 Abs. 2 HGB,
- Bemessung von außerplanmäßigen Abschreibungen bei Anlagegütern nach § 253 Abs. 2 HGB,
- Bemessung von Abschreibungen „nach vernünftiger kaufmännischer Beurteilung" (§ 253 Abs. 1 und 3 HGB).

Auch bestimmte Aspekte der bilanzverändernden Sachverhaltsgestaltung sind für das Bilanzierungsverhalten aussagekräftig. Dazu zählen[22]

- zeitliche Verschiebungen von Maßnahmen vor oder nach dem Bilanzstichtag:
    - Ein Anlagegegenstand wird bereits vor dem Stichtag erworben, um schon im abgelaufenen Geschäftsjahr Abschreibungen geltend zu machen.
    - Die Aufnahme eines Kredits wird aufgeschoben, um die Bilanzsumme klein zu halten oder den Verschuldungsgrad (definiert als Quotient aus Fremdkapital zu Eigenkapital) nicht zu verschlechtern.
- Durchführung oder Unterlassung von Maßnahmen, die ohne bilanzpolitische Gründe nicht erfolgen würden:
    - Der Verkauf eines Vermögensgegenstandes mit hohen stillen Reserven zur Erhöhung des Erfolgsausweises.
    - Sale-and-lease-Back von Anlagegütern, um die Kapitalstruktur zu entlasten.

Für das im Erhebungsbogen aufgelistete bilanzpolitische Instrumentarium werden nun die einzelnen Merkmalsausprägungen gemäß ihrer Wirkung den Spalten konservativ, neutral oder progressiv zugeordnet. Durch „Abzählen" lässt sich dann bestimmen, ob ein Unternehmen die Wahlrechte so wie die meisten im Geschäftsverkehr vorkommenden Unternehmen ausübt, das heißt neutral, oder ob es in der einen oder anderen Richtung davon abweicht. Ergibt sich eine Tendenz dieser Abweichungen wird das Bilanzierungsverhalten entsprechend als konservativ oder progressiv eingestuft.

Die im Erhebungsbogen aufgeführten qualitativen Bilanzierungsmerkmale lassen sich aus dem Jahresabschluss ermitteln, wobei neben Bilanz und GuV insbesondere die zusätzlichen Erläuterungen im Anhang und Lagebericht heranzuziehen sind. Externen Analysten wie Banken stehen in der Regel weniger Informationen zur Verfügung als internen Adressaten. Erstere müssen sich zumeist mit den gesetzlich vorgeschriebenen, größenabhängigen Pflichtangaben zum Jahresabschluss begnügen. Von daher sind Handelsbilanzen

---

21 Vgl. Pfleger 1991, S. 35.
22 Vgl. Schierenbeck (1999), S. 582.

mittlerer und großer Kapitalgesellschaften die ergiebigste Quelle zur dargelegten Bestimmung des Bilanzierungsverhaltens. Zum einen bestimmen sich die einem externen Analytiker zur Verfügung stehenden Jahresabschlussinformationen weitgehend aus den gesetzlich vorgeschriebenen größen- und rechtsformspezifischen Veröffentlichungspflichten. Zum anderen sind in Steuerbilanzen wegen der im Steuerrecht geringeren bilanzpolitischen Möglichkeiten[23] und der natürlichen Intention, den zu versteuernden Gewinn möglichst gering zu halten, kaum aussagefähige Anhaltspunkte für das Bilanzierungsverhalten zu finden. Durch ein geeignetes Auswertungsverfahren kann diesen Gegebenheiten jedoch Rechnung getragen werden.[24]

3. Einbeziehung qualitativer Merkmale in quantitative Ratingverfahren

3.1 Was ist ein quantitatives Ratingverfahren?

Mit dem Krediturteil wird eine Meinung darüber ausgedrückt, ob und in welchem Maße das Unternehmen willens und in der Lage ist, seinen finanziellen Verpflichtungen nachzukommen. Wird eine Meinung auf einer bestimmten Skala abgetragen und in Form einer Zensur oder Note ausgedrückt, so bezeichnet man dies allgemein als ein Rating.[25] Mit einem Credit-Rating (im Folgenden kurz Rating genannt) wird eine Meinung darüber ausgedrückt, ob und in welchem Maße ein Schuldner willens und in der Lage ist, seinen finanziellen Verpflichtungen nachzukommen.

Ob der Schuldner seinen Zahlungsverpflichtungen nicht nachkommt und somit ein Ausfall vorliegt, kann jedoch ex ante nicht unmittelbar beobachtet werden. Um diese Eigenschaft auf Zahlen abzubilden, muss sie zunächst auf bestimmte, beobachtbare Merkmale übertragen werden. Für diese Übertragung ist ein als Ratingsystem bezeichnetes Modell notwendig, mit dem sich Aussagen darüber formulieren lassen, welche Merkmale von Unternehmen und deren Umwelt auf welche Weise mit dem Ausfall eines Unternehmens in Beziehung stehen.

Bedeutsam für die weiteren Ausführungen ist die Einteilung von Ratingsystemen in qualitative und quantitative Systeme.[26] Qualitative Ratingsysteme zielen darauf ab, auch solche Beurteilungskriterien in die Beurteilung einfließen zu lassen, die nicht oder nur mit großem Aufwand objektivierbar und quantifizierbar sind. Diese betreffen beispielsweise die zukünftige Marktposition eines Unternehmens, die Beurteilung der Qualität des Manage-

---

23 Siehe BFH-Beschluss vom 3.2.1969 sowie Coenenberg (1997), S. 82.
24 Vgl. Eigermann (2001), S. 267-271.
25 Vgl. Duden (1997), S. 686.
26 Vgl. Everling (1991), S. 125-127.

ments oder die Beurteilung der rechtlichen Rahmenbedingungen. Allen aufgezählten Elementen ist gemeinsam, dass sie mit großer Subjektivität verbunden sind. Daher beruhen qualitative Ratingsysteme auf einer subjektiven Auswahl, Gewichtung und Verknüpfung von Risikoindikatoren und -faktoren. Charakteristisch für qualitative Ratingsysteme ist, dass die Bewertung und Verknüpfung der als relevant erachteten Bonitäts- oder Ratingkriterien individuell durch die am Ratingprozess beteiligten Kreditexperten erfolgt. Problematisch an dieser qualitativen Entscheidungsfindung ist, dass das so gewonnene Ratingurteil stark von der Einschätzung des einzelnen Kreditexperten abhängt. Damit ist das Ergebnis nur bedingt objektiviert und für einen unbeteiligten Dritten mitunter nur schwer nachvollziehbar.

Im Gegensatz hierzu ist der Ratingprozess bei einem quantitativen Credit-Rating standardisiert, die Verknüpfung der als relevant erachteten Bonitäts- oder Ratingkriterien hängt nicht von der Erfahrung oder Intuition des Experten ab, sondern vollzieht sich objektiviert auf Basis mathematisch-statistischer Modelle.[27] Da quantitative Ratingsysteme an eine Quantifizierung der Ratingkriterien gebunden sind - denn das Modell kann nur Zahlen verarbeiten - scheiden oft qualitative Kriterien aus der Betrachtung aus. Dies ist unbefriedigend. Denn ein leistungsfähiges, standardisiertes Ratingverfahren sollte möglichst viele, das heißt auch bonitätsrelevante qualitative Merkmale berücksichtigen, um das Unternehmensbild möglichst umfassend analysieren zu können. Im Folgenden werden daher einschlägige mathematisch-statistische Verfahren auf ihre Eignung untersucht, qualitative Merkmale zu verarbeiten.

3.2 Qualitative Merkmale in der Diskriminanzanalyse

Die Diskriminanzanalyse ist ein mathematisch - statistisches Verfahren, mit dem Objekte mit Hilfe beobachtbarer Merkmale genau einer von mindestens zwei überschneidungsfreien Teilmengen zugeordnet werden. Im Kreditgeschäft wird die Diskriminanzanalyse zur Unternehmensbeurteilung eingesetzt, mit dem Ziel kreditsuchende Unternehmen den Gruppen bestandsfeste „gute" oder insolvenzgefährdete „schlechte" Unternehmen zuzuordnen. Diese Zuordnung erfolgt auf Basis eines errechneten Diskriminanzwertes Z. Bei der linearen Diskriminanzanalyse errechnet sich Z sehr einfach als $Z = a_1 \cdot x_1 + ... + a_n - a_0$.[28] Bei gegebenen Größen x_1 bis x_n werden die Koeffizienten a_1 bis a_n und eine Konstante ao so bestimmt, dass eine bestmögliche Trennung zwischen den betreffenden Gruppen erzielt wird. Mathematisch ist die Bestimmung der Gewichte ai das zentrale Problem der Diskriminanzanalyse. Betriebswirtschaftlich besteht das zentrale Problem darin, für die entsprechende Aufgabengestellung (hier: Bonitätsanalyse) aussagefähige und damit trennfähige Merkmale zu bestimmen.

---

27 Vgl. Eigermann (2001), S. 33.
28 Vgl. Blochwitz/Eigermann (1999), S. 8.

Abbildung 3 zeigt das Prinzip einer linearen Diskriminanzfunktion mit zwei Merkmalen und die graphische Ableitung des Diskriminanzwertes Z. Die Trenngerade errechnet sich aus der Linearkombination der unabhängigen Merkmale M_1 und M_2, die die beste Trennung zwischen den zwei Gruppen ermöglicht. Senkrecht zur Trenngeraden verläuft die Diskriminanzachse durch den Nullpunkt des Koordinatenkreuzes. Durch senkrechte Projektion eines beliebigen Punktes auf die Diskriminanzachse (in der Abbildung für ein Objekt beispielhaft aufgeführt) wird graphisch der Diskriminanzwert Z ermittelt (für das Beispiel Z_1).

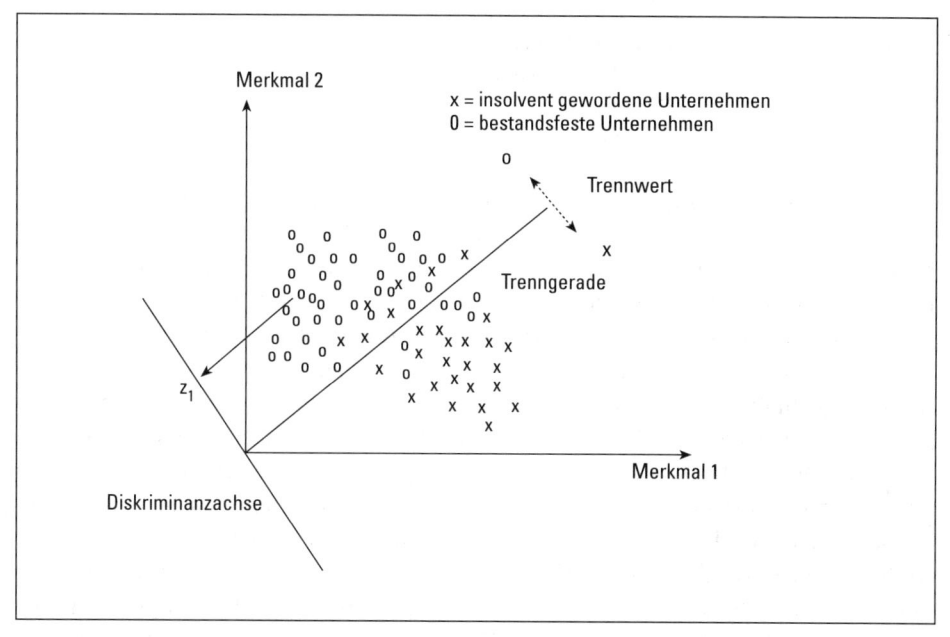

Abbildung 3: Prinzip einer linearen Diskriminanzanalyse mit zwei Merkmalen

Da die unabhängigen Merkmale für das Verfahren metrisch skaliert sein müssen, verwendet man für die Bonitätsanalyse in der Regel Jahresabschlusskennzahlen. Um einen möglichst umfassenden Einblick in die wirtschaftliche Lage des Unternehmens vermitteln zu können, sollten die Kennzahlen die drei gesetzlich vorgegebenen Informationsbereiche des Jahresabschlusses, das heißt die Vermögens-, Finanz- und Ertragslage abbilden (vgl. § 264 Abs. 2 HGB). Die folgende Tabelle zeigt häufig in der Praxis verwendete Jahresabschlusskennzahlen zu diesen Bereichen.

Bereiche	Kennzahlen
Vermögenslage	Eigenkapitalquote Eigenkapital-/Pensionsrückstellungsquote Fremdkapitalquote Kapitalbindung
Finanzlage	Kapitalrückflussquote Nettozinsquote Anlagendeckung
Ertragslage	Gesamtkapitalrendite Eigenkapitalrendite Umsatzrendite Betriebsrendite

Tabelle 1: Jahresabschlusskennzahlen, gegliedert nach Informationsbereichen

Neben gleichen Varianz-Kovarianzmatrizen setzt die lineare Diskriminanzanalyse für ihre Berechnungen normalverteilte Merkmale voraus. Qualitative Merkmale sind in der Regel nicht normalverteilt und verstoßen daher gegen eine Annahme der linearen Diskriminanzanalyse. Mitunter wird in der Literatur aus diesem Umstand jedoch vorschnell geschlossen, dass qualitative Merkmale nicht in eine Diskriminanzfunktion einbezogen werden sollten, da sie den theoretischen Anforderungen des Verfahrens nicht genügen.[29] Wie die Untersuchung von Blochwitz/Eigermann jedoch zeigt[30], ist diese Schlussfolgerung vorschnell, denn sie übersieht, dass qualitative Merkmale durch geeignete Skalierungsverfahren sehr wohl die theoretischen Voraussetzungen der linearen Diskriminanzanalyse erfüllen können. Hierzu müssen qualitative Merkmale allerdings zunächst geeignet transformiert werden. Bei der linearen Diskriminanzanalyse bietet sich für eine solche Transformierung die Lancaster-Skalierung an. Durch sie werden die skalierten Merkmale an eine Normalverteilung angepasst und die univariate Trennfähigkeit maximiert.[31] Danach kann das zu einer zusätzlichen Kennzahl transformierte qualitative Merkmal (KZ_{qual}) wie herkömmliche Jahresabschlusskennzahlen ($KZ_1...KZ_3$) in der Diskriminanzfunktion

$$Z = a_1 \, KZ_1 + a_2 \, KZ_2 + a_3 \, KZ_3 + a_4 \, KZ_{qual}$$

verarbeitet werden.

Der Vorteil, qualitative Merkmale in die Diskriminanzanalyse miteinzubeziehen, liegt darin, dass die Diskriminanzanalyse ein in der Bankpraxis allgemein anerkanntes und angewendetes Analyseverfahren ist. Denn über die additive Verknüpfung der Merkmale ergibt sich für die an Kennzahlen gewöhnten Kreditanalysten eine neue „Superkennzahl", die vergleichsweise einfach inhaltlich interpretiert werden kann.

---

29 Vgl. Anders/Szczesny (1998), S. 893.
30 Vgl. Blochwitz/Eigermann (2000a), S. 1-16.
31 Vgl. im Einzelnen Hartung/Epelt (1995), S. 282-284.

3.3 Qualitative Merkmale in der logistischen Regression

Wie bei der Diskriminanzanalyse dient auch die logistische Regression dazu, die Abhängigkeit einer dichotomen abhängigen Variablen, dem Regressanten, von anderen unabhängigen Variablen, den Regressoren, die beliebiges Skalenniveau aufweisen können, zu modellieren. Als dichotom werden Variablen bezeichnet, die nur zwei Ausprägungen (Vorhandensein oder Nichtvorhandensein einer Eigenschaft) annehmen können. Dies ist bei der Bonitätsbeurteilung gegeben, da dort die abhängige Variable Y üblicherweise in den Ausprägungen „Leistungsstörung vorhanden" oder „nicht vorhanden", im Extremfall „solvent" oder „insolvent" vorliegt. Wird nun angenommen, dass der Wert der Variable Y den Wert 0 für Gruppe Π_1 = solvent und den Wert 1 für Gruppe Π_2 = insolvent annimmt und dass Y von n unabhängigen Variablen X_i mit i= 1,..., n (üblicherweise Jahresabschlusskennzahlen) abhängt, so lässt sich eine bedingte Wahrscheinlichkeit mit der Y den Wert 0 annimmt, gemäß folgendem Ausdruck bestimmen: $P= P(Y = 0|X_1...X_n)$. Damit man nun die Funktionswerte als Wahrscheinlichkeiten interpretieren kann, müssen diese im Intervall von 0 und 1 liegen. Möglich wird dies, indem man keinen linearen Funktionsverlauf, sondern einen s-förmigen, logistischen Funktionsverlauf der Form

$$P= P(Y = 0|X_1...X_n) \frac{e^z}{1 + e^z} = \frac{1}{1 + e^{-z}}$$

wählt, mit $Z=b_0+b_1X_1+b_2X_2+...+b_nX_n$ als linearer Prädiktor des logistischen Modells (siehe Hartung/Epelt 1995, S. 132-134).

```
Title:    logistic.eps
Creator:  gnuplot 3.7 patchlevel 0
CreationDate:  Mon Aug 16 15:26:18 199
```

Abbildung 4: Logistische Regression mit modellierter Gruppenzugehörigkeit zur Gruppe

Gegenüber der bekannten linearen Regression weist die logistische Regression aufgrund des asymptotischen Funktionsverlaufs den Vorteil auf, dass für Werte des linearen Prädiktors von ±∞ nur Werte von P im Intervalls]0;1[entstehen (siehe Abbildung 3) und damit als Wahrscheinlichkeiten interpretiert werden können.

Im Gegensatz zur linearen Diskriminanzanalyse, bei der die unabhängigen Variablen metrisch skaliert sein müssen, können diese bei der logistischen Regression ein beliebiges Skalenniveau aufweisen. Daher können qualitative Eingangsgrößen relativ einfach in einer logistischen Regression verarbeitet werden. Eine Transformation – wie etwa die bei der Diskriminanzanalyse notwendige Skalierung -ist bei der logistischen Regression nicht zwingend notwendig.

Für die Einbeziehung qualitativer Merkmale in die Regressionsanalyse müssen die Ausprägungen der Regressoren zunächst in künstliche Variablen, sogenannte Dummy-Variablen zerlegt werden. Üblicherweise werden diese dann binär (0/1) kodiert und können im Anschluss direkt in die Funktion aufgenommen werden. Ein qualitatives Merkmal mit N Ausprägungen erfordert N Dummy-Variable $x_1, x_2 ... x_N$. Bei einer binären Kodierung sind die einzelnen Merkmalsausprägungen untereinander eng korreliert. Denn wenn eine Merkmalsausprägung erfüllt ist (Wert 1), sind die übrigen zwangsläufig nicht erfüllt und müssen den Wert 0 annehmen (siehe Tabelle 2).

Merkmal Bilanzierungsverhalten	Dummy-Variable		
Ausprägungen	X_1	X_2	X_3
konservativ	1	0	0
neutral	0	1	0
progressiv	0	0	1

Tabelle 2: Beispiel einer binären Kodierung für ein Merkmal mit drei Ausprägungen

Obwohl qualitative Merkmale in die logistische Regression über Dummy-Variablen direkt einbezogen werden können, eignet sich die logistische Regression jedoch nur bedingt für eine fein abgestufte Verarbeitung qualitativer Merkmale. Denn je größer die Anzahl der qualitativen Merkmale und je feiner abgestuft diese verarbeitet werden sollen, m. a. W. je mehr Merkmalsausprägungen vorliegen, desto mehr Dummy-Variablen sind notwendig. Hier ist darauf zu achten, dass ein genügend großer Datenbestand vorliegt, damit jede Merkmalsklasse ausreichend besetzt ist.

3.4 Qualitative Merkmale in einem Neuronalen Netz

Neuronale Netze sind Konzepte, die versuchen, die Informationsaufnahme und -verarbeitung des menschlichen Gehirns auf Computersystemen nachzubilden.[32] Die Einheiten, mit denen in Neuronalen Netzen die Information verarbeitet wird, heißen Neuronen. Jedes Neuron empfängt Eingangssignale aus der vorhergehenden Schicht und gibt die von ihm verarbeiteten Informationen an Neuronen der nächst folgenden Schicht weiter. Die erste Schicht eines Neuronalen Netzes heißt Eingangsschicht, die letzte Schicht Ausgangsschicht. Zwischen Eingangs- und Ausgangsschicht liegen die sogenannten verborgenen (hidden) Schichten. Sie sind für den Netzanwender nicht sichtbar. Ein Neuronales Netz besteht aus mindestens zwei Schichten, nämlich aus Eingangs- und Ausgangsschicht. Ab-

---

[32] Vgl. zu den folgenden Ausführungen Corsten/May (1996), S. 217-219.

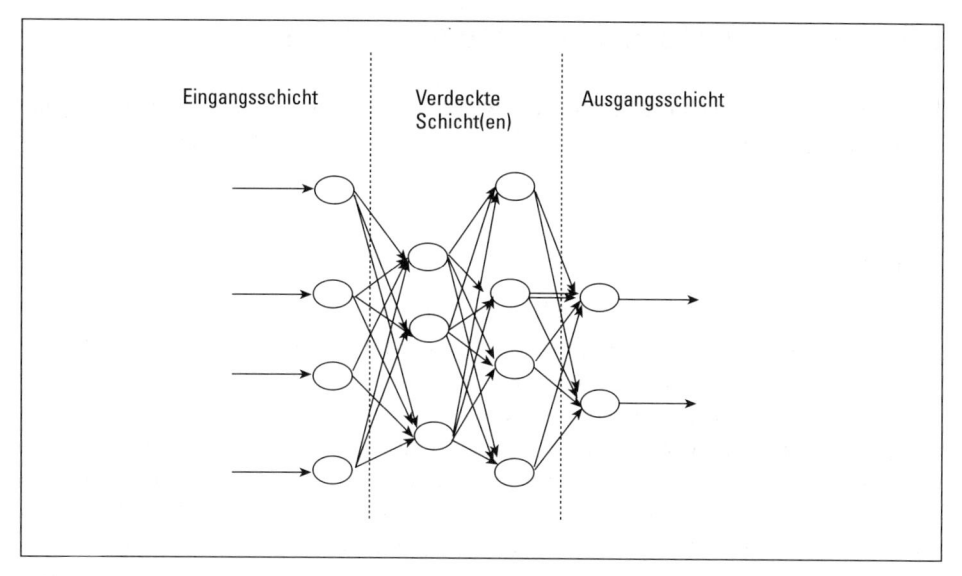

Abbildung 5: Modell eines Neuronalen Netzes

bildung 5 zeigt das Modell eines Neuronalen Netzes mit einer Eingangs- und Ausgangsschicht sowie zwei verdeckten Schichten. Die Kreise stellen die Neuronen dar, die Pfeile den Informationsfluss.

Quantitative Merkmale (zum Beispiel Jahresabschlusskennzahlen) stehen in einer festen, meßbaren Reihenfolge zueinander, sie können direkt von einem mathematisch-statistischen Verfahren verarbeitet werden. So kann ein quantitatives Merkmal mit theoretisch unzähligen Ausprägungen bei einem Neuronalen Netz über ein einziges Eingabeneuron abgebildet werden. Der Eingabevektor bleibt klein, wodurch eine leistungsfähige Verarbeitung gewährleistet ist.

Ähnlich wie bei der logistischen Regression ist es auch bei Neuronalen Netzen technisch kein Problem, qualitative Merkmale direkt zu verarbeiten. Bei einer direkten Verarbeitung benötigt jede qualitative Merkmalsausprägung ein Eingabeneuron. Konkret: Wird ein qualitatives Merkmal (zum Beispiel Bilanzierungsverhalten) in drei unterschiedlichen Ausprägungen verarbeitet (zum Beispiel konservativ, neutral, progressiv), so werden diese über drei Eingangsneuronen in das Netz „eingespeist". Für noch feiner abgestufte Merkmalsausprägungen benötigt man entsprechend mehr Eingangsneuronen. Wie man leicht erkennen kann, führen qualitative Merkmale dazu, dass die Komplexität des Netzes sehr schnell steigt. Der Rechenaufwand wird sehr groß. Besitzt das einzelne qualitative Merkmal darüber hinaus noch viele Ausprägungen, so verstärkt sich die Komplexität des Netzes nochmals.

3.5 Qualitative Merkmale in einem Fuzzy-System

Experten formulieren häufig ihr Expertenwissen in Form von Regeln. Wenn bestimmte Bedingungen erfüllt werden, leiten sich daraus bestimmte Schlussfolgerungen ab oder etwas formaler ausgedrückt:

Wenn Eigenschaft 1 erfüllt ist und (Wenn) Eigenschaft 2 erfüllt ist ... und (Wenn) Eigenschaft N erfüllt ist, dann tritt die Folge i ein.

Die Art des zur Verfügung stehenden Wissens und die Vorgehensweise von Kreditexperten, aus diesem Wissen Schlussfolgerungen zu ziehen, kann mit Hilfe von auf der Fuzzy-Logik basierender Regeln, sogenannte Fuzzy-Regeln, modelliert werden. Ein System, welches Fuzzy-Regeln verarbeitet, wird als Fuzzy-System oder Fuzzy-Expertensystem bezeichnet. Ein Fuzzy-System ist ein wissensbasiertes System, doch im Gegensatz zu traditionellen Expertensystemen[33], die nur fest umrissene Daten verarbeiten können, kann ein Fuzzy-System auch Merkmale „unscharf" verarbeiten. Fuzzy-Logik ist die konsequente Fortsetzung des Gedankens, dass Computer nur dann wie Menschen handeln können, wenn sie sich in ihrer Verarbeitungsweise dem menschlichen Denken annähern. Der Mensch denkt in der Regel nicht in Schwarz-Weiß-Mustern, sondern bildet Zwischenzustände. Der Grundgedanke der Fuzzy Set Theorie besteht darin, dass die Zugehörigkeit eines Elementes zu einer Menge nicht notwendigerweise nur die Werte 1 oder 0 annehmen kann. Statt dessen ist ein kontinuierlicher Übergang von Zugehörigkeit zu Nichtzugehörigkeit möglich. Ausgedrückt wird dies über sogenannte Zugehörigkeitsgrade µ, die angeben, zu welchem Grade jedes Element eine bestimmte Eigenschaft erfüllt.[34] Über eine Zugehörigkeitsfunktion wird zum Ausdruck gebracht, wie sehr der konkrete Wert der Eingangsvariablen zu einer verbal formulierten, linguistischen Variablen „gehört". Eine linguistische Variable ist eine Variable, deren Ausprägungen keine Zahlen, sondern sprachliche Konstrukte darstellen.[35] Je stärker der Grad der Zugehörigkeit µ zu einer dieser Ausprägungen ist, umso stärker ist die entsprechende Ausprägung der linguistischen Variablen erfüllt.

Am Beispiel der Bilanzierungsverhaltens soll das Prinzip der Fuzzy-Verarbeitung nun verdeutlicht werden. Die im Erhebungsbogen aufgeführten Einzelmerkmale (siehe Ausführungen zur Erfassung des Bilanzierungsverhaltens in Abschnitt 2.4) werden zunächst zu einem Bilanzierungsurteil verdichtet.[36] Die so gewonnenen Einzelurteile[37] werden in Abbildung 6 auf der Abzisse als Eingangsvariablen abgetragen. Über die Zugehörigkeitsfunktionen zeigt die Ordinate den Zugehörigkeitsgrad µ der Einzelurteile zur

---

33 Vgl. Schierenbeck/Hölscher (1998), S. 449-453.
34 Vgl. Zadeh (1965), S. 338 – 353.
35 Vgl. Zimmermann (1999), S. 24.
36 Zur Vorgehensweise im Einzelnen vgl. Eigermann (2001), S. 285-289.
37 Konkret werden sieben abgestufte Einzelurteile bestimmt. Sie reichen von ausschließlich progressiv , progressiv überwiegt eindeutig, progressiv überwiegt, über neutral zu konservativ überwiegt, konservativ überwiegt eindeutig und ausschließlich konservativ.

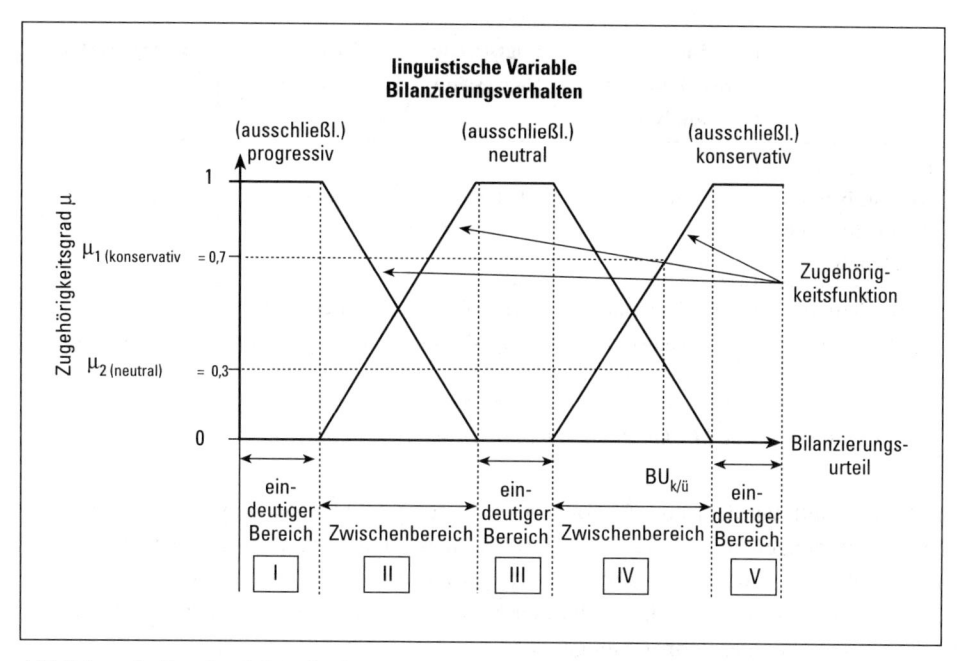

Abbildung 6: Zugehörigkeitsfunktionen der linguistischen Variablen Bilanzierungsverhalten

linguistischen Variablen Bilanzierungsverhalten mit ihren drei Ausprägungen progressiv, neutral und konservativ.

Das Fuzzy-System kann das Bilanzierungsverhalten in drei „harten" Ausprägungen ((ausschließlich) progressiv, (ausschließlich) neutral, (ausschließlich) konservativ) verarbeiten. In diesen Bereichen (in Abbildung 5 gekennzeichnet mit I, III, V) gehört das ermittelte Bilanzierungsurteil voll zu einer Ausprägung der linguistischen Variablen Bilanzierungsverhaltens. Darüber hinaus ermöglicht es die Fuzzy-Verarbeitung jedoch, Übergänge und damit fein abgestuftere Merkmalsausprägungen zu modellieren. Machbar wird dies, weil sich in den Zwischenbereichen (in Abbildung 5 verdeutlicht durch II, IV) die Zugehörigkeitsfunktionen überlappen. Folglich gehört das Bilanzierungsurteil dort zu mehreren Ausprägungen der linguistischen Variablen Bilanzierungsverhalten. So zählt das Bilanzierungsurteil „konservativ überwiegt" (in Abbildung 5 dargestellt als $BU_{k/ü}$) mit einem Zugehörigkeitsgrad von $\mu_1 = 0{,}7$ zur Ausprägung konservativ und mit einem Zugehörigkeitsgrad von $\mu_2 = 0{,}3$ zur Ausprägung neutral. Die Information, dass „konservativ überwiegt" kommt über $\mu_1 > \mu_2$ zum Ausdruck.

Wie das Beispiel zeigt, können durch die Fuzzy-Verarbeitung sieben unterschiedliche Bilanzierungsurteile über nur drei Ausprägungen der linguistischen Variablen Bilanzierungsverhalten adäquat abgebildet werden. Die am Beispiel des Bilanzierungsverhaltens veranschaulichte Auflösung von (Extrem-)Zuständen in Zwischenzustände ist insbesondere für die Aufbereitung und Verarbeitung qualitativer Merkmale nützlich. Denn wie be-

Verfahren	Lineare Diskriminanzanalyse	Logistische Regression	Neuronale Netze	Fuzzy-System
Erforderliches Skalenniveau des unabhängigen Merkmals	metrisch	beliebig	beliebig	beliebig
Einbeziehung qualitativer Merkmale	über Skalierung zu einer Kennzahl	direkt über Dummy-Variable	direkt über Eingangsneuron	direkt über linguistische Variable

Tabelle 3: Qualitative Merkmale in den betrachteten Verfahren

reits dargestellt wurde, ist das Charakteristische für qualitative Merkmale, dass den Merkmalsausprägungen kein Maßsystem zugrunde liegt, sondern dass diese Objekteigenschaften beschreiben, die verbal ausgedrückt werden. Fuzzy-Systeme können gut mit der inhaltlichen Unsicherheit oder Undefiniertheit von Wörtern und Sätzen, kurz als semantische Unsicherheit bezeichnet[38] umgehen.

Da in einem Fuzzy-System quantitative und qualitative Merkmale nach der gleichen Vorgehensweise verarbeitet werden,[39] erfordert die Einbeziehung qualitativer Merkmale in ein Fuzzy-System keinen zusätzlichen Bearbeitungsaufwand.

Abschließend zeigt Tabelle 3 die untersuchten quantitativen Verfahren im Hinblick auf ihre Eignung, qualitative Merkmale in den Verarbeitungsprozess einzubeziehen.

4. Zusammenfassung

Der Beitrag greift das Anliegen von Wissenschaft und Praxis auf, qualitative Merkmale systematisch und objektiv zu erfassen und sie stärker in mathematisch-statistische Verfahren einzubeziehen. Am Beispiel des Bilanzierungsverhaltens wurde dargelegt, wie qualitative Informationen, die bislang in den Rechnungslegungsunterlagen „schlummern", systematisch ermittelt und aufbereitet werden können, um sie dann für ein quantitatives Rating zu nutzen. Die Analyse der einzelnen Verfahren zeigt, dass lineare Diskriminanzanalyse, logistische Regression und Neuronale Netze prinzipiell – wenn auch mitunter über zusätzliche Aufbereitungsschritte – in der Lage sind, qualitative Merkmale zu verarbeiten. Bei den drei aufgezählten Verfahren bietet es sich jedoch an, qualitative Merkmale

---

[38] Vgl. Blochwitz/Eigermann (2000), S. 248.
[39] Zu den einzelnen Verarbeitungsschritten vgl. Zimmermann (1999), S. 23-29 und Eigermann (2001), S. 197-202.

mit nur wenigen klar voneinander abgrenzbaren Ausprägungen zu verarbeiten. Anderenfalls besteht die Gefahr, dass das betreffende Modell schnell sehr komplex wird und die Datenbasis die erforderliche umfangreiche Parameterschätzung nicht mehr glaubhaft abstützen kann.

Qualitative Merkmale mit semantischer Unsicherheit besitzen nicht scharf voneinander abgrenzbare Merkmalsausprägungen.[40] Will man diese – eher fließend ineinander übergehenden – Merkmalsausprägungen dennoch mit den drei zuvor genannten Verfahren verarbeiten, so müssen zunächst eine Vielzahl von (schwer fassbaren) Einzelausprägungsformen bestimmt werden. Das Modell wird schnell sehr komplex. In solchen Fällen bieten sich andere Modellierungsformen – wie zum Beispiel die Fuzzy-Verarbeitung – an.

Die Fuzzy-Verarbeitung ist in der Lage, die semantische Unsicherheit qualitativer Merkmale realitätsnah zu erfassen und mathematisch zu verarbeiten.[41] Denn über die unterschiedlichen Zugehörigkeitsgrade kann das Fuzzy-Verfahren eine Vielzahl von Zwischenzuständen modellieren, auch wenn die linguistische Variable selbst nur wenige Ausprägungen besitzt. Am Beispiel des Bilanzierungsverhaltens wurden diese Vorzüge dargestellt.

Literaturhinweise

ANDERS, U./SZCZESNY, A. (1998): Prognose von Insolvenzwahrscheinlichkeiten mit Hilfe logistischer neuronaler Netzwerke, in: Zfbf, (50. Jg.) 1998, S. 892-915.

BASELER AUSSCHUSS FÜR BANKENAUFSICHT (1999): A New Capital Adequacy Framework, Consultative Paper Issued by the Basel Committee on Banking Supervision, Basel, Juni 1999.

BASELER AUSSCHUSS FÜR BANKENAUFSICHT (2001): The New Basel Capital Accord, Consultative paper issued by the Basel Committee on Banking Supervision, Basel, Januar 2001.

BETSCH, O. U. A. (1997): Kreditwürdigkeitsanalyse im Firmenkundengeschäft, in: Die Bank, Heft 3/1997, S. 150-155.

BLOCHWITZ, S./EIGERMANN, J. (1999): Effiziente Kreditrisikobeurteilung durch Diskriminanzanalyse mit qualitativen Merkmalen, in: Eller, R./Gruber, W./Reif, M. (Hrsg.): Handbuch Kreditrisikomodelle und Kreditderivate, Suttgart 1999, S. 4-22.

BLOCHWITZ, S./EIGERMANN, J. (2000): Krisendiagnose durch quantitatives Credit-Rating mit Fuzzy-Regeln, in: Hauschildt, J./Leker, J. (Hrsg.): Krisendiagnose durch Bilanzanalyse, 2. Aufl., Köln 2000, S. 240-267.

BLOCHWITZ, S./EIGERMANN, J. (2000A): Unternehmensbeurteilung durch Diskriminanzanalyse mit qualitativen Merkmalen, in: Zfbf, 52. Jg., 2000, S. 1-16.

---

40 Vgl. Blochwitz/Eigermann (2000), S. 267.
41 Zur inhaltlichen Aussage unterschiedlicher Verknüpfungsoperatoren vgl. Eigermann (2001), S. 305.

BÜHLER, W. (1982): Bonitätsbeurteilung auf der Grundlage qualitativer Indikatoren, in: Österreichisches Bankarchiv, Heft 3/1982, S. 81-93.

CORSTEN, H./MAY, C. (1996): Künstliche Neuronale Netze – Aufbau, Funktionsweisen und Anwendungsfelder, in: Das Wirtschaftstudium, 25. Jg., Heft 3/1996, S. 217-222.

DUDEN (1997): Der Duden in 10 Bänden, Fremdwörterbuch Bd. 5, Dudenverlag Mannheim 1997.

DINKELMANN, R. (1995): Kriterien und Instrumente zur Risikofrüherkennung im Firmenkundengeschäft der Banken, Diss., Bern u. a. O. 1995.

EIGERMANN, J. (2001): Quantitatives Credit-Rating unter Einbeziehung qualitativer Merkmale, Diss., Sternenfels 2001.

EVERLING, O. (1991): Credit Rating durch internationale Agenturen, Diss., Wiesbaden 1991.

HARTUNG, J./EPELT, B. (1995): Multivariate Statistik, Lehr- und Handbuch der angewandten Statistik, 5. Aufl., München 1995.

KÜTING, K.-H./HÜTTEN, CH. (1997): Die Lageberichterstattung über Risiken der künftigen Entwicklung, Annäherung an die geplante Änderung der §§ 289, 315 HGB durch das KonTraG, in: Die Aktiengesellschaft, Heft 6, (42. Jg.) 1997, S. 250-256.

KÜTING, K.-H./WEBER, C.-P. (1999): Die Bilanzanalyse, Lehrbuch zur Beurteilung von Einzel- und Konzernabschlüssen, 4. Aufl., Stuttgart 1999.

PFLEGER, G. (1991): Die neue Praxis der Bilanzpolitik. Strategien und Gestaltungsmöglichkeiten im handels- und steuerrechtlichen Jahresabschluss, 4. Aufl., Freiburg i. Br. 1991.

SCHIERENBECK, H. (1999): Grundzüge der Betriebswirtschaftslehre, 14. Aufl., München 1999.

SCHIERENBECK, H./HÖLSCHER, R. (1998): BankAssurance, 4. Aufl., Stuttgart 1998.

SELCH, B. (2000): Die Entwicklung der gesetzlichen Regelungen zum Lagebericht seit dem Aktiengesetz von 1965 bis zum KapCoRiLiG von 2000, in: Die Wirtschaftsprüfung, 53. Jg., Heft 8/2000, S. 357-367.

STROBEL, W. (1999): Verschärfung der Bilanzpflichten für Kapitalgesellschaften, in: Frankfurter Allgemeine Zeitung, Nr. 101 vom 3.5.1999, S. 33.

ZADEH, L. A. (1965): Fuzzy Sets, in: Information and Control, 8. Jg., 1965, S. 338-353.

ZIMMERMANN, H.-J. (1999): Fuzzy Set Theorie, in: WiSt, Heft 1/1999, S. 23-29.

Sonstige Quellen:

Gesetz zur Kontrolle und Transparenz im Unternehmensbereich vom 27.04.1998, in: BGBl. I, S. 786-794, (KonTraG).

Handelsgesetzbuch vom 10. Mai 1897, in der Fassung vom 19.12.1998, in: BGBl. I, S. 3836, (HGB).

Kapitalgesellschaften-und-Co-Richtlinie-Gesetz vom 16.12.1999, in: BGBl I, S. 154-163, (KapCoRiLiG).

Mittelstandsrating mit Hilfe neuronaler Netzwerke

Karsten Füser

Der zu erwartende Einfluss des neugefassten Basler Eigenkapital-Akkords – ich beziehe mich hier auf das am 16.01.2001 in New York vorgestellte zweite Konsultationspapier (Basel II)[1] – auf den deutschen Mittelstand und die den Mittelstand hinsichtlich der Bonität im Rahmen der Kreditvergabe (und damit auch der Eigenkapitalunterlegung) zu bewertenden Banken dürfte nach heutiger Sicht der Dinge für beide hier betrachteten Seiten, das heißt „den Mittelstand und die Banken", immens sein. Einerseits ist davon auszugehen, dass viele Mittelständler heute noch nicht und auch in Zukunft kein eigenes Rating[2] besitzen werden bzw. anstreben und andererseits auch die Banken noch nicht über die entsprechenden Werkzeuge zur adäquaten risikoorientierten Beurteilung der dem Mittelstand zuzuordnenden Unternehmen in der vom Basler Ausschuss geforderter Form verfügen. Es gilt somit sowohl aus Sicht des Mittelstandes und auch aus Sicht der Banken dieses Thema vor dem Hintergrund des Neuen Basler Eigenkapital-Akkords zu erörtern und – so die Zielsetzung des vorliegenden Beitrags – die Möglichkeiten zum Rating mit Hilfe intelligenter Verfahren (neuronaler Netzwerke) zu diskutieren.

Neuer Basler Eigenkapital-Akkord

Der Basler Ausschuss für Bankenaufsicht setzt sich aus Vertretern der Zentralbanken sowie den Bankenaufsichtsbehörden von zehn führenden Industrienationen sowie Luxemburg zusammen und bezweckt die Entwicklung eines internationalen Aufsichts(regel)netzwerkes, um die Qualität der Bankenaufsicht weltweit zu verbessern. Bei der Neufassung des Basler

---

1 Vgl. hierzu neben der Originalfassung u.a. Basler Ausschuss für Bankenaufsicht (2001): Konsultationspapier: Überblick über die neue Basler Eigenkapitalvereinbarung, Übersetzung der Deutschen Bundesbank, Januar 2001.
2 Ein *Rating* ist ein standardisiertes, objektives, aktuelles, nachvollziehbares und skaliertes Krediturteil über die Bonität bzw. wirtschaftliche Lage eines Unternehmens. Sie werden heute von hierauf spezialisierten Ratingagenturen (zum Beispiel *Standard & Poors*, *Moody's*) oder von Banken im Rahmen ihrer internen Modelle zur Kreditwürdigkeitsprüfung erstellt. Heute noch muss man die Intransparenz der Verfahren der beiden großen kommerziellen Anbieter *Standard & Poors* und *Moody's* konstatieren, die sie über anschauliche Symbolik (zum Beispiel „AAA" bei S&P und „Aaa" bei *Moody's*) zu überlagern versuchen, wobei die Interpretation der Einschätzung des Bonitätsrisikos („beste Qualität, geringstes Ausfallrisiko" oder „sehr spekulativ") zum Teil dem Betrachter zufällt.

Eigenkapital-Akkords – er fußt auf einer ersten Fassung, die seit 1988 in Kraft ist, wonach 8 Prozent des Kreditvolumens einer Bank durch Eigenkapital zu unterlegen ist – verfolgt der Ausschuss das Ziel, die Eigenkapitalanforderungen für die Unterlegung von Risikoaktiva stärker an die tatsächlichen Risikoverhältnisse anzupassen, da die Erfahrungen der letzten Jahre gezeigt haben, dass die 8-Prozent-Regel (zur Eigenkapitalunterlegung) zu undifferenziert ist. In der Zukunft gilt es somit seitens der Banken die Bonität der Kreditnehmer, hier der circa 3,3 Mio. bundesdeutschen mittelständischen Unternehmen, differenzierter zu bewerten und in Abhängigkeit des innewohnenden Risikos, das eingegangene Risiko mit Eigenkapital zu unterlegen. Dies hat zur Folge, dass Banken zukünftig „gezwungen" sind, das Risiko ihrer Kontrahenten viel feiner zu bestimmen, als dies möglicherweise in der Vergangenheit der Fall war. In Abhängigkeit des Risikos, so ist es zu erwarten, werden Banken zukünftig zunehmend abgestuft zwischen „guten" und „schlechten" Risiken unterscheiden und auch in der Abhängigkeit Bonität ihre Margen kalkulieren, womit – so wird es allerorts erwartet – die Kreditkonditionen stärkeren Spreizungen unterliegen werden. Aufgrund des Wettbewerbs der Finanzdienstleister untereinander ist zu erwarten, dass Unternehmen mit guter bzw. bester Bonität zukünftig noch stärker umworben werden, das heißt mit noch besseren Konditionen im Einzelfall rechnen können und Unternehmen, die in konditionell schlechterer Verfassung sind, mit höheren Fremdkapitalfinanzierungsaufwendungen zu rechnen haben, was ihre zu erwartenden Margen weiter mindern wird. In Zukunft werden somit tendenziell „gute" Risken bevorteilt, während „schlechte" Risiken benachteilt werden. In der Vergangenheit wurden bedingt durch die einheitliche Regelung von 8 Prozent „schlechte" Risiken durch „gute" Risiken getragen, was aus volkswirtschaftlicher Sicht durchaus als Fehlallokation von Kapital bezeichnet werden kann. Innerhalb einer Bank kam es damit zu einer Quersubventionierung der „schlechten" Risiken durch die „guten" Risiken, die heute nicht mehr gewillt sind, so zeigen es die Diskussionen, einen Beitrag zum Risikoausgleich zu leisten.

Auswirkungen des alten/neuen Basler Akkords auf die Banken

Die Vergangenheit hat gezeigt, dass zahlreiche Banken nach dem alten Basler Akkord ab 1988 zunächst recht gut verdient haben und mit dem Neugeschäft und dem damit verbundenen Portfoliowachstum auch die Gewinne zahlreicher Banken kräftig stiegen.

Anfang und Mitte der 90er Jahre stagnierten dann die Gewinne vieler Unternehmen. Damit einhergehend kam es zeitversetzt auch zu einer Stagnation der Gewinne der Banken mit zum Teil hohen Wertberichtigungen, die die ehemals guten Margen in Einzelfällen gänzlich verzehrten, da die Kreditnehmer ihren Zins- und Tilgungsverpflichtungen nicht mehr vollends nachkommen konnten.

In der letzten Phase dieser hier skizzierten Entwicklung verzeichneten zahlreiche Banken zum Teil sehr hohe Verluste, da sich manche Forderung als wertlos erwies.

Im Zuge des hier beschriebenen Szenarios reifte die Erkenntnis, dass „gute" Risiken mit attraktiven Konditionen „belohnt" und „schlechte" Risiken mit höheren Margen „bestraft" werden sollten. Zu beobachten war ebenso, so *Dr. Biehal*, Vorstandsvorsitzender der *GZ-Bank*, in einem kürzlich gehaltenen Vortrag, dass in den meisten Fällen festzustellen war, dass sich in der Phase des Wachstums und der steigenden Gewinne die Risikostruktur eines Kreditportfolios in der Regel zunehmend verschlechtert.

Ein weiterer Effekt ist, so *Dr. Biehal*, dass viele Banken in der Vergangenheit auf Geschäftssparten ausgewichen sind, die nicht mit Eigenkapital zu unterlegen sind und es hiermit verbunden zu einer Verknappung des „Kreditangebots" (für den Mittelstand) in der Bundesrepublik kam. Ausgebaut wurden von vielen Instituten zum Beispiel das Provisionsgeschäft im Wertpapierbereich, M & A-Geschäfte oder das so genannte Investment Banking.

Position des Mittelstandes

Wenn die Konditionengestaltung maßgeblich vom Rating abhängt, was zukünftig durch die Neuerungen zur Eigenkapitalunterlegung von Kreditrisiken bedingt durch Basel II der Fall sein wird, dürfte das Interesse des Mittelstandes am Rating zunehmen.

Die Frage nach dem „uns" erteilten Rating wird in Zukunft in immer mehr Kundengesprächen von Banken mit Vertretern des Mittelstandes auf der Gesprächsagenda stehen. Hielten viele Banken früher Auskünfte über das erteilte bankinterne Rating für vermeidbar, so wird es in Zukunft offen anzusprechen und im Dialog mit den Kunden zu erörtern sein.

Der mittelständische Kunde wird somit zukünftig noch stärker als heute beim Konditionenvergleich mit anderen Banken üblich, wissen wollen, wie er bewertet wurde und welche Merkmale den Ausschlag für die Beurteilung und damit das Pricing gaben. Begriffe wie „Ausfallwahrscheinlichkeit", „Risiko- oder Güteklasse" und „Risikozuschlag" gehen damit zunehmend vom Vokabular der „Banker" in das Vokabular der „Mittelständler" fließend über.

Beobachtet wurde bereits in den vergangenen Monaten im Rahmen des Basel II-Dialogs ein Paradigmenwechsel bezüglich der Praxis der Offenlegung bankinterner Ratings. Einige innovative und fortschrittliche Kreditinstitute, die bereits seit Jahren interne Ratingmodelle nutzen, legen momentan die Messlatte sukzessive höher und steigern hiermit ihrerseits den Handlungsdruck der auf denjenigen Instituten heute noch lastet, die kein objektives Bewertungsverfahren nutzen bzw. noch nicht gewillt sind ihre Kriterien zur Beurteilung der Bonität den „um Kredit bzw. Auskunft fragenden Mittelständlern" offen zu kommunizieren. Die innovativen Institute bringen damit die übrigen weniger fortschrittlichen bzw. auskunftsfreudigen Banken schrittweise in Erklärungsnotstände.

Die Offenlegung des bankinternen Ratings zwingt Banken jedoch potenziell in ein Dilemma. Attraktiven Kunden bleibt ihre gute Bonität nicht länger verborgen, so dass die Gewinnmargen der an den Mittelstand kreditgewährenden Finanzdienstleister weiter unter Druck geraten. Gibt die Bank das Rating preis, liefert sie dem Kunden hiermit nicht nur die Preisinformation, mit der er bei anderen Kreditinstituten um günstigere Offerten bitten kann. Sie erleichtert den Mitbewerbern zugleich die Urteilsbildung und erlaubt zudem den Vergleich des eigenen Bewertungsansatzes mit dem des Wettbewerbes.

Einerseits werden durch Basel II die Risiken für die Banken transparenter und damit die Risikomargen angemessener. Andererseits werden die Gesamtkosten der Risikobeurteilung und -bewertung ansteigen. „Risikoarme" Unternehmen werden vermutlich günstigere Finanzierungsbedingungen vorfinden als derzeit, während sich diese für „risikoreichere" Unternehmen verschlechtern dürften. Man befürchtet zurzeit, dass zur letzten Kategorie auch relativ viele kleine Unternehmen des Mittelstands zählen werden, da sie – im Hinblick auf Managementkapazitäten, Produkte, Märkte – weniger diversifiziert sind als gut diversifizierte oder international operierende Unternehmen oder Konzerne.

Erste Schätzungen der *IKB Deutsche Industriebank AG* gehen dahin, dass im statistischen Mittel mit einem Aufschlag von 0,5 bis 0,75 Prozentpunkten zu rechnen sei. Letztlich hängt dies jedoch von der konkreten Situation des Kunden ab. Unternehmen, die mit einem B-Rating klassifiziert werden und sich am Kapitalmarkt Fremdkapital beschaffen müssen, werden bis zu 2 Prozentpunkte mehr aufbringen müssen, als risikoarme Kreditnehmer.

In den jüngsten Erörterungen werden die Auswirkungen von Basel II auf die Finanzierung des deutschen Mittelstandes mit seinen 3,3 Mio. Unternehmen kontrovers diskutiert. Wie (und ob) das Preisniveau für Kredite ansteigen wird, ist noch nicht klar zu erkennen, sieht man einmal von dem oben genannten Beispiel ab, welches jedoch die Erwartungen vieler Marktteilnehmer widerspiegelt. Ein Anhaltspunkt könnte in diesem Kontext der allgemeine Preisunterschied in Europa, so zum Beispiel zu Großbritannien sein, wo andere Preise am Markt gelten und eine stärkere „Kundenausgrenzung" zu beobachten ist. Das dortige „Preisniveau" liegt um circa 35 bis 40 Prozent höher als in Deutschland.

Mögliche Auswirkungen von Basel II auf mittelständische Unternehmen:

- Vermutlich werden alle kreditbeantragenden Unternehmen bankinterne Ratings erhalten und die Prüfungen in der Regel genauer erfolgen als bisher.
- Dies führt zu exakteren Methoden der Bonitätsevaluierung, zu mehr Risikotransparenz und in der Folge zu einer risikobewussteren Kalkulation der Spreads (Risikoprämien).
- Für Kredite an Unternehmen mit sehr guter Bonität reduziert sich die Eigenkapitalbelastung (besser als A+: 20 Prozent-Gewichtung), für Unternehmen mit schlechter Bonität hingegen erhöht sie sich (niedriger als B-: 150 Prozent).

- Es ist zu vermuten, dass sich große KMU mit guten Risiken besser stellen und schlechtere Risiken eine Kreditverteuerung erfahren werden.
- Da bei kleinen Unternehmen häufig höhere Risiken unterstellt werden (zum Beispiel bei den „weichen Faktoren" – man denke an den Ausfall eines Managers") ist zu vermuten, dass für diese Gruppe von Unternehmen eine Verschlechterung der Finanzierungskonditionen eintreten wird.

Man kann damit an dieser Stelle durchaus die Frage stellen, ob Basel II die Reaktion der Aufsicht auf die in den letzten Jahren deutlich schlechter gewordene Zahlungsmoral ist.

Sicht der Banken

Sträflich vernachlässigt wird momentan vielfach noch der Aspekt, dass auch Banken geratet werden, wobei die Neugewichtung der Banken bei der Eigenkapitalhinterlegung sich indirekt auch auf die Finanzierungsmöglichkeiten von KMUs auswirken kann.

Die bestehende Regelung im Grundsatz I besagt im Allgemeinen, dass 20 Prozent von 8 Prozent des Kreditvolumens an Banken (von der kreditgewährenden Bank) mit Eigenmitteln zu hinterlegen ist. Nach dem neuen Basler Vorschlag sind je nach Rating der kreditnehmenden Bank 20/50/100/150 Prozent der 8 Prozent mit Eigenmitteln zu hinterlegen.

Kleinere Banken mit einer Bonitätsnote von unter AA- müssen sich somit auf höhere Refinanzierungskosten einstellen, da Kreditgeber bei Krediten an solche Banken mehr Eigenkapital bereitstellen müssen. Für einzelne Banken werden mit In-Kraft-Treten der neuen Regelungen damit nicht nur höhere Eigenkapitalanforderungen gelten, sondern auch höhere Refinanzierungskosten erwartet.

Dies fördert den Konzentrationsprozess im Bankgewerbe – mit möglichen negativen Folgen für die Finanzierung von KMU.

Hinzu kommt, dass – wie gesagt – sich bereits in der Vergangenheit zahlreiche Banken aus dem klassischen Kreditgeschäft zurückgezogen haben und sich dem ertragsreicheren und mit weniger Risiken behafteten Provisionsgeschäft zugewandt haben. Damit wächst die Gefahr der „Fremdkapitalverknappung" stetig. Eine „Pleitewelle", ausgelöst durch Basel II, wird es aber dennoch nicht geben. Allenfalls im unteren Segment des Mittelstandes, also bei kleinen Handwerksbetrieben, den Einzelunternehmen und im Kleingewerbe könnte es Verwerfungen geben. Je nach Bonität wird es somit im Einzelfall zu spürbaren Entlastungen oder Belastungen kommen, was auch sachgerecht ist. Engpässe in der Kreditversorgung sind aber nicht zwingend zu erwarten.

Dem entgegen steht die Aussage, dass Unternehmen mit hoher Bonität sogar in den Genuss günstigerer Konditionen kommen, wenn die Ausfallrisiken für die Banken transparenter werden. Um jedoch zu transparenteren Ausfallrisiken zu gelangen, muss der

„Prüfungsaufwand" seitens der Banken erhöht und zunächst in ausgefeiltere Risikosysteme investiert werden, was momentan auch geschieht bzw. zu beobachten ist. Die Wettbewerbssituation kleinerer Banken – Sparkassen, Genossenschaftsinstitute und Spezialbanken – dürfte sich in diesem Zusammenhang aber verschlechtern, da es unwahrscheinlich ist, dass sie ähnliche finanzielle Ressourcen und die dazugehörige Kompetenz wie ihre großen Konkurrenten in den Aufbau ausgefeilter Systeme investieren können.

Bei Basel II geht es grundsätzlich nicht um die Frage, ob der Mittelstand zukünftig noch Kredite bekommt, sondern darum, zu welchen Konditionen das einzelne Unternehmen seinen Kredit unter angemessener Berücksichtigung des Risikos erhält. Die Transparenz hinsichtlich der Konditionen wird steigen, nicht nur für die Bank, sondern auch für den Kreditnehmer. Er sollte m. E. ein Rating als „Gütesiegel" sehen bzw. als Anlass für eine (zum Teil dringend notwendige) „Fitnesskur" betrachten. Es liegt damit im Interesse der mittelständischen Unternehmen, mehr Transparenz gegenüber ihrer Hausbank zu zeigen. Das Ergebnis des Ratings der Hausbank kann – wie gesagt – durchaus als Indikator und, wenn Vergleichsanalysen durchgeführt werden, als Vorschlag der Bank zur Verbesserung des betriebswirtschaftlichen Umfeldes des Kunden, der internen Prozesse oder der Marktausrichtung, je nach Aussagekraft des Ratings, verstanden werden.

Für den Mittelständler geht es darüber hinausgehend auch nicht um die Frage, sich extern raten zu lassen oder ungünstigere Konditionen in Kauf nehmen zu müssen, da Banken in der Regel interne Ansätze zur Ermittlung der Bonität bereits heute im Einsatz haben bzw. zukünftig – aufgrund der Anforderungen des Basler Papiers – entwickeln werden. Bei Kosten in einer Höhe zwischen 5 000 und 50 000 DM, je nach Ratingagentur, „lohnt" sich ein externes Rating in den meisten Fällen überdies nicht, wenn nur die Zielsetzung verfolgt wird, Kreditkonditionen zu verbessern.

Der Hauptkritikpunkt externer Ratings besagt, dass die Urteile externer Ratingagenturen „willkürlich" bzw. im Einzelfall nicht nachvollziehbar sind. Hinzu kommt, dass eine Bank nur auf einem externen Rating basierend in der Regel keinen Kredit herauslegt, sondern eine „doppelte Bewertung" mit internen Systemen durchführt, bevor sie einen Kreditentscheid trifft.

In der Summe führen diese Tendenzen dazu, dass der Mittelständler als Kunde einer Bank besser beraten werden will, was aber zwingend den Aufbau entsprechender methodengestützter Beratungskompetenz innerhalb der Banken in der Bundesrepublik verlangt.

Festzuhalten bleibt damit zunächst, dass die Auswirkungen von Basel II auf die Kreditvergabeprozesse der Banken und auch die „kreditsuchenden Instanzen" noch nicht abschließend hinterfragt worden sind, der Handlungsdruck, sich mit dem Thema auseinanderzusetzen aber sowohl aus Banken- als auch aus Unternehmenssicht von Tag zu Tag steigt, da mit einer Umsetzung des Basler Papiers ab dem Jahr 2005 zu rechnen ist.

Da die Mehrheit der Banken aus aufsichtsrechtlicher Sicht zumindest heute noch über ein angemessenes Eigenkapitalpolster verfügt, sollte die Wirkung der neuen Mindesteigenkapitalanforderungen auf Kreditentscheidungen mittelfristig aus Sicht des Mittelstandes nicht überschätzt werden.

Leistungsfähige interne Systeme zum Kreditrisikomanagement und -controlling sowie zur Ableitung (risiko-)adjustierter Prämien sind bei den Banken aufgrund des kontinuierlich zunehmenden Wettbewerbs im Markt, der durch den Markteintritt zahlreicher „Non- and Nearbanks" sowie Internet-orientierter Spezialdienstleiter in den letzten Jahren eine deutliche Verschärfung erfuhr, aber ohnehin eine unabdingbare Voraussetzung für ein erfolgsorientiertes Agieren am Markt. Modelle und Methoden der Künstlichen Intelligenz (KI) zu denen auch die bereits erwähnten Neuronalen Netzwerke zählen, finden sich hierbei zunehmend in solchen entscheidungsunterstützenden Ansätzen verankert.

Zu den modernen Verfahren bei der Kreditwürdigkeitsprüfung (KWP) zählt heute neben den Neuronale Netzwerken auch die Technologie der Fuzzy Logic, die beide dem Forschungszweig der Künstlichen Intelligenz zuzuordnen sind. Sie substituierten im Bankensektor in der jüngsten Vergangenheit vielfach klassische Scoring-Ansätze oder Expertensysteme, denen sie methodisch in der Regel weit überlegen sind, wenngleich auch die klassischen Ansätze eine Renaissance erfuhren. Dennoch, auch mit Hilfe von Scorekarten, die auf Basis von Cluster- und Diskriminanzanalysen entwickelt werden, lassen sich – so unsere Erfahrungen – zum Teil bereits sehr gute Ergebnisse erzielen.

Zu beachten ist, dass externe Ratings in der Praxis in der Regel auf dem individuellen Urteil eines Analysten bzw. einer Analystengruppe basieren, der/die sich mathematische Methoden bedient/bedienen, unter der Beachtung des Standards der Agentur, wohingegen beim internen Rating vielfach mathematisch-statistischen Verfahren objektivierend zum Einsatz kommen und lediglich die Auswahl eines Modells (zum Beispiel neuronale Netze vs. Punktbewertung) und seiner Parameter subjektiv geprägt ist. Neuronale Netzwerke oder Scorekarten schaffen damit die in einem internen Bewertungsprozess gewünschte Objektivität.

Neuronale Netze und alternative Ansätze zum Rating – ein Vergleich[3]

Neuerdings setzt man in innovativen Häusern für die Zwecke des Ratings vermehrt neuronale Netze ein. Neuronale Netze besitzen im Gegensatz zu klassischen Ansätzen oder Expertensystemen die Fähigkeit im Modellbildungsprozess relevantes von nicht relevantem (eigenständig(!)) zu differenzieren, da sie lernfähig sind und an Beispielen „guter" und „schlechter" Bonität trainiert werden können und daraus ihr Entscheidungsverhalten ableiten bzw. generieren.

---

3 Vgl. hierzu: Füser (2001).

Gemeinsam ist den mathematisch-statistische Verfahren bzw. Methoden zum Rating, dass die Objektivität des Entscheidungsprozesses durch die mit ihrem Einsatz verbundene sorgfältige und systematische Erhebung der Merkmale der zu untersuchenden Objekte („mittelständische Unternehmen") gesteigert wird. Dennoch differieren deren Potentiale, was die zunehmende Substitution der Scoring- und Expertensysteme, speziell für diese Fragestellung, durch neuronale Netze zeigt. Auf der Seite der Mathematik zeigen sich die Unterschiede am deutlichsten. Aus diesem Grunde sollen nachfolgend einmal

- mathematisch-statistische Methoden,
- Scoring- oder Punktbewertungssysteme auf der Basis der Diskriminanzanalyse,
- Expertensysteme und
- die neueren Technologien der Fuzzy Logic und neuronalen Netzwerke

vergleichend diskutiert werden. Einen guten Überblick über die Methoden zum Rating liefert Abbildung 1.

Bei den nachfolgend besprochenen Verfahren zum Rating, zu denen heute klassische Punktbewertungsverfahren, die Diskriminanzanalyse oder auch die in jüngster Zeit entwickelten neuronalen Netzwerke sowie die auf der Technologie der Fuzzy Logic basierenden Ansätze zählen, geht es im Wesentlichen darum, geeignet ausgewählte Kenngrößen (Merkmale) miteinander zu verknüpfen, zu gewichten und zu bewerten, um hieraus eine Ausfallwahrscheinlichkeit (über ein Ratingergebnis) abzuleiten. Die Basis aller entscheidungsunterstützenden Ansätze ist hierbei eine Datenbasis (Stichprobe) von N Unternehmen, die sich aufteilen lassen in die disjunkten Klassen der solventen und insolventen Unternehmen.

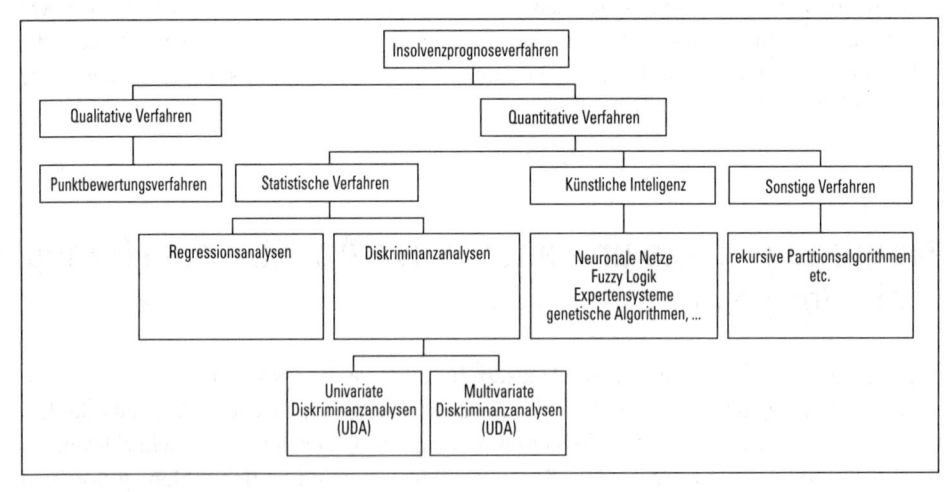

Abbildung 1: Ratingverfahren[4]

---

4   In Anlehnung an Günther/Grüning (2000). Zu den sonstigen Verfahren können ergänzend die clusteranalytischen Ansätze, die Irrtumskorrektur-Algorithmen, die Adaptions-Algorithmen der stochastischen Approximation, Nearest-Neighbor-Regeln sowie adaptive Clustering-Techniken gezählt werden.

Punktbewertungsverfahren
Der Terminus der Punktbewertungsverfahren wird im Rahmen der Klassifikation verschiedenster Ansätze zum (Scoring bzw.) Rating in der Regel als Oberbegriff für statistische Verfahren unterschiedlichster Komplexität verwendet.

Rating- bzw. treffender Scoringmodelle[5] in Form einfacher Punktbewertungsverfahren sind seit Jahren in Banken ein gern genutztes Verfahren zur Risikosteuerung im Rahmen des Entscheids über die Herauslage eines Kredites, die vornehmlich als so genannte „Scorekarten" bei der Beurteilung der Bonität wirtschaftlich unselbständiger Kreditantragsteller eingesetzt werden. Bei diesen Verfahren werden in der Regel bestimmte Ausprägungen verschiedenster Bonitätsmerkmale ex-ante mit festen Punktwerten belegt, addiert und in der Summe bewertet. Durch Addition der mit den Merkmalsausprägungen eines Kreditantragstellers verknüpften Punktwerte („Scores") ergibt sich sein Gesamtscore, der mit zunehmender Höhe die damit steigende Bonität des Kreditsuchenden beschreibt.

Diskriminanzanalyse
Als statistische Methode zur Determinierung der Gewichte und Merkmale von Scoring-/Ratingmodellen wird bzw. wurde in der Vergangenheit vielfach die im Jahre 1936 von *R. A. Fisher* entwickelte **Diskriminanzanalyse** (DA) herangezogen.[6] Der aus heutiger Sicht wesentliche Nachteil dieser Methode ist die ihr in der Regel zu Eigene Linearität. Auch Neuerungen, so zum Beispiel die quadratische DA oder die verteilungsfreie DA, eröffnen keine Quantensprünge hinsichtlich des hier betrachteten Einsatzspektrums, so dass die neuronalen Netze heute vielfach als einziger adäquater nicht-linearer Problemlöser angesehen werden und hier später bezogen auf ihre Funktionalität mit der linearen multivariaten DA verglichen werden sollten. Zur Begriffsbildung sei gesagt, dass sich die univariate DA von der multivariate DA dadurch unterscheidet, dass statt einer mehrere Kennzahlen zur Gruppentrennung (hier: Zweigruppenfall; Trennung: („kreditwürdig"/"kreditunwürdig")) herangezogen werden.

Nearest-Neighbors-Verfahren
Eine weitere Möglichkeit zum Scoring/Rating erschließt sich über Nearest-Neighbors-Verfahren.[7]

Bei der Kreditwürdigkeitsprüfung von Unternehmen mittels eines Nearest-Neighbors-Verfahrens vergleicht man in der Praxis in der Regel die Bilanz des zu bewertenden Unternehmens in einem „Mustererkennungsschritt" mit einem Datenbestand von Bilanzen von Unternehmen, die entweder drei Jahre später noch als unverändert gut bezeichnet werden können oder als solche von Krisenunternehmen bezeichnet werden müssen. Auf der Basis des Vergleichs des aktuell vorliegenden Falls mit „Vergangenheitsbilanzen" guter und schlechter Unternehmen kann eine Früherkennung von Kreditrisiken – so zeigen es ver-

---

5 Oftmals wird der Begriff des Scorings auch allgemein als Oberbegriff für Punktbewertungsverfahren genutzt. Wir unterscheiden hier begrifflich zwischen den Scoring-Verfahren zur Bewertung der Bonität von natürlichen Personen und den Ratingverfahren zur Beurteilung der Kreditwürdigkeit von Firmen.
6 Vgl. Oser (1996); Feidicker (1992); Baetge/Baetge/Kruse (1999). Vgl. auch Baetge, (1980).
7 Vgl. Reuter/Wagemann (1996).

einzelt Beispielfälle – geleistet werden. Geschlussfolgert wird, dass bei einer Zuordnung des betrachteten Falls (aufgrund seiner „Ähnlichkeit") zu einem „schlechten" („guten") Fall, dieser auch als „schlecht" („gut") einzustufen ist.

Expertensysteme
Als eine Alternative zu den mathematisch-statistischen Methoden zur Bonitätsbeurteilung gelten Expertensysteme (wissensbasierte Systeme), zu deren Vertretern zum Beispiel der Codex-Ansatz[8] der *Commerzbank* zählt.[9] Codex dient der Analyse der Bonität mittelständischer Unternehmen durch Einbringung von Experten-Know-how in den Bewertungsvorschlag des Systems.

Expertensysteme sind der Gruppe der lösungsbaum-orientierten Verfahren zuzuordnen. Sie geben das Struktur- bzw. Problemverständnis eines oder mehrerer Experten in Form von „if-then-else"-Klauseln wieder. Expertensysteme besitzen somit im Gegensatz zu neuronalen Netzwerken eine ausschließlich auf Expertenmeinungen basierende Stabilität. Daten-basierte Zuverlässigkeit besitzen sie somit nur bedingt. Ihre Leistungsfähigkeit ist von der Qualität des gewonnen Wissens der Experten und dessen angemessener Repräsentation in „if-then-else"-Klauseln abhängig.

Fuzzy Logic
Neben den neuronalen Netzwerken, die in einer nicht-linearen Welt beheimatet sind, ist als weitere Methodenklasse aus dem Bereich der Künstlichen Intelligenz die Fuzzy Logik zu nennen, mit deren Hilfe es möglich ist, Daten „unscharf" auszuwerten. Mit Hilfe der Fuzzy Logic kann man sich von der klassischen zweiwertigen Logik lösen und über Zugehörigkeitsgrade zur so genannten „unscharfen Logik" gelangen. Die Fuzzy Logic ermöglicht mit Hilfe der Zugehörigkeitsgrade zum Beispiel eine Firma (gleichzeitig) als „0 Prozent nicht kreditwürdig", „80 Prozent kreditwürdig" und „30 Prozent sehr kreditwürdig" zu beschreiben, als sie nur binär einer der beiden Klassen „nicht kreditwürdig" bzw. „kreditwürdig" zuzuordnen. Sie wird heute in vielen entscheidungsunterstützenden Systemen zur Vorverarbeitung von Eingangsinformationen genutzt.

Neuronale Netze
Die Überlegenheit neuronaler Netzwerke (hier: Error-Backpropagation-Netzwerke[10]) zeigt sich in der Regel beim Rating durch eine höhere Trennschärfe, die einem Netzwerk eine sicherere Zuordnung eines zu beurteilenden Falls zu den Klassen „kreditwürdig" bzw. „nicht kreditwürdig" oder „gute Bonität" und „schlechte Bonität" ermöglicht. Diese Fähigkeit basiert primär auf den ihnen inhärenten Eigenschaften, nicht-linear klassifizieren zu können und hierbei zum Teil über 20 verschiedene Einflussgrößen, wie zum Beispiel Alter des Unternehmens, Umsatz, Anzahl der Mitarbeiter und hier ungenannte weitere Merkmale, verarbeiten zu können.

Rein technisch ähnelt ein künstliches neuronales Netz dem menschlichen Gehirn. Der Grundbaustein beider sind so genannte Neuronen (Nervenzellen), die (mehrschichtig)

---

8   Codex = Commerzbank Debitoren Expertensystem.
9   Vgl. Kögel (1999).
10   Vgl. Hinton (1992).

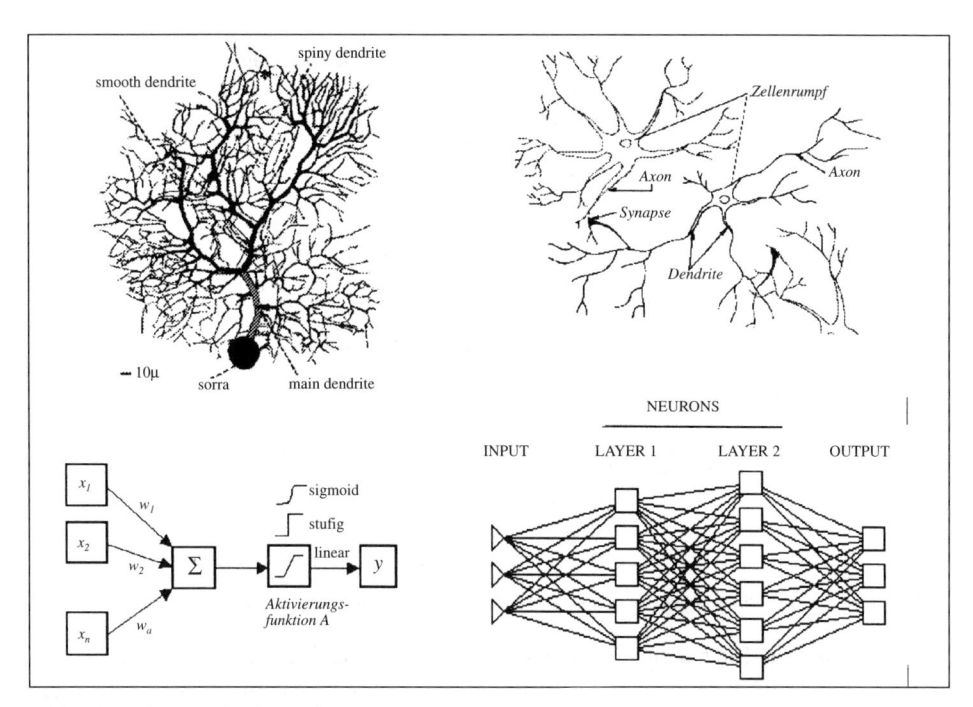

Abbildung 2: Vom biologischen Neuron zum künstlichen neuronalen Netz

miteinander verknüpft ein lernfähiges Netzwerk bilden. Hierbei kommt den Kontaktstellen zwischen zwei Neuronen, den so genannten Synapsen, eine besondere Bedeutung zu, da in ihnen die Erfahrung, das heißt das Wissen in Form von Gewichten, gespeichert wird. Typischerweise besteht heute ein künstliches neuronales Netzwerk aus einigen hundert Neuronen, die schichtweise (Input-, Hidden- und Output-Ebene) angeordnet sind. Zwischen den einzelnen Schichten sind die Neuronen einer Ebene mit vor- bzw. nachgeschalteten Neuronen über Synapsen verbunden. Das menschliche Gehirn ist hierzu im Vergleich ein Gebilde von circa 10^{11} Nervenzellen.[11]

Während des Trainings eines Netzwerkes, ihm werden in dieser Phase „gute" und „schlechte" Beispieldaten präsentiert, optimiert das Netzwerk sukzessive seine Synapsengewichte mit Hilfe der ihm präsentierten Eingangsinformationen, von denen bekannt ist, ob sie „gut" oder „schlecht" sind. Das Ziel während des Trainings eines neuronalen Netzwerkes ist es innerhalb dieser Phase der Wissensadaption, Gewichtsanpassungen ergebnisorientiert vorzunehmen, um die Entscheidungsgüte, das heißt die Trennschärfe (mit Hilfe der während des Trainings gewonnen Gewichte) zwischen „guten" und „schlechten" Fällen schrittweise zu optimieren.

Durch die Lernfähigkeit bedingt sind heute neuronale Netzwerke vielen klassischen Verfahren (zum Beispiel diskriminanzanalytischen Verfahren) in der Regel überlegen, die auch zum Kredit-Scoring/-Rating oder zum Beispiel im Rahmen der Aktienkursprognose

---

[11] Vgl. Mrzyk (1999), S. 73 ff.

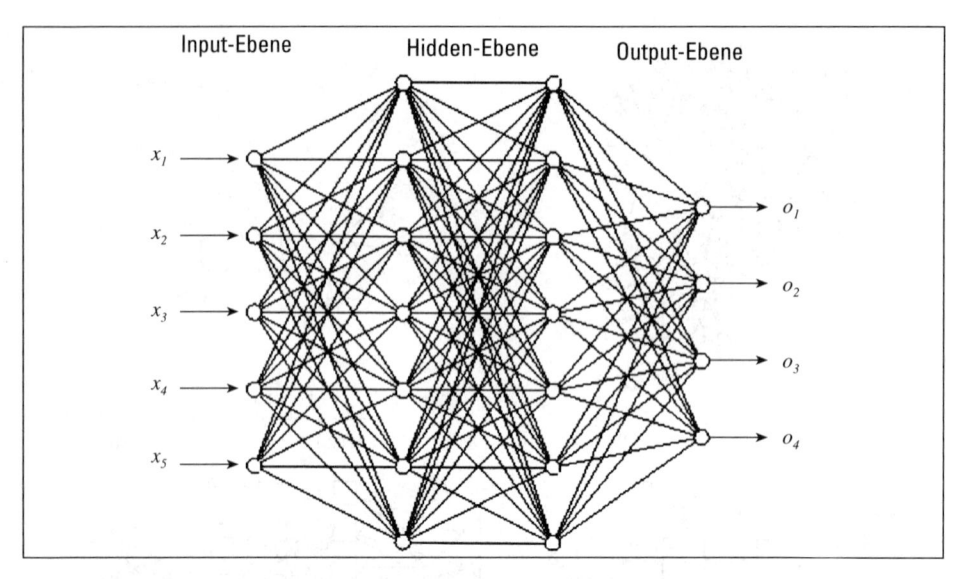

Abbildung 3: Neuronales Netzwerk (Error-Backpropagation-Netzwerk)

eingesetzt werden. Sie haben sich in den letzten Jahren aus ihren Kinderschuhen heraus entwickelt und stellen heute in vielen Instituten eine sehr gute Alternative dar, mit der die Bonität geprüft oder die Anlegermentalität ermittelt wird. In der Praxis bezeichnet man sie heute vielerorts (hinter vorgehaltener Hand, um Wettbewerbsvorteile zu wahren) als resultatsverbesserndes Substitut.

Neuronale Netzwerke

- erhöhen in der Regel die Trennschärfe,[12]
- können eine Vielzahl von quantitativen und qualitativen Einflussfaktoren verarbeiten,
- erlauben eine konstruktive „Missing-Value"-Behandlung,
- begründen Entscheidungen (nach einer Sensitivitätsanalyse) und schaffen damit Transparenz,
- lernen anhand von Beispielen unter Berücksichtigung geschäftspolitischer Belange,
- arbeiten strukturentdeckend,
- sind fähig zur Assoziation bzw. Generalisierung,
- sind robust, fehlertolerant und zeichnen sich durch eine kurze Entwicklungsdauer aus,
- können gekoppelt mit der Fuzzy Logic auch Unschärfen modellieren und
- verarbeiten Profile statt Punkte. Sie berücksichtigen dadurch bedingt bei der Beurteilung eines Kreditantragstellers auch divergierende Merkmalskombinationen und -abhängigkeiten zwischen den die Entscheidung determinierenden Einflussgrößen.

Als Nachteile der neuronalen Netzwerke werden in der Literatur das schwierige Netzwerkdesign, fehlende Netzwerkentwickler und das „Black-Box"-Verhalten der Netzwerke genannt.

---

[12] Vgl. Enache (1998).

Sachbearbeiter	Punktbewertungsmethode	Mathematisch-statistisches Verfahren (Diskriminanzanalyse)	Expertensysteme	Neuronale Netzwerke	Hybride Modelle (Neuro-Fuzzy-Ansätze)
Subjektiv	objektiv				
Heuristisch trennend	in der Regel linear trennend	linear trennend	in der Regel linear trennend	nicht-linear trennend	
nutzt 5 bis 7 Merkmale	nutzt etwa 10 Merkmale		nutzen wenige Merkmale	nutzen ca. 15 – 25 Merkmale	
genutzt wird das Wissen des Sachbearbeiters	genutzt wird vorhandenes Datenmaterial	genutzt wird vorhandenes Datenwissen	genutzt wird vorhandenes Expertenwissen	genutzt wird vorhandenes Experten- und Datenwissen[13]	
meist wenig dynamisch	statisch			dynamisch	
lernfähig, interpretiert Zusammenhänge, findet Kausalitäten, etc.	nicht lernfähig		bedingt lernfähig, setzt Neuaufbau des Systems in der Regel voraus	lernfähig	lernfähige Systeme, die unscharfe Informationen verarbeiten
„teuer"	„sehr günstig"	„recht günstig"	„in der Regel teuer"	„recht günstig"	
„langsam"	„schnell"				
Abbildung der Geschäftspolitik			gekoppelt schafft man mit diesen Systemen in der Regel die perfekte Abbildung der Geschäftspolitik		
Kriterienvielfalt				verarbeiten qualitative und quantitative Kriterien	
Erarbeitet sich Strukturen	Strukturen müssen erarbeitet werden	externe Strukturen	Strukturen müssen vorgegeben werden	arbeiten strukturendeckend	
Ausfall durch Krankheit	robust, aber in der Regel nicht fehlertolerant			Systeme sind robust und fehlertolerant	
lernt ständig	kurze Entwicklungsdauer	mittlere/hohe Entwicklungsdauer		kurze/mittlere Entwicklungsdauer	
Missing-Value-Behandlung	in der Regel keine Missing-Value-Behandlung			Können mit Missing-Values umgehen	
interpretiert im Zusammenhang	Verarbeiten in der Regel keine Abhängigkeiten zwischen Einflussgrößen („Punktwerte werden addiert")		verarbeiten über Lösungsbaum Abhängigkeiten indirekt	verarbeiten Interaktionen und Abhängigkeiten von bzw. zwischen Einflussgrößen („verarbeiten Profile")	
im Scoring/Rating in der praktischen Anwendung seit X Jahren	ca. 30-40 Jahre	ca. 25-30 Jahre	ca. 15 Jahre	ca. 3-5 Jahre	<= 3 Jahre

Tabelle 1: Vergleich der Methoden zum Scoring/Rating

---

13 Neuronale Netze versuchen, aus empirischen Beobachtungen objektives Erfahrungswissen zu extrahieren, das zwar implizit in empirischem Datenmaterial vorhanden ist, aber zumeist nicht direkt in Regeln oder Gesetzmäßigkeiten umgesetzt werden kann.

Punktbewertungsverfahren, diskriminanzanalytische Ansätze sowie neuronale Netze sind nach allgemeiner Auffassung zur Entwicklung eines Scoring-/Ratingansatzes grundsätzlich geeignet.[14] Da davon auszugehen ist, dass der Großteil der Daten in Banken auch heute noch oft in Papierform zur Verfügung steht, sprechen eine Reihe von Gründen dafür, Systeme einzusetzen, die „robust" hinsichtlich der Datengrundlage sowie leicht adaptierbar sind. Viele Kriterien sprechen damit für den Aufbau von *hybriden Ansätzen,* die zum Beispiel integriert die Technologien der Fuzzy Logic (zum Beispiel zur Vorverarbeitung) und der neuronalen Netzwerke nutzen.

Neuronale Netze als Werkzeuge zum Mittelstandsrating – Beispiel

Im Rahmen des Aufbaus von entscheidungsunterstützenden Systemen zum Rating gilt es eine Reihe von Prämissen zu beachten, die im Folgenden kurz angerissen werden sollen, bevor auf die Spezifika des Mittelstandsratings eingegangen wird.[15]

Kriterien, die beim Aufbau eines Ratingverfahrens zu beachten sind, sind:

- die Verarbeitung möglichst vieler (aller) zur Verfügung stehenden relevanten Informationen quantitativer und qualitativer Art,
- die adäquate Verarbeitung dieser Informationen (unter Berücksichtigung von Unschärfen),
- die transparente, modulare und nachvollziehbare Gewichtung der zu berücksichtigenden Merkmale sowie
- die einheitliche und konforme Beurteilung derselben im Bewertungsprozess.

Ziel ist es hierbei,

- durch eine systematische Analyse aller wesentlichen Bonitätsmerkmale des Kreditantragstellers Kreditausfallrisiken[16] zu erkennen, das heißt eine Trennung zwischen „guten" und „schlechten" Risiken zu finden,
- subjektiv geprägte Kreditentscheidungen,[17] beeinflusst durch unterschiedliche Berufs-

---

14 Vgl. hierzu auf Keyzlar/Wagner (1996).
15 Vgl. Füser (2001).
16 Ein Kreditausfall tritt ein, wenn ein Kreditnehmer die Forderung nicht oder nicht rechtzeitig begleicht. Das Ausfallrisiko (die Gefahr eines Kreditausfalls in der Zukunft) besteht aus den Komponenten Einzelrisiko und Risikobetrag. In ratingbasierten Ansätzen wird das Einzelrisiko durch die Ratingklasse determiniert. Damit kommt der Bewertung eines Kredites hinsichtlich seiner Bonität, das heißt der Einschätzung der Fähigkeit der Kreditbedienung, und der Zuordnung einer Forderung zu einer bestimmten Ratingklasse eine besondere Bedeutung zu. Vgl. Peil/Egger (2000).
17 Eine Untersuchung des *DSGV* hat gezeigt, dass die subjektiven Bonitätseinschätzungen gegenüber der objektiv erhobenen Aktenlage bis zu drei Bonitätseinstufen abwichen und darüber hinaus die verwendeten Kriterien und Maßstäbe nicht nur von Sparkasse zu Sparkasse, sondern sogar innerhalb eines einzelnen Instituts

oder Lebenserfahrung, optimistische oder pessimistische Stimmungslagen[18] und/oder Vorurteile der Entscheidungsträger im Kreditgeschäft, zu objektivieren,
- eine transparente, einheitliche und standardisierte Kreditvergabe in der gesamten Bank zu erreichen, um die durch die unterschiedlich ausgeprägte Risikoneigung der Kompetenzträger in einzelnen Geschäftsstellen/Bereichen erfahrungsgemäß überhöhten Kreditausfallrisiken weitgehend zu vermeiden,
- eine bessere Qualität in der Kundenbeurteilung sicherzustellen und
- die effiziente Gestaltung der Geschäftsablaufprozesse im Kreditgeschäft zu gewährleisten (kurze Durchlaufzeiten).

Nachfolgend soll ein Ansatz skizziert werden, der seitens der *Ernst & Young AG* zum Rating von mittelständischen Unternehmen entwickelt wurde:

Bei bestehenden Unternehmen besteht in der Regel die Möglichkeiten einer umfassenden Jahresabschlussanalyse, die in diesem, wie auch in vielen alternativen Modellen zur Bonitätsprüfung mittelständischer Unternehmen, einen wesentlichen Teil der *quantitativen Analyse interner* Informationen des zu bewertenden Objekts darstellt. Darüber hinausgehend lassen sich im Rahmen der Beurteilung der Bonität eine Reihe von *externen* Zusatzinformationen verarbeiten, die von verschiedensten „Datenlieferanten" zur Verfügung gestellt werden können. Hierzu zählen zum Beispiel die *SCHUFA*, der *Verein Creditreform*, das *Feri*-Institut oder das *Statistische Bundesamt*, die zum Teil auch nützliche Informationen zur Beurteilung von Privatpersonen oder jungen Unternehmen bereitstellen können.[19] Neben den hier skizzierten quantitativen Informationen bzw. Informationsquellen gelangt zunehmend im Rahmen des Aufbaus von entscheidungsunterstützenden Logiken die Verarbeitung *qualitativer* Größen in den Mittelpunkt der Systementwicklung, da unter Heranziehung solcher Größen, so zeigt es die eigene Erfahrung und auch der Blick in die einschlägige Literatur, höhere Trennschärfen zur Differenzierung zwischen „gut" und „schlecht" erreicht werden können.

---

von Sachbearbeiter zu Sachbearbeiter divergierten. Vgl. Reuter/Wagemann (1996). Vgl. hierzu auch Keyzlar/Wagner (1996). Dort steht: „Ein erfolgreicher Kreditbetreuer kann in der Regel auf fundierte Praxis und Erfahrung zurückblicken und trifft bei Kreditentscheidungen auch ohne Scoring meistens die richtige Wahl. Internationale Studien haben zum Beispiel ergeben, dass die triviale Regel, jenen Kunden, die kein Konto bei der Bank haben, keinen Kredit zu geben, schon ein Großteil der Problemfälle vermeiden hilft. (...) Ferner ist bekannt, dass speziell bei Kreditentscheidungen durch die Subjektivität und durch erwiesene psychologische Fallen, zum Beispiel jene der selektiven Wahrnehmung, trotz geringer Ausfallquoten viele schlechte Kredite, die vermeidbar wären, gemacht werden und mit noch wesentlich mehr guten Kreditkunden fälschlicherweise kein Geschäft zustande kommt." Vgl. auch Elsas et al. (1999).

18 „Die Beurteilungen des Experten sind dabei grundsätzlich nicht frei von subjektiven Einflüssen der Vergangenheit und der aktuellen Stimmungslage." Vgl. Wilbert (1991).

19 Nach Bellinger bestehen die in diesem Zusammenhang entwickelten Verfahren aus Komponenten zur Auswertung von amtlichen Informationsquellen (Handelsregister, Grundbuch, Genossenschaftsregister, Güterrechtsregister, Vereinsregister, Konkursverzeichnis und andere): regelmäßigen Kreditgesprächen und Betriebsbesichtigungen, Auskunftswesen (Auskunfteien, Bank-, Lieferanten-, Selbst-, Branchen- und *SCHUFA*-Auskünfte), Überwachung mit Hilfe von Kontobeobachtungen und Evidenzmeldungen, maschinelle Jahresabschlussanalyse, Auswertung des Anhangs und des Lageberichts, Credit Scoring und Diskriminanzanalyse, Expertensysteme und Neuronale Netze, Finanzplanorientierte Kreditwürdigkeitsprüfung, Cash-Flow-Prognosen und Sicherheitenüberwachung. Vgl. Bellinger (1999).

Das hier erörterte Konzept lehnt sich eng an die herrrschende Literaturmeinung an. *Schwaiger* sagt in diesem Kontext zum Beispiel: „Das Fundament der Bonitätsratings bilden Unternehmensanalysen, wobei die verschiedensten Informationen Eingang finden. Bei eigentlich allen Analysen gehen unternehmens- und branchenspezifische Daten ein. Erstere bestehen zumeist aus Hard Facts (insbesondere Bilanz- und GuV-Daten) bzw. aus Soft Facts. Als branchenspezifische Information wird zumeist das ökonomische Umfeld und die konjunkturelle Situation des Unternehmens in Erfahrung gebracht."[20] Die Nutzung der hier angesprochenen Daten auch in unserem Konzept gebietet die ökonomische Rationalität.

Der nachfolgend diskutierte Ansatz kann als eine ganzheitliche Erweiterung vieler bestehender Ansätze zur Jahresabschlussanalyse gesehen werden, da neben der Auswertung historischer, das heißt vergangenheitsorientierter Abschlüsse, zukunftsgerichtete Informationen das Bonitätsurteil zum Teil mit determinieren. Es hat sich in der jüngsten Vergangenheit die Erkenntnis durchgesetzt, dass eine Kreditvergabe sich am zukünftigen Wert bzw. Cash Flow eines Unternehmens (unter Berücksichtigung der Risiken und Chancen der Geschäftstätigkeit im Sinne des KonTraG) zu orientieren hat.[21] Eine Gesamtunternehmensbeurteilung kommt heute damit ohne die fundierte Beurteilung der künftigen Entwicklung der finanziellen und wirtschaftlichen Verhältnisse nicht aus.

Abbildung 4 zeigt den von uns präferierten schematischen Aufbau eines idealtypischen Ansatzes zum Rating von mittelständischen Unternehmen:

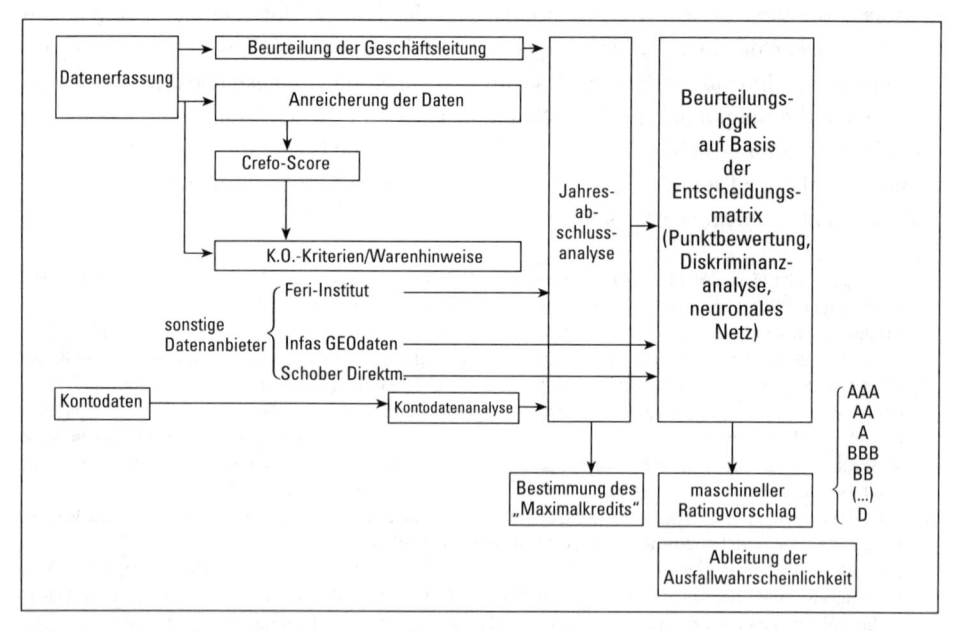

Abbildung 4: Aufbau eines idealtypischen Ansatzes zur Beurteilung eines mittelständischen Unternehmens

---

20 Schwaiger (2000).
21 Vgl. Grott/Kruschwitz/Löffler (2000).

Im Rahmen der Beurteilung eines KMUs können die Verantwortlichen, das Vorhaben, zur Verfügung gestellte Jahresabschlüsse (Bilanz, GuV, Anhang und Lagebericht[22]) sowie weitere darüber hinausgehend zur Verfügung gestellte Informationen ausgewertet werden. Grundsätzlich sollte dabei nicht nur die vergangenheitsorientierte Betrachtung einer Finanz-, Erfolgs- und Bilanzplanung möglich sein. Im Rahmen von Planungskomponenten sollten auch Hochrechnungen der entsprechenden Daten über einen bestimmten Planungszeitraum vorgenommen werden können, um durch Simulationsrechnungen zum Beispiel die wirtschaftlichen Auswirkungen geplanter Investitionen differenziert beurteilen zu können.[23] Planungs- bzw. Simulationsfunktionalitäten bieten gute Möglichkeiten, Unternehmensentwicklungen besser einzuschätzen und Fehlentwicklungen frühzeitig zu erkennen. Hierzu gehört es, dass eine entscheidungsunterstützende Software auch Mindestumsätze ausweisen bzw. Break-even-Points bestimmen kann.

Ähnlich wie bei den ansonsten von uns entwickelten Ansätzen wird auch an dieser Stelle der Aufbau eines mehrstufigen Verfahrens präferiert. Grundsätzlich gilt es zunächst Warnhinweise und K.o.-Kriterien zu bewerten, bevor eine Analyse des bzw. der Jahresabschlüsse (der letzten drei Jahre/der nächsten n Jahre auf Basis von Plandaten) erfolgt und auf einer letzten Bewertungsstufe ein neuronales Netzwerk auf der Basis einer Entscheidungsmatrix ein Bonitätsurteil generiert.

Der Prozess der Analyse kann – wie gesagt – mit Informationen von einer Reihe externer Auskunfteien angereichert werden, die zum Beispiel Branchenprognosen liefern oder volkswirtschaftliche Vergleichszahlen zur Verfügung stellen. Über die Einbindung des *Verein-Creditreform*-Bonitätsindex[24] sowie weiterer vergleichbarer Informationsquellen

---

22 Zur Analyse des Anhangs: In einem interaktiven Dialog sollte ein Programm beim Anwender die vom Unternehmen im Rahmen der gesetzlichen Gestaltungsmöglichkeiten angewandten Bilanzierungs- und Bewertungsmethoden (zum Beispiel AfA-Methode, ...) abfragen. Ziel dieses qualitativen Teils einer Finanzanalyse ist es, die Ausprägung der Bilanzierungs- und Bewertungspolitik einzuschätzen und nach konservativ, indifferent oder progressiv zu bewerten. Über Ab- bzw. Zuschläge auf die Note zur Jahresabschlussanalyse könnte die Bewertung in das Gesamtergebnis der Finanzanalyse einfließen. Vgl. Kögel (1999), S. 26. Vgl. zur Auswertung und Nutzung von Anhang und Lagebericht im Rahmen der Bonitätsprüfung auch Oestreicher/Piotrowski-Allert (1996). Dort steht: „Zu erwarten ist aber, dass Unternehmen, die sich in einer besonders guten wirtschaftlichen Lage befinden, dazu tendieren, stille Reserven zu bilden, womit sich das Ergebnis der Periode durch buchungstechnische Vorgänge verschlechtert. Umgekehrt werden Unternehmen, die sich in einer angespannten Situation befinden, dazu neigen, das Ergebnis anhand von bilanzpolitischen Maßnahmen buchungstechnisch zu verbessern."

23 Vgl. Gönner (1999).

24 Eine interessante Alternative stellt der von *Creditreform* gelieferte Bonitätsindex dar. Die Bonität eines Unternehmens wird aus dem Index bestimmt, indem angegeben wird, in welchen Teilbereich der Ordinalskala der Indexwert des Unternehmens fällt. In den *Creditreform*-Index gehen neben unternehmens- und branchenbezogenen Daten auch Inkasso-Daten in nicht unerheblichem Umfang ein. Als Kriterien werden die Zahlungsweise (Gewichtung: 20 bis 24 Prozent), das Krediturteil (25 bis 30 Prozent), die Umsatz- und Finanzdaten (circa 25 Prozent) sowie Strukturdaten (10 bis 15 Prozent) genannt. Durch die Flexibilität seiner ordinalen Skala lässt sich der Bonitätsindex durch Bildung von Teilbereichen in ein zehnklassiges Ratingsystem verwandeln. Vgl. Schwaiger (2000). Mit Hilfe der *Creditreform*-Daten können nicht nur Migrationsmatrizen über alle Unternehmen, sondern auch für einzelne Branchen- bzw. Regionen ermittelt werden. Dies ist insbesondere nach *Schwaiger* für Regionalbanken von Bedeutung, deren Kreditkundenstruktur sich vom bundesweiten Gesamtdurchschnitt deutlich unterscheiden kann. Die *Creditreform*-Matrizen eignen sich aber auch noch für alle Banken, welche einen Einstieg in neue Marktsegmente in Erwägung ziehen. Vgl. hierzu die Beispiele für Migrationsmatrizen bei *Schwaiger*.

(*Bürgel*-Auskunft, *Feri*-Branchenprognose) sollte jedoch grundsätzlich in Abhängigkeit des Aufwands, des Nutzens und der Sicherheitsbedürfnisse im Rahmen der Entscheidungsprozesses entschieden werden.

Entscheidungsdeterminierend wirkt in unseren mehrstufigen Ratinglogiken nach einer Prüfung der K.o.-Kriterien und einer positiv verlaufenden Analyse von Jahresabschlüssen in der Regel eine Merkmalsbeurteilung mittels der Einflussfaktoren einer Entscheidungsmatrix, die die integrierte Bewertung zahlreicher weiterer Merkmale mittels eines Neuronalen Netzwerkes erlaubt. Verarbeitet werden hierin zum Beispiel (vgl. hierzu die im Anhang dargestellte Entscheidungsmatrix):

- Merkmale, die das Unternehmen skizzieren (Rechtsform, Gründungsjahr, Anzahl der Mitarbeiter, Umsatz),
- Merkmale, die die Qualität des Managements bewerten,
- Merkmale, die den Standort analysieren,
- Merkmale, die die Branchenentwicklung, den Markt und die Konkurrenzsituation darstellen,
- Merkmale, die die wirtschaftlichen Verhältnisse hinterfragen sowie
- Merkmale, die aus vorliegenden Bankauskünften oder einer *Creditreform*-Auskunft abgeleitet werden können.

Im Rahmen einer zukunftsbezogenen Unternehmensanalyse gilt es darüber hinausgehend zuerst Größen aus der Vergangenheit des Unternehmens aufzubereiten und dann das Potential des Unternehmens in der Zukunft zu schätzen.

Eine Unternehmensanalyse der letzten drei bis fünf Jahre bildet hierzu in der Regel die Ausgangsbasis. Wichtige Kennzahlen sind dabei die Liquidität, das Eigenkapital[25], der Umsatz, der Cash Flow und der Gewinn. Ebenso gilt es die Bilanzpolitik des zu bewertenden Unternehmens zu erkennen. Im Rahmen der Zukunftsanalyse gilt es zudem Überlegungen zur Glaubwürdigkeit von Planzahlen und Budgets anzustellen.

Entscheidend ist, dass Ansätze wie der hier diskutierte eine hohe Akzeptanz innerhalb der Bank erfahren und die Transparenz hinsichtlich der Bewertung fördern, so dass die Bewertungsergebnisse Basel II-konform genutzt und in den Dialog mit dem Kunden eingebracht werden können.

---

[25] Ratingagenturen ermitteln neben dem tatsächlichen Eigenkapital in der Regel den risikodeckungsnotwendigen Kapitalbedarf und stellen diese Größen vergleichend gegenüber. Hieraus errechnet sich das so genannte Capital Adequacy Ratio (CAR). Eine Deckung der Mindestkapitalanforderungen von 100 Prozent entspricht nach Standard & Poors's Modell einer Eigenkapitalausstattung von „BBB" (gut). Eine Deckung von 175 Prozent oder höher entspricht einem „AAA" (herausragend). Vgl. Clemens/Brocks (2000). Die Ergebnisse eines Risk-Based Capital Modells bilden zwar einen wesentlichen Bestandteil der Analyse der Ratingagenturen, sie sind jedoch weder bei der Beurteilung der Eigenkapitalausstattung noch bei der Festlegung des Ratings der allein ausschlaggebende Faktor. So ist beispielsweise kritisch zu hinterfragen in welchem Umfang das tatsächlich verfügbare Eigenkapital einer Gesellschaft im Zeitablauf Schwankungen unterliegt, aus welchen Komponenten es sich zusammensetzt und wie sich die Kapitalausstattung der Gesellschaft in der Zukunft entwickeln wird.

Ansätze, die auf eine reine Bilanzanalyse abstellen ohne qualitative Größen adäquat zu bewerten, besitzen u.E. keine Basel II-Konformität.

Zusammenfassung/Fazit

Neuronale Netze, die auf Basis von Entscheidungsmatrizen entwickelt und in eine mehrstufige Beurteilungslogik – wie hier dargestellt – eingebettet werden, sind in der Regel erheblich kostengünstiger im Rahmen der Erstellung eines Ratings als Kreditsachbearbeiter.[26] In vielen Segmenten, so auch in der Bewertung mittelständischer Unternehmen, sind sie nicht nur billiger, sondern genauer und konsistenter.

In den meisten uns bekannten Kreditinstituten kommen heute noch subjektive, Punktbewertungs- oder diskriminanzanalytische Verfahren zum Einsatz. Zurzeit werden bzw. in der jüngeren Vergangenheit wurden jedoch eine Vielzahl der klassischen Ansätze substituiert und durch neuronale Netzwerke, die Fuzzy Logic oder hybride Technologien ersetzt. Innerhalb einer mehrstufigen Entscheidungslogik lässt sich durch intelligente Verfahren zum Rating in der Regel eine höhere Trennschärfe erreichen, die zu einer transparenten und objektiven Kreditentscheidung durch den Sachbearbeiter führt.

Noch herrscht vielfach Misstrauen gegenüber „modernen" Instrumenten zum Rating. Man verlässt sich gerade bei Kreditentscheidungen lieber auf seine eigene Intuition und bekannte Hilfsmittel wie die Bilanzanalyse. Die hier vorgestellten Instrumente zur automatischen Generierung eines Bonitätsurteils können dem Mitarbeiter die Verantwortung bei der Kreditvergabe jedoch auch nicht gänzlich abnehmen, dessen Entscheidungsgrundlage aber deutlich verbessern. Darüber hinausgehend erlauben sie Analysen, die bisher nicht möglich waren.

In der Zukunft wird es bzgl. der Akzeptanz der hier diskutierten Ansätze zur Bewertung mittelständischer Unternehmen ganz wesentlich darauf ankommen, wie die bestehenden Instrumente methodisch weiter verfeinert werden können. Die Ergebnisse müssen einfach interpretiert und von jedermann verstanden effektiv im Bank-Kunde-Dialog eingesetzt werden, wie es Basel II implizit verlangt.

M.E. wird sich die Bank-Kunde-Beziehung verbessern und die Beratungskompetenz der Banken wieder an Gewicht (zurück-)gewinnen. Dreh- und Angelpunkt ist hierbei unter aufsichtsrechtlichem Blickwinkel die Entwicklung leistungsfähiger Basel-II-konformer Scoring- und Ratingverfahren.

---

26 „Mit einer sachgerechten Branchen- und Konkurrenzanalyse sowie mit der Prüfung des Geschäftsmodells dürfte der Kaufmann alleine häufig überfordert sein. Vielmehr ist er auf den Rat des Spezialisten (Techniker, Chemiker und Informatiker) angewiesen, so dass sich die Unternehmensbeurteilung zunehmend als Teamarbeit gestalten wird." Küting, K. (2000), S. 604.

Anhang

	Klasse 1	Klasse 2	Klasse 3	Klasse 4	Klasse 5
Allgemeine Beurteilung eines bestehenden Unternehmens					
Rechtsform	AG, haftungsbeschränkte Gesellschaft, Körperschaft (++)	OHG, KG (+)	Einzelunternehmen, GbR ohne Haftungsbeschränkung (o)		GmbH, (kleine) AG, GmbH & Co. KG (–)
Umsatz	<= 10 Mio. DM (o)	10-25 Mio. DM (+)	25-50 Mio. DM (+)	50-250 Mio. DM (+)	> 250 Mio. DM (++)
Anzahl Mitarbeiter	< 50 (+)	50-100 (o)	100-250 (o)	251-500 (+)	> 500 (++)
Alter des Unternehmens	<= 3 Jahre (–)	3-10 Jahre (o)	10-20 Jahre (o)	20-50 Jahre (+)	> 50 Jahre (++)
Qualität des/der Unternehmer/Geschäftsführer/Managements					
Qualität Unternehmer/ Geschäftsführer/ Management	in allen Bereichen hohe fachliche und persönliche Qualifikation (++)	gute Qualifikation mit Stärken in Teilbereichen (+)	befriedigende Qualifikation mit Stärken in Teilbereichen (o)	deutliche Schwächen in Teilbereichen/ latente Nachfolgeprobleme (–)	nicht ausreichende Qualifikation/ akute Nachfolgeprobleme (– –)
SCHUFA-Score des GF/verantwortlichen Vorstands	A, B (– –)	keine Mithaftung, ohne Score (–)	C (o)	D, E (+)	F, G, H, und I (++)
Beurteilung des Standortes					
Standort	alte Bundesländer (+/o)				neue Bundesländer (o/-)
Standortqualität	sehr gut (++)	gut (+)	befriedigend (o)	ausreichend (–)	mangelhaft/ ungenügend (– –)
Beurteilung der Branchenentwicklung/des Marktes/der Konkurrenzsituation/des Produktes					
Branchenentwicklung	positive Aussichten (weit über dem Branchendurchschnitt) (++)	überw. positive Aussichten (entsprechend dem Branchendurchschnitt) (+)	ohne größere Risiken (leicht unter dem Branchendurchschnitt) (o)	nicht ungetrübt (deutlich unter dem Branchendurchnitt (–)	schwierig (Branchenkennzahlen lassen deutliche Risiken erkenne (– –)
Konjunkturabhängigkeit	sehr geringe Konjunkturabhängigkeit (++)	geringe Konjunkturabhängigkeit, kaum anfällig gegen konjunkturelle Schwankungen (+)	durchschnittliche Konjukturabhängigkeit, reagiert auf konjunkturelle Schwankungen (o)	hohe Konjunkturabhängigkeit, jede kleinere konj. Schwankung führ zu starken Reaktionen (–)	sehr hohe Konkurrenzabhängigkeit konj. Schwankungen haben extreme Auswirkungen (– –)

Konkurrenz-situation	keine Konkurrenz (alleiniger Anbieter im Markt (++)	geringe Konkurrenz (gute Marktposition) (+)	durchschnittliche Konkurrenz (normaler Wettbewerb) (o)	hohe Konkurrenzsituation (Preiswettbewerb) (–)	sehr hohe Konkurrenzsituation (Preiswettbewerbs/Verdrängungswettbewerb (– –)
Marktbeurteilung					
Erscheint das Leistungsangebot – auch in absehbarer Zukunft – konkurrenzfähig?	sehr gut (gut veräußerbare Produkte von hoher Qualität/optimale Sortimentszusammensetzung (++)	gut (gut veräußerbare Produkte mit normaler Qualität, gute Sortimentszusammensetzung) (+)	befriedigend (gute Standardprodukte, normales Sortiment) (o)	ausreichend (Standardprodukte/Sortiment mit Schwächen) (–)	mangelhaft/ungenügend (schwache/minderwertige Produkte/Fehler im Sortiment) (– –)
Abnehmerabhängigkeit	keine Abhängigkeit, sehr breite Streuung der Abnehmer (++)	geringe Abhängigkeit überwiegend breite Streuung, Ausfall eines Abnehmers hat keinen Einfluss auf die Unternehmensentwicklung (+)	befriedigende Streuung, Ausfall eines Abnehmers kann verkraftet werden (o)	Abhängigkeit gegeben, über 50 % des Umsatzes entfallen auf max. 5 Abnehmer (–)	starke Abhängigkeit, der weit überwiegende Teil des Umsatzes entfällt auf max. 5 Abnehmer (– –)
Lieferantenabhängigkeit	keine Abhängigkeit, sehr breite Streuung der Lieferanten (++)	geringe Abhängigkeit überwiegend breite Streuung, Ausfall eines Lieferanten hat keinen Einfluss auf die Unternehmensentwicklung (+)	befriedigende Streuung, Ausfall eines Lieferanten kann verkraftet werden (o)	Abhängigkeit gegeben, über 50 % des Umsatzes entfallen auf 1-2 Lieferanten (–)	starke Abhängigkeit, der weit überwiegende Teil des Umsatzes entfällt auf 1-2 Lieferanten (– –)
Wirtschaftliche Verhältnisse					
Unternehmensentwicklung seit dem letzten Jahresabschluss	deutliche Verbesserung (++)	Verbesserung (+)	keine Verbesserung (o)	(deutliche) Verschlechterung (–)	gravierende Verschlechterung (– –)
Ergebnis der Bilanzauswertung	nachhaltig überdurchschnittliche Entwicklung (++)	planmäßige/gute Entwicklung (+)	Geschäftsentwicklung gleichbleibend (o)	Geschäftliche Entwicklung rückläufig (–)	Geschäftliche Entwicklung deutlich rückläufig (– –)

Eigenkapital-quote	erheblich besser als der Branchendurchnitt (++)	deutlich besser als der Branchendurchschnitt (+)	Branchendurchschnitt bzw. gerings Abweichung (o)	Erheblich schlechter als der Branchendurchschnitt (–)	negative Kennzahl, unabhängig vom Branchendurchschnitt (– –)
Gesamt-rentabilität	erheblich besser als der Branchendurchnitt (++)	deutlich besser als der Branchendurchschnitt (+)	Branchendurchschnitt bzw. gerings Abweichung (o)	Erheblich schlechter als der Branchendurchschnitt (–)	negative Kennzahl, unabhängig vom Branchendurchschnitt (– –)
Vermögens-verhältnisse	Vermögen deckt Gesamtschulden zu 200 % ab (++)	Vermögen deckt Gesamtschulden zu 150 % ab (+)	Vermögen deckt Gesamtschulden zu 125 % ab (o)	Vermögen deckt Gesamtschulden zu 100 % ab (–)	Vermögen deckt Gesamtschulden nicht zu 200 % ab (– –)
Obligo voll besichert	Obligo bis unter 100 % abgesichert (++)	Obligo bis unter 75 % abgesichert (+)	Obligo bis 50% abgesichert (o)	Obligo bis unter 25% abgsichert (–)	Ungenügend keine werthaltigen Sicherheiten (–)
Bank-/Crefo-Auskunft					
Dauer der Kundenbindung bei der Hausbank	<= 1/2 Jahr (–)	1/2-3 Jahre (-/o)	3-5 Jahre (o/+)	5-10 Jahre (+/++)	> 10 Jahre (+/++)
Kapitaldienstfähigkeit	nachhaltig, überdurchschnittlich gut tragbar	überdurchschnittlich gut tragbar (+)	gut tragbar (o)	tragbar (–)	knapp tragbar (– –)
Zahlungsmoral des Antragstellers	keine Beanstandungen (+/++)	eingeholte Auskunft ohne Beanstandungen (+)	vereinzelte Scheck- und/oder Lastschriftrückgaben (o/–)	häufige Scheck- und/oder Lastschriftrückgaben (–)	regelmäßige Scheck- und/oder Lastschriftrückgaben (–)
Kontoführung/Entw.	keine bzw. sporadische Kredite (+)	keine Information (o)	Kontoführung in der Regel in der Linie (o/–)	volle Kreditausschöpfung (–)	angespannte Liquidität (–)
Geschäftsbeziehung	wird empfohlen (++)	ist zulässig (+)	gilt als zulässig (+/o)	bleibt abzuwarten (–)	wird nicht abgesprochen (–/– –)
Crefo-Auskunft	0-199 (++)	200-279 (+)	280-349 (o)	350-399 (-)	>= 400 (–)

Literaturhinweise

BAETGE, J. (1980): Früherkennung negativer Entwicklungen der zu prüfenden Unternehmen mit Hilfe von Kennzahlen, WPg, Heft 22/23, 1980, S. 655.

BAETGE, J./BAETGE, K./KRUSE, A. (1999): Grundlagen moderner Verfahren der Jahresabschlussanalyse, DStR, Heft 33, 1999, S. 1373.

BELLINGER, B. (1999): Früherkennung von Kreditbetrug, Der Schweizer Treuhänder, Heft 10, 1999, S. 940.

CLEMENS K./BROCKS, S. (2000): Qualitätssiegel für Lebensversicherer, Versicherungswirtschaft, Heft 12, 2000, S. 873 – 875

ELSAS, R. ET AL. (1999): Risikoorientiertes Kreditmanagement deutscher Banken, Die Bank, Heft 3, 1999, S. 190 – 198

ENACHE, D. (1998): Künstliche neuronale Netze zur Kreditwürdigkeitsprüfung von Konsumentenkrediten, Lohmar/Köln, 1998.

FEIDICKER, M. (1992): Kreditwürdigkeitsprüfung, IDW-Verlag GmbH, Düsseldorf, 1992, S. 133 ff.

FÜSER, K. (2001): Intelligentes Scoring und Rating – Moderne Verfahren zur Kreditwürdigkeitsprüfung, Wiesbaden 2001.

GÖNNER, M. (1999): Kreditrating und GENO-FBS, BI/GF, Heft 12, 1999, S. 33.

GROTT, R./KRUSCHWITZ, L./LÖFFLER, A. (2000): Zukunftsbezogene Kreditwürdigkeitsprüfung, Kreditwesen, Heft 9, 2000, S. 474

GÜNTHER, TH./GRÜNING, M. (2000): Einsatz von Insolvenzprognoseverfahren bei der Kreditwürdigkeitsprüfung im Firmenkundenbereich, DBW, Heft 1, 2000, S. 39 – 59.

HINTON, G. E. (1992): Wie neuronale Netze aus Erfahrung lernen, Spektrum der Wissenschaft, Heft 11, 1992, S. 134 – 143.

KEYZLAR, F./WAGNER, B. (1996): Scoring: vom Punktezählen zum Risikomanagement, bank und markt, Heft 7, 1996, S. 25 – 29

KÖGEL, K. (1999): Ratingsysteme im Firmengeschäft – nur zur Abwehr von Risiken bei der Kreditvergabe? Kreditwesen, Heft 21, 1999, S. 24 – 29.

KÜTING, K. (2000): Möglichkeiten und Grenzen der Bilanzanalyse am Neuen Markt (Teil I), FinanzBetrieb, Heft 10, 2000, S. 604.

MRZYK, A. P. (1999): Ertragswertorientierte Kreditwürdigkeitsprüfung bei Existenzgründungen, Wiesbaden, 1999.

OESTREICHER, A./PIOTROWSKI-ALLERT, S. (1996): Klassifikation und Beurteilung von Unternehmen mit Hilfe von Selbstorganisierenden Neuronalen Netzen, ZfbF, Heft 4, 1996, S. 335 – 371.

OSER, P. (1996): Einsatz der Diskriminanzanalyse bei Kreditwürdigkeitsprüfungen, BB, Heft 7, 1996, S. 367 – 375.

PEIL, D./EGGER, E. (2000): Portfoliosteuerung im Kreditgeschäft, Die Bank, Heft 6, 2000, S. 414

REUTER, A./WAGEMANN, R. (1996): Plädoyer für den Einsatz eines Ratingsystems, B.Bl., Heft 6, 1996, S. 290 – 292.

Schwaiger, W. S. A. (2000): Ausfallrisiko und Erfolg von Kredit-Portfolios, ÖBA, Heft 5, 2000, S. 384

WILBERT, R. (1991): Kreditwürdigkeitsanalyse im Konsumentenkreditgeschäft auf der Basis Neuronaler Netze, ZfB, Heft 12, 1991, S. 1381.

Modellierung von Expertensystemen zum Rating

Bernulf Bruckner

1. Einführung

Die Feststellung der Bonität eines Unternehmens zur Abschätzung seiner Fähigkeit und Willigkeit Zahlungsverpflichtungen nachzukommen, beschäftigt die Kreditwirtschaft als traditionell größten Gläubiger mit laufend zunehmender Brisanz und mehr Aktualität denn je. Zu diesem Zweck wurde im Laufe der Zeit – je nach Kenntnisstand und Größe des verleihenden Kreditinstitutes bzw. Volumen des Einzel- oder Gesamt-Kreditengagements – eine mehr oder minder große Anzahl an Instrumenten und Verfahren angewendet, deren methodische Grundlagen von enormen Unterschieden gekennzeichnet waren. Ein zentraler Informationsbestandteil war jedoch regelmäßig der Jahresabschluss aus dem Finanz- und Rechnungswesen eines Unternehmens. Diesen zerpflückt man auch heute noch nach allen Regeln der Kunst und des wissenschaftlichen Fortschritts, um erste – manchmal sogar bereits abschließende – Eindrücke über die finanzielle Leistungsfähigkeit eines Betriebes zu erhalten. In zwei unabhängig voneinander durchgeführten Untersuchungen in Kreditinstituten im deutschsprachigen Europa konnte sowohl im Jahr 1993[1] als auch sechs Jahre später, im Jahr 1999[2], festgestellt werden, dass alle befragten Banken in Deutschland, Österreich und der Schweiz die Analyse von Jahresabschlüssen zur Evaluation der Kreditwürdigkeit von Unternehmen einsetzen.

Da die Verfahren zur Bilanzanalyse allerdings von Kreditinstitut zu Kreditinstitut sehr oft unterschiedlich sind, was sowohl die zur Analyse herangezogenen Kennzahlen als auch deren Interpretation betrifft,[3] sind die Ergebnisse zwar im Zeitvergleich innerhalb desselben Instituts, nicht aber im Vergleich zwischen unterschiedlichen Instituten verwendbar. Um diese Vergleichbarkeit von Bonitätsinformationen über Bankgrenzen hinaus zu ermöglichen, wird mithilfe von Standardisierungen wie beispielsweise mit öffentlich zugänglichen Ratingverfahren die problemlose Austauschbarkeit der Informationen und der Ergebnisse aus den Ratingprozessen erzielt.[4] Ratingagenturen, haben sich auf die Beurteilung jener Unternehmen konzentriert, die auf Kapitalmärkten in der Beschaffung von Fi-

---
1 Vgl. Grabherr/Teuschl (1993), S. 14.
2 Vgl. Bruckner (2000), S. 8 bzw. Meidl (2000), S. 76.
3 Vgl. Bruckner (1997), S. 39 – 42.
4 Vgl. zum Beispiel Grünbichler (1999), S. 692.

nanzmitteln aktiv sind. Die weltweit größten darunter sind Standard & Poor's, Moody's und Fitch.[5]

Da derartige Einschätzungen allerdings regelmäßig von Veränderungen in den Rahmenbedingungen wirtschaftlichen Handelns abhängig sind, deren Ursachen sowohl im Unternehmen selbst als auch im Umfeld liegen können, müssen die Modelle und Prozesse von Ratings „[...] offen sein für Veränderungen, die die Genauigkeit der Ratings sichern helfen."[6] Statische, möglicherweise ausschließlich oder überwiegend auf vergangenheitsorientierten, quantitativen Daten aus dem Finanz- und Rechnungswesen eines Unternehmens basierende Analyse- und Bewertungssysteme sind ganz bestimmt nicht in der Lage, diesen Forderungen ausreichend qualifiziert nachzukommen.[7] Da hilft auch ein häufig anzutreffendes auf derartigen Analysen aufbauendes Scoring-System nichts, da selbst durch das höchst entwickelte Verfahren der Datenverarbeitung die Qualität der Input-Daten nicht verbessert werden kann.

Qualitativ hochwertige Ratingsysteme sind nicht nur dazu in der Lage, in effizienter Weise und aufgrund korrekter Rechen- und Verknüpfungsprozesse zu Ratingergebnissen zu kommen. Sie sollten jedenfalls auch jene Kriterien, Parameter oder Kennzahlen in ihren Evaluierungsprozess aufnehmen und gewichten können, die für das Ratingergebnis von Relevanz sind; sie müssen also auch effektiv arbeiten.

Unter dem Begriff des Ratings werden vereinfachend sowohl die zur Anwendung gelangenden Verfahren als auch die daraus zu erzielenden Ergebnisse in Form von Symbolen oder Klassen subsummiert.[8] Derart verstanden, sollten Ratings im Wesentlichen drei Funktionen innerhalb eines Kreditinstitutes erfüllen:[9]

- Entscheidungsunterstützung insbesondere bei der Kreditvergabe
- Steuerung von Kompetenzstrukturen und Arbeitsabläufen
- Grundlage für weiterführende Kreditrisikomodelle

Daher kann und soll die Einstufung eines Unternehmens mit Hilfe eines Ratingverfahrens niemals das Ende eines Bonitätsbeurteilungsprozesses sein, sondern ein wichtiger Schritt im Gesamtkontext der Evaluation von Einzelengagements vor dem Hintergrund des Gesamtkreditportfolios einer Bank.

Die wichtigste gleichzeitig aber auch die wahrscheinlich am schwierigsten zu lösende Aufgabe – weil diejenige mit dem höchsten Komplexitätsgrad – ist jene der Erfassung der Rahmenbedingungen des unternehmerischen Denkens und Handelns, denn diese sind teils mittelbar und teils unmittelbar relevant für die Bewertung der objektiven oder subjektiven Richtigkeit und der Erfolgswahrscheinlichkeit unternehmerischer Aktivitäten in ihrem jeweiligen ganz spezifischen Umfeld, in dem sie mit ihren jeweils ganz spezifischen – und

---

5   Vgl. Grünbichler (1999), S. 693 oder Everling (2001), S. 62.
6   Antonov (2001), S. 3.
7   Vgl. zum Beispiel Böcker (2000), S. 12 – 20 und die dort zitierte Literatur.
8   Vgl. Everling (1995).
9   Vgl. Zugenbühler (2001), S. 4.

oftmals völlig unterschiedlichen – unternehmensindividuellen Ressourcen, Kenntnissen und Fähigkeiten. „Zur Bewältigung dieser Schwierigkeiten werden unterschiedliche Wege beschritten, zum Beispiel die der künstlichen Intelligenz und damit verbunden der Expertensysteme und der neuronalen Netze."[10]

2. Expertensysteme

Ziel der nachfolgenden Ausführungen ist es darzustellen, welchen Beitrag Expertensysteme zum Rating im Allgemeinen und zu dem im hier vorliegenden Werk angesprochenen Mittelstandsrating im Besonderen leisten können. Dazu sollen zunächst einmal die für das Verständnis nötigen theoretischen und definitorischen Grundlagen dargelegt werden. In einem nächsten Schritt soll diskutiert werden, wie qualifizierte und wertvolle Systeme modelliert sein sollten, um einen maximalen Nutzen für den Anwender des Systems zu generieren und abschließend soll dargelegt werden, welche Möglichkeiten sich für ihren Einsatz in der Praxis bieten könnten.

2.1 Allgemeines und Definitorisches

„Unter Expertensystem versteht man wissensbasierte Computerprogramme mit zwei neuen charakteristischen Dimensionen. Eine neue anwendungsbezogene Aufgabenkomplexität führt zu einer 'Maschinisierung' der geistigen Tätigkeit qualifizierter Experten, die unterstützt oder ersetzt werden sollen. Eine neue programmtechnische Dimension ist die regelgestützte Programmierung mit heuristischen Verfahren und mit getrennt voneinander kodierten Fakten, Wissen und Programmalgorithmen."[11]

Expertensysteme können also im allgemeinen als Softwareprogramme bezeichnet werden, die die Fähigkeiten zur Lösung spezieller Probleme von menschlichen Experten für das jeweils spezifische Sachgebiet kopieren und anwenden sollen.[12] Diese wissensbasierten, rechnergestützten Systeme besitzen die Fähigkeit, zusätzliche Informationen aus bereits vorhandenen Daten abzuleiten. Darüber hinaus sind sie aber auch selbständig dazu in der Lage, die Notwendigkeit zu beurteilen, ob und welche Daten zur Lösung eines vorgegebenen Problems vom Anwender abzufragen oder selbständig aus Daten- bzw. Wissensbanken zu extrahieren sind. Ein wesentliches Merkmal dieser Systeme ist die Trennung von Daten und Problemlösungsalgorithmen, den Fakten und Regeln.[13]

---

10 Bruckner (1997), S. 89.
11 Bonsiepen/Coy (1989), Erfahrungen und Berechnungen, Kritik der Expertensystemtechnik, Berlin, S. 27 f. zitiert in: Bruckner (1997), S. 89.
12 Vgl. Puppe, F.: Einführung in Expertensysteme, Berlin, 1991, zitiert in: Böcker (2000), S. 37.
13 Vgl. Bruckner (1997), S. 91.

Durch die Verwendung von Expertensystemen bei der Darstellung und in der Bearbeitung von und mit Ratingsystemen kann eine sehr große Vielfalt an Anwendungsmöglichkeiten geschaffen werden. Expertensysteme haben eine Reihe originärer Vorteile gegenüber anderen Datenverarbeitungsmechanismen: Sie erlauben die Aufrechterhaltung von frei konfigurierbaren Kriterien und Parametern, Verknüpfungsregeln und -formeln.[14] In der Regel kommen Experten nicht nur über die von ihnen klar strukturierbaren und operationalisierbaren Wissensbestandteile zu einem Urteil bzw. zu einer Entscheidung. Experten verfügen über oftmals maßgebliches vages Erfahrungswissen, zu dessen Verarbeitung in elektronischen Systemen ebensolche vagen Instrumente benutzt werden müssen. Mit der Hilfe von Expertensystemen können aber nun neben „scharfen" (einfach quantifizierbaren) Kriterien und Regeln auch sog. „unscharfe" (relativ schwierig oder gar nicht quantifizierbare, also qualitative) Kriterien („Fuzzy Sets") und Regeln („Fuzzy Logic") implementiert werden.[15] Der Prozess dazu wird im allgemeinen als „Knowledge Engineering" bezeichnet. Dieser Begriff umfasst alle Aktivitäten, die der Prozess der Transformation von Fachwissen in vom jeweiligen System verarbeitbare Konzepte und Modelle beinhaltet.[16]

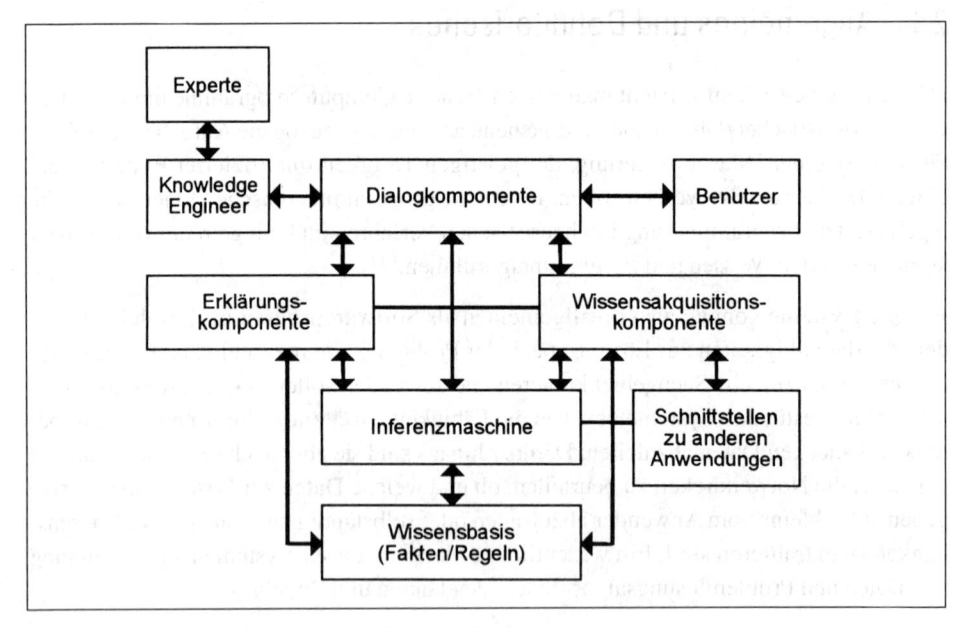

Abbildung 1: Grundkomponenten eines Expertensystems[17]

---

14 Vgl. Antonov (2001), S. 3.
15 Vgl. Bruckner (1997), S. 99.
16 Vgl. Simeonoff (1991), S. 77.
17 Vgl. Rolle (1988), S. 18.

2.2 Komponenten eines Expertensystems

Im Wesentlichen verfügen Expertensysteme also – wie aus Abbildung 1 zu entnehmen ist –, über folgende Bestandteile, die regelmäßig als konstituierende Komponenten eines Systems bezeichnet werden:[18]

- Die Wissensbank bzw. Wissensbasis: Sie enthält auf der einen Seite strukturiertes Wissen („Hard Facts") in Form von Zahlen, Daten, Fakten und Regeln über Zusammenhänge meist als E-R-Datenmodelle. Andererseits sind darin aber auch jene unscharfen Wissensbestandteile in Form von Heuristiken abgelegt, für die es keine klar beschriebenen oder nachvollziehbaren Algorithmen gibt, wie beispielsweise Erfahrungen und manchmal auch lediglich Vermutungen von Experten („Soft Facts").

- Die Inferenzmaschine: Dieser in der Regel auch als Schlussfolgerungskomponente bezeichnete Teil des Systems ist vermutlich der entscheidende für seine Qualität. Durch die möglichst intelligente und bereichsspezifische Verknüpfung von Wissensbestandteilen sowie aus den Ableitungen von Ergebnissen aus den Fakten und Regeln der Wissensbank soll aus dem vorhandenen Wissen neues Wissen generiert werden und dadurch beispielsweise betriebswirtschaftliche Entscheidungen nicht nur schneller, sondern überdies sowohl qualitativ hochwertiger als auch in der Qualität der Entscheidungsinhalte kontinuierlicher getroffen werden können.

- Die Erklärungskomponente: Mit Hilfe dieses Teils eines Expertensystem kann der Benutzer jeden Schritt des Problemlösungsprozesses verfolgen und nachvollziehen, welche Fakten und Regeln vom System herangezogen wurden, um zur ausgegebenen Lösung zu kommen.

- Die Wissensakquisitionskomponente: Dem Experten und auch dem facheinschlägig qualifizierten Anwender soll die Möglichkeit gegeben werden, die Wissensbasis des Expertensystems um neue Erkenntnisse jederzeit zu ergänzen und im Sinne der Verbesserung der Entscheidungssicherheit zu erweitern. Auf diese Weise kann die Qualität der Entscheidung auf dem aktuellsten Informationsstand gehalten werden. Die Konstruktion und ständige Verbesserung von selbstlernenden, eigenständig neues Wissen generierenden Systemen – zum Beispiel durch die Feststellung von Häufungen gleichartiger Ereignisse und Ableitung bzw. Schaffung neuer Regeln aus den Heuristiken, ist eine anhaltende Herausforderung für die Entwickler.

- Die Dialogkomponente: Sie erleichtert die Bedienung des Expertensystems von Anwendern, die keine Experten sind. Durch einfache Bedienerführung, standardisierte Bildschirmmasken, graphische Aufbereitung der Inhalte, Hilfefunktionen und/oder leicht verständliche Menüstrukturen sollen die Wissensbestandteile des Systems für jedermann leicht zugänglich gemacht werden. Die zielorientierte, optimierte Interaktion zwischen Expertensystem und Anwender steht im Vordergrund. Dazu werden Teiler-

---
[18] Vgl. zu folgenden Ausführungen u. a. Bruckner (1997), S. 105-110 bzw. Simeonoff (1991), S. 66–71

gebnisse und Berichte in Form von Textbausteinen, Tabellen und Charts herangezogen, die dem Benutzer laufend präsentiert werden, um ihn über die Fortschritte bei der Lösungsfindung am laufenden zu halten.

Da alle diese Hauptkomponenten, die in Form der sog. „Shell" zu einem einzigen Satz an Werkzeugen zusammengefasst werden, zu Beginn der Arbeit am und mit dem Expertensystem „leer" sind, das heißt keine wie auch immer gearteten Fakten, Regeln oder Heuristiken enthalten, ist es Aufgabe der „Knowledge Engineers" gemeinsam mit den Experten, diese Hülle mit Informationen zu füllen. Dieser Prozess des Aufbaus einer „Wissensdomäne" (Domain) ist aufgrund der Tatsache, dass Wissen und Erkenntnis in ihrer Relevanz für die Lösung spezifischer Probleme im Zeitablauf Veränderungen unterworfen sind, ein ständig fortlaufender und in der Regel nie abgeschlossener.[19]

Zur Generierung von Wissen und darauf aufbauenden Entscheidungen benötigen Expertensysteme neben ihren Einzelteilen auch die sie zusammenhaltenden Problemlösungs- und Suchstrategien sowie Kontrollfunktionen. Rückwärtsverkettung (Backward Chaining) und Vorwärtsverkettung (Forward Chaining) werden zur Suche von Alternativen und zur Bearbeitung und Lösung von Aufgaben mit unterschiedlichen Zielsetzungen angewendet. Zur Entscheidung, welche Suchstrategie ausgewählt wird und wann zum Beispiel ein Wechsel von einer zur anderen stattfinden soll, benötigt man Metaregeln. Diese Regeln repräsentieren Wissen über das Wissen bzw. über die Behandlung und Verwendung von Wissen im Kontext der Problemlösung.[20]

3. Expertensysteme als Ratinginstrumente

Ratingsysteme im Praxiseinsatz weisen unterschiedliche Niveaus ihrer jeweiligen Leistungsfähigkeit auf. Vom reinen Bilanzrating, das aufbauend auf der gewichteten Verknüpfung von Bilanzkennzahlen eine Zuordnung des untersuchten Unternehmens zu einem bestimmten Typ oder einer bestimmten Gruppe, einer sog. „Ratingklasse", zum Ziel hat reicht die Bandbreite der Fähigkeiten bis hin zu einer integrativen Analyse und Beurteilung von quantitativen und qualitativen Ratinginformationen. Ergebnis eines Ratingprozesses ist jedenfalls regelmäßig die Einstufung eines Ergebniswertes auf einer Skala. Die Vielfalt der in Verwendung befindlichen externen und internen Ratingsysteme kann auch darauf zurückgeführt werden, dass die Berücksichtigung von qualitativen Daten in ursprünglich quantitativ ausgerichteten kennzahlen- und hochrechnungsorientierten Systemen nicht vorgesehen war. Diese Fähigkeit wäre aber zumindest für die Vertreter der Kreditwirtschaft im deutschsprachigen Europa wünschenswert.[21] Dies wäre – neben anderen Instrumenten wie beispielsweise Künstlichen Neuronalen Netzen – in jedem Falle aber von einem Expertensystem zu bewerkstelligen.

---

19 Vgl. Bruckner (1997), S. 103-105 bzw. Simeonoff (1991), S. 66-71.
20 Vgl. Bruckner (1997), S. 110-113 bzw. Simeonoff (1991), S. 72-75.
21 Vgl. Meidl (2000), S. 87 bzw. Böcker (2000), S. 36.

3.1 Anforderungen an ein ratingtaugliches Expertensystem

Ein Expertensystem, das zur Erstellung eines Ratingwertes eingesetzt werden soll, muss – zumindest im selben Ausmaß wie alle anderen dazu verwendeten Verfahren – jene Anforderungen erfüllen, die an das Rating selbst gestellt werden. Externe Ratings, die von anerkannten Agenturen erstellt werden, sind dazu in der Lage – reduziert auf einen einzigen Wert –, Informationen über der Einschätzung der vermuteten Rückzahlungsfähigkeit des Schuldners bezüglich einer Schuld beispielsweise aus einem ganz bestimmten Wertpapier zu vermitteln. Die Qualität der Information wird üblicherweise mit der Qualität und dem Stellenwert der Ratingagentur gleichgesetzt, die diesen Wert veröffentlicht. Vereinfacht dargestellt, handelt es sich bei einem Rating also um die Meinung eines allgemein anerkannten Experten zur Einschätzung der Bonität eines Schuldners.

Ein wesentlicher Kritikpunkt zu Ratings stellt allerdings die mangelnde Transparenz des Zustandekommens dieses einen Wertes dar, der stellvertretend für die Schuldnerqualität publiziert wird. Des weiteren wird die oftmals dadurch vermutete Subjektivität – vor allem über die Einschätzung der Managementqualitäten des zu ratenden Unternehmens – als wichtiger Schwachpunkt eines Ratings angesehen. Vermehrte Aktivitäten in Richtung Verbesserung und Erhöhung der Anpassungsfähigkeit der Ratingprozesse an sich verändernde Rahmenbedingungen – zum Beispiel auf den jeweils relevanten Märkten – sollen dieses Manko beseitigen helfen.[22]

Die empirischen Untersuchungen von Insolvenzen bestätigen regelmäßig, dass die häufigsten Ursachen für schwere Unternehmenskrisen im Unternehmen selbst zu suchen sind. Mängel in den Managementfähigkeiten insbesondere bezüglich der Fähigkeiten zur Antizipation von und Reaktion auf sich verändernde Umfeldbedingungen führen hier regelmäßig die Hitlisten der Insolvenzursachen an.[23]

Ein ratingtaugliches Expertensystem muss folglich dazu in der Lage sein, genau jene überlebenskritischen unternehmens- und branchenrelevanten Informationen zu identifizieren, zu erfassen, zu bewerten und – möglichst intelligent – zu interpretieren, die ein qualifiziertes Ratingergebnis gewährleisten. Diese Anforderungen stellen sich aber in jedem Fall beim Aufbaus eines Expertensystems. Man könnte somit an dieser Stelle versucht sein, die These aufzustellen, dass sich also insbesondere Expertensysteme als taugliche Instrumente und Verfahren erweisen, für Ratings eingesetzt zu werden.

Tatsächlich eignen sich Expertensysteme überwiegend für jene unternehmerischen Bereiche, in denen die Zusammenhänge zwischen entscheidungsrelevanten Einzelfaktoren ein komplexes Bild nicht ausreichend quantifizierbarer Einflussrichtungen und -größen ergeben, da sie die Vorteile aus der zeit- und ortsunabhängigen Verfügbarkeit von Experten-

---

22 Vgl. Sennewald (2000), S. 91-94.
23 Vgl. Zotter (1999), S. 14-15 bzw. Leker (1994), S. 599 – 609.

wissen im System mit der Standardisierung und Nachvollziehbarkeit von Entscheidungen sowie mit einer damit verbundenen erheblichen Zeitersparnis kombinieren.[24]

Die Eignung von Expertensystemen zur Unternehmensbeurteilung und als Frühwarnsystem wird in Theorie und Praxis zwar in ihrer Ausgestaltung diskutiert, in den Grundlagen jedoch auf breiter Front anerkannt.[25] Wie gut sich derartige Systeme tatsächlich auch für Ratings eignen und wie sie dazu bestmöglich modelliert werden können, möchte der Verfasser nachfolgend aus den Forschungsarbeiten und den aus dem Praxiseinsatz eines Expertensystems zur Bonitätsbeurteilung von Unternehmen gezogenen Erfahrungen darstellen.

3.2 Modellierung eines ratingtauglichen Expertensystems

Der Ausgangspunkt für die Überlegungen zur Modellierung von Expertensystemen zum Rating von Unternehmen war die ursprünglich als „feasibility study" konzipierte Arbeit an der „Unternehmensbeurteilung mittels Expertensystem": „UBES ist ein Expertensystem-Prototyp, der, im Rahmen einer Dissertation erstellt, die Möglichkeiten des Einsatzes von Expertensystemen zur qualitativen und quantitativen Unternehmensbeurteilung zeigen soll. Die Unternehmensanalyse erfolgt mit Faktoren, die als mögliche schwache Signale Frühwarncharakter haben. Auf Elemente der Bilanzanalyse wurde wegen der geringen Frühwarneigenschaften bewusst verzichtet."[26] Die Weiterentwicklungen an der Wissensbasis, die Aktualisierungen des zugrundeliegenden „Betriebswirtschaftlichen Unternehmensstandards", die Ergänzungen um branchenspezifische Filter und Datenbanken sowie die Erweiterung zum ratingtauglichen System wurden und werden laufend durchgeführt. Nach dem weitgehenden Abschluss der theoretisch-konzeptionellen Phase wird zur Zeit an der Umsetzung und Implementierung – mit ersten Erfolgen – gearbeitet.

Die originäre Form des regelbasierten Expertensystems war bewusst als branchenneutraler Ansatz aufbauend auf den o. g. theorie- und empiriegestützten betriebswirtschaftlichen Unternehmensstandard konzipiert, da die Beweisführung der Funktionalität, der Anwendbarkeit und der Wirkungsweise gegenüber der Demonstration der Richtigkeit der Ergebnisse im Vordergrund stand. Aus dem Durchlaufen einer vollständigen Konsultation durch alle der dazu ausgewählten acht Funktionalbereiche eines Unternehmens (Marketing, Personal, Organisation, F & E, Leistungserstellung – Produktion, Dienstleistung oder Handelsbetrieb –, Materialwirtschaft, Beschaffung, Lagerhaltung und Logistik, Management – Finanz-, operationales und strategisches Management – und Unternehmensidentität) konnte ein sowohl auf qualitativen Regeln und Schlussfolgerungen basierendes qualitativ-verbales Urteil über das Unternehmen abgegeben als auch ein quantitativer Scoring-Wert

---

24 Vgl. Simeonoff (1991), S. 55-56.
25 Vgl. Simeonoff (1991), S. 58-63 bzw. Böcker (2000), S. 38-40.
26 Simeonoff (1991), S. 216.

durch Punktevergabe für das Vorhandensein bestimmter als zentral erachteter Fähigkeiten und Kenntnisse bestimmt werden.

Abbildung 2, in möglichst getreuer Anlehnung an die Ursprungskonzeption, soll einen ersten Eindruck von der Funktionsweise des Expertensystems geben,

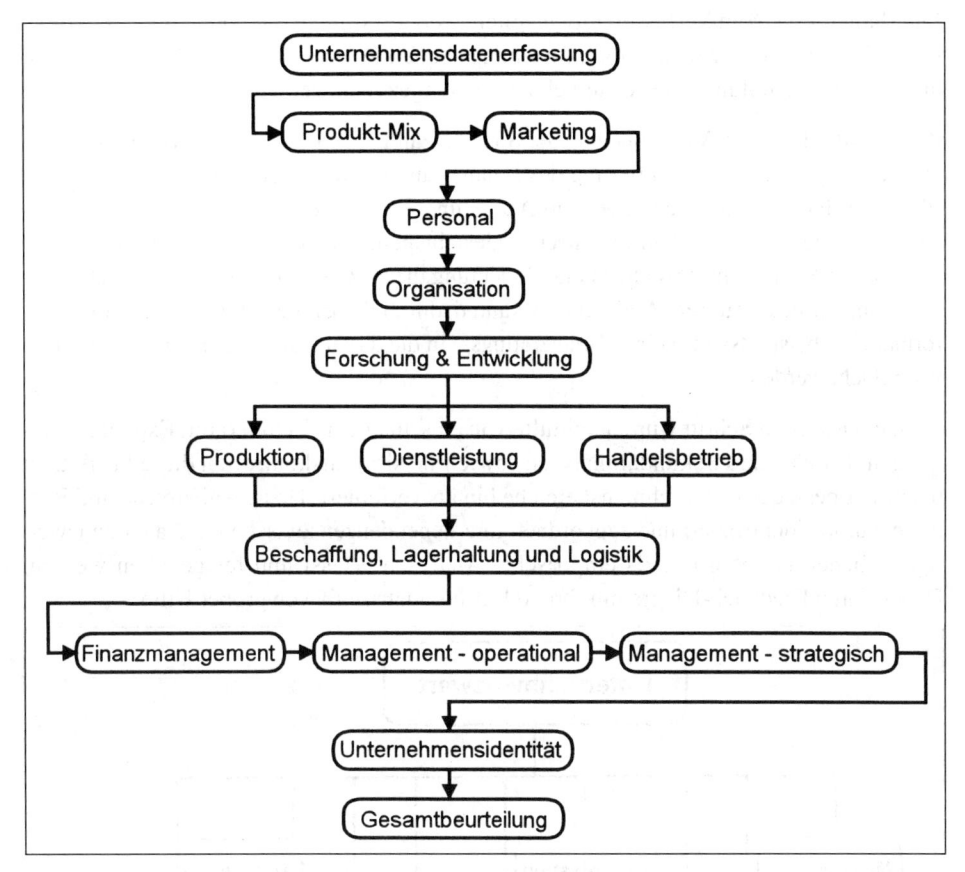

Abbildung 2: Ablauf einer vollständigen Konsultation des Expertensystems UBES[27]

Im Zeitraum von 1991 bis 1998 war der Verfasser an der Entstehung von weit über 150 Unternehmensanalysen mithilfe des hier vorgestellten Expertensystems UBES beteiligt. Die dabei gewonnenen Erkenntnisse über Stärken und Schwächen des Systems im Echtbetrieb ermöglichten eine teilweise Neukonzeption bzw. Adaption einzelner Teile des Systems. Damit wurden die Ziele der Aktualisierung der betriebswirtschaftlichen Kenntnisse auf den neuesten Stand, der Berücksichtigung und Miteinbeziehung branchenbezogener Flexibilität sowie weitestgehend unternehmensgrößen- und rechtsformunabhängiger Modellierung verfolgt.

---

27 Simeonoff (1992), S. 55.

Auf diesen Erfahrungen und Erkenntnissen aufbauende Überlegungen haben zu einer Veränderung der Grundstruktur des Expertensystems geführt: Eine vollständige Konsultation läuft nun nicht mehr sequentiell durch alle Funktionalbereiche des Unternehmens, sondern bietet einen Analyse- und Bewertungsrahmen in modularer Struktur. Die Orientierung an den betriebswirtschaftlichen Funktionen eines Unternehmens wurde beibehalten. Innerhalb dieses vom Verfasser entwickelten Modells können die potenziellen Faktoren und Indikatoren der Erfolgsfaktorenforschung abgebildet[28] und je nach benötigter Intensität zu einer Beurteilung eines Unternehmens herangezogen werden.

Zu den auffallendsten Änderungen in der Struktur zählt aber auf den ersten Blick sicherlich auch die explizite Implementierung des Finanz- und Rechnungswesens auf der obersten Ebene der Faktorenhierarchie, wie aus Abbildung 3 zu entnehmen ist. Dies ist einerseits auf die aus traditionellen, kaufmännischen Gesichtspunkten – trotz aller theoretischen und praktischen Kritik – ungebrochen hohe Bedeutung dieses Bereiches für die Unternehmenssteuerung zurückzuführen. Andererseits kann dadurch die Einbeziehung quantitativer Information – beispielsweise eines Bilanzratings – in die darauf folgende qualitative Analyse vereinfacht werden.

In einem nächsten Schritt wurden mithilfe von einschlägiger Fachliteratur, Expertenbefragungen, Primär- und Sekundäranalysen sowie Plausibilitätskontrollen diese Strukturen über die Ebene der Unternehmensbereiche hinaus verfeinert. Ursachenbereiche und Faktoren wurden identifiziert und zugeordnet. Interdependenzen zwischen und auf den jeweiligen Ebenen konnten mittels empirischer Analysen erfasst und festgehalten werden. Dabei waren Feedback-Diagramme[29] und Einflussmatrizen[30] von großer Hilfe.

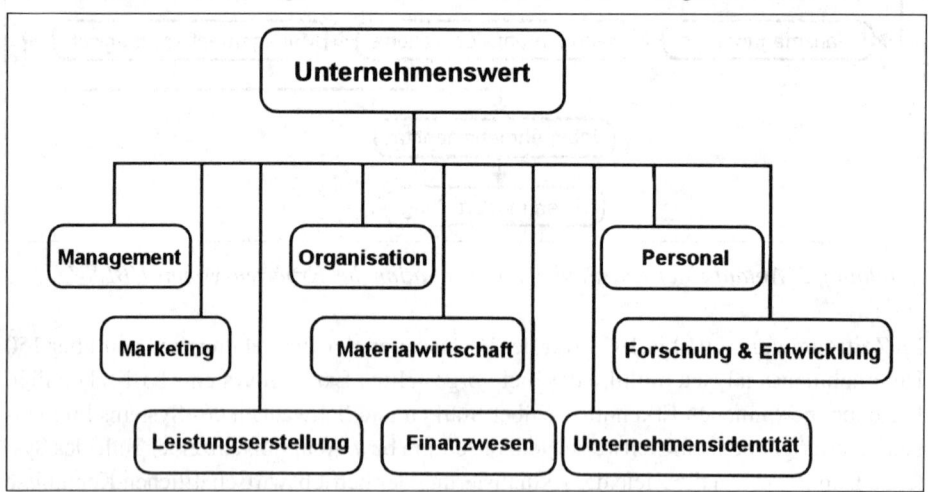

Abbildung 3: Struktur zum quantitativen und qualitativen Unternehmenswert[31]

---

28 Vgl. Bruckner (1997), S. 197-230.
29 Vgl. Gomez/Probst (1995), S. 74.
30 Vgl. Ulrich/Probst (1988), S. 138-147.
31 Hetzer (2000), S. 63.

Im gewählten Funktionalbereich Management wurde weiterhin zwischen operationalem und strategischem Management unterschieden. Letzteres wurde durch die Unterteilung in vier Ursachenbereiche – strategische Führung, Führungskräfte, Kontrolle des strategischen Managements und Strategisches Controlling – weiter operationalisiert. Die Struktur des Subbereichs Führungskräfte beispielsweise konnte mithilfe der Faktoren Qualifikation von Führungskräften, Bedarf an Führungskräften und Personalentwicklung umfassend dargestellt und mittels einzelner in diesen Maßnahmenfeldern verwendeter Verfahren, Methoden und Techniken instrumentalisiert werden.[32]

Nach Abschluss der Instrumentalisierung und Erfassung der angeführten Unternehmensbereiche auf Indikatoren- bzw. Merkmalsebene sowie der umfassenden Darstellung der Interdependenzen kann ein flexibles und gleichzeitig sehr mächtiges Werkzeug zur Erfassung und Messung der Unternehmensleistung im quantitativen und qualitativen Bereich präsentiert werden.

Die Bedeutung der Beurteilung von qualitativen Merkmalen beim Rating von Unternehmen wird weiter steigen. Die dabei zweifelsfrei auftretenden Probleme der Erfassung und Berücksichtigung von Komplexität und Vernetzung, also der Zusammenhänge zwischen den Indikatoren auf ein und derselben Beurteilungsstufe aber auch über Beurteilungsebenen hinweg, werden jene Werkzeuge favorisieren, die eine Lösung mithilfe künstlicher Intelligenz suchen. Die Erfassung relevanter Information aus Unternehmen, Branche und Umwelt sowie deren dynamische Verknüpfung werden sich als wesentliche Erfolgskriterien bei der Erstellung von entscheidungssicheren Ratingsystemen herauskristallisieren, wofür insbesondere Expertensysteme zweifellos prädestiniert sind.[33]

4. Zusammenfassung und Ausblick

Trotz der weit verbreiteten Einschätzung gegenüber Expertensystemen in der Betriebswirtschaftslehre im Allgemeinen und im Bereich der Unternehmensbeurteilung bzw. des Rating im besonderen, dass sie aus verschiedenen Gründen nicht oder nicht ausreichend qualifiziert dazu in der Lage wären, die ihnen zugedachte Aufgabe der orts- und zeitpunktunabhängigen Zurverfügungstellung von Experten-Know-how zu erfüllen, halten sie sich hartnäckig in der einschlägigen wissenschaftlichen und praxisorientierten Diskussion. Offenbar weisen sie trotz der ihnen nachgesagten Komplexität und dem angeblich zwingenden Vorhandensein von Expertenwissen bereits bei der Benutzung dennoch eine Reihe von Vorteilen auf. Diese kommen mehrheitlich insbesondere dann zum Tragen, wenn sowohl der Grad der Komplexität des zu lösenden betriebswirtschaftlichen Problems zunimmt als auch die Notwendigkeit der Einbeziehung qualitativer „weicher" bzw. „unscharfer" Informationen in den Problemlösungsprozess vorliegt.[34]

---
32 Vgl. Steiger (2000), S. 57-68, S. 138 f. und S. 155.
33 Vgl. u. a. Simeonoff (1992), S. 60-64 oder auch Böcker (2000), S. 288-289.
34 Vgl. Bruckner (1997), S. 131 bzw. S. 140.

Da die Anforderungen an die Qualität und die Aussagekraft von Ratings vor dem Hintergrund immer schneller ablaufender Veränderungen innerhalb und außerhalb des unternehmerischen Handlungsspielraumes zunehmend steigen, wird der Stellenwert wissensbasierter Entscheidungsunterstützungssysteme rapide zunehmen. Der Integration von Funktionalitäten auf der Grundlage künstlicher Intelligenz kommt zentrale Bedeutung zu.[35]

Voraussetzung für den Erfolg bei der Konzeption und im Praxiseinsatz eines derartigen Expertensystems zum Rating ist die Berücksichtigung folgender Merkmale:

- Genauigkeit: Die Erfassung und Messung der für den gegenwärtigen – vor allem aber für den zukünftigen – Unternehmenserfolg relevanten Indikatoren und Faktoren, sowohl auf quantitativer als auch auf qualitativer Ebene, muss von einem adäquaten System möglichst präzise bewerkstelligt werden können. Die friktionsfreie Kommunikation zwischen Experten und Knowledge Engineers auf der einen Seite sowie die möglichst vollständige Abbildung der auf diesem Wege gewonnenen Informationen („scharfe" und „unscharfe" Fakten und Regeln) in Wissensbasis und Inferenzmaschine stellen die konstituierenden Erfolgsfaktoren dafür dar.

- Komplexität: Interdependenzen zwischen den Indikatoren auf den unterschiedlichsten Ebenen müssen möglichst eindeutig aufgelöst und sowohl in ihrer Wirkungsweise als auch in ihrer Wirkungsintensität erfasst und in den Entscheidungs- bzw. Problemlösungsprozess integriert werden können. „Scharfe" und „unscharfe" Faktoren und Regeln – also Daten, Fakten und Heuristiken – müssen aufeinander abgestimmt und in ihrer unternehmensbezogenen Ganzheitlichkeit beschrieben werden. Die Qualität der Inferenzmaschine, der verwendeten Suchstrategien und der Kontroll- bzw. Meta-Regeln stellen die wichtigsten Einflussfaktoren auf dieses Kriterium dar.

- Flexibilität: Das System muss sich an die unterschiedlichen Konstellationen von exogenen Faktoren aus Umfeld und Branche eines zu ratenden Unternehmens in Verbindung mit seinen spezifischen Kenntnissen und Fähigkeiten anpassen können. Eine einfach zu bedienende Dialogkomponente mit einer effizienten Schnittstelle zur Wissensakquisitionskomponente und zur Wissensbasis kann hier unschätzbare Dienste leisten.

- Transparenz: Gerade bei derart komplexen Verfahren wie Ratings, die den gesamten unternehmerischen Handlungsspielraum und die Ursache-Wirkungs-Zusammenhänge darin abbilden sollen, sind die Kriterien der Nachvollziehbarkeit und der Verständlichkeit des Entscheidungsprozesses und der schlussendlichen Begründung des Ergebnisses von zentraler Bedeutung für die Akzeptanz des Instruments durch seine Anwender. Größtmögliche Gewissenhaftigkeit und Sorgfalt bei der Dokumentation der Problemlösungsstrategien und der Erklärungskomponente des Systems können die Erfüllung dieser Anforderung gewährleisten.

---

35 Vgl. Böcker (2000), S. 288-289.

■ Ökonomische Effizienz: Die mit dem Einsatz eines derartigen Systems verbundenen Forschungs- und Entwicklungskosten, die Implementierung in den laufenden Betrieb sowie die damit verbundenen Schulungs- und Weiterbildungskosten stellen zumeist die wichtigste Barriere für die Arbeit an einem derartigen System und seinen Praxiseinsatz dar. Die Erweiterung der Vorteilhaftigkeitsprüfung um die Berücksichtigung und Bewertung des marginalen Nutzens einer zusätzlich generierten Informationseinheit und der Risikoneigung als Nebenbedingung könnte hier möglicherweise eine neue Perspektive eröffnen.[36] Das zweite Baseler Konsultationspapier und die darin enthaltenen Empfehlungen bzw. Auflagen stellen allerdings ohnehin in nicht allzu ferner Zukunft ein gewichtiges Argument dar, die Beschäftigung und Einbeziehung von qualitativen Faktoren in Ratings zu berücksichtigen.

Wenn also Rating zukünftig über die mathematisch-statistische Generierung von Kennziffern zur Risikoklassenzuordnung und die damit verbundene Ausfallwahrscheinlichkeit hinaus Auskunft über die Lebensfähigkeit eines Unternehmens geben soll, ist die Berücksichtigung qualitativer, zukunftsorientierter Merkmale unumgänglich. Qualifiziert modellierte Expertensysteme können dazu unschätzbare Dienste leisten.

Literaturhinweise

ANTONOV, A. (2001): EDV-Lösung für das bankinterne Rating, in: Everling Internet Newsletter, Nr. 16/2001 vom 18. April 2001.

BÖCKER, M. (2000): Die strategische Bonität – Ein Ansatz zur ganzheitlichen prospektiven Kreditprüfung im Firmenkundengeschäft, Frankfurt am Main 2000.

BRUCKNER, B. (1997): Neue Wege in der Bonitätsbeurteilung von Firmenkunden – Konzept zur Entwicklung eines integrierten Systems, Frankfurt am Main 1997.

BRUCKNER, B. (2000): Die Firmenkunden-Bonitätsbeurteilung in Banken – Eine Analyse bei Kreditinstituten in Österreich, Deutschland und der Schweiz an der Schwelle zum neuen Jahrtausend, in: Bankinstitute und Banktechnik, Heft 8/2000, S. 7 – 8.

EVERLING, O. (1995): Rating, in: Gerke W./Steiner M. (Hrsg.): Handwörterbuch des Bank- und Finanzwesens, 2. Aufl., Stuttgart 1995.

EVERLING, O. (2001): Ratingagenturen im Urteil der Emittenten, in: Die Bank, Heft 1/2001, S. 62-65.

GOMEZ, P./PROBST, G. J. (1995): Die Praxis ganzheitlichen Problemlösens. Vernetzt denken. Unternehmerisch handeln. Persönlich überzeugen, Bern 1995

GRABHERR, CH./TEUSCHL R. (1993): Stand des Kredit-Risiko-Managements in Deutschland, Österreich und der Schweiz – Eine Studie des Management Zentrum St. Gallen (MZSG), St. Gallen 1993.

---

36 Vgl. Bruckner (1997), S. 32-35.

GRÜNBICHLER, A. (1999): Rating und Europas Kapitalmarkt, in: ÖBA, Heft 9/1999, S. 692-696.

HETZER S. A. (2000): Ansatzpunkte zur Ergänzung, Verbesserung und Erweiterung der Messung von strategischem Unternehmenserfolg, Dissertation, Wirtschaftsuniversität Wien 2000.

LEKER, J. (1994): Beurteilung von Ausfallsrisiken im Firmenkundengeschäft, in: ÖBA 8/1994, S. 599-609.

MEIDL, A. (2000): Bonitätsbeurteilung von Firmenkunden im deutschsprachigen Europa – Eine empirische Untersuchung von Banken in Österreich, Deutschland und der Schweiz, Diplomarbeit, Wirtschaftsuniversität Wien 2000.

ROLLE, G. (1988): Expertensysteme für Personalcomputer, Würzburg 1988.

SENNEWALD, B. (2000): Rating als Hilfsinstrument bei wirtschaftlichen Entscheidungen – Konzept zur Systematisierung der Ansätze, Diplomarbeit, Wirtschaftsuniversität Wien 2000.

SIMEONOFF, P. (1991): Unternehmensbeurteilung mittels Expertensystem – Ein qualitativer, branchenneutraler Ansatz, Dissertation, Wirtschaftsuniversität Wien 1991.

SIMEONOFF, P. (1992): Modell eines Expertensystems zur Unternehmensbeurteilung mittels Erfolgsfaktoren; in: ÖBA, 1/1992, S. 54-65.

STEIGER, M. (2000): Erfassung und Messung der Leistung eines Unternehmens im Funktionalbereich strategisches Management, Diplomarbeit, Wirtschaftsuniversität Wien 2000.

ULRICH, H./PROBST, G. J. (1988): Anleitung zum ganzheitlichen Denken und Handeln: ein Brevier für Führungskräfte, Stuttgart 1988.

ZOTTER, O. (1999): Insolvenzstatistik 1998 für Österreich, in: ZIK – Zeitschrift für Insolvenzrecht und Kreditschutz, Heft 1/1999, S. 14-15.

ZUGENBÜHLER B. (2001): Funktionen und Ratingsystematik in der Dresdner Bank, in: Everling Internet Newsletter, Nr. 16/2001 vom 18.4.2001.

Teil 7
Ablauf unterschiedlicher
Ratingverfahren

Unternehmensrating bei der börsennotierten Gesellschaft

Michael R. Probst

1. Einleitung

Spätestens seit der erfolgreichen Einführung der von der Deutschen Börse AG entwickelten Handelssegmente Neuer Markt und SMAX haben auch mittelständische Unternehmen hervorragende Chancen, ihren Investitionsbedarf an der Börse zu decken. So ermöglicht der Neue Markt speziell jungen, innovativen Unternehmen aus Wachstumsbranchen die Eigenkapitalaufnahme über die Börse. Das Qualitätssegment SMAX dagegen richtet sich an bereits etablierte Gesellschaften aus mittelständischen Branchen und bietet den Unternehmen, die nicht groß genug sind, sich im DAX100 zu platzieren, eine geeignete Plattform, um sich aus der Masse der Nebenwerte abzuheben und Analysten sowie Investoren auf sich aufmerksam zu machen.

Sowohl Neuer Markt als auch SMAX zeichnen sich dadurch aus, dass sich die dort gehandelten Unternehmen zur Einhaltung hoher Transparenz- und Liquiditätsstandards verpflichten. Für die Zulassung muss ein Unternehmensbericht beziehungsweise ein Emissionsprospekt nach internationalen Standards erstellt werden, der alle unternehmensrelevanten Angaben enthält. Das Zulassungsverfahren informiert den Anleger über das einzuführende Wertpapier unter anderem anhand von Angaben über Unternehmenssitz, Geschäftsgegenstand, über Kapital- und Eigentumsverhältnisse, Geschäftsführungs- und Aufsichtsorgane, den letzten festgestellten Jahresabschluss sowie weitere unternehmensrelevante Gegebenheiten.

Doch die Kursabstürze der Märkte in der jüngeren Vergangenheit und insbesondere die Krise am Neuen Markt haben deutlich gezeigt, dass in den Zulassungsdokumenten zumindest heute noch entscheidende Informationen fehlen, um nationale und internationale Investoren dauerhaft anzuziehen: Gemeint sind qualifizierte Aussagen zur Bonität des Emittenten, zu seiner Bestandskraft und Zukunftsfähigkeit. Dies sind elementare Grundlagen für die Anlageentscheidung – und damit nicht zuletzt auch für den Anlegerschutz.

Gerade bei den am Neuen Markt gehandelten, relativ jungen Unternehmen stehen jedoch naturgemäß für die Beurteilung nur wenige vergangenheitsbezogene Daten zur Verfügung. Für die Investoren ist es äußerst schwierig abzuschätzen, ob ein bestehendes Unternehmen, das den Schritt an die Börse wagt, oder eine Unternehmensidee in der Praxis auch tatsächlich im Wettbewerb bestehen kann. Ein geeignetes Instrument zur Beurteilung ist daher das Rating einer unabhängigen Agentur, das nicht nur vergangenheitsbezogen urteilt, sondern die Potenziale des Unternehmens im Ratingwert entscheidend berücksichtigt. Ein Rating kann das Vertrauen in einen Wert trotz volatiler Märkte steigern und die notwendigen Finanzierungsspielräume eröffnen.

Deshalb scheint es insgesamt um so unverständlicher, dass das Instrument des Ratings, das in den angelsächsischen Ländern schon seit Jahrzehnten selbstverständlich eingesetzt wird, in Deutschland nach wie vor lediglich eine untergeordnete Rolle spielt. Und dies leider nicht zuletzt auch im Rahmen des Zulassungsverfahrens bei der Deutschen Börse AG. Eine Verpflichtung der Emittenten, bereits bei der Börseneinführung neben den aufgeführten Maßnahmen zur Transparenz auch das Urteil einer anerkannten Ratinggesellschaft vorzulegen, wäre daher wünschenswert.

Ein Unternehmen, das sich durch ein Going Public finanzieren will, ist folglich gefordert, seine Investoren auf freiwilliger Basis angemessen zu informieren. Nur so kann es deutlich machen, dass es sich aus der Flut der Neuemissionen positiv heraushebt, dass es in der Lage ist, sich im Wettbewerb durchzusetzen und nachhaltige wirtschaftliche Erfolge am Markt zu erzielen.

2. Unternehmen fit für die Börse machen

Interessant ist das externe Rating sowohl für die bereits börsennotierte Gesellschaft, um eine effektive Kurspflege zu betreiben, als auch für ein Unternehmen, das sich im Vorfeld eines geplanten Going Publics für die Börse fit machen will:

a) Das Management erhält mit dem Ratingbericht einen detaillierten Überblick über Stärken und Schwächen der Unternehmung. Der kommentierte Bericht dient als Grundlage strategischer Entscheidungen, das heißt das Management erhält ein zusätzliches Führungsinstrument an die Hand. Das Stärken-/Schwächen-Profil kann einen kontinuierlichen Verbesserungsprozess anstoßen beziehungsweise am Laufen halten und das Controlling auf den aktuellen Stand bringen.

b) Ein Rating leistet einen wertvollen Beitrag zu einer guten Corporate Governance – und Unternehmen, die über eine gute Aufsicht verfügen, werden von den Marktteilnehmern in der Regel auch mit höheren Aktienkursen belohnt. Im internationalen Sprachgebrauch wird Corporate Governance verstanden als verantwortliche, auf langfristige Wertschöpfung ausgerichtete Unternehmensleitung und -kontrolle. Eine neutrale Beurteilung des Unternehmens durch eine unabhängige Ratingagentur unterstützt diese schwierige und verantwortungsvolle Arbeit der Aufsichtsgremien, sprich des Vorstands und des Aufsichtsrats, auf vielfältige Weise:

1. Ein externes Rating kann entscheidend zur Verbesserung des internen Reportings zwischen den Aufsichtsgremien beitragen. Der Aufsichtsrat kann neben der eige-

nen Interpretation der vom Vorstand vorgelegten Zahlen zusätzlich auf eine externe Expertise zurückgreifen.

Der Ratingbericht als sinnvolle Ergänzung des internen Zahlenwerks trägt zur effizienten Überwachung einer Aktiengesellschaft bei. Denn deren Erfolg hängt unter anderem davon ab, dass der Aufsichtsrat über bereits erfolgte und in Planung befindliche Maßnahmen entsprechend Bescheid weiß.

2. Das am 1. Mai 1998 in Kraft getretene Gesetz zur Kontrolle und Transparenz im Unternehmensbereich (KonTraG) macht Unternehmer und Manager haftbar, wenn sie keine Vorsorge im Rahmen des betrieblichen Risikomanagements betreiben. Im Rahmen des KonTraG wird die Aufsichts- und Informationspflicht aus gemachten Erfahrungen für die Aufsichtsräte weitestgehend zu einer „Holschuld" und nicht wie bisher zu einer nur sehr schwer nachvollziehbaren „Bringschuld" des Managements. Es besteht daher die gesetzliche Pflicht zur Einrichtung eines Überwachungssystems, um den Fortbestand der Gesellschaft gefährdende Entwicklungen frühzeitig zu erkennen (§ 91 Abs. 2 AktG). Das Rating ist ein in diesem Zusammenhang geeignetes Risiko- und Frühwarnsystem und deckt Fehlentwicklungen innerhalb des Unternehmens rechtzeitig auf.

c) Die Veröffentlichung eines Ratings ist ein ideales Public Relations und Investor-Relations-Instrument. Die Bekanntgabe des Ratingergebnisses erhöht die Transparenz des Unternehmens gegenüber der Öffentlichkeit und kann somit entscheidend zu einer erfolgreichen Unternehmenskommunikation und zur Steigerung des Stakeholder Value beitragen. Die bewusste Pflege der Beziehungen zu den Stakeholdern ist ein wertvoller Beitrag zur Zukunftssicherung des Unternehmens.

1. (Potenzielle) Aktionäre erhalten Informationen über die Werthaltigkeit ihrer Beteiligung.

2. Anleihegläubiger, Banken und andere Darlehensgeber verfügen mit einem Rating über ein zusätzliches, unabhängiges Kontrollinstrument über ihre eingegangenen Risiken und erfahren von neutraler Seite, wo das Unternehmen im Branchenvergleich steht.

3. Investoren und Gläubigern erschließt sich durch die gewichtige Berücksichtigung von Soft Facts (Management, Produkte und Märkte etc.) über die Expertise der finanzwirtschaftlich (zahlen-)getriebenen Börsenanalysten hinaus eine erweiterte Dimension der ganzheitlichen Beurteilung eines börsennotierten Unternehmens.

d) Geschäftspartner können sich ebenso wie Kunden und Lieferanten ein Urteil über die Seriosität des Unternehmens und die Qualität der Produkte bilden.

e) Nicht zuletzt ist das Rating aber auch ein interessantes Mittel zur Rekrutierung und Bindung qualifizierter Mitarbeiter, die auf den langfristigen Erfolg des Unternehmens bauen.

3. Ablauf des Ratingprozesses

3.1 Ziel des URA-Ratings: ganzheitliche Betrachtung des Unternehmens

Trotz der Vorteile, die mit einem externen Rating verbunden sind, reagiert der Mittelstand noch verhalten auf dieses Instrument. Die Gründe dafür sind vielfältig: sei es die Angst, es könnten Unternehmensgeheimnisse an die Öffentlichkeit gelangen und man ließe die Konkurrenz zu sehr in die eigenen Karten schauen oder die Sorge, dass ein zeitraubender Analyseprozess das Management über Wochen lahm legen könnte. Um diese Vorurteile auszuräumen und einen Einblick in die Praxis des Ratingprozesses zu geben, wird im Folgenden beispielhaft der Ablauf einer Ratinganalyse bei der URA Unternehmens Ratingagentur AG, München/Wiesbaden, beschrieben.

Die URA, die als erste unabhängige Agentur für den Mittelstand seit Mitte 1998 tätig ist, hat allein bis Ende 2000 insgesamt 39 mittelständische Unternehmen aus unterschiedlichen Branchen mit einem Jahresumsatz von sieben Millionen DM bis über eine Milliarde DM beurteilt. Das Ratingkonzept trägt den besonderen Bedürfnissen mittelständischer Unternehmen nicht zuletzt durch regionale Präsenz und die Nähe zum Kunden Rechnung. Mittlerweile wurden Repräsentanzen im gesamten deutschsprachigen Wirtschaftsraum Deutschland und Schweiz) konzipiert und aufgebaut. Vorgesehen ist auch Österreich.

Ziel der URA-Analysten ist es, eine ganzheitliche Bestandsaufnahme zu gewährleisten, in der neben den quantitativen Kennzahlen vor allem qualitative Faktoren miteinfließen. Nur so kann es gelingen, neben einer aktuellen Betrachtung des Unternehmenszustandes auch die Fähigkeiten und Potenziale des Unternehmens zu ermitteln.

3.2 Qualitätsmerkmale des Ratingprozesses

Im Einzelnen zeichnet sich das Prozedere der Analyse unter anderem durch die folgenden Qualitätsmerkmale aus:

- eine unabhängige Beurteilung,
- den Einsatz qualifizierter Analysten und objektiver Analysemethoden,
- die Zusammenfassung der Analyseergebnisse in einem einzigen Wert nach der bekannten Ratingskala von AAA bis D (s. Abbildung 1)
- eine umfassende Erhebung von aktuellen Primärinformationen vor Ort,
- standardisierte und nachvollziehbare Erhebung von Daten im Vier-Augen-Prinzip,
- eine umfassende Abschlusspräsentation der Ergebnisse
- und „last but not least": die Entscheidung, ob das Rating zunächst in die Schublade des Managements wandert und der internen Schwachstellenbereinigung bis zu einem geeigneten Rerating-Zeitpunkt dient oder ob das Ergebnis zur Veröffentlichung freigegeben wird, bleibt stets dem Unternehmen selbst überlassen.

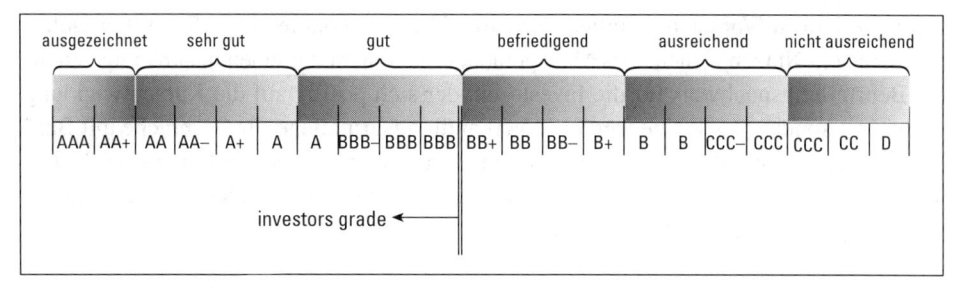

Abbildung 1: Ratingskala

4. Entscheidung für eine der neuen deutschen Ratingagenturen

Kein Fall für die Schublade war das Ratingergebnis für das international tätige Technologieunternehmen ELSA AG, das sich im Frühjahr 2000 für ein Rating der URA entschieden hatte. ELSA bietet Internetzugangs- und Computergrafiklösungen sowohl für den Privat- als auch den professionellen Nutzer an. Das Unternehmen, das mit internationalen Tochtergesellschaften in den USA, Taiwan und Japan sowie mit Vertriebs- und Marketinggesellschaften in Frankreich, Großbritannien, Italien und Benelux vertreten ist, wies im Jahr 2000 einen Umsatz von rund 360 Millionen Euro aus und beschäftigt weltweit etwa 700 Mitarbeiter.

Die entscheidenden Argumente für ein Rating der URA und gegen die Beurteilung durch eine der großen Agenturen wie Moody's oder Standard & Poor's waren im Fall der ELSA AG die direkte Betreuung und die Möglichkeit, im Rahmen kritischer „Face-to-Face-Gespräche" wertvolle Erfahrungen auf einem für das Unternehmen bisher unbekannten Terrain zu gewinnen – von einem genauen Überblick über die Beurteilungskriterien, die inhaltlich zum Ratingwert führen und von den großen Ratingagenturen oft gar nicht preisgegeben werden, bis hin zu strategischen Impulsen.

Ein weiteres wichtiges Argument war die Option, ein Folgerating zu beauftragen, um die Entwicklung des Unternehmens zu dokumentieren. Ein erteilter Re-Ratingauftrag ist unter anderem ein positives Signal für die Akzeptanz des angewandten Verfahrens der Ratingagentur. Ein Re-Rating lässt außerdem unter der Prämisse beibehaltener Methodik einen signifikanten Rückschluss auf die Unternehmensentwicklung des Ratingobjektes zu.

Das erste Ratingergebnis der ELSA AG kann sich sehen lassen: „BBB+" erhielt der Aachener Hightech-Anbieter, der 1998 den Gang an die Börse antrat und seitdem am Neuen Markt gehandelt wird. Das Ratingergebnis bescheinigte dem Unternehmen eine hervorragende strategische Ausrichtung und damit verbunden hohe Wachstumschancen. Aus dem

Ratingbericht, so Vorstandsmitglied Theo Josef Beisch, konnte die ELSA AG in vielfacher Hinsicht Nutzen ziehen: Das Management erhielt nicht nur einen unabhängig erstellten Beurteilungsnachweis für die Investoren, der sich positiv auf die Kursentwicklung auswirkte, sondern auch eine wertvolle Verhandlungsgrundlage für Gespräche mit Banken, Lieferanten und Kunden. Mit einer offensiven Kommunikationspolitik hat das Unternehmen das Ratingurteil an Investoren und Geschäftspartner herangetragen und ein aus seiner Sicht durchweg positives Echo erhalten.

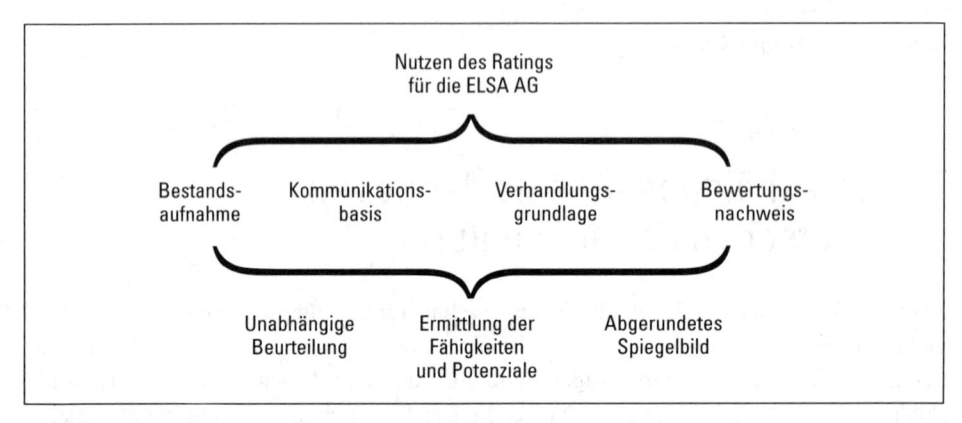

Abbildung 2: Nutzen des Ratings für die ELSA AG

5. Vom Auftrag bis zum Ratingbericht

5.1 Neben der Papierlage zählt der Eindruck vor Ort

Wie sieht er nun aus, der Weg vom Auftrag bis hin zum fertigen Ratingbericht, der bei einem URA-Rating einen Zeitraum von neun Wochen umfasst? Die Aufgaben teilen sich bei der URA der Ratingadvisor, die Analysten, das Berichtsteam, ein externer Berichtskritiker sowie ein unabhängiger Ratingausschuss.

In einem ersten Schritt erfolgt die Analysten-Disposition in Abstimmung mit dem gerateten Unternehmen. Es werden – so auch im Fall der ELSA AG – für die Zahlenanalyse unter anderem drei bis fünf Jahresabschlussprüfberichte sowie Unternehmens- und Produktbroschüren durchgearbeitet. Die Analysten führen in dieser Zeit außerdem ausführliche Unternehmens- und Branchenrecherchen durch.

In einem zweiten Schritt nehmen jeweils zwei Ratinganalysten getrennt voneinander das Unternehmen mindestens einen Tag lang vor Ort unter die Lupe. Im Mittelpunkt der Befragungen der Analysten stehen rund 500 strukturierte Kriterien), Dokumenteneinsicht und Betriebsbesichtigung stehen insgesamt sechs Ratingbereiche, die unterschiedlich gewichtet (nachfolgend in Klammern) in das Ratingurteil der URA einfließen:

- Management und Organisation (20 Prozent),
- Personal (15 Prozent),
- Finanzwirtschaft (40 Prozent),
- Produkte und Märkte (15 Prozent),
- Produktions- und Informationstechnologie (5 Prozent) sowie
- Standort und Ökologie (5 Prozent)

5.2 Struktur der Befragung

Alle Bereiche sind in mehrere Bewertungsfelder gegliedert, die anhand verschiedener Erfolgsfaktoren beurteilt werden. Um einen Einblick in die Struktur der Befragung zu gewinnen, wird zunächst einmal der Ratingbereich Personal betrachtet. Hier werden unter anderem die Bewertungsfelder Personalplanung, Personalausstattung, Personalentwicklung und -politik begutachtet. Das letzt genannte Bewertungsfeld Personalentwicklung und -politik wird beispielsweise anhand der Erfolgsfaktoren Karriereplanung, Mitarbeiterbeurteilung und -gespräche, Aus- und Weiterbildung, Entgeltpolitik, Arbeitsbedingungen und Arbeitsumfeld geratet. Die Beurteilung für das Bewertungsfeld Personalausstattung erfolgt nach eingehender Befragung zu den Erfolgsfaktoren Personalstruktur, Schlüsselpersonenabhängigkeit, Qualität der Mitarbeiter.

Nach gleichem Muster erfolgt die Beurteilung aller anderen Ratingbereiche. Ein Blick auf die Finanzwirtschaft zeigt eine Wertung anhand der Bewertungsfelder Finanzplanung und -steuerung, Ertragslage, Finanzlage usw. (siehe auch Abbildung 3). Das hier als Beispiel eines fiktiven Börsenunternehmens herangezogene Bewertungsfeld „Finanzlage" ist in die Erfolgsfaktoren Selbst- und Innenfinanzierungspotenzial, Liquidität, Kapitaldienstdeckung, Anpassungsfähigkeit an konjunkturelle Veränderungen und Strukturänderungen sowie außerbilanzielle Verpflichtungen unterteilt.

Eine eigenständige Risikoanalyse, das heißt ein Risikobericht mit Risikoprofil, ergänzt das Rating. Ist ein Erfolgsfaktor eines Unternehmens so schwach ausgeprägt, dass der Fortbestand des Unternehmens dadurch gefährdet ist, wird dieser als Risikofaktor eingestuft. Beispielhaft wären hier Schwächen im Führungsverhalten oder Mängel im Rechnungswesen und Controlling zu nennen. Im URA UNTERNEHMENS RATING ist das URA-RISIKOPROFIL bereits enthalten. Wenn das Management dies wünscht, kann es jedoch auch unabhängig von einem Ratingauftrag ein gesondertes Risikoprofil erstellen lassen, das die Grundlage für notwendige Entscheidungen liefert, um Fehlentwicklungen aufzuhalten und einer Krise vorzubeugen.

Ein sechsköpfiges Berichtsteam bearbeitet nach der Analysten-Erhebung der Daten vor Ort einen ersten Entwurf des Ratingberichts, der dann in enger Abstimmung zwischen

Bewertungsfeld 3.2: Finanzlage	Beurteilung: 3,52

Die jederzeitige Zahlungsbereitschaft ist notwendige Nebenbedingung jeden betriebswirtschaftlichen Wirkens, so dass hier völlig losgelöst von der Ertragslage neben den klassischen Liquiditätsgraden, Umschlagsdauer und -häufigkeit, Kapitaldienstfähigkeiten den auf dem dynamischen Cash-Flow basierenden Kennziffern eine große Bedeutung beigemessen wird. Das Ergebnis wird abgerundet durch statische Intensitätskennziffern, die unter anderem Aufschluss über die Anpassungsfähigkeit und die Risikostreuung und somit auch Einblick in die ggf. zur Strukturanpassung notwendige Reaktionsgeschwindigkeit geben. Ein wichtiges Maß zur Bemessung des Entschuldungsgrades und der Stabilität sind die an den finanzwirtschaftlichen Cash-Flow geknüpften Berechnungen, die bilanzpolitische Maßnahmen weitgehend relativieren.

BEURTEILUNG DES ANALYSTEN:

3.2.1	Selbst-/Innenfinanzierungspotenzial	befriedigend
3.2.2	Liquidität	befriedigend
3.2.3	Kapitaldienstdeckung	gut
3.2.4	Anpassungsfähigkeit an konjunkturelle Veränderungen und Strukturänderungen	ausreichend
3.2.5	Außerbilanzielle Verpflichtung	sehr gut

(Auswertungsskala: ausgezeichnet = 1; sehr gut = 2; gut = 3; befriedigend = 4; ausreichend = 5; nicht ausreichend = 6)

Aufgrund der konjunkturellen Entwicklung ...

Gezieltes Management führt dazu, dass die Umschlagsdauer des Vorratsvermögens wie auch die Debitoren- und Kreditorenlaufzeiten mit sehr gut bis gut zu bewerten sind. ...

Auch die Kapitaldienstfähigkeit wie auch die rechnerische Tilgungsdauer der Bankverbindlichkeiten bestätigen das gute Liquiditätsmanagement des Unternehmens. ...

Die Anpassungsfähigkeit an konjunkturelle Veränderungen und Strukturänderungen ist in Anbetracht der hohen Fertigungstiefe und der damit verbundenen hohen Kapitalbindung eher schwach. ...

Außerbilanzielle Verpflichtungen bestanden ausweislich des letzten Jahresabschlusses des Unternehmens nicht. ...

Abbildung 3: Auszug aus einem anonymisierten Ratingbericht der URA

dem Berichtskritiker, dem Berichtsteam und den beiden Analysten Plausibilitätsprüfungen und Querchecks durchläuft. Dann werden die Ergebnisse im Rahmen einer Präsentation des Ratingberichts detailliert kommentiert und mit dem Management des zu ratenden Unternehmens besprochen. Das Unternehmen hat die Möglichkeit, hierbei auf etwaige nicht berücksichtigte Fakten aufmerksam zu machen und ergänzende Unterlagen nachzureichen. Schließlich wird der Bericht an den Ratingausschuss – bestehend aus einem Ratingexperten, dem Leiter des Berichtsteams sowie dem jeweiligen Berichtskritiker –

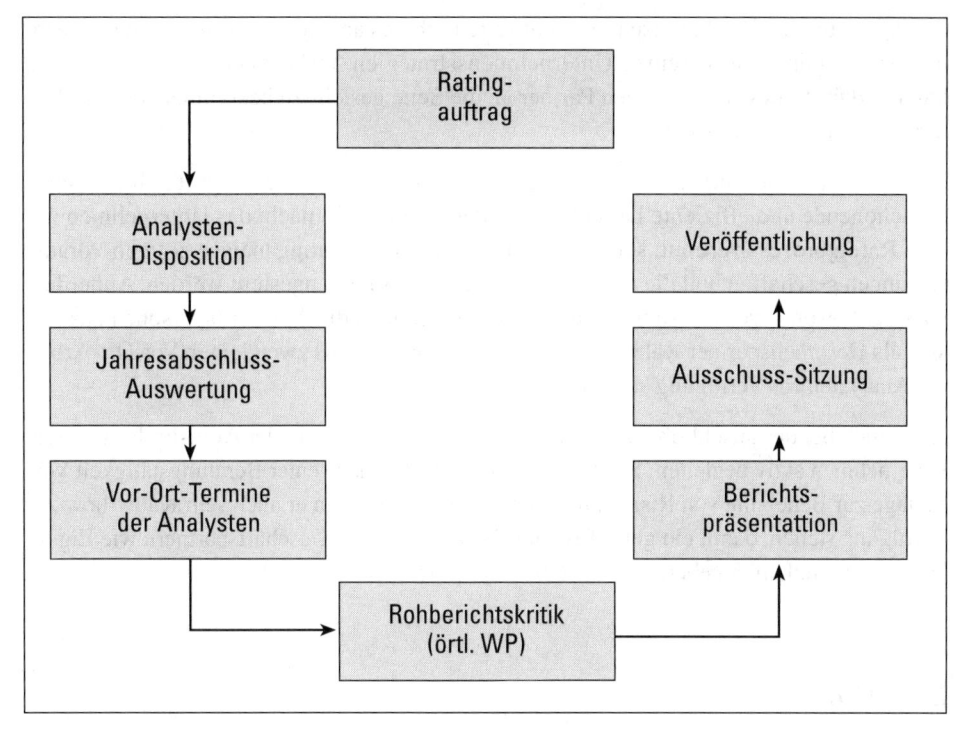

Abbildung 4: Ablauf des URA Unternehmensrating

weitergeleitet, der den abschließenden Ratingwert erteilt. Danach liegt es im Ermessen des Unternehmens, ob der Ratingbericht veröffentlicht oder zunächst intern zur Schwachstellenbeseitigung und Optimierung der Organisationsabläufe genutzt wird.

5.3 Die Rolle des Advisors

Einen wichtigen Part nimmt im Ratingkonzept der URA der bereits erwähnte Ratingadvisor ein, der dem Unternehmen auf Wunsch während des gesamten Ratingprozesses Hilfestellung leistet. So hat eine aktuelle Studie (Stand Mai 2001) der Wirtschaftsprüfungs- und Steuerberatungsgesellschaft PwC Deutsche Revision/PricewaterhouseCoopers ergeben, dass sich der deutsche Mittelstand bisher kaum auf ein Rating und die damit verbundenen Prozesse vorbereitet hat. Dabei drängt die Zeit, denn nicht zuletzt aufgrund der künftig vom Baseler Ausschuss für Bankenaufsicht vorgegebenen neuen internationalen Eigenkapitalstandards (Basel II) sind die Unternehmen spätestens ab dem Jahr 2005 dazu gezwungen, sich entweder einem Bewertungsverfahren durch die kreditgebende Bank oder durch externe Agenturen zu unterziehen.

Von 135 befragten Unternehmen, so das Ergebnis der Studie, waren nur 37 Prozent mit ihrem Vorbereitungsstand zufrieden. Oftmals herrscht Unklarheit über die konkreten Anforderungen für eine Prüfbereitschaft, nicht selten fehlt es an einem leistungsstarken Rechnungswesen und transparenten Unternehmensstrategien. Insbesondere beim Erstrating kann es daher sinnvoll sein, einen Partner an die Seite gestellt zu bekommen, der das Unternehmen prüfbereit macht.

Die URA hat diese Aufgaben dem Ratingadvisor zugedacht. Dieser sorgt für eine ressourcenschonende und effiziente Durchführung des Ratings. Er macht das Unternehmen mit dem Ratingprozess vertraut, sorgt dafür, dass alle für die Ratinganalyse nötigen Voraussetzungen geschaffen und die richtigen Unterlagen zusammengestellt werden. Außerdem wählt er beispielsweise zusammen mit dem Management die Auskunftspersonen aus, die sich als Gesprächspartner während mindestens der mindestens zweitägigen Vor-Ort-Arbeit der Analysten zur Verfügung stellen.

Aber auch bei der anschließenden Analyse der Ergebnisse kann der Advisor das geratete Unternehmen aktiv begleiten: Er kann einerseits im Rahmen seiner Beratungstätigkeit Vorschläge zur Behebung von Risiken machen. Andererseits kann er auch sein Know-how zur Verfügung stellen, damit ein gutes Ergebnis bestmöglich vor Geschäftspartnern wie Eigenkapital-, Fremdkapitalgebern oder Mitarbeitern präsentiert werden kann.

6. Fazit

Ein externes Rating bewertet nicht nur den Ist-Zustand eines Unternehmens, sondern insbesondere auch dessen Zukunftsfähigkeit, das heißt neben der Bewertung der finanzwirtschaftlichen, sachlichen und personellen Ressourcen kommt der Ermittlung und Beurteilung von Entwicklungspotenzialen eine entscheidende Rolle zu.

Zur Ermittlung des Ratingwertes setzt die URA ein komplexes Verfahren ein, das durch seine Strukturiertheit und Standardisierung für das Unternehmen stets nachvollziehbar ist. Unabhängige Beurteilung, der Einsatz objektiver Analysemethoden und hoch qualifizierter Analysten, eine streng vertrauliche Behandlung der Daten sowie eine detaillierte Abschlusspräsentation der Ergebnisse zeichnen den Ratingprozess aus. Gewährleistet wird die Qualität des Ratingurteils durch eine strenge Aufgabenteilung zwischen

- dem Ratingadvisor, der den Ratingprozess auf Wunsch des Unternehmens beratend begleitet und das Vertrauen des Unternehmensmanagements genießt,
- den die Fakten erhebenden Analysten,
- dem Berichtsteam der URA und
- einem unabhängigen Ratingausschuss.

Somit ist eine vielfältige persönliche Expertise in der Mehrstufigkeit der Ermittlung des Ratingwertes systemimmanent verankert.

Ein veröffentlichtes Rating ist für alle Ratingadressaten vom Gläubiger bzw. Investor über den Kunden oder Lieferanten bis hin zum Mitarbeiter ein vertrauensstärkendes Signal, das

@rating

Ein Zeichen setzen.

Für Bonität im Handel

zwischen Unternehmen.

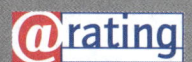

@rating

Lassen auch Sie Ihr Unternehmen @raten!

@rating ist ein innovatives Konzept zur Absicherung des weltweiten Handels zwischen Unternehmen. Dieses internationale Rating-System kontrolliert und dokumentiert online sowohl Ihre eigene finanzielle Qualität als auch die Bonität Ihrer Handelspartner in aller Welt. Und so zeigen Sie Ihren Partnern ganz einfach, dass man sich auf Sie verlassen kann.

Wie es funktioniert, sagt Ihnen die Allgemeine Kredit, Groupe Coface.
Telefon: 0800/25 72 84 64, Telefax: 06131/323-153
E-Mail: info@cofacerating.de

www.cofacerating.de

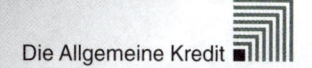

Groupe Coface

Die Allgemeine Kredit

als Indiz für die Stärke und Zukunftsfähigkeit des Unternehmens gewertet wird und imagefördernd wirkt. Der Mittelstand ist wie kein anderes Wirtschaftssegment auf Kapitalgeber angewiesen – ein Rating eröffnet die für den Erfolg notwendigen Finanzierungsspielräume zu den bestmöglichen Konditionen.

Börsenunternehmen sind gut beraten, sich über ein qualifiziertes Rating den nachhaltigen Zugang zum europäischen Kapitalmarkt zu erschließen. Fortschrittliche und strategisch geführte Unternehmen tun dies bereits. Das Rating ist für Unternehmen mit Börsenambitionen ein untrüglicher Indikator – deutlich verlässlicher als ein üblicher Business-Plan – für den Reife- und Fitness-Grad der Unternehmung in ihrer Gesamtheit.

@rating – mit Sicherheit mehr vom B2B

Karlheinz Bernhard/Norbert Langenbach/Thierry Nock/Axel Föllinger

1. Das Konzept

Das @rating Konzept ist die zeitgemäße Antwort der Coface-Gruppe auf die sich ständig ändernden Anforderungen an einen Finanzdienstleister. Basierend auf der Kernkompetenz der Coface S.A., Paris, dem weltweit führenden Export-Kreditversicherer, und der Erfahrung der mit der Coface-Gruppe in globalen Netzwerken verbundenen Unternehmen von Kreditversicherern (CreditAlliance) und Auskunfteien (InfoAlliance) kann nun jedermann von der jahrzehnte langen Erfahrung und dem dadurch angeeigneten Debitorenmanagement-Know-how der Coface-Gruppe unmittelbar profitieren. Einfach, schnell und günstig kann – dank @rating – auf dieses Know-how unabhängig von dem Abschluss einer Kreditversicherung zurückgegriffen werden. Die @rating Produktpalette reicht von einer individuellen Unternehmensbewertung und -zertifizierung über die anhaltende Überwachung von Unternehmen bis hin zur Einzelabsicherung von Forderungen.

Doch zunächst ein paar Worte über die Entstehung, die Entwicklung und die Intention von @rating.

1.1 Ausgangssituation

Eine Analyse der @rating-Entwicklung führt zu einer Zweiteilung der Hintergründe. Folglich lassen sich externe und interne Einflussfaktoren unterscheiden, die in einem Mischverhältnis für die heutigen Produkte, die entsprechend den Bedürfnissen der Marktteilnehmer permanent weiterentwickelt werden, gesorgt haben.

Externe Einflussfaktoren – Marktsituation
Seit Ende der achtziger Jahre bahnte sich eine enorme Trendwende in der Wirtschaft an, die heute unter dem Begriff *Globalisierung* in aller Munde ist und zu den Selbstverständlichkeiten des täglichen Lebens zählt. Allmählich wird kaum ein Unternehmen mehr geographische Grenzen kennen. Unternehmen haben auf lange Sicht Überlebenschancen nur, wenn sie sich an den bewährten Grundsatz *think global – act local* halten. Um entsprechend wettbewerbsfähig sein und bleiben zu können, tun Unternehmen gut daran, diesen

Grundsatz als Basis in der Aufbauphase anzuwenden. Jedoch wird nach erfolgtem Wachstum in bestimmten Größenordnungen, nicht mehr ausschließlich lokal oder grenzüberschreitend ins benachbarte Ausland agiert, sondern weltweit. Das *act local* wird erweitert in *act global*, auf die gleiche Ebene also, auf der die strategischen Fragen entschieden werden.

Branchenunabhängig vollziehen sich bis zum heutigen Tage Unternehmenszusammenschlüsse in immer größerem Ausmaß. Beweggründe für die Zusammenschlüsse von Unternehmen wie der Daimler Benz AG und der Chrysler Corporation zur heutigen DaimlerChrysler AG in der Automobilbranche, der Integration von Banker's Trust in den Deutsche Bank-Konzern oder auch in kleineren Größenordnungen sind sogenannte Synergien, also Nutzen für alle Beteiligten.

Hinzu kommt die rasante Entwicklung in den Informations- und Kommunikationstechnologien, die unser Leben bereits entscheidend mitgeprägt haben und tagtäglich in sehr hohem Maße unser Leben noch weiter beeinflussen werden. Internet und Online-Anbindungen bzw. -Abwicklungen gehören heute ebenso zum Tagesgeschäft wie Telefon und Fax. Mit der Tatsache, dass durch die heute verfügbaren Medien deutlich mehr Informationen innerhalb kürzester Zeit zur Verfügung stehen als verarbeitet werden können, wurde eine neue Ära, das Informationszeitalter, eingeläutet. Heute besteht primär die Kunst darin, nicht Informationen über einen Vorgang zu haben, sondern die richtigen Informationen zur richtigen Zeit in kompakter verwertbarer Form. Somit gewinnt die Filterfunktion, die Qualität und die Zeit bis zur Verfügbarkeit einer Information zunehmend an Bedeutung. Shooting Stars gehören in unserer schnelllebigen Zeit, in der der Wert einer Information von Tag zu Tag rapide abnimmt, bereits zum Alltag: gestern gegründet, heute überdurchschnittlich erfolgreich und morgen bereits von der Bildfläche verschwunden. Dieses Schicksal teilen derzeit etliche Unternehmen, insbesondere in der New Economy. Parallelen tauchen aber auch in der Old Economy auf: Selbst namhafte Unternehmen, die wie die Titanic als unsinkbar galten, tauchen ab bzw. gehen gänzlich unter. Wie viele Unternehmen von Insolvenzen direkt oder indirekt betroffen sind, vermag niemand zu ermessen. Ob klein oder groß, ob direkt oder – noch schwieriger vorauszusehen – indirekt, jedes Unternehmen ist potenziell gefährdet. Gerade in diesem Zusammenhang gewinnt ein professionelles Debitorenmanagement enorm an Bedeutung.

Interne Entwicklungen – Ausrichtung an den Bedürfnissen des Marktes
Die oben angeführten Tendenzen im Rahmen der Globalisierung sind auch in der sehr spezialisierten Branche der Kreditversicherer wiederzufinden. Um den zunehmenden Änderungen, die an einen Kreditversicherer gestellt wurden, Rechnung zu tragen, hat die Coface-Gruppe, zu der die Allgemeine Kreditversicherung AG gehört, zwei einzigartige Netzwerke aufgebaut, die permanent erweitert werden. Der 1992 gegründete Verbund *CreditAlliance*, dem heute weltweit Kreditversicherer in 51 Ländern angehören, ermöglicht individuelle Kreditversicherungslösungen weltweit. Dank der *CreditAlliance* konnten die Mitglieder der Coface-Gruppe 1997 als erster Kreditversicherer standardisierte Versicherungspolicen (Globalliance Contract) für multi-nationale Konzerne herauslegen,

die sich nur marginal aufgrund landesspezifischer Details unterscheiden. Dank der technologischen Möglichkeiten der weltweiten Vernetzung haben die Mitglieder der Coface-Gruppe Zugriff auf die gemeinsame Datenbank der Coface-Gruppe: das Common Risk System mit über 35 Millionen Firmeneinträgen. Das komplementäre Netzwerk, die *Info-Alliance*, wurde 1995 ins Leben gerufen und umfasst Mitgliedsunternehmen in zur Zeit 68 Ländern. Somit ist eine Informationsbeschaffung praktisch weltweit innerhalb kürzester Zeit möglich.

1.2 Die @rating-Lösung

Vor diesem Hintergrund gewinnen Unternehmensanalysen, deren Ergebnisse komprimiert in einem entsprechenden Rating dargestellt werden, immer mehr an Bedeutung. Neben den Ratingklassikern Standard & Poor's, Moody's und Fitch, die den Begriff Rating durch ihre langfristigen Kapitalmarktratings geprägt haben, haben sich zwischenzeitlich etliche – insbesondere auch im deutschsprachigen Raum – Ratingagenturen gebildet, die sich auf mittelständische Unternehmen konzentrieren.

Die Coface-Gruppe hat mit @rating hingegen als erster Anbieter diesen neuen Markt fokussiert und somit die ideale Antwort auf die entscheidende Frage vieler Unternehmen gegeben: „Kann ich diesem neuen – mir unbekannten – Kunden ruhigen Gewissens meine Ware liefern? Wird er seinen Verpflichtungen als B2B-Geschäftspartner mit kaufmännischer Sorgfaltspflicht nachkommen?" Welche Möglichkeiten hatte ein Unternehmer bis dato, sich ein Bild über Interessenten seiner Produkte und Dienstleistungen zu verschaffen? In den meisten Fällen wurde auf Auskunfteien zurückgegriffen, die aufgrund ihrer Spezialisierung die Handelsregistereinträge bzw. Einträge in vergleichbaren Registern im Ausland mit den Selbstauskünften der angefragten Unternehmen kombiniert zur Verfügung stellen können. Wenn es aber darum geht, das Zahlungsverhalten eines Unternehmens, also seine Zahlungsfähigkeit, seine Zahlungsgewohnheiten und seine Zahlungsmoral, aus einer handelsüblichen Auskunft abzuleiten, ist deren Aussagekraft begrenzt. Vereinzelt gab es Vorstöße, die Informationen mit weiteren vorliegenden Hinweisen in bestimmter Weise zu gewichten. An genau diesem Punkt setzt die Coface-Gruppe mit ihrem @rating-Konzept an.

Bei Erstkontakten, die beispielsweise über einen Visitenkartentausch auf der Messe erfolgen, liegen in den allerwenigsten Fällen außer der Anschrift keine weiteren Informationen vor, die in das unternehmensinterne Bewertungssystem – sofern vorhanden – eingespeist werden können. Noch schwieriger ist die Situation, wenn der Kontakt auf elektronischem Wege zustande kam, zum Beispiel durch Anklicken eines Werbebanners im Internet oder auf einem elektronischen Marktplatz. Gibt es diesen möglichen Geschäftspartner wirklich? Vielleicht gibt es ihn! Oder sollte man lieber sagen, gab es ihn gestern noch? Mit Hilfe einer Auskunft oder einem Blick in das Handelsregister kann man sich davon überzeugen, dass ein bestimmtes Unternehmen zu einem gewissen Zeitpunkt in der angegebenen Branche aktiv war. Die Eingangs gestellte Frage, ob der Kunde dann auch vereinbarungsgemäß bezahlt, ist damit noch nicht beantwortet.

Spezialisten treffen Kreditentscheidungen nicht auf Grundlage einer einzelnen Auskunft, sondern auf einer breit gestreuten Grundlage und entsprechenden Erfahrungswerten. Eine 100-prozentige Gewissheit über das Zahlungsverhalten eines Unternehmens gibt es nicht. Zwei Metaphern sollen verdeutlichen, auf welcher Grundlage Sie als Unternehmer die Entscheidung treffen können, ob Sie im Einzelfall Ware an einen unbekannten oder vielleicht sogar insolvent werdenden Neukunden liefern oder nicht. Stellen Sie sich ein aus 500 Teilen bestehendes Puzzle mit einem Stimmungsmotiv vor: prachtvolle Blüten auf einer saftig grünen Wiese, die am Horizont den Himmel trifft. Strahlender Sonnenschein verleiht den Blumen Lebensfreude. Um die Sonne herum ozeanblauer Himmel. Erst ganz im anderen Eck tummeln sich ein paar kleine weiße Wölkchen. Dieses Stimmungsbild hängt in Ihrem Büro nur einen Blick weit entfernt von Ihrem Arbeitsplatz. Sie bewundern dieses Bild immer wieder, weil Sie beim Anblick dieses Bildes die besten Entscheidungen treffen. Dieses vollkommene Bild ist die oben angeführte 100-prozentige Gewissheit über das Zahlungsverhalten eines Ihnen unbekannten Unternehmens. Angenommen nach ein paar Jahren fehlt das eine oder andere Puzzleteil aus den Wölkchen. Das Bild dient nach wie vor als „Entscheidungsunterstützung", auch wenn jetzt der graue Hintergrund nicht mehr ganz perfekt in die Wolken hineinpasst. Sie können nach wie vor fundierte Entscheidungen treffen, auch wenn Sie keine 100-prozentige Gewissheit über das Zahlungsverhalten haben. Anders sieht die Lage aus, wenn alle Puzzleteile fehlen würden mit Ausnahme von den besagten Wolkenteilchen. In einem solchen Fall hätten Sie schon längst das „Bild" abgehängt, weil es Ihnen für Ihre unternehmerischen Entscheidung nicht weiterhilft.

Das zweite Bildnis handelt von einer Hängebrücke, mit deren Hilfe Sie eine tiefe Schlucht überqueren wollen. Die Brücke mit allen hölzernen Querverstrebungen ist wieder einmal der Idealzustand. Wann wagen Sie sich auf die Brücke – wenn fünf Querverstrebungen vereinzelt fehlen oder wenn fünf vorhanden sind und die restlichen 95 bereits fehlen?

Nun stellt sich die Frage, woher man solche Informationen bekommt. Es besteht die Wahl zwischen dem Aufbau eines eigenen und kostspieligen Informationssystems und der Hinziehung eines kompetenten Partners. Die Spezialisten der Kreditversicherungsbranche nutzen bereits umfangreiche Informationsdatenbanken und schätzen somit die Zahlungsfähigkeit eines Unternehmens dank dieser Grundlage und ihren Erfahrungswerten ein; und genau auf diesem Fundus baut @rating auf. Die Details zu dieser neuen Art von Rating sind in den folgenden Kapiteln erläutert.

2. @rating Produkte

Die zentrale Aussage, die sich durch die gesamte @rating Produktpalette zieht, liegt in der @rating Bewertung eines Unternehmens, dem eigentlichen Rating. Bei der Begutachtung dieser @rating Bewertung liegt die Kunst in der Interpretation, die für die Entscheidungsfindung essenziell ist. *Kunst* deshalb, weil es sich im Gegensatz zu den meisten Ratings nicht um eine Klassifizierung von *sehr gut* bis *ungenügend* auf eine mittel- bis langfristige Sicht handelt, sondern prinzipiell nur zwei Güteklassen unterscheidet: positiv und negativ – gemäß der Entscheidung eines Kreditversicherers über einen Kreditantrag: Versicherungsschutz oder nicht. Ähnlich einer Auskunftei, stellt die Coface-Gruppe die @rating Bewertung als Information zur Verfügung. Der Unterschied zur klassischen Auskunft liegt darin, dass es sich bei der @rating Bewertung um das komprimierte Resultat einer eingehenden Unternehmens- und Umfeldanalyse handelt. Besonders hervorzuheben ist dabei das Informationsnetzwerk aller Kreditversicherungsnehmer, die – gemäß Vertragsobliegenheiten – den Kreditversicherer unverzüglich nach Kenntnisnahme über wirtschaftliche Veränderungen ihrer Kunden informieren. Ein Kreditversicherer hat also wie kein anderer Dienstleister immer „ein Ohr am Markt". Auch wenn die @rating Bewertung als Antwort auf einen @rating Check unter Ausschluss von Haftung abgegeben wird, so liegt doch die Bereitschaft der Coface-Gruppe zur Haftungsübernahme vor, sei es im Rahmen von @rating Protection, einer speziell entwickelten Form des Fälligkeits-Factorings, oder in der traditionellen Kreditversicherung.

Doch nun zu den Ausprägungen der @rating Bewertung:
@	Deckungsschutz möglich bis	20.000 €
@ @	Deckungsschutz möglich bis	50.000 €
@ @ @	Deckungsschutz möglich bis	100.000 €
@ @ @ @	Deckungsschutz möglich über	100.000 €

Die maximale @rating Bewertung von @ @ @ @ kann nur für Unternehmen mit @rating Quality Label – dem Gütesiegel für Qualität – ausgesprochen werden. Die hier aufgeführten @rating Bewertungen sind von ihrer Aussage über das Zahlungsverhalten eines Abnehmers her gleichwertig, nämlich positiv, zu interpretieren.

Die Aussage „X" bedeutet, dass keine Informationen vorliegen bzw. vorliegende Informationen keine @rating Bewertung zulassen. Eine detaillierte Begründung für die Entscheidung erfolgt nicht.

Nachfolgend werden die einzelnen Produkte unter den Aspekten Zielgruppe, Vorgehensweise, Nutzen, Kosten erläutert.

2.1 @rating Quality Label

Beim @rating Quality Label handelt es sich um ein Gütesiegel, das die @rating Bewertung eines Unternehmens unterstreicht. Diese Unternehmen sind sich der Bedeutung und Wichtigkeit des Zahlungsverhaltens für B2B-Geschäfte bewusst und haben deshalb das @rating Quality Label beantragt, um somit das eigene Unternehmen als einen soliden und zuverlässigen Geschäftspartner mit gutem Zahlungsverhalten darzustellen. Das @rating Quality Label zeichnet somit ein vertrauens- und kreditwürdiges Unternehmen aus. Aufgrund des ständigen Kontaktes zwischen dem Unternehmen, welches das @rating Quality Label beantragt, und dem @rating Service Center trägt das Unternehmen zur Vergabe des @rating Quality Label bei und wird – auch bei eventuell sich anbahnenden Veränderungen in der @rating Bewertung – immer als erstes informiert. Eine möglichst hohe, solide und schwankungsfreie @rating Bewertung liegt in aller Interesse. Das Unternehmen selbst kann sich als zuverlässigen Partner ausweisen, dessen Lieferanten können steigende Geschäftsvolumina mit dem von der Coface-Gruppe bewerteten Unternehmen ohne Risiko tragen, da der Kunde die Option hat, das Forderungsausfallrisiko in dem zu der @rating Bewertung korrespondierenden Rahmen abzusichern. Diese Tatsache rechtfertigt das Vertrauen in die einfach dargestellte, aber qualitativ hochwertige @rating Bewertung.

Entwickelt wurde das @rating Quality Label für alle Unternehmen unabhängig von Branche und Größe. Unternehmen geringeren Bekanntheitsgrades wird das @rating Quality Label u.a. auch dazu dienen, diesen Nachteil ganz oder zumindest teilweise zu kompensieren, insbesondere in einem immer stärker internationalisierten Umfeld. Von starkem Interesse ist das @rating Quality Label ebenfalls für Betreiber von elektronischen Marktplätzen, die dieses Gütesiegel als Zutrittsvoraussetzung für die Marktplatzteilnehmer einsetzen können, um somit mehr Sicherheit und Transparenz in das elektronische Geschehen zu bringen, das naturgemäß von Anonymität geprägt ist.

Interessenten finden im Internet unter http://www.cofacerating.de ihren Weg zum eigenen @rating Quality Label, der sich aus mehreren Schritten zusammensetzt. Da auf diesem Wege vertrauliche Daten ausgetauscht werden, muss sich das Unternehmen zunächst registrieren. Nach Mitteilung von Zugangskennung und Passwort steht dem Unternehmen der @rating Quality Label Vertrag, die rechtliche Grundlage für den @rating Quality Label-Prozess, zur Verfügung. Daneben gibt es den Fragebogen, der erste Zusatzinformationen über das Unternehmen erhebt, und unter einem dritten Punkt wird das Zahlungsverfahren festgelegt. Möglich sind neben dem Lastschriftverfahren Zahlung per Kreditkarte, Überweisung oder Scheck; bei den beiden letztgenannten zuzüglich Bearbeitungsgebühr. Alle weiteren Informationen werden im persönlichen Kontakt zwischen dem Unternehmen und dem @rating Service Center ausgetauscht. Das Unternehmen erfährt seine bei Erteilung des @rating Quality Labels vergebene @rating Bewertung und wird über eventuell anstehende Veränderungen der @rating Bewertung vor Veröffentlichung informiert.

Der Hauptnutzen eines @rating Quality Labels besteht für das Unternehmen in der aktiven Darstellung der Qualität seines Zahlungsverhaltens vergleichbar einer Zertifizierung nach DIN ISO 9002, welche die Einhaltung eines bestimmten Qualitätsstandards in der Produktion dokumentiert. In beiden Fällen erhält das Unternehmen ein Zertifikat, welches die Qualität des Unternehmens herausstellt und ist berechtigt, das Gütesiegel in seiner gesamten Unternehmenskommunikation (zum Beispiel Homepage, Briefbogen) sowie zu Werbezwecken einzusetzen. Zudem macht das @rating Quality Label potenzielle Geschäftspartner auf das Vorhandensein einer im Internet kostenlos einsehbaren @rating Bewertung aufmerksam. Gesteigerte Attraktivität erhält das @rating Quality Label durch die Tatsache, dass Forderungen gegenüber einem Unternehmen mit @rating Quality Label im Rahmen des an die @rating Bewertung gekoppelten kundenspezifischen Höchstlimits zu 100 Prozent über @rating Protection abgesichert werden können. Nicht zu unterschätzen ist die Tatsache, dass das @rating Quality Label durch die Coface-Gruppe weltweit verbreitet wird und zunehmend an Bekanntheit gewinnt.

Für die Analyse und die ständige Überwachung des Unternehmens, die Erteilung des @rating Quality Label und der dazugehörigen @rating Bewertung fallen im ersten Jahr 600 €, in den Folgejahren jeweils 300 € an. Somit steht jedem Unternehmen mit dem @rating Quality Label ein attraktives, fundiertes und günstiges Mittel für den weiteren Ausbau seiner Geschäftsbeziehungen zur Verfügung.

2.2 @rating Service – professionelles Kundenmanagement

Das Abonnement @rating Service ermöglicht @rating Checks, @rating Monitoring sowie die Bestellung von InfoAlliance Reports. Die Preise für diese Dienstleistungen richten sich nach dem Land, in dem das angefragte Unternehmen seinen Sitz hat. Aus einer Kategorisierung der einzelnen Länder erklären sich unterschiedliche Preise innerhalb einer Dienstleistung.

Der @rating Check ist die Anfrage einer @rating Bewertung eines Unternehmens, das heißt der Lieferant möchte sich über das Zahlungsverhalten seines Abnehmers erkundigen und möchte den oben beschriebenen Fundus dieser komprimiert dargestellten Bonitätsaussage für seine Geschäftsbeziehungen nutzen.

Einen zusätzlichen Nutzen zieht das Unternehmen aus dem @rating Monitoring, welches zu der zeitpunktbezogenen Aussage eine Überwachung der @rating Bewertung ermöglicht und im Falle einer Veränderung den Auftraggeber umgehend informiert. Diese Zusatzleistung ist für alle Unternehmen von großem Interesse, die ihre Kundenstruktur mit dem Fokus auf Stammkundschaft ausbauen wollen und aufgrund ihrer ständigen, zumindest aber in mehr oder weniger regelmäßigen Abständen wiederkehrenden Geschäftsbeziehungen mit ihren Kunden stehen. Dies begründet das Interesse an eventuell auftretenden Schwankungen in der Bonität ihrer Kunden. Das @rating Monitoring ist nur im Rahmen des Abonnements @rating Service verfügbar. Innerhalb dieses Abonnements kann der Kunde seinen gesamten Kundenstamm abbilden: prüfen (*@rating Check*), überwachen (*@rating Monitoring*) oder weitere Informationen mittels InfoAlliance Report erhalten. Per e-mail wird der Kunde über das Vorliegen von Veränderungen innerhalb seines Portfolios informiert und zur erneuten Anmeldung im Programm aufgefordert. Über das im @rating Service integrierte Postfach (anwendungsbezogene e-mail) wird der Kunde dann über die tatsächliche Veränderung der @rating Bewertung informiert.

Falls der Kunde an weiteren Informationen als der komprimierten Bonitätsaussage interessiert ist, steht ihm die Möglichkeit offen, einen InfoAlliance Report zu beantragen. Dieser ist ähnlich einer handelsüblichen Wirtschaftsauskunft aufgebaut und beinhaltet elementare Daten zu dem angefragten Unternehmen über Firmierung, Anschrift, Gesellschafter, Geschäftsführer, Geschäftszweck, Unternehmensgröße, Bilanzkernzahlen, etc.

Wichtig ist die Unterscheidung der Verfügbarkeit der hier unter der Rubrik @rating Service dargestellten Dienstleistungen. Der @rating Check und die InfoAlliance Reports sind auch für Einzelfragen über http://www.cofacerating.de verfügbar. Das @rating Monitoring ist als zusätzliche Leistung neben das Abonnement @rating Check und dem InfoAlliance Report nur über das Abonnement @rating Service einsetzbar.

2.3 @rating Protection

Bei @rating Protection kommt die Bedeutung der @rating Bewertung wieder in besonderem Maße zur Geltung. Dieses weltweit standardisierte Produkt, welches derzeit über http://www.cofacerating.de und innerhalb elektronischer Marktplätze verfügbar ist, bietet für Geschäftsvolumina bis 100.000 € die Möglichkeit Forderungen innerhalb eines kundenspezifischen Höchstlimits einzeln abzusichern. Folgende Voraussetzungen müssen dabei erfüllt sein: Der Verkäufer, der sich gegen einen eventuellen Forderungsverlust absichern möchte, benötigt eine persönliche Zugangskennung mit Passwort und muss seinen Sitz in einem der für @rating Protection zugelassenen Länder haben. Eine aktuelle Liste dieser Länder ist unter http://www.cofacerating.de verfügbar. Der Käufer hingegen muss zwingend (außer innerhalb eines Marktplatzes) über das @rating Quality Label verfügen, an dessen @rating Bewertung der Transaktionsschutz in seiner maximalen Höhe gekoppelt ist. Die entsprechenden Grenzen wurden bereits bei der Erläuterung der @rating Bewertung genannt.

Der Preis für den Transaktionsschutz hängt von mehreren Parametern ab, unter anderem von der Höhe der abzusichernden Forderung, dem Absicherungszeitraum sowie der @rating Bewertung und dem Land des Käufers. Der Transaktionsschutz wird dem Verkäufer im Rahmen eines Fälligkeits-Factoring-Modells gewährt. Die Funktionsweise ist den Abbildungen 1, 2 und 3 zu entnehmen. Dabei erwirbt der Lieferant ähnlich dem Funktionsprinzip einer Aktien-Option das Recht, nach Überschreiten des vereinbarten Zah-

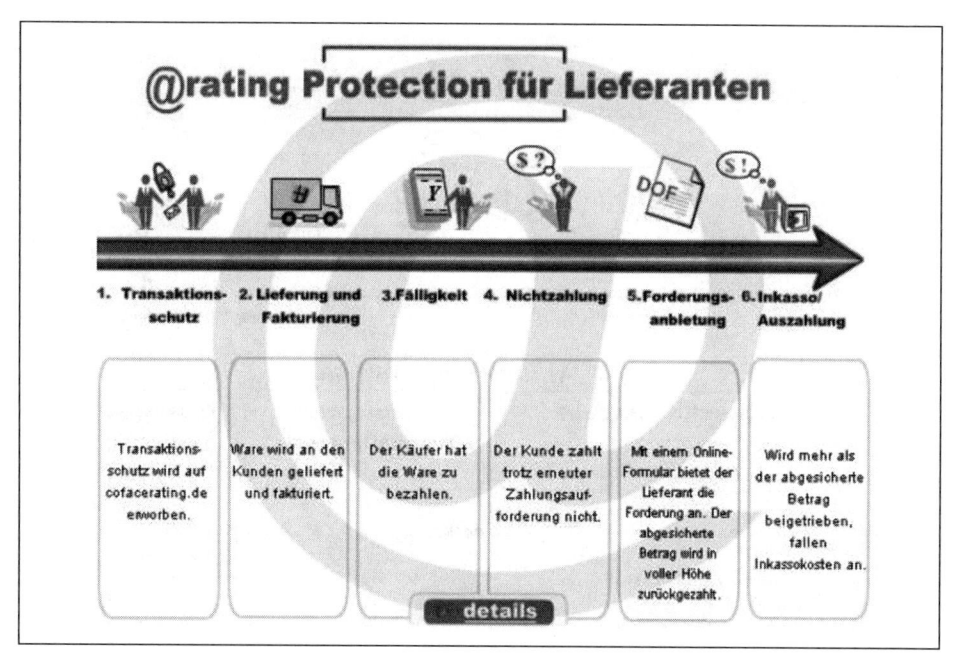

Abbildung 1: @rating Protection – Funktionsprinzip

lungsziels und erfolgter Zahlungserinnerung seine offenen Forderungen innerhalb des Absicherungszeitraums auf den Factor zu übertragen.

Grundvoraussetzung für die Wirksamkeit des Deckungsschutzes ist, dass er vor Warenlieferung und Fakturierung eingekauft wird. Nach Ablauf des Transaktionsschutzes, hat der Lieferant die Option einer einmaligen Verlängerung. Anschließend steht der Coface-Gruppe vor der Auszahlung der abgesicherten Summe ein Zeitraum von maximal 90 Tagen für den Einzug der Forderungen zur Verfügung. Eventuell über die abgesicherte Summe hinausreichende eingezogene Außenstände werden an den Lieferanten unter Abzug einer Inkassogebühr weitergegeben.

Das kundenspezifische Höchstlimit stellt den maximalen Auszahlungsbetrag zugunsten eines Lieferanten dar. Die Überwachung dieses kundenspezifischen Höchstlimits ist die wichtigste Pflicht des Lieferanten bei @rating Protection. Bei Vernachlässigung dieser Obliegenheit kann der Lieferant einen finanziellen Verlust erleiden.

Nachfolgend werden die Kriterien für die Beurteilung von Unternehmen und deren Zusammenhänge dargestellt, welche die Grundlage für die @rating Bewertung und somit für das ganze @rating Konzept darstellt.

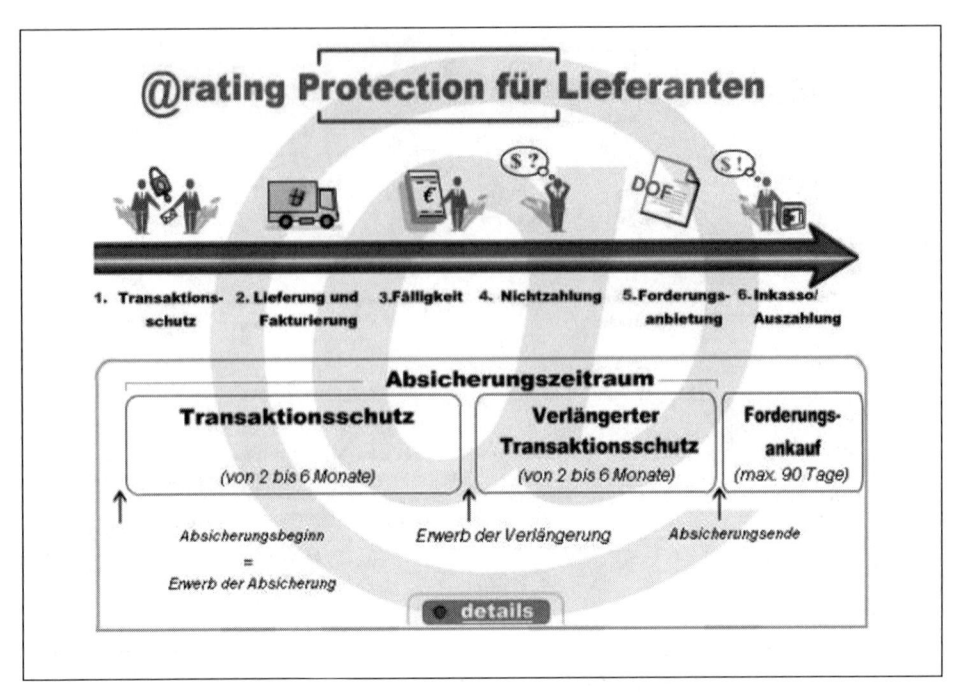

Abbildung 2: Absicherungszeitraum

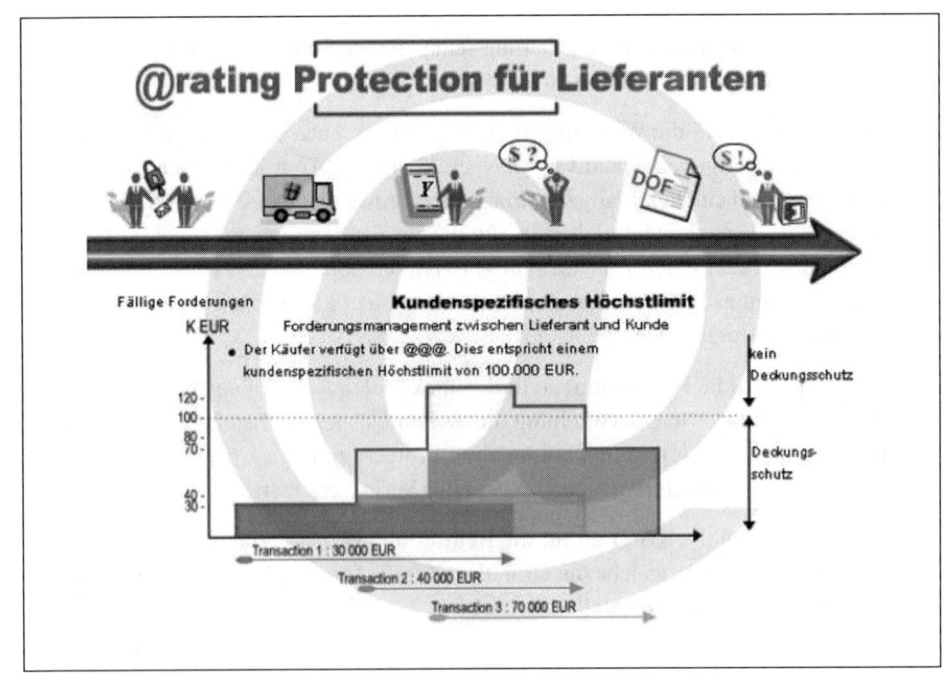

Abbildung 3: Kundenspezifisches Höchstlimit

3. Kriterien für die Beurteilung von Unternehmen

Grundlagekriterien der Kreditprüfung des Kreditversicherers bilden die Auskünfte von Handelsauskunfteien. Die Informationsbeschaffung über Handelsauskunfteien bietet den Vorteil, dass vereinbart werden kann, die Auskünfte jeweils zu aktualisieren, wenn sich für die Beurteilung wichtige Veränderungen ergeben. Weitere Aufschlüsse, zum Beispiel über die Zahlungsmoral und die Art und Sicherung der gewährten Bankkredite, können Bankauskünfte und Gläubigervereine geben.

Daneben hat sich das System der Anzeigepflichten aller Versicherungsnehmer als zuverlässig erwiesen. Diese sind nach den Allgemeinen Versicherungsbedingungen Warenkredit gehalten, die für die Übernahme des Versicherungsschutzes und der Beurteilung der Kreditwürdigkeit ihrer Kunden von Bedeutung sein könnten, unverzüglich mitzuteilen.

Neben der Analyse dieser extern gesammelten Informationen unternehmen die Kreditversicherer eigene Anstrengungen bei der Informationsbeschaffung. Dazu zählt, dass die Wirtschaftspresse regelmäßig und systematisch ausgewertet wird. Grundsätzlich wird auch immer versucht, die Jahresabschlüsse der Schuldner, möglichst ergänzt durch Rentabilitäts- und Finanzpläne, zu erhalten. Sofern Unternehmen nicht publizitätspflichtig sind, können dabei erhebliche Schwierigkeiten auftauchen. Der Versicherungsnehmer selbst sieht sich häufig nicht in der Lage, die erforderlichen Unterlagen zu beschaffen, da ihm aus Konkurrenzgründen der Einblick verwehrt bleibt. Hier hat der Kreditversicherer mit Hinweis auf seine objektive Stellung und die vertrauliche Handhabung der Jahresabschlüsse bessere Erfolgsaussichten. Dies gilt vor allem dann, wenn der Kreditversicherer eine Vielzahl von Lieferanten vertritt und wenn ohne die Bereitstellung der Unterlagen eine Herabsetzung der Limite drohen, weil der Schuldner nicht hinreichend sicher beurteilt werden kann.

Werden die Jahresabschlüsse dennoch nicht eingereicht und/oder geht es um Limite von erheblicher Größenordnung, so wird versucht, sich über den Außendienst oder erfahrene, im Innendienst beschäftigte Kreditprüfer im Rahmen eines persönlichen Gespräches ein Bild von der Kreditwürdigkeit des Schuldners zu verschaffen. Diese Selbstauskunft ist häufig auch die beste Grundlage, wenn die Qualität des Managements und der Modernisierungsgrad der Produktionsstätten beurteilt werden sollen.

Sämtliche auf diese Weise verfügbaren Informationen wie zum Beispiel Informationen vom Versicherungsnehmer, Direktinformationen vom Schuldner, Wirtschaftsauskünfte, Umfeldanalysen, Bankauskünfte, Bilanzen, Recherchen von Kreditspezialisten, Presseinformationen, Unternehmensanalysen, Zahlungsstörungen und Kreditzielüberschreitungen werden bei der Kreditprüfung immer vor dem Hintergrund der Bonität vergleichbarer Unternehmen ausgewertet. In diesem Zusammenhang fungiert der Kreditversicherer als Evidenzzentrale der Versicherungsnehmer, in der alle Informationen über die Zahlungsweise vieler Unternehmen zusammenlaufen. Dadurch werden umfassende Unternehmensvergleiche durch den Kreditversicherer möglich.

3.1 Diskriminanzanalyse

Eine der wichtigsten Informationsquellen ist der zu analysierende Jahresabschluss. Die Bilanzanalyse bildet deshalb den Schwerpunkt in der täglichen Kreditprüfungspraxis. Die Mitarbeiter werden dabei durch ein EDV-gestütztes Analysesystem begleitet, das aus drei aufeinanderfolgenden Jahresabschlüssen die wichtigsten Kennziffern einer Bilanz errechnet. Die Kreditsachbearbeiter sind durch dieses System in der Lage, unerlässliche Bilanzinformationen für ihre Kreditentscheidung sofort am Bildschirm abrufen zu können.

Jede Analyse ist nachträglich. Eine Möglichkeit, aus den analytischen Erkenntnissen eine zuverlässige Prognose zu machen, ist die Diskriminanzanalyse, die auf empirischer Basis prognostische Daten liefert.

Im Mittelpunkt des Verfahrens steht ein mit Hilfe der multivariaten Diskriminanzanalyse gewonnener Krisensignalwert, der automatisch aus den Jahresabschlüssen von zu versichernden Adressen berechnet wird.

Die Diskriminanzanalyse der Allgemeinen Kredit stellt einen wesentlichen Fortschritt gegenüber der traditionellen Bilanzanalyse dar. Die klassischen Kennzahlensysteme haben nämlich den Nachteil, dass der Analyst manchmal auch widersprüchliche Aussagen erhält. Zudem fehlt oft ein Vergleichsmaßstab dafür, was als „gut" und was als „schlecht" gelten soll.

Diese Probleme können durch das Verfahren weitgehend beseitigt werden. Als Grundlage des Verfahrens wurde mit der Diskriminanzanalyse eine statistische Methode gewählt, die sich schon bei vielen wirtschaftlichen Anwendungen bewährt hat. Ziel des statistischen Auswertungsverfahrens ist eine möglichst gute Trennung von Unternehmen in zwei Gruppen, nämlich in „gesunde" und „kranke" Unternehmen.

Die Diskriminanzanalyse kann auch die Frage beantworten, wie stark sich ein gesundes von einem kranken Unternehmen abhebt. Das heißt, sie gibt an, bei welchen Jahresabschlusskennzahlen die Unterschiede zwischen den beiden Gruppen besonders auffällig sind und ab welchem Wert des Krisensignalwertes eine Gefährdung des Unternehmens angezeigt wird.

Die Allgemeine Kredit nutzt die Diskriminanzanlayse als zusätzliche Information. Eingehende Bilanzen von zu prüfenden Unternehmen werden zunächst mit Hilfe des Krisenindikators automatisch auf ihre Bonität hin beurteilt. Das Ergebnis zeigt den Verlauf des Krisenindikators über mehre Jahre.

3.2 Internes Frühwarnsystem

Als internes Frühwarnsystem bezeichnet der Kreditversicherer die Informationen, die auf dem Markt über Auskunfteien und Banken nicht zu erhalten sind, wie zum Beispiel Kreditzielüberschreitungsmeldungen/Nichtzahlungsmeldungen der Versicherungsnehmer, Veränderungen im Kundenportfolio des Risikos, Branchenausfallquoten und vorsorgliche Schadenmeldungen.

Zahlungsverhalten/Zahlungserfahrungen
In Zeiten konjunktureller Abschwächung achten Unternehmen auf ihr Geld. Das spiegelt sich in den Analysen zum Zahlungsverhalten der Kunden wider, die im Jahr 2000 eine Verbesserung zeigen. Die Verbesserung im Zahlungsverhalten wird getragen von den privaten Handwerkskunden.

Fristgerecht eingegangene Zahlungen haben sowohl in Ost- als auch in Westdeutschland zugenommen (West 1999: 57,9 Prozent; 2000: 59,7 Prozent – Ost 1999: 50,5 Prozent; 2000: 59,9 Prozent). Als fristgerecht gilt eine Zahlung, wenn sie innerhalb von 30 Tagen nach Lieferung bzw. Rechnungsstellung erbracht wird.

Anders sieht es hingegen bei den öffentlichen Kunden aus. Zwar sind die Zahlungseingänge, die nach mehr als 90 Tagen auf dem Konto des Gläubigers erscheinen von 6,0 Prozent im Jahr 1999 auf 5,6 Prozent im Jahr 2000 gefallen. Ausgeschlossen ist jedoch das ostdeutsche Handwerk, dessen öffentliche Schuldner zu 7,1 Prozent erst nach mehr als 90 Tagen zahlen.

Ebenfalls rückläufig ist die Zahl der fristgerechten Zahlungseingänge. Konnten 1999 noch 35,7 Prozent pünktliche Zahler verzeichnet werden, so waren es im Jahr 2000 noch 29,3 Prozent. Den größten Anteil an pünktlichen Zahlern unter Bund, Ländern und Gemeinden hat das Nahrungsmittelhandwerk mit 39,0 Prozent. 1999 lag diese Zahl allerdings noch bei 53,7 Prozent. Die meisten öffentlichen Kunden, die erst nach mehr als 90 Tagen leisten, hat das Baugewerbe.

Kreditzielüberschreitungsmeldungen (KZÜ)
Die Kreditzielüberschreitungsmeldung ist eine vom Versicherungsnehmer dem Versicherer schriftlich zu erstattende Anzeige, wenn ein Kunde das im Versicherungsvertrag vereinbarte äußerste Kreditziel überschreitet oder eine Überschreitung erkennbar wird.

Die KZÜ soll dem Kreditversicherer Kenntnis über die Veränderung der Zahlungsweise des Risikos geben. Sie hat vor dem Hintergrund der Zunahme von Insolvenzen höchste Bedeutung für den Kreditversicherer und wird in der Kreditprüfung als Antrag mit veränderten Konditionen bonitätsmäßig geprüft. Die KZÜ löst eine intensive Überprüfung des Kunden aus.

Gehen eine oder mehrere KZÜ auf ein Risiko ein, so hat der Kreditprüfer unter Anlegung strenger Kriterien zu prüfen, ob das Risiko ausgeschlossen werden muss bzw. eine Reduzierung der Versicherungssummen nötig ist.

Viele Unternehmen beanspruchen unter Verzicht von Skonto längere Zahlungsziele und nehmen den günstigen Lieferantenkredit in Anspruch (Bankenersatz). Längere Zahlungsziele können aber auch ein Zeichen für Liquiditätsprobleme sein.

Alle eingehenden KZÜ werden vor der Bearbeitung in der Kreditprüfung analog zu einem Kreditantrag erfasst. KZÜ-Meldungen können auch per Internet online erfolgen, sofern der Versicherungsnehmer am Service-Angebot „AK-Online" teilnimmt.

Die KZÜ ist ein äußerst wichtiges Bonitätsmerkmal, eine Nichtmeldung kann im Versicherungsfall dazu führen, dass keine Entschädigungspflicht des Versicherers besteht.

Nichtzahlungsmeldungen (NZM)
Unbeschadet der Anzeigepflicht zum äußersten Kreditziel und der Anzeige- und Verhaltenspflichten gemäß AVB hat der Versicherungsnehmer den Versicherer zu unterrichten, wenn der Kunde eine Forderung bei Fälligkeit nicht erfüllt hat (Nichtzahlungsmeldung) und dem Versicherer mitzuteilen, welche Maßnahmen er zur Sicherung seiner Forderung beabsichtigt oder getroffen hat.

Wenn der Kunde eine Forderung des Versicherungsnehmers seit deren Fälligkeit nicht oder nicht vollständig erfüllt hat und der Versicherungsnehmer die nach den Regeln der kaufmännischen Sorgfalt erforderlichen Maßnahmen zum Einzug der versicherten Forderung ergriffen hat, tritt gemäß Erweiterung des § 9 Nr. 1 der Allgemeinen Versicherungsbedingungen der Nichtzahlungstatbestand (Protracted Default) und somit der Versicherungsfall ein.

Der Versicherungsfall gilt nur für Kunden mit Sitz in den Ländern, die in den Versicherungsvertrag eingeschlossen sind, nur für unbestrittene Forderungen, nur für Forderungen an Kunden, für die vom Versicherer eine Versicherungssumme festgesetzt wurde, nur für Forderungen, für die ein Interventionsauftrag an den Versicherer erteilt wurde, nicht für Forderungen an Kunden, bei denen bei Einreichung des Interventionsauftrages an den Versicherer bereits ein Insolenzverfahren beantragt oder eröffnet ist bzw. ein Schuldenbereinigungsplan vorgelegt oder angenommen wurde, nicht für Forderungen, die vor Vertragsbeginn bzw. vor späterem Inkrafttreten dieser Klausel bzw. vor Einschluss eines Kunden während der Vertragslaufzeit entstanden sind.

Schadensfälle
Nach drei Jahren sinkender Insolvenzzahlen in Europa hat sich die Lage im vergangenen Jahr wieder verschlechtert. Im Jahr 2000 wurden mehr als 187 000 Gesamtinsolvenzen in Westeuropa registriert, was einer Zunahme von 1,9 Prozent entspricht. Rund zwei Drittel dieser Gesamtinsolvenzen entfielen auf Unternehmen. Das Geschehen war von der Entwicklung in Deutschland geprägt, wo die Gesamtinsolvenzen wegen der Berücksichtigung der Verbraucherkonkurse um mehr als 19 Prozent auf 40 400 Insolvenzfälle zunahmen. Der Anteil Deutschlands an allen Insolvenzen Westeuropas hat sich damit weiter erhöht und zwar auf 23 Prozent. Am stärksten von Insolvenzen betroffen waren abermals Handel und Dienstleistungen. Rund 70 Prozent der Unternehmenszusammenbrüche

betreffen den Groß- und Einzelhandel sowie unternehmens- und konsumnahe Dienstleistungsbetriebe.

Die neuen Eigenkapitalvorgaben des Baseler Ausschusses (Basel II) werden wahrscheinlich zu mehr Insolvenzen führen. Firmen mit einer geringeren Bonität werden dann teurere oder keine Kredite mehr erhalten, so dass die Zahlungsfähigkeit dieser Unternehmen akut gefährdet sein wird. Auch für die Unternehmen der New Economy wird ein Zuwachs der Insolvenzen vorhergesagt; viele dieser Firmen verfügen nur über virtuelle und nicht über dingliche Sicherheiten. Die Fachverbände sind der Meinung, dass die Zahl der Privat- und Unternehmensinsolvenzen in Deutschland in diesem Jahr abermals um 20 Prozent auf bis zu 50 000 steigen könnte.

Auf der Grundlage der Kreditwürdigkeitsprüfung entscheidet der Kreditversicherer bei laufenden Engagements, ob und ggf. welche Maßnahmen ergriffen werden müssen, um Schäden (Forderungsausfälle) zu verhindern oder wenigstens deren Auswirkungen zu begrenzen. Einige Beispiele für solche Maßnahmen:

- Es werden zusätzliche Sicherheiten verlangt.
- Es findet eine gemeinsame Poolbildung mit den kreditgebenden Banken statt.
- Avale werden bereit- bzw. sichergestellt.
- Das Kreditziel wird gekürzt.
- Die Selbstbehalte werden erhöht.
- Das Kreditlimit wird herab gesetzt.
- Der Schuldner wird ausgeschlossen.

Der Kreditversicherer kann eher als der Versicherungsnehmer durchsetzen, dass Sicherheiten (Bürgschaften, Vereinbarung von Eigentumsvorbehalten) beigebracht werden, da er sich aufgrund der bei ihm gebündelten Lieferanteninteressen gegenüber dem Schuldner in einer stärkeren Position befindet als einzelne Lieferanten.

3.3 Selbstauskunft – Fragebogen und sonstige Informationen

Eine wesentliche Grundlage für die Beurteilung der Bonität des Schuldners bildet die Analyse von Jahresabschlüssen. Gegen den Jahresabschluss als Informationsgrundlage für die Bonitätsbeurteilung wird oft vorgebracht, dass er überwiegend vergangenheits- und stichtagsbezogen sei.

Dieses Argument richtet sich gegen konzeptionelle Mängel des Jahresabschlusses, da für die Beurteilung der Bonität nicht so sehr die Entwicklung in der Vergangenheit, sondern vielmehr die Fähigkeit der Unternehmung, auch in Zukunft ihren eingegangen Zahlungsverpflichtungen nachkommen zu können und Gewinne zu erwirtschaften, bedeutsam ist.

Unternehmenspläne, Liquiditäts- und Rentabilitätsberechnungen des Schuldners sind häufig nicht erhältlich und können oft nicht darauf geprüft werden, ob sie tatsächlich eintreten, noch ob sie mit den tatsächlichen Erwartungen und Planungen der Unternehmensleitung übereinstimmen. Sie sind „manipulationsanfällig" und deshalb für die Informationsempfänger nur wenig aussagefähig.

Der Jahresabschluss scheint vor allem bei länger andauernder Talfahrt eines Unternehmens ein geeigneter Indikator für die tatsächliche wirtschaftliche Lage zu sein, weil dann eventuell vorhandene stille Reserven bereits aufgelöst wurden.

Negative Unternehmensentwicklungen können durch bilanzpolitische Maßnahmen, zum Beispiel durch die Auflösung in vergangenen Geschäftsjahren gebildeter stiller Rücklagen, verschleiert werden. Bilanzpolitische Maßnahmen wirken sich nämlich nicht nur auf eine Periode, sondern auch auf die folgenden Perioden aus. So bedingen erhöhte Abschreibungen des Anlagevermögens in einer Periode niedrigere Abschreibungen und evtl. einen über dem Buchwert liegenden Veräußerungserlös in folgenden Perioden. Die Auswirkungen auf den Jahreserfolg sind zunächst negativ, in den Folgeperioden dagegen positiv. Die Möglichkeiten, mit bilanzpolitischen Maßnahmen eine verschlechterte wirtschaftliche Lage zu verschleiern, verringern sich indes, je länger die Unternehmenskrise andauert.

Zusammenfassend kann festgestellt werden, dass der Jahresabschluss als Informationsgrundlage für die Bonitätsbeurteilung zwar Mängel aufweist, dass auf die Jahresabschlussanalyse aber nicht verzichtet werden kann. Denn der Jahresabschluss ist ein durch die Rechnungslegungsvorschriften weitgehend standardisiertes Informationsinstrument und lässt sich daher für Vergleichszwecke zwischen verschiedenen Unternehmen heranziehen.

Der Jahresabschluss stellt häufig nicht die einzige Informationsquelle dar. Neben dem Jahresabschluss werden weitere Informationen wie zum Beispiel Branchensituation, die gesamtwirtschaftliche Entwicklung, das Management, die Produkte und die Stellung des Unternehmens am Markt, Schadenausfallquoten zur Kreditwürdigkeitsprüfung herangezogen.

Teil 8
Kriterien der Beurteilung

Kriterien des FERI Branchenratings

Eberhard Weiß

1. Einleitung

1.1 Zielsetzung des Branchenratings

Das Branchenrating, das in seiner heutigen Form von der FERI AG, Bad Homburg, entwickelt wurde und regelmäßig publiziert wird, dient der Bewertung von Wirtschaftsbranchen nach ihrer Bonität. Den Anlass zur Entwicklung dieses Instruments gab die langjährige Erfahrung der Kreditwirtschaft, dass die Branchenkonjunktur einen erheblichen Einfluss auf die Bonität von Wirtschaftsunternehmen ausübt und damit die Kreditwürdigkeit der Unternehmen maßgeblich bestimmt. *Abbildung 1* verdeutlicht diesen Zusammenhang am Beispiel des Verarbeitenden Gewerbes: Verliert die Konjunktur an Schwung, hier gemessen an der Entwicklung der Produktion, steigt gleichzeitig die Zahl der Insolvenzen.

Der Zusammenhang zwischen der konjunkturellen Entwicklung einer Branche einerseits und der Bonität der entsprechenden Unternehmen andererseits hängt von spezifischen Entwicklungen und Eigenarten der Branche ab. Die Bonität einer Branche beschreibt und quantifiziert entsprechend diejenigen branchenspezifischen Stärken und Schwächen, die für die Bonitätsentwicklung der betreffenden Unternehmen von entscheidender Bedeutung sind.

Liegt eine Branchenprognose vor, die ausreichende Informationen über die künftige Entwicklung der Branchenkonjunktur liefert, wird eine Einschätzung der künftigen Branchenbonität und damit ein wesentlicher Einflussfaktor für die künftige Entwicklung der Bonität der betreffenden Unternehmen ermöglicht.

Das Verfahren zur Berechnung des Branchenratings, das eigens zur Bestimmung der Branchenbonität entwickelt wurde, basiert aus diesem Grund auf einer ausführlichen und detaillierten Branchenprognose und bewertet daher die künftigen branchenspezifischen Stärken und Schwächen.

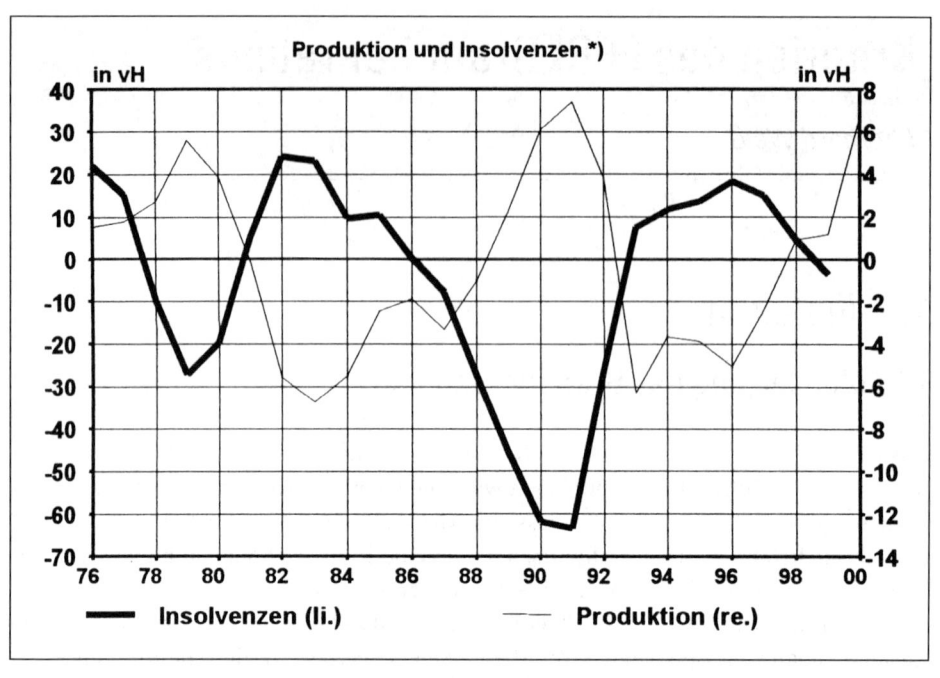

Abbildung 1: Konjunktur im Verarbeitenden Gewerbe

1.2 Anwendung des Branchenratings

Jegliche Art der Unternehmensbewertung geht davon aus, dass ein Unternehmenswert sowohl von unternehmensspezifischen Faktoren, wie Managementqualität, Produktpositionierung und Bilanzkennzahlen, als auch von branchentypischen Entwicklungen, dem Unternehmensumfeld, bestimmt wird. Das Branchenrating, das die künftige Branchenentwicklung misst und bewertet, ist daher ein notwendiger Teil der zukunftsorientierten Unternehmensbewertung, zumal der Bereich der unternehmensspezifischen Faktoren kaum prognostiziert werden kann.

Zwar gibt es in jeder Branche gute und schlechte Unternehmen, doch unterliegt jedes Unternehmen einer Branche der Entwicklung des Branchenumfeldes. Infolgedessen liefert das Branchenrating eine Art „Benchmark", ein Maßstab, an dem der individuelle Erfolg des Einzelunternehmens zu messen ist.

Vor diesem Hintergrund stellt die Risikoeinschätzung im Firmenkundengeschäft der Kreditinstitute das traditionelle Einsatzgebiet des Branchenratings dar. Die Prüfung von Unternehmen und Management wird durch die Messung des Branchenrisikos ergänzt, um ein Gesamtbild über das Einzelrisiko eines Unternehmenskredites zu erhalten. Die Verfahren zur Messung des Kreditrisikos werden derzeit unter dem Eindruck der diskutierten Verschärfung der Eigenkapitalrichtlinien für Banken überarbeitet und um Ausfallwahrscheinlichkeiten ergänzt. Quantitative und objektiv nachvollziehbare Angaben, wie sie das Branchen Rating liefert, gewinnen damit zu Lasten qualitativer Beurteilungen an Bedeutung. Auch zur Einschätzung des Gesamtrisikos der Kreditinstitute liefert das Branchenrating einen wichtigen Beitrag, da es die Berechnung des gesamten Kreditrisikos gemäß dem Branchenportfolio erlaubt.

Das zweite Anwendungsfeld des Branchenratings stellt das Unternehmensrating dar, das im Zusammenhang mit der Finanzierung des Unternehmenssektors in den letzten Monaten an Aufmerksamkeit gewann. Zwar gab es schon bisher für die großen, international tätigen Wirtschaftskonzerne ein solches spezifisches Rating, das als Voraussetzung für die Akzeptanz von Unternehmensanleihen gilt. Doch für den breiten Mittelstand ist das Unternehmensrating zur individuellen Bonitätsprüfung noch ein weitgehend unbekanntes Instrument. Auch hier berücksichtigen die Ratingverfahren der verschiedenen Ratingagenturen standardmäßig den Einfluss des Branchenumfeldes.

Im Anlagegeschäft, sei es direkt an der Börse oder im Bereich Private Equity außerhalb der Börse, geht es um die künftige Entwicklung von Einzelunternehmen und damit um eine Einschätzung von Chancen und Risiken. Unterstützt durch die Errichtung der europäischen Währungsunion hat sich der Fokus der Marktanalysten verstärkt auf Branchenaspekte zu Lasten der Länderanalysen gerichtet. Da das Branchenrating künftige branchenspezifische Stärken und Schwächen aufzeigt, kommen den Ratingergebnissen gerade bei der Beurteilung junger Unternehmen eine herausragende Bedeutung zu.

Schließlich sind zahlreiche Unternehmen nach dem KonTraG (Gesetz zur Kontrolle und Transparenz von Unternehmen) dazu verpflichtet, regelmäßig Berichte über mögliche Geschäftsrisiken zu erstellen. Hierzu zählen auch Risiken, die aus dem Umfeld des Unternehmens kommen. Das Branchen Rating wird in diesen Fällen ebenfalls dazu eingesetzt, das Branchenumfeld des Unternehmens nach Risiken zu bewerten.

2. Konzeption des Branchenratings

2.1 Indikatoren zur Bonität

Zu den wichtigen Indikatoren bei der Bonitätsbemessung ist das Wachstumspotenzial einer Branche zu zählen, da sich die Anforderungen an ein Unternehmen auf schrumpfenden, stagnierenden oder wachsenden Absatzmärkten völlig unterschiedlich darstellen. Insbesondere bei einer Drehung des Marktes steigt das Risiko der Unternehmen merklich an.

Das quantitative Wachstum kann allerdings nur als ein erster Einflussfaktor für die Branchenbonität gelten. Von ähnlich hoher Bedeutung ist das Ertragspotenzial einer Branche, da es letztlich darum geht, eine ausreichende Rendite auf das Eigenkapital des Unternehmens zu erwirtschaften. Das Ertragspotenzial einer Branche kann sich parallel oder gegensätzlich zum Wachstumspotenzial entwickeln. Dies hängt von der Angebots- und Nachfragestruktur in der Branche ab, da die Rendite einerseits durch die Kostenentwicklung, andererseits durch die erzielbaren Absatzpreise bestimmt wird.

Dem Potenzial der Branche steht ein spezifisches Risiko gegenüber, das wesentlich durch die Wettbewerbssituation determiniert wird. Im Bereich der handelbaren Güter stehen die heimischen Produzenten in Konkurrenz zu den im Ausland erzeugten Waren, was je nach Wettbewerbsstärke die jeweiligen Marktanteile festlegt. Ertragsstärke geht in solchen Fällen oftmals zu Lasten von Marktanteilen und umgekehrt. Eine weitere Risikoart kommt durch die unterschiedliche Ausprägung branchenspezifischer Konjunkturmuster zustande. Einige Branchen, meist investitionsnahe Sektoren, sind erheblich durch Konjunkturschwankungen geprägt, andere Branchen, die in höherem Maße den Grundbedarf der Konsumenten decken, sind konjunkturunempfindlicher und weisen daher kaum ein konjunkturelles Branchenrisiko auf.

2.2 Empirische Branchenanalyse

Das Branchenrating der FERI AG baut auf einer umfassenden Branchenanalyse auf. Um brauchbare Aussagen zu ermöglichen, müssen die Branchen eindeutig und in ausreichender Gliederungstiefe definiert sein. Sind die Branchen zu grob eingeteilt, können sich darunter höchst unterschiedliche Teilsegmente verbergen, für die ein gemeinsames Rating in der Praxis sinnlos ist. Umgekehrt ist allerdings zu beachten, dass bei einer zu feinen Branchengliederung das spezifische Unternehmensrisiko nicht mehr vom Branchenrisiko zu unterscheiden ist.

Der Gebietsstand, der für die Ermittlung des Branchenrating zugrunde gelegt wird, muss nach den Kriterien der wirtschaftlichen Einheitlichkeit ausgewählt sein. Im Allgemeinen entspricht er daher den nationalen Grenzen. Nur dann ist gewährleistet, dass für alle Unternehmen einer Branche dieselben formalen und rechtlichen Rahmenbedingungen gelten. Insbesondere zählt auch die Währung zu diesen Kriterien. Die Einführung der europäischen Währung EURO erlaubt daher neben den nationalen Branchen Ratings auch eine europäische Version.

Die Anforderungen an die Qualität des Branchenrating bedingen, dass die empirische Analyse ein möglichst umfassendes Bild der Branche liefert. Dies ist die Voraussetzung für eine ausreichend fundierte Bonitätsbeurteilung, da nur auf diese Weise die branchenspezifischen Abhängigkeiten zwischen Potenzial und Risiko transparent werden. Im ersten Schritt sind daher zahlreiche Branchenindikatoren zu sammeln, aufzubereiten und zu analysieren. Hieraus leitet sich die Beurteilung der aktuellen Branchenentwicklung ab. Im zweiten Schritt sind dann gemäß der ökonomischen Theorie detaillierte Prognosen für jede Branche zu ermitteln. Auf diese Weise können Änderungen in den wirtschaftlichen

Rahmenbedingungen, wie sie sich zum Beispiel infolge der Wirtschafts-, Finanz-, und Geldpolitik oder aufgrund technologischer Entwicklungen ergeben, sichtbar gemacht und in ihren Folgen auf die künftige Entwicklung der Branchenbonität abgeschätzt werden.

2.3 Verdichtung der Ergebnisse

Der Grundgedanke des Ratings ist die Bewertung und Verdichtung aller bonitätsrelevanter Informationen. Infolgedessen sind im letzten Schritt des Verfahrens die Prognosen zu den einzelnen Branchen zu bewerten und in eine aussagefähige Messzahl zusammenzufassen. Nur dann ist gewährleistet, dass die Ergebnisse übersichtlich darzustellen sind und weiterverarbeitet werden können.

In der Praxis bewährt hat sich eine Klassifizierung, die sich am Alphabet orientiert und gegebenenfalls noch Bezeichnungszusätze erlaubt. Sie folgt damit den im angelsächsischen Raum etablierten Klassifizierungsschemata.

3. Datenbasis der Branchenanalyse

3.1 Datenumfang

Um eine einheitliche Definition der Wirtschaftsbranchen zu sichern, wird bereits seit einigen Jahren innerhalb der statistischen Berichterstattung international die Klassifikation NACE, Rev. 1, benutzt. In Deutschland entspricht sie der Klassifikation der Wirtschaftszweige von 1993 (WZ 93).

Diese Systematik unterteilt die gesamte Volkswirtschaft in die Wirtschaftsbereiche

- Land- und Forstwirtschaft,
- Fischerei,
- Bergbau, Steine und Erden,
- Verarbeitendes Gewerbe,
- Energie- und Wasserwirtschaft,
- Baugewerbe,
- Kfz-Handel,
- Großhandel und Handelsvermittlung,
- Einzelhandel,
- Gastgewerbe,
- Verkehr und Nachrichten,
- Banken und Versicherungen,
- Sonstige Dienstleistungsunternehmen.

Jeder dieser Wirtschaftsbereiche wird nochmals in einzelne Branchen unterschiedlicher Zahl gegliedert. Die Sektoren „Öffentliche Hand" sowie „Private Haushalte" und „Organisationen ohne Erwerbscharakter" werden bei der Bonitätsbewertung nicht berücksichtigt. Insgesamt werden auf regelmäßiger Basis Zeitreihen für etwa 800 Branchen in numerischen Datenbanken im Rahmen des Branchen Rating erfasst und gepflegt.

Die Werte für die Zeitreihen liegen – soweit möglich – ab 1970 auf monatlicher Basis vor, damit genügend statistisches Material für die empirischen Branchenanalysen vorhanden ist. Die Indikatoren umfassen sowohl mengenmäßige Aussagen, um Warenströme quantitativ messen zu können, als auch monetäre Angaben zur Ermittlung der Geldströme. *Tabelle 1* zeigt als Beispiel einige ausgewählte Wirtschaftsindikatoren zur aktuellen Lage in der deutschen Textilwirtschaft.

3.2 Datenquellen

Als Datenquellen für die Brancheninformationen dienen in der Regel Behörden, wie statistische Ämter oder Ministerien, sowie Berufs- und Industrieverbände, Wirtschaftsforschungsinstitute und internationale Organisationen, soweit sie eigene Daten erheben.

Die statistischen Zeitreihen werden, je nach ihrer Periodizität, von der jeweiligen Quelle regelmäßig aktualisiert und für einen Teil der Historie revidiert. Um jedoch keine Informationen zu verlieren, ist es erforderlich, eigene Rückrechnungen durchzuführen. Eine solche Zeitreihe enthält aus diesem Grund neben den Originalwerten, die von der Datenquelle publiziert werden, meist auch eigene Schätzungen für länger zurückreichende Zeitperioden.

Die statistische Berichterstattung ist in ihrer Qualität und im Umfang von Wirtschaftsbereich zu Wirtschaftsbereich sehr unterschiedlich ausgeprägt. Im Bereich des Verarbeitenden Gewerbes sind die amtlichen Statistiken in der Regel umfassend und aktuell. Im Bereich des Handels nimmt der Umfang der Veröffentlichungen in Qualität und Quantität bereits spürbar ab. Für zahlreiche Branchen, die zum Dienstleistungsbereich zählen, gibt es nur noch einzelne Statistiken für ausgewählte Zeitpunkte. In diesen Fällen muss ein Datensystem aufgebaut werden, das aus verschiedenen Datenquellen gespeist wird und mit Hilfe von Schätzungen und Plausibilitätsüberlegungen die Generierung geeigneter Branchenzeitreihen ermöglicht.

4. Prognoseerstellung

4.1 Simulationsmodelle

Grundlage der Prognoseerstellung bilden konsistente ökonometrische Modelle. Gemäß der ökonomischen Theorie werden die Beziehungen und Abhängigkeiten zwischen den

Stand: 18. Apr. 2001 WZ Nr.: 17

	1998	1999	2000	Q1/00	Q2/00	Q3/00	Q4/00	Letzter	Wert	Kum.
Geschäftsklima & Auftragslage (vH gegenüber Vorjahr)										
Geschäftsklima, Saldo	−25.8	−35.3	−7.5	−10.3	−3.4	−6.4	−9.8	−19.4	FEB'01	−16.9
Aufträge	0.2	−5.8	3.9	5.8	3.2	2.8	3.8	−4.7	FEB'01	3.1
Inland	−0.7	−6.9	0.5	−0.3	−0.3	0.5	2.1	−6.6	FEB'01	4.3
Ausland	2.4	−3.5	10.9	19.1	10.4	7.4	7.4	−0.4	FEB'01	4.3
Auftragsbestand	2.1	2.0	2.1	1.9	2.0	2.3	2.2	2.2	Q4/00	2.1
Produktion (vH gegenüber Vorjahr)										
Nettoproduktion	0.3	−6.3	2.5	−2.5	2.3	4.1	6.1	2.5	FEB'01	5.3
Kapazitätsauslastung (vH)	82.4	80.9	84.3	85.7	84.6	84.1	82.9	82.9	Q4/00	84.3
Umsatz, Wert	1.1	−7.4	3.3	0.8	2.9	4.0	5.4	13.2	JAN'01	13.2
Inland	−0.1	−7.9	−1.7	−4.7	−2.3	−0.6	0.9	10.4	JAN'01	10.4
Ausland	3.9	−6.4	14.0	13.1	14.4	13.7	14.7	18.8	JAN'01	18.8
Exporte, Wert	6.1	−5.1	4.4	1.0	0.9	4.3	11.6	6.0	DEZ'00	4.4
Importe, Wert	5.2	−3.7	3.2	2.9	−2.6	4.2	8.6	5.7	DEZ'00	3.2
Exportquote (vH)	71.2	72.9	73.8	71.9	69.9	75.0	78.5	76.0	DEZ'00	73.8
Importquote (vH)	73.9	75.7	76.2	74.7	73.0	76.6	80.4	78.2	DEZ'00	76.2
Exporte, Volumen	6.5	−4.4	3.7	1.2	0.5	3.4	9.8	4.6	DEZ'00	3.7
Importe, Volumen	4.3	−2.9	0.9	1.6	−4.6	1.6	4.9	2.8	DEZ'00	0.9
Preise (vH gegenüber Vorjahr)										
Erzeugerpreis	0.0	−1.0	0.5	−0.2	0.4	0.7	1.2	1.8	FEB'01	1.8
Exportpreis	−0.4	−0.7	0.6	−0.2	0.3	1.0	1.5	1.8	FEB'01	1.8
Exportpreis	−0.4	−0.7	0.6	−0.2	0.3	1.0	1.5	1.6	JAN'01	1.6
Importpreis	0.9	−0.8	2.3	1.3	2.2	2.5	3.3	3.0	JAN'01	3.0
Kosten (vH gegenüber Vorjahr)										
Beschäftigung	−2.3	−3.9	−1.9	−3.7	−2.3	−1.4	−0.1	−0.4	JAN'01	−0.4
Produktivität	2.7	−2.4	4.5	1.3	4.8	5.8	8.2	8.7	JAN'01	8.7
Löhne & Gehälter	−1.1	−3.2	1.3	0.4	1.4	0.9	2.4	6.2	JAN'01	6.2
Lohn je Beschäftigten (1 000 DM)	48.3	48.7	50.2	12.5	12.5	12.5	12.6	4.4	JAN'01	4.4
Lohnkosten je Produkteinheit	−1.3	3.1	−1.6	2.9	−0.8	−3.2	−5.3	−1.7	JAN'01	−1.7
Lohnkosten je Umsatzeinheit (vH)	19.6	20.4	20.0	20.3	20.0	19.8	19.8	19.4	JAN'01	19.4
Risikopotenzial										
Unternehmen (UST–pflichtig)	7 021	6 939	7 021	–	–	–	–	7 021	2000	–
vH geg. Vorjahr	0.5	−1.2	1.2	–	–	–	–	1.2	2000	–
Isolvenzen	79	76	–	16	16	–	–	6	JUN'00	34
vH geg. Vorjahr	27.4	−3.6	–	−5.9	−10.0	–	–	−14.3	JUN'00	−8.1
Ausfallwahrscheinlichkeit	1.1	1.1	–	–	–	–	–	–	–	–

Tabelle 1: Textilgewerbe – Aktuelle Lage in Zahlen

einzelnen Wirtschaftssubjekten untereinander quantifiziert und auf Basis der Wirtschaftszeitreihen regelmäßig nach statistischen Kriterien überprüft. Die auf diese Weise konstruierten Modelle lassen sich als mathematische Gleichungssysteme formulieren und eignen sich dadurch zu Simulationsrechnungen. Die Simulationsmodelle für die einzelnen Branchen sind vom Konzept her ähnlich. Sie unterscheiden sich jedoch durch das Ausmaß der Abhängigkeiten zwischen den verschiedenen Indikatoren einer Branche. Die Qualität der Prognosen und damit ihre Eignung zur Bewertung der künftigen Branchenbonität hängt bei diesem Ansatz in erheblichem Umfang davon ab, ob sowohl konjunkturelle Abhängigkeiten als auch branchentypische strukturelle Entwicklungen in den Simulationsmodellen abgebildet werden können.

Da sich jede Branche wirtschaftlich in einem bestimmten Umfeld bewegt, ist das gesamte Prognosesystem derart konstruiert, dass die für eine Branche nicht beeinflussbaren Bestimmungsfaktoren explizit erfasst werden. Zu diesem Datenkranz zählen quantitative Angaben zur Außenwirtschaft ebenso wie Annahmen über die Finanz- und Geldpolitik. Auch untereinander sind die Branchen verknüpft, so dass sich die Branchenprognosen gegenseitig beeinflussen. Diese Vorgehensweise sichert innerhalb der Prognoseerstellung die Konsistenz der Ergebnisse.

4.2 Branchenprognose Deutschland

Für den Gebietsstand der Bundesrepublik Deutschland werden derzeit etwa 350 Branchen auf vierteljährlicher Basis prognostiziert. Da die deutsche Wirtschaft in hohem Maße in die internationalen Märkte eingebunden ist, muss bei der Erstellung der Branchenprognose streng die Länderhierarchie eingehalten werden.

In der Praxis hat sich der Ansatz bewährt, mit der Analyse der Konjunktur in Nordamerika zu beginnen, da diese Region den mit Abstand stärksten einheitlichen Wirtschaftsblock innerhalb der Industrieländer darstellt. Es folgt die Analyse des asiatischen Raumes, dann der größeren europäischen Länder, in denen Deutschland auf gesamtwirtschaftlicher Ebene eingebunden ist. Erst nach diesem Schritt liegen die notwendigen ökonomischen Bestimmungsgrößen für die detaillierte Branchenprognose wie zum Beispiel Außenwirtschaft, politische Vorgaben, Geld- und Kapitalmärkte vor.

Da die Branchen untereinander enge Lieferverflechtungen aufweisen oder anderweitig voneinander abhängig sind, zum Beispiel Stahlnachfrage aus der Autoindustrie oder Transportleistung für Handelsware, muss bei der Erstellung der Branchenprognose diesen Einflüssen Rechnung getragen werden.

Die für Deutschland benutzten Simulationsmodelle erlauben eine Prognose, die auf jährlicher Basis bis zum Jahre 2010 reicht. Da sie als quantitative Gleichungssysteme formuliert sind, können beliebige Simulationen durchgeführt werden. Auf diese Weise

Stand 18. Apr. 2001   WZ Nr.: 17

	1999	2000	2001	2002	2003	2004	2005
Basis für das Rating							
Wachstum							
Nettoproduktion (vH gegenüber Vorjahr)	−6.3	2.5	0.9	0.7	0.7	0.3	0.4
Wettbewerbsfähigkeit							
Erzeugerpreis (vH gegenüber Vorjahr)	−0.1	0.5	1.3	0.2	0.5	0.5	0.3
Exportpreis (vH gegenüber Vorjahr)	−0.7	0.6	1.0	0.5	0.6	0.5	0.2
Importpreis (vH gegenüber Vorjahr)	−0.8	2.3	1.7	0.7	0.7	0.1	−0.2
Importquote (vH)	75.7	76.2	77.6	79.8	82.0	84.1	86.2
Exportquote (vH)	72.9	73.8	75.5	78.3	81.0	83.7	86.0
Rentabilität							
Lohnkosten je Umsatzeinheit (vH)	20.4	20.0	19.9	19.9	19.9	20.0	20.1
Erzeugerpreis (vH gegenüber Vorjahr)	−1.0	0.5	1.3	0.2	0.5	0.5	0.3
Weitere Indikatoren							
Umsatz (Mrd. DM)	29.7	30.6	31.3	31.6	42.0	32.2	32.5
vH gegenüber Vorjahr	−7.4	3.3	2.1	1.0	1.3	0.8	0.7
Exporte (Mrd. DM)	21.6	22.5	23.6	24.7	25.9	27.0	27.9
vH gegenüber Vorjahr	−5.1	4.4	4.8	4.7	4.8	4.1	3.6
Importe (Mrd. DM)	24.9	25.7	26.6	27.1	27.7	28.0	28.2
vH gegenüber Vorjahr	−3.7	3.2	3.3	2.0	2.2	1.1	1.0
Saldo, Wert (Mrd. DM)	−3.3	−3.2	−2.9	−2.4	−1.8	−1.0	−0.3
Exporte, Vol. (vH gegenüber Vorjahr)	−4.4	3.7	3.8	4.1	4.2	3.6	3.3
Importe, Vol (vH gegenüber Vorjahr)	−2.9	0.9	1.6	1.3	1.5	1.0	1.2
Beschäftigung (1 000)	123,9	121.5	121.0	119.9	118.9	117.7	116.4
vH gegenüber Vorjahr	−3.9	−1.9	−0.5	−0.9	−0.8	−1.0	−1.1
Produktion je Beschäftigten vH gegenüber Vorjahr	−2.4	4.5	1.3	1.6	1.6	1.3	1.5
Löhne & Gehälter (Mrd. DM)	6.0	6.1	6.2	6.3	6.4	6.4	6.5
vH gegenüber Vorjahr	−3.2	1.3	2.0	0.9	1.4	1.0	1.2
je Beschäftigen (1 000 DM)	48.7	50.2	51.5	52.4	53.6	54.7	55.9
je Produkteinheit (vH gegenüber Vorjahr)	3.1	−1.6	1.1	0.3	0.6	0.8	0.8

Tabelle 2: Textilgewerbe – Prognose in Zahlen

lassen sich zu alternativen Rahmenbedingungen unterschiedliche Prognoseszenarien berechnen.

Als Ergebnis der Prognoseerstellung werden künftige Werte für die einzelnen Branchenindikatoren berechnet und mit ihren historischen Werten verknüpft. In Tabelle 2 ist die aktuelle und voraussichtliche Branchenentwicklung gemäß der Prognose am Beispiel der Textilindustrie dargestellt.

5. Kalkulation des Ratings

5.1 Auswahl der Kriterien

Zur Bewertung der Chancen und Risiken einer Branche werden diejenigen Indikatoren aus der detaillierten Branchenprognose ausgewählt, die entsprechende Aussagen über das Wachstums- und Ertragspotenzial sowie über das Branchenrisiko erlauben.

Das Wachstumspotenzial wird im Verarbeitenden Gewerbe durch die prozentuale Veränderung der preisbereinigten Produktion gemessen. In allen übrigen Branchen wird hierzu der preisbereinigte Umsatz benutzt. Diese Messzahl gibt mengenmäßig die Expansion des Marktes an und ist dadurch ein Indikator für die Veränderung des gesamten Absatzpotenzials.

Das Ertragspotenzial einer Branche bestimmt sich durch die Kostenentwicklung einerseits und die Marktpreise andererseits. Steigende Kosten belasten die Rentabilität. Hierbei sind die Lohnkosten von besonderer Bedeutung, da sie in allen Branchen einen relativ großen und infolge von Tarifvereinbarungen und gesetzlichen Regelungen starren Kostenblock darstellen. Die übrigen Kostenarten schwanken in ihrer Höhe entweder mit dem Umsatz, typisch hierfür sind Kostenarten wie Wareneinsatz, oder sind vergleichsweise ohne Bedeutung. Dies gilt in der Regel für Kapitalkosten genauso wie für Energieausgaben. Den Kostenänderungen stehen als Ausgleich Preisänderungen gegenüber, die ebenfalls in die Kalkulation des Ratings aufgenommen werden.

Zur Berechnung des Risikos von Branchen sind insbesondere die Indikatoren zur Wettbewerbsfähigkeit zu analysieren, da die Wettbewerbsstärke einer Branche ihre künftigen Marktanteile bestimmt. Im Verarbeitenden Gewerbe wird die Wettbewerbsfähigkeit getrennt nach In- und Ausland ausgewiesen. Als Maß für die Veränderung der Wettbewerbsfähigkeit werden die Preise der heimischen Güter mit den Preisen der im Ausland erzeugten Güter verglichen. Eine Verschiebung in der Relation dieser Preise ändert die Wettbewerbsfähigkeit. Die Bedeutung dieser Preisverschiebungen hängt allerdings von der Marktstärke der Branchen ab. Daher werden Export- und Importquoten als weitere Messgrößen herangezogen, um die Marktstärke der heimischen Branchen im In- und Ausland abzuschätzen.

Außerhalb des Verarbeitenden Gewerbes spielt der Außenhandel und damit die Wettbewerbsfähigkeit gegenüber dem Ausland keine Rolle. In diesen Branchen wird die brancheninterne Wettbewerbsstärke durch den durchschnittlichen Umsatz je Unternehmen gemessen. Ein hoher Durchschnittsumsatz bedeutet, dass nur wenige Unternehmen am Markt sind. Dies ist ein Zeichen für mangelnden Wettbewerb, was eine Branche mittelfristig eher gefährdet.

Ein weiterer Risikofaktor liegt in der Konjunkturabhängigkeit einer Branche, da sich Nachfrageschwankungen direkt auf die Umsatzentwicklung übertragen. Unerwartete Marktbewegungen erhöhen das Risiko von Fehlplanungen innerhalb der Unternehmen und erschweren die Unternehmenssteuerung. Die Konjunkturabhängigkeit der Branchen, kalkuliert als Abweichung zwischen tatsächlicher Umsatzentwicklung und Wachstumstrend, wird daher im Branchen Rating berücksichtigt.

5.2 Berechnungsverfahren

Nach der Auswahl der Indikatoren wird die Kalkulation des Branchenratings für zwei vergangene Jahre und fünf Prognosejahre durchgeführt. Damit wird berücksichtigt, dass die Branchenbonität der kommenden Jahre von den aktuellen Ergebnissen beeinflusst wird. Die gesamte Zeitspanne von sieben Jahren entspricht empirisch einem vollständigen Konjunkturzyklus.

Da die für das Rating ausgewählten Indikatoren unterschiedliche Maßeinheiten haben, wird zunächst eine Standardisierung der Werte durchgeführt. Für jedes Einzeljahr des siebenjährigen Ratingzeitraums wird jeder Indikator gemäß seinen Werten auf eine Ratingskala von 0 bis 100 Punkten projiziert. Dem über alle Branchen berechneten Mittelwert eines Indikators werden 50 Punkte zugeordnet, höheren Indikatorwerten mehr Punkte bis maximal 100 und umgekehrt bei niedrigeren Indikatorwerten.

Im nächsten Schritt werden die Einzelergebnisse je Indikator über die Jahre aggregiert. Die hierbei benutzten Gewichte sind umso niedriger, je weiter das betreffende Jahr in der Zukunft liegt. Der Grund für diese Gewichtung liegt darin, dass die Prognosegenauigkeit mit der Länge der Prognoseperiode abnimmt.

Liegen für alle Branchen und jeden Indikator die Einzelergebnisse vor, werden die einzelnen Indikatoren je Branche nochmals addiert. Die hierbei verwendeten Gewichte berücksichtigen die für die Branchenbonität unterschiedliche Bedeutung der Einzelindikatoren.

Gemäß ihrer erreichten Punktzahl auf der Ratingskala von 0 bis 100 Punkten werden die Branchen in Ratingklassen eingeteilt:

- Ratingklasse A: erfolgreiche Branche
- Ratingklasse B: stabile Branchenentwicklung
- Ratingklasse C: befriedigende Branchenentwicklung
- Ratingklasse D: gefährdete Branche
- Ratingklasse E: erheblich gefährdete Branche

Stand: 18. Apr 2001						WZ Nr.: 17
Gesamtbewertung						

Rating - Klasse **E** 1. Quartal 2001	**Erheblich gefährdete Branche** Schrumpfendes Marktpotenzial Gefährdete Wettbewerbsposition Fehlende Ertragskraft Sehr geringe Konjunkturabhängigkeit --> **Hohes Branchenrisiko**				
Rating - Punkte	A 100-60	B 59-54	C 53-47	D 46-41	E 40-0 **33**

Rating - Entwicklung			
Rating - Klasse im...			Rating - Punkte (Quartalswerte)
Vorquartal	E	gut	
Vorjahresquartal	E	schlecht	

Bewertung nach Umsatzgrößenklassen				
Unternehmen mit Umsatz von...	Vergleich zur Gesamtbewertung			
	besser ++	+	gleich =	schlechter - --
100 Mio. DM und mehr		+		
5 Mio. bis unter 100 Mio. DM				-
bis unter 5 Mio. DM			=	

Bewertung nach Einzelindikatoren			
Indikator	Note	Punkte	Gewicht
Insgesamt	sehr schlecht	33	100%
Wachstum	sehr schlecht	25	40%
Wettbewerbsfähigkeit	schlecht	46	30%
Preise im Inland	schlecht	43	9%
Preise im Ausland	schlecht	45	9%
Importquote	sehr schlecht	1	6%
Exportquote	sehr gut	96	6%
Rentabilität	sehr schlecht	21	25%
Lohnkostenentwicklung	sehr schlecht	15	14%
Spielraum für Preispolitik	sehr schlecht	30	11%
Konjunkturabhängigkeit	sehr gut	70	5%

FERI AG   Berechnungszeitraum 1999-2005

Tabelle 3: Textilgewerbe – Rating

Als Ergebnis der Ratingkalkulation sind die Branchen hinsichtlich ihrer Bonität gemäß den erzielten Ratingpunkten vergleichbar und in Ratingklassen eingeteilt. *Tabelle 3* zeigt beispielhaft die Bewertung einer Branche einschließlich einer Kurzkommentierung, dem zeitlichen Verlauf des Ratings sowie die Ergebnisse für die Einzelindikatoren.

Da die Branchen in der Regel sowohl Stärken als auch Schwächen besitzen, unterliegen sie, geordnet nach Ratingpunkten, einer Normalverteilung. Die Definition der Ratingklassen ist daher derart gewählt, dass etwa ein Drittel der Branchen in der Ratingklasse C, ein Drittel besser und ein Drittel schlechter liegt. Die Klassen A und B wiederum folgen ebenfalls dem Prinzip der Gleichverteilung. Dasselbe gilt für die Klassen D und E.

Die Kalkulation des Branchen Rating wird vierteljährlich durchgeführt. Dieser Rhythmus hat sich in den vergangenen Jahren bewährt, da sich neue Entwicklungen und Erkenntnisse dann rechtzeitig in die Ergebnisse einbringen lassen.

5.3 Zusatzbewertungen

Das dargestellte Ratingverfahren lässt sich in verschiedenen Punkten ergänzen und modifizieren, um bestimmten zusätzlichen Anforderungen Rechnung zu tragen.

In der Anwendung ist die Unterscheidung des Ratingergebnisses einer Branche nach Unternehmensgrößenklassen von großer Bedeutung. Auf der Basis zusätzlicher Brancheninformationen über Zahl der Unternehmen und Umsatzentwicklung lässt sich erkennen, ob bestimmte Branchensegmente, gegliedert nach Groß-, Mittel- und Kleinbetrieben, eine bessere oder schlechtere Bonität als der Branchendurchschnitt aufweisen.

Ebenso lässt sich das Ratingergebnis nach Bundesländern untergliedern. Hierzu werden Informationen über die gegenwärtigen und künftigen regionalen Wirtschaftsstrukturen benutzt.

Zunehmende Aufmerksamkeit findet auch das zeitlich verkürzte Ratingverfahren. Hierbei wird der Ratingzeitraum von insgesamt sieben auf drei Jahre verkürzt. Neben dem Vorjahr geht in diese Berechnung nur noch das laufende und, mit 50 Prozent Gewicht, das kommende Jahr ein. Dieses Rating kommt dann zum Zuge, wenn die kurzfristige Branchenbonität im Mittelpunkt des Interesses steht. Dies gilt zum Beispiel in der kurzfristig orientierten Anlagepolitik ebenso wie im Geschäft mit Kurzfristkrediten.

Eine weitere Variante des Ratings betrifft solche Teilsegmente der prognostizierten Branchen, die statistisch nur unvollständig erfasst sind. Diese Unterbranchen werden bewertet gemäß dem Ratingergebnis der prognostizierten Branchen, allerdings modifiziert um die segmentspezifischen statistischen Informationen. Durch diese Methode werden nochmals etwa 400 Branchen mit einem Rating erfasst.

Auf ähnliche Weise ist es auch möglich, das Handwerk, das in seiner Gliederung nicht der WZ 93 folgt, zu bewerten. Hier gehen die Ratingergebnisse der entsprechenden Branchen nach WZ 93 ebenso ein wie die Modifikation des Ratings nach Unternehmensgrößenklassen sowie Informationen aus speziellen Handwerksstatistiken. Insgesamt ergeben sich in diesem Bereich nochmals etwa 40 Handwerksbranchen.

6. Aktuelle Auswertungen

6.1 Verteilung

Gemessen an ihren Ratingpunkten unterliegen die Branchen im wesentlichen einer Normalverteilung, da starke Branchen auch Schwächen und schwache Branchen auch Stärken kennen. Die Konstruktion der Bewertungsindikatoren entspricht dieser Erfahrung. Als Beispiel dient die Preisentwicklung einer Branche. Verteuerungen sind Ausdruck von Schwäche, wenn die preisliche Wettbewerbsfähigkeit im Vordergrund steht. Sie sind gleichzeitig Ausdruck der Stärke, wenn die Ertragskraft bewertet wird.

Ratingklasse	A	B	C	D	E
Anzahl der Branchen in vH	12	16	37	19	16
	28		37	35	
	100				

Tabelle 4: Verteilung der Branchen nach Ratingklassen

Um die Häufung der Branchen um den Durchschnittswert auszugleichen, wird die Ratingskala in 3 Bereiche untergliedert, die etwa dieselbe Branchenbesetzung aufweisen. Diese Bereiche zeigen dann eine unterschiedliche Länge. Der mittlere Bereich wird als Klasse C definiert. Die beiden äußeren Bereiche werden ebenfalls nochmals unterteilt, so dass wiederum die Besetzung dieser Unterbereiche ähnlich ausfällt. Dadurch entstehen die Klassen A und B bzw. D und E.

Die aktuelle Besetzung dieser Ratingklassen ist in *Tabelle 4* angegeben. Da die Definition der Ratingklassen in den vergangenen Jahren beibehalten wurde, die Branchenzahl sich durch weitere Unterteilungen jedoch vergrößerte, ist die aktuelle Klassenbesetzung nicht länger streng symmetrisch.

6.2 Ausfallwahrscheinlichkeiten

Werden Ausfallwahrscheinlichkeiten auf Branchenebene durch Insolvenzquoten gemessen, zeigt sich ein statistisch signifikanter Zusammenhang zwischen Ratingklasse und Ausfallwahrscheinlichkeiten.

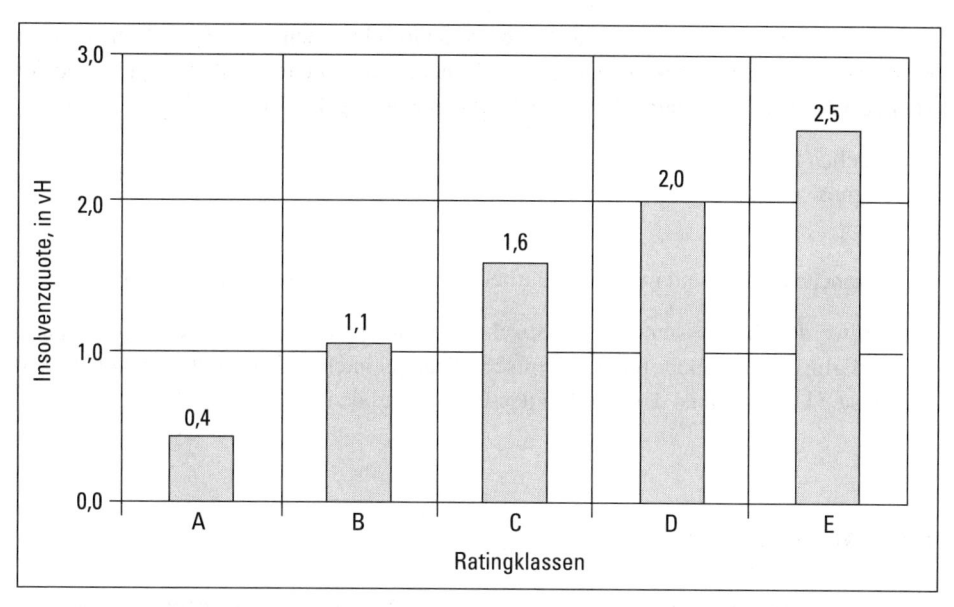

Abbildung 2: Durchschnittliche Insolvenzquoten 1994 bis 1999

Berechnet man die empirischen Insolvenzquoten gemäß der Vorschrift des Ratingverfahrens, das heißt Bildung der gewichteten Durchschnitte in einem mehrjährigen Zeitraum, und stellt sie dem entsprechenden Ratingergebnis gegenüber, ergeben sich am Beispiel für das Rating aus dem Jahre 1996 durchschnittliche Insolvenzquoten je Ratingklasse. Die Ergebnisse, die in Abbildung 2 dargestellt sind, entsprechen den Erwartungen an die Qualität der Ratingklassen: Je besser die Ratingklasse, das heißt je höher die Bonität der Branche, desto niedriger ist die Ausfallwahrscheinlichkeit.

Bezogen auf den Zeitraum 1994 bis 1999 kann man der Analyse entnehmen, dass die durchschnittliche Ausfallwahrscheinlichkeit in einer Branche, gemessen an der Insolvenzquote, bei einem Klassenwechsel der Branche sich um etwa 0,5 Prozentpunkte verändert.

Aus diesem Grund eignet sich das Branchen Rating dazu, die künftige Entwicklung der Branchenbonität zu bestimmen.

7. Darstellung der Ergebnisse

7.1 Branchendossier

Die Stärke der Ratingkonzeption begründet sich darin, dass einzelne Brancheninformationen in einen systematischen Zusammenhang gebracht und nach der Analyse verdichtet werden. In vielen Anwendungsfällen ist es jedoch nützlich, die Detailergebnisse zu der

Branche wieder sichtbar zu machen. Aus diesem Grund werden alle Informationen, die in die Branchenbewertung eingehen, in einem Branchendossier dargestellt. Entsprechend der Methodik bei der Berechnung der Bonität werden alle Angaben zur

- aktuellen Lage,
- Prognose und zum
- Rating

einer Branche textlich und numerisch aufbereitet und mit Grafiken vervollständigt.

Ergänzt werden die Dossiers mit statistischen Angaben zur Definition der Branchen und der Erklärung von Indikatoren u.ä. Typische Branchenkennziffern und Angaben zu den wichtigsten Unternehmen der betreffenden Branche runden das Bild ab.

7.2 Branchenvergleich

Bei der Anwendung der Ergebnisse im Bereich der Prüfung von Branchenportfolios ist es zweckmäßig, alle Ratingergebnisse in einer Übersicht nach Branchen zu ordnen. Daher steht dem Nutzer ein PC-Auswertungssystem zur Verfügung, das individuelle Analysen erlaubt. In diesem Bereich sind eine Reihe von Auswertungsmöglichkeiten vorhanden, die sowohl Listen nach den „Top-Branchen" und „Flop-Branchen" enthalten als auch Branchenvergleiche im Zeitverlauf ermöglichen.

Eine der wichtigsten Anwendungen sind jedoch die Tabellen zur Früherkennung von neuen Branchenrisiken. Ein solches Frühwarnsystem schafft dem Nutzer infolge des zukunftsorientierten Charakters des Branchen Rating ausreichend Spielraum, auf bedrohliche Marktänderungen rechtzeitig reagieren zu können.

8. Zusammenfassung

Das Branchenrating dient der Einschätzung der künftigen Entwicklung der Bonität von Branchen. Es basiert auf einer ausführlichen und numerischen Branchenprognose, die in eine international abgestimmte gesamtwirtschaftliche Prognose eingebettet ist.

Der Vergleich der Ergebnisse mit der Entwicklung von Insolvenzquoten zeigt, dass das Branchenrating einen signifikanten Erklärungsbeitrag für die Branchenbonität leistet.

Das Branchenrating findet überall dort Einsatz, wo die künftige Bonität gewerblicher Unternehmen geprüft wird. Da das wirtschaftliche Umfeld einen wesentlichen Einfluss auf die einzelnen Unternehmen ausübt, hängt die Unternehmensbonität in erheblichem Umfang von der Branchenbonität ab. Abweichungen im Einzelfall ergeben sich durch unternehmensspezifische Faktoren wie zum Beispiel Managementfähigkeiten, Produkteigenschaften.

Ein wichtiger Einsatzbereich für das Branchenrating ist die Risikoprüfung gewerblicher Kredite. Insbesondere hat die durch „Basel II" initiierte Diskussion um geeignete Verfahren zur Risikomessung und -steuerung bei den Kreditinstituten die Bedeutung objektiver und numerischer Methoden nochmals erhöht. Hier leistet das Branchen Rating einen wesentlichen Beitrag zur Risikoeinschätzung im Kreditgeschäft.

Das Branchenrating der FERI AG hat inzwischen einen fast 20-jährigen Reifeprozess hinter sich, der maßgeblich durch die breite Nutzung der Ergebnisse in der Praxis beeinflusst war. Fortschritte in der Ökonometrie, in der Branchenanalyse und nicht zuletzt in der Verfügbarkeit statistischer Daten haben zu einer steten Verbesserung der Qualität geführt. Vor diesem Hintergrund hat sich das Branchen Rating in der deutschen Kreditwirtschaft fest etabliert.

Die wachsende Bedeutung des Ratinggedankens wird neue Anforderungen auch an das Branchenrating stellen. Insbesondere die Einordnung von Unternehmen in Branchen wird infolge neu entstehender Tätigkeitsfelder, zunehmender Diversifizierung und wachsender Globalisierung komplexer. In der Folge dieser Entwicklung werden auch die Abhängigkeiten zwischen Branchen im In- und Ausland zunehmen. Diese Gründe werden dazu führen, dass auch weiterhin das FERI Branchenrating einem stetigen Wandel unterliegen wird.

Maßstäbe für das Rating von mittelständischen High-Tech Unternehmen

Andreas Ost

1. Ausblick

Über viele Jahre hinweg war das Rating aufgrund struktureller und historischer Gründe überwiegend amerikanischen und angelsächsischen Unternehmen vorbehalten, die für die Aufnahme von Kapital an den Kapitalmärkten ein solches Rating benötigten. Europäische Unternehmen, die sich ebenfalls auf den internationalen Kapitalmärkten bewegten, zogen peu à peu nach.

Das im Januar 2001 erschienene Konsultationspapier Basel II, welches ab dem Jahr 2005 eine Novellierung der Eigenkapitalrichtlinien der Banken innerhalb der 'G10-Gemeinschaft' zum Zweck hat, brachte plötzlich eine erhöhte Aufmerksamkeit des Themas Rating (interner und externer Natur) für den Standort Deutschland. Kleine und mittlere Unternehmen befassen sich aktuell intensivst mit der Frage ‚Rating- ja oder nein?' sowie wenn ja, ‚welches ist der richtige *Ratingpartner* ?'. Die vielfältigen Vorteile eines Ratings sind dem Mittelstand bereits überraschend gut bekannt (siehe Punkt 5).

Externe Ratings werden zukünftig nicht mehr nur mehrheitlich bei Großkonzernen wiederzufinden sein, sondern auch mit einem schnell wachsenden Anteil bei mittelständischen Unternehmen. Aufgrund der hohen profunden Expertise und Innovationskraft in Deutschland werden die hiesigen technologieorientierten Unternehmen von einer derartigen detaillierten Analyse eines Ratings im internationalen Umfeld in vielerlei Hinsicht profitieren können. Durch die hohe und steigende Investitionsintensität der technologieorientierten Unternehmen gewinnt die Beschaffung von Kapital eine immer wichtigere Bedeutung. Die zunehmende Komplexität neuer Technologien erschwert die notwendige Beurteilung durch die Kapitalgeber. Hier ist besonderes Know-how von elementarem Interesse, so dass gerade für Unternehmen der High-Tech-Branche ein Rating an Gewicht und Bedeutung gewinnt.

2. High-Tech-Branche – Wer ist das?

Welche Unternehmen gehören eigentlich zum High-Tech-Sektor?
Bis dato sind in der Literatur kaum Standards oder Definitionen zu finden, die eine eindeutige Abgrenzung technologieorientierter Branchen vornehmen. Eine Abgrenzung der technologieorientierten Branchen von anderen Wirtschaftszweigen ist bisher auch beim Statistischen Bundesamt noch nicht verfügbar. Auch dieser Artikel kann nur ein zusätzliches Mosaikstück auf dem Weg zu diesem Ziel sein.

Innerhalb der Finanzbranche gibt es aus diesem Grunde mehrere Definitionsansätze bzw. Orientierungsgrößen, um die jeweiligen Technologien möglichst sinnvoll zu aggregieren. Morgan Stanley orientiert sich bei dem Begriff der High-Tech-Unternehmen beispielsweise am Aktienindex MSCI Europe, dessen Sektorgruppe ‚Technology Hardware' enthält Chiphersteller wie den französischen Konzern ST Microelectronics und Telekomausrüster wie den schwedischen Ericsson Konzern. Nicht enthalten sind hingegen Unternehmen aus den Bereichen Software und IT Services wie zum Beispiel die deutsche Software-Schmiede SAP oder die britische Beratungsgruppe Sema.

Die Commerzbank wiederum favorisiert eine leicht unterschiedliche Definition und orientiert sich am europäischen DJ Stoxx, in dem alle oben genannten Branchen als Sektor „Technology" zusammengefasst sind.

Auch die Ratingagentur für den europäischen Mittelstand, EuroRatings AG, die die Bonität mittelständischer Unternehmen aus allen Branchen beurteilt, analysiert die High-Tech-Industrie. Die Agentur zählt solche Unternehmen zu diesem Segment, die technologisch anspruchsvolle und/oder neuartige Produkte erschaffen bzw. herstellen, die es in dieser Form bisher noch nicht gegeben hat oder die im Rahmen ihrer Herstellung den Einsatz neuer, hochentwickelter und komplexer Technologien erforderlich machen. Diese technologieorientierten Aktivitäten sind unter anderem in den Bereichen der Elektronik-/Modulfertigung, Fertigungs- und Prozessautomation, Medizintechnik sowie der Nachrichtentechnik anzutreffen.

Ein Unternehmen kann auch als technologieorientiert angesehen werden, wenn die Aufwendungen für Forschung und Entwicklung mehr als fünf bis sechs Prozent des Umsatzes betragen.

Zusammenfassend ist an dieser Stelle festzuhalten, dass eine eindeutige Zuordnung bzw. Gruppierung der verschiedenen Technologien und somit Branchensegmente noch recht schwierig erscheint, da viele Technologien erst vor einer überschaubaren Zeit auf den Markt gekommen sind. Außerdem kommen laufend neue Technologien hinzu. In der Praxis muss nach detaillierterer Analyse auf Basis einer Einzelfallbetrachtung entschieden werden, ob es sich bei dem jeweiligen Unternehmen um ein Technologie-Unternehmen handelt.

Einige grundsätzliche Informationen sollen einen besseren Überblick geben zum Umfang und zur Größe des High-Tech-Sektors. Der Weltmarkt für Informationstechnik und Telekommunikation ist beispielsweise im vergangenen Jahr um 10 Prozent auf ein Volumen von 2 Billionen € gewachsen. Hiervon entfallen 70 Prozent auf die drei wichtigsten Märkte USA, Europa und Japan. Deutschland stellt mit einem Anteil von circa 6 Prozent nach den USA und Japan den drittgrößten Ländermarkt. Weltweit entsteht zurzeit im Sektor Informationstechnik und Telekommunikation jedes Jahr ein zusätzliches Marktvolumen von mehr als 170 Mrd. €. Nach der Tourismus-Industrie stellt die Informations- und Kommunikationswirtschaft inzwischen den bei weitem größten Wirtschaftszweig.

3. Volkswirtschaftliche Aspekte des High-Tech-Feldes

Das Rating hat aus volkswirtschaftlicher Perspektive eine gewisse allokative Bedeutung für die knappe Ressource 'Kapital'. Die Transparenz wird erhöht, Kapitalgeber und Investoren sind eher in der Lage, die Risiken zu beurteilen, die mit der jeweiligen Investition bzw. dem jeweiligen Kredit behaftet sind.

Den Technologiesektor plagen aktuell eine Reihe von Problemen. Die Kapazitätsauslastung ist bedenklich niedrig, die Produktivität lässt nach, die Nachfrage stagniert auf einem geringen Niveau. Erschwerend kommen überfüllte Lager hinzu, Bestände werden abgeschrieben und das Kapital wird in vielen Bereichen knapp.

Bislang haben Investoren die aktuelle Kursschwäche im Technologie-Sektor partiell als Kaufgelegenheit empfunden. Die Grundstimmung war in den letzten Wochen sowohl restriktiv als auch investiv. Die Situation bleibt allerdings labil und durch Unsicherheit gekennzeichnet.

Während für technologieorientierte Unternehmen bis vor kurzer Zeit einzig das Gewinn- und Umsatzwachstum entscheidend war, liegt nun das Augenmerk angesichts eines schwächeren wirtschaftlichen Umfeldes, insbesondere in den USA, auf einem soliden und stetigen Gewinnausweis.

Der jetzige Nachfragerückgang ist das Resultat der schwächeren Konjunktur, nachlassender PC- und Handyverkäufe und sinkender Investitionen in den Multimedia-, Netzwerk- und Telekomsektoren. In vielen Unternehmen stehen die High-Tech-Investitionen auf einmal wieder ganz unten auf der To-do-Liste. Die Hersteller bekommen das zu spüren. Die Gewinne der Technologie-Unternehmen werden voraussichtlich um 39 Prozent im Durchschnitt gegenüber dem ersten Quartal 2000 einbrechen. In der Halbleiterbranche gehen die Prognosen sogar bis zu 43 Prozent nach unten. Europas zweitgrößter Halbleiterkonzern Infineon berichtete bereits für das zweite Quartal des Geschäftsjahres 2000/01 (30.09.) einen drastischen Nachfragerückgang für DRAMs (Speicherhalbleiter), was zu einem Preisrückgang auf unter 2 USD geführt hat. Die Herstellkosten für den Infineon Konzern, welcher sich als Kostenführer bezeichnet, liegen allerdings bei 3,40 USD.

In Deutschland wuchs im Jahr 2000 der Anteil der ITK-Umsätze (Aktivitäten der Informationstechnik und Telekommunikation) am Bruttoinlandsprodukt von 5,3 Prozent auf 5,7 Prozent. In der Spitzengruppe sind weiterhin die USA und Schweden vertreten, die auf einen Anteil von 8 bzw. 9 Prozent kommen.

Die Pro-Kopf-Ausgaben für Information und Kommunikation lagen im vergangenen Jahr in Deutschland bei 1.400 €. Im Vergleich zu der Schweiz und den USA, die die Marke von 2 560 € bereits überschritten haben, erscheint der deutsche Wert noch recht niedrig und gibt Anlass, die aktuelle Investitionsneigung durch zum Beispiel öffentliche Unterstützungsmaßnahmen pro-aktiv zu animieren.

4. High-Tech im Wettbewerb

Die High-Tech-Branche befindet sich erst in einem jungen Altersstadium, in dem es schwer fällt, mit sogenannten Branchenkennzahlen zu arbeiten wie es zum Beispiel der VDMA regelmäßig für den Maschinenbau erstellt.

Einige High-Tech-Unternehmen bewegen sich in Marktnischen, die noch keine branchenähnlichen Wettbewerbsstrukturen aufweisen. Auch finden Vertriebskanäle Verwendung wie zum Beispiel das Internet, für welche noch keine repräsentativen Kennzahlen der jeweiligen Branche vorhanden sind.

Die ständig kürzer werdenden Innovations- und Produktzyklen sowie die zunehmende Globalisierung der Wirtschaftsprozesse wie auch das mobile Kapital stellen insbesondere mittelständische Technologie-Unternehmen vor neue Herausforderungen. Von entscheidender Bedeutung wird die Investitions- und Innovationsfähigkeit dieses Wirtschaftszweiges sein. Je mehr neue Technologien entwickelt werden und vor allem je schneller und effizienter sie in neue marktfähige Dienstleistungen und Produkte umgesetzt werden können (Time-to-Market), desto erfolgreicher werden die mittelständischen Unternehmen sich im internationalen Wettbewerb positionieren können. Markteintrittsbarrieren wie zum Beispiel eine hohe Kapitalintensität, speziell notwendiges Know-how für neue Technologien oder besonderer Zugang zu Absatzmärkten durch First-to-Market, verschaffen den Unternehmen einen komparativen Vorteil für einen vorübergehenden Zeitraum.

5. Warum eigentlich ein Rating ?

Im Jahr 2000 hatten bereits über 50 Prozent der 4.734 Unternehmen, die an der amerikanischen Wachstumsbörse Nasdaq notierten, ein Rating. In Deutschland besitzt lediglich eine verschwindend geringe Minderheit der 339 am Neuen Markt notierten Unternehmen ein Rating. Ingesamt sind derzeit in Deutschland erst rund 50 Unternehmen *(von insgesamt 2,8 Millionen deutschen Unternehmen)* durch eine externe Ratingagentur bewertet. In Europa waren Mitte des letzten Jahres 340 Unternehmen durch Standard & Poor's geratet, in den USA hatte die Agentur zu diesem Zeitpunkt 850 Unternehmen bewertet. EuroRatings beziffert das Potenzial allein in Deutschland mit circa 40 000 mittleren Unternehmen, die ein Fremdkapitalrating benötigen könnten.

Insbesondere mit Blick auf die Investitionsintensität und den damit verbundenen Finanzierungsbedarf, die Internationalität und die Wahrscheinlichkeit eines Forderungsausfalles sowie natürlich der Lebenszyklus der jeweiligen Technologie machen ein Rating speziell für die High-Tech-Branche sehr interessant.

Das externe Rating ist per se als komplementär Dienstleistung bzw. Produkt zu verstehen. Es wird das interne Rating der Banken im Rahmen der Kreditanalyse allein schon aufgrund der gesetzlichen Bestimmungen (Kreditwesengesetz) nicht verdrängen, sondern sinnvoll begleiten und unterstützen.

Eine Studie des Hessischen Wirtschaftsministeriums zeigt, dass über 70 Prozent der befragten Unternehmen an einem Rating interessiert sind und bereit wären, sich einem Rating zu unterziehen. Aus Unternehmersicht hat ein Rating Auswirkungen auf die folgenden Punkte:

I. Alternative Finanzierungsquellen vs. herkömmlicher Bankkredit
Die Erschließung der Kapitalmärkte und neuer Kapitalgebergruppen (zum Beispiel Bankinstitute, Beteiligungsgesellschaften und/oder Business Angels) im In- und Ausland ist ein ganz wichtiges Schlüsselelement für technologieorientierte Unternehmen. Das Rating wird als essenzielle Unterstützungsmaßnahme helfen, die Attraktivität für neues Kapital zu erhöhen.

Veränderungen in den Kapitalmärkten lassen erwarten, dass sich in den nächsten Jahren die Mindestlosgrößen für Unternehmensanleihen (derzeit bei 100 Mio. €) dramatisch nach unten verschieben werden. Dadurch wird es einer wesentlich größeren Anzahl von Unternehmen möglich, sich über den Kapitalmarkt zu refinanzieren.

Eine weitere Erleichterung kann darin gesehen werden, dass ein Rating die unter Umständen vorhandenen Abhängigkeiten zur Hausbank optimieren hilft. Bislang konzentrieren sich durchschnittlich 75 Prozent der gesamten Verschuldung eines kleinen oder mittleren Unternehmens auf die Hausbanken. 40 Prozent des Mittelstandes haben überdies nur Beziehungen zu einer einzigen Hausbank geknüpft.

Die Bewertung eines technologieorientierten mittelständischen Wachstumsunternehmens erfordert sehr spezifische Fähigkeiten und Know-how der Kapitalgeber. Ein in Zusammenarbeit zwischen Unternehmen und Ratingagentur erstelltes Rating hat die Vorzüge, dass Investoren, bei denen beschriebene Analysekompetenz nicht in einer derartigen Breite und Tiefe vorhanden ist, durch einen allgemein zugänglichen Risikomaßstab trotzdem Kapital bereitstellen könnten. Diese Investoren/Kapitalgeber haben somit die Möglichkeit, ihr Kredit-/Anlageportfolio stärker zu diversifizieren.

II. Optimierung von Finanzierungskosten

Weiterhin ist zu erwarten, dass Ratings zu einem verursachergerechteren Pricing im Markt führen werden, da die Transparenz von Chancen und Risiken der einzelnen Unternehmen sowie der dazugehörigen Branche erhöht wird. Es ist eine Preisentlastung bei Unternehmen mit guter Bonität, Ertrag und Eigenkapitalstruktur zu erwarten sowie vice versa, eine Preisbelastung der Unternehmen bei denen diese Kriterien nicht so optimal ausgeprägt sind. Die Finanzierungskosten respektive die Credit Spreads bei den jeweiligen Kapitalgebern, wie zum Beispiel den Bankinstituten, werden ebenfalls transparenter, da eine Korrektur stattfinden wird, die etwaige Unterschiede der internen Ratings der verschiedenen Kreditinstitute für das einzelne Unternehmen adjustieren hilft. Die Credit Spreads werden sich somit mehr als bisher an der Realität orientieren.

Mit der neuen Eigenkapitalvereinbarung Basel II werde die ‚Quersubventionierung' aufhören, so die kürzlich getroffene Aussage des Vorstandes der Dresdner Bank AG, wegen der gut geführte Unternehmen bislang höhere Kreditfinanzierungskosten hatten als es ihrem Unternehmenserfolg eigentlich entsprochen hätte. Der Reformentwurf der Eigenkapitalrichtlinien hat eine differenzierte, vorsichtigere Kreditrisikoabschätzung als bisher zum Ziel.

III. Bessere Verhandlungsposition

Das Rating hilft, die Konditionen der einzelnen Kreditlinien bei den verschiedenen Bankinstituten vergleichbarer zu machen und etwaige Konditionsverschiebungen zu adjustieren, da eine umfassende und objektive Bonitätsanalyse von neutraler Stelle, sprich einer Ratingagentur, vorliegt. Die Verhandlungsposition des Unternehmens mit Kapitalgebern wird verbessert und vereinfacht, da für die Verifizierung des Ausfallrisikos ein objektives Momentum zugrunde liegt.

Die Neutralität in der Beurteilung ist ein wesentliches Faktum, da zum Beispiel bei der Erstellung eines internen Ratings die Kreditinstitute sich schnell durch eigene strategische Ziele in einem Gewissenskonflikt wiederfinden.

Kleinere Finanzinstitute sind tendenziell eher schwerlich in der Lage, eine eigene Technologieexpertise aufzubauen, was bei der Vergabe von Krediten zu einem restriktiveren Verhalten führen könnte, da sich die Entwicklung der jeweiligen Innovation nicht einschätzen lässt und folglich nicht begleitet werden kann.

Für eine weitere Gruppierung wird das Rating von fundamentalem Interesse sein, gemeint sind hier die öffentlichen Förderinstitutionen des Bundes. Bonitätsrisiko sowie die mit der neuen Technologie verbundenen Chancen und Risiken für das Unternehmen finden Ausdruck in einem Rating. Ein solches Rating würde die eigene interne Prüfung zwecks Kredit-/Investitionsvorhaben sinnvoll unterstützen. Nicht zuletzt das Unternehmen selbst wird in der Situation sein, von einem Rating zu profitieren. Mit der Ratinganalyse kann im Unternehmen zum Beispiel die aktuelle Strategie optimiert werden sowie ggf. eine Neupositionierung erfolgen, und etwaige Schwachpunkte in der Unternehmung können beseitigt werden.

IV. Verbesserung von Popularitätswerten und Reputation
Durch die starke Außenwirkung eines Ratings, kann dieses als erfolgreiche Unterstützungsmaßnahme innerhalb einer Strategie zur Erhöhung von Popularität und Image des Unternehmens fungieren. Kunden, Geschäftspartner wie auch Mitarbeiter werden ein gutes Rating zu würdigen wissen.

V. Lieferantenratings
Im Zuge zunehmender Systemproduktion insbesondere bei Produkten mit langen Produktzyklen rücken Ratings der Lieferanten in den Fokus ihrer Auftraggeber bzw. Abnehmer. Die Feststellung der langfristigen Lieferfähigkeit von Unternehmen erscheint insbesondere mit Blick auf 'Just-in-Time' Belieferung und/oder 'Single-Sourcing' von ausgeprägtem Interesse, da bei einem Ausfall eines Zulieferers die Produktion schnell komplett zum Erliegen kommen kann.

Das Rating gewinnt auch hier an Wichtigkeit, da Hersteller kaum die eigenen Ressourcen haben werden, ihre Zulieferer in einer derart detaillierten Form zu analysieren.

6. Kriterien, die ein Rating beeinflussen

Die Kreditprüfung durch die klassische Bilanzanalyse von technologieorientierten Unternehmen durch die Finanzinstitute basiert noch häufig auf eine vergangenheitsorientierte Betrachtung der Geschäftsentwicklung. Vergangenheitsbezogene Unternehmensdaten werden herangezogen, um eine Prognose für die zukünftige Entwicklung zu extrapolieren. Der Schwerpunkt dieser Bonitätsanalyse fußt vielfach auf quantitativen Merkmalen, das heißt, Finanzkennzahlen der zurückliegenden Geschäftsjahre finden aktuell noch eine stärkere Berücksichtigung als qualitative Faktoren wie Management, Strategie und das entsprechende Technologieprojekt des Unternehmens selbst.

Erschwerend kommt bei der herkömmlichen Bonitätsanalyse neugegründeter oder junger technologieorientierter Unternehmen (die sich noch in der Seed- oder Start-up-Phase befinden) hinzu, dass die Unternehmenszahlen in der Regel wenig bis gar keine Aussagekraft besitzen, solange sich die jeweilige neue Technologie bzw. Innovation noch in einer bestimmten Phase der Entwicklung befindet und erst am Markt platziert werden muss. Da diese Unternehmen tendenziell noch kein breit gestreutes Produktportfolio besitzen, kommt es erfahrungsgemäß auf dieses *Core-Produkt* des Unternehmens an, welches nach erfolgreicher Entwicklungsphase und Einführung am Markt das Zahlenwerk des Unternehmens maßgeblich beeinflussen wird.

Einen Trend aus Geschäftsberichten der zurückliegenden Jahre zu ermitteln, erscheint somit unrealistisch und nicht sachgerecht. Um so gewichtiger ist dann die Beurteilung und Prognose der potenziellen Zukunftschancen dieser Technologie bzw. Innovation.

Entschließt sich ein Unternehmen für die Ausarbeitung eines externen Ratings durch eine Ratingagentur werden in einer umfassenden Analyse des Unternehmens Elemente wie zum Beispiel technologisches Potenzial, Wettbewerbsposition des Unternehmens, Marktfähigkeit des Produktes sowie innerbetriebliche Strukturen mehr als bei einem internen Bankrating wesentliche Faktoren sein, die das Ratingergebnis bestimmen. Bei dem internen wie auch dem externen Rating sind die Finanzen des Unternehmens ein wichtiges Kriterium für die Positionsbestimmung. Allerdings werden auch hier unterschiedliche Schwerpunkte gesetzt. Die Kreditanalyse der Banken favorisiert noch immer sehr stark die absolute Größe des Eigenkapitals sowie deren relative Größe zur Bilanzsumme, die Eigenkapitalquote. Die Ratingagenturen konzentrieren sich bei der quantitativen Analyse mehr auf die Zahlungsströme, den Cash Flow, da dieser nicht stichtagsbezogen ist und über die zukünftige finanzielle Potenz und Flexibilität des Unternehmens besser Auskunft gibt.

Da das externe Rating stärker in die Zukunft gerichtet ist (ein denkbarer Zeithorizont sind etwa drei bis fünf Jahre), als die reine Vergangenheitsbetrachtung, ist die fundierte Expertise kombiniert mit entsprechendem Weitblick Grundvoraussetzung für die Erstellung dieses Ratings. Die Beurteilung einer Technologie wie auch die Bewertung einer Innovation gehören somit, obwohl mit erheblichen Schwierigkeiten und Unsicherheit behaftet, zu den essentiellen, das Rating beeinflussenden Parametern.

Daneben werden für die Beurteilung von innovativen Produkten der Markt, die Kostendeckung und die Gewinnerzielung als Bewertungs- und Beurteilungsmaßstäbe herangezogen. Von elementarer Bedeutung sind somit die Chancen einer Innovation für einen bestimmten Markt und weniger die reine Betrachtung des technischen Erfolges dieses Produktes.

Ratings sind objektiv subjektiv, das angewandte Procedere ist zwar weitestgehend objektiviert, die Entscheidungskriterien sind jedoch einer subjektiven Auswahl und Handhabung unterlegen.

Die hier aufgezählten Kriterien, die ein Rating beeinflussen, sind lediglich exemplarisch zu verstehen und sollen zur Veranschaulichung dienen. Sie haben somit keinen Anspruch auf Vollständigkeit. Sie werden im konkreten Fall jeweils an die Branche und das Unternehmen angepasst.

6.1 Qualitative Faktoren

Zu den qualitativen Faktoren, die auf ein Rating einwirken, gehören neben den aufgeführten Produktionsfaktoren Wissen und der Mitarbeiter natürlich ebenso das Management, die Strategie, das Produktportfolio sowie der Markt und der dazugehörige Wettbewerb. Diese Faktoren werden auch als sogenannte 'weiche Faktoren' bezeichnet.

6.1.1 Produktionsfaktor Wissen – *Forschung und Entwicklung*

Das A und O für technologieorientierte Unternehmen sind die Aktivitäten im Bereich Forschung und Entwicklung (FuE). Dieses außerordentlich wichtige Gebiet ist allerdings sehr kapitalintensiv, da sich die ohnehin umfangreiche Forschung nicht nur auf die Entwicklung der neuen Technologie konzentriert, sondern ebenfalls auf die Marktfähigkeit und die damit verbundenen Absatzchancen dieser Innovation.

Die traditionelle Stärke der deutschen Industrie liegt in der höherwertigen Technik mit großen Innovationsanstrengungen, zum Beispiel in der Automobilproduktion, dem Maschinenbau, der Elektrotechnik und der Chemischen Industrie. Im internationalen Vergleich der Ausgaben für FuE in Prozent vom BIP liegt Deutschland mit 2,3 Prozent nur im Mittelfeld (1998). Schweden, Japan und die USA belegen die Spitzenplätze mit Werten zwischen 2,7 und 3,9 Prozent.

Im High-Tech-Bereich Halbleiter/Personal Computer konnte beispielhaft durch gezielte Forschung und Entwicklung die Leistungsfähigkeit der Rechner bislang alle 18 Monate verdoppelt werden und das bei gleichzeitig sinkenden Kosten.

Allerdings kann die ausgeprägte hohe technische Kompetenz auch Risiken bergen. Zwar mag sie zu erstaunlichen Produkten führen, jedoch können mögliche Schwächen in der Kundenausrichtung und eine falsche Marketingstrategie in zu geringen Verkaufszahlen und entsprechenden Schwierigkeiten enden. Erfahrungen des Fraunhofer-Instituts für Systemtechnik und Innovationsforschung (ISI) zeigen, dass immer wieder Unternehmen mit ihren jeweiligen technologischen Innovationen aus mangelnder Markt- und Kundenorientierung sowie aufgrund organisatorischer Probleme scheitern. Technologischer Überperfektionismus steht mitunter einer kunden- und marktorientierten Preisgestaltung entgegen. Er verzögert oft auch Time-to-Market, was in diesem Sektor von vitaler Bedeutung ist.

Ebenso kann eine mangelnde Qualität des Rechnungs- und Planungswesens als Ursache für einen Misserfolg gesehen werden. Zeitnahe und steuerungsrelevante Detailinformationen sind heutzutage unverzichtbare Angaben für das Management, um Fehlentwicklungen frühzeitig zu erkennen und gegensteuern zu können.

6.1.2 Die Mitarbeiter – *essenzielles Asset von Technologieunternehmen*

Ein ganz erheblicher Punkt bei der Beurteilung von High-Tech-Unternehmen sind die Rekrutierungsmöglichkeiten sowie die Qualität der Mitarbeiter.

Zur Zeit können die Unternehmen bei der Rekrutierung von neuen Mitarbeitern wenig wählerisch sein. Insbesondere die IT-Branche befindet sich in einem gravierenden Wandel. Programmierer des alten Schlages werden nicht länger gesucht, aktiver Bedarf besteht bei Systementwicklern, die mit den Möglichkeiten des Internets ebenso vertraut sind wie mit den damit verbundenen branchenspezifischen Problemen der Anwender.

Die IT-Branche in Europa und somit auch in Deutschland ist aktuell durch eine massive Entlassungswelle der ‚dot-coms' geprägt wie kürzlich noch auf der Computermesse Cebit 2001 in Hannover berichtet wurde. Ähnliche Schwierigkeiten berichtet auch das IT-Mutterland USA. Entgegen der Agonie einiger IT-Unternehmen berichten US-Firmen bereits wieder über geplante Einstellungen von rund 900 000 IT-Experten in diesem Jahr. Dieses sind trotzdem circa 44 Prozent weniger als im Jahr zuvor. Gemäß einer Umfrage der Information Technology Association of America lassen sich allerdings für etwa die Hälfte der Vakanzen keine ausreichend qualifizierten Mitarbeiter mit der benötigten Eignung und Erfahrung finden. Dieses Problem kennzeichnet derzeit die IT-Landschaft hüben wie drüben des Atlantiks.

Zu den Boomzeiten der 'dot-coms' sind die Mitarbeiter häufig von Unternehmen der Old Economy abgeworben worden. Die Vergütungsmodelle haben sich mehrfach an das Schema geringere fixe monetäre Bestandteile und einer höheren, proportionalen Erfolgsbeteiligung durch Aktienoptionsmodelle orientiert. Als Folge von oft recht schwacher Kursperformance der jeweiligen Aktien ist auch hier ein entsprechender Wandel feststellbar, da zunehmend wieder höhere fixe Gehaltsbestandteile erforderlich werden, um hoch qualifiziertes Personal zu einem Wechsel zu motivieren.

Aktuell fehlen in Deutschland mindestens 75.000 IT-Fachkräfte allein bei den IT-Anbietern. Die selbe Zahl dürfte vonseiten der IT-Anwender nochmals hinzukommen. Um den eklatanten Fachkräftemangel in Deutschland zu begegnen, wurde die Green Card-Initiative von der Bundesregierung, zur kurzfristigen Gewinnung von qualifizierten Experten, im August 2000 eingeführt. Daneben zeichnet sich in Deutschland ein Mangel an hoch qualifizierten Ingenieuren und Naturwissenschaftlern ab, der sich als Hemmschuh für die weitere technologische Entwicklung herausstellen könnte.

Die neue Green Card-Verordnung regelt den Aufenthalt sowie die damit verknüpfte Arbeitsgenehmigung hochqualifizierter ausländischer Fachkräfte der Informations- und Kommunikationstechnologie.

Folgende Eckpunkte sind Bestandteil dieser Regelung:

(i) Eine stufenweise Zulassung von maximal 20.000 ausländischen IT-Experten in einem Zeitraum von drei Jahren.
(ii) Als Fachkräfte gelten sowohl Personen, die über eine adäquate Ausbildung verfügen als auch Spezialisten mit einem vereinbarten Jahressalär von mindestens 100 000 DM.
(iii) Beschäftigung des Einzelnen erfolgt bis zu 5 Jahren.

(iV) Arbeitsämter sind angehalten, bei Vorlage aller entscheidungsrelevanten Unterlagen, Arbeitserlaubnis innerhalb einer Woche zuzusichern.

Bislang haben circa 8 600 IT-Experten die Arbeits- und Aufenthaltserlaubnis in Deutschland erhalten. Eine Umfrage aus März 2001 belegt, dass 82 Prozent der Unternehmen befinden, ihre Wettbewerbsfähigkeit habe sich durch diese Initiative erhöht, 45 Prozent der Unternehmen haben sogar vor Inkrafttreten dieser Regelung Aufträge aus Personalmangel ablehnen müssen.

Das Statistische Bundesamt ermittelte für 1999 ein Zuwachs der Beschäftigtenzahl in der Informationstechnik auf 433.000, kommend von 379 000 im Jahr 1997. Innerhalb der Informationstechnik lagen Software und IT-Dienstleistungen mit einem Anstieg von 10 Prozent vorn. Der Bundesverband Informationswirtschaft, Telekommunikation und neue Medien e.V. (BITKOM) ermittelte für die ITK-Branche in Deutschland, die Informationstechnik und Telekommunikation zusammenfasst, im Jahr 2000 einen Anstieg der Erwerbstätigen um 4,3 Prozent auf 794 000 Personen. In den vergangenen vier Jahren sind in dieser Branche 133 000 Arbeitsplätze entstanden.

Vor diesem Hintergrund sind Zugang und Fähigkeit zur Anwerbung und Halten von Fachkräften wichtiges, oft auch standortabhängiges, Kriterium.

6.2 Quantitative Faktoren

Zu den quantitativen Faktoren, die auf ein Rating einwirken, gehören neben der Größe des Cash Flow auch die Höhe, die Struktur und die Zusammensetzung des Fremd- und Eigenkapitals sowie Ertrags- und Kostenelemente des Unternehmens. Diese Faktoren werden auch als sogenannte ‚harte Faktoren' bezeichnet.

6.2.1 Kapital – Rückgrat des Mittelstandes

Ein wesentliches Momentum bei der Entwicklung neuer Technologien sind die Quellen von Eigen- und Fremdkapital. Eine Studie der Dresdner Bank spiegelt die wichtigsten Finanzierungsmöglichkeiten und -quellen des Mittelstandes wider (siehe Tabelle 1). Die vorhandene Kapitalausstattung eines Unternehmens allerdings mehr noch die Möglichkeit 'frisches bzw. zusätzliches Kapital' zu bekommen, finden als ein wichtiges Wesensmerkmal erhebliche Beachtung in der Gesamtheit der Analyse, die zu einem Rating führt. Gemäß einer Umfrage unter mittelständischen Unternehmen herrschen im deutschen Mittelstand strukturelle und historisch geprägte Besonderheiten vor. Eben dieses Besonderheiten müssen im Ratingprozess Berücksichtigung finden.

Nach einer Umfrage unter mittelständischen Unternehmen werden die folgenden Quellen zur Beschaffung von Eigenkapital genutzt.

	Anteil in %	Anteil in Tsd.
Eigene Mittel	82,4	914
Familie	30,5	338
Aktiver Partner	11,4	126
Staatliche Eigenkapitalhilfe	6,3	70
Andere Gesellschaften	4,4	49
Stiller Teilhaber	3,2	36
Aktienkapital	1,9	21
Risikokapital/Venture Capital	1,7	19
Sonstige	9,0	100

Quelle: Studie der Dresdner Bank ‚mind – Mittelstand in Deutschland', 2001]
Tabelle 1: Eigenkapitalquellen

Die Eigenmittel des Unternehmens stammen vor allem von den Unternehmern selbst. Als externe Quelle steht insbesondere die Familie bereit. Eine noch extrem geringe Bedeutung hat das Venture Capital (vgl. dazu 5.2.2).

Nach einer Ausarbeitung der Fachhochschule Nürtingen lag die Eigenkapital-Ausstattung eines mittelständischen Unternehmens vor sieben Jahren noch bei rund 25 Prozent. 1999 sei die Quote bereits auf einen Wert von circa 18 Prozent gesunken. Die Prognose geht weiterhin davon aus, dass der Ratio in 2004/2005 einen Wert von unter 10 Prozent erreichen könnte.

Nach einer Erhebung des Instituts für Mittelstandsforschung Bonn (IFM Bonn) sind in einem Drei-Jahreszeitraum in der aggregierten Branche *Computer und damit verbundene Aktivitäten sowie Forschung & Entwicklung und Andere* die folgende Anzahl von Unternehmen insolvent geworden:

1996	1997	1998
2 944	3 189 (+ 8,3 %)	3 377 (+ 5,9 %)

Tabelle 2: Anzahl der Insolvenzen im High-Tech-Sektor

Auffällig, aber nicht überraschend, ist, dass Insolvenzen besonders häufig kleinere und jüngere Technologieunternehmen betreffen. Marktforscher zählten Ende 1998 noch mehr als 600 Internet-Provider in Deutschland, die heutigen Schätzungen für diese Anbietergruppe belaufen sich aktuell auf nicht einmal 200 Unternehmen.

6.2.2 Beteiligungsgesellschaften, Business Angels und Corporate Venturing

Junge technologieorientierte Unternehmen benötigen zur Entwicklung und Vermarktung ihrer Produkte vor allem Eigenkapital. Fremdkapitalfinanzierungen erfordern häufig Sicherheiten, welche meist in den Phasen Seed (Frühphase) und Start-up (Gründung) eines Unternehmens nicht vorhanden sind. Erschwerend kommt bei diesen Finanzierungen hinzu, dass sich die mit der Entwicklung von technologischen Innovationen verbundenen Risiken nur schwerlich einschätzen lassen.

Der Markt für **Beteiligungskapital** bzw. **Venture Capital** (VC) ist in Deutschland in der letzten Zeit immens gewachsen und bietet gerade den jüngeren Technologie-Unternehmen verbesserte Chancen, Kapital für ihre Innovation zu werben.

Das gesamte für Investments verfügbare Kapital der angeschlossenen Mitglieder des BVK Bundesverband deutscher Kapitalbeteiligungs-Gesellschaften e.V. erhöhte sich von 8,5 Mrd. € Ende 1998 auf 12,8 Mrd. € zum Jahresende 1999. Im Gesamtportfolio der BVK-Mitglieder entfiel auf Expansionsfinanzierungen mit über 41 Prozent, gemessen am Volumen, der größte Teil. Auf Early-Stage-Finanzierungen entfielen 23 Prozent. Mit 20 Prozent folgten MBO/MBI/LBO.

Knapp 8 Prozent des Gesamtportfolios entfielen auf Beteiligungen im europäischen Ausland und 5 Prozent auf solche außerhalb Europas. Auf Deutschland entfielen 87 Prozent des Gesamtportfolios, davon 21 Prozent auf Nordrhein-Westfalen, 20 Prozent auf Bayern, 15 Prozent auf Baden-Württemberg und 8 Prozent auf Berlin. Auf die neuen Bundesländer einschließlich Berlin entfielen rund 18 Prozent des Gesamtportfolios. Die Zentren für Mikroelektronik, Mikrosystemtechnik und optische Industrie bzw. für Informations-/Kommunikationstechnologie und Biotechnologie in der Bundesrepublik haben sich in den neuen Bundesländern bzw. in Berlin gebildet.

Bei der Betrachtung der Branchenstruktur des Gesamtportfolios ergibt sich folgende Rangfolge: Maschinenbau, Computer-Software, Konsumgüter und Kommunikationstechnologien. Im europäischen Vergleich (gemessen am Gesamtportfolio) rangiert Deutschland weiterhin nach Großbritannien und vor Frankreich an zweiter Stelle.

Venture-Capital-Gesellschaften favorisieren in der Regel eine offene Minderheitsbeteiligung von 25 bis 40 Prozent des gezeichneten Kapitals. Zusätzliche Eigenmittel durch eine VC-Gesellschaft können auch in Form einer stillen Beteiligung eingebracht werden.

Die 1989 gegründete tbg Technologie-Beteiligungs-Gesellschaft mbH, eine Tochtergesellschaft der Deutschen Ausgleichsbank, die jungen Technologie-Unternehmen Beteiligungskapital zur Verfügung stellt, startete seinerzeit mit Beteiligungen in Höhe von 9 Mio. €. Im Jahr 2000 konnte nicht allein aufgrund des Engagements privater Kapitalgeber nach dem Private-Public-Partnership-Modell (Hier greift die Fördermöglichkeit sofern sich ein weiterer Beteiligungsgeber mindestens in gleicher Höhe beteiligt, so genannte *Koinvestmentvariante.*) die Beteiligungszusagen auf 505 Mio. € erfolgreich gesteigert werden.

Das Beteiligungsportfolio segmentiert nach Technologiefeldern zeigt deutlich, dass Unternehmen in den Bereichen Biotechnologie, Software und in den letzten beiden Jahren auch verstärkt im Bereich Internet die meisten Beteiligungen erhalten haben.

In den USA stellen **Business Angels** bereits rund 80 Prozent des Beteiligungskapitals für junge Unternehmen zur Verfügung. Hierzulande unterstützt die Organisation BAND 'Business Angels Netzwerk Deutschland' das Zusammenkommen von Gründern mit Beratern und privaten Kapitalgebern. Die noch tendenziell eher schwach ausgeprägte Markttransparenz im deutschen Markt soll unter anderem durch ein Projekt der Deutschen Bank in Zusammenarbeit mit dem Gerling Konzern und der tbg Technologie-Beteiligungs-Gesellschaft weiter optimiert werden. Erfreulicherweise gewinnt auch diese Variante der Kapitalbeschaffung in Deutschland zunehmend an Bedeutung.

Die Aktivitäten im Bereich **Corporate Venturing** befinden sich ebenfalls in einer ausgeprägten Wachstumsphase. Sowohl Unternehmen wie beispielsweise die Ludwigshafener BASF AG als auch die Jenoptik AG in Jena haben mittlerweile eigene Tochtergesellschaften im Bereich Beteiligungsfinanzierungen gegründet. Die Venture-Capital-Tochter der Jenoptik, die DEWB AG Deutsche Effecten- und Wechsel-Beteiligungsgesellschaft AG, hatte zum Ende des Jahres 2000 in 32 verschiedene Unternehmen Mittel in Höhe von 85,9 Mio. € investiert.

Der große Enthusiasmus in der Technologie-Finanzierung, Ende der neunziger Jahre, ist allerdings nunmehr, nicht zuletzt aufgrund der deutlichen Korrekturen an den Technologiemärkten (Neuer Markt, Nasdaq), einer Ernüchterung gewichen. Damit geht eine deutliche Rückbesinnung auf die fundamentalen Stärken und Schwächen von Unternehmen einher.

6.2.3 Öffentliche Fördermaßnahmen

Der innovative Mittelstand wird von einer Vielzahl von Förderprogrammen unterstützt wie zum Beispiel von der Bundesregierung durch die Kreditanstalt für Wiederaufbau (KfW) sowie der Deutschen Ausgleichsbank (DtA). Die Fördermittel im Technologiebereich werden allgemein zur Verbesserung der Innovationsfähigkeit der Unternehmen und der Marktchancen eingesetzt. Benutzt werden diese Mittel für die Entwicklung neuer Produkte und Verfahren, die von erheblicher wirtschaftlicher Bedeutung sind und ohne öffentliche Mittel aufgrund des hohen finanziellen und technischen Risikos nur schwerlich durchgeführt werden können. Per definitionem können öffentlichen Fördermittel zum Beispiel besonders zinsgünstige Darlehen, offene oder stille Beteiligungen wie auch nicht rückzahlbare Zuschüsse sein.

Das Bundesministerium für Wirtschaft und Technologie BMWI begleitet die Unternehmen mit drei Förderlinien. Das Angebot erstreckt sich auf alle Phasen des Innovationsprozesses.

1. Die Förderlinie ‚Innovation' unterstützt speziell junge Technologieunternehmen bei der Entwicklung neuer Produkte, Verfahren und Dienstleistungen.

2. Mit der Förderlinie ‚Forschungskooperation' werden speziell gemeinschaftliche Forschungsvorhaben von mittelständischen Unternehmen und Forschungsinstituten begleitet.

3. Die Förderlinie ‚technologische Beratung' konzentriert sich auf den Wissenstransfer in mittelständischen Unternehmen. Im Fokus befindet sich hier auch das Handwerk, welches zunehmend vom technologischen Wandel betroffen ist.

Hatten diese Förderprogramme zusammen genommen im Jahr 2000 noch ein Budget von 870 Mio. €, so ist bereits heute geplant die Aktivitäten auf 1,12 Mrd. € bis zum Jahr 2003 zu erhöhen. Das Telekommunikationsunternehmen MobilCom AG aus Schleswig, das biotechnische Unternehmen MorphoSys sowie das Internet-Unternehmen Intershop Communications haben diese Förderprogramme bereits erfolgreich in Anspruch genommen.

Bestandssicherung durch Suche nach Spitzentechnologien

Georg H. von Braunschweig, Hermann Hildenbrand

1. Einleitung und Begriffsbestimmung

Die Bestandssicherung ist für viele Geschäftsführer und Eigentümer kleiner und mittlerer Unternehmen (KMU) eines der wichtigsten Ziele der Betriebsführung. Um dieses zu erreichen, sind eine Reihe kontinuierlicher Maßnahmen zu ergreifen. Neben der risikobewussten kaufmännischen Leitung, vorausschauenden Akquisitionen oder Verkäufen von Unternehmensteilen, gehört dazu die Entwicklung und Vermarktung innovativer Produkte.

Der Markt verändert sich ständig auf Grund der sich wandelnden Bedürfnisse der Kunden und der Anstrengungen des Wettbewerbs. Die zunehmende Globalisierung verstärkt den Wettbewerbsdruck. Aus den Veränderungen der Märkte ergeben sich aber auch Marktchancen. Neue Angebote lassen neue Bedürfnisse entstehen oder es bilden sich interessante Nischen für innovative Angebote. Um in diesem Szenario, das durch kontinuierlichen Wandel charakterisiert ist, den Bestand eines Unternehmens zu erhalten, müssen Produkte, Arbeitsprozesse und Dienstleistungen laufend angepasst oder neu entwickelt werden. Die Entwicklung innovativer Angebote verlangt den Einsatz von Wissen und Spitzentechnologien.

Die in diesem Kapitel verwendeten Begriffe „Wissen", „Spitzentechnologie" und „Innovationen", werden wie folgt verwendet:

Wissen ist, gepaart mit der Kompetenz es umzusetzen, ein Faktor der Überlegenheit. In unserer Gesellschaft hat unternehmensrelevantes Wissen einen sehr hohen Stellenwert und ist heute einer der entscheidenden Produktionsfaktoren. Es verändert sich ständig und vermehrt sich durch Gebrauch und Austausch. Ist ein Unternehmen in der Lage, dieses zu aktivieren und in Spitzentechnologie und Innovationen umzusetzen, so ist dies die Basis einer kontinuierlichen Bestandssicherung.

Spitzentechnologie ist eine Technologie, die von einem Unternehmen in einem bestimmten Marktsegment – eher als vom Wettbewerb – zur Verbesserung von Produkten, Prozessen oder Dienstleistungen eingesetzt wird. Damit erlangt das Unter- nehmen einen technologischen Vorsprung. Spitzentechnologien können Neuentwicklungen sein oder bekannte Technologien, die in neuen Anwendungsgebieten eingesetzt werden.

Innovationen sind vom Markt angenommene neue Produkte, Prozesse oder Dienstleistungen, mit denen entweder alte Produkte oder Verfahren verdrängt werden, weil sie dem

Bedarf der Kunden besser entsprechen oder die neue Bedürfnisse wecken und damit zusätzliche Märkte schaffen.

2. Unternehmenserfolg und Bestandssicherung

2.1 Veränderungen des Marktes

Ein Blick in die Geschichte lehrt, wie und mit welcher Geschwindigkeit sich die Märkte ständig veränderten. Vorhersagen, welche Produkte zu welchem Zeitpunkt von den Verbrauchern gewünscht werden, sind nahezu unmöglich. Der Grund für die schwierige Vorschau sind die nicht vorhersehbaren technischen Innovationen. Findige Unternehmer entwickeln aus Spitzentechnologien innovative und marktfähige Produkte. Voraussetzung hierfür sind Gesellschaften und Personen, die in der Lage sind, Wissen in Produkte, Prozesse oder Dienstleistungen umzusetzen und die gleichzeitig bereit sind, wirtschaftliche Risiken einzugehen. Solche unternehmerischen Konstellationen gibt es überall dort, wo das politische und wirtschaftliche Umfeld diese ermutigt, Wagnisse von Neuentwicklungen einzugehen.

Zwischen finanziellem Aufwand und innovativen Ergebnissen besteht kein Automatismus. Manche Politiker leben in dem falschen Glauben, mehr innovative Produkte erwarten zu können, je mehr staatliche Mittel sie für die Forschung ausgeben.

Innovationen lassen alte Märkte schrumpfen und neue entstehen, weil sie entweder bessere Lösungen für die Probleme der Verbraucher anbieten oder neue Wünsche wecken. Die letzte große Innovationswelle war die um 1990 einsetzende Informationstechnologie, die das Weltmarktgeschehen drastisch verändert hat. Aber auch sehr kleine Verbesserungen in Nischenmärkten oder in Details eines existierenden Erzeugnisses, ersetzen alte Produkte und Verfahren. Damit können unbewegliche und nicht innovative Unternehmen zur Aufgabe gezwungen werden. Um nicht vom Markt verdrängt zu werden, müssen Unternehmen ständig für den Kunden bessere technisch-wirtschaftliche Lösungen entwickeln und anbieten. Auch ein hundertprozentiger Marktanteil in einem schrumpfenden Marktsegment kann den Bestand eines Unternehmens nicht sichern.

2.2 Spitzentechnologien für Innovationen

Durch das vermehrt zur Verfügung stehende und leicht zugängliche Wissen und vor allem aber durch die gezielte Suche zukunftsorientierter Unternehmen nach Spitzentechnologien, werden die Innovationszyklen immer kürzer. Folglich müssen die produzierenden Betriebe schneller reagieren, alle technischen Ressourcen ausschöpfen und ihr Angebot dem Markt anpassen. Nur so können die Unternehmen sich mit innovativen Offerten positionieren und ein dominierender Marktfaktor bleiben oder werden.

Selten bringen neue Techniken Innovationen, die alte Industriezweige abzulösen vermögen. Die Mehrzahl sind Verbesserungen an bekannten Produkten. Sie haben den Vorteil, nur mit kleinen Risiken behaftet zu sein; der Hersteller kennt seine Technologie und seine Kunden. Damit kann er relativ leicht die sich aus einer Innovation für den Abnehmer ergebenden Vorteile bewerten. Solche schrittweisen Neuerungen helfen, seine Position in einem bekannten Markt zu halten oder gar auszubauen.

2.2.1 Unterscheidung vom Wettbewerb

Dem Kunden aus eigenem Antrieb eine bessere Lösung seines Problems anzubieten, als es der Wettbewerb vermag, ist eine ganz entscheidende Zielsetzung des unternehmerischen Planens. Die Spitzentechnologien und die daraus zu entwickelnden Innovationen sollen von Beginn an die Interessen der Abnehmer im Auge haben. Innovative Angebote können dem Kunden bei der Bewältigung seiner Aufgaben besser helfen, als die nur nach strikten Vorgaben gefertigten traditionellen Produkte. Damit übernimmt der Lieferant aus eigener Initiative einen größeren Teil der Wertschöpfung seines Kunden. Er unterscheidet sich so von seinen Wettbewerbern und wird wegen seines größeren Leistungsbeitrags zum „bevorzugten Lieferanten". Dieser zusätzliche Beitrag wird vom Abnehmer mit besseren Preisen honoriert und schafft zudem eine sehr viel engere und auf Dauer wirkende Bindung zwischen Lieferant und Abnehmer.

2.2.2 Höhere Rendite

Ein Wettbewerber, der ausschließlich nach den Vorgaben seines Abnehmers produziert – ohne dabei innovative Ideen einzubringen – kann sein austauschbares Produkt nur über den Preis verkaufen. Eine niedrige Rendite ist die Folge. Innovative und vom bevorzugten Lieferanten gefertigte Produkte erzielen erfahrungsgemäß eine höhere Rendite. Sie rechtfertigt die Aufwendungen für ihre Entwicklung.

2.2.3 Beurteilung der Bonität

Die auf Spitzentechnologien basierenden und kundenorientierten Innovationen ergeben langfristig wirksame finanzielle Vorteile. Ein qualifiziertes Rating wird diesen positiven Eigenschaften von Innovationen und höheren Renditen Rechnung tragen. Daraus können sich eine Reihe von Konsequenzen ergeben, wie zum Beispiel günstige Finanzierungskonditionen oder die Möglichkeit der Ausschöpfung staatlicher Fördermittel. Dies sind wesentliche Voraussetzungen für die Bestandssicherung jedes Unternehmens.

2.3 Unternehmensstrategie

Nicht innovative Unternehmen werden im globalen Wettbewerb ihren Bestand nicht sichern können und früher oder später ausfallen. Zukunftsorientierte Gesellschaften benötigen eine Unternehmensstrategie, die künftiges Wachstum und langfristige Rentabilität sichert. Die Strategie muss so gerichtet sein, dass Spitzentechnologien für die Innovation von Produkten, Prozessen oder Dienstleistungen gezielt eingesetzt werden.

Solche Maßnahmen umfassen das gesamte Betriebsgeschehen. Es ist eine betriebsinterne Organisation vorzusehen, die zum einen in der Lage ist, schnell auf Marktveränderungen zu reagieren, wenn Wettbewerber innovative Produkte anbieten. Zum anderen hat sie aber auch die Aufgabe, kontinuierlich Spitzentechnologien zu suchen, zu entwickeln und umzusetzen, um neue Märkte oder Nischen zu schaffen und dort eine führende Position anzustreben. Es ist weiterhin die Aufgabe der Strategie, Rahmenbedingungen herzustellen, die das in den Köpfen der Mitarbeiter steckende Entwicklungspotenzial zur Entfaltung bringt.

Eine enge Verbindung zwischen Kenntnis der technischen Möglichkeiten und der Mechanismen des Marktes sind erforderlich, um innovative Produkte zu entwickeln. Mangelt es auf einer der beiden Seiten, so kann der Innovationsprozess nicht optimal verlaufen. Von den vielen an Forschungseinrichtungen entwickelten neuartigen technischen Lösungen gelangen nur sehr wenige als innovative Produkte auf den Markt, weil ihnen die Kenntnisse der praktischen Anwendung fehlen. Viele Ideen der Marketing-Fachleute können ebenfalls nicht realisiert werden, weil diesen die technischen Kenntnisse fehlen.

2.3.1 Unternehmenskultur

Eine Menge zukunftsorientierter Ideen wird in großen Unternehmen von der Bürokratie bzw. der Unternehmensleitung aus den verschiedensten Gründen blockiert. Bei kleinen Unternehmen ist der größte Feind von Innovationen häufig der „allwissende" Chef, der Ideen anderer nicht zulässt und sich durch Fragen keine Blöße geben will. Viele Gesellschaften sind an diesem Verhalten in der Vergangenheit zugrunde gegangen und noch mehr werden in der Zukunft daran scheitern.

Die Belegschaft muss angeregt werden, die Zukunft des Unternehmens mit zu gestalten. Voraussetzung für fortschrittliches Handeln ist eine Unternehmenskultur, welche die in den Betrieben arbeitenden Personen ermutigt, ihr Wissen in Produkte, Prozesse und Dienstleistungen umzusetzen.

Ideen und Wissen entwickelt sich in den Köpfen der Mitarbeiter. Wissen ist ein für die Bestandserhaltung jedes Unternehmens entscheidender strategischer Wettbewerbsvorteil. Es hat einen großen Anteil an der betrieblichen Wertschöpfung.

Strategie muss es daher sein, einen Personalstamm aufzubauen, der über das benötigte Wissen verfügt und dieses fortlaufend ergänzt. Damit wird auch ein Betriebsklima geschaffen, in dem das unternehmensrelevante Wissen intern durch Austausch zwischen allen betrieblichen Partnern vermehrt wird. Erfolge müssen belohnt und Misserfolge dürfen nicht bestraft werden. Das Ergebnis einer solchen personalorientierten Unternehmenskultur wird die fortlaufende Umsetzung von Spitzentechnologien in innovative Problemlösungen sein.

2.3.2 Kundenorientierung

Die Unternehmensstrategie muss auf Kundenorientierung ausgerichtet sein. Um die Suche nach neuen Marktchancen und damit den Prozess der Ideenfindung in Gang zu halten, sind Zukunftszenarien für Markt, Wettbewerb und Kunden zu diskutieren und den Betriebsangehörigen nahe zu bringen. Technologien aus anderen Bereichen der Wissenschaft und Technik sind ständig auf ihre Anwendbarkeit im eigenen Unternehmen zu prüfen. Innovationen, die kundennah (Market Driven) entwickelt werden, haben eine sehr viel größere Chance erfolgreich zu sein, als Entwicklungen die Technology Driven sind.

3. Kriterien zur Beurteilung der Bestandssicherung

Um festzustellen, inwieweit ein Unternehmen in der Lage ist, seinen Bestand langfristig zu sichern, werden verschiedene Kriterien herangezogen. Diese geben darüber Aufschluss, wie das Unternehmen Spitzentechnologien anwendet, um im globalen Wettbewerb zu bestehen.

3.1 Stand der angewandten Technologie und Organisation

Für einen Fachmann ist es relativ einfach festzustellen, ob die technische Ausrüstung eines Unternehmens veraltet ist, dem Stand der Technik entspricht oder der Ausrüstung seiner Wettbewerber überlegen ist. Grundsätzlich kann festgestellt werden, dass alle technischen Einrichtungen, die auf dem Markt erhältlich sind, jederzeit auch von der Konkurrenz eingesetzt werden kann. Damit ist der Vorteil, den sich ein Unternehmen durch den Kauf einer handelsüblichen technischen Einrichtung verschafft, nicht von Dauer. Der Wettbewerber wird sich früher oder später eine gleiche oder ähnliche Ausrüstung zulegen.

Anders verhält es sich mit technischen Einrichtungen oder Verfahren, die im oder speziell für das Unternehmen entwickelt wurden. Diese verhelfen der Gesellschaft zu Wettbewerbsvorteilen und verschaffen ihr eine günstige Position im Hinblick auf ihre Bestandssicherung. Es sollte das Bestreben sein, technische Einrichtungen einzusetzen oder Verfahren anzuwenden, die den am Markt angebotenen überlegen sind. Eigene Entwicklungen setzen jedoch voraus, dass ein ausreichendes technisches Wissen sowie die dazugehörige technische Kompetenz vorhanden sind, um sie in Innovationen umzusetzen.

Die Beurteilung, inwieweit eine Organisation Innovationen zulässt oder fördert, ist viel schwieriger. Oft lassen die Managementstrukturen Neuerungen nicht zu. Ganze Abteilungen oder einzelne Mitarbeiter behalten ihr Wissen für sich oder setzen es nur zum innerbetrieblichen Machterhalt ein. Ausgeprägte hierarchische Organisationen können die Entwicklung neuer Vorhaben aus Furcht vor drohendem Machtverlust oder dem Risiko einer Fehlentwicklung vollständig lähmen.

Nachfolgende Kriterien sollten herangezogen werden, um zu beurteilen, wie erfolgreich das Zusammenwirken von technischer Ausrüstung, angewandten Prozessen und Organisation bei der Entwicklung innovativer Angebote ist.

3.2 Umsatzanteile mit neuen Produkten

Eines der wichtigsten Kriterien zur Bestandssicherung eines Unternehmens ist der Anteil des Umsatzes, der mit Produkten erzielt wird, die innerhalb der letzen drei Jahre entwickelt wurden. Dabei sollten kleine Änderungen wie Farbe, Design oder Ähnliches nicht berücksichtigt werden, sondern nur solche Innovationen, die Kundenprobleme besser lösen als die alten Angebote oder die des Wettbewerbs.

Der Anteil neuer Produkte am Umsatz wird in den verschiedenen Branchen unterschiedlich sein. Liegt er jedoch unter fünf Prozent, so muss sich die Unternehmensleitung die Frage nach der Effektivität ihrer langfristigen Unternehmensstrategie stellen und sich Gedanken über ihre Chancen machen, auch noch in fünf Jahren präsent zu sein.

3.3 Forschung und Entwicklung (FuE)

FuE ist eine entscheidende Investition zur langfristigen Bestandssicherung.

Am Anfang aller Innovationen steht die Idee, etwas Neues zu schaffen. Diverse Studien haben den Prozessablauf von der Innovationsidee bis zur Markteinführung untersucht. Aus 100 Ideen lassen sich etwa zehn Basiskonzepte entwickeln, aus denen wiederum nur *ein* innovatives Produkt heranreift. Die hierbei entstehenden Ausgaben setzen sich im Wesentlichen zusammen aus:

- Personalkosten für innovative Mitarbeiter,
- Aufwendungen für deren Aus- und Weiterbildung,
- Konstruktions- und Laborkosten bis zum Bau der Prototypen,
- Investitionen für Ausrüstung und Inbetriebnahme der Produktion sowie
- Ausgaben für die Markteinführung.

Entwicklungen können mit eigenen FuE-Kapazitäten betrieben oder durch Auftragsforschung bzw. Kooperationen mit Forschungsinstitutionen ausgeführt werden. Mit der größer werdenden Komplexität von Spitzentechnologien bietet es sich speziell für die KMU an, das benötigte Wissen von außen zu holen. Eigene Kapazitäten sind, trotz guter technischer und personeller Grundausstattung keine Garantie für die Entwicklung innovativer Produkte. Die durchzuführenden Forschungsarbeiten müssen einerseits zielgerichtet und kundenorientiert sein, andererseits verlangen sie aber auch gewisse Freiräume, alternativen Lösungen nachzugehen. Hiermit werden Fehlentwicklungen im frühen Stadium eingeschränkt. Trotzdem sind diese Arbeiten immer mit einem Risiko verbunden. Kleine und mittelgroße Betriebe tun sich mit dieser Erkenntnis schwer und weisen daher häufig ein Innovationsdefizit auf.

Als Kriterien für den Erfolg der Entwicklungstätigkeit gelten die Größen „Time to the Market" und „Hit versus Flop Rate". Der erste Wert gibt Aufschluss über die benötigte Zeitspanne, um aus einer Idee ein marktfähiges Produkt herzustellen. Je kürzer dieser Zeitraum ist, desto größer ist der Wettbewerbsvorteil. Der zweite Faktor kennzeichnet die Relation von erfolgreichen zu abgebrochenen Innovationsvorhaben und gibt Aufschluss über die Zahl der Fehlentwicklungen. Das frühzeitige Einbinden der Abnehmer verbessert die beiden Größen hinsichtlich Zeitersparnis und abweichender Zielsetzungen.

Weitere Kriterien sind das „Return on Investment" (ROI) oder der Renditevergleich zwischen altem und neuem Produkt.

Bei der FuE ist ein besonderes Augenmerk auf den „Schutz des geistigen Eigentums" zu richten. Das investierte Forschungskapital ist, wenn es nicht sofort genutzt werden sollte, als Reserve anzusehen. Unternehmenseigene, produktrelevante und umsetzbare Patente können einen beachtlichen und langfristigen Wert haben. Sie müssen als Kriterien der Bestandssicherung herangezogen werden.

3.4 Kooperationen mit anderen Unternehmen

Erscheinen Aufwendungen und Risiken der Einführung einer neuen Technologie für einen Betrieb zu groß, so ist es möglich, eine Gemeinschaftsentwicklung mit mehreren Unternehmen durchzuführen. Die Bereitschaft dazu hängt in starkem Maße von der Konkurrenzsituation auf den Märkten ab. Gemeinschaftliche FuE-Vorhaben werden zwar vom Staat gewünscht und gefördert, sind aber bei den KMU ausgesprochen selten. Die Zustimmung, mit anderen Unternehmen in einem Netzwerk zu forschen und zu entwickeln, ist im Hinblick auf die Bestandssicherung positiv zu bewerten. In der Regel werden dabei weniger Geheimnisse preisgegeben als neue Erkenntnisse gewonnen.

4. Aktivierung des Innovationspotenzials

In den vorangegangenen Kapiteln wurde beschrieben, welche Bedeutung die Verwendung von Spitzentechnologien für die Bestandssicherung hat. Die von einem Unternehmen zu gehenden konkreten Schritte von der Suche nach Spitzentechnologien bis zu innovativen Angeboten, werden im Folgenden behandelt.

Für ein mittelständisches Unternehmen, welches seinen Bestand dauerhaft sichern möchte, ergeben sich die folgenden und immer erneut zu stellenden Fragen nach:

- Schaffung innerbetrieblicher Strukturen zur verbesserten Ideenfindung,
- Suche nach Fehlerquellen und Verbesserungsmöglichkeiten der eigenen Produkte,
- Vor- und Nachteilen des Wettbewerbs,
- Erfassung der Kundenprobleme,
- Planung neuer Technologien.

4.1 Innerbetriebliche Ideenfindung

Die in den Köpfen der Mitarbeiter verborgenen Ideen sind die Basis für Innovationen. Persönliche Egoismen oder Abteilungsdenken führen jedoch häufig zu einer Einkapselung von Wissen und Kompetenz. Diese „Mauer" zu durchbrechen, ist die Aufgabe aller verantwortlichen Führungskräfte eines Unternehmens.

4.1.1 Förderung der Fachkräfte

Die Fachkräfte aller Unternehmensebenen sind die tragenden Säulen jedes Betriebes. Dies gilt sowohl für die in den Dienstleistungsbereichen Tätigen als auch insbesondere für die in der Technik Beschäftigten. Speziell hier liegt das Innovationspotenzial im Humankapital, welches zu oft im Verborgenen vor sich hin kümmert. Es sind nicht nur die bereits oben erwähnten Egoismen, die eine Vermittlung des Wissens von Kopf zu Kopf behindern, sondern auch der fehlende Mut des Einzelnen, neues Wissen zu erfragen oder gar seine speziellen Erkenntnisse im Rahmen eines Gesamtprozesses weiterzugeben.

Hier ist es die Aufgabe der Unternehmensleitung, diesen Kreis von verstecktem Wissen und fehlendem Mut aufzubrechen und die Menschen im Interesse des gesamten Unternehmens zu öffnen. So gehört dazu, den fachlich kompetenten und bereitwilligen Mitarbeitern die Chancen zu einer beruflichen Weiterbildung zu bieten, nämlich

- regelmäßige und offen geführte interne Fehler- und Erfolgsanalysen,
- Aufklärung über die weiteren Unternehmensziele,
- Brain Storming im eng begrenzten Fachbereich (um auch Erfahrungen des wissentlich schweigenden Fachmannes aufzunehmen und zu berücksichtigen),

- Teilnahme an technischen und kreativen Seminaren der berufsbezogenen oder sonstigen Einrichtungen, wie Handelskammern, TÜV, DEKRA etc.
- Einsicht in die Fachliteratur,

4.1.2 Motivation der Mitarbeiter

Zwei wesentliche Maßnahmen können der Motivation der Mitarbeiter dienen. Einmal ist dies die Schaffung der bereits erwähnten Unternehmenskultur und zum anderen ein finanzieller Anreiz für besondere innovative Leistungen.

In engem Zusammenhang mit der ständigen Weiterbildung und fachlichen Förderung der Mitarbeiter steht die Schaffung einer modernen Unternehmenskultur. Das noch bis in die achtziger Jahre in zahlreichen Betrieben herrschende „Wir-Gefühl" ist häufig einem trockenen und ganz rationalem Gefühl der Job-Ausübung ohne eine gefühlsmäßige Bindung gewichen. Nicht ein neues Firmenlogo oder eine bunte Website bestimmen das Bild eines Unternehmens, sondern der innere in einem Betrieb herrschende Geist. Daraus kann sich, wie viele Praxisbeispiele – insbesondere aus der New Economy oder den großen traditionellen Gesellschaften – zeigen, ein starkes Leistungspotenzial ergeben.

Die Schaffung eines konstruktiven Erfolgswillens ist eine enorme Herausforderung für alle Betriebe, die ihren zukünftigen Bestand sichern wollen.

Finanzielle Anreize sind weitere unternehmerische Mittel, um technologische Fortschritte in den Betrieben zu erreichen. Nicht nur die im Vertrieb tätigen Mitarbeiter sollen am Unternehmenserfolg teilhaben, sondern auch die in Entwicklung und Produktion stehenden Arbeitnehmer. Hierbei geben oft die in der Serienfertigung tätigen Gesellschaften (zum Beispiel im Automobilbau) vorbildliche Beispiele ab.

Neben einem betrieblichen Vorschlagswesen mit entsprechender „Belohnung" können weitere Anreize, wie großzügige Erfinder- und Patentvergütungen oder Erfolgsbeteiligungen an Umsatz oder Gewinn geboten werden. Diese Incentives müssen sich nicht immer auf dem Lohn- oder Gehaltskonto niederschlagen; sie können auch in Form von Gesellschaftsanteilen oder Ähnlichem ausgezahlt werden. Dadurch wächst die Bindung an das Unternehmen weiter.

4.2 Analyse der eigenen Erzeugnisse

Sinkende Umsätze und Renditen oder steigende Kosten eines Unternehmens sind ein untrügliches Signal für das Ergreifen bestimmter Maßnahmen. Hierbei ist es gleichgültig, ob die Gründe von außen hereingetragen werden, zum Beispiel gesamtwirtschaftliche Entwicklungen, oder ob sie innerbetrieblich bedingt sind, also bei den Produkten, Verfahrensprozessen oder Dienstleistungen liegen. Auf allen Führungs-, Dienstleistungs- und

Produktionsebenen muss reagiert werden. Fehler und Versäumnisse, über die in wirtschaftlich „guten" Zeiten nur zu gerne hinweggesehen werden, sind konsequent auszuräumen.

Bei der Suche nach Fehlern an den eigenen Erzeugnissen müssen alle Stufen des Fertigungsprozesses analysiert werden. Daraus ergibt sich ein Überblick („Schwarzbuch"), aus dem die notwendigen Konsequenzen zur Fehlerbeseitigung abgeleitet werden können.

Grundsätzlich stehen zwei Arten der Analyse zur Auswahl:

- Die Eigenanalyse, die von einem Team ausgewählter Mitarbeiter durchgeführt wird. Über die Systematik dieser Arbeiten und deren Auswertung sind in der Fachliteratur hinreichende Beispiele bekannt.
- Die Fremdanalyse, die von einem außenstehenden Beratungsunternehmen – teilweise auch unter Einbeziehung kompetenter Betriebsangehöriger – vorgenommen wird.

Ziel ist die Offenlegung aller verdeckten oder bisher unerkannten Probleme des Produktionsprozesses und der Marktakzeptanz. Anschließend wird geprüft, mit welchen Technologien oder innovativen Produkten die erkannten Schwierigkeiten beseitigt werden können.

5. Suche nach Spitzentechnologie

Ist das Problem erkannt, muss entschieden werden, mit welchen wissenschaftlichen und technischen Ressourcen eine Lösung gefunden werden soll. Grundsätzlich bieten sich dazu drei Möglichkeiten an:

a) Entwicklung im eigenen Unternehmen,
b) Entwicklung durch Outsourcing oder
c) Übernahme von Patenten oder Lizenzen.

Handelt es sich um Technologien, bei denen etwas effektiv Neues auf wissenschaftlicher Grundlage zu schaffen ist, wäre eine Verknüpfung mit Forschungsinstitutionen außerhalb des eigenen Betriebes von Vorteil. Dies gilt besonders dann, wenn die eigene FuE-Kapazität nicht ausreicht. Für die Adaption bekannter Technologien in neue Bereiche oder die Anwendung neuer Technologien in traditionelle Produktlinien können die eigenen FuE-Abteilungen oder private Ingenieurbüros eingesetzt werden.

5.1 Eigene Forschung und Entwicklung

Verfügt ein Unternehmen über eine eigene FuE, so ist vor Beginn der Entwicklung eine Bewertung der vorhandenen Kapazitäten hinsichtlich qualifiziertem Personal, sachlicher Ausrüstungen sowie der Einhaltung eines Zeit- und Kostenplanes erforderlich. Die Prüfung wird zeigen, ob die eigene FuE die Aufgabe lösen kann oder Unterstützung von Außen angebracht ist. Über Einzelheiten der Ausführung von geplanter Forschung, Entwicklung, Erprobung, Produktion und Markteinführung sind innerbetriebliche Absprachen und Festlegungen zu treffen.

Nahezu die Hälfte aller KMU haben keine eigene oder nur eine eingeschränkte FuE. Wollen sie Spitzentechnologien einsetzen, so sind sie von Anfang an auf fremde Hilfe angewiesen. Die Einrichtung eigener Laboratorien oder Entwicklungsabteilungen mit dem entsprechenden Personal sind aus Kostengründen oft nicht darstellbar. Zahlreiche mittelständische Betriebe haben den Vorteil, über eine oder sogar mehrere Personen zu verfügen, die als Wissensträger moderner Technologien anzusehen sind. Aus diesem Kreis sollte eine Person benannt werden, die über Marktkenntnisse, Technologien und über ein Know-how verfügt, wie und wo geeignete Kooperationspartner zu finden sind. Diese könnte das „Innovationsmanagement" leiten, welches die auszuführenden Arbeiten initiieren und überwachen sollte.

Ungleich schwerer haben es kleine Unternehmen mit sehr geringer Mitarbeiterzahl. Aus Gründen der engen Kapazitäten und der täglichen Arbeitsroutine fehlen ihnen die Möglichkeiten, ihre Ideen oder Ziele zu formulieren – geschweige denn, nach den für sie geeigneten Kooperationsmöglichkeiten zu suchen. Sie sind auf Hilfe von außen angewiesen.

5.2 Outsourcing von Forschungs- und Entwicklungsarbeiten

Gesellschaften, die bereits Erfahrungen in der Zusammenarbeit mit wissenschaftlichen Institutionen haben (Hoch- und Fachhochschulen sowie freie Forschungsinstitute), haben keine wesentlichen Probleme mit der Definition ihrer Ziele und der Suche nach Know-how-Trägern. Sie sind bereits in ein Netz von Wissen und Wissenstransfer eingebunden.

Für die in dieser Hinsicht noch unerfahrenen Unternehmen türmen sich jedoch hohe Mauern auf, die von der Unternehmensleitung Stein um Stein abgetragen werden müssen.

5.2.1 Betriebsinterne Voraussetzungen

Bei der Entscheidung, Forschungs- und Entwicklungsaufträge an Dritte zu vergeben, müssen eine Reihe innerbetrieblicher Voraussetzungen geschaffen sein oder werden:
a) Unternehmensleitung
 – Mut zeigen, eigenes Nicht-Wissen und Lücken zu bekennen und auch völlig Neues anzufassen,
 – eigene Hemmschwellen beseitigen,
 – eine moderne, aufgeschlossene Unternehmenskultur einführen,
 – Kreativität der Mitarbeiter fördern und Wissensabgrenzungen einreißen,

- Erfolge belohnen, Misserfolge nicht bestrafen,
- Aufgaben und Verantwortung für die neuen Ziele definieren.

b) Organisation
- Anpassung einer geeigneten Unternehmensstruktur,
- Einbindung aller am Innovationsprojekt beteiligten Mitarbeiter,
- Teamgeist schaffen und fördern.

b) Mitarbeiter
- persönliche oder gruppenbedingte Egoismen in ein „Wir-Gefühl" verwandeln,
- Anerkennung der Leistungen Außenstehender,
- lernen, kreativ zu sein,
- Offenheit gegenüber den Vorgesetzten, Kollegen und Untergebenen,
- Wunsch und Willen zur ständigen beruflichen Fortbildung.

d) Kostenrahmen und Finanzmittel
- Erstellung eines dem Unternehmen angepassten Kostenrahmens,
- Ausschöpfung staatlicher Fördermittel.

e) Markt
- Anfertigung einer kritischen Marktübersicht der eigenen Produkte und Dienstleistungen,
- Offenlegung aller Schwachstellen,
- Erforschung gegenwärtiger und zukünftiger Kundenwünsche,
- Prüfung der Stärken und Schwachstellen des Wettbewerbs,
- Anfertigung von Marktprognosen.

Bei Schaffung dieser betriebsinternen Fundamente, aus denen Innovationen wachsen sollen, ist es wichtig, sich der Vorteile eines Outsourcing bewusst zu werden. Das Nächstliegende ist der Verzicht auf eine eigene und hohe Fixkosten verursachende FuE. Weiterhin wird ein Unternehmen durch seine Orientierung nach außen in ein starkes Netzwerk internationaler Forschung und Information eingebunden. Aus diesen Quellen sind in der Folgezeit weitere Innovationsschübe zu erwarten.

In zahlreichen „innovationsbedürftigen" KMU bestehen hohe Hemmschwellen gegenüber Spitzentechnologien oder Innovationen. Abgesehen von bisher erfolgreich geübten Traditionen, vererbten Überlieferungen und persönlichen Beharrungsweisen, liegen die Ursachen vielfach in dem psychologischen Unvermögen, sich in die Denkweise eines Know-how-Trägers zu versetzen. Dabei spielt die unterschiedliche Sprache zwischen Wissenschaftler und Unternehmer eine entscheidende Rolle.

Eine weitere und immer wieder auftretende Sperre ist die Furcht der Unternehmensleitungen, den Betrieb gegenüber einem Außenstehenden zu öffnen und Einblicke in die eigenen Schwächen zu gewähren. Die Erfahrungen haben aber gezeigt, dass das Schutzbedürfnis eines Betriebes um so größer ist, je weniger innovative Geheimnisse vorhanden sind.

Diese eigenen Hemmschwellen zu überwinden, kann die Grundlage für eine langfristige und erfolgreiche Zusammenarbeit mit außen stehenden Wissensträgern sein.

5.2.2 Suche nach Kooperationspartnern

Die Suche nach Know-how-Trägern gestaltet sich für Unternehmen, die noch nicht in ein wissenschaftliches Netzwerk eingebunden sind, als außerordentlich problematisch. Was für bereits erfahrene Gesellschaften oder deren Innovationsbeauftragte „ein Griff zum Telefon" bedeutet, erweist sich für einen Technologie suchenden Betrieb als ein Marsch durch einen Informationsdschungel.

Erste Kontaktmöglichkeiten auf der Suche nach dem Wo und Wer ergeben sich bei Seminarveranstaltungen, Kongressen und Messen. Auch werden in der Fachliteratur und der einschlägigen Wirtschaftspresse zahlreiche Kontaktadressen unter Stichworten, wie „Spitzentechnologien" „Innovation", „industrielle Kooperation" etc. angezeigt,

Allein auf dem Gebiet der Bundesrepublik Deutschland bestehen mehrere hundert Universitäten, Technische Hoch- und Fachhochschulen sowie Forschungseinrichtungen, die mit ihrem breit gefächerten Fachwissen bereit sind, Forschungs- und Entwicklungsaufträge aus der Industrie zu übernehmen. Ihnen vorgeschaltet sind die jeweiligen Technologie-Transferzentren. Deren Aufgabe ist es, das Know-how „ihrer" Hochschule nach außen hin anzubieten und einen entsprechenden Wissenstransfer zu vermitteln. Wendet sich der Unternehmer an die in seiner Nähe liegende Institution, so hat er einen regionalen Vorteil und damit eine leichtere Kontaktmöglichkeit zwischen seinem Betrieb und der Wissenschaft. Die Know-how suchende Gesellschaft hat zunächst aber noch keine Klarheit darüber, ob das empfohlene Institut und dessen Mitarbeiter auch für sein Entwicklungsprojekt der optimale Partner ist.

Ein anderer Weg führt zu jenen Forschungsinstituten, die sich vorwiegend der zweckgebundenen FuE widmen. Hier seien nur folgende Institutionen genannt: Max-Planck-Institute, Fraunhofer Gesellschaft, Steinbeis-Stiftung, Batelle usw. Diese Gesellschaften sind in eigenen wissenschaftlichen Netzwerken miteinander verbunden. Von dort aus ist wiederum der Kontakt zu anderen Forschungszentren möglich. Durch das Weitersuchen sind Zeitverluste für die kleinen Unternehmen unvermeidlich.

Regionale Behörden, Industrie- und Handelskammern, die Handwerkskammern, mittelständische Wirtschaftsverbände, manche Banken und Sparkassen usw. verfügen über eigene Stellen, die für Innovationssuchende Kontakte vermitteln können. Diese Institutionen verstehen sich vielfach als Vertretung regionaler oder eigener wirtschaftlicher Interessen.

Weil es keinen direkten Weg zum optimalen Kooperationspartner gibt, die Suche langwierig und kompliziert ist und die KMU stark im Tagesgeschäft eingebunden sind, führt sie oft zu Frustrationen, die leider häufig zur Aufgabe der Bemühungen um Spitzentechnologien führen.

Eine andere Art, um zu Spitzentechnologien zu gelangen, ist die Kooperation mit gleichartigen oder sogar größeren Gesellschaften. Hierzu bieten sich viele bereits erfolgreich beschrittene Wege an, auf die an dieser Stelle nur hingewiesen werden soll:

a) Übernahme von Patenten oder der Abschluss von Lizenzverträgen für Produkte, Verfahren oder Dienstleistungen, die dem gesetzten Projektziel entsprechen oder diesem möglichst nahe kommen.
b) Gemeinschaftliche FuE eines Projektes mit einem gleichartigen Unternehmenspartner, um Zeit und Kosten zu sparen.
c) Kooperation mit einer innovatorischen Partnerfirma mit dem Ziel, gemeinsame Interessen auf gemeinsamen Märkten wahrzunehmen.

6. Übertragung von Spitzentechnologien auf Unternehmen

Nach der analytischen Durchforstung eines scheinbar unendlichen Angebotes an wissenschaftlichem Fachwissen sollten sich für das Unternehmen zumindest zwei bis drei FuE-Institutionen herauskristallisieren, die als Kooperationspartner in die engere Wahl gezogen werden können. Dabei sind nicht die Größe einer Forschungseinrichtung und die Anzahl ihrer Fachinstitute oder gar der Professoren relevant, sondern allein die Kongruenz von Know-how und Projektziel.

6.1 Auswahl des geeigneten Partners

Bei der Auswahl des für ein Unternehmen geeigneten Partners sind einige wesentliche Punkte zu beachten.

6.1.1 Fachliche Auswahl

Die fachliche Auswahl ist über verschiedene Wege zu ermitteln:

a) der allgemeine Ruf einer Forschungseinrichtung auf seinen Spezialgebieten,
b) Zahl und Art der entsprechenden Veröffentlichungen,
c) Anzahl angemeldeter und realisierter Patente,
d) Referenzen über die Zusammenarbeit zwischen Institut und Wirtschaft.

Die für eine fachliche Auswahl wesentlichen Vorinformationen können aus dem Internet oder über die Kammern und Wirtschaftsverbände bezogen werden. Als weiterer Schritt ist eine erste Kontaktaufnahme mit den ausgewählten FuE-Institutionen erforderlich. Sie soll einerseits der Bestätigung der erhaltenen sachlichen Informationen dienen, andererseits aber auch ein Abtasten der menschlichen Kontakte ermöglichen.

6.1.2 Persönliche Auswahl

Wie schon erwähnt, wird Spitzentechnologie von Kopf zu Kopf übertragen! Aber passen auch die Köpfe zusammen? Dies ist eine für den Unternehmer zunächst unbeantwortete Frage, die es – neben dem eigentlichen Projektziel – zu klären gilt. Gegenseitiges Vertrauen ist der gemeinsame Weg zum Ziel und schließlich zum Erfolg.

6.1.3 Grundlagen der Entscheidung

Im Normalfall wird sich eine technologische Kooperation über einen längeren Zeitraum hinziehen. Kurzfristige Entwicklungen und Implementierungen sind selten. Daher ist es wichtig, bereits im Vorfeld der Kontakte klare Absprachen zwischen Unternehmer und Wissensträger zu treffen. Dazu zählen:

a) Definition des Projektzieles,
b) Form der Zusammenarbeit,
c) vorläufiger Zeitplan mit Setzen von „Meilensteinen",
d) eventuelle Aufteilung von Leistungen zwischen Auftraggeber und Auftragnehmer,
e) Personalgestellung durch die Kooperationspartner,
f) Rechte für Patente und deren Verwertung,
g) Fragen des Projektcontrolling und der Implementierung der Innovation,
h) kaufmännische Konditionen.

6.1.4 Entscheidung

Die zwei oder drei vom Unternehmer ausgewählten Forschungsinstitutionen sollen auf den genannten Grundlagen ein detailliertes Angebot einreichen, welches in der in der Wirtschaft üblichen Form zu vergleichen und auszuwerten ist. Die unternehmerische Entscheidung, mit welcher der Forschungseinrichtungen eine Partnerschaft einzugehen ist, erfordert ein intensives Abwägen zwischen sachlichen Fakten einerseits und persönlichen Eindrücken andererseits. Es ist also durchaus vorstellbar, den nach wissenschaftlichen Kriterien Zweit- oder gar Drittplatzierten auszuwählen, weil es zwischen den zukünftigen Partnern mehr „menschelt".

6.2 Vereinbarung über einen Technologietransfer

Basis der zukünftigen Zusammenarbeit ist üblicherweise eine Vereinbarung über den Technologietransfer. Unternehmen, die hierbei noch keine praktischen Erfahrungen gesammelt haben, ist die Einschaltung eines juristischen Beraters zu empfehlen. Für einen Ausgleich bei Auffassungsunterschieden könnte ein von beiden Seiten bestellter (und bezahlter) Mentor sorgen, der gleichzeitig die Verhandlungen zügig weiterführt.

Inhalt der Vereinbarung

Bei der Erstellung einer Technologietransfer-Vereinbarung sind insbesondere die folgenden Punkte zu beachten:

Definition von Problemstellung und Zielsetzung
Auf der Grundlage der eigenen Überlegungen und Recherchen sowie der geführten Vorgespräche und dem Angebot der Forschungsinstitution sind zwischen diesem und dem Unternehmer die zu lösenden Probleme und die gemeinsamen Zielsetzungen detailliert festzuschreiben. Weiche Formulierungen oder ungenaue Angaben führen unweigerlich zu Konflikten, die beiden Partnern Zeit- und finanzielle Verluste bescheren.

Zeitplanung
Wie bei Liefer- und Leistungsverträgen sind Beginn und Ende der Aktionen festzulegen. Zum einen fließen hierbei die Machbarkeit durch die FuE-Einrichtung und zum anderen die Unternehmensplanung mit ein. Die Zeiträume (Wochen/Monate/Jahre) sind mit Anfangs- und Enddaten zu markieren.

Ein wesentlicher Bestandteil der Zeitplanung sind die von Beginn an festzulegenden Zwischenstationen der Forschungs- und Entwicklungsarbeiten. Diese Milestones dienen sowohl der laufenden Fortschrittskontrolle als auch der Möglichkeit einer zwischenzeitlichen Bewertung von Erfolg oder Misserfolg. Damit können beide Partner Abweichungen von der Zeit und der Entwicklungsplanung offen legen und gemeinsam neue Strategien entwickeln. Ein für das Unternehmen wesentlicher Grund der Meilensteine ist die Möglichkeit, die Arbeiten an diesen Punkten abzubrechen. Diese Fälle können eintreten, wenn der Know-how-Träger keine Fortschritte mehr erbringen kann oder die Ergebnisse in eine Richtung gehen, die mit der unternehmerischen Zielsetzung des Projektes nicht übereinstimmen.

Arbeitsteilung
Eine Möglichkeit der Zusammenarbeit zwischen Auftraggeber und Auftragnehmer ergibt sich aus einer Arbeitsteilung des geplanten Entwicklungsvorhabens. Hierbei kann das Unternehmen definierte Aufgaben selbst und auf eigene Kosten übernehmen. So können von ihm beispielsweise Versuchsserien in den eigenen Anlagen durchgeführt werden.

Auch die Konstruktion und Fertigung eines Prototyps des Produktes oder der Aufbau einer bestimmten Prozesstechnologie sind für den Unternehmer möglich. Wichtig ist, dass Zeiträume und Kosten bei einem derartigen Vorgehen in der Planung berücksichtigt werden.

Patente
Patentfragen, die sich aus einem Entwicklungsprozess ergeben, sind grundsätzlich frei verhandelbar. Renommierte Forschungsinstitute unterbreiten den potenziellen Auftraggebern gelegentlich eigene Vertragsklauseln, die diese von einem Patenanwalt prüfen lassen sollten.

Urheberrechtliche Fragen werden in einer Kooperation zwischen Wirtschaft und Wissenschaft nur selten angeschnitten. Sie betreffen meist die Probleme von „Nachbau", Design oder auch Software.

Produktionsbeginn und Markteinführung
Ein Technologietransfer endet üblicherweise nicht mit der Abgabe und Erläuterung von Forschungsergebnissen oder dem Vorzeigen eines Prototyps. Viel wichtiger ist die betriebliche Einführung von neuem Produkt, Prozess oder Dienstleistung. Dazu gehört nicht nur die Beratung bei der Beschaffung neuer Maschinen und Ausrüstungen, sondern auch deren Inbetriebnahme sowie Einweisung und Schulung des Betriebs- und Vertriebspersonals in die neue Technologie.

Die Maßnahmen zur Markteinführung des innovativen Erzeugnisses ist Aufgabe der produzierenden oder dienstleistenden Gesellschaft. Sie kann damit jedoch auch eine fachlich kompetente Beratungsfirma beauftragen.

Über Einführung und Verantwortlichkeit der Innovation in den Betrieb ist in der Vereinbarung ebenfalls eine Festlegung zu treffen. Hierzu bieten sich drei grundsätzliche Möglichkeiten an:

a) Die Einführung wird von dem Forschungsinstitut vorgenommen. Der Vorteil ist, dass die gesamte Verantwortung in einer Hand liegt.
b) Die Einführung wird vom Betrieb vorgenommen. Dabei sollte der Wissensträger mit kompetentem Personal präsent sein, um bei auftretenden Problemen sofort eingreifen zu können.
c) Die Einführung wird von einem unabhängigen Dritten vorgenommen. Der Vorteil liegt in der Neutralität des Beraters, der die Ursachen auftretender Differenzen distanzierter betrachtet und unter seiner Moderation eine Lösung anstreben kann. Die Kostenübernahme dieses Dritten sollte von beiden Partnern einvernehmlich geregelt werden.

Preise und Zahlungskonditionen
Wie aus den vorhergehenden Ausführungen ersehen werden kann, ist die Abgabe eines Festpreises für die Erbringung einer bestimmten Forschungs- und Entwicklungsleistung nahezu unmöglich. Zu viele Unwägbarkeiten, insbesondere hinsichtlich des Zeitaufwan-

des, spielen eine Rolle. Schon aus diesem Grunde ist die Festlegung der Meilensteine eine Notwendigkeit für den Unternehmer.

Festpreise können vom Auftragnehmer für die Neuanschaffung bestimmter Einrichtungen, die Benutzung vorhandener Installationen oder für genau definierte Tätigkeiten abgegeben werden. Demgegenüber ist der Zeitaufwand für zahlreiche Arten der effektiven Forschung und Entwicklung im Voraus nur ungenau zu ermitteln. Bevorzugte Lösung ist hier die Festlegung eines festen Stunden- oder Tagessatzes, verbunden mit einem voraussichtlichen Gesamtaufwand. Abgerechnet wird nach der Anzahl tatsächlich aufgewendeter und nachgewiesener Zeiten.

Die Zahlungskonditionen bestehen aus den üblichen An- und Zwischenzahlungen sowie einer Schlussrate nach Beendigung des Technologietransfers. Die prozentuale Höhe der Anzahlung richtet sich nach den Vorlaufkosten der Forschungsinstitutionen. Die Zwischenzahlungen sind an die Ergebnisfortschritte und damit an die Meilensteine gebunden. Erst bei Erreichen des Projektzieles ist die Schlussrate fällig.

Für den Fall, dass ein Unternehmer zu dem Entschluss kommt, ein gemeinsames Forschungsvorhaben abzubrechen, werden der Forschungseinrichtung nur die bis zu diesem Zeitpunkt entstandenen Kosten erstattet. Sonderzahlungen oder die Geltendmachung von Folgeschäden sind nicht die Norm.

Controlling
Ein definiertes FuE-Vorhaben sollte einer ständigen Begleitung durch einen beauftragten Controller unterliegen. Seine Aufgaben sind wie folgt zu umreißen:

- a) Kontaktperson zwischen Forschungsinstitut und Unternehmer,
- b) Überwachung der Entwicklungsarbeiten und Soll-Ist-Vergleich zum Zeitpunkt der Meilensteine,
- c) Erstellung monatlicher Fortschrittsberichte für den Unternehmer,
- d) Ausführung einer Kostenkontrolle und Freigabe der Zahlungsraten,
- e) Beratung bei der Produktionsaufnahme und Markteinführung der neuen Technologie,
- f) Ausfertigung des Übernahmeprotokolls bei Beendigung der Tätigkeiten,
- g) Interne Betriebsabrechnung nach Abschluss aller Arbeiten,
- h) Durchführung eines wirtschaftlichen Soll-Ist-Vergleichs für die künftige Unternehmensplanung.

Dieser umfangreiche Tätigkeitskatalog erfordert eine Person, die sowohl wissenschaftlich-technisch als auch kommerziell versiert und zudem kommunikativ ist. Für die personelle Besetzung dieser Aufgabe bieten sich wiederum drei Möglichkeiten an. Der Unternehmer kann die Person aus dem eigenen Mitarbeiterstab für diese Aufgaben abstellen. Für größere Betriebe dürfte dies kein besonderes Problem darstellen. KMU dagegen werden häufig auf Hilfe von außen angewiesen sein. Alternativ könnte auch die Forschungsinstitution den Controller anbieten, was allerdings bei den Auftraggebern auf eine gewisse Skepsis stoßen dürfte. Als dritte Lösung stellt sich die Verpflichtung eines unabhängigen Beraters dar, die insbesondere für die kleinen Unternehmen attraktiv sein kann. Dies bedeutet aber, dass ein solch neutraler Consultant auch nur auf Teilbereiche der obigen Aufgabenstellungen beschränkt eingesetzt wird. Der entsprechende Kostenaufwand ist recht genau zu ermitteln und dürfte geringer als bei eigenem Betriebspersonal sein.

7. Erfolgskontrolle und kontinuierliche Innovationen

Es soll hier vorausgesetzt werden, dass Ausführung und Implementierung der Innovation, einschließlich der Markteinführung, im Sinne der in den Abschnitten 4 bis 6 geschilderten Maßnahmen verlaufen sind. Die Bestandssicherung des Unternehmens ist damit jedoch nicht garantiert. Es wäre zwecklos, die Hände nach einer erfolgreich durchgeführten Innovation in den Schoß zu legen und die weiteren Entwicklungen auf sich zukommen zu lassen.

Wie eingangs bereits erläutert, sind die Grundsatzüberlegungen sowie die eingeleiteten und durchgeführten Maßnahmen kontinuierlich fortzusetzen. Dazu zählen

    a) die Erfolgskontrolle des Technologietransfers hinsichtlich seiner Marktakzeptanz,
    b) die Weiterführung des begonnenen innovativen Weges und
    c) die Übernahme der Unternehmensergebnisse in die Mittel- und Langfristplanung.

7.1 Erfolgskontrolle

Die Erfolgskontrolle hat die Aufgabe, die Betriebsergebnisse zu messen und damit die Resultate der Innovation aufzuzeigen. Der technische Erfolg der Herstellung eines Produktes, eines Verfahrensprozesses oder einer bestimmten Dienstleistung ist relativ kurzfristig an Qualität, Zuverlässigkeit oder Leistung zu ermitteln.

Schwieriger und langfristiger gestaltet sich die wirtschaftliche Erfolgskontrolle, nämlich die Erfassung der Herstell- oder auch der Betriebskosten. Mit den erhaltenen Daten ist ein Soll-Ist-Vergleich durchzuführen. Die internen Kosten sind nur ein Faktor des Gesamtergebnisses. Die Marktakzeptanz der Innovation wird wesentlich von ihrer Darstellung, dem Marketing, bestimmt und ist ausschlaggebend für Umsatz und Rendite. Diese Faktoren zu kontrollieren und zu steuern, ist die Aufgabe der Unternehmensleitung.

7.2 Fortsetzung der Innovationstätigkeit

Mit einer einmaligen Umsetzung von Spitzentechnologie in innovative Produkte ist der Bestand einer Gesellschaft nicht gesichert. Nur wer ständig in der Spitzengruppe innovatorischer Unternehmen verbleibt, hat die Chance einer langfristigen Bestandssicherung. Dies bedeutet die ständige Weiterentwicklung der beschriebenen Prozesse.

7.3 Berücksichtigung der Ergebnisse in Planung und Bilanz

Nicht nur die Sicht auf einen temporären Erfolg der Gesellschaft ist von Bedeutung. Ihre Fortschreibung in Unternehmensplanung und Planbilanz sind entscheidend für die zukünftige Ertragskraft eines Unternehmens. Damit wird die Fähigkeit, Spitzentechnologien bei der Entwicklung innovativer Produkte einzusetzen, ein wesentlicher Bestandteil der Bonitätsbeurteilung. Dies berücksichtigt ein qualifiziertes Rating. Hierbei werden neben den wirtschaftlichen Ergebnissen auch die „verborgenen" Unternehmenswerte, wie Patente, Innovationsmanagement, Unternehmensstrategie, vorhandenes Humankapital usw. in Betracht gezogen.

Teil 9
Rolle des Rating Advisors

Bedeutung des Rating Advisors für mittelständische Unternehmen

Wolfgang Meyer-Parpart

1. Grundlegende Anmerkungen

Bis 2005 wird gemäß den Vorgaben des Baseler Ausschusses für Bankenaufsicht (Basel II) jeder einzelne Kredit entsprechend seiner Bonität von der kreditvergebenden Bank mit einem bestimmten Eigenkapitalanteil zu unterlegen sein. Spätestens dann wird das Rating[1] auch für mittelständische Unternehmen zum Dreh- und Angelpunkt der allgemeinen Kreditvergabe. Dabei werden sowohl die internen Ratings der Kreditinstitute als auch die externen Ratings von Ratingagenturen[2] zur Anwendung kommen. Mit anderen Worten die Kreditqualität wird zukünftig nach weitgehend einheitlichen Ratingverfahren überprüft und am Ende dieser Kreditbeurteilung wird auch jedem kreditsuchenden mittelständischen Unternehmen ein Rating zugeordnet. Die Ratingagenturen betonen dabei besonders, dass diese Ratings nur eine Meinung[3] zur Bonität dieser Unternehmen widerspiegeln.

Aus Gesprächen mit mittelständischen Unternehmen ist zu entnehmen, dass diese befürchten, ihre bestehenden und zukünftigen Kredite werden aufgrund ihrer schwächeren Marktposition durch diese „neuartigen Ratings" wesentlich teurer. Ferner konnte der Verfasser feststellen, dass die meisten Unternehmer noch nicht ausreichend über die Vor- und Nachteile von Ratings informiert sind und oftmals geradezu Berührungsängste gegenüber Ratingagenturen zum Ausdruck bringen. Der Verfasser, der selbst über viele Jahre als Leiter einer internationalen Ratingagentur in Deutschland durch Vorträge, Interviews, Buchbeiträge und sonstige Veröffentlichungen dazu beigetragen hat, das Verständnis für Ratings in Deutschland und Europa zu entwickeln, kennt die Sorgen und Ängste gegenüber Ratings von Ratingagenturen.

Diese ranken sich um Fragen wie: „Ist für mein Unternehmen ein Rating zum gegenwärtigen Zeitpunkt bereits sinnvoll oder erst kurz vor 2005?" „Welches Rating kann unser Unternehmen erwarten?" „Sollen wir unsere Geschäftspolitik nach den Vorgaben der Ratingagenturen ausrichten?" „Welche Ratingagentur würden Sie empfehlen?" „Wodurch unterscheidet sich die Beratung eines unabhängigen Rating Advisors von der großer In-

---

1 Zur Definition eines Ratings siehe Abschnitt 1.1.1.
2 Zu den bereits etablierten Ratingagenturen und den Neugründungen siehe Abschnitt 1.2.
3 Damit sichern sich die Ratingagenturen rechtlich gegen jegliche Regressansprüche von Seiten der beurteilten Unternehmen ab, sollten letzteren wirtschaftliche Nachteile aus diesen „Urteilen" erwachsen.

vestmentbanken?" „Gibt es Ratingberater, die für den Mittelständler besondere Dienstleistungen erbringen?"

Die nachfolgenden Ausführungen sollen dazu beitragen, möglichst viele offene Fragen zur Bedeutung des Rating Advisors für den Mittelstand zu beantworten und heraus zu arbeiten, wie auch diese Unternehmen im Wettbewerb um Kapital mit Hilfe von Ratings ihre Marktposition verbessern können.

Die Baseler Beschlüsse bedeuten keine Katastrophe für den Mittelstand, sondern setzen gegenwärtig eine Entwicklung in Gang, von der am Ende alle Beteiligten in unterschiedlichster Weise profitieren werden.

1.1 Ratings und mittelständische Unternehmen

Gerade auch für mittelständische Unternehmen ist es von besonderer Bedeutung, die eigenen Prognosen für die Zukunft von dritter Seite bestätigt zu bekommen. Langfristige Ratings können dazu einen wichtigen Beitrag leisten, da sie über einen Zeithorizont von fünf bis zehn Jahren reichen . Die speziellen Erfahrungen der Analysten und Berater in den jeweiligen Märkten können mithelfen, durch Aufzeigen von Erfolgs- und Risikofaktoren mit diesen in der Zukunft zielbewusster umgehen zu können.

1.1.1 Ratingdefinition

Ein Rating drückt die Meinung einer auf Bonitätsanalysen spezialisierten Agentur über die zukünftige wirtschaftliche Fähigkeit und rechtliche Bindung und Willigkeit eines Schuldners aus, seine Zins- und Tilgungsverpflichtungen vollständig und termingerecht zu erfüllen. Ein Rating gibt eine Prognose ab über die zukünftigen Entwicklungen bei einem Schuldner.

Mit Hilfe von Ratingsymbolen wie zum Beispiel von „AAA" (bestes Rating) bis „D" (schlechtestes Rating bei S&P, Fitch, URA und anderen Neugründungen) oder von „Aaa" bis „C" (Moody's) auf einer festgelegten ordinalen Skala werden die jeweiligen Bonitätsrisiken der verschiedensten Schuldner weltweit vergleichbar gemacht. Haben bestimmte Schuldner in verschiedenen Ländern Europas zum Beispiel das gleiche „ BB +" Rating, so können die Kreditgeber davon ausgehen, dass diese Kreditnehmer von gleicher gerade noch spekulativer Kreditqualität sind.

Gleichzeitig vermögen besonders die etablierten Ratingagenturen auch über den Grad des Schutzes zu informieren, den ein Investor gegenüber dem Ausfallrisiko hat. Letzteres setzt sich zusammen aus dem Produkt der Wahrscheinlichkeit des Zahlungsausfalls und der Verlustquote bei Zahlungsausfall. Dadurch können die Kreditgeber die zu erwartenden Kreditverluste besser abschätzen.

1.1.2 Mittelständische Charakteristika als Risikofaktoren

Nachfolgend sollen einige wesentliche qualitative Merkmale angesprochen werden, die typisch für mittelständische Unternehmen sind. Diese lassen spezielle Charakteristika erkennen und sind auch von großer Bedeutung für die Methodologie, die der Rating Advisor bei der Erarbeitung einer Ratingbandbreite als auch die Ratingagenturen bei der Erstellung ihrer Ratings für mittelständische Unternehmen heranziehen.

Solche Charakteristika sind in vielen Fällen unter anderen :
- Eigentum und Management in der Person des Unternehmers
- Großer Einfluss der Unternehmerfamilie
- Rechtsform des Unternehmens
- Eingeschränkte Eigen- und/oder Fremdkapitalbeschaffung am Geld- und Kapitalmarkt
- Begrenzte Informations- und Kommunikationspolitik
- Geringe Diversifizierung bei Produkten und Absatzmärkten

Die vorgenannten Besonderheiten sollen insoweit kurz kommentiert werden, wie sie bei mittelständischen Unternehmen für die Ratinganalyse als Risikofaktoren eine detailliertere Betrachtung erfordern. Werden diese Risiken richtig erkannt, so ist bereits ein wichtiger Schritt zur Vorbereitung auf das Ratingverfahren getan, indem diese in das Risikomanagement des Unternehmens einbezogen werden. Bei der klassischen Einheit von Eigentum und Management in der Hand einiger weniger Personen ist oft die gesamte Organisation auf diese ausgerichtet. Entscheidungen werden generell nur von einem oder wenigen getroffen, was zur Folge hat, dass nur sie das Unternehmen führen können und notwendige Veränderungen durch die inflexible und intransparente Struktur behindert werden.

Eine für das Unternehmen möglicherweise erforderlich werdende Nachfolgeregelung wird dadurch oft auch nicht gerade erleichtert. Wenn die Nachfolger aus der Eigentümerfamilie stammen sollen und bereits feststehen, ist zu untersuchen, ob diese eine ausreichende Qualifizierung für diese Aufgaben mitbringen. Die Untersuchung der Rechtsform muss dazu beitragen, zukünftige Haftungsfragen im Falle von späteren Finanzverlusten zu klären. Oft fehlt genügend haftendes Eigenkapital. Dann ist es entscheidend zu erfahren, inwieweit der Unternehmer im Ernstfall bereit ist, mit seinem eigenem Privatvermögen einzutreten.

Da die meisten mittelgroßen Unternehmen noch nicht in der Form einer Publikumsaktiengesellschaft organisiert sind, unterliegen sie auch nicht einer so strengen ausführlichen und regelmäßigen Rechnungslegung und Informationspflicht. Diese Tatsache erschwert es den Ratingagenturen,das notwendige Zahlenmaterial und Detailinformationen zu beschaffen. Deshalb ist die uneingeschränkte Mitwirkung und Unterstützung durch das Managements immer eine wesentliche Voraussetzung für eine Ratinganalyse.

Bei der Beschaffung von Fremdkapital vertraut man in den meisten Fällen noch auf die Hausbanken, mit denen man bereits seit Jahren zusammenarbeitet. Bei der Analyse ist deshalb auch die Beziehung zwischen den kreditgebenden Banken und dem Unternehmen besonders zu durchleuchten. Weiter ist zu prüfen, ob unwiderrufliche Kreditzusagen vorliegen und wie stark diese externen Liquiditätsquellen sind. Dazu ist auch die Bewertung der Kreditgeber in Form von Ratings erforderlich.

Eine besondere Problematik stellt der oft noch nicht oder sehr eingeschränkte Zugang zum Geld- und Kapitalmarkt dar. Häufig wird das benötigte Eigenkapital von einigen wenigen Gesellschaftern zur Verfügung gestellt. Und da die meisten mittelständischen Unternehmen noch nicht groß genug sind – im Sinne von genügend kritischer Masse und ausreichender Bonität – und aufgrund ihrer mangelnden Informations- und Kommunikationspolitik auch noch nicht über einen ausreichenden Bekanntheitsgrad verfügen, finden sie selten eine Investmentbank, die ihnen den Weg in den Geld- und Kapitalmarkt ebnet. Dazu bedarf es einer guten Vorbereitung mit Hilfe von internen und externen Spezialisten.

Viele Unternehmen verfügen noch nicht über eine ausreichende Diversifizierung bei ihren Produkten und Absatzmärkten. Oft sind sie nur mit einem oder wenigen Produkten in einem noch zu stark regional begrenztem Markt tätig. Aufgrund einer zukunftsweisenden Produktinnovation haben sie eine bestimmte Marktnische erfolgreich besetzt. Vielfach wird dabei jedoch die wachsende Abhängigkeit und Konzentration auf wenige Produkte und Abnehmer in seiner Bedeutung unterschätzt, wodurch sich das Ereignisrisiko stark erhöht. Mit anderen Worten die Bonität des Unternehmens kann sich wesentlich verschlechtern, sollten zum Beispiel ein größerer Kunde als Abnehmer ausfallen, der Konjunkturrückgang in der spezifischen Branche des Unternehmens gravierender sein als erwartet oder sonstige ungünstige Umfeldbedingungen das Geschäft beeinträchtigen. Deshalb kommt der Bestimmung der Eintrittswahrscheinlichkeit solcher Ereignisrisiken besonders bei mittelständischen Unternehmen große Bedeutung zu. Ebenso wichtig ist dabei auch festzustellen, ob die bestehende Finanzkraft und die durch das Management zur Abfederung solcher Ereignisse getroffenen Vorkehrungen ausreichend sind. Wie verschiedene Rating Advisory Projekte gezeigt haben, werden die mit diesen Charakteristika verbundenen Risiken oft von den Unternehmern unterschätzt.

Zusammenfassend kann man feststellen, dass die Ratinganalyse von mittelständischen Unternehmen andere Analyseschwerpunkte haben muss, um zu einem ausgewogenen Ratingergebnis zu kommen. Dies mag mit ein Grund sein, warum sich besonders die neu gegründeten Ratingagenturen auf den Mittelstand spezialisieren. Sie sehen darin eine Nische, in der auch die großen Ratingagenturen noch über keine nennenswerten Wettbewerbsvorteile hinsichtlich der Zeitreihen von historischen Ausfallwahrscheinlichkeiten zu deutschen mittelständischen Unternehmen verfügen.

1.1.3 Kriterien für die Ratingfähigkeit von mittelständischen Unternehmen

Der Rating Advisor wie auch die einzelne Ratingagentur müssen sich die Frage stellen, welche Unternehmen bereits ratingfähig sind und welche Kriterien ein mittelständisches Unternehmen erfüllen sollte, um erfolgreich ein Ratingverfahren zu durchlaufen.

Die Größe eines Unternehmens ist kein Ratingkriterium an sich, also auch kein Kriterium für seine Ratingfähigkeit, denn der Erfolg eines Unternehmens ist weitgehend unabhängig von Größenrelationen wie Umsatz, Marktkapitalisierung oder der Mitarbeiterzahl. Die Größe eines Unternehmens wird allerdings immer dann von Bedeutung sein, wenn mit ihr Produktivitäts- und Wettbewerbsvorteile einhergehen.

Es sollte erfahrungsgemäß eine Mindestgröße gegeben sein. Diese liegt etwa bei einem Jahresumsatz von 50 bis 100 Mio. DM. Aus einer gewünschten Umsatzrendite von erwarteten fünf bis acht Prozent oder mehr kann auf die Profitabilität des Unternehmens geschlossen werden. Positive Zukunftsaussichten lassen ein zufriedenstellendes organisches (internes) Wachstum erwarten. Das Unternehmen sollte mindestens drei bis fünf Jahre, eher länger im Markt bestanden haben und für diese Zeit auch aussagefähige Bilanzen und Gewinn- und Verlustrechnungen vorweisen können. Die Rechtsform kann zunächst einmal vernachlässigt werden, wenn der Unternehmer bereit ist, seine Zahlen und Unternehmensdaten auch der Ratingagentur später offenzulegen.

Ein immer wieder als kritisch angesehener Punkt ist die frühzeitige vollständige Publizität. Dabei genügt es keinesfalls nur die gesetzlichen Vorschriften zu erfüllen, sondern das Unternehmen muss eine weiterreichende sehr offene Informations- und Kommunikationspolitik betreiben. Zur Ratingfähigkeit gehört zusätzlich zur Beschaffenheit des Unternehmens ganz wesentlich der Wille des Managements, das Unternehmen durch ein Rating bewerten lassen zu wollen. Fehlt dem Unternehmer als Eigentümer seines Unternehmens diese Bereitschaft, so wird jede erfahrene Ratingagentur verständlicherweise auf das Erstellen eines Ratings verzichten. Zu groß ist das Risiko der Fehlbewertung und damit die Gefahr ein „falsches" Rating zu erstellen. Die Unterstützung des angestrebten Ratingverfahrens durch das gesamte Management ist von großer Bedeutung. Auch hier hat der Rating Advisor intensive Überzeugungsarbeit zu leisten.

Die vorgenannten Kriterien werden auch zur Beurteilung der Börsenreife[4] eines Unternehmens herangezogen. Gleichzeitig können diese auch als Mindestanforderungen gelten, damit eine Ratingagentur in die Lage versetzt wird, ein ausgewogenes Rating erstellen zu können.

---

4   Vgl. Küffer (1992), S. 48 ff.

1.2 Verbindung von Rating Advisory und Ratingagenturen

Zwischen dem Rating Advisor und den Ratingagenturen bestehen keine Interessenkonflikte, sondern sie haben das gleiche Ziel. Sie wollen gemeinsam das Interesse an Ratings fördern. Die Ratingagenturen überlassen ihren Kunden im allgemeinen die Entscheidung, ob sie die Dienstleistung eines Rating Advisors in Anspruch nehmen wollen oder ob sie allein die Vorbereitungen für das Ratingverfahren durchführen wollen. Dennoch zeigt die Erfahrung, dass der Rating Advisor von den meisten Ratingagenturen gern gesehen wird, da er ihnen einen Teil ihrer Arbeit ohne zusätzliche Kosten abnimmt und ihnen im Endergebnis neue Ratinginteressenten zuführt. Deshalb unterstützen sie ihn mit allen Informationen, die eine Ratingagentur selbst zu Werbezwecken einsetzt. Je mehr der Advisor über eine bestimmte Agentur weiß, um so eher kann er von der Richtigkeit dieser Agentur für seinen Mandanten überzeugt werden. Dabei muss der Advisor jedoch seine strikte Neutralität bewahren.

Ein Rating Advisor hat genau wie eine Ratingagentur erwerbswirtschaftliche Ziele. Dazu führt die Ratingagentur primär Finanzanalysen durch und der Rating Advisor berät die Unternehmen wie sie ein optimales Ratingergebnis erreichen können. Die Ergebnisse der Finanzanalysen werden von den Ratingagenturen durch den Verkauf von Publikationen weltweit veröffentlicht. Nicht alle Ratings werden auch veröffentlicht. Die Mehrzahl der internationalen und nationalen Ratingagenturen behandeln die Ratings solange vertraulich, bis sie von den jeweiligen Ratingträgern (Unternehmen, Banken, Versicherungen, Körperschaften des öffentlichen Rechts etc.) autorisiert werden, das Rating zu veröffentlichen.

Das Erstellen von Ratings gegen eine Ratinggebühr und das Vermarkten der Finanzanalysen ist der Hauptzweck, also der Unternehmensgegenstand einer Ratingagentur. Die Ratinggebühren reichen von etwa 20 000 bis 200 000 DM und darüber je nach Ratingagentur und der Art des Ratings.

Der Unternehmensgegenstand eines Rating Advisors ist die Beratung in allen Fragen, die mit dem Thema Rating zusammenhängen. Seine Gebühren werden im allgemeinen auf per diem Basis berechnet.

Er hilft den Unternehmen bereits zu einem frühen Zeitpunkt, wenn sie sich unverbindlich über die Vor- und Nachteile eines Ratings informieren lassen wollen. Er begleitet sie beratend über zwei bestimmte Phasen hindurch. Die erste Phase (Pre-Phase) betrifft die Vorbereitung auf das offizielle Ratingverfahren nachdem die Entscheidung getroffen wurde, das Unternehmung durch ein Rating bewerten zu lassen. Die zweite Phase der Nachbereitung (Post-Phase) ist die Zeit der eigentlichen Beratung des Unternehmens auf der Basis des Ratingergebnisses. Nach Erhalt des Ratings und des Ratingkommentars kann das Unternehmen keine Empfehlungen von Seiten der Ratingagentur erwarten, wie es in näherer Zukunft ein höheres Rating erhalten kann. Dazu ist dann wieder der Rat des Rating Advisors gefragt.

1.2.1 Rechtliche Grundlagen

Der Rating Advisor führt keine Rechtsberatung durch. Insofern soll hier auch nur kurz auf einige der am häufigsten gestellten rechtlichen Fragen eingegangen werden. Für viele mittelständische Unternehmer ist es unklar, ob sie eine Ratingagentur haftbar machen können, wenn ihnen aus einem schlechten Rating wirtschaftliche Nachteile entstehen. Zu den Haftungsfragen bei Ratings haben sich anerkannte Juristen[5] bereits geäußert und auf diese soll generell verwiesen werden.

Die Ratingagenturen sind rechtlich nahezu unangreifbar, da sie die von ihnen erstellten Ratings grundsätzlich nur als eine Meinung bezeichnen, die sie über ein Unternehmen oder ein Finanzierungsinstrument haben. Sie begeben sich damit unter den sicheren Schutzschirm der freien journalistischen Meinungsäußerung. Nur grob fahrlässiges Verhalten könnte man ihnen anlasten, aber auch das wäre kaum nachzuweisen. Ratings sind keine Tatsachenbehauptungen, sondern Bewertungen, die in Form von Ratingsymbolen wie „AAA" oder „ BB-" als Meinungen artikuliert werden.

Eine Ratingagentur ist auch nicht als Finanzberater anzusehen und die von ihnen vergebenen Ratings sind deshalb auch keine Empfehlungen zum Kauf- und Verkauf von Wertpapieren[6]. Sie wollen ferner nicht als Berater in steuerlichen Fragen gelten. Ebenso lehnen sie es ab, als „Experte" im Sinne bestehender Wertpapiergesetze betrachtet zu werden.[7]

Die Durchführung der Bonitätsanalysen ist auch nicht mit der Tätigkeit von Wirtschaftsprüfern zu vergleichen. Wichtig ist für viele Unternehmen zu wissen, welche vertraglichen Bindungen sie bei einem Ratingverfahren mit einer Ratingagentur eingehen und wozu sich die Ratingagentur mit einem Ratingvertrag verpflichtet. Bei genauerer Durchsicht des zwischen einer Ratingagentur und einem Ratinginteressenten geschlossenen Ratingvertrags fällt auf, dass nahezu alle rechtlichen Vereinbarungen die Interessen der Ratingagentur unterstreichen.

Als Argumentationsgrundlage dafür wird angeführt, dass eine Ratingagentur sich grundsätzlich vertraglich so absichern muss, dass jede Schadensersatzklage eines oder mehrerer Ratinginteressenten vor irgendeinem Gericht in der Welt von vornherein als aussichtslos angesehen werden muss. Würden die in einem Ratingvertrag getroffenen Vereinbarungen diesbezüglich Lücken aufweisen, könnte das sehr schnell zur Existenzgefährdung jeder Ratingagentur führen. Bisher sind alle Versuche erfolglos geblieben, eine Ratingagentur auf Schadensersatz zu verklagen. Die Ratingagenturen sichern vertraglich[8] grundsätzlich nur das zu, was sie auch einhalten können, mit anderen Worten worüber sie die Kontrolle haben. So wird von den meisten Agenturen vertraglich zugesagt, dass man ein Rating nur auf Anfrage und aufgrund eines Auftrages erstellt. Ferner ist man bereit zuzusichern, dass

---

5   Vgl. stellvertretend Kübler (1997), S. 128 ff.
6   Vgl. Meyer-Parpart (1996a), S. 40 ff.
7   Vgl. Meyer-Parpart (1996a), S. 40 ff.
8   Vgl. Meyer-Parpart (1996a), S. 54 ff.

der Ratingnehmer erst die Erlaubnis zur Veröffentlichung des akzeptierten Ratingergebnisses geben muss, bevor die Ratingagentur das Rating weltweit distributiert. Außerdem sichert man zu, dass die vom Ratingnehmer erhaltenen vertraulichen Informationen nur zum Zwecke der Ratingerstellung verwendet werden. Es ist für jede Ratingagentur selbstverständlich und existenzentscheidend, dass vertrauliche Informationen auch konsequent vertraulich behandelt werden und sie sich strikt an die Einhaltung der Insider-Gesetze gebunden fühlt. Aus verständlichen Gründen weigern sich die Ratingagenturen irgendwelche Vertraulichkeitserklärungen schriftlich abzugeben.

Der Umfang und der Inhalt der Ratingvereinbarungen ist bei den meisten Ratingagenturen unterschiedlich. Der Rating Advisor kann jedem Ratinginteressenten anschauliche Beispiele zu möglichen Ratingverträgen aufzeigen, aber letztlich waren die Ratingagenturen bisher in der Lage ihre jeweiligen Vertragsversionen durchzusetzen. Vergleiche zeigen teilweise gravierende Unterschiede in der Ausführlichkeit.

1.2.2 Rating Advisory als Teil der Unternehmensberatung

Für den Rating Advisor ist das Erarbeiten einer Ratingindikation aufgrund von Finanzanalysen nur Hilfszweck. Das Rating dient ihm eher dazu, den Umfang der für das Unternehmen erforderlichen Beratung zu erkennen und diesen dann überzeugend zu vermitteln. Mit anderen Worten je höher das von einer Ratingagentur zu erwartende Rating ist, umso mehr reduziert sich die Beratung darauf, den Interessenten möglichst effizient auf das Ratingverfahren vorzubereiten, damit dieser das bestmögliche Rating erreicht. Das Ziel der Beratung muss sein, den Nutzen des Ratings für das Unternehmen zu optimieren.

An dieser Stelle soll unterstellt werden, dass das Unternehmen noch nicht den Status der Ratingfähigkeit erreicht hat. Das heißt zunächst einmal nur, dass das mittelständische Unternehmen einige der weiter oben aufgeführten Kriterien der Ratingfähigkeit noch nicht erfüllt und insofern ein Ratingergebnis zu erwarten ist, von dem keine ausreichend positiven Signale auf bestimmte Ratingadressaten wie Hausbank und andere Fremdkapitalgeber, größere Lieferanten und Kunden etc. erwartet werden können.

In diesen Fällen wird der Unternehmer nur schwer dafür gewonnen werden können, bei einer Ratingagentur durch das offizielle Ratingverfahren zu gehen. Er wird dem Rating Advisor dankbar zuhören, wenn dieser ihm die wichtigsten Gründe darlegt, die aller Voraussicht nach zu einem nicht zufriedenstellendem Ratingergebnis führen werden. Diese Phase ist mit der sensibelste Teil der Beratung einer jeden Unternehmungsleitung, unabhängig von der Größe des zu beurteilenden Unternehmens.

Denn vielfach muss der Berater dem Unternehmer oder Geschäftsführer sagen, dass sein Unternehmen zu diesem Zeitpunkt eine Bonität repräsentiert, die ihm zwar eine ausreichende – wenn auch kostenintensivere – Versorgung mit Krediten durch seine Hausbank erlaubt, aber sicherlich noch nicht ausreicht, um sich zum Beispiel mit Hilfe eines Börsengangs das benötigte langfristige Kapital zu beschaffen. Die meisten bankinternen Untersuchungen zu mittelständischen Unternehmen in Deutschland mit Jahresumsätzen unter 500 Mio. DM haben ergeben, dass diese noch nicht das finanzwirtschaftliche und geschäftspolitische Profil haben, um sich ohne intensive Vorbereitung am öffentlichen Geld- und Kapitalmarkt erfolgreich refinanzieren zu können. Für zum Beispiel Commercial Paper Platzierungen geht man von einem Finanzierungsbedarf in der Spitze von etwa 100 bis 200 Mio. DM aus, damit die Emissionskosten einschließlich Road Shows nicht die Vorteile der zinsgünstigeren Finanzierung übersteigen. Einen solchen kurz- bis mittelfristigen Kreditbedarf hat aber erst ein wachsendes Unternehmen von etwa ein bis zwei Mrd. DM Jahresumsatz je nach Finanzierungsstruktur. Insofern ist die Zahl der mittelständischen Unternehmen noch sehr begrenzt, die bereits den Geld- und Kapitalmarkt erfolgreich nutzen können.

Das Ergebnis der Unternehmensanalyse als Vorstufe zu einem späteren Rating wie es die Ratingagenturen erstellen, wird den Umfang der benötigten Unternehmensberatung durch Experten und Spezialisten abstecken. Auch hier übernimmt der Rating Advisor eine wichtige Vermittlerrolle.

1.2.3 Unabhängigkeit und Qualität der Dienstleister

Die von den Ratingagenturen täglich vorgelebte Unabhängigkeit von allen Ratingadressaten sichert die langfristige Existenz dieser Agenturen. Die Ratingagenturen lassen sich zwar von denjenigen Kunden bezahlen, die bei ihnen ein Rating in Auftrag geben. Das heißt aber nicht, dass sie sich dadurch in ihren Beurteilungen des einzelnen Unternehmens beeinflussen lassen. Oberstes Prinzip ist bei allen bekannten Ratingagenturen die strikte Neutralität bei allen Ratingentscheidungen.

Oft sind die Ratingveränderungen zum Beispiel einzelner bereits veröffentlichter Ratings sehr schmerzhaft für die dahinterstehenden Unternehmen, Banken und Versicherungen etc., und man hätte alles getan, um eine Herabstufung zu vermeiden. Aber gerade weil die Ratingagenturen nicht käuflich sind und die meisten ihrer Ratinganalysen von guter Qualität sind, schenkt der Markt ihnen Gehör und vertraut auf die darin zum Ausdruck kommende Expertise. Je länger der Zeitraum ist, über den eine Ratingagentur nachweisen kann, dass ihre Ratings im Sinne von Beurteilungen richtig waren, umso mehr wird der Markt diese Ratings für die Festsetzung der Kreditkonditionen einsetzen.

Durch frühzeitige und möglichst für alle Marktteilnehmer zeitpunktgleiche Informationen über Ereignisse und Veränderungen zum Beispiel bei einem mit einem Rating versehenen Unternehmen können die Ratingagenturen ihrer unabhängigen Informationspolitik gerecht werden.

Auch der Rating Advisor muss für alle erkennbar eine unabhängige Beratung anbieten. Es ist besonders wichtig, dass er nur seinem Gewissen folgt und entsprechend seinen Kenntnissen, die er über die einzelnen Ratingagenturen hat, diese mit seinem Mandanten diskutiert. Dabei wird er seine Einschätzungen zu den Vor- und Nachteilen der einzelnen Ratingagentur für das Unternehmen entsprechend der unternehmensspezifischen Gegebenheiten vortragen. Der Berater sollte dies so neutral und unabhängig wie möglich tun, um dem Mandanten die beste Wahl zu erleichtern.

Die letzte Entscheidung, mit welcher Ratingagentur das Unternehmen zusammenarbeiten will und wann es den Ratingauftrag an die Agentur erteilen will, sollte es aus der Summe der ihm unterbreiteten objektiven Fakten ableiten können. Um so mehr der Berater über die Ratingverfahren der traditionellen Ratingagenturen und die neu in Deutschland gegründeten Agenturen weiß, um so überzeugender kann er eine objektive und unabhängige Darstellung der durchaus gegebenen Unterschiede bei den einzelnen Ratingagenturen geben.

2. Rating Advisory und Investmentbanken

Die meisten internationalen Investmentbanken wie Goldman Sachs, J. P. Morgan und Merrill Lynch sowie die größeren deutschen Institute wie Deutsche Bank und Dresdner Bank mit starkem Emissionsgeschäft beschäftigen heute ihre eigenen Rating Advisors. Weitere Rating Advisory Abteilungen bei anderen Banken und Landesbanken sind im Aufbau. Der Grund dafür ist darin zu sehen, dass Ratings an vielen Anleihemärkten de facto zur Emissionsvoraussetzung geworden sind[9] und zum Beispiel die Platzierung von Commercial Paper Programmen oder andere Finanzierungsinstrumente einzelner Unternehmen wesentlich erleichtern. Um so schneller das Management einer größeren Unternehmung von der Wichtigkeit und Bedeutung eines Ratings für eine erfolgreiche Platzierung überzeugt werden kann, desto früher kann mit dem Ratingverfahren begonnen werden . Erst wenn man das Ratingergebnis einer anerkannten Ratingagentur erhalten hat und man erwarten kann, dass dieses die gemeinsam geplante Emission erkennbar unterstützen wird, werden die Emissionsprospekte gedruckt. Oftmals erbitten die Banken eine mündliche Vorabinformation durch die Ratingagentur, um das endgültige Ratingergebnis möglichst frühzeitig in die weiteren Emissionsaktivitäten mit einbeziehen zu können.

Bei den meisten Investmentbanken ist eine enge Verzahnung von Rating Advisory und Emissionsgeschäft festzustellen, während andere Banken diese Beratung im Credit Research integriert haben. Das Hauptinteresse der Investmentbanken und der größeren deutschen Banken liegt darin, möglichst viele große Emissionen mit bestem Erfolg für ihre Kunden im Markt zu platzieren und sich dadurch viele zusätzliche zukünftige eigenkapitalschonende Provisionsgeschäfte zu sichern. Mit Blick auf die lukrativeren Underwriting Fees verzichten die Investmentbanken oftmals ganz auf eine Gebühr für den Rating Advi-

---

9   Vgl. Everling (2001), S. 1.

sory Service. Darüber hinaus besteht eine eindeutige Präferenz zu den traditionellen bereits seit Jahren etablierten Ratingagenturen, da man das Risiko unerwarteter Marktreaktionen minimieren will.[10]

Da jedoch die Mehrzahl der mittelständischen Unternehmen noch nicht geld- und kapitalmarktfähig ist und viele sich erst in der Vorbereitungsphase dorthin befinden, ist es zunächst sinnvoll sich mit Hilfe von Unternehmensberatern auf die Weiterentwicklung des Unternehmens zu konzentrieren, bevor man über die Zusammenarbeit mit einer Investmentbank nachdenkt.

3. Spezielle Aufgabenstellungen des Rating Advisors

Die Beratung des zu analysierenden Unternehmens vor und nach dem Ratingverfahren kann nicht von einer Ratingagentur übernommen werden. Sie kann nicht Empfehlungen aussprechen, was der Ratinginteressent tun oder ändern sollte und wie er sich am wirkungsvollsten präsentieren kann. In Einzelfällen wird der verantwortliche Hauptanalyst vorab eine Liste der Fragen (so genannter Questionaire) zusammenstellen, die ihn in besonderem Maße an dem Unternehmen interessieren und die für die Ratinganalyse relevant sind. Von Seiten der Ratingagenturen wird allerdings vielfach betont, dass die Vorabzusammenstellung der wesentlichsten Fragen den Ablauf des späteren Ratinggesprächs unnötig einengt.

Rating Advisory ist die ganzheitliche systematisch- koordinierte Planung und Steuerung der Aktivitäten beim Ratinginteressenten zur Erreichung eines optimalen Ratingergebnisses.

Ein Rating Advisor, der Erfahrungen bei einer Ratingagentur hat sammeln können, wird die Vorbereitung des Ratinginteressenten auf das spätere Ratinggespräch von Beginn an erleichtern können.

In Abbildung 1 sind die drei Phasen zum ersten Rating zusammengestellt, wobei für jede Phase aufgezeigt wird, welche Aktivitäten der Rating Advisor durchzuführen hat und welche nur das Management des Unternehmens selbst erledigen kann. Weiterhin ist erkennbar, dass viele Tätigkeiten von beiden Akteuren gemeinsam zu erbringen sind.

Nachfolgend wird in den jeweiligen Abschnitten auf einzelne wesentliche Aktivitäten gesondert eingegangen.

---

10 Vgl. Everling (2001), S. 2.

	Aktivitäten zur Entscheidung für ein Rating	Vorbereitungsphase für das Ratingverfahren	Begleitung des Unternehmens nach Erhalt des Rating
Rating-interessent	Daten sammeln → Entscheidung für ein Rating	Übersendung an Ratingagentur → **Ratinggespräch mit Ratinganalysten**	Fortwährende Geschäftsverbindung mit Ratingagentur
gemeinsame Aktivitäten	Festlegung des primären Ratingzwecks → Wahl der Ratingagentur	Ernennung des Ratingkoordinators → Rohentwurf der Rating Dokumentation → Endgültige Rating-dokumentation → Vorbereitung des Managements für das Ratinggespräch	
Rating Advisor/ Berater	Informations-bedarf festlegen → Daten sammeln	Indikation einer Ratingbandbreite → Vorgespräch mit Ratingagentur → Vorschlag für eine Strategie bei der Präsentation	Auswertung des Ratingergebnisses und Beratungsbedarf festlegen
	1-2 Monate	2-3 Monate	4-5 Monate

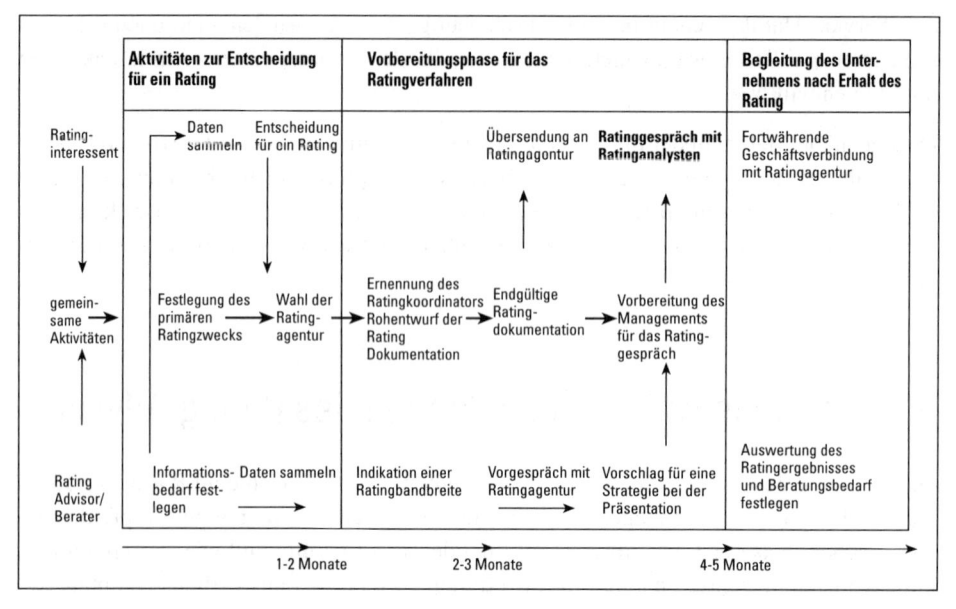

Abbildung 1: Drei Phasen zum ersten Rating

3.1 Beratungsaktivitäten vor der Entscheidung des Unternehmens für ein Rating

Die Expertise des Rating Advisors in Bonitätsanalysen und Kenntnisse über die Anforderungen der einzelnen Ratingagenturen für bestimmte Ratingstufen sind besonders vor dem Ratingverfahren hilfreich und führen zu einer schonenden Beanspruchung interner Unternehmensressourcen.

3.1.1 Festlegung des primären Ratingzwecks

Der Rating Advisor sollte möglichst früh versuchen, vom Management des mittelständischen Unternehmens den primären Zweck für das angestrebte Rating herauszufinden, um später die richtige Empfehlung für die zu wählende Ratingagentur geben zu können Denn ein Rating ist kein Selbstzweck, sondern stets Mittel zum Zweck. Mit anderen Worten es ist abzuklären, was ein Rating für das spezielle Unternehmen leisten kann und was der Unternehmer mit dem Rating erreichen will.

Sollte dieser sein, zunächst nur genauer über die wirtschaftliche Situation des gesamten Unternehmens informiert zu werden, so kann das größere mittelständische Unternehmen sich erst einmal ein Rating von einer der neuen Ratingagenturen erstellen lassen, die sich auf den Informationsbedarf des Mittelstands spezialisiert haben. Strebt das mittelständische Unternehmen einen Börsengang in Deutschland an, so wird sicherlich eine Ratingagentur zu empfehlen sein, deren Bekanntheitsgrad und Akzeptanz bereits über die Grenzen Deutschlands hinaus geht. Dadurch lässt sich ein größerer Kreis an institutionellen[11] und privaten Investoren erreichen.

Ist das mittelständische Unternehmen bereits groß und bekannt genug, um mit Hilfe von Investmentbanken spezielle Finanzierungsinstrumente oder sogar bereits eine Anleihe erfolgreich im Geld- und Kapitalmarkt platzieren zu können, dann wird die Hilfe von einer der führenden großen Ratingagenturen erforderlich. Mit Hilfe dieser Ratings kann die erreichte Bonität den Kapitalmarktteilnehmern überzeugend vermittelt werden. Dabei helfen die internationalen Ratingagenturen aus eigenem Interesse nachhaltig und professionell mit, indem sie alle veröffentlichten Ratings ohne zusätzliche Kosten weltweit distributieren.

3.1.1.1 Rating als Entscheidungshilfe für das Management

Grundsätzlich können alle Unternehmen, auch kleinere mit einem Rating bewertet werden.

Jedoch ist der größte Teil der etwa 18 000 mittelständischen Unternehmen noch zu klein, um sich am öffentlichen Geld- und Kapitalmarkt zu refinanzieren[12]. Sehr spekulative Ratings würden ihnen ohnehin dabei nicht helfen können. Ebenso zeigt die Erfahrung, dass diese Unternehmen auch kein Interesse daran haben, ihre gerade noch ausreichende Bonität allen Marktteilnehmern durch Veröffentlichung transparent zu machen.

Für diese Unternehmen ist der Nutzen eines Ratings primär in der Gewinnung von Informationen aus der Bewertung wichtiger Erfolgs- und Risikofaktoren durch einen externen Beobachter zu sehen. Diese stellen eine wichtige Entscheidungshilfe für das Management dar und verhelfen zu einer verbesserten internen Bestandsaufnahme, zu der unter anderem die RS Rating Services AG beitragen will. Bei der ausführlichen Analyse des Ratingberichts einschließlich des Risikoberichts, den zum Beispiel die URA Unternehmens Ratingagentur erstellt, gewinnt die Unternehmensführung wichtige Hinweise für die anzustrebende Weiterentwicklung des Unternehmens. Darüber hinaus erhält das Management mit dem Rating ein Qualifizierungsinstrument für sich und seine Mitarbeiter. Die langjährige Beobachtung mittelständischer Unternehmen zeigt, dass diese oftmals ihre selbst gesetzten strategischen Ziele nicht konsequent genug umsetzen und deshalb nur langsam bei der Verbesserung ihrer Bonität voran kommen. Ein Rating verschafft eine gute Grundlage für strategische Entscheidungen. Dabei sollte jedoch berücksichtigt werden, dass das Management seine Geschäftspolitik nicht ausschließlich daran ausrichten sollte, wie es das Rating auf der Ratingskala nach oben verschieben kann.

---

11 Viele institutionelle Investoren dürfen aufgrund von internen Investmentrichtlinien nur in Wertpapiere investieren, die ein Rating von einer anerkannten Ratingagentur erhalten haben. Insofern helfen deren Ratings mit, den Kreis der Investoren entscheidend zu erweitern. Vgl. Meyer-Parpart (1992), S. 3.
12 Vgl. o. V. (2000), S. 26.

Auch die neu gegründete GDUR Rating AG, die sich auf den Informationsbedarf des Mittelstands aus ganzheitlicher Perspektive spezialisiert hat, informiert über die wirtschaftliche Situation des gesamten Unternehmens.

Das Rating kann sowohl das Controlling unterstützen als auch als Instrument der Unternehmensführung zur Optimierung der Unternehmensprozesse beitragen. Damit lassen sich wichtige Entscheidungsgrundlagen legen, die der langfristigen Erfolgssicherung sehr dienlich sind.

3.1.1.2 Rating zur Unterstützung der Kapitalmarktfähigkeit

Die deutschen und europäischen mittelständischen Unternehmen sind durch ein hohes Wachstum gekennzeichnet, und viele von ihnen sind durch zukunftsträchtige Innovationen sehr erfolgreich. Dieses Potenzial kann aber nur optimal ausgeschöpft werden, wenn sie sich das dafür erforderliche Kapital zu wettbewerbsfähigen Konditionen erschließen können. Bei diesem Wettbewerb um Geld und Kapital befinden sich die mittelständischen Unternehmen in einer schwierigen Übergangsphase.

Die Mehrzahl der Unternehmer weiß, dass das Kapital immer dahin fließt, wo es den höchstmöglichen Ertrag bei gleichzeitig höchstmöglicher Sicherheit bringt. Je nach der Risikobereitschaft der Investoren werden diese eine adäquate Prämie in Form von Verzinsung für das von ihnen eingegangene Risiko verlangen. Bevor sie jedoch zu einem solchen Schritt bereit sind, wollen sie sich darüber informieren können, welche Investments entsprechend ihrer Risikopräferenz dafür in Frage kommen.

Ratings können dabei auf einfache Weise helfen, alle interessierten Marktteilnehmer über die wirtschaftlichen Verhältnisse, die Bestands- und Zukunftsfähigkeit eines bestimmten Unternehmens aufzuklären.

Mit der Schaffung der gewünschten Transparenz über die bei einem bestimmten Investment gegebene Kreditqualität ist eins der wichtigsten Kriterien durch das Unternehmen erfüllt, um kurzfristig kapitalmarktfähig zu werden. Um diese Wirkung zu erreichen, muss das Management bereit sein, das Rating durch die Ratingagentur veröffentlichen zu lassen. Nur dann kann es seine Werbewirksamkeit voll entfalten.

Ein weiteres wichtiges Kriterium ist eine bestimmte Unternehmensgröße, aus der ein bestimmter Kapitalbedarf abzuleiten ist, damit Aufwand und Ertrag einer geplanten Finanztransaktion in einem ausgewogenen Verhältnis stehen. Um zum Beispiel einen langfristigen Kapitalbedarf von etwa80 bis 100 Mio. DM zu haben, sollte von einem Jahresumsatz von etwa eine Milliarde DM ausgegangen werden. Legt man diese Zahlen zugrunde, so können dafür etwa 200 bis 300 Unternehmen in Deutschland identifiziert werden. Nach Aussagen der internationalen Emissionsbanken sollte das Emissionsvolumen zum Beispiel eines Commercial Paper Programms oder einer kleineren Anleihe nach Möglichkeit sogar mindestens 200 bis 300 Mio. DM betragen, wenn man einen weitgehend liquiden Sekundärmarkt erreichen will. Denn ansonsten wird der Markt eine zusätzliche Prämie für die unzureichende Liquidität fordern und damit die Kosten unnötig erhöhen.

Die Zahl der Unternehmen, die ein Rating anstreben, um ihre Kapitalmarktfähigkeit zu erhöhen, ist dementsprechend begrenzt. Diese verbleibende Kerngruppe ist heute aber in besonderem Maße auf die Signalwirkung eines Ratings für geplante Gänge an den Kapitalmarkt angewiesen und stellt deshalb gegenwärtig auch die umworbene Zielgruppe der großen etablierten Ratingagenturen dar.

Als drittes wichtiges Kriterium zur Verbesserung der Kapitalmarktfähigkeit ist ein ausreichender Bekanntheitsgrad des Unternehmens zu nennen. Dieser muss mit möglichst vielen positiven Informationen über das Unternehmen aufgeladen sein, denn nur dann hat er die richtige Wirkung auf die Marktteilnehmer bei der Platzierung der ersten Finanztransaktion im Markt. Eine der entscheidenden Informationen zur positiven Abrundung des bereits im Markt bestehenden Images der Unternehmung ist das Rating. Es ist anerkanntermaßen zu dem entscheidenden Kriterium geworden, mit dem die Kapitalmarktfähigkeit nachhaltig gefördert werden kann. Es hilft, die Bonität möglichst vielen potenziellen Investoren und Gläubigern gleichzeitig transparent zu machen.

Ratings sind heute bereits ein Muss für alle Unternehmen, die erfolgreich am Geld- und Kapitalmarkt agieren wollen. Die Mitwirkung eines Rating Advisors ist auch hier sinnvoll. Ebenso werden Unternehmen, die auf dem Weg hin zur Kapitalmarktfähigkeit sind, den Rat eines Rating Advisors schätzen, wenn er nicht nur Kenntnisse zum Ratingverfahren hat, sondern darüber hinaus auch noch durch die richtige Ausrichtung der Investor Relations spätere Aktionen am Geld- und Kapitalmarkt mit Hilfe eines Ratings rechtzeitig vorzubereiten versteht.

3.1.2 Auswahl einer oder mehrerer Ratingagenturen

Rating Advisors können den mittelständischen Unternehmen bei der Auswahl der „richtigen" Ratingagentur behilflich sein. So ist zum Beispiel die Ratingagentur Standard & Poor's dafür im Markt bekannt, dass sie stärker emittentenorientiert ist, wohingegen bei Moody's Investors Service schon vom Namen her auf eine stärkere Ausrichtung auf die Investoren geschlossen werden kann. Die Ratings von Moody's sind weniger hilfreich für eine detaillierte Performancemessung, sondern die Marktteilnehmer erhalten eher Aufschluss über die bei einem bewerteten Unternehmen gegebenen potenziellen, erwarteten Ausfall- und Verzugsrisiken wie sie besonders für Investoren interessant sind.

Ebenso bezeichnet sich die in Frankfurt im Sommer 1999 neu gegründete EuroRatings AG als „Investor Driven" und hat den Fokus dabei bereits auf Europa gerichtet. Sie sehen es als Herausforderung an, die für das noch junge Marktsegment des Mittelstandsratings so entscheidende Akzeptanz gleichzeitig sowohl bei Kapitalgebern als auch bei Kapitalnehmern zu erreichen. Zur möglichst neutralen Bewertung der großen traditionellen Ratingagenturen soll hier auch die Untersuchung[13] von Cantwell & Company aus Chatham, New Jersey (USA) herangezogen werden. Die Ergebnisse dieser Vergleichsuntersuchungen können helfen, die jeweils für das eigene Unternehmen geeignete Ratingagentur zu finden.

Die neuen Ratingagenturen sind noch nicht lang genug im Markt, um bereits in eine solche Befragung aufgenommen zu werden. Es sind erst relativ wenige mittelständische Unternehmen, die bereits eigene Erfahrungen mit diesen Neugründungen gemacht haben. Diese reichen keinesfalls aus, um repräsentative Unterschiede und Gemeinsamkeiten daraus ableiten zu können. Um diese vergleichen zu können, sollte man mit Hilfe eines Rating Advisors die von diesen verwendeten „neueren" Ratingansätze und das gesamte Ratingverfahren genauer analysieren.

In der Befragung durch Cantwell schneidet die Fitch Ratings Ltd., die aus Fitch IBCA und Duff & Phelps hervorgegangen ist, im Vergleich mit Moody's und S & P relativ besser ab. Mehr als 90 Prozent der von Cantwell befragten Unternehmen fühlten sich beim Rating durch Fitch verstanden. Bei S&P waren es 78 Prozent und bei Moody's waren es nur 75 Prozent. Bei der Beurteilung der Qualität des veröffentlichten Researchs bzw. der Analyse über die eigene Gesellschaft bescheinigen 18 Prozent der Ratingagentur Fitch eine „exzellente" Qualität gegenüber S&P mit 9 Prozent und Moody's mit 8 Prozent. Die Ratinganalyse von Fitch halten 47 Prozent mindestens für „sehr gut", während 40 Prozent eine solche Beurteilung zu S&P und 37 Prozent zu Moody's abgeben.

Die 1998 in München neu gegründete URA Unternehmens Ratingagentur AG hat sich bereits einen Namen bei der Erstellung von Ratings für mittelständische Unternehmen machen können, bei denen die ausführlichen Ratingberichte unter Hinzufügung eines speziellen Risikoberichts[14] für die Weiterentwicklung des Unternehmens besonders geschätzt werden. So stellt der von der URA eingesetzte Ratingansatz auf die Potenziale zur Unternehmensoptimierung ab, wobei die Möglichkeiten zur Senkung von Zins- und Kapitalkosten sowie zur Stärkung der Wettbewerbsposition verständlich gemacht werden.

Mit Hilfe von aussagekräftigen Bemerkungen des Ratinganalysten zu unterschiedlich gewichteten Ratingbereichen wie Management und Organisation, Personal, Finanzwirtschaft, Produkte und Märkte, Produktion – und Informationstechnologie sowie Standort und Ökologie können die Potenziale zur Unternehmensoptimierung festgestellt werden. Ein zusätzlicher Risikobericht rundet das Gesamtbild des Unternehmens ganz wesentlich ab. Das Ziel der neueren, kleineren Agenturen muss es sein, eine von Beginn an überzeugende professionelle Bonitätsbeurteilung zu einem „überschaubaren Preis" und mit spezifischen Aussagen für den Mittelstand zu liefern.[15] Es muss allen Beteiligten bewusst sein, dass ein Rating dieser Neugründungen sich noch nicht die Akzeptanz im Markt hat erobern können, wie sie die drei führenden Agenturen über viele Jahrzehnte haben entwi-

---

13 Vgl. Everling (2001), S. 1.
14 Vgl. URA (1999), Blatt 9.
15 Vgl. Everling (2001).

ckeln können. Insofern wird noch für längere Zeit die Qualität und der Umfang der mit einem Ratingsymbol mitgelieferten Bemerkungen und Kommentare zu den Stärken und Schwächen des beurteilten Unternehmens von großer Bedeutung sein.

Soll das angestrebte Rating dazu dienen, dem Unternehmen den Weg in den deutschen Geld- und Kapitalmarkt zu erleichtern, dann wird je nach Bekanntheitsgrad dieses Unternehmens auch wieder zunächst ein Rating von einer der drei traditionell führenden Ratingagenturen ausreichen. Alle drei haben sich eine Reputation erarbeitet, die sowohl bei deutschen als auch bei international agierenden Investoren anerkannt ist. Ein Rating von einer dieser Agenturen kann als ausreichende Unterstützung für eine geplante Emission in Deutschland und Europa angesehen werden.

Wie in vielen Emissionsprospekten leicht nachvollzogen werden kann, reicht in den meisten Fällen der gute Name einer Ratingagentur aus, um zum Beispiel eine kleinere Anleihe von 100 bis 200 Mio. DM oder bestimmte Finanzierungsinstrumente erfolgreich platzieren zu können.

Der Start in den deutschen Geld- und Kapitalmarkt zunächst mit dem Rating von nur einer Ratingagentur bietet sich schon aufgrund der damit verbundenen Kosten (Ratinggebühren) an. Da die großen Ratingagenturen wenig Bereitschaft zeigen, ihre Mindestgebühren für Emittenten kleinerer Emissionen zu reduzieren, schlagen diese relativ stark bei den Gesamtkosten für eine Emission durch.

3.1.3 Ernennung eines Ratingkoordinators

Häufig wird von Unternehmensseite die Frage gestellt, wie zeitintensiv das Durchlaufen eines Ratingverfahrens ist. Von Seiten der Ratingagenturen wird dazu angegeben, dass sie normalerweise ein Rating in etwa zwei bis drei Monaten erstellen können. Wenn das Unternehmen zu Vergleichzwecken mit dem zu bewertenden Unternehmen der gleichen Branche von einer Ratingagentur bereits analysiert worden ist, kann der Zeitrahmen auf Wunsch verkürzt werden.

Um in der normalen Vorbereitungsphase nicht allzuviel Zeit vom Management bzw. Unternehmer selbst zu beanspruchen, hat es sich als vorteilhaft herausgestellt, einen leitenden Manager zum Ratingkoordinator zu ernennen. Dieser ist häufig bei größeren Unternehmen der Treasurer, der Leiter der Unternehmensplanung oder der Leiter der Investor Relations Abteilung.

Bei mittelständischen Unternehmen wird häufig der Leiter des Finanz- und Rechnungwesens mit dieser Aufgabe betraut. In allen Fällen ist es wichtig, dass diese Person das volle Vertrauen der restlichen Geschäftsleitung hat und autorisiert ist, im Namen der Unternehmung vertrauliche Informationen zunächst mit dem Rating Advisor und später mit den Analysten der Ratingagentur auszutauschen. Der Koordinator arbeitet gemeinsam mit dem Rating Advisor an allen Vorbereitungen für das Ratingverfahren. Er nimmt auch an allen Gesprächen mit den Ratingagenturen teil und ist zentraler Anlaufpunkt bei den Ratinggesprächen für die Ratinganalysten. Er sollte alle Teile des Managementinformationssystems kennen, um von den Analysten gewünschte Daten und Informationen kurzfristig beschaffen zu können. Dies wird von den Analysten positiv bewertet, wenn daraus abzuleiten ist, dass das Management sich auch bereits bestimmte Kennzahlen und Korrelationen aus dem Zahlenwerk des Unternehmens zu Controllingzwecken hat errechnen lassen.

Mit Hilfe eines versierten Koordinators kann die Einbindung des Topmanagements auf zwei wesentliche Aufgaben begrenzt bleiben:

1. Durchsicht, Ergänzung und Genehmigung der Ratingdokumentation (Ratingexpose) der eigenen Verantwortungsbereiche (Produktion, Vertrieb, Finanzen, Forschung und Entwicklung etc.)
2. Präsentation der eigenen Expertise im jeweiligen Verantwortungsbereich (Managementqualität) während des Treffens mit den Analysten an einem vorher fixierten Tag.

Damit lässt sich die einzusetzende Zeit für die aktive Teilnahme am Ratinggespräch auf wenige Stunden reduzieren.

Es gibt aber auch Unternehmensleitungen bzw. Unternehmer, die diese Gespräche zum Anlass nehmen, um zum Beispiel die verantwortlichen Bereichsleiter an allen meist an einem Tag stattfindenden Ratinggesprächen teilhaben zu lassen. Dadurch erhalten die Leiter der anderen Bereiche zeitnahe Informationen über die Grenzen ihrer eigenen Abteilungen hinaus. Dies betrifft insbesondere die von der Geschäftsleitung nur mündlich vorgetragenen vertraulichen Ergänzungen zur Ratingdokumentation. Dieser vertrauliche Austausch strategischer Ausblicke in die Unternehmenszukunft wird besonders von den Analysten geschätzt und hilft auch den anderen Teilnehmern einzelne Unternehmensteile im Gesamtzusammenhang besser zu verstehen. Damit lässt sich ein zeitgleicher Informationsaustausch erreichen, der in seiner Bedeutung für die interne Kommunikation nicht unterschätzt werden sollte. Die Kommentare der Unternehmensleitungen nach solchen gemeinsamen Ratinggesprächen waren stets positiv und es wurde vereinbart, dass man zukünftig weitere solcher Informationsaustausche durchführen wird. Bei diesen Ratinggesprächen verzichten die meisten Unternehmenssleitungen bewusst auf die Anwesenheit des Rating Advisors von Investmentbanken, da man die scharfe Trennung von Ratinganalyse und Aktienanalyse nicht unbedingt auf die Probe stellen will.

Nach Beendigung des Ratingverfahrens ist der Ratingkoordinator weiterhin der Anlaufpunkt für die Analysten, sofern diese bei der Verarbeitung der erhaltenen Informationen noch Fragen haben. Der Rating Advisor operiert in diese Phase möglichst im Hintergrund und überlässt verständlicherweise den direkten Kontakt zu den Analysten dem Koordinator als Vertreter des Unternehmers.

3.1.4 Indikation einer Ratingbandbreite

Bevor die für das Unternehmen recht arbeitsintensive Vorbereitungsphase für das offizielle Ratingverfahren begonnen wird, kann der Rating Advisor an Hand der ihm zur Verfügung gestellten Bilanzen und Gewinn- und Verlustrechnungen der letzten fünf Jahre eine Kurzanalyse durchführen, sofern die Unternehmensleitung eine klarere Vorstellung von dem zu erwartenden Rating vorab haben will.

Eine sehr wichtige Information ist für alle Ratinginteressenten die Aussage, ob das Rating bereits die Kategorie „Investmentqualität" erreichen kann oder ob eher mit einem Rating zu rechnen ist, das als spekulativ einzustufen ist. Die Mehrzahl der in letzter Zeit bewerteten mittelständischen Unternehmen ist immer noch im spekulativen Bereich angesiedelt. Dabei ist zu berücksichtigen, dass bisher nur einige Mittelständler der Veröffentlichung ihrer spekulativen Ratings zugestimmt haben. Je nach Ratingagentur kann davon ausgegangen werden, dass die Zahl der durchgeführten Ratings bereits etwa 30 bis 50 Prozent höher liegt, aber eben nicht veröffentlicht werden durften.

Wenn der Rating Advisor nach der kurzen Analyse eine bestimmte Ratinghöhe zunächst für sich festgelegt hat, die das Unternehmen nach konservativer Bewertung erwarten könnte, darf er auf Seiten des Managements die Erwartung keinesfalls zu hoch ansetzen. Eine vom Unternehmer meist gewünschte Ratingindikation sollte grundsätzlich nur in Form einer Bandbreite von zum Beispiel BB- bis BBB- abgegeben werden. Damit kann vermieden werden, dass das Management im Falle einer am Schluss von der Ratingagentur abgegebenen niedrigeren Bewertung enttäuscht ist. Diese Enttäuschung hätte negative Folgen für die zukünftige Zusammenarbeit sowohl zwischen Unternehmen und Rating Advisor als auch zwischen Unternehmen und Ratingagentur. Der Rating Advisor muss die Erwartung des Unternehmens grundsätzlich dämpfen. Die Erfahrung zeigt, dass nahezu alle Unternehmensleitungen die Bonität ihrer Unternehmen zu hoch einschätzen. In diesem Zusammenhang hat es sich bewährt, wenn das Management eine Art Selbsteinschätzung vornimmt und auch die Begründungen für eine bestimmte Ratinghöhe mitliefert. Diese sind besonders hilfreich in der Vorbereitungsphase für das offizielle Ratingverfahren, auf die nachfolgend eingegangen wird.

3.2 Vorbereitungsphase für das Ratingverfahren

3.2.1 Erstellung einer Ratingdokumentation

Mit der frühzeitigen Aushändigung der ausführlichen Ratingdokumentation wie Ratinghandbuch oder Ratingexposé an die Ratinganalysten ist eine der wichtigsten Grundlagen für ein effizientes Ratingverfahren gelegt. Um so mehr Zeit den Analysten für die Vorbereitung des Ratinggesprächs gegeben wird, desto genauer können sie die Informationen verarbeiten und noch verbleibende Fragen für das Gespräch zusammenstellen.

Bei der Erstellung der von allen Ratingagenturen gern gesehenen Ratingdokumentation sollte der Rating Advisor nur unterstützend mitwirken. Grundsätzlich muss das Unternehmen die als erforderlich angesehenen Unternehmensinformationen in Form eines Ratingexposé oder kleinen Handbuchs selbst zusammenstellen. Dabei müssen der Rating Advisor und das Management gemeinsam sicherstellen, dass das Unternehmensrisiko, das sich aus dem Geschäftsprofil (Business Profile) und dem Finanzprofil (Financial Profile) ergibt, vollständig und überzeugend dargestellt wird.[16]

Eigentümer	
Unternehmensrisiken	
Geschäftsprofil – Management – Marktanteil – Wachstumsaussichten – Produktpalette – Strategien für Expansion – Geografische Präsenz	**Finanzprofil** – Verschuldungsgrad (Leverage) – Operationale Effizienz – Cash Flow Generierung – Bilanzpolitik – Fixed Charge Coverage

Die einzelnen Bestandteile dieser Profile müssen proaktiv und umfassend dargelegt werden, um von vornherein ein möglichst hohes Rating zu erhalten, das auch über einen längeren Zeitraum Bestand hat. Zusätzlich muss auch auf die speziellen Charakteristika[17] des mittelständischen Unternehmens eingegangen werden, um die darin liegenden Risiken vollständig zu beleuchten. Die gesamte Dokumentation muss vollständig und präzise sein und muss dem Analysten erlauben, sowohl die Risikofaktoren als auch die Erfolgsfaktoren zu erkennen.

Rating Advisors, die zuvor bei einer Ratingagentur gearbeitet haben, kennen die Informationsbedürfnisse der Analysten und wissen dementsprechend auch, welche Analyseschwerpunkte sie setzen. Dabei geht der Inhalt eindeutig vor der Form der Präsentation der gegebenen Informationen. Die Anzahl der Seiten zum Beispiel für ein Ratinghandbuch sollte je nach Komplexität des Unternehmens maximal bei 30 bis 50 Seiten plus Appendix liegen.

Es ist anzustreben, dass die Analysten die Ratingdokumentation Seite für Seite als wirklich hilfreich ansehen. Dann werden sie sich die Mühe machen, diese auch vollständig zu lesen. Ansonsten werden sie diese als Schönfärberei abtun und beiseite legen. Alles was dem schnelleren und besseren Verständnis des Unternehmensrisikos dient, wird dankbar angenommen und in die spätere Ratinganalyse eingearbeitet.

Bevor der Analyst seine Vorbereitung für das Ratinggespräch abschließt, sollte man ihn noch zu seinen speziellen Analyseschwerpunkten befragen Diese sollten dann der Unter-

---

[16] Zu den Analyseschwerpunkten und weiteren Einzelheiten der von den Ratingagenturen herangezogenen Ratingkriterien siehe Meyer-Parpart (1996b), S. 120 ff., ferner: Fitch IBCA, Duff & Phelps (2000).
[17] Siehe dazu nochmals Abschnitt 1.1.2.

nehmensleitung zur vereinfachten eigenen Vorbereitung mitgeteilt werden. Eine ausführlich Bearbeitung für das Ratinggespräch ist sehr zu empfehlen.

3.2.2 Vorbereitung der Präsentation des Unternehmens für das Ratinggespräch

Zur abschließenden Vorbereitung des Ratinggesprächs sollten sich alle Gesprächsteilnehmer von Unternehmensseite mit dem Rating Advisor mindestens eine Woche vor dem offiziellen Termin zusammensetzen, um eine einheitliche Vorgehensweise bei der geplanten Präsentation sicherzustellen. Es hat sich als sehr zweckmäßig erwiesen, vorher einen Tagesablauf (Agenda) festzulegen, damit jeder Teilnehmer weiß, wann er seinen eigenen speziellen Beitrag zu leisten hat. Auch sollte ein gemeinsames ausgiebiges Mittagessen geplant werden, da dies Gelegenheit zu einer etwas zwangloseren Kommunikation gibt. Oft stößt dabei der Unternehmer bzw. der Vorstand wieder zur gesamten Gesprächsrunde dazu.

Für die offizielle Präsentation sollten die mittelfristigen Unternehmenspläne einschließlich Erfolgsrechnung und Cash-Flow-Berechnungen sowie zugrundeliegende Annahmen, Analysen von Investitionsplänen, bestehende Finanzierungsalternativen sowie Wettbewerbsanalysen vorbereitet werden. Bei der Darstellung der Finanzprojektionen ist auch auf die Bewertung von Reservebildungen und sonstigen Vermögenswerten einzugehen, da sie das Rating beeinflussen. Die Finanzpläne des Unternehmens sollten möglichst realistisch sein, da die Ratingagenturen ihre eigenen Finanzprojektionen für jedes Unternehmen errechnen und dann mit den Wettbewerbern in der Branche vergleichen. Die Finanzpläne sollten auch Aufschluss über die eigene Strategie im Hinblick auf den zu erwartenden internen Cash Flow und benötigte externe Finanzierungsquellen geben.

Die gesamte Finanzpolitik sollte erkennen lassen, dass man gegebene Handlungsspielräume zum Wohl des Unternehmens zu nutzen versteht und dabei die finanziellen Risiken dennoch überschaubar bleiben. Zu der erwarteten Entwicklung in den einzelnen Geschäftsbereichen sollten die verantwortlichen Leiter ihre eigenen Analysen und Prognosen vortragen können.

Um so besser die Analysten das Unternehmen im Sinne von zu beurteilendem Risiko bereits zu Beginn des offiziellen Ratinggesprächs (Rating Meeting) verstehen, um so mehr können während des Treffens die noch offenen Fragen beantwortet werden. War die schriftliche Präsentation des Unternehmens bereits sehr informativ für die Analysten, dann können diese sich auf die Ratingbereiche konzentrieren, die sie für besonders erklärungsbedürftig ansehen.

Nur äußerst selten kommen die Analysten mit einer bereits vorgefassten Meinung zum Ratinggespräch. Normalerweise sind diese immer sehr interessiert an Informationen, die über die in der Dokumentation bereits dargelegte hinausgeht. Dies gibt dem Management eine zusätzliche Gelegenheit, die eigene Unternehmung nochmals mit voller Überzeugung ins „richtige Licht" zu setzen. Sie sind es, die das Geschäft am besten verstehen (Knowledge of Business) und die damit verbundenen Risiken richtig einzuschätzen haben (Management of Risks). Diese Expertise muss den Analysten überzeugend vermittelt werden. Ferner können die bestehenden Stärken des Unternehmens und ihre Bedeutung für die Zukunft des Unternehmens in weiteren Zusammenhängen dargelegt werden.

Darüber hinaus sollte bedacht werden, welche Informationen und Daten während des Ratinggesprächs auf vertraulicher Basis nur mündlich vorgetragen werden sollen. Für die Entwicklung einer von Anfang an auf Vertrauen aufbauenden Zusammenarbeit mit der Ratingagentur hat es sich als hilfreich herausgestellt, wenn dem Analysten auf seine bohrenden Fragen auch Informationen anvertraut werden, die für die weitere Entwicklung des Unternehmens von größter Bedeutung sind. Dazu zählen Informationen zur mittel- und langfristigen Unternehmensplanung wie auch zur strategischen Ausrichtung des Unternehmens.

Diese Informationen erleichtern das Bestreben der Ratingagenturen nach vorausschauenden Ratings. Sie haben ein großes Interesse daran, zum Beispiel langfristige Ratings gleich von Anfang an so festzulegen, dass sie über einen längeren Zeitraum unverändert bleiben können. Dabei wird unterstellt, dass sich beim Unternehmen keine wesentliche Veränderungen einstellen. Grundsätzlich streben sie an, die Ratings über Konjunktur- und Branchenzyklen hinweg richtig festzusetzen.

Sie wissen, dass die meisten Unternehmen sich ein Rating geben lassen bevor der Branchenabschwung einsetzt. Dabei kann das Management unter Beweis stellen, dass es eine realistische Prognose für die konjunkturell bedingt schwächere Zeit abzugeben vermag. Die Ratinganalysten haben ein gutes Gedächtnis, wenn es darum geht, sich zurückzuerinnern, was ihnen in der Vergangenheit als realistische Einschätzung gesagt worden ist. Die Glaubwürdigkeit des Unternehmers bzw. der gesamten Unternehmensleitung würde großen Schaden nehmen, wenn immer wieder die genannten Prognosen verfehlt werden.

Zu jedem Zeitpunkt muss sich die Unternehmensleitung bewusst sein, dass das Ratingergebnis nur vor und während des Ratinggesprächs zu beeinflussen ist. Wenn die Analysten erst einmal die gesammelten Informationen in ihrer Analyse zu einem Ratingvorschlag für das Ratingkomitee verdichtet haben, ist nur noch in Ausnahmefällen eine Ratingveränderung zu bewirken.

Von besonderer Bedeutung ist, dass die Informationswünsche der Analysten ernst genommen werden und diesen vom Management durch erschöpfende Antworten entsprochen wird.

Ein vertrauensvolles Verhältnis zwischen Management und Analyst ist die beste Basis, das bestmögliche Rating zu erreichen. Diese Zusammenarbeit kann durchaus einige Jahre vor der endgültigen Entscheidung des Unternehmens beginnen, das Rating zu veröffentlichen. Während dieser Zeit sollte der Advisor ein wirkungsvoller Begleiter auf dem Weg zu dem optimalen Rating sein.

3.3 Begleitung des Unternehmens nach Erhalt des ersten Ratings

Die Erfahrung zeigt, dass die meisten Ratings für mittelständische Unternehmen noch nicht Investmentqualität haben. Häufig sind die Unternehmer dann geneigt, die Zusammenarbeit mit den Ratingagenturen zu beenden. Der Advisor muss dann das Management zum Umdenken bewegen und ihm vermitteln, dass die gewonnenen Ratinginformationen sehr wertvoll für wichtige Veränderungen im Unternehmen für die Zukunft sind.

3.3.1 Analyse und Auswertung des ersten Ratings als Basis für erforderliche Unternehmensberatung

Mit dem endgültigen Rating erhält das Unternehmen im allgemeinen auch einen Ratingkommentar, eine Rating Opinion (Moody's) oder eine Ratingrationale mitgeliefert wie sie von S&P und Fitch bezeichnet wird. Dabei ist die Kommentierung der Faktoren, die zu dem Ratingergebnis geführt haben, unterschiedlich ausführlich. Generell werden immer die Grundlagen bzw. Gründe für das Rating beschrieben und die wichtigsten Stärken und Schwächen kurz formuliert aufgelistet.

Daraus kann der Unternehmer bereits ableiten, welche Verhältnisse, Leistungen und Fähigkeiten das Unternehmen beibehalten sollte, damit das Rating sich nicht verschlechtert. Vielfach gibt der Hauptanalyst, der die Kommentierung abfasst, bereits auch Hinweise darauf, was von seiten des Unternehmens getan werden kann, um zu einer möglichen Heraufstufung beim Rating zu kommen. Diese Kurzkommentare sind bereits so formuliert, dass sie auch für eine mögliche Veröffentlichung verwendet werden können, sofern das Management dies wünscht.

Während des Ratingverfahrens und danach sind die Analysten bereit, wesentlich mehr Informationen und Kommentare mündlich abzugeben, wie man die Stärken und Schwächen einschätzt und wo man die Chancen und Risiken sieht. Bei diesen Gesprächen hat es sich als nützlich erwiesen, wenn der Unternehmer den Rating Advisor und die betroffenen Bereichsleiter mit einbezogen hat. Deren wichtigste Aufgabe muss es sein, die erhaltenen Informationen richtig zu analysieren und zu interpretieren und dadurch für die Weiterentwicklung des Unternehmens möglichst umfassend zu nutzen.

Ratinganalysten sind keine Unternehmensberater und dürfen es auch nicht sein. Sie halten als neutrale Beobachter dem Unternehmen nur eine Art „Spiegel" vor, in dem sich die Zusammenfassung des Gesamtzustands des Unternehmens wiederfindet. In den meisten Fällen ist die externe fundierte Bewertung durch die Ratingagenturen das Ergebnis deren langjähriger Erfahrungen, die gestützt werden durch die Kenntnisse über die vertraulichen Pläne und Strategien der Wettbewerber und der sich daraus ergebenen Positionierung des bewerteten Unternehmens in der Branche.

Durch genaues Zuhören und nachhaltiges Befragen der Analysten kann erst die volle Bedeutung eines Ratings umfassend ausgeschöpft werden. Die Höhe des Ratings zeigt dem

Unternehmer nur, wo sein Unternehmen im Vergleich mit anderen steht. Das wesentliche ist die detaillierte Auswertung der erhaltenen Kommentare und Berichte. Es gilt diese fundierten Kenntnisse des externen neutralen Analysten zu nutzen. Aufgabe des Rating Advisors muss dabei sein, die erhaltenen Informationen gemeinsam mit der Unternehmensleitung zum Wohl des Unternehmens umzusetzen. Insofern stellt das Rating mit dem Kommentar eine wichtige Grundlage für die möglicherweise erforderlich werdende Beratung dar.

3.3.2 Empfehlungen für oder gegen die Veröffentlichung eines Ratings

Ein ganz entscheidender Faktor für den angestrebten größtmöglichen Nutzen eines Ratings ist die überdurchschnittliche Bereitschaft des Unternehmers zur Publizität. Denn wenn das Management sich mit dem Gedanken trägt, das zum Beispiel in eine Aktiengesellschaft umzugründende Unternehmen in nächster Zeit an die Börse bringen zu wollen, dann muss es sich der daraus ergebenden Konsequenzen in vollem Umfang bewusst sein. Die in den Ratingberichten getroffenen Aussagen müssen zunächst vom Unternehmer selbst als richtig anerkannt werden.

Hat das Rating bereits Investmentqualität und ist deshalb für die meisten mittelständischen Unternehmen akzeptabel, dann wird automatisch auch über eine Veröffentlichung nachgedacht. So hat sich zum Beispiel die am Neuen Markt gelistete ELSA AG in Aachen das erste Rating von der URA Unternehmens Ratingagentur geben lassen und auch einer unmittelbaren Veröffentlichung zugestimmt. Die ELSA AG hat sogar den recht ausführlichen Ratingbericht, der normalerweise nur für das Unternehmen selbst gedacht ist, an seine kreditgebenden Banken zur Einsicht weitergegeben. Sonstigen Interessenten und Geschäftspartnern stand das Rating mit Kommentierung ebenfalls zur Verfügung. Diesem Beispiel sollten andere mittelständische Unternehmen im eigenen Interesse folgen.

Bei der Beantwortung der Frage, ob ein Unternehmen unmittelbar nach Erhalt seines erstes Ratings die Genehmigung an die Ratingagentur zur Veröffentlichung erteilen soll, ist erfahrungsgemäß entscheidend von der Ratinghöhe auf der Ratingskala (Investmentqualität oder spekulativer Bereich) abhängig wie der Fall der ELSA AG zeigt.

Unabhängig von der Beurteilung in Form von internen Ratings durch die Fremdkapital gebenden Banken selbst und welche Risiken die anderen Geschäftspartner bei ihren eigenen Beurteilungen in dem Unternehmen sehen, führt eine Veröffentlichung automatisch zu einem sofortigen Vergleich dieser Ergebnisse. Durch die Veröffentlichung wird die Transparenz über die Kreditqualität des Mittelständlers bei allen Marktteilnehmern nahezu gleichzeitig[18] erreicht.

---

18 Um sicherzustellen, dass alle an Ratings interessierten Marktteilnehmer über Neueinstufungen von Unternehmen oder Veränderungen von Ratings (Herauf- bzw. Herabstufungen) möglichst gleichzeitig informiert werden, geben die Ratingagenturen die dazu erstellten Presseveröffentlichungen (Press Releases) zeitpunktgleich an die Medien wie zum Beispiel Reuters, Bloomberg, Nachrichtenagentur vwd, alle großen Tageszeitungen sowie Finanz- und Kapitalmarktverlage etc.

Sollte das erhaltene Ratingergebnis unter den Erwartungen der Marktteilnehmer liegen, so werden diese eine höhere Prämie für das ihnen von der Ratingagentur bekannt gemachte Risiko verlangen. Mit anderen Worten die Zinskonditionen werden sich nahezu automatisch verschlechtern. Wenn das Ratingergebnis etwa den Erwartungen der Marktteilnehmer entspricht, so ist zu erwarten, dass die Kreditkonditionen weitestgehend unverändert bleiben.

Als Berater des Unternehmens kann der Advisor im ersten Fall nur empfehlen, das Rating zunächst unveröffentlicht zu lassen und Maßnahmen zu ergreifen, die zu einer Verbesserung der Unternehmensprofile führen. Sicherlich wäre es wünschenswert, wenn zum Beispiel die Hausbank auch das Ergebnis ihres internen Ratings dem Unternehmen offenlegen würde, um zu verstehen wie sie die Stärken und Schwächen des Unternehmens bewertet und kommentiert. Dies würde einen parallel laufenden Lernprozess ermöglichen.

3.3.3 Ratings als wesentlicher Bestandteil der Finanzkommunikation (Investor Relations)

Mittelständische Unternehmen, bei denen die Verflechtung von Kapital und Management noch stark ausgeprägt ist, neigen vielfach noch zu einer sehr begrenzten Informations- und Kommunikationspolitik. Gerade für diese Unternehmen ist ein „vorzeigbares" Rating besonders hilfreich, da es die von allen Marktteilnehmern gewünschte Transparenz zu geben vermag, ohne Details der leistungsbezogenen und finanzwirtschaftlichen Bereiche des Unternehmens in der Öffentlichkeit preisgeben zu müssen. Ratingrelevante Informationen wie Unternehmensstrategie oder Investitionspläne, die aber auch für die Wettbewerber von großem Interesse sind, bleiben vertraulich. Vom Rating zusammen mit dem Ratingkommentar gehen die notwendigen Signalwirkungen aus, um der Finanzkommunikation mit den Marktteilnehmern den benötigten Inhalt zu geben. Die Ratinghöhe gibt jedem Adressaten Auskunft darüber, inwieweit das Unternehmen in der Lage sein wird, seinen Zahlungsverpflichtungen vollständig und rechtzeitig gerecht werden zu können und wie es im Vergleich mit anderen Unternehmen bewertet worden ist. Dadurch lassen sich Informationen im Unternehmensumfeld platzieren, die bei kontinuierlicher Verbreitung zur Abrundung des bestehenden Images einen wesentlichen Beitrag leisten können.

Da die Ratings und Kommentare bei allen Ratingagenturen jederzeit – auch im Internet – abgerufen werden können, erhöht sich der Kenntnisstand der interessierten Geschäftspartner am Unternehmen kontinuierlich, auch wenn das Management diese Ratingwirkungen nicht unmittelbar wahrnehmen kann. Die Erfahrung hat gezeigt, dass spätestens bei Umfragen oder in Einzelgesprächen mit den Geschäftspartnern sehr schnell festgestellt werden kann, wie intensiv sich die Mehrheit der Marktteilnehmer bereits mit Hilfe von veröffentlichten Ratings Klarheit über die Bonität des jeweiligen Unternehmens verschafft hat.

In diesem Zusammenhang sei darauf verwiesen, dass nahezu alle die Bedeutung und Wichtigkeit der Ratings für die Effizienz und Funktionsfähigkeit der Märkte anerkennen, aber sicherlich noch viele Jahre vergehen werden, bis auch in Europa einschließlich Deutschlands eine Ratingkultur gewachsen ist.

Spätestens dann wird der Markt verlangen, dass alle Unternehmen, auch die mittelständischen, ein Rating vorweisen können und mit diesem den Investor Relations den entscheidenden Informationsinhalt geben können. Ratings müssen als zukunftsorientiertes Kommunikationsinstrument begriffen werden.

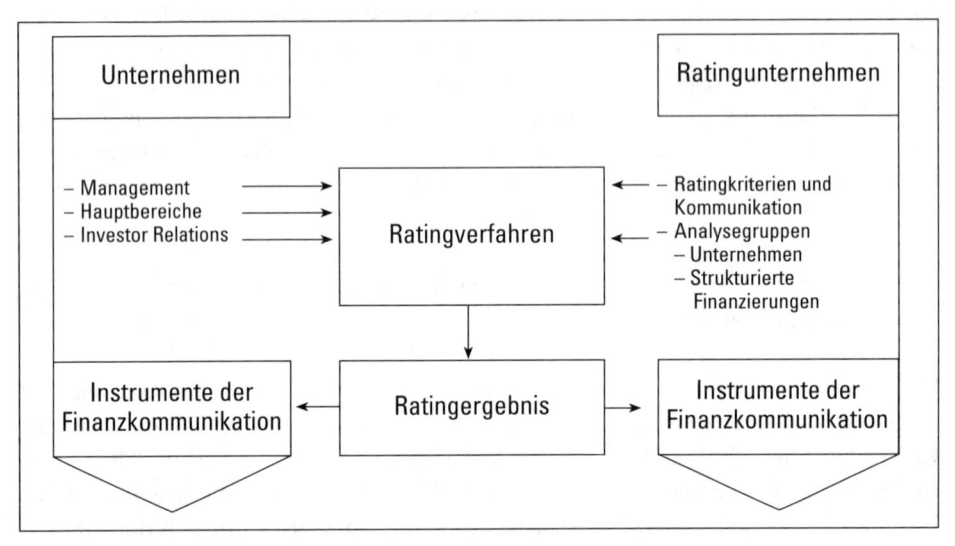

Abbildung 2: Rating und Finanzkommunikation (Investor Relations) I

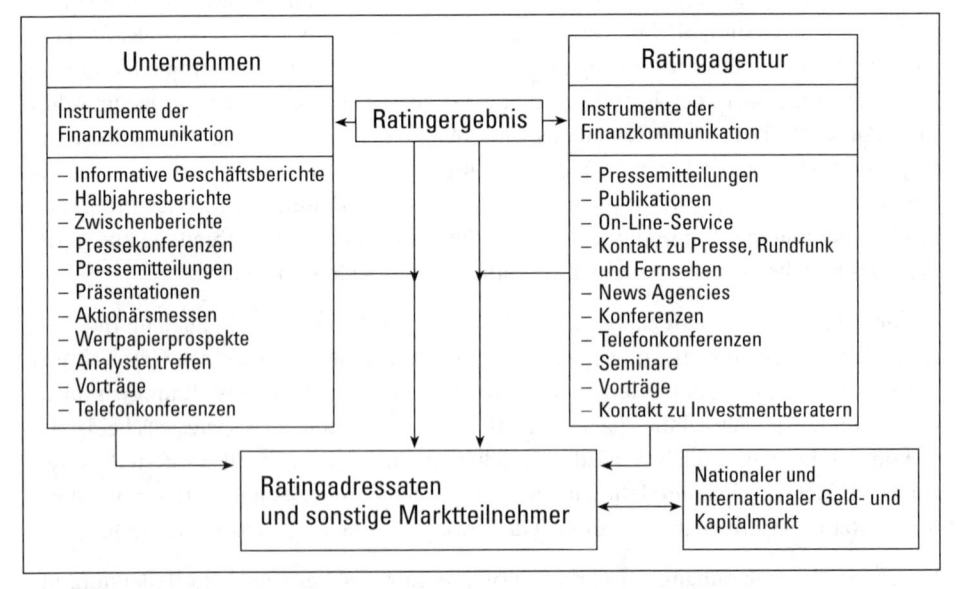

Abbildung 3: Rating und Finanzkommunikation (Investor Relations) II

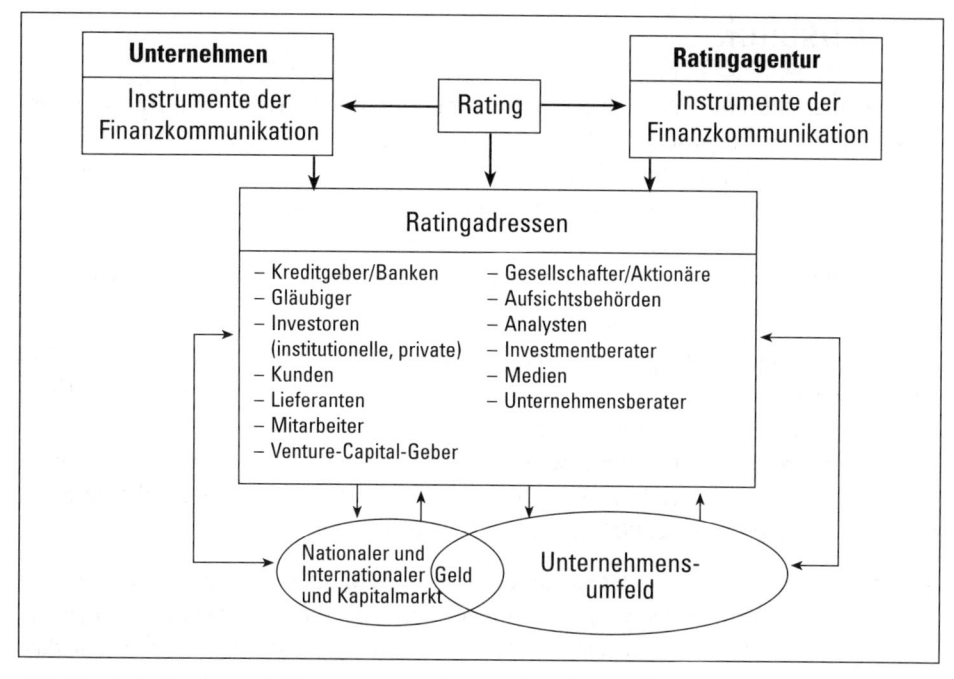

```
┌─────────────────────────────────────────────────────────────────────┐
│  ┌──────────────────────┐                    ┌──────────────────────┐ │
│  │   Unternehmen        │     ┌────────┐     │   Ratingagentur      │ │
│  │ Instrumente der      │◄────│ Rating │────►│ Instrumente der      │ │
│  │ Finanzkommunikation  │     └────────┘     │ Finanzkommunikation  │ │
│  └──────────────────────┘         │          └──────────────────────┘ │
│                                   ▼                                    │
│            ┌────────────────────────────────────────────┐             │
│            │            Ratingadressen                   │             │
│            │                                             │             │
│            │  – Kreditgeber/Banken  – Gesellschafter/Aktionäre │      │
│            │  – Gläubiger           – Aufsichtsbehörden │             │
│            │  – Investoren          – Analysten         │             │
│            │    (institutionelle, private) – Investmentberater │     │
│            │  – Kunden              – Medien            │             │
│            │  – Lieferanten         – Unternehmensberater │           │
│            │  – Mitarbeiter                              │             │
│            │  – Venture-Capital-Geber                    │             │
│            └────────────────────────────────────────────┘             │
│                    ╭──────────────╮   ╭──────────────╮                │
│                    │ Nationaler und│   │Unternehmens- │                │
│                    │Internationaler│Geld│   umfeld    │                │
│                    │und Kapitalmarkt│  │              │                │
│                    ╰──────────────╯   ╰──────────────╯                │
└─────────────────────────────────────────────────────────────────────┘
```

Abbildung 4: Rating und Finanzkommunikation (Investor Relations) III

Bei dieser Form der Kommunikation leiht sich das Unternehmen die von den meisten Marktteilnehmern anerkannte internationale Reputation einer bestimmten Ratingagentur, da es selbst noch kein eigenes positiv wirksames Image aufgebaut hat.

Bei den Unternehmen, die bereits ein eigenes gutes Image haben aufbauen können, tritt zu diesem noch der gute Ruf des ebenfalls involvierten Emissionshauses verstärkend hinzu. Heute steht für die meisten fest, dass größere Emissionen ohne ein Rating einer international akzeptierten Ratingagentur nur noch schwer zu marktgerechten Zinssätzen zu platzieren sind.

Alle Unternehmen sollten ihre gute Bonität mit Hilfe eines Ratings im Rahmen ihrer Investor Relations bereits über viele Jahre im Markt erfolgreich bekannt gemacht haben. Mit Hilfe der Signalwirkung eines Ratings kann der ansonsten notwendige längere Informationsprozess dabei um einige Jahre verkürzt werden. Mit anderen Worten das Rating ist heute bereits eines der wirkungsvollsten Mittel der modernen Finanzkommunikation. Unternehmen, die über die erforderliche Kapitalmarktfähigkeit verfügen und über viele Jahre umfassende Investor Relations betrieben haben, werden relativ kurzfristig ein gewünschtes Finanzierungsinstrument mit Hilfe einer oder mehrerer Emissionsbanken kostengünstig im öffentlichen Geld- und Kapitalmarkt platzieren können.

4. Ausblick

Ein von allen Marktteilnehmern erwartetes weiterhin möglichst störungsfreies Zusammenwachsen der europäischen Märkte einschließlich der Finanzmärkte wird entscheidend von gut funktionierenden Kreditbeurteilungssystemen gefördert werden. Letztere werden im Hinblick auf die Basler Beschlüsse bei einigen Banken noch verfeinert, aber bei vielen Kreditinstituten noch wesentlich verbessert werden müssen, damit deren interne Ratingverfahren auch den bankaufsichtlichen Anforderungen entsprechend anerkannt werden können.

Unzureichende interne Ratingsysteme dürfen nicht zu falschen Bonitätsbeurteilungen führen. Wenn die Aufsichtsbehörde gemäß Basel II eine bestimmte Risikoeinstufung akzeptiert, kann eine Bank dadurch die erforderliche Eigenkapitalunterlegung reduzieren. Durch eine größere Anzahl möglicher Fehleinstufungen könnte die Stabilität in den Finanzmärkten ernsthaft gefährdet werden. Deshalb müssen die Banken für ihre internen Ratingverfahren eine aufsichtliche Zulassung einholen.

Allerdings wird man erst durch externe Ratings, die zu Vergleichszwecken herangezogen werden, überzeugend prüfen können, ob die jeweilige interne Kreditbeurteilung dem zugrunde liegenden Kreditrisiko gerecht geworden ist. Insofern ist davon auszugehen, dass die externen Ratings zur Überprüfung der internen Ratings noch wesentlich an Bedeutung zunehmen werden.

Ferner ist zu erwarten, dass die Zahl der von mittelständischen Unternehmen in Auftrag gegebenen Ratings umso schneller steigen wird, je stärker die damit verbundenen Kosten für ein von den Aufsichtsbehörden anerkanntes externes Rating zurückgehen werden. Gerade die mittelständischen Unternehmen, die noch nicht groß genug sind, um sich direkt im Kapitalmarkt refinanzieren zu können, werden auch zukünftig den Rat eines unabhängigen Rating Advisors in Anspruch nehmen, um den Nutzen eines Ratings über die nächsten Jahre zu optimieren.

In Deutschland wie auch in Europa wird sich mit zunehmender Beschleunigung ein Ratingmarkt mit einer entsprechenden Ratingkultur entwickeln. Der wachsende Bedarf an Ratings führt gegenwärtig zu einem starken Wachstum bei den großen Ratingagenturen, aber auch zur Gründung weiterer neuer Ratingagenturen in Deutschland und Europa. Es muss jedoch bezweifelt werden, ob all diese Neugründungen, die von ihnen besetzten Nischen gegen die großen bereits etablierten Ratingagenturen werden allein nachhaltig verteidigen können.

Allein die Marktteilnehmer entscheiden letztlich welchem Rating von welcher Ratingagentur sie vertrauen. Genau diese Anerkennung im Markt müssen sich die Neuen möglichst schnell erkämpfen Nur wenn viele Marktteilnehmer[19] die Ratings einer oder

---

19 Dabei ist die Meinung der den Markt dominierenden institutionellen Investoren besonders wichtig.

Unternehmensberatung für den Mittelstand
Unsere Erfahrung für Ihren Erfolg

Beratung und Unterstützung bei Rating-Prozess und Kapitalbeschaffung (Rating Advisory)

Die Informationsanforderungen der Geldgeber an Unternehmen steigen. Bisher individuell durchgeführte Unternehmensbeurteilungen stützen sich zunehmend auf allgemein anerkannte Ratings von externen Rating-Agenturen und Banken. Die DGM unterstützt Unternehmen bei der Vorbereitung auf den Rating-Prozess, indem sie diese bei der Beschaffung der relevanten Informationen und im Umgang mit Rating-Analysen begleitet. Bei dieser Gelegenheit können auch gemeinsame Maßnahmenprogramme zur Verbesserung bestehender Ratings entwickelt werden.

Für Rückfragen rufen Sie uns an, oder besuchen Sie uns im Internet unter http://www.dgm-online.de

DGM München (Zentrale)
Elektrastraße 6
81925 München
Tel. +49(0)89/92 69 68-0
Fax +49(0)89/92 69 68-62

DGM Berlin
Fraunhoferstraße 33 - 36
10587 Berlin
Tel. +49(0)30/34 79 44-0
Fax +49(0)30/34 79 44-20

DGM Düsseldorf
Niederkasseler Lohweg 189
40547 Düsseldorf
Tel. +49(0)2 11/53 64-0
Fax +49(0)2 11/53 64-1 50

DGM Frankfurt
Martin-Behaim-Straße 12
63263 Neu-Isenburg
Tel. +49(0)61 02/7 36-0
Fax +49(0)61 02/7 36-1 12

DGM Hamburg
Gertigstraße 28
22303 Hamburg
Tel. +49(0)40/27 09 30-0
Fax +49(0)40/27 09 30-11

DGM Stuttgart
Industriestraße 5
70565 Stuttgart
Tel. +49(0)7 11/7 67 79-0
Fax +49(0)7 11/7 67 79-10

International vertreten sind wir in über 38 Ländern durch unseren Kooperationspartner Morison Group

Deutsche Gesellschaft für Mittelstandsberatung mbH
Ein Unternehmen der Deutschen Bank Gruppe

DGM

mehrerer bestimmter Ratingagentur(en) zur Bonitätsbeurteilung heranziehen, werden auch die mittelständischen Unternehmen bereit sein, dafür etwas zu bezahlen und damit die Existenz dieser Ratingagenturen in der Zukunft sichern helfen.

Der Rating Advisor hat in dieser Phase hin zu einem Ratingmarkt die Aufgabe, mitzuhelfen, die darin gewünschte Transparenz zu schaffen. Das Ratinggeschäft ist eine Wachstumsbranche und mit ihr wächst auch die Bedeutung des Rating Advisors, dessen unabhängiger Rat von mehr und mehr Marktteilnehmern gesucht wird.

Literaturhinweise

EVERLING, O. (2000): Bei Fitch fühlen sich die meisten Unternehmen gut aufgehoben, in: Handelsblatt vom 21.11.2000.

EVERLING, O. (2001): Die Rolle des Rating Advisors, in: bfinance.de vom 4.2.2001

FITCH IBCA, DUFF & PHELPS (2000): Ratingverfahren für Unternehmen (Analyse), London 2000.

KÜBLER, F. (1997): Rechtsfragen des Rating, in: Vorzeitige Beendigung von Finanzierungen. Rating von Unternehmen, Bankenrechtstag 1996, Berlin; New York 1997, S. 115 ff.

KÜFFER, K. (1992): Der Gang eines mittelständischen Unternehmens an die Börse, 2. Aufl., Göttingen 1992.

MEYER-PARPART, W. (1996A): Die Rolle der Ratings in den internationalen Geld- und Kapitalmärkten aus der Sicht einer Ratingagentur, Sonderdruck der Manuskripte der auf dem Bankenrechtstag 1996 gehaltenen Vorträge, Hamburg 1996.

MEYER-PARPART, W. (1996B): Ratingkriterien für Unternehmen, in: Büschgen, H. E./Everling, O. (Hrsg.): Handbuch Rating, Wiesbaden 1996.

MEYER-PARPART, W. (1992): Eine Bonitätsbewertung auch für deutsche Unternehmen, in: Blick durch die Wirtschaft, Frankfurt am Main 11.9.1992.

MOODY'S INVESTOR SERVICE (1992): Global Credit Analysis, London 1992.

O.V.: MITTELSTAND KANN NOCH NICHT AUF UNTERNEHMENSANLEIHEN AUSWEICHEN, IN: FRANKFURTER ALLGEMEINE ZEITUNG VOM 4.11.2000.

URA Unternehmens Ratingagentur (1999): Bericht über das URA Unternehmensrating, München 1999.

Ratingberatung mittelständischer Unternehmen

Manfred Schwärzer

1. Das neue Jahrtausend beginnt turbulent

Im Mittelstand geht die blanke Angst um. Artikel renommierter Wirtschaftszeitungen werden mit Schlagzeilen überschrieben, wie „blaue Briefe an den Mittelstand" oder „Gefahr für die Finanzierung des Mittelstandes". Unternehmer sind verunsichert, insbesondere diejenigen, die einen großen Teil ihres Vermögens persönlich an ihr Unternehmen gebunden haben und das wirtschaftliche Risiko ihrer Aktivitäten im wesentlichen selbst, meistens zusammen mit ihrer Familie, tragen. Nicht nur Unternehmenslenker, die derzeit turbulente Phasen durchmachen, sind besorgt; auch Unternehmen mit überdurchschnittlichem Markterfolg und hoher Rendite stellen sich die Frage, wie sie das für ihr mittelfristig geplantes Wachstum erforderliche Umlaufvermögen und die vorgesehenen Investitionen finanzieren sollen. Was ist geschehen? Die globale Konkurrenz um die Ressource Kapital hat, den marktwirtschaftlichen Regeln folgend, zu einem Preiswettbewerb für Kapital geführt; je mehr der Anleger für sein Kapital an Rendite fordert, desto mehr muss der Unternehmer aus dem Kapital erwirtschaften, wenn er es behalten oder noch mehr zur Verfügung gestellt bekommen möchte. Da Banken bisher für jeden ausgereichten Firmenkundenkredit 8 Prozent der Kreditsumme an Eigenkapital hinterlegen mussten, bedeutete das vor dem Hintergrund der durch den Wettbewerb limitierten Zinssätze, dass nach Abzug von Risiko- und Verwaltungskosten eine nur unbefriedigende Verzinsung des Eigenkapitals für das Firmenkundengeschäft übrig blieb.

Da Kredite an Unternehmen sehr hoher Bonität, also solche, die ein nur sehr geringes Kreditausfallrisiko beinhalten, mit derselben Eigenkapitalquote bedient werden mussten wie Kredite an hochriskante Unternehmen mit hoher Ausfallquote, lag es nahe, dass die Bank für internationalen Zahlungsausgleich in Basel den Vorschlag entwickelt hat, ab 2004 eine differenzierte, dem tatsächlichen Kreditausfallrisiko angepasste Hinterlegung von Eigenkapital vorzusehen: Kredite mit hoher Bonität sollen nur noch mit 20 Prozent der 8 Prozent, also 1,6 Prozent Eigenkapital gesichert werden, Kredite mit hohem Risiko mit 150 Prozent der 8 Prozent , also 12 Prozent der Kreditsumme.

Um eine einheitliche und international vergleichbare Beurteilung von Kreditausfallrisiken bzw. der Bonität des Kreditnehmers sicherzustellen, ist geplant, international anerkannte Ratings, die von einigen Agenturen auch schon bisher für international operierende Konzerne durchgeführt wurden, auch für Mittelständler vorzusehen. Solche Ratings könnten von den bisherigen Agenturen, neu entstehenden Ratingagenturen oder Banken durchgeführt werden. Einige große Privatbanken führen bereits seit über zehn Jahren systematische Beurteilungen der Bonität mittelständischer Kreditkunden zur Vorbereitung ihrer Kreditentscheidung und Beurteilung der tatsächlich bestehenden Ausfallrisiken durch; das Zustandekommen und die Ergebnisse dieser Beurteilungen wurde allerdings bisher nur in Ausnahmefällen mit den betroffenen Kreditkunden besprochen.

Als Fazit wird also zu erwarten sein, dass, spätestens wenn im Jahre 2005 die Baseler Beschlüsse umgesetzt werden, Kredite an Firmenkunden nicht mehr wie bisher zu einheitlichen Zinsen, also mehr oder weniger mit der Gießkanne vergeben werden, sondern dass sich, wie bei internationalen Großunternehmen auch bisher schon üblich, der Preis für einen Firmenkundenkredit an der Qualität des Ratings orientieren wird. Hierdurch wird dann für die Zukunft eine Quersubventionierung riskanter Kredite durch sichere Kredite vermieden und somit die Möglichkeit für Banken geschaffen, die Rendite auf ihr eigenes Eigenkapital zu verbessern. Somit wird der Wettbewerbsfaktor Kapitalkosten im Mittelstand an Bedeutung gewinnen.

2. Was sind die Hintergründe?

Unternehmen, die – aufgrund konjunktureller Einflüsse, in Folge akuter Unternehmenskrisen oder, weil die Natur des Geschäfts hohe Risiken beinhaltet – hohe Kreditausfallrisiken aufweisen und daher ein nur unterdurchschnittliches Rating ausweisen können, werden mit einer Verteuerung ihrer Kredite rechnen müssen; bei Ratings unterhalb einer gewissen Schwelle werden diese Unternehmen auch ihre Kapitalsuche von Geschäftsbanken auf andere Financiers bzw. Investoren wie zum Beispiel Risikokapitalgesellschaften oder andere Eigenkapitalanbieter verlegen müssen, da sie von ihrer Geschäftsbank keine Kredite mehr erhalten. Auch ohne Baseler Beschlüsse wäre jedoch diese Situation eingetreten, da Geschäftsbanken schon immer gehalten waren, Kredite nur bei relativ geringer Risikosituation auszureichen.

Für Unternehmen, die überdurchschnittlich gute Ratings ausweisen können, werden sich mittelfristig günstigere Möglichkeiten ergeben, Kredite zu erhalten; das Problem allerdings wird darin liegen, dass hohe Renditen, Markterfolge, Umsatzwachstum oder gute Qualität der Kundenbeziehungen und ein guter Name des Unternehmens keineswegs ausreichen werden, ein gutes Rating zu erhalten. Vielmehr wird es erforderlich sein, den bei der Prüfung von Krediten oder in Ratingagenturen eingesetzten Analysten, die in Zukunft auch verstärkt über branchenspezifisches Wissen verfügen werden, den Geschäftserfolg verständlich zu machen und im Einzelnen darzulegen, dass eine Vielzahl denkbarer Risiken im zu prüfenden Unternehmen nicht bestehen. Im Zweifelsfalle werden Analysten – unabhängig davon, ob sie Funktionsträger einer Geschäftsbank sind oder Mitarbeiter einer anerkannten Ratingagentur – nach dem Prinzip „Im Zweifel gegen den Angeklagten" vorgehen, also Risiken, die nicht klar zu widerlegen sind, zu Ungunsten der Bonität des potenziellen Kreditnehmers auslegen. Da sich aber die Erfolgsmuster in mittelständischen Unternehmen sehr viel komplexer und differenzierter darstellen, als bei (meist weltweit miteinander konkurrierenden) Konzernunternehmen definierter und in der Fachliteratur detailliert beschriebener Branchen, ist davon auszugehen, dass ein Großteil der Argumentation und Beweisführung für das Vorhandensein von Wettbewerbsvorteilen und Erfolgsfaktoren einerseits, die Beherrschbarkeit von Risiken und das Fehlen unbeherrschbarer Risiken andererseits Aufgabe des Unternehmers sein wird, will er ein halbwegs gutes Rating erreichen. Insbesondere die verstärkte Schulung von Analysten, Quervergleiche zu Konzerngeschäften und die systematische Beschäftigung mit zusätzlichen Risikopotenzialen im Mittelstand (zum Beispiel die Problematik des Generationswechsels, die Unternehmensnachfolge in Familienunternehmen) wird voraussichtlich zu einer Vielzahl neuer Fragen führen, die bisher in dieser Form oder Tiefe nicht beantwortet, oft auch gar nicht gestellt worden sind.

Zusammenfassend kann daher gesagt werden, dass Unternehmen, die hohen Kreditrisiken unterliegen, gut beraten sind, sich nach neuen Geldquellen umzusehen, für den Fall, dass ihre Geschäftsbanken nicht mehr bereit sind, das Ausfallrisiko der Kredite zu tragen; hierbei ist allerdings festzustellen, dass auch ohne Baseler Beschlüsse eine solche Entwicklung vor dem Hintergrund gestiegener Anforderungen an die Eigenkapitalrendite von Geschäftsbanken zu erwarten war. Unternehmen mit überdurchschnittlicher Geschäftsentwicklung, hoher Wettbewerbsfähigkeit und Wachstumspotenzial werden voraussichtlich ebenso von den Baseler Beschlüssen betroffen sein: Sie werden in höherem Maße als bisher den Beleg ihrer Bonität als Bringschuld begreifen müssen und, über die Vorlage ihrer Bilanzen und GuV hinaus ihren Banken voraussichtlich wesentlich mehr und präzisere Fragen beantworten müssen, als dies bisher der Fall war; der Vergleich mit Konzernunternehmen, die über Zugang zum freien Kapitalmarkt verfügen, wird in manchen Fällen eher ungünstiger ausfallen, als dies bisher aufgrund der Zahlen, des Images und der positiven und schlüssigen Geschäftsplanungen der Fall war.

Wie bei Großunternehmen bisher auch wird der Ratingprozess bei Mittelstandsunternehmen in Zukunft auf systematischen Analysen der Geschäftsrisiken und finanziellen Risiken des Unternehmens beruhen, wobei insbesondere bei den Geschäftsrisiken auch qualitative Aspekte, sogenannte weiche Faktoren in hohem Maße durchschlagen werden.

Die DGM hat vor über zehn Jahren einen „Arbeitsbogen für Kreditgespräche" für mittelständische Unternehmen entwickelt, der insbesondere als Hilfestellung für die Analyse und Darstellung weicher Faktoren bzw. qualitativer Risiken und ihrer Vorbeugung Anwendung gefunden hat. Auf Basis der Erfahrung in der Anwendung der dargestellten Risikokriterien hat sich ergeben, dass für mittelständische Unternehmen die systematische Betrachtung der drei Themenbereiche „Marktstellung", „Management" und „Unternehmensentwicklung" nach den dargestellten Kriterien zu deutlicher Erhöhung der Transparenz geführt hat. Für viele mittelständische Branchen wurde in den letzten 10 Jahren eine

Vielzahl von Scoring-Modellen und Checklisten entwickelt, die auf spezialisierte Teilbranchen, sogenannte Microbranchen eingehen. Als Beispiel sei ein Auszug einer Checkliste zur Bestimmung von Risiken mittelständischer Bauunternehmen sowie aus den „Arbeitsbogen für Kreditgespräche" dargestellt (vgl. Abbildung 1).

Abschnitt	Frage	Einschätzung	Risiko
Vermögensstruktur	Entspricht das Verhältnis der Sachanlagen zu kurzfristigen Aktiva dem Branchenüblichen (*)?	Nein — Teilweise — Ja	
Kapitalstruktur	Entsprechen die Eigenkapitalquote und das Verhältnis Forderungen zu Verbindlichkeiten dem Branchenübliche (*)?	Nein — Teilweise — Ja	
Kostenstruktur	Liegen Personalkosten, Materialeinsatz und Gemeinkosten im Rahmen des Branchenüblichen (*)?	Nein — Teilweise — Ja	
Finanzierungsstruktur	Werden Investitionen langfristig finanziert und gibt es eine Liquiditätsplanung und Steuerung?	Nein — Teilweise — Ja	

* Zum Branchenüblichen: Vergleiche die jeweiligen Branchenzeitvergleiche

Gesamtrisiko: Finazwirtschaft = __ (1) + __ (2) + __ (3) + __ (4) dividiert durch 4 = __ (Gesamtrisiko)

Marktstellung

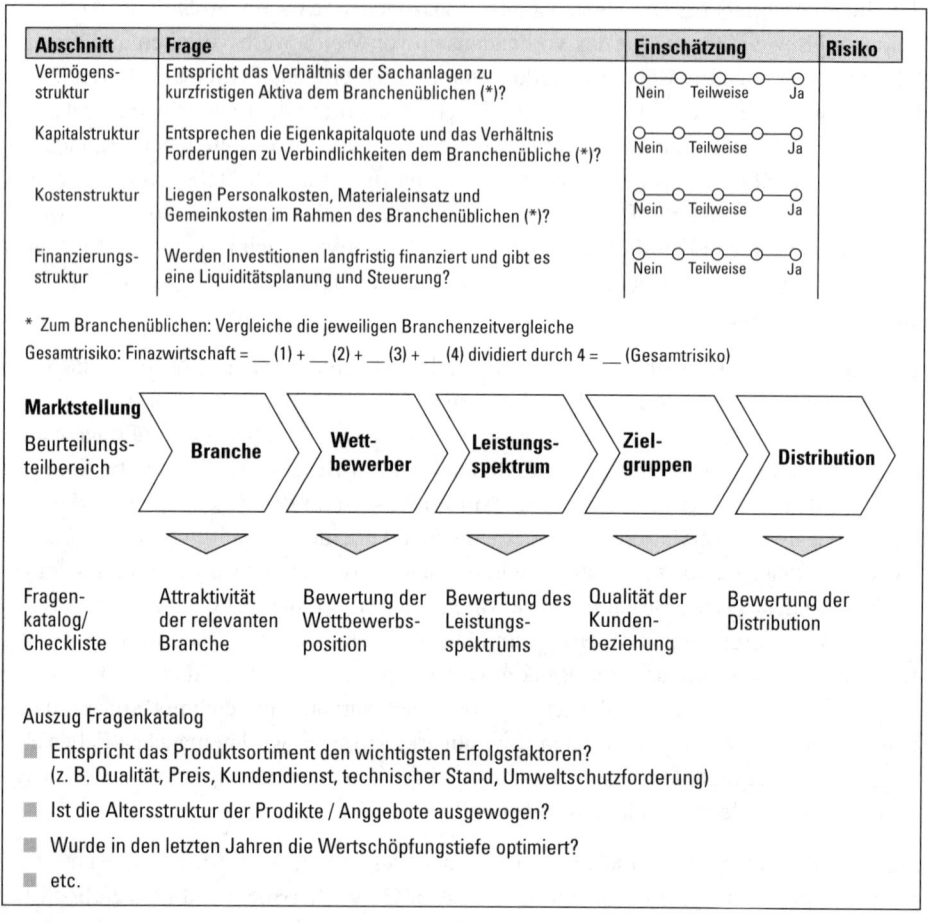

Beurteilungsteilbereich > Branche > Wettbewerber > Leistungsspektrum > Zielgruppen > Distribution

| Fragenkatalog/ Checkliste | Attraktivität der relevanten Branche | Bewertung der Wettbewerbsposition | Bewertung des Leistungsspektrums | Qualität der Kundenbeziehung | Bewertung der Distribution |

Auszug Fragenkatalog

- Entspricht das Produktsortiment den wichtigsten Erfolgsfaktoren? (z. B. Qualität, Preis, Kundendienst, technischer Stand, Umweltschutzforderung)
- Ist die Altersstruktur der Produkte / Anggebote ausgewogen?
- Wurde in den letzten Jahren die Wertschöpfungstiefe optimiert?
- etc.

Abbildung 1: Auszug aus „Arbeitsbogen für Kreditgespräche"

3. Was ist aus Sicht des mittelständischen Unternehmens zu tun und wobei kann ihm geholfen werden?

3.1 Einstellung zum gesamten Problem

Am wichtigsten ist zunächst, eine positive Einstellung zur Kapitalbeschaffung und Finanzierung zu vermitteln. Die proaktive positive Beschäftigung mit den Hintergründen, dem Ablauf und der Mechanik des Ratingprozesses kann dem Mittelstandsunternehmer eine Vielzahl von nützlichen Effekten und Wettbewerbsvorteilen bringen.

3.2 Nutzung aller mit dem Rating verbundenen Chancen

Jedes Unternehmen sollte die Chance erkennen, durch aktive Beschäftigung mit den Ratingkriterien das Image des eigenen Unternehmens zu verbessern – unabhängig davon, ob eine Veröffentlichung eines (internen oder externen) Ratings geplant ist. Schon die Beschäftigung der verschiedenen Abteilungen und Leistungsträger im Unternehmen mit der systematischen Bearbeitung der relevanten Themen kann, wenn der Prozess richtig gesteuert wird, zu erheblichen Motivationseffekten und – im Außenverhältnis – zu Imagegewinn führen. Da jeder Mitarbeiter eines Unternehmens, insbesondere natürlich Führungskräfte, in gewissem Umfang Sprachrohr nach außen sind, führt bereits die Sensibilisierung und konstruktive Beschäftigung mit Chancen und Risiken sowie Schwächen und Stärken des Unternehmens zu einem verbesserten Unternehmensauftritt. Eine Auswertung der DGM im letzten Quartal 2000 und ersten Quartal 2001 hat ergeben, dass ein Großteil der Unternehmer, die sich für Ratingprozess und Rating Advisory interessieren, Unternehmen überdurchschnittlicher Bonität sind.

Neben dem erzielbaren Motivationseffekt und Imagegewinn führt die Durchdringung der mit dem Ratingprozess verbundenen Themen zu einer verbesserten Darstellung des Un-

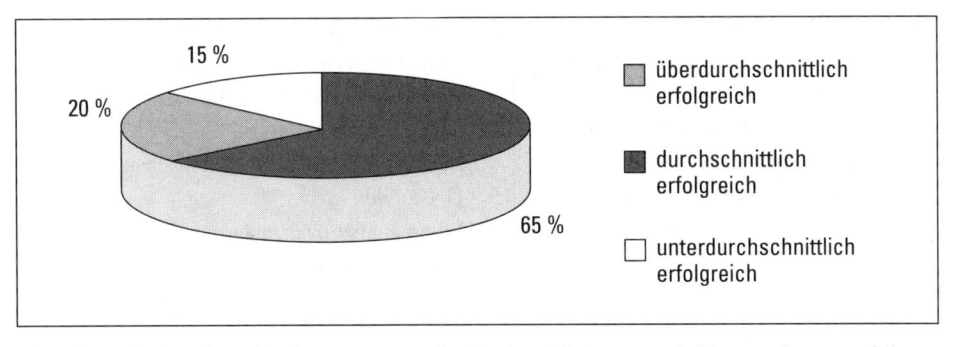

Abbildung 2: Struktur der Interessenten für Rating Advisory nach Unternehmenserfolg

ternehmens bei Verhandlungen mit Bankern; da davon auszugehen ist, dass die Kapazität der Geschäftsbanken für Ratinganalysen und Kreditverhandlungen wegen der zusätzlichen Anforderungen eher noch knapper als bisher werden wird, stellt eine gut vorbereitete und inhaltlich klare Argumentation und Dokumentation einen Wettbwerbsvorteil bei Bankverhandlungen dar; ein erfolgreiches Unternehmen verbessert also damit seine Chancen. Aber auch für Unternehmen, die hohen Risiken ausgesetzt sind und – aus konjunkturellen oder anderen Gründen – mit einem schlechten Rating rechnen müssen, stellt der Ratingprozess einen Vorteil dar: Solche Unternehmen können, wenn es ihnen gelingt, auch nur ein unterdurchschnittliches Rating einer anerkannten Bank oder Agentur zu erhalten, ihre Chancen, Geld am freien Kapitalmarkt (Eigenkapitalinvestoren, Venture-Capital-Gesellschaften, Beteiligungsgesellschaften) zu erhalten, entscheidend verbessern.

Schließlich ist der proaktive Umgang im Ratingprozess für jene Unternehmen wichtig, die sich in allgemein als schwierig angesehenen Branchen bewegen. So kann es zum Beispiel für einen Fleischverarbeiter lebensrettend sein, wenn er sich frühzeitig und systematisch mit allen Aspekten beschäftigt, die ihn von solchen Firmen unterscheiden, die wahrscheinlich die BSE-Krise nicht überleben werden. Auch hier gilt das Prinzip der Bringschuld, im Zweifelsfalle wird ein Analyst Teilnehmer krisengeschüttelter Branchen mit einem deutlichen Ratingmalus versehen, wenn ihm positive Unterschiede zu anderen Branchenteilnehmern nicht ersichtlich oder verständlich sind.

Der größte Vorteil für jedes Unternehmen, der bei einer systematischen Vorbereitung des Ratingprozesses entsteht, liegt jedoch darin, dass mit einem hohen Maß an Vollständigkeit

Wirtschaftliche Rahmenbedingungen	*Geschäftschancen und -risiken*
▪ Wettbewerbssituation	▪ Kundenmanagement
▪ Länderrisiken	▪ Produktmanagement
▪ Marktpotenziale und -restriktionen	▪ Produktionsstandard
▪ Neue Technologien/neue Anbieter	▪ Lieferantensteuerung
▪ Struktur der Beschaffungsmärkte	▪ Absicherung von Haftungsrisiken
	▪ Innovations- und Alleinstellungsmanagement
Finanzielle Verhältnisse	*Führung und Führungsinstrumente*
▪ Plausibilität der Unternehmensplanung	▪ Unternehmensstrategie und -planung
▪ Planungsgenauigkeit	▪ Eigentümerstruktur/-stabilität
▪ Finanzierungs-/Bankenmanagement	▪ Unternehmensnachfolge
▪ Liquiditätsplanung	▪ Managementphilosophie/-kompetenz
▪ Risikomanagement (KonTraG)	▪ IT-Umfeld
▪ Identifikation notwendiger Kennzahlen	▪ Mitarbeiterstruktur/-management
	▪ Controllinginstrumente
	▪ Beziehungsmanagement Betriebsrat

Abbildung 3: Themenfelder im Rating Advisory/branchenspezifische Checklisten

Schwachstellen des Unternehmens erkannt werden und gezielt und frühzeitig abgestellt werden können. Erfahrungsgemäß zeigt sich bei solchen systematischen Analysen gerade bei erfolgreichen Unternehmen, dass sie einen großen Teil ihrer Stärken bzw. Wettbewerbsvorteile gegenüber anderen Marktteilnehmern gar nicht kennen und daher auf die Realisierung vorteilhafter Geschäfte bzw. Aktionen in der Vergangenheit verzichtet haben. Wenn der Ratingprozess, was in jedem Falle empfehlenswert ist, von einem kompetenten und objektiven Partner begleitet wird, können Verbesserungspotenziale sofort erschlossen werden; da der Partner bereits im Hause ist und mit vielen Details des Unternehmens vertraut ist, entfallen zeitraubende und aufwendige Ist-Aufnahmen, eine Irritation der Belegschaft wird vermieden und die, bei einem Ratingprozess häufige, Aufbruchstimmung der Leistungsträger kann dazu genutzt werden, die Umsetzung von Veränderungen zügig und kostengünstig zu bewirken.

3.3 Gründliche und proaktive Vorbereitung

Ein proaktiver Ansatz zum Thema Rating bringt für den Unternehmer den heute so wichtigen Zeitvorteil gegenüber der Konkurrenz. Jedoch sollte der proaktive Angang des Themas nicht dergestalt sein, dass das Unternehmen völlig unvorbereitet eine externe Ratingagentur beauftragt, ein Rating durchzuführen, um im Anschluss daran aufgezeigte Schwachstellen mit dem Ziel zu bearbeiten, dass im ersten Re-Rating ein angemessenes Ratingergebnis erzielt wird.

Gerade beim Unternehmensrating gilt die alte Weisheit: „Für den ersten Eindruck gibt es keine zweite Chance". Deshalb ist wichtig, dass sich das Unternehmen vor dem ersten Rating mit den Ratingrelevanten Themenstellungen auseinandersetzt.

Input durch Kunde und DGM			
Schaffung eines Grundverständnisses für das Thema Unternehmens-Rating	Themenspezifische Workshops mit mittlerem Management	Abstimmung der Ergebnisse mit der Unternehmensleitung	Entscheidung der Unternehmensleitung über die weitere Vorgehensweise
Workshop mit der Unternehmensleitung/ Gesellschaftern/Aufsichtsratsvorsitzenden Personelle Themenzuordnung mit Hilfe von branchenspezifischen Checklisten	• Wirtschaftliche Rahmenbedingungen • Geschäftschancen und -risiken • Finanzielle Verhältnisse • Führung und Führungsinstrumente	• Optimale Zusammenstellung der ratingrelevanten Unterlagen • Grundlage für weitere Entscheidungen	Entscheidungsspielraum • Ratingprozess direkt im Anschluss an das Advisory • Nachbesserung in spezifischen Feldern vor Ratingprozess • Zurückstellung des Ratingprozesses und Einhaltung von Maßnahmen
Coaching DGM			

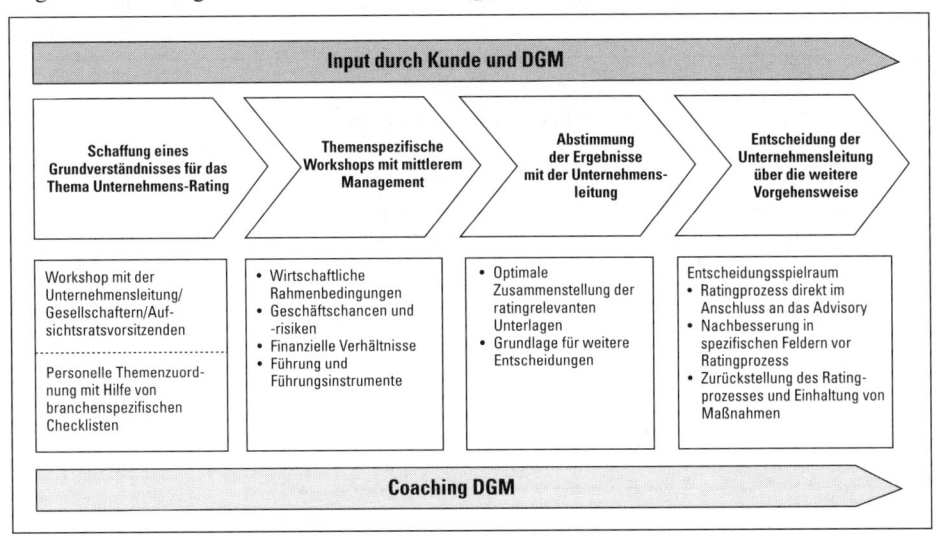

Abbildung 4: Rating Advisory; Vorgehensweise der DGM/Advisory Prozess

3.4 Prerating oder „der Trockenkurs"

Wie bereits dargestellt, ist es von zentraler Bedeutung, sich vor dem Rating bereits intensiv mit den relevanten Themenfeldern ganzheitlich zu beschäftigen. Das Unternehmen sollte vor dem Rating einen Trockenkurs durchlaufen, der den gesamten Ratingprozess widerspiegelt. Ein internes Projekt zum Thema Rating mit klaren Verantwortlichkeiten ist die richtige Grundlage, um sich intensiv auf das Rating vorzubereiten. Auch die Hilfe eines professionellen externen Rating Advisors kann maßgeblich zum Projekterfolg beitragen. Mögliche Gründe hierfür werden im Kapitel 3.6 „Begleitung durch einen kompetenten Rating Advisor" näher dargelegt.

Ziel des Rating Advisory für mittelständische Unternehmen ist es nicht, das Ratingergebnis vorauszusagen, sondern vielmehr Stärken und Schwächen des Unternehmens zu identifizieren, an denen im Vorfeld zum eigentlichen Ratingprozess gearbeitet werden kann. Außerdem gilt es, in der ersten und zweiten Führungsebene ein Grundverständnis für das Thema Rating und die Vorgehensweise der Analysten zu schaffen.

Ein Rating Advisory Projekt der DGM läuft jeweils individuell auf das Unternehmen abgestimmt nach folgendem Prozess ab:

Für die Vorbereitung eines Unternehmens auf das Rating wird in einer ersten Phase das Grundverständnis für das Thema Unternehmensrating auf der ersten und zweiten Führungsebene hergestellt. Außerdem werden in einem ersten Workshop die Verantwortlichkeiten einzelner Mitarbeiter für das Rating Advisory Projekt bestimmt.

Anhand von branchenspezifischen Checklisten stellen die verantwortlichen Mitarbeiter Unterlagen für Workshops zu den Themen Wirtschaftliche Rahmenbedingungen, Geschäftschancen und -risiken, Finanzielle Verhältnisse, Führung und Führungsinstrumente

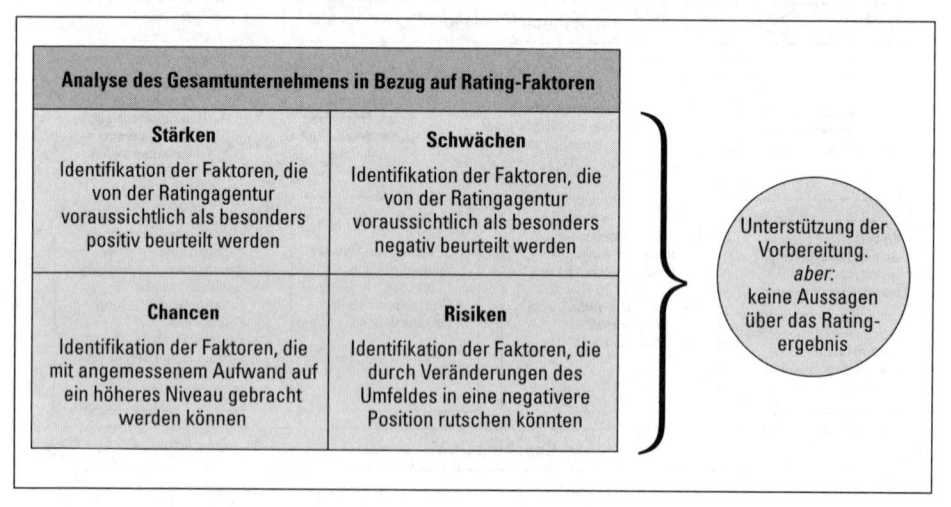

Analyse des Gesamtunternehmens in Bezug auf Rating-Faktoren	
Stärken Identifikation der Faktoren, die von der Ratingagentur voraussichtlich als besonders positiv beurteilt werden	**Schwächen** Identifikation der Faktoren, die von der Ratingagentur voraussichtlich als besonders negativ beurteilt werden
Chancen Identifikation der Faktoren, die mit angemessenem Aufwand auf ein höheres Niveau gebracht werden können	**Risiken** Identifikation der Faktoren, die durch Veränderungen des Umfeldes in eine negativere Position rutschen könnten

Unterstützung der Vorbereitung.
aber:
keine Aussagen über das Ratingergebnis

Abbildung 5: Advisory Prozess; Fit für das Rating?

zusammen. Daraufhin wird gemeinsam mit den verantwortlichen Mitarbeitern ein Stärken/Schwächen und Chancen/Risiken Profil des Unternehmens erstellt. Zudem werden die ratingrelevanten Unterlagen für den Ratingprozess optimal zusammengestellt.

Im nächsten Schritt werden die Ergebnisse mit der Unternehmensleitung abgestimmt. Auf dieser Grundlage entscheidet die Unternehmensleitung über die weitere Vorgehensweise. Der Entscheidungsspielraum des Managements bewegt sich heute von der Verschiebung des Ratingprozesses bis zur Entscheidung, direkt den Ratingprozess anzutreten.

3.5 Optimierte Entscheidung ob, von wem und wann geratet werden soll

Nach der Durchführung des Rating Advisory-Projektes ist anhand der Stärken/Schwächen- und Chancen/Risiken-Matrix die Entscheidung, wann geratet werden soll, erfahrungsgesmäß schnell und kompetent gefällt. Häufig ergeben sich anhand der Stärken/Schwächen-Matrix Faktoren, die im Ratingprozess unweigerlich zu einer stark negativen Gewichtung betragen würden. Insbesondere schwergewichtige Faktoren werden im Vorfeld „behandelt" um erst daraufhin in den Ratingprozess einzusteigen.

Für eine gewisse Verwirrung sorgt regelmäßig die Frage, ob ein internes Bankrating für das Unternehmen ausreicht oder ein Rating einer externen Agentur beauftragt werden soll. Wichtig dabei ist, dass das externe Rating einer Agentur als komplementär zum internen Rating einer Bank zu betrachten ist. Das externe Rating hat durch die Veröffentlichung einen anderen Charakter als ein internes Bankrating und ist somit vielseitiger. In der Regel kann aber auch die Frage nach internem oder externem Rating vor dem Hintergrund der Vorbereitung auf den Ratingprozess fundiert beantwortet werden.

Generell kann festgestellt werden, dass ein externes Rating eine hervorragende Kommunikationsplattform in Bezug auf die langfristige Unternehmenssicherung gegenüber allen Stakeholdern ist.

3.6 Begleitung durch einen kompetenten Rating Advisor

Wie bereits in Abschnitt 3.4 dargestellt, ist eine gründliche Vorbereitung auf den Ratingprozess die beste Voraussetzung, um ein angemessenes Ratingergebnis zu erhalten. Weshalb soll also für die Vorbereitung ein kompetenter Rating Advisor zu Rate gezogen werden? Am Beispiel der DGM-Erfahrungen bei Rating Advisory-Projekten sowie im Umgang mit Banken und namhaften Ratingagenturen soll die Frage behandelt werden.

Für die ganzheitliche Betrachtung des Unternehmens greift die DGM in einem Advisory Projekt auf detaillierte branchenspezifische Checklisten zurück. Anhand der Checklisten und der damit einhergehenden Aufgabenverteilung in den einzelnen Fachbereichen wird ein Projekt nicht nur effektiv aufgesetzt, sondern das Projekt bringt dem Unternehmen einen nicht zu unterschätzenden zusätzlichen Mehrwert. Das Rating Advisory-Projekt bereitet das Unternehmen nicht nur auf den Ratingprozess vor, sondern es werden häufig Probleme und Risiken aufgezeigt, die dem Unternehmen in der Form zuvor nicht bewusst waren. Schon das Erkennen dieser Risiken bringt Nutzen für das Unternehmen.

Bei der ganzheitlichen Betrachtung fällt häufig auf, dass die Kenntnis der relevanten Microbranchen gerade in Bezug auf Marktdaten im Unternehmen Probleme bereitet. Gegenüber der Ratingagentur ist es aber eine gute Möglichkeit für das Unternehmen, bei einer guten Vorbereitung in diesem Bereich im Ratingprozess punkten zu können. Die DGM stellt bspw. im Advisory Prozess nicht nur Daten aus ihrem Brancheninformationscenter zur Verfügung, sondern coacht die Mitarbeiter des Unternehmens bei der zukünftigen Informationsbeschaffung. Ein Rating Advisory-Projekt bereitet so die Mitarbeiter eines Unternehmens nachhaltig auf das Rating vor. Bei einem anstehenden Re-Rating im nächsten Jahr wird das Unternehmen daher in der Lage sein, sich die notwendigen Informationen und Dokumente selbst zu erstellen/beschaffen.

Zudem ist es Aufgabe des Rating Advisors, das Unternehmen bei der Identifikation und Kommunikation seiner Erfolgsfaktoren zu unterstützen. Da Mittelständler häufig sehr ausgeprägte aber ungewöhnliche Wettbewerbsvorteile gegenüber ihren Konkurrenten haben, zeigt die Erfahrung, dass die Sensibilisierung und objektive Hilfestellung durch Außenstehende meist zu wesentlich günstigerer Selbstdarstellung führt.

Die aufgezählten Faktoren sind nur ein Ausschnitt der Leistungen des Rating Advisors. Alles in allem ist es seine Aufgabe, Pleiten, Pech und Pannen zwischen dem Unternehmen und den Ratinganalysten zu vermeiden, die zu einem verzerrten Ratingergebnis führen würden und dem Unternehmen zu helfen, nicht mehr Aufwand und Betriebsstörungen als notwendig zu erleiden.

4. Fazit

Rating wird zukünftig eine Grundlage der Zukunftsfähigkeit des Mittelstandes. Es wird proaktive Unternehmen noch stärker nach vorn bringen und für alle Stakeholder von Bedeutung sein. Vor diesem Hintergrund ist es wichtig, mit den Vorbereitungen nicht erst während des Ratingprozesses zu beginnen. Bevor der erste Analyst das Unternehmen betritt, sollte das Unternehmen in Top-Form sein, um sich angemessen darstellen und so für die Zukunft positionieren zu können.

Vorbereitung von Familienunternehmen auf ihr Rating

Karl-Heinz Kramer

Was wäre die deutsche Wirtschaft ohne die Familienunternehmen? Schätzungsweise mehr als zwei Millionen Unternehmen befinden sich in Deutschland im Besitz von Unternehmern oder Unternehmerfamilien. Einige Zehntausend von ihnen erzielen einen Umsatz von mehr als DM 20 Mio. Nicht wenige dieser Familienunternehmen haben eine führende Position auf den von ihnen bearbeiteten Märkten erreicht.

Und selbst unter den größten deutschen Unternehmen befinden sich noch etliche in Familienbesitz. Klangvolle Namen wie Aldi, C&A Brenninkmeijer, Haniel, Henkel, Heraeus, Miele, Oetker, Quandt, Röchling, Tengelmann, Vorwerk und Werhahn stehen für eine erfolgreiche Verbindung von unternehmerischem Erfolg und familiärer Tradition.

Die Umsetzung der Empfehlungen des Baseler Ausschusses für Bankenaufsicht wird jedoch auch für die Familienunternehmen nicht ohne Folgen bleiben. Selbst wenn diese Empfehlungen noch nicht verabschiedet und in nationales Recht umgesetzt sind, wird sich der überwiegende Teil der Banken schon heute auf den zukünftigen Zustand umstellen und entsprechend verhalten.

Alle Unternehmen werden zukünftig geratet – ob intern oder extern –; besonders das mittelständische Familienunternehmen sollte sich auf diesen Prozess und die Anforderungen des Ratings gezielt vorbereiten oder vorbereiten lassen. Aktuelle Studien zeigen leider, dass dies noch nicht in ausreichendem Umfang geschehen ist.

Ziel des folgenden Beitrags ist es, nicht nur die Besonderheiten und spezifischen Risikofaktoren von Familienunternehmen zu identifizieren (Kapitel 2), sondern mit der Integrierten Eigner-Strategie (Kapitel 3) einen Bezugsrahmen für die dauerhafte erfolgreiche Führung von Familienunternehmen vorzustellen. Konkrete Schritte im Vorfeld eines Ratings (Kapitel 4) sollen helfen, das Familienunternehmen auf ein externes Rating vorzubereiten.

1. Familienunternehmen sind etwas Besonderes

1.1 Begriff

Als Familienunternehmen werden Unternehmen beliebiger Rechtsform bezeichnet, deren wirtschaftliche Entwicklung durch Kapital- und Arbeitseinsatz von miteinander verwandten Personen maßgebend beeinflusst wird und die von dem Willen getragen sind, das Unternehmen in der Familie zu halten. Durch letzteres unterscheidet sich das Familienunternehmen vom klassischen Gründer- oder Pionierunternehmen, bei dem Eigentum und Führung in der Person des Unternehmers vereint ist.

Da sich die maßgeblichen Kapital- und Stimmrechtsanteile in den Händen einer Familie befinden, bestimmt diese die Willensbildung und Durchsetzung der Geschäftspolitik entweder durch das Wahrnehmen einer Führungstätigkeit oder durch die Ausübung gewisser Kontroll- und Entscheidungsrechte. Damit kennzeichnet eine enge Verbindung der beiden Subsysteme Unternehmen und Familie das Familienunternehmen. Aus dem Machtbereich der Familie resultiert ein nicht zu unterschätzender Einfluss auf die Unternehmenspolitik.

Die volkswirtschaftliche Bedeutung von Familienunternehmen ist unbestritten. Eine Zahl soll dies verdeutlichen: 53 % aller Mitarbeiter, die in Unternehmen mit mehr als 2 Mio. DM Umsatz beschäftigt sind, arbeiten in einem Familienunternehmen.[1]

1.2 Stärken von Familienunternehmen

Ein typisches Merkmal von Familienunternehmen ist ihre langfristige Orientierung und ihre strategische Kontinuität, was mit Tradition und der Stetigkeit in der Unternehmensführung zusammenhängt. Dadurch werden diese Unternehmen für Kapitalgeber berechenbarer und verlässlicherer. Gleichzeitig zeichnen sie sich durch Innovationskraft, Kundennähe und schlanke Organisationsstrukturen aus. Flexibilität sowie kurze Informations- und Entscheidungswege lassen sich ebenfalls in zahlreichen Familiengesellschaften beobachten.

In der Regel ist das Verantwortungsgefühl der Familie gegenüber Mitarbeitern und der Gesellschaft stark ausgeprägt. Dadurch genießen sie einen nicht zu unterschätzenden Vertrauensvorsprung. Oft fühlen sich auch die Mitarbeiter nicht nur dem Unternehmen, sondern noch mehr der Gesellschafterfamilie verbunden. Die Ausstrahlung der Unternehmerfamilie führt zu einem hohen Maß an Identifikation der Anspruchsgruppen mit dem Familienunternehmen. Vor allem hinsichtlich Motivation, Leistungsbereitschaft und Loyalität der Mitarbeiter sind in zahlreichen Fällen positive Effekte zu beobachten.

---

[1] Vgl. Klein (2000), S. 53.

1.3 Zur Finanzierung

Die Dominanz der Kredit- und Selbstfinanzierung und die damit zusammenhängende ausgeprägte Abhängigkeit von der Hausbank kennzeichnen die Finanzierungspolitik der Familiengesellschaften. Da überrascht es nicht, dass die erschreckend niedrigen Eigenkapitalquoten deutscher Familienunternehmen beispielsweise deutlich unter denen in den USA liegen. Aufgrund dieser Eigenkapitallücke und der großen Bedeutung des Fremdkapitals trifft die Familienunternehmen die zu beobachtende Abkehr der Großbanken vom Firmenkundengeschäft besonders.

Auch die Reform der Baseler Eigenkapitalvorschriften (Basel II) mit dem Ziel, die risikogerechtere Allokation von Kapital zu erleichtern, lässt tiefgreifende Veränderungen erwarten. Durch die Abkehr von der pauschalen Bewertung des Kreditrisikos wird Basel II zweifelsohne eine größere Transparenz der Märkte und Unternehmen mit sich bringen. Dazu kommt, dass die zunehmende Kapitalmarktorientierung der Unternehmensfinanzierung auch das klassische Kreditgeschäft ergreifen wird. Damit einher gehen Forderungen nach erhöhter Publizität der Familienunternehmen, wie sie an den Kapitalmärkten schon längst Standard geworden ist. Viele Familienunternehmen werden diesbezüglich ihre Geschäftspolitik fundamental ändern müssen.

Nur selten haben Familienunternehmen den Kapitalmarkt bislang in Anspruch genommen, sei es durch ein Going Public oder die Emission einer Anleihe. Dementsprechend haben nur wenige Familienunternehmen ein veröffentlichtes Rating von einer der internationalen Agenturen erhalten. Meist sind es sehr große Unternehmen (Robert Bosch GmbH, Adolf Würth GmbH & Co. KG) oder Unternehmen, die bereits als Publikumsgesellschaften an der Börse notiert sind (Wella AG, Henkel KGaA oder die zur Röchling-Gruppe gehörende Rheinmetall AG). Wenige mittelständische Familiengesellschaften wurden von einer kleinen Ratingagentur geratet.

2. Besondere Risikofaktoren – Familienunternehmen aus Sicht der Ratingagentur

Die Aussicht, ein Unternehmen auf Dauer in der Familie zu halten und dabei erfolgreich zu bleiben, ist denkbar schlecht. „Der Vater erstellt's, der Sohn erhält's, dem Enkel zerfällt's.", lautet ein weit verbreitetes Sprichwort. Untersuchungen stützen diese Aussage, denn die durchschnittliche Lebensdauer von Familienunternehmen ist mit etwa 24 Jahren erschreckend kurz.

Vor diesem Hintergrund analysieren Ratingagenturen Familienunternehmen und treffen regelmäßig auf Risikofaktoren, die sich im Ratingergebnis niederschlagen. Es liegt in der Natur der Sache, dass es sich bei der nachfolgenden Aufzählung um Verallgemeinerungen handeln muss. Im Einzelfall kann die Situation anders aussehen.

2.1 Unternehmensgröße und geringer Diversifizierungsgrad

Unter Risikoaspekten betrachtet, sind kleinere Unternehmen anfälliger für Krisen. Mittelständisch geprägte Familienunternehmen haben beim Rating somit per se einen Größennachteil.

Typischerweise agieren Familienunternehmen – dies gilt in erster Linie für die kleineren und mittleren – in verhältnismäßig engen Märkten und konzentrieren sich auf Marktnischen. Meist handelt es sich um Ein-Produkt-Unternehmen bzw. um Unternehmen mit geringer Diversifikation.[2] Das Risiko ist somit aufgrund der Konzentration auf wenige Produkte und Kunden bzw. auf geographische Räume tendenziell höher. Es entfallen Aspekte der Diversifizierung, von denen größere Unternehmen profitieren können. Da sich Märkte und regionale ökonomische Gegebenheiten ändern können, bietet eine breit gefächerte Geschäftstätigkeit einen gewissen Schutz. Diversifizierte Unternehmen, deren Geschäftsbereiche unterschiedlichen Zyklen unterliegen, haben dementsprechend Bewertungsvorteile.

So sind die von Hermann Simon identifizierten „Hidden Champions" – von der Öffentlichkeit weitgehend unbeachtet – in ihren Marktnischen Weltmarktführer.[3] Diese Unternehmen – viele von ihnen sind Familienunternehmen – sind seit Jahren sehr erfolgreich in ihren Märkten und verfügen über eine große Erfahrung. Gemeinsam ist ihnen, dass sie sich durch eine außergewöhnliche Fokussierung auszeichnen. Die Ratingagentur betrachtet die Konzentration auf ein einziges Produkt jedoch als Risikofaktor – unabhängig davon, wie erfolgreich dieses Produkt ist.

2.2 Fehlende Transparenz

Rating ist für viele Familienunternehmer ein „Kulturbruch". Denn gewöhnlich pflegt der Familienunternehmer Geheimnisse, hat Angst vor Imitationen und will sich vor allem nicht in die Karten schauen lassen. Es ist keine Seltenheit, dass selbst die nicht im Unternehmen tätigen Gesellschafter nur sehr rudimentär informiert werden. Die Informationsversorgung der externen Gläubiger und Investoren beschränkt sich auf das Notwendige. Ansprüche, die auf Transparenz gerichtet sind, werden weitgehend unterdrückt. Maßnahmen der Einflussnahme auf unternehmerische Entscheidungen werden ebenso unbedingt zu vermeiden gesucht, um die Unabhängigkeit der Unternehmung, die mit der der Familie gleichgesetzt wird, zu erhalten. Wen wundert es da, dass der Widerstand, sich einer externen Ratingagentur zu öffnen, sehr groß ist.

Vor diesem Hintergrund wird schnell klar, dass gerade Familienunternehmen über die verstärkten Forderungen nach Transparenz nicht in Jubel ausbrechen dürften. Innenorientierung und Verschlossenheit kennzeichnen nämlich die Informationspolitik der Familienunterneh-

---

2 Vgl. Zimmermann/Wortmann (2001), S. 157.
3 Vgl. Simon (1996).

men. Die Öffentlichkeitsarbeit beschränkt sich oft auf eine Pressenotiz über die Feier der 40-jährigen Betriebszugehörigkeit eines verdienten Mitarbeiters. Erst recht ist der Umgang mit der Veröffentlichung von Unternehmenszahlen für die meisten Familienunternehmen völlig ungewohnt. Die Folge ist, dass das Berichtswesen nicht auf die mit einem Rating verbundene Transparenz und Publizität vorbereitet ist. Häufig verfügen die Familienunternehmen über kein aussagekräftiges Berichtswesen; der Jahresabschluss wird oft erst viele Monate nach Ende des Geschäftsjahres fertiggestellt.

Doch damit nicht genug: Die Unternehmensstrukturen vieler Familienunternehmen folgen weniger betriebswirtschaftlichen Erkenntnissen als steuerlichen Optimierungsüberlegungen. Zwar ist der Wunsch, eine unnötig hohe Steuerbelastung oder die nicht gewollte Publizität zu vermeiden, verständlich, doch darf dies nicht dazu führen, dass die Unternehmensstrukturen so kompliziert oder verschachtelt werden, dass sie nur noch vom Steuerberater und vom Finanzchef, jedoch nicht vom Ratinganalysten verstanden werden. Die von den deutschen Familienunternehmen so geschätzte Bildung von stillen Reserven hat leider den Nachteil, dass diese stillen Reserven auch für den Analysten nicht erkennbar sind.

2.3 Eingeschränkte finanzielle Flexibilität

Im Rahmen eines Ratings ist die finanzielle Flexibilität ein Beurteilungskriterium, dem die Ratingagenturen große Beachtung schenken. Standard & Poor's untersucht in diesem Zusammenhang die Finanzkraft eines Unternehmens und dessen Handlungsspielraum unter finanzieller Belastung. Wichtige Faktoren sind der Zugang zu den verschiedenen Kapitalmärkten, die Verbindungen zu anderen Unternehmen und die Möglichkeit, Vermögenswerte zu veräußern.[4] Widrige Entwicklungen, die für Unternehmen mit größeren Ressourcen nur einen Rückschlag bedeuten würden, können für Unternehmen mit beschränktem Zugang zu Finanzmitteln das wirtschaftliche Ende zur Folge haben. Die Darstellung verschiedener Kapitalbeschaffungsmöglichkeiten bei alternativen Entwicklungsszenarien zeigt der Ratingagentur die Diversifikation des finanziellen Risikos und die künftige Entwicklung der Risikostruktur des Unternehmens auf. Eine solide Liquidität in Form von kurzfristig verfügbaren Mitteln wird von den Ratingagenturen vorausgesetzt, um ein Investment-Grade-Rating zu erzielen.

Mangelnde finanzielle Flexibilität wird bei Familienunternehmen normalerweise als erheblicher Nachteil gewertet:

- Die Flexibilität ist gefährdet, wenn ein Unternehmen zu sehr von einer einzigen Hausbank und von Bankkrediten abhängig ist. Bei einer Absicherung durch mehrere Banken verringern sich die Folgen, falls eine Bank das Vertrauen in die Bonität des Unternehmens verliert und weitere Mittel verweigert. Damit keine Missverständnisse

---

4 Vgl. Standard & Poor's (2000), S. 28.

auftreten: Stabile Geschäftsbeziehungen zu den Banken und die persönliche Beziehungspflege zum zuständigen Firmenkundenbetreuer sind für Familienunternehmen unerlässlich. Riskant die jedoch die Abhängigkeit von Bankkrediten bzw. von einer Hausbank.

- Erfahrungsgemäß ist die Rekapitalisierungskraft der Unternehmerfamilie beschränkt, Finanzmittel aus dem Privatvermögen dem Familienunternehmen zuzuführen. Zum einen verlangt die Wachstumsstrategie vieler Unternehmen in Zeiten der Globalisierung ein Kapitalvolumen, das die Möglichkeiten einer Familie übersteigt. Zum anderen haben die meisten Familien bereits einen Großteil ihres Vermögens im Familienunternehmen investiert. Dazu kommt, dass aus vermögensstrategischer Sicht die Bildung von unternehmensunabhängigem Privatvermögen der Familie sinnvoll ist (Abschnitt 3.3).

- Aufgrund des ausgeprägten Unabhängigkeitsstrebens („Herr-im-Haus-Mentalität") ist die Abneigung gegen die Hereinnahme externer, das heißt familienfremder Gesellschafter groß.

Auf der anderen Seite haben traditionelle Familienunternehmen oft umfangreiche, nicht betriebsnotwendige Vermögenswerte – man denke nur an die Immobilien – angesammelt, die als Reserve dienen und im Notfall verkauft werden können.

2.4 Personenabhängigkeit

Familienunternehmen sind von der Persönlichkeit des Unternehmers oder des geschäftsführenden Gesellschafters geprägt und damit von ihr abhängig. Dies hat zur Folge, dass die Unternehmensführung nicht – wie in großen Publikumsgesellschaften – beinahe beliebig austauschbar ist. Denn der oder die Unternehmer dominieren alle strategischen und operativen Entscheidungen. Kontroll- und Überwachungsorgane gibt es nur in Ausnahmefällen. Dazu kommt, dass die Fähigkeit zur Delegation nur bei wenigen Unternehmern stark ausgeprägt ist. Die gesamte Führungsstruktur ist auf die Person des Unternehmers zugeschnitten; die zweite Führungsebene – sofern es sie überhaupt gibt – ist deshalb meist nicht in der Lage, das Unternehmen – selbst im Notfall – weiterzuführen.

Ratingagenturen betrachten potenzielle organisatorische Risiken. Diese erkennen sie dann, wenn sich das Familienunternehmen in erheblichem Umfang auf eine einzige Person stützt, deren Ruhestand möglicherweise kurz bevorsteht.

Dass dies nicht nur ein Problem von Familiengesellschaften ist, zeigt das Beispiel General Electric. Jack Welch führt den amerikanischen Konzern patriarchalisch; die Unternehmensstrategie wird nicht nur maßgebend von ihm bestimmt, sondern auch von seiner Person und Persönlichkeit getragen.

2.5 Ungeklärte Unternehmensnachfolge

Die größte Herausforderungen für ein Familienunternehmen ist die Regelung der Unternehmensnachfolge im Rahmen des Generationswechsels. Nach einer Studie des Instituts für Mittelstandsforschung (IfM) wurde alleine im Jahr 1999 in etwa 76 000 Unternehmen der Generationswechsel vollzogen. In den kommenden fünf Jahren erwartet das Institut über 350 000 Unternehmensübertragungen.

Auch die Unternehmernachfolge wird beim Rating beurteilt – und diese ist in vielen Fällen nicht geregelt. Nicht selten wird die Nachfolgeregelung innerhalb der Familie schlicht verdrängt. Dies hängt zum einen damit zusammen, dass die ältere Generation aufgrund der emotionalen Bindung Schwierigkeiten hat, Macht und Verantwortung abzugeben. Im Gegensatz zu Führungskräften in Publikumsgesellschaften sind Unternehmer nur in den seltensten Fällen verpflichtet, zu einem definierten Zeitpunkt abzutreten. Vielen Unternehmern fällt es schwer, rechtzeitig loszulassen. Am liebsten würden sie die Geschicke ihres Unternehmens bis an ihr Lebensende führen.

Zum anderen hat die jüngere Generation in vielen Fällen wenig Interesse an der Nachfolge oder nicht die entsprechende Qualifikation. Festhalten lässt sich, dass eine langfristige Vorbereitung und Planung der Unternehmensnachfolge die Ausnahme ist.

Zudem haben viele Unternehmer keinen Notfallplan, der regelt, was bei ihrem plötzlichen, ungeplanten Ausfall geschehen soll. Immer wieder müssen Unternehmerfamilien die dramatische Erfahrung machen, dass unternehmerische Werte beim unerwarteten Ausfall des Unternehmers rascher vernichtet werden, als sie aufgebaut werden konnten.

Wie eine ungeklärte Unternehmensnachfolge ein Familienunternehmen noch viele Jahre später in eine Krise führen kann, hat erst kürzlich das Beispiel Tchibo gezeigt. Günter Herz hat das Unternehmen über viele Jahre hinweg mit harter Hand geführt. Trotz großartiger Erfolge kam es dann zum Aufstand der sich an den Rand gedrängt fühlenden Familienmitglieder. Die Folge war, dass Günter Herz vorzeitig aus der Unternehmensführung ausscheiden musste und mit ihm weitere Führungskräfte das Unternehmen verlassen haben. Der Unternehmensgründer Max Herz, der Vater von Günter, hatte es versäumt, für eine klare und eindeutige Nachfolgeregelung zu sorgen.

2.6 Streitigkeiten innerhalb der Familie bzw. im Gesellschafterkreis

Dass Streitigkeiten innerhalb der Familie weitreichende Auswirkungen auf das Familienunternehmen und auf dessen Risikobeurteilung haben können, verdeutlicht das Beispiel Bahlsen. Der tiefsitzende Konflikt zwischen den Gesellschaftern führte dazu, dass das Unternehmen im Rahmen einer Realteilung innerhalb der Eigentümerfamilien aufgeteilt wurde. Ein Bruder, Werner Michael, bekam den Süßwarenbereich, Lorenz Bahlsen das Snack-Geschäft und der dritte Familienstamm das Immobilienvermögen. Auch wenn Bahlsen bereits zuvor viel Energie durch den lange andauernden Familienzwist verlor, hat die Realteilung sicherlich nicht zu einer Stärkung der Position auf den jeweiligen Märkten beigetragen. Die Brüder Bahlsen haben diese Entscheidung wohl kaum aus rein unternehmerischen Überlegungen getroffen. Haben beide Bereiche die im Markt erforderliche kritische Größe? Können sie sich gegen ihre Wettbewerber behaupten? Haben beide Unternehmen alleine eine Überlebenschance? Die Auswirkungen auf die Beurteilung des Geschäfts- und Finanzrisikos liegen auf der Hand.

Konflikte in der Familie und Uneinigkeiten im Gesellschafterkreis können das Familienunternehmen in eine tiefe Krise stürzen. Zur optimalen unternehmerischen Kraftentfaltung gehört die Übereinstimmung von Führung und Kapital. Dies ist im typischen Familienunternehmen nicht immer problemlos: Die Zahl der Gesellschafter steigt mit jedem Generationswechsel, und damit auch die Zahl derjenigen, die vom Unternehmen leben wollen. Gleichzeitig sinkt die Identifikation mit dem Unternehmen, zumindest bei denjenigen, die nicht in der Firma mitarbeiten. Es ist nicht verwunderlich, dass vielfach Interessenkonflikte an die Stelle des unverzichtbaren Zusammenhalts treten. Diese Konflikte entstehen, da es innerhalb der Familie unterschiedliche, meist sogar gegensätzliche Ziel- und Wertvorstellungen gibt. Immer wieder ist es ein Streit um Geld, Macht und Liebe.[5]

Ein weiteres Beispiel soll dies unterstreichen: Häufig lassen sich Konflikte zwischen tätigen und nicht-tätigen Gesellschaftern in Fragen der Ausschüttungspolitik beobachten. Was ist der Grund? Meist ist sowohl die von den geschäftsführenden Gesellschaftern gewünschte vollständige Gewinn-Thesaurierung als auch die Bildung stiller Reserven besonders für jene Gesellschafter problematisch, die von den Dividenden in hohem Maße finanziell abhängig sind.

3. Die Integrierte Eigner-Strategie

Beschäftigt man sich mit Familienunternehmen, stellt sich zwangsläufig die Frage, weshalb sich wenige Unternehmen über Generationen hinweg erfolgreich am Markt behaupten, viele andere dagegen den Generationswechsel nicht überleben. Im Durchschnitt schaffen es weniger als 20 Prozent der Unternehmen bis zur zweiten Generation und weniger als sieben Prozent überstehen die dritte.

Peter Zinkann von Miele hat die Problematik anschaulich formuliert: „Familienunternehmen haben einen ganz großen Vorteil und einen ganz großen Nachteil – beides ist die Fa-

---

5   Vgl. Eglau (2001).

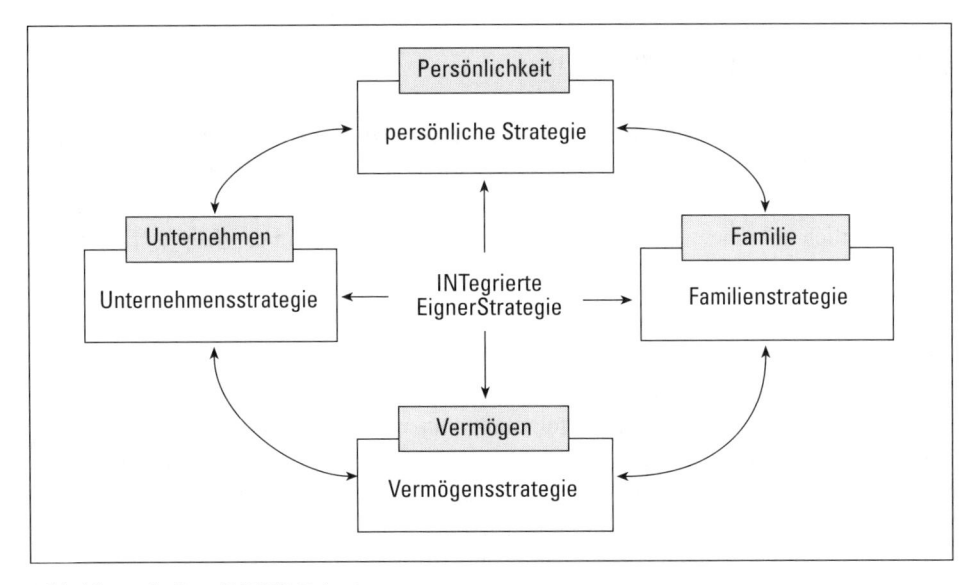

Abbildung 1: Das INTES-Prinzip

milie. Eine Familie in Frieden ist das beste, was einem Unternehmen passieren kann, eine Familie in Unfrieden das schlimmste." Der Erfolg eines Familienunternehmens wird deshalb davon abhängen, wie gut es gelingt, die Interessen der Familie zu bündeln und die Familie zu einer Kraftquelle für das Unternehmen werden zu lassen.

Das INTES-Prinzip gibt auf die Frage eine Antwort, was den unternehmerischen Erfolg in Familienunternehmen ausmacht.[6] Kern des INTES-Prinzips ist die Verknüpfung der Unternehmensstrategie, der persönlichen Strategie, der Vermögensstrategie und der Familienstrategie zu einer **INT**egrierten **E**igner-**S**trategie (oder: Unternehmer-Strategie).

Die Wurzeln der Probleme familiengeführter Unternehmen liegen selten im Unternehmen selbst. Meist liegen sie beim Unternehmer, seiner Vermögenssituation oder in der Unternehmerfamilie. Erfolgreiche Unternehmer haben erkannt, dass es für den dauerhaften Erfolg in einem Familienunternehmen mehr braucht als richtige unternehmerische Konzepte und deren konsequente Umsetzung. Wer als Familienunternehmer dauerhaft Erfolg haben will, muss auch die Familie, das familiäre Vermögen und sich selber managen. Ziel muss es sein, diese vier Bereiche in Einklang zu bringen. Denn: Das beste Modell zur Unternehmensführung ist zum Scheitern verurteilt, wenn in der Unternehmerfamilie Uneinigkeit herrscht, wenn jung und alt, Geschwister oder Vettern sich streiten und damit das operative Geschäft gefährden.

---

6   Vgl. ausführlich May (2001).

3.1 Unternehmensstrategie

Wie zuvor schon beschrieben, korrespondiert die Strategie des Familienunternehmens mit der Person des Unternehmers bzw. des geschäftsführenden Gesellschafters. Insoweit überrascht es nicht, dass die Unternehmensstrategie nicht oder nur in Ansätzen plausibilisiert und schriftlich dokumentiert ist. Oft befindet sie sich lediglich in den Köpfen der Unternehmer-Persönlichkeiten.

Für den Ratingprozess ist es jedoch erforderlich, die strategischen Erfolgsfaktoren plausibel darzustellen. Unerlässlich ist eine dokumentierte und für Externe nachvollziehbare Unternehmensstrategie. In diesem Zusammenhang muss oft festgestellt werden, dass die strategische Planung von Familienunternehmen unzureichend ist oder ganz fehlt. Unabhängig von einem anstehenden Rating sollte jeder Unternehmer – alleine schon im Hinblick auf die Mitarbeiterführung – darauf bedacht sein, seine Unternehmensstrategie zu kommunizieren. Nur wer weiß, in welche Richtung sich das Unternehmen bewegt, kann die vorhandenen Ressourcen effizient einsetzen.

3.2 Persönliche Strategie

Der wichtigste Bestimmungsfaktor für den unternehmerischen Erfolg ist der Unternehmer selbst. Er gilt immer als Vorbild im Unternehmen. Seine Stärken und Schwächen multiplizieren sich automatisch im Unternehmen. Gleichzeitig bilden seine persönlichen Grenzen auch die Grenzen der Mitarbeiter.

Um seiner Aufgabe und seiner Vorbildrolle im Unternehmen gerecht zu werden, muss der Unternehmer sich selbst immer wieder auf Veränderungen und neue Entwicklungen einstellen. Denn: Wer sein Unternehmen verändern möchte, muss zuallererst sich selbst verändern. Im Falle des Ratingprozesses gilt dies beispielsweise für das Kommunikationsverhalten gegenüber Externen (Abschnitt 4.3) und die Offenheit für neue Ideen und Kapital (Abschnitt 4.4). Hier ist der Unternehmer in seiner Vorbildrolle gefordert.

3.3 Vermögensstrategie

Nur wenige Unternehmer betreiben das Management ihres Privatvermögens mit der Professionalität, die sie ihrem Unternehmen zuteil werden lassen. Nicht nur aus Zeitmangel unterlassen sie es, privates Vermögen zu bilden und zu managen. Es ist kein Geheimnis, dass fast jede Unternehmerfamilie den überwiegenden Teil ihres Vermögens im Familienunternehmen investiert hat.

Die Unternehmensnachfolge lässt sich mit ausreichend freiem Vermögen besser lösen. Der Unternehmer, der über eine vom Unternehmen unabhängige Einkommensquelle verfügt, kann leichter loslassen, da er nicht auf regelmäßige Einkünfte aus dem Unternehmen angewiesen ist. Vor diesem Hintergrund ist Unternehmerfamilien zu empfehlen, ausreichend freies, das heißt unternehmensunabhängiges Vermögen zu bilden. Denn freies Vermögen verschafft Handlungsspielräume. Aus der Risikoperspektive des Unternehmers ergibt sich ein weiteres: Wer sein Vermögen breit streut, kann niemals alles verlieren.

3.4 Familienstrategie

Familiengesellschaften müssen die Herausforderungen meistern, die sich aus der engen Verbindung von Unternehmen und Unternehmerfamilie ergeben. Wenn Familienunternehmen scheitern, dann liegt es meist nicht oder nur vordergründig daran, dass Managementfehler gemacht wurden. Streit und Uneinigkeit in der Familie spiegeln sich letztlich im Unternehmen wider. Anstelle sich mit den Märkten, den Kunden und den Produkten zu beschäftigen, verbraucht das Unternehmen seine Energien in internen Auseinandersetzungen. Ohne familiären Konsens kann das Familienunternehmen auf Dauer nicht erfolgreich sein.

Die Unternehmerfamilie sollte im Rahmen einer Familienstrategie Antworten auf grundsätzliche Fragen geben und diese in einer Familienverfassung niederlegen: Wollen wir das Unternehmen in der Familie weiterführen? Welche Ziele verfolgt die Familie für das Unternehmen? Welche Rolle spielt die Familie im Unternehmen? Gehen familiäre Interessen vor Unternehmensinteressen? Diese Grundsatzentscheidungen der Unternehmerfamilie setzen die Rahmenbedingungen für die Unternehmensstrategie. Deshalb gilt: „Familienstrategie kommt vor Unternehmensstrategie." Um nicht missverstanden zu werden: Dies heißt nicht, dass die Familienstrategie Vorrang vor der Unternehmensstrategie hat. Vielmehr ist die Familienstrategie zeitlich der Unternehmensstrategie vorgelagert und stellt die Leitplanken dar, innerhalb derer sich die Unternehmensführung und ihre Strategie bewegen können.

Die Grundlage ist der familiäre Konsens zu den wichtigen Grundfragen des Unternehmerdaseins. Mit der gleichen Sorgfalt, mit der über die Ausrichtung des Unternehmens diskutiert wird, muss sich die Unternehmerfamilie über ihre Ziele und Wege zur Zielerreichung im Klaren werden.[7]

3.5 Zusammenfassung

Erarbeitet der Unternehmer mit seiner Familie im Vorfeld des Ratings eine Integrierte Eigner-Strategie, bekommt er einen Überblick über die Schwachstellen seines Familienunternehmen und kann daraus konkreten Handlungsbedarf ableiten. Potenzielle Geschäfts- und Finanzrisiken des Familienunternehmens lassen sich damit frühzeitig identifizieren. Dem

---
7 Vgl. Baus (2000).

Familienunternehmer ist zu empfehlen, das Rating zum Anlass zu nehmen, um mit einer Unternehmer-Strategie die Weichen für die Zukunft zu stellen.

4. Was können Familienunternehmen zur Vorbereitung auf das Rating tun?

Erfahrungsgemäss ergeben sich in Familienunternehmen nachfolgende Handlungsfelder, denen sich der Unternehmer im Rahmen der Vorbereitung eines externen Ratings widmen sollte.

4.1 Intensive Beschäftigung mit dem Ratingprozess

Rating – obwohl schon vor vielen Jahrzehnten entwickelt – ist den meisten Unternehmern noch unbekannt. Umso wichtiger ist es, dass sich der Unternehmer im Vorfeld intensiv mit dem Ratingprozess und den einzelnen Bestandteilen beschäftigt und den Prozess verstehen lernt. Vorab ein wichtiger Hinweis: Rating ist „Chefsache" und lässt sich nur eingeschränkt auf die Mitarbeiter delegieren. Zum einen ist die strategische Ausrichtung des Unternehmens ein wesentlicher Gegenstand des Ratings und diese wird maßgeblich, wie bereits mehrfach beschrieben, vom Eigentümer bestimmt. Zum anderen legen die Ratingagenturen Wert darauf, die Person des Unternehmers kennen zu lernen.

Den Ratingprozess kennzeichnen zwei Meilensteine: die Erstellung der Unternehmensdokumentation und das Management Meeting. Die Unternehmensdokumentation ist das entscheidende Informationsmedium für die Ratingagentur. Sie stellt die Grundlage für das Ratinggespräch dar und soll das Unternehmen in kompakter und strukturierter Form umfassend darstellen. Bestandteile der Dokumentation sind ein Unternehmensprofil, die Darstellung der Unternehmensorganisation, Aussagen zur strategischen Ausrichtung, eine qualitative Darstellung der Geschäftsfelder mit einem Branchenüberblick und der Wettbewerbssituation, die Finanzpolitik, Jahresabschlüsse der letzten Jahre, die Unternehmensplanung für die drei kommenden Jahre sowie Investitionspläne.

Die sorgfältige und detaillierte Aufbereitung dieser Unterlagen und Informationen im Vorfeld ist die Voraussetzung für einen reibungslosen Verlauf des Ratings. Der Ratinganalyst muss in die Lage versetzt werden, die Erfolgsfaktoren des Familienunternehmens zu erkennen.

Das persönliche Gespräch (Management Meeting) ist für die Agentur von fundamentaler Bedeutung, da es den Analysten oft die einzige Möglichkeit bietet, sich einen subjektiven Eindruck über die Unternehmerpersönlichkeit, die Qualität des Managements und dessen Risikobereitschaft zu machen. Bei der Planung des Ratinggesprächs ist es wichtig, auf die zu erwartenden Fragen der Analysten vorbereitet zu sein. Die Fragen beziehen sich häufig auf die Einschätzung von Unternehmensrisiken und möglichen Krisenszenarien. Dabei soll festgestellt werden, ob die Unternehmensführung die Risiken realistisch einschätzt und auf welche Risiken sie vorbereitet ist.

4.2 Überprüfung der Erwartungshaltung

Nach der Bekanntgabe des Ratingergebnisses kommt es aufgrund unrealistischer Erwartungen oft zur Enttäuschung. So erging es einem großen, alteingesessenen Familienunternehmen, das sich entschlossen hatte, sich von einer internationalen Agentur raten zu lassen. Als das Ergebnis „B+" bekannt gegeben wurde, empfand dies das Familienoberhaupt als „Niederlage". Aus der Sicht des geschäftsführenden Gesellschafters ist sein Unternehmen herausragend – mit außergewöhnlichen Wachstumsraten und mit attraktiven Gewinnen. Nur: Die Ratingagentur beurteilt die Risikofaktoren sowie die Bestandskraft und vergleicht die Bonität mit anderen Unternehmen, zum Beispiel Global Playern. Und da sahen die Analysten einige Schwachpunkte.

Vergleicht der Familienunternehmer sein Rating, wird er feststellen, dass selbst Großkonzerne wie DaimlerChrysler oder Deutsche Telekom von S&P nur ein „A"-Rating erhalten haben bzw. um dieses kämpfen müssen. Zu berücksichtigen ist auch, dass gegenwärtig kein deutsches Industrieunternehmen ein „AAA"-Rating erreicht und selbst sehr gut geführte mittelständische Unternehmen im Schnitt nicht über ein „BB" oder „B" kommen dürften. Vor diesem Hintergrund erscheint das Ratingergebnis in einem anderen Licht, denn die länder- und branchenübergreifende Vergleichbarkeit ist der große Vorteil des Ratings einer internationalen Agentur. Im Vorfeld ist deshalb die eigene Erwartungshaltung zu überdenken. Übrigens: Nicht immer sollte das „beste" Rating angestrebt werden. Entscheidend ist ein langfristig konstantes Rating, denn Herabstufungen werden vom Umfeld immer negativ wahrgenommen und beschädigen die Glaubwürdigkeit.

4.3 Lernen, mit Transparenz umzugehen

Es wurde schon darauf hingewiesen, dass Basel II zur Folge haben wird, dass sich alle Unternehmen künftig auf ein beträchtliches Maß an Transparenz einstellen müssen. Nicht nur die Ratingagenturen, sondern insbesondere die Kreditinstitute werden Transparenz verlangen (müssen). Ein kommunikativeres und präziseres Informationsverhalten sowie die Verbesserung der Informationsbereitschaft seitens des Unternehmens werden Grundlage für die Geschäftsbeziehung zwischen Kreditgeber und dem Kreditnehmer sein. Selbst der Gesetzgeber hat mit dem Kapitalgesellschaften- und Co.-Richtlinien-Gesetz (KapCoRiLiG) die Publizitätspflichten nochmals verschärft. Deshalb kann der Rat an die Familienunternehmer nur lauten, ihr Informationsverhalten zu ändern und frühzeitig eine aktive

Kommunikationspolitik zu betreiben. Dass dies nicht eine einmalige Angelegenheit ist, sondern in regelmäßigen Abständen erfolgen muss, ist eine Selbstverständlichkeit.

In erster Linie ist der Unternehmer gefordert: Er muss seine Einstellung ändern (Abschnitt 3.2 Persönliche Strategie) und die Transparenz akzeptieren bzw. nutzen. Der Unternehmer muss lernen, sein Unternehmen und sich selbst Dritten gegenüber, wie zum Beispiel einer Ratingagentur, zu präsentieren und sich dann mit dem Ausweis guter Bonität gegenüber Kapitalgebern zu verkaufen.

Voraussetzung für Transparenz sind leistungsfähige Controllinginstrumente, die in zahlreichen Familienunternehmen nicht in aussagekräftiger Form bestehen. Sie liefern die für das Rating benötigten Informationen. Gleichzeitig sind sie Grundlage für eine Risikofrüherkennung. Handlungsbedarf haben viele Familienunternehmen, was die Aktualität und Qualität der Unternehmensinformationen betrifft. Heute ist beispielsweise eine Berichterstattung nach Geschäftsfeldern (Segmenten) in der Praxis noch die Ausnahme.

Um die Vertraulichkeit der Informationen brauchen sich die Unternehmen keine Sorgen zu machen: Ratingagenturen behandeln die Informationen, die sie vom Unternehmen vor und während der Ratingpräsentation erhalten, streng vertraulich. Selbst bei Veröffentlichung des Ratings bezieht sich die Agentur in ihrem Bericht ausschließlich auf öffentlich zugängliche Daten.

4.4 Öffnung des Familienunternehmens für neue Ideen und Kapital

Ebenso wie das aktive Kommunikationsverhalten verlangt die Öffnung des Familienunternehmens für neue Ideen und Kapital zuallererst einen Bewusstseinswandel in den Köpfen. Auch wenn es unter den Familiengesellschaften schon immer höchst innovative Unternehmen gegeben hat, gelten Familienunternehmen – nicht immer zu unrecht – als traditionsbehaftet und verschlossen. Ratingagenturen analysieren sehr genau, inwieweit sie sich neuen Ideen aufgeschlossen zeigen.

Dies gilt auch für die Öffnung des Familienunternehmens für externe Führungskräfte. Solange die Rekrutierung der obersten Führungsebene ausschließlich aus dem Kreis der Familie erfolgt, dürfen wir uns nicht wundern, wenn das Familienunternehmen von externen Führungskräften als wenig attraktiv beurteilt wird. Chancengleichheit und Leistungsorientierung sollten Leitlinien der Personalpolitik werden. Die Rekrutierung und Motivation der bestmöglichen Mitarbeiter und Führungskräfte wird sich auch für Familienunternehmen als Erfolgsfaktor in der Zukunft erweisen.

Wer erkennt, dass sein Unternehmen aufgrund beschränkter Ressourcen nicht weiter wachsen oder eine starke Marktposition erreichen kann, muss bereit sein, sich für Kooperationen und strategische Allianzen zu öffnen. Unternehmerfamilien müssen sich fragen, wie lange sie sich die „Herr-im-Hause-Mentalität" noch leisten wollen und können. Adäquates Wachstum ist häufig ohne externe Kapitalzufuhr – sei es durch eine Beteiligungsgesellschaft oder durch einen strategischen Partner – nicht mehr möglich. Den Preis, den die Unternehmerfamilie zu bezahlen hat, ist der Verlust an Einfluss. Möglicherweise sind auch alternative Finanzierungsformen wie die Emission von Genussscheinkapital oder Leasing-Lösungen ein Ansatzpunkt, die finanzielle Flexibilität zu verbessern.

4.5 Frühzeitige und umfassende Nachfolgeregelung

Wie schon ausführlich beschrieben (Abschnitt 2.5), beurteilen sowohl die Ratingagenturen als auch die Banken, ob die Nachfolge im Familienunternehmen geregelt ist. Gibt es ein Nachfolgekonzept, möglichst ein schriftlich dokumentiertes? Was sind dessen Grundzüge? Zumindest im Gespräch mit den Analysten wird die Nachfolgesituation Thema sein. Positiv beurteilen die Ratingagenturen, wenn die Familie die Nachfolgefrage professionell, ggf. mit einem Berater, angeht.

Voraussetzung für ein umfassendes Nachfolgekonzept ist zum einen, dass alle Fragen zwischen den Beteiligten offen besprochen und im Konsens gelöst werden. Zum anderen ist unbedingt zu vermeiden, dass rechtliche und steuerliche Überlegungen dominieren.

Wie ein solches Vorgehen aussehen kann, zeigt der folgende Nachfolgeprozess, der idealerweise in drei Phasen verläuft:[8] Ab dem 50. Lebensjahr, das heißt lange vor der Übergabe, sollte der Unternehmer wichtige Grundsatzentscheidungen treffen:

- Soll das Familienunternehmen an die nächste Generation übergeben oder soll es verkauft werden?
- Soll das Unternehmen in der nächsten Generation von der Familie geführt werden?
- Wer entscheidet über die Auswahl des Nachfolgers und nach welchen Kriterien?
- Wann soll die Übergabe erfolgen?
- Was geschieht mit der Beteiligung?
- Ist eine „vorweggenommene Erbfolge" sinnvoll?

Der Unternehmer sollte sich zudem frühzeitig Gedanken über seine Rolle nach dem Ausstieg aus dem Unternehmen machen. Viele Unternehmensübergaben scheitern, weil der Unternehmer nicht rechtzeitig begonnen hat, alternative Interessenfelder und eine ausreichende Altersversorgung aufzubauen.

Etwa drei bis fünf Jahre vor dem geplanten Übergabetermin müssen die Beteiligten verbindliche Entscheidungen treffen und diese konsequent, das heißt rechtlich, umsetzen. Der oder die Nachfolger haben die (Lebens-)Entscheidung zu treffen, ob sie die Nachfolge unter den bekannten Rahmenbedingungen antreten wollen. Der Senior muss entscheiden, wem er die Führung und die Beteiligung anvertrauen möchte. Alle Beteiligten sollten

---

8 Vgl. May (2000).

schließlich einen definitiven Übergabezeitpunkt festlegen. Schriftlich fixierte „Spielregeln" zwischen Senior und Junior(en) bzw. zwischen den Junioren untereinander helfen, mit der neuen Rollenverteilung besser klar zu kommen.

In der dritten Phase des Generationswechsels, das heißt in den Jahren nach der Übergabe, müssen alle Beteiligten zeigen, dass sie in der Lage sind, das Gewollte Wirklichkeit werden zu lassen. In der Praxis lässt sich immer wieder feststellen, dass die Bedeutung dieser Phase für das Gelingen des Generationswechsels bei weitem noch nicht ausreichend erkannt wird.

Im Hinblick auf das Rating kann es ratsam sein, den oder die (potenziellen) Nachfolger in der Unternehmensführung in das Ratinggespräch einzubinden. Dies dokumentiert der Ratingagentur nicht nur, dass der Nachfolgeprozess im Gange ist. Vielmehr erlaubt es den Analysten, sich ein persönliches Bild von der Person des Nachfolgers zu machen.

4.6 Anpassung der Führungsstruktur und Corporate Governance

Ratingagenturen bewerten neben der Nachfolgeregelung das Management sowie die Strukturen in den Unternehmen. Aufgrund der beschriebenen Personenabhängigkeit und den oft informellen Strukturen haben Familienunternehmen gegenüber den börsennotierten, großen Publikumsgesellschaften Nachteile.

Bei der Beurteilung der Führungsstruktur ist entscheidend, wie das Unternehmen organisatorisch aufgestellt ist und ob es in Krisensituationen in der Lage ist, die Geschäftstätigkeit fortzuführen. Dies beinhaltet die Frage, inwieweit die Managementaufgaben klar abgegrenzt sowie dokumentiert sind und Vertretungsregelungen bestehen. Positiv gesehen wird eine kompetente und starke zweite Führungsebene, die in der Lage ist, das Unternehmen im Ernstfall weiterzuführen, so dass die Unternehmensführung auf mehrere Schultern verteilt ist.

Die Führungsstruktur eines Unternehmens wird dann negativ beurteilt, wenn nicht im Unternehmen tätige Gesellschafter die Handlungsmöglichkeiten des Managements stark einschränken können. Kompetenzen und Verantwortlichkeiten müssen transparent und nachvollziehbar gestaltet sein. Dies gilt vor allem für die Schnittstelle zwischen den Eigentümern und der Unternehmensführung.

Zur Kontrolle der Unternehmensführung (Corporate Governance) empfiehlt es sich, bereits im Gesellschaftsvertrag die Einrichtung eines Beirats sowie dessen Kompetenzen zu verankern.[9] Gerade in Familiengesellschaften kann die Gesellschafterversammlung ihre Kontrollaufgaben oft nicht wirkungsvoll wahrnehmen, sei es aus mangelnder fachlicher Qualifikation der Gesellschafter, sei es aus der Vermischung persönlicher Interessen mit den Interessen des Unternehmens. Ein starker Beirat ist ein Gegengewicht

---

9 Zum Beirat im Familienunternehmen siehe May/Sieger (2000).

zum Unternehmer und stellt das für Externe wichtige System der „Checks and Balances" dar.

Die Funktionen eines Beirats lassen sich beinahe beliebig ausgestalten. Von der reinen Beratung, über die Kontrolle bis hin zu Entscheidungskompetenzen können Familienunternehmen sich dieses Organ im Rahmen der Rechtsordnung selbst nach ihren Wünschen gestalten. Ein Aufsichtsrat oder Beirat steht der Geschäftsleitung begleitend zu Seite und kann viele emotionale Entscheidungen im Familienunternehmen versachlichen helfen.

Ein bevorstehendes Rating könnte dem Familienunternehmen Anlass sein, die bestehende Struktur anzupassen, damit sie Stabilität und Kontinuität gewährleistet.

4.7 Rating Advisory

Der Ratingprozess kann die begrenzten personellen Ressourcen eines Familienunternehmens überfordern. Deshalb ist ein externer, bankenunabhängiger Berater bei der Vorbereitung und Durchführung sehr hilfreich. Er kennt die Informationsanforderungen der Agenturen und die Schlüsselfaktoren der Analyse. Das Familienunternehmen kann die Erfahrung des Beraters aus vielen Ratingverfahren nutzen, um beispielsweise das Erfordernis für ein externes Rating zu prüfen oder die Veröffentlichung des Ratings zu beurteilen.

Der Rating Advisor übernimmt das gesamte Projektmanagement zur Vorbereitung und Durchführung des Ratings. Dies reicht von der Auswahl der geeigneten Ratingagentur über die Vorbereitung und Begleitung beim Ratinggespräch bis hin zur Beurteilung des Ratingergebnisses. Er unterstützt bei der Aufbereitung des Zahlenmaterials bzw. der schriftlichen Unterlagen und sorgt für eine angemessene Informationstiefe. Dass dadurch der Prozess beschleunigt wird und viele Arbeiten effizienter und zielgerichteter ausgeführt werden können, liegt auf der Hand. Vorteile hat die Einschaltung eines Rating Advisors besonders dann, wenn das Familienunternehmen noch keinen Ratingprozess durchlaufen hat und vor dem Erstrating steht.

Eine wichtige Rolle spielt der Rating Advisor bei der Vorbereitung des Managements auf den Besuch der Ratingagentur im Unternehmen. Die Ausarbeitung schwieriger Fragenkomplexe, Testgespräche und das Coaching des Unternehmers und der Führungsmannschaft sind dabei wichtige Maßnahmen. Der Advisor hilft, durch Gesprächssimulationen die Beteiligten auf die Fragen der Analysten einzustellen und den Ablauf zu optimieren. Der Rating Advisor steht darüber hinaus bei den jährlichen Review-Besuchen der Agentur zur Verfügung. Neben der Vorbereitung des Präsentationsmaterials kann der Berater mit seiner Erfahrung bei der Einschätzung helfen, welchen Einfluss mögliche Sonderereignisse wie Akquisitionen und Fusionen auf das Rating haben.

Der in der Arbeit mit Familienunternehmen erfahrene Rating Advisor legt besonderen Wert darauf, mit dem Unternehmer und seiner Familie die für Familiengesellschaften sensiblen

Fragen Nachfolge, Beirat, Führungsstruktur und Familienstrategie im Vorfeld durchzusprechen.

5. Fazit

Ob das Rating für Familienunternehmen eher Chance oder Risiko ist, haben diese letztlich selbst in der Hand. Entscheidend ist, wie sie damit umgehen, ob sie es nutzen oder nicht. Chancen bestehen nicht nur in einer besseren Verhandlungsposition in den Bankgesprächen und in der Nutzung als Marketinginstrument für die bessere Außendarstellung des Unternehmens.

Die Familienunternehmer werden immer stärker die Aufforderung verspüren, die Anforderungen des Kapital- und Kreditmarkts zu erfüllen und diesen ihre persönlichen Motive unterzuordnen. Transparenz und die intensive Kommunikation mit den Kapitalgebern werden eine zwingenden Voraussetzung der externen Kapitalaufnahme werden.

Rating ist mehr als die optisch ansprechende Aufbereitung des Zahlen- und Datenmaterials: Familiengesellschaften sollten das Rating zum Anlass nehmen, um interne Verbesserungen durchzuführen, um effektiver und effizienter zu werden. Der Unternehmer bekommt einen externen Spiegel vorgehalten und lernt abzuschätzen, wie sich die Kreditgeber verhalten werden. Somit kann das Rating als Unternehmenssteuerungsinstrument eingesetzt werden – auch dann, wenn das Ergebnis nicht veröffentlicht wird.

Die Ausgangslage ist nicht so schlecht, wie häufig befürchtet wird. Zahlreiche Familienunternehmen sind seit Jahrzehnten in ihren Märkten etabliert und dabei sehr erfolgreich. Dies erkennen die Ratingagenturen. Den Unternehmen ist zu wünschen, dass sie die Initiative zum Rating ergreifen und nicht warten, bis sie gleichsam zum Rating „gezwungen" werden. Vor dem Rating sollte sich das Unternehmen mit Nachdruck an seine „Hausaufgaben" setzen. Ein weitreichendes Umdenken im Kommunikationsverhalten wird unausweichlich, eine systematische Vorbereitung unerlässlich sein.

Wie unterscheidet sich nun die Ratingvorbereitung des Familienunternehmens von jener einer Nicht-Familiengesellschaft? In erster Linie dadurch, dass Familienunternehmen mit besonderen, fast schon „systemimmanenten" Risikofaktoren wie die ungeklärte Nachfolgeregelung oder Streitigkeiten im Gesellschafterkreis zu kämpfen haben, auf die bei der Vorbereitung zu achten ist. Wenn das Familienunternehmen begreift, dass zur erfolgreichen Entwicklung eines Familienunternehmens nicht nur eine Unternehmensstrategie gehört, sondern auch eine persönliche Strategie, eine Vermögensstrategie und eine Familienstrategie sowie deren Verknüpfung zu einer INTegrierten EignerStrategie, ist das Unternehmen für die Zukunft gerüstet. Ein anstehendes Rating ist ein guter Zeitpunkt, hiermit zu beginnen.

Literaturhinweise

BAUS, K. (2000): Familienstrategie als Erfolgsfaktor, in: May, P./Sieger, G./Rieder G. (Hrsg.): Jahrbuch 2001: Familienunternehmen heute, INTES Akademie für Familienunternehmen, Bonn 2000, S. 143 – 153.

EGLAU, H. E. (2001): Erbe, Macht & Liebe: Unternehmerfamilien zwischen Interessen und Emotionen, Düsseldorf 2001.

KLEIN, S. (2000): Familienunternehmen: Theoretische und empirische Grundlagen, Wiesbaden 2000.

MAY, P. (2000): Den Generationswechsel erfolgreich meistern – Ein Leitfaden für die Unternehmerfamilie, in: May, P./Sies, C. (Hrsg.): Unternehmensnachfolge leicht gemacht: Tipps, Erfahrungsberichte und Checklisten für Unternehmer, Frankfurt am Main, 2000, S. 11 – 36.

MAY, P. (2001): Lernen von den Champions: Fünf Bausteine für unternehmerischen Erfolg, Frankfurt am Main 2001.

MAY, P./SIEGER, G. (2000): Der Beirat im Familienunternehmen zwischen Beratung, Kontrolle, Ausgleich und Personalfindung: Eine kritische Bestandsaufnahme, in: Jeschke, D./Kirchdörfer, R./Lorz, R. (Hrsg.): Planung, Finanzierung und Kontrolle im Familienunternehmen, München 2000, S. 245 – 255.

SIMON, H. (1996): Die heimlichen Gewinner (Hidden Champions): Erfolgsstrategien unbekannter Weltmarktführer, 2. Aufl., Frankfurt am Main/New York 1996.

STANDARD & POOR'S (2000): Corporate Rating Criteria, 2000.

ZIMMERMANN, G./WORTMANN, A. (2001): Finanzwirtschaftliche Positionen traditioneller und innovativer mittelständischer Unternehmen, in: Finanz Betrieb Nr. 03/2001, S. 157 – 165.

Ratingperspektiven für kleine und mittlere Unternehmen in der Schweiz

Paul Stämpfli

Rating ist in der Schweiz als Begriff der risikoorientierten Kreditpolitik der Banken bekannt geworden. Als Folge der hohen Ausfälle bei Unternehmenskrediten und dem gleichzeitigen Zusammenbruch des Immobilienbooms haben die Banken in den neunziger Jahren eine neue Kreditpolitik gestartet. Die Kundenbetreuung wurde von der Kreditkompetenz getrennt und bankinterne Ratingsysteme eingeführt.

Die neue Kreditpolitik hat die kleinen und mittleren Unternehmen besonders hart getroffen. Ertrag und nicht mehr Substanz standen plötzlich im Mittelpunkt. Die stillen Reserven, auf welche man so stolz war, schmolzen unter diesen Aspekten wie Schnee an der Sonne. Kreditkürzungen und höhere Kapitalkosten brachten manches Unternehmen an den Rand seiner Existenz. Die neuen Begriffe der Kreditbeurteilung *Free Cash Flow* oder *Debt Capacity* sorgten für schlaflose Nächte. Dass im Rahmen der Ratings auch noch das Management, die Organisation und Strategie bewertet wurden, empfand mancher Unternehmer als nicht akzeptable Anmaßung der Banken. Die neue Politik wurde fast handstreichartig umgesetzt. Kaum eine Kundenbeziehung blieb von (mehrfachen) personellen Umbesetzungen beim bankinternen Ansprechpartner verschont.

Kein Tag verging, ohne dass die Medien diese Neuerungen nicht als mittelstandsfeindlich unter Beschuss genommen haben. Das Thema fand zudem eine breite Beachtung bei Politik und Öffentlichkeit. In manchen Kreisen wurde Rating zu einem Unwort erkoren. Intensive Öffentlichkeitsarbeit, unterstützt durch die Schweizerische Bankiervereinigung, haben die Gemüter aber nach einiger Zeit beruhigt. Mit der raschen Umstellung der Kreditprüfungsmethoden eroberten sich die Schweizer Banken im internationalen Umfeld einen Spitzenplatz. Bei der Präsentation des *Global Competitiveness Reports 1999* des World Economic Forums schreibt die Neue Zürcher Zeitung[1]: „Weltmeister darf sich die Schweiz in den Disziplinen Zinssätze, *Ratingsysteme im Kreditwesen*, Eisenbahnen und Privatausgaben für Forschung und Entwicklung nennen".

Durch Fusion der Schweizerischen Kreditanstalt mit der Schweizerischen Volksbank zur Credit Suisse und der Schweizerischen Bankgesellschaft mit dem Schweizerischen Bankverein zur UBS hat die Schweiz im Vergleich zum Ausland eine ausserordentlich hohe Konzentration. 57 Prozent der ausstehenden Unternehmenskredite entfielen 1998 auf die

---
1 NZZ vom 14.7.1999 „Stabile Führung im Wettbewerb der Nationen".

beiden Bankengruppen. Dass die Dominanz dieser beiden Banken durch ihre neue Kreditpolitik zu Ungemach geführt hat, ist deshalb offenkundig.

Die Schweizerische Unternehmenslandschaft ist kleingewerblich strukturiert: Das Staatssekretariat für Wirtschaft (SECO) unterscheidet die KMU nach den Mikrounternehmen (1 bis 9 Beschäftigte), den kleineren (10 bis 49) und mittleren Unternehmen (50 bis 249). Für unsere Betrachtungen werden die Unternehmen mit 250 bis 499 Beschäftigten noch dazugezählt.

Anzahl Vollbeschäftigte	1-9	10-49	50-99	100-249	250-499
Anzahl Arbeitsstätten	333'059	39'099	4'203	2'220	525

Quelle: Bundesamt für Statistik

Tabelle 1: Anzahl Betriebsstätten nach Beschäftigtenzahl

Die Banken und der Mittelstand

Weil das Thema Rating eng mit den Banken verbunden ist, werden einige Informationen zum Verhältnis zwischen Banken und KMU dargestellt. Alle Angaben sind der Prognos-Studie entnommen, welche 1998 im Auftrag der Banken durchgeführt wurde. Mehrere tausend Unternehmen wurden nach ihren Bankbeziehungen befragt. Die eingegangenen Antworten wurden mittels Modellrechnungen auf den gesamten Kreditbestand der KMU hochgerechnet. Die Datenauswertung erfolgte branchenbezogen und nach Umsatzgröße.

Das Eigenkapital ist ein wichtiger Aspekt der wirtschaftlichen Leistungsfähigkeit. Bei einem Drittel der Unternehmen war im Erhebungszeitpunkt das Eigenkapital auf unter 20 Prozent der Bilanzsumme gesunken. Bei den Unternehmen mit über 10 Mio. Franken Umsatz betrug diese Gruppe immerhin noch einen Viertel.

Umsatzgrößenklasse Eigenkapitalbasis	Anteil der Unternehmen mit einem Umsatz von			Anteil der KMU insgesamt
	weniger als 1 Mio.	1-10 Mio.	über 10 Mio.	
über 50 %	32 %	26 %	24 %	29 %
20-50 %	33 %	42 %	51 %	38 %
unter 20 %	22 %	27 %	22 %	24 %
kein Eigenkapital mehr	13	5 %	3 %	9 %
Durchschnitt aller Banken	100 %	100 %	100 %	100 %

Tabelle 2: Eigenkapital der KMU in Abhängigkeit der Umsatzgrösse. Basis für die Hochrechnung: 4 472 Unternehmen

Die kleinen Unternehmen (weniger als 5 Mio. Franken Umsatz) arbeiten meistens nur mit einer Bank zusammen. Mit steigendem Umsatz erhöht sich die Bereitschaft, mehrere Bankbeziehungen zu unterhalten. Bei den Unternehmen mit mehr als 5 Mio. Franken Umsatz haben rund 50 Prozent einen Betriebskredit bei zwei oder mehr Banken.

46 Prozent der Anzahl Betriebskredite werden durch die Großbanken gewährt, 35 Prozent durch die Kantonalbanken und lediglich 19 Prozent entfallen auf die übrigen Institute (Regional- oder Raiffeisenbanken und übrige Institute). Beim Marktanteil aller an KMU gewährten Betriebskredite ergibt sich eine noch höhere Konzentration bei den Großbanken. Zum Erhebungszeitpunkt entfielen 57 Prozent aller Betriebskredite auf die beiden Banken Credit Suisse und UBS und 31 Prozent auf die Kantonalbanken. Kein anderes Land hat so hohe Marktanteile ihrer grössten Bankinstitute wie die Schweiz. Auch wenn in den letzten Jahren eine Verschiebung von den Großbanken zu den Kantonal- und Regionalbanken festzustellen war, ist der Marktanteil von CS und UBS immer noch dominant. Dass diese Situation den Wettbewerb verengt, liegt auf der Hand.

Bei der durchschnittlichen Höhe der Betriebskredite nach Umsatzgrössenklassen der KMU ergibt sich folgendes Bild:

Umsatz Bankentyp	durchschnittliche Höhe der Betriebskredite in 1 000 CHF mit einem Umsatz von					durchschnittliche Höhe der Betriebskredite bei den einzelnen Banken insgesamt
	unter 0,5 Mio.	0,5-1,0 Mio.	1-5 Mio.	5-10 Mio.	über 10 Mio.	
bei Großbanken	67	96	231	485	1 369	240
bei Kantonalbanken	65	97	203	506	1 096	172
bei Regionalbanken	56	78	153	398	594	109
bei Raiffeisenbanken	47	81	109	364	343	91
bei Migros-/Coop-Bank	31	56	109	352	610	106
bei sonstigen Banken	42	40	227	341	1 069	244
Durchschnitt aller Banken	63	93	208	472	1 235	192

Tabelle 3: Durchschnittliche Höhe der Betriebskredite in Abhängigkeit des Umsatzes. In diesen Werten sind keine Hypothekarkredite enthalten. Basis für die Hochrechnung: 4346 Unternehmen.

Die durchschnittliche Höhe der Betriebskredite erscheint auf den ersten Blick als tief. Werden diese Zahlen mit jenen der Hypothekarverschuldung ergänzt, ergibt sich ein anderes Bild. 37 Prozent aller KMU besitzen Immobilien. Der Durchschnitt aller Hypothekardarlehen lag bei 1,4 Mio. Franken. Unternehmen mit einem Umsatz von über 10 Mio. Franken haben eine durchschnittliche Hypothekarbelastung von 7,5 Mio. Franken.

Blick auf die Schweizer Ratingszene

Die Schweizer Banken werden ihre Ratingsysteme noch verfeinern. Zusätzlichen Anstoß erhalten sie vom neuen Basler Akkord über die Eigenmittel im Kreditgeschäft, kurz als „Basel II" bezeichnet. Der in diesem Regelwerk vorgesehene Standardansatz[2] wird wahrscheinlich nur von kleinen Banken übernommen, welche ohnedies im Kreditgeschäft hauptsächlich Hypotheken vergeben werden. Die beiden Großbanken, Kantonalbanken und die meisten Regionalbanken werden sich für den Basisansatz oder den fortgeschrittenen Ansatz entscheiden. Diese Aussage war das Ergebnis einer Tagung der KPMG in Zürich.[3]

In den letzten Jahren sind einige wenige Anbieter von Ratingsystemen an den Markt gelangt. Als erste Agentur startete ihre Aktivitäten die Swiss Community Financial Rating SA (kurz ComRating). Im Sog der Überschuldung mehrerer Gemeinden wurde der Zugang öffentlicher Institutionen zum Finanzmarkt abrupt erschwert. ComRating hat inzwischen 40 öffentlich-rechtliche Körperschaften bewertet, die gemeinsam über 2 Mrd. Franken am Kapitalmarkt aufgenommen haben. Hauptziel von ComRating ist die Erhöhung der Markttransparenz, um Städten und Gemeinden ein Instrument in die Hand zu geben, zu risikogerechteren Konditionen zu gelangen.

Die URA Unternehmens Ratingagentur, München, hat als erste deutsche Mittelstandsagentur eine Repräsentanz in der Schweiz eröffnet. Andere Agenturen, wie die EuroRatings AG, Frankfurt, planen ihren Angaben gemäss, den Schritt in die Schweiz bald zu vollziehen. Ziel dieser Agenturen ist das Angebot unabhängiger Ratings für den Mittelstand als Instrument zur Kommunikation nach außen und innen. Auf die einzelnen Marktziele wird weiter unten noch näher eingegangen.

Die internationalen Agenturen Fitch, Moody's und Standard & Poor's bearbeiten den kleinen Schweizer Markt durch ausländische Niederlassungen. Das Kundensegment sind die großen, internationalen Unternehmen und in Einzelfällen auch grössere Städte. Die meisten Ratings werden im Zusammenhang mit Anleihensemissionen publiziert.

Auf die Bezeichnung Rating trifft man überall, so auch bei Unternehmensberatern, welche ihre Analyseinstrumente danach bezeichnen. Sucht man im Internet nur für die Schweiz nach dem Begriff „Rating", werden über 12 000 Seiten angegeben. Zuweilen verleitet es zum Schmunzeln, was nicht alles zum Rating erhoben wird. Eine Übersicht von Systemen, welche den Vorstellungen eines Ratings am nächsten kommen, folgt gleich anschließend.

---

2 Das Regelwerk des neuen Basler Akkords sieht drei Alternativen zur Kreditrisiko-Prüfung vor: Standardansatz (externe Ratings), Basisansatz und Fortgeschrittener Ansatz (beide auf internen Ratings basierend).
3 Tagung der KPMG vom 22.3.2001 „New Basel Capital Accord – Mögliche Auswirkungen für Banken".

Ratinganbieter[4]	Bemerkungen
ComRating – Swiss Community Financial Rating SA	Ratingagentur für öffentlich-rechtliche Körperschaften. 5 Ratingklassen. Das ComRating ist ein Instrument zur Unterstützung der Kapitalbeschaffung öffentlicher Institutionen.
Credit Suisse	Internes Creditrating mit 8 Klassen R1 – R8 R 1 – 3geringes Risiko (Vergleich S&P AAA – A-), R4 – R5 mittleres Risiko (S&P BBB+ bis BB-), ab R6 (S&P B+) hohes Risiko. Ab R4 Risikozuschläge. Die internen Bankenratings werden nicht im Detail bekannt gegeben und sind nur für interne Zwecke bestimmt. Dies gilt für alle Banken.
Creditreform	Bonitätsindex, als Rating deklariert
UBS	Internes Creditrating mit 14 Klassen C1 – C9, D1 – D4 Der Hauptanteil der inländischen Kredite liegt zwischen C6 – D0, entspricht S&P BB+ bis B.
UPR – Unternehmens-Performance Rating (Rating Factory AG)	Light- und Full-Version zur Beurteilung kleiner und mittlerer Unternehmen. Die Light-Version wird in Form eines Self-Assessments via Internet erstellt.
URA Unternehmens Ratingagentur (Hauptsitz in München)	Klasseneinteilung in Anlehnung an Standard & Poor's. Ratingagentur für den Mittelstand. Ausgewogenes System zur Bewertung der harten und weichen Faktoren. IT-unterstütztes Analysetool. Die Kundenakquisition läuft über unabhängige Unternehmensberater.
Züblin Immobilien Rating	Instrument der Züblin-Gruppe mit 15 Kriterien zur Bewertung von Immobilienobjekten
Zürcher Kantonalbank (ZKB) und Credit Suisse First Boston (CSFB)	ZKB und CSFB erstellen eigene Bondratings. Die Ergebnisse werden publiziert.

Tabelle 4: Ratinganbieter aus der Schweiz

Die oben als Rating bezeichneten Bewertungsmethoden haben eines gemeinsam: Sie sind in keiner Weise untereinander vergleichbar. Selbst nicht jene der Banken, welche neben unterschiedlichen Ratingstufen auch unterschiedliche Kriteriengewichte anwenden. Weil die Bankenratings nicht kompatibel sind, wird ein Unternehmen mit Kreditverpflichtungen bei mehreren Banken entsprechend oft bewertet.

---

[4] In alphabetischer Reihenfolge, unvollständige Liste.

Die (nicht-bilanzierten) Immateriellen im Vormarsch

Buchwert und Börsenwert driften zunehmend auseinander, weil der Wert einer Gesellschaft immer stärker durch immaterielle Faktoren beeinflusst wird.[5] Die finanzielle Berichterstattung hat sich an diese Situation anzupassen. Einer Untersuchung zufolge betrug 1978 der Buchwert einer Unternehmung durchschnittlich 95 Prozent von deren Börsenkapitalisierung. Zehn Jahre später hat sich dieser Anteil auf 28 Prozent reduziert und liegt heute bei rund 20 Prozent. Bei den Gesellschaften des Neuen Marktes liegen die Relationen meistens noch darunter.

Investoren und Finanzanalytiker sind sich einig, dass der Unternehmenswert immer weniger durch die realen Vermögenswerte, sondern durch unterschiedlichste andere immaterielle Werte bestimmt wird. Daraus ist zu schließen, dass die immateriellen Vermögenswerte die traditionellen materiellen und monetären Werte in den Hintergrund verdrängen. Die Berichterstattung der meisten Unternehmen hinkt diesen Forderungen indes noch weit hinten nach. Die Ratingagenturen und auch die Banken haben ihre Systeme danach angepasst. Bei der URA Unternehmens Ratingagentur schlagen die finanziellen Daten gerade noch mit 40 Prozent zu Buche und bei den verschiedenen Banken fließen die quantitativen Faktoren um die 50 Prozent in die Ratings ein.

Ein wichtiges Instrument der externen Berichterstattung ist der Geschäftsbericht. Deshalb hat das Institut für das schweizerische Bankwesen (ISB)[6] zusammen mit PricewaterhouseCoopers eine Bewertung von Geschäftsberichten gestartet. Der Inhalt von ausgewählten Geschäftsberichten wird anhand eines Katalogs (Scorecard) von 27 Kriterien bewertet, mit dem Ziel der ausgewogenen, mehrdimensionalen externen Analyse einer Gesellschaft.

Die Scorecard umfasst Informationselemente, die internationaler „Best Practice" entsprechen oder auf Grund wissenschaftlicher Erkenntnisse in diese eingehen sollten. Unter dem Stichwort „Hintergrundinformationen" erwartet diese Scorecard vom Unternehmen Angaben und Kommentare zu wichtigen Produkten, zu wichtigen Märkten und den entsprechenden Marktanteilen, zur Organisationsstruktur des Unternehmens, einschließlich der Kommentierung von personellen Mutationen und Nachfolgeregelungen. Unter dem Stichwort „Non Financials" werden Angaben zur Investitionsplanung, nach Segmenten, Regionen und Mitarbeiterbereichen erwartet; dazu Einschätzungen der künftigen Innovationsrate, der Kundenzufriedenheit, der Mitarbeiterzufriedenheit sowie Angaben zu Prozessveränderungen, und das alles immer garniert mit Beispielen. Unter dem Titel „Trendanalyse" verlangt die Scorecard Angaben über Umsatz-, Gewinn-, Investitions- und Aktienkurstrend. Die Abteilung „Risiko-Informationen" erwartet Angaben über den Stand des Riskmanagements einschließlich der Veröffentlichung quantitativer Schätzungen. Das Kapital „Wertorientierte Führung" verlangt unter anderem Informationen über das System der Managementkompensation. Schließlich wird zu wichtigen Daten die Qualität der Kommentierung durch das Management bewertet sowie die Glaubwürdigkeit der Zukunftsprojektionen.

---

5 Neue Zürcher Zeitung vom 26. Juli 2000 (Dr. Thomas Stenz).
6 Das Institut ist Teil der Universität Zürich und steht unter der Leitung von Prof. Dr. Rudolf Volkart.

Die traditionelle Berichterstattung ist mit Informationen über die relevanten Werttreiber zu ergänzen. Dass die jährliche Berichterstattung als Informationsintervall zu lang ist, liegt auf der Hand. Die Möglichkeiten des Internets bieten dazu die besten Voraussetzungen, Investoren und andere Interessierte kurzfristig und regelmässig über die wichtigsten „Non Financials" zu informieren.

Die Managementlehre hat Methoden zur Messung und Steuerung der nicht-monetären Erfolgskriterien entwickelt. Die wohl bekannteste ist die Balanced Scorecard, welche die weichen Faktoren mit der Unternehmensstrategie verknüpft. Die nachfolgende Tabelle enthält Beispiele weicher Value-Drivers, welche in Abhängigkeit der Branche mehr oder weniger stark ins Gewicht fallen.

Managementqualität	Qualität Investor Relations
▪ Realisierungsgrad Unternehmensstrategie ▪ Qualität der Unternehmensstrategie ▪ Managementerfahrung ▪ Qualität der Unternehmensvision ▪ Führungsverständnis	▪ Glaubwürdigkeit des Managements ▪ Erreichbarkeit des Managements ▪ Qualität der Führung ▪ Kenntnisse und Erfahrung im Bereich IR ▪ Qualität des Informationsmaterials
Stärke der Marktposition	**F+E-Produktivität**
▪ Innovationsgrad ▪ Marktanteil ▪ Markenimage ▪ Qualität Marketing und Werbung ▪ Internationale Ausrichtung	▪ Forschungsfähigkeiten ▪ Effizienz der Produktentwicklung ▪ Durchlaufzeiten ▪ Umsatzanteil neue Produkte
Vergütung Management	**Kundenzufriedenheit**
▪ Vergütungsregelung und Eigner-Interessen ▪ Leistungsbezug der Vergütungspolitik ▪ Verhältnis Vergütungsregelung Top-Management und nachfolgende Ebenen	▪ Kundenzufriedenheit ▪ Wiederkaufrate ▪ Anzahl Kundenbeschwerden ▪ Qualität des Kundenservices
Unternehmenskultur	**Produkt-/Servicequalität**
▪ Arbeitgeberattraktivität ▪ Qualität Mitarbeiter ▪ Qualität Vergütungssystem ▪ Qualität Mitarbeitertraining ▪ Umfeldmassnahmen und Sozialpolitik ▪ Teamorientierung	▪ Qualität der Kernprozesse ▪ Qualität der Endprodukte ▪ Fehlerrate Produkt/Service ▪ Produktlebensdauer ▪ Qualitätsauszeichnungen Produkte ▪ Qualitätsauszeichnung der Prozesse

Tabelle 5: Beispiele nicht-monetärer Informationen[7]

---

7   Vgl. Low/Siegesfeld (1998), S. 27.

Die Kommunikation als Werttreiber

Nicht die Tatsachen, sondern die Meinungen über die Tatsachen bestimmen das Zusammenleben (Epiktet)

Reden ist Silber, Schweigen ist Gold (Sprichwort)

Welche dieser Aussagen dem Zeitgeist entspricht, ist unschwer zu erraten. Apropos Zeitgeist: Epiktet[8] lebte vor rund 1900 Jahren.

Kommunikation als regelmäßige, verlässliche und verständliche Information nach innen und außen erhöht den Handlungsspielraum und wird daher zu einem Werttreiber jedes Unternehmens. Die Inhalte und Form der Kommunikation sollen dem Ansprechpartner angepasst sein. Aktionäre, Medien, Kunden, Lieferanten, Öffentlichkeit oder Mitarbeiter haben ein differenziertes Informationsbedürfnis. Deshalb ist Kommunikation keine Nebensache mehr, sondern ein wichtiger Teil der Strategischen Unternehmensführung.

Aussage einer bekannten schweizerischen Kommunikationsagentur:

„Die wichtigsten Instrumente der Investor Relations sind die Geschäftsberichte, Pressemitteilungen, Unternehmensbroschüren sowie elektronische Medien und das Internet."

Alle genannten Informationen werden intern erstellt und unterliegen der Gefahr der Beschönigung. Deshalb ist zu hoffen, dass die traditionelle Sicht der Unternehmenskommunikation bald ergänzt werden kann. Denn was dient den Informationsbedürfnissen besser, als ein von unabhängiger Stelle durchgeführtes Rating?

Mehrwert für den Schweizer Mittelstand durch Unternehmensratings

Die Staaten stehen zueinander im Wettbewerb. Deshalb hat jede Volkswirtschaft ein vitales Interesse, ihre wirtschaftliche Leistungsfähigkeit zu erhöhen. Bildungs-, Steuer- und Sozialpolitik, aber auch jede Form der Wirtschaftsförderung sind Instrumente, mit welchen die Wettbewerbsfähigkeit einer Nation gesteuert werden kann. Die Schweizer Wirtschaft mit ihrem hohen Import- und Exportanteil ist darauf angewiesen, sich an den internationalen „Best of Class" zu orientieren, damit sie ihren Einkommensstand erhalten kann. Zahlreiche kleine und mittlere Unternehmen sind im Zulieferbereich verankert. Abhängigkeiten von globalen Entwicklungen zwingen zu hoher Flexibilität, verbunden mit unternehmerischer Fitness.

---

8   Epiktet(os), griech. Philosoph, geboren um 50 in Hierapolis, gestorben 138 in Nikopolis.
9   Zusatzreglement für die Kotierung von Effekten im SWX New Market, Art. 15 und 17.

Mit dem Internet ist das Weltdorf bald Wirklichkeit. Deshalb sollte die Schweizer Wirtschaft ein Interesse haben, am Aufbau einer internationalen Ratingkultur mitzuwirken, statt abzuwarten, bis andere Länder den Schritt vollzogen haben.

Ein Rating ist eine zukunftsorientierte Bewertung wichtiger Erfolgs- und Risikofaktoren eines Unternehmens. Durch das Rating wird sowohl für das Unternehmen selbst (Primärnutzer) als auch für Dritte, wie Banken, Investoren, Geschäftspartner (Sekundärnutzer) eine realistische und objektive Beurteilung als Entscheidungsgrundlage möglich. Das Credit Rating, so wie es heute noch verstanden wird, dient der Bonitätsbeurteilung eines Unternehmens. Davon abhängig ist der Kreditentscheid und zu welchem risikoadäquaten Zinssatz die Finanzierung erteilt wird.

Ein Rating ist aber mehr als eine Bonitätsanalyse. Mit dem Ratingwert und dem Ratingbericht soll internen wie externen Empfängern ein zuverlässiges Bild der Fitness des Unternehmens vermittelt werden. Damit diese Ansprüche erfolgreich erfüllt werden können, sind an die Ratingagenturen hohe Anforderungen zu stellen. Neben der Unabhängigkeit sind Fachkompetenz, Branchenkenntnisse und das Erkennen strategischer Zusammenhänge wichtige Kriterien.

Das ganzheitliche Unternehmensrating geht wesentlich weiter als die bisher bekannten mathematisch-statistischen Verfahren und vergangenheitsorientierten Beurteilungen. Es bietet den Unternehmen die Möglichkeit ständiger qualitativer Weiterentwicklung. Zur Sicherung des langfristigen Erfolgs und damit des Unternehmenswerts werden sich Ratings als Controlling- wie als Führungsinstrumente einen festen Platz in der Werkzeugkiste des Managements erobern.

Ein Rating hat gegenüber traditionellen Prozessanalysen und Fitnessprogrammen den Vorteil der Systematik, der Vergleichbarkeit, des günstigen Kosten-/Nutzenverhältnisses und nicht zuletzt des hohen Kommunikationswertes. Dass hierzu aber wichtige Voraussetzungen notwendig sind, wird später noch erörtert.

Ratings können für verschiedene Ziele in Frage kommen. Dass die Ratings im Zusammenhang mit einem Kapitalbedarf nicht an vorderster Stelle stehen, wurde schon gesagt. Es gibt zahlreiche andere Gründe, um eine standardisierte und unabhängige Unternehmensanalyse in Auftrag zu geben.

Ratingziel	Fokus	Aussagefähigkeit
Fremdfinanzierung	Ausfallrisiko	Für die Banken ist Rating ein Instrument zur Steuerung von Kreditrisiken. Es dient zudem der Festlegung risikoadäquater Konditionen. Die neuen Eigenmittelvorschriften „Basel II" lassen sowohl externe wie interne Ratings zu. Creditratings geben den Banken die Möglichkeiten, den Eigenmitteleinsatz zu optimieren. Bei allen Finanzierungen, welche nicht über Banken erfolgen, sind externe Ratings eine wichtige Entscheidungshilfe.
Equityfinanzierung	Wertzuwachs	Das Equity Rating unterstützt einen Businessplan durch die unabhängige Bewertung der weichen Faktoren. Weil noch keine Vergangenheitsdaten vorliegen, wird der Fokus auf die Konsistenz der Planung und die Systeme gerichtet. Wichtige Kriterien sind die Bewertung von Technologie, Markt und Management. Ein Equity-Rating erhöht die Beurteilungssicherheit für ein Investment.
Unternehmenspolitik	Strategie	Das Rating bildet das Untenehmen in seiner Gesamtheit ab. Es verweist auf Stärken und Schwächen und gibt wichtige Hinweise auf die zukünftigen Entwicklungspotenziale. Den Führungsorganen dient es als Check-up für die strategische Positionierung. Das Strategierating dient als Basis für die Zielbestimmung der Führungsbereiche.
Unternehmensverkauf	Wertnachweis	Das Rating unterstützt eine Unternehmensbewertung durch die Darstellung von Potenzialen und Risiken, welche die zukünftige Entwicklung des Unternehmens beeinflussen können. Das M&A-Rating untermauert die Aussagen über Strategie und Systeme und verbessert die eigene Position bei den Preisverhandlungen.
Wertkettenmanagement	Nachhaltigkeit	Integrierte Wertketten prägen die Vernetzung von Unternehmen. Die mehrstufigen Verbindungen zwischen Lieferanten und Kunden schaffen Abhängigkeiten. Es ist deshalb strategisch wichtig, mit wem eine Wertkette eingegangen wird. Ein Supply Chain Rating bietet jene Informationen, welche zur Auswahl von Partnern notwendig sind.
Kommunikation	Identität	Kommunikation ist ein Teil der Corporate Identity (CI). Damit ein Unternehmen gehört wird, muss es eine unverwechselbare Identität entwickeln. Ein CI-Rating kann diesen Prozess unterstützen.

Tabelle 6: Wichtige Ratingziele

Ratingablauf bei einer schweizerischen Großbank

Zum Kreditgeschäft der Banken gehören Risiken. Das primäre Ziel ist nicht deren vollständige Vermeidung, sondern ein Bewusstmachen der Risiken, indem diese als kalkulierbare Kosten in die Planung und Preisstellung einbezogen werden können. Die Kundenbetreuung und Kreditkompetenzen sind personell getrennt. Die Kreditentscheidungen werden in zentralen Krediteinheiten getroffen.

Das Instrument zur Risikosteuerung ist das Rating. Bei der „alten" Kreditpolitik wurden Kredite durch einheitliche Konditionen quersubventioniert. Heute wird schon bei den meisten Banken eine risikoadäquate Preisgestaltung gemäss folgendem Beispiel angewendet:

Elemente der Preisgestaltung	Bemerkungen
Basiszinssatz	Basiszinssatz am Kapitalmarkt
+ Betriebskostensatz	abhängig von Produkt, Laufzeit
+ Risikokostensatz	abhängig von Rating, Sicherheiten, Laufzeit
+ Gewinnmarge	Verzinsung des wirtschaftlichen Eigenkapitals
= Kundenzinssatz	

Abbildung 1: Preisgestaltung von Betriebskrediten

Die Beurteilung eines Unternehmens erfolgt aufgrund von finanziellen und nicht-finanziellen Faktoren, welche in das Rating einfließen.

Kriterien für ein Rating	Beispiele
Finanzielle Faktoren	Verschuldungspotenzial, Produktivität, Rentabilität, Liquidität, Finanzierungsverhältnis
Nicht-finanzielle Faktoren	Management, Organisation, Qualität des Rechnungswesens, Planungsprozess, externe Faktoren (z. B. Abhängigkeit von Kunden, Lieferanten)

Abbildung 2: Beispiele von Bewertungskriterien für ein Bankenrating

Das Rating wird durch Brancheninformationen untermauert. Aus einer Kombination verschiedener Faktoren wird eine Ausfallquote in einer Branche berechnet. Der Faktor „Branche" ist ein ergänzender Faktor für die Gesamtbeurteilung eines Unternehmens.

Aus den vorhandenen Geschäftsunterlagen (Bilanzen, Erfolgsrechnungen) und den vom Kundenbetreuer gewichteten nicht-finanziellen Informationen erstellt das System automatisch einen Ratingwert. Dieser wird durch den Kundenbetreuer verifiziert. Der Credit Officer legt den Ratingwert definitiv fest.

Zentraler Bestandteil einer Kreditbewilligung ist die Feststellung des Verschuldungspotenzials (Debt Capacity). Die gesamte Verschuldungskapazität des Unternehmens wird nach folgender Regel berechnet:

	Betriebsgewinn (EBIT)
−	kalkulatorische Steuern
+	Abschreibungen
−	durchschnittliche Ersatzinvestitionen
−	durchschnittliche Dividenden
=	**Betrieblicher Free Cash Flow**
x	Faktor x (abhängig von Zinsniveau und Laufzeit)
+	nichtbetriebliche Verschuldungskapazität
=	**Totale Verschuldungskapazität**

Abbildung 3: Berechnung der Verschuldungskapazität

Ist die Nettoverschuldung höher als die Verschuldungskapazität, bedeutet dies, dass ein Teil der Schulden als Mezzanin oder Eigenkapital ausgestaltet werden muss. Zusätzlich können Schulden durch Sicherheiten unterlegt werden. Im Rahmen der freien Verschuldungsquote wird die Kredithöhe festgelegt und aus dem Ratingwert der risikoadäquate Zinssatz bestimmt.

Entwicklung des Schweizer Marktes für unabhängige Ratings

Ausgehend vom Idealbild eines ratingfähigen Unternehmens werden folgende Kriterien als maßgebend betrachtet:

- Das Unternehmen zählt mindestens 50 bis 100 Beschäftigte,
- hat eine gut ausgebaute Organisation und
- ein effizientes Führungssystem; es
- verkauft seine Produkte sowohl im In- wie im Ausland und
- ist mit verschiedenen Partnerunternehmen vernetzt.
- Das Unternehmen ist unabhängig, gehört also nicht zu einem Konzern,
- kommt eher aus einer wachsenden Branche und
- seine Rentabilität liegt über dem Durchschnitt.
- Die Geschäftsführung ist leistungsorientiert,
- kommunikativ und
- offen für Neues.
- Im Vergleich zu den Mitbewerbern will man vorne dabei sein.

Die so definierte „Speerspitze" der kleinen und mittleren Unternehmen, welche für ein Rating in Frage kommen, wird für die Schweiz auf 500 bis 1 000 Unternehmen geschätzt. Zieht man nur den deutschsprachigen Teil in Betracht, liegt das Potenzial an ratinginteressierten Unternehmen in der Größenordnung von 400 bis 800 Unternehmen. Diese Anzahl mag gering erscheinen. Als Potenzial für die Phase 1 der Markterschließung wird sie aber mehreren Ratingagenturen ein ausreichendes Betätigungsfeld bieten. Erfolgsentscheidend wird der Einstieg über den richtigen Teilmarkt sein, welche weiter unten beschrieben sind.

Der Gedanke, dass sich Unternehmen freiwillig einem externen Rating unterziehen, ist heute noch weitgehend fremd. Das Thema wird noch zu stark mit dem Bankenrating in Verbindung gebracht. Auch die Medien widmen dem Rating nur wenig Platz und dies höchstens im Zusammenhang mit den neuen Eigenmittelvorschriften „Basel II". Kleine und mittlere Unternehmen haben oft auch eine zurückhaltende Bereitschaft zur Beanspruchung externer Beratungsleistungen.

Der Markt für Unternehmensratings ist deshalb von Grund auf aufzubauen. Am Anfang steht die Notwendigkeit, das Rating vom Junktim der Kreditfinanzierung zu lösen und darzustellen, dass auch andere Empfänger als die Banken daran interessiert sein werden. Wie in jedem Markt gilt es auch die indirekten Mitspieler zu identifizieren, insbesondere die Förderer und Bremser.

Anbieter	Nutznießer (Nachfrage)
▪ Global tätige Ratingagenturen ▪ Europäische Ratingagenturen ▪ Lokale Ratingagenturen ▪ Branchenorientierte Ratingagenturen ▪ Beratungs- und WP-Gesellschaften, welche Rating als Dienstleistung anbieten ▪ Standesorganisation „Rating"	▪ Equity-Investoren ▪ Fremdkapitalgeber und Leasinggesellschaften (bei Banken als Second Opinion zum eigenen Rating) ▪ Beteiligungsgesellschaften ▪ Partner bei M&A-Transaktionen ▪ Management ▪ wichtige Kunden und Lieferanten Bürgschaftsgenossenschaften ▪ Mitarbeiter ▪ Kreditversicherer
Förderer	**Bremser**
▪ Wirtschafts- und Arbeitgeberverbände ▪ Medien ▪ Rechtsanwälte ▪ Wirtschaftsprüfer ▪ Organisationen der Wirtschaftsförderung	▪ alle „Experten", welche der Idee grundsätzlich skeptisch gegenüberstehen oder im Rating eine unerwünschte Konkurrenz sehen

Abbildung 4: Teilnehmer im Ratingmarkt

Rating als neue Dienstleistung kann sich nur durchsetzen, wenn hinter diesem Begriff eine klar definierte Leistung steht. Solange jeder unter Rating etwas anderes versteht, wird sich die Nachfrage nur langsam entwickeln. Weil die Bezeichnung nicht geschützt ist, kann sie jeder frei benutzen. Im Schlusskapitel wird darauf noch näher eingegangen.

Der Ratingmarkt wird sich nicht in erster Linie vom Kreditgeschäft her entwickeln. Vielmehr wird er sich aus einzelnen Teilmärkten herausbilden, welche an unabhängigen Unternehmensbewertungen interessiert sind. Auf einige Beispiele wird nachfolgend näher eingegangen.

- **M&A-Markt**
  Die Preisbildung beim Kauf, bzw. Verkauf eines Unternehmens kann sich durch ein Rating qualitativ verbessern. Ein Rating ergänzt die traditionelle Unternehmensbewertung und Due Diligence mit qualitativen Informationen.

- **Strategische Allianzen/Outsourcing-Partnerschaften**
  Strategische Allianzen und Outsourcing-Partnerschaften können meistens nur mit hohem finanziellen Aufwand rückgängig gemacht werden. Ein Rating bietet deshalb eine Basis für die sorgfältige Prüfung der gegenseitigen Positionen.

- **IPOs**
  Hätten sich IPO-Kandidaten vor dem Börsengang auf den Prüfstand eines Ratings stellen müssen, wäre manchem Anleger ein steiniger Leidensweg erspart geblieben. Aus Gründen der Fairness und Transparenz ist es denkbar, dass sich börsennotierte Unternehmen freiwillig einem Rating unterziehen werden. Die Forderungen nach mindestens zwei Gesellschaftsstudien, welche die einführende Bank erstellen muss sowie die Quartalsberichterstattung gemäss den aktuellen Vorschriften über die Rechnungslegung[9] erfüllen weder die Anforderungen nach Transparenz noch jene der Unabhängigkeit.

- **Private Equity**
  Das gleiche wie für IPOs gilt auch für Investoren in Private Equity. Ratings tragen dazu bei, die monetären und nicht-monetären Informationen innerhalb gleicher Branchen vergleichbar zu machen. Die Orientierung an den Best of Class trägt dazu bei, die Leistungsfähigkeit der einzelnen Unternehmen zu steigern. Dies zum Wohle aller beteiligten Anspruchsgruppen.

- **Leasinggeschäfte**
  Leasinggesellschaften sind nicht dem Bankengesetz unterstellt, weshalb „Basel II" bei ihnen nicht zur Anwendung gelangt. Die Beurteilung der langfristigen Zahlungsfähigkeit des Leasingnehmers kann durch ein unabhängiges Rating verbessert werden.

- **Kreditversicherer/Auskunftsdienste**
  Erfolgreiche Unternehmen haben ein vitales Interesse, dass die über sie gespeicherten

---

9   Zusatzreglement für die Kotierung von Effekten im SWX New Market, Art. 15 und 17.

Daten dem tatsächlichen Leistungsausweis entsprechen. Dank Ratings könnte die Informationsbasis über die Zielunternehmen deutlich verbessert werden.

▪ Franchiseketten
Franchising wird vermehrt auch durch internationale Unternehmensgruppen als Ergänzung zu eigenen Vertriebsstrukturen eingesetzt. Teilmärkte können rascher und dynamischer entwickelt werden. Die Franchisegeber haben alles Interesse, die Partnerunternehmen ganzheitlich beurteilen zu können. Ein Rating bietet dazu die Voraussetzungen.

▪ Mitarbeiterbeteiligung
Die Beteiligung der Mitarbeiter am Unternehmenserfolg ist zu einem kritischen Erfolgsfaktor geworden. Kritisch insbesondere deshalb, weil die hauptsächlich an finanziellen Faktoren orientierten Bonusvergütungen zu fehlerhaftem Führungsverhalten verleitet haben. Ratings setzen sich zu rund 40 Prozent aus finanziellen und 60 Prozent aus nicht-finanziellen Kriterien zusammen. Dank der Verknüpfung von Finanzen, Strategie und Systemen können die Ergebnisse kaum manipuliert werden, weshalb sie für die erfolgsorientierte Entlöhnung besser geeignet wären als rein finanzwirtschaftliche Kriterien.

▪ Executive Search
Mittelständische Unternehmen sind bei der Besetzung von Managementposten oft nur zweite Wahl, weil man sie nicht oder zuwenig kennt. Die Attraktivität für zukünftige Führungskräfte könnte erhöht werden, wenn die Leistungsfähigkeit des Unternehmens mit einem Rating untermauert würde.

▪ Risikoanalyse
Das schweizerische Handelsrecht kennt entgegen dem deutschen (KonTraG) keine Vorschriften zur Risikoanalyse. Dass eine solche nicht gesetzlich vorgeschrieben ist, heisst aber keineswegs, darauf zu verzichten. Eine rechtzeitig in Auftrag gegebene, externe Risikoanalyse hätte wahrscheinlich manches prominente Unternehmen vor dem eingetretenen Ungemach verschont. Unzählige Spalten der Wirtschaftspresse wurden in letzter Zeit mit Überlegungen zur Verantwortung des Verwaltungsrats nach schweizerischem Recht gefüllt. Ohne Einmischung in diese Diskussion sei festgehalten, dass der Verwaltungsrat als oberstes Führungsorgan einer Aktiengesellschaft ein vitales Interesse daran haben sollte, die intern aufbereiten Zahlen und Informationen regelmässig durch externe Stellen verifizieren zu lassen. Die ganzheitliche Betrachtungsweise eines Ratings bietet sich hierzu als ein Instrument zur Potenzial- und Risikoanalyse an.

Der Ratingmarkt wird sich von zwei Seiten her entwickeln: Von zukünftigen Markterwartungen einerseits und dem Wettbewerbsdruck andererseits. Analogien können zur seinerzeitigen Öffnung des Marktes für Qualitätsmanagementsysteme hergestellt werden. Einerseits hatten die großen Industrien, vorab die Automobilhersteller, von den Zulieferanten eine Qualitätszertifizierung verlangt. Andererseits wurde darin auch ein Wettbewerbsvorteil gesehen, was zur explosionsartigen Ausbreitung dieser Dienstleistungsindustrie

Abbildung 5: Kräfte, welche den Ratingmarkt beeinflussen werden

geführt hat. Deshalb wird auch für Ratings der Markt an der Schnittstelle der beiden Kräfte starten, weil sich dort Angebot und Nachfrage überlappen und der für diese neue Dienstleistung verstärken wird.

Würdigung von Ratings und Ratingagenturen nach Schweizer Recht[10]

Aufgrund eines Ratingvertrages verspricht die Ratingagentur eine bestimmte Bewertung. Die Agentur verpflichtet sich zu Arbeitsleistungen. Der Kunde schuldet dafür eine Vergütung. Unter schweizerischem Recht ist der Ratingvertrag Art. 394 Abs. 2 OR,[11] also dem einfachen Auftrag, zuzuordnen.

Eine Qualifikation des Ratingvertrages als Werkvertrag,[12] wie sie unter deutschem Recht vertreten wird, fällt unter Schweizer Recht außer Betracht. Für die auftragsrechtliche und gegen die werkvertragliche Qualifikation spricht, dass der Ratingvertrag aufgrund des besonderen Vertrauensverhältnisses zwischen der Unternehmung und Ratingagentur jederzeit auflösbar sein muss. Wenn man sich vor Augen hält, welche große Wirkung den Ratings im Finanzmarkt zukommt, dann leuchtet es ohne weiteres ein, dass der werkvertragliche Auflösungsmechanismus für den Ratingvertrag unangemessen ist, wenn der Auftraggeber zum Beispiel den Eindruck gewinnt, die Ratingagentur arbeite unseriös.

---

10 Vgl. Bertschinger (1999), S. 87 ff.
11 OR = Obligationenrecht
12 Vgl. Ebenroth/Koos (1996), S. 486 ff.

Die Ratingagentur hat den Bewertungsauftrag gemäss Art. 398 Abs. 2 OR sorgfältig und getreu auszuführen. Sorgfältiges Tätigwerden umfasst, die relevanten Daten für die Bewertung zu erheben und dieses Datenmaterial umfassend auszuwerten. Falls die vom Kunden zur Verfügung gestellten Informationen keine klaren Aufschlüsse bringen, haben die Analysten nachzuhaken und die richtigen Fragen zu stellen. Bei der Würdigung des Datenmaterials dürfen die Analysten keine wesentlichen Aspekte außer Acht lassen, um zu einem den tatsächlichen Verhältnissen entsprechenden Bild der Vermögens-, Finanz- und Ertragslage ihres Kunden zu gelangen. Es begegnet uns hier also die „True and fair View" der Ratingagenturen.[13]

Der Kunde wird die Erfüllung der erwähnten Sorgfaltspflichten durch die Ratingagentur zweifelsohne nach besten Kräften unterstützten, solange es seinem Interessen dient, das heißt seine Vermögens- und Finanzlage im besten Lichte erscheint. Dies soll eine möglichst hohe Bewertung bewirken. Der Ratingauftrag ist indessen auf eine objektive Bewertung gerichtet. Unseriöse Bewertungen mit Gefälligkeitscharakter für den Kunden können das Ansehen einer Ratingagentur schwer in Mitleidenschaft ziehen. Dieses Eigeninteresse der Ratingagentur setzt den selbstverständlichen Rahmen für die dem Auftragsrecht inhärente Interessenswahrungspflicht der Ratingagentur gegenüber dem Kunden. Es entspricht deshalb auftragsgemäßem Verhalten, dass die Analysten Beschönigungstendenzen des Kunden schonungslos aufdecken, damit sich das Rating später nicht als Zerrbild der Wirklichkeit darstellt.

Die Ratingagentur unterliegt als Beauftragte der Geheimhaltungspflicht. Das Arbeitsergebnis bzw. die Bewertung „gehört" dem Kunden, wofür diese ein Entgelt entrichtet. Anderweitige vertragliche Abrede vorbehalten, ist der Kunde Geheimnisherr und es steht ausschließlich in seinem Ermessen, ob die Bewertung der Öffentlichkeit zugänglich gemacht werden soll oder nicht. Veröffentlicht die Ratingagentur eine Bewertung eigenmächtig, so verletzt sie ihre dem Auftraggeber gegenüber bestehende Treuepflicht. Die Treuepflicht zwingt eine Ratingagentur zur Unabhängigkeit. Objektivität bei der Vergabe von Ratings setzt zwangsläufig Unabhängigkeit voraus.

Der Ratingvertrag unterliegt als einfacher Auftrag der zwingenden Bestimmung des Art. 404 OR. Gemäß Art. 404 Abs. 1 OR kann sowohl die Ratingagentur als auch der Auftraggeber den Ratingauftrag jederzeit widerrufen oder kündigen. Auf das jederzeitige Beendigungsrecht kann nach der Rechtsprechung nicht wirksam verzichtet werden. Kündigungsfristen oder Konventionalstrafen zum Schutz vor Auflösung des Ratingauftrages sind nicht durchsetzbar.

Die vorstehenden Ausführungen können nicht die vollständige rechtliche Würdigung vermitteln, sondern sind darauf ausgelegt, dem schnellen Leser einen Überblick über die schweizerische Situation rund um Ratings zu vermitteln. Auf die Erwähnung der Vertragshaftung der Ratingagentur, der Drittwirkung des Ratingvertrages, der Delikthaftung oder der Prospekthaftung sowie weiteren rechtlich relevanten Aspekten wird deshalb verzichtet.

---

13 In Anlehnung an den entsprechenden Standard des Rechnungslegungsrechts, vgl. Art. 66 des Kotierungsreglementes der Schweizer Börse.

Ausbildung

Jeder neue Markt erfordert das notwendige Know-how. Um dieses parallel mit der Marktentwicklung aufzubauen, scheint es geboten, die Methoden der ganzheitlichen Unternehmensanalyse einer breiteren Öffentlichkeit zugänglich zu machen. Die zahlreichen Bildungsinstitute, an welchen Betriebswirtschaft und Finanzmanagement vermittelt werden, bieten diese Aspekte nur als Einzelelemente an.

Der erste Ausbildungsgang, welcher diesen Anforderungen entspricht, wird durch die Hochschule für Technik, Wirtschaft und Verwaltung, Zürich, angeboten. Sie ist eine Teilschule der Zürcher Fachhochschule. Der Lehrgang schließt mit dem Titel „Unternehmensanalyse NDK FH" ab.

Folgende Lerninhalte werden darin vermittelt:
Der Nachdiplomkurs dauert 30 Tage und wird durch Experten aus Wissenschaft und Wirtschaft erteilt.

▪ Gegenstand und Grundsätze einer Unternehmensanalyse	▪ Vermögens- und Finanzanalyse
	▪ Ertragsanalyse Finanzplanung und -steuerung
▪ Berufsbild, Ethik und Arbeitsfelder	▪ Produkte/Märkte/Kunden
▪ die internationalen Ratingagenturen	▪ Infrastruktur der Leistungserstellung
▪ Analyseinstrumente	▪ Beschaffungsmarketing
▪ Kapitalmärkte und Rating	▪ Produktionstechnologie
▪ Länder-, Regional- und Branchenanalyse	▪ IT-Management
▪ die Unternehmensanalyse in der Praxis	▪ Prozessorganisation
▪ Persönlichkeitskompetenz	▪ Standort und Infrastruktur
▪ Management und Organisation	▪ nachhaltiges Wirtschaften
▪ Human Resource Management	▪ Fallstudien Führung und Produktion/Absatz

Zusammenfassung

▪ **Die Entstehung des Ratingmarkts**
Neue Märkte entstehen dort, wo einem gegenwärtigen Zustand neue Alternativen gegenübergestellt werden. Der alternative Zustand muss attraktiver sein als der gegenwärtige. Marketing-Chancen, d. h. die Erschließung neuer Märkte, entstehen nicht nebenher, sondern sind vielmehr das Ergebnis gezielter Versuche, neue Zustände zu denken, die als Alternative zu existierenden Zuständen gelten können.[14]

Externe Ratings sind zu den bisherigen Formen der Unternehmensdarstellung und Kommunikation neue Alternativen mit einem hohen Nutzenwert. Wie bei jedem neuen Produkt ist der Markt darauf vorzubereiten und mit entsprechendem Marketing zu sen-

---
14 Vgl. Kotler/Bliemel (2001).

sibilisieren. Aus verschiedenen Teilmärkten heraus, sowohl unter dem Druck des Markts wie des Wettbewerbs, wird sich ein Ratingmarkt mit wahrscheinlich hoher Dynamik entwickeln.

Kapitalmarkt für kleine und mittlere Unternehmen

Die Schnelligkeit, mit welcher sich Wirtschaft und Gesellschaft verändern, zwingt die Beteiligten, neue Systeme und Orientierungshilfen zu finden. Mit den Systemen von gestern können die Anforderungen von morgen nicht gelöst werden. Und wie soll sich der Marktteilnehmer über das globale Leistungsangebot orientieren, ohne taugliche Orientierungshilfen? Die sich aus der Bewegung der New Economy herausgebildeten neuen Märkten für die Eigenkapitalfinanzierung sind eine der bedeutenden Antworten der vergangenen Jahre. Dass der Euphorie eine Phase der Ernüchterung folgt, gehört zur Dynamik neuer Märkte.

Deshalb ist es nicht unwahrscheinlich, dass auch für mittelständische Unternehmen neue Märkte zur Beschaffung von Fremdkapital entstehen werden. Die Fremdfinanzierung über traditionelle Bankkredite wird sich zu Gunsten neuer Instrumente verschieben. Solche Entwicklungen werden sich aber erst durchsetzen können, wenn die kapitalsuchenden Unternehmen mit der gebotenen Transparenz bewertet werden können. Dass hierzu Ratingsysteme eine wichtige Rolle spielen können, diesen Prozess in Gang zu setzen, ist anzunehmen.

Turning a name into a unique experience

Rating wirkt als Begriff bereits so allgemein, wie etwa die Bezeichnung „Rotwein". Alle Qualitäts- und Preisstufen sind hier zu finden. Der Kenner wird sich nach Gewächs, Herkunftsland, Weingut und Jahrgang orientieren, bevor er sich für den Einkauf entscheidet. Nicht anders wird es im zukünftigen Ratingmarkt sein, in welchem sich die neuen Agenturen positionieren müssen. Der Erfolg wird nur über strengste Qualitätsmerkmale, verbunden mit einem professionellen Branding, zu erreichen sein. Die Firmenbezeichnung oder Marke wird in diesem Prozess als emotionale Orientierungs- und Entscheidungshilfe eine bedeutende Rolle spielen.

Standesregeln

Weil für Ratings gesetzliche Regelungen fehlen, sollten sich die Marktteilnehmer durch Konsens über die Inhalte und Qualität von Ratingsystemen einigen.[15] Die Kräfte der Selbstregulierung durch den Markt sind auch effizienter als jedes staatliche Regelwerk. Zu den Inhalten freiwilliger Selbstverpflichtungen gehören u.a. Kriterien zur Unabhängigkeit, Richtlinien zu den zu prüfenden Bereiche und deren Gewichtung oder auch Mindestanforderungen, welche an die Auditoren zu stellen sind. Ganz besonders gilt es aber sicherzustellen, dass unter dem zu erwartenden Wettbewerbsdruck die notwendig hohe Qualität von Ratings erhalten bleibt. Ratingshopping und ein fließendes „Down-grading" der Qualität wären die Totengräber einer Branche, welche im hohen Maß vom Vertrauen lebt.

---

15 Kley/Everling (2001).

In anderen Branchen gibt es solche Selbstverpflichtungen schon seit langem und haben sich in der Praxis bewährt. Weil der Schweizer Ratingmarkt ganz am Anfang seiner Entwicklung steht, sind zur Zeit noch keine Anstrengungen in dieser Richtung unternommen worden.

Dass Victor Hugo nicht an den Ratingmarkt gedacht hat, als er seine Gedanken zu Papier brachte, soll nicht hindern, eines seiner Zitate als Abschluss dieser Überlegungen anzufügen:

„Nichts auf der Welt ist so mächtig, wie eine Idee, deren Zeit gekommen ist"

Literaturhinweise

BERTSCHINGER, U. (1999): Rechtsprobleme rund um Ratings und Rating-Agenturen in: Aktuelle Rechtsprobleme des Finanz- und Börsenplatzes Schweiz, Bern 1999.

EBENROTH, C. TH./KOOS, ST. (1996): Juristische Aspekte des Ratings, in: Büschgen, H. E./Everling, O. (Hrsg.) Handbuch Rating, Wiesbaden 1996.

KLEY, CH. R./EVERLING, O. (2001): Pflichten von Ratingagenturen, in: Finanz Betrieb, Heft 3/2001.

KOTLER, PH./BLIEMEL, F. (2001): Marketing-Management, 10. Aufl., Stuttgart 2001.

Zusammenarbeit der Ratingagentur mit dem Advisor

André Röhm

1. Einleitung

Spätestens die weitreichenden Veränderungen durch die von der Bank für internationalen Zahlungsausgleich (BIZ in Basel) erarbeiteten neuen Eigenkapitalrichtlinien[1] haben zu einer Informationsoffensive der Geschäftsbanken im Zusammenhang mit dem nunmehr ab 2005 zur risikoadäquaten Eigenkapitalunterlegung von Krediten notwendigen Ratings geführt. Darüber hinaus besteht insbesondere in der Außendarstellung mittelständischer Unternehmen eine weite Informationslücke, die unter anderem dazu führt, dass kaum Zugang zu alternativen Finanzierungsformen gefunden wird. Diese Lücke kann ebenfalls durch ein allgemein anerkanntes, komprimiertes Urteil über die entscheidungsrelevanten Faktoren geschlossen werden, die nicht nur die Interessen der Kapitalgeber berücksichtigen, sondern den Informationsinteressen eines vielschichtigen Adressatenkreises – wie zum Beispiel den Lieferanten und Kunden eines Unternehmens – gerecht werden. Rating ist ein solches Urteil, dass die entscheidungserheblichen Faktoren eines Unternehmens in einem allgemein anerkannten Wert widerspiegelt und damit zu einem der entscheidenden Wettbewerbsfaktoren im Mittelstand avanciert.[2]

Ein allgemeines Rating ist ein zielorientiertes Signal an eine unbestimmte, interessierte Öffentlichkeit. Die verfolgten Ziele des Unternehmens sind beispielsweise der Zugang zu alternativen Kapitalquellen, die Senkung der Finanzierungskosten, eine allgemeine Werbewirkung sowie ein Disziplinierungseffekt des Unternehmens nach innen.[3] Die großen, US-amerikanischen Agenturen halten ein Rating Advisory im Grundsatz für nicht erforderlich, da das Ergebnis des Ratingverfahrens durch Beratung nicht beeinflusst werden könne.[4] Da das Rating für viele mittelständischen Unternehmen jedoch ein radikales Umdenken in der bisher gepflegten Informationspolitik bedeutet, ist die Hinzuziehung eines Rating Advisors in allen Phasen des Ratingprozesses wie auch schon zur Vorbereitung der Entscheidungsfindung bezüglich der Vornahme eines Ratings erforderlich, um insbesondere mögliche Pannen und Risiken, die zu einem nicht optimalen Ratingverlauf führen

---

1 Vgl. hierzu neben der Originalfassung u.a. Baseler Ausschuss für Bankenaufsicht (2001).
2 Vgl. Kirchmair (2001).
3 Vgl. Behrenwaldt (1996), S. 291 ff.
4 Vgl. Schmidt (1996), S. 262.

können, zu vermeiden[5]. Neben der engen und vertrauensvollen Zusammenarbeit des Advisors mit dem Unternehmen ist gleichermaßen eine effektive Zusammenarbeit des Advisors mit der Ratingagentur erforderlich, um das Ziel der fairen und umfassenden Darstellung sämtlicher Erfolgs- und Risikofaktoren des Unternehmens in wirtschaftlicher Weise zu gewährleisten und insbesondere temporäre Fehlurteile, die aus einer unzureichenden Vorbereitung auf den Ratingprozess herrühren können, von Anfang an weitgehend auszuschließen. Das Advisory dient mithin sowohl der Vorbereitung auf ein internes wie auch auf ein externes Rating[6] und erfordert eine strukturierte Zusammenarbeit sowohl mit dem Unternehmen als auch der jeweiligen Ratingagentur. Die URA UNTERNEHMENS RATINGAGENTUR Aktiengesellschaft hat als eine der großen Mittelstandsrating-Agenturen daher bereits im Sommer 1999 ihr Rating Advisory-Konzept gestartet und verfügt über derzeit rund 90 Rating Advisors im deutschsprachigen Raum.[7] Kreditinstitute sowie Wirtschaftsprüfungs- und Beratungsgesellschaften haben ebenfalls Rating Advisory als Geschäftsfeld entdeckt und stehen mit Unterstützung sowohl für interne als für externe Ratings zur Verfügung. Beim Rating und Advisory durch Kreditinstitute dürfte jedoch das fehlende Vertrauen in die „Chinese Walls" zwischen dem Advisor und dem Analysten die Nachfrage nach unabhängigen Rating Advisors stimulieren.[8] Dies wird im Zusammenhang mit der nicht vollständigen Transparenz der Methodik der internen Ratingverfahren deren Vorteile[9] zumindest teilweise kompensieren.

Zu untersuchen ist die Zusammenarbeit der Agenturen mit dem Advisor. Dies erfordert zunächst, die Notwendigkeit des Advisories und eine Abgrenzung zum Tätigkeitsbild des Analysten herauszuarbeiten, um dann die Zusammenarbeit mit der Ratingagentur aus dem allgemeinen Tätigkeitsbild des Advisors sowie dessen Stellung im Ratingprozess zu entwickeln.

2. Notwendigkeit des Advisory bei mittelständischen Unternehmen

2.1 Unterstützung bei der Entscheidungsfindung des Managements

Die bereits eingangs dargestellten neuen Regeln der Informationspolitik des Mittelstands im sich deutlich verschärfenden, globalen Wettbewerb um monetäre und nichtmonetäre

---

5   Vgl. Schwärzer/Rauh (2001).
6   Vgl. Schwärzer/Rauh (2001), Fußnote 5.
7   Vgl. Darstellung im Internet unter der Website www.ura.de
8   Vgl. Everling (1999).
9   Zu den erwähnten Vorteilen des internen Ratings vgl. Füser (2001), S. 99 ff.

Ressourcen erfordern eine konsequente Ausrichtung der Unternehmenspolitik auf die von den gegenwärtigen und potenziellen Informationsinteressenten geschätzten Ziele. Der Erreichungsgrad dieser Ziele wird in Form eines komprimierten Urteils kommuniziert, schafft Transparenz und verringert die Kosten der ansonsten notwendigen, separaten Informationsbeschaffung jedes Interessentenkreises. Mithin werden die Informationsbeschaffungskosten der Interessenten durch ein verlässliches und umfassendes Rating deutlich reduziert und Unternehmen mit gleichem Ratingergebnis quasi zu homogenen Objekten. Damit sind wesentliche Kriterien, die der allgemein formulierte „ideale Markt" an Güter stellt auch auf mittelständische Unternehmen anwendbar; dies fördert sowohl die optimale Allokation von monetären als auch nicht-monetären Faktoren und führt beispielsweise zu einer risikoadjustierten Bepreisung von Kapital als auch von Arbeit, wenn dieses Unternehmen als Nachfrager auf dem relevanten Markt erscheint. Ein Unternehmen, das sich diesen Spielregeln der Informationspolitik trotz „guter" Zielerreichung widersetzt, wird zwangsläufig durch die Asymmetrie der Information bei der Allokation der Ressourcen nicht Pareto-effizient gestellt werden, da die Marktteilnehmer das Fehlen relevanter Informationen als „schlechte" Zielerreichung werten und das Unternehmen im Sinne der „Principal-Agent-Theorie" als „lemon" behandeln werden.

Zunächst liegt die Aufgabe des Advisors daher in der Aufgabe, das Unternehmen über diese Zusammenhänge aufzuklären, von einem Rating zu überzeugen und in einer ersten, überschlägigen Würdigung die „Ratingreife" des Unternehmens zu verifizieren, um dem Unternehmer die Entscheidungsfindung für ein Rating zu erleichtern. Im nächsten Schritt ist die geeignete Agentur auszuwählen und mit dieser gemeinsam dem Unternehmer Art-, Umfang und Vorgehensweise des Ratings abschließend zu erläutern. Begleitend werden mögliche Schwachpunkte im Unternehmen bereits frühzeitig erkannt.

2.2 Wirtschaftliche Durchführung des Ratings

Die Durchführung des Ratings verursacht erhebliche, interne Kosten des Unternehmens. Diese fallen beispielsweise für die bisher möglicherweise unterbliebene, detaillierte Dokumentation von Abläufen, der Aufbereitung und Präsentationen ratingerheblicher Faktoren sowie der Kommunikation mit den Analysten und der Ratingagentur an. Darüber hinaus entstehen durch die Einbindung von Personal des Unternehmens in die Informationsbeschaffung und -aufbereitung nicht unerhebliche Opportunitätskosten durch den partiellen Wegfall dieses Personenkreises bei der Erbringung der originären Marktleistung.

Der Rating Advisor ist in dieser Phase in die Projektleitung eingebunden und strukturiert den Informationsbeschaffungs- und -aufbereitungsprozess im Hinblick auf Relevanz für das Ratingverfahren. Somit ist durch die Inanspruchnahme des Advisors eine zielgerichtete Vorbereitung und eine zeitgerechte Projektierung des Prozesses bei erheblicher Reduktion der internen Kosten möglich. Das Unternehmen steht durch die Inanspruchnahme des Advisors eben nicht am Anfang der Lernkurve im Ratingprozess, sondern profitiert sofort von der Erfahrung des Advisors und dessen Kenntnis der Informationserfordernisse der Ratingagentur.[10] Bereits in dieser Phase profitiert das Unternehmen vom Advisory durch eine wesentlich verbesserte Transparenz der Abläufe und Hinweise auf mögliche Schwachstellen.

Durch die Einbindung des Advisors in die Kommunikationsstruktur zwischen Unternehmen und Ratingagentur werden möglicherweise erhebliche Zeitersparnisse im Ratingprozess durch zielgerichtete Zusammenarbeit mit den Agenturen realisiert.

2.3 Verbesserung des Aussagegehalts des Ratingergebnisses

Wenngleich die Beurteilung von Tatsachen durch die Analysten nicht vom Advisor beeinflusst werden kann, entstehen beispielsweise durch unzureichende Erläuterungen und fehlende Dokumentation von Sachverhalten und Abläufen möglicherweise partielle Fehlurteile der Analysten. Ein an sich positiv ausgeprägtes, relevantes Merkmal für den Ratingprozess kann durch diese Defizite mit einer gewissen Wahrscheinlichkeit als nicht vorliegend erkannt werden, obwohl es vorliegt.[11] Der Advisor hat hier aufgrund seiner Kenntnisse des Unternehmens und seines betriebswirtschaftlichen Sachverstands die Möglichkeit, bisher unbekannte entscheidungserhebliche Tatsachen einzubringen und somit die Entscheidungsfindung der Ratinganalysten qualitativ zu verbessern. Der Advisor ist Partei und Vertrauensperson des Unternehmers und hat mit diesem sämtliche, bisher unzutreffend beurteilten oder ungewürdigt gebliebenen, positiven Merkmale des Unternehmens in die Diskussion und Würdigung einzubringen.

Darüber hinaus kommt in dieser Phase dem Advisor die Rolle zu, die Kommunikation zwischen dem Unternehmer und den Analysten zu unterstützen und dem Unternehmer den Verlauf permanent zu erläutern. Eine weitere Funktion des Advisors besteht in der Unterstützung des Unternehmers und der Analysten bei der Festlegung der relevanten Auskunftspersonen und der strukturierten Festlegung des Ratingablaufs.

2.4 Unterstützung nach Abschluss des Ratings

Der Advisor hat wegen seiner parteilichen Stellung im Ratingprozess die Möglichkeit, aus dem Ratingergebnis sichtbar gewordene Verbesserungsmöglichkeiten in entsprechende Beratungs- und Umsetzungskonzepte zu kleiden und somit zielgerichtet ein mögliches Folgerating positiver zu gestalten. Darüber hinaus wird der Advisor das Unternehmen bei der Entwicklung und Umsetzung eines Kommunikationskonzeptes für das Ratingergebnis unterstützen können, um so im Informationswettbewerb eine maximale Außenwirkung zu erzielen.

---

10 Vgl. Schmidt (1996), S. 262.
11 In der Statistik nennt man dieses einen Fehler 1. Art.

Da Rating keine einmalige Beurteilung, sondern ein fortlaufender Prozess ist, ist eine Einbindung in das Monitoring im Sinne einer fortlaufenden und unverzüglichen Information der Ratingagentur bezüglich urteilsrelevanter Sachverhalte ebenfalls notwendig. Der Advisor kennt die Informationsbedürfnisse der Agenturen und kann an einer entsprechenden und unverzüglichen Informationsaufbereitung mitwirken.

3. Abgrenzung des Advisory von der Analystentätigkeit

3.1 Tätigkeitsbild des Advisors in Abgrenzung zum Analysten

Entscheidend für die Marktakzeptanz des Urteils einer Ratingagentur ist deren Glaubwürdigkeit. Neben der Objektivität bei der Erhebung und Auswertung der relevanten Daten im Sinne einer intersubjektiven Nachvollziehbarkeit kommt der Unvoreingenommenheit der mit dem Rating betrauten Personen existenzielle Bedeutung zu[12]. Marktakzeptanz beruht auf Marktvertrauen sowohl in die Methodik als auch in die Integrität der handelnden Personen. Da eine Kontrolle des Ratings als professionelle Dienstleistung durch die Komplexität der Tätigkeit nur durch einen entsprechend beruflich vorgebildeten Dritten vorgenommen werden könnte, kommt neben der Transparenz des Ratingansatzes insbesondere einer ethischen Selbstverpflichtung der handelnden Personen wesentliche Bedeutung zu. Eine Selbstunterwerfung der Agenturen unter eine unabhängige Kontrollinstanz, die genau das ethische Verhalten, die Unabhängigkeit und die professionelle Sorgfalt der handelnden Personen normiert und kontrolliert, ist geeignet, als vertrauensbildende Maßnahme im Markt zu wirken. Der Rating Cert e. V. ist eine neutrale und unabhängige Kontrollinstanz, die aus der Selbstverpflichtung der in ihm organisierten Mitglieder entstanden ist. Ziel des Rating Cert e.V. ist es, sich zum Berufsverband zu entwickeln. Zu diesem Zweck hat der Rating Cert e.V. Berufsgrundsätze formuliert und übernimmt Akkreditierungs- und Kontrollfunktionen der Analysten und Agenturen.

Die URA UNTERNEHMENS RATINGAGENTUR Aktiengesellschaft hat sich und ihre Analysten bereits von Anfang an den Grundsätzen des Rating Cert e. V. unterworfen. Während demnach der Analyst u.a. zur Unparteilichkeit und Unabhängigkeit verpflichtet ist[13], ist der Ratingadvisor von diesen Berufsgrundsätzen nicht erfasst, denn der Advisor ist Partei des Unternehmens.

Aus der freiwilligen Selbstverpflichtung der Ratingagentur, sich und ihre Analysten diesen ethischen Grundsätzen zu unterwerfen, resultieren jedoch möglicherweise zumindest

---

12 Vgl. Kley/Everling (2001a).
13 Vgl. Kley/Everling (2001b), S. 247 ff.

mittelbar anwendbare Grundsätze auch auf die Tätigkeit des Rating Advisors bzw. dessen Zusammenarbeit mit der Agentur.

3.2 Bindung an Berufsgrundsätze

Bezüglich der Ratinggrundsätze des Rating Cert e. V.[14] im Rahmen der allgemeinen Pflichten der Ratingagentur[15] besteht keine unmittelbare Notwendigkeit, den Advisor in den Regelungsbereich einzubeziehen. Dies insbesondere nicht, da eine Unabhängigkeit des Advisors bereits wegen dessen Tätigkeitsbild ausscheiden muss. Gleiches gilt für die Neutralität des Advisors.

Etwas anderes gilt dann, wenn der Advisor später möglicherweise als Analyst im selben Unternehmen tätig werden will. Die Advisortätigkeit ist parteiische Beratungstätigkeit und führt damit zu Befangenheit des vormaligen Advisors. Dies verbietet seine Tätigkeit als Analyst in diesem Unternehmen. Die Grundsätze bezüglich der Qualifikation des Analysten sind auf den Advisor nicht anwendbar, da diese für und gegen das zu beurteilende Unternehmen wirken und sich der Unternehmer das Wirken seines Advisors zurechnen lassen muss. Hier können die Agenturen nur Empfehlungen geben. So werden beispielsweise im Advisory-Konzept der URA UNTERNEHMENS RATINGAGENTUR Aktiengesellschaft den Unternehmen Advisors empfohlen, die sowohl aufgrund ihres Berufsbildes als auch ihrer beruflichen Erfahrung eine fachliche und persönliche Eignung erwarten lassen. Im Advisory-Konzept der URA UNTERNEHMENS RATINGAGENTUR Aktiengesellschaft kommen nur ausgewählte und geschulte Advisors aus den Berufsgruppen Unternehmensberater, Steuerberater, vereidigte Buchprüfer und Wirtschaftsprüfer zum Einsatz. Dem Unternehmer bleibt es jedoch unbenommen, sich seiner bisherigen Berater als Rating Advisors zu bedienen, deren Beurteilung und Eignung naturgemäß nicht von den Ratingagenturen überprüft werden kann.

Die Grenzen der Nichteinbindung des Advisors in die Berufsgrundsätze der Agenturen und Analysten werden spätestens dort erreicht, wo auch der Grund für den Abbruch eines Ratings läge, nämlich bei der Weitergabe wissentlich falscher oder unvollständiger, wesentlicher Information oder ggf. deren Unterdrückung oder Manipulation, um ein zu vorteilhaftes Bild des Unternehmen zu zeichnen. In diesem Fall wirken die Berufsgrundsätze der Agenturen mittelbar auch auf den Advisor. Soweit ein Vorgehen der beschriebenen Art auf Verlangen oder mit Billigung des zu ratenden Unternehmens vorgenommen wurde, hat dies zum Abbruch des Ratings zu führen. Im Falle von Eigenmächtigkeit des Advisors ist dessen Ausschluss vom weiteren Verfahren nach Ansicht des Verfassers zwingend erforderlich.

Darüber hinaus hat der Advisor beispielsweise im Advisory-Konzept der URA UNTERNEHMENS RATINGAAGENTUR Aktiengesellschaft höchstpersönlich seine Leistung

---

14 Die Regeln sind auf der entsprechenden Website des Rating Cert e.V. zu finden : www.ratingcert.de.
15 Vgl. Kley/Everling (2001b).

zu erbringen. Ist der Advisor eine Gesellschaft, so kann sich die Gesellschaft eigener Hilfspersonen bedienen. Der Grundsatz der persönlichen Leistungserbringung ist im Advisory-Vertrag der URA UNTERNEHMENS RATINGAGENTUR Aktiengesellschaft verankert; die Nichtbefolgung wäre ein Vertragsbruch.

Keiner gesonderten Erwähnung bedarf der Grundsatz der Vertraulichkeit und Verschwiegenheit gegenüber Unternehmensexternen. Dies ist über die vertragliche Gestaltung mit dem Advisor auch für den Zeitraum nach Auftragsbeendigung zu regeln. In diese Gestaltung sind auch die vom Advisor ggf. eingeschalteten Hilfspersonen zu berücksichtigen und eine Verpflichtung des Advisors aufzunehmen, diesen Personenkreis ebenfalls entsprechend zu verpflichten. Soweit ein Mitglied der in § 203 Abs. 1 Nr. 3 StGB genannten Berufsgruppen als Advisor tätig wird, ergibt sich dessen Verschwiegenheit zum einen aus den einschlägigen Berufsgrundsätzen und ist zum anderen qua § 203 Abs. 1 StGB mit strafrechtlicher Relevanz belegt.

Soweit ein Vertragsverhältnis nicht zwischen Agentur und Advisor, sondern ausschließlich zwischen Unternehmen und Advisor zustande kommt, ist der Einfluss der Agenturen letztlich auf Empfehlungen beschränkt. In Anbetracht des auch für Advisory sehr günstigen Marktumfeldes wird der Empfehlung der Agentur jedoch ein hoher Stellenwert beigemessen werden können. Es ist davon auszugehen, dass Empfehlungen für bisher unbekannte Advisors jedoch nur aufgrund von Offenlegung der Expertise des Advisors und Kenntnis seines Konzeptes erfolgen wird. Hier wird Transparenz zum wesentlichen Wettbewerbsfaktor für Advisors.

4. Zusammenarbeit des Advisors mit der Ratingagentur

4.1 Vertragsbeziehung des Advisors

Am Markt sind zwei grundsätzliche Beziehungsmodelle erkennbar. Im ersten Fall entsteht eine Vertragsbeziehung ausschließlich zwischen dem Advisor und dem zu ratenden Unternehmen. In diesem Modell ist alternativ die sichtbare Installation des Advisors gegenüber der Agentur oder die „stille" Unterstützung des Unternehmens ohne Außenwirkung gegenüber der Agentur vorgesehen. In diesem Fall gibt es naturgemäß keine unmittelbare Zusammenarbeit des Advisors mit der Agentur; die Zusammenarbeit erfolgt dann mittelbar über den Unternehmer, ohne dass das Wirken des Advisors für die Agentur erkennbar wird.

Im zweiten Fall entsteht eine Vertragsbeziehung zwischen der Ratingagentur und dem Advisor sowie parallel eine separate Vertragsbeziehung zwischen Advisor und Unternehmen. Die zweite Alternative hat die Vorzüge, dass jedenfalls eine gewisse Einbindungswirkung in den Ratingprozess seitens der Agentur auf eine juristische Grundlage gestellt wird. Damit entsteht die oben untersuchte Ausstrahlwirkung oder findet teilweise eine direkte Einbeziehung der auf den Advisor anwendbaren ethischen Berufsgrundsätze von Agenturen und Analysten statt.

In jedem Fall bleibt der Advisor jedoch Partei und Berater des Unternehmens und kann nach den ethischen Grundsätzen des Rating Cert e. V. nicht – auch nicht in absehbarer Zeit nach dem Rating – in diesem Unternehmen als Analyst tätig werden.

4.2 Zusammenarbeit vor Aufnahme des Ratings

Aufgabe des Ratingverfahrens aus Unternehmenssicht ist es, in der Außenwirkung die mit dem Rating beabsichtigten Ziele zu realisieren. Das bedeutet – wie oben erwähnt – beispielsweise eine relative Vergünstigung der Fremdkapitalkosten oder ein sonstiges, positives Abheben vom Wettbewerber. Zu diesem Zweck sollte ein Advisor eingeschaltet werden, der Erfahrung durch die Begleitung einer ausreichenden Zahl von Ratingverfahren hat. Idealerweise wurden die Kenntnisse des Advisors bei einer Ratingagentur erworben[16]. Mittelständische Agenturen können hier Empfehlungen geben. Agenturen wie zum Beispiel die URA UNTERNEHMENS RATINGAGENTUR Aktiengesellschaft haben selbst ausgebildete Advisors, die dem Unternehmen die Auswahl erleichtern und die die grundsätzliche Vorgehensweise der Agenturen kennen.

Zur Unterstützung des Unternehmens in dieser Phase des Entscheidungsprozesses erstreckt sich die Zusammenarbeit des Advisors mit der Agentur auf eine Informationsbeschaffungsfunktion, um dem Unternehmer die verschiedenen Ratingansätze und die Tragweite des Ratingurteils zu erläutern. Die Agenturen werden in dieser Phase den Advisor mit den zur Entscheidungsfindung notwendigen Informationen unterstützen. Der Advisor hat ggf. zur Sensibilisierung des Unternehmens für das Thema Rating beizutragen und die wesentlichen Rahmenbedingungen des gewählten Ratingverfahrens zu kennen.

In dieser Phase besteht die Zusammenarbeit der Agentur mit dem Advisor im Austausch von ersten Informationen, um eine sachgerechte Auswahlentscheidung des Unternehmers unterstützen zu können, soweit die Entscheidung für ein externes Rating bereits gefallen ist. Im Falle der Entscheidungsunsicherheit bezüglich eines externen Ratings können die Agenturen dem Advisor wertvolle Argumentationshilfen für und wider interner Ratings liefern. Darüber hinaus ist fallweise eine Begleitung des Advisors zum Kunden und eine Darstellung des Ratingansatzes seitens der Agentur denkbar. Weiter wird der Advisor mit einer überschlägigen, ersten Zeitplanung für das Verfahren aus Sicht der Ratingagentur unterstützt, um seinerseits den Gesamtzeitplan mit dem Unternehmen praktikabel und widerspruchsfrei zu erstellen und das unternehmensinterne Arbeitsteam festzulegen. Der Ad-

---

16 Vgl. Schmidt (1996), S. 262.

visor befindet sich damit in jeder Phase der Festlegung des sachlichen, zeitlichen und personellen Ratingablaufs in einer kommunikativen Wechselbeziehung mit der Agentur, da sowohl die zeitliche Festlegung als auch die Auswahl der Ansprechpartner im Zusammenwirken mit der Agentur erfolgen sollten. Dem Advisor obliegt in vielen Fällen auch eine beratende Funktion bezüglich des Ratingvertrags mit der Agentur und er kann ggf. vorhandene Sonderwünsche des Unternehmens in den Vertrag einbringen.

Von nicht zu unterschätzender Bedeutung für den Erfolg des Ratings ist auch die Schaffung einer positiven Einstellung der einbezogenen Mitarbeiter zum Ratingverfahren. Der Advisor kann hier in Zusammenarbeit mit der Ratingagentur einen Workshop mit den relevanten Mitarbeitern abhalten, um die Zielsetzung, das Erfordernis und den Ablauf des Ratingverfahrens zu kommunizieren und somit Verständnis und eine positive Grundeinstellung innerhalb der Belegschaft aufzubauen.

4.3 Vor und während der Ersterhebung und ersten Risikoanalyse

Das Advisory besteht in dieser Phase im wesentlichen aus der Aufnahme und Abbildung des Unternehmens in einem Ratinghandbuch. Diese schriftliche Unternehmenspräsentation dient den Agenturen neben den veröffentlichten Unterlagen sowie weiterer Unterlagen wie zum Beispiel Prüfberichten als Basis zur Einleitung des Ratingprozesses und zur ersten Risikoabschätzung. In dieser Phase wird der Advisor den Unternehmer unterstützen, die Agentur mit aufbereiteten quantitativen und qualitativen Vorabinformationen zu versorgen und somit einer sachgerechten, ersten Risikoeinschätzung durch die Agentur zuarbeiten. Nach diesem Schritt wird die Agentur einen Anforderungskatalog verabschieden, der die Arbeit der Analysten effektiv vorbereiten soll und dem Unternehmen den Lead-Analysten als Ansprechpartner mitteilen. Dem Advisor kommt in diesem Zusammenhang die Aufgabe zu, dem Unternehmen bei der Bereitstellung der abgeforderten Zusatzinformationen zu helfen, ihm diese transparent zu machen und deren strukturierte und zeitgerechte Gewinnung und ggf. Visualisierung mit zu übernehmen bzw. zu überwachen. Darüber hinaus wird das Unternehmen dem Advisor und auch der Agentur relevante Zusatzinformationen wie Pressespiegel etc. zur Verfügung stellen. In dieser Phase steht der Advisor ebenfalls in einer wechselseitigen Beziehung mit der Agentur und dem Unternehmen bzw. dem Ratingteam im Unternehmen. Neben der „Übersetzungsfunktion" zwischen Agentur und Unternehmen sowie umgekehrt kommt dem Advisor in Zusammenarbeit mit der Agentur eine Überwachungsfunktion bezüglich des Zeitplans zu, da aus nicht zeitgerechter Bereitstellung der Informationen vor der Präsenz der Analysten bereits erhebliche Abweichungen im Zeitplan resultieren können. Darüber hinaus können hier dem Unternehmen die Konsequenzen bestimmter fehlender Informationen aufgezeigt werden und ggf. noch bestehende „Informationslücken" geschlossen werden.

Durch die Kenntnis des Advisors vom grundsätzlichen Ablauf des Analystengesprächs können die relevanten Personen durch eine entsprechende Erläuterung vorbereitet und eine Präsentationsstrategie und -struktur gegenüber der Agentur entwickelt werden. Eine Zusammenarbeit mit der Agentur erstreckt sich hier lediglich auf die Bereitstellung grundsätzlicher Informationen. Dies beinhaltet das Zusammenstellen und Verdichten relevanter Information sowie die Vorabwürdigung im Hinblick auf mögliche Fehlinterpretationen oder Unzulänglichkeiten. Weiter werden die relevanten Managementinformationssysteme einer Verifikation unterzogen, um das Ergebnis der möglicherweise durch die Analysten stattfindenden Verifikationen bereits im Vorfeld zu kennen und die effiziente Verifizierbarkeit durch Dritte gewährleisten zu können. Dies erfordert zum Beispiel die Kenntnis und Bereitstellung von unverdichteten Quellinformationen, die im System verarbeitet und verdichtet werden.

4.4 Während der Analystentätigkeit

Das Analystengespräch ist ein Dialog zwischen den relevanten Auskunftspersonen im Unternehmen und dem Analysten. Der Advisor hat hier eine würdigende Funktion im Interesse des Unternehmens. Fallweise wird der Advisor zur Sachverhaltserhellung durch Unterstützung bei der Aufbereitung notwendiger Information eingeschaltet. Der Advisor wird sowohl dem Unternehmen ein Feedback des Gesprächs aus seiner Sicht geben als auch mit der Agentur in Kontakt treten, um aus seiner Sicht möglicherweise aufgetauchte Unklarheiten, Inkonsistenzen oder fehlende Informationen abzufragen und zu einer Klärung beizutragen. Da das Nichtbeseitigen dieser Punkte tendenziell die Qualität des Ratingurteils verschlechtert, hat die Agentur ein originäres Interesse an der Klärung unter der Prämisse der Zeitnähe. Daher wird sie dem Advisor den Klärungsbedarf mitteilen und die Konsequenzen der Nichtklärung aufzeigen.

4.5 Bei Festsetzung des Ratingergebnisses

Nachdem das Ratingkomitee das Ratingurteil getroffen hat, hat das Unternehmen die Entscheidung über Akzeptanz oder Ablehnung zu treffen. Zu diesem Zweck ist eine enge Kommunikation zwischen der Agentur und dem Unternehmen erforderlich, um Ursache-Wirkungsketten aufzuzeigen und das Ratingurteil transparent zu machen. Dies erfordert eine kritische Durchsicht des Ratingberichts durch das Unternehmen bzw. den Advisor und Abstimmung mit der Ratingagentur. In dieser Phase unterstützt der Advisor die Meinungsbildung innerhalb des Unternehmens und wirkt bei der Entscheidung über Ablehnung oder Akzeptanz maßgeblich mit.

Soweit die Unternehmensleitung das Ergebnis akzeptiert und eine Veröffentlichung vorsieht, wird der Advisor das Kommunikations- und Publikationskonzept mitentwickeln und durch die Agenturen mit Informationsgehalt über Aussagekraft und Tragweite des Ratings sowie den Ratingansatz unterstützt. Im Ratingkonzept der URA UNTERNEHMENS RATINGAGENTUR Aktiengesellschaft steht an dieser Stelle eine Präsentation des Ratings durch den Berichtskritiker, der als unabhängige Instanz die aus den Analysen hervorgegangenen Ergebnisse im Kontext würdigt und kommuniziert. Diese Präsentation kann zu informativen Zwecken in das Kommunikationskonzept des Unternehmens eingebettet werden.

4.6 Post-Rating und Monitoring

Nach Abschluss des Ratings kann der Advisor als Berater zur Beseitigung von identifizierten Schwächen und zur Vorbereitung auf ein Re-Rating zur Verfügung stehen. Eine Zusammenarbeit mit der Ratingagentur findet hier naturgemäß nicht statt.

Da Rating jedoch ein permanenter Informationsfluss zwischen Unternehmen und Ratingagentur bedeutet und die Agentur insbesondere ratingrelevante Unternehmensinformationen unverzüglich zur fortlaufenden Aufrechterhaltung oder Veränderung des Urteils benötigt, ist für das so gennante Monitoring eine permanente Kommunikationsstruktur mit regelmäßigen Informationsterminen sowie einer ad-hoc-Kommunikationsstruktur für plötzlich auftretende, wesentliche Informationen zu schaffen. Bei der Schaffung dieser Strukturen kann der Advisor in enger Abstimmung und unter Kenntnis der Soll-Anforderungen der Agenturen gestaltend bzw. beratend tätig werden oder diese Aufgaben direkt selbst übernehmen.

5. Schlussbemerkung

Die Zusammenarbeit der Agentur mit dem Advisor ist ein bisher weitgehend unbeleuchtetes Feld. Während insbesondere im Mittelstandsrating Berufsgrundsätze für Ratingagenturen und Analysten entwickelt wurden und damit die Zusammenarbeit der Agenturen mit den Analysten weitgehend geklärt erscheint, ist dies bei der Zusammenarbeit der Agenturen mit den Advisors bisher nicht der Fall. Dies resultiert auch aus den unterschiedlichen Advisory-Konzepten am Markt. In jedem Konzept wird der Advisor jedoch für das zu ratende Unternehmen tätig und ist – unabhängig von der vertraglichen Ausgestaltung – Partei des Unternehmens. Dementsprechend sind die für Agenturen und Analysten anwendbaren Berufsgrundsätze weitestgehend nicht bzw. nicht unmittelbar anwendbar. Einige Grundsätze, die für Analysten gelten, müssen auch für Advisor gelten. Wesentlich ist hierbei der Grundsatz der Verschwiegenheit. Darüber hinaus entfalten einige wenige Grundsätze mittelbare Ausstrahlwirkung für den Advisor.

Die Zusammenarbeit des Advisors mit den Agenturen erfolgt stets unter Berücksichtigung des Befangenheitsaspektes. Dies gilt auch für den Advisor, der beispielsweise in ein Advisory-Konzept einer Ratingagentur eingebunden ist. Die kontrollierte Einhaltung ethischer Berufsgrundsätze dieser Agenturen macht ein Advisory-Konzept möglich, ohne die Objektivität und Unbefangenheit des Ratings zu beeinträchtigen. Dies deswegen, da der Einsatz des betroffenen Advisors als Analyst im betreuten Unternehmen nach den einschlägigen Berufsgrundsätzen des Rating Cert e.V. ausscheidet. Kritischer ist in diesem Zusammenhang das Advisory-Konzept von Banken im Kontext mit einem ebenfalls von diesen durchgeführten Rating zu sehen.

Die Zusammenarbeit des Advisors mit den Agenturen beschränkt sich im wesentlichen auf eine je nach Ratingphase mehr oder weniger enge Kommunikation, um die Moderator – und Übersetzerfunktion zwischen Unternehmen und Agentur vorzunehmen. Zu diesem Zweck wird die Agentur den Advisor in jeder Phase des Prozesses mit strukturierten Informationen bzw. Hinweisen und Interpretationshilfen unterstützen. Die Kenntnis des grundsätzlichen Vorgehens der entsprechenden Agentur ist unabdingbare Voraussetzung für professionelles Advisory. Hier wird die Agentur den entsprechenden Advisor mit Informationen über den Aufbau, den grundsätzlichen Ablauf und dem Grobkonzepts des Ratingkonzepts vertraut machen. Idealerweise haben Advisor Kenntnisse bei Agenturen sammeln können oder sind in ein entsprechendes Advisory-Konzept einer Agentur einbezogen. Unabdingbar ist dann die ethische Selbstverpflichtung der Agentur, die Berufsgrundsätze, wie sie beispielsweise vom Rating Cert e. V. als freiwillige Selbstverpflichtung formuliert sind, in kontrollierbarer Art und Weise einzuhalten. Insgesamt ist die Einbettung des Advisors im Regelfall mit einem deutlichen Effizienzgewinn bezüglich des Ablaufs des Ratingprozesses verbunden. Dies macht ihn zu einer wesentlichen Drehscheibe im Prozess und führt dazu, dass eine wechselseitige Unterstützung zwischen Agentur und Advisor stattfindet, ohne jedoch die Parteilichkeit des Advisors zu ignorieren.

Die Zusammenarbeit des Advisors mit der Ratingagentur enthält damit wesentliche Elemente der Zusammenarbeit des Unternehmens mit der Ratingagentur. Sie erstreckt sich vereinfacht darauf, sich des Advisors als Medium zur beschleunigten und effizienten Erfüllung der beim Unternehmen liegenden Verantwortlichkeiten im Ratingprozesses zu bedienen.

Literaturhinweise

BASELER AUSSCHUSS FÜR BANKENAUFSICHT (2001): Konsultationspapier: Überblick über die neue Basler Eigenkapitalvereinbarung, Übersetzung der Deutschen Bundesbank, Januar 2001.

Behrenwaldt, U. (1996): Funktionen des Rating für den Anleger, in: Büschgen, H. E./Everling, O. (Hrsg.): Handbuch Rating, Wiesbaden 1996.

EVERLING, O. (1999): Die Rolle des Rating Advisor, in Börsenzeitung Nr. 42, 1999.

FÜSER, K. (2001): Scoring und Rating im Kontext von Basel II in Finanzierung Leasing Factoring, 2001.

KLEY, CH./EVERLING, O. (2001A): Allgemeine Pflichten von Rating-Agenturen (I) in Finanzbetrieb, Ausgabe März 2001.

KLEY, CH./EVERLING, O. (2001B): Allgemeine Pflichten von Rating-Agenturen (II) in Finanzbetrieb, Ausgabe April 2001.

KIRCHMAIR, D. (2001): „Rating fördert Zukunftsfähigkeit der mittelständischen Betriebe", Strategie – Unternehmerjournal der Deutschen Gesellschaft für Mittelstandsberatung 4/2001.

SCHMIDT, M. (1996): Zweck, Ziel und Ablauf des Ratings aus Emittentensicht, in: Büschgen, H. E./Everling, O. (Hrsg.): Handbuch Rating, Wiesbaden 1996.

SCHWÄRZER, M/RAUH, VN (2001): Einfache Geldbeschaffung durch erstklassige Bonitätsbenotung in Strategie – Unternehmerjournal der Deutschen Gesellschaft für Mittelstandsberatung, 4/2001.

Integration von Risikomanagement und Rating in der Praxis

Hardy Oepping

Risikomanagement – KonTraG – Unternehmensrating, Schlagworte, die in aller Munde sind: Banken, Ratingagenturen, Wirtschaftsprüfer, Versicherungen und nicht zuletzt die Unternehmer selbst sind daran interessiert, die zukünftigen Risiken von Unternehmen frühzeitig zu erkennen, zu bewerten und – wenn möglich – auch zu bewältigen.

Der folgende Beitrag soll den Beteiligten dabei helfen, die Verbindungen zwischen den Ansätzen im Risikomanagement und Unternehmensrating zu verstehen, die Unternehmen gezielter auf die neuen Anforderungen vorzubereiten und eine geeignete Vorgehensweise für eine praxisorientierte Integration von Risikomanagement und Rating in ihren Unternehmen zu empfehlen.

Dazu ist es zunächst erforderlich, die wesentlichen Zielsetzungen, Unterschiede und Gemeinsamkeiten innerhalb der verschiedenen Vorgehensweisen und Methoden im Risikomanagement und Rating herauszuarbeiten und die Nutzenaspekte dieser Verfahren aus Sicht des mittelständischen Unternehmens zu bewerten. Dabei werden auch Möglichkeiten aufgezeigt, wie die neuen Instrumente auch für eine wirtschaftlichen Bewältigung unternehmerischer Risiken, eine nachhaltige Verbesserung des Ratings und eine langfristig erfolgreiche Unternehmensentwicklung eingesetzt werden können.

Auf den Ergebnissen dieser Vergleichs wird dann zusammenfassend ein Vorschlag für ein integratives Vorgehen im Risikomanagement und Unternehmensrating gemacht, mit dem gerade mittelständische Unternehmen die externen Anforderungen des Risikomanagements und Unternehmensrating in optimaler Weise umsetzen und dabei zugleich ihre internen Steuerungs- und Controllinginstrumente erheblich verbessern können.

1. Zielsetzungen im Risikomanagement und Rating

1.1 Risikomanagement

Seit 1998 sind Kapitalgesellschaften, aber auch große Personengesellschaften durch das KonTraG gesetzlich dazu verpflichtet worden, ein Risikomanagementsystem einzurichten, das jederzeit eine frühzeitige Erkennung und transparente Bewertung der maßgeblichen Unternehmensrisiken sicherstellt und dabei insbesondere erkennen lässt, ob und inwieweit sich daraus bestandsgefährdende Entwicklungen für das Unternehmen ergeben können.

Die Nicht-Einrichtung eines solchen Risikomanagementsystems ist als schwerwiegender Verstoß gegen gesetzliche Vorschriften anzusehen, der im Schadensfall zu einer persönlichen Haftung und ggf. auch zu einer strafrechtlichen Verfolgung der Mitglieder der Geschäftsleitung führen kann.

Die Abschlussprüfer der Unternehmen sind ihrerseits durch das KonTraG dazu verpflichtet, im Rahmen ihrer Abschlussprüfungen die Angemessenheit des Risikomanagement-Systems und die Plausibilität der Risikodarstellung im Lagebericht zu beurteilen und das Ergebnis ihrer Prüfung in den Bestätigungsvermerk aufzunehmen.

Aktiengesellschaften	GmbH, GmbH & Co., OHG
Die Verpflichtung zur Einrichtung eines Risikomanagementsystems nach § 91 Abs. 2 AktG betrifft aufgrund ihrer Stellung im Aktiengesetz unmittelbar nur Aktiengesellschaften und Kommanditgesellschaften auf Aktien, die Nichteinrichtung ist ein schwerwiegender gesetzl. Verstoß	Auch Geschäftsführer mittlerer u. großer Kapital- oder Personalgesellschaften müssen ein Risikomanagementsystem einrichten, da das KonTraG nach allgemeiner Rechtsauffassung ihre allgemeine Leitungsaufgabe mittelbar konkretisiert (z.B. nach § 43 GmbHG).
Die Prüfung des Risikomanagementsystems ist Bestandteil der jährlichen Abschlussprüfung und umfasst das System der unternehmensweiten Risikoidentifikation, Risikoanalyse, Risikokommunikation und Risikoüberwachung. Mängel können den Bestätigungsvermerk einschränken.	Das Risikomanagementsystem ist durch den Abschlussprüfer zu prüfen, wenn für eine Beurteilung der Richtigkeit und Vollständigkeit der Risikodarstellung im Lagebericht die Kenntnis der ihr zugrunde liegenden Verfahren zur Risikoidentifikation und -analyse erforderlich ist

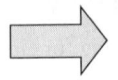

➡ Als anerkannte Standards für die Ausgestaltung des Risikomanagementsystems gelten die Anforderungen des IDW-Prüfungsstandards 340 und die „Grundsätze risikoorientierter Unter-Nehmensbewachung" der Schmalenbach-Gesellschaft für Betriebswirtschaft e.V., DB 1998

Abbildung 1: Anforderungen an das Risikomanagement von Unternehmen

Die Anforderungen an das Risikomanagement von mittelständischen Unternehmen ergeben sich damit direkt aus dem Gesetz und den aktuellen Unternehmensstandards im Risikomanagement. Grundsätzlich besteht ein Risikomanagementsystem dabei aus den folgenden fünf Aktivitäten:

- Risikoidentifikation
- Risikobewertung
- Risikoaggregation
- Risikobewältigung
- Risikoüberwachung

Die ersten drei Aktivitäten sind dabei als Teilschritte der Analyse der Risikosituation des Unternehmens aufzufassen, deren praktische Umsetzung gerade mittelständischen Unternehmen aufgrund der vielfach unzureichenden Transparenz und Verfügbarkeit von Risikoinformationen und der mangelnden Ausgestaltung von systematischen Planungs- und Controllinginstrumenten erhebliche Schwierigkeiten bereitet.

Zwar führt dieser Mangel derzeit in der Regel noch zu keinen unmittelbaren Sanktionen für die mittelständischen Unternehmen, doch werden nach Auffassung von Fachexperten aufgrund der zunehmenden Verbreitung von Standards im Risikomanagement zukünftig auch die Anforderungen der Abschlussprüfer und sonstiger externer Interessengruppen (Banken, Aufsichtsgremien, Investoren) an das Risikomanagementsystem und die Transparenz der Risikosituation von mittelständischen Unternehmen weiter steigen.

1.2 Unternehmensrating

Durch den zweiten Baseler Akkord („Basel II") sollen die Banken dazu verpflichtet werden, ihr Eigenkapital noch genauer an ihre tatsächliche Risikosituation anzupassen. Ein wesentliches Risiko, dass daher von den Banken differenzierter zu analysieren sein wird, ist das so genannte Kreditrisiko, das heißt das Ausfallrisiko für Kreditforderungen gegenüber ihren Kunden. Da dieses Kreditrisiko wiederum unmittelbar von der Risikosituation der jeweiligen Gläubiger abhängt, ergibt sich damit für die Banken die Notwendigkeit, auch die Risikosituation ihrer mittelständischen Firmenkunden zukünftig differenzierter als bisher zu analysieren.

Die von der Bank oder auch externen Gutachtern dabei verwendete Systematik wird als Ratingsystem bezeichnet und umfasst nach einer Definition des Basler Ausschusses „alle Methoden, Prozesse, Kontrollen, Daten(sammlungen) und DV-Systeme, die zur Bestimmung von Kreditrisiken, zur Zuweisung interner Ratings und zur Quantifizierung von Ausfallschätzungen dienen".[1]

Neben den Banken beschäftigen sich darüber hinaus spezialisierte Agenturen mit dem Rating von Unternehmen. Zusätzlich zu den bekannten internationalen Ratingagenturen sind in der Folge des Baseler Akkords in Deutschland bereits einige Agenturen gegründet worden, die insbesondere den deutschen Mittelstand als ihre Zielgruppe definiert haben. Grundsätzlich stehen damit die bankinternen und die von Ratingagenturen durchgeführten Ratings in einem gewissen Konkurrenzverhältnis, das hinsichtlich der zukünftigen Entwicklung zum heutigen Zeitpunkt noch nicht abschließend bewertet werden kann.

---

1 Vgl. Basler Ausschuss für Bankenaufsicht (2001), S. 49.

1.3 Synopsis

Es ist offensichtlich, dass die dem Unternehmer vom Gesetzgeber auferlegte Verpflichtung zur Analyse und Überwachung seiner Unternehmensrisiken und die durch den Basler Ausschuss formulierte Verpflichtung der Banken zur Analyse und Überwachung der Risiken ihrer Firmenkunden aus Sicht des betroffenen Unternehmers letztlich sehr ähnliche Anforderungen definiert.

Aus Sicht des Unternehmers ist es daher naheliegend, danach zu fragen, ob die Umsetzung dieser Anforderungen innerhalb von zwei voneinander getrennten und damit ggf. auch redundant organisierten Vorgehensweisen und Methoden erfolgen muss, oder ob sich durch eine abgestimmte Vorgehensweise wesentliche Synergieeffekte nutzen lassen. Insbesondere die Schritte zur Identifikation, Analyse und Aggregation der Unternehmensrisiken vermitteln den Eindruck, dass sich die beiden Verfahren aus unterschiedlicher Richtung dem selben Ziel, nämlich der Bewertung des Gesamtrisikos des Unternehmens, nähern.

Dass sich zwischen dem Risikomanagement und dem Unternehmensrating für den Unternehmer synergetische Beziehungen herstellen lassen, wird schon dadurch offensichtlich, dass im Rahmen des Unternehmensrating zum Beispiel auch die internen Steuerungs- und Controllingsysteme des Unternehmens bewertet werden. Unternehmen, die in diesem Zusammenhang ein geeignetes Risikomanagementsystem vorweisen können, werden dabei nach Aussage von Bankenvertretern hinsichtlich dieses Ratingkriteriums erheblich besser eingestuft.

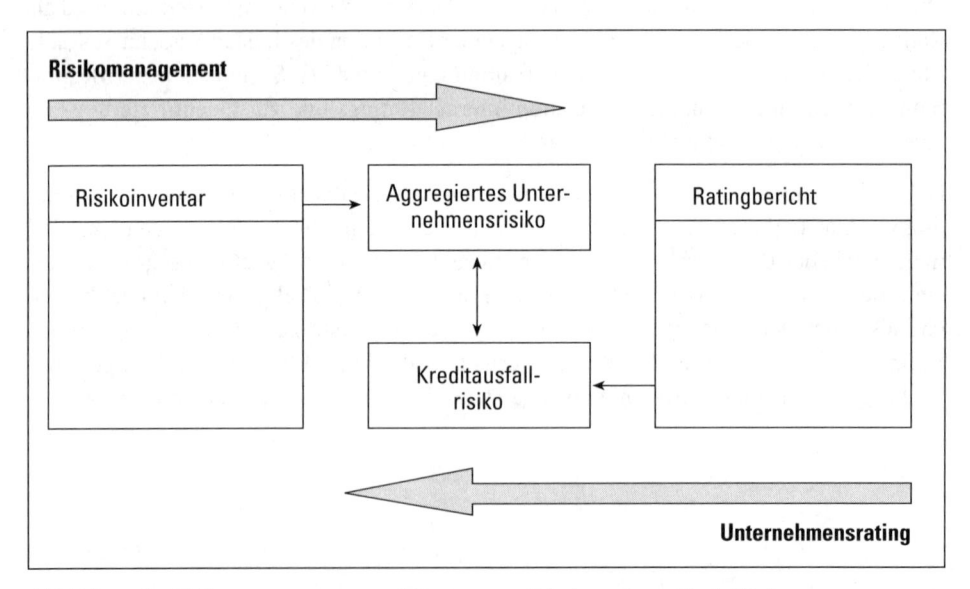

Abbildung 2: Risikomanagement und Rating, zwei Seiten einer Medaille?

Innerhalb der folgenden Abschnitte sollen deshalb die Gemeinsamkeiten und Unterschiede der Verfahren aufgezeigt und Empfehlungen für eine integrierte Vorgehensweise im Risikomanagement und Unternehmensrating gegeben werden.

2. Risikoidentifikation

2.1 Risikomanagement

Die Risikoanalyse, das „Herzstück" eines jeden Risikomanagementsystems, lässt sich grundsätzlich in die Teilschritte der Risikoidentifikation, Risikobewertung und Risikoaggregation zerlegen. Dabei werden innerhalb der Risikoidentifikation alle maßgeblichen Umstände festgestellt, die zukünftig zu einer ungünstigen oder gar bestandsgefährdenden Unternehmensentwicklung führen können (Unternehmensrisiken). Es ist offensichtlich, dass solche Faktoren sowohl im Markt und Umfeld des Unternehmens (externe Risiken), als auch in der Unternehmensführung selbst (interne Risiken) begründet sein können.

Eine wesentliche Anforderung an die Risikoidentifikation besteht daher darin, die potenziellen Risikofaktoren systematisch, strukturiert und vollständig zu erfassen. Ähnlich, wie es für ein Unternehmen selbstverständlich ist, seine Vermögens- und Schuldenpositionen in der Struktur eines geeigneten Kontenplans darzustellen, sollen zukünftig auch die Risikopositionen des Unternehmens innerhalb einer geeigneten Risikofeldstruktur erfasst und vollständig dargestellt werden.

Mit der folgenden in der Praxis bewährten Risikofeldstruktur wird das Gesamtrisiko des Unternehmens in die folgenden Komponenten zerlegt:

1. Strategische Risiken
2. Markt- und Wettbewerbsrisiken
3. Finanzmarktrisiken
4. Politische, gesellschaftliche, rechtliche Risiken
5. Risiken aus Corporate Governance
6. Risiken der Wertschöpfungskette
7. Risiken der Unterstützungsprozesse
8. Spezielle Leistungsrisiken

Während innerhalb der ersten vier Risikobereiche diejenigen Risiken identifiziert werden, deren Ursachen im wesentlichen außerhalb der Unternehmung zu suchen sind, werden innerhalb der letzten vier Risikobereiche diejenigen Risiken analysiert, die von dem Unternehmen selbst verursacht werden (Leistungsrisiken). Diese Risikofeldstruktur zeichnet sich in der Regel dadurch aus, dass sie sämtliche potenziellen Risikofaktoren eines Unternehmens abdeckt, die Planungs- und Managementlogik des Unternehmens aufgreift und somit die Risikosituation eines jeden Unternehmens im Hinblick auf Ursachen und Wirkungen transparent und nachvollziehbar strukturiert.

2.2 Unternehmensrating

Eine strukturierte Vorgehensweise bei der Bewertung von Unternehmen ist ebenfalls eine zwingende Voraussetzung für jedes erfolgreiche Unternehmensrating. Dies ergibt sich schon aus der notwendigen Vergleichbarkeit der Ratingergebnisse zwischen verschiedenen Unternehmen oder dem Vergleich der Ratingergebnisse im Zeitablauf.

Der Basler Ausschuss formuliert seine Anforderungen an die Struktur der zu bewertenden Ratingkriterien von Banken sehr allgemein: „Die Bank muss darlegen, dass ihre Kriterien alle für die Analyse des Kreditnehmerrisikos relevanten Faktoren berücksichtigten. Diese Faktoren sollten Risiko differenzieren können, vorraussagende und unterscheidende/diskriminierende Stärke besitzen sowie plausibel und unmittelbar einleuchtend sein, um sicherzustellen, dass die Ratings dazu dienen, Risiko zu differenzieren und nicht, um aufsichtsrechtliche Eigenkapitalanforderungen zu minimieren. Die Banken sollten bei der Zuordnung des Ratings eines Kreditnehmers alle relevanten Informationen berücksichtigen. Die Informationen sollten aktuell sein. Die Methoden und Daten, die zur Zuordnung der Ratings verwendet werden, sollten klar festgelegt und dokumentiert werden."[2]

Eine Bank sollte dabei nach Ansicht des Basler Ausschusses mindestens jeden der folgenden Faktoren zur Abschätzung des Risikos ihrer Firmenkunden berücksichtigen:

- vergangene und prognostizierte Fähigkeit, Erträge zu erwirtschaften
- die Kapitalstruktur und finanzielle Stabilität
- Qualität und Art der Einkünfte
- die Qualität und rechtzeitige Verfügbarkeit von Informationen über den Kreditnehmer
- Grad der Fremdfinanzierung und die Auswirkungen von Nachfrageschwankungen
- finanzielle Flexibilität in Abhängigkeit vom Zugang zu Fremd- und Eigenkapitalmärkten
- Stärke und Fähigkeit des Managements, auf veränderte Bedingungen effektiv zu reagieren
- seine Position innerhalb der Industrie und zukünftige Aussichten
- die Risikocharakteristik des Landes, in dem ein Unternehmen seine Geschäfte betreibt

Offen bleibt bei dieser Anforderung jedoch, anhand welcher Informationen diese Faktoren abgebildet und gemessen werden sollen und wie von der Ausprägung der einzelnen Faktoren auf das jeweilige Gesamtrisiko des Unternehmens, das heißt das Ratingergebnis, geschlossen werden kann.

---

2 Vgl. Basler Ausschuss für Bankenaufsicht (2001), S. 54.

2.3 Synopsis

Es zeigt sich, dass mit der Anforderung aus dem Risikomanagement, sämtliche maßgebliche Risiken des Unternehmens zu identifizieren, am ehesten ein vollständiges, transparentes und vor allen Dingen auch ein individuelles Bild von der Risikosituation eines Unternehmens gezeichnet werden kann.

Darüber hinaus zeichnet sich der Ansatz der Risikoidentifikation im Risikomanagement des Unternehmens gegenüber den Ratingansätzen dadurch aus, dass in einer für den Unternehmer verständlichen und nachvollziehbaren Strukturierung „entlang der Unternehmensplanung" auf der bereits vorhandenen Planungsstruktur des Unternehmens aufgesetzt werden kann. Es bietet sich daher in der Praxis an, den Prozess der vollständigen Risikoidentifikation, wie er durch das KonTraG gefordert wird, dem Unternehmensrating „vorzuschalten". Dieser Prozess, der ggf. durch einen externen Berater moderiert werden kann, erlaubt es dem Unternehmen, zunächst seine eigene Risikosituation besser zu verstehen.

Die nachfolgende Darstellung zeigt einen Auszug aus der Risikofeldstruktur, die der Autor bei der Einführung von Risikomanagementsystemen in mittelständischen Unternehmen einsetzt.

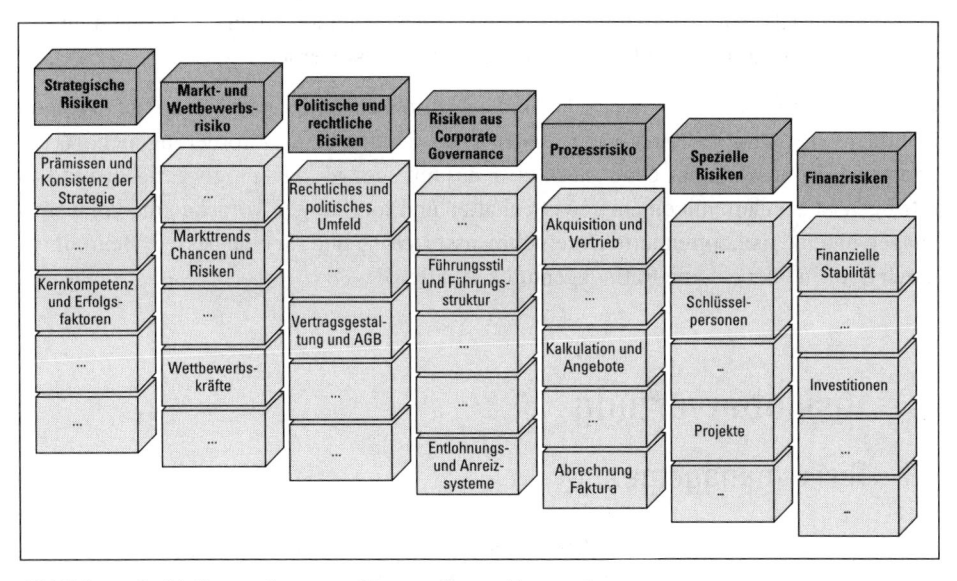

Abbildung 3: Risikostruktur von Unternehmen (Auszug)

Die strategischen Risiken des Unternehmens zeigen, welche nachhaltigen Gefährdungspotenziale auf die Erfolgsfaktoren und Kernkompetenzen des Unternehmens einwirken. Zur Identifikation der individuellen strategischen Risiken werden Erkenntnisse der empirischen Erfolgsfaktorenforschung und die individuelle Geschäftslogik des betreffenden Unternehmens und der Branche herangezogen.

In engem sachlichen Zusammenhang dazu werden die Markt- und Wettbewerbsrisiken sowie die sonstigen Umfeldrisiken des Unternehmens analysiert, da insbesondere die Änderung von Markttrends, der Wettbewerbssituation und des politischen und rechtlichen Umfeldes den Erfolg eines jeden Unternehmens nachhaltig beeinflussen können. Dafür wird ein aus dem industrieökonomischen Porter-Ansatz der Wettbewerbskräfte abgeleitetes Analyseinstrument eingesetzt.

Dabei werden die Märkte systematisch bezüglich der Marktbedingungen (Wettbewerbskräfte) charakterisiert, die den Risikoumfang eines Marktes bestimmen. Solche Wettbewerbskräfte sind zum Beispiel die Marktwachstumsrate, die Differenzierungsmöglichkeiten, die Markteintrittshemmnisse sowie die Abhängigkeit von Kunden und Lieferanten. Mit diesem methodischen Ansatz wird es möglich, das relative Marktrisiko des Unternehmens zu bestimmen und die spezifische Bedrohung der jeweiligen Marktstrategie aufzuzeigen.

Neben diesen externen Risikofaktoren werden aber auch interne Risikofaktoren analysiert, die sowohl durch die Unternehmensführung selbst (Risiken aus Corporate Governance), die Geschäftsprozesse (Prozessrisiken) oder sonstige unternehmenstypische Risikobereiche (Spezielle Risiken) verursacht werden.

Mit dem Verständnis für die eigene Risikosituation kann das Unternehmen den Fragen der Banken oder der Ratingagenturen nicht nur deutlich besser begegnen, es lassen sich darüber hinaus auch erste Korrekturen der eigenen Risikosituation einleiten, die dann im Zuge des externen Ratings bereits als „Pluspunkte" vermerkt werden.

Da den Unternehmen mit dem KonTraG ohnehin eine entsprechende Risikoidentifikation auferlegt worden ist, sollten die betroffenen Unternehmen diese Anforderung nicht als ein „notwendiges gesetzliches Übel" auffassen, das mit dem geringst möglichen Aufwand zu erledigen ist, sondern mit einem gewissenhaften und sorgfältigen Vorgehen die Voraussetzungen für eine risikoorientierte Unternehmenssteuerung und für eine bessere Beurteilung durch Banken oder externe Ratingagenturen schaffen.

3. Risikobewertung

3.1 Risikomanagement

Die Risikoanalyse beinhaltet eine Beurteilung der Tragweite der erkannten Risiken in Bezug auf Eintrittswahrscheinlichkeit und quantitative Auswirkungen.[3] Insofern orientiert sich das Risikomanagement stets an bestimmten, klar definierten Szenarien für die zukünftige Unternehmensentwicklung, die zum Beispiel im Rahmen der Unternehmensplanung systematisch erarbeitet und hinsichtlich ihrer Wahrscheinlichkeit bewertet werden.

---

3   Vgl. FN-IDW (1999), S. 352.

Die identifizierten Risiken sind damit als alternative Planungsprämissen aufzufassen, deren Eintritt zu einer negativen Unternehmensentwicklung führen und damit die Bonität des Unternehmens beeinflussen können. Das Risikomanagement orientiert sich somit an der Geschäftslogik des Unternehmens, in der zunächst jeder Risikofaktor hinsichtlich seiner Wirkungsweise im Unternehmen analysiert und bewertet werden muss.

Da diese Bewertung in der Regel auf der Grundlage einer Finanzplanung erfolgt, in der die Auswirkungen von Risiken auf einer kardinalen Skala transparent gemacht und sachlogisch begründet werden müssen, werden bei dieser Methode der Risikobewertung nicht nur die Risikowirkungen nachvollziehbar quantifiziert, sondern auch wesentliche Erkenntnisse über die Zusammenhänge von Risikoursachen und Risikowirkungen gewonnen. Diese Erkenntnisse können dann auch dazu verwendet werden, die Risikosituation des Unternehmens aktiv zu verbessern.

3.2 Unternehmensrating

Im Rahmen des Unternehmensrating werden die Ausprägungen der in das Ratingverfahren einbezogenen Risikofaktoren eines Unternehmens auf einer ordinalen Skala, das heißt entsprechend einem Schulnotensystem bewertet. Hilfsinstrumente dieser Art der „Quantifizierung" sind zum Beispiel subjektiv-intuitive Verfahren, die auf der Basis individuellen Erfahrungswissens und subjektiver Einschätzungen des Analysten die Risikorelevanz bestimmter Parameter quantitativ beurteilen.

Die so bewerteten Ratingkriterien werden dann innerhalb des Ratingmodells mit Gewichten versehen, die die relative Bedeutung der ausgewählten Risikofaktoren für das Bonitätsrisiko des Unternehmen beschreiben sollen. Die Gewichtungen der in das Ratingverfahren einbezogenen Kriterien werden dabei entweder über die Einschätzung von Experten oder aber mit Hilfe von statistischen Verfahren ermittelt und im Hinblick auf die Qualität der Ratingaussage optimiert.

Neben quantitativen Parametern (wie etwa Bilanz- und GuV-Daten) spielen dabei auch qualitative Risikofaktoren – insbesondere bei kleineren und/oder jungen Unternehmen – eine wesentliche Rolle (zum Beispiel Management-Qualität oder Unternehmensstrategie). Diese verbal beschriebenen, qualitativen Kriterien werden innerhalb des Ratings künstlich quantifiziert, das heißt, sie müssen auf der ordinalen Ratingskala gem. der Einschätzung des Analysten positioniert werden.

3.3 Synopsis

Es ist offensichtlich, dass der Art der Risikobewertung im Ratingverfahren die im Risikomanagement übliche Analyse der Risikowirkungskette und eine Quantifizierung der Risikowirkungen innerhalb der Finanzplanung des Unternehmens fehlt. Stattdessen wird im

Rahmen des Ratings die relative Stärke der Wirkungsketten unterschiedlicher Risikofaktoren mit Hilfe von Gewichtungsfaktoren gesamthaft abgeschätzt.

Ähnlich wie bei der Risikoidentifikation bietet sich daher auch für die Bewertung der Risiken eine „Vorschaltung" durch das Risikomanagement an. Dabei werden zunächst die Wirkungsketten für die im Rahmen der Risikoidentifikation erkannten Risikofaktoren analysiert und strukturiert. Für die Risikofaktoren können dann in Form von Szenarien unterschiedliche Zukunftseinschätzungen bzgl. ihrer Ausprägungen und Eintrittswahrscheinlichkeiten abgegeben werden.

Die so analysierten „Risikoszenarien" werden dann bzgl. ihrer Auswirkungen innerhalb der kurzfristigen oder auch der längerfristigen Unternehmensplanung „durchgerechnet", so dass danach für jeden der einzelnen Risikofaktoren transparent wird, wie dieser die zukünftigen Unternehmensergebnisse oder andere bewertungsrelevante Planungspositionen beeinflusst.

Für die Darstellung der Risikobewertung bietet es sich an, ein Risikorelevanzmodell für das Unternehmen aufzustellen, in dem die Bedeutung einzelner Risiken zum Beispiel durch fünf Relevanzkategorien dargestellt wird. Die Zuordnung der identifizierten Risiken zu den Relevanzstufen erfolgt dann in Abhängigkeit der berechneten Risikowirkungen.

Rel.Schadensdefinition	Schadenswirkung
1 Unbedeutende Schäden	$\Delta J\ddot{U}$[4] < 500 TDM
2 Mittlere Schäden	$\Delta J\ddot{U}$ > 500 TDM
3 Bedeutende Schäden	$\Delta J\ddot{U}$ > 1.500 TDM
4 Schwerwiegende Schäden	$\Delta J\ddot{U}$ > 5 000 TDM
5 Bestandsgefährdende Schäden	$\Delta J\ddot{U}$ > 15.000 TDM

Abbildung 4: Risikorelevanzmodell für ein mittelständisches Unternehmen (Beispiel)

Auf diese Weise können sämtliche identifizierte Risiken auf einer einheitlichen Skala, zum Beispiel bzgl. der mit einer bestimmten Wahrscheinlichkeit auftretenden Höchstschäden bewertet und für das Unternehmensrating dargestellt werden. Insbesondere ist es dann auch für die Bank oder eine Ratingagentur einfacher, die für ihre eigene Einschätzung verwendeten Unternehmensinformationen fundierter bei ihrem Ratingurteil zu berücksichtigen.

Vom Basler Ausschuss wird ausdrücklich gefordert, die Risikosituation des Unternehmens eher konservativ, das heißt höher einzuschätzen, wenn unsichere Informationen über das Unternehmen vorliegen. Es kann daher davon ausgegangen werden, dass Risikoinforma-

---

[4] $\Delta J\ddot{U}$:= Beeinträchtigung des Kapitalwertes der geplanten/erwarteten zukünftigen Jahresüberschüsse durch den Value-at-Risk (entspricht derjenigen Wirkung, die von den zum Beispiel 5 Prozent höchsten Risikoszenarien übertroffen wird).

tionen, die im Rahmen des Risikomanagements durch das Unternehmen gewissenhaft erhoben worden sind, grundsätzlich das Unternehmensrating verbessern werden.[5]

Das Ergebnis der Risikobewertung ist ein geordnetes Inventar, in dem die maßgeblichen Risiken des Unternehmens der Größe nach aufgelistet werden. Das Risikoinventar bildet die Grundlage für eine Berechnung des Gesamtrisikos des Unternehmens, die Konzeption ggf. erforderlicher Maßnahmen für die Vermeidung, Begrenzung oder die Überwälzung von Risiken und legt die Schwerpunkte für das Risikocontrolling fest. Projekterfahrungen haben gezeigt, dass die Risikostruktur vieler mittelständischer Unternehmen schon mit circa 10 bis 15 Risiken ausreichend beschrieben werden kann.

Die Risikoanalyse wird üblicherweise im Rahmen von Workshops zusammen mit der Geschäftsleitung und weiteren Managern des Unternehmens durchgeführt. Zusätzlich kann zur Vorbereitung der Identifikation und Bewertung von Marktrisiken eine kurze Marktrecherche und zur Bewertung der vorhandenen Kosten- und Finanzrisiken des Unternehmens eine Jahresabschlussanalyse durchgeführt werden.

4. Risikoaggregation

4.1 Risikomanagement

Im Rahmen der Risikoaggregation werden die bewerteten Einzelrisiken zu einem Gesamtrisiko des Unternehmens zusammengefasst. Das Aggregationsmodell für die Zusammenfassung der Risiken bildet dabei sowohl die Wirkungsketten der Risiken, als auch die individuelle Situation des Unternehmens ab.

Da die Risikobewertung im Rahmen des Risikomanagements nichts anderes ist, als die Bewertung von Planungs- bzw. Zukunftsszenarien des Unternehmens, die in der differenzierten Modellstruktur des Unternehmens (Planungsmodell) abgebildet werden, kann die Risikoaggregation als eine simultane Planung aller maßgeblichen Risikoszenarien angesehen werden.

Da die so wichtige Aggregation von Einzelrisiken methodisch relativ schwierig ist, wird sie in der Praxis des Risikomanagements oft vernachlässigt oder zumindest mit ungeeigneten Methoden „gelöst". Als geeignete Methodik für diese simultane Planung der bewerteten Risikoszenarien kann das Verfahren der Monte-Carlo-Simulation eingesetzt werden. Im Rahmen dieses Verfahrens werden sowohl Zusammenhänge zwischen den einzelnen Risiken (Korrelationen), als auch die relative Bedeutung der Einzelrisiken angemessen berücksichtigt.

Der Vorteil der Monte-Carlo-Simulation liegt darin, dass sich das Verfahren für beliebige, auch stetige Wahrscheinlichkeitsverteilungen durchführen lässt. Ebenso kann eine große

---
5 Vgl. Basler Ausschuss für Bankenaufsicht (2001), S. 53.

Anzahl von Zufallsvariablen mit unterschiedlichen Verteilungen in das Modell integriert werden. Schließlich können auch mehrere Zielgrößen betrachtet werden, die beliebig von den Zufallsvariablen abhängen können. Durch das Simulationsverfahren wird somit die nicht lösbare Aufgabe der analytischen Aggregation einer Vielzahl unterschiedlicher Wahrscheinlichkeitsverteilungen durch eine mehrfache, aber numerisch einfache Aggregation von konkreten Ausprägungen der Wahrscheinlichkeitsverteilungen ersetzt.

Es werden hierbei durch Zufallszahlen stochastische Stichproben erzeugt, bei denen unbekannte Risikoparameter durch Zufallsgrößen ersetzt werden. Für die Simulation können in der Regel die in mittelständischen Unternehmen üblichen Planungsmodelle auf der Basis von Tabellenkalkulationen verwendet werden, aus denen mit Hilfe von Wahrscheinlichkeitsverteilungen über unsichere Parameter unter Zuhilfenahme der Monte-Carlo-Simulation dann die individuellen Risikosimulationsmodelle „maßgeschneidert" werden.

Das Ergebnis dieser Art der Risikosimulation, die innerhalb des Planungsmodells des Unternehmens durchgeführt wird, ist eine Wahrscheinlichkeitsverteilung für diejenigen Ertrags- oder Vermögenspositionen, die aus Sicht der Bonitätsbeurteilung von Interesse sind. Darüber hinaus kann das Gesamtrisiko wieder in die jeweiligen Einzelrisiken zerlegt und der „Risikobeitrag" jedes einzelnen Risikos nachvollzogen werden.

4.2 Unternehmensrating

Auch im Unternehmensrating besteht die Zielsetzung letztlich darin, die bewerteten Risikokriterien zu einer Kennzahl, der sog. „Risiko-Kennzahl" zu verdichten, die unmittelbar darüber Aufschluss gibt, wie hoch die Bonität bzw. das Kreditrisiko ist.

Die Kapital- und Liquiditätssituation wird in diesem Zusammenhang nicht, wie im Risikomanagement, der Risikosituation des Unternehmens gegenüber gestellt, sondern unmittelbar in den Aggregationsansatz für das Rating einbezogen.

Formal gesehen werden die im Rahmen der Risikobewertung erhobenen, auf einer ordinalen Skala bewerteten und gewichteten Kriterien durch eine Aggregationsfunktion zu einer Risikokennzahl verdichtet. Diese Funktion wird mit Hilfe von statistischen Verfahren so berechnet, dass die Prognosegüte zur Vorhersage der zukünftigen Bonität damit maximiert wird.

Aus einer Menge von möglichen Kriterien sind dabei unabhängige, aussagekräftige Indikatoren zu selektieren und zu einem Index zusammenzufassen. Dies führt zwar zu einem Gewinn an Übersichtlichkeit, verliert jedoch gleichzeitig an Informationsgehalt und kann Informationsverzerrungen generieren.

Diese Form der Risikoaggregation hat gegenüber dem oben beschriebenen Verfahren innerhalb des Risikomanagements den Charakter einer „Black-Box", da der Einfluss der einbezogenen Risikofaktoren weder im Hinblick auf die zugrunde liegenden Wirkungszusammenhänge (Stichwort: Unternehmensplanung), noch im Hinblick auf die isolierten Ergebniswirkungen nachvollzogen werden kann.

Als statistische Methoden für die Konstruktion der Prognosefunktion werden unter anderem multiple Regressionsanalysen, Diskriminanzverfahren, Logit- und Hauptkomponentenanalysen sowie – in neuester Zeit auch – Expertensysteme und neuronale Netze eingesetzt.

Die wesentlichen Nachteile dieser Form der Risikoaggregation liegen nach Auffassung von Bankenvertretern[6] vor allem in

- der Unumgehbarkeit erheblicher subjektiver Einflüsse (zum Beispiel bzgl. Auswahl der Indikatoren, Einschätzung und Transformation qualitativer Informationen etc.);
- statistischen Probleme bei der Modellkonstruktion: zum Beispiel wenn entscheidende Komponenten nicht berücksichtigt werden, wenn falsche Indikatorengewichtungen gewählt werden, wenn Korrelationen von Indikatoren und Subindizes nicht berücksichtigt werden oder wenn falsche Prognosen abgeleitet werden;
- Problemen bei der Generierung von Daten: aufgrund von Mängeln der Datenverfügbarkeit und der Datenqualität (fehlende Informationen bzw. mangelnde Aktualität, fehlerhafte Informationen);
- Problemen der Ergebnisdeutung: zum Beispiel aufgrund der Dominanz quantitativ erfassbarer Indikatoren; aufgrund von Intransparenzen des Ergebnisses, aufgrund der pauschalen Gleichbehandlung von Kreditnehmern und Situationen.

4.3 Synopsis

Da die innerhalb des Risikomanagements und des Ratings verwendeten Aggregationsansätze aufgrund der unterschiedlichen methodischen Umsetzung nicht unmittelbar miteinander vergleichbar sind, bestehen auch im Bereich der Risikoaggregation nur geringe Möglichkeiten, den einen Ansatz durch den anderen zu ersetzen. Stattdessen sollte im Sinne eines synergetischen Vorgehens das Ratingurteil der Bank oder der Ratingagentur durch eine interne Risikoaggregation des Unternehmens „überprüft" und plausibilisiert werden.

Abbildung 5 zeigt das Ergebnis einer solchen Risikosimulation für ein Unternehmen, das ein Unternehmensergebnis von 1,50 Mio. DM erwartet und in der Unternehmensplanung entsprechend ausgewiesen hat. Nach Identifikation, Bewertung und Aggregation der Risiken (und Chancen) wird deutlich, dass mit einer Wahrscheinlichkeit von 10 Prozent auch Verluste von mehr als 1,25 Mio. DM innerhalb der Prognoseperiode möglich sind.

Weist das Unternehmen in diesem Beispiel ein wirtschaftliches Eigenkapital in Höhe des „Risk Exposures" von 1,25 Mio. DM aus, dann entspricht die darin zum Ausdruck kom-

---

6 Vgl. KfW-Beiträge (2001), S. 27.

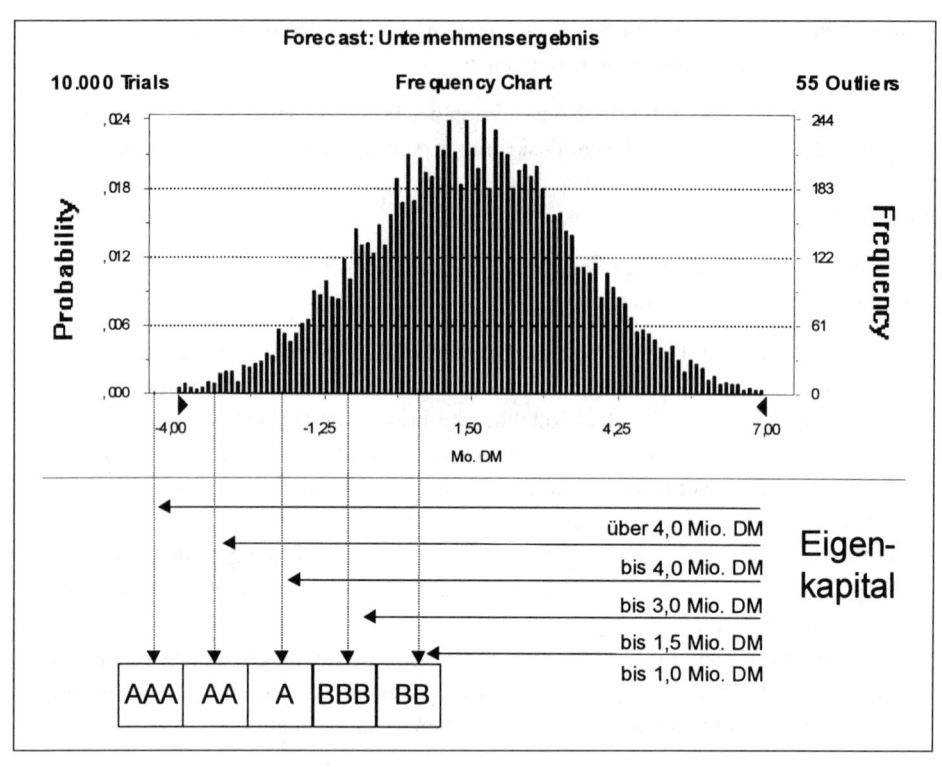

Abbildung 5: Rating durch Simulation der Unternehmensrisiken

mende Ausfallwahrscheinlichkeit des Kredits von 10 Prozent zum Beispiel einem Rating von „A". Bei einer Eigenkapitalposition von 4,0 Mio. DM oder mehr würde das kurzfristige Kreditausfallrisiko verschwinden und in diesem Fall damit zu einem Rating von „AAA" führen.

Neben den Vorteilen dieser Art der Risikoaggregation im Hinblick auf die Transparenz und Individualisierbarkeit des Verfahrens ergeben sich insbesondere für die betriebswirtschaftliche Risikosteuerung des Unternehmens weitere Vorteile. So lassen sich mit den Ergebnissen der Risikoaggregation zum Beispiel Rentabilitätskennzahlen bilden, die neben der geplanten Unternehmensrendite auch das Unternehmensrisiko berücksichtigen.

Eine solche Kennzahl stellt zum Beispiel der so genannte RORAC (Return-On-Risk-Adjusted-Capital) dar. Diese Rentabilitätskennzahl berechnet die Eigenkapitalrendite des Unternehmens unter expliziter Berücksichtigung der aktuellen Risikosituation, indem der erwartete Gewinn nach Steuern nicht auf das bilanzielle Eigenkapital des Unternehmens bezogen wird, sondern auf den der Risikosituation angemessenen Eigenkapitalbedarf.

Für das oben dargestellte Beispiel besteht zur vollständigen Kompensation des Kreditrisikos über einen Zeitraum von zum Beispiel zehn Jahren ein Eigenkapitalbedarf in Höhe von circa 3 x 4,0 Mio. DM = 12 Mio. DM, so dass sich bei einem erwarteten Unternehmensergebnis (Gewinn nach Steuern) von 1,5 Mio. DM ein RORAC von 1,5 / 12,0 = 12,5 % ergibt.

Neben solchen risikoadjustierten Performance-Kennzahlen lässt sich mit Hilfe der quantifizierten Risikosituation des Unternehmens darüber hinaus auch eine integrierte Rendite-Risikosteuerung im Sinne eines wertorientierten Controllings auf der Basis einer Balanced Scorecard aufbauen.

5. Risikobewältigung

5.1 Risikomanagement

Sollte sich im Rahmen der Risikoanalyse im Unternehmen herausstellen, dass einzelne Risiken nicht angemessen bewältigt werden werden, können durch das Risikomanagement geeignete proaktive oder reaktive Maßnahmen für eine Begrenzung, Verminderung oder Überwälzung der Risiken erarbeitet werden. Zielsetzung ist es dabei, durch einen ausgewogenen Instrumentenmix die Risikosituation des Unternehmens mit Hilfe wirtschaftlicher Maßnahmen zur Risikobewältigung zu optimieren und damit letztlich zur Verbesserung der Bonität und Steigerung des Unternehmenswertes beizutragen.

Dieses Optimierungsproblem wird im Risikomanagement ebenfalls durch Simulationsverfahren gelöst, indem für geeignet erscheinende Maßnahmen zur Risikobewältigung jeweils ihr Beitrag zur Minderung des Gesamtrisikos des Unternehmens sowie die Kosten der Risikobewältigung, das heißt ihr negativer Einfluss auf die Rendite des Unternehmens, berechnet werden.

Da eine Risikominderung unter sonst gleichen Bedingungen zu einer Steigerung des Unternehmenswertes führt, andererseits die Kosten der Risikobewältigung jedoch die Rendite des Unternehmens, und damit auch den Unternehmenswert mindern, kann auf diese Weise ein Instrumentenmix ermittelt werden, dessen Nettoeffekt den Unternehmenswert maximiert.

5.2 Unternehmensrating

Die Zielsetzung im Unternehmensrating besteht, anders als im Risikomanagement von Unternehmen, nicht in einer Optimierung der Risikosituation des Unternehmens, sondern in der Informationsversorgung externer Interessengruppen, wie zum Beispiel der Bank, den Lieferanten oder den Investoren mit aktuellen Risikoinformationen, damit diese ihr Engagement für das Unternehmen im Hinblick auf eigene Rendite-Risiko-Gesichtspunkte besser beurteilen können.

```
          Unternehmenswert
           (-) ↑      ↑ (+)
         Risiko    Rendite
           (-) ↑      ↑ (-)
            Maßnahmen zur
            Risikobewältigung
```

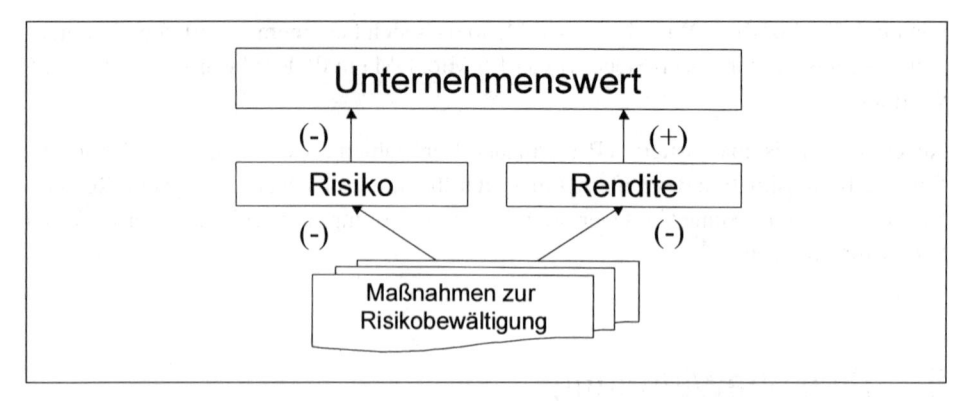

Abbildung 6: Steigerung des Unternehmenswertes durch wertorientierte Risikobewältigung

Insofern wird durch das Unternehmensrating nicht die Bewältigung der Unternehmensrisiken selbst in den Mittelpunkt gestellt, sondern die Bewältigung des damit verbundenen Portfoliorisikos der Gläubiger, Investoren und sonstiger Interessengruppen des Unternehmens.

Angesichts der geringen Transparenz der Risikobewertung im Rahmen des Unternehmensratings, inbs. hinsichtlich der zugrunde liegenden Ursache-Wirkungs-Zusammenhänge und der vorhandenen Interdependenzen, bestehen nur sehr geringe Möglichkeiten dafür, die durch das Rating generierten Risikoinformationen zur Erarbeitung optimaler Strategien der Risikobewältigung zu verwenden.

5.3 Synopsis

Da im Rahmen des Unternehmensratings die Zielsetzung der Risikobewältigung aus Sicht des Unternehmens nicht explizit thematisiert wird, andererseits aber durch das Risikomanagement in der Regel geeignete Maßnahmen zur Risikobewältigung erarbeitet werden, ist es naheliegend, die Maßnahmen zur Risikobewältigung auch für eine Verbesserung des Ratings gezielt „einzusetzen".

Dabei kann je nach Ausprägung der einzelnen Risikofaktoren sowohl die strategische Risikosituation durch eine risikogerechte Optimierung des Geschäftsfeldportfolios als auch die operative Risikosituation durch eine geeignete Verknüpfung von Maßnahmen zur innerbetrieblichen Risikoverhütung sowie zur Überwälzung von Risiken auf die Versicherungswirtschaft oder den Kapitalmarkt optimiert werden.

Zudem lassen sich auf der Grundlage der im Risikomanagement und Rating erarbeiteten Risikoinformationen zusammen mit der Versicherungswirtschaft auch verbesserte Konzepte zur Risikoabdeckung bei gleichen – oder sogar geringeren – Risikokosten erreichen, indem

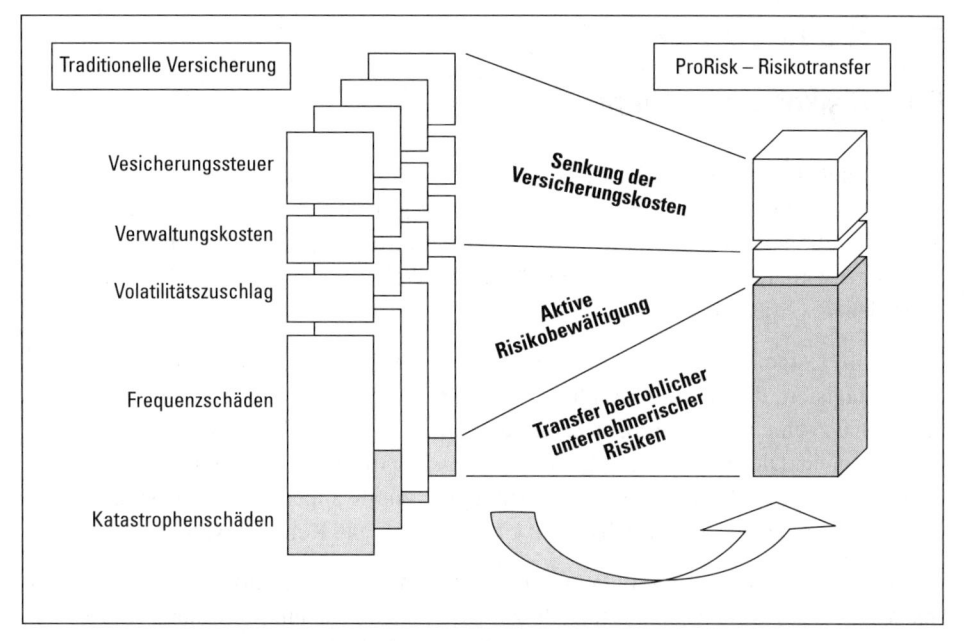

Abbildung 7: Senkung der Risikokosten auf der Grundlage der ProRisk-Risikoanalyse

bestimmte Schadenstypen stärker mit einer innerbetrieblichen Bewältigungskomponente „abgesichert" werden und das verbleibende Risikopotenzial mit intelligenten Instrumenten im Sinne eines ganzheitlichen Bilanzschutzkonzeptes auf die Versicherungswirtschaft und/oder den Kapitalmarkt übertragen wird.

Dies kann nicht nur zu einer deutlichen Senkung der Risikokosten sondern auch zu einer besseren Abdeckung der Unternehmensrisiken, ggf. sogar unter Einschluss ansonsten nicht versicherbarer Risiken, führen. Die Abbildung 7 verdeutlicht dieses Prinzip, mit dem durch einen geeigneten Instrumentenmix aus aktiv bewältigten und transferierten Risiken die gesamten Risikokosten des Unternehmens bei ggf. deutlich erhöhter Absicherung der unternehmensbedrohenden Risiken gesenkt werden können.[7]

Da insbesondere in mittelständischen Unternehmen nach den Erfahrungen des Autors häufig keine optimale Beratung hinsichtlich der Versicherung von Unternehmensrisiken erfolgt, lässt sich in der Regel durch die dargestellte Vorgehensweise ein erheblicher geldwerter Nutzen für die Unternehmen generieren.

---

7 Der Autor hat im Rahmen seiner Tätigkeit als Geschäftsführer der ProRisk Gesellschaft für RisikoManagement mbH zusammen mit der Versicherungswirtschaft entsprechende Konzepte erfolgreich bei mittelständischen Unternehmen umsetzen können.

6. Risikoüberwachung

6.1 Risikomanagement

Die laufende Überwachung der Risikosituation ist als eine zentrale Aufgabe des Risikomanagements im Unternehmen anzusehen. Dies ergibt sich aus der Erkenntnis, dass die Risikosituation aufgrund interner oder externer Einflüsse einer ständigen Veränderung ausgesetzt wird und damit durch eine laufende Risikoüberwachung im Unternehmen fortgeschrieben werden muss.

Dazu wird festgelegt, in welcher Form die Risikoüberwachung zukünftig im Unternehmen organisiert, die Verantwortlichkeiten geregelt und auch die für ein kontinuierliches Risikomanagement notwendigen Kommunikations-, und Berichtsstrukturen festgelegt werden sollen. Diese umfassen die Elemente: Risikopolitik, Limitsystem, Berichtswesen inkl. geeigneter Frühwarnindikatoren, Aufgaben- und Kompetenzen im Risikomanagement, Ablaufpläne für die Identifikation, Überwachung und Kommunikation der Risiken.

Da es aus Gründen der Effektivität und Effizienz sinnvoll ist, die Instrumente im Risikomanagement auf vorhandenen Controllingstrukturen aufzubauen, sollte dabei ein Konzept erarbeitet werden, dass die Aufbau- und Ablaufstrukturen sowie die vorhandenen Planungs- und Berichtselemente – soweit geeignet – einbindet.

Zusätzliche Möglichkeiten ergeben sich zum Beispiel durch eine Integration der Risikoinformationen in ein wertorientiertes Steuerungsmodell, dass zum Beispiel mit Hilfe der Balanced Scorecard umgesetzt werden kann. Abstellung 8 gibt einen Überblick darüber, wie

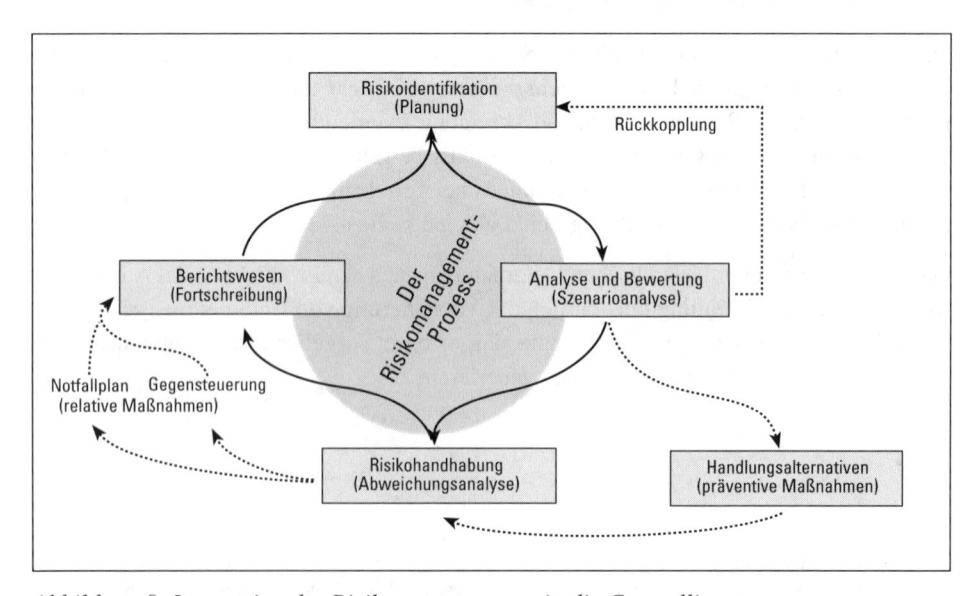

Abbildung 8: Integration des Risikomanagements in die Controllingsysteme

der Prozess der Risikoüberwachung prinzipiell in die vorhandenen Controllingstrukturen integriert werden kann.

Die Identifikation und -bewertung der Risiken wird zu den Planungszeitpunkten des Unternehmen, das heißt mindestens einmal pro Jahr, vollständig durchgeführt. Dabei werden die Risikoinformationen insbesondere auch dazu verwendet, alternative Planungsansätze zu diskutieren und damit die Entscheidungsfindung innerhalb des Planungsprozesses selbst zu verbessern.

Als wesentliche Ergebnisse dieser Risikobewertung werden je nach Risikostruktur geeignete Maßnahmen zur Risikobewältigung und Verfahren zur laufenden Risikoüberwachung festgelegt und implementiert. Über den Stand der Risikobewältigung und ggf. auftretende Veränderungen der Risikosituation informiert ein geeignetes Risikoberichtswesen, dass in der Regel sehr einfach in die ggf. schon vorhandenen Berichtselemente einer rollierenden Unternehmensplanung eingebaut werden kann.

6.2 Unternehmensrating

Da der Prozess des Unternehmensrating in der Regel extern getrieben wird und letztlich dazu dient, ein externes Gutachten über die Risikosituation eines Unternehmens zu einem bestimmten Zeitpunkt zu erstellen, besteht aus Sicht der Banken oder externer Ratingagenturen zunächst kein Bedarf zur Implementierung einer kontinuierlichen Risikoüberwachung innerhalb des Unterenehmens.

Der Basler Ausschuss rät jedoch dazu, dass eine Erneuerung der Ratings bzw. eine Überprüfung durch eine unabhängige Stelle mindestens einmal jährlich erfolgen sollte. Manche Kredite, insbesondere von Kreditnehmern mit schlechter Bonität oder zweifelhafte Kredite, sollten sogar öfter überprüft werden. Darüber hinaus solle eine Bank ein erneutes Rating vornehmen, falls neue, wesentliche Informationen über einen Kreditnehmer bekannt werden.

Weiterhin solle die Bank über geeignete Prozesse/Verfahren verfügen, um sich relevante Informationen über die finanziellen Verhältnisse ihrer Kreditnehmer zu beschaffen und sicherstellen, dass nach Erhalt von Informationen eine zeitnahe Aktualisierung des Ratings erfolgt, das heißt grundsätzlich innerhalb von 90 Tagen. Die Ratings von Kreditnehmern mit schwachen oder sich verschlechternden finanziellen Verhältnissen sollten grundsätzlich innerhalb von 30 Tagen nach Erhalt neuer Informationen aktualisiert werden. [8]

---

8   Vgl. Basler Ausschuss für Bankenaufsicht (2001), S. 50.

6.3 Synopsis

Erst durch die Implementierung eines geeigneten Managementprozesses kann sichergestellt werden, dass die vielfältigen Nutzenpotenziale einer risikoorientierten Unternehmensführung auch systematisch genutzt werden.

Insbesondere in mittelständischen Unternehmen wirft die Frage nach einer geeigneten Form der Implementierung des Risikomanagementsystems entscheidende Fragen auch zu den bestehenden Instrumenten der Unternehmensführung, wie zum Beispiel der Unternehmensplanung, der Verantwortungsstruktur im Unternehmen und des Managementberichtswesens auf.

Insofern wird die Implementierung eines Prozesses zur Risikoüberwachung immer auch mit einer deutlichen Verbesserung der grundlegenden Controllinginstrumente einhergehen, die ja im Wesentlichen dazu dienen, die Basisinformationen für die Identifikation und Bewertung von Risiken zu liefern. Insbesondere die im Risikomanagement erforderlichen Frühindikatoren werden die Steuerungsfähigkeit mittelständischer Unternehmen erheblich verbessern.

Darüber hinaus sind es ja auch gerade die Frühindikatoren, deren Ausprägungen durch die Ratingverfahren der Banken und Agenturen bewertet und aggregiert werden. Insofern ist die Implementierung eines auf Frühindikatoren basierenden Planungs- und Berichtswe-

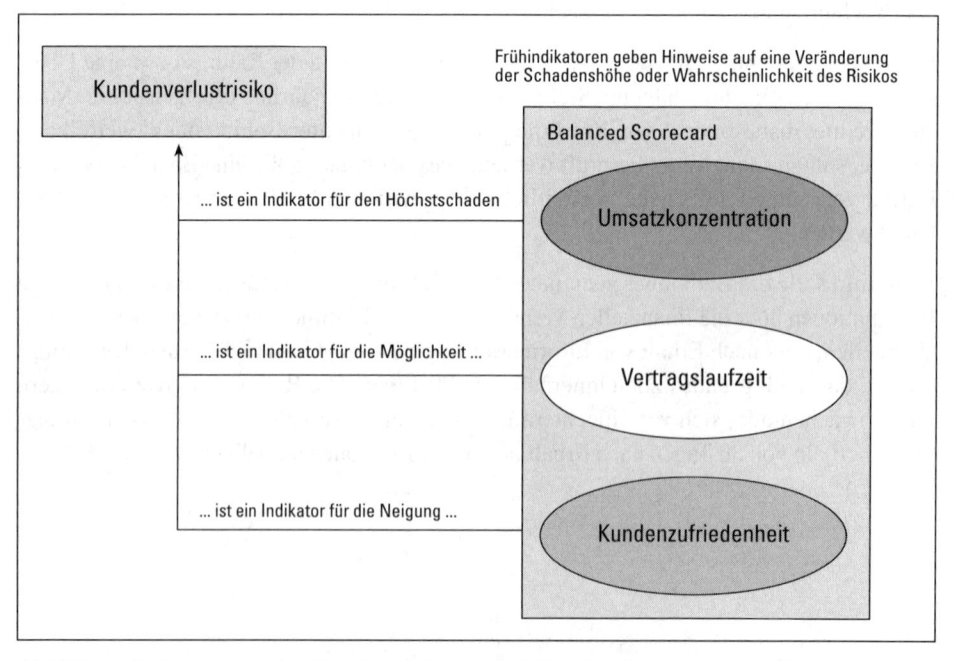

Abbildung 9: Bewertung des Kundenverlustrisikos durch geeignete Frühindikatoren

sens sicherlich als zentrale Aufgabe einer auf Synergien ausgerichteten Integration von Risikomanagement- und Ratingverfahren anzusehen.

Da die bisher implementierten Risikomanagement-Systeme insbesondere im Bereich der Frühindikatoren häufig deutlich verbesserungsfähig sind, soll an einem Beispiel aufgezeigt werden, wie die Zusammenhänge zwischen einem unternehmerischen Risiko, in diesem Fall dem Kundenverlustrisiko und geeigneten Frühindikatoren zu Bewertung dieses Risikos hergestellt werden können.

Dabei werden sowohl geeignete Frühindikatoren für die mögliche Schadenshöhe als auch Frühindikatoren für die Wahrscheinlichkeit von Kundenverlusten angegeben, wobei mit der mittleren Vertragslaufzeit und der Kundenzufriedenheit hier sowohl die Möglichkeit des Kundenverlustes (Kündigung) als auch die Neigung des Kunden zur Kündigung gemessen wird (s. Abbildung 9).

Diese Frühindikaktoren können dann zur laufenden internen Beobachtung des Risikos in eine Balanced Scorecard eingestellt und als geeignete Risikoinformationen gegenüber der Bank oder einer Ratingagentur kommuniziert werden.

7. Zusammenfassung und Ausblick

Durch das KonTraG wurde den deutschen Unternehmen ein massiver Anstoß zu einer deutlichen Verbesserung ihrer Controllingsysteme gegeben. Die Verbreitung von Risikomanagement-Systemen wird in den nächsten Jahren zunehmend auch den deutschen Mittelstand erreichen, da gerade für diese Unternehmen ein aktives Risikomanagement vor dem Hintergrund zunehmender strategischer Unsicherheiten, einer höheren Marktdynamik und einem höheren Risikobewusstsein bei Banken und Investoren eine Kernkompetenz zur Sicherung des eigenen Überlebens darstellt.

Vor diesem Hintergrund wurde zunächst dargestellt, welche Anforderungen sich für die Unternehmen aus dem Risikomanagement einerseits und den Ratinganforderungen der Banken und der Ratingagenturen anderseits ergeben. Darauf aufbauend konnte gezeigt werden, dass die Zielsetzungen und Methoden im Risikomanagement und Rating zwar grundsätzlich einen gemeinsamen „Kern" haben, sich in der praktischen Umsetzung und Ausgestaltung jedoch an vielen Stellen auch unterscheiden.

Insgesamt ist dabei deutlich geworden, dass die Verfahren und Methoden im Risikomanagement sowohl im Hinblick auf die Abdeckung möglicher Nutzenaspekte, als auch im Hinblick auf die Vielfalt und Transparenz der verarbeiteten Risikoinformationen eine „Obermenge" zu den Verfahren und Methoden im Unternehmensrating darstellen.

Aus diesem Grund ist es für mittelständische Unternehmen naheliegend und auch empfehlenswert, zunächst ein geeignetes Risikomanagement auf der Basis der oben dargestell-

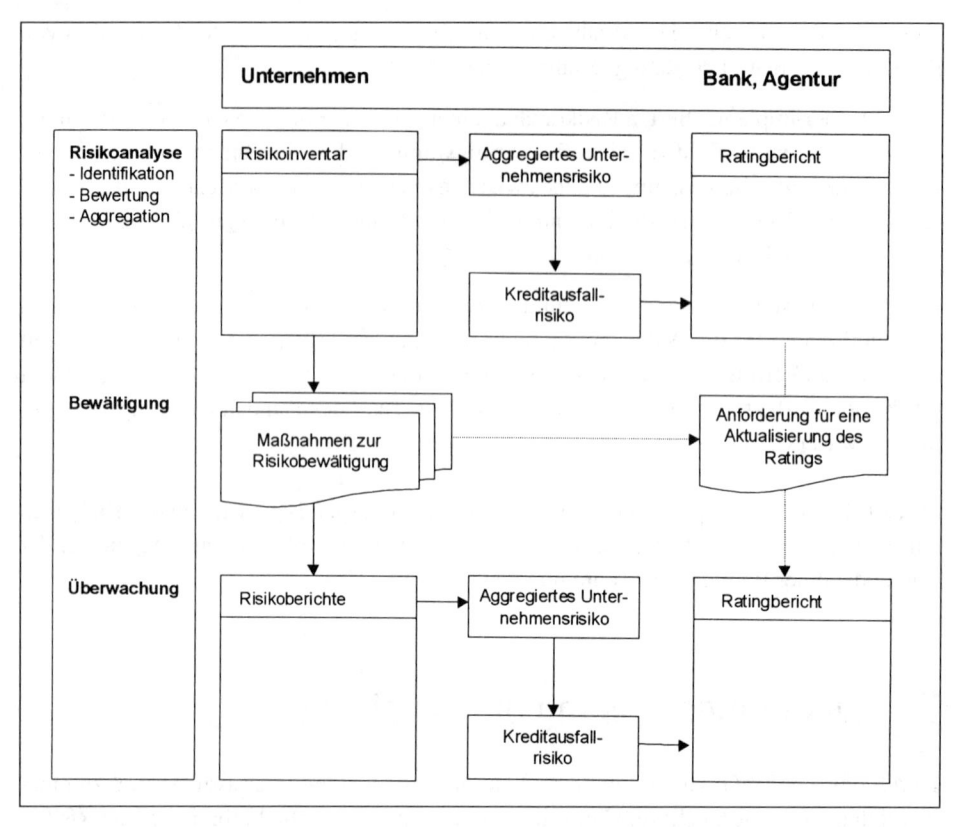

Abbildung 10: Integration von Risikomanagement und Unternehmensrating

ten Methoden und Verfahren zu implementieren und die dabei generierten Informationen zur Unterstützung und letztlich auch zur kontinuierlichen Verbesserung des Ratings zu nutzen (Abbildung 10).

Denn eines ist sicher: Unternehmer, die heute schon den Nutzen eines aktiven Risikomanagements erkennen und die nötigen Instrumente und Kompetenzen frühzeitig entwickeln, werden auch morgen noch zu den erfolgreichen Unternehmern gehören.

Literaturhinweise

BASLER AUSSCHUSS FÜR BANKENAUFSICHT (2001): Konsultationspapier Die neue Basler Eigenkapitalvereinbarung, Januar 2001 (Übersetzung der Deutschen Bundesbank)
FACHNACHRICHTEN DES IDW (1999): Nr. 8/1999, S. 350-357
KFW-BEITRÄGE ZUR MITTELSTANDS- UND STRUKTURPOLITIK (2001): Nr. 16: Ratings, Basel II und die Finanzierungskosten von KMU.

Rating Advisory in der Integrierten Corporate Finance Bank

Jochen Fischer, Frank Henes, Hilko Holzkämper

1. Einleitung

Das Thema Rating genießt derzeit in Deutschland eine nie da gewesene Präsenz in den Medien. Noch vor kaum einem Jahrzehnt galt Rating als eine amerikanische Eigentümlichkeit. Nahezu jedes Unternehmen am Kapitalmarkt besitzt dort ein von einer Ratingagentur vergebenes öffentliches Rating. In Deutschland dagegen sind selbst von den dreißig DAX-Werten nicht einmal die Hälfte extern geratet.

Die nunmehr herrschende Euphorie zum Thema Rating führte auf der einen Seite in Erwartung eines boomenden Ratingmarktes dazu, dass zahlreiche neue, deutsche Ratingagenturen gegründet wurden und werden. Auf der anderen Seite herrscht bei vielen Unternehmen, insbesondere im Mittelstand, Unsicherheit über die Bedeutung dieses Themas für sie und damit auch bezüglich der künftigen Entwicklung der Kredit- und Kapitalmärkte.

Im Folgenden werden zunächst die Hintergründe für den Ratingboom erläutert. Dabei wird deutlich, dass der sich abzeichnende strukturelle Wandel der Unternehmensfinanzierung in Richtung einer stärkeren Nutzung von Kapitalmarktprodukten von Seiten der Finanzdienstleister eine Weiterentwicklung der bisherigen Marktbearbeitungsstrategien verlangt.

Die HypoVereinsbank verfolgt hierbei einen Integrierten Corporate Finance Ansatz, der durch eine Kombination von klassischem Relationship-Banking und kapitalmarktorientiertem Transaction-Banking auf die Bedürfnisse der mittelständischen Firmenkunden zugeschnitten ist. Integraler Bestandteil dieser Strategie ist das Rating Advisory. Dieses spezielle Beratungsangebot hat zum Ziel, Unternehmen, die sich einem Ratingprozess unterziehen wollen, darauf bestmöglich vorzubereiten sowie schnell und effizient durch den Prozess zu begleiten. Auf diese Weise verhilft Rating Advisory zu einer gemäß den Unternehmensgegebenheiten optimalen Ratingeinstufung, die den Türöffner zum Kapitalmarkt darstellt.

2. Aktuelle Trends an den Kredit- und Kapitalmärkten

2.1 Die Beschlüsse von Basel II

Auslöser für die derzeitige medienträchtige Präsenz des Themas Rating ist insbesondere das sogenannte 2. Konsultationspapier des Baseler Ausschusses. 1988 wurde im Basel I Akkord beschlossen, dass ab 1992 jedes international tätige Kreditinstitut bei einer Kreditvergabe mindestens 8 Prozent der Kreditsumme mit Eigenkapital unterlegen muss, so dass das maximale Kreditvolumen beim 12,5-Fachen des haftenden Eigenkapitals liegt. Die nunmehr vorliegenden neuen Regeln werden voraussichtlich im Jahr 2005 in nationales Recht umgesetzt und sehen eine differenziertere Bonitätsrisikoklassifizierung vor, um die Anreize zu beseitigen, höhermargige risikoreichere Kredite zu vergeben.[1]

Künftig müssen im sogenannten Standardabsatz bei sehr guter Bonität nur noch 20 Prozent (bei einem Rating von AA- und besser) bzw. 50 Prozent (bei einem Rating von A+ bis A-) der Kreditsumme mit 8 Prozent Eigenkapital unterlegt werden. Erst bei einem schlechteren Rating als B- sind 150 Prozent vom Standardsatz fällig.[2] Das heißt, bei schlechten Bonitäten wird die Bank die erhöhten Kapitalkosten an die Kreditnehmer durchreichen. Die Kredite werden in diesem Segment deutlich teurer, so dass sich insgesamt eine stärkere Spreizung zwischen den Kreditmargen für sehr niedrige und hohe Bonitätsrisiken ergeben wird. Allerdings bedeutet diese Differenzierung zunächst einmal, dass sich für das Gros der Kreditnehmer nichts ändert. Die weit überwiegende Zahl der Unternehmen befindet sich in der mittleren Bonitätseinstufung (BBB+ bis B-), so dass weiterhin 100 Prozent der Kreditsumme mit 8 Prozent Eigenkapital zu unterlegen sind.

Ein Zwang zu einem externen Rating, wie er zunächst vorgesehen war, ergibt sich allein aus den Baseler Beschlüssen nicht. Bankinterne Ratingsysteme, wie sie bei den Großbanken seit Jahrzehnten im Einsatz sind, reichen für die Bonitätsbeurteilung der Kunden aus, sofern sie vom Bundesaufsichtsamt für das Kreditwesen anerkannt werden. Das heißt, Banken werden ihr internes Ratingsystem überprüfen lassen, um externe Ratings für ihre Kreditkunden überflüssig zu machen.[3]

2.2 Konsolidierung am Bankenmarkt

Da die Ergebnisse des Baseler Akkords nicht direkt zum Erwachsen einer Ratingkultur führen, resultiert das Erfordernis eines externen Ratings durch eine Ratingagentur weit überwiegend aus den Veränderungen im Bereich der Unternehmensfinanzierung. Dieser Wandel ist die Folge verschiedener Entwicklungen, wie zum Beispiel der nicht mehr aufzuhaltenden, weil erforderlichen Konsolidierung am deutschen Bankenmarkt. Die Anzahl

---
1 Vgl. Kotz (2000): S. 639.
2 Vgl. Tholen (2000): S. 548.
3 Vgl. Fehr (2000): S. 49.

der verbleibenden Institute wird hierdurch spürbar sinken und mit ihr die möglichen Alternativen bei der Kreditvergabe.

Des weiteren wird es künftig zu einer risikoadäquateren Bepreisung der Kredite und damit zu einer Erhöhung der Margen kommen. Zum einen wird diese Entwicklung getrieben durch die Umsetzung der Baseler Beschlüsse, zum anderen auch durch den Wegfall der öffentlichen Subventionierung des Sparkassensektors infolge des Drucks der europäischen Wettbewerbsbehörde.

Ferner haben die verstärkt in den deutschen Markt eintretenden internationalen Adressen ohnehin andere Vorstellungen von angemessenen Risiko-Margen-Relationen. So macht der Shareholder-Value-Ansatz auch vor den deutschen Finanzinstituten nicht halt. Sie sehen sich immer stärker dem Zwang ausgesetzt, eine angemessene Eigenkapital-Verzinsung aus dem kommerziellen Kreditgeschäft zu erzielen. Dies geht zwangsläufig mit einer noch stärker an dem Risiko orientierten Kreditvergabe einher, welche letztlich auch dem drastischen Insolvenzanstieg seit Anfang der neunziger Jahre Rechnung zu tragen hat.

Eine abnehmende Bereitschaft der Banken, den Kredit als Cross-Selling-Instrument im Rahmen einer Kundenbeziehung einzusetzen, um auf weitergehende höhermargige Geschäfte zu hoffen, ist bereits jetzt am Markt erkennbar. Die Betrachtung, dass einer begrenzten Chance in Form der Marge das volle Ausfallrisiko gegenübersteht, rückt stärker ins Bewusstsein der Gläubiger. Der Kredit als Instrument für den Aufbau einer Kundenbeziehung wird an Bedeutung verlieren.[4] Nicht zuletzt auch um unabhängiger von den Ent-

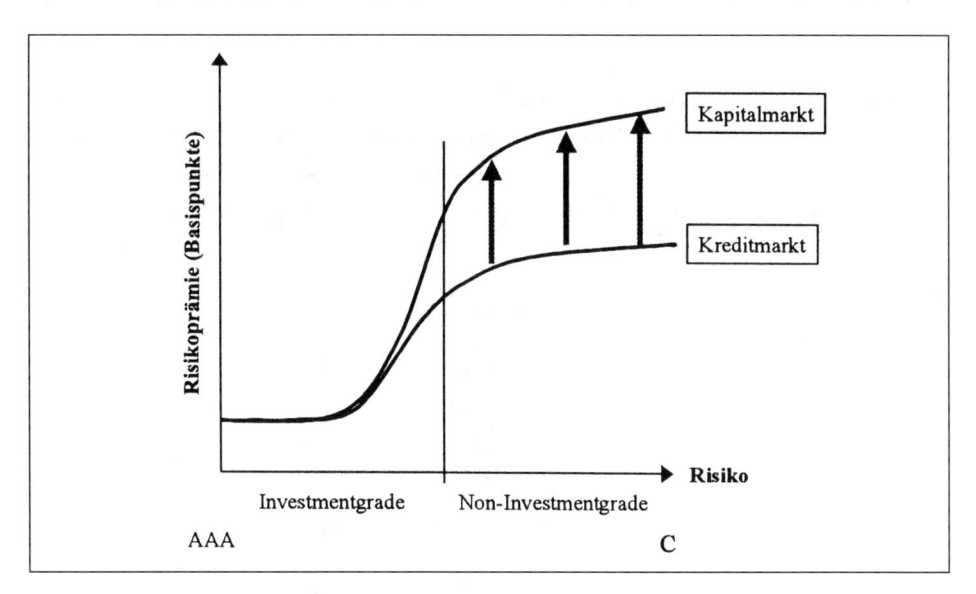

Abbildung 1: Angleichung der Risikoprämien im Kredit- und Kapitalmarkt

---

4 Vgl. Jung (2000), S. 40.

wicklungen der Bankenlandschaft zu sein, werden sich die Unternehmen in ihrer finanzpolitischen Ausrichtung stärker auf den Equity- und/oder Fixed-Income-Kapitalmarkt konzentrieren.

Die dargelegten Tendenzen im Finanzsektor führen letztlich zu einer Angleichung von Margen auf dem Kredit- und Kapitalmarkt (siehe Abbildung 1), wodurch die Kapitalmarktfinanzierung weiter relativ an Attraktivität gewinnen wird. Damit haben die Entwicklungen auf dem Kapitalmarkt auch Auswirkungen auf die klassische Kreditfinanzierung, mithin sind auch jene Unternehmen betroffen, für welche eine Kapitalmarktfinanzierung selber keine gangbare Alternative darstellt.

Das bedeutet indes keinesfalls, wie fälschlicherweise häufig publiziert, dass sich die Großbanken aus dem Mittelstandssegment verabschieden. Gleichwohl werden sich die Margen im klassischen Kreditgeschäft stärker an dem spezifischen Risiko orientieren.

2.3 Trend zur Kapitalmarktfinanzierung

Die beschriebenen Entwicklungen im deutschen Kreditgewerbe werden in der Zukunft zu einer stärkeren Inanspruchnahme von Kapitalmarktfinanzierungen führen. Derzeit dominiert in Deutschland – im Gegensatz zu den USA und Großbritannien – nach wie vor sehr stark die Kreditfinanzierung (siehe Abbildung 2), welche aufgrund des intensiven Wettbewerbs zwischen den Banken für die Unternehmen noch deutlich günstiger ist als die Kosten der Emission einer Anleihe.[5]

Die Kapital- und Kreditmärkte indes sind derzeit einem starken strukturellen Wandel unterworfen. Dabei zeichnen sich kurz- bis mittelfristig die folgenden Trends ab:

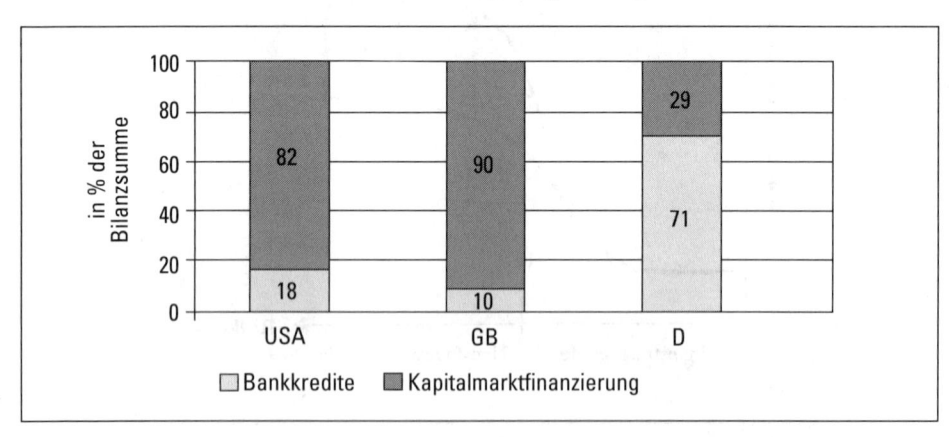

Quelle: McKinsey (1999)

Abbildung 2: Unternehmensfinanzierungsstrukturen im internationalen Vergleich

---

5   Vgl. McKinsey (1999), S. 34 ff.; Deutsche Bundesbank (1999), S. 36.

- Die Tendenz zur weiteren Verzahnung internationaler Märkte ist nach wie vor ungebrochen. Speziell im europäischen Raum ist diese Entwicklung durch die Integration der Finanzmärkte infolge der Euro-Einführung von großer Dynamik geprägt.
- Durch den Wegfall der Wechselkursrisiken ist die Attraktivität des internationalen Kapitalmarktes deutlich gestiegen. Der Unterschied in der Qualität einer Forderung für den Geldanleger und Kreditgeber bei grenzüberschreitenden Engagements liegt nunmehr primär in der Bonitätsbewertung des Unternehmens bzw. der Anleihe.
- Belebende Elemente sind ferner der extreme Kapitalbedarf von Unternehmen in Wachstumsbranchen und die Finanzierung von strategischen Maßnahmen wie Unternehmenskäufen, welche eine Kapitalmarktfinanzierung erforderlich machen.

Das bereits jetzt zu beobachtende stark wachsende Emissionsvolumen von Unternehmensanleihen weckt bei den Investoren den Bedarf an transparenzschaffenden Instrumenten zur Bonitätsbeurteilung, um durch ein adäquates Pricing eine effiziente Allokation der finanziellen Ressourcen zu gewährleisten.[6] Hinzu kommt, dass viele Investoren, wie Versicherungen, häufig nur in geratete Investmentgrade-Anlagen investieren dürfen. Vor diesem Hintergrund ist eine Anleihe ohne Rating nicht mehr am Markt zu platzieren.[7] Die vergleichbaren und objektiven Bonitätsanalysen von Ratingagenturen gewinnen daher zunehmend an Bedeutung.

Gleiches gilt hinsichtlich des Marktes für syndizierte Kredite. Dabei werden Risiken, die die Banken einmal eingegangen sind, ausplatziert, also von den Bilanzen der Banken auf Dritte übertragen, so dass bei den betreffenden Banken wieder Kreditlinien frei werden. Die klassische Strategie des Risikoeinkaufs und anschließenden Haltens bis zur Fälligkeit wird zusehends flankiert durch das aktive Management von Risiken.[8] Der europäische Markt für Syndizierungen wächst stetig und hatte 2000 bereits ein Volumen von über 600 Mrd. Euro erreicht. Auch hier schafft ein Rating die für den Investor erforderliche Transparenz.[9]

3. Das Konzept der Integrierten Corporate Finance Bank

Die sich abzeichnende Substitution bilateraler Kreditbeziehungen durch den Kapitalmarkt bedingt auch eine Weiterentwicklung des Geschäftsmodells der Banken im Firmenkundensegment.

---

6   Zum Informations- bzw. Signalwert von Ratings vgl. Heinke (2000), S. 314 ff.
7   Vgl. Walter (1999), S. 27.
8   Vgl. Mendel (2001), S. 38.
9   Zur Bedeutung der Ratingagenturen für die nationalen und internationalen Finanzmärkte vgl. Everling (1996).

Die etablierten Investmentbanken zum Beispiel konzentrieren sich einerseits auf isolierte, produktspezifische Lösungen wie Fusions- und Übernahmeberatung oder das IPO-Geschäft. Andererseits besteht eine Konzentration auf das Großkundenklientel, nicht zuletzt, weil die fokussierten Produkte eine hohe Transaktionskompetenz beim Kunden voraussetzen, welche häufig im Mittelstand nicht gegeben ist. Eine umfassende Konzeption für das Firmenkundengeschäft mit integrierten Finanzierungs- und Beratungsleistungen, eingebettet in ein dauerhaftes Relationship-Management, gibt es bei den Investmentbanken nicht. Der deutsche Mittelstand bleibt gänzlich unberücksichtigt.

Der Integrierte Corporate Finance Ansatz der HypoVereinsbank dagegen beinhaltet eine stetige Weiterentwicklung der Kundenbeziehung in ein enges Vertrauensverhältnis, kombiniert mit dem Bereitstellen ganzheitlicher Finanzierungs- und Beratungsleistungen zur Realisierung der jeweiligen Unternehmensstrategie. Diese Verbindung von intensivem Relationship- mit spezialisiertem Transaction-Banking eignet sich für den Mittelstand und Großunternehmen gleichermaßen.[10]

Die Schwerpunkte in der operativen Umsetzung indes sind unterschiedlich, weil viele mittelständische Kunden strukturelle Nachteile aufweisen. So ist deren Informationsbereitschaft bisweilen eingeschränkt, was zusätzlich durch intransparente, steuergetriebene Gesellschaftsstrukturen erschwert wird. Auch besteht gemeinhin eine hohe Preissensibilität sowohl hinsichtlich der Höhe von Margen als auch bei der generellen Akzeptanz von Provisionen. Schließlich sind die am Kapitalmarkt üblichen Covenants weitgehend unbekannt und stoßen in Kreditverträgen auf Ablehnung.

Für eine auf Kundenbeziehungen basierende fokussierte Universalbank kann dies jedoch kein Grund sein, sich in der künftigen Ausrichtung dem Mittelstandssegment zu entziehen. Es ist vielmehr eine Herausforderung, die Marktbearbeitung konzeptionell so zu gestalten, dass das Kundenbedürfnis der finanziellen Unterlegung der unternehmensstrategischen Ziele mit den sich wandelnden Umweltfaktoren, wie dem Trend zur Kapitalmarktfinanzierung, in Einklang gebracht werden kann.[11]

Diese konzeptionelle Weiterentwicklung zur Integrierten Corporate Finance Bank umfasst die Strukturierungsberatung der Passivseite, die finanzstrategische Beratung, die M&A-Beratung, die Akquisitionsfinanzierung bis hin zur Venture- und Equity-Seite.[12] Ohne das Rating Advisory indes würde ein wesentlicher Baustein fehlen, denn das Rating ist letztlich der Türöffner zum Kapitalmarkt. Entsprechend wichtig ist es für ein Finanzinstitut, welches ein derart weitreichendes Leistungsspektrum anbietet, dieses durch das Rating Advisory abzurunden.

---

10 Vgl. Jung (2000), S. 40.
11 Vgl. Jung (2000), S. 40.
12 Vgl. Jung (2000), S. 40.

4. Ratingverfahren und Beurteilungsfaktoren

Nach einer kurzen Abgrenzung des externen Ratings vom bankinternen Rating werden im folgenden das Ratingverfahren und die Beurteilungskriterien skizziert, welche die Ratingagentur zur Analyse heranzieht.[13] Das Verständnis des Ratingprozesses und der Vorgehensweise der Ratingagenturen ist schließlich die Grundlage, auf deren Basis die Aufgaben eines Rating Advisors dargestellt und der Mehrwert, den ein Rating Advisor während des Ratingprozesses erbringen kann, aufgezeigt werden.

Dabei beziehen sich die folgenden Ausführungen ausschließlich auf die bekannten angelsächsischen Ratingagenturen. Das Vorgehen der zahlreichen neugegründeten deutschen Ratingagenturen bleibt außer Betracht, da im Falle einer geplanten Kapitalmarkttransaktion von Seiten des Unternehmens mindestens ein Rating einer international anerkannten Ratingagentur mit entsprechendem „Track Record" erforderlich ist. So mögen die deutschen Ratingagenturen zwar über Vorteile wie niedrigere Ratinggebühren und ein weniger aufwendiges Ratingverfahren verfügen, ihnen fehlt indes bisher die Anerkennung am Kapitalmarkt.[14]

Die Motive, eine nur im Inland bekannte Ratingagentur einzuschalten, sind folglich anders gelagert. Die größte Bedeutung dürfte diesen Ratingagenturen zukommen, wenn im Rahmen einer Liefer- oder Abnahmebeziehung der jeweilige Geschäftspartner ein Rating ähnlich einer DIN-Zertifizierung verlangt. Ein proaktives Vorgehen und die Nutzung des Ratings quasi als Marketinginstrument können hier in Einzelfällen sinnvoll sein. Dabei sind der Aufwand und die Kosten für ein Rating durch Moody's, Standard & Poor's oder Fitch in Relation zum Nutzen sicher sehr hoch.[15]

Als weiteres Motiv für ein externes Rating wird von den neuen Ratingagenturen unter anderem die bessere Verhandlungsposition gegenüber den Banken angeführt. Dies unterstellt, dass der Margengewinn die Kosten eines externen Ratings überkompensiert[16] und dass die erzielte Ratingnote besser ist als die bankinterne Bonitätsbeurteilung. Ob das Rating dann von den Banken anerkannt wird, hängt indes stark davon ab, ob die Bank selbst über ein ausgereiftes internes Ratingsystem verfügt und die Vorgehensweise der Ratingagentur für hinreichend plausibel erachtet.

---

13 Eine gute Einführung zum Thema Ratingverfahren und Beurteilungskriterien stellt der „Leitfaden – Rating im Unternehmen" vom Verband Deutscher Treasurer dar. Vgl. Verband Deutscher Treasurer e. V. (2000). Vgl. ferner Berblinger (1996), S. 56 ff.; Fitch (2001), S. 1 ff.; Meyer-Parpart (1996), S. 116 ff.; Standard & Poor's (2000).

14 Dem Mangel an Reputation versuchen einige Ratingagenturen derzeit durch die Gründung der Rating Cert e. V. zu begegnen, welche allgemeingültige Qualitätsstandards für die Durchführung von Unternehmensratings herausarbeiten soll. Vgl. Kley/Everling (2001a) und Kley/Everling (2001b).

15 Auch das Argument, dass ein Rating eine objektive Unternehmensbeurteilung mit darin enthaltener Stärken-/Schwächenanalyse umfasst, ist nicht zwingend stichhaltig. Der Nutzen einer externen SWOT-Analyse für viele Unternehmen steht außer Zweifel, der unmittelbare Kontext zum Thema Rating ist u. E. jedoch nicht einsichtig.

16 Das Rating einer anerkannten Agentur, und wohl nur ein solches wird die Bank ohne Vorbehalt akzeptieren, kostet indes einmalig 50 000 Euro und die jährliche Ratingüberprüfung jeweils 30 000 Euro.

4.1 Rating – Bonitätsbeurteilung durch einen unabhängigen Dritten

Aus der Sicht der Ratingagentur stellt ein Rating die Beurteilung der Fähigkeit einer Unternehmung dar, künftig ihre Zahlungsverpflichtungen pünktlich und vollständig bedienen zu können.[17] Dabei geht es nicht allein um die Fähigkeit zur Zahlung, sondern auch um die Zahlungsbereitschaft und damit um eine Vorhersage von potenziellen Zahlungsstörungen.

Aus Sicht des Gläubigers ist ein Rating eine Bonitätsbeurteilung durch einen unabhängigen Dritten, welche als objektiver Maßstab für das Portfoliomanagement und als Grundlage für ein adäquates Pricing einer Anleihe dient. Dabei ist die Ratingagentur insofern ein unabhängiger Dritter, weil keine Geschäftsbeziehung in Form einer eingeräumten Kreditlinie oder dergleichen besteht. Der Kontakt zwischen Unternehmen und Ratingagentur ist auf die Vergabe und jährliche Überprüfung des Ratings beschränkt.

Insofern handelt es sich zwar bei bankinternem und externem Rating jeweils um eine Bonitätseinstufung, das Ziel indes ist ein anderes, denn aus Sicht des gerateten Unternehmens eröffnet das externe Rating den Zugang zum Kapitalmarkt und schafft damit eine gewisse Unabhängigkeit von den kreditgebenden Banken.[18]

Wichtig ist, dass es sich beim Rating um die risikoaverse Betrachtung des Fremdkapitalgebers und nicht die chancenorientierte Betrachtung des Eigenkapital-Investors handelt. Der Gläubiger ist weniger daran interessiert, dass sich der Umsatz drastisch erhöht, als vielmehr daran, dass das Unternehmen einen hohen und stabilen Überschuss der Einzahlungen über die Auszahlungen (Cash Flow) erzielt, um damit die Zinsen und den Schuldbetrag bei Fälligkeit sicher zahlen zu können. Entsprechend groß ist die Bedeutung, welche die Ratingagenturen dem geplanten Cash Flow beimessen.

Ein interessanter Aspekt ist dabei, dass sich die Risikobetrachtung der Finanzinstitute derjenigen der Ratingagenturen anpassen wird. Die bis dato vorherrschende Vergangenheits-, also Bilanzbetrachtung ist kein adäquater Beurteilungsmaßstab für die Zukunftsfähigkeit eines Unternehmens. Das bewusste Eingehen und adäquate Pricing von Risiken verlangt auch in der Kreditbeziehung einen zukunftsorientierten und damit Cash-Flow-basierten Ansatz, welcher die Analyse des Wettbewerbsumfeldes ebenso umfasst wie die Einschätzung der Fähigkeit des Unternehmens, auf künftige Veränderungen adäquat zu reagieren. Das bankinterne Rating wird zwar angesichts der Vielzahl an Kunden ein stark standardisiertes „Massenprodukt" bleiben – im Gegensatz zur „Einzelfertigung" der Ratingagenturen – gleichwohl werden sich die Banken künftig noch stärker mit dem Geschäftsmodell ihrer Kunden und Aspekten wie Marktposition, Innovationsfähigkeit u. a. auseinandersetzen.

---

17 Vgl. Berblinger (1996), S. 24.
18 Ein weiterer Unterschied besteht darin, dass die bankinterne Bonitätseinstufung nur bankintern von Bedeutung ist und lediglich dem Kunden mitgeteilt wird, während das externe Rating eine große Außenwirkung besitzt und internationale Akzeptanz genießt.

4.2 Der Ratingprozess

Beim idealtypischen Ablauf des Ratingprozesses (siehe Abbildung 3) folgt der Mandatierung durch das Unternehmen ein Vorgespräch mit der Ratingagentur. In diesem wird dem zu ratenden Unternehmen mitgeteilt, welche Unterlagen die Ratingagentur für ihre Analyse benötigt. Häufig wird auch bereits eine mögliche Schwerpunktsetzung im Ratinghauptgespräch (Management Meeting) behandelt. Daraufhin stellt der Emittent die angeforderten Unterlagen zu einem Ratinghandbook zusammen und übermittelt diese der Agentur mindestens zwei Wochen vor dem Management Meeting.[19]

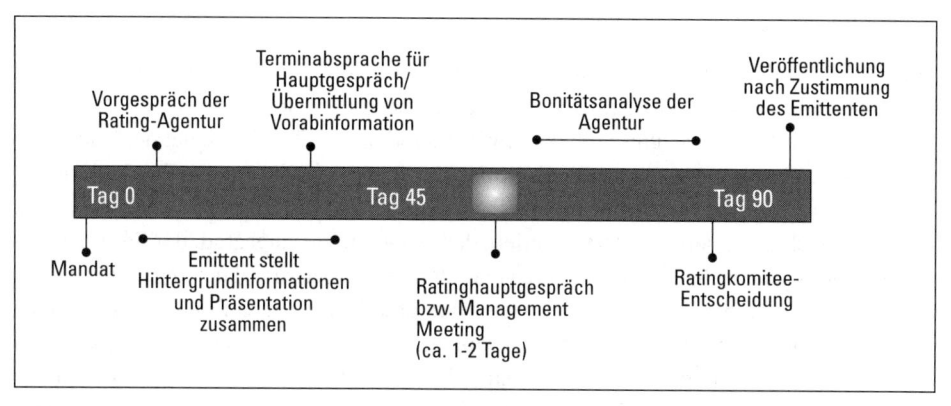

Abbildung 3: Zeitlicher Ablauf des Ratingverfahrens

Dieses Ratinghauptgespräch dauert in der Regel einen Tag bzw. zwei Tage bei sehr komplexen Unternehmen und stellt für die Ratingagentur ein wesentliches Instrument zur Beurteilung des Managements dar. Dementsprechend wichtig ist es, dass das Management gut vorbereitet ist und eine Präsentation bietet, die insbesondere die Stärken des Unternehmens herausstellt sowie eine stringente und plausible „Credit-Story" umfasst. Kernpunkte sind eine realistische Vision bezüglich der künftigen Unternehmensentwicklung und eine daraus abgeleitete Konzernstrategie, welche sich in plausiblen und konsistenten Planungen für die einzelnen strategischen Geschäftsfelder niederschlägt. Abgerundet wird die Präsentation durch die aus der Geschäftsstrategie abgeleitete Finanzstrategie sowie die Darstellung des unternehmensinternen Steuerungsinstrumentariums.

Im Anschluss an das Ratinghauptgespräch analysiert die Ratingagentur in einem Zeitraum von zwei bis vier Wochen die gewonnenen Informationen und Eindrücke. Das Rating wird dann, sofern der Emittent zustimmt, innerhalb von 24 Stunden nach der Entscheidung durch die Ratingagentur veröffentlicht. Sollte das geratete Unternehmen den Eindruck haben, dass die Ratingagentur wesentliche Aspekte übersehen oder nicht richtig beurteilt hat, besteht noch die Möglichkeit einer Überprüfung.[20] Gibt das Unternehmen schlussendlich

---
19 Vgl. Standard & Poor's (2000), S. 11 ff.; Berblinger (1996), S. 61 ff.
20 Vgl. Standard & Poor's (2000), S. 11 ff.; Berblinger (1996), S. 61 ff.

keine Zustimmung zur Veröffentlichung, erfährt die Öffentlichkeit nichts über den stattgefundenen Ratingprozess und dessen Ergebnis.

4.3 Die Beurteilungskriterien

Bei den Beurteilungskriterien unterscheiden Moody's und Standard & Poor's die Analysefelder Geschäftsrisiko und Finanzrisiko, für die jeweils ein Teilrating vergeben wird.[21] Die Analyse der Geschäftsrisiken umfasst eher qualitative Faktoren und hat einen stärkeren Zukunftsbezug, weshalb die Geschäftsrisiken gegenüber den Finanzrisiken den wichtigeren Bestandteil der Analyse darstellen.

Die Bewertung des Geschäftsrisikos beinhaltet wiederum drei Analysefelder. Zunächst wird das Unternehmensumfeld losgelöst vom Unternehmen beurteilt. Dabei spielen Branchencharakteristika wie Wachstumsaussichten, Wettbewerbsintensität, Zyklizität der Nachfrage und Marktzutrittsbarrieren eine große Rolle. Noch wichtiger ist die relative Wettbewerbsposition der analysierten Unternehmung innerhalb der jeweiligen Branche, also beispielsweise die Frage nach den relativen Marktanteilen, dem Diversifizierungsgrad, der Stellung hinsichtlich der strategischen Erfolgsfaktoren oder der Substituierbarkeit der angebotenen Produkte.[22] Aufgrund ihrer häufig nur geringen Marktanteile und engen Produktpalette haben hier viele mittelständische Unternehmen Probleme. Ein weiterer wesentlicher Bestandteil der Analyse des Geschäftsrisikos ist die Beurteilung des Managements, in die Faktoren wie Erfahrung, Glaubwürdigkeit, Plausibilität der strategischen Ausrichtung, aber auch bisherige Erfolge bei Restrukturierungs- und/oder Ertragssteigerungsprogrammen eingehen.

Das Teilrating für das Finanzrisiko setzt sich zusammen aus der gewichteten Bewertung von fünf Analysebereichen.[23] Der Bereich Finanzpolitik umfasst u. a. die Rechnungslegungspraxis, die unternehmensinternen Steuerungsinstrumente sowie das Planungs- und Berichtswesen. Bei der Betrachtung der Profitabilität des Unternehmens geht es vor allem um die Ermittlung der Nachhaltigkeit der Ertragskraft. Hier werden im Rahmen der Bilanzanalyse auch zahlreiche Anpassungen bei Sale-and-lease-back-Transaktionen oder hinsichtlich der Pensionsverpflichtungen vorgenommen, um internationale Vergleichbarkeit herzustellen.

Bei der Betrachtung der Kapitalstruktur achtet die Ratingagentur insbesondere auf die Eigenkapitalquote, die Finanzierungsstruktur und das Vorhandensein von stillen Reserven. Der wichtigste Einzelaspekt innerhalb des Finanzrisikos ist hingegen die Analyse der geplanten Cash Flows.[24] Die finanzielle Flexibilität, also die Möglichkeit, in finanziellen Krisensituationen Kapital zu generieren, spielt insbesondere bei Unternehmen im Non-Investmentgrade-Bereich eine große Rolle.

---

21 Vgl. Standard & Poor's (2000), S. 17 ff.
22 Zweifelsohne fällt in diesen Bewertungskomplex die ganze Problematik einer adäquaten Marktabgrenzung.
23 Vgl. Standard & Poor's (2000), S. 22 ff.
24 Vgl. Standard & Poor's (2000), S. 26 f.

Da bei der Analyse Branchenspezialisten zum Einsatz kommen und die Ratingagenturen über langjährige Erfahrung in verschiedensten Branchen und einen daraus resultierenden Datenpool verfügen, ist es ihnen möglich, anhand von Peer-Group-Analysen die relative Position des Unternehmens in den dargestellten Analysefeldern abzuschätzen.

5. Rating Advisory als Kernelement der Integrierten Corporate Finance Bank

Welche Aufgabe hat nun der Rating Advisor als beratende Instanz des Ratingprozesses? Im Allgemeinen umfasst Rating Advisory „sämtliche beratenden und unterstützenden Maßnahmen der Bank, die im Zusammenhang mit den notwendigen Verfahren im Rahmen einer Bewertung des Kunden durch eine unabhängige Ratingagentur stehen"[25].

Beim Markt für Beratungsleistungen rund um das Thema Rating handelt es sich letztlich um eine abgeleitete Nachfrage. Entsprechend ist insbesondere in Deutschland erst in den vergangenen ein bis zwei Jahren Dynamik in den Markt gekommen. Besonders deutlich wird dies nicht nur durch die zahlreichen Neugründungen von deutschen Ratingagenturen, sondern auch daran, dass Großbanken Rating Advisory Teams aufbauen und immer mehr Unternehmensberatungen und Wirtschaftsprüfungsgesellschaften im Thema Rating ein neues Geschäftsfeld sehen.

Die „Commercial Bank" als beratende Institution im Ratingprozess bietet sich aus vielerlei Gründen an. Zum einen verfügen Banken über ausgeprägtere Kenntnisse bezüglich Bonitätsanalysen als Unternehmen. Kreditinstitute können somit die Vorgehensweise der Agenturen leichter nachvollziehen und entsprechend beraten. Hinzu kommt eine umfangreiche Branchenexpertise, die eine Einschätzung der Unternehmensposition im Markt ermöglicht und die Analyse vervollständigt. Zum anderen besteht zwischen der Bank und dem Unternehmen zumeist eine langjährige Geschäftsbeziehung, die eine umfangreiche „Einarbeitung" in das Unternehmen zum Zweck des Rating Advisory reduziert. Gerade in dieser Kombination eines das Relationship- mit dem Transaction-Banking integrierenden Ansatzes (Integrierte Corporate Finance Bank) besteht der wesentliche Vorteil für das zu ratende Unternehmen.

5.1 Nutzen von Rating Advisory aus Sicht des Unternehmens

Ein Initialrating und dessen Prozedur konfrontiert das Unternehmen mit neuen Aufgaben. Aufgrund der in Deutschland kaum vorhandenen Erfahrung mit Ratingagenturen und deren Vorgehensweise stehen Unternehmen am Beginn eines Lernprozesses. Daher ist es sinnvoll, wenn ein Rating Advisor mit entsprechender Erfahrung hinzugezogen wird.

---
25 Achleitner (1999), S. 447.

Die Hauptaufgabe des Rating Advisors steht zusammenfassend unter der Überschrift „Fit for Rating". So ist das Unternehmen bestmöglich auf den Ratingprozess und auf die Anforderungen der Ratingagentur vorzubereiten.

Das Ziel des Rating Advisory ist es, für das Unternehmen ein optimales Rating zu erreichen. Ein Unternehmen beabsichtigt in der Regel, die höchstmögliche Bonitätseinstufung zu erlangen. Dies könnte Unternehmen zum Beispiel dazu veranlassen, ihre Geschäftsentwicklung übertrieben positiv darzustellen. Erweisen sich die Prognosen des Unternehmens später als unrealistisch, so droht im ungünstigsten Fall ein Downgrading. Eine solche Herabstufung hat zumeist negativere Konsequenzen als ein stabiles Rating auf niedrigerem Niveau.

Die Kapitalgeber verlangen stabile Ratings, da sie ihre Investitions- und Portfolioentscheidungen auf Basis eines bestimmten Bonitätsurteils gefällt haben. Folglich ist es für Unternehmen sinnvoll, ein auf Dauer tragfähiges Rating anzustreben. Das Ziel des Rating Advisors ist es somit, nicht auf das bestmögliche Rating, sondern auf das der Unternehmenssituation entsprechend optimale Rating hinzuarbeiten. Um dies zu erreichen, ist es unter anderem Aufgabe des Advisors, Fehler im Ratingprozess zu vermeiden, die das Unternehmen aufgrund mangelnder Erfahrung begehen könnte.[26]

Gleichzeitig besteht aus Sicht des Unternehmens die Wertschöpfung des Rating Advisors in der Prozessführung und dem Coaching beim Rating. Er ermöglicht eine effektive und effiziente Abwicklung des Ratingverfahrens und damit eine schonende Beanspruchung unternehmensinterner Ressourcen.

5.2 Aufgaben und Vorgehensweise des Rating Advisors

Vor dem Hintergrund der dargelegten Ziele des Rating Advisory wird klar, dass der Schwerpunkt der Beratungstätigkeit im Vorfeld des eigentlichen Ratingprozesses liegen muss, das heißt schon vor der Mandatierung der Ratingagentur. Zu Beginn der Ratingberatung führt der Rating Advisor ein Orientierungsgespräch mit dem Management des Unternehmens, um sich über die Rahmenbedingungen, Motive und Ziele hinsichtlich eines Ratings ein umfassendes Bild machen zu können. Dies ist die Voraussetzung dafür, dass ein auf die Unternehmensbedürfnisse abgestimmtes Beratungskonzept zum Tragen kommen kann.

Des weiteren informiert der Advisor das Management über die Bedeutung und den Nutzen eines Ratings im Allgemeinen und bezüglich der spezifischen Unternehmenssituation. Auf der Grundlage der aus der Geschäftsverbindung vorliegenden Informationen kann der Advisor eine erste, grobe Indikation geben, in welchem Spektrum das Ratingergebnis zu erwarten ist.

---

26 Vgl. Schmidt (1996), S. 262 f.

Im nächsten Schritt muss der Advisor zusammen mit dem Unternehmen eruieren, mit welcher Ratingagentur die spezifischen Erwartungen an das Rating am besten erfüllt werden. Die Entscheidung für eine Ratingagentur sollte in Abhängigkeit des primären Motivs für das Rating getroffen werden. Überwiegt das Kapitalmarkt- und Finanzierungsmotiv, ist bei der Auswahl insbesondere auf eine hohe Reputation und Internationalität der Agentur zu achten.[27] In diesem Falle sollte nur eine der international anerkannten Agenturen, also Standard & Poor's, Moody's oder Fitch präferiert werden. Die Wahl der Ratingagentur hat Implikationen auf die Art und Weise der Ratingberatung. Der Ratingadvisor hat seine Beratungstätigkeit auf Basis der Spezifika der jeweiligen Agentur anzupassen, um für seinen Auftraggeber den Beratungsnutzen zu optimieren. Der Advisor wird den ersten Kontakt zwischen dem Unternehmen und der gewünschten Ratingagentur vermitteln und deren Mandatierung veranlassen.

In Abstimmung mit dem Advisor ist dann ein Projektteam im Unternehmen zusammenzustellen. Die fachliche Seite des Projektes wird von Mitarbeitern des Finanz- und Rechnungswesens betreut. Bei Bedarf werden Mitarbeiter der operativen Einheiten hinzugezogen, um die notwendigen Informationen zu liefern bzw. zu ergänzen.[28] Wichtig ist indes, dass das Top-Management von vornherein in das Projekt „Rating" involviert ist, da die Unternehmensspitze letztlich das Unternehmen im Ratinghauptgespräch präsentieren muss. Schließlich basiert das Ratingurteil zu einem bedeutenden Anteil auf der Einschätzung der Managementqualität.

Durch eine Einbindung eines Rating Advisors entstehen hier zwei Vorteile: Erstens kann der Advisor vorschlagen, welches Know-how, durch einzelne Mitarbeiter vertreten, sinnvollerweise im Projektteam benötigt wird. Zweitens erfolgt eine insgesamt geringere Bindung von Personalkapazitäten im Unternehmen. Der Rating Advisor übernimmt zum Beispiel zeitintensive Analysetätigkeiten sowie die Einarbeitung des Projektteams in die Ratingthematik.

Daraufhin erstellt der Advisor einen Aufgabenkatalog, der die anstehenden Tätigkeiten sowohl des Advisors als auch des Unternehmens präzise formuliert. Mit dem Ziel, das Unternehmen in einem bestimmten Zeithorizont für ein Rating vorzubereiten, ist es notwendig, die entsprechenden Aufgaben mit Verantwortlichkeiten zu versehen und zeitlich zu fixieren (Meilensteinplanung). So muss beispielsweise bestimmt werden, bis zu welchem Zeitpunkt das Unternehmen die Beschreibung seiner Geschäftsfelder oder die Formulierung eines Strategiepapiers vorlegt. Diese Dokumentation wird von der Ratingagentur im Vorfeld des Managementgesprächs verlangt und ist daher ein notwendiger Schritt in der Vorbereitung auf ein Rating.

Im Hinblick auf eine optimale Vorbereitung des Unternehmens auf den anstehenden Ratingprozess ist es zielführend, dass der Rating Advisor vorab eine umfassende Analyse des Unternehmens vornimmt. Die Unternehmensanalyse nützt dem Unternehmen in vielerlei Hinsicht:

---

27 Vgl. Becker (2000), S. 12; IWK-Institut für Wirtschaftsanalyse und Kommunikation (Hrsg.) (2000), S. 9.
28 Vgl. Schmidt (1996), S. 264; Verband Deutscher Treasurer e. V. (Hrsg.) (2000), S. 31.

- Die Stärken-Schwächen-Analyse durch den Advisor stellt eine erste Beurteilung des Unternehmens unter Ratinggesichtspunkten dar. Die analytischen Ergebnisse des Advisors müssen nicht mit den Einschätzungen des Unternehmens korrespondieren. Entsprechende Abweichungen können in einer Diskussion mit dem Management erörtert werden. Sie ist eine gute Vorbereitung auf das Managementgespräch, da Besonderheiten der Analyse auch mit der Agentur thematisiert werden.

- Weiterhin kann die Unternehmensanalyse Datenauswertungen initiieren, die bisher nicht im Unternehmen erfolgt sind. Sie sind notwendig, um der Ratingagentur einen vollständigen Einblick in das Unternehmen zu gewähren.

- Für das zu erstellende Ratinghandbook kann der Analysebericht des Advisors zudem als Grundlage fungieren und somit wertvolle Vorarbeit leisten. Insbesondere mittelständische Unternehmen benötigen oft Unterstützung in der Aufbereitung unternehmensinterner Informationen.

In der Praxis wird eine solche Analyse jedoch nur in seltenen Fällen von Ratingberatern angeboten. Um den größtmöglichen Nutzen für ein Unternehmen zu generieren, sollten die Beurteilungskriterien der gewählten Ratingagentur sowie deren Vorgehensweise die Basis der Unternehmensanalyse des Advisors sein.

Vornehmliches Ziel der Unternehmensanalyse ist es, dass der Advisor Stärken, aber auch Schwächen des Unternehmens identifiziert, um Ansatzpunkte für mögliche Verbesserungsmaßnahmen im Hinblick auf ein optimales Rating zu finden. Zwei Beispiele dazu:

- Bisweilen weist im Mittelstand das Planungs- oder Rechnungswesen erhebliche Mängel auf. Instrumente wie Planbilanzen, Deckungsbeitragsrechnungen oder Cash Budgeting werden nur vereinzelt eingesetzt.[29] Der Rating Advisor kann die Qualität von Controlling- oder Reporting-Systemen im Unternehmen einschätzen und Verbesserungsvorschläge unterbreiten.

- Unternehmen mit einem hohen Geschäftsrisiko können nur geringe Finanzrisiken eingehen, um ein zufriedenstellendes Rating zu erhalten. Eine geeignete Strukturierung der Passivseite kann beispielsweise den Finanzierungsleverage vermindern.

Auf die Aufbereitung des Ratinghandbooks sollte besonderer Wert gelegt werden, da es ein bedeutendes Informationsmedium für die Ratingentscheidung der Agentur darstellt und als Basis für das Managementgespräch herangezogen wird. Die Unterlagen sollten so erstellt werden, dass sie der Vorgehensweise der Agenturen bei der Analyse und der Gewichtung der Ratingkriterien entsprechen. Die Erfahrungen des Advisors hinsichtlich Umfang und Qualität der angeforderten Informationen sind hierbei hilfreich, die Arbeiten effizienter, zielgerichteter und damit kostengünstiger auszuführen.

Die Beratungsstärken eines Rating Advisors kommen auch in der Vorbereitung auf das Ratinghauptgespräch zum Tragen. Ein Briefing der Teilnehmer im voraus kann den Erfolg

---

29 Vgl. Wagner (1991), S. 150 f.

des Gesprächs wesentlich bestimmen. Dabei muss das Management für die hohe Bedeutung des Gesprächs sensibilisiert werden. Der Advisor bringt darüber hinaus seine Erfahrungen bei der inhaltlichen und strukturellen Gestaltung der Managementpräsentation ein. Neben dem inhaltlichen Aspekt spielt auch die Art und Weise der Präsentation eine entscheidende Rolle. Deshalb ist vorab eine Simulation des Ratinghauptgesprächs unter Einschaltung des Advisors empfehlenswert („Dry-Run").

Nach Festlegung des Ratingurteils ist es Aufgabe des Advisors, das Unternehmen hinsichtlich der Akzeptanz sowie bei der Entscheidung über die Veröffentlichung des Ergebnisses zu beraten. Da das Rating Advisory in der HypoVereinsbank in der Regel auf einer dauerhaften Beziehung basiert, steht der Berater auch über das Initialrating hinaus dem Kunden zur Seite, insbesondere bei außergewöhnlichen Ereignissen, die Auswirkungen auf die Ratingeinstufung haben (zum Beispiel Fusionen bzw. Akquisitionen).

6. Schlussbetrachtung

Die oben dargestellte Vorgehensweise entspricht dem Rating Advisory Verständnis der HypoVereinsbank. Dieser Ansatz bietet ein breites Dienstleistungsspektrum, durch welches Unternehmen auf alle Erfordernisse des Ratingprozesses optimal vorbereitet werden. Im individuellen Fall wird der tatsächliche Beratungsumfang auf die jeweils spezifischen Bedürfnisse des Unternehmens zugeschnitten. So dürfte die Beratungsleistung hinsichtlich der Controllinginstrumente bei mittelständisch geprägten Unternehmen weitaus ausgeprägter sein als bei großen börsennotierten Firmen.

Zusammenfassend lässt sich der Mehrwert des Rating Advisory stichpunktartig skizzieren:

- Kompetentes Coaching während des gesamten Ratingprozesses.
- Effiziente und schnelle Durchführung des Ratingverfahrens und damit Ressourcenschonung beim Unternehmen.
- Objektive Stärken- und Schwächenanalyse und Erarbeitung von Verbesserungsmaßnahmen.
- Professionelle Darstellung gegenüber der Ratingagentur durch eine zielgerichtete Aufbereitung des Ratinghandbooks sowie eine stringente Präsentation mit einer schlüssigen „Credit-Story".

Literaturhinweise

ACHLEITNER, A.-K. (1999): Handbuch Investment Banking, Wiesbaden 1999.
BECKER, H. (2000): Rating in Deutschland – Eine kritische Marktuntersuchung, Vortrag vom 13.09.2000, Frankfurt, Fachkonferenz „Rating Summit 2000".

BERBLINGER, J. (1996): Marktakzeptanz des Rating durch Qualität, in: Büschgen, H. E./Everling, O. (Hrsg.): Handbuch Rating, Wiesbaden 1996, S. 21-110.

DEUTSCHE BUNDESBANK (1999): Zur Unternehmensfinanzierung in Deutschland und Frankreich: Eine vergleichende Analyse, in: Monatsbericht Oktober 1999, S. 29-46.

EVERLING, O. (1996): Rating-Agenturen an nationalen und internationalen Finanzmärkten, in: Büschgen, H. E./Everling, O. (Hrsg.): Handbuch Rating, Wiesbaden 1996, S. 3-17.

FEHR, B. (2000): Basel II soll gute Kreditnehmer für Banken attraktiver machen, in: FAZ vom 29.11.2000, S. 49.

FITCH (2001): Ratings, London 2001.

HEINKE, V. G. (2000): Der Signal- und Zertifizierungswert von Credit Ratings am Euromarkt, in: Die Betriebswirtschaft, 60. Jg., Heft 3/2000, S. 314-335.

IWK – INSTITUT FÜR WIRTSCHAFTSANALYSE UND KOMMUNIKATION (2000): Rating in Deutschland – Eine kritische Marktuntersuchung, München 2000.

Jung, K.-R. (2000): Das Firmenkundengeschäft wandelt sich schneller als erwartet, in: FAZ vom 03.07.2000, S. 40.

KLEY, C. R./EVERLING, O. (2001a): Allgemeine Pflichten von Rating-Agenturen (I): in: Finanzbetrieb, 3. Jg., Heft 3/2001, S. 172-176.

KLEY, C. R./EVERLING, O. (2001b): Allgemeine Pflichten von Rating-Agenturen (II): in: Finanzbetrieb, 3. Jg., Heft 4/2001, S. 247-253.

KOTZ, H.-H. (2000): Basel II – neue Anforderungen an die Bankenaufsicht, in: Zeitschrift für das gesamte Kreditwesen, 53. Jg., Heft 12/2000, S. 638-642.

MCKINSEY (1999): Rating für Europa, Vortragsskript zum Vortrag zur internationalen Handelsblatt-Jahrestagung, Mainz, 28.01.1999.

MENDEL, M. (2001): Rating-Agenturen: Europäische Banken bevorzugen interne Bewertungssysteme, in: Börsenzeitung vom 16.02.2001, S. 18.

MEYER-PARPART, W. (1996): Ratingkriterien für Unternehmen, in: Büschgen, H. E./Everling, O. (Hrsg.): Handbuch Rating, Wiesbaden 1996, S. 111-173.

SCHMIDT, M. (1996): Zweck, Ziel und Ablauf des Ratings aus Emittentensicht, in: Büschgen, H. E./Everling, O. (Hrsg.): Handbuch Rating, Wiesbaden 1996, S. 253-271.

STANDARD & POOR'S (2000): Corporate Ratings Criteria, New York 2000.

THOLEN, M. (2000): Basel II: Was erwartet den Mittelstand?, in: Zeitschrift für das gesamte Kreditwesen, 53. Jg., Heft 10/2000, S. 547-549.

VERBAND DEUTSCHER TREASURER E. V. (2000): Leitfaden – Rating im Unternehmen, o. O 2000.

WAGNER, W.-C. (1991): Rating mittelständischer Unternehmungen: Fundierung und Konzeption einer standardisierten Unternehmensbeurteilung durch Rating, Frankfurt am Main 1991.

WALTER, N. (1999): Emissionen ohne Gütesiegel der Rating-Agenturen werden teuer und seltener, in: Handelsblatt vom 24.08.1999, S. 27.

Teil 10
Standards im Ratingwesen

Das Unternehmensfeld und der Faktor Mensch

Ulrich Hirsch

Statistiken belegen, dass Ratings für KMU-Unternehmen durchschnittlich schlechter ausfallen als für Konzerne. Der Hauptgrund hierfür liegt in der Unterstellung, dass bei KMU-Unternehmen das Risiko einer nicht vertragskonformen Bedienung einer Geldanleihe in der Regel größer sei als bei Großunternehmen. Die Fähigkeit, jederzeit und in vollem Umfange ihren Rückzahlungsverpflichtungen nachzukommen, wird für kleine und mittelgroße Unternehmen schnell zu einer Angelegenheit von existenzieller Bedeutung. Deshalb spielt bei KMU-Ratings die *Business Story*, also die Entwicklung und der Zustand des Unternehmens insgesamt, die entscheidende Rolle. Neben dem Finanzstatus findet in besonderer Weise auch der „Managementstatus", also die Verfassung und das Zusammenwirken von Unternehmensführung und Unternehmensorganisation, in einem Ratingurteil seinen Niederschlag.

Stärker als beim klassischen Rating geht es beim KMU-Rating also um eine *holistische Betrachtungsweise* der Unternehmen, und damit sind besonders hohe Anforderungen an die *Qualifikation* der mit derartigen Ratings befassten Analysten verbunden. In dem vom gleichen Herausgeber publizierten Sammelband „Technology-Rating" habe ich mich mit diesen Qualifikationen und auch mit den Qualifikationen der Manager „auf der anderen Seite des Tisches" befasst. In dem vorliegenden Beitrag liegt der Schwerpunkt nun auf dem Thema *Organisation* und ihrer zweckmäßigen Beschaffenheit. Es wird dargestellt, in welcher Weise Management und Organisation korrespondieren sollten, um den Erfolg des Unternehmens sicher zu stellen und im Falle eines Ratings die Analysten im positiven Sinne zu überzeugen.

Dieser Artikel bezieht sich in ganz besonderer Weise auf den KMU-Bereich, ist jedoch keineswegs hierauf beschränkt. Im Gegenteil, die vorgestellten Gedanken gelten grundsätzlich für Unternehmen jeder Größe. Dennoch – kleine und mittelgroße Unternehmen, die üblicherweise nicht über strategische Stabsfunktionen verfügen, können von den in diesem Beitrag skizzierten „Ideenhebeln" ganz besonders profitieren. Allerdings ist dies mit Arbeit und gemeinsamem Willen verbunden. Es geht nicht um die Übertragung von „Case Studies", sondern um die Entwicklung firmenspezifischer Ideen.

Der zentrale Begriff, um den es in unserem Ansatz geht, ist das *Kraftfeld des Unternehmens* oder kurz gesagt, das *Unternehmensfeld*. Worum geht es dabei? Einen ersten Eindruck vom Unternehmensfeld erhalten wir aus dem Sport. Beim Sport hat man es mit sehr unterschiedlichen Charakteren zu tun und man lernt, wie man mit Siegen und mit Niederlagen umgeht. Zum Siegen gehört aber nicht nur ein gewisses Können, sondern auch ein stimmiges „Umfeld". Das klingt einfach, die meisten Sportvereine, selbst die Proficlubs, etwa im Fußball, ignorieren diese Tatsache jedoch beharrlich:

Das Spielfeld, die Mannschaften, die Fans, der Schiedsrichter, der Trainer und die Betreuer sowie das Management und die Medien – sie alle zusammen prägen das Unternehmensfeld.

Durch die Tore, die es zu schießen bzw. zu verhindern gilt, erhält das Spiel seine Ausrichtung und Dynamik. Hinzu kommen nicht nur eine Strategie für das einzelne Spiel, sondern auch ein realistisches Gesamtkonzept für den Verlauf der Meisterschaft, möglichst verbunden mit der Erringung des Titels. Im Motorrennsport zeichnet sich Michael Schumacher nicht allein durch seine exzellenten Fahrkünste aus, sondern vielmehr dadurch, dass es ihm gelungen ist, im Ferrari-Rennstall ein intaktes Unternehmensfeld zu erzeugen, indem er es verstand, das schon lange vorhandene Potenzial des Teams zu aktivieren, die Kräfte zu bündeln und auf ein gemeinsames Ziel, die Meisterschaft in der Formel 1, auszurichten.

Neben dem Sport gibt es noch eine weitere Erkenntnisquelle für das Managementprinzip des Unternehmensfelds: die Natur und ihre Gesetze.

Ein Naturphänomen, das in der Biologie und in der Physik studiert wird und das mich letztlich auf den Begriff des Unternehmensfeldes geführt hat, nennen wir *Dynamische Stabilität*.

Im naturwissenschaftlichen Sinne bedeutet Dynamische Stabilität, dass der sogenannte „Schmetterlingseffekt" nicht eintritt, das heißt kleine Veränderungen in den Bestimmungsgrößen sich nicht derart aufschaukeln können, dass das System in den Untergang getrieben wird.

Der Zusatz „Dynamisch" soll verdeutlichen, dass dieser Begriff nicht einen Zustand starrer Systeme beschreibt oder sich auf Systeme bezieht, die sich im Gleichgewichtszustand befinden und damit unveränderlich, im biologischen Sinne also tot sind. „Dynamisch" soll auch andeuten – hierin liegt eine gewisse Erweiterung des Begriffes der Stabilität, wie er in der Theorie der dynamischen Systeme verwandt wird – dass ein Unternehmen, sofern es sich in einer Krise befindet, aus dieser Krise auch wieder hinaus findet, und zwar nach Möglichkeit gestärkt.

In der belebten Natur ist Dynamische Stabilität gleichbedeutend mit dem Überleben der Spezies. Ein biologisches System ist stets bemüht, die Voraussetzungen zum Überleben aufrecht zu erhalten: Futter, Wasser, Temperatur, Lebensraum. Ausreichendes Vorhandensein dieser wesentlichen Ressourcen oder Bestimmungsgrößen ermöglicht es, Nachwuchs zu bekommen und somit das Überleben der Spezies zu sichern. Darin liegt ihr *Erfolg*. Unter Konkurrenz sind natürliche Systeme dann erfolgreich, wenn sie sich veränderten Bedingungen, die einen existenziellen Einfluss haben, besonders gut anpassen können.

In natürlichen Systemen ist also Dynamische Stabilität gleichbedeutend mit Erfolg.

Und nun kommt unsere zentrale Einsicht: Die Auffassung von Dynamischer Stabilität als dem richtigen Verständnis von Erfolg lässt sich auf Wirtschaftsunternehmen übertragen, und zwar in überzeugender Weise! Das ist insofern nicht verwunderlich, als uns die Verhaltensbiologie lehrt, dass sich der Mensch in vielerlei Hinsicht, insbesondere in seinen wirtschaftlichen Aktivitäten, durchaus biologisch verhält.

Möglicherweise überzeugt Sie das jedoch nicht. Sie sagen vielleicht,

- Erfolg im Sport: Mehr Tore schießen oder schneller sein als der Gegner
- Erfolg eines Vogelschwarms: Überleben

und

- Erfolg eines Wirtschaftsunternehmens: Gewinne erwirtschaften, und zwar möglichst hohe,

lassen sich nicht auf den gemeinsamen Nenner „Dynamische Stabilität" bringen. Und selbst, wenn das sinnvoll gelänge, bliebe immer noch die Frage zu beantworten, wie Erfolg in diesem Sinne zu erreichen wäre.

Ich kann Ihre Bedenken zerstreuen. Lassen Sie mich an einem ziemlich bekannten Beispiel erläutern, wie der Zusammenhang aussieht! Deutsche Bank. (Ich könnte auch Unternehmen wie IBM, Microsoft, NIKE, Body Shape in USA, Marks & Spencer in GB, Mitsubishi in Japan (bis in die neunziger Jahre), die deutschen Universitäten von Wilhelm von Humboldt bis zum Beginn des Dritten Reiches, das Max-Planck-Institut für Mathematik in Bonn oder das eine oder andere deutsche Traditionsunternehmen anführen.)

Bei der Deutschen Bank spielte in den ersten Jahrzehnten ihres Wirkens ein *Leitmotiv*, ausgegeben vom Unternehmensgründer Georg von Siemens, eine entscheidende Rolle:

Mit Hilfe der Unternehmensfinanzierung zur industriellen Entwicklung eines (anfänglich) noch immer ländlich geprägten Deutschland beizutragen und den Außenhandel des zusammenwachsenden Staates zu stärken.

Diese Maxime hat die Deutsche Bank ziemlich schnell zum größten Finanzhaus Europas gemacht. Sie wurde erfolgreich im Sinne hoher Gewinne und zugleich im Sinne dynamischer Stabilität.

In der Tat ist es so, dass das Erwirtschaften von Gewinnen notwendig für Dynamische Stabilität ist. Unter Konkurrenz sind sogar hohe Gewinne erforderlich, weil sonst

- nicht genug re-investiert werden kann
- die Anteilseigner sich in anderen Unternehmen engagieren, die höhere Rendite in Aussicht stellen.

Ich habe das Beispiel Deutsche Bank deshalb erwähnt, weil wir damit einen Hinweis erhalten, wie Dynamische Stabilität entsteht. Es bedarf dazu nämlich einer Persönlichkeit und/oder eines Motivs – allgemein gesprochen, einer *Ordnerfunktion* oder kurz eines *Ordners*. (Dieser Begriff stammt von dem Physiker und Begründer der Synergetik, Hermann Haken; andere Leute meinen etwas ähnliches, wenn sie von der „Theorie des Unternehmens" sprechen.)

Die Deutsche Bank folgte also einem Ordner und wurde damit, wie gesagt, in kurzer Zeit zum führenden Geldinstitut Europas. Auch der Vogelschwarm folgt einem inneren Ordner, der den Tieren aufgibt, was sie zu tun haben, wenn es im Herbst kalt und im Frühjahr warm wird. Beide Beispiele stellen *Ordner in Form eines Leitmotivs* dar: „Industrielle Entwicklung fördern" und „Zum Überleben im Winter in den Süden fliegen".

Eine sehr große Bedeutung haben auch *personifizierte Ordner*: Der Fußballclub 1. FC Kaiserslautern, ansonsten eher gehobenes Mittelmaß, besaß kurzfristig einen starken Ordner – personifiziert durch seinen charismatischen Trainer Otto Rehhagel –, als er 1998 deutscher Meister wurde. Derselbe Trainer hatte zuvor jahrelang bei Werder Bremen ein konstant tragfähiges Feld geformt, konnte jedoch bei Bayern München in keiner Weise ähnliches bewirken. An diesem Beispiel lässt sich sehr schön illustrieren, dass das Unternehmensfeld nicht beliebig durch einen personifizierten Ordner ausgerichtet werden kann. Es kommt vielmehr darauf an, dass Ordner und die anderen Unternehmensbeteiligten innerhalb des Feldes gleichgerichtete Kräfte entwickeln. In diesem Sinne verkörpert Michael Schumacher bei Ferrari die Funktion eines Ordners. Sie ist gepaart mit dem Motiv „wir wollen Formel-1-Weltmeister werden".

Personifizierte Ordnerfunktionen haben natürlich nicht nur im Sportbereich ihre Bedeutung, sondern auch in „klassischen" Wirtschaftsunternehmen. Insbesondere bei eignergeführten Unternehmen tritt anstelle eines Leitmotivs als Ordner häufig schlicht und einfach die Persönlichkeit des Unternehmers, des Gründers und Spiritus Rector. Er ist die personifizierte Ordnerfunktion, nach der sich alles richtet. Er gibt die Ausrichtung vor, prägt maßgeblich die Stimmung in seiner Firma, an ihm hängt es oft, ob seine Mitarbeiter motiviert sind oder nicht, ihr Bestes geben oder sich den wesentlichen Teil ihrer Energie für die Freizeit aufsparen, innerlich gekündigt haben oder in letzter Konsequenz das Unternehmen vielleicht verlassen.

Am personifizierten Ordner lässt sich ein weiteres Problem gut verdeutlichen: Ordner können sich erschöpfen, können nicht mehr zeitgemäß sein, können schlicht und einfach wegfallen – der Trainer kann die Mannschaft nicht mehr motivieren; der in der „Old Economy" verhaftete Manager erkennt nicht die Anforderungen des IT-Zeitalters; der ältere Firmeninhaber, an dessen Ideenreichtum und Verve alles hängt, erkrankt plötzlich schwer, und eine Nachfolgeregelung ist nicht in Sicht. Auch leitmotivische Ordner können ihre Kraft verlieren.

Es ist also für die langfristige Stabilität des Unternehmensfelds und damit für seine Überlebensfähigkeit äußerst wichtig, sich permanent mit dem „„Zustand" des Ordners zu befassen und bei drohender Instabilität rechtzeitig daran zu arbeiten, eine modifizierte, geänderte oder gar völlig neue Ordnerfunktion installieren zu können. Bei Fußballmannschaften scheint das ziemlich einfach zu sein: In wohl keinem anderen Berufszweig hat sich die hire-and-fire-Mentalität so selbstverständlich breitgemacht wie in der Trainerbranche. (Es ist allerdings mehr als fraglich, ob diese „Lösung" nicht oft eher dazu beiträgt, die eigentlichen Probleme – chaotische Vereinsführung, Missmanagement, abgehobene, satte Stars

u. ä. m. – zu verschleiern, als wieder ein stabiles Feld zu erzeugen und damit auf die Erfolgsbahn zurückzukehren.)

Wesentlich schwieriger ist es schon, ein neues Leitmotiv zu evaluieren oder rechtzeitig eine wirklich tragfähige Nachfolgelösung (im Sinne einer neuen Ordnerfunktion!) aufzubauen. Die Ordnerfunktion in Organisationen hat etwas mit Authentizität zu tun; sie muss – wie gesagt – weiterentwickelt oder zu gegebener Zeit durch eine neue ersetzt werden. Bei der Deutschen Bank ist dieser Prozess derzeit in vollem Gange. Das Ändern des Ordners ist wie der Aufbruch einer Expedition zu einem neuen Berg. Der kann in der Nähe oder auch weit entfernt liegen. Altes wird dabei zurückgelassen, mitunter sogar bewusst zerstört (so wie es der Ökonom Schumpeter fordert). Hierbei bedarf das Unternehmen oft externer Unterstützung durch entsprechend qualifizierte Beratung, weil Verhalten und Gedankenwelt der Unternehmensinternen zu sehr vom alten Ordner geprägt sind – eine spezielle Ausprägung des bekannten Phänomens der Betriebsblindheit!

Ordnerdesign ist aber auch bei Unternehmensneugründungen angesagt: Gerade auch Unternehmen der „New Economy" brauchen einen Ordner, weil dort viele Spezialisten arbeiten, Techniker und Entwickler, generell sehr individualistisch ausgeprägte Mitarbeiter, die es unter einen Hut zu bringen gilt.

Ordner in jungen Unternehmen sind in der Regel entweder persönlichkeitsbezogen oder haben eher visionären Charakter, drücken Erwartungen aus. Das soll aber nicht heißen, dass Visionen eine spezielle Form von Ordnerfunktionen sind. Hier sind eine paar Unterschiede, die erkennen lassen, dass der Ordner weder mit einem Regelwerk noch mit einer Vision gleichzusetzen ist:

Regelsysteme

- üben Zwang aus
- werden von Inspektoren in ihrer Funktion überprüft
- werden von Supervisoren überwacht
- schränken ein
- wirken mitunter statisch und verfestigend

Ordnerfunktionen

- richten Unternehmen gleichsinnig auf Ziele aus,
- entwickeln Wertvorstellungen,
- weisen auf das Wesentliche oder Eigentliche hin,
- fördern einerseits Entfaltung und kontrollieren andererseits Komplexität (Das ergibt sich aus den unten erläuterten Prinzipien F.E.L.D.)
- erzeugen Dynamik (Weshalb das so ist, wird deutlich, wenn wir auf die Haupteigenschaft des Ordners zu sprechen kommen, dem *Erzeugen des Unternehmensfeldes.*)

Visionen
- enthalten oft keine Handlungsempfehlungen
- vernebeln nicht selten den Ist-Zustand; siehe Neuer Markt!
- fehlt oft ein klarer Bezug zum Ist-Zustand; sie geraten dadurch leicht in Vergessenheit
- werden meist von der Unternehmensführung verkündet, jedoch nicht von allen übernommen
- appellieren an Sehnsucht; diese ist jedoch oft nicht vorhanden
- sind nicht immer nach vorne gerichtet
- lassen sich nicht immer von Utopie und Nostalgie abgrenzen

Hier sind noch einmal ein paar typische Beispiele für Ordner:

- Wiederaufbau nach dem Kriege – verbunden mit dem Namen Adenauer und Erhard
- Helmut Kohl für die CDU (mit der Parole der geistig-moralischen Wende)
- Apollomission in den USA
- bei IBM Deutschland in den siebziger Jahren „Nixdorf eins auf die Mütze geben"
- der Orchesterdirigent, durch dessen Charisma Resonanz entsteht

Am Beispiel Apolloprojekt wird auch sehr klar, dass ein leitmotivischer Ordner – hier eine Mission – an sich kein Ziel ist, sondern eher durch das Programm gekennzeichnet ist, mit dem ein Ziel erreicht wird. Ziel war die Landung auf dem Mond im Jahre 1969, der Ordner war das vom Präsidenten John F. Kennedy im Jahre 1961 ausgegebene landesweit mobilisierende Programm: Bis zum Ende des Jahrzehnts die Landung eines Menschen auf dem Mond und dessen sichere Rückkehr zur Erde.

Zusammenfassend gesagt, stellt sich Erfolg dann in überzeugender Weise ein, wenn er an einen Ordner geknüpft ist. Die Ordnerfunktion spielt somit eine sehr zentrale Rolle; sie entscheidet maßgeblich darüber, ob sich ein Unternehmen langfristig durchsetzt oder nicht.

Das Studium natürlicher Systeme verrät uns, dass dort der Ordner nicht nach dem Prinzip Befehl-und-Gehorsam funktioniert, auch nicht das Ergebnis eines ständigen Abstimmungsprozesses ist. Bei Hunderten von Tieren, etwa einem Vogelschwarm, der sich im Herbst auf die Reise nach Süden macht, würde das viel zu lange dauern und somit den sicheren Tod vieler Tiere durch Erfrieren oder Verhungern bedeuten. Er ist aber vorhanden, was sich im instinktiven Sammeln, Aufsteigen und erkennbar führerlosen Flug auf vorbestimmter Route an einen vorbestimmten Ort zeigt. Was uns auch verdeutlicht, dass in Wirtschaftsunternehmen der Ordner nicht mit der Unternehmensführung gleichzusetzen ist. (Das einzusehen, fällt übrigens vielen Managern schwer!)

Eine generelle und umfassende *Definition* des Ordnerbegriffes ist nicht möglich, wäre auch nicht sinnvoll. Es lassen sich aber wenigstens ein paar *Grundbedingungen* angeben, die von jeder Ordnerfunktion generell erfüllt werden müssen:

- Sie bringt allen Beteiligten, also dem Unternehmen insgesamt und nicht nur bestimmten Gruppen, erkennbaren Nutzen. (Die Problematik eines verengten Verständnisses von Shareholder Value tritt hier hervor; ein Unternehmen ist nicht *für* jemanden erfolgreich, genau so wenig, wie eine Population Tiere nicht für jemanden erfolgreich ist. Tiere verstehen sich nicht als Fleisch- und Pelzlieferanten für den Menschen!)
- Dem entsprechend sollten möglichst alle an ihrer Findung und Verwirklichung beteiligt werden.
- Dazu ist insbesondere erforderlich, dass sie einfach kommunizierbar und begreifbar ist.

Das Unternehmensfeld

Wie in den Filmen von Robert Altman haben wir nun zunächst einige „Szenen" zusammen getragen und es bleibt die Aufgabe zu zeigen, wie sich diese Teile zu einem „Stück" zusammenfügen. Wie also hängen Ordner und Unternehmensfeld zusammen? Wozu brauchen wir ein Unternehmensfeld überhaupt, wenn wir es doch mit einer Ordnerfunktion, aus der sich nach dem zuvor Gesagten Erfolg ergibt, bewenden lassen können? Kurze Zwischenantwort: Aus dem Ordner entsteht Erfolg *mit Hilfe des Unternehmensfeldes*. Wie ist das zu verstehen?

Stellen Sie sich einmal die Magnetpole der Erde vor. Diese erzeugen das elektromagnetische Feld. Wir können dieses Feld zwar nicht sehen, wir erfahren dessen Existenz aber an den *Wirkungen*, die es hervorbringt. Legt man zum Beispiel einen Kompass in das Magnetfeld, dann zeigt der uns an, wie wir innerhalb dieses Feldes ausgerichtet sind. Die Pole sind der Erzeuger oder Ordner dieses Feldes. (Es ist unwesentlich, dass wir zwei Pole haben. Genau so gut hätten wir das einpolige Kraftfeld der Erde zu Erläuterung anführen können.)

Entsprechend ist es nun mit dem Ordner in einem Unternehmen – auch er erzeugt ein Feld: Das *Kraftfeld des Unternehmens* (kurz: Unternehmensfeld).

Das Unternehmensfeld ist das Medium, innerhalb dessen Ziele erreicht werden sollen. Das Feld bildet die Basis oder Plattform für diverse Aktivitäten. Deren Gelingen hängt sehr stark von der Beschaffenheit des Unternehmensfeldes ab.

Im Unternehmensfeld kann man mittels geeigneter Diagnoseinstrumente feststellen, ob der Leistungsbeitrag der einzelnen Mitarbeiter, Teams oder Bereiche zum Unternehmenserfolg optimal ist oder eine starke Komponente „quer" zu den Feldlinien – man kann auch sagen: Führungsleitlinien! – aufweist, also teilweise ineffizient ist. In unserer beraterischen Tätigkeit gehen wir derartigen Dingen sehr gezielt nach und identifizieren diejenigen Störfaktoren, die sich negativ auf das Unternehmensfeld auswirken. Im wesentlichen geht es dabei um Einflüsse auf diejenigen Eigenschaften, durch die sich ein positiv wirksames Unternehmensfeld auszeichnet:

- Das Unternehmensfeld fasst die Systemteile zu einer Einheit zusammen.
- Ein intaktes Feld macht das Unternehmen weniger anfällig gegen gravierende Störungen von außen und von innen.
- Im Feld entstehen gleichgerichtete Wirkungen; die vorhandenen Kräfte werden im Sinne der Unternehmensziele gebündelt. Das Feld trägt Früchte.
- Im Feld entsteht mitunter Überraschendes.

Dieser letzte Punkt verdient unsere besondere Aufmerksamkeit. Wir neigen dazu, „linear-analytisch" zu denken, etwa nach dem Motto: Die Benzinpreise steigen, also kann ich nur noch einmal im Jahr in Urlaub fahren. Der Komplexität in Vielparametersystemen, und dazu gehören allemal Unternehmen, versuchen wir durch übermäßiges Planen und durch „Reduktion der Komplexität" zu begegnen, erreichen damit jedoch oft nur eine unzulässige Simplifizierung des Ausgangsproblems und damit verbunden die Illusion einer „Lösung". Komplexität erzeugt bei Vielen von uns Stress. Das hilft aber in der Regel nicht weiter.

Statt dessen sollten wir lernen, uns die Eigenschaften und die Kraft des Unternehmensfeldes zunutze zu machen. Anstatt in verengter Weise linear-analytisch zu denken oder angesichts großer Komplexität gestresst zu sein, sollten wir uns besser entspannt zurücklehnen und die Kräfte des Unternehmensfeldes für uns arbeiten lassen. Wer käme beispielsweise auf die Idee, dass auf einem Feld, das er bestellt, später Früchte heranwachsen, wenn er das aus Erfahrung nicht wüsste?! Die eigentliche Leistung vollbringt nicht der Bauer, indem er sät und erntet, sie entsteht vielmehr im Feld, indem es Früchte heranwachsen lässt. In einem intakten Unternehmensfeld steckt weitaus größeres Verbesserungspotenzial als durch Übertragung von Case Studies, Benchmarking und viele andere Managementkonzepte erreichbar ist (ohne deren partiellen Nutzen bestreiten zu wollen).

Ein schwach ausgebildetes oder gar gänzlich fehlendes Unternehmensfeld ist häufig die Ursache für das Scheitern von Reengineering-Projekten und Aktivitäten anderer Art. Fusionen scheitern in der Mehrzahl aller Fälle an zu unterschiedlichen Unternehmensfeldern, deren Integration nicht gelingt. Die Tatsache, dass viele Unternehmen die dritte Generation nicht überleben, hat häufig ihre Ursache darin, dass nach dem Ausscheiden des Gründers und der Fortsetzung des Unternehmens durch Sohn oder Tochter die danach fällige Änderung des Ordners und damit einhergehend des Unternehmensfeldes ausbleibt. Überwiegend handelt es sich hierbei um KMU. Insofern sei diesen Unternehmen eine Analyse Ihres Unternehmensfeldes besonders nahegelegt. Sie hat höchste praktische Relevanz!

Arbeiten im Feld

Und nun kommen wir zum Kern des Ganzen: Die Arbeit im Feld lässt sich optimal gestalten, wenn bestimmte *Feldprinzipien* dabei beachtet werden. Diese Prinzipien wurden ursprünglich gefunden, als man der Frage nachging, weshalb bestimmte natürliche Systeme erfolgreich sind, andere scheinbar sehr ähnliche, hingegen nicht.

Die Prinzipien

F. Feincontrolling
E. Effizienz
L. Lernen
D. Dezentralisierung

Auf den ersten Blick könnte es scheinen, dass diese einfach klingenden Begriffe, was auch immer sich dahinter verbirgt, nicht ausschlaggebend sein können, wenn es um den Erfolg eines Unternehmens geht. Doch dieser Eindruck täuscht gewaltig; der Teufel (hier besser: der hilfreiche Engel) steckt im Detail.

Es ist ihr *Zusammenwirken* unter sich und ihr Zusammenwirken mit dem Ordner, was diesen Prinzipien ihre Kraft verleiht. Sie bestimmen unter anderem, wie mit Komplexität umzugehen ist, fördern einerseits hinreichend große Komplexität (durch Lernen und Offenheit), alles überwuchernde Komplexität wird hingegen verhindert (durch Feincontrolling und Rückkopplung). Pseudogenaues Planen erweist sich nicht als nützlich, eher sogar als hinderlich, weil es die Kreativität des Feldes blockiert. Im Feld entsteht durch F.E.L.D. Dynamische Stabilität. Und das bedeutet Erfolg.

Das Verständnis für diese Begriffe und der Umgang mit ihnen wollen gelernt sein; beides muss intensiv geübt werden. Dem Status des zu ratenden Unternehmens im Hinblick auf die Ausprägung seines Kraftfeldes und dem Beherrschen der Prinzipien F.E.L.D. durch Management und Mitarbeiter kommt ein mindestens ebenso großes Gewicht zu wie seinem Finanzstatus. Dem entsprechend muss sich beides gleichgewichtig im Ratingbefund ausdrücken.

Worum handelt es sich im Einzelnen?

Feincontrolling/Microcontrolling/Rückkopplung:

- Jeder Systemteil erhält schnell und nicht erst in Abständen Rückkopplung über seinen Leistungsbeitrag; Controlling ist nicht nur besonders präzise, es findet auch im Microbereich statt.
- Dinge werden dort beurteilt und entschieden, Abhilfe dort und möglichst umgehend geschaffen, wo das Ereignis stattfindet.
- „Externes" periodisches (und damit automatisch auch retrospektives) Controlling verliert an Bedeutung.

Im übertragenen Sinne fuhren die Unternehmen lange Zeit geradeaus, Controlling war nur in geringem Umfang erforderlich. Heute ist das anders – die Veränderungen treten abrupt ein, oft nur vor Ort vom Experten bemerkt und entsprechend eingeschätzt. Der muss dann qualifiziert handeln, am besten vorausschauend.

Effizienz:

- Sie sind effizient, das heißt Unternehmen nutzen die ihnen zur Verfügung stehenden begrenzten Ressourcen möglichst optimal aus.

- Sie betreiben *minimalen synergetischen Aufwand*. Nicht Rationalisierung im Sinne von Abbau steht im Vordergrund, sondern das optimale Zusammenwirken aller Kräfte.
- Es entsteht kontrolliertes Wachstum, vor allem auch qualitativer Natur.
- *Hebel* geistiger und technischer Art werden entwickelt und angewandt.

Lernen/Offenheit:

- Sie sind offen und lernbereit und erlangen so einen komparativen Wettbewerbsvorteil.
- Es herrscht eine kommunikationsfreudige Atmosphäre; das vorhandene Wissen wird nach Bedarf weitergegeben.
- Kommunikation und der Umgang mit Wissen sind professionell und damit auch eingeschränkt (Stichwort: Netze). Andererseits gibt es kein Herrschaftswissen.
- Lernen und ein offener Umgang mit Wissen sind Voraussetzung für Leistung.
- Die Lernkultur spiegelt sich in allen Bereichen wider; sie bestimmt unter anderem den Stellenwert von F&E.

Dezentralisierung/Selbstorganisation:

- Strukturen sind dezentral angelegt und organisieren sich weitgehend selbst.
- Zusammenhalt und Gemeinsamkeiten mit der Zentrale werden durch die Ordnerfunktion sichergestellt.
- Mitarbeiter, Teams und Teilbereiche haben ausreichend Gestaltungsspielraum, sich selbst und ihre Arbeit möglichst weitgehend eigenverantwortlich zu organisieren.
- Aufgaben werden sinnvoll delegiert.

Fassen wir also kurz zusammen, welches die *Charakteristika* des „Managements im Unternehmensfeld" sind:

- Dynamische Stabilität und damit Erfolg sind Eigenschaften des Unternehmensfeldes.
- Das Unternehmensfeld entsteht aus einer Ordnerfunktion.
- Der Unternehmenserfolg entsteht im Feld, und damit das möglich ist, empfiehlt es sich, die Handlungsprinzipien F.E.L.D. im Unternehmen zu entwickeln und weitestgehend anzuwenden. Auf diese Weise werden optimale Wirkungen erzielt.
- *Management* bedeutet Arbeit im Feld und an der Beschaffenheit des Feldes; es geht nicht um das Führen *von* Unternehmen, sondern um das Führen *in* Unternehmen. *Feldarbeit* inklusive der Beschäftigung mit dem Ordner *ist die wichtigste Aufgabe des Managements*.
- Mit F.E.L.D. verbessert sich das Unternehmen selbst, wird weniger abhängig von externen Beratern (, deren Empfehlungen ohnehin oft genug nicht umgesetzt werden). Aus dem Inneren des Unternehmens heraus und nicht von außen bestimmt, entsteht *Eigendynamik*. Dabei ist weniger Planen, als vielmehr Intuition und Kreativität gefragt. Das Unternehmen ist *für sich* erfolgreich; sein interner Wert steigt (und infolge dessen über kurz oder lang auch sein Börsenwert).
- Als Teil eines größeren gesellschaftlichen Feldes erkennt das Unternehmen seine *System- und Gegenwartsgebundenheit*.

Es folgt eine Aufstellung von Problemstellungen, die sich hervorragend analysieren lassen, indem man sie unter dem Aspekt des Unternehmensfeldes betrachtet. Die Liste ist gewiss nicht komplett, sie macht aber deutlich, dass ein anstehendes oder ins Auge gefasstes Rating nur einer von mehreren Gründen ist, weshalb die Beschäftigung mit dem Unternehmensfeld allein schon unter Wettbewerbsgesichtspunkten dringend geboten erscheint:

- Analyse strategischer Erfolgsfaktoren
- Strategische Positionierung des Unternehmens
- Veränderungsmanagement, etwa im Rahmen eines Generationswechsels oder bei einem Wechsel des Eigners
- Stärkung von Wettbewerbsvorteilen – Schwachstellenidentifikation und -beseitigung
- Integration der unterschiedlichen Unternehmensfelder im Zuge von Fusionen
- Schaffung geeigneter Voraussetzungen für die erfolgreiche Einführung und Nutzung von Software
- Zielvereinbarungen und Leistungsbeurteilung
- Mediation

Besonders die ersten vier dieser Punkte sind bei einem Unternehmensrating oder in dessen Vorbereitungsphase von Bedeutung. Sie sind Teil eines weiteren wichtigen Punktes in unserem Angebot:

- Vorbereitung eines Unternehmensratings

Wie lassen sich nun die genannten und andere Problemstellungen im Hinblick auf ihre Funktion im und Einwirkung auf das Feld eingrenzen, erkennen, beschreiben und beeinflussen?

Als *Feldanalyse* bezeichnen wir eine Untersuchung und darauf beruhende Beschreibung des Unternehmens, in der Aussagen getroffen werden,

- inwieweit die genannten drei Bedingungen Ordnerfunktion, Feld und F.E.L.D. erfüllt sind
- welche Schritte das Management einleiten kann, um sie evtl. besser zu erfüllen
- welche Änderungen im vorhandenen Feld vorgenommen werden sollten, um auf geänderte äußere Bedingungen zu reagieren
- welche Änderungen im Feld vorgenommen werden sollten, um neue strategische Vorhaben umzusetzen
- in welcher Weise die Ordnerfunktion verändert oder gar ersetzt werden sollte.

Die von uns als Berater dabei angewandte Methode zur Erstellung einer Feldanalyse basiert auf ausführlichen Gesprächen mit Angehörigen der Leitungsebene und mit Mitarbeitern des Unternehmens, in deren Verlauf die oben genannten drei Bestandteile Ordnerfunktion, Feld und F.E.L.D. untersucht werden. Die Feldanalyse kann sich dabei auf das gesamte Unternehmen erstrecken oder auch zum Beispiel regional oder geschäftsfeldbezogen fokussiert werden. Sie wird nicht routinemäßig angewandt, sondern auf das jeweilige Unternehmen sorgfältig abgestimmt.

Als Ergebnis erhält man eine konsistente Beschreibung der untersuchten Situation und eine Darstellung verschiedener Handlungsoptionen, wie diese Situation im Hinblick auf langfristige Unternehmensstabilität weiter entwickelt werden könnte. Die Abwägung der Optionen führt in der Regel zu konkreten Handlungsempfehlungen. Diese Empfehlungen liegen auf unterschiedlichen logischen Ebenen:

- Sachebene (Aufbau des Feldes)
- Werte/Verhalten/Handlungen (Feldarbeit)
- Fähigkeiten (Qualifikation der „Feldarbeiter", inklusive Management)
- Strategie/Identität
  Mission/Zielsetzung } (Ordnerfunktionen)

Seit geraumer Zeit zeichnet sich ab, dass sich das KMU-Rating langfristig nur dann zu einem nennenswerten Marktsegment entwickeln wird, wenn zwei Bedingungen gleichzeitig erfüllt sind: Einerseits müssen die Analysten entsprechend qualifiziert und die Ratingagenturen hinreichend ausgestattet sein, um eine große Anzahl tragfähiger Ratings produzieren zu können. Andererseits muss es eine beachtliche Zahl von KMU geben, die so erfolgreich sind, dass sie ein positives und damit für Unternehmen wie auch für die Agentur werbewirksames Rating erwarten können. Beide Bedingungen lassen sich nur dann gleichzeitig erfüllen, wenn sowohl im Management von Unternehmen, als auch in deren Analyse im Zuge eines Ratingverfahrens der Faktor Mensch als entscheidendes Qualitätsmoment ins Zentrum der Betrachtungen rückt. Erfolgreiches Management erzeugt ein intaktes Unternehmensfeld und findet in einem intakten Unternehmensfeld statt – Grundvoraussetzungen für eine langfristig solide Finanzsituation im Unternehmen. Ein starkes Unternehmensfeld ist auch das Fundament, auf dem quantitativ ausgerichtete Führungsinstrumente und Analyseverfahren, wie beim KMU-Rating, sinnvollerweise aufsetzen. Verantwortungsbewusste Analysten widmen diesen Zusammenhängen größte Aufmerksamkeit.

Literaturhinweise

CUBE, F. VON (1998): Lust an Leistung, München 1998.
Cube, F. von (2000): Gefährliche Sicherheit. 3. Aufl., Stuttgart 2000.
DRUCKER, P. (1995): Managing in a Time of Great Change, New York 1995.
KOTTER, J. (1996): Leading Change, Boston 1996.
HAKEN, H. (1981): Synergetik, Berlin/Heidelberg 1981.
HAKEN, H. (1984): Erfolgsgeheimnisse der Natur, Frankfurt am Main 1984.
HIRSCH, U. (2000): Der Faktor Qualität, in: Everling, O./Riedel, S.-M./Weimerskirch, P. (Hrsg.) (2000): Technology-Rating, Wiesbaden 2000.
HIRSCH, U. (1998): Exoten im Management, München 1998.
MALIK, F. (1993): Systemisches Management, Evolution, Selbstorganisation, Bern 1993.
MALIK, F. (2000): Führen Leisten Leben, Stuttgart/München 2000.
MÜLLER, U. R. (1997): Machtwechsel im Management, Freiburg 1997.

PRIGOGINE, I./SEGERS, I. (1993): Das Paradox der Zeit, München 1993.
PRIGOGINE, I. (1998): Die Gesetze des Chaos, Frankfurt am Main 1998.
SENGE, P. (1990): The Fifth Discipline, New York 1990.
VESTER, F. (1985): Unsere Welt – ein vernetztes System, München 1985.
VESTER, F. (1989): Leitmotiv vernetztes Denken, München 1989.

Grundsätze des Unternehmensratings

Dieter Pape

1. Rating für den Mittelstand – der neue Ansatz

1.1 Wirtschaftliches Umfeld

Mittelständische Unternehmen erleben in ihrem wirtschaftlichen Umfeld einen rasanten Wandel, der getrieben wird von technologischen Innovationen, der Internationalisierung des Wettbewerbs und der rasanten Zunahme der Kommunikationsgeschwindigkeit. Die technologischen Innovationen beeinflussen die Produktivität und damit die Kostenstrukturen der Unternehmen. Dies zwingt dazu, diese Kostenstrukturen und die Abhängigkeiten hiervon sichtbar zu machen. Die Anforderungen an das Rechnungswesen und an das Controlling steigen. Der internationale Wettbewerb zwingt das mittelständische Unternehmen, in neuen Größenordnungen zu denken und zu agieren. Die Expansion über Ländergrenzen hinweg oder die Kooperation unter Vereinheitlichung von zentralen Unternehmensfunktionen werden notwendig, um die Existenz nachhaltig zu sichern. Die neue Kommunikationstechnologie macht Preise, Verfahren und Geschäftsgeheimnisse transparent. Sie wird zum bedeutenden Produktionsfaktor des Unternehmens.

Das langsamere volkswirtschaftliche Wachstum im Wirtschaftsraum der Europäischen Union zwingt die Unternehmen, über den Verdrängungswettbewerb zu wachsen. Die Fitness des Unternehmens entscheidet über die Bestandsfestigkeit des Unternehmens und nicht das reine Mengenwachstum wie in Zeiten dynamischer gesamtwirtschaftlicher Zuwächse.

1.2 Kapitalversorgung

Das veränderte wirtschaftliche Umfeld macht zahlreiche Unternehmer bzw. Unternehmen zu Verlierern mit der Folge, dass sie nicht mehr in der Lage sind, ihre Verbindlichkeiten in angemessener Weise zu bedienen. Die Folge ist die Zunahme von Insolvenzen.

Der Existenzgründerboom verschärft die Zunahme von Insolvenzen noch, da die Unternehmen in den ersten fünf Jahren seit ihrer Gründung bekanntlich am labilsten sind.

Diese Entwicklung führt in Europa zum Teil zu erheblichen Schwierigkeiten der betriebswirtschaftlich angemessenen Finanzierung des Wachstums von Unternehmen, selbst wenn sie bereits langjährig tätig und erfolgreich sind. Das Risikokapital fließt in spekulative Anlagen, wie innovative Neugründungen. Die Durchfinanzierung großer Teile der mittelständischen Unternehmen ist auf der Grundlage von bestehenden Hausbankverbindungen nicht mehr möglich. Die Gepflogenheit, ganze Branchen als nicht kreditwürdig einzustufen, führt zu Verwerfungen in Teilen der Volkswirtschaft, die so niemand beabsichtigen kann. Es fehlt an dem Informationsinstrument, die Spreu vom Weizen zu trennen, die zukunftsfähigen Unternehmen einer Branche von denen zu trennen, die dem Verdrängungswettbewerb nicht standhalten.

Der neue Ansatz, das Rating auch im Mittelstand populär zu machen, verfolgt das volkswirtschaftliche Ziel, in dem schwierigen Anpassungsprozess Unternehmen eine Zukunft zu ermöglichen, die diese auch verdienen.

Die Verknappung und Verteuerung von Fremdkapital bringt auch neue Impulse für den Eigenkapitalmarkt und damit die Bereitschaft von Anlegern wie auch von Unternehmern, unternehmerisches Kapital stärker in die Finanzierungsplanung einzubinden. Dies stärkt die Eigenkapitalquote der Unternehmen und damit deren Bestandsfestigkeit.

1.3 Entwicklung mittelständischer Unternehmen

Diese Veränderungen am Kapitalmarkt zwingen die Unternehmer, über ihre Entwicklung nachzudenken. Sie sind zur Selbstanalyse gezwungen. Hieraus folgen häufig Projekte des Managements für die Entwicklung der Stärken wie auch die Bekämpfung der Schwächen. Nur so erhält das Unternehmen auch künftig eine angemessene Bonität und bleibt somit finanzierungsfähig. Das überzeugendste Instrument einer Aussage über die Erfolgsfaktoren des Unternehmens ist das Unternehmensrating. Hierbei werden keine Geschäftsgeheimnisse preisgegeben. Allein mit dem gewissenhaft erarbeiteten Rating wird das Unternehmen in die Lage versetzt, seine Geschäftspartner von seiner Zukunftsfähigkeit zu überzeugen.

Die Folge ist eine neue aktive Rolle der Unternehmer bei der Kapitalakquisition. Das Rating schützt auch davor, in eine Sackgasse zu geraten, die sich für das Unternehmen bei einem unter Umständen unsachgemäßen, oberflächlichen oder unter Zeitdruck erstellten internen Ratings eines Kreditinstituts ergibt.

1.4 Rating als Stabilisierungsfaktor

Wie die Prüfungs- und Offenlegungspflicht für Unternehmensformen mit beschränkter Haftung aufgrund der zwischenzeitlich voll umgesetzten EG-Richtlinie zu mehr Stabilität der Wirtschaft in Europa führen wird, so sollte auch das Rating bei Unternehmen ab bestimmten Größenklassen verpflichtend werden. Dies ist allein im Interesse des innereuropäischen Wirtschaftsaustausches zweckmäßig. Das Bonitätsurteil, ausgedrückt in einem international bekannten und anerkannten Ratingsymbol, hilft über alle Sprachbarrieren hinweg bei der Entscheidung, ob Geschäfte abgeschlossen werden bzw. Partnerschaften und Kooperationen entstehen. Börsennotierte Unternehmen sollten im Interesse von Investor Relations und eines international anerkannten Standards der Berichterstattung zumindest einmal jährlich ein Rating von externen Ratingagenturen anfertigen lassen und veröffentlichen.

2. Ratingqualität – die Basis

Die Qualität der Mitarbeiter der Ratingagentur, insbesondere der Ratinganalysten, ist sicher das bedeutsamste „Asset" einer Ratingagentur und der entscheidende Faktor für ihre langfristige Marktakzeptanz. Nur wenn der einzelne Ratinganalyst es dauerhaft vermag, Investoren und Unternehmen durch seine Ratingmeinungen und seine Branchenexpertise zu überzeugen und dadurch Zusatznutzen zu stiften, ist zu erwarten, dass künftig die Dienstleistungen der Ratingagentur nachgefragt werden. Es ist somit bedeutsam, über die hohe Qualität der Mitarbeiter zu einer exzellenten Produktqualität des Ratings zu gelangen. Nachfolgend sind qualitative Anforderungen an den Ratinganalysten aufgeführt, die bei der Erreichung dieser Zielsetzung hilfreich sein können. Diese Anforderungen stellt die nunmehr etwa 100 Jahre alte Branche der Ratingagenturen, ohne dass sie bisher in allgemein zugänglicher Form niedergelegt und veröffentlicht sind.[1]

- *Professionelle Analyseerfahrung*
  Neben einem Hochschulabschluss sollen Ratinganalysten über eine in der Regel 5- bis 10-jährige Berufserfahrung, die sie in sehr unterschiedlichen Branchen erworben haben, verfügen. Das Spektrum reicht dabei von der produzierenden Industrie oder dem Handel über Wirtschaftsprüfung, Unternehmensberatung bis hin zu allen Facetten von Finanzdienstleistungen. Verschiedentlich waren Ratinganalysten vorab bei Aufsichtsbehörden oder anderen staatlichen Institutionen tätig.

- *Analytische Unabhängigkeit*
  Der Ratinganalyst sollte wie die Ratingagentur, für die er tätig ist, persönlich, unabhängig und unbeeinflussbar sein. Es dürfen keine Verbindungen zu Finanzinstituten, wie beispielsweise Geschäfts- oder Investmentbanken bestehen, jedoch auch keine Verbindungen zu öffentlich-rechtlichen Einrichtungen. Nur dies schließt Interessenkonflikte bei der Erstellung von Ratings aus.

- *Strenge Branchenspezialisierung*
  Strenge Branchenspezialisierung erlaubt es dem Ratinganalysten, für viele Jahre eine Branchenexpertise aufzubauen, die von den Ratingkunden gesucht wird. Hierin liegt die Voraussetzung für die langfristige Marktakzeptanz der jeweiligen Ratingagentur.

---
1 Vgl. Berblinger (1996), S. 87.

▪ *Internationale Erfahrung*
Der Ratinganalyst sollte über eine langjährige internationale Erfahrung verfügen. Die Ratinganalysten sprechen in der Regel neben englisch und/oder deutsch mindestens eine weitere Fremdsprache fließend.

▪ *Konzentration auf Bonitätsanalyse*
Ratinganalysten konzentrieren sich auf die Bonitätsanalyse. Hierzu dienen Gespräche mit dem Unternehmen (Emittenten), die Untersuchung von Wertpapierprospekten, die Analyse des Emittenten und der Branche wie auch die Kommunikation der Ratingagentur mit Investoren und der Finanzpresse.

▪ *Keine nicht-analytischen Aufgaben*
Um Interessenskonflikte grundsätzlich auszuschließen, dürfen Ratinganalysten weder in den Verkauf noch in den Handel von Wertpapieren involviert sein.

▪ *Persönliche Integrität und professionelle Ethik*
Der ständige Umgang der Ratinganalysten mit streng vertraulichen Informationen setzt ein hohes Maß an Ethik und persönlicher Integrität voraus.

3. Förderung der Qualität des Ratings durch den Rating Cert e. V.

3.1 Historie

Der Rating Cert e. V. wurde im Juni 1998 von den ersten Ratinganalysten der im Aufbau befindlichen URA UNTERNEHMENS RATINGAGENTUR Aktiengesellschaft, München, gegründet. Die Gründungsmitglieder waren sämtlich Wirtschaftsprüfer und/ oder Steuerberater. Der Vorstand, Herr Dieter Pape, meldete den Verein am 15. Mai 1998 beim Amtsgericht Charlottenburg (Berlin) zur Eintragung in das Vereinsregister an. Die Eintragung ins Vereinsregister erfolgte am 19. August 1998 beim Amtsgericht Charlottenburg unter der Nummer 18475 Nz.

Am 11. März 1999 tagte in München der erste Expertenkreis des Vereins mit dem Ziel, Ratingstandards für ein Rating in Europa unter Einbeziehung von mittelständischen Unternehmen zu erarbeiten. Hierbei wurden die von den Gründungsmitgliedern und dem Vorstand erarbeiteten Vorschläge für „Grundsätze des Unternehmensratings" diskutiert. Die „Grundsätze des Unternehmensratings" wurden am 21. September 1999 in München verabschiedet und sodann in den einschlägigen Publikationen der Finanzwirtschaft veröffentlicht.

– Teilnehmer des Expertenkreises waren:
– Prof. Dr. Jörg Baetge, Universität Münster,

- Dr. Christine Bortenlänger, Bayerische Börse,
- Prof. Dr. Hans E. Büschgen, Universität zu Köln,
- Fritz Dengler, Ministerialrat, Bayerisches Staatsministerium für Wirtschaft, Verkehr und Technologie,
- Dr. Oliver Everling, Rating Advisor,
- Egon Grunwald, Bankdirektor i. R.,
- Arvid Mainz, Bundesbankdirektor (Landeszentralbank Bayern),
- Dieter Pape, Wirtschaftsprüfer, Steuerberater (Vorstand Rating Cert e. V.),
- Michael R. Probst, Vorstand URA UNTERNEHMENS RATINGAGENTUR AG,
- Willi Söhngen Vorstand IXOS AG,
- Paul Stämpfli, Unternehmensberater.

In der Folge wurden alle in Deutschland tätigen Ratingagenturen eingeladen, an der Entwicklung der Ratingstandards mitzuwirken und mit dem Rating Cert e. V. eine Einrichtung für möglichst alle im Ratingwesen Tätigen zu schaffen.

Im November 1999 übernahm Herr Dr. Oliver Everling die Aufgaben des Geschäftsführers des Vereins. Seine Intention ist es, die Ziele und das Wachstum des Vereins zu fördern. Seine erste Aufgabe sah er darin, die Verbreitung und die Umsetzung der Ratingstandards sicherzustellen.

Mit diesem Anliegen bewegte er die DVFA Deutsche Vereinigung für Finanzanalyse und Asset Management, Frankfurt, dazu, eine interdisziplinär besetzte DVFA Kommission Ratingstandards einzusetzen. In dieser wurden die von dem Rating Cert e. V. entwickelten Ethikstandards diskutiert und weiterentwickelt. Darüber hinaus sollte die Diskussion um Methoden- und Transparenzstandards intensiviert werden, mit dem Ziel, die Akzeptanz des Ratings in Deutschland und in Europa auch bei mittelständischen Unternehmen zu erreichen.

Die Mitglieder der DVFA-Kommission sind Vertreter von verschiedenen Ratingagenturen, Bankinstituten, Investmentgesellschaften, Wirtschaftsprüfungsgesellschaften, Beratungsunternehmen und Hochschulen. Zum Vorsitzenden der Kommission wurde Prof. Dr. Jens Leker (Universität Münster) gewählt. Prof. Dr. Dr. h. c. Jörg Baetge (Universität Münster), Dr. Harald Krehl (DATEV eG), WP/StB Dieter Pape (Rating Cert e. V.) und Prof. Dr. Heinrich Rommelfanger (Universität Frankfurt) leiteten die vier Arbeitsgruppen, die die verschiedenen Themenfelder bearbeiteten. Im Mai 2001 wurden die Thesen der DVFA zur Transparenz für das Unternehmensrating in der Finanzpresse veröffentlicht. Hiermit wurde ein weiterer wichtiger Beitrag zur Entwicklung und Akzeptanz des Ratings geleistet.

Ende April 2001 verfügte der Rating Cert e. V. über 69 Mitglieder. Bei den Mitgliedern handelte es sich überwiegend um Ratinganalysten aus Ratingagenturen für den Mittelstand. Es wird erwartet, dass der zukünftige Mitgliederzuwachs sich insbesondere aus den Ratinganalysten dieser jungen Ratingagenturen rekrutiert. Sehr wahrscheinlich werden auch Ratinganalysten, die in Kreditinstituten tätig sind, den Mitgliederkreis erweitern. So werden die Diskussionen um die Qualität des internen und externen Ratings in Deutschland und in Europa auch in diesem Rahmen weitergeführt werden.

3.2 Zweck des Vereins

Der Verein beschloss am 30. Mai 2001 auf seiner Mitgliederversammlung in München seine neue, weiterentwickelte Satzung als Berufsverband. Diese weist folgenden Vereinszweck aus:

- Zweck des Vereins ist die Förderung des Berufsstandes der Ratinganalysten und die Verbreitung von Rating an den Finanzmärkten.
- Der Verein bezweckt insbesondere:
  - die Entwicklung eines Berufsbildes von Ratinganalysten und der hierzu erforderlichen Ausbildung;
  - die Interessen der Ratinganalysten durch Mitarbeit in anderen nationalen und internationalen Berufsverbänden und Einrichtungen zu fördern;
  - einen qualitativ hohen, international anerkannten Qualitätsstandard für die Durchführung von Ratings zu schaffen;
  - das Rating als Instrument zur Verbesserung der Unternehmensfinanzierung bekanntzumachen;
  - das Verständnis der Öffentlichkeit für die Bedeutung und Funktion des Ratings zu entwickeln.

Der Rating Cert e. V. realisiert seinen Zweck insbesondere in der Arbeit seiner Ausschüsse. Es werden folgende Ausschüsse für die nachstehenden Themen unterhalten:

- Analystenausbildung,
- Ethikstandards für das Rating,
- Methodenstandards für das Rating.

Hinzu kommen der Ausschuss für die Akkreditierung von Ratinganalysten und die Aufnahmekommission.

3.3 Stellungnahme des Rating Cert e. V. an die BIZ

Der Rating Cert e. V., ein Berufsverband von Ratinganalysten mit dem Sitz in Berlin, hat sich am 29. November 1999 in einer Stellungnahme an den Ausschuss bei der Bank für internationalen Zahlungsausgleich für Bankaufsicht gewandt. Die hierin unterbreiteten Vorschläge sollen die Stabilität der Finanzwirtschaft in Europa fördern. Sie entsprechen den europäischen Genehmigungsrichtlinien zur Transparenz der Rechnungslegung von Wirtschaftsunternehmen.

Nachstehend einige Zitate hieraus:

„... Ein Beispiel aus der jüngeren Vergangenheit ist die Einführung des Bilanzrichtliniengesetzes, das die Prüfung und die Offenlegung von Jahresabschlüssen von nicht börsennotierten Kapitalgesellschaften vorsieht. Um diesen Gesetzesauftrag zu erfüllen, wurde die Zahl der Wirtschaftsprüfer in Deutschland mehr als verdoppelt. Der Beruf des vereidigten Buchprüfers wurde wiederbelebt.

Die Berufsgruppe der Wirtschaftsprüfer zeichnet sich durch eine besonders hohe Berufsethik aus, deren fundamentaler Grundsatz die Unabhängigkeit ist. Aus diesem Grunde wurde vor Jahren eine Änderung der Wirtschaftsprüferordnung in Deutschland herbeigeführt, die es gewerblichen Unternehmen insbesondere Unternehmen der Kreditwirtschaft verbietet, sich an Wirtschaftsprüfungsgesellschaften zu beteiligen.

Lösungsvorschläge:

Die bestehende „Ratinglücke" in Europa verlangt nach Lösungen mit dem Ziel, während eines Zeitraums von längstens zehn Jahren das Rating für ein Unternehmen so selbstverständlich zu machen wie die Jahresabschlussprüfung für Kapitalgesellschaften.

1. Größengrenzen

Das Rating durch eine externe Ratingagentur sollte für Unternehmen zum Beispiel ab bestimmten Größenordnungen des Volumens der Bankverbindlichkeiten im Verhältnis zur Bilanzsumme obligatorisch sein. Die Nichtvorlage eines Ratings von zum Rating verpflichteten Unternehmen würde dazu führen, dass die Institute die Folgen – höhere Eigenkapitalhinterlegung – und die Folgen für den Kreditkunden – Konditionenzuschlag – bekannt machen müssten.

2. Rechtsformen

Es sollte ein Zeitplan aufgestellt werden für die Einbeziehung aller Rechtsformen in die Ratingverpflichtung. Begonnen werden sollte mit den börsennotierten Kapitalgesellschaften.

3. Förderung der Ratinganalystenausbildung

Um künftig ein ausreichendes Angebot von Ratingdienstleistungen sicherzustellen, ist auch die Kreditwirtschaft gefordert, eine breit angelegte europäische Initiative zur Ausbildung von Ratinganalysten zu unterstützen. Als Beispiel kann hier die Postgraduierten-Ausbildung der Deutschen Vereinigung für Finanzanalyse und Asset Management (DVFA) zum Finanz-Analysten von Aktiengesellschaften herangezogen werden.

4. Europäische Ratingstandards

Die Bankenaufsicht sollte die Anerkennung von externen Ratings für die Zwecke der Eigenkapitalunterlegung von Krediten davon abhängig machen, dass sich die Ratingagenturen einem Kanon von Mindeststandards unterwerfen – Ethikstandards und Methodenstandards. Die Überprüfung der Befolgung dieser Standards sollte durch die Bankenaufsicht selbst oder von ihr eingesetzte Wirtschaftsprüfer erfolgen."

4. Rating – Definition und Image

4.1 Definition des Ratings

Als Rating bezeichnet man allgemein ein Verfahren, bei dem Beurteiler die Ausprägung bestimmter Merkmale anhand von vorgegebenen Kategorien (Ratingskalen) einschätzen und damit in eine Rangordnung bringen.[2]

Die jüngste Fachdiskussion hat gezeigt, dass das Rating von Unternehmen eine Weiterentwicklung erfahren hat. Waren die angloamerikanischen Ratingagenturen vor allem im Interesse von Investoren tätig, so sind es heute vielfach die Unternehmen selbst, die ein Rating durchführen lassen – als Standortbestimmung, als Investor Relations-Maßnahme wie auch als Kommunikationsinstrument zu allen ihren Außenbeziehungen.

Ausgehend von der Fundamentalanalyse des Ratingobjekts (Unternehmen) wird die einzelne Rechtsbeziehung oder der Rechtstitel, wie Anleihe, Aktie, Bankkredit, Lieferantenkredit, Kunden- und Lieferantenbeziehung, geratet. So spricht man bis auf wenige Ausnahmen, zum Beispiel bei der Beurteilung von Aktien, von <u>Credit Rating.</u> Es ist zu spezifizieren in:

1. Credit Rating des Emittenten (Unternehmensrating)
2. Credit Rating des Finanztitels
3. Credit Rating der Kunden- bzw. Lieferantenbeziehung

Das Credit Rating des Emittenten (Unternehmensrating) umfaßt die ganzheitliche Analyse des Unternehmens unter Einbeziehung des Branchenratings soweit möglich. Der Prognosezeitraum für die Aussage der Ausfallwahrscheinlichkeit ist mittelfristig (vier bis fünf Jahre), in jedem Fall größer als ein Jahr. Der Default für das Ratingobjekt Unternehmen tritt ein bei Eröffnung des Insolvenzverfahrens.

Das Credit Rating des Finanztitels ist fokussiert auf die Ermittlung der Ausfallwahrscheinlichkeit des einzelnen Forderungsanspruches. Zur fundamentalen Bonitätsbetrachtung des Unternehmens kommt die Beurteilung der rechtlichen Ausgestaltung sowie der Besicherung und der Laufzeit des Finanztitels. Hieraus ergibt sich eine für diesen Finanztitel spezifische Ausfallwahrscheinlichkeit und somit eine eigene Ratingeinstufung. Der Prognosezeitraum entspricht der Laufzeit des Finanztitels. Der Default für das Ratingobjekt Finanztitel ist – wie international üblich – bei Zahlungsverzug von einem Tag für Zin-

---

[2] Bibliographisches Institut & F. A. Brockhaus AG (1999).

sen und/oder Tilgung gegeben. Für international gehandelte Finanztitel ist das Länderrating einzubeziehen. Das Rating des einzelnen Finanztitels kann hierbei nicht besser sein als das Rating des entsprechenden Landes.

Dieses Credit Rating wird angewandt bei verbrieften wie auch bei unverbrieften Finanztiteln. Zu den unverbrieften Finanztiteln zählen insbesondere Bank- und Lieferantenverbindlichkeiten.

Das Credit Rating der Kunden- bzw. Lieferantenbeziehung fußt ebenso auf der fundamentalen Bonitätsbetrachtung des Unternehmens. Neben der Bestandssicherheit des Unternehmens wird die Leistungsfähigkeit untersucht. Der Prognosezeitraum ist begrenzt durch den Zeitraum der Auftragsabwicklung bzw. der prognostizierten Dauer der Geschäftsbeziehung. Der Default ist gegeben bei Eintritt der Leistungsunfähigkeit.

Dieses Credit Rating der Kunden- bzw. Lieferantenbeziehungen hat Einfluss auf die Vereinbarung von Fertigstellungsgarantien, Vertragsstrafen und Liefervolumina.

Als _Equity Rating_ wird die Beurteilung von Unternehmensbeteiligungen, in der Regel von Aktien, bezeichnet. Das Equity Rating beurteilt die Wachstumsfähigkeit einer Unternehmensbeteiligung. Der Prognosezeitraum ist mittelfristig (vier bis fünf Jahre). Der Default im Equity Rating ist gegeben bei dem vollständigen oder teilweisen Verlust des Nominalkapitals des Unternehmens.

Die aktuelle Diskussion um die „Neue Basler Eigenkapitalvereinbarung" zeigt, dass es insbesondere unter den Kreditinstituten keine einheitliche Definition für den Ausfall (Default) gibt. Das Konsultationspapier des Basler Ausschusses macht unter Textziffer 271 und 272 für die Definitionen des Ausfalls folgenden Vorschlag:

„Ein bestimmter Schuldner ist als ausgefallen zu betrachten, wenn eines oder mehrere der folgenden Ereignisse eingetreten ist:

- es ist unwahrscheinlich, dass der Schuldner seine Zahlungsverpflichtungen (Zins, Tilgung oder Gebühren) voll erfüllen kann;
- Eintritt eines Kreditverlustes in Zusammenhang mit irgendeiner Zahlungsverpflichtung des Schuldners, wie Abschreibung, Einzelwertberichtigung oder Umschuldung notleidender Kredite in Zusammenhang mit Erlass oder Verschiebung von Zins-, Tilgungs- oder Gebührenzahlungen;
- der Schuldner ist mit irgendeiner Zahlungsverpflichtung mehr als 90 Tage in Verzug, oder
- der Schuldner hat ein Konkursverfahren oder ein ähnliches Verfahren zum Schutz von Gläubigern beantragt."[3]

Vergleicht man hierzu die oben wiedergegebenen allgemein akzeptierten Default-Definitionen der externen Ratingagenturen mit diesen vier in der Kreditwirtschaft üblichen De-

---

[3] Baseler Ausschuss für Bankenaufsicht (2001), Textziffer Nr. 271 und 272.

finitionen, so zeigt sich, dass es das wichtigste Ziel aller mit dem Unternehmensrating befassten Einrichtungen, insbesondere Ratingagenturen und Kreditinstitute, sein muss, für die jeweilige Ratingaussage eine einheitliche Default-Definition zu finden und zu publizieren. So lange dies nicht gelingt, wird das Image des Ratings in der Wirtschaft und somit seine Akzeptanz darunter leiden, dass eine der wichtigsten Eigenschaften des Ratings, die Aussage über die Ausfallwahrscheinlichkeit mit anderen Ratingurteilen nicht valide ist.

4.2 Image des Ratings

Der Nutzen des Ratings wird von mittelständischen Unternehmen in Deutschland und in Europa zunehmend erkannt. Die Erfahrung und die Tradition der angloamerikanischen Ratingagenturen haben an den Finanzmärkten für das Rating ein hohes Image entwickelt.

Durch die Einbeziehung von mittelständischen Unternehmen wird das Marktvolumen beträchtlich erweitert. Diese Entwicklung birgt die Gefahr der Verwässerung der Reputation des Ratings. Deshalb sind alle Marktteilnehmer aufgerufen, berufsständische Grundsätze als allgemein verbindlich zu entwickeln. Sie sollten auch Grundsätze für die Transparenz des Ratings befolgen, damit die Glaubwürdigkeit unterstützt und die Vergleichbarkeit der jeweiligen Ratingaussage möglich wird.

Die Dienstleistungen der neuen Ratingagenturen leisten einen positiven Beitrag für den aufstrebenden Ratingmarkt. Darüber hinaus kann ein externes Rating eine wertvolle Second Opinion sowohl für Kreditnehmer als auch für Kreditgeber darstellen und einem mittelständischen Unternehmen die Kapitalaufnahme am nationalen oder internationalen Kapitalmarkt erleichtern. Wenngleich die endgültige Neuregelung der Vorschriften für die Eigenkapitalunterlegung von Krediten bislang lediglich als Konsultationspapier vorliegt und die jüngst gegründeten deutschen Ratingagenturen erst mit ihrer operativen Tätigkeit begonnen haben, so stellen beide Entwicklungen einen sinnvollen Ansatz zur Etablierung einer Ratingkultur in Europa dar.[4]

Für die Akzeptanz von Ratings in Deutschland wird entscheidend sein, dass jede Ratingagentur die Risikoaussage und den Fokus des Ratings deutlich kommunizieren kann. Es muss deutlich werden, ob es sich bei den Ratings um die Beurteilung einer Fremdkapital- oder einer Eigenkapitalposition handelt.[5]

Ratings erfüllen vielfältige Funktionen im Finanz- und Wertpapiermanagement von Emittenten und Investoren. Sie gehen weit über die Funktionen Information und Risikoidentifikation hinaus, da sie von Kapitalanlegern als Strukturierungs- und Strategietool sowie als Instrument zur Performance-Messung herangezogen werden können. Kapitalnehmer nut-

---

4   Vgl. Natusch (1999), S. 409 ff.
5   Vgl. Heinke/Steiner (2000a), S. 1 ff.

zen es außerdem als Kommunikations- und Analyseinstrument und profitieren von der Offenlegungs- und Zertifizierungsfunktion von Ratings.[6]

Lokale und nationale Ratings scheinen den Tendenzen der Globalisierung und Internationalisierung der Finanzmärkte zu widersprechen. Nationale Ratings relativieren Bonitätsrisiken innerhalb der jeweiligen Volkswirtschaft. Nationale Ratings klammern das für internationale Investments relevante Länderrisiko aus, das durch die mangelnde Transferier- und Konvertierbarkeit vernachlässigt werden kann. Durch nationale Ratings wird der relative Informationsnutzen gesteigert, da die relative Positionierung verschiedener Emittenten eines Landes zueinander deutlicher wird.[7]

Das Thema Rating gewinnt durch die Globalisierung der Märkte und den schleichenden Rückzug der Banken aus dem klassischen Kreditgeschäft hin zum ertragreicheren, aber mit weniger Risiko behafteten Provisionsgeschäft zunehmend an Bedeutung. Eine Kapitalmarktfinanzierung über andere nationale Investoren ist nach den Erkenntnissen des Verbandes Deutscher Treasurer e. V. ohne Rating möglich, insbesondere bei Unternehmen mit einem guten Standing an den Finanzmärkten und einer Platzierung von Anleihen bei Privatanlegern. Neuerdings wird ein Rating jedoch als notwendig angesehen, wenn eine größere Anzahl Neuinvestoren wiederkehrend oder laufend angesprochen werden soll, und wenn die Liquiditätsversorgung eines Unternehmens auch unter veränderten Marktbedingungen längerfristig gesichert werden soll.[8]

Allen Autoren in Fachpublikationen wie auch der Wirtschaftspresse ist gemeinsam, dass sie vom Rating, das auf breiter Basis an den Kapitalmärkten, in der Kreditwirtschaft und zwischen Unternehmern genutzt wird, eine Stabilisierung der Volkswirtschaft bei gleichzeitiger Verringerung der Ausfallrisiken erwarten.

5. Grundsätze des Unternehmensratings

5.1 Berufsständische Standards

Die Akzeptanz des Ratings hängt im wesentlichen davon ab, ob der Markt den handelnden Personen einer Ratingagentur das erforderliche Vertrauen entgegenbringt. Die Problematik ist vergleichbar der bei Wirtschaftsprüfern wie auch bei Finanzanalysten. Aus diesem Grunde haben diese Berufsgruppen berufsständische Standards entwickelt, die deren Berufsorganisationen überwachen.

Der Rating Cert e. V. hat als Berufsorganisation der Ratinganalysten Berufsgrundsätze verabschiedet und als „Grundsätze des Unternehmensratings" im September 1999 veröf-

---

6 Vgl. Heinke/Steiner (2000b), S. 138 ff.
7 Vgl. Everling (2000), S. 204 ff.
8 Vgl. Verband Deutscher Treasurer (2001), S. 106 ff.

fentlicht. In ihnen finden sich allgemein anerkannte Ethikstandards von Wirtschaftsprüfern und Finanzanalysten wieder. Diese Berufsgruppen wollen und sollen – nicht zuletzt aufgrund ihrer Kompetenz und der Erwartung, die die Adressaten von ihrer Leistung haben, besondere Vertrauenswürdigkeit genießen.

Der Expertenkreis des Rating Cert e. V. (siehe auch Abschnitt 3.1), der angesichts seiner Zusammensetzung große Teile der Ratingadressaten widerspiegelt, hat mit diesem ersten Entwurf von Ethikstandards für das Rating eine Grundlage geschaffen, die Anlass zu Diskussionen und zur Weiterentwicklung im Kreise von Ratinganalysten und Ratingagenturen ist.

5.2 Die Grundsätze des Unternehmensratings

Die von einem Expertenkreis des Rating Cert e. V. entwickelten Ratinggrundsätze gliedern sich in:

I. Allgemeine Pflichten der Ratingagentur
II. Erhebungsgrundsätze
III. Beurteilungsgrundsätze
IV. Allgemeine Pflichten des Analysten

Die einzelnen Grundsätze sind mit Ausführungen versehen, die die praktische Umsetzung erleichtern sollen.

Für diese Ratinggrundsätze waren u. a. folgende Leitideen maßgeblich:

- Neutralität gegenüber Ratingagenturen;
- Pluralität der Ratingmethoden;
- Ansporn zur Fortentwicklung;
- Wettbewerb der Ratingansätze;
- Verständlichkeit der Ratinggrundsätze;
- Einfachheit des Regelwerks;
- Akzeptanz bei den Ratingadressaten.

I. Allgemeine Pflichten der Ratingagentur

1. Unabhängigkeit

Die Ratingagentur darf keine Bindungen eingehen, die ihre berufliche Entscheidungsfreiheit beeinträchtigt oder beeinträchtigen könnte. Die Ratingagentur wie auch ihre Organe haben ihre persönliche und wirtschaftliche Unabhängigkeit gegenüber jedermann zu bewahren.

2. Verbot der widerstreitenden Interessen, Neutralität

Die Ratingagentur darf nur mit Zustimmung des zu beurteilenden Unternehmens tätig werden. Sie erstellt ihren Ratingbericht ohne Berücksichtigung der am Ergebnis des Ratings interessierten Parteien.

3. Qualifikation der Analysten

Die Ratingagentur hat bei dem Engagement von Analysten die fachliche und persönliche Eignung, insbesondere angemessene Erfahrungen der Bewerber zu prüfen. Die Zuständigkeit für Auswahl und Vertragsabschluss ist eindeutig zu regeln. Die Weiterbildung der Analysten ist sicherzustellen.

Die Analysten sind über ihre Verantwortlichkeit und ihre Pflichten zu informieren. Sie sind vor Beginn der Zusammenarbeit auf die Einhaltung der Verschwiegenheit, des Datenschutzes, der Insider-Regeln wie auch zur Beachtung der „Grundsätze des Unternehmensratings für den Mittelstand" des RATING Cert e. V., Berlin, schriftlich zu verpflichten.

4. Ganzheitlicher Ratingansatz

Die Ratingagentur wird für jeden Ratingauftrag ein Analystenteam zusammenstellen. Die Mitglieder sollen mit ihren Qualifikationen geeignet sein, alle wesentlichen Bereiche des betreffenden Unternehmens zu beurteilen.

5. Sicherung der gewissenhaften Analysedurchführung

Zur Sicherung der gewissenhaften Analysedurchführung ist die Ratingagentur verpflichtet. Sie hat insbesondere die Einhaltung der Pflichten der Analysten in angemessenen Zeitabständen zu überprüfen und Mängel abzustellen.

6. Sicherung der Vertraulichkeit

Die Ratingagentur darf Tatsachen oder Umstände, die ihr und ihren Analysten bei der Tätigkeit anvertraut oder bekannt werden, nur mit Zustimmung des zu beurteilenden Unternehmens offenbaren.

Die Ratingagentur hat dafür Sorge zu tragen, dass Tatsachen und Umstände im Sinne von Abs. 1 Unbefugten nicht bekannt werden. Sie hat entsprechende Vorkehrungen zu treffen.

Die Pflichten nach Abs. 1 und 2 bestehen nach Beendigung eines Auftragsverhältnisses fort.

7. Objektivität der Analysemethoden

Die Ratingagentur hat Analysemethoden anzuwenden, die die größtmögliche Objektivität sicherstellen. Sie hat quantitative und qualitative Verfahren entsprechend der Zweckmäßigkeit nebeneinander einzusetzen. Sie hat die Unternehmenszahlen auf der Basis von mindestens drei Rechnungsabschlüssen zu beurteilen. Die Zukunftsbezogenheit und die Branchenbezogenheit des Ratings ist auf geeignete Weise sicherzustellen.

8. Sicherung der qualifizierten Urteilsfindung

Die Erhebung der Primärdaten ist von den Analysten persönlich durchzuführen. Die Qualität der Urteilsbildung ist durch das Vier-Augen-Prinzip, beispielsweise durch den Einsatz eines Ratingkomitees sicherzustellen. Die Transparenz der Urteilsbildung ist zu gewährleisten.

9. Verwendung international anerkannter Ratingsymbole

Das Ergebnis eines Ratings wird international anerkannt als das Urteil eines Analystenteams, das üblicherweise in der international anerkannten Sprache der Ratingsymbole formuliert ist.

Deshalb wird die Ratingagentur international anerkannte Ratingsymbole für ihre Ratingskala verwenden, um die Vergleichbarkeit von Ratings bei einem Unternehmen zu ermöglichen.

10. Berücksichtigung landestypischer Gegebenheiten

Die Ratingagentur wird bei ihrer Erhebung landestypische Gegebenheiten, wie zum Beispiel Rechnungslegungs- und Umweltvorschriften, berücksichtigen. Sie wird diese bei der Bewertung in einer Weise einbeziehen, dass die Beurteilung des Unternehmens eines Landes sich von dem eines anderen Landes bei vergleichbaren Kriterien nicht unterscheidet.

11. Festlegung des Ratingobjekts

Die Ratingagentur beurteilt den Ratinggegenstand unter Beachtung des Gesamtunternehmens. Zur Beachtung dieses Grundsatzes ist eine Vollständigkeitserklärung zu fordern, wie diese bei Jahresabschlussprüfungen üblich ist.

Es ist die Aufgabe der Ratingagentur, das Vertrauen des Marktes in ihre Integrität wie auch in die Qualität ihrer Arbeit sicherzustellen. So wird und muss die Beachtung dieser grundlegenden Grundsätze zum Leitziel der Arbeit jeder Ratingagentur werden.

II. Erhebungsgrundsätze

1. Entkoppelung von Erhebung und Beurteilung

In einem ersten Schritt sollen ausschließlich die beurteilungsrelevanten Erfolgsfaktoren des Unternehmens erhoben und deren Auswertung vorgenommen werden. Die Zusammenfassung des Erhebungsergebnisses, seine Beurteilung und Einstufung in die Ratingskala ist als gesonderter Bearbeitungsschritt vorzusehen. Bei der Vornahme der Beurteilung der Ergebnisse ist sicherzustellen, dass eine wie auch immer geartete Einflussnahme des Unternehmens ausgeschlossen ist.

2. Verschiedenheit der Erhebungsmethoden

Für die Methoden der Erhebung sind quantitative und qualitative Analysemethoden einzusetzen wie
Jahresabschlussanalyse,
Dokumentenanalyse,
Stichprobenerhebung,
persönliche Befragung,
computergestützte Befragung.

3. Standardisierung der Erhebung mit Auswertung

Im Interesse der Objektivität der Erhebung und der Vergleichbarkeit der Ratingergebnisse hat die Ratingagentur einen hohen Grad an Standardisierung für die Erhebung und deren Auswertung vorzusehen.

4. Dokumentation der Erhebung

Die Erhebung im Rahmen der Analyse ist vollständig zu dokumentieren. Diese Dokumentation ist zusammen mit Arbeitspapieren bzw. Dateien aufzubewahren und insbesondere den für die Beurteilung zuständigen Personen zugänglich zu machen.

5. Begründungszwang bei Abweichung von der Standardisierung

Weicht der Analyst bei der Auswertung vom empfohlenen Standard ab, so hat er diese Abweichung insbesondere bei branchen- oder unternehmenstypischen Besonderheiten zu begründen.

6. Plausibilitätsprüfung, Vier-Augen-Prinzip

Die Ratingagentur hat für die Durchführung der Erhebung und die anschließende Erarbeitung der Beurteilungsgrundlagen eine angemessene Plausibilitätsprüfung vorzusehen. Dem dienen Vollständigkeitsprüfungen wie auch verbale zusammenfassende Bemerkungen des Analysten zu Erhebungsergebnissen.

Das Vier-Augen-Prinzip ist durchgängig sicherzustellen.

III. Beurteilungsgrundsätze

1. Einzelbeurteilung der Erfolgsfaktoren

Für die Beurteilung im Rahmen eines Ratings sind die Erfolgsfaktoren einer Einzelbeurteilung zu unterziehen. Die Zusammenfassung der Einzelbeurteilungsergebnisse mündet in das Gesamturteil. Es ist zulässig, hierbei Gruppen von Erfolgsfaktoren zusammenzufassen und mit einer angemessenen Gewichtung zu versehen.

2. Ausgewogenheit zwischen Vergangenheits- und Zukunftsbezogenheit

Da das Rating neben der Beurteilung der ausgewiesenen Ergebnisse der Vergangenheit auch eine Aussage über die Potentiale für die Zukunft darstellt, hat die Ratingagentur in geeigneter Weise die Ausgewogenheit zwischen Vergangenheits- und Zukunftsbezogenheit ihrer Erhebungs- und Auswertungsmethoden sicherzustellen.

3. Branchenorientierung

Die sachgerechte Beurteilung eines Unternehmens ist in der Regel nur möglich unter Zuhilfenahme von Branchenvergleichswerten. Auch die wirtschaftliche Entwicklung des Unternehmens ist ohne Kenntnis der Entwicklung der jeweiligen Branche nicht angemessen zu beurteilen. Deshalb hat die Ratingagentur dafür Sorge zu tragen, dass die Analyse in angemessener Weise branchenorientiert ist.

4. Nachvollziehbarkeit

Die Nachvollziehbarkeit der Beurteilung ist durch geeignete Mittel sicherzustellen. Über kontroverse Punkte bei der Beurteilung ist ein Protokoll zum Verbleib bei den Arbeitspapieren der Ratingagentur anzufertigen.

Der Ratingprozess sollte von jeder Ratingagentur gegenüber den Marktteilnehmern transparent gemacht werden. Nur so wird sich das gewünschte Vertrauen in die Gewissenhaftigkeit und Fundiertheit der Ratingurteile einstellen.

Die Strukturierung des Ratingprozesses in Erhebung und Beurteilung unterstreicht das Bemühen der Ratingagenturen um einen möglichst hohen Grad an Objektiviertheit des Ratingurteils. Sie entspricht im übrigen der Ratingtradition von Moody's, Standard & Poor's und Fitch.

IV. Allgemeine Pflichten des Anlaysten

1. Unparteilichkeit

Die Analysten haben sich insbesondere bei der Durchführung und Auswertung ihrer Erhebungen unparteiisch zu verhalten. Sie haben ihre Tätigkeit zu versagen, wenn die Besorgnis der Befangenheit bei der Durchführung eines Auftrags besteht.

2. Persönliches Tätigwerden

Der Analyst wird im Rahmen der Erhebung persönlich und zum größten Teil vor Ort im Unternehmen tätig. An Mitarbeiter darf er nur Hilfstätigkeiten delegieren. Im Unternehmen und bei den Organen des Auftraggebers tritt der Analyst stets persönlich auf.

3. Gewissenhaftigkeit

Der Analyst ist bei der Erfüllung seiner Aufgaben an diese Ratinggrundsätze gebunden. Er hat sich über die Regeln seiner Berufsausübung, die die Ratingagentur vorgibt, zu unterrichten und diese zu beachten. Er hat sich in einem Umfang fortzubilden, der seine fachliche Kompetenz erhält und sicherstellt, seinen Aufgaben als Analyst gerecht zu werden.

Der Analyst darf einen Auftrag nur übernehmen, wenn er über die dafür erforderliche Sachkunde verfügt.

Der Analyst hat die Voraussetzungen dafür zu schaffen, dass die übernommenen und erwarteten Aufträge unter Beachtung dieser Grundsätze für das Rating ordnungsgemäß durchgeführt und zeitgerecht abgeschlossen werden können.

Treten nach Auftragsannahme Umstände ein, die zur Ablehnung des Auftrags hätten führen müssen, ist das Auftragsverhältnis zu beenden.

4. Eigenverantwortlichkeit bei der Urteilsbildung

Der Analyst hat sein Handeln in eigener Verantwortung zu bestimmen. Jeder einzelne Analyst hat im Rahmen der Beurteilung seiner Erhebungen das Urteil selbst zu fällen.

5. Unvereinbarkeit von Analystentätigkeit und Beratung

Die Beratung eines Auftraggebers durch den selben Analysten oder die Gesellschaft, der er als Gesellschafter oder Mitarbeiter angehört, ist mit der Analystentätigkeit nicht vereinbar.

6. Weitere Unvereinbarkeiten

Der Analyst darf einen Sachverhalt nur dann erheben und auswerten, wenn er an dessen Zustandekommen selbst nicht maßgeblich mitgewirkt hat.

7. Ausschließung des Analysten analog § 319 Abs. 2 und 3 HGB

Der Analyst kann bei dem jeweiligen Auftraggeber nicht tätig werden, wenn ein Ausschlussgrund nach § 319 Abs. 2 und 3 HGB vorliegt.

8. Verwendung von Beurteilungen, Bewertungen und Feststellungen Dritter

Der Analyst hat kenntlich zu machen, wenn es sich um die Verwendung von Beurteilungen, Bewertungen und Feststellungen Dritter handelt.

9. Nachvollziehbarkeit des Urteils

Der Analyst hat in geeigneter Weise sein Urteil zu den einzelnen Erhebungsgegenständen nachvollziehbar zu halten. Er ist verpflichtet, der Ratingagentur bei Rückfragen eine schriftliche Begründung zu liefern.

10. Pflicht zu einheitlicher Methodik

Der Analyst wird ausschließlich die von der Ratingagentur für die jeweilige Erhebung vorgeschriebene einheitliche Methodik anwenden. Er wird Individualskalierungen dort einsetzen, wo sie aufgrund der Branchenorientiertheit oder der Besonderheit des jeweiligen Unternehmens geboten sind.

11. Verschwiegenheitspflicht

Der Analyst darf Tatsachen und Umstände, die ihm bei seiner Tätigkeit anvertraut oder bekannt werden, nicht unbefugt offenbaren.

Der Analyst hat dafür Sorge zu tragen, dass Tatsachen und Umstände im Sinne von Abs. 1 Unbefugten nicht bekanntgemacht werden. Er hat entsprechende Vorkehrungen zu treffen.

Die Pflichten nach Abs. 1 und 2 bestehen nach Beendigung des Auftragsverhältnisses fort.

12. Beachtung von Urheberrechten

Der Analyst hat die Urheberrechte der Ratingagentur an den Ratingverfahren und den Ratinginstrumenten zu beachten. Diese Verpflichtung gilt auch nach Beendigung des Vertragsverhältnisses.

13. Insidervorschriften

Die Analysten haben die geltenden Insidervorschriften zu beachten.

14. Verzicht auf Vorteilsannahme

Die Annahme von Belohnungen und Geschenken (auch sonstiger Vorteile), die einem Analysten im Hinblick auf seine Tätigkeit angeboten werden, ist nicht zulässig.

Die Annahme einer üblichen und angemessenen Bewirtung aus Anlass oder bei Gelegenheit seiner Tätigkeit ist gestattet.

Die Vertrauenswürdigkeit einer Ratingagentur hängt entscheidend von den im Ratingprozess agierenden Personen ab, den Ratinganalysten. Diese stehen in einem besonderen Spannungsverhältnis zwischen den Erwartungen des gerateten Unternehmens, den Auswirkungen des Ratings auf den Kapitalmarkt und den Geschäftsinteressen der Ratingagentur. Nur Persönlichkeiten mit hohem ethischen Anspruch sind in der Lage, mit diesen Interessen angemessen umzugehen. Die vorstehenden Ethikstandards sollen hierbei Hilfestellung bieten.

5.3 DVFA Ratingstandards

Die DVFA Deutsche Vereinigung für Finanzanalyse und Asset Management hat im Mai 2001 den DVFA Ratingstandard „Transparenz für das Unternehmensrating" verabschiedet und veröffentlicht.

Die DVFA-Kommission Ratingstandards will hiermit erreichen, dass alle Ratingagenturen bei der Kommunikation ihres Ratingurteils Transparenzstandards beachten, die es den Finanzmarktteilnehmern und/ oder Aufsichtsbehörden selbst ermöglichen, eine kritische Bewertung vorzunehmen.

Zu diesem Zweck richtete die DVFA Deutsche Vereinigung für Finanzanalyse und Asset Management im September 2000 eine Kommission ein. Die Kommission versteht sich als Kommunikationsplattform für alle am Ratingprozess beteiligten Finanzmarktteilnehmer und die interessierte Fachöffentlichkeit. Sie verfolgt folgende Zielsetzungen:

- Die Zusammenstellung eines Fragenkataloges zur Beurteilung der Transparenz von Ratingverfahren, der die Evaluierung der Methode und der Ratingaussage der betrachteten Ratingverfahren durch die Finanzmarktteilnehmer erlaubt.
- Die Förderung einer vergleichbaren Darstellung der Ratingergebnisse durch Offenlegung der entscheidungsrelevanten Informationen.
- Die Gewährleistung der Akzeptanz des Ratingstandards durch die Berücksichtigung der Expertise der verschiedenen Finanzmarktteilnehmer und Institutionen.

Die nachfolgend vorgestellten Thesen zur Transparenz des Unternehmensratings geben Kernpunkte der Kommissionsarbeit wieder. Sie sollen einen Beitrag zur Verbesserung der Transparenz und damit der Akzeptanz des Unternehmensratings liefern.

1. Ratinganalysten müssen vom gerateten Unternehmen unabhängig sein. Der Beachtung berufsständischer Standards kommt hierbei besondere Bedeutung zu. Ratinganalysten haben anzugeben, welchem berufsständigen Standard sie verpflichtet sind.
2. Die Informationsbasis, auf der ein Ratingurteil beruht, ist vom Ratingunternehmen zu spezifizieren. Insbesondere ist offenzulegen, welche Arten von Informationen zu einem Urteil verdichtet werden, und wie diese Informationen erhoben werden.
3. Die Methoden, mit denen die erhobenen Informationen zu einem Ratingurteil verdichtet werden, sind vom Ratingunternehmen für den Marktteilnehmer verständlich offenzulegen.
4. Das Ratingergebnis ist auf einer Ratingskala abzubilden. Die Umrechnung der individuellen Skala auf eine allgemein anerkannte Masterskala ist aus Gründen der Vergleichbarkeit anzugeben.
5. Die Aktualität des Ratingurteils ist durch das Ratingunternehmen zu gewährleisten. Jeder Ratingbericht muss einen Hinweis auf die zeitliche Gültigkeit des Ratings beinhalten.

Der vollständige Text des DVFA Ratingstandards samt den Erläuterungen hierzu wird mit der von der DVFA in 2001 geplanten Buchauflage veröffentlicht.

Ausblick

Rating ist eine Dienstleistung mit einer bereits 100-jährigen Tradition. Die Schaffung großer Wirtschaftsräume, zuerst in den USA, jüngst in Europa führte dazu, dass ein Kommunikationsinstrument über die Bonität eines Emittenten, das Credit-Rating oder auch Unternehmensrating, entsteht.

Das Rating wird in den nächsten zehn Jahren in Europa so selbstverständlich werden wie die Dienstleistung des TÜVs bei der Kontrolle der Fahrtüchtigkeit von Fahrzeugen, wie die Dienstleistung der Stiftung Warentest bei der Beurteilung von Konsumartikeln für Verbraucher oder die Einstufung von Restaurants oder Weinen durch Gourmet-Führer.

Das Credit Rating erhöht die Effizienz der Wirtschaft. Das Ansehen der Ratingagentur bestimmt den Preis, den ihre Kunden bereit sind, für ihr Urteil zu bezahlen. Erst ein substanzielles Honorar versetzt eine Ratingagentur in die Lage, den Erwartungen des Marktes an das Rating, wie es sich seit 100 Jahren entwickelt hat, zu erfüllen. Die Analysequalität der Ratingagenturen wird entscheiden, ob das Image des Ratings auch künftig so hoch angesiedelt sein wird wie bisher.

Rating unterscheidet sich von Scoring-Modellen verschiedenster Art durch die Kombination von Mensch und Maschine, Analyst und elektronischer Datenverarbeitung bei der Beurteilung von Unternehmen. Die Expertise von erfahrenen Analysten stellt den eigentlichen Wert der Ratingaussage dar.

Hieraus ergibt sich eine Komplementarität der internen Ratings von Kreditinstituten, die dort für das Pricing und die Risikosteuerung eingesetzt werden, und externen Ratings von unabhängigen Ratingagenturen.

So, wie sich der internationale Kapitalmarkt für Unternehmensanleihen dank der Arbeit international tätiger Ratingagenturen entwickelt hat, so wird sich auch der Kapitalmarkt für mittelständische Unternehmen in Europa aufgrund der Existenz von auf den Mittelstand ausgerichteten Ratingagenturen weiterentwickeln und diversifizieren.

Literaturhinweise

BASELER AUSSCHUSS FÜR BANKENAUFSICHT (2001): Konsultationspapier – Neue Basler Kapitalvereinbarung, Basel 2001.

Berblinger, J. (1996): Zur Qualität der Analysten, in: Büschgen, H. E./Everling, O. (Hrsg.): Handbuch Rating, Wiesbaden 1996, S. 87 – 88.

BIBLIOGRAPHISCHES INSTITUT & F. A. BROCKHAUS AG (1999).

Everling, O. (2000): Lokale, nationale oder internationale Ratings?, in: Finanz Betrieb 4/2000, S. 204 – 208.

NATUSCH, I. (1999): Ratingkultur für den Mittelstand im Aufbau, in: Finanz Betrieb 12/1999, S. 409 – 412.

STEINER, M./HEINKE, V. G. (2000A): Rating am europäischen Kapitalmarkt: Aktuelle Entwicklungstendenzen -Teil I, in: Finanz Betrieb 1/2000, S. 1 – 8.

STEINER, M./HEINKE, V. G. (2000B): Rating am europäischen Kapitalmarkt: Nutzenaspekte und Empirische Analysen – Teil II, in: Finanz Betrieb 3/2000, S. 138 – 150.

VERBAND DEUTSCHER TREASURER (2001): Leitfaden Rating aus Unternehmenssicht, in: Finanz Betrieb, 2/2001, S. 106 – 110.

Qualitätssicherung im Ratingwesen

Christoph R. Kley

1. Einleitung – Durch Standards die Qualität von Ratings sichern

In den letzten drei Jahren wurden allein in Deutschland mehr als ein halbes Dutzend Ratingagenturen gegründet, die sich auf Ratings für mittelständische Unternehmen spezialisiert haben. Für die Ratinganwender, das heißt in erster Linie private und institutionelle Anleger, und in zweiter Linie, Banken und andere Finanzintermediäre, stellt sich die Frage nach der Qualität der Ratingurteile. Es liegt auf der Hand, dass nicht jede Neugründung per se kompetente Ratingurteile fällt. Gegenwärtig kann sich jedes Unternehmen „Ratingagentur" nennen; der Begriff ist nicht geschützt. Die großen etablierten Ratingagenturen wie Moody's, Standard & Poor's und Fitch Ratings sind seit Jahrzehnten am Markt tätig und verfügen durch ihren langen, erfolgreichen Track Record über eine große Reputation bei den Ratingadressaten. Ihre über Jahrzehnte hinweg aufgebaute Reputation sichert ihnen das Vertrauen von Kreditgebern und Kapitalanlegern sowie eine dominante Marktposition. Die neuen Ratingagenturen befinden sich nicht in einer derartig komfortablen Situation. Sie verfügen noch nicht über diese Reputation.

„Reputation" wirkt als starke Markteintrittsbarriere, die es den bestehenden internationalen Ratingagenturen u. a. ermöglicht, hohe Preise für ihre Dienstleistungen zu verlangen (nicht unter 40 000 bis 60 000 US-$). Neben Reputation ist für ein funktionierendes Ratingwesen auch eine entsprechende Ratingkultur in einem Land notwendig. Möglichkeiten und Grenzen des Credit Ratings sollten bekannt und als Prinzip auf Kreditgeber- sowie auf Kreditnehmerseite akzeptiert sein. Als traditionell bankenfinanziertes Land befindet sich diese Ratingkultur in Deutschland erst in den Anfängen. Um den Nutzen von Ratings auch dem europäischen Mittelstand zu erschließen, kann nicht einige Jahrzehnte gewartet werden, um sicherzugehen, dass sich im nachhinein die Ratingurteile der neuen Ratingagenturen bewähren (via einem erfolgreichen Track Record). Die mittelständischen Finanzierungsprobleme bestehen jetzt. Heute sind diese Unternehmen den Herausforderungen und Wandlungen des E-Commerce und der neuen Informations- und Kommunikationstechnologien ausgesetzt. Daher sind andere Wege zu beschreiten, die Qualität der Ratingbeurteilung insbesondere bei neu gegründeten Ratingagenturen zu gewährleisten und sicherzustellen.

Eine *unabhängige Institution* kann diese *Funktion der Qualitätssicherung* erfüllen. Der gemeinnützige Verein *Rating Cert e. V.* hat dazu eine Diskussion angestoßen, die bereits durch verschiedenen Institutionen, wie etwa der DVFA, aufgegriffen wurde. Durch ihn wurde der Gedanke des *Mindeststandards* entwickelt, durch den dem Rating in Deutschland von Anfang an eine hohe Qualität gesichert werden kann.

Wichtig ist eine externe Qualitätssicherung auch für den potenziellen Einsatz von externen Ratingagenturen im Rahmen der Vorschläge des Basler Komitees für Bankenregulierung.[1] Dort wurde die Idee vorgebracht, externe Ratingagenturen Kreditrisiken beurteilen zu lassen und – auf diese Beurteilung stützend – die Eigenkapitalunterlegung für die Banken festzulegen. Auf diese Weise sollen die Kosten risikogerechter verteilt werden. Diese Vorstellung des Basler Ausschusses wurden zwischenzeitlich durch das 2. Konsultationspapier wesentlich konkretisiert.

Der Rating Cert stellte 1999 Ratinggrundsätze auf, die einen *Mindestanspruch* an *Sorgfalt/Gewissenhaftigkeit*, *Ethik* und *Objektivität* definieren. Im vorliegenden Beitrag wer-

Abgrenzung von Ratingdienstleistungen

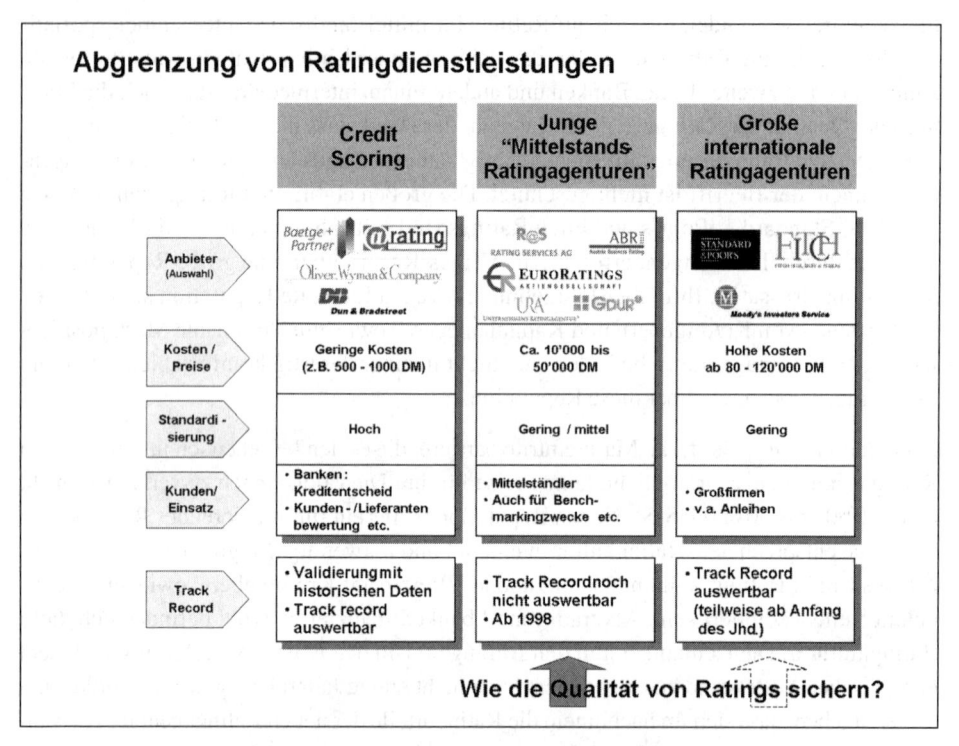

	Credit Scoring	Junge "Mittelstands-Ratingagenturen"	Große internationale Ratingagenturen
Anbieter (Auswahl)	Baetge + Partner, @rating, Oliver, Wyman & Company, D&B Dun & Bradstreet	R@S RATING SERVICES AG, ABR Aaxio Business Rating, EURORATINGS AKTIENGESELLSCHAFT, URA, GDUR	STANDARD & POOR'S, FITCH, Moody's Investors Service
Kosten / Preise	Geringe Kosten (z.B. 500 - 1000 DM)	Ca. 10'000 bis 50'000 DM	Hohe Kosten ab 80 - 120'000 DM
Standardisierung	Hoch	Gering / mittel	Gering
Kunden/ Einsatz	• Banken: Kreditentscheid • Kunden- /Lieferantenbewertung etc.	• Mittelständler • Auch für Benchmarkingzwecke etc.	• Großfirmen • v.a. Anleihen
Track Record	• Validierung mit historischen Daten • Track record auswertbar	• Track Record noch nicht auswertbar • Ab 1998	• Track Record auswertbar (teilweise ab Anfang des Jhd.)

Wie die Qualität von Ratings sichern?

Abbildung 1: Verschiedene Ratingdienstleistungen im Vergleich. Die Frage einer externen Qualitätssicherung stellt sich vor allem (aber nicht nur) für die Anbieter von Ratingdienstleistungen, die (noch) keinen Track Record vorweisen können.

---

[1] Siehe Basel Committee of Banking Supervision (1999) und Basel Committee of Banking Supervision (2001).

den diese Ratinggrundsätze vorgestellt und kommentiert. Um die Hintergründe zu illustrieren, werden zuerst grundlegende Strategien zur Qualitätssicherung analysiert; es folgt die Vorstellung des Rating Cert, die Präsentation der Grundsätze und die kritische Analyse derselben.

Die Ratinggrundsätze des Rating Cert eignen sich vor allem für die neugegründeten Ratingagenturen, wie aus der Abbildung 1 ersichtlich wird. Credit Scoring, große Ratingagenturen und die jungen Ratinagenturen werden in dieser Grafik gegenübergestellt und verglichen. Credit Scoring-Verfahren (zum Beispiel eine automatisierte Bilanzanalyse) werden normalerweise mit historischen Daten validiert, so dass auf diese Weise ein virtueller „Track Record" zur Verfügung steht. Somit besteht der größte Nutzen von Ratingstandards bei den jungen Ratingagenturen, die noch keinen auswertbaren Track Record aufweisen. Ratingstandards wären auch bei den großen etablierten Ratinagenturen anwendbar, allerdings besteht dort nicht dringender Handlungsbedarf.

2. Strategien zur Qualitätssicherung von Ratings

Kreditgeber wollen durch Rating vor allem die *erwarteten Kreditverluste* besser abschätzen. Rating soll (a) *Informationsdefizite reduzieren* und (b) *Informationsasymmetrien verringern*, die insbesondere zu unethischem Verhalten auf Kreditnehmerseite führen könnten. Rating schafft *Transparenz* und reduziert damit die Transaktionskosten einer Finanzierung. Zu den Ratingdienstleistungen gehört auch die Überwachung (Monitoring), die die Verhaltensunsicherheiten durch asymmetrische Information gering halten soll. Rating kann dementsprechend eine große Bedeutung im Rahmen des Finanzmarketings einnehmen. Es bedeutet höchst effiziente Kommunikation von Kreditwürdigkeit durch einige wenige, leicht erfassbare und allgemein bekannte Symbole.

Da Ratingagenturen als erwerbswirtschaftliche Unternehmen betrieben werden, ist für sie die Marktakzeptanz der durch die Agentur erteilten Ratings von existenzieller Bedeutung. Die Adressaten des Ratings sollten von der Unvoreingenommenheit der Ratingbeurteilung überzeugt sein, wie auch von der Professionalität (hier im Sinne von Kompetenz) der Ratingerstellung. Ansonsten würde Ratingbeurteilungen keine Glaubwürdigkeit zugesprochen; die Kunden könnten nicht mit geringeren Finanzierungskosten rechnen. Auf Kreditgeberseite führt erst glaubwürdige Information dazu, dass dort bessere Entscheidungen über Kreditvergabe und Kreditpricing gefällt werden. Somit fördert Rating die Effizienz der Finanzmärkte.

Rating gehört zu der Gruppe der *Professional Services*, zu der auch ärztliche Leistungen, Rechtsberatung und Wirtschaftsprüfung zählen. Folgende Merkmale kennzeichnen professionelle Dienstleistungen:

- Die Kontrolle ist schwierig aufgrund der Komplexität der Tätigkeit; ein Vergleich wäre zum Beispiel eine ärztliche Diagnose. Ein normaler Beobachter hat nicht die Kompetenz, die Qualität zu beurteilen. Der zusätzliche Aufwand, andere professionelle Kräfte dafür heranzuziehen, wirkt abschreckend.[2]

- Professionell in diesem Zusammenhang bedeutet eine besondere Verpflichtung für den professionell Tätigen, da öffentliches Vertrauen in die Qualität der Dienstleistung notwendig ist. Von einem „Professional" wird daher erwartet, dass er höhere Maßstäbe an sein Verhalten anlegt als die meisten anderen Mitglieder der Gesellschaft.[3]

Die genannten Merkmale implizieren folgendes für das Verhältnis zwischen Ratingagentur und Ratingadressat:

- Es besteht *Qualitätsunsicherheit*. Der Auftraggeber bzw. der Ratingadressat kann ex ante nicht beurteilen, ob es sich um eine kompetente, objektiv urteilende Agentur handelt.

- Es bestehen Anreize für opportunistisches, unmoralisches Verhalten der Ratingagentur (*Moral Hazard*), da sie vom Auftraggeber (hier der Kreditnehmer) bezahlt wird und die Qualität nicht transparent ist.

Folgende Instrumente bzw. Handlungsstrategien stehen nach SPREMANN zur Verfügung, um Qualitätsunsicherheit und Moral Hazard zu reduzieren:[4]

- Gegen Qualitätsunsicherheit: (a) *Screening* (das heißt die eigene oder durch zuverlässige Drittparteien vorgenommene Beurteilung der Agenturen)[5], (b) *Signalling* (die Aussendung von mit Kosten verbundenen Qualitätssignalen, die eine Separierung der besseren von den schlechteren Agenturen erlauben)[6], (c) *Garantien* und (d) *Reputation*.

- Gegen Moral Hazard: (a) *Monitoring* (Überwachung der Aktivitäten des Agenten), (b) *Reputation* und (c) *Anreizsysteme* (wie z. B eine Erfolgsbeteiligung).

Abbildung 2 zeigt die *wichtigsten Einflussfaktoren auf die Glaubwürdigkeit der Ratingbeurteilung*.

Im Grunde geht es um die Sicherstellung von zwei elementaren Verhaltensaspekten einer Agentur:

a) dem *Können*, der Kompetenz, und
b) dem *Willen*, sich ethisch korrekt zu verhalten, objektiv zu beurteilen und professionell zu handeln.[7]

---

2 Vgl. Arens/Loebbecke (2000), S. 80.
3 Vgl. Arens/Loebbecke, (2000), S. 79 f.
4 Vgl. Spremann (1996), S. 695 ff.
5 Dies wird durch Transparenz der Agenturen bei Methodik und internen Prozessen erleichtert.
6 Bessere Agenturen können entweder Qualitätssignale aussenden, über die die schlechteren nicht verfügen, oder sie können Qualitätssignale kostengünstiger produzieren als die schlechteren.
7 „Können" und „Willen" überlappen sich in einigen Bereichen. Nur integre, professionell handelnde Mitarbeiter wehren sich zum Beispiel, wenn sie der Meinung sind, dass die Researchaufwendungen noch nicht genügend sind, um ein „gutes" Urteil abzugeben.

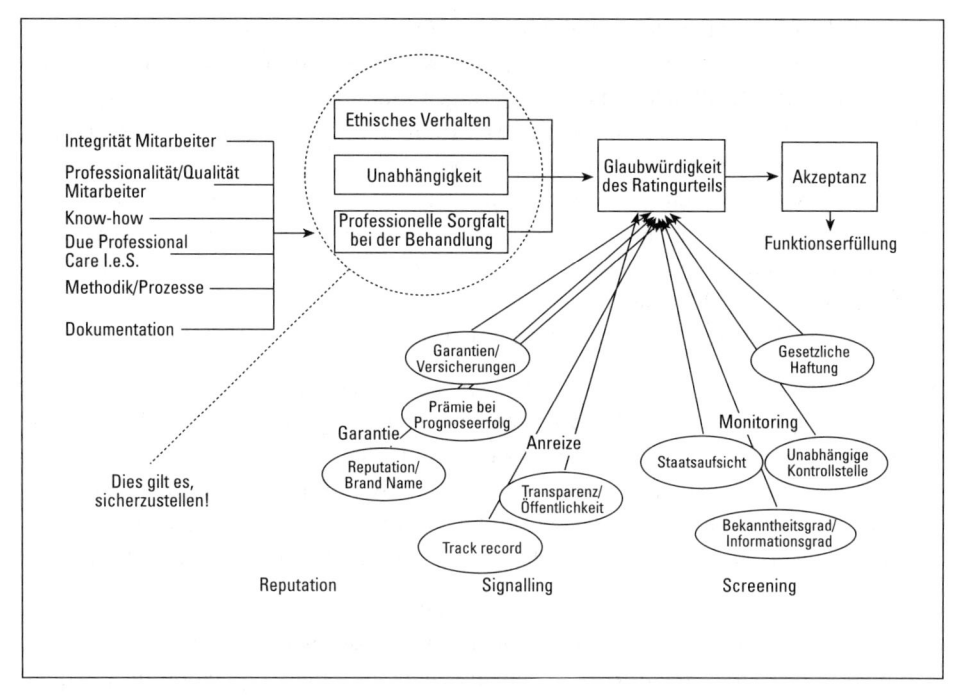

Abbildung 2: Einflussfaktoren auf die Glaubwürdigkeit von Ratingbeurteilungen

Vereinfacht wird von der Annahme ausgegangen, dass von der Glaubwürdigkeit eines Ratings die Akzeptanz unter den Marktteilnehmern abhängt, die wiederum die Funktionserfüllung von Rating ermöglicht.[8]

Von der Ratingagentur direkt beeinflussbar sind drei Haupteinflussfaktoren:

- Ethisches Verhalten,
- Unabhängigkeit sowie
- professionelle Sorgfalt bei der Beurteilung.

Das eigentlich entscheidende Element, die *Qualität des Ratings*, ist *ex ante nicht beobachtbar*. Aus diesem Grund müssen *Stellvertreterfaktoren*, wie die zuvor genannten, bestimmt werden, um die Qualität beurteilen zu können. Zur Illustration ist ein Vergleich mit der Automobilproduktion hilfreich: Es ist so, als wenn man bei der Autoproduktion nicht am Ende des Fließbandes die Produktqualität feststellen könnte. Man würde sich deshalb auf die *Sicherung der Prozessqualität* verlegen, unter der Annahme, dass ein hervorragender Prozess auch eine ausgezeichnete Produktqualität hervorbringt. Die japanischen Automobilhersteller haben den Nutzen dieses Konzeptes mit ihren Lean-Production-Methoden erfolgreich demonstriert.

---

[8] Andere Faktoren sind Kosten, Informationsangebot/-paket, Bekanntheitsgrad, Monitoring (inkl. Aktualisierung), Distribution etc.

Die direkt beobachtbaren Stellvertreterfaktoren können weiter aufgegliedert werden. Beispielsweise ist davon auszugehen, dass erprobte Methoden, straff geführte Prozesse, Dokumentation der Handlungen und Überlegungen und hochqualifizierte Mitarbeiter zu größerer professioneller Sorgfalt führen. Die Einhaltung der erwähnten Faktoren muss aber noch den Ratingadressaten (Anlegern, Investoren, Kreditgebern, Gläubigern, Kunden, Lieferanten, Aufsichtsbehörden bis hin zu Öffentlichkeit) demonstriert werden. Transparenz kann dabei helfen. Sie wirkt als Signal der Vertrauenswürdigkeit, da sich diese Transparenz nur derjenige leisten kann, der sich seiner Sache sicher ist und die Kritik der Öffentlichkeit nicht scheut. Dokumentation ist ebenso in diesem Zusammenhang wichtig, damit die Urteile für professionelle Beobachter nachvollziehbar sind.

Nur ist es nicht sinnvoll, dass sich jeder Adressat persönlich von der Güte der internen Prozesse überzeugt. Es gibt eine Reihe von anderen Handlungsstrategien, um dies indirekt (über Erfahrungen oder durch Dritte) festzustellen. Diese werden nachfolgend diskutiert. Glaubwürdigkeit wird von einer Reihe von Aspekten beeinflusst, die in Abbildung 2 verschiedene Handlungsstrategien gegen Qualitätsunsicherheit und Moral Hazard zugeordnet sind. Einige Faktoren sind dabei nicht nur einer Handlungsstrategie zuzuordnen.

- Am bekanntesten ist *"Reputation"* als Handlungsstrategie. Reputation entsteht durch positive Erfahrungen, insbesondere eine hohe ex-post-festgestellte Prognosequalität (ein *positiver Track Record*). Es ist zeitaufwendig und teuer, Reputation zu erwerben. Sie ist ein Pfand in der Hand des Vertragspartners, der durch Beschwerden diese Reputation leicht schädigen kann. Alternativ zur Eigenerzeugung kann ein erfolgreich etablierter *Brand Name* auf Ratingdienstleistungen übertragen werden. So dachten beispielsweise auch manche der großen Wirtschaftsprüfungsgesellschaften („Big Five") darüber nach, Ratingdienstleistungen anzubieten. Sie verfügen bereits über einen Markennamen, der für Glaubwürdigkeit bürgt und übertragen werden kann.

- Andere Maßnahmen zur Sicherung der Glaubwürdigkeit sind *Garantien* gegenüber Adressaten betreffend der im nachhinein festgestellten Prognosequalität. Ein ähnliches Prinzip gilt für *Prämien* bei Prognoseerfolg.

- Um die besseren Agenturen herauszufiltern, könnte man sich eine *Akkreditierung durch eine unabhängige Stelle* vorstellen, staatlich oder privatwirtschaftlich organisiert. Diese Kontrollstelle überwacht darüber hinaus fortlaufend die Einhaltung von Regeln bezüglich beobachtbarem ethischen Verhalten, Unabhängigkeit und professioneller Sorgfalt (*Monitoring*). Dieser Kontrollstelle müsste Vertrauen entgegengebracht werden können, was durch eine breite Fächerung der Beteiligten, die wahrgenommene Unabhängigkeit, die Erfahrung und Wissen durch Experten, wie auch den Einbezug von Konkurrenten, die sich gegenseitig beäugen, gefördert wird. Die Kontrollstelle wäre sozusagen eine „Meta-Ratingagentur" der Ratingagenturen („Rating the rating agencies").

Zusammenfassend ist zu bemerken, dass es für neue Agenturen verschiedene Strategien gibt, um *rasch* Vertrauen zu erwerben. Die Übertragung von Markennamen und die Selbstunterwerfung unter eine unabhängige Kontrollstelle, die ethisches Verhalten, Unabhängigkeit und professionelle Sorgfalt beurteilt und überwacht, sind dafür besonders erfolgversprechende Strategien.

Der Rating Cert ist eine derartige unabhängige, neutrale und aus der Selbstverpflichtung seiner Mitglieder entstandene „Kontrollstelle". Er übernimmt Kontroll- und Akkreditierungsfunktionen zur Qualitätssicherung bei seinen Mitgliedern. Sein Ziel ist es, sich zum Berufsverband zu entwickeln.

3. Qualitätssicherung durch den Rating Cert e. V. und seine Grundsätze

3.1 Der Rating Cert

Der Rating Cert e. V. hat sich zum Ziel gesetzt, allgemeingültige Qualitätsstandards für die Durchführung von Unternehmensratings für den Mittelstand zu entwickeln und in Europa bekannt zu machen. Der wirtschaftsfördernde, gemeinnützige Verein sieht seine Aufgabe in der Sicherung der Mindesterfordernisse, ohne die unternehmerische Konkurrenz der einzelnen Ratingagenturen einzuschränken.

Der Verein wurde gegründet, nachdem die Bayerische Staatsregierung in einem Zehn-Punkte-Programm das Rating als Ansatz zur Förderung des Mittelstands aufgriff. Zu den Mitgliedern des Vereins gehören Initiatoren von neuen Ratingagenturen ebenso wie Vertreter bestehender Agenturen, wie etwa der URA Unternehmens Ratingagentur AG , wie auch eine Reihe von Professionals, die in der Ratingbranche als Analysten oder Berater tätig sind.

3.2 Ratinggrundsätze des Rating Cert

Vor dem Hintergrund der geschilderten Ziele und Motive zur Formulierung von Grundsätzen des Unternehmensratings wurden zunächst geeignete, allgemein akzeptierte und bewährte Vorbilder gesucht. Die Ratinggrundsätze des Rating Cert nehmen Anleihe bei Grundsätzen, wie sie auch für andere Berufsgruppen gelten. Eine wichtige Stütze beim Entwurf allgemeinverbindlicher Grundsätze waren Prinzipien, wie sie auch bei Wirtschaftsprüfern gelten.

Die Qualitätsstandards für Rating, aufgestellt durch den Rating Cert e. V., sind eingeteilt in vier Bereiche. Neben den *allgemeinen Pflichten der Ratingagenturen* schreibt der Rating Cert auch *allgemeine Pflichten des Analysten* vor. Die Idee dabei ist, doppelte Sicherheit durch die Verpflichtung der Organisation und der Mitarbeiter zu bieten. Weiterhin werden *Erhebungsgrundsätze* und *Beurteilungsgrundsätze* aufgestellt, die eine gewissenhafte, kompetente Erfüllung der Ratingfunktion garantieren sollen.

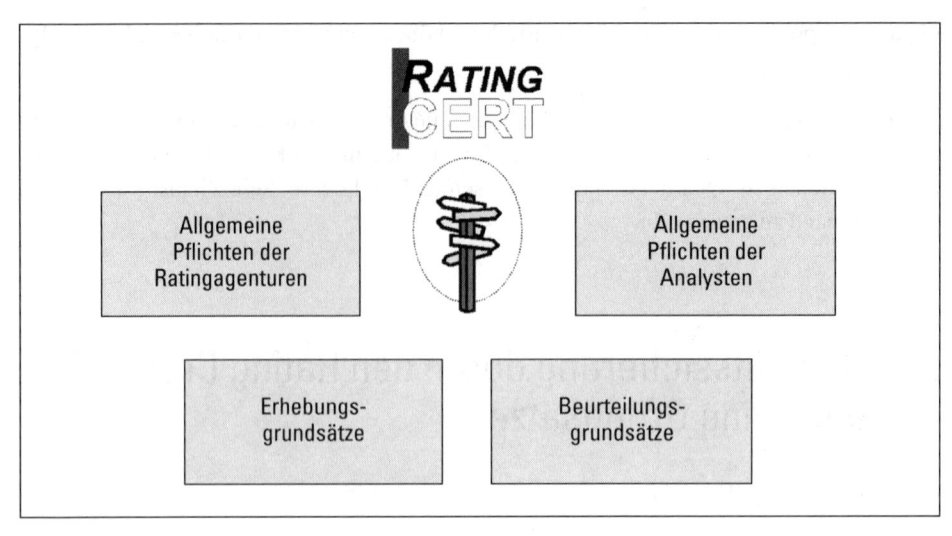

Abbildung 3: Die vier Teilbereiche der Ratinggrundsätze

Standards bzw. Grundsätze haben das Ziel, Mindestanforderungen innerhalb einer selbstgewählten Gemeinschaft durchzusetzen. Und genau das ist eines der Hauptziele des Rating Cert in Berlin. Die Sanktionsmöglichkeiten beschränken sich allerdings derzeit auf den Ausschluss von fehlbaren Mitgliedern.

Die Unternehmen, die sich durch den Rating Cert akkreditieren lassen, unterwerfen sich in einer Art Selbstverpflichtung der Kontrolle durch eine vom einzelnen Unternehmen unabhängige Institution. Durch diese Selbstregulierung der Branche soll das Vertrauen der Ratingadressaten in das Unternehmensrating gestärkt werden. Die Selbstregulierung lehnt sich an das erfolgreiche Beispiel von anderen Professionen an. Die *Wirtschaftsprüferbranche* brauchte Jahrzehnte, um sich eigene Regeln zu geben, die das Vertrauen in die Abschlussprüfung begründen. In den USA ist die AICPA als Organisation für die Selbstregulierung der Wirtschaftsprüfungsbranche zuständig. Auch sie stellt genaue Regeln für das *ethische Verhalten,* die *Unabhängigkeit* und die *gewissenhafte Prüfung* auf. Für den Rating Cert bedeutet dies, dass durch die existierenden Vorbilder der Weg zur erfolgreichen Selbstregulierung verkürzt werden kann. Es ist nicht sinnvoll, das Rad neu zu erfinden: Vieles kann aus Regelwerken anderer Professionen übernommen werden, da zahlreiche Probleme ähnlich sind. Die vom Rating Cert entwickelten Grundsätze sind insofern nicht originell; ihr Wert wird dadurch jedoch nicht gemindert. Es gilt zu bedenken, dass selbst elementarste Wohlverhaltensregeln, soweit sie nicht in allgemeinen Gesetzen etwa über die Sittenwidrigkeit kodifiziert sind, von bestehenden Ratingagenturen nicht beachtet werden brauchen. Die „Korrekturfunktion" übernimmt allein „der Markt", ob diese kurz- wie auch langfristig gleichermaßen effizient wahrgenommen wird, darüber steht der Beweis im Falle der Ratingagenturen noch aus.

4. Vorstellung und Kommentierung der Ratinggrundsätze des Rating Cert e. V.

Nach einer Analyse der Spannungsfelder bei der Konzeption von Standards werden die Ratinggrundsätze des Rating Cert erläutert und kommentiert.[9]

4.1 Spannungsfelder bei der Konzeption von Regelwerken

Die Formulierung von Regeln bewegt sich in Spannungsfeldern. Werden sie zum Beispiel zu konkret formuliert, dann schließen sie innovative Entwicklungen oder alternative Methoden, die auch Nutzen versprechen, aus. Sind sie dagegen zu abstrakt, zu allgemein, dann lassen sie Raum für Interpretationsspielraum, der opportunistisch ausgenutzt werden kann. Ein anderes Spannungsfeld ist die Regeldichte. Werden zu viele Normen vorgeschrieben, so leidet die Akzeptanz und die Befolgung der Regeln (Compliance), da die Anwender den Überblick verlieren. Zu wenige Regeln lassen Lücken, die böswillige Anwender ausnutzen könnten. Das gleiche gilt für den Kompliziertheitsgrad.

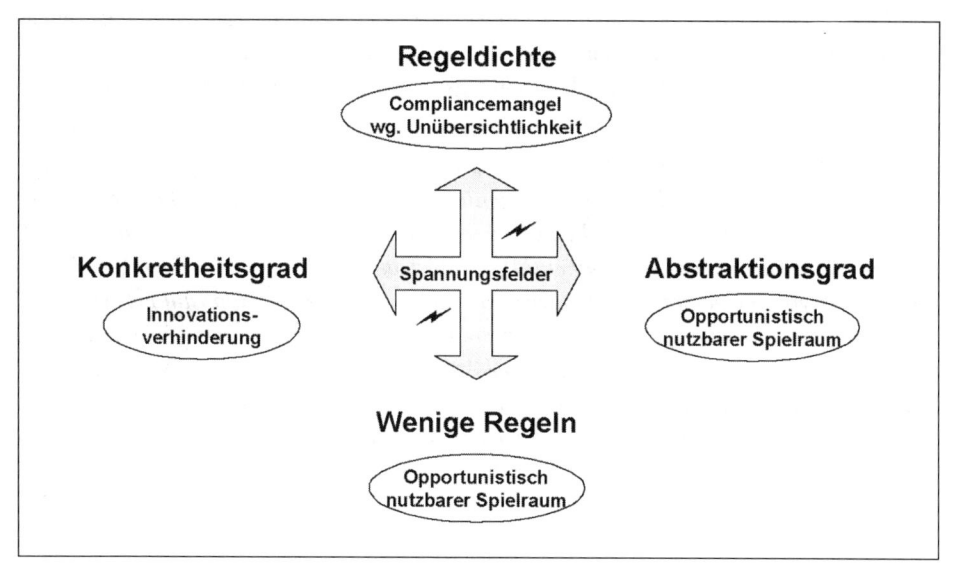

Abbildung 4: Spannungsfelder bei Aufstellung von Normen (Auswahl). Eingekreist sind die möglichen Gefahren.

---

9 Die Regeln sind auf der Website des Rating Cert zu finden: www.ratingcert.de.

Für die Ratinggrundsätze des Rating Cert waren unter anderem folgende Leitideen maßgeblich:

- Neutralität gegenüber Ratingagenturen,
- Pluralität der Ratingmethoden,
- Ansporn zur Fortentwicklung,
- Wettbewerb der Ratingansätze,
- Verständlichkeit der Ratinggrundsätze,
- Einfachheit des Regelwerkes,
- Akzeptanz bei den Ratingadressaten.

4.2 Zu den allgemeinen Pflichten der Ratingagentur

Im Folgendem werden die Rating Cert Grundsätze vorgestellt und kommentiert. Die Kommentare sind zur besseren Unterscheidbarkeit in Kursivschrift gehalten.

I. Allgemeine Pflichten der Ratingagentur

1. Unabhängigkeit

Die Ratingagentur darf keine Bindungen eingehen, die ihre berufliche Entscheidungsfreiheit beeinträchtigt oder beeinträchtigen könnte. Die Ratingagentur wie auch ihre Organe haben ihre persönliche und wirtschaftliche Unabhängigkeit gegenüber jedermann zu bewahren.

Unabhängigkeit ist die Voraussetzung für ein objektives Urteil. Nur wenn eine hinreichende Distanz zum Kunden besteht, kann davon ausgegangen werden, dass keine Interessenvermengung zwischen Kunden und Agentur besteht. Ohne die Unabhängigkeit vom Kunden im Geiste und in der Erscheinung („in fact und in appearance") würde dem Rating vom Adressaten kein Vertrauen entgegengebracht werden können. In den Regeln des Rating Cert wird die persönliche und wirtschaftliche Unabhängigkeit postuliert. Man darf erwarten, dass dieser Grundsatz durch weitere Beschlüsse und Einzelentscheidungen weiter konkretisiert wird. Es empfiehlt sich eine Anlehnung an die Praxis der Wirtschaftsprüfung in Deutschland und in anderen Ländern. In den USA zum Beispiel darf der Wirtschaftsprüfer keine Kapitalanteile an der zu prüfenden Gesellschaft besitzen, genauso wenig wie seine engere Familie oder auch nur sein Großvater. Der Rating Cert wird bald eine Entscheidungsinstanz institutionalisieren müssen, die über Problemfälle entscheidet. Die Sammlung dieser Einzelentscheidungen wird Hinweise darauf geben, wie Grenzfälle behandelt werden.

Dass Unabhängigkeit nicht trivial ist und jeder Geruch von Kollusion unterbunden werden muss, zeigen die neuen Vorschläge der US-Wertpapieraufsicht SEC für Regeln über die Unabhängigkeit von Wirtschaftsprüfern.[10] Die SEC ist besorgt, dass die vielen Zusatzdienstleistungen (Beratung etc.), die heute von großen Wirtschaftsprüfungsgesellschaften angeboten werden, die Unabhängigkeit beeinträchtigen. Aus diesem Grund sollen Zusatz-

---

10 Vgl. SEC – Securities and Exchange Commission (2000).

geschäfte eingeschränkt werden.[11] *Die „Big Five"-Wirtschaftsprüfungsgesellschaften reagieren heute schon darauf mit der Trennung ihrer Geschäftsbereiche, was allerdings ihre Strategie des Cross-Sellings beeinträchtigt. Der Trade-off zwischen Zusatzgeschäften oder höherem Vertrauen durch Fokussierung auf Ratingdienstleistungen ist bei den Rating Cert-Mitgliedern eindeutig zu Gunsten der Unabhängigkeit entschieden worden.*[12] *Ratingagenturen sollen sich auf Rating fokussieren. Dies ist als positives Qualitätssignal zu werten, da sich die Ratingagenturen damit aus eigenem Antrieb beschränken. Für den Ratingadressaten ist dies ein Zeichen von Vertrauen (Signalling). Wichtig ist auch die strenge Durchsetzung dieses Prinzips. Harte Entscheidungen, die „weh tun", können dem Rating Cert hierbei Ansehen verschaffen.*

2. Verbot der widerstreitenden Interessen, Neutralität

Die Ratingagentur darf nur mit Zustimmung des zu beurteilenden Unternehmen tätig werden. Sie erstellt ihren Ratingbericht ohne Berücksichtigung der am Ergebnis des Ratings interessierten Parteien.

Eng verknüpft mit dem Gebot der Unabhängigkeit ist die Forderung nach Neutralität. Keine Interessengruppe darf durch ein falsches Urteil bevorzugt werden.

Weiterhin verbieten die Grundsätze nicht vom Unternehmen beauftragte Ratings („unsolicited ratings"). Dies steht im Gegensatz zur Politik der zwei großen Ratingagenturen, die häufig unbeauftragte Ratings durchführen. Dieses Verbot ist insofern sinnvoll, als öfters Klagen von Unternehmen erhoben wurden, dass unbeauftragte Ratings zur Auftragsakquisition eingesetzt wurden.[13] *Durch das Verbot schränken die beim Rating Cert akkreditierten Unternehmen selber ihren Tätigkeitsbereich ein. Diese Selbstbeschränkung ist als Signal der Vertrauenswürdigkeit und damit als Qualitätssignal zu werten.*

3. Qualifikation der Analysten

Die Ratingagentur hat bei dem Engagement von Analysten die fachliche und persönliche Eignung, insbesondere angemessene Erfahrungen der Bewerber zu prüfen. Die Zuständigkeit für Auswahl und Vertragsabschluss ist eindeutig zu regeln. Die Weiterbildung der Analysten ist sicherzustellen.

Die Analysten sind über ihre Verantwortlichkeit und ihre Pflichten zu informieren. Sie sind vor Beginn der Zusammenarbeit auf die Einhaltung der Verschwiegenheit, des Datenschutzes, der Insider-Regeln wie auch zur Beachtung der „Grundsätze des Unternehmensratings" des Rating Cert e. V., Berlin, schriftlich zu verpflichten.

---

11 Zur Analyse der Unabhängigkeit schlägt die SEC die folgenden vier Prinzipien vor: (1) Mutal or conflicting interest with the audit client, (2) Auditing the accountant's own work, (3) Auditor functions as management or an employee of the audit client, (4) Auditor acts as an advocate for the audit client (vgl. SEC – Securities and Exchange Commission (2000), Abschnitt III. B The General Standard for Auditor Independence).
12 Siehe auch die eindeutige Vorschrift für Analysten (IV.5 „Unvereinbarkeit von Analystentätigkeit und Beratung").
13 Vgl. Untersuchung des amerikanischen Justizdepartments; vgl. o. V. (1996).

Dieser Paragraf behandelt vor allem die Kompetenz des Personals. Die Mitarbeiter sollen fachlich geeignet sein durch Ausbildung und Erfahrung und sich fortwährend weiterbilden. Die Ratingagentur hat dies durch geeignete Maßnahmen sicherzustellen, wie zum Beispiel durch eindeutige Zuständigkeitsregelungen. Das Gleiche gilt für die persönliche Eignung der Analysten. Diese müssen sich darüber hinaus schriftlich verpflichten, den Grundsätzen des Rating Cert Folge zu leisten.

4. Ganzheitlicher Ratingansatz

Die Ratingagentur wird für jeden Ratingauftrag ein Analystenteam zusammenstellen. Die Mitglieder sollen mit ihren Qualifikationen geeignet sein, alle wesentlichen Bereiche des betreffenden Unternehmens zu beurteilen.

Die Zusammensetzung des Analystenteams soll nach den Anforderungen des Ratingauftrages erfolgen. Die unterschiedlichen Qualifikationen der Analysten sollen daher auf die unterschiedlichen Bereiche des Klientenunternehmens abgestimmt werden.

Unter Ganzheitlichkeit wird im allgemeinen mehr verstanden als die bloße Zusammensetzung eines Analystenteams. Deshalb sollte bei der nächsten Revision der Grundsätze entweder der Titel geändert werden (zum Beispiel „Angemessene Teamzusammenstellung") oder die Beschreibung allgemeingültiger formuliert werden. Außerdem entspräche es eher der inneren Logik der Grundsätze, den Grundsatz der Ganzheitlichkeit beim dritten Abschnitt der Beurteilungsgrundsätze aufzuführen.

5. Sicherung der gewissenhaften Analysedurchführung

Zur Sicherung der gewissenhaften Analysedurchführung ist die Ratingagentur verpflichtet. Sie hat insbesondere die Einhaltung der Pflichten der Analysten in angemessenen Zeitabständen zu überprüfen und Mängel abzustellen.

Die gewissenhafte Analysedurchführung wird in den Grundsätzen nur in einem Punkt konkretisiert: der Kontrolle der Analysten, ob sie ihre Pflichten einhalten. Dieser Punkt müsste durch (konkretisierende) Interpretationen enger und greifbarer gefasst werden, um Wirkung zu entfalten.

6. Sicherung der Vertraulichkeit

Die Ratingagentur darf Tatsachen oder Umstände, die ihr und ihren Analysten bei der Tätigkeit anvertraut oder bekannt werden, nur mit Zustimmung des zu beurteilenden Unternehmens offenbaren.

Die Ratingagentur hat dafür Sorge zu tragen, dass Tatsachen und Umstände im Sinne von Abs. 1 Unbefugten nicht bekannt werden. Sie hat entsprechende Vorkehrungen zu treffen.

Die Pflichten nach Abs. 1 und 2 bestehen nach Beendigung eines Auftragsverhältnisses fort.

Wie bei allen Professionen, sei es bei den Ärzten, den Anwälten oder bei den Wirtschaftsprüfern, ist es wichtig, das Vertrauensverhältnis zwischen Klient und Ratingagentur sicherzustellen. Nur durch die explizite Erlaubnis des Unternehmens dürfen unternehmensspezifische Tatsachen anderen bekannt gemacht werden. Diese Pflichten sind auch in den Verträgen zwischen Klienten und Agenturen festgelegt. Sie werden durch diesen Grundsatz zusätzlich geschützt. Selbstverständlich dauert das Verschwiegenheitsgebot (bzw. das Gebot der Vertraulichkeit) auch nach Beendigung des Auftragsverhältnisses fort. Durch interne Kontrollen und Sanktionsmöglichkeiten des Rating Cert soll die Befolgung der Regel durch die Mitarbeiter der Agentur garantiert werden.

7. Objektivität der Analysemethoden

Die Ratingagentur hat Analysemethoden anzuwenden, die die größtmögliche Objektivität sicherstellen. Sie hat quantitative und qualitative Verfahren entsprechend der Zweckmäßigkeit nebeneinander einzusetzen. Sie hat die Unternehmenszahlen auf der Basis von mindestens drei Rechnungsabschlüssen zu beurteilen. Die Zukunftsbezogenheit und die Branchenbezogenheit des Ratings ist auf geeignete Weise sicherzustellen.

Bloße Analyse von vergangenen Jahresabschlüssen wie etwa ein reines Bilanzratingverfahren ist von der Akkreditierung ausgeschlossen. Ein Credit Scoring – so sehr es auch in einem anderen Zusammenhang sinnvoll ist – wird nicht anerkannt. Die Erwähnung von mindestens drei Rechnungsabschlüssen zeigt die Absicht der Grundsätze auf, Mindeststandards aufzustellen. Dennoch befriedigt die detaillierte Vorschrift nicht vollständig, denn sie ist zu konkret für eine allgemeine Regel. Sie sollte vielmehr in einer Interpretation des Grundsatzes Objektivität enthalten sein.

Der Grundsatz geht nicht darauf ein, wie die Objektivität sicherzustellen ist. Nachvollziehbarkeit durch geeignete Dokumentation der Methoden, Back-Testing im Sinne einer periodischen Leistungsevaluation, Einbezug von neueren externen Wissen (zum Beispiel wissenschaftlichen Forschungserkenntnissen) wären Maßnahmen für diesem Zweck. Die Aufnahme dieser Kriterien in die Grundsätze ist daher anzuregen.

Der Absatz 4 über die Zukunftsbezogenheit und Branchenbezogenheit ist wesentlich für das Ratingverständnis. Rating ist – wie bekannt – eine qualifizierte Meinung über die Kreditwürdigkeit eines Klienten. Es geht nur um die Beurteilung der Zukunft. Der Brancheneinfluss auf die Kreditwürdigkeit ist naturgemäß nicht zu vernachlässigen. Auch hier ist anzumerken, dass eine Aufführung unter Abschnitt 3, „Beurteilungsgrundsätze", sinnvoller wäre.

8. Sicherung der qualifizierten Urteilsfindung

Die Erhebung der Primärdaten ist von den Analysten persönlich durchzuführen. Die Qualität der Urteilsbildung ist durch das Vier-Augen-Prinzip, beispielsweise durch den Einsatz eines Ratingkomitees sicherzustellen. Die Transparenz der Urteilsbildung ist zu gewährleisten.

Unter diesem Stichpunkt sind folgende Anforderungen zusammengefasst worden: die persönliche Erhebung von „Primärdaten" durch den Analysten sowie die Gewährleistung des „Vier-Augen-Prinzips". Namentlich erwähnt ist hierbei die Lösung der etablierten Ratingagenturen, die die Verteidigung der Meinung des Analysten vor einem kritischen Ratingkomitee vorsehen. Die Forderung der Transparenz soll die Nachvollziehbarkeit der Urteile verbessern.

9. Verwendung international anerkannter Ratingsymbole

Das Ergebnis eines Ratings wird international anerkannt als das Urteil eines Analystenteams, das üblicherweise in der international anerkannten Sprache der Ratingsymbole formuliert ist.

Deshalb wird die Ratingagentur international anerkannte Ratingsymbole für ihre Ratingskala verwenden, um die Vergleichbarkeit von Ratings bei einem Unternehmen zu ermöglichen.

Die Forderung nach der Verwendung der anerkannten Ratingsymbole (AAA bis D) ist wichtiger als es zunächst erscheint. Ohne diese Symbole wäre eine Vergleichbarkeit zwischen den verschiedenen Urteilen von Agenturen nicht gegeben. Die Nutzer des Ratings könnten nicht sofort erkennen, um welche Kreditwürdigkeitsklasse es sich handelt. Um dafür ein Beispiel aus der Welt der Schule zu geben: wie sollte ein Beobachter ohne nähere Kenntnis eine amerikanische „A"-Benotung von einer deutschen „1" oder einer schweizerischen „6" unterscheiden? Er weiß nur, dass die Bewertungen ähnlich sind. Dies wäre eine starke Einschränkung der Signalfunktion von Rating.

Anzuregen ist, dass genaue statistischen Angaben zu den Ratingklassen gemacht werden müssen (also Ausfallwahrscheinlichkeit und Verlustquote ex ante für jede Klasse und für jedes Rating). Bei welcher Ausfallwahrscheinlichkeit ist welche Verlustquote pro Symbol gegeben? Dies beantwortet die Frage des Anwenders, der mit Hilfe von Ratings die erwartete Kreditverluste errechnen will.

10. Berücksichtigung landestypischer Gegebenheiten

Die Ratingagentur wird bei ihrer Erhebung landestypische Gegebenheiten, wie zum Beispiel Rechnungslegungs- und Umweltvorschriften, berücksichtigen. Sie wird diese bei der Bewertung in einer Weise einbeziehen, dass die Beurteilung des Unternehmens eines Landes sich von dem eines anderen Landes bei vergleichbaren Kriterien nicht unterscheidet.

Die Berücksichtigung landestypischer Gegebenheiten wie zum Beispiel Umweltvorschriften, Rechnungslegungsvorschriften etc., versteht sich quasi von selbst. Kein Rating ist als glaubwürdig und gewissenhaft zu beurteilen, welches die Landesspezifika nicht einbezieht. Anzuregen für die nächste Revision der Grundsätze ist die Plazierung dieser Norm unter dem Abschnitt „Beurteilungsgrundsätze" als Unterpunkt unter Gewissenhaftigkeit. Die hervorgehobene Erwähnung dient offenbar dem Zweck, europäische Unternehmen die Furcht vor Ratings zu nehmen, die auf ungenügenden lokalen Kenntnissen basieren.

11. Festlegung des Ratingobjekts

Die Ratingagentur beurteilt den Ratinggegenstand unter Beachtung des Gesamtunternehmens. Zur Beachtung dieses Grundsatzes ist eine Vollständigkeitserklärung zu fordern, wie diese bei Jahresabschlussprüfungen üblich ist.

Die Forderung nach Vollständigkeit begründet sich analog zur Begründung der entsprechenden Vorschrift im Bereich der Wirtschaftsprüfung.

4.3 Erhebungsgrundsätze

Die Erhebungsgrundsätze betreffen die Sammlung von Informationen.

II. Erhebungsgrundsätze

1. Entkoppelung von Erhebung und Beurteilung

In einem ersten Schritt sollen ausschließlich die beurteilungsrelevanten Erfolgsfaktoren des Unternehmens erhoben und deren Auswertung vorgenommen werden. Die Zusammenfassung des Erhebungsergebnisses, seine Beurteilung und Einstufung in die Ratingskala ist als gesonderter Bearbeitungsschritt vorzusehen. Bei der Vornahme der Beurteilung der Ergebnisse ist sicherzustellen, dass eine wie auch immer geartete Einflussnahme des Unternehmens ausgeschlossen ist.

Hinter dieser Forderung steht das Modell des Ratingkomitees oder -ausschusses bei den etablierten Ratingagenturen. Zweck des Ratingausschusses ist neben der Verhinderung von Fehlern und Irrtümern eine Einstufung in eine agenturweite Ratingmasterskala. Auf diese Weise soll die Vergleichbarkeit von Ratingurteilen untereinander und in zeitlicher Hinsicht hergestellt werden. Gleichzeitig dient der Ratingausschuss als Harmonisierungsinstrument, um eine einheitliche Vorgehensweise und Ratingkultur in der Agentur sicherzustellen. Da der Titel der Vorschrift etwas missverständlich ist, sollte über eine andere Formulierung nachgedacht werden.

2. Verschiedenheit der Erhebungsmethoden

Für die Methoden der Erhebung sind quantitative und qualitative Analysemethoden einzusetzen wie Jahresabschlussanalyse,

- Dokumentenanalyse,
- Stichprobenerhebung,
- persönliche Befragung,
- computergestützte Befragung.

Die Liste der aufgeführten Methoden ist nicht abschließend. Der Sinn dieser Norm liegt darin, dass betont wird, nicht nur quantitative Erhebungsmethoden, sondern auch qualitative Erhebungsmethoden verwendet werden sollen.

3. Standardisierung der Erhebung mit Auswertung

Im Interesse der Objektivität der Erhebung und der Vergleichbarkeit der Ratingergebnisse hat die Ratingagentur einen hohen Grad an Standardisierung für die Erhebung und deren Auswertung vorzusehen.

Durch die Standardisierung wird die Objektivität und die Verlässlichkeit von Ratings verbessert. Rating entwickelt sich zunehmend von einer Kunst zu einer Wissenschaft. Allerdings muss hierbei noch ein langer Weg zurückgelegt werden.

4. Dokumentation der Erhebung

Die Erhebung im Rahmen der Analyse ist vollständig zu dokumentieren. Diese Dokumentation ist zusammen mit Arbeitspapieren bzw. Dateien aufzubewahren und insbesondere den für die Beurteilung zuständigen Personen zugänglich zu machen.

Die Dokumentation ist wichtig, damit später die Beurteilung hinreichend nachvollzogen werden kann. Außerdem schützt Dokumentation gegen Vorwürfe der Voreingenommenheit und Interessenkollision. Die Vermutung, dass derjenige, der nichts dokumentiert und deshalb seine früheren Entscheidungen nicht detailliert und schriftlich belegen kann, etwas zu verbergen hat, bedroht die Glaubwürdigkeit. Die Dokumentationspflicht soll diese Gefahr bannen. Aus dem gleichen Grund legen zum Beispiel Wirtschaftsprüfer Arbeitspapiere („Working Papers") an, die ihre Prüfungshandlungen dokumentieren.

5. Begründungszwang bei Abweichung von der Standardisierung

Weicht der Analyst bei der Auswertung vom empfohlenen Standard ab, so hat er diese Abweichung insbesondere bei branchen- oder unternehmenstypischen Besonderheiten zu begründen.

Da es bei manchen Gelegenheiten durchaus Sinn macht, von standardisierten Vorgehen abzuweichen, wird mit dieser Regel diese Möglichkeit eröffnet. Allerdings ist eine spezifische Begründung für diese Abweichung gefordert, so dass die Abweichung von anderen professionellen Kräften nachvollzogen werden kann (also wiederum das Prinzip der Nachvollziehbarkeit).

6. Plausibilitätsprüfung, Vier-Augen-Prinzip

Die Ratingagentur hat für die Durchführung der Erhebung und die anschließende Erarbeitung der Beurteilungsgrundlagen eine angemessene Plausibilitätsprüfung vorzusehen. Dem dienen Vollständigkeitsprüfungen wie auch verbale zusammenfassende Bemerkungen des Analysten zu Erhebungsergebnissen. Das Vier-Augen-Prinzip ist durchgängig sicherzustellen.

Eine Plausibilitätsprüfung im Sinne eines internen Kontrollsystems soll vor Fehlverhalten von Mitarbeitern und Irrtümern schützen. Vollständigkeitsprüfungen wie auch zum Beispiel mündliche Reports des Analysten gehören zu den Instrumenten der internen Kon-

trolle. Die Bedeutung des internen Kontrollsystems im Sinne etablierter Kontrollen und Prozesse wird oft unterschätzt. Zum internen Kontrollsystem gehört auch die Forderung nach durchgängiger Sicherstellung des Vier-Augen-Prinzips.

4.4 Beurteilungsgrundsätze

Nachdem Daten erhoben wurden und ausgewertet wurden, geht es bei den Beurteilungsstandards um die Verdichtung der Informationen zu einer Ratingbeurteilung.

III. Beurteilungsgrundsätze

1. Einzelbeurteilung der Erfolgsfaktoren

Für die Beurteilung im Rahmen eines Ratings sind die Erfolgsfaktoren einer Einzelbeurteilung zu unterziehen. Die Zusammenfassung der Einzelbeurteilungsergebnisse mündet in das Gesamturteil. Es ist zulässig, hierbei Gruppen von Erfolgsfaktoren zusammenzufassen und mit einer angemessenen Gewichtung zu versehen.

Aus der Perspektive der Nachvollziehbarkeit und des analytischen Vorgehens ist eine Einzelbeurteilung von Erfolgsfaktoren sehr nützlich. Wenn diese darüber hinaus den Kunden mitgeteilt werden, kann dieser die Analyse auch für seine strategische Planung verwenden.

2. Ausgewogenheit zwischen Vergangenheits- und Zukunftsbezogenheit

Da das Rating neben der Beurteilung der ausgewiesenen Ergebnisse der Vergangenheit auch eine Aussage über die Potenziale für die Zukunft darstellt, hat die Ratingagentur in geeigneter Weise die Ausgewogenheit zwischen Vergangenheits- und Zukunftsbezogenheit ihrer Erhebungs- und Auswertungsmethoden sicherzustellen.

Im Gegensatz zur vorliegenden Textfassung ist Rating unseres Erachtens nur eine Prognose über Zahlungsfähigkeit und -willigkeit in der Zukunft und keine Beurteilung der ausgewiesenen Ergebnisse der Vergangenheit. Vergangenheitsanalysen sind deshalb aber nicht zweckwidrig, denn oft können Werte der Vergangenheit in die Zukunft extrapoliert werden. Analysen der Vergangenheit können noch weitere Zusatzinformationen bieten, indem zum Beispiel die Effektivität des internen Kontrollsystems bewertet und verglichen wird (Benchmarking). Die Kritik bleibt allerdings bestehen, denn von einer Ausgewogenheit zwischen den Dimensionsbezügen ist nicht per se auszugehen. Eine Streichung dieses Artikels würde die Klarheit der Grundsätze fördern.

3. Branchenorientierung

Die sachgerechte Beurteilung eines Unternehmens ist in der Regel nur möglich unter Zuhilfenahme von Branchenvergleichswerten. Auch die wirtschaftliche Entwicklung des Unternehmens ist ohne Kenntnis der Entwicklung der jeweiligen Branche nicht angemessen zu beurteilen. Deshalb hat die Ratingagentur dafür Sorge zu tragen, dass die Analyse in angemessener Weise branchenorientiert ist.

Die Logik dieses Grundsatzes erschließt sich durch die hohe Bedeutung der Branchenzugehörigkeit. Bekanntlich unterscheiden sich Branchen nicht nur hinsichtlich allgemeiner Bilanzkennzahlen, sondern auch zum Beispiel hinsichtlich des Konjunkturzustandes der Branche.

4. Nachvollziehbarkeit

Die Nachvollziehbarkeit der Beurteilung ist durch geeignete Mittel sicherzustellen. Über kontroverse Punkte bei der Beurteilung ist ein Protokoll zum Verbleib bei den Arbeitspapieren der Ratingagentur anzufertigen.

Dieser Grundsatz unterstreicht nochmals die Bedeutung der Nachvollziehbarkeit für ein Rating. Ohne Dokumentation, wozu auch Protokolle über kontroverse Punkte zählen, ist die Nachvollziehbarkeit nicht gegeben.

4.5 Allgemeine Pflichten des Analysten

Der vierte Teil der Grundsätze behandelt die persönlichen Pflichten eines Analysten. Neben der Festlegung der Ratingagentur ist es sinnvoll, auch die einzelnen Beschäftigten in die Pflicht zu nehmen. Auf diese Weise kann mit größerer Wahrscheinlichkeit davon ausgegangen werden, dass die Grundsätze nach Geist und Buchstaben befolgt werden. Dies um so mehr, da auch Sanktionsmöglichkeiten gegen Mitarbeiter bestehen, die zwar nicht gegen den Text der Bestimmungen vielmehr aber gegen die Philosophie dieser Regeln verstoßen haben. Durch die Unterwerfung unter ein Beurteilungsgremium könnten auch derartige Grenzfälle geahndet werden. Ein normales Gericht könnte dies nicht im gleichen Maße verfolgen.

IV. Allgemeine Pflichten des Analysten

1. Unparteilichkeit

Die Analysten haben sich insbesondere bei der Durchführung und Auswertung ihrer Erhebungen unparteiisch zu verhalten. Sie haben ihre Tätigkeit zu versagen, wenn die Besorgnis der Befangenheit bei der Durchführung eines Auftrags besteht.

Dieser Grundsatz für den Analysten besteht analog zum Grundsatz der Unabhängigkeit für die Ratingagentur (I.1). Es ist Aufgabe des Analysten, seine potenzielle Befangenheit selbst zu melden. Nur durch das frühzeitige Erkennen von potenziellen Interessenkonflikte können diese vermieden werden.

2. Persönliches Tätigwerden

Der Analyst wird im Rahmen der Erhebung persönlich und zum größten Teil vor Ort im Unternehmen tätig. An Mitarbeiter darf er nur Hilfstätigkeiten delegieren. Im Unternehmen und bei den Organen des Auftraggebers tritt der Analyst stets persönlich auf.

Der Analyst wird zur persönlichen Tätigkeit bei der Erhebung verpflichtet. Nur wenn er vor Ort die Erhebung leitet, ist davon auszugehen, dass diese mit der nötigen Sorgfalt durchgeführt wurde. Hilfstätigkeiten sind von dieser Norm ausgenommen.

3. Gewissenhaftigkeit

Der Analyst ist bei der Erfüllung seiner Aufgaben an diese Ratinggrundsätze gebunden. Er hat sich über die Regeln seiner Berufsausübung, die die Ratingagentur vorgibt, zu unterrichten und diese zu beachten. Er hat sich in einem Umfang fortzubilden, der seine fachliche Kompetenz erhält und sicherstellt, seinen Aufgaben als Analyst gerecht zu werden.

Der Analyst darf einen Auftrag nur übernehmen, wenn er über die dafür erforderliche Sachkunde verfügt.

Der Analyst hat die Voraussetzungen dafür zu schaffen, dass die übernommenen und erwarteten Aufträge unter Beachtung dieser Grundsätze für das Rating ordnungsgemäß durchgeführt und zeitgerecht abgeschlossen werden können.

Treten nach Auftragsannahme Umstände ein, die zur Ablehnung des Auftrags hätten führen müssen, ist das Auftragsverhältnis zu beenden.

„Unwissenheit schützt vor Strafe nicht" möchte man bei diesem Grundsatz kommentieren. Der Analyst hat sich über die aufgestellten Standards zu informieren, damit er weiß, wonach er zu handeln hat. Darüber hinaus muss er selber dafür sorgen, dass seine fachliche Kompetenz durch Weiterbildung fortentwickelt wird. Er ist selber verantwortlich, nur Aufträge anzunehmen, die er mit der nötigen Sachkunde bearbeiten kann. Zusätzlich trägt der Analyst die Verantwortung für eine vorzeitige Beendigung des Auftragsverhältnisses. Dies sollte vollzogen werden, wenn sich die Umstände so geändert haben, dass der Auftrag gar nicht erst angenommen worden wäre.

4. Eigenverantwortlichkeit bei der Urteilsbildung

Der Analyst hat sein Handeln in eigener Verantwortung zu bestimmen. Jeder einzelne Analyst hat im Rahmen der Beurteilung seiner Erhebungen das Urteil selbst zu fällen.

Dieser Grundsatz unterstreicht die Bedeutung der Eigenverantwortlichkeit der Analysten. Die Analysten werden auch bei der Urteilsbildung nicht aus der Verantwortung entlassen. Sie müssen ihre Beurteilung professionell vertreten können. Ein Abschieben der gesamten Verantwortung auf das Ratingkomitee wäre nicht eines professionell handelnden Analysten würdig.

5. Unvereinbarkeit von Analystentätigkeit und Beratung

Die Beratung eines Auftraggebers durch den selben Analysten oder die Gesellschaft, der er als Gesellschafter oder Mitarbeiter angehört, ist mit der Analystentätigkeit nicht vereinbar.

Diese Regel könnte auch unter Unabhängigkeit subsumiert werden. Tätigkeiten, die zur Interessenkollision führen könnten, dürfen nicht durchgeführt werden. Die explizite Nennung des Tatbestandes Beratung und Analyse weist auf den großen Reiz dieser Tätigkeiten für Analysten hin. Da die Unparteilichkeit und Unabhängigkeit der Beurteilung nicht in Zweifel gezogen werden sollen, wurde dieser Paragraf verabschiedet.

6. Weitere Unvereinbarkeiten

Der Analyst darf einen Sachverhalt nur dann erheben und auswerten, wenn er an dessen Zustandekommen selbst nicht maßgeblich mitgewirkt hat.

Ähnlich wie Artikel IV.5 regelt dieser Paragraf mit der Analystentätigkeit unvereinbare Tätigkeiten. Hierbei ist zum Beispiel an eine frühere Erstellung von Businessplänen oder an die frühere Einrichtung des Controllingsystems bei der gerateten Gesellschaft zu denken. Die stark abstrakte Formulierung des Paragrafen soll eine möglichst große Zahl von Fällen umfassen.

7. Ausschließung des Analysten analog § 319 Abs. 2 und 3 HGB

Der Analyst kann bei dem jeweiligen Auftraggeber nicht tätig werden, wenn ein Ausschlussgrund nach § 319 Abs. 2 und 3 HGB (siehe Anlage) vorliegt.

Die Unabhängigkeitsbestimmungen des HGB für Wirtschaftsprüfer werden in die Grundsätze des Rating Cert übernommen. Sie haben sich in der Welt der Wirtschaftsprüfung bewährt. Aus diesem Grund ist die Übernahme als vorteilhaft zu bezeichnen.

8. Verwendung von Beurteilungen, Bewertungen und Feststellungen Dritter

Der Analyst hat kenntlich zu machen, wenn es sich um die Verwendung von Beurteilungen, Bewertungen und Feststellungen Dritter handelt.

Es gibt viele Fälle, man denke nur an den geprüften Jahresabschluss, bei denen sich der Analyst aus praktischen Gründen auf die Ergebnisse und Dienste anderer verlassen muss. Damit kein falscher Eindruck der Ratingtätigkeit entsteht und zur Entlastung des Analysten sind diese Fälle kenntlich zu machen.

9. Nachvollziehbarkeit des Urteils

Der Analyst hat in geeigneter Weise sein Urteil zu den einzelnen Erhebungsgegenständen nachvollziehbar zu halten. Er ist verpflichtet, der Ratingagentur bei Rückfragen eine schriftliche Begründung zu liefern.

Durch Dokumentation und andere Maßnahmen ist der Analyst gehalten, seine Beurteilung nachvollziehbar zu machen. Dies ist einer der wichtigsten Grundsätze des Regelwerks.

10. Pflicht zu einheitlicher Methodik

Der Analyst wird ausschließlich die von der Ratingagentur für die jeweilige Erhebung vorgeschriebene einheitliche Methodik anwenden. Er wird Individualskalierungen dort einsetzen, wo sie aufgrund der Branchenorientiertheit oder der Besonderheit des jeweiligen Unternehmens geboten sind.

Analog zu den Erhebungsgrundsatz II.3 Standardisierung ist auch der Analyst in die Pflicht genommen, sich an die standardisierten Vorgaben zu halten bzw. eine Abweichung hinreichend zu begründen.

11. Verschwiegenheitspflicht

Der Analyst darf Tatsachen und Umstände, die ihm bei seiner Tätigkeit anvertraut oder bekannt werden, nicht unbefugt offenbaren.

Der Analyst hat dafür Sorge zu tragen, dass Tatsachen und Umstände im Sinne von Abs. 1 Unbefugten nicht bekannt gemacht werden. Er hat entsprechende Vorkehrungen zu treffen.

Die Pflichten nach Abs. 1 und 2 bestehen nach Beendigung des Auftragsverhältnisses fort.

Durch die hohe Bedeutung von Vertraulichkeit für Unternehmen ist eine strenge Beachtung dieser Norm unerlässlich. Andernfalls könnte das besondere Vertrauensverhältnis zwischen Agentur und Kunde Schaden nehmen.[14]

12. Beachtung von Urheberrechten

Der Analyst hat die Urheberrechte der Ratingagentur an den Ratingverfahren und den Ratinginstrumenten zu beachten. Diese Verpflichtung gilt auch nach Beendigung des Vertragsverhältnisses.

Diese Regel ist zusätzlich zu den Strafnormen der Urheberrechtes bzw. des Vertragsverhältnisses zwischen Agentur und Analyst aufgestellt. Sie ist damit redundant. Fehlbare Analysten können jedoch durch diese Norm auch berufsständisch zur Verantwortung gezogen werden. Dies ist insbesondere für Ratingagenturen mit innovativem Ratingknowhow von Bedeutung.

---

14 Zum besonderen Vertrauensverhältnis vergleiche zum Beispiel die neue SEC-Regel, die Unternehmen verbietet, kursrelevante Informationen exklusiv an einzelne Analytiker weiterzugeben. Allerdings nimmt diese „Fair Disclosure"-Regel die Weitergabe von Informationen an Ratingagenturen ausdrücklich davon aus; vgl. o. V. (2000).

13. Insidervorschriften

Die Analysten haben die geltenden Insidervorschriften zu beachten.

Die Aufführung dieses – redundanten – Grundsatzes dient der Bewusstmachung und der Möglichkeit der Sanktionsverhängung. Denkbar sind zum Beispiel Delikte wie Front-Running.

14. Vorteilsannahme

Die Annahme von Belohnungen und Geschenken (auch sonstiger Vorteile), die einem Analysten im Hinblick auf seine Tätigkeit angeboten werden, ist nicht zulässig.

Die Annahme einer üblichen und angemessenen Bewirtung aus Anlass oder bei Gelegenheit seiner Tätigkeit ist gestattet.

Um eine unvoreingenommene Beurteilung des Unternehmens zu gewährleisten, darf der Analyst keine (geldwerten) Vorteile annehmen. Die Ausnahme einer angemessenen Bewirtung trägt der Realität Rechnung. Es ist nicht zu erwarten, dass Analysten sich durch derart übliche Anlässe in ihrer Urteilsfähigkeit beeinträchtigen lassen.

Literaturhinweise

ARENS, A. A./LOEBBECKE, J. K. (2000): *Auditing – An Integrated Approach,* Englewood Cliffs, 8th Ed., 2000.

BASEL COMMITTEE OF BANKING SUPERVISION (1999): *A new Capital Adequacy Framework – Consultative Paper,* Basel: Juni 1999, abrufbar unter www.bis.org/publ/bcbs50.pdf.

BASEL COMMITTEE OF BANKING SUPERVISION (2001): *The New Basel Capital Accord – Consultative Document,* Basel: Januar 2001, abrufbar unter www.bis.org/publ/bcbs-ca.htm.

O. V. (1996): *Antitrust Probe Launched Against Moody's,* in: Wall Street Journal, 27. März, 1996.

O. V. (2000): *SEC verbietet selektive Information,* in: Neue Zürcher Zeitung, 11. August 2000, S. 27.

SEC – SECURITIES AND EXCHANGE COMMISSION (2000): *Proposed Rule: Revision of the Commission's Auditor Independence Requirements, S7-13-00,* Washington: SEC, 30. Juni 2000, Update 17. Juli 2000, abgerufen von www.sec.gov/rules/proposed/34-42994.htm am 18. August 2000.

SPREMANN, K. (1996): *Wirtschaft, Investition und Finanzierung,* München/Wien 1996.

Analystenausbildung für das Mittelstandsrating

Walburga Sarcher

Rating-Analyst: neues Berufsfeld – neue Kompetenzen? Erkannt hat die Universität Augsburg sehr schnell den Bedarf für eine exzellente Ausbildung im Bereich des Ratings. Nach den Baseler Beschlüssen von 1999 durch die Bank für internationalen Zahlungsausgleich (BIZ) und dem sich abzeichnenden zweiten Baseler Konsultationspapier, mit dem externe bzw. interne Ratings zum Pflichtprogramm bei der Kreditvergabe werden, war in der beruflichen Weiterbildung ein Markt für bereits fachlich sehr gut vorgebildete Interessenten entstanden, dessen Qualitätsansprüche von vorne herein einem sehr hohen Qualitätsstandard unterlagen. Das Zentrum für Weiterbildung und Wissenstransfer (ZWW) der Universität Augsburg[1] konzipierte eine Ratingqualifizierung, die – einer Universität entsprechend – ein ganzheitliches Konzept bieten soll, in dem sich Theorie und Praxis ergänzen und die auf hohem Niveau zu dem Zertifikatsabschluss „Rating-Analyst" der Universität Augsburg führt und darüber hinaus einen Beitrag zur Entwicklung der Ratingkultur in Deutschland leisten möchte.

1. Die Idee

Der unmittelbare Anstoß zur Konzipierung eines solch ehrgeizigen Projektes kam gewissermaßen von Seiten der Praxis: eine bereits bestehende geschäftliche Kooperation zwischen dem Augsburger ZWW und der zu dieser Zeit neu gegründeten Ratingagentur R@S Rating Services AG mit Sitz in München ließ die Idee zu einer Qualifizierung zum Rating-Analysten schnell zur Tat werden. Das Zentrum für Weiterbildung der Universität Augsburg erarbeitete die Konzeption der neuen Ausbildung, das so genannte „Augsburger Qualifizierungskonzept", und organisierte schon bald den ersten Kursdurchgang, der im März 2000 startete. Als wissenschaftlicher Vertreter des Konzeptes konnte der in Fach-

---

[1] Das ZWW ist eine der ältesten und bekanntesten Weiterbildungsinstitutionen für Führungskräfte aus der Wirtschaft in Deutschland. Dieser Weiterbildungsauftrag wurde seit dem fast 30-jährigen Bestehen immer in enger Kooperation mit hervorragenden Experten aus Wissenschaft und Praxis angegangen. In der Verantwortung des ZWW stehen unter anderem berufsbegleitende Führungskräfte-Seminare, maßgeschneiderte Inhouse-Seminare, zum Beispiel bei DaimlerChrysler, und insbesondere das erste berufsbegleitende Executive MBA-Studium in Deutschland mit einem deutschen MBA-Diplom in Zusammenarbeit mit der wirtschaftswissenschaftlichen Fakultät der Universität Augsburg. Ab März 2000 trat die Qualifizierung zum Rating-Analysten in diese Reihe herausragender Seminarangebote.

kreisen bestens bekannte Ratingexperte, der Augsburger Prof. Dr. Manfred Steiner, gewonnen werden, der als wissenschaftlicher Beirat für das wissenschaftliche Niveau der Qualifizierung und deren ständige Optimierung und Verfeinerung steht.

2. Grundvoraussetzung für eine Qualifizierung zum Rating-Analysten: finanzpolitischer Hintergrund

2.1 Kreditvergabe durch die Banken

Kreditvergabe durch die Banken wird in Zukunft insbesondere für kleinere und mittlere Unternehmen eine immer größere Hürde darstellen. Spätestens 2004, wenn die Eigenkapitalvorschriften des Baseler Ausschusses für Bankenaufsicht in Kraft treten, werden Kredit- und auch Marktzinsen anders als zuvor bewertet und stärker differenziert. Künftig wird allein die Ratingnote bestimmen, mit welchem Kreditzinssatz eine Kreditvergabe erfolgt, da die Eigenkapitalunterlegung der Banken sich nun am tatsächlichen wirtschaftlichen Risiko des Kreditgeschäftes orientieren wird. Dabei sollen Kredite an Unternehmen mit sehr gutem Rating (AAA bis AA-) nur mehr noch mit 20 Prozent Risikogewichtungssatz einbezogen werden und nicht mehr der derzeitigen pauschalen Regelung entsprechend mit 100 Prozent. Nun werden die Gewichte einzelner Kredite an den Risikoaktiva einer Bank je nach der Ratingnote des Unternehmens von 20 über 50 und 100 bis sogar 150 Prozent reichen. Die neue Risikoklasse von 150 Prozent gilt dabei für Forderungen mit schlechtem externen Rating (unter BB-) oder mit bereits eingetretenen Zahlungsstörungen.

Der Baseler Ausschuss schlägt folgendes Schema für die Mindestanforderungen an die Eigenkapitalhinterlegung vor (Januar 2001):

Ratingklasse	AAA bis AA-	A+ bis A-	BBB+ bis BB-	unter BB-	ohne Rating
EK-Hinterlegungspflicht der Bank	20 %	50 %	100 %	150 %	100 %

Insbesondere für mittelständische Unternehmen wird die Erlangung einer guten bis sehr guten Ratingnote eine nicht zu unterschätzende Hürde für die Kreditvergabe darstellen.

2.2 Andere Formen der Refinanzierung

In Folge der sich verändernden Kapitalmärkte wird die Refinanzierung der mittelständischen Unternehmen zukünftig nicht mehr nur über ihre Hausbanken erfolgen, sondern vermehrt über den Kapitalmarkt. Die Suche nach Investoren oder die Emission von Anleihen, die von Privatpersonen oder von Institutionen erworben werden, wird in Kürze eine bedeutende Rolle spielen. Auch der Gang an die Börse, das „Going Public", ist heute für Unternehmer des Mittelstandes kein Tabuthema mehr.

2.3 Situation der Banken

Der sich in den letzten Jahren abzeichnende hohe Wettbewerbsdruck zwischen den Kreditinstituten sowie die relativ hohen Ausfallraten bei kleinen und mittleren Unternehmen zwingen die Banken zu einer Verbesserung und Verfeinerung ihrer Kreditanalysesysteme und ihrer Kreditüberwachung.

Zudem wird sich die Bedeutung der Banken gegenüber den Unternehmen wandeln: Sie werden ihre Rolle als Fremdkapitalgeber zunehmend zugunsten einer Rolle als Finanzintermediär reduzieren, das heißt sie werden in wachsendem Maße als Makler zwischen kapitalsuchenden und kapitalanlegenden Institutionen fungieren. Darüber hinaus führen Risikoüberlegungen und Portfoliomodelle der Kreditinstitute dazu, dass Kredite zwischen den Gläubigern austauschbar, das heißt „handelbar" gemacht werden sollen. Allerdings setzt dies bereits differenzierte Ratingverfahren voraus. Mit großer Akribie betreiben die Banken vor dem oben kurz skizzierten Hintergrund die Ausarbeitung solcher Ratingverfahren, die weit über die bisher praktizierten Scoring-Verfahren hinausgehen und nicht nur finanzwirtschaftliche Daten einbeziehen, sondern auch die qualitativen Faktoren wie Management und Personal, Produktion, Standort, ökologische Auswirkung, Konkurrenzsituation etc.

Dabei haben die Banken vor allem die sog. Baseler Beschlüsse vor Augen, die im Jahre 2004 in Kraft treten sollen. Die Bank für internationalen Zahlungsausgleich (BIZ) in Basel, die anspruchsvolle und international verbindliche Normen für externe und interne Ratingverfahren erarbeitet, welche zu nationalem Recht werden sollen, legte im Januar 2001 ein Konsultationspapier vor, das im Herbst 2001 (es sind nur noch geringfügige Veränderungen vorgesehen) ratifiziert werden soll. Bei diesem Papier („Basel II") handelt es sich u.a. um die Neudefinition der Mindestanforderungen an die Eigenkapitalhinterlegung der Banken bei einem Kreditengagement. Darüber hinaus werden auch Mindestanforderungen an externe Ratingagenturen und an bankinterne Ratingverfahren definiert, die von der nationalen Bankenaufsicht geprüft werden sollen.

2.4 Folgen für die Ratinglandschaft

Ratings werden unweigerlich zu einem zentralen Bestandteil bei Finanzierungsfragen. Dabei gehen Expertenschätzungen davon aus, dass ca. 80 Prozent der Weltkapitalströme durch Ratings beeinflusst werden (s. Everling Internet Newsletter, 32/2000). Für ein Rating muss das Kreditrisiko bzw. die Ausfallwahrscheinlichkeit der Unternehmen im Zuge einer umfassenden Unternehmensanalyse sehr präzise ermittelt und überwacht werden.

Reaktionen auf diese Entwicklungen im Finanzierungsbereich sind am Markt bereits feststellbar:

- die großen Ratingagenturen wie Standard & Poor's, Moody's und Fitch haben mit der Ausweitung ihres Analystenstammes bereits begonnen
- neue Ratingagenturen sind entstanden, zum Beispiel Euroratings AG, R@S Rating Services AG, U.R.A. AG, Creditreform Rating AG, deren Zielgruppe vor allem mittelständische Unternehmen sind
- Unternehmen suchen Spezialisten, die sie im Vorfeld eines Ratings beraten und während eines Ratingprozesses begleiten können.

Durch diese Entwicklungen entsteht also ein sehr großer Bedarf an gut ausgebildeten Spezialisten, die einerseits die theoretischen Grundlagen für Ratingverfahren beherrschen und andererseits auch fähig sind, selbst Unternehmensanalysen durchzuführen.

3. Kooperationspartner aus der Praxis und wissenschaftlicher Hintergrund

Um das hohe Niveau einer solchen Qualifizierung zu sichern, bedarf es nicht nur eines fundierten wissenschaftlichen Hintergrunds, sondern in gleichem Maße eines Praxisbezugs, der durch unsere Kooperationspartner gewährleistet wird. Auf Seiten der Beratung ist die Everling Advisory Services zu nennen, die, vertreten durch Dr. Everling, grundlegendes Basiswissen von der Ratingszene, der Einbettung des Ratinggedankens in Deutschland und den Überblick über die Ratinglandschaft liefert, ebenso die Rating Competence AG und die RWU Rainer Weinig Unternehmensberatung, Karlsbad. Im derzeitigen Curriculum sind drei Ratingagenturen vertreten, die weltweit renommierte Ratingagentur Standard & Poor's, Fitch Deutschland GmbH sowie die auf den Mittelstand orientierte Münchener Ratingagentur R@S Rating Services AG, die beide in wertvollen Fallstudien den Teilnehmern praxisnahe Unternehmensanalyse und -bewertung anbieten. Dritter Partner aus der Praxis sind die Banken, zum Beispiel die Bayerische Hypo- und Vereinsbank, die Deutsche Bank AG und die LZB im Freistaat Bayern, die Einblick in ihre Ratingverfahren (- durch das zweite Baseler Konsultationspapier vom Januar 2001, das sog. „Basel II" werden externe und interne Ratingverfahren nebeneinander zugelassen) geben.

Die Praxisrelevanz der Lehrmethodik und der Lehrinhalte wird durch einen Aufsichtsrat gewährleistet. Dieser ist ausschließlich mit Praktikern besetzt, die sich beruflich mit Ratings und Bonitätsanalysen beschäftigen. Dabei setzt er sich, um verschiedene, bereits oben skizzierte, Perspektiven zu berücksichtigen, vornehmlich aus Vertretern folgender fünf Bereiche zusammen:

- der Ratingagenturen Standard & Poor's als Vertreter der „großen" Agenturen und die R@S Rating Services AG als Vertreter der jungen, auf den Mittelstand spezialisierten Unternehmen

- der Everling Advisory Services, der Rating Competence AG und der RWU Rainer Weinig Unternehmensberatung, Karlsbad, als Beratungsunternehmen
- von Geschäftsbanken wie die Deutsche Bank AG und die Bayerische Hypo- und Vereinsbank AG
- der LZB im Freistaat Bayern als Vertreterin der öffentlichen Finanzinstitutionen
- der Teilnehmer an der Qualifizierung zum Rating-Analysten.

Der wissenschaftliche Rahmen wird, neben den in die Seminare eingebundenen Professoren, durch einen wissenschaftlichen Beirat gewährleistet. Diese Aufgabe wurde durch den bereits erwähnten und in der Ratinglandschaft renommierten Augsburger Ordinarius, Prof. Dr. Manfred Steiner, übernommen, der sich dem Thema Rating schon relativ früh wissenschaftlich zugewandt hatte und u.a. durch zahlreiche Vorträge bei Ratingkongressen und Tagungen, zum Beispiel beim Ratingsummit des Institute for International Research oder beim vom Handelsblatt geleiteten Euroforum bekannt wurde. Durch seinen im Jahre 2000 erschienenen Artikel „Der Informationswert von Ratings – Eine empirische Analyse am Markt für internationale DM-Anleihen" (ZfB, 70. Jg./2000, H. 5, S. 541-565), den er zusammen mit Dr. Volker Heinke verfasste, erhielten die beiden Autoren durch das Herausgebergremium unter der Leitung von Prof. Albach die herausragende Auszeichnung „Autoren des Jahres 2000".

4. Die „Rating-Analystin"[2]/der „Rating-Analyst"

Ein Rating-Analyst muss die Analysefähigkeit besitzen, die es erlaubt, zu ermitteln, wie groß die Wahrscheinlichkeit ist, dass ein Unternehmen seinen finanziellen Verpflichtungen pünktlich und in voller Höhe nachkommen kann. In der Terminologie der Ratingagenturen wird dabei auch von der Fähigkeit zur Ermittlung der Ausfallwahrscheinlichkeit bzw. zur Ermittlung der Zukunftsfähigkeit eines Unternehmens gesprochen.

4.2 Die Kompetenzen eines Rating-Analysten

Um solche Unternehmensanalysen in kompetenter Weise durchführen zu können ist es für einen Analysten unerlässlich, dass er

1. die Rolle des Ratings in seinen Facetten und in seiner Bedeutung auf dem Kapitalmarkt kennt,
2. mit den Verfahrensweisen der verschiedenen Ratingagenturen und der Kreditinstitute, das heißt mit den externen und internen Ratingverfahren, vertraut ist,
3. die Stellen kennt, von denen er die für ein Rating relevanten Informationen erhält, wie zum Beispiel die Ansprechpartner im Unternehmen, externe Unternehmen, Agenturen und/oder Datenbanken, zum Beispiel für Brancheninformationen,

---
2 Im Artikel wird die Form 'Rating-Analyst' sowohl für die Rating-Analystin als auch für den Rating-Analysten verwendet, um die Leseflüssigkeit des Textes zu garantieren.

4. sehr gute kommunikative Kompetenzen entwickelt hat, Frage-, Interviewtechniken und Methoden beherrscht, die es erlauben mit Konflikten umgehen zu können, die während eines Ratingprozesses entstehen können,
5. ein Ratingergebnis schlüssig und erfolgreich vertreten und präsentieren kann.

4.2 Die Berufsfelder des Rating-Analysten

Das Berufsfeld für Rating-Analysten beschränkt sich bei weitem nicht auf die Tätigkeit als interner oder externer Mitarbeiter in einer Ratingagentur. Von gleicher Relevanz sind vorbereitende und begleitende Tätigkeiten in Wirtschaftsunternehmen, die sich „raten" lassen oder die andere Unternehmen (wie zum Beispiel Zulieferer) „raten" müssen, oder auch die Arbeit bei Unternehmensberatern und bei Finanzierungsinstitutionen.

Es zeichnen sich somit fünf Kernfelder für die Berufstätigkeit eines Rating-Analysten ab:

- Mitarbeiter in Ratingagenturen.
- Mitarbeiter in Wirtschaftsunternehmen, die sich „raten" lassen möchten: Der Rating-Analyst kann hier bei der Vorbereitung, Begleitung und bei der permanenten Betreuung des Ratingprozesses mitwirken, sozusagen als „Analyst im eigenen Hause".
- Mitarbeiter in größeren Wirtschaftsunternehmen, die zum Beispiel ihre Zulieferer beurteilen bzw. „raten" müssen. Bislang handelt es sich dabei hauptsächlich um ein Zuverlässigkeits- und Qualitätsrating. Dabei spielt jedoch immer mehr die langfristige Existenz des Lieferanten eine Rolle, denn die Liste der Zulieferer wird immer kürzer; das heißt ein Ausweichen der Abnehmer auf andere Lieferanten wird zunehmend erschwert.
- Mitarbeiter in Unternehmensberatungen: Vor allem kleine und mittlere Unternehmen benötigen vor, während und nach einem Rating temporär qualifizierte Unterstützung von Fachleuten, die den Prozess begleiten und die dabei beratend tätig sind, zum Beispiel als qualifizierter Unternehmens- und Ratingberater, als so genannter Rating Advisor. Unternehmen können bei einer Beratungsfirma auch „nur" einen nachvollziehbaren Unternehmens-Check, beispielsweise im Umfeld eines Eigentümerwechsels, in Auftrag geben.
- Mitarbeiter in Kreditinstituten, Kapitalgesellschaften, Factoring-Unternehmen und Venture Capital-Gebern. Diese Institutionen beschäftigen sich mit zielgerichteten Unternehmensanalysen und haben bereits Spezialisten als Mitarbeiter. Sie sind jedoch – gerade auch im Hinblick auf Basel II – auf die Verbesserung und Systematisierung ihrer Verfahren angewiesen und wissen eine „Second Opinion" zu schätzen.

5. Das Augsburger Qualifizierungskonzept

5.1 Grundsatzfragen zur Entwicklung eines Konzeptes

Die grundlegende Frage für ein Rating lautet schlichtweg: Kann ein Unternehmen seinen finanziellen Verpflichtungen aus Finanztiteln in Zukunft pünktlich und in voller Höhe nachkommen? Oder: Wie ist es um die Bonität des Schuldners bestellt? Nur ein Rating, das heißt das zu einer Ratingbeurteilung führende Analyseverfahren und die Beurteilung selbst, kann die Frage nach dem Grad der Bonität beantworten.

Bisher wurden zur Bestimmung von Ausfallwahrscheinlichkeiten hauptsächliche klassische Lösungsansätze wie die Jahresabschlussanalyse herangezogen: Die Wahrscheinlichkeit einer Zahlungsstörung und der daraus resultierende Vermögensschaden wurde und wird zum Teil noch anhand von Bilanz, G&V und Kapitalflussrechnung (Cash-Flow-Statement) abgeschätzt, das heißt es wird eine Analyse der derzeitigen finanzwirtschaftlichen Situation mit Hilfe von EDV-Programmen, Expertensystemen oder sogar einem künstlichen Neuronalen Netz durchgeführt und daraus die zukünftige finanzwirtschaftliche Situation abgeleitet. Dabei wird meist übersehen, dass hier nur mit vergangenheitsorientierten Daten gearbeitet wird und eine Vielzahl von Faktoren, die diese finanzwirtschaftliche Situation beeinflussen, außer Acht gelassen werden.

Dabei sind gerade diejenigen Faktoren wichtig, die hinter den bloßen Finanzdaten stehen. Die „Kunst" bzw. das Know-how des Rating-Analysten ist es somit, die Vielzahl der interagierenden Prozesse und Funktionen, die hinter den Finanzdaten stehen, zu erkennen, zu analysieren und in ihrer Wirkung auf die künftige Ertragskraft beurteilen zu können.

Faktoren, die integraler Bestandteil einer vollständigen Unternehmensanalyse sein müssen sind zum Beispiel die Produkte, Dienstleistungen und deren Neuentwicklungen, die Charakteristika von Absatz- und Beschaffungsmärkten, die individuelle Strategie des Managements, die Produktivität der Belegschaft und ihre Schnelligkeit bei Innovation und Lernen, die Anlagenausstattung und die Unterstützung durch moderne Soft- und Hardware.

Nur die systematische Identifizierung, Analyse und Bewertung dieser Faktoren erlaubt eine begründete Prognose über die zukünftige finanzielle Situation eines Unternehmens und damit über sein zukünftiges Rating. Ein solch ganzheitlicher Ansatz wird in der Augsburger Qualifizierung vertreten. Er führt auch durch die Berücksichtigung von qualitativen Faktoren zu einer umfassenden Analysekompetenz des Rating-Analysten.

5.2 Analyseraster

Das Augsburger Qualifizierungskonzept zeigt eine mögliche Methode zur Gestaltung des Qualifizierungsangebotes und des Analysekonzeptes. Dieses vertritt einen ganzheitlichen

Ansatz, wobei die Finanzdaten als Spiegel der unternehmerischen Fähigkeiten verstanden werden, die unternehmerische Tätigkeit aber im Zentrum der Analyse steht. Dabei wird insbesondere das Augenmerk darauf gerichtet, dass sich das eigentliche unternehmerische Handeln am Kunden orientiert und sich auf die Positionierung am Markt, die direkt auf das Produkt bezogenen Tätigkeiten und auf das Management konzentriert.

5.3 Fragenraster: Der Schlüssel zu den Teilbereichen

Die einzelnen Teilbereiche (wie zum Beispiel „Kunde, Markt und Wettbewerb") werden zur Strukturierung einem Frageraster unterworfen. Dieses Raster zielt unter anderem auf die Ratingrelevanz eines bestimmten Teilbereichs, auf die Datenerhebung und -analyse oder auf die Beurteilung des Bereiches.

5.4 Charakteristika der Qualifizierung

Die Qualifizierung ist auf die Bedürfnisse der Praxis zugeschnitten. Deshalb wird ein methodisch flexibler Ansatz vertreten, der die Vielfalt der Unternehmenslandschaft berücksichtigt. Dabei werden Basisinformationen vermittelt, die dem Ratingverfahren zugrunde liegen, ebenso die unterschiedliche Herangehensweise der Ratingagenturen an die Problematik und die sich unterscheidenden Verfahren der Kreditinstitute.

5.5 Ziele

Der Erwerb von fachlichem Können über wesentliche Verfahren zur Erstellung von Ratings, insbesondere auch in den nicht-finanzwirtschaftlichen Unternehmensbereichen, sowie das Erlernen und Vertiefen von für den Analysten unabdingbaren so genannter „Personal Skills", von kommunikativen und sozialen Kompetenzen, gehören zur Zielsetzung in den Kursen. Dabei ist das Hauptziel der Qualifizierung eindeutig die Erlangung von persönlicher Analysekompetenz.

5.6 Inhalte

Die Qualifizierung selbst besteht aus einem dreigeteilten Inhaltsangebot:

Teil 1: – Handlungsfeld des Analysten und bankinterne Ratingverfahren
Teil 2: – Unternehmensrating und Fallstudien
Teil 3: – Personal Skills

Im ersten Teil wird der Hauptakzent auf das Selbstverständnis und das Handlungsfeld des Analysten gelegt. Es handelt sich dabei unter anderem. um die so genannten Business-

Ethics, das heißt die ethischen Ansprüche, die die Agenturen proklamieren. Diese erwachsen aus dem Spannungsfeld, dem Kunden eine hochspezialisierte und teuere Dienstleistung zu verkaufen, gleichzeitig aber auch kritische und sogar unangenehme Fragen stellen zu müssen, und dies alles in dem Bewusstsein dass das Analyseergebnis, das Rating, auch – zumindest auf den ersten Blick – zu Ungunsten des Unternehmens ausfallen kann. Das Handlungsfeld umfasst die Darstellung der bisher entwickelten und bewährten Ratingprozesse, wobei hier vertragliche und im Zuge der Risikosteuerung von Banken auch immer mehr gesetzliche Elemente eine Rolle spielen. Weitere Bereiche zeigen die Relevanz des Ratings für das effiziente Funktionieren von Kapitalmärkten und die Besonderheiten, mit denen ein Rating-Analyst bei der Arbeit in mittelständischen Unternehmen konfrontiert wird und wie er damit umgeht.

Die Darstellung der internen Ratingverfahren der Banken vor dem Hintergrund der Baseler Beschlüsse erhält durch die jüngste Fassung des Baseler Konsultationspapiers weitere Aktualität. Unter der Voraussetzung einer bankenaufsichtlichen Überprüfung und Zulassung werden nun zur Risikobestimmung von Krediten bzw. zur risikoadäquaten Eigenkapitalunterlegung neben externen auch bankeninterne Ratingverfahren zugelassen. Die Kenntnis letzterer Verfahren ist für externe Rating-Analysten, zum Beispiel für eine Ratingberatung oder -begleitung ebenso unerlässlich wie für den internen Analysten, der auf die ständige Verfahrensverbesserung bedacht sein muss.

Im Teil zwei stellt das Ratingverfahren, sein prinzipieller Aufbau und das Vorgehen im Detail das zentrale Element der Qualifizierung dar. Inhaltliche Schwerpunkte sind zum Beispiel:

- „Kunde und Markt": Market to Customer, Branchen- und Länderanalyse
- „Business": Personal, F & E, Ökologische Aspekte, Rechtssituation etc.
- „Management": Organisation, Managementqualität und Unternehmensstrategie
- „Financials": Bilanzpolitik und off-balance-sheet risks, Beurteilung der Ertragskraft: Cash-Flow-Strukturen und Finanzplanung, Krisenbewältigungspotenzial und finanzielle Flexibilität

Eine Spezialität des Augsburger Qualifizierungsmodells ist es, wie aus der Aufzählung der Schwerpunktthemen (supra) schon ersichtlich wird, Themenbereiche miteinzubauen, die in Zukunft auch für Ratings höchst relevant werden können. So formuliert das Thema „Rating und Umweltmanagement" für das Unternehmensrating auch neue Ansätze, die sich weniger auf Risiken wie Umweltunfälle und Störfälle und den damit verbundenen Imageschaden bzw. Kundenverlust beziehen. Heute wird das Gewicht beim Öko-Rating eher darauf gelegt, wie ein Unternehmen mit dem Umweltthema umgeht, was unter anderem anhand von Qualität und Inhalt von Umweltbilanzen und von Umweltmanagementsystemen analysiert wird. Beim Thema „Management und Personalwesen" lassen sich in diesem Zusammenhang auch Ansätze vertiefen, die vom so genannten Stakeholder Value ausgehen. Dabei lassen sich in einem speziell entwickelten Tool Personalbereiche sowohl in strategischer als auch in operativer Hinsicht analysieren. Auf der strategischen Ebene wären hierbei Kriterien wie Erfolgspotenziale eines integrierten Personalmanagements oder quantitative und qualitative Ansätze des Personalcontrollings zu nennen, auf der operativen Ebene zum Beispiel das Kriterium Evaluation der Arbeitszufriedenheit oder Identifikation des Betriebsklimas.

Die Zusammenführung der inhaltlichen Schwerpunkte zu einer Ratingbeurteilung erfolgt anhand von Fallstudien, die von verschiedenen Ratingagenturen vorgestellt werden: die internationale Ratingagentur Standard & Poor's steht hier für Ratingverfahren für die größeren Unternehmen und vermittelt die unternehmenseigene Ratingkultur. Für den Mittelstand präsentiert die R@S Rating Services AG einen Analyseansatz, der auf informatisierten Ratingtools beruht. Mit der Ratingagentur Fitch erarbeiten die Teilnehmer eine Fallstudie, in der Verbriefungen von Forderungen an den Mittelstand thematisiert werden. Einen wissenschaftlichen Ansatz für das Rating von kleinen und mittleren Unternehmen stellt die TU Ilmenau vor. Dabei steht im Mittelpunkt die Frage, was Rating aus Sicht der gerateten Unternehmen leisten sollte.

Im dritten Teil Personal Skills steht die Förderung von personalen Kompetenzen im Zentrum des Seminars. Rating-Analysten müssen in kurzer Zeit viele Daten in Erfahrung bringen, sie kombinieren und zu einem Urteil aggregieren können. Daher stehen sie zwangsläufig in intensivem Kontakt zu vielen Führungskräften des Unternehmens, die insbesondere erfahrungsgemäß im Mittelstand nicht immer sehr auskunftsfreudig sind. Deshalb gilt es den künftigen Analysten Verfahrens- und Vorgehensweisen der Datenerhebung zu vermitteln wie auch die adäquate Präsentation der Analyseergebnisse gegenüber dem Unternehmen oder sogar gegenüber der Öffentlichkeit. Um mit dem dieser Situation inhärenten Konfliktpotenzial umgehen zu können, werden die Analysten mit Frage- und Interviewtechniken sowie mit Kommunikations-, Präsentations- und Argumentationstechniken vertraut gemacht.

5.7 Zertifikatsprüfung

In einer schriftlichen und mündlichen Prüfung beweisen die Teilnehmer der Qualifizierung ihre Fähigkeit ein Unternehmen zu analysieren, zu „raten". Die Vorgehensweise einer Unternehmensanalyse sowie das Analyseergebnis werden vor einem Prüfungskomitee, bestehend aus Professoren der Universität und Vertretern der Ratingagenturen präsentiert.

Die erfolgreiche Prüfung wird dann mit dem Zertifikat „Rating-Analyst" der Universität Augsburg abgeschlossen.

5.8 Voraussetzungen zur Qualifizierung

Da ein fundiertes Rating eine anspruchsvolle Aufgabe darstellt, ist ein vertieftes Vorwissen über betriebs- und finanzwirtschaftliche Zusammenhänge sowie breite Erfahrung aus der betrieblichen Praxis unabdingbar, um das sehr ehrgeizige Ziel in der vorgesehenen Zeit zu erreichen. Ebenso ist die Fähigkeit zu einem präzisen analytischen Vorgehen unerlässlich. In der Regel wird dieses während eines Hochschulstudiums erlernt, doch kann es auch im Rahmen einer betrieblichen Tätigkeit erworben worden sein.

Neben der Fähigkeit zu analytischem Vorgehen und fachlichem Können werden an den Rating-Analysten hohe ethische Ansprüche gestellt. Analysten können unter starken Druck geraten, wenn sie an die möglichen Konsequenzen ihrer Arbeit denken. Persönliche Integrität und Vertrauenswürdigkeit stellen Basisparameter für die Person eines Analysten dar.

Hohe kommunikative Kompetenz ist für einen Rating-Analysten Grundvoraussetzung. Er muss sich in der Lage sehen, zum Beispiel dem Unternehmer – ohne vermeintliche Arroganz oder Besserwisserei – die objektiven Daten über das Unternehmen zu vermitteln.

Darüber hinaus sind für ein erfolgreiches Absolvieren der Qualifizierung sehr gute (zumindest passive) Englischkenntnisse erforderlich: Teile der im Seminar zu bearbeitenden Literatur und der Fallstudien sowie auch kleinere Seminarsequenzen sind in englischer Sprache, was natürlich auch durch die überwiegend angelsächsische Vorgeschichte des Ratings bedingt ist.

Auch der problemlose Umgang mit den neuen Medien gehört zum Handwerkszeug eines Rating-Analysten: Recherchen im Internet, die Aufbereitung der Rechercheergebnisse in der Textverarbeitung und Excel, der Umgang zum Beispiel mit Powerpoint etc. sind für die Präsentation von Analysen selbstverständlich.

Der beim Vorstellungsgespräch erfolgende Check-up soll im Vorfeld der Qualifizierung das Eignungsprofil der Teilnehmer auf die oben beschriebenen Fähigkeiten hin überprüfen.

6. Ein exklusiver Verein: Rating-Analysten der Universität Augsburg

Für die Teilnehmer der Qualifizierung, die das Universitätszertifikat erworben haben, besteht die Möglichkeit dem Verein Rating-Analysten der Universität Augsburg beizutreten. Dessen Ziele sind unter anderem die wissenschaftliche Weiterentwicklung von Ratingprozessen in Zusammenarbeit mit dem wissenschaftlichen Beirat sowie die Durchführung von Sonderveranstaltungen zum Thema Rating. Zudem ist die Möglichkeit eines New-York-Aufenthaltes mit einer Informationsveranstaltung bei Standard & Poor's, USA und ein Besuch der New Yorker Börse ein Höhepunkt im Programm der Augsburger Rating-Analysten.

7. Interesse?

Wenn Ihr Interesse nun geweckt worden ist und auch Sie sich zum Rating-Analysten mit Universitätszertifikat qualifizieren lassen möchten oder sich einfach über unser weiteres Kursangebot informieren möchten, dann wenden Sie sich an die Projektleitung für die Qualifizierung zum Rating-Analysten an der Universität Augsburg.

- schriftlich:

    Dr. Walburga Sarcher
    Projektleitung Rating
    Universität Augsburg / ZWW
    Universitätsstraße 16

    86159 Augsburg

- telefonisch oder per Fax:

    Tel.: 08 21/5 98-40 19
    Fax: 08 21/5 98-42 13

- per E-Post:

    rating@zww.uni-augsburg.de
    walburga.sarcher@zww.uni-augsburg.de

Im Internet sind wir zu finden unter: www.zww.uni-augsburg.de

Stichwortverzeichnis

Adressausfallrisiko 63, 68
adverse Selektion 76
Advisory 573
Akkreditierung 664
Aktienkursreaktionen 200
Alpha-Fehler 136
Alternative Risk Transfer (ART) 161
Analyseerfahrung 639
Analysegespräch 331
Analysekompetenz 688
Anleihenemission 249
Anreizsystem 662
Ansatzwahlrecht 349
Appellationsrecht 281
Asset-Backed-Securities (ABS) 7, 17, 148, 150, 156
@rating Bewertung 419
@rating Konzept 415
@rating Monitoring 421
@rating Protection 423
@rating Quality Label 420 f.
Auftragsforschung 473
Augsburger Qualifizierungskonzept 681, 687, 689
Ausbildung 566
Ausfalldefinition 232
Ausfallkonzept 232
Ausfallrate 69
Ausfallrisiko 456
Ausfallwahrscheinlichkeit 435, 446
Ausschreibung 110
Ausschreibungsplattform 110

Backtesting 70
Balanced Scorecard 555, 597, 600, 603
Bank für internationalen Zahlungsausgleich (BIZ) 102, 175, 265, 569, 642, 681, 683

Bankanalysten 250
Bankenmarkt 606
Bankgespräche 21
Bankfinanzierung 5
Basel I 102, 144 f.
Basel II 19-23, 29 f., 33, 99, 101 f., 113, 121, 123, 125, 143, 145 f., 175 f., 178, 189, 266, 343, 363, 365-368, 381, 429, 449, 451, 489, 516, 531, 541, 552, 558, 585, 606, 683 f.
Baseler Ausschuss für Bankenaufsicht 102, 343
Baseler Konsultationspapier 330
Beirat 545 f.
Benchmark 220, 258, 434
Berichtskritiker 408
Berichtsteam 409
Berichtswesen 533
Berufsgrundsätze 574
Bestandsfestigkeit 637
Bestandskraft 403
Bestandssicherung 467, 471
Beta-Fehler 136
Beteiligungsgesellschaften 463
Beteiligungskapital 152, 463
Betriebsbesichtigung 211
Betriebskredit 551
Bewertungswahlrechte 349
bfinance.com 108
Bilanz 165
Bilanzanalyse 387
Bilanzierungsverhalten 238, 344, 346, 348, 356, 359
– konservatives 348
– neutrales 348
– progressives 348
Bilanzierungswahlrechte 347
Bilanzrating 309 f., 392, 396

Bilanzrisiko 170
Bilanzwert 317
Bonität 469
Bonitätsanalyse 120, 125, 252, 457, 640
Bonitätsauskünfte 263
Bonitätsbeurteilung 307, 394
Bonitätsfaktoren 256
Bonitätsprüfung 12, 209
Bonitätsrating 22
Bonitätsverbesserung 123
Börse 266
Börsenreife 493
Börsenwert 554
Branche 273, 283
Branchenbonität 437
Branchencharakteristika 614
Branchendossier 447
Brancheninformationen 438
Branchenorientierung 652, 675
Branchenprognose 433, 440, 448
Branchenrating 257, 433 ff., 443, 449
Branchenrisiko 280, 442
Branchenspezialisierung 639
Branchenspezialisten 338
Branchenvergleich 448
Buchführung 314
Buchwert 554
Bundesverband der deutschen Volks- und Raiffeisenbanken e.V. (BVR) 64
Bundesverband Informationswirtschaft, Telekommunikation und neue Medien e.V. (BITKOM) 461
Business Angel 151 f., 463 f.
Business-Story 623
BVR I Rating 63-68
BVR II Rating 71 f., 74

Cash Flow 612
Cash-Flow-Rechnung 339
Cash Flow-Volatilität 194
China 79
Coaching 616, 619

Collateralized Loan Obligations (CLO) 153 f.
Controlling 484
Controllinginstrument 542, 602
Controllingsysteme 586
Corporate Bonds 148 ff., 156
Corporate Credit Rating 89
Corporate Finance 605, 609 f., 615
Corporate Governance 404, 544, 590
Corporate Venturing 463 f.
Covenants 197, 227, 610
Credit Default Swap 154
Credit Rating 215, 644
Credit Risk Data Warehouse 166
Credit Spreads 456
Credit-Story 613, 619
Creditreform Rating AG 278 ff., 286 f.
Creditreform Risikoindikator (CRI) 284
CRESTA-SCORE 250, 252, 254-257, 259
Cross-Selling-Instrument 607
Cruickshank-Report 147

Datenbasis 185
Debitorenmanagement 161
Debt Capacity 560
Debt-Rating 308 f.
Deckungsbeitragsrechnung 69, 139
Default 644 f.
Default Rates 217, 219
Deutsche Ausgleichsbank (DtA) 464
Deutsche Industriebank (IKB) 154
Dialogkomponente 391
Disintermediation 43
Diskriminanzanalyse 354, 370 f., 426
Diversifizierung 226
Dry-Run 619
Dummy-Variablen 356
DVFA Deutsche Vereinigung für Finanzanalyse und Asset Management 641, 655
Dynamische Stabilität 624 f., 632

E-Commerce 7
EBIT 224
EBITDA 224
Eigenanalyse 476
Eigenkapitalmarkt 638
Eigenkapitalvereinbarungen 4
Einheitlichkeit 234
Einzelgeschäftssteuer 64
Emerging Market 84, 91
Emissionsgeschäft 498
Emissionsrating 308 f.
Emittentenrating 308, 310
Entwicklungsländer 80
Entwicklungsstand 83
Equity Rating 308 f., 645
Equityfinanzierung 558
Equitization 127
Ereignisrisiko 492
Erfolgsfaktor 589, 675
Erfolgskennzahlen 254
Erfolgskontrolle 485
Erfolgspotenziale 319 f., 321
Erhebungsbogen 348 ff.
Erklärungskomponente 391
Ertragspotenzial 435
EuroRatings AG 327, 331
Event Risk 221
Event-Study-Methode 199
Evolution 317 f.
Expertenbefragung 51
Expertensystem 164 f., 280, 370, 372, 389-399
Expertenwissen 358

Factoring 99
Fair Value 258
Familiengesellschaften 531
Familienstrategie 537, 539, 546
Familienunternehmen 529-546
Feinsteuerungsmechanismen 181
FERI AG 433, 436, 449
Finanzdaten 315

Finanzierungskosten 16, 90, 456
Finanzierungsmöglichkeiten 3
Finanzierungsstrukturen 182
Finanzkennzahlen 254, 339
Finanzkommunikation 513 ff.
Finanzmarktplatz 99
Finanzplanung 591
Finanzportale 107
Finanzprojektionen 509
Finanzrisiko 614
Finanzscore 223
Finanzstrategie 613
Firmenkreditgeschäft 127 f., 146
Firmenkundengeschäft 209, 343
First-to-Market 454
Fitness 637
Flexibilität 533
Folgerating 407
Förderbanken 5
Fördermaßnahmen 464
Forderungsrisiken 160
Forschung und Entwicklung (FuE) 459, 472
Forschungsinstitutionen 476
Fraunhofer-Institut für Systemtechnik und Innovationsforschung (ISI) 459
Freier Operativer Cash Flow 224
Fremdanalyse 476
Fremdfinanzierung 558
Fremdkapital 99
Frühindikatoren 186, 602
Frühwarnindikatoren 600
Frühwarnsystem 426
Führung 335
Führungsinstrumente 180, 335
Führungsstruktur 534
Fundamentalanalyse 330
Funds from operations 224
Funktionstrennung 74 f.
Fuzzy Logic 369, 372, 376, 381, 390
Fuzzy-System 358, 360

Garantien 662, 664
GDUR Rating AG 502
Geldmarkt 101
Genossenschaftsbanken 63, 69
Gesamtbanksteuerung 64
Gesamtbanksteuerungsebene 65
Geschäftsmodelle 311
Geschäftsprozess 590
Geschäftsrisiko 614
Geschäftsstrategie 613
Geschäftsverbindung 186
Gesetz zur Kontrolle und Transparenz im Unternehmensbereich (KonTraG) 8, 270, 347, 405, 435
Glaubwürdigkeit 288
Globalisierung 79
Going Public 404
Green Card-Initiative 460
Grundsatz I 367

Handelsauskunfteien 425
Harmonisierungsgrad 85
Hausbank 113, 455
High-Tech-Sektor 462
High-Yield-Anleihe 16
Hit versus Flop Rate 473
Hold-out-Verfahren 253

Ideenfindung 474
Imagegewinn 182
Incentives 475
Individualismus 82
Inferenzmaschine 391
Informationsasymmetrien 71
Informationsbedarf 20
Informationsbestandteile 278
Informationsdefizit 277
Informationsdichte 280
Informationsgehalt 283
Informationspolitik 123
Informationsprozess 515
Informationsquellen 21

Informationssammlung 246
Informationsstand 63
Informationsvollständigkeit 93
Innovation 317, 467
Innovationsidee 472
Innovationsmanagement 477
Innovationspotenzial 474
Innovationstransparenz 299, 301
Innovationszyklen 468
Insidervorschriften 654
Insolvenzauswertung 283
Insolvenzen 170, 393, 462, 637
Insolvenzgefährdung 282
Insolvenzquoten 446 ff.
Interessenkonflikt 193
Internal Rating Based Approach (IRB-Ansatz) 145
Internetvertrieb 108
INTES-Prinzip 537
Investment Grade 15, 198, 217 f., 533
Investmentbanken 498
Investor Relations 513 ff., 555
Investor Relations-Spiegel 291 f.
IWK (Institut für Wirtschaftsanalyse und Kommunikation) 44

Jahresabschlussanalyse 314 f.
Jahresabschlusskennzahlen 238, 353
Just-in-Time 457

Kapitaldienst 309
Kapitalgebergruppen 455
Kapitalgesellschaften-und-Co-Richtlinie-Gesetz (KapCoRiLiG) 347, 541
Kapitalmarkt 101, 249, 531
Kapitalmarktfähigkeit 502 f.
Kapitalmarktfinanzierung 608
Kapitalstruktur 588
Kernkompetenz 589
Kleine und Mittlere Unternehmen (KMU) 30, 36 f., 79, 297 f., 307, 309 f., 367, 379, 467, 473, 477 f., 484, 550 f., 623, 630, 634

Klumpenrisiken 69
Knowledge Engineering 390
Knowledge of Business 510
Kollektivismus 82
Kommunikation 556, 558
Kommunikationsinstrument 9
Konditionsgestaltung 184
Konjunkturabhängigkeit 443
KonTraG 347, 378, 583 f.
Konzernstrategie 613
Kooperationen 473
Kooperationsmöglichkeiten 477
Kosten-/Nutzenrelation 287
Kredit Risk Management 160
Kreditanstalt für Wiederaufbau (KfW) 154, 464
Kreditausfallrisiko 265
Kreditgenossenschaften 67
Kreditgespräche 521 f.
Kreditkonditionen 23, 31, 75 f., 196
Kreditlaufzeit 192
Kreditpolitik 549
Kreditrating 309 f.
Kreditrisiko 231, 594
Kreditrisikomessung 231
Kreditrisikosteuerung 128 f., 131
Kreditüberwachung 237
Kreditvergabe 235
Kreditvergabeentscheidung 138
Kreditvergabepraxis 146
Kreditverknappung 143
Kreditwürdigkeit 119
Kreditwürdigkeitsprüfung 132, 137, 177, 251, 369, 429
Kreditzielüberschreitungsmeldungen 427
Kriterien
– qualitative 121, 135
– quantitative 121, 135
Kriterienstruktur 293
Kulturkreise 82
Kulturunterschiede 82 f., 85, 96
Kundenbeziehungen 183

Kundenbindung 176
Kundenorientierung 471
Kundenzufriedenheit 555
Künstliche Intelligenz (KI) 369

Lagebericht 584
Lancaster-Skalierung 354
Leistungsfähigkeit 92 f.
Leitmotiv 627
Leistungsfähigkeitsgrad 94
Lieferanten 469
Lieferantenbeziehungen 176, 183
Lieferantenratings 457
Liquidität 318

M&A-Aktivitäten 226
Machtdistanz 82
Management Buy Out (MBO) 207
Management Meeting 540
Management of Risks 510
Managementbewertung 297
Managementqualität 239
Managementstruktur 285
Managementtransparenz 296 f.
Margenspreizung 143
Marktchancen 53
Markteinführung 483
Marktrisiko 222
Maschinenbau 205
Merkmale
– kategorielle 345
– qualitative 344 f., 358
– quantitative 345, 357
– verbale 345
Mezzanine-Kapital 152 f.
Migrationswahrscheinlichkeiten 251
Mindestanforderungen 233
Mitarbeiter 184
Mitarbeiterbeteiligung 207
Mittelstand 178
Mittelstandskompetenz 47
Mittelstandsumfrage 19

Monitoring 96, 579, 662
Monte-Carlo-Simulation 593
Moral Hazard 662

Nachfolge 546
Nachfolgekonzept 543
Nachfolgeregelung 535, 546
Nachrangigkeit 227
Nachvollziehbarkeit 234, 286, 652, 676
Nearest-Neighbors-Verfahren 371
neuronale Netzwerke 356, 373 f.,381, 389
Neutralität 180, 649
New Economy 310, 429, 567, 627
Nicht-Banken-Sektor 277
Nichtzahlungsmeldungen 428
Notation 328

Objektivität 287
Old Economy 205, 208, 626
Operative Marge 225
Optionsbewertung 190
Ordnerfunktion 625 f., 627 f.
Outsourcing 477, 562

Patente 483
Peer Group 333, 339
Personal Skills 688, 690
Personalsuche 268
Personenabhängigkeit 534
Plattformstrategie 207
Plausibilitätsprüfungen 410
Post-Rating 579
Potenzialanalyse 122
Preisverhandlungen 211
Pricing 609, 612
Primerate 184
Principal-Agent-Theorie 571
Private Equity 5, 562
Private-Equity-Finanzierungen 151, 156
Produktportfolio 226
Produktzyklen 454
Professional Services 661

Prognosekraft 234
Projektcontrolling 481
Projektmanagement 545
PROMISE 154 f.
Publizitätspflichten 541
Pumpenfabrik Wangen GmbH 205, 209
Punktbewertungsverfahren 371

Qualifikation 649, 669
Qualifizierung 690
Qualitätssicherheit 662
Qualitätssicherung 659
Querchecks 410

Rating
– externes 27, 33, 35, 103, 177, 189
– internes 33, 35, 104, 119, 153, 177, 189
Rating Advisor 489, 491, 493-497, 500, 503, 507, 512, 517, 527 f., 545, 571
Rating Advisory 492, 496, 498 f., 523, 527 f., 545, 569, 605
Rating Advisory-Verfahren 179, 184
Rating-Analyst 681
Rating Cert e.V. 103, 573, 574, 576, 640, 642, 647 f., 659, 665, 667, 669
R@S Rating Services AG 681
Ratingansätze 589
Ratingdokumentation 507
Ratinghandbook 618
Ratingkomitee 334
Ratingverständnis 46
Re-Rating 407, 525, 579
Rechnungslegung 347, 349
Recovery Rate 218 f.
Regelsysteme 627
Regression
– logistische 355, 357
Regressionsanalyse 253
Relationship-Banking 605
Rendite 469
Rentabilität 442

Rentenfondsmanagement 215
Reputation 269, 457, 505, 515, 659, 662, 664
Return on Capital 224
Return on Investment (ROI) 473
Risiken
- wirtschaftliche 468
Risikoaggregation 593, 595
Risikoanalyse 285, 590, 593
Risikobewältigung 598
Risikocontrolling 68, 593
Risikogewichtungssatz 682
Risikoidentifikation 590
Risikoinformationen 585
Risikokapital 638
Risikokennzahl 594
Risikoklassen 241
Risikokosten 599
Risikomanagement 185, 491, 583, 603
Risikomessung 231
Risikopolitik 600
Risikoposition 189
Risikoprämien 69 f.
Risikoprofil 409
Risikoprophylaxe 76
Risikostatistik 282
Risikosteuerung 559
Risikostruktur 589
Risikoüberwachung 600
Risk Data Warehouse 164
RS Rating Services AG 37, 501
Rückzahlungsquoten 69

Schmetterlingseffekt 624
SCHUFA 377
Schweiz 549
Scorecard 72 f., 554
Scoring Modell 164, 221
Scoring-System 165, 388
Screening 662
Securitization 127
Sekundärhandel 259

Selbstauskunft 425, 429
Seminare 685
Shareholder Value 161
Shareholder-Value-Ansatz 607
Sicherheitenarten 69
Signalling 662
Simulationsmodelle 438
Skalenniveau 355
Soft Facts 405
Sovereign Credit Rating 88
Speculative Grade 15 f., 198, 217 f.
Spitzentechnologie 467, 476, 480
Spread 16, 220
Stakeholder Value 405, 689
Standing 56
Standortbestimmung 9
Stärken-Schwächen-Analyse 282, 618 f.
Strategieanalyse 210
SynFront Consulting GmbH 92, 95 f.
Systemintegration 112

tbg Technologie-Beteiligungs-Gesellschaft mbH 463
Technologie 320, 451 f., 471
Technologie-Transferzentren 479
Technologietransfer 482
Technologieunternehmen 459, 465
Teilnote 255
Time-to-Market 454, 459, 473
Track Record 329, 661, 664
Transaction-Banking 605, 610, 615
Transaktionskosten 99
Transparenz 76, 124, 137, 208, 234, 251, 286 f., 398, 403, 532 f., 541 f., 546
Trennfähigkeit 70
Trennschärfe 71, 234

Übergangsmatrizen 245
Überwachung 242
UMTS-Lizenzen 11, 194
Unabhängigkeit 287, 639, 648
Unparteilichkeit 652, 676
Unternehmensanalyse 283, 323, 380, 617

Unternehmensanleihen 215, 455, 609
Unternehmensberatung 496 f., 511
Unternehmensbewertung 562
Unternehmensdokumentation 540
Unternehmensdynamik 307
Unternehmensfeld 623, 626, 629 f., 632 f.
Unternehmensführung 320
Unternehmensgröße 255, 445
Unternehmenskrisen 520
Unternehmensinsolvenzen 277
Unternehmenskultur 470, 555
Unternehmensleistung 397
Unternehmensnachfolge 535, 538
Unternehmensneugründungen 627
Unternehmensplanung 509, 592, 601 f.
Unternehmenspolitik 558
Unternehmensrating 309 f., 583
Unternehmensstabilität 311
Unternehmensstrategie 470, 537 ff., 546
Unternehmensstrukturen 25, 284
Unternehmensverkauf 558
Unternehmensvermögen 191 ff.
Unternehmenswert 396, 597
Unternehmerfamilie 529 f., 539
Unweighted Rate-Verfahren 217
URA Unternehmens Ratingagentur 409, 512, 570, 573-576, 578, 640

Value at Risk 70, 131
Value-Weighted Rate-Verfahren 217
Venture Capital 462 f.
Verbriefungstechnik 155
Verein Creditreform 377
Verhandlungsposition 456
Vermögensrendite 161
Vermögensumverteilung 194, 197
Vermögenswerte
– immaterielle 318
Verschuldungsgrad 192, 197
Verschuldungsquote 225
Verschwiegenheitspflicht 654
Versicherung 599
Vertragsverhältnis 575

Vertraulichkeit 288, 542, 575, 649, 670
Vier-Augen-Prinzip 650, 674
Volatilität 192
Vorschlagswesen 475
VR-Control 68, 74

Wachstumspotenzial 435
Wahrscheinlichkeit 355
Weiterbildung 681
Werte
– immaterielle 312
– materielle 312
Wertkettenmanagement 558
Wertschöpfungskette 80, 91 f.
Wertsteigerungsstrategien 210
Wettbewerbsdruck 564
Wettbewerbsfähigkeit 442
Wettbewerbsnachteile 3
Wettbewerbsposition 458
Wirtschaftlichkeitstransparenz 298
Wirtschaftsordnung 84 f., 96
Wirtschaftspresse 425
Wirtschaftsverbände 4
Wirtschaftszweige 273, 437
Wissen 467
Wissensakquisitionskomponente 391
Wissensbank 391
Wissensdomäne 392
Württembergischer Genossenschaftsverband 67

Zahlungsfähigkeit 181
Zahlungsverhalten 427
Zentrum für Weiterbildung und Wissenstransfer (ZWW) 681
Zertifikatsprüfung 690
Zinsstrukturkurve 259
Zugehörigkeitsfunktion 358 f.
Zugehörigkeitsgrade 358
Zukunftsbezogenheit 675
Zukunftsfähigkeit 313, 403
Zukunftspotenziale 321
Zukunftssicherheit 316
Zyklik 221